5·7급 공채 / 경력경쟁 / 지역인재 7급 / 민간경력자 /
대통령실 경호공무원 1차 공직적격성평가 대비

피셋

PSAT
을 정복하고자 하는
수험생에게 제시하는
맞춤 처방!

한방

5개년 기출문제집

Always with you

사람이 길에서 우연하게 만나거나 함께 살아가는 것만이 인연은 아니라고 생각합니다.
책을 펴내는 출판사와 그 책을 읽는 독자의 만남도 소중한 인연입니다.
(주)시대고시기획은 항상 독자의 마음을 헤아리기 위해 노력하고 있습니다.
늘 독자와 함께하겠습니다.

머리말

PSAT의 효과적 처방전!
점수를 올리는 올바른 접근법!

안녕하세요. PSAT Doctor로 활동하는 이정민입니다.

제가 PSAT 강의를 하고 관련 도서를 쓰게 된 것은 모두 'PSAT에 쉽게 접근할 방법이 없는지'라는 고민에서부터 시작되었습니다. 저 또한 수험생 여러분처럼 '열심히 공부했지만 오르지 않는 점수'와 '기출문제 중심의, 강사들이 가르쳐주는 것을 체화하기 위한 스터디', '처음 보는 문제에 대응하기 위한 학습(이제는 접근법이라 부릅니다)'을 해 왔지만, 점수를 올리기는 쉽지 않았습니다.

여기서 저는 'PSAT이라는 시험을 왜 볼까?'라는 질문을 던졌고, 나아가 '적성이라는 것은 어떻게 측정 가능할까? 언어논리, 자료해석, 상황판단은 정말 국어와 계산을 잘 하고, 머리가 좋으면 풀 수 있는 걸까?'와 같은 흔한 고민들을 하기 시작했습니다.

이에 적성이라는 것을 객관적으로 측정하기 위해서는 해당 과목별로 요구하는 프로세스를 녹인 문제를 일관된 바른 방식으로 처리하는지를 검토해야 하고, '특정 접근법을 확보하면 객관식 시험 내에서 관련된 모든 문제가 같은 방식으로 풀리겠다.'라는 결론을 내리게 됐습니다.

이를 바탕으로 소수 중심의 그룹지도를 했고, 개인적으로 인강을 제작하기도 했었습니다. 시행착오를 겪기도 했지만 이렇게 도서를 통해 PSAT과 관련된 얘기를 꺼낼 기회가 주어지게 되어 대단히 기쁩니다.

이 책은 PSAT을 어려워하는 많은 분들에게 가이드 라인을 제공하고, 기본적으로 필요한 사고를 담아둔 해설집이라고 보시면 됩니다. 이 책을 기반으로 하여 여러분께 차근차근 PSAT에서 필요한 사고와 실전에서 요구되는 내용들이 어떤 식으로 녹아들어야 하는지를 처방하도록 하겠습니다. 이 한 권으로 모든 준비가 마무리될 수는 없겠지만, 저와 함께하는 모든 시간들이 여러분의 합격에 도움이 되길 간절히 기원합니다. 이 자리를 통해 이런 기회를 주신 (주)시대고시기획의 관계자 여러분들께 진심어린 감사를 드리며, 이 책을 통해 합격할 준비를 하고 계시는 수험생 분들께도 진심을 담아 응원의 말씀 올립니다.

PSAT Doctor 이정민   올림

공직적격성평가 PSAT란?

🔍 도입 배경

21세기 지식기반사회가 필요로 하는 공직자는 정치 · 경제 · 사회 · 문화 등 각 분야에서 일어나는 급속한 변화에 신속히 적응하고 새롭게 발생하는 문제들에 대처할 수 있어야 한다. 이러한 시대적 요구에 부응하기 위해 단순히 암기된 지식이 아닌 잠재적 학습능력과 문제해결능력을 측정하기 위한 PSAT 시험을 도입, 공직자로서 갖추어야 할 소양과 자질을 평가하고 있다.

✏️ 평가 영역

공직적격성평가(Public Service Aptitude Test)는 공직자에게 필요한 소양과 자질을 측정하는 시험으로, 논리적 · 비판적 사고능력, 자료의 분석 및 추론능력, 판단 및 의사 결정능력 등 종합적 사고력을 평가한다.

1. PSAT의 평가영역은 언어논리 · 상황판단 · 자료해석 세 영역으로 구성된다.

언어논리	글의 이해, 표현, 추론, 비판과 논리적 사고 등의 능력을 평가
상황판단	상황의 이해, 추론 및 분석, 문제 해결, 판단과 의사 결정 등의 능력을 평가
자료해석	수치 자료의 정리와 이해, 처리와 응용계산, 분석과 정보 추출 등의 능력을 평가

2. PSAT은 특정한 지식의 정도를 측정하는 것이 아니라 능력을 측정하는 시험이기 때문에, 대학입시 수학능력시험과 유사한 측면이 있다. 그러나 수학능력시험은 학습능력을 측정하고 있는 데 반해, PSAT은 새로운 상황에서 적응하는 능력과 문제해결, 판단능력을 주로 측정하고 있기 때문에 학습능력보다는 공직자로서 당면하게 될 업무와 문제들에 대한 해결능력과 종합적이고 심도 있는 사고력을 요하는 문제가 중점적으로 출제된다.

📋 PSAT 실시 시험 개관

구분	시행 형태		
	1차시험	2차시험	3차시험
5급 공개경쟁채용시험	PSAT · 헌법	직렬별 필수/선택과목(논문형)	면접
입법고시			
외교관후보자 선발시험		전공평가/통합논술(논문형)	
지역인재 7급 수습직원 선발시험		서류전형	
7급 공개경쟁채용시험*	PSAT	전문과목(선택형)	
5 · 7급 민간경력자 선발시험		서류전형	
대통령경호처 7급 경호공무원		체력검정 및 인성검사	

* 7급 공개경쟁채용시험 1차시험 PSAT은 2021년에 도입될 예정임

7급 공무원 공개채용 개편과 PSAT 도입

PSAT 도입

2021년부터 국가직 7급 공무원 공채시험 과목에 개편이 있을 예정이다. 이 개편으로 기존의 영어 과목은 토익, 지텔프 등의 검정시험으로, 국어 과목은 PSAT로 대체된다. 지방직 7급 공무원의 경우 확실한 발표가 나타나진 않았으나, 국가직과 동일하게 인사혁신처가 출제기관을 담당한다는 점, 국가직과 동떨어진 시험을 치를 가능성이 적다는 점을 고려할 때, 국가직 개편 이후 가까운 시일 내에 도입될 가능성이 높다. 7급 PSAT는 처음 시행되는 과목인 만큼, 기존 시행되던 민간경력자, 5급 행시 등을 활용하거나 참고할 확률이 높다. 따라서 적절한 난도로 선별된 민간경력자, 5급 행시 등을 공부한다면 고득점에 유리할 것으로 예상된다.

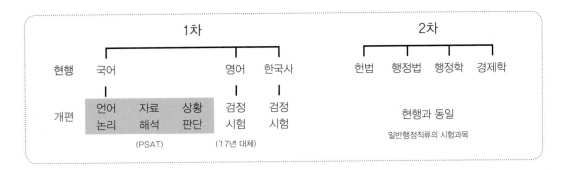

1차 시험 과목은 국어, 영어, 한국사로, 이 중 국어 과목은 PSAT으로, 영어 과목은 토익, 지텔프, 텝스 등으로 대체되며, 한국사 과목은 한국사능력검정시험으로 대체된다.

시험 단계

구분	1차	2차	3차
현행	필기시험 (1.5배수 선발)		면접 (최종 선발)
개편	PSAT (10배수 선발)	전문과목 (1.5배수 선발)	면접 (최종 선발)

기존 시험은 1 · 2차 시험을 연계해 필기시험으로 진행했으나, 개편 이후 1 · 2차 시험이 구분되어 진행될 예정이다. 1차 시험의 경우 최종합격자의 10배수를 선발하기 때문에 2차 시험 이전에 PSAT에서 고득점을 확보한다면 합격에 큰 이점을 얻을 수 있다.

예상 1차 시험

영역	문항수	시간
언어논리	영역별 25문항 (총 75문항)	영역별 1시간 (총 3시간)
상황판단		
자료해석		

2020 PSAT 영역별 총평

언어논리

🔍 총 평

전체적인 난이도는 보통 내지는 약간 쉬운 편에 속한다고 볼 수 있습니다. 추론형의 경우에는 지엽적으로 선지가 구성되는 역사소재의 문제들을 제외하면 대부분이 확인하기 좋게 설계된 설명문에 해당하기 때문에 지엽적으로 선지를 확인해 나갈 필요가 없었습니다. 특히, 상황판단 파트에서 부합문제들이 상당히 줄어들고 법조문 문제가 강화됨에 따라 상황판단에서의 설명문 스타일이 많이 반영된 것으로 볼 수 있습니다.

접근법적 측면에서 논설문과 설명문을 구분해 지문을 다루는 법을 연습했다면, 앞서 언급한 지엽적으로 출제된 역사소재의 문제를 제외한 지문을 다루는 문제들은 수월하게 접근할 수 있었을 것입니다. 특히, 후반부의 논증-분석/평가 문제의 경우에는 주장파악이 어렵지 않고, 지문의 소재도 보편적으로 이해하기 좋은 내용을 다루었기 때문에 난이도가 크게 높지는 않았습니다.

논리적 사고를 요하는 문제들의 빈도가 크게 낮아짐에 따라 시간을 지나치게 소모할 문제들도 줄어들었기에, 기존의 기출문제를 중심으로 지문 다루는 법을 훈련했다면 80점대의 점수를 얻기에 큰 어려움은 없었을 것으로 보입니다.

자료해석

🔍 총 평

자료해석의 난이도는 쉬운 편이었습니다. 각 책형별 10번까지의 문제들이 아주 간단한 계산이나, 표를 잘 매칭시키는 유형으로 구성되었기 때문에 문제를 침착하게 풀어내면 각 책형별 10번까지 18분 이내로 진입할 수 있을 정도의 난이도였습니다. 이후의 문제들 역시 분수 비교가 복잡하지 않고, 표 또는 차트 부합이나 보고서 유형의 문제들도 지엽적으로 나오지 않아 차곡차곡 풀면 손쉽게 대응할 수 있도록 문제가 출제되었습니다.

다소 어려운 개념으로 등장한 것이 가중평균인데, 이 문제 역시 2개 집단에서의 평균을 소재로 문제가 출제되었기 때문에 가중평균에 대한 연습만 되어 있었다면 충분히 대응할 수 있었고, 시간적인 부담도 적었을 것으로 보입니다.
조건을 적용하는 문제나 여러 개의 증가율을 비교해야 하는 유형의 문제 빈도가 매우 낮았기 때문에 시간이 오래 걸릴 만한 문제는 없었고, 한 문제 한 문제를 얼마나 확실하게 푸느냐, 그리고 40문제를 최대한 풀어나가도록 연습을 했느냐가 고득점을 좌우하는 열쇠가 되었을 것으로 여겨집니다.

다른 과목에 비해 자료해석은 실수를 하지 않는 것이 매우 중요하고, 문제의 난이도에 따라 문제를 풀어가는 속도가 크게 달라지기 때문에 평상시에 자신의 목표를 설정해 연습하는 것이 중요합니다. 총 40문제를 해결하며 어떻게 시간 분배를 할지 전략을 잘 세우는 것이 이번 시험에서 고득점을 얻는 데 큰 영향을 미쳤을 것으로 보입니다.

상황판단

 ### 총 평

전체적으로 상황판단의 난이도는 쉬운 편에 속한다고 볼 수 있습니다. 다만, 이것은 상황판단을 취약과목으로 설정해 두고, 기본적인 점수만 얻겠다는 전략을 세웠을 때에만 해당되는 평가입니다. 상황판단을 전략과목으로 선정하는 수험생은 거의 없지만, 만약 상황판단을 전략과목으로 세워 90점 이상의 점수를 받고자 했다면 다소 어려웠을 문제가 일부 존재했습니다. 특히, 기존에 제시되어왔던 조건의 적용, 하다못해 선지의 대입으로 접근하는 것이 어려운 문제가 존재했기 때문에 체감적 난이도는 매우 높게 느껴졌을 수 있습니다.

그럼에도 전체적으로 볼 때, 체계적으로 접근하면 일정한 시간 내에 점수를 얻을 수 있는 법조문 문제와 약간의 계산 문제가 출제되었기 때문에 80점 전후의 점수를 목표로 했다면 자신의 전략을 충실히 세워 학습한 수험생들은 목표를 달성했을 것으로 보입니다.
전반적으로 보면 법조문 문제에 대해 체계적이고 신속한 문제 풀이를 하는 것에 방점을 맞춰야 한다는 것, 그리고 그 방식을 그대로 상황구성형 문제에 적용시켜 차근차근 조건을 처리해 나가야 한다는 것이 기본적인 점수를 획득하는 데 있어서 매우 중요합니다.

상황판단을 전략과목으로 삼기 위해서는 과거의 상황구성형 문제를 풀어내는 방식을 활용해야 합니다. 다만, 과거에 비해 고정상황을 주는 문제는 표 형태를 적용하는 방식으로 출제되고, 상황 자체가 완성되지 않아 고정상황이 되지 않는 상황구성형 문제의 난이도가 높아짐에 따라 전개 자체를 못하고 고민하는 경우가 많아졌을 것으로 보입니다.
이처럼 풀지 못하는 문제를 맞닥뜨렸을 때의 해결책도 실전을 대비하는 과정에서는 준비해둬야 하기 때문에, 단순히 문제풀이 연습을 많이 하는 것이 아니라 실전에서의 접근법에 초점을 맞추는 것이 중요했다는 것이 확인된 시험이라고 볼 수 있습니다.

합격생 생생 인터뷰

수험생 A

생생 인터뷰

저는 1차 시험을 보기 2달 전부터 본격적으로 시험을 준비했습니다. 1차 시험과목 중 헌법은 인터넷 강의를 수강하는 방식으로 준비했고 피셋은 학원이나 인터넷 강의 대신 개인적으로 준비하는 것을 선택했습니다.

수험기간이 짧은 만큼 제게 무엇보다 중요한 것은 '기출분석'이었습니다. 번거롭고 시간이 걸릴 수 있지만 최근 5개년 기출문제를 대상으로 모든 문제 및 선지에 대해 분석을 했고 문제 풀이와 해설 내용을 꼼꼼히 정리하는 식으로 학습했습니다.

세 영역에서 제가 약점을 보였던 유형의 경우, 해당 유형을 다루고 있는 교재를 구입해서 선생님과 제 생각을 비교해보려고 했고, 반복적으로 오답을 내는 문제는 따로 정리해서 문제를 풀기 전 해당 유형에 대해 상기하는 방법을 취했습니다.

그리고 시험 보기 2~3주 전에 수험생에게 많이 알려진 모의고사를 응시하는 것을 통해 시간 관리를 점검하는 것으로 학습을 마무리했습니다.

수험생 B

생생 인터뷰

저는 1차 시험 보기 4달 전부터 준비했습니다. 앞서 2달은 2차 시험을 준비하면서 같이 했고, 나머지 2달은 1차 시험만 오롯이 준비했습니다.

저는 피셋을 공부하는 수험생이 말하는 '피셋형 인간'은 아니었습니다. 다만, 평소 독서를 많이 하고 논리와 관련된 교양강의를 들었던 터라 언어논리는 항상 높은 점수를 유지했습니다. 따라서 언어논리는 시간 관리를 점검하기 위해 기출문제를 풀어보고 오답률을 낮추는 방식으로 학습했습니다.

언어논리와 반대로 힘들었던 과목은 자료해석과 상황판단이었습니다. 자료해석은 계산에 대한 머리 회전이 빠르지 못하고 무엇보다 실수가 잦았던 터라 항상 낮은 점수를 받았습니다. 상황판단은 시험의 난도에 따라 점수가 일정하지 않은 모습을 보였습니다. 이에 저는 상황판단은 기출문제를 많이 풀어보고 오답 문제를 정리하는 방식으로 일정 점수대를 확보하기 위해 노력했고, 자료해석은 학원 강의를 통해 기본부터 준비하였습니다.

결과적으로 자료해석은 주변 합격생들과 비교했을 때는 낮은 편이었지만 언어논리와 상황판단에서 상위 점수대를 획득했던 터라 합격할 수 있었습니다.

수험생 C
생생 인터뷰

저는 2차 시험과 관련된 내용을 대학교에서 공부하다 보니 준비하는 데 큰 어려움을 느끼지 않았습니다. 다만, 1차 시험에 대해 어려움을 느꼈던 터라 다른 수험생이 준비했던 기간보다 더 일찍, 그리고 오래 준비했습니다.

공부하면서 느낀 것이지만 저는 '피셋형 인간'이 아니었습니다. 하지만 혼자 공부하는 것을 선호하는 터라 학원 등을 통해 준비하기보다는 기출문제를 분석하면서 많은 문제를 푸는 방식으로 시험을 준비했습니다.

언어논리는 개인적으로 수능 언어영역과 비슷하다고 생각해서 피셋 기출문제 풀이 및 분석 이외에 피셋과 유사한 수능 문제를 많이 풀었습니다. 그리고 논리에 약한 모습을 보였기 때문에 관련 문제만 모은 도서를 구매해서 오답을 줄이는 방식으로 시험을 준비했습니다. 자료해석은 계산속도가 빨랐던 터라 큰 어려움이 없었습니다. 다만, 지속해서 오답을 내는 유형이 있었으므로 해당 유형 문제만 따로 정리해서 반복적으로 푸는 연습을 했습니다. 상황판단은 기출문제, 모의고사 등 많은 문제를 풀어봄으로써 유형에 익숙해지려고 노력했습니다.

수험생 D
생생 인터뷰

저는 2차 시험 준비에 많은 시간을 들였고, 1차 시험은 시험 보기 1달 반~2달 전부터 준비했습니다. 언어논리는 수능을 봤을 때부터 자신이 있었던 영역이다 보니 제가 부족했던 논리학을 다루는 특강만 수강했고 그 외 시간은 기출문제 풀이에 초점을 맞췄습니다.

실제 문제를 풀 때도 논리 문제는 가장 마지막에 풀이하고 다른 유형 문제를 해결하는 방식으로 시간 배분을 했습니다. 자료해석은 시간 관리에 애를 먹었던 과목이었습니다. 따라서 기본 강의를 수강하고 기출문제를 풀어보는 방식으로 학습했습니다. 하지만 짧은 시간을 가지고 준비를 해서인지 실제 시험을 봤을 때 시간 배분이 안 되었고, 세 과목 중 가장 낮은 점수를 받았습니다.

상황판단은 제가 가장 어려워하는 과목이다 보니 자료해석과 마찬가지로 기본 강의를 수강하고 기출문제 및 모의고사를 많이 풀어보는 방식으로 학습했습니다. 기출문제를 풀 때는 제가 반드시 집중해서 풀어야 할 문제와 넘겨야 할 문제를 선별하는 연습을 했고, 자주 틀리는 문제에 대한 오답노트를 만들어서 시간 날 때마다 문제를 보려고 했습니다.

시행착오를 겪긴 했지만, 위와 같은 연습은 시간 배분을 하는 데 큰 도움을 줬고 취약한 유형에 대해서도 어느 정도 적응할 수 있게 해줬습니다. 그러다 보니 운도 따랐겠지만 세 영역 중 가장 높은 점수를 받을 수 있었습니다.

구성과 특징

CHAPTER

Public Service Aptitude Test

01 언어논리 유형가이드

언어논리?

언어논리영역에서는 주어진 글을 정확히 이해하고 논리적으로 분석하는 능력이 요구된다. 언어논리는 자료해석이나 상황판단에 비해 수험생들이 느끼는 체감 난도가 낮은 편이고, 일부 논리 문제를 제외하면 특별히 까다로운 유형이 없다. 따라서 PSAT을 어느 정도 연습한 수험생이라면 시간 내에 모든 문제를 정확하게 풀어내는 것을 목표로 해야 한다. 총 40문항이 출제되며, 90분 내에 풀어야 한다.

출제유형분석

언어논리는 크게 ① 추론형, ② 주장형, ③ 연역논증형, ④ 비판적 사고형 총 4가지 유형으로 출제된다.

출제경향

1. 단순 일치 문제같은 함정 문제의 출제 비중은 줄어들었고, 세부 사안 및 논거에 대한 판단 등을 적용하는 문제의 비중이 증가하였다.
2. 사회학 및 인문학 분야의 지문보다는 과학분야의 지문이 늘어났다.
3. 최근 출제되고 있는 문제들은 제시된 글에서 파악해야 하는 정보의 양이 많지 않아 대부분 난도가 평이한 것이 특징이다. 하지만 연역논증과 관련된 유형은 조건의 관계가 복잡하는 등 난도가 높아지고 있다.

---

1. 유형소개

세 영역에서 출제되는 대표 유형을 정리해 소개하였습니다.

본격적인 학습에 앞서 각 유형에 대한 기본적인 개념을 정리해보도록 하세요.

---

2. 유형문제 & 심층분석

소개한 유형에 해당하는 기출문제를 상세한 분석과 함께 수록하였습니다.

PSAT Doctor가 제시하는 상세한 처방을 따라가보면서 해당 유형을 자기 것으로 만들어보세요.

예제 15년도 5급공채(인책형) 1번

다음 글의 내용과 부합하지 않는 것은?

지증왕 대 이전까지 신라왕들은 죽위한 후 시조묘에 제사를 지냈다. 여기서 시조란 신라의 첫 번째 왕 박혁거세를 가리킨다. 시조묘는 혁거세의 아들로 신라의 두 번째 왕인 남해차차웅이 건립하였으며, 남해차차웅의 친누이인 아로(阿老)가 제사를 주관하였다. 신라의 왕은 박씨에서 석씨 그리고 김씨로 바뀌었지만, 김씨 성인 미추이사금이 시조묘에 제사를 지낸 사례를 통해서 박씨 이외의 다른 성씨의 왕들도 죽위 후 시조묘에서 제사를 지냈음을 알 수 있다. 하지만 미추이사금이 박혁거세의 묘로서 제사를 지낸 것은 혁거세 자체만을 제사지낸 것이지 그의 직계 조상까지 제사지낸 것은 아니었다. 시조묘 제사는 신라를 건국한 시조, 즉 국조에 대한 제사였기 때문이다.

혁거세는 '불구내(弗矩內)'라고도 불렸다. 불구내는 우리말의 '붉은 해'를 비슷한 발음의 한자로 옮긴 것으로 해석되며, 이는 '삼국유사'에서 불구내를 밝음의 의미인 광명(光明)으로 해석한 것과 동일하다. 또한 불구내에서 마지막 글자 내는 안의 의미를 가진 한자 '내(內)'로 옮긴 것으로도 해석된다. 즉 불구내는 '불구안'으로도 해석된다. 불구안은 몽골어나 투르크어의 '불간'과 같은 음이며, 이는 하늘신, 즉 광명신(光明神)이라는 의미이다. 어떻게 해석하든 불구내라는 명칭은 신라인들이 혁거세를 하늘신으로 인식했음을 보여주는 것이다. 신라의 건국신화에서 혁거세가 하늘로부터 내려온 알에서 태어났고, 그가 죽은 후 승천하였다고 한 것은 신라인들이 혁거세를 하늘신으로 인식한 사실을 신화적으로 표현한 것이다. 따라서 시조묘에 대한 제사는 하늘신에 대한 제사, 즉 제천의례였다.

혁거세는 또한 '알지거서간(閼智居西干)'이라고도 불렸는데, '알지'의 '알'은 곡물을 가리키는 말이며, '지'는 존칭의 접미사다. 즉 알지란 농업생산의 풍요를 가져다준다는 농경신을 가리키는 말이다. 이와 관련하여 혁거세가 죽어서 승천하였다가 시신이 오분되어 땅에 떨어졌고 오체(五體)를 각기 장사지냈다고 하는 건국신화가 주목된다. 신이나 왕의 절단된 유해를 여기저기 뿌리거나 각기 다른 장소에 매장하는 세계 각지의 신화는 모두 대지의 풍요나 다산을 기원하기 위한 것이었다. 노르웨이의 왕 하프단이 죽은 후 토지의 풍요를 위해 왕의 시신을 넷으로 나누어 여러 지방에 묻은 것과 혁거세가 죽은 후 오체를 각기 다른 장소에 장례지냈다는 것은 동일한 의미를 가진다. 따라서 신라의 시조묘에 대한 제사는 제천행사이면서 농경신에 대한 제사, 즉 농경의례이기도 하였다.

① 시조묘의 건립뿐 아니라 건립 당시 제사도 시조왕의 자식이 주관하였다.
② 김씨 왕들은 시조묘의 제사에서 자신들의 왕조 시조인 김알지에 대해 제사를 지냈다.
③ 혁거세가 강림한 알에서 태어나고 죽어서 하늘로 올라갔다는 신화는 그를 광명신으로 인식하였음을 보여준다.
④ 혁거세의 별칭인 '弗矩內'의 '內'를 '내'로 보느냐, '안'으로 보느냐에 상관없이 '弗矩內'는 밝음의 의미를 가진다.
⑤ 혁거세가 '알지'로 불렸던 것과 사체가 토막 나 지상에 떨어진 후 장사지냈다는 것

문제풀이의 뼈대
① 먼저, 부합하지 않는 것을 묻고 있기 때문에, 추론형이라는 것을 파악할 수 있다.
② 추론형의 3문단 지문이라는 것과 간략히 지문의 소재를 구분하고, 강약조절을 통해 지문을 가볍게 처리해주어야 한다.

지문을 구성하는 소재
① 시조묘, 신라의 왕, 미추이사금, 혁거세 자체만, 시조묘 제사, 국조에 대한 제사
② 혁거세, 불구내, 광명신, 신라의 건국신화, 제천의례
③ 혁거세, 알지거서간, 곡물, 농경신, 노르웨이의 왕, 농경의례

소재를 활용해 문단별 이해하기
① 1문단 : 시조묘에 대한 설명을 다루며, 미추이사금은 자신의 직계 조상이 아닌 시조인 박혁거세에 한정하여 제사를 지냈음을 강조하고 있다.
② 2문단 : 혁거세가 '불구내'로 불린 것과 그 의미를 설명한다. 구체적인 설명이 다뤄지고 있기 때문에 가볍게 넘어가면서, 불구내라는 광명신이라는 신적 존재로 인식을 했기 때문에 제천의례로서의 시조묘 제사가 지내진 것임을 다룬다고 파악할 수 있다.
③ 3문단 : 혁거세가 '알지거서간'이라 불리며 이번에는 농경신으로서의 지위를 보여주며, 노르웨이 신화나 사례로 제시되어 시조묘 제사가 농경의례로서의 성격도 지녔음을 알 수 있다.

역접사가 갖는 함의
하지만 미추이사금이 박혁거세의 묘에서 제사를 지낸 것은 혁거세 자체만을 제사지낸 것이지 그의 직계 조상까지 제사지낸 것은 아니다.
→ 원래 제사를 지낸다는 것은 직계 조상에 대한 예를 포함하지만, 미추이사금이 지낸 시조묘 제사는 그렇지 않다. 상식적이지 않은 내용이기 때문에 매우 중요하다.

2020년　언어논리

문 1. 다음 글에서 알 수 있는 것은?

　　고려 시대에는 불경에 나오는 장면이나 부처, 또는 보살의 형상을 그림으로 표현하는 일이 드물지 않았는데, 그러한 그림을 '불화'라고 부른다. 고려의 귀족들은 불화를 사들여 후손들에게 전해주면 대대로 복을 받는다고 믿었다. 이 때문에 귀족들 사이에서는 그림을 전문으로 그리는 승려로부터 불화를 구입해 자신의 개인 기도처인 원당에 걸어두는 행위가 유행처럼 번졌다.

　　고려의 귀족들이 승려들에게 주문한 불화는 다양했다. 극락의 모습을 표현한 불화도 있었고, 깨달음에 이르렀지만 중생의 고통을 덜어주기 위해 열반에 들어가기를 거부했다는 보살을 그린 것도 있었다. 부처를 소재로 한 불화도 많았다. 그런데 부처를 그리는 승려들은 대개 부처만 단독으로 그리지 않았다. 부처를 소재로 한 불화에는 거의 예외 없이 관음보살이나 지장보살 등과 같은 보살이 부처와 함께 등장했다. 잘 알려진 바와 같이 불교에서 신앙하는 부처는 한 분이 아니라 석가여래, 아미타불, 미륵불 등 다양하다. 이 부처들이 그려진 불화는 보통 위아래 2단으로 구성되어 있는데, 윗단에는 부처가 그려져 있

문 2. 다음 글에서 알 수 있는 것은?

　　조선 시대에는 역대 국왕과 왕비의 신주가 있는 종□□기적으로 제사를 크게 지냈으며, 그때마다 종묘제례□어 '일무(佾舞)'라는 춤을 추는 의식을 행했다. 일무□수의 행과 열을 맞추어 추는 춤으로 황제에 대한 제□에는 팔일무를 추는 것이 원칙이었고, 제후에 대한 □육일무를 추었다. 팔일무는 행과 열을 각각 8개씩□64명이 추는 춤이다. 육일무는 행과 열을 각각 6개□는 춤으로서, 참여하는 사람의 수는 36명이다. 대한□포하기 전까지 조선 왕조는 제후국의 격식에 맞추어□거행했다.

　　일무에는 문무(文舞)와 무무(武舞)라는 두 가지 종□데, 문무를 먼저 춘 다음에 같은 사람들이 무무를 □것이 정해진 규칙이었다. 일무를 출 때는 손에 무구□를 들고 춤을 추게 했는데, 문무를 출 때는 왼손에 □피리를 들고 오른손에 '적'이라는 꿩 깃털 장식물을 □무를 추는 사람은 이렇게 한 사람당 2종의 무구를 들□한편 중국 역대 왕조는 무무를 거행할 때 창□

---

3. 기출문제

5급 공채 PSAT 5개년 기출(2016~2020)을 수록하였습니다.

기출문제를 통해 기출유형에 적응할 수 있도록 하세요.

4. 정답 & 유형 & 풀이시간

정답, 유형과 시간 배분에 활용할 수 있게 풀이시간을 수록하였습니다.

언어논리

01	⑤	추 론	지문 : 45초 정답 : 1분 20초	21	①	추 론	지문 : 40초 정답 : 50초
02	⑤	추 론	지문 : 35초 정답 : 1분 25초	22	②	추 론	지문 : 50초 정답 : 1분 5초
03	③	추 론	지문 : 40초 정답 : 1분 15초	23	⑤	추 론	지문 : 55초 정답 : 2분 10초
04	④	추 론	지문 : 40초 정답 : 1분 10초	24	⑤	추 론	지문 : 40초 정답 : 1분 35초
05	④	추 론	정답 : 1분 15초	25	①	추 론	지문 : 55초 정답 : 1분
06	④	추 론	지문 : 50초 정답 : 1분 35초	26	⑤	추 론	지문 : 45초 정답 : 1분 45초
07	③	추 론	지문 : 1분 10초 정답 : 1분 45초	27	③	추 론	지문 : 40초 정답 : 1분 10초
08	③	추 론	지문 : 1분 정답 : 2분 5초	28	④	추 론	지문 : 1분 5초 정답 : 2분 5초

2020년　언어논리 ｜ 정답 및 해설

01　추 론　　　　　　　　　　　　⑤

정답해설

지문은 설명문이지만, 다양한 소재를 설명하기보다는 하나의 소재에 대한 설명을 진행해나간다. 특징적인 부분은 '그런데'라고 하는 역접사를 사용해주고 있기 때문에, 체크가 수월하게 가능하고, 문단의 첫 문장과 마지막 문장에서 필요한 내용들이 제시가 되어 있어서 흐름을 잡기 좋게 제시가 되었다.

⑤ 2문단 : 2문단의 하단에 윗단 부처, 아랫단 보살로 그려진 것이 신분을 구별하던 사회 분위기가 반영되어 있는 것으로 본 견해가 있음을 다루고 있다. (○)

오답해설

① 3문단 : 숙창원비가 주문한 불화는 관음보살을 소재로 하였고, 아미타불에 대한 내용은 다뤄지지 않는다. (×)
② 1문단 : 귀족들은 불화를 구입해 자신의 개인 기도처인 원당에 걸어두었다. (×)
③ 3문단 : 우선 예외적인 사례가 제시되었기 때문에 이를 활용해 틀

③ 2문단 : 중국 역대 왕조의 무무에서 한 사람당 4종□□뿐, 조선은 한 사람당 하나씩만 잡고 춤을 추었다. (□

④ 1·2문단 : 조선시대의 종묘제례는 제후국으로서 □고 말할 뿐, 제후국으로서 무무가 배제됨을 다루고 □에 잘못된 설명임을 확인할 수 있다. 이것만으로 불□되면 2문단에서 무무가 제후국에 예외적으로 배제됨음을 확인해야 한다. (×)

03　추 론

정답해설

설명항목이 시간의 흐름과 주체의 전환에 따라 잘 구□단은 영조와 추가적으로 그 선왕인 경종을 다루고 있□와 그 아들인 순조, 3문단은 순종과 일제강점기 시절에□루고 있기 때문에 흐름을 따라가기 어렵지 않다. 따라□는 과정에서 지엽적인 내용을 기준으로 찾아들어가□

---

5. 상세한 해설

정답, 오답을 구분해서 혼자서도 학습이 가능하도록 상세한 해설을 수록하였습니다.

목차

피셋
PSAT

Public Service Aptitude Test

영역별 유형가이드

01 언어논리 유형가이드

언어논리?

언어논리영역에서는 주어진 글을 정확히 이해하고 논리적으로 분석하는 능력이 요구된다. 언어논리는 자료해석이나 상황판단에 비해 수험생들이 느끼는 체감 난도가 낮은 편이고, 일부 논리 문제를 제외하면 특별히 까다로운 유형이 없다. 따라서 PSAT을 어느 정도 연습한 수험생이라면 시간 내에 모든 문제를 정확하게 풀어내는 것을 목표로 해야 한다. 총 40문항이 출제되며, 90분 내에 풀어야 한다.

출제유형분석

언어논리는 크게 ① 추론형, ② 주장형, ③ 연역논증형, ④ 비판적 사고형 총 4가지 유형으로 출제된다.

출제경향

1. 단순 일치 문제같은 함정 문제의 출제 비중은 줄어들었고, 세부 사안 및 논거에 대한 판단 등을 적용하는 문제의 비중이 증가하였다.
2. 사회학 및 인문학 분야의 지문보다는 과학분야의 지문이 늘어났다.
3. 최근 출제되고 있는 문제들은 제시된 글에서 파악해야 하는 정보의 양이 많지 않아 대부분 난도가 평이한 것이 특징이다. 하지만 연역논증과 관련된 유형은 조건의 관계가 복잡하는 등 난도가 높아지고 있다.

1 유형의 이해

추론형은 흔히, 부합일치형과 혼용하여 사용하기도 한다. 하지만 본 저자가 해당 유형을 추론형이라 지칭하는 이유는 본 유형에 해당하는 문제들이 단순히 텍스트를 찾아 일치하는 것을 찾는 것이 아니라, 맥락의 이해를 바탕으로 추론해 줄 수 있게끔 문제를 푸는 것이 우선순위에 놓이기 때문이다.

따라서, 지문이 주어져 있고, 지문의 내용을 바탕으로 선지의 정오를 판단하는 것이 추론형 문제라고 볼 수 있으며, 문제에서의 표현은 '추론할 수 있는 것은?', '부합하는 것은?', '일치하는 것은?', '알 수 있는 것은?', '적절한 것은?', '옳은 것은?' 등으로 제시된다. 또한 빈칸의 내용을 추론하거나 밑줄의 의미를 추론하는 것 역시도 추론형 문제라고 볼 수 있다.

2 접근법

추론형 문제임을 인지했다면, 지문을 다뤄야 한다. 여기서 말하는 접근법이라는 표현은 해당 유형에 대한 일반화할 수 있는 문제 풀이 순서를 말하는 것으로, 90% 이상의 문제에 적용해야 하는 기본적인 메커니즘을 지칭한다. 문제마다 신묘한 풀이법을 제시하는 것은 접근법이라 말하지 않는다.

가장 먼저 문제의 질문을 확인하면, 문제의 유형을 파악할 수 있다. 유형에 따라 지문 보는 방법이 달라질텐데, 추론형의 경우에는 문단의 맥락을 통해 지문의 주제(주장)를 확인한다고 보는 것이 가장 수월하다. 단, 이러한 표현이 가능한 것은 언어논리의 경우 논설문이 75% 이상을 차지하고 있기 때문이며, 설명문의 경우에는 지문의 주제를 찾는다는 것이 불가능하므로, 첫 문단을 읽어가며 지문의 종류를 구분해야 한다.

문단의 맥락을 파악할 때에는 문단의 첫 문장과 마지막 문장, 그리고 역접사(하지만, 그러나 등)가 포함된 문장을 보다 강하게 읽어주어야 한다. 이를 바탕으로 문단별 맥락을 간략하게 파악하면서 전체적인 지문의 주제를 파악하면 된다.

3 주의할 점

지문을 읽는 과정에서 주의해야 할 점은 지문의 소재나 내용, 난도에 휘둘리지 않고, 가볍게 읽어줄 수 있어야 한다는 것이다. 지문의 내용을 최대한 많이 기억하기 위해, 또는 깊게 이해하려고 할수록 지문의 내용을 가져가는 것이 아니라, 파편화된 기억만 가져가게 된다는 것을 잊어서는 안 된다. 또한 선지를 확인하는 과정에서 주의할 점은 문단별 맥락을 기억해서 답을 선택하는 것이 아니라 문단별 맥락을 바탕으로, 빠르게 확인하러 올라가야 한다는 것이다. 많은 학생들이 지문의 내용을 꼼꼼히 읽는 연습을 하지만, 점수가 오르지 않는 이유는 언어논리영역이 요구하는 것이 기억력이 아니라, 지문을 가볍고 정확하게 다루는 법에 있다는 것을 놓치고 있기 때문이다.

다음 글의 내용과 부합하지 않는 것은?

지증왕 대 이전까지 신라왕들은 즉위한 후 시조묘에 제사를 지냈다. 여기서 시조란 신라의 첫 번째 왕 박혁거세를 가리킨다. 시조묘는 혁거세의 아들로 신라의 두 번째 왕인 남해차차웅이 건립하였으며, 남해차차웅의 친누이인 아로(阿老)가 제사를 주관하였다. 신라의 왕은 박씨에서 석씨 그리고 김씨로 바뀌었지만, 김씨 성인 미추이사금이 시조묘에서 제사를 지낸 사례를 통해서 박씨 이외의 다른 성씨의 왕들도 즉위 후 시조묘에서 제사를 지냈음을 알 수 있다. 하지만 미추이사금이 박혁거세의 묘에서 제사를 지낸 것은 혁거세 자체만을 제사지낸 것이지 그의 직계 조상까지 제사지낸 것은 아니었다. 시조묘 제사는 신라를 건국한 시조, 즉 국조에 대한 제사였기 때문이다.

혁거세는 '불구내(弗矩內)'라고도 불렸다. 불구내는 우리말의 '붉은 해'를 비슷한 발음의 한자로 옮긴 것으로 해석되며, 이는 『삼국유사』에서 불구내를 밝음의 의미인 광명(光明)으로 해석한 것과 동일하다. 또한 불구내에서 마지막 글자 내는 안의 의미를 가진 한자 '내(內)'로 옮긴 것으로도 해석된다. 즉 불구내는 '불구안'으로도 해석된다. 불구안은 몽골이나 투르크어의 '불칸'과 같은 음이며, 이는 하늘신, 즉 광명신(光明神)이라는 의미이다. 어떻게 해석하든 불구내라는 명칭은 신라인들이 혁거세를 하늘신으로 인식했음을 보여주는 것이다. 신라의 건국신화에서 혁거세가 하늘로부터 내려온 알에서 태어났으며, 그가 죽은 후 승천하였다고 한 것은 신라인들이 혁거세를 하늘신으로 인식한 사실을 신화적으로 표현한 것이다. 따라서 시조묘에 대한 제사는 하늘신에 대한 제사, 즉 제천의례였다.

혁거세는 또한 '알지거서간(閼智居西干)'이라고도 불렸는데, '알지'의 '알'은 곡물을 가리키는 말이며, '지'는 존칭어미이다. 즉 알지란 농업생산의 풍요를 가져다주는 농경신을 가리키는 말이다. 이와 관련하여 혁거세가 죽어서 승천하였다가 시신이 오분되어 땅에 떨어졌으며, 오체(五體)를 각기 장사지냈다고 하는 건국신화가 주목된다. 신이나 왕의 절단된 유해를 여기저기 뿌리거나 각기 다른 장소에 매장하였다는 세계 각지의 신화는 모두 대지의 풍요나 다산을 기원하기 위한 것이었다. 노르웨이의 왕 하프단이 죽은 후 토지의 풍요를 위해 왕의 시신을 넷으로 나누어 여러 지방에 묻은 것과 혁거세가 죽은 후 오체를 각기 다른 장소에 장례지냈다는 것은 동일한 의미를 가진다. 따라서 신라의 시조묘에 대한 제사는 제천행사이면서 농경신에 대한 제사, 즉 농경의례이기도 하였다.

① 시조묘의 건립뿐 아니라 건립 당시 제사도 시조왕의 자식이 주관하였다.
② 김씨 왕들은 시조묘의 제사에서 자신들의 왕조 시조인 김알지에 대해 제사를 지냈다.
③ 혁거세가 강림한 알에서 태어나고 죽어서 하늘로 올라갔다는 신화는 그를 광명신으로 인식하였음을 보여준다.
④ 혁거세의 별칭인 '弗矩內'의 '內'를 '내'로 보느냐, '안'으로 보느냐에 상관없이 '弗矩內'는 밝음의 의미를 가진다.
⑤ 혁거세가 '알지'로 불렸던 것과 사체가 토막 나 지상에 떨어진 후 장사지냈다는 것은 혁거세가 농경신임을 의미한다.

문제풀이의 뼈대

① 먼저, 부합하지 않는 것을 묻고 있기 때문에, 추론형이라는 것을 파악할 수 있다.

② 추론형의 3문단 지문이라는 것과 간략히 지문의 소재를 구분하고, 강약조절을 통해 지문을 가볍게 처리해주어야 한다.

지문을 구성하는 소재

① 시조묘, 신라의 왕, 미추이사금, 혁거세 자체만, 시조묘 제사, 국조에 대한 제사

② 혁거세, 불구내, 광명신, 신라의 건국신화, 제천의례

③ 혁거세, 알지거서간, 곡물, 농경신, 노르웨이의 왕, 농경의례

소재를 활용해 문단을 이해하기

① 1문단 : 시조묘에 대한 설명을 다루며, 미추이사금은 자신의 직계 조상이 아닌 시조인 박혁거세에 한정하여 제사를 지냈음을 강조하고 있다.

② 2문단 : 혁거세가 '불구내'로 불린 것과 그 의미를 설명한다. 구체적인 설명이 다뤄지고 있기 때문에 가볍게 넘어가면서, 불구내라는 광명신이라는 신적 존재로 인식을 했기 때문에 제천의례로서의 시조묘 제사가 지내진 것임을 다룬다고 파악할 수 있다.

③ 3문단 : 혁거세가 '알지거서간'이라 불리며 이번에는 농경신으로서의 지위를 보여주며, 노르웨이 신화가 사례로 제시되어 시조묘 제사가 농경의례로서의 성격도 지녔음을 알 수 있다.

역접사가 갖는 함의

하지만 미추이사금이 박혁거세의 묘에서 제사를 지낸 것은 혁거세 자체만을 제사지낸 것이지 그의 직계 조상까지 제사지낸 것은 아니었다.

→ 원래 제사를 지낸다는 것은 직계 조상에 대한 예를 포함하지만, 미추이사금이 지낸 시조묘 제사는 그렇지 않다. 상식적이지 않은 내용이기 때문에 매우 중요하다.

---

② 김씨 왕들은 시조묘의 제사에서 자신들의 왕조 시조인 김알지에 대해 제사를 지냈다.
→ 1문단에서 직계 조상이 아닌 박혁거세에 한정된 제사를 지냈음을 제시했기 때문에 어렵지 않게 확인할 수 있다.

答 ②

다음 글에서 알 수 있는 것은?

현존하는 족보 가운데 가장 오래된 것은 성종 7년(1476)에 간행된 안동 권씨의 『성화보(成化譜)』이다. 이 족보의 간행에는 달성 서씨인 서거정이 깊이 관여하였는데, 그가 안동 권씨 권근의 외손자였기 때문이다. 조선 전기 족보의 가장 큰 특징을 바로 여기에서 찾을 수 있다. 『성화보』에는 모두 9,120명이 수록되어 있는데, 이 가운데 안동 권씨는 9.5퍼센트인 867명에 불과하였다. 배우자가 다른 성씨라 하더라도 절반 정도는 안동 권씨이어야 하는데 어떻게 이런 현상이 나타났을까?

그것은 당시의 친족 관계에 대한 생각이 이 족보에 고스란히 반영되었기 때문이다. 우선 『성화보』에서는 아들과 딸을 차별하지 않고 출생 순서대로 기재하였다. 이러한 관념이 확대되어 외손들도 모두 친손과 다름없이 기재되었다. 안동 권씨가 당대의 유력 성관이고, 안동 권씨의 본손은 물론이고 인척 관계의 결연으로 이루어진 외손까지 상세히 기재하다 보니, 조선 건국에서부터 당시까지 과거 급제자의 절반 정도가 『성화보』에 등장한다.

한편 『성화보』의 서문에서 서거정은 매우 주목할 만한 발언을 하고 있다. 즉 "우리나라는 자고로 종법이 없고 족보가 없어서 비록 거가대족(巨家大族)이라도 기록이 빈약하여 겨우 몇 대를 전할 뿐이므로 고조나 증조의 이름과 호(號)도 기억하지 못하는 이가 있다."라고 한 것이다. 『성화보』 역시 시조 쪽으로 갈수록 기록이 빈약한 편이다.

『성화보』 이후 여러 성관의 족보가 활발히 편찬되면서 양반들은 대개 족보를 보유하게 되었다. 하지만 가계의 내력을 정확하게 파악할 수 있는 자료가 충분하지 않아서 조상의 계보와 사회적 지위를 윤색하거나 은폐하기도 하였다. 대다수의 양반 가계가 족보를 편찬하면서 중인은 물론 평민들도 족보를 보유하고자 하였다.

① 족보를 보유하면 양반 가문으로 인정받았다.
② 조선시대 이전에는 가계 전승 기록이 존재하지 않았다.
③ 『성화보』는 조선 후기와 달리 모계 중심의 친족 관계를 반영하였다.
④ 『성화보』 간행 이후 족보의 중요성이 인식되어 거가대족의 족보는 정확하게 작성되었다.
⑤ 태조부터 성종 때까지 유력 성관과 친인척 관계인 과거 급제자들이 많았다.

문제풀이의 뼈대

① 먼저, 알 수 있는 것을 묻고 있기 때문에, 추론형이라는 것을 파악할 수 있다.
② 추론형의 4개 문단으로 구성된 지문이라는 것을 바탕으로, 지문의 문단별 소재를 구분하기 위해, 강약조절을 통해 지문을 가볍게 처리해주어야 한다.

지문을 구성하는 소재

① 1문단 : 가장 오래된 족보, 성화보
② 2문단 : 당시의 친족 관계, 출생 순서, 외손, 과거 급제자 절반
③ 3문단 : 서거정, 거가대족, 기록이 빈약
④ 4문단 : 여러 성관 족보 편찬, 윤색, 은폐, 중인, 평민
→ 단어를 중심으로 체크를 하겠지만, 단순히 그 작업만으로는 문맥을 파악하기 어렵다. 즉, 지문의 소재는 문장을 통해 하는 것이 좋다.

소재를 활용해 문단을 이해하기

① 1문단 : 가장 오래된 족보인 성화보에 수록된 9천 명 중 안동 권씨는 10% 이하라는 점
② 2문단 : 당시 친족 관계는 외손을 차별하지 않음
③ 3문단 : 성화보 간행 당시의 자료가 가진 빈약함
④ 4문단 : 성화보 간행 이후 자료가 부족하지 않음에도 활발한 편찬이 일어나 중인과 평민도 족보를 보유

역접사가 갖는 함의

하지만 : 역접사로서, 앞의 내용과 반전이 들어갈 때 사용하는 도구. 앞의 내용은 족보의 활발한 편찬 현황을 언급하지만, 결과적으로 자료가 불충분해서 자료의 조작과 왜곡이 빈번히 행해지고 있음을 언급

---

⑤ 2문단 마지막 문장에 조선 건국에서부터 성화보 간행 당시까지 과거 급제자 절반 정도가 안동 권씨의 친인척을 기재한 성화보에 등장했다는 것을 통해 확인 가능하다. (○)

답 ⑤

1 유형의 이해

주장형은 지문의 주장·주제를 찾는 문제로 출제 비중이 매우 낮지만, 주장에 대한 비판적 사고를 요구하는 문제유형으로 확장하면 그 비중이 매우 높다고 할 수 있으므로 연습을 잘 해둬서 시간을 대폭 줄일 수 있도록 해야 한다.

문제에서의 질문 표현은 '핵심 내용', '지문의 주장', '지문을 요약' 등으로 표현되며, 나중에 다룰 지문의 주장에 대한 평가나 비판적 사고에서도 같은 방식의 접근을 해줄 필요가 있다.

2 접근법

주장형 문제임을 인지확인했다면, 지문을 다뤄줘야 한다. 초등학교 시절에 배우는 문법공식 중 한 가지는 수미상관법이다. 수미상관법이란, 지문의 주제가 수단락과 미단락에 걸쳐 상관성을 갖게 된다는 것이다. 완성된 글이라고 한다면, 지문의 주장은 첫 번째 문단과 마지막 문단을 통해 쉽게 파악할 수 있다. 다만, '언어논리에서 반드시 완결된 글이 나오는 것은 아닌데?'라는 질문을 가질 수도 있다. 하지만 다행히도 주장을 묻는 문제는 완결된 글을 준다. 따라서 첫 번째 문단과 마지막 문단을 통해 지문의 주장을 파악하는 연습을 하는 것이 첫 번째이고, 추가적으로 정리형 접속사(따라서, 그러므로, 결국, 마침내 등)가 주어진 문장을 통해 주장이 제시되었음을 확인해줄 필요가 있다. 이러한 과정이 잘 연습된다면 주장형 문제는 1분이 걸리지 않는 것이 좋다.

3 주의할 점

주장형 문제에서 주의할 점은, 문제 유형에도 불구하고 본문의 내용을 과하게 읽어 들어가면 안 된다는 것이다. 주장형 문제의 본문은 주장에 대한 논거가 제시되기 마련인데, 논거들은 대부분 구체적으로 서술된다. 그러다보니 수험생들은 구체적인 정보를 답으로 체크하고 싶어지는 경향들을 보이는데, 주장은 논거보다 일반적이고 추상적인 진술로 표현되기 마련이므로, 이를 꼭 주의해야 한다.

다음 글에서 A의 견해로 볼 수 있는 것은?

　명예는 세 가지 종류가 있다. 첫째는 인간으로서의 존엄성에 근거한 고유한 인격적 가치를 의미하는 내적 명예이며, 둘째는 실제 이 사람이 가진 사회적 · 경제적 지위에 대한 사회적 평판을 의미하는 외적 명예, 셋째는 인격적 가치에 대한 자신의 주관적 평가 내지는 감정으로서의 명예감정이다.

　악성 댓글, 즉 악플에 의한 인터넷상의 명예훼손이 통상적 명예훼손보다 더 심하기 때문에 통상의 명예훼손행위에 비해서 인터넷상의 명예훼손행위를 가중해서 처벌해야 한다는 주장이 일고 있다. 이에 대해 법학자 A는 다음과 같이 주장하였다.

　인터넷 기사 등에 악플이 달린다고 해서 즉시 악플 대상자의 인격적 가치에 대한 평가가 하락하는 것은 아니므로, 내적 명예가 그만큼 더 많이 침해되는 것으로 보기 어렵다. 또한 만약 악플 대상자의 외적 명예가 침해되었다고 하더라도 이는 악플에 의한 것이 아니라 악플을 유발한 기사에 의한 것으로 보아야 한다. 오히려 악플로 인해 침해되는 것은 명예감정이라고 보는 것이 마땅하다. 다만 인터넷상의 명예훼손행위는 그 특성상 해당 악플의 내용이 인터넷 곳곳에 퍼져 있을 수 있어 명예감정의 훼손 정도가 피해자의 정보수집량에 좌우될 수 있다는 점을 간과해서는 안 될 것이다. 구태여 자신에 대한 부정적 평가를 모을 필요가 없음에도 부지런히 수집 · 확인하여 명예감정의 훼손을 자초한 피해자에 대해서 국가가 보호해줄 필요성이 없다는 점에서 명예감정을 보호해야 할 법익으로 삼기 어렵다. 따라서 인터넷상의 명예훼손이 통상적 명예훼손보다 더 심하다고 보기 어렵다.

① 기사가 아니라 악플로 인해서 악플 피해자의 외적 명예가 침해된다.
② 악플이 달리는 즉시 악플 대상자의 내적 명예가 더 많이 침해된다.
③ 악플 피해자의 명예감정의 훼손 정도는 피해자의 정보수집 행동에 영향을 받는다.
④ 인터넷상의 명예훼손행위를 통상적 명예훼손행위에 비해 가중해서 처벌하여야 한다.
⑤ 인터넷상의 명예훼손행위의 가중처벌 여부의 판단에서 세 종류의 명예는 모두 보호하여야 할 법익이다.

① 먼저, 특정인의 견해를 묻고 있기 때문에, 주장형이라는 것을 파악할 수 있다. 물론, 이러한 질문을 하더라도 일치하는 내용을 물어볼 수도 있다. 하지만 특정인의 견해가 일정 분량 이상 차지한 문제에서 다양한 견해를 소개하고 그중 하나와 일치하는 것을 묻기보다는 하나의 견해를 소개하고 그에 대한 이유를 서술해주어 그 하나의 견해인 주장이 무엇인지 묻는 것이 보다 일반적이라고 알아두면 좋다.
② 지문은 3개의 문단으로 구성되어 있지만, A의 견해는 마지막 문단에 제시되어 있기 때문에 이러한 것들을 파악하는 단계를 확보해주어야 한다.

지문을 구성하는 소재

① 1문단 : 명예의 종류. 내적 명예, 외적 명예, 명예감정
② 2문단 : 인터넷상의 명예훼손
③ 3문단 : 악플, 인격적 가치, 내적 명예, 외적 명예, 명예감정, 훼손 정도, 정보수집량, 법익

주장을 파악할 문단에서 확인할 수 있는 주장

3문단 : 2문단 마지막 문장에서 우리가 확인해야 하는 A의 견해가 3문단에 제시되어 있음을 확인할 수 있다. 또한 3문단에서 강하게 읽어줄 부분인 '따라서'라는 정리 접속사와 '다만'이라는 역접사에서 우리가 주장을 파악하기 위해 필요한 내용들이 잘 함축되어 있음을 확인할 수 있다. 즉, 인터넷에서의 명예훼손행위는 피해자의 정보수집량에 영향을 받기 때문에, 인터넷상의 명예훼손이 통상적 명예훼손보다 심하다고 보기 어렵다는 것이다.

역접사가 갖는 함의

다만 : 역접사로서. 앞의 내용과 반전이 들어갈 때 사용하는 도구. 인터넷상의 명예훼손행위가 악플 자체가 아닌, 악플의 수집과정에 더 영향을 받는다는 것을 제시하는 도구로 사용되고 있다. 이것이 결정적인 도구가 되어 최종 주장의 근거가 되는 것이다.

③ 인터넷 기사의 악플이 내적 명예에는 영향이 없다. 다만 이후, 인터넷상의 명예훼손행위는 정보수집량에 결정된다고 제시되어 있어 주장은 쉽게 확인 가능하다.

답 ③

1 유형의 이해

흔히 논리문제라고 많이 일컬어지는 본 유형을, 굳이 연역논증이라고 구별하고자 한다. 논리라고 하면, 연역적 사고·귀납적 사고로 크게 나눌 수 있는데, 여기서 다뤄지는 유형은 연역적 사고를 활용한 문제에 국한되기 때문이다. 용어의 차이가 사고의 차이를 불러오기 때문에, 굳이 이러한 용어를 통해 구별하고자 하니, 수험생들은 용어의 사용을 넘어 유형의 구분에 꼭 유념해주기 바란다.

2 접근법

연역논증의 정의는 '전제가 참이면, 결론이 참이다.'는 것이다. 이를 바탕으로, 흔히 삼단논법이라는 접근법이 제시된다.

> 다음의 전제가 참이면, 결론이 참이다.
> 전제 1 : 소크라테스는 사람이다.
> 전제 2 : 사람은 죽는다.
> 결론 : 소크라테스는 죽는다.

이와 같은 방식으로, 전제의 형식이 참이라고 했을 때, 내용과 무관하게 도출가능한 결론을 '타당한 논증', '참인 논증'이라고 가리킨다. 이러한 관계를 도식화하기 위해 몇 가지 기호를 사용해 명제를 표기한다. 대표적인 기호는 '→', '∧(&)', '∨', '∼' 등으로 나눌 수 있는데, 각각 '함축/주술 관계', '모두 참인 관계', '적어도 하나가 참인 관계', '부정어'를 의미한다. 이를 활용해 명제들을 기호화할 수 있고, 기호화를 통해 조금 더 기계적으로 문제를 풀어줄 수 있다. 이처럼 명제 간의 관계를 다루는 데, 본 명제와 항상 논리적 동치 관계에 놓이는 형태를 '대우' 관계라 한다. '대우'란, 본 명제의 역과 이를 동시에 적용시킨 것이다. 예를 들면, '야식을 먹으면 밤에 잠을 설친다'라는 명제의 대우는 '밤에 잠을 설치지 않으면 야식을 먹지 않은 것이다.'가 된다. 이 관계를 활용해 문제에서 굳이 제시하지 않더라도 알 수 있는 관계를 찾아내 문제를 해결해 나가야 한다. 또한, 명제 간의 관계에 있어 중요한 개념이 있다. 그것은 '모순'이라는 개념인데, '모순'은 하나의 명제가 참일 때, 다른 명제가 거짓이고, 하나의 명제가 거짓일 때, 다른 명제가 참인 관계를 가리킨다. 이러한 '모순'의 개념은 연역논증에서는 거짓말쟁이 문제를 다룰 때, 활용할 수 있어야 한다. 뿐만 아니라, 비판적 사고 문제에서도 주장과 선지의 관계를 가리키는 개념으로 사용되기도 하기 때문에 그 개념에 대해 명확히 알아두어야 한다.

3 주의할 점

본 가이드에 제시된 내용만으로 연역논증 문제를 자유자재로 해결하기 어려운 것은 사실이지만, 연역논증 자체가 형식적인 관계만을 요구하는 것이기 때문에 연습을 통해 시간을 단축시키기 위해 노력해야 한다.

다음 글의 (가)와 (나)에 들어갈 진술을 〈보기〉에서 골라 알맞게 짝지은 것은?

> 자동차 회사인 ○○사는 신차를 개발할 것이다. 그 개발은 ○○사의 연구개발팀들 중 하나인 A팀이 담당한다. 그런데 ⬚⬚⬚(가)⬚⬚⬚ 그리고 A팀에서는 독신이거나 여성인 사원은 모두 다른 팀으로 파견을 나간 경력이 없다. 또한 다른 팀으로 파견을 나간 경력이 없거나 자동차 관련 박사학위를 지닌 A팀원은 모두 여성이다. 그러므로 A팀에는 독신이면서 여성인 사원이 한 명 이상 있다.
>
> 그런데 ○○사 내의 또 다른 경쟁 연구개발팀인 B팀에는 남성이면서 독신인 사원이 여럿 있다. 그리고 ○○사의 모든 독신 사원들은 어떤 이유에서인지는 몰라도 사내의 이성과 연인이 되기를 갈망한다. 그러므로 ⬚⬚⬚(나)⬚⬚⬚ 그래서 B팀의 누군가는 A팀의 신차 개발 프로젝트로 파견을 나가고 싶어할지도 모르겠다고 많은 사원들이 추측하고 있는 것도 그다지 이상한 일은 아니다.

보 기

ㄱ. A팀에는 독신인 사원이 한 명 이상 있다.

ㄴ. 독신인 A팀원은 누구도 다른 팀으로 파견을 나간 경력이 없다.

ㄷ. B팀에는 사내의 이성과 연인이 되기를 갈망하는 남성 사원이 한 명 이상 있다.

ㄹ. B팀에서 사내의 이성과 연인이 되기를 갈망하지 않는 남성 사원은 모두 독신이다.

	(가)	(나)
①	ㄱ	ㄷ
②	ㄱ	ㄹ
③	ㄴ	ㄷ
④	ㄴ	ㄹ
⑤	ㄷ	ㄴ

기호를 통한 사고

① (가)
- A팀
- (가)
- 독신 ∨ 여성 → ~파견
- ~파견 ∨ 박사 → 여성
- A : 독신 ∧ 여성

② (나)
- B : 남성 ∧ 독신
- 독신 → 연인

지문을 통한 문제의 단서 파악

① (가)의 경우에는 마지막으로 도출된 A가 조건형이 아닌, 결론형이다. 따라서 (가)에 들어갈 내용도 조건형이 들어가서는 안 된다는 것을 알 수 있어야 한다. 또한, 주어진 조건에서 '여성'은 '~파견'과 순환논증이 되어버리기 때문에 (가)에는 '독신'이 들어가야 한다는 것을 알 수 있다.

② (나)의 경우에는 B가 조건형이 아닌, 결론형이다. 따라서 B가 독신이 함축된 연인으로 대체되어도 무방하다는 것을 알 수 있다.

📘 ①

■ 유형의 이해

비판적 사고형은 지문의 주장에 대한 비판적 사고를 요구하는 문제이다. 여기서 말하는 비판적 사고는 연관된 내용으로서 강화 또는 약화와 연관성이 없는 내용인 무관함으로 구분된다. 따라서 지문의 주장을 파악한 후에 선지를 확인하는 과정에서, 본 지문의 주장과 연관이 있는지부터 확인한 이후, 연관이 있다면 강화 또는, 약화인지 확인하는 것이 좋다.

비판적 사고형 문제가 주장형 문제와 차이를 보이는 것은 주장형 문제와 달리 지문의 순수 주장만을 상대하는 것이 아니라, 지문의 주장이 갖는 논거 또는 언급하지 않은 전제들을 대상으로 선지가 구성되기도 하므로 이에 대해서도 놓쳐서는 안 된다.

■ 접근법

비판적 사고형의 경우에는 앞서 언급한 주장형 문제와 같이 지문을 간단하게 파악하면서 주장을 파악하는 것이 중요하다. 하지만, 논거에 대한 선지구성 가능성이 높기 때문에(60% 이상) 본문의 내용을 파악하지 않을 수 없다. 따라서 추론형 문제를 보듯이 문단별 맥락을 파악하면서 보되, 첫 문단은 서론에 불과하지만 지문의 방향을 일러주고 마지막 문단과 엮일 것이라는 점, 본문은 문단별로 논거 문단이니 마지막 문장을 강하게 확인해야 한다는 점, 마지막 문단은 전체적인 주장을 확정짓는 문단이니 논거보다는 지문의 주장을 완성할 수 있어야 한다는 점을 기억하면서 문제를 풀어야 한다.

■ 주의할 점

주장형 문제에 비해 논거가 다뤄져야 하기 때문에 겁을 주듯이 표현했지만, 너무 부담스럽게 생각할 필요는 없다. 비판적 사고를 위한 것이기 때문에 뉘앙스에 좀 더 포커스를 맞추면 될 뿐이지, 구체적인 내용을 확인해야 하는 수준으로 출제되지는 않기 때문이다. 다만, 선지의 구성에 있어서 무관함이 제시될 수 있다는 것을 유념하고, '유관 vs 무관'의 구도를 먼저 만들 수 있어야 한다는 점을 꼭 기억하면서 문제를 풀길 바란다.

다음 글의 (가)~(다)에 대한 평가로 적절한 것만을 〈보기〉에서 모두 고르면?

(가) 인간은 논리학의 규칙에 따라 사고하는가? 인지과학자 A는 우리가 심리적 편향, 우연적 요소, 배경적 믿음 등의 영향 때문에 그렇게 사고하지 않는다는 실험결과를 내놓았다. 우리는 이 실험결과에 근거하여, 논리학은 우리 인간의 실제적 사고방식을 적합하게 기술할 수 없을 뿐만 아니라 그러한 사고방식과는 무관하다고 주장할 수 있다.

(나) 실제 세계에 있는 물체들은 뉴턴 역학의 핵심 요소인 중력법칙에 따라 움직이지 않는다. 실제 세계의 물체들은 중력 이외에도 다양한 요소들의 영향을 받고 있으며, 이 요소들로 인해 실제 세계의 물체 운동은 중력법칙을 위반한다. 하지만 실제 세계의 물체들이 중력법칙대로 움직이지 않는다고 해서 중력법칙이 물체들의 움직임과 무관하다고 말할 수 없다. 왜냐하면 중력법칙은 이상적인 상황을 다루고 있고, 그러한 상황을 다루고 있다면 물체의 실제 운동이 가지는 중요한 측면을 부분적으로 기술하고 있다고 보아야 하기 때문이다. 이와 마찬가지로 논리학은 인간 사고의 이상적 상황을 다루고 있기 때문에 인간의 실제적 사고방식의 중요한 측면을 기술하고 있다고 보아야 한다. 결국 인간이 실제로 논리학의 규칙을 엄격하게 지키면서 사고하지는 않지만 논리학이 인간의 실제 사고방식과 무관하다고는 할 수 없다.

(다) 윤리학의 규범에 따르면, 인간은 살인을 해서는 안 된다. 그러나 우리 사회에서는 살인 행위가 발생하고 있다. 이런 점을 볼 때, 인간이 항상 윤리학의 규범에 따라 행위하는 것은 아니며 그로 인해 윤리학은 인간의 행위방식을 충분히 기술하지 못한다. 여기서 윤리학의 목표를 생각해 보자. 그것은 인간 행위방식의 규범을 제시하는 것이다. 따라서 윤리학이 인간의 행위방식과 무관하다고 말할 수는 없다. 논리학도 윤리학의 이러한 학문적 특징을 가지고 있다. 실제 인간은 논리학의 규칙을 엄격하게 지키면서 사고하지 않는다. 하지만 논리학의 목적은 인간 사고방식의 규범을 제시하는 것이다.

―〈보 기〉―

ㄱ. (가)의 인지과학자 A의 실험결과와 동일한 결과를 동료학자들이 얻었다고 하더라도 (나)의 주장은 약화되지 않는다.

ㄴ. (가)의 인지과학자 A가 별도의 실험을 통해, 경쟁의 상황에서는 인간의 행위가 윤리적 규범에 따라 이루어지지 않는 경우가 많다는 결과를 내놓았다면, (다)의 주장은 약화된다.

ㄷ. (나)는 (다)가 주장하는 논리학의 규범적 역할을 부정한다.

ㄹ. (나)와 (다)는 모두 논리학이 인간의 실제적 사고방식을 완전히 기술하지는 못한다는 데 동의한다.

① ㄱ, ㄴ   ② ㄱ, ㄷ
③ ㄱ, ㄹ   ④ ㄴ, ㄷ
⑤ ㄷ, ㄹ

문제풀이의 뼈대

① 먼저, 지문에 대한 평가를 요구하고 있으므로, 비판적 사고형이라는 것을 파악할 수 있다.

② 1개로 구성된 지문 3개에 대한 평가를 묻고 있기 때문에, 개별 지문의 주장을 파악해야 한다. 지문의 주장은 지문을 통해 근거−주장으로 구성된다. 이를 바탕으로 주장을 파악해야 한다.

지문별 주장

① (가) : 인간은 논리학의 규칙에 따라 사고하지 않는다.

② (나) : 결국 인간은 논리학의 규칙을 엄격하게 지키며 사고하진 않지만 실제 사고방식에 영향을 미친다.

③ (다) : 인간은 논리학의 규칙에 따라 사고하지 않지만, 논리학은 규범을 제시한다.

주장을 통한 지문별 관계

(가), (나)와 (다) 모두 인간이 논리학의 규칙에 따라 사고하지 않는다는 것을 주장하고 있기 때문에 서로 양립 가능한 관계에 있음을 알 수 있다. 또한, (나)와 (다)는 논리학이 인간의 사고방식에 영향을 미친다는 것 역시 함께 주장하고 있어 거의 유사한 주장을 하고 있다는 것까지도 확인 가능하다.

ㄱ. 둘 다 논리학의 규칙에 따라 사고하지 않는다고 하고 있으므로, (가)는 (나)를 약화시키지 못한다. (O)
ㄹ. 모두 논리학이 완전히 기술하는 것은 아니라고 하지만, 영향은 미친다고 주장한다. (O)

답 ③

다음 글의 주장을 약화하는 것만을 〈보기〉에서 모두 고르면?

베이즈주의는 확률을 이용해서 과학의 다양한 가설들을 평가하는 과학 방법론의 한 분야야. 그것은 새로운 정보의 유입에 따른 과학적 가설의 확률 변화 메커니즘을 제시한다. 새로운 정보가 유입되기 전 확률을 사전확률, 유입된 후의 확률을 사후확률이라고 한다. 따라서 베이즈주의가 제시하는 메커니즘은 사전확률과 새로운 정보로부터 사후확률을 결정하는 것이라고 할 수 있다. 베이즈주의자들이 사전확률을 결정할 때 고려해야 할 기준은, "A가 참일 확률과 A가 거짓일 확률의 합이 1이어야 한다."는 것과 같은 확률론의 기본 규칙을 준수해야 한다는 것뿐이다. 그럼 동일한 가설에 대해서 두 과학자가 극단적으로 다른 사전확률을 부여하는 것도 단지 확률론의 기본 규칙을 어기지 않는다는 이유로 허용될 수 있는가? 그렇다고 할 때 베이즈주의는 주관적이고 임의적인 사전확률을 허용하는 것으로 볼 수 있다. 바로 이 점에서 베이즈주의 과학 방법론은 과학의 객관성을 확보할 수 없다고 비판받는다.

하지만 동일한 가설에 부여하는 사전확률이 다르다는 것이, 그 사전확률의 결정이 완전히 임의적이라는 것을 함축하진 않는다. 물론 개개의 과학자들이 동일한 가설에 다른 사전확률을 부여할 때 가설에 대한 느낌에 의존할 수 있다. 이때 그 느낌은 가설을 제시한 사람에 대한 판단에서 비롯된 것일 수 있다. 하지만 과학자들이 사전확률을 부여할 때 의존하는 것은 느낌과 같은 것이 아니다. 그보다는 과학 공동체가 공유하고 있는 배경지식이 사전확률을 결정하는 데 있어 결정적인 역할을 한다.

베이즈주의 비판자들이 문제 삼는 주관적인 사전확률이란 배경지식을 고려한 것이 아니라, 가설을 제시한 사람에 대한 느낌과 같은 요소만 고려한 경우이다. 하지만 현실 과학자들의 사전확률은 언제나 배경지식을 토대로 한다. 만약 동일 가설에 대해서 두 과학자가 극단적으로 다른 사전확률을 가지고 있다면, 아마도 그 둘은 완전히 다른 배경지식을 가지고 있기 때문일 것이다. 그렇지만 동시대 과학자들이 완전히 다른 배경지식을 가지고 있는 경우는 거의 없다. 따라서 과학자들은 동일한 가설에 대해서 비슷한 사전확률을 부여하게 될 것이며, 이에 사전확률의 주관성 문제는 크게 완화될 것이다. 그러므로 베이즈주의 과학 방법론이 객관성을 확보할 수 없다는 주장은 성급하다.

보기

ㄱ. 동일한 배경지식을 가졌다는 것보다는 느낌과 같은 요소가 사전확률 결정에 더 중요한 영향을 미친다.

ㄴ. 특정 가설에 대해 동일한 사전확률을 부여한 사람들이 다른 느낌을 가지는 경우가 있다.

ㄷ. 동일한 배경지식을 가지고 있는 개개의 과학자들이 베이즈주의의 확률 변화 메커니즘을 따라 확률을 수정한다면, 그들 각각이 동일한 가설에 부여하는 확률들은 점차 일치할 것이다.

① ㄱ
② ㄴ
③ ㄱ, ㄷ
④ ㄴ, ㄷ
⑤ ㄱ, ㄴ, ㄷ

ㄱ. 제시문은 서로 다른 배경지식이 서로 다른 사전확률에 영향을 미쳤다고 하면서, 배경지식이 사전확률을 결정하는데 중요한 역할을 한다고 주장하므로, 배경지식이 사전확률 결정에 중요하지 않다는 진술은 주장을 약화시키게 된다. (○)

답 ①

02 자료해석 유형가이드

자료해석?

자료해석영역에서는 다양한 표와 그래프 등의 자료가 주어지는데, 1차적으로는 빠른 시간 안에 해당 자료에서 필요한 정보를 정확하게 찾아내야 하고, 2차적으로 주어진 정보를 가공할 수도 있어야 한다. 간단한 암산이나 사칙연산으로 해결되는 문제부터 논리적인 사고나 까다로운 계산을 요구하는 문제까지 다양하게 출제되므로 기출 유형에 익숙해지는 연습이 무엇보다 필요하다. 언어논리영역과 마찬가지로 총 40문항이 출제되며, 90분 내에 풀어야 한다.

출제 유형 분석

자료해석은 크게 ① 분수비교 · 증가율 · 퍼센트 · 곱셈비교선지, ② 자료가 두 개 이상인 경우, ③ 조건형, ④ 보고서형 총 4가지 유형으로 출제된다.

출제경향

1. 주어진 자료를 해석해서 풀어야 하는 문제가 가장 많은 비중을 차지하고 있으므로 해당 자료에서 필요한 정보를 찾아내는 것이 무엇보다 중요하다.
2. 17년도에 난도가 평이하게 출제된 이후로 비슷한 수준으로 문제가 출제되고 있다.

1 유형의 이해

분수비교, 증가율, 퍼센트를 비교하는 문제는 자료해석 선지의 70% 가량을 차지하는 매우 중요한 유형에 해당한다. 해당 유형에 대한 물 흐르는 듯한 풀이가 전제되지 않으면 자료해석을 시간 내에 다 풀 수 없다. 그렇기 때문에 우선은 선지의 표현이 분수비교, 증가율, 퍼센트를 가리키는 것인지 파악하고, 그 이후에는 어떤 지표가 해당 선지를 해결하는 값에 해당하는지 빠르게 체크하는 것이 매우 중요하다.

2 접근법

많은 수험생이 빨리 계산하면 된다는 생각으로, 계산연습을 주로 하는 유형이다. 물론, 연습이 전혀 되어 있지 않은 상황에선 계산 연습을 일정수준 이상 해줘야 문제를 조금이라도 익숙하게 풀어줄 수 있다.

하지만 그것보다 우선 되어야 하는 것은 내가 계산, 또는 비교할 식이 무엇인지 선정하는 것부터가 연습되어야 한다. 대부분의 수험생이 시간적인 측면에서 낭비를 저지르는 구간은 내가 확인할 식(숫자)을 구성하지 못해 헤메는 부분이다. 따라서 식을 세우기 위한(꼭 일일이 적지 않더라도) 연습이 우선적으로 되어야 하며, 내가 비교해야 하는 식을 선정한 이후에 비교/계산이 이뤄져야 된다. 특히, PSAT의 수치비교는 깐깐하게 요구되는 문제가 거의 없기 때문에 가볍게 비교해줄 수 있는 것이 필요하다.

3 주의할 점

분명 자료해석은 수를 다루기 때문에 산수를 잘할 수 있으면 도움이 된다. 하지만, 자료를 해석해야 한다는 과목명에 초점을 맞춰 구체적인 계산은 줄이고, 해석을 하기 위한 비교를 하려고 노력을 할 필요가 있다. 본 저자의 경우에는 분수비교, 증가율, 퍼센트 모두 분모와 분자의 증가율 비교를 통해 선지를 해결하며, 이때에도 1% 단위의 치밀한 계산이 아니라, 10% 단위, 세밀하게 들어가면 5% 단위로 어림산을 활용하는데 초점을 맞춘다. 계산과정이 깊어질수록 꼼꼼히 푸는 것이 아니라 무겁고, 실수유발 가능성을 안은 채로 문제 풀이하고 있다는 것을 명심하도록 한다.

4 들고다니면 좋은 공식(19단)

11×11=121	12×11=132	13×11=143	14×11=154	15×11=165	16×11=176	17×11=187	18×11=198	19×11=209
11×12=132	12×12=144	13×12=156	14×12=168	15×12=180	16×12=192	17×12=204	18×12=216	19×12=228
11×13=143	12×13=156	13×13=169	14×13=182	15×13=195	16×13=208	17×13=221	18×13=234	19×13=247
11×14=154	12×14=168	13×14=182	14×14=196	15×14=210	16×14=224	17×14=238	18×14=252	19×14=266
11×15=165	12×15=180	13×15=195	14×15=210	15×15=225	16×15=240	17×15=255	18×15=270	19×15=285
11×16=176	12×16=192	13×16=208	14×16=224	15×16=240	16×16=256	17×16=272	18×16=288	19×16=304
11×17=187	12×17=204	13×17=221	14×17=238	15×17=255	16×17=272	17×17=289	18×17=306	19×17=323
11×18=198	12×18=216	13×18=234	14×18=252	15×18=270	16×18=288	17×18=306	18×18=324	19×18=342
11×19=209	12×19=228	13×19=247	14×19=266	15×19=285	16×19=304	17×19=323	18×19=342	19×19=361

19단을 외워야 할 필요는 없다. 사실, 막상 외워도 떠오르지 않으면 외운 시간만 아깝다. 하지만 19단을 일일이 활용하기 위해서가 아니라, 수에 대한 대응력을 기르기 위해 외우는 노력을 해두는 것은 나쁘지 않다. 일단 제곱수들은 외워주는 것이 좋고, 나머지는 소수가 아닌 수를 중심으로 봐두는 것이 실전에서 좀 더 쓰임새 있다. 또한, 15의 배수, 25의 배수 정도는 알아두는 것이 실전 대응력을 키우는 데 도움이 된다.

다음 〈표〉는 2012년 어린이집 및 유치원의 11개 특별활동프로그램 실시 현황에 관한 자료이다. 이에 대한 〈보기〉의 설명 중 옳은 것만을 모두 고르면?

〈표〉 어린이집 및 유치원의 11개 특별활동프로그램 실시 현황

(단위 : %, 개, 명)

구 분 특별 활동 프로 그램	어린이집			유치원		
	실시율	실시 기관 수	파견 강사 수	실시율	실시 기관 수	파견 강사 수
미 술	15.7	6,677	834	38.5	3,250	671
음 악	47.0	19,988	2,498	62.7	5,294	1,059
체 육	53.6	22,794	2,849	78.2	6,600	1,320
과 학	6.0	( )	319	27.9	( )	471
수 학	2.9	1,233	206	16.2	1,366	273
한 글	5.8	2,467	411	15.5	1,306	291
컴퓨터	0.7	298	37	0.0	0	0
교 구	15.2	6,464	808	15.5	1,306	261
한 자	0.5	213	26	3.7	316	63
영 어	62.9	26,749	6,687	70.7	5,968	1,492
서 예	1.0	425	53	0.6	51	10

※ 1) 해당 특별활동프로그램 실시율(%)= $\dfrac{\text{해당 특별활동프로그램 실시 어린이집(유치원) 수}}{\text{특별활동프로그램 실시 전체 어린이집(유치원) 수}}$ ×100

2) 어린이집과 유치원은 각각 1개 이상의 특별활동프로그램을 실시하며, 2012년 특별활동프로그램 실시 전체 어린이집 수는 42,527개이고, 특별활동프로그램 실시 전체 유치원 수는 8,443개임

─── 보 기 ───

ㄱ. 특별활동프로그램 실시율이 40% 이상인 특별활동프로그램 수는 어린이집과 유치원이 동일하다.

ㄴ. 어린이집의 특별활동프로그램 중 실시기관 수 대비 파견강사 수의 비율은 '영어'가 '음악'보다 높다.

ㄷ. 파견강사 수가 많은 특별활동프로그램부터 순서대로 나열하면, 어린이집과 유치원의 특별활동프로그램 순위는 동일하다.

ㄹ. 특별활동프로그램 중 '과학' 실시기관 수는 유치원이 어린이집보다 많다.

① ㄱ, ㄴ
② ㄱ, ㄷ
③ ㄷ, ㄹ
④ ㄱ, ㄴ, ㄹ
⑤ ㄴ, ㄷ, ㄹ

ㄱ. (매칭)

어린이집의 특별활동프로그램 실시율이 40% 이상인 프로그램은 음악, 체육, 영어 3개이고, 유치원은 음악, 체육, 영어 3개이다.

ㄴ. (분수 비교)

어린이집 영어프로그램의 실시기관 수 대비 파견강사 수의 비율은 6,687/26,749이고, 음악프로그램의 실시기관 수 대비 파견강사 수의 비율은 2,498/19,988이다. 영어프로그램의 경우에는 약 1/4≒25% 정도가 되고, 음악프로그램의 경우 그 수를 기준으로 2,498에 4배를 해도 19,988에 한참 못 미치기 때문에 영어프로그램의 비율이 더 높다는 것을 알 수 있다.

ㄷ. (순서 비교)

어린이집의 파견강사 수가 많은 특별활동프로그램은 영어>체육>음악>미술>교구 순이고, 유치원의 파견강사 수가 많은 특별활동프로그램은 영어>체육>음악>미술>과학 순이기 때문에 동일하지 않다.

ㄹ. (곱셈 비교)

과학활동프로그램의 실시기관은 빈칸으로 제시가 되어 있기 때문에 실시율과 전체 기관 수의 곱을 통해 비교를 해야 한다. 따라서 어린이집의 경우 42,527×6.0%이고, 유치원의 경우 8,443×27.9%이다. 증가율을 활용해 비교하면, 기관 수는 어린이집이 유치원의 5배 정도에 해당하고, 실시율은 유치원이 어린이집의 4배가 조금 넘기 때문에 기관 수에 대한 어린이집의 증가율이 실시율에 대한 유치원의 증가율보다 크다는 것을 알 수가 있다. 따라서 어린이집의 과학활동프로그램 실시기관이 더 많다는 것을 알 수 있다. 이를 대략적으로 계산해서 확인하면, 어린이집의 경우 2,500개 정도, 유치원의 경우 2,400개 이하 정도임을 알 수 있다. 하지만 증가율로 연습해주는 것이 좋다.

답 ①

1 유형의 이해

자료가 두 개 이상인 경우에 가장 문제가 되는 것은 문제가 어려워지는 것보다, 선지에서 가리키고 있는 대상이 어디인지 명확하게 포착하지 못해 식을 세우는 데까지 시간이 너무 오래 낭비되버린다는 것이다. 이를 방지하기 위해 자료가 두 개 이상인 경우에는 무엇을 좀 더 유념해야 하는지 체크해둬야 한다.

2 접근법

자료가 두 개 이상이면, 어떤 자료가 무슨 내용을 담고 있는지 인식할 수 있어야 선지에서 가리키는 내용을 구성하기 위해 정확한 자료로 찾아올라갈 수가 있다. 그렇다면 자료에서 내용을 담고 있는 부분은 어디일까? 바로 '자료의 제목'과 '행', '열'의 제목들이 내용을 담고 있고, 추가로 각주까지도 포함할 수 있겠다. 이 얘기는 자료를 받았을 때, 셀값을 통해 내가 확인하고자 하는 선지를 찾는 것이 아니라, 선지에서 가리키는 대상이 어디에서 확인 가능한지만 알 수 있게 가볍고 빠르게 체크만 해두라는 것이다. 이 작업이 되는지 여부는 문제 풀이 시간에 엄청나게 많은 차이를 가져온다.

3 주의할 점

많은 실수를 저지르는 부분이라고 생각하는 것 중 하나가, 자료에서 중요한 것이 데이터(셀값)라고 생각하는 것이다. 하지만 지금 수험생이 주관식 문제로서, 자료를 읽고 보고서를 만드는 것이 아니므로 철저히 선지를 확인하기 위한 이정표만 만들어준다고 생각하면서 자료를 보는 것이 매우 중요하다.

4 들고다니면 좋은 공식(% 만들기)

자료해석에서 활용해야 하는 수치들은 분수가 중심을 이루기 때문에 %를 빠르게 만들어주는 것이 매우 중요하다. 하지만 아쉽게도 37%, 43%, 68% 이런 식의 모든 %수치를 빠르게 만들기는 어렵다. 하지만, 특정 메커니즘을 활용하면 좀 더 쉽고 빠르게 간단한 %를 만들어서 내 도구로 활용할 수 있으니 꼭 연습해보도록 한다.

① 10%의 활용

먼저, 특정 값에서 한 자리만 당겨주면 10%를 만들 수 있다. 예를 들면, 12,345의 10%는 1,234.5이다. 그리고 반대로 10%를 빼주면 90%를 만들 수 있다. 12,345−1,234=11,111이 된다. 여기서 알 수 있듯이 빼기(또는 나누기) 과정은 구체적인 계산을 하게 만들어버리기 때문에 곱하기와 더하기를 활용해서 수를 다뤄주는 것이 훨씬 좋다.

② 5%의 활용

5%는 10%의 절반이기 때문에, 100%의 절반인 50%에서 자릿수만 조정한 것이라는 것을 알 수 있다. 예를 들면, 12,345의 5%는 절반인 6,172.5에서 한 자리 당겨준 617이다. 이 두 개의 %를 빠르게 다뤄줄 수 있다면 특정 수를 다루는 데 도움이 많이 될 것이다.

③ 기타 쉽게 활용할 수 있어야 하는 %

2%나 20%와 같이 2를 곱해서 금방 확인할 수 있는 %, 1/3을 활용할 수 있는 32~34%, 65~67% 정도까지는 쉽게 %로 만들 수 있어야 한다.

④ 외우면 쓸 일이 있는 %

각종 1을 분자로 한 분수들은 외워두는 것이 좋다.

1/2	1/3	1/4	1/5	1/6	1/7	1/8	1/9	1/10
50%	33.3%	25%	20%	16.7%	14.1%	12.5%	11.1%	10%

다음 〈표〉와 〈그림〉은 조선시대 A군의 조사시기별 가구수 및 인구수와 가구 구성비에 대한 자료이다. 이에 대한 〈보기〉의 설명 중 옳은 것만을 모두 고르면?

〈표〉 A군의 조사시기별 가구수 및 인구수

(단위 : 호, 명)

조사시기	가구수	인구수
1729년	1,480	11,790
1765년	7,210	57,330
1804년	8,670	68,930
1867년	27,360	144,140

〈그림〉 A군의 조사시기별 가구 구성비

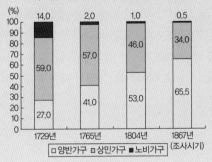

─ 보 기 ─
ㄱ. 1804년 대비 1867년의 가구당 인구수는 증가하였다.
ㄴ. 1765년 상민가구 수는 1804년 양반가구 수보다 적다.
ㄷ. 노비가구 수는 1804년이 1765년보다는 적고 1867년보다는 많다.
ㄹ. 1729년 대비 1765년에 상민가구 구성비는 감소하였고 상민가구 수는 증가하였다.

① ㄱ, ㄴ
② ㄱ, ㄷ
③ ㄴ, ㄹ
④ ㄱ, ㄷ, ㄹ
⑤ ㄴ, ㄷ, ㄹ

ㄱ. (분수비교)

가구당 인구수는 〈표〉에서 바로 확인 가능하다. 1804년의 경우 68,930/8,670이고, 1867년의 경우 144,140/27,360이다. 배율로 비교하면 분자의 경우 2배 이상이고, 분모의 경우 3배 이상이다. 따라서 1867년이 1804년보다 분모 증가율이 더 크기 때문에 분수 값은 더 작다는 것을 알 수 있다. 따라서 감소하였다.

ㄴ. (곱셈비교)

특정 계층의 가구수는 〈그림〉의 구성비와 〈표〉의 가구수를 곱한 값이므로, 곱셈비교임을 알 수 있다. 1765년의 상민가구 수는 57%×7,210이고, 1804년 양반가구수는 53%×8,670이다. 구성비의 증가율은 상민가구가 10% 이하이고, 가구수 증가율은 양반가구수가 약 20%에 달한다. 따라서 양반가구수가 더 많다.

ㄷ. (곱셈비교)

노비가구 수 역시 〈그림〉과 〈표〉의 곱셈비교이다.
• 1765년 : 7,210×2%
• 1804년 : 8,670×1%
• 1867년 : 27,360×0.5%
1804년은 1765년에 비해 구성비가 절반이지만, 가구수가 20% 정도밖에 크지 않아 1804년의 노비가구수가 더 적다는 것을 알 수 있다. 1867년은 반대로 1804년에 비해 구성비가 절반이지만, 가구수가 3배 이상이기 때문에 1804년이 더 적다는 것을 알 수 있다.

ㄹ. (곱셈비교)

1729년 대비 1765년의 상민가구 구성비는 59%에서 57%로 감소하였고, 상민가구수는 1729년에 1,480×59%, 1765년에 7,210×57%이므로, 가구수의 증가율이 훨씬 커서 1765년에 증가하였음을 알 수 있다.

답 ③

1 유형의 이해

가장 시간이 많이 걸리고, 많은 수험생이 스킵의 대상으로 삼는 문제 유형이다. 하지만, 연습이 안 되어 있을 뿐, 부담갖지 않고 연습하면 충분히 시간 내(3분 정도)에 풀 수 있으니 꼭 다음 접근법을 연습해두도록 한다.

2 접근법

조건이 주어져있기 때문에, 당연히 조건을 읽어야 한다. 하지만, 조건을 기억하기 위해 읽는 것이 아니라, 잠시 후 조건에 따른 식을 구성하기 위해 '확인'하기 위해 읽는다는 느낌을 갖는 것이 중요하다. '조건이 어디에 있으니 확인해야지'라는 마인드가 되어야지 '조건이 뭐였지'하면서 고민하고 있으면 문제를 시간 내에 풀 수 없다. 조건을 통해 제시되는 것은 크게 두가지이다. 곱하기만으로 이뤄진 식이거나 덧셈이 포함되어 있는 식으로 나눠진다. 그렇기 때문에 조건에서 던져준 식의 유형을 간단히 파악하고, 식을 세워나가려고 하면 패턴을 발견할 수 있다.

3 주의할 점

식을 이해한 이후에 문제를 풀려고 하지 말고, 조건에 따라 식을 하나씩 채워나가려고 해야 한다. '식을 이해하고 문제를 풀려면 이해하는 데 걸리는 시간+식을 채워나가는 데 걸리는 시간'이 들어 훨씬 시간과 체력적인 부담이 생겨버린다. 이해는 생각하는 것만큼 쉽게 짧은 시간에 이뤄지는 것이 아니기 때문에 배제하고, 그냥 식을 차곡차곡 채워보도록 한다.

4 들고다니면 좋은 공식(분수비교, 곱셈비교)

분수의 크기변화는 기본적으로 분모 증가율과 분자 증가율을 바탕으로 이뤄진다. 즉, 분모와 분자의 증가율을 빠르게 파악하는 것이 매우 중요하다는 것이다. 분모나 분자의 크기가 큰 경우 분모끼리, 분자끼리의 차이값을 구하고, 작은 분수와 차이값으로서의 분수와 비교를 하는 경우가 있는데 이 역시도 증가율 개념이 활용되는 것이므로 굳이 차이값을 구체적으로 구하려고 하기보다는 분모와 분자의 증가율을 앞서 언급한 것과 같이 빠르게 구해서 비교하는 것이 매우 중요하다.

예를 들어, $\dfrac{85}{137} > \dfrac{101}{167}$ 을 비교할 때, '분자 증가율은 20% 이하, 분모 증가율은 20% 이상이기 때문에 분수는 왼쪽이 더 크다.'는 식으로 비교를 해야 하는 것이다. 곱셈비교 역시 마찬가지이다.

위의 식을 양변으로 이항해보면, '85×167>101×137'이므로 마찬가지로 곱셈비교의 경우에도 증가율을 통해 비교를 해주면 된다. 따라서, 앞서 언급한 %를 빠르게 작업하는 연습을 해주는 것이 자료해석에서 주를 이루는 비교 메커니즘을 확보하는 방법이 될 것이다.

다음 〈정보〉와 〈표〉는 2014년 '부패영향평가' 의뢰기한 준수도 평가에 관한 자료이다. '갑'~'무' 기관을 평가한 결과 '무' 기관이 3위를 하였다면 '무' 기관의 G 법령안 '부패영향평가' 의뢰일로 가능한 날짜는?

─ 정보 ─
- 각 기관은 소관 법령을 제정·개정하기 위하여 법령안을 제출하여 '부패영향평가'를 의뢰한다.
- 각 기관의 '부패영향평가' 의뢰기한 준수도는 각 기관이 의뢰한 법령안들의 의뢰시기별 평가점수 평균이고, 순위는 평가점수 평균이 높은 기관부터 순서대로 부여한다.
- 법령안의 의뢰시기별 평가점수
  - 관계기관 협의일 이전 : 10점
  - 관계기관 협의일 후 입법예고 시작일 이전 : 5점
  - 입법예고 시작일 후 입법예고 마감일 이전 : 3점
  - 입법예고 마감일 후 : 0점

〈표 1〉 2014년 '갑'~'무' 기관의 의뢰시기별 '부패영향평가' 의뢰 현황

(단위 : 건)

구분 기관	의뢰시기별 법령안 건수				합
	관계기관 협의일 이전	관계기관 협의일 후 입법예고 시작일 이전	입법예고 시작일 후 입법예고 마감일 이전	입법예고 마감일 후	
갑	8	0	12	7	27
을	40	0	6	0	46
병	12	8	3	0	23
정	24	3	20	3	50
무	( )	( )	( )	( )	7

※ 예 '갑' 기관의 '부패영향평가' 의뢰기한 준수도 :

$$\frac{(8건 \times 10점)+(0건 \times 5점)+(12건 \times 3점)+(7건 \times 0점)}{27}=4.30$$

〈표 2〉 2014년 '무' 기관 소관 법령안별 관련 입법절차 일자 및 '부패영향평가' 의뢰일

법령안	관계기관 협의일	입법예고 시작일	입법예고 마감일	'부패영향평가' 의뢰일
A	1월 3일	1월 17일	2월 24일	1월 8일
B	2월 20일	2월 26일	4월 7일	2월 24일
C	3월 20일	3월 26일	5월 7일	3월 7일
D	3월 11일	3월 14일	4월 23일	3월 10일
E	4월 14일	5월 29일	7월 11일	5월 30일
F	7월 14일	7월 21일	8월 25일	8월 18일
G	9월 19일	10월 15일	11월 28일	( )

① 9월 17일
② 10월 6일
③ 11월 20일
④ 12월 1일
⑤ 12월 8일

- 먼저 확인해야 하는 것은 〈정보〉에서 몇 가지 정보를 제공하는지이다. 본 문제의 경우 사실상 필요한 정보는 두 가지이다. 하나는 두 번째 정보로서, 의뢰기한 준수도가 무엇인지와 순위가 어떻게 매겨지는지이다. 또 다른 하나는 의뢰시기별 평가점수의 기준인 의뢰시기가 어떻게 구분되는지이다.

- 이 두 가지에 대한 정보를 명확하게 구분하지 못한다면 문제를 풀면서 헤매게 되는 것이다. 이를 구분한 이후에는 해당 정보를 바탕으로 주어진 자료에서 얻을 수 있는 것들을 하나씩 얻어보도록 한다.

- 〈표 2〉를 보면, 무의 경우 G를 제외한 6개의 법령을 통해 36점을 얻고 있어서 현재까지 의뢰기한 준수도가 6점임을 알 수 있다. 여기서 G가 10점을 받으면 6점에서 더 높아질 것이고, 다른 점수를 받으면 6점 미만이 될 것임을 확인할 수 있기 때문에 이를 기준으로 두고, 〈표 1〉을 통해 나머지 기관들의 의뢰기한 준수도를 확인해야 한다. 다행히 갑은 4.30점으로 제시가 되어있으므로, 다른 기관 역시 같은 방식으로 의뢰기한 준수도를 확인해보도록 한다.

  - 을 : $\frac{(40 \times 10)+(6 \times 3)}{46}=9.09$

  - 병 : $\frac{(12 \times 10)+(8 \times 5)+(3 \times 3)}{23}=7.35$

  - 정 : $\frac{(24 \times 10)+(3 \times 5)+(20 \times 3)+(3 \times 0)}{50}=6.3$

위 내용을 통해 을이 1위, 병이 2위라는 것을 알 수 있다. 무를 제외한 기관 중 3위는 정인데, 무가 전체 중 3위가 되어야하므로, 무가 3위가 되려면 법령안 G를 반영하여 6.3점이 넘게 해야 한다는 것이다. 그렇게 하기 위해선 현재 의뢰기한 준수도가 6점이므로, 10점을 받아서 6점보다 높게 만드는 수밖에 없기 때문에 법령안 G는 9월 17일을 의뢰일로 해야 한다.

답 ①

1 유형의 이해

보고서가 주어지는 문제는 '보고서의 내용과 일치하는 표/차트', '보고서의 내용에 추가로 필요한 자료'로 크게 나눌 수 있다.

2 접근법

먼저 '보고서의 내용과 일치하는 표/차트' 문제의 경우에는 데이터(셀값)의 일치여부를 묻기 때문에 순차적인 판단을 통해 빠르게 데이터를 확인하면 된다. 즉, 해당 선지가 가리키고 있는 내용을 포함하고 있는 선지가 무엇인지 선지의 제목을 통해 파악할 수 있어야 하고, 그 다음은 선지의 행제목 또는 열제목을 통해 보고서에서 가리키는 내용이 어디서 확인 가능한지 빠르게 찾고 데이터의 일치여부로 넘어가면 된다.

다음으로는 '보고서의 내용에 추가로 필요한 자료' 문제의 경우이다. 추가로 '필요하다'는 것은 주어진 자료로는 확인할 수 없다는 것을 의미하기 때문에, 보고서에 제시된 데이터는 의미가 없다. 따라서 보고서에서 가리키는 내용이 주어진 자료에 행/열제목으로 존재하는지만 확인하면 된다. 존재하지 않는다면 추가로 필요한 자료이기 때문에 이를 선지에서 체크해주면 문제가 없다.

3 주의할 점

데이터를 찾아서 행/열을 통해 보고서가 맞는 것인지 확인하는 것이 아니라, 철저하게 제목─행/열─데이터의 순으로 자료를 해석해야 한다는 점을 명심한다.

4 들고다니면 좋은 공식(인수분해)

인수분해라고 함은 하나의 숫자 또는 식을 인수로 분해하는 것을 가리킨다.

예를 들면, '$80 \times 4 = 320$' 이라는 식이 있을 때, 이것을 '$8 \times 10 \times 4 = 20 \times 4 \times 4$, $16 \times 5 \times 4$' 등으로 만들어 줄 수 있어야 한다는 것이다. 인수분해라고 하면, 소인수분해나 인수분해를 다루는 완전제곱식과 같은 공식의 암기가 반드시 필요한 것은 아니지만, 소위 말하는 수적 감각을 익히기 위해서는 소인수분해를 연습하거나 기본적인 인수분해 공식에 익숙해지는 것이 좋다.

다음 〈그림〉과 〈표〉를 이용하여 〈보고서〉를 작성하였다. 제시된 〈그림〉과 〈표〉 이외에 추가로 필요한 자료만을 〈보기〉에서 모두 고르면?

〈그림〉 박사학위 취득자의 성별, 전공계열별 고용률 현황

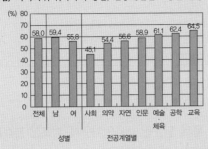

〈표〉 박사학위 취득자 중 취업자의 고용형태별 직장유형 구성비율

(단위 : %)

직장유형 \ 고용형태	전 체	정규직	비정규직
대 학	54.2	9.3	81.1
민간기업	24.9	64.3	1.2
공공연구소	10.3	8.5	11.3
민간연구소	3.3	6.4	1.5
정부 · 지자체	1.9	2.4	1.7
기 타	5.4	9.1	3.2
계	100.0	100.0	100.0

【보고서】

　박사학위 취득자의 전체 고용률은 58.0%이었다. 전공계열 중 교육계열의 고용률이 가장 높고 그 다음으로 공학계열, 예술 · 체육계열, 인문계열의 순으로 나타났으며, 사회계열, 의약계열과 자연계열의 고용률은 상대적으로 낮았다.

　박사학위 취득자 중 취업자의 직장유형 구성비율을 살펴보면 대학이 가장 높았고, 그 다음으로 민간기업, 공공연구소 등의 순이었다.

　박사학위 취득자 중 취업자의 고용형태를 살펴보면, 여성 취업자 중 비정규직 비율은 75% 이상이었다. 전공계열별로는 인문계열의 비정규직 비율이 가장 높고, 그 다음으로 예술 · 체육계열, 의약계열, 사회계열, 자연계열, 교육계열, 공학계열 순으로 나타났다. 정규직은 과반수가 민간기업에 소속된 반면, 비정규직은 80% 이상이 대학에 소속된 것으로 나타났다.

　박사학위 취득자 중 취업자의 고용형태에 따라 평균 연봉 차이가 큰 것으로 나타났다. 정규직 취업자의 직장유형을 기타를 제외하고 평균 연봉이 높은 것부터 순서대로 나열하면 민간기업, 민간연구소, 공공연구소, 대학, 정부 · 지자체 순이었다. 또한, 비정규직 내에서도 직장유형별 평균 연봉의 편차가 크게 나타났다.

【보기】
ㄱ. 박사학위 취득자 중 취업자의 전공계열별 고용형태
ㄴ. 박사학위 취득자 중 취업자의 성별, 전공계열별 평균 연봉
ㄷ. 박사학위 취득자 중 취업자의 고용형태별, 직장유형별 평균 연봉
ㄹ. 박사학위 취득자 중 취업자의 성별 고용형태
ㅁ. 박사학위 취득자 중 비정규직 여성 취업자의 전공계열별 평균 근속기간

① ㄱ, ㄴ, ㄷ
② ㄱ, ㄷ, ㄹ
③ ㄱ, ㄷ, ㅁ
④ ㄴ, ㄷ, ㄹ
⑤ ㄴ, ㄹ, ㅁ

답 ②

〈보고서〉 읽기

① 1문단 : 박사학위 취득자의 전체 고용률을 계열별로 다루고 있다. 이는 〈그림〉을 통해 확인할 수 있는 내용이다.

② 2문단 : 박사학위 취득자 중 취업자의 직장유형 구성비율을 다루고 있다. 이는 〈표〉를 통해 확인할 수 있는 내용이다.

③ 3문단 : 박사학위 취득자 중 취업자의 고용형태를 성별 및 전공계열별로 다루고 있다. 하지만 성별, 전공계열별 취업자의 고용형태는 확인할 수 없다.

④ 4문단 : 박사학위 취득자 중 취업자의 고용형태에 따른 평균 연봉을 비교하고 있다. 하지만 평균연봉은 확인할 수 없다.

※ 이렇게 〈보고서〉의 추가로 필요한 자료의 문제는 보고서의 각 문단 내에 제시되는 소재를 통해 '확인 가능성'을 따지는 것이다. 구체적인 데이터의 확인까지는 필요가 없다.

보기 풀이

ㄱ. 추가로 필요하다.
ㄴ. 성별, 전공계열별 평균연봉은 다루고 있지 않기 때문에 필요하지 않다.
ㄷ. 추가로 필요하다.
ㄹ. 추가로 필요하다.
ㅁ. 평균 근속기간에 대해서는 다루고 있지 않기 때문에 필요하지 않다.

03 상황판단 유형가이드

상황판단?

상황판단영역은 수험생이 가장 어려워하는 영역이다. 상황구성형 문제, 단순한 내용일치문제, 법조문 분석문제, 계산형 문제 등 특정 유형으로 한정할 수 없는 여러 형태의 문제들이 다양한 주제에서 출제되기 때문이다. 따라서 실전에서 어떤 문제가 나오든 당황하지 않도록 많은 문제를 접해보고, 유형별로 본인만의 전략을 세우는 것이 무엇보다 중요하다.

출제 유형 분석

상황판단은 크게 ① 상황구성형, ② 부합문제, ③ 법조문, ④ 계산형 총 4가지 유형으로 출제된다.

출제경향

1. 과학, 사회, 역사 등의 다양한 분야의 글과 표, 그래프 등의 자료가 출제된다.
2. 문제에 제시되는 정보의 양이 늘어나 필요한 정보를 빠르게 파악하기 어려운 이유로 수험생의 체감 난도가 높아지고 있다.

1 유형의 이해

흔히 퀴즈형으로 불리고, 접근법에 대해 가장 추상적인 고민을 하고 있는 유형이다. 그렇기 때문에 일부러 상황구성형이라고 이름 붙인 것인 만큼 잘 이해해서 문제를 해결해나가도록 한다. 퀴즈형이라고 규정한 경우 학생들에게 퀴즈형이 무슨 문제인지 물으면, 대부분 뭉뚱그려서 표현한다. 이것은 잘 모른다는 것을 뜻하며, 수험생이 해당 유형을 구분하지 못하고, 나아가 문제를 풀기 위한 접근법을 떠오르지 못한다는 것을 의미한다. 따라서 지금부터 다루는 문제 유형은 상황을 구성해야 문제를 풀 수 있다는 것을 염두해두고 접근법을 정리하도록 한다.

2 접근법

지금까지의 문제는 문제에서 상황이 주어진다. 그렇기 때문에, 상황을 구성하는 것이 아니라, 상황을 바르게 판단하기 위해 기준을 잘 찾기 위한 훈련을 해왔다. 하지만, 이번 유형은 상황이 주어지지 않거나, 완성되지 못한 채 주어지게 된다. 그렇기 때문에 문제를 해결하기 위해서는 일정 수준 이상 상황을 구성할 수 있어야 하고, 이를 위해서는 주어진 조건을 활용해, 구성 가능한 수준까지의 고정 상황을 구성해야 한다.

조건을 보는 법은 지금까지와 같다. 조건마다 다루는 소재값들을 확인하면서, 차근차근 확실하게 얘기할 수 있는 상황까지만 구성을 하는 것이다. 그렇게 구성을 하다보면 상황이 완성돼서 경우의 수가 구분되지 않고 문제를 풀 수 있는 경우와 고정 상황만으로는 모든 상황이 완성이 되지 않아서 경우의 수가 구분되는 경우로 나눠질 것이다. 여기서 경우의 수가 나뉘는 모든, 또는 유력한 상황을 가정하기 전까지의 작업만 해주고 선지를 해결하러 넘어가야 한다.

3 주의할 점

간혹 상황구성형 문제에서 고정 상황이 완성되지 않는 경우에, 가정을 잘하는 법에 대한 고민을 하는 경우가 있다. 하지만 상황판단에서 절대 유념해야 하는 것은 '가정하지 말라'는 것이다. 반드시 추가적인 가정을 하지 않고, 확실하게 말할 수 있는 고정상황까지만 구축을 하고 선지로 넘어가는 것이 중요하다. 상황판단 문제는 얼마나 가정을 잘 하는지를 시험하고자 하는 것이 아니라, 주어진 상황에서 확인할 수 있는 것을 구분할 수 있는지를 평가하는 것이다. 이 점에 입각해 문제를 풀어야 모든 문제를 시간 내에 단계적으로 해결해나갈 수 있다.

다음 글과 〈대회 종료 후 대화〉를 근거로 판단할 때, 비긴 카드 게임의 총 수는?

다섯 명의 선수(甲~戊)가 카드 게임 대회에 참가했다. 각 선수는 대회에 참가한 다른 모든 선수들과 일대일로 한 번씩 카드 게임을 했다. 각 게임의 승자는 점수 2점을 받고, 비긴 선수는 점수 1점을 받고, 패자는 점수를 받지 못한다.

이 카드 게임 대회에서 각 선수가 얻은 점수의 총합이 큰 순으로 매긴 순위는 甲, 乙, 丙, 丁, 戊 순이다. (단, 동점은 존재하지 않는다)

대화 종료 후 대화

乙 : 난 한 게임도 안 진 유일한 사람이야.
戊 : 난 한 게임도 못 이긴 유일한 사람이야.

① 2번
② 3번
③ 4번
④ 5번
⑤ 6번

승점 문제의 구분

승점 문제는 3점제인지 아니면 2점제인지 구분을 해야 한다. 3점제의 경우에는 발생가능한 승점을 물을 것이고, 2점제인 경우에는 본 문제와 같이 몇 게임이 있었는지 묻게 될 것이다. 그 이유는 2점의 경우, 경기당 발생승점이 2점으로 제한되기 때문이다. 예를 들어, 1경기에서 발생할 수 있는 상황은 승과 패가 나뉘는 상황이거나 양 팀이 무승부를 기록하는 경우인데, 이 때는 승자 2점, 패자 0점을 받거나 양자가 1점씩 받게 되므로 총점은 2점이 된다. 즉, 1경기에서 발생할 수 있는 승점이 2점이기 때문에 승점과 경기 수가 연동되어 물어보게 되는 것이다.

주어진 조건을 통한 고정 상황 구성

라운드당 2점이 발생할 것이고, 다섯 명의 선수가 일대일로 한 번씩 게임을 했기 때문에 총 10게임이 치러지고, 발생한 승점은 20점임을 알 수 있다.

을이 한 게임도 안 졌다는 것은, 1위인 갑이 4게임 중 3승 1패거나 2승 1무 1패를 했음을 의미한다. 그런데 갑이 2승 1무 1패를 했다면, 동점 없이 갑>을>병>정>무의 최종 순위가 구성되기 위해서는 승점이 5>4>3>2>1점이 되기 때문에 총 승점이 20점이 될 수 없다. 따라서 갑은 3승 1패 6점을 얻었고, 을 : 5점, 병 : 4점, 정 : 3점, 무 : 2점을 얻었음을 알 수 있다.

또한 을이 무패로 승점 5점을 얻으려면, 을은 1승 3무만 가능하다. 그리고 무가 한 게임도 이기지 못 했으면서 2점을 얻었다는 것은 2무 2패임을 알 수 있다. 게다가 나머지 선수들은 1승과 1패 이상씩을 각각 기록해야 하므로, 병은 4점이므로 1승 2무 1패, 정은 3점이므로 1승 1무 2패를 했어야 한다.

고정 상황을 통한 최종 확인

따라서 모든 무승부 경기는 (3+2+2+1)/2=8/2=4게임이다.

답 ③

다음 글을 근거로 판단할 때, 2017년 3월 인사 파견에서 선발될 직원만을 모두 고르면?

- △△도청에서는 소속 공무원들의 역량 강화를 위해 정례적으로 인사 파견을 실시하고 있다.
- 인사 파견은 지원자 중 3명을 선발하여 1년 간 이루어지고 파견 기간은 변경되지 않는다.
- 선발 조건은 다음과 같다.
  - 과장을 선발하는 경우 동일 부서에 근무하는 직원을 1명 이상 함께 선발한다.
  - 동일 부서에 근무하는 2명 이상의 팀장을 선발할 수 없다.
  - 과학기술과 직원을 1명 이상 선발한다.
  - 근무 평정이 70점 이상인 직원만을 선발한다.
  - 어학 능력이 '하'인 직원을 선발한다면 어학 능력이 '상'인 직원도 선발한다.
  - 직전 인사 파견 기간이 종료된 이후 2년 이상 경과하지 않은 직원을 선발할 수 없다.
- 2017년 3월 인사 파견의 지원자 현황은 다음과 같다.

직 원	직 위	근무 부서	근무 평정	어학 능력	직전 인사 파견 시작 시점
A	과장	과학기술과	65	중	2013년 1월
B	과장	자치행정과	75	하	2014년 1월
C	팀장	과학기술과	90	중	2014년 7월
D	팀장	문화정책과	70	상	2013년 7월
E	팀장	문화정책과	75	중	2014년 1월
F	–	과학기술과	75	중	2014년 1월
G	–	자치행정과	80	하	2013년 7월

① A, D, F
② B, D, G
③ B, E, F
④ C, D, G
⑤ D, F, G

주어진 조건 확인

조건을 정리하면서 이해해보면 다음과 같다.
① 조건 1 : 과장을 선발하면, 동일 부서 직원을 선발해야 한다(A → C ∨ F, B → G).
② 조건 2 : 동일 부서에 근무하는 2명 이상의 팀장을 선발할 수 없다[~(D ∧ E)].
③ 조건 3 : 과학기술과 직원을 1명 이상 선발한다. (A ∨ C ∨ F)
④ 조건 4 : 근무 평정이 70점 이상인 직원만을 선발한다(~A).
⑤ 조건 5 : 어학 능력이 '하'인 직원을 선발하는 상황은 다양한 상황이기 때문에 배제하고 마지막에 확인만 한다.
⑥ 조건 6 : 직전 인사 파견 기간이 종료된 이후 2년 이상 경과하지 않은 직원을 선발할 수 없다(~C).

고정 상황 이해

A, C는 선발될 수 없다. 나머지는 확실하게 말할 수 있는 것이 없으므로, 여기까지 파악해두고, 선지로 넘어간다.

선지의 가능성 판단

① A가 선발되었기 때문에 불가능하다.
② 조건 1에 따라 B가 선발되면 G가 선발되어야 한다. 조건 2에 따라 D와 E가 동시에 선발되지 않았다. 마지막으로 조건 3에 따라 과학기술과 직원이 1명 이상 선발되어야 하는데 그렇지 않았다.
③ 조건 1에 따라 B가 선발되면 G가 선발되어야 하는데, 선발되지 않았다.
④ C가 선발되었기 때문에 불가능하다.
⑤ 조건 2에 따라 D와 E가 동시에 선발되지 않았다. 조건 3에 따라 과학기술과 직원인 F가 선발되었다. 조건 5에 따라 어학능력이 '하'인 G가 선발되었지만, 어학능력이 '상'인 D가 선발되었기 때문에 문제되지 않는다.
∴ 따라서 답은 ⑤번이다. 고정 상황을 구성하고, 다양한 상황 값을 가정하는 것이 아니라 선지로 넘어가서 선지로서의 상황이 발생 가능한지 확인하면 된다.

답 ⑤

1 유형의 이해

상황판단의 부합문제는 설명문을 다루고 있다는 것에 주목해야 한다. 설명문의 지문 구성방식은 설명 대상을 선정하고, 설명할 항목에 따라 구분하여 구체적인 분석을 하는 것으로 이뤄지게 된다. 그러므로 상황판단의 부합지문을 살펴보면, 첫 번째 문단에서 커다란 소재를 던져주고, 마지막 문단까지 해당 소재를 다양한 각도로 설명하게 되는 것을 확인할 수 있다. 따라서 논리적 사고를 보다 강하게 요구/활용하는 논설문을 메인 테마로 하고 있는 언어논리와 지문의 성격이 같지 않고, 지문을 읽어서 푸는 문제임에도 불구하고 굳이 언어논리와 상황판단이 구분되어 출제되는 것이다.

2 접근법

문제와 지문의 형태를 통해 부합 문제임을 판단해야 한다. 언어논리의 추론형 문제 파악방식과 마찬가지로, 문제에서 '알 수 있는 것은?', '부합하는 것은?'과 유사한 형태로 질문이 구성된다면 부합문제임을 판단할 수 있다.

지문은 대부분이 설명문이기 때문에, 첫 문단에서 지문에서 메인으로 다루는 소재를 파악해야 한다. 주로 첫 문장이나 두 번째 문단 정도에서 다루고자 하는 대상이 무엇인지 언급하게 될 것이고, 흔히 키워드라고 얘기할 정도로 반복적으로 다뤄지는 대상이 메인 소재임을 알 수 있을 것이다. 또한, 이 소재가 문단마다 어떻게 구성되는지를 구분하고 문단별 중심 목차를 구분해주면 선지를 확인할 때, 찾아가기가 수월해짐을 느낄 수 있을 것이다.

3 주의할 점

상황판단 부합문제에서 가장 문제가 되는 것은 지문을 꼼꼼히 읽는 것이다. 지문을 꼼꼼히 읽으면, 실제로 중요한 문단별 소재가 아닌 임의적 중요도에 따른 내용에 강조점을 두는 경우가 많다. 그렇게 되면, 시간은 시간대로 소모하고 선지를 확인할 때 방향성은 방향성대로 잃기 때문에 답과 상관없는 작업을 하는 시간이 너무 길어지게 된다. 그렇기 때문에 철저하게 지문/문단의 소재를 구분하는 것에 중점을 두어야 한다.

다음 글을 근거로 판단할 때 옳은 것은?

조선시대 신문고(申聞鼓)가 처음으로 등장한 것은 태종 1년인 1401년의 일이다. 태종과 신하들은 신문고가 백성들의 생각을 국왕에게 전달할 수 있는 통로로써 기능할 것으로 기대하였다. 그리고 신문고를 설치한 구체적인 이유로 2가지를 제시하였다. 하나는 억울한 일을 당한 백성들이 국왕에게 호소할 수 있는 길을 열어주는 것이었다. 다른 하나는 백성들이 신문고로 국왕에게 직접 호소할 수 있다는 점을 수령들이 두려워하여 마음을 다해 상세히 백성들의 호소를 살피도록 하기 위함이었다.

백성들이 신문고를 치는 이유는 무엇보다도 원통함과 억울함 때문이었다. 국왕이 신문고를 설치하면서 제시한 이유도 원통함과 억울함을 풀어주는 데 있었다. 『조선왕조실록』에 기록된 사례를 보면 자신이 소유한 노비를 위세 있는 사람에게 빼앗겼다고 신문고를 쳐서 호소하기도 하고, 노비 소유와 관련된 소송에서 관원이 잘못된 판결을 내렸다고 신문고를 두드리기도 하였다.

재상 하륜(河崙)은 신문고를 운영하는 몇 가지 원칙을 제시하였다. 그는 백성들의 호소가 '사실이면 들어주고, 거짓이면 벌을 내린다'는 점을 강조하였다. 그리고 신문고를 치려면 일정한 단계를 거쳐야 하는데 이를 건너뛰어도 벌을 주어야 한다고 하였다.

신문고를 치기 위한 단계는 다음과 같다. 우선, 한성부에 살고 있는 자는 한성부의 주무관청에 호소하고, 지방에 살고 있는 자는 수령에게 호소하는 단계를 거쳐야 했다. 그렇게 하여도 원통하고 억울함이 있으면 사헌부(司憲府)에 고소하고, 그래도 또 원통하고 억울함이 있으면 신문고를 칠 수 있었다. 신문고를 친 사람이 호소한 내용은 의금부의 당직 관리가 잘 정리하여 국왕에게 보고하였다. 그러나 역모를 꾀하여 장차 종묘사직(宗廟社稷)을 위태롭게 하거나 종친 등을 모해(謀害)하여 화란(禍亂)을 일으키려는 자를 고발하는 것이라면, 곧바로 신문고를 치는 것이 가능하였다.

① 노비 소유와 관련된 사적 분쟁 문제도 신문고를 통해 호소할 수 있었다.
② 한성부에 살고 있는 甲은 신문고를 치기 전까지 최소 3번의 단계를 거쳐야 했다.
③ 종묘사직의 안위에 대한 문제를 고발할 때에는 더욱 엄격한 단계를 거쳐야만 신문고를 칠 수 있었다.
④ 백성이 수령에게 억울함을 직접 호소할 수 있는 길을 열어주기 위해 태종 때 신문고가 모든 관아에 설치되었다.
⑤ 하륜은 백성들이 신문고를 적극 활용할 수 있도록 억울함을 호소하는 내용이 거짓이더라도 불이익을 주지 않아야 한다고 강조하였다.

문단의 소재 파악

① 1문단 : 조선시대 신문고. 신문고의 등장에 대해 다루고 있다.
② 2문단 : 신문고를 치는 이유를 다루고 있다.
④ 3문단 : 하륜이 제시한 신문고 운영원칙을 다루고 있다.
④ 4문단: 신문고를 치기 위한 단계를 다루고 있다. 좀 더 구체적으로는 지역별 거주자에 따른 단계와 단계를 생략할 수 있는 예외에 대해서 다룬다.

선지 파악

① 신문고를 치는 이유를 다루는 것으로 볼 수 있다. 2문단에서 확인 가능하고, 노비 소유와 관련된 소송에서 잘못된 판결을 내렸다고 신문고를 두드렸다는 것을 통해 확인 가능하다.
② 신문고를 치는 단계를 다루는 것으로 볼 수 있다. 따라서 4문단에서 확인 가능하다는 것을 알 수 있다. 4문단에서, 한성부에 살고 있는 자는 한성부 주무관청. 사헌부에 고소, 그리고 신문고를 칠 수 있었다고 하여 2번의 단계가 필요하다.
③ 마찬가지로 신문고를 치는 단계를 다루고 있다. 4문단에서, 종묘사직을 위태롭게 하는 자를 고발하는 것이라면 곧바로 신문고를 치는 것이 가능하다고 한다.
④ 조선시대 신문고 도입과 관련된 내용을 다루고 있다. 1문단에서 모든 관아에 설치되어 있다는 얘기를 찾을 수는 없기 때문에 알 수 없다고 보면 된다. 다른 문단을 통해 보충적으로 확인하더라도, 신문고를 치는 단계가 복잡하다는 점을 통해 모든 관아에는 설치되지 않았다고 생각해도 문제는 없다.
⑤ 하륜을 다루고 있다. 3문단에서 하륜의 운영 원칙을 통해 확인할 수 있고, 하륜은 거짓이면 벌을 내린다는 원칙을 강조하였다.

답 ①

1 유형의 이해

상황판단에서는 법조문이라는 형태의 지문이 제시된다. 법조문은 앞서 언급한 설명문과 크게 다르지 않다. 법조문은 '조-항-호-목'으로 특유의 지문 구성형태가 이뤄지는데 여기서 '조'는 설명문에서 '문단'에 대응되는 개념이고, '항'은 '문장'에 대응되는 개념에 해당한다. 따라서 설명문을 보는 법과 크게 다르지 않은 것이다.

2 접근법

법조문에서 언급되는 문제의 표현은 부합과 유사하다. 하지만 지문의 형식이 일반적인 설명문과는 차이가 크기 때문에 법조문이라고 판단하는 데에는 크게 무리가 없다. 또한 지문 제목으로 〈규정〉이나 〈조건〉과 같은 표현이 제시되기 때문에 법조문 문제임을 이러한 도구들을 활용해 빠르게 파악할 수 있다.

법조문의 지문을 확인하기 위해서는 설명문을 보는 것과 마찬가지로, 각 '조'의 소재를 구분하는 것이 우선되어야 한다. 다행히 설명문과 달리 각 '조'별로 '제목'을 달아주는 경우가 많기 때문에 이것을 통해 빠르게 파악해줄 수 있고, 설명문에 비해 문단에 대응되는 하나의 '조'에서 다양한 상황별 요건을 제시해준다. 상황판단 과목은 주어진 문제 상황이나 선지 상황에서의 판단이 옳은지를 확인하는 것이기 때문에, 문제 상황이나 선지 상황이 어떤 상황 요건을 주는지 판단하는 것이 중요하다. 따라서 법조문에서 언급하는 각 항마다의 요건을 확인하고, 그것을 통해 상황을 판단할 준비를 해주어야 한다.

즉, 법조문에서의 각 항마다의 요건은 육하원칙에서 '언제'를 가리키는 케이스(~한 경우)임을 통해 표현된다는 것을 인지하고, 이를 체크해줘야 한다는 것이다.

3 주의할 점

법조문 문제를 접근하기 위해 법조문의 '효과'인 서술어 부분을 중시하는 경우를 볼 수 있다. 하지만 이것은 사법시험과 같이 법조문의 내용을 '암기'하고 문제를 풀 때 효과적이고, 적성검사처럼 법조문을 보고 찾는 문제에서는 그다지 효과적이지 못하다. 따라서 법조문의 요건에 힘을 실어주는 연습을 하도록 한다.

다음 글을 근거로 판단할 때 옳지 않은 것은?

> **제00조(예비이전후보지의 선정)** ① 종전부지 지방자치단체의 장은 군 공항을 이전하고자 하는 경우 국방부장관에게 이전을 건의할 수 있다.
> ② 제1항의 건의를 받은 국방부장관은 군 공항을 이전하고자 하는 경우 군사작전 및 군 공항 입지의 적합성 등을 고려하여 군 공항 예비이전후보지(이하 '예비이전후보지'라 한다)를 선정할 수 있다.
> **제00조(이전후보지의 선정)** 국방부장관은 한 곳 이상의 예비이전후보지 중에서 군 공항 이전후보지를 선정함에 있어서 군 공항 이전부지 선정위원회의 심의를 거쳐야 한다.
> **제00조(군 공항 이전부지 선정위원회)** ① 군 공항 이전후보지 및 이전부지의 선정 등을 심의하기 위해 국방부에 군 공항 이전부지 선정위원회(이하 '선정위원회'라 한다)를 둔다.
> ② 위원장은 국방부장관으로 하고, 당연직위원은 다음 각 호의 사람으로 한다.
> 1. 기획재정부차관, 국토교통부차관
> 2. 종전부지 지방자치단체의 장
> 3. 예비이전후보지를 포함한 이전주변지역 지방자치단체의 장
> 4. 종전부지 및 이전주변지역을 관할하는 특별시장·광역시장 또는 도지사
> ③ 선정위원회는 다음 각 호의 사항을 심의한다.
> 1. 이전후보지 및 이전부지 선정
> 2. 종전부지 활용방안 및 종전부지 매각을 통한 이전주변지역 지원방안
> **제00조(이전부지의 선정)** ① 국방부장관은 이전후보지 지방자치단체의 장에게 「주민투표법」에 따라 주민투표를 요구할 수 있다.
> ② 제1항의 지방자치단체의 장은 주민투표 결과를 충실히 반영하여 국방부장관에게 군 공항 이전 유치를 신청한다.
> ③ 국방부장관은 제2항에 따라 유치를 신청한 지방자치단체 중에서 선정위원회의 심의를 거쳐 이전부지를 선정한다.

※ 종전부지 : 군 공항이 설치되어 있는 기존의 부지
※ 이전부지 : 군 공항이 이전되어 설치될 부지

① 종전부지를 관할하는 광역시장은 이전부지 선정 심의에 참여한다.
② 국방부장관은 선정위원회의 심의를 거치지 않고 예비이전후보지를 선정할 수 있다.
③ 선정위원회는 군 공항이 이전되고 난 후에 종전부지를 어떻게 활용할 것인지에 대한 사항도 심의한다.
④ 종전부지 지방자치단체의 장은 주민투표를 거치지 않으면 국방부장관에게 군 공항 이전을 건의할 수 없다.
⑤ 예비이전후보지가 한 곳이라고 하더라도 선정위원회의 심의를 거쳐야 이전후보지로 선정될 수 있다.

답 ④

각 '조'별 소재 구분

① 1조 : 예비이전후보지의 선정
② 2조 : 이전후보지의 선정
③ 3조 : 군 공항 이전부지 선정위원회
④ 4조 : 이전부지의 선정

※ 공무원 시험을 준비하다보면, 직렬을 막론하고, 논리적 절차에 대해 공부를 하게 될 기회가 많을 것이다. 지금 주어진 예제에서 다루는 이전부지 선정 과정의 논리적 흐름을 봤을 때, 총 다섯 개의 조문이 있음에도 선지에서 무엇을 다루더라도 찾아가는 것이 어렵지 않게 그 논리적 흐름을 구조화시킬 수 있으면 좋다.

각 '항'별 요건 파악

• 1조
 – 군 공항을 이전하고자 하는 경우가 예비이전후보지를 다루는 경우임을 알 수 있다.
 – 1항이 건의를 하는 요건을 다룬 것이고, 1항에 따라 국방부장관이 군 공항을 이전하려고 하는 경우에 해당 조항이 필요함을 알 수 있다.
• 2조 : 단항 조문이기 때문에 앞에서 확인한 제목으로 구분해두면 된다.
• 3조
 – 군 공항 이전후보지 및 이전부지 선정을 위한 선정위원회를 다룰 때 필요한 조항이다.
 – 선정위원회의 위원장과 당연직위원에 대해 다루고 있다.
 – 선정위원회의 심의 대상에 대해 다루고 있다.
• 4조
 – 국방부 장관이 주민투표를 할 때를 다룬다.
 – 지방자치단체 장이 주민투표 후에 필요한 조항이다.
 – 2항 이후 국방부장관의 행동에 대해 다루는 조항이다.

선지 파악

① 심의에 참여하는 사람을 다루기 때문에 3조에서 확인할 수 있다. 3조 2항 4호에서 종전부지를 관할하는 광역시장이 당연직으로 참여함을 규정한다.
② 예비이전후보지에 대해 다루기 때문에 1조에서 확인할 수 있다. 1조에서 국방부장관은 건의를 받은 후, 심의언급 없이 예비이전후보지를 선정할 수 있다고 규정한다.
③ 선정위원회의 심의 사항에 대해 다루기 때문에 3조에서 확인할 수 있다. 3조 3항에서 종전부지 활용방안을 규정하고 있다.
④ 군 공항 이전 건의를 다루기 때문에 1조에서 확인할 수 있다. 1조 2항에서 국방부장관이 1항에서 건의를 받는다는 것을 확인했고, 1항은 주민투표와 무관하게 건의할 수 있음을 규정한다.
⑤ 이전후보지 선정에 관하여 다루기 때문에 2조에서 확인할 수 있다. 2조에서 국방부장관은 한 곳이더라도 예비이전후보지에 대한 심의를 거쳐야 한다고 규정한다.

◼ 유형의 이해

상황판단에서도 수치를 활용한 계산문제가 많이 출제된다. 수치를 다룬다는 점에서 자료해석과 비교되는 경우가 종종 있지만, 상황판단 문제의 경우에는 직접적인 계산 결과값을 활용해야 하는 경우가 더 많아서 상황판단은 계산문제라고 규정하고자 한다.

◼ 접근법

자료해석 문제와의 공통점은, 어떤 과목이더라도 주어진 문제를 풀어내기 위해서는 표나 지문에서 추출해야 할 데이터를 빠르게 뽑아내고 식으로 이해해줄 수 있어야 한다는 것이다. 상황판단의 경우 자료해석에 비해 지문이나 조건으로 추출해야 하는 계산 요소가 제시되는 경우가 많다. 그렇기 때문에 앞서 언급한 것과 마찬가지로 설명문이나 조건으로 제시되는 소재를 구분하고, 해당 소재를 통해 주어진 상황 요건에서 필요한 값을 빠르게 찾아 식으로 구축해줘야 한다.

계산형은 두 개의 세부 유형으로 나눠볼 수 있다. 압도적인 비중을 차지하는 것은 주어진 계산 항목을 식으로 세워가며 더해주는 Bottom-Up식 유형이지만, 최근에 비중을 높여가고 있는 제한 조건이 주어진 Top-Down식 유형 역시도 연습을 해두어야 한다.

Bottom-Up식의 경우 앞서 언급한 것과 마찬가지로, 주어진 상황에 해당하는 데이터를 기준인 표나 지문, 법조문에서 빠르게 찾아 식을 세워 비교 또는 계산을 해야 하고, Top-Down식의 경우 항목별 전체값 또는 상한선 및 하한선이 주어지기 때문에 이를 바탕으로 최솟값이나 최댓값을 활용하는 사고를 해주어야 한다.

◼ 주의할 점

자료해석에서 조건형 문제와 유사하게 지문이나 조건으로 제시되는 데이터 중에서 문제 상황이나 선지 상황에 따른 데이터들을 추출해 식으로 이해하고, 값을 계산해야 한다. 이 때, 중요한 것은 문제 상황을 먼저 읽고, 임의로 중요하다고 생각되는 것들을 체크해서는 안 된다는 것이다. 문제 상황에서 언급하는 내용들이 내가 기준으로 삼게 될 지문이나 조건에 제시되지 않는 경우에는 중요하지 않음에도 집중해 버리게 될 수 있기 때문이다.

다음 〈지원계획〉과 〈연구모임 현황 및 평가결과〉를 근거로 판단할 때, 연구모임 A~E 중 두 번째로 많은 총지원금을 받는 모임은?

┌─ 지원계획 ─────────────────────────────
• 지원을 받기 위해서는 한 모임당 6명 이상 9명 미만으로 구성되어야 한다.
• 기본지원금
  한 모임당 1,500천 원을 기본으로 지원한다. 단, 상품개발을 위한 모임의 경우는 2,000천 원을 지원한다.
• 추가지원금
  연구 계획 사전평가결과에 따라, '상' 등급을 받은 모임에는 구성원 1인당 120천 원을, '중' 등급을 받은 모임에는 구성원 1인당 100천 원을, '하' 등급을 받은 모임에는 구성원 1인당 70천 원을 추가로 지원한다.
• 협업 장려를 위해 협업이 인정되는 모임에는 위의 두 지원금을 합한 금액의 30%를 별도로 지원한다.
──────────────────────────────────────

〈연구모임 현황 및 평가결과〉

모임	상품개발 여부	구성원 수	연구 계획 사전평가결과	협업 인정 여부
A	○	5	상	○
B	×	6	중	×
C	×	8	상	○
D	○	7	중	×
E	×	9	하	×

① A
② B
③ C
④ D
⑤ E

① 모임 구성원 수(6명 이상~9명 미만)
② 기본지원금(1,500천 원, 상품개발 모임의 경우 2,000천 원)
③ 추가지원금 : 상, 중, 하에 따라 구분
④ 협업 장려 인정 모임인 경우 추가 지원

상황에 대한 조건 적용

모임	상품개발 여부	구성원 수	사전평가 결과	협업 인정 여부
A	2,000천	5 (해당 안 됨)	1인당 120천	30% 가산
B	1,500천	6(해당)	1인당 100천	–
C	1,500천	8(해당)	1인당 120천	30% 가산
D	2,000천	7(해당)	1인당 100천	–
E	1,500천	9 (해당 안됨)	1인당 70천	–

물론, 구성원 수에 따라 A와 E는 우선 제거될 수 있다. 전체적으로, 상황 적용값을 보여준 것으로 파악하면 된다.

식 구성

• B : 1,500천+100천×6=2,100천
• C : (1,500천+120천×8)×1.3=3,198천
• D : 2,000천+100×7=2,700천

④ 두 번째로 많은 총지원금을 받는 모임이기 때문에 D임을 알 수 있다.

답 ④

다음 글을 근거로 판단할 때, 甲금속회사가 생산한 제품 A, B를 모두 판매하여 얻을 수 있는 최대 금액은?

- 甲금속회사는 특수구리합금 제품 A와 B를 생산 및 판매한다.
- 특수구리합금 제품 A, B는 10kg 단위로만 생산된다.
- 제품 A의 1kg당 가격은 300원이고, 제품 B의 1kg당 가격은 200원이다.
- 甲금속회사는 보유하고 있던 구리 710kg, 철 15kg, 주석 33kg, 아연 155kg, 망간 30kg 중 일부를 활용하여 아래 표의 질량 배합 비율에 따라 제품 A를 300kg 생산한 상태이다. (단, 개별 금속의 추가구입은 불가능하다)
- 합금 제품별 질량 배합 비율은 아래와 같으며 배합 비율을 만족하는 경우에만 제품이 될 수 있다.

(단위 : %)

구분	구리	철	주석	아연	망간
A	60	5	0	25	10
B	80	0	5	15	0

※ 배합된 개별 금속 질량의 합은 생산된 합금 제품의 질량과 같다.

① 195,000원
② 196,000원
③ 197,000원
④ 198,000원
⑤ 199,000원

상황 조건 및 제한 조건 확인

① 상황 조건 : 제품별 10kg 단위 생산 가능, A는 1kg당 300원, B는 1kg당 200원
② 제한 조건 : 구리 710kg, 철 15kg, 주석 33kg, 아연 155kg, 망간 30kg

조건 적용에 따른 현재 상황 구성

구분	구리	철	주석	아연	망간
전체	710	15	33	155	30
A 생산량	180	15	0	75	30
여분	530	0	33	80	0

상황구성형의 접근법을 차용해, 문제에서 제시한 고정상황을 구성해야 한다. 이 때, A의 판매액은 '300×300 = 90,000원'이다.

최대 금액 도출

최대 금액을 도출하기 위해서는 B생산량을 최대로 해야 한다. B생산량이 최대가 되기 위해서는, 남은 금속을 바탕으로 B제품의 최댓값을 산출해야 한다. 제품별 비율에 비해 잔여량이 적은 아연을 기준으로 하여 530kg을 생산하면 B는 더 이상 10kg 단위의 생산을 할 수가 없게 된다. 따라서 B의 판매액은 '530×200 = 106,000원'이고, 총 판매 최대 금액은 196,000원이다.

答 ②

피셋

PSAT

Public Service Aptitude Test

PART

2

기출문제

당신의 노력을 존중하라. 당신 자신을 존중하라.
자존감은 자제력을 낳는다.
이 둘을 모두 겸비하면, 진정한 힘을 갖게 된다.

- 클린트 이스트우드 -

2020년 공직적격성평가(PSAT)

2020년 5월 16일 시행

5급 공채·외교관후보자 및 지역인재 7급 선발 필기시험

응시번호	
성 명	

문 제 책 형
나

【시험과목】

제1과목	언 어 논 리
제2과목	자 료 해 석
제3과목	상 황 판 단

문제풀이 시작과 종료 시간을 기입해 주시기 바랍니다.

- 언어논리(90분) _____시 _____분 ~ _____시 _____분
- 자료해석(90분) _____시 _____분 ~ _____시 _____분
- 상황판단(90분) _____시 _____분 ~ _____시 _____분

문 1. 다음 글에서 알 수 있는 것은?

고려 시대에는 불경에 나오는 장면이나 부처, 또는 보살의 형상을 그림으로 표현하는 일이 드물지 않았는데, 그러한 그림을 '불화'라고 부른다. 고려의 귀족들은 불화를 사들여 후손들에게 전해주면 대대로 복을 받는다고 믿었다. 이 때문에 귀족들 사이에서는 그림을 전문으로 그리는 승려로부터 불화를 구입해 자신의 개인 기도처인 원당에 걸어두는 행위가 유행처럼 번졌다.

고려의 귀족들이 승려들에게 주문한 불화는 다양했다. 극락의 모습을 표현한 불화도 있었고, 깨달음에 이르렀지만 중생의 고통을 덜어주기 위해 열반에 들어가기를 거부했다는 보살을 그린 것도 있었다. 부처를 소재로 한 불화도 많았다. 그런데 부처를 그리는 승려들은 대개 부처만 단독으로 그리지 않았다. 부처를 소재로 한 불화에는 거의 예외 없이 관음보살이나 지장보살 등과 같은 보살이 부처와 함께 등장했다. 잘 알려진 바와 같이 불교에서 신앙하는 부처는 한 분이 아니라 석가여래, 아미타불, 미륵불 등 다양하다. 이 부처들이 그려진 불화는 보통 위아래 2단으로 구성되어 있는데, 윗단에는 부처가 그려져 있고 아랫단에 보살이 그려져 있다. 어떤 미술사학자들은 이러한 배치 구도를 두고 신분을 구별하던 고려 사회의 분위기가 반영된 것이 아닌가 생각하기도 한다.

고려 불화의 크기는 다소 큰 편이다. 일례로 충선왕의 후궁인 숙창원비는 관음보살을 소재로 한 불화인 「수월관음도」를 주문 제작한 적이 있는데, 그 화폭이 세로 420cm, 가로 255cm에 달할 정도로 컸다. 그런데 관음보살을 그린 이 그림에도 아랫단에 보살을 우러러보는 중생이 작게 그려져 있다. 이렇게 윗단에는 보살을 배치하고 그 아래에 중생을 작게 그려 넣는 방식 역시, 신분을 구별하던 고려 사회의 분위기가 반영된 결과라고 보는 연구자가 적지 않다.

① 충선왕 때 숙창원비는 관음보살과 아미타불이 함께 등장하는 불화를 주문 제작해 왕궁에 보관했다.

② 고려 시대에는 승려들이 귀족의 주문을 받아 불화를 사찰에 걸어두고 그 후손들이 내세에 복을 받게 해달라고 기원했다.

③ 고려 시대에 그려진 불화에는 귀족으로 묘사된 석가여래가 그림의 윗단에 배치되어 있고, 아랫단에 평민 신분의 인물이 배치되어 있다.

④ 고려 시대에 그려진 불화의 크기가 큰 것은 당시 화가들 사이에 여러 명의 등장인물을 하나의 그림 안에 동시에 표현하는 관행이 자리 잡았기 때문이다.

⑤ 고려 시대의 불화 중 부처가 윗단에 배치되고 보살이 아랫단에 배치된 구도를 지닌 그림에는 신분을 구별하던 고려 사회의 분위기가 반영되어 있다고 보는 학자들이 있다.

문 2. 다음 글에서 알 수 있는 것은?

조선 시대에는 역대 국왕과 왕비의 신주가 있는 종묘에서 정기적으로 제사를 크게 지냈으며, 그때마다 종묘제례악에 맞추어 '일무(佾舞)'라는 춤을 추는 의식을 행했다. 일무란 일정한 수의 행과 열을 맞추어 추는 춤으로 황제에 대한 제사의 경우에는 팔일무를 추는 것이 원칙이었고, 제후에 대한 제사에는 육일무를 추었다. 팔일무는 행과 열을 각각 8개씩 지어 모두 64명이 추는 춤이다. 육일무는 행과 열을 각각 6개씩 지어 추는 춤으로서, 참여하는 사람의 수는 36명이다. 대한제국을 선포하기 전까지 조선 왕조는 제후국의 격식에 맞추어 육일무를 거행했다.

일무에는 문무(文舞)와 무무(武舞)라는 두 가지 종류가 있는데, 문무를 먼저 춘 다음에 같은 사람들이 무무를 뒤이어 추는 것이 정해진 규칙이었다. 일무를 출 때는 손에 무구라는 도구를 들고 춤을 추게 했는데, 문무를 출 때는 왼손에 '약'이라는 피리를 들고 오른손에 '적'이라는 꿩 깃털 장식물을 들었다. 문무를 추는 사람은 이렇게 한 사람당 2종의 무구를 들고 춤을 추었다. 한편 중국 역대 왕조는 무무를 거행할 때 창, 검, 궁시(활과 화살)를 들고 춤을 추게 했다. 이에 비해 조선에서는 궁시를 무구로 쓰지 않았다. 조선에서는 무무를 출 때 앞쪽 세 줄에 선 사람들로 하여금 한 사람당 검 하나씩만 잡고 춤을 추게 했으며, 뒤쪽의 세 줄에 선 사람들은 한 사람당 창 하나씩만 잡은 채 춤을 추게 했다.

한편 1897년에 고종이 대한제국을 선포한 이후에는 황제국의 격식에 맞게 64명이 일무를 추었다. 그러나 일제 강점기에는 다시 36명이 일무를 추는 것으로 바뀌었다. 종묘에서 제사를 지내는 일은 광복 후 잠시 중단되었다가, 1960년대에 종묘제례악이 중요무형문화재로 지정됨에 따라 복원되었다. 복원된 종묘제례의 일무는 팔일무였으며, 예전처럼 먼저 문무를 추고 뒤이어 무무를 추는 방식을 지켰다. 문무를 출 때 손에 드는 무구는 조선 시대의 것과 동일했고, 무무를 출 때 앞의 네 줄에 선 사람들은 검을 들되 뒤의 네 줄에 선 사람들은 창을 들게 했다. 종묘제례 행사는 1969년부터 전주 이씨 대동종약원이 맡아 오늘날까지 정기적으로 시행하고 있는데, 그 형식은 1960년대에 복원된 것을 그대로 따르고 있다.

① 대한제국 시기에는 종묘제례에서 문무를 출 때 궁시를 들지 않고 검과 창만 들었다.

② 일제 강점기 때 거행된 종묘제례에서는 문무를 육일무로 추었고, 무무는 팔일무로 추었다.

③ 조선 시대에는 종묘제례에서 무무를 출 때 한 사람당 4종의 무구를 손에 들고 춤을 추게 했다.

④ 조선 시대에 종묘제례를 거행할 때에는 육일무를 추도록 하되 제후국의 격식에 맞추어 무무만 추었다.

⑤ 오늘날 시행되고 있는 종묘제례 행사에서 문무를 추는 사람들은 한 사람당 2종의 무구를 손에 들고 춤을 춘다.

문 3. 다음 글에서 알 수 있는 것은?

조선 시대에는 국왕의 부모에 대한 제사를 국가의례로 거행했다. 하지만 국왕의 생모가 후궁이라면, 아무리 왕을 낳았다고 해도 그에 대한 제사를 국가의례로 간주하지 않는 것이 원칙이었다. 그런데 이 원칙은 영조 때부터 무너지기 시작했다. 영조는 왕이 된 후에 자신의 생모인 숙빈 최씨를 위해 육상궁이라는 사당을 세웠다. 또 국가의례에 관한 규례가 담긴 『국조속오례의』를 편찬할 때, 육상궁에 대한 제사를 국가의례로 삼아 그 책 안에 수록해 두었다. 영조는 선조의 후궁이자, 추존왕 원종을 낳은 인빈 김씨의 사당도 매년 방문했다. 이 사당의 이름은 저경궁이다. 원종은 인조의 생부로서, 아들 인조가 국왕이 되었으므로 사후에 왕으로 추존된 인물이다. 한편 영조의 선왕이자 이복형인 경종도 그 생모 희빈 장씨를 위해 대빈궁이라는 사당을 세웠지만, 영조는 단 한 번도 대빈궁을 방문하지 않았다.

영조의 뒤를 이은 국왕 정조는 효장세자의 생모인 정빈 이씨의 사당을 만들어 연호궁이라 불렀다. 잘 알려진 바와 같이 정조는 사도세자의 아들이다. 그런데 영조는 아들인 사도세자를 죽인 후, 오래전 사망한 자기 아들인 효장세자를 정조의 부친으로 삼겠다고 공포했다. 이런 연유로 정조는 정빈 이씨를 조모로 대우하고 연호궁에서 매년 제사를 지냈다. 정조는 연호궁 외에도 사도세자의 생모인 영빈 이씨의 사당도 세워 선희궁이라는 이름을 붙이고 제사를 지냈다. 정조의 아들로서, 그 뒤를 이어 왕이 된 순조 역시 자신의 생모인 수빈 박씨를 위해 경우궁이라는 사당을 세워 제사를 지냈다.

이처럼 후궁의 사당이 늘어났으나 그 위치가 제각각이어서 관리하기가 어려웠다. 이에 순종은 1908년에 대빈궁, 연호궁, 선희궁, 저경궁, 경우궁을 육상궁 경내로 모두 옮겨 놓고 제사를 지내게 했다. 1910년에 일본이 대한제국의 국권을 강탈했으나, 이 사당들에 대한 제사는 유지되었다. 일제 강점기에는 고종의 후궁이자 영친왕 생모인 엄씨의 사당 덕안궁도 세워졌는데, 이것도 육상궁 경내에 자리 잡게 되었다. 이로써 육상궁 경내에는 육상궁을 포함해 후궁을 모신 사당이 모두 7개에 이르게 되었으며, 이때부터 그곳을 칠궁이라 부르게 되었다.

① 경종은 선희궁과 연호궁에서 거행되는 제사에 매년 참석했다.
② 『국조속오례의』가 편찬될 때 대빈궁, 연호궁, 선희궁, 경우궁에 대한 제사가 국가의례에 처음 포함되었다.
③ 영빈 이씨는 영조의 후궁이었던 사람이며, 수빈 박씨는 정조의 후궁이었다.
④ 고종이 대빈궁, 연호궁, 선희궁, 저경궁, 경우궁을 육상궁 경내로 이전해 놓음에 따라 육상궁은 칠궁으로 불리게 되었다.
⑤ 조선 국왕으로 즉위해 실제로 나라를 다스린 인물의 생모에 해당하는 후궁으로서 일제 강점기 때 칠궁에 모셔져 있던 사람은 모두 5명이었다.

문 4. 다음 글의 내용과 부합하지 않는 것은?

한국어 계통 연구 분야에서 널리 알려진 학설인 한국어의 알타이어족설은 한국어가 알타이 어군인 튀르크어, 몽고어, 만주 · 퉁구스어와 함께 알타이어족에 속한다는 것이다. 이 학설은 알타이 어군과 한국어 간에는 모음조화, 어두 자음군의 제약, 관계 대명사와 접속사의 부재 등에서 공통점이 있다는 비교언어학 분석에 근거하고 있다. 하지만 기초 어휘와 음운 대응의 규칙성에서는 세 어군과 한국어 간에 차이가 있어 이 학설의 비교언어학적 근거는 한계를 가지고 있다. 이 때문에, 한국어의 알타이어족설은 알타이 어군과 한국어 사이의 친족 관계 및 공통 조상어로부터의 분화 과정을 설명하기 어렵다.

최근 한국어 계통 연구는 비교언어학 분석과 더불어, 한민족 형성 과정에 대한 유전학적 연구, 한반도에 공존했던 여러 유형의 건국 신화와 관련된 인류학적 연구를 이용하고 있다. 가령, 우리 민족의 유전 형질에는 북방계와 남방계의 특성이 모두 존재한다는 점과 북방계의 천손 신화와 남방계의 난생 신화가 한반도에서 모두 발견된다는 점은 한국어가 북방적 요소와 남방적 요소를 함께 지니고 있음을 시사해준다. 이런 연구들은 한국어 자료가 근본적으로 부족한 상황에서 비롯된 문제점을 극복하여 한국어의 조상어를 밝히는 데 일정한 실마리를 던져준다.

하지만 선사 시대의 한국어와 친족 관계를 맺고 있는 모든 어군들을 알 수는 없으며, 있다고 하더라도 그들과 한국어의 공통 조상어를 밝히기란 쉽지 않다. 지금까지의 연구에 따르면, 고대에는 고구려어, 백제어, 신라어로 나뉘어 있었다. 하지만 이들 세 언어가 서로 다른 언어인지, 아니면 방언적 차이만을 지닌 하나의 언어인지에 대해서는 이견이 있다. 고구려어가 원시 부여어에 소급되는 것과 달리 백제어와 신라어는 모두 원시 한어(韓語)로부터 왔다는 것은 이들 언어의 차이가 방언적 차이 이상이었음을 보여 준다. 이들 세 언어가 고려의 건국으로 하나의 한국어인 중세 국어로 수렴되었다는 것에 대해서는 남한과 북한의 학계가 대립된 입장을 보이지 않지만, 중세 국어가 신라어와 고구려어 중 어떤 언어로부터 분화된 것인지와 관련해서는 두 학계의 입장은 대립된다. 한편, 중세 국어가 조선 시대를 거쳐 근대 한국어로 변모하여 오늘날 우리가 사용하는 현대 한국어가 되는 과정에 대해서는 두 학계의 견해가 일치한다.

① 비교언어학적 근거의 한계로 인해 한국어의 알타이어족설은 알타이 어군과 한국어 간의 친족 관계를 설명하기 어렵다.
② 한반도의 천손 신화에 대한 인류학적 연구는 한국어에 북방적 요소가 있음을 시사한다.
③ 최근 한국어 계통 연구는 부족한 한국어 자료를 보완하기 위해 한민족의 유전 형질에 대한 정보와 한반도에 공존한 건국 신화들을 이용한다.
④ 최근 한국어 계통 연구에서 백제어와 고구려어는 방언적 차이로 인해 서로 다른 계통으로 분류된다.
⑤ 중세 국어에서 현대 한국어에 이르는 한국어 형성 과정에 대한 남북한 학계의 견해는 일치한다.

문 5. 다음 글의 ⑦과 ⓒ에 들어갈 말을 가장 적절하게 나열한 것은?

축산업은 지난 50여 년 동안 완전히 바뀌었다. 예를 들어, 1967년 미국에는 약 100만 곳의 돼지 농장이 있었지만, 2005년에 들어서면서 전체 돼지 농장의 수는 10만을 조금 넘게 되었다. 이러는 가운데 전체 돼지 사육 두수는 크게 증가하여 [　　　⑦　　　] 밀집된 형태에서 대규모로 돼지를 사육하는 농장이 출현하기 시작하였다. 이러한 농장은 경제적 효율성을 지녔지만, 사육 가축들의 병원균 전염 가능성을 높인다. 이러한 농장에서 가축들이 사육되면, 소규모 가축 사육 농장에 비해 벌레, 쥐, 박쥐 등과의 접촉으로 병원균들의 침입 가능성은 높아진다. 또한 이러한 농장의 가축 밀집 상태는 가축 간 접촉을 늘려 병원균의 전이 가능성을 높임으로써 전염병을 쉽게 확산시킨다.

축산업과 관련된 가축의 가공 과정과 소비 형태 역시 변화하였다. 과거에는 적은 수의 가축을 도축하여 고기 그 자체를 그대로 소비할 수밖에 없었다. 그러나 현대에는 소수의 대규모 육류가공기업이 많은 지역으로부터 수집한 수많은 가축의 고기를 재료로 햄이나 소시지 등의 육류가공제품을 대량으로 생산하여 소비자에 공급한다. 이렇게 되면 오늘날의 개별 소비자들은 적은 양의 육류가공제품을 소비하더라도, 엄청나게 많은 수의 가축과 접촉한 결과를 낳는다. 이는 소비자들이 감염된 가축의 병원균에 노출될 가능성을 높인다.

정리하자면 [　　　ⓒ　　　] 결과를 야기하기 때문에, 오늘날의 변화된 축산업은 소비자들이 가축을 통해 전염병에 노출될 가능성을 높인다.

① ⑦ : 농장당 돼지 사육 두수는 줄고 사육 면적당 돼지의 수도 줄어든
　 ⓒ : 가축 사육량과 육류가공제품 소비량이 증가하는

② ⑦ : 농장당 돼지 사육 두수는 줄고 사육 면적당 돼지의 수도 줄어든
　 ⓒ : 가축 간 접촉이 늘고 소비자도 많은 수의 가축과 접촉한

③ ⑦ : 농장당 돼지 사육 두수는 늘고 사육 면적당 돼지의 수도 늘어난
　 ⓒ : 가축 사육량과 육류가공제품 소비량이 증가하는

④ ⑦ : 농장당 돼지 사육 두수는 늘고 사육 면적당 돼지의 수도 늘어난
　 ⓒ : 가축 간 접촉이 늘고 소비자도 많은 수의 가축과 접촉한

⑤ ⑦ : 농장당 돼지 사육 두수는 늘고 사육 면적당 돼지의 수도 늘어난
　 ⓒ : 가축 간 접촉이 늘고 소비자는 적은 수의 가축과 접촉한

문 6. 다음 글에서 알 수 있는 것은?

수사 기관이 피의자를 체포할 때 피의자에게 묵비권을 행사할 수 있고 불리한 진술을 하지 않을 권리가 있으며 변호사를 선임할 권리가 있음을 알려야 한다. 이를 '미란다 원칙'이라고 하는데, 이는 피의자로 기소되어 법정에 선 미란다에 대한 재판을 통해 확립되었다. 미란다의 변호인은 "경찰관이 미란다에게 본인의 진술이 법정에서 불리하게 쓰인다는 사실과 변호인을 선임할 권리가 있다는 사실을 말해주지 않았으므로 미란다의 자백은 공정하지 않고, 따라서 미란다의 자백을 재판 증거로 삼을 수 없다."라고 주장했다. 미국 연방대법원은 이를 인정하여, 미란다가 자신에게 묵비권과 변호사 선임권을 갖고 있다는 사실을 안 상태에서 분별력 있게 자신의 권리를 포기하고 경찰관의 신문에 진술했어야 하므로, 경찰관이 이러한 사실을 고지하였다는 것이 입증되지 않는 한, 신문 결과만으로 얻어진 진술은 그에게 불리하게 사용될 수 없다고 판결하였다.

미란다 판결 전에는 전체적인 신문 상황에서 피의자가 임의적으로 진술했다는 점이 인정되면, 즉 임의성의 원칙이 지켜졌다면 재판 증거로 사용되었다. 이때 수사 기관이 피의자에게 헌법상 권리를 알려주었는지 여부는 문제되지 않았다. 경찰관이 고문과 같은 가혹 행위로 받아낸 자백은 효력이 없지만, 회유나 압력을 행사했더라도 제때에 음식을 주고 밤에 잠을 자게 하면서 받아낸 자백은 전체적인 상황이 강압적이지 않았다면 증거로 인정되었다. 그런데 이러한 기준은 사건마다 다르게 적용되었으며 수사 기관으로 하여금 강압적인 분위기를 조성하도록 유도했으므로, 구금되어 조사받는 상황에서의 잠재적 위협으로부터 피의자를 보호해야 할 수단이 필요했다.

수사 절차는 본질적으로 강제성을 띠기 때문에, 수사 기관과 피의자 사이에 힘의 균형은 이루어지기 어렵다. 이런 상황에서 미란다 판결이 제시한 원칙은 수사 절차에서 수사 기관과 피의자가 대등한 지위에서 법적 다툼을 해야 한다는 원칙을 구현하는 첫출발이었다. 기존의 수사 관행을 전면적으로 부정하는 미란다 판결은 자백의 증거 능력에 대해 종전의 임의성의 원칙을 버리고 절차의 적법성을 채택하여, 수사 절차를 피의자의 권리를 보호하는 방향으로 전환하는 데에 크게 기여했다.

① 미란다 원칙을 확립한 재판에서 미란다는 무죄 판정을 받았다.

② 미란다 판결은 피해자의 권리에 있어 임의성의 원칙보다는 절차적 적법성이 중시되어야 한다는 점을 부각시켰다.

③ 미란다 판결은 법원이 수사 기관이 행하는 고문과 같은 가혹 행위에 대해 수사 기관의 법적 책임을 묻는 시초가 되었다.

④ 미란다 판결 전에는 수사 과정에 강압적인 요소가 있더라도 피의자가 임의적으로 진술한 자백의 증거 능력이 인정될 수 있었다.

⑤ 미란다 판결에서 연방대법원은 피의자가 변호사 선임권이나 묵비권을 알고 있었다면 경찰관이 이를 고지하지 않아도 피의자의 자백은 효력이 있다고 판단하였다.

문 7. 다음 글에서 알 수 없는 것은?

> WTO 설립협정은 GATT 체제에서 관행으로 유지되었던 의사결정 방식인 총의 제도를 명문화하였다. 동 협정은 의사결정 회의에 참석한 회원국 중 어느 회원국도 공식적으로 반대하지 않는 한, 검토를 위해 제출된 사항은 총의에 의해 결정되었다고 규정하고 있다. 또한 이에 따르면 회원국이 의사결정 회의에 불참하더라도 그 불참은 반대가 아닌 찬성으로 간주된다.
>
> 총의 제도는 회원국 간 정치·경제적 영향력의 차이를 보완하기 위하여 도입되었다. 그러나 회원국 수가 확대되고 이해관계가 첨예화되면서 현실적으로 총의가 이루어지기 쉽지 않다. 이로 인해 WTO 체제 내에서 모든 회원국이 참여하는 새로운 무역협정이 체결되는 것이 어려웠고 결과적으로 무역자유화 촉진 및 확산이 저해되고 있다. 이러한 문제의 해결 방안으로 '부속서 4 복수국간 무역협정 방식'과 '임계질량 복수국간 무역협정 방식'이 모색되었다.
>
> '부속서 4 복수국간 무역협정 방식'은 WTO 체제 밖에서 복수국간 무역협정을 체결하고 이를 WTO 설립협정 부속서 4에 포함하여 WTO 체제로 편입하는 방식이다. 복수국간 무역협정이 부속서 4에 포함되기 위해서는 모든 WTO 회원국 대표로 구성되는 각료회의의 승인이 있어야 한다. 현재 부속서 4에의 포함 여부가 논의 중인 전자상거래협정은 협정 당사국에게만 전자상거래시장을 개방하고 기술이전을 허용한다. '부속서 4 복수국간 무역협정 방식'은 협정상 혜택을 비당사국에 허용하지 않음으로써 해당 무역협정의 혜택을 누리고자 하는 회원국들의 협정 참여를 촉진하여 결과적으로 자유무역을 확산하는 기능을 한다.
>
> '임계질량 복수국간 무역협정 방식'은 WTO 체제 밖에서 일부 회원국 간 무역협정을 채택하되 해당 협정의 혜택을 보편적으로 적용하여 무역자유화를 촉진하는 방식이다. 즉, 채택된 협정의 혜택은 최혜국대우원칙에 따라 협정 당사국뿐 아니라 모든 WTO 회원국에 적용되는 반면, 협정의 의무는 협정 당사국에만 부여된다. 다만, 해당 협정이 발효되기 위해서는 협정 당사국들의 협정 적용대상 품목의 무역량이 해당 품목의 전세계 무역량의 90% 이상을 차지하여야 한다. '임계질량 복수국간 무역협정 방식'의 대표적인 사례는 정보통신기술(ICT)제품의 국제무역 활성화를 위해 1996년 채택되어 1997년 발효된 정보기술협정이다.

① '임계질량 복수국간 무역협정 방식'에 따라 채택된 협정의 혜택을 받는 국가는 해당 협정의 의무를 부담하는 국가보다 적을 수 없다.

② WTO의 의사결정 회의에 제안된 특정 안건을 지지하는 경우, 총의 제도에 따르면 그 회의에 불참하더라도 해당 안건에 대한 찬성의 뜻을 유지할 수 있다.

③ WTO 회원국은 전자상거래협정에 가입하지 않는다면 동 협정의 법적 지위에 영향을 미칠 수 없다.

④ WTO 각료회의가 총의 제도를 유지한다면 '부속서 4 복수국간 무역협정 방식'의 도입 목적은 충분히 달성하기 어렵다.

⑤ 1997년 발효 당시 정보기술협정 당사국의 ICT제품 무역규모량의 총합은 해당 제품의 전세계 무역량의 90% 이상일 것으로 추정할 수 있다.

문 8. 다음 글에서 알 수 있는 것은?

> 산소가 관여하는 신진대사에서 부산물로 만들어지는 활성산소는 노화나 질병을 일으킬 수 있다. 따라서 활성산소를 제거하는 항산화 물질을 섭취하는 것은 건강을 지키기 위해 중요하다.
>
> 항산화 물질 중 하나인 폴리페놀은 맥주, 커피, 와인, 찻잎뿐만 아니라 여러 식물에 있다. 폴리페놀의 구성물질 중 약 절반은 항산화 복합물인 플라보노이드이며, 플라보노이드는 플라보놀과 플라바놀이라는 두 항산화 물질로 구성되어 있다.
>
> 찻잎에는 플라바놀에 속하는 카데킨이 있으며, 이 카데킨이 활성산소를 제거하는 중요한 항산화 물질이다. 카데킨은 여러 항산화 물질로 되어있는데, 이중 에피갈로카데킨 갈레이트는 차가 우러날 때 쓰고 떫은맛을 내는 성분인 탄닌이다. 탄닌은 차뿐만 아니라 와인 맛의 특징을 결정짓는 중요한 요소이다.
>
> 제조 과정에서 산화 과정이 일어나지 않아서 비산화 차로 분류되는 녹차는 카데킨을 많이 함유하고 있다. 하지만 산화차인 홍차는 제조하는 동안 일어나는 산화 과정에서 카데킨의 일부가 테아플라빈과 테아루비딘이라는 또 다른 항산화 물질로 전환되는데, 이 두 물질이 홍차를 홍차답게 만드는 맛과 색상을 내는 것에 주된 영향을 미친다. 테아플라빈은 홍차를 만들기 위한 산화가 시작되면서 첫 번째로 나타나는 물질이다. 테아플라빈은 차의 색깔을 오렌지색 계통의 금색으로 변화시키며 다소 투박하고 떫은맛을 내게 한다. 이후에 산화가 더 진행되면 테아루비딘이 나타나는데, 테아루비딘은 차가 좀 더 부드럽고 감미로운 맛을 내고 어두운 적색 계통의 갈색을 갖게 한다. 따라서 산화를 길게 하면 할수록 테아루비딘의 양이 많아지고 차는 더욱더 부드럽고 감미로워진다.
>
> 중국 홍차가 인도나 스리랑카 홍차보다 대체로 부드러운 것은 산화 과정을 더 오래 하기 때문이다. 즉 홍차의 제조 방법과 조건이 차에 있는 테아플라빈과 테아루비딘의 상대적 비율을 결정하고 차의 색상과 맛의 스펙트럼에 영향을 미치는 중요한 요소가 되는 것이다.

① 테아루비딘의 양에 대한 테아플라빈의 양의 비율은 오렌지색 계통의 금색 홍차보다 어두운 적색 계통의 갈색 홍차에서 더 높다.

② 찻잎에 있는 플라보노이드는 활성산소가 생성되지 못하게 함으로써 항산화 작용을 한다.

③ 와인과 커피는 플라바놀이 들어있는 폴리페놀을 가지고 있다.

④ 에피갈로카데킨 갈레이트는 녹차보다 홍차에 더 많이 들어있다.

⑤ 인도 홍차보다 중국 홍차에 카데킨이 더 많이 들어있다.

문 9. 다음 글에서 추론할 수 있는 것만을 〈보기〉에서 모두 고르면?

> 란체스터는 한 국가의 상대방 국가에 대한 군사력 우월의 정도를, 전쟁의 승패가 갈린 전쟁 종료 시점에서 자국의 손실비의 역수로 정의했다. 예컨대 전쟁이 끝났을 때 자국의 손실비가 1/2이라면 자국의 군사력은 적국보다 2배로 우월하다는 것이다. 손실비는 아래와 같이 정의된다.
>
> $$자국의\ 손실비 = \frac{자국의\ 최초\ 병력\ 대비\ 잃은\ 병력\ 비율}{적국의\ 최초\ 병력\ 대비\ 잃은\ 병력\ 비율}$$
>
> A국과 B국이 전쟁을 벌인다고 하자. 전쟁에는 양국의 궁수들만 참가한다. A국의 궁수는 2,000명이고, B국은 1,000명이다. 양국 궁수들의 숙련도와 명중률 등 개인의 전투 능력, 그리고 지형, 바람 등 주어진 조건은 양국이 동일하다고 가정한다. 양측이 동시에 서로를 향해 1인당 1발씩 화살을 발사한다고 하자. 모든 화살이 적군을 맞힌다면 B국의 궁수들은 1인 평균 2개의 화살을, A국 궁수는 평균 0.5개의 화살을 맞을 것이다. 하지만 화살이 제대로 맞지 않거나 아예 안 맞을 수도 있으니, 발사된 전체 화살 중에서 적 병력의 손실을 발생시키는 화살의 비율은 매번 두 나라가 똑같이 1/10이라고 하자. 그렇다면 첫 발사에서 B국은 200명, A국은 100명의 병력을 잃을 것이다. 따라서 ㉠ 첫 발사에서의 B국의 손실비는 $\frac{200/1,000}{100/2,000}$ 이다.
>
> 마찬가지 방식으로, 남은 A국 궁수 1,900명은 두 번째 발사에서 B국에 190명의 병력 손실을 발생시킨다. 이제 B국은 병력의 39%를 잃었다. 이런 손실을 당하고도 버틸 수 있는 군대는 많지 않아서 전쟁은 B국의 패배로 끝난다. B국은 A국에 첫 번째 발사에서 100명, 그 다음엔 80명의 병력 손실을 발생시켰다. 전쟁이 끝날 때까지 A국이 잃은 궁수는 최초 병력의 9%에 지나지 않는다. 이로써 ㉡ B국에 대한 A국의 군사력이 명확히 드러난다.

— 〈보 기〉 —

ㄱ. 다른 조건이 모두 같으면서 A국 궁수의 수가 4,000명으로 증가하면 ㉠은 16이 될 것이다.

ㄴ. ㉡의 내용은 A국의 군사력이 B국보다 4배 이상으로 우월하다는 것이다.

ㄷ. 전쟁 종료 시점까지 자국과 적국의 병력 손실이 발생했고 그 수가 동일한 경우, 최초 병력의 수가 적은 쪽의 손실비가 더 크다.

① ㄱ
② ㄷ
③ ㄱ, ㄴ
④ ㄴ, ㄷ
⑤ ㄱ, ㄴ, ㄷ

문 10. 다음 글의 ㉠과 ㉡에 대한 분석으로 적절한 것은?

> 제1차 세계대전 이후 심리적 외상의 실재가 인정되었다. 참호 안에서 공포에 시달린 남성들은 무력감에 사로잡히고, 전멸될지 모른다는 위협에 억눌렸으며 동료들이 죽고 다치는 것을 지켜보며 히스테리 증상을 보였다. 그들은 울며 비명을 질러대고 얼어붙어 말이 없어졌으며, 자극에 반응을 보이지 않고 기억을 잃으며 감정을 느끼지 못했다. 이러한 정신적 증후군의 발병은 신체적 외상이 아니라 심리적 외상을 계기로 발생한다는 것을 알게 되었다. 폭력적인 죽음에 지속적으로 노출되어 받는 심리적 외상은 히스테리에 이르게 하는 신경증적 증후군을 유발하기에 충분했다.
>
> 전쟁에서 폭력적인 죽음에 지속적으로 노출되어 받는 심리적 외상을 계기로 발생하는 '전투 신경증'이 정신적 증후군의 하나로 실재한다는 사실을 부정할 수 없게 되었을 때, 의학계의 전통주의자들과 진보주의자들 간의 의학적 논쟁은 이제 환자의 의지력을 중심으로 이루어졌다. ㉠ 전통주의자들은 전쟁에서 영광을 누려야 할 군인이 정서적인 증세를 드러내서는 안 된다고 보았다. 이들에 따르면, 전투 신경증을 보이는 군인은 체질적으로 열등한 존재에 해당한다. 전통주의자들은 이 환자들을 의지박약자라고 기술하면서 모욕과 위협, 처벌을 중심으로 하는 치료를 옹호하였다. 반면 ㉡ 진보주의자들은 전투 신경증이 의지력 높은 군인에게도 나타날 수 있다고 주장하였다. 이들은 정신분석 원칙에 입각하여 대화를 통한 인도적 치료를 옹호하였다. 그들은 전투 신경증을 히스테리의 한 유형으로 보았지만 히스테리라는 용어가 담고 있는 경멸적인 의미가 환자들에게 낙인을 찍는다는 사실을 깨닫고 이를 대체할 수 있는 명명법에 대한 고민을 거듭했다. 인도적 치료를 추구했던 진보주의자들은 두 가지 원칙을 확립하였다. 첫째, 용맹한 남성이라도 압도적인 두려움에는 굴복하게 된다. 둘째, 두려움을 극복할 수 있는 동기는 애국심이나 적에 대한 증오보다 강한 전우애다.

① ㉠과 ㉡의 히스테리 치료 방식은 같다.
② ㉠과 ㉡은 모두 전투 신경증의 증세가 실재한다고 본다.
③ ㉠과 ㉡은 전투 신경증이 어떤 계기로 발생하는가에 대해 서로 다른 견해를 보인다.
④ ㉠과 ㉡은 모두 환자들에게 히스테리라는 용어를 사용하는 것이 부정적인 낙인을 찍는다고 본다.
⑤ ㉡은 ㉠보다 전투 신경증에 의한 히스테리 증상이 더 다양한 형태로 나타난다고 본다.

문 11. 다음 글의 내용이 참일 때, 반드시 참인 것은?

> 외교부에서는 남자 6명, 여자 4명으로 이루어진 10명의 신임 외교관을 A, B, C 세 부서에 배치하고자 한다. 이때 따라야 할 기준은 다음과 같다.
> - 각 부서에 적어도 한 명의 신임 외교관을 배치한다.
> - 각 부서에 배치되는 신임 외교관의 수는 각기 다르다.
> - 새로 배치되는 신임 외교관의 수는 A가 가장 적고, C가 가장 많다.
> - 여자 신임 외교관만 배치되는 부서는 없다.
> - B에는 새로 배치되는 여자 신임 외교관의 수가 새로 배치되는 남자 신임 외교관의 수보다 많다.

① A에는 1명의 신임 외교관이 배치된다.
② B에는 3명의 신임 외교관이 배치된다.
③ C에는 5명의 신임 외교관이 배치된다.
④ B에는 1명의 남자 신임 외교관이 배치된다.
⑤ C에는 2명의 여자 신임 외교관이 배치된다.

문 12. 다음 글의 내용이 참일 때, 반드시 참인 것은?

> 호텔 A에서 살인 사건이 발생했고, 손님 중에 범인(들)이 있다. 이 사건에 대하여 갑, 을, 병 세 사람이 각각 다음과 같이 두 개씩 진술을 했다. 이 세 사람 중 한 사람의 진술은 모두 참이고 다른 한 사람의 진술은 모두 거짓이며, 또 다른 한 사람의 진술은 하나는 참이고 다른 하나는 거짓이다.
> 갑 : • 이 사건의 범인은 단독범이고, 그는 이 호텔의 2층에 묵고 있다.
> • 이 호텔 2층의 방은 모두 손님이 투숙하고 있어 2층에는 빈방이 없다.
> 을 : • 이 사건이 단독범의 소행이라면, 그 범인은 이 호텔의 5층에 투숙하고 있다.
> • 이 사건의 범인은 단독범이 아니고 그들은 같은 방에 투숙하고 있지도 않다.
> 병 : • 이 사건이 단독범의 소행이 아니라면, 범인들은 같은 방에 투숙하고 있다.
> • 이 호텔의 모든 방은 손님이 투숙하고 있어 빈방이 없다.

① 갑의 진술 둘 다 거짓일 수 있다.
② 2층에는 빈방이 없지만, 다른 층에는 빈방이 있다.
③ 병의 진술이 둘 다 거짓이라면, 갑의 진술 중 하나는 거짓이다.
④ 을의 진술이 둘 다 거짓이라면, 이 사건은 단독범의 소행이 아니다.
⑤ 갑의 진술 중 하나만 참이라면, 이 사건의 범인은 단독범이 아니다.

문 13. 다음 갑~병의 견해에 대한 분석으로 적절한 것만을 〈보기〉에서 모두 고르면?

> 갑 : 현대 사회에서 '기술'이라는 용어는 낯설지 않다. 이 용어는 어떻게 정의될 수 있을까? 한 가지 분명한 사실은 우리가 기술이라고 부를 수 있는 것은 모두 물질로 구현된다는 것이다. 기술이 물질로 구현된다는 말은 그것이 물질을 소재 삼아 무언가 물질적인 결과물을 산출한다는 의미이다. 나노기술이나 유전자조합기술도 당연히 이 조건을 만족하는 기술이다.
> 을 : 기술은 반드시 물질로 구현되는 것이어야 한다는 말은 맞지만 그렇게 구현되는 것들을 모두 기술이라고 부를 수는 없다. 가령, 본능적으로 개미집을 만드는 개미의 재주 같은 것은 기술이 아니다. 기술로 인정되려면 그 안에 지성이 개입해 있어야 한다. 나노기술이나 유전자조합기술을 기술이라 부를 수 있는 이유는 둘 다 고도의 지성의 산물인 현대과학이 그 안에 깊게 개입해 있기 때문이다. 더 나아가 기술에 대한 우리의 주된 관심사가 현대 사회에 끼치는 기술의 막강한 영향력에 있다는 점을 고려할 때, '기술'이란 용어의 적용을 근대 과학혁명 이후에 등장한 과학이 개입한 것들로 한정하는 것이 합당하다.
> 병 : 근대 과학혁명 이후의 과학이 개입한 것들이 기술이라는 점을 부인하지 않는다. 하지만 그런 과학이 개입한 것들만 기술로 간주하는 정의는 너무 협소하다. 지성이 개입해야 기술인 것은 맞지만 기술을 만들어내기 위해 과학의 개입이 꼭 필요한 것은 아니다. 오히려 기술은 과학과 별개로 수많은 시행착오를 통해 발전해 나가기도 한다. 이를테면 근대 과학혁명 이전에 인간이 곡식을 재배하고 가축을 기르기 위해 고안한 여러 가지 방법들도 기술이라고 불러야 마땅하다. 따라서 우리는 '기술'을 더 넓게 적용할 수 있도록 정의할 필요가 있다.

— 〈보 기〉 —
ㄱ. '기술'을 적용하는 범위는 셋 중 갑이 가장 넓고 을이 가장 좁다.
ㄴ. 을은 '모든 기술에는 과학이 개입해 있다.'라는 주장에 동의하지만, 병은 그렇지 않다.
ㄷ. 병은 시행착오를 거쳐 발전해온 옷감 제작법을 기술로 인정하지만, 갑은 그렇지 않다.

① ㄱ
② ㄴ
③ ㄱ, ㄷ
④ ㄴ, ㄷ
⑤ ㄱ, ㄴ, ㄷ

문 14. 다음 논쟁에 대한 분석으로 가장 적절한 것은?

> 갑 : 진실을 말하지 않더라도 다른 사람을 설득할 수 있겠지만, 그런 설득은 엉망인 결과로 이어지므로 그렇게 해서는 안 됩니다.
>
> 을 : 사람들을 설득하고자 하는 사람들에게 더 중요한 것은 정의나 훌륭함에 대한 진실을 말하는 것이 아닙니다. 그보다 자신이 말하는 바를 사람들이 정의롭고 훌륭한 것이라고 받아들일 수 있게끔 설득하는 이야기 기술입니다. 설득은 진실을 말한다고 해서 반드시 성취될 수 있는 것이 아닙니다.
>
> 갑 : 그럼 이렇게 생각해보지요. 제가 '말을 구해 적들을 막아야 한다.'고 당신을 설득하려는 상황을 생각해봅시다. 단, 당신이 말에 대해서 가지고 있는 정보는 가축 중 말의 귀가 가장 크다는 것뿐이고, 제가 이 사실을 알고 있다고 합시다. 이럴 때, 제가 당나귀를 말이라고 부르면서, 당나귀에 대한 칭찬을 늘어놓아 당나귀가 적들을 막는데 무척 효과적이라고 당신을 꼬드긴다면 어떻게 될까요? 아마도 당신은 설득이 되겠지요. 하지만 당신은 당나귀로 적들을 막아내지는 못할 것입니다. 이렇게 이야기 기술만으로 대중을 설득한다면, 그 설득으로부터 야기된 결과는 엉망이 될 것입니다.
>
> 을 : 제 말을 너무 심하게 비난하는군요. 제가 말한 것은 다른 사람을 설득하기 위해서는 이야기 기술을 습득해야 한다는 것입니다. 진실을 말하는 사람이라도 그런 기술이 없다면 설득을 해낼 수 없다는 것을 말하고자 한 것뿐입니다.
>
> 갑 : 물론, 진실을 말한다고 해서 설득할 수 있는 것은 아니지요. 그렇지만 진실을 말하지 않으면서 대중을 설득하는 이야기 기술만 습득하는 것은 어리석은 짓을 하겠다는 것입니다.

① 갑과 을은 진실을 이야기한다고 하더라도 설득에 실패할 수 있다는 것에 동의한다.

② 갑과 을은 이야기 기술만으로 사람들을 설득하는 경우가 가능하다는 것에 동의하지 않는다.

③ 갑과 을은 진실하지 않은 것을 말하는 이야기 기술을 습득하지 말아야 한다는 것에 동의한다.

④ 갑은 이야기 기술을 가지고 있다고 하더라도 설득에 실패할 수 있다는 것을 긍정하지만, 을은 부정한다.

⑤ 갑은 진실하지 않은 것을 믿게끔 설득하는 것으로부터 야기된 결과가 나쁠 수 있다는 것을 긍정하지만, 을은 부정한다.

문 15. 다음 글에서 추론할 수 없는 것은?

> 장수 비결에 관한 연구 결과에 따르면 행복한 결혼생활과 규칙적인 운동이 장수에 필요한 조건이라는 사실이 밝혀졌다. 또 하나 필요한 조건은 짜거나 기름진 음식을 즐겨 먹지 말아야 한다는 것이다.
>
> 이 연구 결과를 검증하기 위해 90세 이상 장수 노인 100명과 전국 평균에도 못 미치는 나이에 세상을 떠난 조기 사망자 100명, 총 200명으로 구성된 하나의 표본 집단 X를 구성하여 조사한 결과, 장수 노인 중에 이 연구 결과에 부합하지 않는 사례는 한 명도 없었다. 이번 조사를 통해 X에 속한 사람들에 대해 추가로 알려진 정보는 다음과 같다.
>
> 결혼생활이 행복하지 않은 사람들은 모두 면역지수가 낮았는데, 조기 사망자는 모두 면역지수가 낮았다. 짜거나 기름진 음식을 즐겨 먹지 않는 사람들의 경우 모두 혈중 콜레스테롤 지수가 낮게 나타났는데, 조기 사망자는 모두 혈중 콜레스테롤 지수가 높았다. 규칙적인 운동을 하지 않은 사람들은 모두 β호르몬이 평균치보다 적게 분비된 것으로 나타났는데, β호르몬이 평균치보다 적게 분비된 사람은 모두 체지방 비율이 정상 범위를 넘어섰다고 한다. 그런데 조기 사망자는 아무도 체지방 비율이 정상 범위를 넘어서지 않았던 것으로 드러났다.

① X에 속한 모든 사람은 규칙적으로 운동을 했다.

② X에 속한 장수 노인 중에 혈중 콜레스테롤 지수가 높은 사람은 없다.

③ X에 속한 조기 사망자 중에 짜거나 기름진 음식을 즐겨 먹은 사람이 있었다.

④ X에 속한 장수 노인 중에 체지방 비율이 정상 범위를 넘어서지 않는 사람이 있다.

⑤ X에 속한 조기 사망자라면 누구나 결혼생활이 행복하지 않았거나 β호르몬이 평균치보다 적게 분비되지 않았다.

문 16. 다음 글의 ㉠에 대한 평가로 적절한 것만을 〈보기〉에서 모두 고르면?

표현은 속성을 나타낸다. 가령 "붉다"라는 표현은 붉음이라는 속성을 나타낸다. "붉다"라는 표현을 우리가 잘 이해하고 사용한다면 우리는 붉음이라는 속성을 아는 것이다. 그런데 사람들은 통상적으로, 비교 가능한 속성 P와 그것의 비교급에 해당하는 관계 R에 대해서, P를 아는 것이 R을 아는 것에 선행해야 한다고 여긴다. 그들은 좋음을 알 수 있어야 a가 b보다 더 좋음을 알 수 있으며, 훌륭함을 알아야 c가 d보다 더 훌륭함을 알 수 있다고 생각한다. 예를 들어 붉음이라는 비교 가능한 속성에 대해서, 저 사과가 이 사과보다 더 붉음을 알 수 있는 이유는, 이 사과보다 저 사과가 붉음이라는 속성을 더 많이 갖고 있음을 알기 때문이다. 이러한 견해에 따르면, 표현 "더 좋다"가 어휘의 진화과정에서 "좋다" 다음에 등장했고 "훌륭하다"가 "더 훌륭하다"에 앞서 사용되었다.

하지만 비교 가능한 속성을 아는 것이 비교급 관계를 아는 것보다 선행하며, 표현의 등장에서도 그와 같은 선행이 있다는 이러한 견해에 대해서는 ㉠ 다음의 두 가지 반박이 있다. 첫째, 비교급 관계를 아는 것이 속성을 아는 것보다 선행하는 명백한 사례들이 있다. 빠름이라는 속성과 더 빠름이라는 관계를 생각해보자. 한 대상이 다른 대상보다 더 빠르다는 것을 알기 위해서 빠름 그 자체가 무엇인지를 알아야 할 필요는 없다. 거꾸로 우리는 더 빠름이라는 관계를 대상들에 적용함으로써 "빠름"의 의미를 이해한다. 둘째, 속성을 나타내는 표현이 언제나 그 속성의 비교급 관계를 나타내는 표현보다 먼저 나타나는 것도 아니다. 어떤 언어에는 비교 가능한 속성 Q의 비교 관계를 나타내는 표현만 있고 정작 Q를 나타내는 표현은 존재한 적이 없다. 이 경우, Q를 나타내는 표현의 등장은 Q의 비교급 표현의 등장에 앞설 수 없다.

─────── 〈보 기〉 ───────

ㄱ. a가 b보다 c에 더 유사함과 같은 관계를 이해하지 않고서는 "유사하다"라는 표현을 사용할 수 없다는 것은 ㉠을 강화한다.

ㄴ. 우리가 두 사람 중 어느 사람이 더 훌륭한지 판단할 수 없더라도 "훌륭하다"라는 표현을 안다는 것은 ㉠을 강화한다.

ㄷ. 인간임이라는 속성을 정의하기란 불가능하지만 "인간이다"와 같은 표현은 모든 언어에 존재한다는 것은 ㉠을 강화한다.

① ㄱ
② ㄷ
③ ㄱ, ㄴ
④ ㄴ, ㄷ
⑤ ㄱ, ㄴ, ㄷ

문 17. 다음 글의 〈실험〉에 대한 분석으로 가장 적절한 것은?

비활성 기체인 라돈에는 질량이 다른 39종의 동위원소들이 존재하는데, 그중 자연에서 주로 발견되는 것은 질량수가 222인 ^{222}Rn과 질량수가 220인 ^{220}Rn이다. ^{222}Rn과 ^{220}Rn의 화학적 성질은 매우 비슷하지만, 반감기가 서로 다르다. 반감기는 방사성 붕괴를 통해 원래 양의 절반이 되는 시간을 말하는 것으로, 방사성 물질마다 고유한 반감기가 있다. ^{222}Rn은 반감기가 3.8일인 반면, ^{220}Rn은 55.6초밖에 되지 않는다. 이러한 특성 탓에 ^{220}Rn의 경우 ^{222}Rn과 달리 빠른 속도로 붕괴하여 긴 거리를 이동하지 못하므로 인체에 도달할 확률이 낮다. ^{220}Rn은 발생원으로부터 50cm 이상 떨어지면 그 영향이 나타나지 않으며, ^{222}Rn에서 발생한 방사선은 밀폐된 공간에서는 거의 균일하게 분포한다.

─────── 〈실 험〉 ───────

갑은 ^{222}Rn과 ^{220}Rn에서 나온 방사선을 측정할 수 있는 측정기를 가지고 석재 A와 석재 B에서 발생하는 방사선량을 밀폐된 실험실에서 측정하였다. 방사선량은 석재로부터 0cm, 20cm, 60cm 떨어진 지점에서 측정되었다. ^{222}Rn과 ^{220}Rn 이외의 물질에 의한 영향은 없었다. 측정 결과는 다음과 같았다. 측정된 방사선량은 +의 개수에 비례한다.

석재로부터의 거리 (cm) 석재의 종류	0	20	60
A	++++	+++	+
B	+	+	+

① A는 ^{220}Rn을 포함하지 않는다.
② B는 ^{222}Rn과 ^{220}Rn을 모두 포함한다.
③ 0cm 떨어진 지점에서 측정된 A의 방사선은 모두 ^{222}Rn에서 나온 것이다.
④ 20cm 떨어진 지점에서 측정된 방사선 중 ^{222}Rn에서 나온 방사선량은 B보다 A가 더 많다.
⑤ 60cm 떨어진 지점에서 측정된 A의 방사선과 B의 방사선은 모두 ^{222}Rn에서 나온 것이다.

문 18. 다음 글의 ㉠에 대한 평가로 적절한 것만을 〈보기〉에서 모두 고르면?

지금까지 알려진 적이 없는 어느 부족의 언어를 최초로 번역해야 하는 번역자 S를 가정하자. S가 사용할 수 있는 자료는 부족민들의 언어 행동에 관한 관찰 증거뿐이다. S는 부족민들의 말을 듣던 중에 여러 번 '가바가이'라는 말소리를 알아들었는데, 그때마다 항상 눈앞에 토끼가 있다는 사실을 관찰했다. 이에 S는 '가바가이'를 하나의 단어로 추정하면서 그에 대한 몇 가지 가능한 번역어를 생각했다. 그것은 '한 마리의 토끼'라거나 '살아있는 토끼' 등 여러 상이한 의미로 번역될 수 있었다. 관찰 가능한 증거들은 이런 번역 모두와 어울렸기 때문에 S는 어느 번역이 옳은지 결정할 수 없었다.

이 문제를 해결하는 방안으로 제시된 ㉠ 이론 A는 전체의 의미로부터 그 구성요소의 의미를 결정하고자 한다. 즉, 문제의 단어를 포함하는 문장들을 충분히 모아 각 문장의 의미를 확정한 후에 이것을 기반으로 각 문장의 구성요소에 해당하는 단어의 의미를 결정하려는 것이다. 이런 점은 과학에서 단어의 의미를 확정하는 사례를 통해서 분명하게 드러난다. 예를 들어, '분자'의 의미는 "기체의 온도는 기체를 구성하는 분자들의 충돌에 의한 것이다."와 같은 문장들의 의미를 확정함으로써 결정할 수 있다. 그리고 이 문장들의 의미는 수많은 문장들로 구성된 과학 이론 속에서 결정될 것이다. 결국 과학의 단어가 지니는 의미는 과학 이론에 의존하게 되는 것이다.

─────〈보 기〉─────

ㄱ. "고래는 포유류이다."의 의미를 확정하기 위해서는 먼저 '포유류'의 의미를 결정해야 한다는 점은 ㉠을 강화한다.

ㄴ. 뉴턴역학에서 사용되는 '힘'이라는 단어의 의미가 뉴턴역학에 의거하여 결정될 수 있다는 점은 ㉠을 강화한다.

ㄷ. 토끼와 같은 일상적인 단어는 언어 행위에 대한 직접적인 관찰 증거만으로 그 의미를 결정할 수 있다는 점은 ㉠을 약화한다.

① ㄱ

② ㄴ

③ ㄱ, ㄷ

④ ㄴ, ㄷ

⑤ ㄱ, ㄴ, ㄷ

※ 다음 글을 읽고 물음에 답하시오. [문 19~문 20]

"강한 인공지능과 약한 인공지능 가운데 어느 편이 더 강한가?" 하는 물음은 이상해 보인다. 마치 "초록색 물고기와 주황색 물고기 중 어느 것이 초록색에 가까운가?"하는 싱거운 물음과 비슷하기 때문이다. 그러나 앞의 물음은 뒤의 물음과 성격이 다르다. 앞의 물음에서 '인공지능'이라는 명사를 수식하는 '강한'이라는 표현의 의미가 우리가 일반적으로 '강하다'는 말을 사용할 때의 그것과 다르기 때문이다. '강한 인공지능'이라는 표현은 철학자 썰이 인공지능을 논하며 제안했던 전문 용어로, 인공지능이 말의 의미를 이해하는 능력이라는 특정한 속성을 지녔음을 의미한다. 반면에 '약한 인공지능'은 그런 속성을 지니지 못한 경우를 가리킨다. 이런 기준에 따르면 말의 의미를 이해하는 인공지능은 해낼 줄 아는 일이 별로 없더라도 '강한 인공지능'인 반면, 그런 능력이 없는 인공지능은 아무리 다양한 종류의 과업을 훌륭하게 해낼 수 있더라도 '약한 인공지능'이다.

일상적으로 가령 '어느 편이 강한가?'라고 묻는 상황에서 우리는 서로 겨루면 누가 이길 것인지를 궁금해 한다. 문제를 빠르게 해결하는 것이 중요한 상황에서 사람들은 다른 인공지능 프로그램보다 한층 더 빠르게 문제를 푸는 인공지능 프로그램을 강하다고 평가할 것이다. 단일한 인공지능 프로그램이 더 다양한 문제를 해결할 수 있을 때 더 강한 인공지능이라고 평가될 수도 있을 것이다. 그러나 인공지능에 관한 전문적인 논의에서는 이 개념을 학문적 토론의 세계에 처음 소개한 썰의 용어 사용을 존중할 필요가 있다. 썰이 주장한 것처럼 ㉠ 아무리 뛰어난 성능의 인공지능이라고 해도 자극의 외형적 구조를 다룰 뿐 말의 의미를 파악하지는 못한다. 다시 말해 강한 인공지능이 실현될 가능성은 거의 없다. 이런 견해는 많은 비판을 받기도 했지만, 상당한 설득력을 지닌다. 인공지능 스피커에 탑재된 프로그램이 "오늘 날씨는 어제보다 차갑습니다. 외출할 때는 옷을 따뜻하게 입으세요."라고 말한다고 해서 그것이 '외출'이나 '차갑다'는 말의 의미를 이해하고 있으리라고 생각되지는 않는다. 인공지능으로 작동하는 번역기가 순식간에 한국어 문장을 번듯한 영어 문장으로 번역하는 것은 감탄스럽지만, 그것이 문장의 의미를 이해한다고 볼 이유를 제공하지는 않는다.

강한 인공지능과 비슷해 보이지만 구별해야 할 개념이 인공일반지능이다. 우리는 비록 아주 뛰어나게 잘 하지는 못해도 본 것을 식별하고, 기억하고, 기억을 활용하여 판단을 내리고, 말로 생각을 표현하고, 상대방의 표정에서 감정을 읽고 또 자기 감정을 표현하는 등 온갖 능력을 발휘한다. 이처럼 하나의 인지 체계가 온갖 종류의 지적 능력을 발휘할 때 일반지능이라고 하는데, 인공지능 연구의 한 가지 목표는 인간처럼 일반지능의 성격을 실현하는 인공지능을 만드는 일이다. 일반지능을 갖춘 것처럼 보이는 인공지능을 우리는 '인공일반지능'이라고 부른다. ㉡ 일부 사람들은 이러한 지능이 강한 인공지능이라고 생각하지만 그것은 잘못된 생각이다. 왜냐하면 일반지능을 갖춘 것처럼 보인다는 것과 일반지능을 갖춘 것과는 서로 다르기 때문에 전자로부터 후자는 따라나오지 않으며, 마찬가지 이유로 말의 의미를 이해하는 것처럼 보인다는 것으로부터 말의 의미를 이해한다는 것이 따라오지 않기 때문이다.

문 19. 위 글의 내용과 부합하지 않는 것은?

① 인공지능 번역기에 탑재된 인공지능은 약한 인공지능이다.

② 가장 많은 종류의 문제를 해결하는 인공지능이 강한 인공지능이다.

③ 인간의 온갖 지적 능력을 발휘하는 것처럼 보이는 인공지능은 인공일반지능이다.

④ 약한 인공지능은 특정한 과업에서 강한 인공지능을 능가하는 역량을 발휘할 수 있다.

⑤ 강한 인공지능에서 '강한'이란 표현의 의미는 우리가 일반적으로 사용하는 '강한'의 의미와 다르다.

문 20. 위 글의 ㉠과 ㉡에 대한 평가로 적절한 것만을 〈보기〉에서 모두 고르면?

〈 보 기 〉
ㄱ. 최근 단일한 인공지능 프로그램의 활용 범위를 넓혀 말의 인지적, 감성적 이해 기능을 갖춘 인공지능을 만드는 일이 현실화되고 있다는 사실은 ㉠을 강화한다.

ㄴ. 인간의 개입 없이 바둑의 온갖 기법을 터득해 인간의 실력을 능가한 알파고 제로가 '바둑'이라는 말의 의미를 이해하지 못한다고 보는 것은 인간중심적 편견에 불과하다는 사실은 ㉠을 약화한다.

ㄷ. 말의 의미를 이해하는 것과 이해하는 것처럼 보이는 것은 전혀 구별될 수 없다는 사실은 ㉡을 약화한다.

① ㄱ
② ㄴ
③ ㄱ, ㄷ
④ ㄴ, ㄷ
⑤ ㄱ, ㄴ, ㄷ

문 21. 다음 글에서 알 수 있는 것은?

조선 시대에는 지체 높은 관리의 행차 때 하인들이 그 앞에 서서 꾸짖는 소리를 크게 내어 행차에 방해되는 사람을 물리쳤다. 이런 행위를 '가도'라 한다. 국왕의 행차 때 하는 가도는 특별히 '봉도'라고 불렸다. 가도는 잡인들의 통행을 막는 것이기도 했기 때문에 '벽제'라고도 했으며, 이때 하는 행위를 '벽제를 잡는다.'라고 했다. 가도를 할 때는 대체로 '물렀거라', '에라, 게 들어 섰거라'고 외쳤고, 왕이 행차할 때는 '시위~'라고 소리치는 것이 정해진 법도였다. 『경도잡지』라는 문헌을 보면, 정1품 관인 영의정, 좌의정, 우의정의 행차 때 내는 벽제 소리는 그리 크지 않았고, 그 행차 속도도 여유가 있었다고 한다. 행차를 느리게 하는 방식으로 그 벼슬아치의 위엄을 차렸다는 것이다. 그런데 삼정승 아래 벼슬인 병조판서의 행차 때 내는 벽제 소리는 날래고 강렬했다고 한다. 병조판서의 행차답게 소리를 크게 냈다는 것이다.

애초에 가도는 벼슬아치가 행차하는 길 앞에 있는 위험한 것을 미리 치우기 위한 행위였다. 그런데 나중에는 행차 앞에 방해되는 자가 없어도 위엄을 과시하는 관례로 굳어졌다. 가도 소리를 들으면 지나가는 사람은 멀리서도 냉큼 꿇어앉아야 했다. 그 소리를 듣고도 모른 척하면 엄벌을 면치 못했다. 벼슬아치를 경호하는 관원들은 행차가 지나갈 때까지 이런 자들을 눈에 띄지 않는 곳에 가둬 두었다가 행차가 지나간 뒤 몽둥이로 마구 때렸다. 그러니 서민들로서는 벼슬아치들의 행차를 피해 다른 길로 통행하는 것이 상책이었다.

서울 종로의 피맛골은 바로 조선 시대 서민들이 종로를 오가는 벼슬아치들의 행차를 피해 오가던 뒷골목이었다. 피맛골은 서울의 숱한 서민들이 종로 근방에 일이 있을 때마다 오가던 길이었고, 그 좌우에는 허름한 술집과 밥집도 많았다. 피마란 원래 벼슬아치들이 길을 가다가 자기보다 높은 관리를 만날 때, 말에서 내려 길옆으로 피해 경의를 표하는 행위를 뜻하는 말이다. 그런데 신분이 낮은 서민들은 벼슬아치들의 행차와 그 가도를 피하기 위해 뒷골목으로 다니는 행위를 '피마'라고 불렀다. 피맛골은 서민들의 입장에서 볼 때 자유롭게 통행할 수 있는 일종의 해방구였던 셈이다.

① 삼정승 행차보다 병조판서 행차 때의 벽제 소리가 더 컸다.

② 봉도란 국왕이 행차한다는 소리를 듣고 꿇어앉는 행위를 뜻한다.

③ 벼슬아치가 행차할 때 잡인들의 통행을 막으면서 서민들에 대한 감시가 증가했다.

④ 조선 시대에 신분이 낮은 서민들은 피마라는 용어를 말에서 내려 길을 피한다는 의미로 바꿔 썼다.

⑤ 가도는 주로 서울을 중심으로 행해졌기 때문에 벼슬아치들의 행차를 피하기 위해 형성된 장소도 서울에만 있다.

조선은 건국 초부터 가족을 중시하였다. 가족의 안정이 곧 사회의 안정이라는 인식하에, 가정의 핵심인 부부를 보호하기 위해 어떻게든 이혼을 막아야 했다. 중국 법전인『대명률』은 부인이 남편을 때렸거나 간통을 했을 경우 남편이 원하면 이혼을 허용했다. 그런데 조선은『대명률』을 준용하면서도 '조선에는 이혼이란 없다.'라는 태도를 견지하였다.『대명률』에는 이른바 출처(出妻)라는 항목이 있어서 이런저런 이유로 부인을 내쫓을 수 있게 되어 있지만, 조선에서는 출처가 거의 명목상으로만 존재하였다. 조선은 남편이 부인을 좇아내는 것이 사회 안정에 도움이 되지 않는다는 사실을 잘 파악하고 있었다.

양반 남자 집안 또한 이혼이나 출처에 부정적이었다. 부인을 좇아내면 그것은 곧 적처가 없게 되는 것이다. 적처는 양반가에서 적자의 배우자로 집안을 온전하게 유지하는 가정의 관리자다. 이에 조선의 양반가에서 적처의 존재는 필수 불가결한 것이었다. 게다가 적처를 좇아내고 새 부인을 얻는다는 것은 현실적으로 비용과 노력이 많이 드는 골치가 아픈 일이었다. 적처를 내보내면 적처 집안과의 관계가 단절된다.

조선 전기에는 오늘날과 달리 남자가 여자 집으로 장가를 드는 형태로 혼인이 이루어졌기 때문에 적처의 집안 즉 여자 집안의 영향력이 컸고, 남자 집안과 여자 집안은 비교적 대등하고 협력적인 관계를 맺어 왔다. 물론 조선 후기로 내려오면서 혼인의 형태가 변화하여 남자 쪽이 주도권을 잡게 되었지만, 여전히 여자 집안으로부터의 영향력과 지원은 무시할 수 없었다. 따라서 여자 집안과의 공조를 끊는 것은 쉽게 결정할 일이 아니었다. 이러한 문제를 다 고려해서 이루어진 혼인이었으므로, 재혼을 통해 더 나은 관계를 찾는 것은 쉽지 않은 일이었다.

조선에서 남자 집안은 새로운 관계를 찾기보다는 처음 맺은 관계를 우호적으로 유지하면서 사회적인 이익을 얻기 위해 노력하는 것이 더 현실적이었다. 칠거지악이 여자들을 옥죄는 조선의 악습으로 알려져 있지만, 사실은 이 때문에 부인이 좇겨난 경우는 없었다. 이처럼 이혼이 거의 불가능하고 또 불필요했기 때문에 조선의 부부들은 자신들에게 주어진 상황에 적응하는 쪽으로 노력을 기울였다.

① 조선 사회에서 양반 계층보다는 평민이나 노비 계층에서 이혼이 빈번했다.
② 조선의 양반 집안은 적처를 좇아내기보다는 현실적인 이유에서 결혼을 유지하였다.
③ 조선에서 적처의 존재를 중요하게 생각한 것은 부인의 역할이 중국과는 달랐기 때문이다.
④ 조선 시대에는 중국 법전의 출처 항목에 명시된 사유에 해당한다고 판단될 경우 이혼을 실질적으로 용인하였다.
⑤ 조선 시대에 국가는 이혼을 막기 위해 남자 집안과 여자 집안 간의 공조를 유지시키기 위한 지원 정책을 실시했다.

함경도 경원부의 두만강 건너편 북쪽에 살던 여진족은 조선을 자주 침략하다가 태종 때 서쪽으로 이동해 명이 다스리는 요동의 봉주라는 곳까지 갔다. 그곳에 정착한 여진족은 한동안 조선을 침략하지 않았다. 한편 명은 봉주에 나타난 여진족을 통제하고자 건주위라는 행정단위를 두고, 여진족 추장을 책임자로 임명했다. 그런데 1424년에 봉주가 북쪽의 이민족에 의해 침략받는 일이 벌어졌다. 이에 건주위 여진족은 동쪽으로 피해 아목하라는 곳으로 이동했다. 조선의 국왕 세종은 이들이 또 조선을 침입할 가능성이 있다고 생각하고, 그 침입에 대비하고자 압록강변 중에서 방어에 유리한 곳을 골라 여연군이라는 군사 거점을 설치했다.

세종의 예상대로 건주위 여진족은 1432년 12월에 아목하로부터 곧바로 동쪽으로 진격해 압록강을 건너 여연군을 침략했다. 이 소식을 들은 세종은 최윤덕을 지휘관으로 삼아 이듬해 3월, 건주위 여진족을 정벌하게 했다. 최윤덕의 부대는 여연군에서 서남쪽으로 수백 리 떨어진 지점에 있는 만포에서 압록강을 건넌 후 아목하까지 북진해 건주위 여진족을 토벌했다. 이후에 세종은 만포와 여연군 사이의 거리가 지나치게 멀어 여진족이 그 중간 지점에서 압록강을 건너올 경우, 막기 힘들다고 판단했다. 이에 만포의 동북쪽에 자성군을 두어 압록강을 건너오는 여진에 대비하도록 했다. 이로써 여연군의 서남쪽에 군사 거점이 하나 더 만들어지게 되었다. 자성군은 상류로부터 여연군을 거쳐 만포 방향으로 흘러가는 압록강이 보이는 요충지에 자리 잡고 있다. 세종은 자성군의 지리적 이점을 이용해 강을 건너오는 적을 공격하기 좋은 위치에 군사 기지를 만들도록 했다.

국경 방비가 이처럼 강화되었으나, 건주위 여진족은 다시 강을 넘어 여연군을 침략했다. 이에 세종은 1437년에 이천이라는 장수를 보내 재차 여진 정벌에 나섰다. 이천의 부대는 만포에서 압록강을 건너 건주위 여진족을 토벌했다. 이후 세종은 국경 방비를 더 강화하고자 여연군과 자성군 사이의 중간 지점에 우예군을 설치했으며, 여연군에서 동남쪽으로 멀리 떨어진 곳에 무창군을 설치했다. 이 네 개의 군은 4군이라 불렸으며, 조선이 북쪽 변경에 대한 방비를 강화하는 데 중요한 역할을 했다.

① 여연군이 설치되어 있던 곳에서 동쪽 방면으로 곧장 나아가면 아목하에 도착할 수 있었다.
② 최윤덕은 여연군과 무창군을 잇는 직선 거리의 중간 지점에서 강을 건너 여진족을 정벌했다.
③ 이천의 두 번째 여진 정벌이 끝난 직후에 조선은 북쪽 국경의 방비를 강화하고자 자성군과 우예군, 무창군을 신설했다.
④ 세종은 여진의 침입에 대비하기 위해 경원부를 여연군으로 바꾸고, 최윤덕을 파견해 그곳 인근에 3개 군을 더 설치하게 했다.
⑤ 4군 중 하나인 여연군으로부터 압록강 물줄기를 따라 하류로 이동하면 이천의 부대가 왕명에 따라 여진을 정벌하고자 압록강을 건넜던 지역에 이를 수 있었다.

문 24. 다음 글의 내용과 부합하는 것은?

미국의 건축물 화재안전 관리체제는 크게 시설계획기준을 제시하는 건축모범규준과 특정 시설의 화재안전평가 및 대안설계안을 결정하는 화재안전평가제 그리고 기존 건축물의 화재위험도를 평가하는 화재위험도평가제로 구분된다. 건축모범규준과 화재안전평가제는 건축물의 계획 및 시공단계에서 설계지침으로 적용되며, 화재위험도평가제는 기존 건축물의 유지 및 관리단계에서 화재위험도 관리를 위해 활용된다. 우리나라는 정부가 화재안전 관리체제를 마련하고 시행하는 데 반해 미국은 공신력 있는 민간기관이 화재 관련 모범규준이나 평가제를 개발하고 주 정부가 주 상황에 따라 특정 제도를 선택하여 운영하고 있다.

건축모범규준은 미국화재예방협회에서 개발한 것이 가장 널리 활용되는데 3년마다 개정안이 마련된다. 특정 주요 기준은 대부분의 주가 최근 개정안을 적용하지만, 그 외의 기준은 개정되기 전 규준의 기준을 적용하는 경우도 있다. 역시 미국화재예방협회가 개발하여 미국에서 가장 널리 활용되는 화재안전평가제는 공공안전성이 강조되는 의료, 교정, 숙박, 요양 및 교육시설 등 5개 용도시설에 대해 화재안전성을 평가하고 대안설계안의 인정 여부를 결정함에 목적이 있다. 5개 용도시설을 제외한 건축물의 경우에는 건축모범규준의 적용이 권고된다. 화재위험도평가제는 기존 건축물에 대한 데이터를 수집하여 화재안전을 효율적으로 평가 · 관리함에 목적이 있다. 이 중에서 뉴욕주 소방청의 화재위험도평가제는 공공데이터 공유 플랫폼을 이용하여 수집된 주 내의 모든 정부 기관의 정보를 평가 자료로 활용한다.

① 건축모범규준이나 화재안전평가제에 따르면 공공안전성이 강조되는 건물에는 특정 주요 기준이 강제적으로 적용되고 있다.

② 건축모범규준, 화재안전평가제, 화재위험도평가제 모두 건축물의 설계 · 시공단계에서 화재안전을 확보하는 수단이다.

③ 건축모범규준을 적용하여 건축물을 신축하는 경우 반드시 가장 최근에 개정된 기준에 따라야 한다.

④ 미국에서는 민간기관인 미국화재예방협회가 건축모범규준과 화재안전평가제를 개발 · 운영하고 있다.

⑤ 뉴욕주 소방청은 화재위험도 평가에 타 기관에서 수집한 정보를 활용한다.

문 25. 다음 글에서 알 수 있는 것은?

19세기 후반 독일의 복지 제도를 주도한 비스마르크는 보수파였다. 그는 노령연금과 의료보험 정책을 통해 근대 유럽 복지 제도의 기반을 조성하였는데 이 정책의 일차적 목표는 당시 노동자를 대변하는 사회주의자들을 견제하면서 독일 노동자들이 미국으로 이탈하는 것을 방지하는 데 있었다. 그의 복지 정책은 노동자뿐 아니라 노인과 약자 등 사회의 다양한 계층으로부터 광범위한 지지를 얻을 수 있었지만, 이러한 정책을 실행하는 과정에서 각 정파들 간에 논쟁과 갈등이 발생했다. 복지 제도는 모든 국민에게 그들의 공과와는 관계없이 일정 수준 이상의 삶을 영위할 수 있도록 사회적 최소치를 보장하는 것이고 이를 위해선 지속적인 재원이 필요했다. 그런데 그 재원을 확보하고자 국가가 세금과 같은 방법을 동원할 경우 그 비용을 강제로 부담하고 있다고 생각하는 국민들의 불만은 말할 것도 없고, 실제 제공되는 복지 수준이 기대치와 다를 경우 그 수혜자들로부터도 불만을 살 우려가 있었다.

공동체적 가치를 중요시해 온 독일의 사회주의자들이나 보수주의자들은 복지 정책을 입안하고 그 집행과 관련된 각종 조세 정책을 수립하는 데에 적극적이었다. 이들은 보편적 복지를 시행하기 위한 재원을 국가가 직접 나서서 마련하는 데 찬성했다. 반면 개인주의에 기초하여 외부로부터 간섭받지 않을 권리와 자유를 최상의 가치로 간주하는 독일 자유주의자들은 여기에 소극적이었다. 이 자유주의자들은 모두를 위한 기본적인 복지보다는 개인의 사유재산권이나 절차상의 공정성을 강조하였다. 이들은 장애인이나 가난한 이들에 대한 복지를 구휼 정책이라고 간주해 찬성하지 않았다. 이들에 따르면 누군가가 선천적인 장애나 사고로 인해 매우 어려운 상황에 처해 있다고 내가 그 사람을 도와야 할 의무는 없는 것이다. 따라서 자신이 원하지도 않는 상황에서 다른 사람을 돕는다는 명목으로 국가가 강제로 개인에게 세금을 거두고자 한다면 이는 자유의 침해이자 강요된 노동이 될 수 있었다. 물론 독일 자유주의자들은 개인이 자발적으로 사회적 약자들을 돕는 것에는 반대하지 않고 적극 권장하는 입장을 취했다. 19세기 후반 독일의 보수파를 통해 도입된 복지 정책들은 이후 유럽 각국의 복지 제도 확립에 영향을 미쳤다. 그렇지만 개인의 자율성을 강조하는 자유주의자들과의 갈등들은 현재까지도 지속되고 있다.

① 독일 자유주의자들은 구휼 정책에는 반대했지만 개인적 자선 활동에는 찬성하였다.

② 독일 보수주의자들은 복지 정책에 드는 재원을 마련하면서 그 부담을 특정 계층에게 전가하였다.

③ 독일 보수주의자들이 집권한 당시 독일 국민의 노동 강도는 높아졌고 개인의 자율성은 침해되었다.

④ 공동체적 가치를 강조하는 사회주의적 전통이 확립될수록 복지 정책에 대한 독일 국민들의 불만은 완화되었다.

⑤ 독일 사회주의자들이 제안한 노동자를 위한 사회 보장 정책은 독일 보수주의자들에 의해 전 국민에게로 확대되었다.

문 26. 다음 글에서 알 수 있는 것은?

사법적 분쟁해결의 대안적 수단인 ADR(Alternative Dispute Resolution)은 분쟁당사자 간 자율적 분쟁해결을 도모한다. ADR은 재판과 비교하여 시간과 비용이 절감되나 사법적 통제가 이루어지지 않아 법치주의에 위배될 우려가 있다. ADR은 자기결정권의 정도에 따라 중재, 조정, 협상으로 구분된다. 분쟁해결안과 관련하여, 중재는 제3자가 결정권을 가지며, 조정은 제3자가 관여하지만 결정권은 분쟁당사자가 가지고, 협상은 제3자의 관여 없이 분쟁당사자가 결정권을 갖는다. 따라서 중재에서 조정, 협상으로 갈수록 자기결정권의 정도가 크다.

ADR 중 소송과 가장 유사한 중재는 전문성을 보유한 중재인 또는 중재단 등 제3자가 당사자들의 의뢰에 따라 분쟁을 해결한다. 중재인이 당사자의 입장을 절충하여 제시한 중재안은 구속력이 있다. 따라서 중재안에 만족하지 못하는 당사자도 발생한다. 중재에서 당사자의 자기결정권은 당사자가 분쟁해결수단으로 중재를 선택할 것인지 여부를 결정하는 것에 그칠 뿐, 그 이후의 절차나 결과에 관해서는 결정권이 제한된다.

조정은 당사자 간 대화를 통하여 창의적 해결안을 모색하기 때문에 결과 도출 시 당사자의 만족도가 크다. 조정을 제3자의 개입 수준에 따라 알선과 순수한 의미의 조정으로 재구분하기도 한다. 알선은 제3자가 단순히 회합을 주재하는 수준에 머무는 경우이며, 순수한 의미의 조정은 회합의 주재뿐 아니라 해결안을 제시하는 수준까지 제3자가 개입하는 것이다.

협상은 제3자의 관여 없이 분쟁당사자 간의 협의를 통해 분쟁을 해결하기 때문에 자기결정권의 정도가 가장 크다. 그러나 제3자의 관여가 없다 보니 분쟁당사자 간의 사회적, 경제적 우위 등이 반영된 해결안이 마련되기도 한다. 협상은 분쟁당사자가 자율적으로 분쟁을 해결한다는 점에서 가장 이상적이다. 그러나 분쟁당사자 간의 비공개 의사결정에 의존하여 분쟁해결안을 만들기 때문에 사회 정의를 실현하는 측면에서는 미흡한 점이 있어 결과에 대한 만족도가 다양하다.

① 중재는 분쟁해결안의 구속력으로 인해 분쟁당사자의 결과에 대한 만족도가 가장 낮다.
② 협상은 제3자의 개입 정도가 가장 낮으므로 사법적 통제도 가장 낮게 이루어진다.
③ 협상은 중재나 조정보다 분쟁 해결에 요구되는 시간이 가장 짧은 분쟁해결수단이다.
④ 당사자 간 분쟁해결안 자체를 만듦에 있어 알선은 협상보다 자기결정권의 정도가 크다.
⑤ ADR 중에서 자기결정권의 정도가 가장 큰 것이 사회 정의 실현에 충분히 기여하는 것은 아니다.

문 27. 다음 글에서 추론할 수 있는 것만을 〈보기〉에서 모두 고르면?

'공립학교 인종차별 금지 판결의 준수를 종용하면서, 어떤 법률에 대해서는 의도적으로 그 준수를 거부하니 이는 기괴하다.'라고 할 수 있습니다. '어떤 법률은 준수해야 한다고 하면서도 어떤 법률에 대해서는 그를 거부하라 할 수 있습니까?'라고 물을 수도 있습니다. 하지만 이에는 '불의한 법률은 결코 법률이 아니다.'라는 아우구스티누스의 말을 살펴 답할 수 있습니다. 곧, 법률에는 정의로운 법률과 불의한 법률, 두 가지가 있습니다.

이 두 가지 법률 간 차이는 무엇입니까? 법률이 정의로운 때가 언제이며, 불의한 때는 언제인지 무엇을 보고 결정해야 합니까? 우리 사회에서 통용되는 법률들을 놓고 생각해 봅시다. 우리 사회에서 지켜야 할 법률이라는 점에서 정의로운 법률과 불의한 법률 모두 사람에게 적용되는 규약이기는 합니다. 하지만 정의로운 법률은 신의 법, 곧 도덕법에 해당한다는 데에 동의할 것으로 믿습니다. 그렇다면 불의한 법률은 그 도덕법에 배치되는 규약이라 할 것입니다. 도덕법을 자연법이라 표현한 아퀴나스의 말을 빌리면, 불의한 법률은 결국 사람끼리의 규약에 불과합니다. 사람끼리의 규약이 불의한 이유는 그것이 자연법에 기원한 것이 아니기 때문입니다.

인간의 성품을 고양하는 법률은 정의롭습니다. 인간의 품성을 타락시키는 법률은 물론 불의한 것입니다. 인종차별을 허용하는 법률은 모두 불의한 것인데 그 까닭은 인종차별이 영혼을 왜곡하고 인격을 해치기 때문입니다. 가령 인종을 차별하는 자는 거짓된 우월감, 차별당하는 이는 거짓된 열등감을 느끼게 되는데 여기서 느끼는 우월감과 열등감은 영혼의 본래 모습이 아니라서 올바른 인격을 갖추지 못하도록 합니다.

따라서 인종차별은 정치·사회·경제적으로 불건전할 뿐 아니라 죄악이며 도덕적으로 그른 것입니다. 분리는 곧 죄악이라 할 것인데, 인간의 비극적인 분리를 실존적으로 드러내고, 두려운 소외와 끔찍한 죄악을 표출하는 상징이 인종차별 아니겠습니까? 공립학교 인종차별 금지 판결이 올바르기에 그 준수를 종용할 수 있는 한편, 인종차별을 허용하는 법률은 결단코 그르기에 이에 대한 거부에 동참해달라고 호소하는 바입니다.

───────── 〈보 기〉 ─────────
ㄱ. 인간의 성품을 고양하는 법률은 도덕법에 해당한다.
ㄴ. 사람끼리의 규약에 해당하는 법률은 자연법이 아니다.
ㄷ. 인종차별적 내용을 포함하지 않는 모든 법률은 신의 법에 해당한다.

① ㄱ
② ㄷ
③ ㄱ, ㄴ
④ ㄴ, ㄷ
⑤ ㄱ, ㄴ, ㄷ

문 28. 다음 글에서 알 수 있는 것은?

철은 구성 성분과 용도 그리고 단단함의 정도(강도), 질긴 정도(인성), 부드러운 정도(연성), 외부 충격에 깨지지 않고 늘어나는 정도(가단성)등의 성질에 따라 다양한 종류로 나뉜다.

순철은 거의 100% 철로 되어 있다. 순철을 가열하면 약 910℃에서 체심입방격자에서 면심입방격자로 구조 변화가 일어나면서 수축이 일어나고 이 구조는 약 1,400℃까지 유지된다. 그 이상의 온도에서는 구조가 다시 체심입방격자로 바뀌면서 팽창이 일어난다. 순철은 얇게 펼 수 있으며, 용접하기 쉽고, 쉽게 부식되지 않지만, 상온에서 매우 부드러워서 전자기 재료, 촉매, 합금용 등 그 활용 범위가 제한되어 있으며 공업적으로 조금 생산된다. 따라서 대부분의 경우 철은 순철 자체로 사용되기보다 탄소가 혼합된 형태로 사용된다.

선철은 용광로에서 철광석을 녹여 만든 철로서 탄소, 규소, 망간, 인, 황이 많이 포함되어 있고 단단하지만 부서지기 쉽다. 선철에는 탄소가 특히 많이 함유되어 있기 때문에 순철보다 인성과 가단성이 낮아 주형에 부어 주물로 만들 수는 있지만, 압력을 가해 얇게 펴거나 늘리는 가공은 어렵다. 대부분 선철은 강(鋼)을 만들기 위한 원료로 사용되며, 용광로에서 나와 가공되기 전 녹아 있는 상태의 선철을 용선이라고 한다.

제강로에 선철을 넣으면 탄소나 기타 성분이 제거되는 정련 과정이 일어나며, 이를 통해 강이 만들어진다. 강은 질기고 외부의 충격에 깨지지 않고 늘어나는 성질이 강하기 때문에 불에 달구어서 두들기거나 압연기 사이로 통과시키면서 압력을 가해 여러 형태의 판이나 봉, 관 등의 구조재를 만들 수 있다. 또한 외부 충격에 견디는 힘이 높아 그 용도가 무궁무진하다.

강은 탄소 함유량에 따라 저탄소강, 중탄소강, 고탄소강으로 구분한다. 탄소강은 가공과 열처리를 통해 성질을 다양하게 변화시킬 수 있고 값도 매우 싸기 때문에 실용 재료로써 그 가치가 매우 크다. 하지만 모든 성질이 우수한 탄소강을 만드는 것은 불가능하기에 다양한 제강 과정을 거쳐서 용도에 따른 특수강을 만들어 사용한다. 강에 특수한 성질을 주기 위하여 니켈, 크롬, 텅스텐, 몰리브덴 등의 특수 원소를 첨가하거나 탄소, 규소, 망간, 인, 황 중 일부를 첨가하여 내열강, 내마모강, 고장력강 등을 만드는데 이것을 특수강이라고 부른다.

① 순철은 연성이 높기 때문에 온도에 의한 구조 변화와 수축·팽창이 쉽게 일어난다.

② 순철은 선철보다 덜 질기고 외부 충격에 깨지지 않고 늘어나는 정도가 더 낮다.

③ 용선이 가지고 있는 탄소의 양은 저탄소강이 가지고 있는 탄소의 양보다 적다.

④ 제강로에서 일어나는 정련 과정은 선철의 인성과 가단성을 높인다.

⑤ 고장력강의 탄소 함유량은 고탄소강의 탄소 함유량보다 더 낮다.

문 29. 다음 글에서 추론할 수 있는 것은?

두 국가에서 소득을 얻은 개인이 두 국가 모두의 거주자로 간주되면, 두 국가에서 벌어들인 소득 합계에 대한 세금을 두 국가 모두에 납부해야 한다. 이러한 이중 부과는 불합리하다. 이에, 다음 〈기준〉에 따라 〈사례〉의 개인 갑~정을 X국과 Y국 중 어느 국가의 거주자인지 결정하고자 한다. 갑~정의 국적은 각 하나씩이며, 네 명 모두 X국과 Y국에서만 소득을 얻는다. 〈기준〉의 각 항목은 거주국이 결정될 때까지 '첫째'부터 순서대로 적용하되, 항목에 명시된 '경우'에 해당하지 않으면 적용하지 않는다. 거주국이 결정되면 그 뒤의 항목들은 고려하지 않는다.

〈기 준〉

첫째, 소득을 얻는 국가 중 한 국가에만 영구적인 주소가 있는 경우, 그 국가의 거주자로 본다. 둘째, 소득을 얻는 두 국가 모두에 영구적인 주소가 있는 경우, 더 중요한 이해관계를 가지는 쪽 국가의 거주자로 본다. 셋째, 소득을 얻는 두 국가 중 어느 쪽에도 영구적인 주소가 없거나 어느 쪽 국가에도 더 중요한 이해관계를 가지지 않는 경우에는 통상적으로 거주하는, 즉 1년의 50%를 초과하여 거주하는 국가의 거주자로 본다. 넷째, 소득을 얻는 두 국가 중 어느 쪽에도 통상적으로 거주하지 않는 경우, 국적에 따라 거주국을 결정한다.

〈사 례〉

• X국 국적자 갑은 X국 법인의 회장으로 재직하여 X국에 더 중요한 이해관계를 가지며, 어느 나라에도 영구적인 주소가 없으나 1년에 약 3개월은 X국에 거주하고 나머지는 Y국에 거주한다.

• Z국 국적자 을은 Y국 법인의 이사로 재직하여 Y국에 더 중요한 이해관계를 가진다. 을은 Y국에 통상적으로 거주하며 그가 유일하게 영구적인 주소를 가진 X국에는 1년에 4개월 정도 거주하는데 그 기간에는 영상회의로 Y국 법인의 업무에 참여한다.

• Y국 국적자 병은 X국과 Y국에 각각 영구적인 주소를 가지며 1년 중 X국에 1/4, Y국에 3/4을 체류한다. 병은 Y국에 체류할 때는 주로 휴식을 취하지만 X국에 체류하는 동안에는 X국의 공장을 운영하는 등, X국에 더 중요한 이해관계를 가진다.

• Y국 국적자 정은 Z국에만 영구적인 주소를 가지나, 거주는 X국과 Y국에서 정확히 50%씩 한다. 정은 X국과 Y국 중 어느 쪽에도 더 중요한 이해관계를 가지지 않는다.

① 갑과 병은 거주국이 같다고 결정된다.

② 갑~정 중 거주국이 결정되지 않는 사람이 있다.

③ 갑~정 중 국적이 Z국인 사람은 Y국의 거주자로 결정된다.

④ 갑~정 중 Z국에 영구적인 주소를 가지는 사람의 거주국은 X국으로 결정된다.

⑤ 갑~정 중, X국의 거주자로 결정된 사람의 수와 Y국의 거주자로 결정된 사람의 수는 같다.

문 30. 다음 글의 갑~병에 대한 분석으로 가장 적절한 것은?

> 경험 연구에서 연구의 타당성을 확보하기 위한 노력은 매우 중요하다. 먼저 연구의 외적 타당성을 확보하기 위해 대표성을 지닌 자료를 수집해야 한다. 표본 집단을 잘못 설정하면 연구 대상의 대표성을 확보할 수 없게 되고 결국 연구 결과의 일반화에 실패하므로 연구의 외적 타당성은 저해된다. 이는 연구 대상인 표본의 수나 표본 집단의 대상 지정과 관련이 있다. 다음으로 연구의 내적 타당성을 확보하기 위해서는 역사 요인과 선택 요인에 따른 오류를 제거해야 한다. 역사 요인은 외부적 사건이 원인이 되어 연구에 영향을 미쳤지만 이를 미처 고려하지 못하고 연구의 결과가 합당한 것처럼 결론을 내리게 하는 요인이다. 역사 요인에 따른 오류를 제거하기 위해서는 반드시 비교 집단을 설정하여 정보를 수집해야 한다. 선택 요인은 비교 집단을 설정했지만 비교 집단을 잘못 설정함으로써 잘못된 결론을 도출하게 하는 요인이다. 이 요인에 따른 오류를 제거하기 위해서는 독립 변수 조건 이외에 다른 조건들이 현저하게 차이가 나는 집단을 비교 집단으로 설정하지 않아야 한다.
> 축구 협회가 축구에 대한 관심도를 높이기 위해 초등학교에 지급하는 축구 관련 지원금을 인상하는 정책을 시행한 후 이 정책이 적용된 100개교를 대상으로 정책 효과성 연구를 실시하였다고 가정하자. 연구 결과 이 정책이 적용된 학교의 초등학생들에게서 축구에 대한 관심도가 2배 증가하였다는 결과를 얻었다고 하자. 이 연구의 타당성 검토와 관련하여 갑~병은 다음과 같이 주장하였다.
> 갑 : 지원금 인상 정책이 적용된 초등학교 중, 소수의 학교만을 대상으로 연구하거나 혹은 지원금 인상 정책이 적용되지 않은 초등학교까지도 연구 대상으로 지정하는 오류가 있는지 검토해야 한다.
> 을 : 연구시기에 월드컵이 개최되었고 우리나라가 본선에 진출하였으므로 이 요인이 축구에 대한 관심도 상승에 더 큰 영향을 미쳤을 수 있다. 이에 지원금 인상 정책이 적용되지 않은 초등학교를 비교 집단으로 설정하여 연구를 실시했는지 검토해야 한다.
> 병 : 비교 집단을 설정했으나 지원금 인상 정책이 적용되지 않은 초등학교 중 축구에 대한 관심도 수준이 현저히 차이 나는 집단을 비교 집단으로 설정하지 않았는지 검토해야 한다.

① 갑은 연구의 내적 타당성을 확보하기 위해 연구 대상의 대표성 확보에 관한 타당성을 검토하자는 것이다.

② 을은 연구의 내적 타당성을 확보하기 위해 선택 요인과 관련한 타당성을 검토하자는 것이다.

③ 을은 연구의 외적 타당성을 확보하기 위해 역사 요인과 관련한 타당성을 검토하자는 것이다.

④ 병은 연구의 내적 타당성을 확보하기 위해 선택 요인과 관련한 타당성을 검토하자는 것이다.

⑤ 병은 연구의 외적 타당성을 확보하기 위해 연구 결과 일반화가 가능한 표본 집단 선정에 관한 타당성을 검토하자는 것이다.

문 31. 다음 글의 내용이 참일 때, 반드시 참이라고는 할 수 없는 것은?

> 직원 갑, 을, 병, 정, 무를 대상으로 A, B, C, D 네 개 영역에 대해 최우수, 우수, 보통 가운데 하나로 분류하는 업무 평가를 실시하였다. 그리고 그 결과는 다음과 같았다.
> • 모든 영역에서 보통 평가를 받은 직원이 있다.
> • 모든 직원이 보통 평가를 받은 영역이 있다.
> • D 영역에서 우수 평가를 받은 직원은 모두 A 영역에서도 우수 평가를 받았다.
> • 갑은 C 영역에서만 보통 평가를 받았다.
> • 을만 D 영역에서 보통 평가를 받았다.
> • 병, 정은 A, B 두 영역에서 최우수 평가를 받았고 다른 직원들은 A, B 어디에서도 최우수 평가를 받지 않았다.
> • 무는 1개 영역에서만 최우수 평가를 받았다.

① 갑은 A 영역에서 우수 평가를 받았다.

② 을은 B 영역에서 보통 평가를 받았다.

③ 병은 C 영역에서 보통 평가를 받았다.

④ 정은 D 영역에서 최우수 평가를 받았다.

⑤ 무는 A 영역에서 우수 평가를 받았다.

문 32. 다음 대화의 ㉠에 들어갈 말로 가장 적절한 것은?

> 서의 : 이번에 사내 연수원에 개설된 과목인 경제, 법률, 철학, 행정에 대한 수강신청결과가 나왔는데, 경제를 신청한 사람은 모두 법률도 신청했다고 해.
> 승민 : 그래? 나도 그 결과를 보았는데, 행정을 신청한 사람 중에 법률을 신청한 사람은 아무도 없었어. 그리고 경제와 법률은 신청하지 않고 철학은 신청한 사람도 있었다더군.
> 승범 : 나도 그 결과에 대해 몇 가지 얘기를 들었는데, 법률을 신청한 사람 중에 철학을 신청한 사람도 있었대. 그리고 철학은 신청했으나 행정과 경제는 신청하지 않은 사람도 있었다는 거야.
> 승민 : 그런데 ┌──────㉠──────┐
> 서의 : 정말? 그러면 철학 한 과목만 신청한 사람이 적어도 한 명은 있겠구나.
> 승범 : 맞아. 그리고 적어도 한 명은 행정만 빼고 나머지 세 과목 전부 신청했다는 것도 알 수 있어.

① 경제와 법률 두 과목만을 신청한 사람은 한 명도 없어.

② 행정과 철학 두 과목만을 신청한 사람은 한 명도 없어.

③ 법률과 철학 두 과목만을 신청한 사람은 한 명도 없어.

④ 경제와 법률을 둘 다 신청한 사람은 모두 철학을 신청했어.

⑤ 법률과 철학을 둘 다 신청한 사람 중에 행정을 신청한 사람은 없어.

문 33. 다음 갑~병의 견해에 대한 분석으로 적절한 것만을 〈보기〉에서 모두 고르면?

> 갑 : 인간과 달리 여타의 동물에게는 어떤 형태의 의식도 없다. 소나 개가 상처를 입었을 때 몸을 움츠리고 신음을 내는 통증 행동을 보이기는 하지만 실제로 통증을 느끼는 것은 아니다. 동물에게는 통증을 느끼는 의식이 없으므로 동물의 행동은 통증에 대한 아무런 느낌 없이 이루어지는 것이다. 우리는 늑대를 피해 도망치는 양을 보고 양이 늑대를 두려워한다고 말한다. 그러나 두려움을 느낀다는 것은 의식적인 활동이므로 양이 두려움을 느끼는 일은 일어날 수 없다. 양의 행동은 단지 늑대의 몸에서 반사된 빛이 양의 눈을 자극한 데 따른 반사작용일 뿐이다.
>
> 을 : 동물이 통증 행동을 보일 때는 실제로 통증을 의식한다고 보아야 한다. 동물은 통증을 느낄 수 있으나 다만 자의식이 없을 뿐이다. 우리는 통증을 느낄 수 있는 의식과 그 통증을 '나의 통증'이라고 느낄 수 있는 자의식을 구별해야 한다. 의식이 있어야만 자의식이 있지만, 의식이 있다고 해서 반드시 자의식을 갖는 것은 아니다. 세 번의 전기충격을 받은 쥐는 그때마다 통증을 느끼지만, '내'가 전기충격을 세 번 받았다고 느끼지는 못한다. '나의 통증'을 느끼려면 자의식이 필요하며, 통증이 '세 번' 있었다고 느끼기 위해서도 자의식이 필요하다. 자의식이 없으면 과거의 경험을 기억하는 일은 불가능하기 때문이다.
>
> 병 : 동물이 아무것도 기억할 수 없다는 주장을 인정하고 나면, 동물이 무언가를 학습할 수 있다는 주장은 아예 성립할 수 없을 것이다. 그렇게 되면 동물의 학습에 관한 연구는 무의미해질 것이다. 하지만 어느 이웃에게 한 번 발로 차인 개는 그를 만날 때마다 그 사실을 기억하고 두려움을 느끼며 몸을 피한다. 그렇다면 무언가를 기억하기 위해 자의식이 꼭 필요한 것일까. 그렇지는 않아 보인다. 실은 인간조차도 아무런 자의식 없이 무언가를 기억하여 행동할 때가 있다. 하물며 동물은 말할 것도 없을 것이다. 또한, 과거에 경험한 괴로운 사건은 '나의 것'이라고 받아들이지 않고도 기억될 수 있다.

─── 〈보 기〉 ───
ㄱ. 갑과 병은 동물에게 자의식이 없다고 여긴다.
ㄴ. 갑과 을은 동물이 의식 없이 행동할 수 있다고 여긴다.
ㄷ. 을에게 기억은 의식의 충분조건이지만, 병에게 기억은 학습의 필요조건이다.

① ㄱ
② ㄷ
③ ㄱ, ㄴ
④ ㄴ, ㄷ
⑤ ㄱ, ㄴ, ㄷ

문 34. 다음 논쟁에 대한 분석으로 가장 적절한 것은?

> 갑 : 무게 중심이 어느 쪽으로도 치우치지 않은 동전 c가 있다. 그럼 'c를 던졌을 때 앞면이 나올 확률은 50%이다.'라는 진술 A가 뜻하는 바는 무엇인가? 이는 분명 참이다. 하지만 형태, 색, 무게 등 c의 물리적 특징을 조사한다고 하더라도, '50%의 확률'에 대응하는 특징을 찾을 수 없다. 도대체 진술 A의 의미가 무엇이길래 참이라고 말할 수 있는가?
>
> 을 : c를 여러 번 던져 진술 A의 의미를 결정할 수 있다. c를 같은 방식으로 여러 번 던지면 일부는 앞면이 나오고 일부는 뒷면이 나올 것이다. 이런 실제 동전 던지기 결과를 통해 진술 A의 의미가 결정된다. 즉 진술 A는 'c를 같은 방식으로 던진 실제 결과들 중 앞면이 나온 빈도가 50%이다.'를 뜻한다.
>
> 병 : c를 같은 방식으로 여러 번 던지는 것이 실제로 가능한가? 아무리 비슷하게 던지려 하더라도 언제나 미세한 차이가 있을 것이다. 따라서 c를 같은 방식으로 던지는 것은 거의 불가능하고, 가능하더라도 그 수는 매우 작을 것이다. 극단적으로, 그런 경우가 단 한 번밖에 없다면 앞면이 나온 빈도는 0% 또는 100%일 수밖에 없다. 이런 경우, 우리는 진술 A가 거짓이라고 말해야 한다. 하지만 이는 받아들일 수 없다.
>
> 정 : c가 같은 방식으로 던져진 실제 세계 사례의 수는 무척 작을 것이다. 하지만 진술 A는 실제 세계에서 일어난 일에 대한 것이 아니다. 오히려 그와 유사한 가상 상황에서 일어난 일에 관련된다. 진술 A는 '실제 세계와 유사한 가상 상황에서 c를 같은 방식으로 수없이 던졌을 때, 앞면이 나온 빈도는 50%에 근접한다.'를 뜻한다.

① 갑은 A가 참이라고 생각하지만, 병은 거짓이라고 생각한다.
② 을은 c를 같은 방식으로 여러 차례 던질 수 없다고 주장하지만, 병은 그렇지 않다.
③ 병은 c를 다양한 방식으로 던진 동전 던지기의 결과가 A의 진위에 영향을 끼친다고 주장하지만, 정은 그렇지 않다.
④ 병과 정은 실제 세계에서 c를 같은 방식으로 던지는 사례의 수가 매우 작을 수 있다는 것에 동의한다.
⑤ 갑, 을, 정 모두 c의 물리적 특징을 안다면 A의 뜻을 결정할 수 있다는 것에 동의한다.

문 35. 다음 글에 대한 분석으로 적절한 것만을 〈보기〉에서 모두 고르면?

> 영혼이 불멸하냐는 질문에 어떤 철학자는 다음과 같이 대답한다. 정의로움, 아름다움, 선함과 같은 ㉠ 형상은 물질적 대상이 아니다. 즉, 정의 그 자체나 선함 그 자체는 물질이 아니다. 그는 이런 사실로부터 ㉡ 이성은 물질적인 것이 아니다라는 것을 이끌어낸다. ㉢ 형상이 물질적 대상이 아니라면, 그 어떤 물질적인 것도 결코 형상을 이해할 수 없다고 그는 생각했다. 반면 이성과는 달리 육체는 물질적 대상임이 분명하다.
>
> 하지만 이성이 비물질적이라 하더라도, 그로부터 물질적 대상인 육체가 죽음으로 소멸해도 ㉣ 영혼은 불멸한다는 것이 보장되지는 않는다. 그래서 그 철학자는 ㉤ 이성과 영혼은 같다는 것, 그리고 ㉥ 만약 이성이 형상을 이해할 수 있고 형상이 불멸한다면, 이성 역시 불멸한다는 것으로부터 영혼의 불멸성을 이끌어낸다.

〈보 기〉

ㄱ. 이성이 형상을 이해할 수 있다는 것이 전제되면 ㉠과 ㉢으로부터 ㉡이 도출된다.
ㄴ. 오직 불멸하는 이성만이 비물질적이라는 것이 전제되면 ㉡으로부터 ㉣이 도출된다.
ㄷ. 불멸하는 것만이 불멸하는 것을 이해할 수 있다는 것이 전제되면 ㉤과 ㉥으로부터 ㉣이 도출된다.

① ㄱ
② ㄴ
③ ㄱ, ㄷ
④ ㄴ, ㄷ
⑤ ㄱ, ㄴ, ㄷ

문 36. 다음 글의 ㉠~㉢에 대한 평가로 적절한 것만을 〈보기〉에서 모두 고르면?

> 종소리를 울린다고 개가 침을 흘리지는 않지만, 먹이를 줄 때마다 종소리를 내면 종소리만으로도 개가 침을 흘리게 된다. 이처럼 원래 반응을 일으키지 않는 '중립적 자극'과 무조건 반응을 일으키는 '무조건 자극'을 결합하여 중립적 자극만으로도 반응이 일어나게 되는 과정을 '조건화'라고 한다. 조건화의 특성에 관하여 다음과 같은 주장이 있다. 첫째, ㉠ 조건화가 이루어지려면 중립적 자극과 무조건 자극이 여러 차례 연결되어야 한다. 둘째, ㉡ 조건화가 이루어지려면 중립적 자극과 무조건 자극 간의 간격이 0~1초 정도로 충분히 짧아야 한다. 셋째, ㉢ 무조건 자극과 중립적 자극이 각각 어떤 종류의 자극인지는 조건화의 정도에 영향을 미치지 않는다.
>
> 조건화의 특성을 확인하기 위해 쥐를 가지고 두 가지 실험을 했다. 실험에는 사카린을 탄 '단물'과 빛을 쬐어 밝게 빛나는 '밝은 물'을 이용하였다. 방사능을 쬔 쥐는 무조건 반응으로 구토증을 일으키고, 전기 충격을 받은 쥐는 무조건 반응으로 쇼크를 경험한다.
>
> 〈실험 A〉
>
> 쥐들을 두 집단으로 나누어 실험군에 속한 쥐들에게는 단물을 주고 30분 후 한 차례 방사능에 노출했다. 한편, 대조군에 속한 쥐들에게는 맹물을 주고 30분 후 한 차례 방사능에 노출했다. 사흘 뒤 두 집단의 쥐들에게 단물을 주었더니 물맛을 본 실험군의 쥐들은 구토 증상을 나타냈지만 대조군의 쥐들은 그러지 않았다.
>
> 〈실험 B〉
>
> 쥐들을 네 집단으로 나누었다. 집단 1의 쥐들에게 단물을 주면서 방사능에 노출했고, 집단 2의 쥐들에게는 단물을 주면서 전기 충격을 가했다. 집단 3의 쥐들에게 밝은 물을 주면서 방사능에 노출했고, 집단 4의 쥐들에게는 밝은 물을 주면서 전기 충격을 가했다. 이런 과정을 여러 차례 반복하고 사흘 뒤 자극에 대한 반응을 조사했다. 단물을 주자 일부 쥐들에서 미미한 쇼크 반응이 나타난 집단 2와 달리 집단 1의 쥐들은 확연한 구토 반응을 보였다. 또 밝은 물을 주었을 때, 미미한 구토 반응을 보인 집단 3과 달리 집단 4의 쥐들은 몸을 떨며 쇼크에 해당하는 반응을 보였다.

〈보 기〉

ㄱ. 〈실험 A〉는 ㉠을 약화하지만 ㉢을 약화하지 않는다.
ㄴ. 〈실험 B〉는 ㉠을 약화하지 않지만 ㉢을 약화한다.
ㄷ. 〈실험 A〉는 ㉡을 약화하지만 〈실험 B〉는 ㉡을 약화하지 않는다.

① ㄱ
② ㄴ
③ ㄱ, ㄷ
④ ㄴ, ㄷ
⑤ ㄱ, ㄴ, ㄷ

문 37. 다음 글의 ㉠에 대한 주장을 약화하는 진술만을 〈보기〉에서 모두 고르면?

동물이 단위 시간당 소모하는 에너지의 양을 물질대사율이라고 한다. 동물들은 세포 유지, 호흡, 심장박동 같은 기본적인 기능들을 위한 최소한의 물질대사율, 즉 최소대사율을 유지해야 한다. ㉠ 동물의 물질대사율은 다음과 같은 특성을 지닌다.

먼저, 최소대사율은 동물의 종에 따라 달라지고, 특히 내온동물과 외온동물은 뚜렷한 차이를 나타낸다. 신체 내 물질대사로 생성된 열에 의해 체온을 유지하는 내온동물에는 포유류 등이, 체온 유지에 필요한 열을 외부에서 얻는 외온동물에는 양서류와 파충류 등이 포함된다. 최소 수준 이상으로 열의 생성이나 방출이 요구되지 않는 환경에서 스트레스 없이 가만히 쉬고 있는 상태의 내온동물의 최소대사율을 기초대사율이라고 한다. 외온동물의 최소대사율은 내온동물과 달리 주변 온도에 따라 달라지는데, 이는 주변 온도가 물질대사와 체온을 변화시키기 때문이다. 어떤 온도에서 스트레스 없이 쉬고 있는 상태의 외온동물의 최소대사율을 그 온도에서의 표준대사율이라고 한다. 기본적인 신체 기능을 유지하는 데 필요한 에너지의 양은 외온동물보다 내온동물에서 더 크다.

내온동물의 물질대사율은 다양한 요인에 의해 영향을 받는데, 몸의 크기가 그 중 하나다. 몸집이 큰 포유동물은 몸집이 작은 포유동물보다 물질대사율이 크다. 몸집이 클수록 일반적으로 더 무겁다는 사실을 고려하면, 물질대사율은 몸무게가 클수록 크다고 볼 수 있다. 한편 포유동물에서 단위 몸무게당 기초대사율은 몸무게에 반비례하는 경향을 나타낸다. 이는 내온동물의 몸이 작을수록 안정적인 체온을 유지하는 에너지 비용이 커진다는 가설을 통해 설명될 수 있다. 이 가설은 동물의 몸집이 작을수록 부피 대비 표면적이 커져서 주변으로 열을 더 쉽게 빼앗기기 때문에 체온 유지를 위해 더 많은 에너지를 생산해야 할 필요가 있다는 생각에 근거를 두고 있다.

─── 〈보 기〉 ───

ㄱ. 툰드라 지역에 서식하는 포유류 중, 순록의 몸무게 1kg당 기초대사율은 같은 지역의 토끼의 그것보다 크다.

ㄴ. 양서류에 속하는 어떤 동물의 최소대사율이 주변 온도에 따라 뚜렷이 달라졌다.

ㄷ. 몸 크기가 서로 비슷한 악어와 성인 남성을 비교하였을 때, 전자의 표준대사율의 최댓값이 후자의 기초대사율의 1/20 미만이었다.

① ㄱ
② ㄷ
③ ㄱ, ㄴ
④ ㄴ, ㄷ
⑤ ㄱ, ㄴ, ㄷ

문 38. 다음 글의 논지를 강화하는 것만을 〈보기〉에서 모두 고르면?

인간이 발전시켜온 생각이나 행동의 역사를 놓고 볼 때, 인간이 지금과 같이 놀라울 정도로 이성적인 방향으로 발전해올 수 있었던 것은 이성적이고 도덕적 존재로서 자신의 잘못을 스스로 시정할 수 있는 능력 덕분이다. 인간은 토론과 경험에 힘입을 때에만 자신의 과오를 고칠 수 있다. 단지 경험만으로는 부족하다. 경험을 해석하기 위해서는 토론이 반드시 있어야 한다. 인간이 토론을 통해 내리는 판단의 힘과 가치는, 판단이 잘못되었을 때 그것을 고칠 수 있다는 사실로부터 비롯되며, 잘못된 생각과 관행은 사실과 논쟁 앞에서 점차 그 힘을 잃게 된다. 따라서 민주주의 국가에서는 자유로운 토론이 보장되어야 한다. 자유로운 토론이 없다면 잘못된 생각의 근거뿐 아니라 그러한 생각 자체의 의미에 대해서도 모르게 되기 때문이다.

어느 누구에게도 다른 사람들의 의사 표현을 통제할 권리는 없다. 다른 사람의 생각을 표현하지 못하게 억누르려는 권력은 정당성을 갖지 못한다. 가장 좋다고 여겨지는 정부일지라도 그럴 자격을 갖고 있지 않다. 흔히 민주주의 국가에서는 여론을 중시한다고 한다. 하지만 그 어떤 정부라 하더라도 여론의 힘을 빌려 특정 사안에 대한 토론의 자유를 제한하려 하는 행위를 해서는 안 된다. 그런 행위는 여론에 반(反)해 사회 구성원 대다수가 원하는 토론의 자유를 제한하려는 것만큼이나 나쁘다. 인류 전체를 통틀어 단 한 사람만이 다른 생각을 가지고 있다고 해도, 그 사람에게 침묵을 강요하는 것은 옳지 못하다. 이는 어떤 한 사람이 자신과 의견이 다른 나머지 사람 모두에게 침묵을 강요하는 것만큼이나 용납될 수 없는 일이다. 권력을 동원해서 억누르려는 의견은 옳은 것일 수도, 옳지 않은 것일 수도 있다. 그런데 정부가 자신이 옳다고 가정함으로써 다른 사람들이 그 의견을 들어볼 기회까지 봉쇄한다면 그것은 사람들이 토론을 통해 잘못을 드러내고 진리를 찾을 기회를 박탈하는 것이다. 설령 그 의견이 잘못된 것이라 하더라도 그 의견을 억압하는 것은 토론을 통해 틀린 의견과 옳은 의견을 대비시킴으로써 진리를 생생하고 명확하게 드러낼 수 있는 대단히 소중한 기회를 놓치는 결과를 낳게 된다.

─── 〈보 기〉 ───

ㄱ. 축적된 화재 사고 기록들에 대해 어떠한 토론도 이루어지지 않았음에도 불구하고 화재 사고를 잘 예방하였다.

ㄴ. 정부가 사람들의 의견 표출을 억누르지 않는 사회에서 오히려 사람들이 가짜 뉴스를 더 많이 믿었다.

ㄷ. 갈릴레오의 저서가 금서가 되어 천문학의 과오를 드러내고 진리를 찾을 기회가 한동안 박탈되었다.

① ㄱ
② ㄷ
③ ㄱ, ㄴ
④ ㄴ, ㄷ
⑤ ㄱ, ㄴ, ㄷ

※ 다음 글을 읽고 물음에 답하시오. [문 39~문 40]

갑상선은 목의 아래쪽에 있는 분비샘으로, 'T4'로 불리는 티록신과 'T3'으로 불리는 트리요드타이로닌을 합성하고 분비하는 기능을 한다. 이렇게 갑상선이 분비하는 호르몬은 우리 몸의 성장과 활동에 필요한 체내 대사를 조절한다. 갑상선의 이런 활동은 뇌의 제어를 받는다. 뇌하수체는 갑상선자극호르몬(TSH)을 분비하여 갑상선을 자극함으로써 갑상선호르몬 T4와 T3이 합성, 분비되도록 한다. 분비된 호르몬은 혈액을 통해 다시 뇌하수체에 도달하여 음성 되먹임 작용을 통해 TSH의 분비를 조절하고, 그럼으로써 체내 갑상선호르몬의 양이 일정하게 유지되도록 한다.

갑상선 질환은 병리적 검사로 간단히 진단할 수 있다. 일반적으로 혈중 TSH나 T4, T3의 수치 중 어느 것이든 낮으면 갑상선기능저하증으로 진단한다. 갑상선 질환 진단에 사용되는 가장 기본적인 검사는 혈중 TSH와 T4의 측정이다. 갑상선에서 분비되는 시점에 갑상선호르몬의 93%는 T4이고 나머지가 T3이다. 이후 T4의 일부는 기분이 좋아지게 만드는 활력 호르몬으로 알려진 T3으로, 또는 T3의 작용을 방해하여 조직이나 세포 안에서 제 역할을 하지 못하게 하는 rT3으로 변환된다. 체내에 rT3이 많아지면 T3의 작용이 저하되기 때문에 TSH 수치가 정상이면서도 갑상선기능저하증에 해당하는 증상이 나타날 수 있다. 따라서 갑상선의 호르몬 분비량 수준을 알려주는 TSH 수치의 측정만으로는 갑상선기능저하증을 놓치지 않고 찾아내기 어렵다. [　　　　　⊙　　　　　] 때문이다.

갑상선기능저하증은 뇌하수체의 이상으로 발생하기도 하지만 유해한 화학물질의 유입이나 과도한 스트레스 때문에 갑상선호르몬 생산이 줄어들면서 발생하기도 한다. 이런 요인으로 인해 T3 수치가 낮아지는 것은 전형적인 경우다. 이런 경우에는 셀레늄 섭취를 늘림으로써 rT3의 수치를 낮춰 T3의 생산과 기능을 진작할 수 있다. 술, 담배, 패스트푸드를 멀리하는 것도 도움이 된다. 갑상선기능저하증 환자들이 복용하는 약으로 LT4가 있는데, 체내에서 만들어지는 T4와 같은 작용을 하도록 투입되는 호르몬 공급제다. 호르몬 공급제를 복용할 때 흡수 장애가 발생하면 투약 효과가 저하되므로 알맞은 복용법에 따라 복용하는 것이 중요하다.

문 39. 위 글에서 알 수 없는 것은?

① TSH 수치를 측정하면 갑상선에서 분비되는 호르몬 양의 수준을 추정할 수 있다.

② 갑상선기능저하증 환자의 경우 체내의 T3 양은 전체 갑상선호르몬의 7% 미만이다.

③ 셀레늄 섭취를 늘리면 T3 수치가 저하됨으로 인해 발생하는 증상을 완화할 수 있다.

④ 뇌하수체의 TSH 분비가 적정 수준으로 유지되더라도 갑상선기능저하증이 나타날 수 있다.

⑤ 특정 호르몬의 기능을 하는 약물을 복용함으로써 해당 호르몬 이상으로 인한 증상을 완화할 수 있다.

문 40. 위 글의 ⊙에 들어갈 말로 가장 적절한 것은?

① TSH 수치만으로는 rT3의 양이나 효과를 가늠할 수 없기

② rT3의 작용으로 T3의 생성이 억제되면서 T4의 상대적 비중이 왜곡될 수 있기

③ TSH 수치가 정상이 아니어도 rT3의 작용으로 T3과 T4의 농도가 정상 범위일 수 있기

④ TSH 수치를 토대로 음성 되먹임 원리를 응용하여 갑상선호르몬의 분비량을 알 수 있기

⑤ 외부에서 유입되는 유해물질의 농도 등 갑상선 기능에 영향을 미치는 요소를 TSH 측정만으로는 파악할 수 없기

문 1. 다음 〈표〉와 〈보고서〉는 2014~2017년 IT산업 3개(소프트웨어, 인터넷, 컴퓨터) 분야의 인수·합병에 대한 자료이다. 이를 근거로 판단할 때, A~E국 중 '갑'국에 해당하는 국가의 2017년 IT산업 3개 분야 인수·합병 건수의 합은?

〈표 1〉 소프트웨어 분야 인수·합병 건수

(단위 : 건)

국가 연도	미국	A	B	C	D	E
2014	631	23	79	44	27	20
2015	615	47	82	45	30	19
2016	760	72	121	61	37	19
2017	934	127	118	80	49	20
계	2,940	269	400	230	143	78

〈표 2〉 인터넷 분야 인수·합병 건수

(단위 : 건)

국가 연도	미국	A	B	C	D	E
2014	498	17	63	68	20	16
2015	425	33	57	52	19	7
2016	528	44	64	61	31	14
2017	459	77	69	70	38	21
계	1,910	171	253	251	108	58

〈표 3〉 컴퓨터 분야 인수·합병 건수

(단위 : 건)

국가 연도	미국	A	B	C	D	E
2014	196	12	33	32	11	3
2015	177	17	38	33	12	8
2016	200	18	51	35	16	8
2017	240	24	51	58	18	9
계	813	71	173	158	57	28

─〈보고서〉─

'갑'국의 IT산업 3개(소프트웨어, 인터넷, 컴퓨터) 분야 인수·합병 현황은 다음과 같다. '갑'국의 IT산업 인수·합병 건수는 3개 분야 모두에서 매년 미국의 10% 이하에 불과했다. 또한, 연도별 인수·합병 건수 증가 추이를 살펴보면, 소프트웨어 분야와 컴퓨터 분야의 인수·합병 건수는 매년 증가하였고, 인터넷 분야 인수·합병 건수는 한 해를 제외하고 매년 증가하였다.

① 50

② 105

③ 208

④ 228

⑤ 238

문 2. 다음 〈표〉와 〈정보〉는 5월 '갑'국의 관측날씨와 '가'~'라'팀의 예보날씨에 관한 자료이다. 〈표〉와 〈정보〉를 근거로 '정확도가 가장 높은 팀'과 '임계성공지수가 가장 낮은 팀'을 바르게 나열한 것은?

〈표〉 5월 '갑'국의 관측날씨와 팀별 예보날씨

─〈정보〉─

• 각 팀의 예보날씨와 실제 관측날씨 분류표

예보날씨 \ 관측날씨	☔	☀
☁	H	F
☀	M	C

※ H, F, M, C는 각각의 경우에 해당하는 빈도를 뜻하며, 예를 들어 '가'팀의 H는 3임.

• 정확도 $= \dfrac{H+C}{H+F+M+C}$

• 임계성공지수 $= \dfrac{H}{H+F+M}$

	정확도가 가장 높은 팀	임계성공지수가 가장 낮은 팀
①	가	나
②	가	라
③	다	나
④	다	라
⑤	라	다

문 3. 다음 〈표〉는 '갑'국의 택배 물량, 평균단가 및 매출액에 관한 자료이다. 〈보고서〉를 작성하기 위해 〈표〉 이외에 추가로 필요한 자료만을 〈보기〉에서 모두 고르면?

〈표〉 택배 물량, 평균단가 및 매출액

(단위 : 만 박스, 원/박스, 억 원)

구분 / 연도	물량	평균단가	매출액
2015	181,596	2,392	43,438
2016	204,666	2,318	47,442
2017	231,946	2,248	52,141
2018	254,278	2,229	56,679

─── 〈보고서〉 ───

'갑'국의 택배 물량은 2015년 이후 매년 증가하였고, 2018년은 2017년에 비해 약 9.6% 증가하였다. 2015년 이후 '갑'국의 경제활동인구 1인당 택배 물량 또한 매년 증가하고 있는데, 이와 같은 추세는 앞으로도 계속될 것으로 예측된다.

2018년 '갑'국의 택배업 매출액은 2017년 대비 약 8.7% 증가한 5조 6,679억 원이었다. '갑'국 택배업 매출액의 연평균 성장률을 살펴보면 2001~2010년 19.1%, 2011~2018년 8.4%를 기록하였는데, 2011년 이후 성장률이 다소 둔화하였지만, 여전히 높은 성장률을 유지하고 있음을 알 수 있다. 2011~2018년 '갑'국 유통업 매출액의 연평균 성장률은 3.5%로 동기간 택배업 매출액의 연평균 성장률보다 매우 낮다고 할 수 있다. 한편, 택배의 평균단가는 2015년 이후 매년 하락하고 있다.

─── 〈보 기〉 ───

ㄱ. 2001~2014년 연도별 택배업 매출액
ㄴ. 2011~2018년 연도별 유통업 매출액
ㄷ. 2012~2014년 연도별 택배 평균단가
ㄹ. 2015~2018년 연도별 경제활동인구

① ㄱ, ㄴ
② ㄱ, ㄹ
③ ㄴ, ㄷ
④ ㄱ, ㄴ, ㄹ
⑤ ㄴ, ㄷ, ㄹ

문 4. 다음 〈표〉는 2020년 3월 1~15일 '갑'의 몸무게, 섭취 및 소비 열량, 만보기 측정값, 교통수단에 관한 자료이다. 이에 대한 〈보기〉의 설명 중 옳은 것만을 모두 고르면?

〈표〉 몸무게, 섭취 및 소비 열량, 만보기 측정값, 교통수단

(단위 : kg, kcal, 보)

구분 / 날짜	몸무게	섭취 열량	소비 열량	만보기 측정값	교통수단
1일	80.0	2,700	2,800	9,500	택시
2일	79.5	2,600	2,900	11,500	버스
3일	79.0	2,400	2,700	14,000	버스
4일	78.0	2,350	2,700	12,000	버스
5일	77.5	2,700	2,800	11,500	버스
6일	77.3	2,800	2,800	12,000	버스
7일	77.3	2,700	2,700	12,000	버스
8일	79.0	3,200	2,700	11,000	버스
9일	78.5	2,300	2,400	8,500	택시
10일	79.6	3,000	2,700	11,000	버스
11일	78.6	2,200	2,400	7,700	택시
12일	77.9	2,200	2,400	8,200	택시
13일	77.6	2,800	2,900	11,000	버스
14일	77.0	2,100	2,400	8,500	택시
15일	77.0	2,500	2,500	8,500	택시

─── 〈보 기〉 ───

ㄱ. 택시를 이용한 날은 만보기 측정값이 9,500보 이하이다.
ㄴ. 섭취 열량이 소비 열량보다 큰 날은 몸무게가 바로 전날보다 1kg 이상 증가하였다.
ㄷ. 버스를 이용한 날은 몸무게가 바로 전날보다 감소하였다.
ㄹ. 만보기 측정값이 10,000보 이상인 날은 섭취 열량이 2,500kcal 이상이다.

① ㄱ, ㄴ
② ㄱ, ㄷ
③ ㄴ, ㄹ
④ ㄱ, ㄷ, ㄹ
⑤ ㄴ, ㄷ, ㄹ

문 5. 다음 〈보고서〉는 스마트폰을 이용한 동영상 및 방송프로그램 시청 현황에 관한 자료이다. 〈보고서〉의 내용과 부합하지 않는 자료는?

〈보고서〉

스마트폰 사용자 3,427만 명 중 월 1회 이상 동영상을 시청한 사용자는 3,246만 명이고, 동영상 시청자 중 월 1회 이상 방송프로그램을 시청한 사용자는 2,075만 명이었다. 월평균 동영상 시청시간은 월평균 스마트폰 이용시간의 10% 이상이었으나 월평균 방송프로그램 시청시간은 월평균 동영상 시청시간의 10% 미만이었다.

스마트폰 사용자 중 동영상 시청자가 차지하는 비중은 모든 연령대에서 90% 이상인 반면, 스마트폰 사용자 중 방송프로그램 시청자의 비중은 '20대'~'40대'는 60%를 상회하지만 '60대 이상'은 50%에 미치지 못해 연령대별 편차가 큰 것으로 나타났다.

월평균 동영상 시청시간은 남성이 여성보다 길고, 연령대별로는 '10대 이하'의 시청시간이 가장 길었다. 반면, 월평균 방송프로그램 시청시간은 여성이 남성보다 9분 이상 길고, 연령대별로는 '20대'의 시청시간이 가장 길었는데 이는 '60대 이상'의 월평균 방송프로그램 시청시간의 3배 이상이다.

월평균 방송프로그램 시청시간을 장르별로 살펴보면, '오락'이 전체의 45% 이상으로 가장 길고, 그 뒤를 이어 '드라마', '스포츠', '보도' 순이었다.

① 스마트폰 사용자 중 월 1회 이상 동영상 및 방송프로그램 시청자 비율

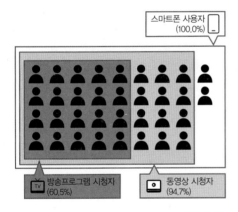

② 스마트폰 사용자의 월평균 스마트폰 이용시간, 동영상 및 방송프로그램 시청시간

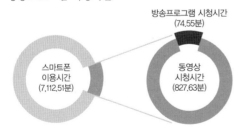

③ 성별, 연령대별 스마트폰 사용자 중 동영상 및 방송프로그램 시청자 비율

(단위 : %)

구 분	성 별		연령대					
	남성	여성	10대 이하	20대	30대	40대	50대	60대 이상
동영상	94.7	94.7	97.0	95.3	95.6	95.4	93.1	92.0
방송 프로그램	59.1	62.1	52.3	68.0	67.2	65.6	56.0	44.5

④ 방송프로그램 장르별 월평균 시청시간

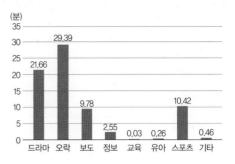

⑤ 성별, 연령대별 스마트폰 사용자의 동영상 및 방송프로그램 월평균 시청시간

(단위 : 분)

구 분	성 별		연령대					
	남성	여성	10대 이하	20대	30대	40대	50대	60대 이상
동영상	901.0	746.4	1,917.5	1,371.2	671.0	589.0	496.4	438.0
방송 프로그램	70.0	79.6	50.7	120.5	75.5	82.9	60.1	38.6

문 6. 다음 〈표〉는 2019년 3월 사회인 축구리그 경기일별 누적승점에 대한 자료이다. 〈표〉와 〈조건〉에 근거한 설명으로 옳지 않은 것은?

〈표〉 경기일별 경기 후 누적승점

(단위 : 점)

경기일(요일) / 팀	A	B	C	D	E	F
9일(토)	3	0	0	3	1	1
12일(화)	6	1	0	3	2	4
14일(목)	7	2	3	4	2	5
16일(토)	8	2	3	7	3	8
19일(화)	8	5	3	8	4	11
21일(목)	8	8	4	9	7	11
23일(토)	9	9	5	10	8	12
26일(화)	9	12	5	13	11	12
28일(목)	10	12	8	16	12	12
30일(토)	11	12	11	16	15	13

〈조 건〉

• 팀별로 다른 팀과 2번씩 경기한다.
• 경기일별로 세 경기가 진행된다.
• 경기일별로 팀당 한 경기만 진행한다.
• 승리팀은 승점 3점을 얻고, 패배팀은 승점 0점을 얻는다.
• 무승부일 경우 두 팀 모두 각각 승점 1점을 얻는다.
• 3월 30일 경기 후 누적승점이 가장 높은 팀이 우승팀이 된다.

① A팀과 C팀은 승리한 횟수가 같다.
② B팀은 화요일에는 패배한 적이 없다.
③ 모든 팀이 같은 경기일에 무승부를 기록한 적이 있다.
④ C팀은 3월 14일에 E팀과 경기하여 승리하였다.
⑤ 3월 30일 경기결과가 달라져도 우승팀은 바뀌지 않는다.

문 7. 다음 〈표〉는 A~E국의 최종학력별 근로형태 비율에 관한 자료이다. '갑'국에 대한 〈보고서〉의 내용을 근거로 판단할 때, A~E국 중 '갑'국에 해당하는 국가는?

〈표〉 A~E국 최종학력별 근로형태 비율

(단위 : %)

최종학력	근로형태	A	B	C	D	E
중 졸	전일제 근로자	35	31	31	39	31
	시간제 근로자	29	27	14	19	42
	무직자	36	42	55	42	27
고 졸	전일제 근로자	46	47	42	54	49
	시간제 근로자	31	29	15	20	40
	무직자	23	24	43	26	11
대 졸	전일제 근로자	57	61	59	67	55
	시간제 근로자	25	28	13	19	39
	무직자	18	11	28	14	6

─── 〈보고서〉 ───

'갑'국의 최종학력별 전일제 근로자 비율은 대졸이 고졸과 중졸보다 각각 10%p, 20%p 이상 커서, 최종학력이 높을수록 전일제로 근무하는 근로자 비율이 높다고 볼 수 있다. 또한, 시간제 근로자 비율은 고졸의 경우 중졸과 대졸보다 크지만, 그 차이는 3%p 이하로 시간제 근로자의 비율은 최종학력에 따라 크게 다르지 않다. 한편 '갑'국의 무직자 비율은 대졸의 경우 20% 미만이며 고졸의 경우 25% 미만이지만, 중졸의 경우 30% 이상이다.

① A
② B
③ C
④ D
⑤ E

문 8. 다음 〈표〉는 '갑'국 신입사원에게 필요한 10개 직무역량 중요도의 산업분야별 자료이다. 이에 대한 〈보기〉의 설명 중 옳은 것만을 모두 고르면?

〈표〉 신입사원의 직무역량 중요도

(단위 : 점)

직무역량 \ 산업분야	신소재	게 임	미디어	식 품
의사소통능력	4.34	4.17	4.42	4.21
수리능력	4.46	4.06	3.94	3.92
문제해결능력	4.58	4.52	4.45	4.50
자기개발능력	4.15	4.26	4.14	3.98
자원관리능력	4.09	3.97	3.93	3.91
대인관계능력	4.35	4.00	4.27	4.20
정보능력	4.33	4.09	4.27	4.07
기술능력	4.07	4.24	3.68	4.00
조직이해능력	3.97	3.78	3.88	3.88
직업윤리	4.44	4.66	4.59	4.39

※ 중요도는 5점 만점임

─── 〈보 기〉 ───

ㄱ. 신소재 산업분야에서 중요도 상위 2개 직무역량은 '문제해결능력'과 '수리능력'이다.
ㄴ. 산업분야별 직무역량 중요도의 최댓값과 최솟값 차이가 가장 큰 것은 '미디어'이다.
ㄷ. 각 산업분야에서 중요도가 가장 낮은 직무역량은 '조직이해능력'이다.
ㄹ. 4개 산업분야 직무역량 중요도의 평균값이 가장 높은 직무역량은 '문제해결능력'이다.

① ㄱ, ㄴ
② ㄱ, ㄷ
③ ㄷ, ㄹ
④ ㄱ, ㄴ, ㄹ
⑤ ㄴ, ㄷ, ㄹ

문 9. 다음은 2014~2018년 부동산 및 기타 재산 압류건수 관련 정보가 일부 훼손된 서류이다. 이에 대한 〈보기〉의 설명 중 옳은 것을 고르면?

2014~2018년 부동산 및 기타 재산 압류건수
(단위 : 건)

연도\구분	부동산	기타 재산	전체
2014	122,148	6,148	128,296
2015	122,136	27,783	146,919
2016	1□,743	34,011	158,754
2017	□9	34,037	163,666
2018		29,814	151,211

〈보 기〉

ㄱ. 부동산 압류건수는 매년 기타 재산 압류건수의 4배 이상이다.

ㄴ. 전체 압류건수가 가장 많은 해에 부동산 압류건수도 가장 많다.

ㄷ. 2019년 부동산 압류건수가 전년 대비 30% 감소하고 기타 재산 압류건수는 전년과 동일하다면, 전체 압류건수의 전년 대비 감소율은 25% 미만이다.

ㄹ. 2016년 부동산 압류건수는 2014년 대비 2.5% 이상 증가했다.

① ㄱ, ㄴ ② ㄱ, ㄷ
③ ㄴ, ㄷ ④ ㄴ, ㄹ
⑤ ㄷ, ㄹ

문 10. 다음 〈표〉는 '갑'국의 국가기술자격 등급별 시험 시행 결과이다. 이에 대한 〈보기〉의 설명 중 옳은 것을 고르면?

〈표〉 국가기술자격 등급별 시험 시행 결과

(단위 : 명, %)

구분\등급	필기			실기		
	응시자	합격자	합격률	응시자	합격자	합격률
기술사	19,327	2,056	10.6	3,173	1,919	60.5
기능장	21,651	9,903	( )	16,390	4,862	29.7
기 사	345,833	135,170	39.1	210,000	89,380	42.6
산업기사	210,814	78,209	37.1	101,949	49,993	( )
기능사	916,224	423,269	46.2	752,202	380,198	50.5
전 체	1,513,849	648,607	42.8	1,083,714	526,352	48.6

※ 합격률(%)= 합격자/응시자 ×100

〈보 기〉

ㄱ. '기능장'과 '기사' 필기 합격률은 각각의 실기 합격률보다 낮다.

ㄴ. 필기 응시자가 가장 많은 등급은 필기 합격률도 가장 높다.

ㄷ. 실기 합격률이 필기 합격률보다 높은 등급은 3개이다.

ㄹ. 필기 응시자가 많은 등급일수록 실기 응시자도 많다.

① ㄱ, ㄴ ② ㄱ, ㄹ
③ ㄴ, ㄷ ④ ㄴ, ㄹ
⑤ ㄷ, ㄹ

문 11. 다음 〈표〉는 2019년 화학제품 매출액 상위 9개 기업의 매출액에 대한 자료이다. 〈표〉와 〈조건〉에 근거하여 A~D에 해당하는 기업을 바르게 나열한 것은?

〈표〉 2019년 화학제품 매출액 상위 9개 기업의 매출액

(단위 : 십억 달러, %)

구분\기업	화학제품 매출액	전년대비 증가율	총매출액	화학제품 매출액 비율
비스프	72.9	17.8	90.0	81.0
A	62.4	29.7	( )	100.0
B	54.2	28.7	( )	63.2
자 빅	37.6	5.3	39.9	94.2
C	34.6	26.7	( )	67.0
포르오사	32.1	14.2	55.9	57.4
D	29.7	10.0	( )	54.9
리오넬바셀	28.3	15.0	34.5	82.0
이비오스	23.2	24.7	48.2	48.1

※ 화학제품 매출액 비율(%)= 화학제품 매출액/총매출액 ×100

〈조 건〉

• '드폰'과 'KR화학'의 2018년 화학제품 매출액은 각각 해당 기업의 2019년 화학제품 매출액의 80% 미만이다.

• '벡슨모빌'과 '시노텍'의 2019년 화학제품 매출액은 각각 총매출액에서 화학제품을 제외한 매출액의 2배 미만이다.

• 2019년 총매출액은 '포르오사'가 'KR화학'보다 작다.

• 2018년 화학제품 매출액은 '자빅'이 '시노텍'보다 크다.

	A	B	C	D
①	드 폰	벡슨모빌	KR화학	시노텍
②	드 폰	시노텍	KR화학	벡슨모빌
③	벡슨모빌	KR화학	시노텍	드 폰
④	KR화학	시노텍	드 폰	벡슨모빌
⑤	KR화학	벡슨모빌	드 폰	시노텍

문 12. 다음 〈표〉는 6개 지목으로 구성된 A지구의 토지수용 보상비 산출을 위한 자료이다. 이에 대한 〈보기〉의 설명 중 옳은 것만을 모두 고르면?

〈표〉 지목별 토지수용 면적, 면적당 지가 및 보상 배율

(단위 : m², 만 원/m²)

지목	면적	면적당 지가	보상 배율	
			감정가 기준	실거래가 기준
전	50	150	1.8	3.2
답	50	100	1.8	3.0
대 지	100	200	1.6	4.8
임 야	100	50	2.5	6.1
공 장	100	150	1.6	4.8
창 고	50	100	1.6	4.8

※ 1) 총보상비는 모든 지목별 보상비의 합임
2) 보상비=용지 구입비+지장물 보상비
3) 용지 구입비=면적×면적당 지가×보상 배율
4) 지장물 보상비는 해당 지목 용지 구입비의 20%임

───── 〈보 기〉 ─────

ㄱ. 모든 지목의 보상 배율을 감정가 기준에서 실거래가 기준으로 변경하는 경우, 총보상비는 변경 전의 2배 이상이다.
ㄴ. 보상 배율을 감정가 기준에서 실거래가 기준으로 변경하는 경우, 보상비가 가장 많이 증가하는 지목은 '대지'이다.
ㄷ. 보상 배율이 실거래가 기준인 경우, 지목별 보상비에서 용지 구입비가 차지하는 비율은 '임야'가 '창고'보다 크다.
ㄹ. '공장'의 감정가 기준 보상비와 '전'의 실거래가 기준 보상비는 같다.

① ㄱ, ㄷ
② ㄱ, ㄹ
③ ㄴ, ㄷ
④ ㄴ, ㄹ
⑤ ㄱ, ㄴ, ㄹ

※ 다음 〈표〉는 '갑'국 5개 국립대학의 세계대학평가에 관한 자료이다. 〈표〉를 보고 물음에 답하시오. [문 13~문 14]

〈표 1〉 2018년 '갑'국 국립대학의 세계대학평가 결과

대 학	국내 순위	세계 순위	총 점	부문별 점수				
				교 육	연 구	산학 협력	국제화	논문 인용도
A	14	182	29.5	27.8	28.2	63.2	35.3	28.4
B	21	240	25.4	23.9	25.6	42.2	26.7	25.1
C	23	253	24.3	21.2	19.9	38.7	25.3	30.2
D	24	287	22.5	21.0	20.1	38.4	28.8	23.6
E	25	300	18.7	21.7	19.9	40.5	22.7	11.6

〈표 2〉 2017~2018년 '갑'국 ○○대학의 세계대학평가 세부지표별 점수

부문 (가중치)	세부지표(가중치)	세부지표별 점수	
		2018년	2017년
교육 (30)	평판도 조사(15)	2.9	1.4
	교원당 학생 수(4.5)	34.5	36.9
	학부학위 수여자 대비 박사학위 수여자 비율(2.25)	36.6	46.9
	교원당 박사학위자 비율(6)	45.3	52.3
	재정 규모(2.25)	43.3	40.5
연구 (30)	평판도 조사(18)	1.6	0.8
	교원당 연구비(6)	53.3	49.4
	교원당 학술논문 수(6)	41.3	39.5
산학협력 (2.5)	산업계 연구비 수입(2.5)	(가)	43.9
국제화 (7.5)	외국인 학생 비율(2.5)	24.7	22.5
	외국인 교수 비율(2.5)	26.9	26.8
	학술논문 중 외국 연구자와 쓴 논문 비중(2.5)	16.6	16.4
논문인용도 (30)	논문인용도(30)	(나)	13.1

※ 1) ○○대학은 A~E대학 중 한 대학임

2) 부문별 점수는 각 부문에 속한 세부지표 $\dfrac{세부지표별 점수×세부지표별 가중치}{부문별 가중치}$ 값의 합임

3) 총점은 5개 부문별 $\dfrac{부문별 점수×부문별 가중치}{100}$ 값의 합임

4) 점수는 소수점 아래 둘째 자리에서 반올림한 값임

문 13. 위 〈표〉에 근거하여 '가'와 '나'에 들어갈 값을 바르게 나열한 것은?

	가	나
①	38.4	23.6
②	38.7	30.2
③	40.5	11.6
④	42.2	25.1
⑤	63.2	28.4

문 14. 위 〈표〉를 이용하여 세계대학평가 결과에 대한 〈보고서〉를 작성하였다. 제시된 〈표〉 이외에 〈보고서〉 작성을 위하여 추가로 필요한 자료를 〈보기〉에서 고르면?

〈보고서〉

　　최근 글로벌 대학평가기관이 2018년 세계대학평가 결과를 발표했다. 이 평가는 전 세계 1,250개 이상의 대학을 대상으로 교육, 연구, 산학협력, 국제화, 논문인용도 등 총 5개 부문, 13개 세부지표를 활용하여 수행된다.

　　2018년 세계대학평가 결과, 1~3위는 각각 F대학('을'국), G대학('을'국), H대학('병'국)으로 전년과 동일하였으나, 4위는 I대학('병'국)으로 전년도 5위에서 한 단계 상승했고 5위는 2017년 공동 3위였던 J대학('병'국)으로 나타났다. 아시아 대학 중 최고 순위는 K대학('정'국)으로 전년보다 8단계 상승한 세계 22위였으며, 같은 아시아 국가인 '갑'국에서는 L대학이 세계 63위로 '갑'국 대학 중 가장 높은 순위를 차지하였다.

　　2018년 '갑'국의 5개 국립대학 중에서는 A대학이 세계 182위, 국내 14위로 가장 순위가 높았는데, 논문인용도를 제외한 나머지 4개 부문별 점수에서 5개 국립대학 중 가장 높은 점수를 받았다. 한편, C대학은 연구와 산학협력 부문에서 2017년 대비 점수가 대폭 하락하여 순위 또한 낮아졌다.

〈보 기〉

ㄱ. 2017~2018년 세계대학평가 순위
ㄴ. 2017~2018년 세계대학평가 C대학 세부지표별 점수
ㄷ. 2017~2018년 세계대학평가 세부지표 리스트
ㄹ. 2017~2018년 세계대학평가 A대학 총점

① ㄱ, ㄴ
② ㄱ, ㄷ
③ ㄴ, ㄷ
④ ㄴ, ㄹ
⑤ ㄷ, ㄹ

문 15. 다음 〈표〉는 2015~2019년 '갑'국 음식점 현황에 관한 자료이다. 〈표〉를 이용하여 작성한 그래프로 옳지 않은 것은?

〈표〉 '갑'국 음식점 현황

(단위 : 개, 명, 억 원)

구분	업종	2015	2016	2017	2018	2019
사업체	한식	157,295	156,707	155,555	158,398	159,852
	서양식	1,182	1,356	1,306	4,604	1,247
	중식	13,102	9,940	9,885	10,443	10,099
	계	171,579	168,003	166,746	173,445	171,198
종사자	한식	468,351	473,878	466,685	335,882	501,056
	서양식	17,748	13,433	13,452	46,494	14,174
	중식	80,193	68,968	72,324	106,472	68,360
	계	566,292	556,279	552,461	488,848	583,590
매출액		67,704	90,600	75,071	137,451	105,603
부가가치액		28,041	31,317	23,529	23,529	31,410

① 업종별 종사자

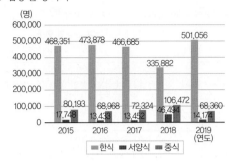

② 업종별 사업체 구성비

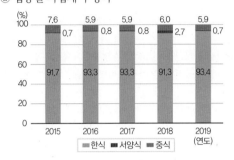

③ 업종별 사업체당 종사자

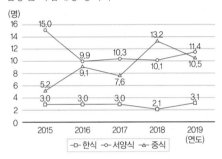

④ 한식, 중식 종사자의 전년 대비 증가율

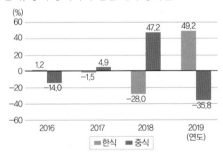

⑤ 매출액 대비 부가가치액 비율

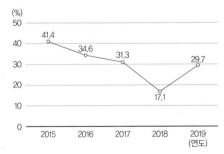

문 16. 다음 〈표〉는 A지역 물류산업 업종별 현황에 관한 자료이다. 이에 대한 〈보기〉의 설명 중 옳은 것만을 모두 고르면?

〈표〉 A지역 물류산업 업종별 현황

(단위 : 개, 억 원, 명)

구분 \ 업종	종합물류업	화물운송업	물류시설업	물류주선업	화물정보업	합
업체 수	19	46	17	23	2	107
매출액	319,763	32,309	34,155	10,032	189	396,448
종업원	22,436	5,382	1,787	1,586	100	31,291
전문인력	3,239	537	138	265	8	4,187
자격증 소지자	1,830	316	80	62	1	2,289

※ 자격증 소지자는 모두 전문인력임

―― 〈보 기〉 ――

ㄱ. 업체당 매출액이 가장 많은 업종은 '종합물류업'이다.
ㄴ. 종업원 중 자격증 소지자 비중이 가장 낮은 업종은 매출액당 전문인력 수가 가장 많은 업종과 동일하다.
ㄷ. 업체당 전문인력 수가 가장 적은 업종은 '물류시설업'이다.
ㄹ. 업체당 종업원 수가 가장 적은 업종은 종업원 중 전문인력 비중도 가장 낮다.

① ㄱ, ㄴ
② ㄱ, ㄹ
③ ㄴ, ㄷ
④ ㄱ, ㄷ, ㄹ
⑤ ㄴ, ㄷ, ㄹ

문 17. 다음 〈표〉는 유통업체 '가'~'바'의 비정규직 간접고용 현황에 대한 자료이다. 이에 대한 〈보기〉의 설명 중 옳은 것만을 모두 고르면?

〈표〉 유통업체 '가'~'바'의 비정규직 간접고용 현황

(단위 : 명, %)

유통업체	사업장	업종	비정규직 간접고용 인원	비정규직 간접고용 비율
가	A	백화점	3,408	74.9
나	B	백화점	209	31.3
다	C	백화점	2,149	36.6
	D	백화점	231	39.9
	E	마트	8,603	19.6
라	F	백화점	146	34.3
	G	마트	682	34.4
마	H	마트	1,553	90.4
바	I	마트	1,612	48.7
	J	마트	2,168	33.6
전체			20,761	29.9

※ 비정규직 간접고용 비율(%)=

$$\frac{비정규직\ 간접고용\ 인원}{비정규직\ 간접고용\ 인원+비정규직\ 직접고용\ 인원}\times100$$

―― 〈보 기〉 ――

ㄱ. 업종별 비정규직 간접고용 총인원은 마트가 백화점의 2배 이상이다.
ㄴ. 비정규직 직접고용 인원은 A가 H의 10배 이상이다.
ㄷ. 비정규직 간접고용 비율이 가장 낮은 사업장의 비정규직 직접고용 인원은 다른 9개 사업장의 비정규직 직접고용 인원의 합보다 많다.
ㄹ. 유통업체별 비정규직 간접고용 비율은 '다'가 '라'보다 높다.

① ㄱ, ㄷ
② ㄴ, ㄹ
③ ㄷ, ㄹ
④ ㄱ, ㄴ, ㄷ
⑤ ㄱ, ㄴ, ㄹ

문 18. 다음 〈그림〉과 〈정보〉는 A해역의 해수면온도 변화에 따른 α지수, 'E현상' 및 'L현상'에 관한 자료이다. 이에 대한 설명으로 옳은 것은?

〈그림〉 기준 해수면온도와 α지수

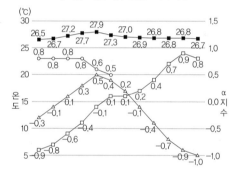

기준 해수면온도 (■), α지수 (△ 2017 □ 2018 ○ 2019)

―― 〈정 보〉 ――

• '기준 해수면온도'는 1985~2015년의 해당월 해수면온도의 평균임.
• '해수면온도 지표'는 해당월에 관측된 해수면온도에서 '기준 해수면온도'를 뺀 값임.
• α지수는 전월, 해당월, 익월의 '해수면온도 지표'의 평균값임.
• 'E현상'은 α지수가 5개월 이상 계속 0.5 이상일 때, 0.5 이상인 첫 달부터 마지막 달까지 있었다고 판단함.
• 'L현상'은 α지수가 5개월 이상 계속 −0.5 이하일 때, −0.5 이하인 첫 달부터 마지막 달까지 있었다고 판단함.

① '기준 해수면온도'는 8월이 가장 높다.
② 해수면온도는 2019년 6월까지만 관측되었다.
③ 2018년에는 'E현상'과 'L현상'이 둘 다 있었다.
④ 'E현상'은 8개월간 있었고, 'L현상'은 7개월간 있었다.
⑤ 월별 '기준 해수면온도'가 1℃ 낮았더라도, 2017년에 'L현상'이 있었다.

문 19. 다음 〈표〉는 종합체전 10개 종목의 입장권 판매점수 관련 자료이다. 〈표〉와 〈조건〉에 근거한 〈보기〉의 설명 중 옳은 것만을 모두 고르면?

〈표〉 종합체전 종목별 입장권 판매점수

(단위 : 점)

종 목	국내 판매점수	해외 판매점수	판매율 점수	총 점
A	506	450	290	1,246
B	787	409	160	1,356
C	547	438	220	1,205
D	2,533	1,101	( )	4,104
E	( )	( )	170	3,320
F	194	142	120	456
G	74	80	140	294
H	1,030	323	350	( )
I	1,498	638	660	( )
J	782	318	510	( )

※ 소수점 아래 첫째 자리에서 반올림한 값임

─ 〈조 건〉 ─

- 국내판매점수 = $\dfrac{\text{해당 종목 입장권 국내 판매량}}{\text{입장권 국내 판매량}} \times 10,000$
- 해외판매점수 = $\dfrac{\text{해당 종목 입장권 해외 판매량}}{\text{입장권 해외 판매량}} \times 5,000$
- 판매율점수 = $\dfrac{\text{해당 종목 입장권(국내+해외) 판매량}}{\text{해당 종목 입장권 발행량}} \times 1,000$
- 총점 = 국내판매점수 + 해외판매점수 + 판매율점수

─ 〈보 기〉 ─

ㄱ. E종목의 '국내판매점수'는 '해외판매점수'의 1.5배 이상이다.

ㄴ. '입장권 국내 판매량'이 14만 매이고 '입장권 해외 판매량'이 10만 매라면, 입장권 판매량이 국내보다 해외가 많은 종목 수는 4개이다.

ㄷ. '해당 종목 입장권 발행량'이 가장 적은 종목은 G이다.

① ㄱ
② ㄴ
③ ㄱ, ㄴ
④ ㄱ, ㄷ
⑤ ㄱ, ㄴ, ㄷ

문 20. 다음 〈표〉는 '갑'국의 A지역 어린이집 현황에 대한 자료이다. 이에 대한 〈보기〉의 설명 중 옳은 것만을 모두 고르면?

〈표 1〉 A지역 어린이집 현재 원아수 및 정원

(단위 : 명)

구분 / 어린이집	만 1세 이하	만 2세 이하	만 3세 이하	만 4세 이하	만 5세 이하	만 5세 초과	정 원
예그리나	9	29	71	116	176	62	239
이든샘	9	49	91	136	176	39	215
아이온	9	29	57	86	117	33	160
윤 빛	9	29	50	101	141	40	186
올고운	6	26	54	104	146	56	210
전 체	42	162	323	543	756	230	―

※ 각 어린이집의 원아수는 정원을 초과할 수 없음

〈표 2〉 원아 연령대별 보육교사 1인당 최대 보육가능 원아수

(단위 : 명)

연령대 / 구분	만 1세 이하	만 1세 초과 만 2세 이하	만 2세 초과 만 3세 이하	만 3세 초과 만 4세 이하	만 4세 초과
보육교사 1인당 최대 보육가능 원아수	3	5	7	15	20

※ 1) 어린이집은 최소인원의 보육교사를 고용함
  2) 보육교사 1인은 1개의 연령대만을 보육함

─ 〈보 기〉 ─

ㄱ. '만 1세 초과 만 2세 이하'인 원아의 33% 이상은 '이든샘' 어린이집 원아이다.

ㄴ. '올고운' 어린이집의 현재 보육교사수는 18명이다.

ㄷ. 정원 대비 현재 원아수의 비율이 가장 낮은 어린이집은 '아이온'이다.

ㄹ. '윤빛' 어린이집은 보육교사를 추가로 고용하지 않고도 '만 3세 초과 만 4세 이하'인 원아를 최대 5명까지 더 충원할 수 있다.

① ㄱ, ㄴ
② ㄱ, ㄷ
③ ㄴ, ㄹ
④ ㄱ, ㄷ, ㄹ
⑤ ㄴ, ㄷ, ㄹ

문 21. 다음 〈표〉는 2016~2018년 '갑'국의 공무원 집합교육 실적에 관한 자료이다. 이를 바탕으로 작성한 〈보고서〉의 B, C, D에 해당하는 내용을 바르게 나열한 것은?

〈표〉 공무원 집합교육 실적

(단위 : 회, 명)

분류	구분 과정	2016 차수	2016 교육인원	2016 연인원	2017 차수	2017 교육인원	2017 연인원	2018 차수	2018 교육인원	2018 연인원
기본교육	고위	2	146	13,704	2	102	14,037	3	172	14,700
	과장	1	500	2,500	1	476	1,428	2	580	2,260
	5급	3	2,064	81,478	3	2,127	86,487	3	2,151	89,840
	6급 이하	6	863	18,722	6	927	19,775	5	1,030	22,500
	소계	12	3,573	116,404	12	3,632	121,727	13	3,933	129,300
가치교육	공직가치	5	323	1,021	3	223	730	2	240	800
	국정과제	8	1,535	2,127	8	467	1,349	6	610	1,730
	소계	13	1,858	3,148	11	690	2,079	8	850	2,530
전문교육	직무	6	395	1,209	9	590	1,883	9	660	2,100
	정보화	30	2,629	8,642	29	1,486	4,281	31	1,812	5,096
	소계	36	3,024	9,851	38	2,076	6,164	40	2,472	7,196
전체		61	8,455	129,403	61	6,398	129,970	61	7,255	139,026

※ 차수는 해당 교육과정이 해당 연도 내에 진행되는 횟수를 의미하며, 교육은 시작한 연도에 종료됨

─── 〈보고서〉 ───

2017년 공무원 집합교육 실적을 보면, 연인원은 전년보다 500명 이상 증가하였으나, 교육인원은 전년 대비 20% 이상 감소하였다. 2017년 공무원 집합교육 과정별 실적을 보면, 교육인원과 연인원은 각각 [A] 과정이 가장 많았으며, 차수당 교육인원은 [B] 과정이 가장 많았다.

2018년 공무원 집합교육 실적을 보면, 전체 차수는 2017년과 같은 61회였으나, 교육인원과 연인원은 각각 전년보다 [C]. 한편, 기본교육 중 '과장'과정의 교육인원 대비 연인원 비율을 보면, 2018년은 2017년에 비해서는 [D] 하였으나, 2016년에 비해서는 [E] 하였다.

	B	C	D
①	5급	적었다	감소
②	5급	많았다	증가
③	5급	많았다	감소
④	과장	적었다	증가
⑤	과장	많았다	감소

문 22. 다음 〈표〉는 일제강점기 8개 도시의 기간별 물가와 명목임금 비교지수에 관한 자료이다. 이에 대한 〈보기〉의 설명 중 옳은 것만을 모두 고르면?

〈표 1〉 일제강점기 8개 도시의 물가 비교지수

도시 기간	경성	대구	목포	부산	신의주	원산	청진	평양
1910~1914년	1.04	0.99	0.99	0.95	0.95	1.05	1.06	0.97
1915~1919년	0.98	1.03	0.99	0.96	0.98	1.03	1.03	1.00
1920~1924년	1.03	1.01	1.01	1.03	0.96	0.99	1.05	0.92
1925~1929년	1.05	0.98	0.99	0.98	0.98	1.04	1.05	0.93
1930~1934년	1.06	0.96	0.93	0.98	1.06	1.00	1.04	0.97
1935~1939년	1.06	0.98	0.94	1.01	1.02	0.99	1.02	0.98

※ 기간별 각 도시의 물가 비교지수는 해당 기간 8개 도시 평균 물가 대비 각 도시 물가의 비율임

〈표 2〉 일제강점기 8개 도시의 명목임금 비교지수

도시 기간	경성	대구	목포	부산	신의주	원산	청진	평양
1910~1914년	0.92	0.83	0.89	0.96	1.01	1.13	1.20	1.06
1915~1919년	0.97	0.88	0.99	0.98	0.92	1.01	1.32	0.93
1920~1924년	1.13	0.93	0.97	1.05	0.79	0.96	1.32	0.85
1925~1929년	1.05	0.83	0.91	0.98	0.95	1.05	1.36	0.87
1930~1934년	1.06	0.86	0.84	0.96	0.96	1.01	1.30	1.01
1935~1939년	0.99	0.85	0.85	0.95	1.16	1.04	1.10	1.06

※ 기간별 각 도시의 명목임금 비교지수는 해당 기간 8개 도시 평균 명목임금 대비 각 도시 명목임금의 비율임

─── 〈보 기〉 ───

ㄱ. 경성보다 물가가 낮은 도시는 '1910~1914년' 기간에는 5곳이고 '1935~1939년' 기간에는 7곳이다.

ㄴ. 물가와 명목임금 모두가 기간별 8개 도시 평균보다 매 기간에 걸쳐 높은 도시는 한 곳뿐이다.

ㄷ. '1910~1914년' 기간보다 '1935~1939년' 기간의 명목임금이 경성은 증가하였으나 부산은 감소하였다.

ㄹ. '1920~1924년' 기간의 명목임금은 목포가 신의주의 1.2배 이상이다.

① ㄱ, ㄷ
② ㄱ, ㄹ
③ ㄴ, ㄷ
④ ㄱ, ㄴ, ㄹ
⑤ ㄴ, ㄷ, ㄹ

문 23. 다음은 '갑'국의 일·가정 양립제도에 관한 〈보고서〉이다. 이를 작성하기 위해 사용하지 않은 자료는?

〈보고서〉

　　2018년 기준 가족친화 인증을 받은 기업 및 기관수는 1,828개로 2017년보다 30% 이상 증가하였고, 전년 대비 증가율은 중소기업 및 공공기관이 각각 대기업보다 높게 나타났다. 이와 함께 일·가정 양립제도 중 하나인 유연근로제도를 도입하고 있는 사업체의 비율은 2018년이 2017년보다 37.1%p 증가하였다.

　　2018년 유배우자 가구 중 맞벌이 가구의 비율은 2017년보다 1.0%p 증가하였으며, 6세 이하 자녀를 둔 맞벌이 가구 비율이 초·중학생 자녀를 둔 맞벌이 가구 비율보다 낮았다. 한편, 남녀간 고용률 차이는 여전히 존재하여 2018년 기혼남성과 기혼여성의 고용률 차이는 29.2%p로 격차가 큰 것으로 나타났다.

　　2018년 육아휴직자 수는 89,795명으로 2013년부터 매년 증가하였는데, 남성 육아휴직자 수는 2017년보다 증가한 반면, 여성 육아휴직자 수는 2017년에 비해 감소하였다. 또한, 2018년 육아기 근로시간 단축제도 이용자 수는 2017년보다 30% 이상 증가한 2,761명으로 남녀 모두 증가하였다.

① 육아지원제도 이용자 현황

(단위 : 명)

연도 구분		2013	2014	2015	2016	2017	2018
육아 휴직자 수	여성	56,735	62,279	67,323	73,412	82,467	82,179
	남성	1,402	1,790	2,293	3,421	4,872	7,616
육아기 근로시간 단축제도 이용자 수	여성	37	415	692	1,032	1,891	2,383
	남성	2	22	44	84	170	378

② 2018년 혼인상태별 고용률

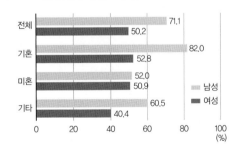

③ 가족친화 인증 기업 및 기관 현황

(단위 : 개, %)

연도 구분	2016	2017	2018	비율	전년 대비 증가율
대기업	223	258	285	15.6	10.5
중소기업	428	702	983	53.8	40.0
공공기관	305	403	560	30.6	39.0
전체	956	1,363	1,828	100.0	34.1

④ 기혼여성의 취업여부별 경력단절 경험 비율

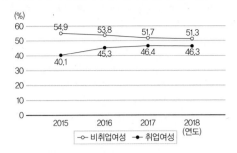

⑤ 유배우자 가구 중 맞벌이 가구 현황

문 24. 다음 〈표〉는 2014~2018년 A기업의 직군별 사원수 현황에 대한 자료이다. 이에 대한 〈보기〉의 설명 중 옳은 것을 고르면?

〈표〉 2014~2018년 A기업의 직군별 사원수 현황

(단위 : 명)

연도	직군 영업직	생산직	사무직
2018	169	105	66
2017	174	121	68
2016	137	107	77
2015	136	93	84
2014	134	107	85

※ 사원은 영업직, 생산직, 사무직으로만 구분됨

〈보 기〉

ㄱ. 전체 사원수는 매년 증가한다.
ㄴ. 영업직 사원수는 생산직과 사무직 사원수의 합보다 매년 적다.
ㄷ. 생산직 사원의 비중이 30% 미만인 해는 전체 사원수가 가장 적은 해와 같다.
ㄹ. 영업직 사원의 비중은 매년 증가한다.

① ㄱ, ㄴ　　　　　　　　② ㄱ, ㄷ
③ ㄴ, ㄷ　　　　　　　　④ ㄴ, ㄹ
⑤ ㄷ, ㄹ

문 25. 다음 〈보고서〉는 2017년 '갑'국의 공연예술계 시장 현황에 관한 자료이다. 〈보고서〉의 내용과 부합하는 자료만을 〈보기〉에서 모두 고르면?

─── 〈보고서〉 ───

2017년 '갑'국의 공연예술계 관객수는 410만 5천 명, 전체 매출액은 871억 5천만 원으로 집계되었다. 이는 매출액 기준 전년 대비 100% 이상 성장한 것으로, 2014년 이후 공연예술계 매출액과 관객수 모두 매년 증가하는 추세이다.

2017년 '갑'국 공연예술계의 전체 개막편수 및 공연횟수를 월별로 분석한 결과, 월간 개막편수가 전체 개막편수의 10% 이상을 차지하는 달은 3월뿐이고 월간 공연횟수가 전체 공연횟수의 10% 이상을 차지하는 달은 8월뿐인 것으로 나타났다.

반면, '갑'국 공연예술계 매출액 및 관객수의 장르별 편차는 매우 심한 것으로 나타났는데, 2017년 기준 공연예술계 전체 매출액의 60% 이상이 '뮤지컬' 한 장르에서 발생하였으며 또한 관객수 상위 3개 장르가 공연예술계 전체 관객수의 90% 이상을 차지하는 것으로 조사되었다.

2017년 '갑'국 공연예술계 관객수를 입장권 가격대별로 살펴보면 가장 저렴한 '3만 원 미만' 입장권 관객수가 절반 이상을 차지하였고, 이는 가장 비싼 '7만 원 이상' 입장권 관객수의 3.5배 이상이었다.

─── 〈보 기〉 ───

ㄱ. 2014~2017년 매출액 및 관객수

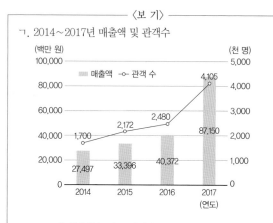

ㄴ. 2017년 개막편수 및 공연횟수

(단위 : 편, 회)

구분 월	개막편수	공연횟수
1	249	4,084
2	416	4,271
3	574	4,079
4	504	4,538
5	507	4,759
6	499	4,074
7	441	5,021
8	397	5,559
9	449	3,608
10	336	3,488
11	451	3,446
12	465	5,204
전 체	5,288	52,131

ㄷ. 2017년 장르별 매출액 및 관객수

(단위 : 백만 원, 천 명)

구분 장르	매출액	관객수
연 극	10,432	808
뮤지컬	56,014	1,791
클래식	13,580	990
무 용	5,513	310
국 악	1,611	206
전 체	87,150	4,105

ㄹ. 2017년 입장권 가격대별 관객수 구성비

(단위 : %)

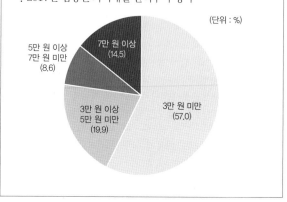

① ㄱ, ㄷ　　　　② ㄴ, ㄷ
③ ㄴ, ㄹ　　　　④ ㄱ, ㄴ, ㄹ
⑤ ㄱ, ㄷ, ㄹ

문 26. 다음 〈표〉는 2019년 12월 호텔A~D의 운영실적에 대한 자료이다. 이에 대한 〈보기〉의 설명 중 옳은 것을 고르면?

〈표〉 2019년 12월 호텔A~D의 운영실적

(단위 : 개, 만 원)

호 텔	판매가능 객실 수	판매 객실 수	평균 객실 요금
A	3,500	1,600	40
B	3,000	2,100	30
C	1,250	1,000	20
D	1,100	990	10

※ 1) 객실 수입 = 판매 객실 수 × 평균 객실 요금

2) 객실 판매율(%) = $\dfrac{\text{판매 객실 수}}{\text{판매 가능 객실 수}} \times 100$

─── 〈보 기〉 ───

ㄱ. 객실 수입이 가장 많은 호텔은 B이다.
ㄴ. 객실 판매율은 호텔C가 호텔D보다 낮다.
ㄷ. 판매가능 객실당 객실 수입이 가장 적은 호텔은 A이다.
ㄹ. 판매가능 객실 수가 많은 호텔일수록 객실 판매율이 낮다.

① ㄱ, ㄴ　　　　② ㄱ, ㄷ
③ ㄱ, ㄹ　　　　④ ㄴ, ㄷ
⑤ ㄴ, ㄹ

문 27. 다음 〈표〉는 '갑'회사의 생산직 근로자 133명과 사무직 근로자 87명이 직무스트레스 조사에 응답한 결과이다. 이에 대한 〈보기〉의 설명 중 옳은 것만을 모두 고르면?

〈표 1〉 생산직 근로자의 직무스트레스 수준 응답 구성비

(단위 : %)

스트레스 수준 항목	상 위		하 위	
	매우 높음	높음	낮음	매우 낮음
업무과다	9.77	67.67	22.56	0.00
직위불안	10.53	64.66	24.06	0.75
관계갈등	10.53	67.67	20.30	1.50
보상부적절	10.53	60.15	27.82	1.50

〈표 2〉 사무직 근로자의 직무스트레스 수준 응답 구성비

(단위 : %)

스트레스 수준 항목	상 위		하 위	
	매우 높음	높음	낮음	매우 낮음
업무과다	10.34	67.82	20.69	1.15
직위불안	12.64	58.62	27.59	1.15
관계갈등	10.34	64.37	24.14	1.15
보상부적절	10.34	64.37	20.69	4.60

── 〈보 기〉──

ㄱ. 항목별 직무스트레스 수준이 '상위'에 해당하는 근로자의 비율은 각 항목에서 사무직이 생산직보다 높다.

ㄴ. '직위불안' 항목에서 '낮음'으로 응답한 근로자는 생산직이 사무직보다 많다.

ㄷ. '관계갈등' 항목에서 '매우 높음'으로 응답한 생산직 근로자는 '매우 낮음'으로 응답한 생산직 근로자보다 11명 많다.

ㄹ. '보상부적절' 항목에서 '높음'으로 응답한 근로자는 사무직이 생산직보다 적다.

① ㄱ
② ㄹ
③ ㄱ, ㄷ
④ ㄴ, ㄷ
⑤ ㄴ, ㄹ

문 28. 다음 〈표〉는 산림경영인의 산림경영지원제도 인지도에 대한 설문조사 결과이다. 이에 대한 설명으로 옳지 않은 것은?

〈표〉 산림경영인의 산림경영지원제도 인지도

(단위 : 명, %, 점)

구분	항목	응답자 수	인지도 점수별 응답자 비율					인지도 평균 점수
			1점	2점	3점	4점	5점	
경영 주체	독립가	173	2.9	17.3	22.0	39.3	18.5	3.53
	임업 후계자	292	4.5	27.1	20.9	33.9	13.7	3.25
	일반산주	353	11.0	60.9	10.5	16.4	1.1	2.36
거주지 권역	경 기	57	12.3	40.4	3.5	36.8	7.0	2.86
	강 원	112	6.3	20.5	11.6	43.8	17.9	3.46
	충 청	193	7.8	35.2	20.2	25.9	10.9	2.97
	전 라	232	6.9	44.0	20.7	20.3	8.2	2.79
	경 상	224	5.4	48.2	15.2	25.9	5.4	2.78
소유 면적	2ha 미만	157	8.9	63.7	11.5	14.0	1.9	2.36
	2ha 이상 6ha 미만	166	9.0	43.4	16.9	22.9	7.8	2.77
	6ha 이상 11ha 미만	156	7.7	35.3	16.7	32.7	7.7	2.97
	11ha 이상 50ha 미만	232	4.3	30.6	17.2	36.2	11.6	3.20
	50ha 이상	107	5.6	24.3	22.4	28.0	19.6	3.32
소재지 거주 여부	소재산주	669	5.8	41.0	15.7	28.4	9.1	2.94
	부재산주	149	12.1	33.6	20.8	23.5	10.1	2.86

※ 인지도 점수별 응답자 비율(인지도 평균점수)은 소수점 아래 둘째(셋째) 자리에서 반올림한 값임

① 소유면적별 인지도 평균점수는 '50ha 이상'이 '2ha 미만'의 1.4배 이상이다.

② 거주지 권역별 인지도 평균점수는 '강원'이 '경기'보다 높다.

③ 인지도 점수를 2점 이하로 부여한 응답자 대비 4점 이상으로 부여한 응답자의 비율이 가장 높은 거주지 권역은 '충청'이다.

④ 인지도 점수를 1점으로 부여한 '소재산주'는 5점으로 부여한 '부재산주'의 2배 이상이다.

⑤ 인지도 점수를 3점 이상으로 부여한 응답자가 가장 많은 경영주체는 '임업후계자'이다.

문 29. 다음 〈표〉는 2014~2018년 '갑'국의 전력단가와 에너지원별 평균 정산단가에 관한 자료이다. 이에 대한 〈보기〉의 설명 중 옳은 것만을 모두 고르면?

〈표 1〉 2014~2018년 전력단가

(단위 : 원/kWh)

연도 월	2014	2015	2016	2017	2018
1	143.16	140.76	90.77	86.31	92.23
2	153.63	121.33	87.62	91.07	90.75
3	163.40	118.35	87.31	92.06	101.47
4	151.09	103.72	75.38	75.35	90.91
5	144.61	96.62	68.78	79.14	87.64
6	136.35	84.54	65.31	82.71	89.79
7	142.72	81.99	67.06	76.79	87.27
8	128.60	88.59	71.73	76.40	91.02
9	131.44	90.98	71.55	73.21	92.87
10	132.22	98.34	73.48	72.84	102.36
11	133.78	94.93	75.04	81.48	105.11
12	144.10	95.46	86.93	90.77	109.95
평 균	142.09	101.30	76.75	81.51	95.11

※ 1년을 봄(3, 4, 5월), 여름(6, 7, 8월), 가을(9, 10, 11월), 겨울(12, 1, 2월)의 4계절로 구분함

〈표 2〉 2014~2018년 에너지원별 평균정산단가

(단위 : 원/kWh)

연도 에너지원	2014	2015	2016	2017	2018
원자력	54.70	62.69	67.91	60.68	62.10
유연탄	63.27	68.26	73.93	78.79	81.81
LNG	160.73	126.19	99.39	111.60	121.03
유 류	220.78	149.85	109.15	165.45	179.43
양 수	171.50	132.75	106.21	107.60	125.37

──────── 〈보 기〉 ────────

ㄱ. 계절별 전력단가의 평균은 여름이 가을보다 매년 높다.

ㄴ. 2017년 대비 2018년 평균정산단가 증가율이 가장 높은 에너지원은 '양수'이다.

ㄷ. 전력단가 평균과 '유류' 평균정산단가의 연도별 증감방향은 같다.

ㄹ. 에너지원별 평균정산단가 순위는 매년 동일하다.

① ㄱ, ㄴ

② ㄴ, ㄷ

③ ㄷ, ㄹ

④ ㄱ, ㄴ, ㄹ

⑤ ㄱ, ㄷ, ㄹ

문 30. 다음 〈표〉는 '갑'지역 조사 대상지에 대한 A, B 두 기관의 토지피복 분류 결과를 상호비교한 것이다. 이에 대한 설명으로 옳은 것은?

〈표〉 토지피복 분류 결과

(단위 : 개소)

		B기관						
대분류		농업지역		산림지역			수체 지역	소 계
	세부 분류	논	밭	침엽 수림	활엽 수림	혼합림	하 천	
농업 지역	논	840	25	30	55	45	35	1,030
	밭	50	315	20	30	30	15	460
산림 지역	침엽 수림	85	50	5,230	370	750	20	6,505
	활엽 수림	70	25	125	3,680	250	25	4,175
	혼합림	40	30	120	420	4,160	20	4,790
수체 지역	하 천	10	15	0	15	20	281	341
소 계		1,095	460	5,525	4,570	5,255	396	17,301

(A기관 열은 표 왼쪽 세로 방향에 위치)

① A기관이 밭으로 분류한 대상지 중 B기관이 혼합림으로 분류한 대상지의 비율은, B기관이 밭으로 분류한 대상지 중 A기관이 혼합림으로 분류한 대상지의 비율과 같다.

② B기관이 침엽수림으로 분류한 대상지 중 10% 이상을 A기관은 다른 세부분류로 분류하였다.

③ B기관이 논으로 분류한 대상지 중 A기관도 논으로 분류한 대상지의 비율은, A기관이 논으로 분류한 대상지 중 B기관도 논으로 분류한 대상지의 비율과 같다.

④ 두 기관 모두 산림지역으로 분류한 대상지 중 두 기관 모두 활엽수림으로 분류한 대상지가 차지하는 비율은 30% 이상이다.

⑤ 두 기관 모두 농업지역으로 분류한 대상지 중 두 기관이 서로 다른 세부분류로 분류한 대상지가 차지하는 비율은, A 또는 B기관이 하천으로 분류한 대상지 중 두 기관 모두 하천으로 분류한 대상지의 비율보다 크다.

문 31. 다음 〈그림〉은 옥외광고 시장 규모 및 구성비에 대한 자료이다. 이를 바탕으로 작성한 〈보고서〉의 내용 중 옳은 것만을 모두 고르면?

〈그림 1〉 옥외광고 시장 규모 추이

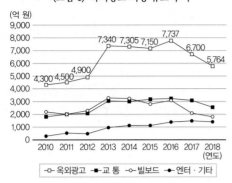

※ 옥외광고는 교통, 빌보드, 엔터·기타의 3개 분야로 구성됨

〈그림 2〉 2018년 옥외광고 3개 분야 및 세부분야 시장 구성비

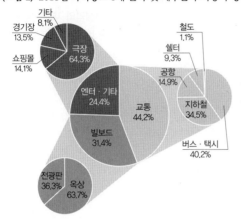

─〈보고서〉─

　2010년부터 2018년까지의 옥외광고 시장 규모 추이를 살펴보면, 2010년 4,300억 원 규모였던 옥외광고 시장은 2016년 7,737억 원 규모까지 성장하였다. ㉠ 2018년 옥외광고 시장 규모는 2016년에 비해 30% 이상 감소하였다. 2018년 옥외광고 시장 규모를 분야별로 살펴보면, ㉡ 2018년 '교통' 분야 시장 규모는 2,500억 원 이상으로 옥외광고 시장에서 가장 큰 비중을 차지하고 있다. ㉢ 2018년 옥외광고 세부분야별 시장 규모는 '옥상'이 가장 크고, 그다음으로 '버스·택시', '극장', '지하철' 순이다. ㉣ 2018년 '엔터·기타' 분야의 시장 규모를 살펴보면 '극장', '쇼핑몰', '경기장'을 제외한 시장 규모는 120억 원 이상이다.

① ㄱ, ㄷ
② ㄴ, ㄷ
③ ㄴ, ㄹ
④ ㄱ, ㄴ, ㄹ
⑤ ㄱ, ㄷ, ㄹ

문 32. 다음 〈표〉는 '갑'대학교 정보공학과 학생A~I의 3개 교과목 점수에 관한 자료이다. 이에 대한 〈보기〉의 설명 중 옳은 것만을 모두 고르면?

〈표〉 학생A~I의 3개 교과목 점수

(단위 : 점)

교과목\학생	인공지능	빅데이터	사물인터넷	평 균
A	( )	85.0	77.0	74.3
B	( )	90.0	92.0	90.0
C	71.0	71.0	( )	71.0
D	28.0	( )	65.0	50.0
E	39.0	63.0	82.0	61.3
F	( )	73.0	74.0	( )
G	35.0	( )	50.0	45.0
H	40.0	( )	70.0	53.3
I	65.0	61.0	( )	70.3
평 균	52.4	66.7	74.0	( )
중앙값	45.0	63.0	74.0	64.0

※ 중앙값은 학생A~I의 성적을 크기순으로 나열했을 때 한가운데 위치한 값임

─〈보 기〉─

ㄱ. 각 교과목에서 평균 이하의 점수를 받은 학생은 각각 5명 이상이다.
ㄴ. 교과목별로 점수 상위 2명에게 1등급을 부여할 때, 1등급을 받은 교과목 수가 1개 이상인 학생은 4명이다.
ㄷ. 학생D의 빅데이터 교과목과 사물인터넷 교과목의 점수가 서로 바뀐다면, 빅데이터 교과목 평균은 높아진다.
ㄹ. 최고점수와 최저점수의 차이가 가장 작은 교과목은 사물인터넷이다.

① ㄱ, ㄴ
② ㄴ, ㄷ
③ ㄴ, ㄹ
④ ㄱ, ㄴ, ㄷ
⑤ ㄱ, ㄷ, ㄹ

※ 다음 〈표〉와 〈그림〉은 2013~2019년 '갑'국의 건설업 재해에 관한 자료이다. 〈표〉와 〈그림〉을 보고 물음에 답하시오. [문 33~문 34]

〈표〉 연도별 건설업 재해 현황

(단위 : 명)

연도	근로자 수	재해자 수	사망자 수
2013	3,200,645	22,405	611
2014	3,087,131	22,845	621
2015	2,776,587	23,323	496
2016	2,586,832	( )	667
2017	3,249,687	23,723	486
2018	3,358,813	( )	493
2019	3,152,859	26,484	554

〈그림 1〉 연도별 전체 산업 및 건설업 재해율 추이

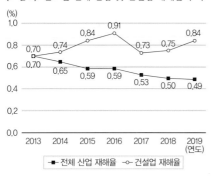

※ 재해율(%)= $\frac{재해자 수}{근로자 수} \times 100$

〈그림 2〉 연도별 건설업의 환산도수율과 환산강도율

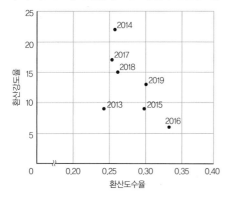

※ 1) 환산도수율= $\frac{재해건수}{총 근로시간} \times 100,000$

2) 환산강도율= $\frac{재해손실일수}{총 근로시간} \times 100,000$

문 33. 위 〈표〉와 〈그림〉에 근거한 설명으로 옳은 것은?

① 건설업 재해자 수는 매년 증가한다.
② 전체 산업 재해율과 건설업 재해율의 차이가 가장 큰 해는 2016년이다.
③ 2020년 건설업 재해자 수가 전년 대비 10% 증가한다면, 건설업 재해율은 전년 대비 0.1%p 증가할 것이다.
④ 2013년 건설업 근로자 수가 전체 산업 근로자 수의 20%라면, 전체 산업 재해자 수는 건설업 재해자 수의 4배이다.
⑤ 건설업 사망자 수가 가장 많은 해는 건설업 환산강도율도 가장 높다.

문 34. 위 〈표〉와 〈그림〉을 바탕으로 건설업의 재해건당 재해손실일수가 가장 큰 연도와 가장 작은 연도를 바르게 나열한 것은?

	가장 큰 연도	가장 작은 연도
①	2013년	2014년
②	2013년	2016년
③	2014년	2013년
④	2014년	2016년
⑤	2016년	2014년

문 35. 다음 〈표〉는 감염자와 비감염자로 구성된 유증상자 1,000명을 대상으로 인공지능 시스템 A∼E의 정확도를 측정한 결과이다. 〈표〉에 근거한 〈보기〉의 설명 중 옳은 것만을 모두 고르면?

〈표〉 인공지능 시스템 A∼E의 정확도

(단위 : 명, %)

시스템 판정 실제 감염 여부 시스템	양 성		음 성		음성 정답률	양성 검출률	정확도
	감염자	비 감염자	감염자	비 감염자			
A	0	1	8	991	( )	0.0	99.1
B	8	0	0	992	( )	100.0	100.0
C	6	4	2	988	99.8	75.0	99.4
D	8	2	0	990	100.0	( )	99.8
E	0	0	8	992	99.2	( )	99.2

※ 1) 정확도(%)= $\dfrac{\text{'양성' 판정된 감염자}+\text{'음성' 판정된 비감염자}}{\text{유증상자}}\times100$

2) '양성(음성)' 정답률(%)= $\dfrac{\text{'양성(음성)' 판정된 감염(비감염)자}}{\text{'양성(음성)' 판정된 유증상자}}\times100$

3) '양성(음성)' 검출률(%)= $\dfrac{\text{'양성(음성)' 판정된 감염(비감염)자}}{\text{감염(비감염)자}}\times100$

─── 〈보 기〉 ───

ㄱ. 모든 유증상자를 '음성'으로 판정한 시스템의 정확도는 A보다 높다.

ㄴ. B, D는 '음성' 정답률과 '양성' 검출률 모두 100%이다.

ㄷ. B의 '양성' 정답률과 '음성' 정답률은 같다.

ㄹ. '양성' 검출률이 0%인 시스템의 '음성' 정답률은 100%이다.

① ㄱ, ㄴ
② ㄱ, ㄷ
③ ㄱ, ㄹ
④ ㄴ, ㄹ
⑤ ㄱ, ㄴ, ㄷ

문 36. 다음 〈표〉는 A시 초등학생과 중학생의 6개 식품 섭취율을 조사한 결과이다. 이에 대한 설명으로 옳은 것은?

〈표〉 A시 초등학생과 중학생의 6개 식품 섭취율

(단위 : %)

식 품	섭취 주기	초등학교			중학교		
		남학생	여학생	전 체	남학생	여학생	전 체
라 면	주 1회 이상	77.6	71.8	74.7	89.0	89.0	89.0
탄산음료	주 1회 이상	76.6	71.6	74.1	86.0	79.5	82.1
햄버거	주 1회 이상	64.4	58.2	61.3	73.5	70.5	71.7
우 유	매 일	56.7	50.9	53.8	36.0	27.5	30.9
과 일	매 일	36.1	38.9	37.5	28.0	30.0	29.2
채 소	매 일	30.4	33.2	31.8	28.5	29.0	28.8

※ 1) 섭취율(%)= $\dfrac{\text{섭취한다고 응답한 학생 수}}{\text{응답 학생 수}}\times100$

2) 초등학생, 중학생 각각 2,000명을 대상으로 조사하였으며, 전체 조사 대상자는 6개 식품에 대해 모두 응답하였음

① 라면을 주 1회 이상 섭취하는 중학교 남학생 수와 중학교 여학생의 수는 같다.

② 채소를 매일 섭취하는 중학교 남학생 수는 과일을 매일 섭취하는 중학교 남학생 수보다 적다.

③ 우유를 매일 섭취하는 중학교 여학생 수는 275명이다.

④ 과일을 매일 섭취하는 초등학교 남학생 중 햄버거를 주 1회 이상 섭취하는 학생 수는 4명 이하이다.

⑤ 채소를 매일 섭취하는 여학생 수는 중학생이 초등학생보다 많다.

문 37. 다음 〈표〉는 4명의 응시자(민수, 영수, 철수, 현수)가 5명의 면접관으로부터 받은 점수에 관한 자료이다. 〈표〉와 〈조건〉을 근거로 '가'~'라'에 해당하는 응시자를 바르게 나열한 것은?

〈표〉 응시자의 면접관별 점수

(단위 : 점)

면접관 응시자	면접관 1	면접관 2	면접관 3	면접관 4	면접관 5
가	10	7	5	9	9
나	8	5	( )	9	7
다	9	( )	9	( )	7
라	( )	5	8	8	9

※ 1) 각 면접관은 5점부터 10점까지의 정숫값을 면접 점수로 부여함

2) 중앙값은 주어진 값들을 크기순으로 나열했을 때 한가운데 위치한 값임. 예를 들면, 주어진 값들이 9, 6, 7, 5, 6인 경우 이를 크기순으로 나열하면 5, 6, 6, 7, 9이므로 중앙값은 6임

────── 〈조 건〉 ──────

• 평균이 8인 응시자는 민수와 현수뿐이다.

• 현수의 최솟값이 철수의 최솟값보다 크다.

• 영수의 중앙값은 8이며 철수의 중앙값보다 크다.

	가	나	다	라
①	민 수	영 수	현 수	철 수
②	민 수	철 수	현 수	영 수
③	현 수	민 수	철 수	영 수
④	현 수	영 수	민 수	철 수
⑤	현 수	철 수	민 수	영 수

문 38. 다음 〈표〉는 2019년 '갑'국 13세 이상 인구의 독서 현황에 대한 자료이다. 이에 대한 〈보기〉의 설명 중 옳은 것을 고르면?

〈표〉 2019년 '갑'국 13세 이상 인구의 독서 현황

(단위 : 권, %)

구 분		1인당 연간 독서권수	독서인구 1인당 연간 독서권수	독서인구 비율
성 별	남 자	10.4	18.9	( )
	여 자	8.1	14.2	57.0
연 령 대 별	13~19세	15.0	20.2	74.3
	20~29세	14.0	( )	74.1
	30~39세	13.1	( )	68.6
	40~49세	9.6	15.2	63.2
	50~59세	5.9	12.6	46.8
	60~64세	2.8	10.4	26.9
	65세 이상	2.3	10.0	23.0
지 역 별	동 부	4.5	17.4	25.9
	서 부	5.5	12.8	43.0
	남 부	8.1	14.9	54.4
	북 부	14.0	18.3	76.5

※ '독서인구 비율'은 13세 이상 인구 중 독서인구(1년 동안 1권 이상 독서를 한 사람)의 비율임

────── 〈보 기〉 ──────

ㄱ. 남자의 독서인구 비율은 50% 이상이다.

ㄴ. 연령대가 높을수록 독서인구 1인당 연간 독서권수는 감소한다.

ㄷ. 서부지역과 남부지역의 13세 이상 인구비가 5 : 4라면, 독서인구는 서부지역이 남부지역보다 많다.

ㄹ. 독서인구 1인당 연간 독서권수가 16.8권이라면, 13세 이상 인구는 남자가 여자보다 많다.

① ㄱ, ㄴ

② ㄱ, ㄷ

③ ㄱ, ㄹ

④ ㄴ, ㄷ

⑤ ㄴ, ㄹ

문 39. 다음 〈표〉는 Z리그 A~G족구팀의 경기 결과이다. 〈표〉와 〈조건〉에 근거한 〈보기〉의 설명 중 옳은 것만을 모두 고르면?

〈표〉 Z리그 족구팀 세트 스코어와 최종 승점

구분\팀	1경기	2경기	3경기	4경기	5경기	6경기	승 패	최종 승점
A	0:2	0:2	( )	( )	( )	0:2	2승 4패	6
B	2:1	2:0	0:2	1:2	0:2	1:2	2승 4패	7
C	1:2	2:0	0:2	2:1	2:0	2:1	4승 2패	11
D	2:0	1:2	2:0	2:0	2:0	2:1	5승 1패	15
E	( )	( )	1:2	0:2	( )	0:2	3승 3패	( )
F	0:2	0:2	2:0	2:0	2:0	2:0	4승 2패	12
G	1:2	2:0	0:2	0:2	0:2	1:2	1승 5패	5

※ 세트 스코어에서 앞의 수가 해당 팀이 획득한 세트 수임

─── 〈조 건〉 ───
• 한 팀이 다른 모든 팀과 각각 1번씩 경기한다.
• 한 경기에서 2세트를 먼저 획득한 팀이 승리한다.
• 세트 스코어가 2:0인 경우 승리팀에 승점 3점 및 패배팀에 승점 0점을 부여하고, 세트 스코어가 2:1인 경우 승리팀에 승점 2점 및 패배팀에 승점 1점을 부여한다.
• 경기한 총 세트 수는 A와 G가 같다.

─── 〈보 기〉 ───
ㄱ. 모든 팀 최종 승점의 합은 60점 이상이다.
ㄴ. E가 승리한 경기의 세트 스코어는 모두 2:1이다.
ㄷ. A가 2:0으로 승리한 경기 수는 1개이다.

① ㄱ
② ㄱ, ㄴ
③ ㄱ, ㄷ
④ ㄴ, ㄷ
⑤ ㄱ, ㄴ, ㄷ

문 40. 다음 〈표〉는 '갑'국의 친환경 농작물 생산 현황에 대한 자료이다. 이에 대한 〈보기〉의 설명 중 옳은 것만을 모두 고르면?

〈표 1〉 연도별 친환경 농작물 재배농가, 재배면적, 생산량

(단위 : 천 호, 천 ha, 천 톤)

구분\연도	2016	2017	2018	2019
재배농가	53	135	195	221
재배면적	53	106	174	205
생산량	798	1,786	2,188	2,258

〈표 2〉 연도별 친환경 농작물 생산방법별 재배면적

(단위 : 천 ha)

생산방법\연도	2016	2017	2018	2019
유기농	9	11	13	17
무농약	14	37	42	69
저농약	30	58	119	119

※ 친환경 농작물 생산방법은 유기농, 무농약, 저농약으로 구성됨

〈표 3〉 2019년 친환경 농작물별 생산량의 생산방법별 구성비

(단위 : %)

생산방법\친환경 농작물	곡류	과실류	채소류
유기농	11	27	18
무농약	17	67	28
저농약	72	6	54
합 계	100	100	100

※ 친환경 농작물은 곡류, 과실류, 채소류로 구성됨

─── 〈보 기〉 ───
ㄱ. 재배농가당 재배면적은 매년 감소한다.
ㄴ. 친환경 농작물 재배면적 중 '무농약'의 비중은 매년 증가한다.
ㄷ. 2019년 친환경 농작물 생산방법별 재배면적당 생산량은 '유기농'이 '저농약'보다 많다.
ㄹ. 2019년 친환경 농작물별 생산량 비(곡류:과실류:채소류)가 1:2:3이라면, 친환경 농작물 생산방법 중 '저농약'의 생산량이 가장 많다.

① ㄱ
② ㄹ
③ ㄱ, ㄴ
④ ㄴ, ㄷ
⑤ ㄷ, ㄹ

문 1. 다음 글을 근거로 판단할 때 옳은 것은?

> **제○○조** ① 지방자치단체의 장은 소속공무원이 적극행정으로 인해 징계 의결 요구가 된 경우 적극행정지원위원회(이하 '위원회'라 한다)의 변호인 선임비용 지원결정(이하 '지원결정'이라 한다)에 따라 200만 원 이하의 범위 내에서 변호인 선임비용을 지원할 수 있다.
> ② 지방자치단체의 장은 소속공무원이 적극행정으로 인해 고소·고발을 당한 경우 위원회의 지원결정에 따라 기소 이전 수사과정에 한하여 500만 원 이하의 범위 내에서 변호인 선임비용을 지원할 수 있다.
> ③ 제1항, 제2항에 따라 지원결정을 받은 공무원은 이미 변호인을 선임한 경우를 제외하고는 선임비용을 지원받은 날부터 1개월 내에 변호인을 선임하여야 한다.
> **제□□조** ① 위원회는 지원결정을 받은 공무원이 다음 각 호의 어느 하나에 해당하는 경우 그 결정을 취소할 수 있다.
> 1. 허위 또는 부정한 방법으로 지원결정을 받은 경우
> 2. 제○○조 제2항의 고소·고발 사유와 동일한 사실관계로 유죄의 확정판결을 받은 경우
> 3. 제○○조 제3항의 사항을 이행하지 않은 경우
> ② 제1항에 따라 지원결정이 취소된 경우 해당 공무원은 지원받은 변호인 선임비용을 즉시 반환하여야 한다.
> ③ 위원회는 제2항에 따른 반환의무를 전부 부담시키는 것이 타당하지 않다고 판단하는 경우에는 반환의무의 일부 또는 전부를 면제하는 결정을 할 수 있다.
> ④ 제1항부터 제3항은 해당 공무원이 변호인 선임비용을 지원받은 후 퇴직한 경우에도 적용한다.

※ 적극행정이란 공무원이 불합리한 규제를 개선하는 등 공공의 이익을 위해 창의성과 전문성을 바탕으로 적극적으로 업무를 처리하는 행위를 말한다.

① 지방자치단체의 장은 소속공무원이 적극행정으로 인해 징계 의결 요구가 된 경우, 위원회의 지원결정에 따라 500만 원의 변호인 선임비용을 지원할 수 있다.
② 지원결정을 받은 공무원이 적극행정으로 인해 고발당한 사건에 대해 이미 변호인을 선임하였더라도 선임비용을 지원받은 날부터 1개월 내에 새로운 변호인을 선임해야 한다.
③ 지원결정을 받은 공무원이 적극행정으로 인해 고소당한 사유와 동일한 사실관계로 무죄의 확정판결을 받은 경우, 위원회는 지원결정을 취소해야 한다.
④ 지원결정이 취소된 경우라도 위원회는 해당 공무원이 지원받은 변호인 선임비용에 대한 반환의무의 일부 또는 전부를 면제하는 결정을 할 수 있다.
⑤ 지원결정에 따라 변호인 선임비용을 지원받고 퇴직한 공무원에 대해 지원결정이 취소되더라도 그가 그 비용을 반환하는 경우는 없다.

문 2. 다음 글과 〈상황〉을 근거로 판단할 때 옳은 것은?

> **제○○조** ① 주택 등에서 월령 2개월 이상인 개를 기르는 경우, 그 소유자는 시장·군수·구청장에게 이를 등록하여야 한다.
> ② 소유자는 제1항의 개를 기르는 곳에서 벗어나게 하는 경우에는 소유자의 성명, 소유자의 전화번호, 등록번호를 표시한 인식표를 그 개에게 부착하여야 한다.
> **제□□조** ① 맹견의 소유자는 다음 각 호의 사항을 준수하여야 한다.
> 1. 소유자 없이 맹견을 기르는 곳에서 벗어나지 아니하게 할 것
> 2. 월령이 3개월 이상인 맹견을 동반하고 외출할 때에는 목줄과 입마개를 하거나 맹견의 탈출을 방지할 수 있는 적정한 이동장치를 할 것
> ② 시장·군수·구청장은 맹견이 사람에게 신체적 피해를 주는 경우, 소유자의 동의 없이 맹견에 대하여 격리조치 등 필요한 조치를 취할 수 있다.
> ③ 맹견의 소유자는 맹견의 안전한 사육 및 관리에 관하여 정기적으로 교육을 받아야 한다.
> **제△△조** ① 제□□조 제1항을 위반하여 사람을 사망에 이르게 한 자는 3년 이하의 징역 또는 3천만 원 이하의 벌금에 처한다.
> ② 제□□조 제1항을 위반하여 사람의 신체를 상해에 이르게 한 자는 2년 이하의 징역 또는 2천만 원 이하의 벌금에 처한다.

― 〈상 황〉 ―

> 甲과 乙은 맹견을 각자 자신의 주택에서 기르고 있다. 甲은 월령 1개월인 맹견 A의 소유자이고, 乙은 월령 3개월인 맹견 B의 소유자이다.

① 甲이 A를 동반하고 외출하는 경우 A에게 목줄과 입마개를 해야 한다.
② 甲은 맹견의 안전한 사육 및 관리에 관하여 정기적으로 교육을 받지 않아도 된다.
③ 甲이 A와 함께 타 지역으로 여행을 가는 경우, A에게 甲의 성명과 전화번호를 표시한 인식표를 부착하지 않아도 된다.
④ B가 제3자에게 신체적 피해를 주는 경우, 구청장이 B를 격리조치하기 위해서는 乙의 동의를 얻어야 한다.
⑤ 乙이 B에게 목줄을 하지 않아 제3자의 신체를 상해에 이르게 한 경우, 乙을 3년의 징역에 처한다.

문 3. 다음 글을 근거로 판단할 때 옳은 것은?

> 제00조 ① 청원경찰이란 기관의 장 또는 시설·사업장 등의 경영자(이하 '기관의 장 등'이라 한다)가 경비를 부담할 것을 조건으로 경찰의 배치를 신청하는 경우 그 기관·시설·사업장 등의 경비를 담당하게 하기 위하여 배치하는 경찰을 말한다.
> ② 청원경찰을 배치 받으려는 기관의 장 등은 관할 지방경찰청장에게 청원경찰 배치를 신청하여야 한다.
> ③ 지방경찰청장은 제2항의 청원경찰 배치신청을 받으면 지체 없이 그 배치 여부를 결정하여야 한다.
> ④ 지방경찰청장은 청원경찰 배치가 필요한 경우 관할 구역에 소재하는 기관의 장 등에게 청원경찰을 배치할 것을 요청할 수 있다.
> 제00조 ① 청원경찰은 청원경찰의 배치결정을 받은 자[이하 '청원주(請願主)라 한다]와 배치된 기관·시설·사업장의 구역을 관할하는 경찰서장의 감독을 받아 그 경비구역만의 경비를 목적으로 필요한 범위에서 「경찰관 직무집행법」에 따른 경찰관의 직무를 수행한다.
> ② 청원경찰은 제1항에도 불구하고 수사활동 등 사법경찰관리(司法警察官吏)의 직무를 수행해서는 아니 된다.
> 제00조 ① 청원경찰은 청원주가 임용하되, 임용을 할 때에는 미리 관할 지방경찰청장의 승인을 받아야 한다.
> ② 「국가공무원법」의 결격사유에 해당하는 사람은 청원경찰로 임용될 수 없다.
> ③ 청원경찰의 임용자격·임용방법·교육 및 보수에 관하여는 대통령령으로 정한다.
> 제00조 청원주가 청원경찰이 휴대할 무기를 대여 받으려는 경우에는 관할 경찰서장을 거쳐 지방경찰청장에게 무기대여를 신청하여야 한다.

① 청원경찰의 임용승인과 직무감독의 권한은 관할 경찰서장에게 있다.
② 청원경찰은 관할 지방경찰청장의 요청뿐만 아니라 배치 받으려는 기관의 장 등의 신청에 의해서도 배치될 수 있다.
③ 청원경찰의 임용자격 및 임용방법은 「국가공무원법」에 따르며, 청원경찰의 결격사유는 대통령령으로 정한다.
④ 청원경찰은 배치된 사업장의 경비를 목적으로 필요한 범위에서 수사 활동 등 사법경찰관리의 직무를 수행할 수 있다.
⑤ 청원경찰은 직무수행에 필요한 경우 직접 관할 지방경찰청장에게 무기대여를 신청하여야 한다.

문 4. 다음 글을 근거로 판단할 때 옳은 것은?

> 제00조 ① 다음 각 호의 어느 하나에 해당하는 자는 농식품경영체에 대한 투자를 목적으로 하는 농식품투자조합을 결성할 수 있다.
> 1. 중소기업창업투자회사
> 2. 투자관리전문기관
> ② 제1항에 따른 조합은 그 채무에 대하여 무한책임을 지는 1인 이상의 조합원(이하 '업무집행조합원'이라 한다)과 출자액을 한도로 하여 유한책임을 지는 조합원(이하 '유한책임조합원'이라 한다)으로 구성한다. 이 경우 업무집행조합원은 다음 각 호의 어느 하나에 해당하는 자로 하되, 그 중 1인은 제1호에 해당하는 자이어야 한다.
> 1. 제1항 각 호의 어느 하나에 해당하는 자
> 2. 「보험업법」에 따른 보험회사
> 제00조 업무집행조합원은 농식품투자조합의 업무를 집행할 때 다음 각 호의 어느 하나에 해당하는 행위를 하여서는 아니 된다.
> 1. 자기나 제3자의 이익을 위하여 농식품투자조합의 재산을 사용하는 행위
> 2. 농식품투자조합 명의로 자금을 차입하는 행위
> 3. 농식품투자조합의 재산으로 지급보증 또는 담보를 제공하는 행위
> 제00조 ① 농식품투자조합은 다음 각 호의 어느 하나에 해당하는 사유가 있을 때에는 해산한다.
> 1. 존속기간의 만료
> 2. 유한책임조합원 또는 업무집행조합원 전원의 탈퇴
> 3. 농식품투자조합의 자산이 출자금 총액보다 적어지거나 그 밖의 사유가 생겨 업무를 계속 수행하기 어려운 경우로서 조합원 총수의 과반수와 조합원 총지분 과반수의 동의를 받은 경우
> ② 농식품투자조합이 해산하면 업무집행조합원이 청산인이 된다. 다만 조합의 규약으로 정하는 바에 따라 업무집행조합원 외의 자를 청산인으로 선임할 수 있다.
> ③ 농식품투자조합의 해산 당시의 출자금액을 초과하는 채무가 있으면 업무집행조합원이 그 채무를 변제하여야 한다.

① 농식품투자조합이 해산한 경우, 조합의 규약에 다른 규정이 없는 한 업무집행조합원이 청산인이 된다.
② 투자관리전문기관은 농식품투자조합의 유한책임조합원이 될 수 있지만 업무집행조합원이 될 수 없다.
③ 업무집행조합원은 농식품투자조합의 업무를 집행할 때, 그 조합의 재산으로 지급을 보증하는 행위를 할 수 있다.
④ 농식품투자조합 해산 당시 출자금액을 초과하는 채무가 있으면, 유한책임조합원 전원이 연대하여 그 채무를 변제하여야 한다.
⑤ 농식품투자조합의 자산이 출자금 총액보다 적어 업무를 계속 수행하기 어려운 경우, 조합원 총수의 과반수의 동의만으로 농식품투자조합은 해산한다.

문 5. 다음 글을 근거로 판단할 때, 〈보기〉에서 민원을 정해진 기간 이내에 처리한 것만을 모두 고르면?

> 제00조 ① 행정기관의 장은 '질의민원'을 접수한 경우에는 다음 각 호의 기간 이내에 처리하여야 한다.
> 1. 법령에 관해 설명이나 해석을 요구하는 질의민원 : 7일
> 2. 제도·절차 등에 관해 설명이나 해석을 요구하는 질의민원 : 4일
> ② 행정기관의 장은 '건의민원'을 접수한 경우에는 10일 이내에 처리하여야 한다.
> ③ 행정기관의 장은 '고충민원'을 접수한 경우에는 7일 이내에 처리하여야 한다. 단, 고충민원의 처리를 위해 14일의 범위에서 실지조사를 할 수 있고, 이 경우 실지조사 기간은 처리기간에 산입(算入)하지 아니한다.
> ④ 행정기관의 장은 '기타민원'을 접수한 경우에는 즉시 처리하여야 한다.
> 제00조 ① 민원의 처리기간을 '즉시'로 정한 경우에는 3근무시간 이내에 처리하여야 한다.
> ② 민원의 처리기간을 5일 이하로 정한 경우에는 민원의 접수 시각부터 '시간' 단위로 계산한다. 이 경우 1일은 8시간의 근무시간을 기준으로 한다.
> ③ 민원의 처리기간을 6일 이상으로 정한 경우에는 '일' 단위로 계산하고 첫날을 산입한다.
> ④ 공휴일과 토요일은 민원의 처리기간과 실지조사 기간에 산입하지 아니한다.

※ 업무시간은 09:00~18:00이다. (점심시간 12:00~13:00 제외)
※ 3근무시간 : 업무시간 내 3시간
※ 광복절(8월 15일, 화요일)과 일요일은 공휴일이고, 그 이외에 공휴일은 없다고 가정한다.

―――――〈보 기〉―――――
ㄱ. A부처는 8.7(월) 16시에 건의민원을 접수하고, 8.21(월) 14시에 처리하였다.
ㄴ. B부처는 8.14(월) 13시에 고충민원을 접수하고, 10일간 실지조사를 하여 9.7(목) 10시에 처리하였다.
ㄷ. C부처는 8.16(수) 17시에 기타민원을 접수하고, 8.17(목) 10시에 처리하였다.
ㄹ. D부처는 8.17(목) 11시에 제도에 대한 설명을 요구하는 질의민원을 접수하고, 8.22(화) 14시에 처리하였다.

① ㄱ, ㄴ
② ㄱ, ㄷ
③ ㄴ, ㄹ
④ ㄱ, ㄷ, ㄹ
⑤ ㄴ, ㄷ, ㄹ

문 6. 다음 글을 근거로 판단할 때 옳은 것은?

> 「국가공무원법」은 정무직 공무원을 ① 선거로 취임하는 공무원, ② 임명할 때 국회의 동의가 필요한 공무원, ③ 고도의 정책결정 업무를 담당하거나 이러한 업무를 보조하는 공무원으로서 법률이나 대통령령에서 정무직으로 지정하는 공무원으로 규정하고 있다. 이에 해당하는 정무직 공무원에는 대통령, 감사원장, 민주평화통일자문회의 사무처장, 국가정보원장, 대통령비서실 수석비서관 등이 있다.
> 「지방공무원법」에서는 정무직 공무원을 ① 선거로 취임하는 공무원, ② 임명할 때 지방의회의 동의가 필요한 공무원, ③ 고도의 정책결정 업무를 담당하거나 이러한 업무를 보조하는 공무원으로서 법령 또는 조례에서 정무직으로 지정하는 공무원으로 규정하고 있다.
> 정무직 공무원은 재산등록의무가 있으며 병역사항 신고의무도 있다. 한편 「국가공무원법」상 정무직 공무원은 국가공무원의 총정원에 포함되지 않지만 그 인사에 관한 사항은 관보에 게재된다.
> 행정기관 소속 정무직 공무원으로는 정부부처의 차관급 이상 공무원, 특별시의 행정부시장과 정무부시장 등이 있다. 이들은 정책결정자 역할과 함께 최고관리자 역할도 수행한다. 여기에는 일과 인력을 조직화하고 소속 직원의 동기를 부여하며 업무 수행을 통제하는 역할이 포함된다. 그리고 이들은 정책을 개발할 뿐만 아니라 정책집행의 법적 책임도 진다. 행정기관 소속 정무직 공무원은 좁은 의미의 공무원을 지칭하는 정부관료집단에 포함되지 않는 것이 보통이다.

① 감사원장은 국가공무원 총 정원에 포함된다.
② 조례로 정무직 공무원을 지정하는 것이 가능하다.
③ 「국가공무원법」상 정무직 공무원의 임명에는 모두 국회의 동의가 필요하다.
④ 대통령비서실 수석비서관은 재산등록의무가 있으나 병역사항 신고의무는 없다.
⑤ 정부부처의 차관은 정부관료집단의 일원이지만 정책집행의 법적 책임은 지지 않는다.

문 7. 다음 글을 근거로 판단할 때, 〈보기〉에서 옳은 것만을 모두 고르면?

> 甲국은 출산장려를 위한 경제적 지원 정책으로 다음과 같은 세 가지 안(A~C)을 고려 중이다.
> - A안 : 18세 이하의 자녀가 있는 가정에 수당을 매월 지급하되, 자녀가 둘 이상인 경우에 한한다. 18세 이하의 자녀에 대해서 첫째와 둘째는 각각 15만 원, 셋째는 30만 원, 넷째부터는 45만 원씩의 수당을 해당 가정에 지급한다.
> - B안 : 18세 이하의 자녀가 있는 가정에 수당을 매월 지급한다. 다만 자녀가 18세를 초과하더라도 재학 중인 경우에는 24세까지 수당을 지급한다. 첫째와 둘째는 각각 20만 원, 셋째는 22만 원, 넷째부터는 25만 원씩의 수당을 해당 가정에 지급한다.
> - C안 : 자녀가 중학교를 졸업할 때(상한 연령 16세)까지만 해당 가정에 수당을 매월 지급한다. 우선 3세 미만의 자녀가 있는 가정에는 3세 미만의 자녀 1명 당 10만 원을 지급한다. 3세부터 초등학교를 졸업할 때까지는 첫째와 둘째는 각각 8만 원, 셋째부터는 10만 원씩 해당 가정에 지급한다. 중학생 자녀의 경우, 일률적으로 1명 당 8만 원씩 해당 가정에 지급한다.

〈보 기〉
ㄱ. 18세 이하 자녀 3명만 있는 가정의 경우, 지급받는 월 수당액은 A안보다 B안을 적용할 때 더 많다.
ㄴ. A안을 적용할 때 자녀가 18세 이하 1명만 있는 가정은 월 15만 원을 수당으로 지급받는다.
ㄷ. C안의 수당을 50% 증액하더라도 중학생 자녀 2명(14세, 15세)만 있는 가정은 A안보다 C안을 적용할 때 더 적은 월 수당을 지급받는다.
ㄹ. C안을 적용할 때 한 자녀에 대해 지급되는 월 수당액은 그 자녀가 성장하면서 지속적으로 증가하는 특징이 있다.

① ㄱ, ㄷ
② ㄱ, ㄹ
③ ㄴ, ㄹ
④ ㄱ, ㄴ, ㄷ
⑤ ㄴ, ㄷ, ㄹ

문 8. 다음 글을 근거로 판단할 때, 창렬이가 결제할 최소 금액은?

> - 창렬이는 이번 달에 인터넷 면세점에서 가방, 영양제, 목베개를 각 1개씩 구매한다. 각 물품의 정가와 이번 달 개별 물품의 할인율은 다음과 같다.
>
> | 구분 | 정가(달러) | 이번 달 할인율(%) |
> |---|---|---|
> | 가방 | 150 | 10 |
> | 영양제 | 100 | 30 |
> | 목베개 | 50 | 10 |
>
> - 이번 달 개별 물품의 할인율은 자동 적용된다.
> - 이번 달 구매하는 모든 물품의 결제 금액에 대해 20%를 일괄적으로 할인받는 '이달의 할인 쿠폰'을 사용할 수 있다.
> - 이번 달은 쇼핑 행사가 열려, 결제해야 할 금액이 200달러를 초과할 때 '20,000원 추가 할인 쿠폰'을 사용할 수 있다.
> - 할인은 '개별 물품 할인 → 이달의 할인 쿠폰 → 20,000원 추가 할인 쿠폰' 순서로 적용된다.
> - 환율은 1달러 당 1,000원이다.

① 180,000원
② 189,000원
③ 196,000원
④ 200,000원
⑤ 210,000원

문 9. 다음 글을 근거로 판단할 때, 오늘날을 기준으로 1석(石)은 몇 승(升)인가?

> 옛날 도량에는 두(斗), 구(區), 부(釜), 종(鍾) 등이 있었다. 1두(斗)는 4승(升)인데, 4두(斗)가 1구(區)이고, 4구(區)가 1부(釜)이며, 10부(釜)가 1종(鍾)이었다.
> 오늘날 도량은 옛날과 다소 달라졌다. 지금의 1승(升)이 옛날 1승(升)에 비해 네 배가 되어 옛날의 1두(斗)와 같아졌다. 오늘날 4구(區)는 1부(釜)로 옛날과 같지만, 4승(升)이 1구(區)가 되며, 1부(釜)는 1두(豆) 6승(升), 1종(鍾)은 16두(豆)가 된다. 오늘날 1석(石)은 1종(鍾)에 비해 1두(豆)가 적다.

① 110승
② 120승
③ 130승
④ 140승
⑤ 150승

문 10. 다음 글을 근거로 판단할 때, 1차 투표와 2차 투표에서 모두 B안에 투표한 주민 수의 최솟값은?

○○마을은 새로운 사업을 추진하기 위해 주민 100명을 대상으로 투표를 실시하였다. 주민들에게 사업안 A, B, C 중 하나를 선택하도록 하였다. 사전 자료를 바탕으로 1차 투표를 한 후, 주민들끼리 토론을 거쳐 2차 투표로 최종안을 결정하였다. 1차와 2차 투표 모두 투표율은 100%였고, 무효표는 없었다. 투표 결과는 다음과 같다.

구 분	1차 투표	2차 투표
A안	30명	( )명
B안	50명	( )명
C안	20명	35명

1차 투표와 2차 투표에서 모두 A안에 투표한 주민은 20명이었고, 2차 투표에서만 A안에 투표한 주민은 5명이었다.

① 10
② 15
③ 20
④ 25
⑤ 30

문 11. 다음 글을 근거로 판단할 때, 〈보기〉에서 옳은 것만을 모두 고르면?

• 甲과 乙은 총 10장의 카드를 5장씩 나누어 가진 후에 심판의 지시에 따라 게임을 한다.
• 카드는 1부터 9까지의 서로 다른 숫자가 하나씩 적힌 9장의 숫자카드와 1장의 만능카드로 이루어진다.
• 이 중 6 또는 9가 적힌 숫자카드는 9와 6 중에서 원하는 숫자카드 하나로 활용할 수 있다.
• 만능카드는 1부터 9까지의 숫자 중 원하는 숫자가 적힌 카드 하나로 활용할 수 있다.

〈보 기〉

ㄱ. 심판이 가장 큰 다섯 자리의 수를 만들라고 했을 때, 가능한 가장 큰 수는 홀수이다.
ㄴ. 상대방보다 작은 두 자리의 수를 만들면 승리한다고 했을 때, 乙이 '12'를 만들었다면 승리한다.
ㄷ. 상대방보다 큰 두 자리의 수를 만들면 승리한다고 했을 때, 甲이 '98'을 만들었다면 승리한다.
ㄹ. 심판이 10보다 작은 3의 배수를 상대방보다 많이 만들라고 했을 때, 乙이 3개를 만들었다면 승리한다.

① ㄱ, ㄴ
② ㄱ, ㄷ
③ ㄷ, ㄹ
④ ㄱ, ㄴ, ㄹ
⑤ ㄴ, ㄷ, ㄹ

문 12. 다음 글을 근거로 판단할 때, 〈보기〉에서 옳은 것만을 모두 고르면?

A과에는 4급 과장 1명, 5급 사무관 3명, 6급 주무관 6명이 근무한다. A과의 내선번호는 253☒ 네 자리로 이루어져 있으며, 맨 뒷자리 번호는 0~9 중에서 하나씩 과원에게 배정된다.
맨 뒷자리 번호 배정규칙은 다음과 같다. 먼저 직급 순으로 배정한다. 따라서 과장에게 0, 사무관에게 1~3, 주무관에게 4~9를 배정한다. 다음으로 동일 직급 내에서는 여성에게 앞 번호가 배정된다. 성별도 같은 경우, 나이가 많은 사람에게 앞 번호가 배정된다. 나이도 같은 경우에는 소속 팀명의 '가', '나', '다' 순으로 앞 번호가 배정된다.

〈A과 조직도〉

과장 : 50세, 여성

가 팀	나 팀	다 팀
사무관1 : 48세, 여성	사무관2 : 45세, 여성	사무관3 : 45세, ( )
주무관1 : 58세, 여성	주무관3 : ( ), ( )	주무관5 : 44세, 남성
주무관2 : 39세, 남성	주무관4 : 27세, 여성	주무관6 : 31세, 남성

〈보 기〉

ㄱ. 사무관3이 배정받는 내선번호는 그의 성별에 따라서 달라지지 않는다.
ㄴ. 여성이 총 5명이라면, 배정되는 내선번호가 확정되는 사람은 4명뿐이다.
ㄷ. 주무관3이 남성이고 31세 이상 39세 이하인 경우, 모든 과원의 내선번호를 확정할 수 있다.
ㄹ. 사무관3의 성별과 주무관3의 나이와 성별을 알게 되다면, 현재의 배정규칙으로 모든 과원의 내선번호를 확정할 수 있다.

① ㄱ, ㄴ
② ㄱ, ㄷ
③ ㄴ, ㄹ
④ ㄱ, ㄷ, ㄹ
⑤ ㄴ, ㄷ, ㄹ

문 13. 다음 글을 근거로 판단할 때, 〈보기〉에서 옳은 것만을 모두 고르면?

> 甲과 乙은 시계와 주사위를 이용한 게임을 하며, 규칙은 다음과 같다.
> - 1~12시까지 적힌 시계 문자판을 말판으로 삼아, 1개의 말을 12시에 놓고 게임을 시작한다.
> - 주사위를 던져 짝수가 나오면 말을 시계 방향으로 1시간 이동시키며, 홀수가 나오면 말을 반시계 방향으로 1시간 이동시킨다.
> - 甲과 乙이 번갈아 주사위를 각 12번씩 총 24번 던져 말의 최종 위치로 게임의 승자를 결정한다.
> - 말의 최종 위치가 1~5시이면 甲이 승리하고, 7~11시이면 乙이 승리한다. 6시 또는 12시이면 무승부가 된다.

> ── 〈보 기〉 ──
> ㄱ. 말의 최종 위치가 3시일 확률은 $\frac{1}{12}$이다.
> ㄴ. 말의 최종 위치가 4시일 확률과 8시일 확률은 같다.
> ㄷ. 乙이 마지막 주사위를 던질 때, 홀수가 나오는 것보다 짝수가 나오는 것이 甲에게 항상 유리하다.
> ㄹ. 乙이 22번째 주사위를 던져 말을 이동시킨 결과 말의 위치가 12시라면, 甲이 승리할 확률은 무승부가 될 확률보다 낮다.

① ㄱ, ㄷ
② ㄴ, ㄷ
③ ㄴ, ㄹ
④ ㄷ, ㄹ
⑤ ㄱ, ㄴ, ㄹ

문 14. 다음 글과 〈진술 내용〉을 근거로 판단할 때, 첫 번째 사건의 가해차량 번호와 두 번째 사건의 목격자를 옳게 짝지은 것은?

> - 어제 두 건의 교통사고가 발생하였다.
> - 첫 번째 사건의 가해차량 번호는 다음 셋 중 하나이다.
>   99★2703, 81★3325, 32★8624
> - 어제 사건에 대해 진술한 목격자는 甲, 乙, 丙 세 명이다. 이 중 두 명의 진술은 첫 번째 사건의 가해차량 번호에 대한 것이고 나머지 한 명의 진술은 두 번째 사건의 가해차량 번호에 대한 것이다.
> - 첫 번째 사건의 가해차량 번호는 두 번째 사건의 목격자 진술에 부합하지 않는다.
> - 편의상 차량 번호에서 ★ 앞의 두 자리 수는 A, ★ 뒤의 네 자리 수는 B라고 한다.

> ── 〈진술 내용〉 ──
> - 甲 : A를 구성하는 두 숫자의 곱은 B를 구성하는 네 숫자의 곱보다 작다.
> - 乙 : B를 구성하는 네 숫자의 합은 A를 구성하는 두 숫자의 합보다 크다.
> - 丙 : B는 A의 50배 이하이다.

	첫 번째 사건의 가해차량 번호	두 번째 사건의 목격자
①	99★2703	甲
②	99★2703	乙
③	81★3325	乙
④	81★3325	丙
⑤	32★8624	丙

문 15. 다음 〈상황〉과 〈대화〉를 근거로 판단할 때 乙의 점수는?

> ── 〈상 황〉 ──
> - 甲, 乙, 丙이 과제를 제출하여 각자 성적을 받았다.
> - 甲, 乙, 丙의 점수는 서로 다른 자연수로서 세 명의 점수를 합하면 100점이 되며, 甲, 乙, 丙은 이 사실을 알고 있다.
> - 甲, 乙, 丙은 자신의 점수는 알지만 다른 사람의 점수는 모르고 있다.

> ── 〈대 화〉 ──
> 甲 : 내가 우리 셋 중에 가장 높은 점수를 받았어.
> 乙 : 甲의 말을 들으니 우리 세 사람이 받은 점수를 확실히 알겠네.
> 丙 : 나도 이제 우리 세 사람의 점수를 확실히 알겠어.

① 1
② 25
③ 33
④ 41
⑤ 49

문 16. 다음 글을 근거로 판단할 때, 〈보기〉에서 옳은 것만을 모두 고르면?

- A청은 업무능력 평가를 통해 3개 부서(甲~丙) 중 평가항목별 최종점수의 합계가 높은 2개 부서를 포상한다.
- 4명의 평가위원(가~라)은 문제인식, 실현가능성, 성장전략으로 구성된 평가항목을 5개 등급(최상, 상, 중, 하, 최하)으로 각각 평가하여 점수를 부여한다.
- 각 평가항목의 등급별 점수는 다음과 같다.

구 분	최상	상	중	하	최하
문제인식	30	24	18	12	6
실현가능성	30	24	18	12	6
성장전략	40	32	24	16	8

- 평가항목별 최종점수는 아래의 식에 따라 산출한다. 단, 최고점수 또는 최저점수가 복수인 경우 각각 하나씩만 차감한다.

$$\frac{평가항목에 \ 대한 \ 점수 \ 합계-(최고점수+최저점수)}{평가위원 \ 수-2}$$

- 평가결과는 다음과 같다.

구 분	평가위원	점수		
		문제인식	실현가능성	성장전략
甲	가	30	24	24
	나	24	30	24
	다	30	18	40
	라	ⓐ	12	32
乙	가	6	24	32
	나	12	24	ⓑ
	다	24	18	16
	라	24	18	32
丙	가	12	30	ⓒ
	나	24	24	24
	다	18	12	40
	라	30	6	24

─── 〈보 기〉 ───

ㄱ. ⓐ값에 관계없이 문제인식 평가항목의 최종점수는 甲이 제일 높다.

ㄴ. ⓑ=ⓒ>16이라면, 성장전략 평가항목의 최종점수는 乙이 丙보다 낮지 않다.

ㄷ. ⓐ=18, ⓑ=24, ⓒ=24일 때, 포상을 받게 되는 부서는 甲과 丙이다.

① ㄴ
② ㄷ
③ ㄱ, ㄴ
④ ㄱ, ㄷ
⑤ ㄱ, ㄴ, ㄷ

문 17. 다음 글을 근거로 판단할 때, 〈보기〉에서 〈A사업의 상황별 대안의 기대이익〉에 대한 설명으로 옳은 것만을 모두 고르면?

기준Ⅰ, 기준Ⅱ, 기준Ⅲ을 이용하여 불확실한 상황에서 대안을 비교·평가할 수 있다.

기준Ⅰ은 최상의 상황이 발생할 것이라는 가정에서 최선의 대안을 선택하는 것이다. 〈표 1〉에서 각 대안의 최대 기대이익을 비교하여, 그중 가장 큰 값을 갖는 '대안1'을 선택하는 것이다.

기준Ⅱ는 최악의 상황이 발생할 것이라는 가정에서 최선의 대안을 선택하는 것이다. 〈표 1〉에서 각 대안의 최소 기대이익을 비교하여, 그중 가장 큰 값을 갖는 '대안3'을 선택하는 것이다.

〈표 1〉 ○○사업의 상황별 대안의 기대이익

구분	상황1	상황2	상황3	최대 기대이익	최소 기대이익
대안1	30	10	−10	30	−10
대안2	20	14	5	20	5
대안3	15	15	15	15	15

기준Ⅲ은 최대 '후회'가 가장 작은 대안을 선택하는 것이다. 후회는 일정한 상황에서 특정 대안을 선택함으로써 최선의 대안을 선택하였더라면 얻을 수 있는 기대이익을 얻지 못해 발생하는 손실을 의미한다. 〈표 1〉의 상황별 최대 기대이익에서 각 대안의 기대이익을 차감하여 〈표 2〉와 같이 후회를 구할 수 있다. 이후 각 대안의 최대 후회를 비교하여, 그중 가장 작은 값을 갖는 '대안2'를 선택하는 것이다.

〈표 2〉 ○○사업의 후회

구분	상황1	상황2	상황3	최대 후회
대안1	0	5	25	25
대안2	10	1	10	10
대안3	15	0	0	15

〈A사업의 상황별 대안의 기대이익〉

구분	상황S₁	상황S₂	상황S₃
대안A₁	50	16	−9
대안A₂	30	19	5
대안A₃	20	15	10

─── 〈보 기〉 ───

ㄱ. 기준Ⅰ로 대안을 선택한다면, 대안A₂를 선택하게 된다.

ㄴ. 기준Ⅱ로 대안을 선택한다면, 대안A₃을 선택하게 된다.

ㄷ. 상황S₂에서 대안A₂의 후회는 11이다.

ㄹ. 기준Ⅲ으로 대안을 선택한다면, 대안A₁을 선택하게 된다.

① ㄱ, ㄴ
② ㄱ, ㄷ
③ ㄴ, ㄹ
④ ㄷ, ㄹ
⑤ ㄴ, ㄷ, ㄹ

문 18. 다음 글을 근거로 판단할 때, 태은이의 만족도 점수의 합은?

> 태은이는 모처럼의 휴일을 즐길 계획을 세우고 있다. 예산 10만 원을 모두 사용하여 외식, 전시회 관람, 쇼핑을 한 번씩 한다. 태은이는 만족도 점수의 합이 최대가 되도록 항목별로 최대 6만 원까지 1만 원 단위로 지출한다. 다음은 항목별 지출에 따른 태은이의 만족도 점수이다.
>
> | 구 분 | 1만 원 | 2만 원 | 3만 원 | 4만 원 | 5만 원 | 6만 원 |
> |---|---|---|---|---|---|---|
> | 외 식 | 3점 | 5점 | 7점 | 13점 | 15점 | 16점 |
> | 전시회 관람 | 1점 | 3점 | 6점 | 9점 | 12점 | 13점 |
> | 쇼 핑 | 1점 | 2점 | 6점 | 8점 | 10점 | 13점 |

① 23점
② 24점
③ 25점
④ 26점
⑤ 27점

※ 다음 글을 읽고 물음에 답하시오. [문 19~문 20]

> ○○프로그램에서 하나의 명령문은 cards, input 등의 '중심어'로 시작하고 반드시 세미콜론(;)으로 끝난다. 중심어에는 명령문의 지시 내용이 담겨있는데, cards는 그 다음 줄부터 input 명령문에서 이용할 일종의 자료집합인 레코드(record)가 한 줄씩 나타남을 의미한다. 〈프로그램 1〉에서 레코드는 '701102'와 '720508'이다.
>
> input은 레코드를 이용하여 변수에 수를 저장하는 것을 의미한다. 첫 번째 input은 첫 번째 레코드를 이용하여 명령을 수행하고, 그 다음부터의 input은 차례대로 그 다음 레코드를 이용한다. 예를 들어 〈프로그램 1〉에서 첫 번째 input 명령문의 변수 a에는 첫 번째 레코드 '701102'의 1~3번째 위치에 있는 수인 '701'을 저장하고, 변수 b에는 같은 레코드의 5~6번째 위치에 있는 수인 '02'에서 앞의 '0'을 빼고 '2'를 저장한다. 두 번째 input 명령문의 변수 c에는 두 번째 레코드 '720508'의 1~2번째 위치에 있는 수인 '72'를 저장한다. 〈프로그램 2〉와 같이 만약 input 명령문이 하나이고 여러 개의 레코드가 있을 경우 모든 레코드를 차례대로 이용한다. 한편 input 명령문이 다수인 경우, 어느 한 input 명령문에 @가 있으면 바로 다음 input 명령문은 @가 있는 input 명령문과 같은 레코드를 이용한다. 이후 input 명령문부터는 차례대로 그 다음 레코드를 이용한다.
>
> print는 input 명령문에서 변수에 저장한 수를 결과로 출력하라는 의미이다. 다음은 각 프로그램에서 변수 a, b, c에 저장한 수를 출력한 〈결과〉이다.

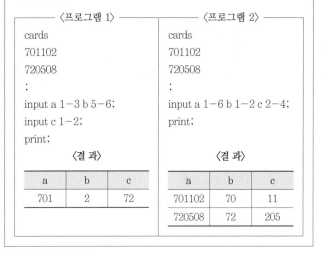

〈프로그램 1〉
```
cards
701102
720508
;
input a 1−3 b 5−6;
input c 1−2;
print;
```
〈결 과〉

a	b	c
701	2	72

〈프로그램 2〉
```
cards
701102
720508
;
input a 1−6 b 1−2 c 2−4;
print;
```
〈결 과〉

a	b	c
701102	70	11
720508	72	205

문 19. 윗글을 근거로 판단할 때, 〈보기〉에서 옳은 것만을 모두 고르면?

> ─── 〈보 기〉 ───
> ㄱ. input 명령문은 레코드에서 위치를 지정하여 변수에 수를 저장할 수 있다.
> ㄴ. 두 개의 input 명령문은 같은 레코드를 이용하여 변수에 수를 저장할 수 없다.
> ㄷ. 하나의 input 명령문이 다수의 레코드를 이용하여 변수에 수를 저장할 수 있다.

① ㄴ
② ㄷ
③ ㄱ, ㄴ
④ ㄱ, ㄷ
⑤ ㄱ, ㄴ, ㄷ

문 20. 윗글을 근거로 판단할 때, 다음 〈프로그램〉의 〈결과〉로 출력된 수를 모두 더하면?

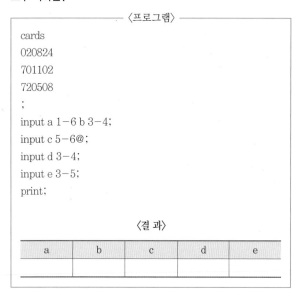

〈프로그램〉

```
cards
020824
701102
720508
;
input a 1-6 b 3-4;
input c 5-6@;
input d 3-4;
input e 3-5;
print;
```

〈결 과〉

a	b	c	d	e

① 20895
② 20911
③ 20917
④ 20965
⑤ 20977

문 21. 다음 글과 〈상황〉을 근거로 판단할 때, 2020년 5월 16일 현재 공무원 신분인 사람만을 모두 고르면?

제00조 ① 다음 각 호의 어느 하나에 해당하는 자는 공무원으로 임용될 수 없다.
1. 파산선고를 받고 복권되지 아니한 자
2. 금고 이상의 실형을 선고받고 그 집행이 종료되거나 집행을 받지 아니하기로 확정된 후 5년이 지나지 아니한 자
3. 금고 이상의 형을 선고받고 그 집행유예 기간이 끝난 날부터 2년이 지나지 아니한 자
4. 금고 이상의 형의 선고유예를 받은 경우에 그 선고유예 기간 중에 있는 자
② 제1항 각 호의 어느 하나에 해당하는 자가 국가의 과실로 인해 공무원으로 임용된 경우 공무원 신분은 발생하지 않는다.
③ 공무원이 제1항 각 호의 어느 하나에 해당할 경우에는 당연히 퇴직된다.
제00조 ① 공무원의 정년은 60세로 한다.
② 공무원은 그 정년에 이른 날이 1월부터 6월 사이에 있으면 6월 30일에, 7월부터 12월 사이에 있으면 12월 31일에 각각 당연히 퇴직된다.
제00조 정직은 1개월 이상 3개월 이하의 기간으로 하고, 정직처분을 받은 자는 그 기간 중 공무원의 신분은 보유하나 직무에 종사하지 못하며 보수는 전액을 감한다.

〈상 황〉

• 파산선고를 받고 복권된 후 다시 신용불량 상태에서 공무원으로 임용되어 근무 중인 甲
• 결격사유 없이 공무원으로 임용되었다가 금고형의 선고유예를 받고 선고유예 기간 중에 있는 乙
• 결격사유 없이 공무원으로 임용되었다가 비위행위를 이유로 정직처분을 받아 정직 중에 있는 丙
• 금고형을 선고받고 그 집행유예 기간 중에 국가의 과실로 공무원으로 임용되어 근무중인 丁
• 결격사유 없이 공무원으로 임용되어 2020년 3월 31일 정년에 이른 戊

① 甲, 丁
② 乙, 丁
③ 甲, 丙, 戊
④ 乙, 丙, 戊
⑤ 甲, 乙, 丁, 戊

문 22. 다음 글을 근거로 판단할 때 옳은 것은?

> 제00조 ① 특별자치시장·특별자치도지사·시장·군수 또는 자치구의 구청장(이하 '시장·군수 등'이라 한다)은 빈집이 다음 각 호의 어느 하나에 해당하면 빈집정비계획에서 정하는 바에 따라 그 빈집 소유자에게 철거 등 필요한 조치를 명할 수 있다. 다만 빈집정비계획이 수립되어 있지 아니한 경우에는 지방건축위원회의 심의를 거쳐 그 빈집 소유자에게 철거 등 필요한 조치를 명할 수 있다.
> 1. 붕괴·화재 등 안전사고나 범죄발생의 우려가 높은 경우
> 2. 공익상 유해하거나 도시미관 또는 주거환경에 현저한 장애가 되는 경우
> ② 제1항의 경우 빈집 소유자는 특별한 사유가 없으면 60일 이내에 조치를 이행하여야 한다.
> ③ 시장·군수 등은 제1항에 따라 빈집의 철거를 명한 경우 그 빈집 소유자가 특별한 사유 없이 제2항의 기간 내에 철거하지 아니하면 직권으로 그 빈집을 철거할 수 있다.
> ④ 시장·군수 등은 제3항에 따라 철거할 빈집 소유자의 소재를 알 수 없는 경우 그 빈집에 대한 철거명령과 이를 이행하지 아니하면 직권으로 철거한다는 내용을 일간신문 및 홈페이지에 1회 이상 공고하고, 일간신문에 공고한 날부터 60일이 지난 날까지 빈집 소유자가 빈집을 철거하지 아니하면 직권으로 철거할 수 있다.
> ⑤ 시장·군수 등은 제3항 또는 제4항에 따라 빈집을 철거하는 경우에는 정당한 보상비를 빈집 소유자에게 지급하여야 한다. 이 경우 시장·군수 등은 보상비에서 철거에 소요된 비용을 빼고 지급할 수 있다.
> ⑥ 시장·군수 등은 다음 각 호의 어느 하나에 해당하는 경우에는 보상비를 법원에 공탁하여야 한다.
> 1. 빈집 소유자가 보상비 수령을 거부하는 경우
> 2. 빈집 소유자의 소재불명(所在不明)으로 보상비를 지급할 수 없는 경우

※ 공탁이란 채무자가 변제할 금액을 법원에 맡기면 채무(의무)가 소멸하는 것을 말한다.

① A자치구 구청장은 주거환경에 현저한 장애가 되더라도 붕괴 우려가 없는 빈집에 대해서는 빈집정비계획에 따른 철거를 명할 수 없다.

② B군 군수가 소유자의 소재를 알 수 없는 빈집의 철거를 명한 경우, 일간신문에 공고한 날부터 60일 내에 직권으로 철거해야 한다.

③ C특별자치시 시장은 직권으로 빈집을 철거한 경우, 그 소유자에게 철거에 소요된 비용을 빼지 않고 보상비 전액을 지급해야 한다.

④ D군 군수가 빈집을 철거한 경우, 그 소유자가 보상비 수령을 거부하면 그와 동시에 보상비 지급의무는 소멸한다.

⑤ E시 시장은 빈집정비계획에 따른 빈집 철거를 명한 후 그 소유자가 특별한 사유 없이 60일 이내에 철거하지 않으면, 지방건축위원회의 심의 없이 직권으로 철거할 수 있다.

문 23. 다음 글을 근거로 판단할 때 옳은 것은?

> 제00조 ① 체육시설업은 다음과 같이 구분한다.
> 1. 등록 체육시설업 : 스키장업, 골프장업, 자동차 경주장업
> 2. 신고 체육시설업 : 빙상장업, 썰매장업, 수영장업, 체력단련장업, 체육도장업, 골프연습장업, 당구장업, 무도학원업, 무도장업, 야구장업, 가상체험 체육시설업
> ② 체육시설업자는 체육시설업의 종류에 따라 아래 〈시설기준〉에 맞는 시설을 설치하고 유지·관리하여야 한다.
>
> 〈시설기준〉
>
> | 필수시설 | • 수용인원에 적합한 주차장(등록 체육시설업만 해당한다) 및 화장실을 갖추어야 한다. 다만 해당 체육시설이 같은 부지 또는 복합건물 내에 다른 시설물과 함께 위치한 경우로서 그 다른 시설물과 공동으로 사용하는 주차장 및 화장실이 있을 때에는 별도로 갖추지 아니할 수 있다.
• 수용인원에 적합한 탈의실과 급수시설을 갖추어야 한다. 다만 신고 체육시설업(수영장업은 제외한다)과 자동차 경주장업에는 탈의실을 대신하여 세면실을 설치할 수 있다.
• 부상자 및 환자의 구호를 위한 응급실 및 구급약품을 갖추어야 한다. 다만 신고 체육시설업(수영장업은 제외한다)과 골프장업에는 응급실을 갖추지 아니할 수 있다. |
> |---|---|
> | 임의시설 | • 체육용품의 판매·수선 또는 대여점을 설치할 수 있다.
• 식당·목욕시설·매점 등 편의시설을 설치할 수 있다(무도학원업과 무도장업은 제외한다).
• 등록 체육시설업의 경우에는 해당 체육시설을 이용하는 데에 지장이 없는 범위에서 그 체육시설 외에 다른 종류의 체육시설을 설치할 수 있다. 다만 신고 체육시설업의 경우에는 그러하지 아니하다. |

① 무도장을 운영할 때 목욕시설과 매점을 설치하는 경우 시설기준에 위반된다.

② 수영장을 운영할 때 수용인원에 적합한 세면실과 급수시설을 모두 갖추어야 한다.

③ 체력단련장을 운영할 때 이를 이용하는 데에 지장이 없는 범위에서 가상체험 체육시설을 설치할 수 있다.

④ 복합건물 내에 위치한 골프연습장을 운영할 때 다른 시설물과 공동으로 사용하는 주차장이 없다면, 수용인원에 적합한 주차장을 반드시 갖추어야 한다.

⑤ 수영장을 운영할 때 구급약품을 충분히 갖추어 부상자 및 환자의 구호에 지장이 없다면, 응급실을 갖추지 않아도 시설기준에 위반되지 않는다.

문 24. 다음 글과 〈상황〉을 근거로 판단할 때 옳은 것은?

> 주주총회의 소집절차 또는 그 결의방법이 법령이나 정관을 위반하거나 그 결의내용이 정관을 위반한 경우, 주주총회 결의취소의 소(이하 '결의취소의 소'라 한다)를 제기할 수 있는 사람은 해당 회사의 주주, 이사 또는 감사이다. 이들 이외의 사람이 결의취소의 소를 제기하면 소는 부적법한 것으로 각하된다. 결의취소의 소를 제기한 주주·이사·감사는 변론이 종결될 때까지 그 자격을 유지하여야 한다. 따라서 변론종결 전에 원고인 주주가 주식을 전부 양도하거나 이사·감사가 임기만료나 해임·사임·사망 등으로 그 지위를 상실한 경우, 소는 부적법한 것으로 각하된다. 소가 부적법 각하되면 주주총회의 결의를 취소하는 것이 정당한지에 관한 법원의 판단 없이 소송은 그대로 종료하게 된다.
>
> 결의취소의 소는 해당 회사를 피고로 해야 하며, 회사 아닌 사람을 공동피고로 한 경우 그 사람에 대한 소는 부적법한 것으로 각하되고, 회사에 대한 소송만 진행된다. 한편 회사가 피고가 된 소송에서는 회사의 대표이사가 회사를 대표하여 소송을 수행한다. 그렇지만 이사가 결의취소의 소를 제기한 때에는 이사와 대표이사의 공모를 막기 위해서 감사가 회사를 대표하여 소송을 수행한다. 이와 달리 이사 이외의 자가 결의취소의 소를 제기한 때에는 대표이사가 소송을 수행하며, 그 대표이사가 결의취소의 소의 대상이 된 주주총회 결의로 선임된 경우라 하더라도 마찬가지이다.

─────〈상 황〉─────

> A회사의 주주총회는 대표이사 甲을 해임하고 새로이 乙을 대표이사로 선임하는 결의를 하여 乙이 즉시 대표이사로 취임하였다. 그런데 그 주주총회의 소집절차는 법령에 위반된 것이었다. A회사의 주주는 丙과 丁 등이 있고, 이사는 戊, 감사는 己이다. 甲과 乙은 주주가 아니며, 甲은 대표이사 해임결의로 이사의 지위도 상실하였다.

① 甲이 A회사를 피고로 하여 결의취소의 소를 제기하면, 법원은 결의를 취소하는 것이 정당한지에 관해 판단해야 한다.

② 丙이 A회사를 피고로 하여 결의취소의 소를 제기하면, 乙이 A회사를 대표하여 소송을 수행한다.

③ 丁이 A회사와 乙을 공동피고로 하여 결의취소의 소를 제기하면, A회사와 乙에 대한 소는 모두 부적법 각하된다.

④ 戊가 A회사를 피고로 하여 결의취소의 소를 제기하면, 甲이 A회사를 대표하여 소송을 수행한다.

⑤ 己가 A회사를 피고로 하여 제기한 결의취소의 소의 변론이 종결된 후에 己의 임기가 만료된다면, 그 소는 부적법 각하된다.

문 25. 다음 글과 〈상황〉을 근거로 판단할 때 옳은 것은?

> 제00조 ① 법원은 소송비용을 지출할 자금능력이 부족한 사람의 신청에 따라 또는 직권으로 소송구조(訴訟救助)를 할 수 있다. 다만 패소할 것이 분명한 경우에는 그러하지 아니하다.
> ② 제1항의 신청인은 구조의 사유를 소명하여야 한다.
> 제00조 소송구조의 범위는 다음 각 호와 같다. 다만 법원은 상당한 이유가 있는 때에는 다음 각 호 가운데 일부에 대한 소송구조를 할 수 있다.
> 1. 재판비용의 납입유예
> 2. 변호사 보수의 지급유예
> 3. 소송비용의 담보면제
> 제00조 ① 소송구조는 이를 받은 사람에게만 효력이 미친다.
> ② 법원은 소송승계인에게 미루어 둔 비용의 납입을 명할 수 있다.
> 제00조 소송구조를 받은 사람이 소송비용을 납입할 자금능력이 있다는 것이 판명되거나, 자금능력이 있게 된 때에는 법원은 직권으로 또는 이해관계인의 신청에 따라 언제든지 구조를 취소하고, 납입을 미루어 둔 소송비용을 지급하도록 명할 수 있다.

※ 소송구조 : 소송수행상 필요한 비용을 감당할 수 없는 경제적 약자를 위하여 비용을 미리 납입하지 않고 소송을 할 수 있도록 하는 제도
※ 소송승계인 : 소송 중 소송당사자의 지위를 승계한 사람

─────〈상 황〉─────

> 甲은 乙이 운행하던 차량에 의해 교통사고를 당했다. 이에 甲은 乙을 상대로 불법행위로 인한 손해배상청구의 소를 제기하였다.

① 甲의 소송구조 신청에 따라 법원이 소송구조를 하는 경우, 甲의 재판비용 납입을 면제할 수 있다.

② 甲이 소송구조를 받아 소송을 진행하던 중 증여를 받아 자금능력이 있게 되었더라도 법원은 직권으로 소송구조를 취소할 수 없다.

③ 甲의 신청에 의해 법원이 소송구조를 한 경우, 甲뿐만 아니라 乙에게도 그 효력이 미쳐 乙은 법원으로부터 변호사 보수의 지급유예를 받을 수 있다.

④ 甲이 소송비용을 지출할 자금능력이 부족함을 소명하여 법원에 소송구조를 신청한 경우, 법원은 甲이 패소할 것이 분명하더라도 소송구조를 할 수 있다.

⑤ 甲이 소송구조를 받아 소송이 진행되던 중 丙이 甲의 소송승계인이 된 경우, 법원은 소송구조에 따라 납입유예한 재판비용을 丙에게 납입하도록 명할 수 있다.

문 26. 다음 글을 근거로 판단할 때 옳지 않은 것은?

개발도상국으로 흘러드는 외국자본은 크게 원조, 부채, 투자가 있다. 원조는 다른 나라로부터 지원받는 돈으로, 흔히 해외원조 혹은 공적개발원조라고 한다. 부채는 은행 융자와 정부 혹은 기업이 발행한 채권으로, 투자는 포트폴리오 투자와 외국인 직접투자로 이루어진다. 포트폴리오 투자는 경영에 대한 영향력보다는 경제적 수익을 추구하기 위한 투자이고, 외국인 직접투자는 회사 경영에 일상적으로 영향력을 행사하기 위한 투자이다.

개발도상국에 유입되는 이러한 외국자본은 여러 가지 문제점을 보이고 있다. 해외 원조는 개발도상국에 대한 경제적 효과가 있다고 여겨져 왔으나 최근 경제학자들 사이에서는 그러한 경제적 효과가 없다는 주장이 점차 힘을 얻고 있다.

부채는 변동성이 크다는 단점이 지적되고 있다. 특히 은행 융자는 변동성이 큰 것으로 유명하다. 예컨대 1998년 개발도상국에 대하여 이루어진 은행 융자 총액은 500억 달러였다. 하지만 1998년 러시아와 브라질, 2002년 아르헨티나에서 일어난 일련의 금융 위기가 개발도상국을 강타하여 1999~2002년의 4개년 동안에는 은행 융자 총액이 연평균 −65억 달러가 되었다가, 2005년에는 670억 달러가 되었다. 은행 융자만큼 변동성이 큰 것은 아니지만, 채권을 통한 자본 유입 역시 변동성이 크다. 외국인은 1997년에 380억 달러의 개발도상국 채권을 매수했다. 그러나 1998~2002년에는 연평균 230억 달러로 떨어졌고, 2003~2005년에는 연평균 440억 달러로 증가했다.

한편 포트폴리오 투자는 은행 융자만큼 변동성이 크지는 않지만 채권에 비하면 변동성이 크다. 개발도상국에 대한 포트폴리오 투자는 1997년의 310억 달러에서 1998~2002년에는 연평균 90억 달러로 떨어졌고, 2003~2005년에는 연평균 410억 달러에 달했다.

① 개발도상국에 대한 투자는 경제적 수익뿐만 아니라 회사 경영에 영향력을 행사하기 위해서도 이루어질 수 있다.

② 해외 원조는 개발도상국에 대한 경제적 효과가 없다고 주장하는 경제학자들이 있다.

③ 개발도상국에 유입되는 외국자본에는 해외 원조, 은행 융자, 채권, 포트폴리오 투자, 외국인 직접투자가 있다.

④ 개발도상국에 대한 2005년의 은행 융자 총액은 1998년의 수준을 회복하지 못하였다.

⑤ 1998~2002년과 2003~2005년의 연평균을 비교할 때, 개발도상국에 대한 포트폴리오 투자가 채권보다 증감액이 크다.

문 27. 다음 글을 근거로 판단할 때, 우수부서 수와 기념품 구입 개수를 옳게 짝지은 것은?

A기관은 탁월한 업무 성과로 포상금 5,000만 원을 지급받았다. 〈포상금 사용기준〉은 다음과 같다.

〈포상금 사용기준〉
• 포상금의 40% 이상은 반드시 각 부서에 현금으로 배분한다.
 − 전체 15개 부서를 우수부서와 보통부서 두 그룹으로 나누어 우수부서에 150만 원, 보통부서에 100만 원을 현금으로 배분한다.
 − 우수부서는 최소한으로 선정한다.
• 포상금 중 2,900만 원은 직원 복지 시설을 확충하는 데 사용한다.
• 직원 복지 시설을 확충하고 부서별로 현금을 배분한 후 남은 금액을 모두 사용하여 개당 1만 원의 기념품을 구입한다.

	우수부서 수	기념품 구입 개수
①	9개	100개
②	9개	150개
③	10개	100개
④	10개	150개
⑤	11개	50개

문 28. 다음 글을 근거로 판단할 때, 서연이가 구매할 가전제품과 구매할 상점을 옳게 연결한 것은?

- 서연이는 가전제품 A~E를 1대씩 구매하기 위하여 상점 甲, 乙, 丙의 가전제품 판매가격을 알아보았다.

〈상점별 가전제품 판매가격〉

(단위 : 만 원)

구 분	A	B	C	D	E
甲	150	50	50	20	20
乙	130	45	60	20	10
丙	140	40	50	25	15

- 서연이는 각각의 가전제품을 세 상점 중 어느 곳에서나 구매할 수 있으며, 아래의 〈혜택〉을 이용하여 총 구매액을 최소화하고자 한다.

〈혜 택〉

- 甲 : 200만 원 이상 구매시 전품목 10% 할인
- 乙 : A를 구매한 고객에게는 C, D를 20% 할인
- 丙 : C, D를 모두 구매한 고객에게는 E를 5만 원에 판매

① A - 甲
② B - 乙
③ C - 丙
④ D - 甲
⑤ E - 乙

문 29. 다음 글을 근거로 판단할 때, 甲과 乙이 콩을 나누기 위한 최소 측정 횟수는?

甲이 乙을 도와 총 1,760g의 콩을 수확한 후, 甲은 400g을 가지고 나머지는 乙이 모두 가지기로 하였다. 콩을 나눌 때 사용할 수 있는 도구는 2개의 평형접시가 달린 양팔저울 1개, 5g짜리 돌멩이 1개, 35g짜리 돌멩이 1개뿐이다. 甲과 乙은 양팔저울 1개와 돌멩이 2개만을 이용하여 콩의 무게를 측정한다. 양팔저울의 평형접시 2개가 평형을 이룰 때 1회의 측정이 이루어진 것으로 본다.

① 2
② 3
③ 4
④ 5
⑤ 6

문 30. 다음 글을 근거로 판단할 때, ○○공장에서 4월 1일과 4월 2일에 작업한 최소 시간의 합은?

○○공장은 작업반 A와 B로 구성되어 있고 제품 X와 제품 Y를 생산한다. 다음 표는 각 작업반이 1시간에 생산할 수 있는 각 제품의 수량을 나타낸다. 각 작업반은 X와 Y를 동시에 생산할 수 없고 작업 속도는 일정하다.

〈작업반별 시간당 생산량〉

(단위 : 개)

구 분	X	Y
작업반 A	2	3
작업반 B	1	3

○○공장은 4월 1일 오전 9시에 X 24개와 Y 18개를 주문받았으며, 4월 2일에도 같은 시간에 동일한 주문을 받았다. 당일 주문받은 물량은 당일에 모두 생산하였다.

4월 1일에는 작업 여건상 두 작업반이 같은 시간대에 동일한 종류의 제품만을 생산해야 했지만, 4월 2일에는 그러한 제약이 없었다. 두 작업반은 매일 동시에 작업을 시작하며, 작업 시간은 작업 시작 시점부터 주문받은 물량 생산 완료 시점까지의 시간을 의미한다.

① 19시간
② 20시간
③ 21시간
④ 22시간
⑤ 23시간

문 31. 다음 글과 〈상황〉을 근거로 판단할 때, 〈보기〉에서 옳은 것만을 모두 고르면?

> 甲~戊로 구성된 A팀은 회식을 하고자 한다. 회식메뉴는 다음의 〈메뉴 선호 순위〉와 〈메뉴 결정 기준〉을 고려하여 정한다.

〈메뉴 선호 순위〉

메뉴\팀원	탕수육	양고기	바닷가재	방어회	삼겹살
甲	3	2	1	4	5
乙	4	3	1	5	2
丙	3	1	5	4	2
丁	2	1	5	3	4
戊	3	5	1	4	2

〈메뉴 결정 기준〉

- 기준1 : 1순위가 가장 많은 메뉴로 정한다.
- 기준2 : 5순위가 가장 적은 메뉴로 정한다.
- 기준3 : 1순위에 5점, 2순위에 4점, 3순위에 3점, 4순위에 2점, 5순위에 1점을 부여하여 각각 합산한 뒤, 점수가 가장 높은 메뉴로 정한다.
- 기준4 : 기준3에 따른 합산 점수의 상위 2개 메뉴 중, 1순위가 더 많은 메뉴로 정한다.
- 기준5 : 5순위가 가장 많은 메뉴를 제외하고 남은 메뉴 중, 1순위가 가장 많은 메뉴로 정한다.

─── 〈상 황〉 ───
- 丁은 바닷가재가 메뉴로 정해지면 회식에 불참한다.
- 丁이 회식에 불참하면 丙도 불참한다.
- 戊는 양고기가 메뉴로 정해지면 회식에 불참한다.

─── 〈보 기〉 ───
ㄱ. 기준1과 기준4 중 어느 것에 따르더라도 같은 메뉴가 정해진다.
ㄴ. 기준2에 따르면 탕수육으로 메뉴가 정해진다.
ㄷ. 기준3에 따르면 모든 팀원이 회식에 참석한다.
ㄹ. 기준5에 따르면 戊는 회식에 참석하지 않는다.

① ㄱ, ㄴ
② ㄴ, ㄷ
③ ㄷ, ㄹ
④ ㄱ, ㄴ, ㄹ
⑤ ㄱ, ㄷ, ㄹ

문 32. 다음 글을 근거로 판단할 때, 甲이 출연할 요일과 프로그램을 옳게 짝지은 것은?

> 甲은 ○○방송국으로부터 아래와 같이 프로그램 특별 출연을 요청받았다.

매체	프로그램	시간대	출연 가능 요일
TV	모여라 남극유치원	오전	월, 수, 금
	펭귄극장	오후	화, 목, 금
	남극의 법칙	오후	월, 수, 목
라디오	지금은 남극시대	오전	화, 수, 목
	펭귄파워	오전	월, 화, 금
	열시의 펭귄	오후	월, 수, 금
	굿모닝 남극대행진	오전	화, 수, 금

> 甲은 다음주 5일(월요일~금요일) 동안 매일 하나의 프로그램에 출연하며, 한 번 출연한 프로그램에는 다시 출연하지 않는다. 또한 동일 매체에 2일 연속 출연하지 않으며, 동일 시간대에도 2일 연속 출연하지 않는다.

	요 일	프로그램
①	월요일	펭귄파워
②	화요일	굿모닝 남극대행진
③	수요일	열시의 펭귄
④	목요일	펭귄극장
⑤	금요일	모여라 남극유치원

문 33. 다음 글을 근거로 판단할 때, 甲~丁 4명이 모두 외출 준비를 끝내는 데 소요되는 최소 시간은?

> 甲~丁 4명은 화장실 1개, 세면대 1개, 샤워실 2개를 갖춘 숙소에 묵었다. 다음날 아침 이들은 화장실, 세면대, 샤워실을 이용한 후 외출을 하려고 한다.
> - 화장실, 세면대, 샤워실 이용을 마치면 외출 준비가 끝난다.
> - 화장실, 세면대, 샤워실 순서로 1번씩 이용한다.
> - 화장실, 세면대, 각 샤워실은 한 번에 한 명씩 이용한다.

〈개인별 이용시간〉

(단위 : 분)

구 분	화장실	세면대	샤워실
甲	5	3	20
乙	5	5	10
丙	10	5	5
丁	10	3	15

① 40분
② 42분
③ 45분
④ 48분
⑤ 50분

문 34. 다음 〈상황〉과 〈자기소개〉를 근거로 판단할 때 옳지 않은 것은?

〈상 황〉

5명의 직장인(甲~戊)이 커플 매칭 프로그램에 참여했다.
· 남성이 3명이고 여성이 2명이다.
· 5명의 나이는 34세, 32세, 30세, 28세, 26세이다.
· 5명의 직업은 의사, 간호사, TV드라마감독, 라디오작가, 요리사이다.
· 의사와 간호사는 성별이 같다.
· 라디오작가는 요리사와 매칭된다.
· 남성과 여성의 평균 나이는 같다.
· 한 사람당 한 명의 이성과 매칭이 가능하다.

〈자기소개〉

甲 : 안녕하세요. 저는 32세이고 의료 관련 일을 합니다.
乙 : 저는 방송업계에서 일하는 남성입니다.
丙 : 저는 20대 남성입니다.
丁 : 반갑습니다. 저는 방송업계에서 일하는 여성입니다.
戊 : 제가 이 중 막내네요. 저는 요리사입니다.

① TV드라마감독은 乙보다 네 살 많다.
② 의사와 간호사 나이의 평균은 30세이다.
③ 요리사와 라디오작가는 네 살 차이이다.
④ 甲의 나이는 방송업계에서 일하는 사람들 나이의 평균과 같다.
⑤ 丁은 의료계에서 일하는 두 사람 중 나이가 적은 사람보다 두 살 많다.

문 35. 다음 글을 근거로 판단할 때, 甲이 조립한 상자의 개수는?

甲, 乙, 丙은 상자를 조립하는 봉사활동을 하였다. 이들은 상자 조립을 동시에 시작하여 각각 일정한 속도로 조립하였다. 그리고 '1분당 조립한 상자 개수', '조립한 상자 개수', '조립한 시간'에 대하여 아래와 같이 말하였다. 단, 2명은 모두 진실만을 말하였고 나머지 1명은 거짓만을 말하였다.
甲 : 나는 乙보다 1분당 3개 더 조립했는데, 乙과 조립한 상자 개수는 같아. 丙보다 10분 적게 일했어.
乙 : 나는 甲보다 40분 오래 일했어. 丙보다 10개 적게 조립했고 1분당 2개 적게 조립했어.
丙 : 나는 甲보다 1분당 1개 더 조립했어. 조립한 시간은 乙과 같은데 乙보다 10개 적게 조립했어.

① 210
② 240
③ 250
④ 270
⑤ 300

문 36. 다음 글과 〈상황〉을 근거로 판단할 때 옳지 않은 것은?

甲국은 국가혁신클러스터 지구를 선정하고자 한다. 산업단지를 대상으로 〈평가 기준〉에 따라 점수를 부여하고 이를 합산한다. 지방자치단체(이하 '지자체')의 육성 의지가 있는 곳 중 합산점수가 높은 4곳의 산업단지를 국가혁신클러스터 지구로 선정한다.

〈평가 기준〉

· 산업단지 내 기업 집적 정도

산업단지 내 기업 수	30개 이상	10~29개	9개 이하
점 수	40점	30점	20점

· 산업단지의 산업클러스터 연관성

업 종	연관 업종	유사 업종	기 타
점 수	40점	20점	0점

※ 연관 업종 : 자동차, 철강, 운송, 화학, IT
유사 업종 : 소재, 전기전자

· 신규투자기업 입주공간 확보 가능 여부

입주공간 확보	가 능	불 가
점 수	20점	0점

· 합산점수가 동일할 경우 우선순위는 다음과 같은 순서로 정한다.
1) 산업클러스터 연관성 점수가 높은 산업단지
2) 기업 집적 정도 점수가 높은 산업단지
3) 신규투자기업의 입주공간 확보 가능 여부 점수가 높은 산업단지

〈상 황〉

산업단지(A~G)에 관한 정보는 다음과 같다.

산업단지	산업단지 내 기업 수	업 종	입주공간 확보	지자체 육성 의지
A	58개	자동차	가 능	있 음
B	9개	자동차	가 능	있 음
C	14개	철 강	가 능	있 음
D	10개	운 송	가 능	없 음
E	44개	바이오	가 능	있 음
F	27개	화 학	불 가	있 음
G	35개	전기전자	가 능	있 음

① B는 선정된다.
② A가 '소재' 산업단지인 경우 F가 선정된다.
③ 3곳을 선정할 경우 G는 선정되지 않는다.
④ F는 산업단지 내에 기업이 3개 더 있다면 선정된다.
⑤ D가 소재한 지역의 지자체가 육성 의지가 있을 경우 D는 선정된다.

문 37. 다음 〈대화〉와 〈품질인증서번호 부여 규칙〉을 근거로 판단할 때, 乙이 발급받은 품질인증서번호는?

〈대 화〉

甲 : 안녕하세요? '품질인증서' 발급을 신청하러 오셨나요?

乙 : 토목분야로 예전에 품질인증서를 발급받은 적이 있어요. 재발급받으려 합니다.

甲 : 인증서 유효기간은 발급일로부터 2년까지입니다. 선생님께선 2017년 11월 20일에 발급받으셨네요. 오늘 접수하시면 유효기간 만료일로부터 30일이 지난 겁니다.

乙 : 그렇군요. 저희가 2019년 11월에 본사와 공장을 전부 이전해서 주소가 바뀌었어요. 본사는 대전으로 이전했고, 공장은 중동에서 베트남으로 이전해 있어요. 이러한 내용으로 발급해 주세요.

甲 : 접수되었습니다. 품질인증서는 접수일로부터 3주 후에 발급됩니다.

〈품질인증서번호 부여 규칙〉

품질인증서번호는 부여 규칙(가~라)에 따라 아래와 같이 ㉠~㉣란에 숫자 또는 코드가 기재된다.

㉠	㉡	㉢	㉣

가. ㉠란에 발급연도의 3, 4번째 숫자를 기재한다.

나. ㉡란에 아래의 신청유형별 코드를 기재한다.

신청유형	코드	신청유형	코드
신규신청	1A	재발급(기간만료 후)	4B
연장신청 (기간만료 전)	2A	재발급(양도)	5C
규격확인 신청	3B	재발급 (공장주소변경)	6C

※ 2개 이상의 신청유형에 해당되는 경우에는 해당 코드를 모두 기재하되, 각 코드에 포함된 숫자가 큰 코드를 먼저 기재한다.

다. ㉢란에 아래의 분야별 코드를 기재한다.

분야명	코드	분야명	코드
기 계	AA	에너지	CC
전기 · 전자	AB	토 목	CD
정보 · 통신	BB	의료기기	DD

라. ㉣란에 아래의 지역구분 코드를 기재한다.(단, 지역구분 코드는 발급연도를 기준으로 공장소재지에 따른다)

국내	코드	국외	코드
서울 · 인천 · 경기	DA	아시아	FA
대전 · 세종 · 충남 · 충북	DB	미 주	FB
광주 · 전남 · 전북 · 제주	DC	유 럽	FC
부산 · 울산 · 경남	DD	중 동	FD
대구 · 경북	DE	아프리카	FE
강 원	DF	기타지역	FF

① 196C4BCDFA
② 194B6CCCDB
③ 196C4BCDFD
④ 204B6CCDDB
⑤ 206C4BCDFA

문 38. 다음 글과 〈상황〉을 근거로 판단할 때, 〈보기〉에서 옳은 것만을 모두 고르면?

여러 가지 성분으로 구성된 물질을 조성물이라고 한다. 조성물을 구성하는 각 성분의 양은 일정한 범위 내에 있고, 이는 각 성분의 '중량%' 범위로 표현할 수 있다. 중량% 범위의 최솟값을 최소성분량, 최댓값을 최대성분량이라고 한다.

다음 중 어느 하나에라도 해당되는 조성물을 '불명확'하다고 한다.

• 모든 성분의 최소성분량의 합이 100중량%를 초과하는 경우
• 모든 성분의 최대성분량의 합이 100중량%에 미달하는 경우
• 어느 한 성분의 최소성분량과 나머지 모든 성분의 최대성분량의 합이 100중량%에 미달하는 경우
• 어느 한 성분의 최대성분량과 나머지 모든 성분의 최소성분량의 합이 100중량%를 초과하는 경우

〈상 황〉

조성물 甲은 성분 A, B, C, D, E만으로 구성되어 있고, 각각의 최소성분량과 최대성분량은 다음과 같다.

(단위 : 중량%)

성분	최소성분량	최대성분량
A	5	10
B	25	30
C	10	20
D	20	40
E	x	y

〈보 기〉

ㄱ. x가 4이고 y가 10인 경우, 조성물 甲은 불명확하다.
ㄴ. x가 10이고 y가 20인 경우, 조성물 甲은 불명확하다.
ㄷ. x가 25이고 y가 26인 경우, 조성물 甲은 불명확하다.
ㄹ. x가 20이고 y가 x보다 크고 40보다 작은 경우, 조성물 甲은 불명확하지 않다.

① ㄱ, ㄴ
② ㄱ, ㄷ
③ ㄴ, ㄹ
④ ㄱ, ㄷ, ㄹ
⑤ ㄴ, ㄷ, ㄹ

※ 다음 글을 읽고 물음에 답하시오. [문 39~문 40]

'알파고'는 기존 인공지능의 수읽기 능력뿐만 아니라 정책망과 가치망이라는 두 가지 인공신경망을 통해 인간 고수 못지않은 감각적 예측 능력(정책망)과 형세판단 능력(가치망)을 구현한 바둑 인공지능이다. 인간의 지능활동은 물리적인 차원에서 보면 뇌 안의 시냅스로 연결된 뉴런들이 주고받는 전기신호의 상호작용으로 인해 나타난다. 인공신경망은 인간의 뇌가 작동하는 방식에서 착안하여 만든 것이다.

'학습'을 거치지 않은 인공신경망은 무작위로 설정한 다수의 가중치를 갖고 있다. 이를 갖고 입력값을 처리했을 때 옳지 않은 출력값이 나온 경우, 올바른 결과를 도출하기 위해 가중치를 조절하는 것이 인공신경망의 학습과정이다. 따라서 오답에 따른 학습을 반복할수록 인공신경망의 정확도는 향상된다.

알파고의 첫 번째 인공신경망인 '정책망'은 "인간 고수라면 다음 수를 어디에 둘까?"를 예측한다. 입력(현 바둑판의 상황)과 출력(그 상황에서의 인간 고수의 착점) 사이의 관계를 간단한 함수로 표현할 수는 없다. 하지만 알파고는 일련의 사고가 단계별로 진행되므로 인공신경망의 입력과 출력 사이에 13개의 중간층을 둔 심층신경망을 통해 다음 수를 결정한다. 이 복잡한 인공신경망은 인간의 뇌에서 뉴런들이 주고받는 전기신호의 세기에 해당하는 가중치를 최적화해 나아간다. 이를 위해 인터넷 바둑 사이트의 6~9단 사용자의 기보 16만 건에서 추출한 약 3,000만 건의 착점을 학습했다. 3,000만 개의 예제를 학습하여 입력값을 넣었을 때 원하는 출력값이 나오게끔 하는 가중치를 각종 최적화 기법으로 찾는 방식이다.

이러한 '지도학습'이 끝나면 '강화학습'이 시작된다. 지도학습으로 찾아낸 각 가중치를 조금씩 바꿔보는 것이다. 예를 들어 지도학습 결과 어떤 가중치가 0.3이었다면, 나머지 모든 조건은 동일한 상태에서 그 가중치만 0.4로 바꾼 인공신경망과 가중치가 0.3인 기존의 인공신경망을 여러 번 대국시켰을 때, 주로 이긴 인공신경망의 가중치를 선택하게 된다. 모든 가중치에 대해 이와 같은 과정을 반복하여 최적의 가중치를 찾게 되는 것이다.

알파고의 두 번째 인공신경망인 '가치망'은 바둑의 대국이 끝날 때까지 시뮬레이션을 해보고 결과를 판단하는 대신에, 현재 장면으로부터 앞으로 몇 수만 진행시켜보고 그 상황에서 형세를 판단하는 것이다. 현대 바둑 이론으로도 형세의 유불리를 판단하는 기준이 몇 집인지 정량적으로 환산하기는 어렵다. 마찬가지로 정확한 평가 함수를 프로그래머가 알아야 할 필요가 없다. 평가 함수의 초깃값을 임의로 설정해 놓고 정책망의 강화학습 때와 같이 두 가지 버전의 인공신경망을 대국시킨다. 만약 변경된 버전이 주로 이겼다면 그 다음 실험에서는 변경된 버전을 채택하는 과정을 무수히 반복한다. 이런 식으로 아주 정확한 평가 함수를 찾아갈 수 있는 것이다.

문 39. 윗글을 근거로 판단할 때 옳은 것은?

① 오답을 통한 학습과정을 더 많이 거칠수록 인공신경망의 정확도는 떨어진다.
② 알파고는 가중치를 최적화하는 과정에서 기보 한 건당 1,000건 이상의 착점을 학습했다.
③ 알파고는 빠른 데이터 처리 능력 덕분에 인터넷 기보를 이용한 지도학습만으로도 정확한 형세판단 능력의 평가 함수를 찾을 수 있었다.
④ 알파고가 바둑의 형세를 판단하도록 하기 위해서 프로그래머는 정확한 평가 함수를 알아야 한다.
⑤ 최초에는 동일한 인공신경망이라고 해도 강화학습의 유무에 따라 인공신경망의 가중치는 달라질 수 있다.

문 40. 윗글과 다음 〈상황〉을 근거로 판단할 때, 최종적으로 선택할 알파고의 가중치 A와 B를 옳게 짝지은 것은?

┌─────────────────── 〈상 황〉 ───────────────────┐
· 다른 모든 조건이 동일한 상태에서 가중치 A, B만 변경한다.
· 가중치 A가 0.4이고 가중치 B가 0.3인 인공신경망이 가중치 A가 0.3이고 가중치 B가 0.3인 인공신경망을 주로 이겼다.
· 가중치 A가 0.5이고 가중치 B가 0.3인 인공신경망이 가중치 A가 0.3이고 가중치 B가 0.3인 인공신경망을 주로 이겼다.
· 가중치 A가 0.4이고 가중치 B가 0.4인 인공신경망은 가중치 A가 0.4이고 가중치 B가 0.3인 인공신경망에게 주로 졌다.
· 가중치 A가 0.5이고 가중치 B가 0.3인 인공신경망은 가중치 A가 0.4이고 가중치 B가 0.3인 인공신경망에게 주로 졌다.
· 가중치 A가 0.4이고 가중치 B가 0.3인 인공신경망이 가중치 A가 0.4이고 가중치 B가 0.2인 인공신경망을 주로 이겼다.
└───┘

	가중치 A	가중치 B
①	0.3	0.3
②	0.4	0.2
③	0.4	0.3
④	0.4	0.4
⑤	0.5	0.3

2019년 공직적격성평가(PSAT)

2019년 3월 9일 시행

5급 공채·외교관후보자 및 지역인재 7급 선발 필기시험

응시번호	
성 명	

문 제 책 형
㉮

【시 험 과 목】

제1과목	언 어 논 리
제2과목	자 료 해 석
제3과목	상 황 판 단

문제풀이 시작과 종료 시간을 기입해 주시기 바랍니다.

- 언어논리(90분) _____시 _____분 ~ _____시 _____분
- 자료해석(90분) _____시 _____분 ~ _____시 _____분
- 상황판단(90분) _____시 _____분 ~ _____시 _____분

문 1. 다음 글에서 추론할 수 있는 것은?

조선왕조실록은 조선 시대 국왕의 재위 기간에 있었던 중요 사건들을 정리한 기록물로 역사적인 가치가 크다. 이에 유네스코는 태조부터 철종까지의 시기에 있었던 사건들이 담긴 조선왕조실록 총 1,893권, 888책을 세계 기록 유산으로 등재하였다.

실록의 간행 과정은 상당히 길고 복잡했다. 먼저, 사관이 국왕의 공식적 언행과 주요 사건을 매일 기록하여 사초를 만들었다. 그 국왕의 뒤를 이어 즉위한 새 왕은 전왕(前王)의 실록을 만들기 위해 실록청을 세웠다. 이 실록청은 사초에 담긴 내용을 취사선택해 실록을 만든 후 해산하였다. 이렇게 만들어진 실록은 전왕의 묘호(廟號)를 붙여 '○○실록'이라고 불렀다. 이런 식으로 일이 진행되다보니 『철종실록』이 고종 때에 간행되었던 것이다.

한편 정변으로 왕이 바뀌었을 때에는 그 뒤를 이은 국왕이 실록청 대신 일기청을 설치하여 물러난 왕의 재위 기간에 있었던 일을 '○○○일기(日記)'라는 명칭으로 정리해 간행했다. 인조 때 『광해군실록』이 아니라 『광해군일기』가 간행된 것은 바로 이 때문이다. '일기'는 명칭만 '실록'이라고 부르지 않을 뿐 간행 과정은 그와 동일했다. 그렇기 때문에 '일기'도 세계 기록 유산으로 등재된 조선왕조실록에 포함된 것이다. 『단종실록』은 특이한 사례에 해당된다. 단종은 계유정난으로 왕위에서 쫓겨난 후에 노산군으로 불렸고, 그런 이유로 세조 때 『노산군일기』가 간행되었다. 그런데 숙종 24년(1698)에 노산군이 단종으로 복위된 후로 『노산군일기』를 『단종실록』으로 고쳐 부르게 되었다.

조선 후기 붕당 간의 대립은 실록 내용에도 영향을 미쳤다. 선조 때 동인과 서인이라는 붕당이 등장한 이래, 선조의 뒤를 이은 광해군과 인조 때까지만 해도 붕당 간 대립이 심하지 않았다. 그러나 인조의 뒤를 이어 효종, 현종, 숙종이 연이어 왕위에 오르는 과정에서 붕당 간 대립이 심해졌다. 효종 때부터는 집권 붕당이 다른 붕당을 폄훼하기 위해 이미 만들어져 있는 실록을 수정해 간행하는 일이 벌어졌다. 수정된 실록에는 원래의 실록과 구분해 '○○수정실록'이라는 명칭을 따로 붙였다.

① 『효종실록』은 현종 때 설치된 실록청이 간행했을 것이다.

② 『노산군일기』는 숙종 때 설치된 일기청이 간행했을 것이다.

③ 『선조수정실록』은 광해군 때 설치된 실록청이 간행했을 것이다.

④ 『고종실록』은 세계 기록 유산으로 등재된 조선왕조실록에 포함되어 있을 것이다.

⑤ 『광해군일기』는 세계 기록 유산으로 등재된 조선왕조실록에 포함되어 있지 않을 것이다.

문 2. 다음 글에서 알 수 있는 것은?

조선 시대에는 어떤 경우라도 피의자로부터 죄를 자백받도록 규정되어 있었고, 죄인이 자백을 한 경우에만 형이 확정되었다. 관리들은 자백을 받기 위해 심문을 했는데, 대개 말로 타일러 자백을 받아내는 '평문'을 시행했다. 그러나 피의자가 자백을 하지 않고 버틸 때에는 매를 쳐 자백을 받는 '형문'을 시행했다. 형문 과정에서 매를 칠 때에는 한 번에 30대를 넘길 수 없었고, 한 번 매를 친 후에는 3일이 지나야만 다시 매를 칠 수 있었다. 이렇게 두 번 매를 친 후에는 형문으로 더 이상 매를 칠 수 없었다.

평문이나 형문을 통해 범죄 사실이 확정되면 '본형'이 집행되었다. 그런데 본형으로 매를 맞을 사람에게는 형문 과정에서 맞은 매의 수만큼 빼 주도록 규정되어 있었다. 또 형문과 본형에서 맞은 매의 합계가 그 죄의 대가로 맞도록 규정된 수를 초과할 수 없었다. 형문과 본형을 막론하고, 맞는 매의 종류는 태형과 장형으로 나뉘어졌다. 태형은 길고 작은 매를 사용해 치는 것인데, 어떤 경우에도 50대를 넘겨서 때릴 수 없었다. 태형보다 더 큰 매로 치는 장형은 '곤장'이라고도 부르는데, 죄목에 따라 60대부터 10대씩 올려 100대까지 칠 수 있었다. 장형을 칠 때, 대개는 두께가 6밀리미터 정도인 '신장'이라는 도구를 사용했다. 그런데 종이 상전을 다치게 했을 경우에는 신장보다 1.5배 정도 더 두꺼운 '성장'이라는 도구를 사용해 매를 쳤다. 또 반역죄와 같이 중한 죄인을 다룰 때에는 더 두꺼운 '국장'을 사용하였다.

매를 때리다가 피의자가 죽는 경우도 있었는데, 이때는 책임자를 파직하거나 그로 하여금 장례 비용을 내게 했다. 단, 반역 죄인에게 때리는 매의 수에 제한은 없었고, 형문이나 본형 도중 반역죄인이 사망한다고 해서 책임자를 문책한다는 규정도 없었다.

조선 시대에는 남의 재물을 강탈한 자를 처벌할 때 초범인 경우에는 60대를 쳤다. 그런데 재범이거나 세 사람 이상 무리를 이루어 남의 재물을 강탈했을 때에는 처벌이 더 엄했다. 이런 사람에 대한 처벌로는 100대를 때렸다. 남의 재물을 강탈한 자의 경우 형문할 때와 본형으로 처벌할 때 택하는 매의 종류가 같았다.

① 피의자가 평문을 받다가 사망하면 심문한 사람이 장례 비용을 내야 했다.

② 세 명 이상 무리를 지어 남의 재물을 강제로 빼앗은 자는 장형으로 처벌했다.

③ 반역 혐의가 있는 사람은 자백을 받지 않고 국장으로 때리도록 규정되어 있었다.

④ 상전의 명을 어긴 혐의로 형문을 받는 종은 남의 재물을 강탈한 자보다 더 많은 매를 맞았다.

⑤ 평문 과정에서 죄인이 자신의 죄를 순순히 자백하면 본형에 들어가지 않고 처벌을 면제하였다.

문 3. 다음 글에서 알 수 있는 것은?

조선 시대에 설악산이라는 지명이 포함하는 영역은 오늘날의 그것과 달랐다. 오늘날에는 대청봉, 울산바위가 있는 봉우리, 한계령이 있는 봉우리를 하나로 묶어 설악산이라고 부른다. 그런데 조선 시대의 자료 중에는 현재의 대청봉만 설악산이라고 표시하고 울산바위가 있는 봉우리는 천후산으로, 그리고 한계령이 있는 봉우리는 한계산으로 표시한 것이 많다.

요즘 사람들은 설악산이나 계룡산과 같이 잘 알려진 산에 수많은 봉우리가 포함되어 있는 것이 당연하다고 생각하는데, 고려 시대까지만 해도 하나의 봉우리는 다른 봉우리와 구별된 별도의 산이라는 인식이 강했다. 이런 생각은 조선 전기에도 이어졌다. 그러나 조선 후기에 해당하는 18세기에는 그 인식에 변화가 나타나기 시작했다. 18세기 중엽에 제작된 지도인 『여지도』에는 오늘날 설악산이라는 하나의 지명으로 포괄되어 있는 범위가 한계산과 설악산이라는 두 개의 권역으로 구분되어 있다. 이 지도에 표시된 설악산의 범위와 한계산의 범위를 합치면 오늘날 설악산이라고 부르는 범위와 동일해진다. 그런데 같은 시기에 제작된 『비변사인 방안지도 양양부 도엽』이라는 지도에는 설악산, 천후산, 한계산의 범위가 모두 따로 표시되어 있고, 이 세 산의 범위를 합치면 오늘날의 설악산 범위와 같아진다.

한편 18세기 중엽에 만들어진 『조선팔도지도』에는 오늘날과 동일하게 설악산의 범위가 표시되어 있고, 그 범위 안에 '설악산'이라는 명칭만 적혀 있다. 이 지도에는 한계산과 천후산이라는 지명이 등장하지 않는다. 김정호는 『대동지지』라는 책에서 "옛날 사람들 중에는 한계령이 있는 봉우리를 한계산이라고 부른 이도 있었으나, 사실 한계산은 설악산에 속한 봉우리에 불과하다."라고 설명하였다. 현종 때 만들어진 『동국여지지』에는 "설악산 아래에 사는 사람들은 다른 지역 사람들이 한계산이라 부르는 봉우리를 설악산과 떨어져 있는 별도의 산이라고 생각하지 않고, 설악산 안에 있는 봉우리라고 생각한다."라는 내용이 나온다. 김정호는 이를 참고해 『대동지지』에 위와 같이 썼던 것으로 보인다. 『조선팔도지도』에는 천후산이라는 지명이 표시되어 있지 않은데, 이는 이 지도를 만든 사람이 조선 전기에 천후산이라고 불리던 곳을 대청봉과 동떨어진 별도의 산이라고 생각하지 않았음을 뜻한다.

① 『여지도』에 표시된 설악산의 범위와 『대동지지』에 그려져 있는 설악산의 범위는 동일하다.
② 『동국여지지』에 그려져 있는 설악산의 범위와 『조선팔도지도』에 표시된 설악산의 범위는 동일하다.
③ 『조선팔도지도』에 표시된 대로 설악산의 범위를 설정하면 그 안에 한계령이 있는 봉우리가 포함된다.
④ 『대동지지』와 『비변사인 방안지도 양양부 도엽』에는 천후산과 한계산이 서로 다른 산이라고 적혀 있다.
⑤ 『여지도』에 표시된 천후산의 범위와 『비변사인 방안지도 양양부 도엽』에 표시된 천후산의 범위는 동일하다.

문 4. 다음 글의 내용과 부합하지 않는 것은?

연방준비제도(이하 연준)가 고용 증대에 주안점을 둔 정책을 입안한다 해도 정책이 분배에 미치는 영향을 고려하지 않는다면, 그 정책은 거품과 불평등만 부풀릴 것이다. 기술 산업의 거품 붕괴로 인한 경기 침체에 대응하여 2000년대 초에 연준이 시행한 저금리 정책이 이를 잘 보여준다.

특정한 상황에서는 금리 변동이 투자와 소비의 변화를 통해 경기와 고용에 영향을 줄 수 있다. 하지만 다른 수단이 훨씬 더 효과적인 상황도 많다. 가령 부동산 거품에 대한 대응책으로는 금리 인상보다 주택 담보 대출에 대한 규제가 더 합리적이다. 생산적 투자를 위축시키지 않으면서 부동산 거품을 가라앉힐 수 있기 때문이다.

경기 침체기라 하더라도, 금리 인하는 은행의 비용을 줄여주는 것 말고는 경기 회복에 별다른 도움이 되지 않을 수 있다. 대부분의 부문에서 설비 가동률이 낮은 상황이라면, 대출 금리가 낮아져도 생산적인 투자가 별로 증대하지 않는다. 2000년대 초가 바로 그런 상황이었기 때문에, 당시의 저금리 정책은 생산적인 투자 증가 대신에 주택 시장의 거품만 초래한 것이다.

금리 인하는 국공채에 투자했던 퇴직자들의 소득을 감소시켰다. 노년층에서 정부로, 정부에서 금융업으로 부의 대규모 이동이 이루어져 불평등이 심화되었다. 이에 따라 금리 인하는 다양한 경로로 소비를 위축시켰다. 은퇴 후의 소득을 확보하기 위해, 혹은 자녀의 학자금을 확보하기 위해 사람들은 저축을 늘렸다. 연준은 금리 인하가 주가 상승으로 이어질 것이므로 소비가 늘어날 것이라고 주장했다. 하지만 2000년대 초 연준의 금리 인하 이후 주가 상승에 따라 발생한 이득은 대체로 부유층에 집중되었으므로 대대적인 소비 증가로 이어지지 않았다.

2000년대 초 고용 증대를 기대하고 시행한 연준의 저금리 정책은 노동을 자본으로 대체하는 투자를 증대시켰다. 인위적인 저금리로 자본 비용이 낮아지자 이런 기회를 이용하려는 유인이 생겨났다. 노동력이 풍부한 상황인데도 노동을 절약하는 방향의 혁신이 강화되었고, 미숙련 노동자들의 실업률이 높은 상황인데도 가게들은 계산원을 해고하고 자동화 기계를 들여 놓았다. 경기가 회복되더라도 실업률이 떨어지지 않는 구조가 만들어진 것이다.

① 2000년대 초 연준의 금리 인하로 국공채에 투자한 퇴직자의 소득이 줄어들어 금융업으로부터 정부로 부가 이동하였다.
② 2000년대 초 연준은 고용 증대를 기대하고 금리를 인하했지만 결과적으로 고용 증대가 더 어려워지도록 만들었다.
③ 2000년대 초 기술 산업 거품의 붕괴로 인한 경기 침체기에 설비 가동률은 대부분의 부문에서 낮은 상태였다.
④ 2000년대 초 연준이 금리 인하 정책을 시행한 후 주택 가격과 주식 가격은 상승하였다.
⑤ 금리 인상은 부동산 거품 대응 정책 가운데 가장 효과적인 정책이 아닐 수 있다.

문 5. 다음 글에서 추론할 수 있는 것은?

미국 대통령 후보 선거제도 중 '코커스'는 정당 조직의 가장 하위 단위인 기초선거구의 당원들이 모여 상위의 전당대회에 참석할 대의원을 선출하는 당원회의이다. 대의원 후보들은 자신이 대통령 후보로 누구를 지지하는지 먼저 밝힌다. 상위 전당대회에 참석할 대의원들은 각 대통령 후보에 대한 당원들의 지지율에 비례해서 선출된다. 코커스에서 선출된 대의원들은 카운티 전당대회에서 투표권을 행사하여 다시 다음 수준인 의회선거구 전당대회에 보낼 대의원들을 선출한다. 여기서도 비슷한 과정을 거쳐 주(州) 전당대회 대의원들을 선출해내고, 거기서 다시 마지막 단계인 전국 전당대회 대의원들을 선출한다. 주에 따라 의회선거구 전당대회는 건너뛰기도 한다.

1971년까지는 선거법에 따라 민주당과 공화당 모두 5월 둘째 월요일까지 코커스를 개최해야 했다. 그런데 민주당 전국위원회가 1972년부터는 대선후보 선출을 위한 전국 전당대회를 7월 말에 개최하도록 결정하면서 1972년 아이오와주 민주당의 코커스는 그 해 1월에 열렸다. 아이오와주 민주당 규칙에 코커스, 카운티 전당대회, 의회선거구 전당대회, 주 전당대회, 전국 전당대회 순서로 진행되는 각급 선거 간에 최소 30일의 시간적 간격을 두어야 한다는 규정이 있었기 때문이다. 이후 아이오와주에서 공화당이 1976년부터 코커스 개최시기를 1월로 옮기면서, 아이오와주는 미국의 대선후보 선출 과정에서 민주당과 공화당 모두 가장 먼저 코커스를 실시하는 주가 되었다.

아이오와주의 선거 운영 방식은 민주당과 공화당 간에 차이가 있었다. 공화당의 경우 코커스를 포함한 하위 전당대회에서 특정 대선후보를 지지하여 당선된 대의원이 상위 전당대회에서 반드시 같은 후보를 지지해야 하는 것은 아니었다. 반면 민주당의 경우 그러한 구속력을 부여하였다. 그러나 2016년부터 공화당 역시 상위 전당대회에 참여하는 대의원에게 같은 구속력을 부여함으로써 기층 당원의 대통령 후보에 대한 지지가 전국 전당대회에 참여할 주(州) 대의원 선출에 반영되도록 했다.

① 주 전당대회에 참석할 대의원은 모두 의회선거구 전당대회에서 선출되었다.

② 1971년까지 아이오와주보다 이른 시기에 코커스를 실시하는 주는 없었다.

③ 1972년 아이오와주 민주당의 주 전당대회 선거는 같은 해 2월 중에 실시되었다.

④ 1972년 아이오와주에서 민주당 코커스와 공화당 코커스는 같은 달에 실시되었다.

⑤ 1976년 아이오와주 공화당 코커스에서 특정 후보를 지지한 대의원은 카운티 전당대회에서 다른 후보를 지지할 수 있었다.

문 6. 다음 글의 ㉠에 들어갈 진술로 가장 적절한 것은?

흔히들 과학적 이론이나 가설을 표현하는 엄밀한 물리학적 언어만을 과학의 언어라고 생각한다. 그러나 과학적 이론이나 가설을 검사하는 과정에는 이러한 물리학적 언어 외에 우리의 감각적 경험을 표현하는 일상적 언어도 사용될 수밖에 없다. 그런데 우리의 감각적 경험을 표현하는 일상적 언어에는 과학적 이론이나 가설을 표현하는 물리학적 언어와는 달리 매우 불명료하고 엄밀하게 정의될 수 없는 용어들이 포함되어 있다. 어떤 학자는 이러한 용어들을 '발룽엔'이라고 부른다.

이제 과학적 이론이나 가설을 검사하는 과정에 발룽엔이 개입된다고 해보자. 이 경우 우리는 증거와 가설 사이의 논리적 관계가 무엇인지 결정할 수 없게 될 것이다. 즉, 증거가 가설을 논리적으로 뒷받침하고 있는지 아니면 논리적으로 반박하고 있는지에 관해 미결정적일 수밖에 없다는 것이다. 그 이유는 증거를 표현할 때 포함될 수밖에 없는 발룽엔을 어떻게 해석할 것인지에 따라 증거와 가설 사이의 논리적 관계에 대한 다양한 해석이 나오게 될 것이기 때문이다. 발룽엔의 의미는 본질적으로 불명료할 수밖에 없다. 즉, 발룽엔을 아무리 상세하게 정의하더라도 그것의 의미를 정확하고 엄밀하게 규정할 수는 없다는 것이다.

논리실증주의자들이나 포퍼는 증거와 가설 사이의 관계를 논리적으로 정확하게 판단할 수 있고 이를 통해 가설을 정확히 검사할 수 있다고 생각했다. 그러나 증거와 가설이 상충하면 가설이 퇴출된다는 식의 생각은 너무 단순한 것이다. 증거와 가설의 논리적 관계에 대한 판단을 위해서는 증거가 의미하는 것이 무엇인지 파악하는 것이 선행되어야 하기 때문이다. 따라서 우리가 발룽엔의 존재를 염두에 둔다면, ' ㉠ '라고 결론지을 수 있다.

① 과학적 가설과 증거의 논리적 관계를 정확하게 판단할 수 있다는 생각은 잘못된 것이다.

② 과학적 가설을 정확하게 검사하기 위해서는 우리의 감각적 경험을 배제해야 한다.

③ 과학적 가설을 검사하기 위한 증거를 표현할 때 발룽엔을 사용해서는 안 된다.

④ 과학적 가설을 표현하는 데에도 발룽엔이 포함될 수밖에 없다.

⑤ 증거가 의미하는 것이 무엇인지 정확히 파악해야 한다.

문 7. 다음 글의 미첼의 이론에서 추론할 수 있는 것은?

1783년 영국 자연철학자 존 미첼은 빛은 입자라는 생각과 뉴턴의 중력이론을 결합한 이론을 제시하였다. 그는 우선 별들이 어떻게 보일 것인지 사고 실험을 통해 예측하였다.

별의 표면에서 얼마간의 초기 속도로 입자를 쏘아 올려 아무런 방해 없이 위로 올라간다고 가정해보자. 만약에 초기 속도가 충분히 빠르지 않으면 별의 중력은 입자의 속도를 점점 느리게 할 것이며, 결국 그 입자를 별의 표면으로 되돌아가게 할 것이다. 만약 초기 속도가 충분히 빠르면 입자는 중력을 극복하고 별을 탈출할 수 있을 것이다. 이렇게 입자가 별을 탈출할 수 있는 최소한의 초기 속도는 '탈출 속도'라고 불린다. 미첼은 뉴턴의 중력이론을 이용해서 탈출 속도를 계산할 수 있었으며, 그 속도가 별 질량을 별의 둘레로 나눈 값의 제곱근에 비례한다는 것을 유도하였다.

이를 바탕으로 미첼은 '임계 둘레'라는 것도 추론해냈다. 임계 둘레란 탈출 속도와 빛의 속도를 같게 만드는 별의 둘레를 말한다. 빛 입자는 다른 입자들처럼 중력의 영향을 받는다. 그로 인해 빛은 임계 둘레보다 작은 둘레를 가진 별에서는 탈출할 수 없다. 그런 별에서 약 30만 km/s의 초기 속도로 빛 입자를 쏘아 올렸을 때 입자는 우선 위로 날아갈 것이다. 그런 다음 멈출 때까지 느려지다가, 결국 별의 표면으로 되돌아갈 것이다. 미첼은 임계 둘레를 쉽게 계산할 수 있었다. 태양과 동일한 질량을 가진 별의 임계 둘레는 약 19km로 계산되었다. 이러한 사고 실험을 통해 미첼은 임계 둘레보다 작은 둘레를 가진 암흑의 별들이 무척 많을 테고, 그 별들에선 빛 입자가 빠져나올 수 없기에 지구에서는 볼 수 없을 것으로 추측했다.

① 임계 둘레 이하의 둘레를 가진 별에 사는 존재는 임계 둘레보다 큰 둘레를 가진 별에서 오는 빛을 관찰할 수 없다.

② 빛보다 빠른 초기 속도로 쏘아 올린 입자가 있다면, 그 입자는 모두 별에서 탈출할 수 있다.

③ 별의 질량이 커지더라도 별의 둘레가 변하지 않는다면 탈출 속도는 빨라지지 않는다.

④ 임계 둘레 이하의 둘레를 가진 별의 표면에서는 빛을 쏘아 올릴 수 없다.

⑤ 별의 질량이 커질수록 그 별의 임계 둘레는 커진다.

문 8. 다음 글의 ㉠에 근거한 추론으로 옳은 것만을 〈보기〉에서 모두 고르면?

우리는 믿음과 관련하여 여러 종류의 태도를 가질 수 있다. 예를 들어, 우리는 내일 비가 온다는 명제가 참이라고 믿을 수도 있고, 거짓이라고 믿을 수도 있다. 또한 그 명제가 참이라고 믿지도 않고 거짓이라고 믿지도 않을 수 있다. 이렇게 거칠게 세 가지 종류로만 구분된 믿음 태도는 '거친 믿음 태도'라고 불린다.

한편, 우리의 믿음 태도는 아주 섬세하게 구분될 수도 있다. 우리는 내일 비가 온다는 명제가 참이라는 것을 0.2의 확률로 믿을 수도 있고 0.5의 확률로 믿을 수도 있고 0.8의 확률로 믿을 수도 있다. 말하자면, 그 명제가 참일 확률에 따라 우리의 믿음 태도는 섬세하게 구분될 수도 있다는 것이다. 이렇게 확률에 따라 구분된 믿음 태도는 '섬세한 믿음 태도'라고 불린다.

이 두 종류의 믿음 태도는 ㉠'믿음의 문턱'이라는 개념을 이용한 규정을 통해 서로 연결될 수 있다. 그 규정은 이렇다. '어떤 명제를 참이라고 믿기 위한 필요충분조건은 그 명제가 참이라는 것을 특정 확률 값 k보다 크게 믿는 것이다. 그리고 어떤 명제를 거짓이라고 믿기 위한 필요충분조건은 그 명제가 거짓이라는 것을 그 확률 값 k보다 크게 믿는 것이다. 단, k의 값은 0.5보다 작지 않다.' 이때 확률 값 k를 믿음의 문턱이라고 부른다.

이제 이러한 규정을 적용해 보기 위해 일단 당신의 믿음의 문턱이 0.8이라고 해보자. 그리고 당신은 내일 비가 온다는 명제가 참이라는 것을 0.9의 확률로 믿고 있다고 하자. 이 경우 우리는 '당신은 내일 비가 온다는 명제를 참이라고 믿고 있다.'고 말할 수 있다. 이번에는 당신이 내일 비가 온다는 명제가 거짓이라는 것을 0.9의 확률로 믿고 있다고 해 보자. 그럼 우리는 당신의 믿음의 문턱이 0.8이라는 점을 고려하여 '당신은 내일 비가 온다는 명제가 거짓이라고 믿고 있다.'고 말할 수 있다.

그럼, 당신이 내일 비가 온다는 명제가 참이라는 것도 0.5의 확률로 믿고 있고, 그 명제가 거짓이라는 것도 0.5의 확률로 믿고 있는 경우는 어떨까? 이 경우 우리는 당신의 믿음의 문턱이 0.8이라는 점을 고려하여 '당신은 내일 비가 온다는 명제를 참이라고 믿지도 않고 거짓이라고 믿지도 않는다.'고 말할 수 있다.

〈보 기〉

ㄱ. 철수의 믿음의 문턱이 0.5인 경우, 철수는 모든 명제를 참이라고 믿지도 않고 거짓이라고 믿지도 않는다.

ㄴ. 영희의 믿음의 문턱이 고정되어 있을 경우, 내일 비가 온다는 명제에 대한 영희의 섬세한 믿음 태도가 변한다고 하더라도 그 명제에 대한 영희의 거친 믿음 태도는 변하지 않는 경우도 있다.

ㄷ. 철수와 영희가 동일한 수치의 믿음의 문턱을 가지고 있을 경우, 두 사람 모두 내일 비가 온다는 명제를 참이라고 믿고 있지 않다면 두 사람 모두 내일 비가 온다는 명제를 거짓이라고 믿고 있다.

① ㄱ ② ㄴ
③ ㄱ, ㄷ ④ ㄴ, ㄷ
⑤ ㄱ, ㄴ, ㄷ

문 9. 다음 글의 ㉠에 해당하는 사례만을 〈보기〉에서 모두 고르면?

'부재 인과', 즉 사건의 부재가 다른 사건의 원인이라는 주장은 일상 속에서도 쉽게 찾아볼 수 있다. 인과 관계가 원인과 결과 간에 성립하는 일종의 의존 관계로 분석될 수 있다면 부재 인과는 인과 관계의 한 유형을 표현한다. 예를 들어, 경수가 물을 주었더라면 화초가 말라죽지 않았을 것이므로 '경수가 물을 줌'이라는 사건이 부재하는 것과 '화초가 말라죽음'이라는 사건이 발생하는 것 사이에는 의존 관계가 성립한다. 인과 관계를 이런 의존 관계로 이해할 경우 화초가 말라죽은 것의 원인은 경수가 물을 주지 않은 것이며 이는 상식적 판단과 일치한다. 하지만 화초가 말라죽은 것은 단지 경수가 물을 주지 않은 것에만 의존하지 않는다. 의존 관계로 인과 관계를 이해하려는 견해에 따르면, 경수의 화초와 아무 상관없는 영희가 그 화초에 물을 주었더라도 경수의 화초는 말라죽지 않았을 것이므로 영희가 물을 주지 않은 것 역시 그 화초가 말라죽은 사건의 원인이라고 해야 할 것이다. 그러나 상식적으로 경수가 물을 주지 않은 것은 그가 키우던 화초가 말라죽은 사건의 원인이지만, 영희가 물을 주지 않은 것은 그 화초가 말라죽은 사건의 원인이 아니다. 인과 관계를 의존 관계로 파악해 부재 인과를 인과의 한 유형으로 받아들이면, 원인이 아닌 수많은 부재마저도 원인으로 받아들여야 하는 ㉠ 문제가 생겨난다.

〈보 기〉

ㄱ. 어제 영지는 늘 타고 다니던 기차가 고장이 나는 바람에 지각을 했다. 그 기차가 고장이 나지 않았다면 영지는 지각하지 않았을 것이다. 하지만 영지가 새벽 3시에 일어나 직장에 걸어갔더라면 지각하지 않았을 것이다. 그러므로 어제 영지가 새벽 3시에 일어나 직장에 걸어가지 않은 것이 그가 지각한 원인이라고 보아야 한다.

ㄴ. 영수가 야구공을 던져서 유리창이 깨졌다. 영수가 야구공을 던지지 않았더라면 그 유리창이 깨지지 않았을 것이다. 하지만 그 유리창을 향해 야구공을 던지지 않은 사람들은 많다. 그러므로 그 많은 사람 각각이 야구공을 던지지 않은 것을 유리창이 깨어진 사건의 원인이라고 보아야 한다.

ㄷ. 햇빛을 차단하자 화분의 식물이 시들어 죽었다. 하지만 햇빛을 과다하게 쪼이거나 지속적으로 쪼였다면 화분의 식물은 역시 시들어 죽었을 것이다. 그러므로 햇빛을 쪼이는 것은 식물의 성장 원인이 아니라고 보아야 한다.

① ㄱ
② ㄴ
③ ㄱ, ㄷ
④ ㄴ, ㄷ
⑤ ㄱ, ㄴ, ㄷ

문 10. 다음 글에서 알 수 없는 것은?

생체에서 신호물질로 작용하는 것에는 기체 형태의 신호물질이 있다. 이 신호물질이 작용하는 표적세포는 신호물질을 만든 세포에 인접한 세포 중 신호물질에 대한 수용체를 가지고 있는 것이다. 이 신호물질과 수용체의 결합은 표적세포의 구조적 상태를 변화시키고 결국 이 세포가 있는 표적조직의 상태를 변화시켜 생리적 현상을 유도한다.

대표적인 기체 형태의 신호물질인 산화질소는 다음과 같은 경로를 통해 작용한다. 먼저 표적조직의 상태를 변화시켜 생리적 현상을 유도하는 자극이 '산화질소 합성효소'를 가지고 있는 세포에 작용한다. 이에 그 세포 안에 있는 산화질소 합성효소가 활성화된다. 활성화된 산화질소 합성효소는 그 세포 내에 있는 아르기닌과 산소로부터 산화질소를 생성하는 화학반응을 일으킨다. 만들어진 산화질소는 인접한 표적세포에 있는 수용체와 결합하여 표적세포 안에 있는 'A 효소'를 활성화시킨다. 활성화된 A 효소는 표적세포 안에서 cGMP를 생성하고, cGMP는 표적세포의 상태를 변하게 한다. 결국 표적세포의 구조적 상태가 변함에 따라 표적세포를 가지고 있는 조직의 상태가 변하게 된다.

혈관의 팽창은 산화질소에 의해 일어나는 대표적인 생리적 현상이다. 혈관에서 혈액이 흐르는 공간은 내피세포로 이루어진 내피세포층이 감싸고 있다. 이 내피세포층의 바깥쪽은 혈관 평활근세포로 된 혈관 평활근육 조직이 감싸고 있다. 혈관이 팽창되기 위해 먼저 혈관의 내피세포는 혈관의 팽창을 유도하는 자극을 받는다. 이 내피세포에서는 산화질소가 만들어지고, 산화질소는 혈관 평활근세포에 작용하여 세포 내에서 cGMP를 생성한다. cGMP의 작용으로 수축되어 있던 혈관 평활근세포가 이완되고 결국에 혈관 평활근육 조직이 이완되면서 혈관이 팽창하게 된다. 이와 같은 산화질소의 기능 때문에 산화질소를 내피세포–이완인자라고도 한다.

① cGMP는 혈관 평활근육 조직의 상태를 변화시킨다.
② 혈관의 내피세포는 산화질소 합성효소를 가지고 있다.
③ 혈관 평활근세포에서 A 효소가 활성화되면 혈관 팽창이 일어난다.
④ A 효소는 표적세포에서 아르기닌과 산소로부터 산화질소를 생성시킨다.
⑤ 혈관 평활근세포는 내피세포–이완인자에 대한 수용체를 가지고 있다.

문 11. 다음 글의 ㉠과 ㉡에 들어갈 문장을 〈보기〉에서 골라 바르게 짝지은 것은?

　한편에서는 "C시에 건설될 도시철도는 무인운전 방식으로 운행된다."라고 주장하고, 다른 한편에서는 "C시에 건설될 도시철도는 무인운전 방식으로 운행되지 않는다."라고 주장한다고 하자. 이 두 주장은 서로 모순되는 것처럼 보인다. 하지만 양편이 팽팽히 대립한 회의가 "C시에 도시철도는 적합하지 않다고 판단되므로, 없던 일로 합시다."라는 결론으로 끝날 가능성도 있다는 사실을 우리는 고려해야 한다. C시에 도시철도가 건설되지 않을 경우에도 양편의 주장에 참이나 거짓이라는 값을 매겨야 한다면 어떻게 매겨야 옳을까?

　한 가지 분석 방안에 따르면, "C시에 건설될 도시철도는 무인운전 방식으로 운행된다."라는 문장은 "　㉠　"라는 것을 의미하는 것으로 해석한다. 이렇게 해석할 경우, C시에 도시철도를 건설하지 않기로 했으므로 원래의 문장은 거짓이 된다. 이런 분석은 "C시에 건설될 도시철도는 무인운전 방식으로 운행되지 않는다."에 대해서도 똑같이 적용되어 그것에도 거짓이라는 값을 부여한다.

　원래 문장, "C시에 건설될 도시철도는 무인운전 방식으로 운행된다."를 분석하는 둘째 방안도 있다. 이 방안에서는 우선 원래 문장은 "　㉡　"라는 것을 의미하는 것으로 해석한다. 그런 다음 이렇게 분석된 이 문장은 C시에 도시철도를 건설해 그것을 무인운전이 아닌 방식으로 운행하는 일은 없다는 주장과 같은 의미를 나타낸다고 이해한다. 이렇게 해석할 경우 원래의 문장은 참이 된다. 왜냐하면 C시에 도시철도를 건설하지 않기로 했으므로 C시에 도시철도를 건설해 그것을 무인운전이 아닌 방식으로 운행하는 일도 당연히 없을 것이기 때문이다. 이런 분석은 "C시에 건설될 도시철도는 무인운전 방식으로 운행되지 않는다."에 대해서도 똑같이 적용되어 그것에도 참이라는 값을 부여한다.

――――〈보 기〉――――

(가) C시에 도시철도가 건설되고, 그 도시철도는 무인운전 방식으로 운행된다.

(나) C시에 무인운전 방식으로 운행되는 도시철도가 건설되거나, 아니면 아무 도시철도도 건설되지 않는다.

(다) C시에 도시철도가 건설되면, 그 도시철도는 무인운전 방식으로 운행된다.

(라) C시에 도시철도가 건설되는 경우에만, 그 도시철도는 무인운전 방식으로 운행된다.

	㉠	㉡
①	(가)	(다)
②	(가)	(라)
③	(나)	(다)
④	(나)	(라)
⑤	(라)	(다)

문 12. 다음 글의 내용이 참일 때, 반드시 참인 것만을 〈보기〉에서 모두 고르면?

　A 부서에서는 새로운 프로젝트인 〈하늘〉을 진행할 예정이다. 이 부서에는 남자 사무관 가훈, 나훈, 다훈, 라훈 4명과 여자 사무관 모연, 보연, 소연 3명이 소속되어 있다. 아래의 조건을 지키면서 이들 가운데 4명을 뽑아 〈하늘〉 전담팀을 꾸리고자 한다.
• 남자 사무관 가운데 적어도 한 사람은 뽑아야 한다.
• 여자 사무관 가운데 적어도 한 사람은 뽑지 말아야 한다.
• 가훈, 나훈 중 적어도 한 사람을 뽑으면, 라훈과 소연도 뽑아야 한다.
• 다훈을 뽑으면, 모연과 보연은 뽑지 말아야 한다.
• 소연을 뽑으면, 모연도 뽑아야 한다.

――――〈보 기〉――――

ㄱ. 남녀 동수로 팀이 구성된다.

ㄴ. 다훈과 보연 둘 다 팀에 포함되지 않는다.

ㄷ. 라훈과 모연 둘 다 팀에 포함된다.

① ㄱ
② ㄷ
③ ㄱ, ㄴ
④ ㄴ, ㄷ
⑤ ㄱ, ㄴ, ㄷ

문 13. 다음 글의 내용이 참일 때, 반드시 참인 것만을 〈보기〉에서 모두 고르면?

　세 사람, 가영, 나영, 다영은 지난 회의가 열린 날짜와 요일에 대해 다음과 같이 기억을 달리 하고 있다.
• 가영은 회의가 5월 8일 목요일에 열렸다고 기억한다.
• 나영은 회의가 5월 10일 화요일에 열렸다고 기억한다.
• 다영은 회의가 6월 8일 금요일에 열렸다고 기억한다.

　추가로 다음 사실이 알려졌다.
• 회의는 가영, 나영, 다영이 언급한 월, 일, 요일 중에 열렸다.
• 세 사람의 기억 내용 가운데, 한 사람은 월, 일, 요일의 세 가지 사항 중 하나만 맞혔고, 한 사람은 하나만 틀렸으며, 한 사람은 어느 것도 맞히지 못했다.

――――〈보 기〉――――

ㄱ. 회의는 6월 10일에 열렸다.

ㄴ. 가영은 어느 것도 맞히지 못한 사람이다.

ㄷ. 다영이 하나만 맞힌 사람이라면 회의는 화요일에 열렸다.

① ㄱ
② ㄷ
③ ㄱ, ㄴ
④ ㄴ, ㄷ
⑤ ㄱ, ㄴ, ㄷ

문 14. 다음 글의 내용이 참일 때, 영희가 들은 수업의 최소 개수와 최대 개수는?

> 심리학과에 다니는 가영, 나윤, 다선, 라음은 같은 과 친구인 영희가 어떤 수업을 들었는지에 대해 이야기했다. 이들은 영희가 〈인지심리학〉, 〈성격심리학〉, 〈발달심리학〉, 〈임상심리학〉 중에서만 수업을 들었다는 것은 알고 있지만, 구체적으로 어떤 수업을 듣고 어떤 수업을 듣지 않았는지에 대해서는 잘 알지 못했다. 그들은 다음과 같이 진술했다.
>
> • 영희가 〈성격심리학〉을 듣지 않았다면, 영희는 대신 〈발달심리학〉과 〈임상심리학〉을 들었다.
> • 영희가 〈임상심리학〉을 들었다면, 영희는 〈성격심리학〉 또한 들었다.
> • 영희가 〈인지심리학〉을 듣지 않았다면, 영희는 〈성격심리학〉도 듣지 않았고 대신 〈발달심리학〉을 들었다.
> • 영희는 〈인지심리학〉도 〈발달심리학〉도 듣지 않았다.
>
> 추후 영희에게 확인해 본 결과 이들 진술 중 세 진술은 옳고 나머지 한 진술은 그른 것으로 드러났다.

	최소	최대
①	1개	2개
②	1개	3개
③	1개	4개
④	2개	3개
⑤	2개	4개

문 15. 다음 글의 (가)와 (나)를 비교한 것으로 적절한 것만을 〈보기〉에서 모두 고르면?

> (가) 1960년대 중반까지 대부분의 미국 사학자들은 19세기 미국의 경제 성장에서 철도 건설이 필수불가결한 것이었다는 생각을 받아들였다. 포겔은 그러한 생각이 잘못된 추론에 기초한 것이라고 비판했다. 그는 만약 철도가 건설되지 않았다면 대안이 될 운송 체계에 상당한 투자가 추가적으로 이루어졌을 것이라는 점을 고려해야 한다고 지적했다. 예컨대 철도 건설을 위한 투자 대신에 새로운 운하나 도로 건설과 연소 엔진 기능 향상을 위한 투자가 이루어졌을 것이다. 철도 건설이 운송비 변화에 초래하는 효과를 평가할 때 두 개의 인과 경로에 따른 효과들을 모두 고려해야 한다. 첫째는 철도를 이용하여 물류를 운송하게 됨에 따라 운송비가 감소한 효과이다. 둘째는 대안적인 운송 체계의 발전에 따라 가능했을 운송비 감소가 철도 건설로 인해 실현되지 못한 효과이다. 따라서 철도가 건설되지 않았다면 19세기 미국의 놀라운 경제성장이 불가능했을 것이라는 생각은 두 개의 효과 중 하나만 고려한 추론에 따른 결론이라 할 수 있다.
>
> (나) 고혈압으로 고생하던 갑은 신약 A를 복용하여 혈압 저하 효과를 보았고, 그 이후 마라톤에도 출전할 수 있었다. 갑은 친구들에게 신약 A가 아니었다면 자신이 마라톤에 출전할 수 없었을 것이라고 말했다. 반면 을은 갑이 신약 A를 복용함으로써 혈압 저하에 기여하는 다른 방안을 취하지 못하게 되었다고 지적하며, 신약 A의 혈압 저하 효과를 평가할 때 두 개의 인과 경로에 따른 효과를 모두 고려해야 한다고 말한다.

〈보 기〉

> ㄱ. 철도 건설의 운송비 감소 효과를 평가할 때 철도 건설이 대안적인 운송 수단의 발전을 억제하는 효과를 고려해야 한다는 것은, A 복용의 혈압 저하 효과를 평가할 때 A의 복용이 갑으로 하여금 혈압 저하를 위하여 다른 방안을 취하지 못하게 하는 효과를 고려해야 한다는 것에 해당한다.
> ㄴ. 철도가 건설되지 않았다면 대안적인 운송 수단의 발전에 따라 운송비가 감소했을 것이라고 말하는 것은, 갑이 A를 복용하지 않았다면 다른 방안을 취하여 혈압 저하가 이루어졌을 것이라고 말하는 것에 해당한다.
> ㄷ. 대부분의 미국 사학자들이 19세기 미국의 경제 성장에서 철도 건설이 필수불가결한 것이었다고 생각한 것은, 갑이 자신의 마라톤 출전에 A의 복용이 필수불가결한 것이었다고 말하는 것과 마찬가지이다.

① ㄱ
② ㄷ
③ ㄱ, ㄴ
④ ㄴ, ㄷ
⑤ ㄱ, ㄴ, ㄷ

문 16. 다음 글의 ㉠~㉣에 대한 분석으로 가장 적절한 것은?

문화재라 하면 도자기와 같은 인간의 창작물만을 떠올리기 쉽지만, 어떤 나라는 천연기념물이나 화석과 같은 자연물도 문화재로 분류한다. 하지만 A국의 문화재보호법은 그와 같은 자연물을 문화재가 아닌 '보호대상'으로 지정한다. 이에 대해 "A국에서 보호대상으로 분류된 자연물은 단순한 자연물이 아니다. 그 사물들은 학술상의 가치뿐 아니라 인류가 보존하고 공유해야 할 무형의 가치도 지녔기 때문에 보호대상으로 지정된 것이다. 그러므로 A국에서 보호대상으로 지정된 자연물을 문화재로 분류해야 마땅하다."는 ㉠ 견해가 있다. 반면에 "인간의 창작물이 아닌 어떤 사물을 우리가 가치가 크다고 여기기 때문에 문화재로 보는 것은, 우리가 문화재로 여기기 때문에 문화재로 본다는 동어반복과 다르지 않으므로, 자연물을 문화재로 보아야 하는 근거를 설득력 있게 제시했다고 볼 수 없다."는 ㉡ 견해도 있다. 이러한 견해들에 대해 A국 정부 관계자는 "문화재란 인간의 창작물만을 지칭한다. 그리고 오로지 보호대상만이 문화재가 될 수 있다. 인간이 문화적인 생활을 영위하기 위해서는 자연도 그 중요한 요소로서 소중히 보존해야 하기 때문에 A국은 특정한 자연물을 보호대상으로 지정하고 있다."라고 ㉢ 설명한다.

한편 B국의 문화재보호법은 자연물을 문화재에 포함하고 있다. 이에 대해 B국 정부 관계자는 "인간의 여러 활동은 인간이 처해 있는 역사적·사회적·문화적 환경이라는 다양한 환경의 영향을 받으며 행해진다. 인간의 활동 가운데 특히 예술의 발전 과정에서 자연이 미치는 영향은 크다. 또한 자연적 조건에 따라 풍속 관습의 양상도 변화한다. 따라서 예술과 풍속의 기반으로서의 자연물을 파악하고 보존해야 함은 당연하다. 그러한 사물들은 모두 보호대상이 되며, 모든 보호대상은 문화재에 포함된다."라고 ㉣ 설명한다.

① ㉠에 따르면 학술상의 가치를 지니지 않은 A국의 인공물은 모두 문화재에서 제외되어야 마땅하다.
② ㉡에 따르면 화석은 인류가 보존하고 공유해야 할 무형의 가치를 지니지 않는다.
③ ㉢에 따르면 보호대상이면서 문화재인 것은 모두 인간의 창작물이어야 한다.
④ ㉣에 따르면 B국에서 문화재로 분류된 사물은 모두 자연 환경의 영향을 받았다.
⑤ ㉠~㉣ 중에 자연물을 문화재에서 명시적으로 제외하는 것은 둘이다.

문 17. 다음 글의 (가)~(다)에 대한 분석으로 적절한 것만을 〈보기〉에서 모두 고르면?

다음은 원인으로 추정되는 요인과 결과로 추정되는 질병 사이의 상관관계를 알아본 연구 결과이다.

(가) 아스피린의 복용이 심장병 예방에 효과가 있을 수 있다는 것이 밝혀졌다. 심장병 환자와 심장병이 발병한 적이 없는 기타 환자 총 4,107명에 대한 조사 결과에 따르면, 심장병 환자 중 발병 전에 정기적으로 아스피린을 복용해 온 사람의 비율은 0.9%였지만, 기타 환자 중 정기적으로 아스피린을 복용해 온 사람의 비율은 4.9%였다. 환자 1만 542명을 대상으로 한 후속 연구에서도 유사한 결과가 나타났다. 즉 심장병 환자 중에서 3.5%만이 정기적으로 아스피린을 복용해 왔다고 말한 반면, 기타 환자 중에서 그렇게 말한 사람은 7%였다.

(나) 임신 중 고지방식 섭취가 태어날 자식의 생식기에서 종양의 발생 가능성을 높일 수 있다는 것이 밝혀졌다. 이 결과는 임신한 암쥐 261마리 중 130마리의 암쥐에게는 고지방식을, 131마리의 암쥐에게는 저지방식을 제공한 연구를 통해 얻었다. 실험 결과, 고지방식을 섭취한 암쥐에게서 태어난 새끼 가운데 54%가 생식기에 종양이 생겼지만 저지방식을 섭취한 암쥐가 낳은 새끼 중에서 그러한 종양이 생긴 것은 21%였다.

(다) 사지 중 하나 이상의 절단 수술이 심장병으로 사망할 가능성을 증가시킬 수 있다는 것이 밝혀졌다. 이것은 제2차 세계대전 중에 부상을 당한 9,000명의 군인에 대한 진료 기록을 조사한 결과이다. 이들 중 4,000명은 사지 중 하나 이상의 절단 수술을 받은 사람이었고, 5,000명은 사지 절단 수술을 받지 않았지만 중상을 입은 사람이었다. 이들에 대한 기록을 추적 조사한 결과, 사지 중 하나 이상의 절단 수술을 받은 사람이 심장병으로 사망한 비율은 그렇지 않은 사람의 1.5배였다. 즉 사지 중 하나 이상의 절단 수술을 받은 사람 중 600명은 심장병으로 사망하였고, 그렇지 않은 사람 중 500명이 심장병으로 사망하였다.

〈보 기〉

ㄱ. (가)와 (나)는 원인으로 추정되는 요인이 적용된 집단과 그렇지 않은 집단을 나눈 후 그에 따라 결과로 추정되는 질병의 발생 비율을 비교하는 실험을 했다.
ㄴ. (가)와 (다)에서는 원인으로 추정되는 요인이 적용된 개체들 중 결과로 추정되는 질병의 발생 비율을 알 수 있다.
ㄷ. (나)에서는 연구에 사용된 개체에게 원인으로 추정되는 요인을 적용할 것인지의 여부는 연구자에 의해서 결정되지만, (다)에서는 그렇지 않다.

① ㄱ
② ㄷ
③ ㄱ, ㄴ
④ ㄴ, ㄷ
⑤ ㄱ, ㄴ, ㄷ

쾌락주의자들은 우리가 쾌락을 욕구하고, 이것이 우리 행동의 원인이 된다고 주장한다. 하지만 반쾌락주의자들은 쾌락을 느끼기 위한 우리 행동의 원인은 음식과 같은 외적 대상에 대한 욕구이지 다른 것이 아니라고 말한다. 이에, 외적 대상에 대한 욕구 이외의 것, 가령, 쾌락에 대한 욕구는 우리 행동의 원인이 될 수 없다. 그럼 반쾌락주의자들이 말하는 욕구에서 행동, 그리고 쾌락으로 이어지는 인과적 연쇄는 다음과 같을 것이다.

음식에 대한 욕구 → 먹는 행동 → 쾌락

이런 인과적 연쇄를 보았을 때 쾌락이 우리 행동의 원인이 아니라는 것은 분명하다. 왜냐하면 쾌락은 행동 이후 생겨났고, 나중에 일어난 것이 이전에 일어난 것의 원인일 수 없기 때문이다.

그러나 이런 반쾌락주의자들의 주장은 두 개의 욕구, 즉 음식에 대한 욕구와 쾌락에 대한 욕구 사이의 관계를 고려하지 않고 있다. 즉 무엇이 음식에 대한 욕구의 원인인지를 고려하지 않은 것이다. 하지만 ㉠ 쾌락주의자들의 주장에 따르면 위의 인과적 연쇄에 음식에 대한 욕구의 원인인 쾌락에 대한 욕구를 추가해야 한다.

사람들이 음식을 원하는 이유는 그들이 쾌락을 욕구하기 때문이다. 반쾌락주의자들의 주장이 범하고 있는 실수는 두 개의 사뭇 다른 사항들, 즉 욕구가 만족되어 경험하는 쾌락과 쾌락에 대한 욕구를 혼동하는 데에서 기인한다. 쾌락의 발생이 행위자가 쾌락 이외의 어떤 것을 원했기 때문이더라도, 쾌락에 대한 욕구는 다른 어떤 것에 대한 욕구를 발생시키는 원인이다.

① 어떤 욕구도 또 다른 욕구의 원인일 수 없다.

② 사람들은 쾌락에 대한 욕구가 없더라도 음식을 먹는 행동을 하기도 한다.

③ 음식에 대한 욕구로 인해 쾌락에 대한 욕구가 생겨야만 행동으로 이어진다.

④ 외적 대상에 대한 욕구는 다른 것에 의해서 야기되지 않고 그저 주어진 것일 뿐이다.

⑤ 맛없는 음식보다 맛있는 음식을 욕구하는 것은 맛있는 음식을 먹어 얻게 될 쾌락에 대한 욕구가 맛없는 음식을 먹어 얻게 될 쾌락에 대한 욕구보다 강하기 때문이다.

곤충이 유충에서 성체로 발생하는 과정에서 단단한 외골격은 더 큰 것으로 주기적으로 대체된다. 곤충이 유충, 번데기, 성체로 변화하는 동안, 이러한 외골격의 주기적 대체는 몸 크기를 증가시키는 것과 같은 신체 형태 변화에 필수적이다. 이러한 외골격의 대체를 '탈피'라고 한다. 성체가 된 이후에 탈피하지 않는 곤충들의 경우, 그것들의 최종 탈피는 성체의 특성이 발현되고 유충의 특성이 완전히 상실될 때 일어난다. 이런 유충에서 성체로의 변태 과정을 조절하는 호르몬에는 탈피호르몬과 유충호르몬이 있다.

탈피호르몬은 초기 유충기에 형성된 유충의 전흉선에서 분비된다. 탈피 시기가 되면, 먹이 섭취 활동과 관련된 자극이 유충의 뇌에 전달된다. 이 자극은 이미 뇌의 신경분비세포에서 합성되어 있던 전흉선자극호르몬의 분비를 촉진하여 이 호르몬이 순환계로 방출될 수 있게끔 만든다. 분비된 전흉선자극호르몬은 순환계를 통해 전흉선으로 이동하여, 전흉선에서 허물벗기를 촉진하는 탈피호르몬이 분비되도록 한다. 그리고 탈피호르몬이 분비되면 탈피의 첫 단계인 허물벗기가 시작된다. ㉠ 성체가 된 이후에 탈피하지 않는 곤충들의 경우, 성체로의 마지막 탈피가 끝난 다음에 탈피호르몬은 없어진다.

유충호르몬은 유충 속에 있는 알라타체라는 기관에서 분비된다. 이 유충호르몬은 탈피 촉진과 무관하며, 유충의 특성이 남아 있게 하는 역할만을 수행한다. 따라서 각각의 탈피 과정에서 분비되는 유충호르몬의 양에 의해서, 탈피 이후 유충으로 남아 있을지, 유충의 특성이 없는 성체로 변태할지가 결정된다. 유충호르몬의 방출량은 유충호르몬의 분비를 억제하는 알로스테틴과 분비를 촉진하는 알로트로핀에 의해 조절된다. 이 알로스테틴과 알로트로핀은 곤충의 뇌에서 분비된다. 한편, 유충호르몬의 방출량이 정해져 있을 때 그 호르몬의 혈중 농도는 유충호르몬에스터라제와 같은 유충호르몬 분해 효소와 유충호르몬결합단백질에 의해 조절된다. 유충호르몬결합단백질은 유충호르몬에스터라제 등의 유충호르몬 분해 효소에 의해서 유충호르몬이 분해되어 혈중 유충호르몬의 농도가 낮아지는 것을 막으며, 유충호르몬을 유충호르몬 작용 조직으로 안전하게 수송한다.

문 19. 윗글에서 추론할 수 있는 것만을 〈보기〉에서 모두 고르면?

─────〈보 기〉─────
ㄱ. 유충의 전흉선을 제거하면 먹이 섭취 활동과 관련된 자극이 유충의 뇌에 전달될 수 없다.
ㄴ. 변태 과정 중에 있는 곤충에게 유충기부터 알로트로핀을 주입하면, 그것은 성체로 발생하지 않을 수 있다.
ㄷ. 유충호르몬이 없더라도 변태 과정 중 탈피호르몬이 분비되면 탈피가 시작될 수 있다.
─────────────

① ㄱ
② ㄴ
③ ㄱ, ㄷ
④ ㄴ, ㄷ
⑤ ㄱ, ㄴ, ㄷ

문 20. 윗글을 토대로 할 때, 다음 〈실험 결과〉에 대한 분석으로 적절한 것만을 〈보기〉에서 모두 고르면?

─────〈실험 결과〉─────
성체가 된 이후에 탈피하지 않는 곤충의 유충기부터 성체로 이어지는 발생 단계별 유충호르몬과 탈피호르몬의 혈중 농도 변화를 관찰하였더니 다음과 같았다.
결과1 : 유충호르몬 혈중 농도는 유충기에 가장 높으며 이후 성체가 될 때까지 점점 감소한다.
결과2 : 유충에서 성체로의 최종 탈피가 일어날 때까지 탈피호르몬은 존재하였고, 그 구간 탈피호르몬 혈중 농도에는 변화가 없었다.
─────────────

─────〈보 기〉─────
ㄱ. 결과1은 "혈중 유충호르몬에스터라제의 양은 유충기에 가장 많으며 성체기에서 가장 적다."는 가설에 의해서 설명된다.
ㄴ. "성체가 된 이후에 탈피하지 않는 곤충들의 경우, 최종 탈피가 끝난 다음에 전흉선은 파괴되어 사라진다."는 것은 결과2와 ㉠이 동시에 성립하는 이유를 제시한다.
ㄷ. 결과1과 결과2는 함께 "변태 과정에 있는 곤충의 탈피호르몬 대비 유충호르몬의 비율이 작아질수록 그 곤충은 성체의 특성이 두드러진다."는 가설을 지지한다.
─────────────

① ㄱ
② ㄷ
③ ㄱ, ㄴ
④ ㄴ, ㄷ
⑤ ㄱ, ㄴ, ㄷ

문 21. 다음 글에서 알 수 없는 것은?

개항 이후 나타난 서양식 건축물은 양관(洋館)이라고 불렸다. 양관은 우리의 전통 건축 양식보다는 서양식 건축 양식에 따라 만들어진 건축물이었다. 정관헌(靜觀軒)은 대한제국 정부가 경운궁에 지은 대표적인 양관이다. 이 건축물은 고종의 연희와 휴식 장소로 쓰였는데, 한때 태조와 고종 및 순종의 영정을 이곳에 모셨다고 한다.

정관헌은 중앙의 큰 홀과 부속실로 구성되어 있으며 중앙 홀 밖에는 회랑이 설치되어 있다. 이 건물의 외형은 다음과 같은 점에서 상당히 이국적이다. 우선 처마가 밖으로 길게 드러나 있지 않다. 또한 바깥쪽의 서양식 기둥과 함께 붉은 벽돌이 사용되었고, 회랑과 바깥 공간을 구분하는 난간은 화려한 색채를 띠며 내부에는 인조석으로 만든 로마네스크풍의 기둥이 위치해 있다.

그럼에도 불구하고 이 건물에서 우리 건축의 맛이 느껴지는 것은 서양에서 사용하지 않는 팔작지붕의 건물이라는 점과 회랑의 난간에 소나무와 사슴, 그리고 박쥐 등의 형상이 보이기 때문이다. 소나무와 사슴은 장수를, 박쥐는 복을 상징하기에 전통적으로 즐겨 사용되는 문양이다. 비록 서양식 정자이지만 우리의 문화와 정서가 녹아들어 있는 것이다. 물론 이 건물에는 이국적인 요소가 많다. 회랑을 덮고 있는 처마를 지지하는 바깥 기둥은 전형적인 서양식 기둥의 모습이다. 이 기둥은 19세기 말 서양의 석조 기둥이 철제 기둥으로 바뀌는 과정에서 갖게 된 날렵한 비례감을 지니고 있다. 이 때문에 그리스의 도리아, 이오니아, 코린트 기둥의 안정감 있는 비례감에 익숙한 사람들에게는 다소 어색해 보이기도 한다.

그런데 정관헌에는 서양과 달리 철이 아닌 목재가 바깥 기둥의 재료로 사용되었다. 이는 당시 정부가 철을 자유롭게 사용할 수 있을 정도의 재정적 여력을 갖지 못했기 때문이다. 정관헌의 바깥 기둥 윗부분에는 대한제국을 상징하는 오얏꽃 장식이 선명하게 자리 잡고 있다. 정관헌은 건축적 가치가 큰 궁궐 건물이었지만 규모도 크지 않고 가벼운 용도로 지어졌기 때문에 그동안 소홀히 취급되어 왔다.

① 정관헌의 바깥 기둥은 서양식 철 기둥 모양을 하고 있지만 우리 문화와 정서를 반영하기 위해 목재를 사용하였다.
② 정관헌의 난간에 보이는 동식물과 바깥 기둥에 보이는 꽃 장식은 상징성을 지니고 있다.
③ 정관헌은 그 규모와 용도 때문에 건축물로서 지닌 가치에 걸맞은 취급을 받지 못했다.
④ 정관헌에 사용된 서양식 기둥과 붉은 벽돌은 정관헌을 이국적으로 보이게 한다.
⑤ 정관헌은 동서양의 건축적 특징이 조합된 양관으로서 궁궐 건물이었다.

조선 시대에는 농지에서 생산된 곡물의 일정량을 조세로 징수했는데, 건국 초에는 면적 단위 1결마다 거두도록 규정된 조세량이 일정했다. 하지만 이에 불만을 품은 사람들이 많았다. 생산성이 좋은 농지를 가진 자는 정해진 액수만 내면 남은 양에 상관없이 그 모두를 가질 수 있었던 반면, 생산성이 낮은 농지를 가진 자는 수확량이 적어 정해진 세액도 못 낼 수 있기 때문이었다. 이는 모든 농지를 결이라는 동일한 크기의 면적으로 나누고 결마다 같은 액수의 조세를 받기 때문에 생긴 문제였다. 조선 왕조는 이런 문제점을 완화하고자 작황을 살핀 후 적당히 세액을 깎아주는 '답험손실법'이라는 제도를 시행하였다.

답험손실법에 따라 작황을 살펴보는 행위를 '답험'이라고 불렀다. 답험 실행 주체는 농지의 성격에 따라 달랐다. 국가에 조세를 내야 하는 땅은 그 농지가 위치한 곳의 지방관이 답험을 했다. 또 과전법의 적용을 받아 국가 대신 조세를 받는 사람이 지정된 땅의 경우에는 권리 수급자가 직접 답험을 했다. 그런데 답험 과정에서 지방관이 납세 의무자로부터 뇌물을 받거나 제대로 답험을 하지 않는 문제가 자주 일어났다.

세종은 이러한 문제점을 없애고자 조세 개혁에 관한 초안을 만들었다. 이 초안에는 이전에 했던 방식대로 결당 세액을 고정하는 대신, 중앙 관청이 모든 토지의 작황을 일괄적으로 답험하겠다는 내용이 담겼다. 세종은 이 초안에 대해 백성들이 어떻게 생각하는지 알아보았다. 그 결과 함경도 농민들은 1결마다 부과할 세액을 고정하는 데 반대하지만, 전라도 농민들은 환영한다는 것을 알게 되었다. 전라도 농민들은 생산성이 높은 농지가 많았기 때문에 찬성한 것이고, 함경도 농민들은 생산성이 낮은 농지가 많았기 때문에 반대한 것이다. 이처럼 찬반이 엇갈리자 세종은 1결당 세액을 동일한 액수로 고정하되, 전국의 농지를 비옥도에 따라 6개의 등급으로 나누고 등급에 따라 결의 면적을 달리 하였다. 6등전과 1등전의 절대 면적을 기준으로 비교할 때, 6등전 1결의 절대 면적이 1이라면 1등전 1결은 0.4였다. 한편 세종은 도 관찰사로 하여금 관할 도 안에 있는 모든 농지의 작황을 매년 조사한 후 그에 따라 결당 세액을 군현별로 조정하는 정책을 시행하였다. 이와 같이 세종 때 농지의 생산성과 연도별 작황을 감안해 세액과 결을 조정한 제도를 '공법'이라고 부른다.

① 공법에 따르면 같은 군현 안에 있고 농지 절대 면적의 총합이 동일한 마을들 중 1등전만 있는 마을 주민들이 내는 조세의 총액이 2등전만 있는 마을의 조세 납부 총액보다 많아진다.

② 공법 시행 후에 같은 등급에 속한 농지들은 1결의 크기가 같아지므로 지역에 상관없이 매년 같은 액수의 조세를 냈다.

③ 절대 면적이 동일한 경우라도 공법 시행 후에는 1등전만 있는 마을이 2등전만 있는 마을보다 결의 수가 더 적어졌다.

④ 과전법에 의해 조세를 국가 대신 받는 개인은 공법 시행으로 매년 그 땅의 작황을 조사해 중앙 관청에 보고해야 했다.

⑤ 세종의 초안대로라면 함경도 주민들이 내는 조세의 총액은 전라도 주민들이 내는 조세의 총액보다 많아진다.

유교는 그 근본 정신과 행위 규범으로 구분될 수 있다. 행위 규범으로서의 유교를 '예교(禮敎)'라고 부른다. 이러한 의미로 보면 예교는 유교의 일부분이었지만, 유교를 신봉하는 사람들의 입장으로 본다면 유교 자체라고 할 수도 있다. 유교 신봉자들에게 예교는 유교적 원리에서 자연스럽게 도출되는 것이었고, 예교를 통해 유교적 가치를 실현할 수 있었기 때문이다. 중국인들이 생활 안에서 직접 경험하는 유교적 가치는 추상적 원리가 아니라 구체적 규율일 수밖에 없었다. 이러한 점에서 유교와 예교는 원리적으로는 하나라고 할 수 있지만, 실질적으로 분명히 구분되는 것이었다. 이제부터 유교의 근본 정신을 그대로 '유교'라고 일컫고, 유교의 행위 규범은 '예교'라고 일컫기로 한다.

전통적으로 중국에서는 예교와 법(法)이 구분되었다. 법이 강제적이며 외재적 규율이라면, 예교는 자발적이고 내면적인 규율이다. '명교(名敎)'와 '강상(綱常)'은 예교와 비슷한 의미로 사용되었는데, 둘 다 예교에 포함되는 개념이다. 명교는 말 그대로 '이름의 가르침'이란 뜻으로, 이름이나 신분에 걸맞도록 행동하라는 규범이었다. 강상은 '삼강(三綱)'과 '오상(五常)'을 함께 일컫는 말로, 예교의 가르침 중 최고의 준칙이었다. 삼강은 임금과 신하, 부모와 자식, 부부 등 신분, 성별에 따른 우열을 규정한 것이었다. 오상은 '인 · 의 · 예 · 지 · 신'이라는 유학자들이 지켜야 할 덕목이었다. 오상이 유교적 가치의 나열이라고 한다면, 명교와 삼강은 현실적 이름, 신분, 성별에 따른 행위 규범이었다. 이 때문에 근대 중국 지식인들의 유교 비판은 신분 질서를 옹호하는 의미가 내포된 예교 규칙인 명교와 삼강에 집중되었다. 이름이나 신분, 성별에 따른 우열은 분명 평등과 민주의 이념에 어긋나는 것이었기 때문이다.

실제로 유교와 예교를 분리시켰던 사람들은 캉유웨이(康有爲)를 비롯한 변법유신론자들이었다. 이들은 중국의 정치 제도를 변경시켜서 입헌군주국으로 만들려고 했다. 그러한 목적을 달성하기 위해서는 기존의 정치 질서를 핵심적으로 구성하고 있던 예교를 해체하는 작업이 우선이었다. 캉유웨이는 유교 자체를 공격하고자 하지는 않았다. 그는 공자의 원래 생각을 중심으로 유교를 재편하기 위해 예교가 공자의 원래 정신에 어긋난다고 비판했다. 그에 따라 캉유웨이에게 유교와 예교는 명확하게 구별되는 것이 되었다.

① 유교와 예교를 분리하여 이해했던 사람들은 공자 정신을 비판했다.

② 삼강은 신분과 성별에 따른 우열을 옹호하는 강제적이고 외재적인 규율이었다.

③ 전통적인 유교 신봉자들은 법을 준수하는 생활 속에서 유교적 가치를 체험했다.

④ 중국의 일부 지식인들은 유교의 행위 규범에는 민주주의 이념에 위배되는 요소가 있다고 생각했다.

⑤ 명교는 유교적 근본 정신을 담은 규율이었기 때문에 근대의 예교 해체 과정에서 핵심적 가치로 재발견되었다.

문 24. 다음 글에서 알 수 없는 것은?

연금 제도의 금융 논리와 관련하여 결정적으로 중요한 원리는 중세에서 비롯된 신탁 원리다. 12세기 영국에서는 미성년 유족(遺族)에게 토지에 대한 권리를 합법적으로 이전할 수 없었다. 그럼에도 불구하고 영국인들은 유언을 통해 자식에게 토지 재산을 물려주고 싶어 했다. 이런 상황에서 귀족들이 자신의 재산을 미성년 유족이 아닌, 친구나 지인 등 제3자에게 맡기기 시작하면서 신탁 제도가 형성되기 시작했다. 여기서 재산을 맡긴 성인 귀족, 재산을 물려받은 미성년 유족, 그리고 미성년 유족을 대신해 그 재산을 관리·운용하는 제3자로 구성되는 관계, 즉 위탁자, 수익자, 그리고 수탁자로 구성되는 관계가 등장했다. 이 관계에서 주목해야 할 것은 미성년 유족은 성인이 될 때까지 재산권을 온전히 인정받지는 못 했다는 점이다. 즉 신탁 원리 하에서 수익자는 재산에 대한 운용 권리를 모두 수탁자인 제3자에게 맡기도록 되어 있었기 때문에 수익자의 지위는 불안정했다.

연금 제도가 이 신탁 원리에 기초해 있는 이상, 연금 가입자는 연기금 재산의 운용에 대해 영향력을 행사하기 어렵게 된다. 왜냐하면 신탁의 본질상 공·사 연금을 막론하고 신탁 원리에 기반을 둔 연금 제도에서는 수익자인 연금 가입자의 적극적인 권리 행사가 허용되지 않기 때문이다. 결국 신탁 원리는 수익자의 연금 운용 권리를 현저히 약화시키는 것을 기본으로 한다. 그 대신 연금 운용을 수탁자에게 맡기면서 '수탁자 책임'이라는, 논란이 분분하고 불분명한 책임이 부과된다. 수탁자 책임 이행의 적절성을 어떻게 판단할 수 있는가에 대해 많은 논의가 있었지만, 수탁자 책임의 내용에 대해서 실질적인 합의가 이루어지지는 못했다.

중세에서 기원한 신탁 원리가 연금 제도와 연금 산업에 미치는 효과는 현재까지도 여전히 유효하고 강력하다. 신탁 원리의 영향으로 인해 연금 가입자의 자율적이고 적극적인 권리 행사가 철저하게 제한되어 왔다. 그 결과 연금 가입자는 자본 시장의 최고 원리인 유동성을 마음껏 누릴 수 없었으며, 결국 연기금 운용자인 수탁자의 재량에 종속되는 존재가 되고 말았다.

① 사적 연금 제도의 가입자는 자본 시장의 유동성을 충분히 누릴 수 없었다.
② 위탁자 또는 수익자와 직접적인 혈연 관계에 있지 않아도 수탁자로 지정될 수 있었다.
③ 연금 수익자의 지위가 불안정하기 때문에 연기금 재산에 대한 적극적인 권리 행사가 제한되었다.
④ 신탁 제도는 미성년 유족에게 토지 재산권이 합법적으로 이전될 수 없었던 중세 영국의 상황 속에서 생겨났다.
⑤ 연금 제도가 신탁 원리에 기반을 두었기 때문에 수탁자가 수익자보다 재산 운용에 대해 더 많은 재량권을 갖게 되었다.

문 25. 다음 글에서 추론할 수 있는 것은?

1950년 국회의원 선거법 개정부터 1969년 국회의원 선거법 개정까지는 투표용지상의 기호가 후보자들의 추첨으로 배정되는 A 방식이 사용되었다. 이때에는 투표용지에 오늘날과 같은 '1, 2, 3' 등의 아라비아 숫자 대신 'I, II, III' 등의 로마자 숫자를 사용하였다. 다만 1963년 제3공화국의 출범 후에는 '선거구별 추첨제'가 '전국 통일 추첨제'로 변경되었다. 즉, 선거구별로 후보자 기호를 추첨하던 것을 정당별로 추첨하는 제도로 바꾸어, 동일 정당의 후보자들이 전국 모든 선거구에서 동일한 기호를 배정받도록 하였다.

이러한 방식은 1969년 관련법이 개정되면서 국회에서 다수 의석을 가진 정당순으로 '1, 2, 3' 등의 아라비아 숫자로 기호를 배정하는 B 방식으로 변화하였다. 현재와 같이 거대 정당에게 유리한 투표용지 관련 제도가 처음 선을 보인 것이다. 다만, 당시 '원내 의석을 가진 정당의 의석 순위'라는 기준은 2개의 정당에게만 적용되었다. 원내 의석이 3순위 이하인 기타 정당의 후보자에게는 정당 명칭의 가나다순에 의해 순서가 부여되었다. 이러한 순서 부여는 의석수 상위 2개 정당 소속 후보자와 나머지 후보자를 차별한다는 점에서 문제를 안고 있었다.

1981년 개정된 선거법에서는 다시 추첨을 통해 후보자의 게재 순위를 결정하는 C 방식이 도입되었다. 이때 순위 결정은 전국 통일 추첨제가 아닌 선거구별 추첨제를 따랐다. 하지만 정당의 공천을 받은 후보자들은 무소속 후보자들에 비해 우선적으로 앞 번호를 배정받았다. 이 방식에는 정당 소속 후보자와 무소속 후보자를 차별하는 구조적 문제가 있었다.

현행 공직선거법은 현재 국회에서 의석을 가진 정당의 추천을 받은 후보자, 국회에서 의석이 없는 정당의 추천을 받은 후보자, 무소속 후보자의 순으로 후보자의 게재 순위를 결정하는 D 방식을 채택하고 있다. 국회에서 의석을 가진 정당의 게재 순위는 국회에서의 다수 의석순(다만, 같은 의석을 가진 정당이 둘 이상인 때에는 최근에 실시된 비례대표국회의원선거에서의 득표수순)으로 정하고, 현재 국회에 의석이 없는 정당의 추천을 받은 후보자 사이의 게재 순위는 그 정당 명칭의 가나다순으로 정한다. 그리고 무소속 후보자 사이의 게재 순위는 관할 선거구선거관리위원회에서 추첨하여 결정한다.

① A 방식에서 '가'씨 성을 가진 후보자는 'I'로 표기된 기호를 배정받는다.
② B 방식에서 원내 의석수가 2순위인 정당의 후보자라 하더라도 정당 명칭에 따라 기호 '1'을 배정받을 수 있다.
③ C 방식에서 원내 의석수가 3순위인 정당의 후보자들은 동일한 기호를 배정받는다.
④ B 방식과 D 방식에서 원내 의석수가 4순위인 정당의 후보자가 배정받는 기호는 동일하다.
⑤ C 방식과 D 방식에서 원내 의석이 없는 정당의 후보자는 무소속 후보자에 비해 앞 번호 기호를 배정받는다.

대기오염 물질의 자연적 배출원은 공간적으로 그리 넓지 않고 밀집된 도시 규모의 오염 지역을 대상으로 할 경우에는 인위적 배출원에 비하여 대기 환경에 미치는 영향이 크지 않다. 하지만 지구 규모 또는 대륙 규모의 오염 지역을 대상으로 할 경우에는 그 영향이 매우 크다.

자연적 배출원은 생물 배출원과 비생물 배출원으로 구분된다. 생물 배출원에서는 생물의 활동에 의하여 오염 물질의 배출이 일어나는데, 식생의 활동으로 휘발성 유기물질이 배출되거나 토양 미생물의 활동으로 질소산화물이 배출되는 것이 대표적이다. 이렇게 배출된 오염 물질들은 반응성이 크기 때문에 산성비나 스모그와 같은 대기오염 현상을 일으키는 원인이 되기도 한다. 비생물 배출원에서도 많은 대기오염 물질이 배출되는데, 화산 활동으로 미세 먼지나 황산화물이 발생하거나 번개에 의해 질소산화물이 생성된다. 그 외에 사막이나 황토 지대에서 바람에 의해 미세 먼지가 발생하거나 성층권 오존이 대류권으로 유입되는 것도 이 범주에 넣을 수 있다.

인위적 배출원은 사람들이 생활이나 산업상의 편익을 위하여 만든 시설이나 장치로서, 대기 중으로 오염 물질을 배출하거나 대기 중에서 유해 물질로 바뀌게 될 원인 물질을 배출한다. 대표적인 인위적 배출원들은 연료의 연소를 통하여 이산화탄소, 일산화탄소, 질소산화물, 황산화물 등을 배출하지만 연소 외의 특수한 과정을 통해 발생하는 폐기물을 대기 중으로 내보내는 경우도 있다.

인위적 배출원은 점오염원, 면오염원, 선오염원으로 구분된다. 인위적 배출원 중 첫 번째로 점오염원은 발전소, 도시 폐기물 소각로, 대규모 공장과 같이 단독으로 대량의 오염 물질을 배출하는 시설을 지칭한다. 면오염원은 주거 단지와 같이 일정한 면적 내에 밀집된 다수의 소규모 배출원을 지칭한다. 선오염원의 대표적인 것은 자동차로서 이는 도로를 따라 선형으로 오염 물질을 배출시켜 주변에 대기오염 문제를 일으킨다. 높은 굴뚝에서 오염 물질을 배출하는 점오염원은 그 영향 범위가 넓지만, 배출구가 낮은 면오염원과 선오염원은 대기 확산이 잘 이루어지지 않아 오염원 근처의 지표면에 영향을 미친다.

① 비생물 배출원에서 배출되는 질소산화물은 연료의 연소 생성물이 대부분이다.
② 산성비는 인위적 배출원보다 자연적 배출원에서 배출되는 오염 물질에서 더 많이 생성된다.
③ 자연적 배출원은 인위적 배출원에 비해 큰 규모의 대기 환경에 대한 영향력이 미미하다.
④ 미생물이나 식생의 활동이 대기 중에 떠돌아다니는 반응성이 큰 오염 물질들을 감소시키기도 한다.
⑤ 인위적 배출원에서 오염 물질을 배출할 경우, 오염원은 배출구가 높을수록 더 멀리까지 영향을 미친다.

가상의 동전 게임을 하나 생각해 보자. 이 게임의 규칙은 동전을 던져서 제일 높은 점수를 얻는 사람이 이기는 것이다. 게임 참여자는 A, B 두 그룹으로 구분된다. 두 그룹의 인원수는 100명으로 같지만, 각 참여자에게 같은 수의 동전을 주지 않는다. A 그룹에는 한 사람당 동전을 10개씩 주고, B 그룹에는 한 사람당 100개씩 준다. 모든 동전은 1개당 한 번씩 던지는 것으로 한다.

〈게임 1〉에서는 앞면이 나온 동전 1개당 1점씩 점수를 준다고 하자. 이때 게임의 승자는 B 그룹에서 나올 가능성이 매우 높다. B 그룹 사람들 중 상당수는 50점쯤 얻을 텐데, 그것은 A 그룹 사람들 중에서 누구도 이길 수 없는 점수이다. A 그룹 인원을 아무리 늘리더라도 최고 점수는 10점일 것이기 때문이다.

〈게임 2〉에서는 〈게임 1〉과 달리 앞면이 나오는 동전의 개수가 아니라 앞면이 나온 비율로 점수를 매겨 가장 높은 점수를 받은 사람이 이긴다고 하자. A 그룹 중에서 한 명쯤은 동전 10개 중 앞면이 8개 나올 것이다. 이 경우 그는 80점을 얻는다. B 그룹은 어떨까? B 그룹 사람 100명 중에서 누구도 80점을 받기는 어려울 것이다. 물론 그런 일이 물리적으로 불가능하지는 않겠지만, 현실에서는 거의 벌어지지 않을 것이다. 동전을 더 많이 던질수록 앞면과 뒷면의 비율은 50대 50에 더 가깝게 수렴되기 때문이다. B 그룹에서 80점을 받는 사람이 한 명쯤 나오려면, B 그룹 인원수는 100명이 아니라 그보다 더 커야 한다. 이처럼 동전 개수가 증가했을 때 80점을 받는 사람이 한 명쯤 나오려면 그 동전 개수의 증가에 맞춰 그룹 인원수도 크게 증가해야 한다.

— 〈보 기〉 —

ㄱ. 〈게임 1〉에서 A 그룹 참가자와 B 그룹 참가자의 동전 개수를 각각 절반으로 줄일 경우, 게임의 승자가 나올 그룹은 바뀔 것이다.
ㄴ. 〈게임 2〉에서 B 그룹만 인원을 늘릴 경우, 그 수를 아무리 늘리더라도 90점을 받는 사람은 A 그룹에서만 나올 것이다.
ㄷ. 〈게임 2〉에서 A 그룹만 참가자 각각의 동전 개수를 1,000개로 늘릴 경우, A 그룹에서 80점을 받는 사람이 한 명쯤 나오기 위해 필요한 A 그룹 인원수는 80점을 받는 사람이 한 명쯤 나오기 위해 필요한 B 그룹 인원수보다 훨씬 더 커야 할 것이다.

① ㄱ
② ㄷ
③ ㄱ, ㄴ
④ ㄴ, ㄷ
⑤ ㄱ, ㄴ, ㄷ

문 28. 다음 글에서 추론할 수 있는 것만을 〈보기〉에서 모두 고르면?

두 선택지 중 하나를 고르는 게임을 생각해 보자. 게임 A에서 철수는 선택1을 선호한다.

〈게임 A〉 선택1 : 100만 원이 들어 있는 봉투 100장 중에서 봉투 하나를 무작위로 선택한다.

선택2 : 200만 원이 들어 있는 봉투 10장, 100만 원이 들어 있는 봉투 89장, 빈 봉투 1장 중에서 봉투 하나를 무작위로 선택한다.

한편 그는 게임 B에서는 선택4를 선호한다.

〈게임 B〉 선택3 : 100만 원이 들어 있는 봉투 11장, 빈 봉투 89장 중에서 봉투 하나를 무작위로 선택한다.

선택4 : 200만 원이 들어 있는 봉투 10장, 빈 봉투 90장 중에서 봉투 하나를 무작위로 선택한다.

그런데 선호와 관련한 원리 K를 생각해 보자. 이는 "기댓값을 계산해 그 값이 더 큰 것을 선호하라."는 것을 말한다. 이 원리를 받아들인다면, 철수는 게임 A에서는 선택2를, 게임 B에서는 선택4를 선호해야 한다. 계산을 해보면 그 둘의 기댓값이 다른 것보다 더 크기 때문이다.

한편 선호와 관련해 또 다른 원리 P도 있다. 이는 "두 게임이 '동일한 구조'를 지닌다면, 두 게임의 선호는 바뀌지 말아야 한다."는 것을 말한다. 이때 두 게임의 선택에 나오는 '공통 요소'를 다른 것으로 대체한 것은 '동일한 구조'를 지닌다고 본다. 예를 들어보자. 먼저 선택1은 "100만 원이 들어 있는 봉투 11장, 100만 원이 들어 있는 봉투 89장 중에서 봉투 하나를 무작위로 선택한다."와 같다는 사실에서 출발하자. 이렇게 볼 경우, 이제 선택1과 선택2는 '100만 원이 들어 있는 봉투 89장'을 공통 요소로 포함하고 있으므로 이를 '빈 봉투 89장'으로 대체하자. 그러면 다음 두 선택으로 이루어진 게임도 앞의 게임 A와 동일한 구조를 지닌 것이 된다는 것이다.

선택1* : 100만 원이 들어 있는 봉투 11장, 빈 봉투 89장 중에서 봉투 하나를 무작위로 선택한다.

선택2* : 200만 원이 들어 있는 봉투 10장, 빈 봉투 90장 중에서 봉투 하나를 무작위로 선택한다.

원리 P는 선택1을 선택2보다 선호하는 사람이라면 동일한 구조를 지닌 이 게임에서도 선택1*을 선택2*보다 선호해야 한다는 것을 말해준다. 흥미로운 사실은 선택1*과 선택2*는 앞서 나온 게임 B의 선택3 및 선택4와 정확히 같다는 점이다. 그러므로 선택1을 선택2보다 선호하는 철수가 원리 P를 받아들인다면 선택3을 선택4보다 선호해야 한다.

─────── 〈보 기〉 ───────

ㄱ. 〈게임 A〉에서 선택1을, 〈게임 B〉에서 선택3을 선호하는 사람은 두 원리 가운데 적어도 하나는 거부해야 한다.

ㄴ. 〈게임 A〉에서 선택2를, 〈게임 B〉에서 선택3을 선호하는 사람은 두 원리 가운데 적어도 하나는 거부해야 한다.

ㄷ. 〈게임 A〉에서 선택2를, 〈게임 B〉에서 선택4를 선호하는 사람은 두 원리 가운데 적어도 하나는 거부해야 한다.

① ㄱ   ② ㄷ
③ ㄱ, ㄴ   ④ ㄴ, ㄷ
⑤ ㄱ, ㄴ, ㄷ

문 29. 다음 글의 ㉠으로 가장 적절한 것은?

갑 : 우리는 타인의 언어나 행동을 관찰함으로써 타인의 마음을 추론한다. 예를 들어, 우리는 철수의 고통을 직접적으로 관찰할 수 없다. 그러면 철수가 고통스러워한다는 것을 어떻게 아는가? 우리는 철수에게 신체적인 위해라는 특정 자극이 주어졌다는 것과 그가 신음 소리라는 특정 행동을 했다는 것을 관찰함으로써 철수가 고통이라는 심리 상태에 있다고 추론하는 것이다.

을 : 그러한 추론이 정당화되기 위해서는 내가 보기에 ㉠ A 원리가 성립한다고 가정해야 한다. 그렇지 않다면, 특정 자극에 따른 철수의 행동으로부터 철수의 고통을 추론하는 것은 잘못이다. 그런데 A 원리가 성립하는지는 아주 의심스럽다. 예를 들어, 로봇이 우리 인간과 유사하게 행동할 수 있다고 하더라도 로봇이 고통을 느낀다고 생각하는 것은 잘못일 것이다.

병 : 나도 A 원리는 성립하지 않는다고 생각한다. 아무런 고통을 느끼지 못하는 사람이 있다고 해 보자. 그런데 그는 고통을 느끼는 척하는 방법을 배운다. 많은 연습 끝에 그는 신체적인 위해가 가해졌을 때 비명을 지르고 찡그리는 등 고통과 관련된 행동을 완벽하게 해낸다. 그렇지만 그가 고통을 느낀다고 생각하는 것은 잘못일 것이다.

정 : 나도 A 원리는 성립하지 않는다고 생각한다. 위해가 가해져 고통을 느끼지만 비명을 지르는 등 고통과 관련된 행동은 전혀 하지 않는 사람도 있기 때문이다. 가령 고통을 느끼지만 그것을 표현하지 않고 잘 참는 사람도 많지 않은가? 그런 사람들을 예외적인 사람으로 치부할 수는 없다. 고통을 참는 것이 비정상적인 것은 아니다.

을 : 고통을 참는 사람들이 있고 그런 사람들이 비정상적인 것은 아니라는 데는 나도 동의한다. 하지만 그러한 사람의 존재가 내가 얘기한 A 원리에 대한 반박 사례인 것은 아니다.

① 어떤 존재의 특정 심리 상태 X가 관찰 가능할 경우, X는 항상 특정 자극에 따른 행동 Y와 동시에 발생한다.

② 어떤 존재의 특정 심리 상태 X가 항상 특정 자극에 따른 행동 Y와 동시에 발생할 경우, X는 관찰 가능한 것이다.

③ 어떤 존재에게 특정 자극에 따른 행동 Y가 발생할 경우, 그 존재에게는 항상 특정 심리 상태 X가 발생한다.

④ 어떤 존재에게 특정 심리 상태 X가 발생할 경우, 그 존재에게는 항상 특정 자극에 따른 행동 Y가 발생한다.

⑤ 어떤 존재에게 특정 심리 상태 X가 발생할 경우, 그 존재에게는 항상 특정 자극에 따른 행동 Y가 발생하고, 그 역도 성립한다.

문 30. 다음 글의 '나'의 암묵적 전제로 볼 수 있는 것만을 〈보기〉에서 모두 고르면?

나는 최근에 수집한 암석을 분석하였다. 암석의 겉껍질은 광물이 녹아서 엉겨 붙어 있는 상태인데, 이것은 운석이 대기를 통과할 때 가열되면서 나타나는 대표적인 현상이다. 암석은 유리를 포함하고 있었고 이 유리에는 약간의 기체가 들어있었다. 이 기체는 현재의 지구나 원시 지구의 대기와 비슷하지 않지만 바이킹 화성탐사선이 측정한 화성의 대기와는 흡사하였다. 특히 암석에서 발견된 산소는 지구의 암석에 있는 것과 동위원소 조성이 달랐다. 그러나 화성에서 기원한 다른 운석에서 나타나는 동위원소 조성과는 일치하였다.

놀랍게도 이 암석에서는 박테리아처럼 보이는 작은 세포 구조가 발견되었다. 그 크기는 100나노미터였고 모양은 둥글거나 막대기 형태였다. 이 구조는 매우 정교하여 살아 있는 세포처럼 보였다. 추가 분석으로 이 암석에서 탄산염 광물을 발견하였고 이 탄산염 광물은 박테리아가 활동하는 곳에서 형성된 지구의 퇴적물과 닮았다는 것을 알게 되었다. 이 탄산염 광물에서는 특이한 자철석 결정이 발견되었다. 지구에서 발견되는 A 종류의 박테리아는 자체적으로 합성한, 특이한 형태와 높은 순도를 지닌 자철석 결정의 긴 사슬을 이용해 방향을 감지한다. 이 자철석은 지층에 퇴적될 수 있다. 자성을 띤 화석은 지구상에 박테리아가 나타나기 시작한 20억 년 전의 암석에서도 발견된다. 내가 수집한 암석에서 발견된 자철석은 A 종류의 박테리아에 의해 생성되는 것과 같은 결정형과 높은 순도를 지니고 있었다.

따라서 나는 최근에 수집한 암석이 생명체가 화성에서 실재하였음을 나타내는 증거라고 확신한다.

〈보 기〉

ㄱ. 크기가 100나노미터 이하의 구조는 생명체로 볼 수 없다.

ㄴ. 산소의 동위원소 조성은 행성마다 모두 다르게 나타난다.

ㄷ. A 종류의 박테리아가 없었다면 특이한 결정형의 자철석이 나타나지 않는다.

① ㄱ
② ㄴ
③ ㄱ, ㄷ
④ ㄴ, ㄷ
⑤ ㄱ, ㄴ, ㄷ

문 31. 다음 글의 문맥에 맞지 않는 곳을 ㉠~㉤에서 찾아 수정하려고 할 때, 가장 적절한 것은?

'단일환자방식'은 숫자가 아닌 문자를 암호화하는 가장 기본적인 방법이다. 이는 문장에 사용된 문자를 일정한 규칙에 따라 일대일 대응으로 재배열하여 문장을 암호화하는 방법이다. 예를 들어, 철수가 이 방법에 따라 영어 문장 'I LOVE YOU'를 암호화하여 암호문으로 만든다고 해보자. 철수는 먼저 알파벳을 일대일 대응으로 재배열하는 규칙을 정하고, 그 규칙에 따라 'I LOVE YOU'를 'Q RPDA LPX'와 같이 암호화하게 될 것이다. 이때 철수가 사용한 규칙에는 ㉠ 'I를 Q로 변경한다', 'L을 R로 변경한다' 등이 포함되어 있는 셈이다.

우리가 단일환자방식에 따라 암호화한 영어 문장을 접한다고 해보자. 그 암호문을 어떻게 해독할 수 있을까? ㉡ 우리가 그 암호문에 단일환자방식의 암호화 규칙이 적용되어 있다는 것을 알고 있다면 문제가 쉽게 해결될 수도 있다. 알파벳의 사용 빈도를 파악하여 일대일 대응의 암호화 규칙을 추론해낼 수 있기 때문이다. 이제 통계 자료를 통해 영어에서 사용되는 알파벳의 사용 빈도를 조사해 보니 E가 12.51%로 가장 많이 사용되었고 그 다음 빈도는 T, A, O, I, N, S, R, H의 순서라는 것이 밝혀졌다고 하자. ㉢ 물론 이러한 통계 자료를 확보했다고 해도 암호문이 한두 개 밖에 없다면 암호화 규칙을 추론하기는 힘들 것이다. 그러나 암호문을 많이 확보하면 할수록 암호문을 해독할 수 있는 가능성이 높아질 것이다.

이제 누군가가 어떤 영자 신문에 포함되어 있는 모든 문장을 단일환자방식의 암호화 규칙 α에 따라 암호문들로 만들었다고 해보자. 그 신문 전체에 사용된 알파벳 수는 충분히 많기 때문에 우리는 암호문들에 나타난 알파벳 빈도의 순서에 근거하여 규칙 α가 무엇인지 추론할 수 있다. ㉣ 만일 규칙 α가 앞서 예로 든 철수가 사용한 규칙과 동일하다면, 암호문들에 가장 많이 사용된 알파벳이 E일 가능성이 높을 것이다. 그런데 조사 결과 암호문들에는 영어 알파벳 26자가 모두 사용되었는데 그 중 W가 25,021자로 가장 많이 사용되었고, 이후의 빈도는 P, F, C, H, Q, T, N의 순서라는 것이 밝혀졌다. 따라서 우리는 철수가 정한 규칙은 규칙 α가 아니라고 추론할 수 있다. 또한 규칙 α에 대해 추론하면서 암호문들을 해독할 수 있다. 예를 들어, ㉤ 암호문 'H FPW HP'는 'I ATE IT'를 암호화한 것이라는 사실을 알 수 있게 될 것이다.

① ㉠을 'Q를 I로 변경한다', 'R을 L로 변경한다'로 수정한다.

② ㉡을 '우리가 그 암호문에 단일환자방식의 암호화 규칙이 적용되어 있지 않다고 생각한다 해도 문제는 쉽게 해결될 수 있다'로 수정한다.

③ ㉢을 '이러한 통계 자료를 확보하게 되면 자동적으로 암호화 규칙을 추론할 수 있게 될 것이다'로 수정한다.

④ ㉣을 '만일 규칙 α가 앞서 철수가 사용한 규칙과 동일하다면, 암호문들에 가장 많이 사용된 알파벳은 A일 가능성이 높을 것이다'로 수정한다.

⑤ ㉤을 '암호문 'I ATE IT'는 'H FPW HP'를 암호화한 것이라는 사실을 알 수 있게 될 것이다'로 수정한다.

문 32. 다음 글에 대한 분석으로 적절한 것만을 〈보기〉에서 모두 고르면?

"1 더하기 1은 2이다."와 "대한민국의 수도는 서울이다."는 둘 다 참인 명제이다. 이 중 앞의 명제는 수학 영역에 속하는 반면에 뒤의 명제는 사회적 규약 영역에 속한다. 그리고 위 두 명제 모두 진리 표현 '~는 참이다'를 부가하여, "1 더하기 1은 2라는 것은 참이다.", "대한민국의 수도는 서울이라는 것은 참이다."와 같이 바꿔 말할 수 있다. 이 '~는 참이다'라는 진리 표현에 대한 이론들 중에는 진리 다원주의와 진리 최소주의가 있다.

진리 다원주의에 의하면 ⊙ 수학과 사회적 규약이라는 서로 다른 영역에 속한 위 두 명제들의 진리 표현은 서로 다른 진리를 나타낸다. 한편, ⓛ 진리 표현은 명제가 속한 영역에 따라서 다른 진리를 나타낸다는 주장은 진리가 진정한 속성일 때에만 성립한다. 만약 진리가 진정한 속성이 아니라면 영역의 차이에 따라 진리를 구별하는 것은 무의미할 것이기 때문이다. 그러므로 진리 다원주의는 ⓒ 진리가 진정한 속성이라는 것을 받아들여야 한다. 한편, ⓔ 언어 사용을 통해 어떤 속성에 대한 모든 것을 알 수 있다면, 그것은 진정한 속성이 아니다. 진리가 진정한 속성이라면 언어 사용을 통해 진리에 관한 모든 것을 알 수 있는 것은 아니다. 진리 최소주의자들은 ⓜ 우리는 언어 사용을 통해 진리에 관한 모든 것을 알 수 있다고 주장한다. 그러므로 만약 진리 최소주의가 옳다면 어떤 결론이 따라 나오는지는 명확하다.

─── 〈보 기〉 ───

ㄱ. ⊙과 ⓛ은 함께 ⓒ을 지지한다.
ㄴ. ⓔ과 ⓜ은 함께 ⓒ을 반박한다.
ㄷ. ⊙, ⓛ, ⓔ은 함께 ⓜ을 반박한다.

① ㄱ
② ㄷ
③ ㄱ, ㄴ
④ ㄴ, ㄷ
⑤ ㄱ, ㄴ, ㄷ

문 33. 다음 글의 내용이 참일 때, 반드시 참인 것은?

• 김 대리, 박 대리, 이 과장, 최 과장, 정 부장은 A 회사의 직원들이다.
• A 회사의 모든 직원은 내근과 외근 중 한 가지만 한다.
• A 회사의 직원 중 내근을 하면서 미혼인 사람에는 직책이 과장 이상인 사람은 없다.
• A 회사의 직원 중 외근을 하면서 미혼이 아닌 사람은 모두 그 직책이 과장 이상이다.
• A 회사의 직원 중 외근을 하면서 미혼인 사람은 모두 연금 저축에 가입해 있다.
• A 회사의 직원 중 미혼이 아닌 사람은 모두 남성이다.

① 김 대리가 내근을 한다면, 그는 미혼이다.
② 박 대리가 미혼이면서 연금 저축에 가입해 있지 않다면, 그는 외근을 한다.
③ 이 과장이 미혼이 아니라면, 그는 내근을 한다.
④ 최 과장이 여성이라면, 그는 연금 저축에 가입해 있다.
⑤ 정 부장이 외근을 한다면, 그는 연금 저축에 가입해 있지 않다.

문 34. 다음 글의 내용이 참일 때, 반드시 참인 것만을 〈보기〉에서 모두 고르면?

2016년 1월 출범한 특별업무지원팀 〈미래〉가 업무적격성 재평가 대상에서 제외된 것은 다행한 일이다. 꼬박 일 년의 토론과 준비 끝에 출범한 〈미래〉의 업무가 재평가로 인해 불필요하게 흔들리는 것은 바람직하지 않다는 인식이 부처 내에 널리 퍼진 덕분이다. 물론 가용이나 나윤 둘 중 한 사람이라도 개인 평가에서 부적격 판정을 받을 경우, 〈미래〉도 업무적격성 재평가를 피할 수 없는 상황이었다. 만일 〈미래〉가 첫 과제로 수행한 드론 법규 정비 작업이 성공적이지 않았다면, 나윤과 다석 둘 중 적어도 한 사람은 개인 평가에서 부적격 판정을 받았을 것이다. 아울러 〈미래〉의 또 다른 과제였던 나노 기술 지원 사업이 성공적이지 않았다면, 라율과 가용 두 사람 중 누구도 개인 평가에서 부적격 판정을 피할 수 없었을 것이다.

─── 〈보 기〉 ───

ㄱ. 〈미래〉의 또 다른 과제였던 나노 기술 지원 사업이 성공적이었다.
ㄴ. 다석이 개인 평가에서 부적격 판정을 받지 않았다면, 그것은 첫 과제로 수행한 〈미래〉의 드론 법규 정비 작업이 성공적이었음을 의미한다.
ㄷ. 〈미래〉가 첫 과제로 수행한 드론 법규 정비 작업이 성공적이지 않았다면, 라율은 개인 평가에서 부적격 판정을 받았다.

① ㄱ
② ㄷ
③ ㄱ, ㄴ
④ ㄴ, ㄷ
⑤ ㄱ, ㄴ, ㄷ

문 35. 다음 글에 대한 분석으로 적절한 것만을 〈보기〉에서 모두 고르면?

이론 A는 행위자들의 선호가 제도적 맥락 속에서 형성된다고 본다. 한편, 행위를 설명하기 위해 선호를 출발점으로 삼는 이론 B는 선호의 형성 과정에 주목하지 않는다. 왜냐하면 선호는 '주어진 것'이며 제도나 개인의 심리에 의해 설명해야 할 대상이 아니라고 보기 때문이다. 이 주어진 선호는 합리적인 것으로 간주된다. 왜냐하면 이론 B에서 상정된 개인은 자기 자신의 이익을 최대화하는 전략을 선택하는 존재, 즉 합리적 존재라 가정되기 때문이다.

이론 A는 행위자들의 선호를 주어진 것으로 간주해서는 안 된다고 본다. 행위의 구체적 맥락을 이해하지 못한다면 자기 이익을 최대화하는 전략을 따른 행위를 강조하는 것이 아무런 의미를 갖지 못한다고 보기 때문이다. 구체적인 상황 속에서 행위자는 특정한 목적과 수단을 가지고 행위하기 마련이다. 그렇다면 그런 행위자들의 행위를 제대로 설명하기 위해서는 그 목적과 수단이 왜 자신의 이익을 최대화한다고 생각했는지, 즉 왜 그런 선호가 형성되었는지 설명해야 한다. 그런데 제도와 같은 맥락적 요소를 배제하면, 그런 선호 형성을 설명할 수 없다. 따라서 이론 A는 행위자들의 선호 형성도 설명해야 할 대상으로 상정한다.

이론 A가 선호의 형성을 설명하려 한다고 해서 개인의 심리를 분석하려는 것은 아니다. 이론 A에 따르면, 제도는 구체적 상황에 처한 행위자들의 선택을 제약함으로써 그들의 전략에 영향을 준다. 또한 제도는 행위자들이 자신이 추구하는 목적을 구체화하는 데도 영향을 미친다. 그렇다고 행위가 제도에 의해 완전히 결정된다는 것은 아니다. 구체적 상황에서의 행위자들의 행위를 이해하게 해주는 단서는 제도적 맥락으로부터 찾아야 한다는 것이 이론 A의 견해이다.

〈보 기〉

ㄱ. 선호 형성과 관련해 이론 A와 이론 B는 모두 개인의 심리에 대한 분석에 주목하지 않는다.

ㄴ. 이론 A는 맥락적 요소를 이용해 선호 형성 과정을 설명하려고 하지만 이론 B는 선호 형성 과정을 설명하려 하지 않는다.

ㄷ. 이론 B는 행위자가 자기 자신의 이익을 최대화하는 전략에 따른다는 것을 부정하지만 이론 A는 그렇지 않다.

① ㄱ
② ㄷ
③ ㄱ, ㄴ
④ ㄴ, ㄷ
⑤ ㄱ, ㄴ, ㄷ

문 36. 다음 글의 A~D에 대한 분석으로 적절한 것만을 〈보기〉에서 모두 고르면?

A : '정격연주'란 음악을 연주할 때 그것이 작곡된 시대에 연주된 느낌을 정확하게 구현하는 것을 목표로 하는 연주이다. 그럼 어떻게 정격연주가 가능할까? 그 방법은 옛 음악을 작곡 당시에 공연된 것과 똑같이 재연하는 것이다. 이런 연주는 가능하며, 그렇다면 우리는 음악이 작곡되었던 때와 똑같은 느낌을 구현할 수 있을 것이다.

B : 옛 음악을 작곡 당시에 연주된 것과 똑같이 재연하는 것은 이상일 뿐이지 현실화할 수 없다. 18세기 오페라 공연에서 거세된 사람만 할 수 있었던 카스트라토 역을 오늘날에는 도덕적인 이유에서 여성 소프라노가 맡아서 노래한다. 따라서 과거와 현재의 연주 관습상 차이 때문에, 옛 음악을 작곡 당시와 똑같이 재연하는 것은 불가능하다.

C : 똑같이 재연하지 못한다고 해서 정격연주가 불가능한 것은 아니다. 작곡자는 명확히 하나의 의도를 갖고 작품을 창작한다. 작곡자가 자신의 작품이 어떻게 들리기를 의도했는지 파악해 연주하면, 작곡된 시대에 연주된 느낌을 정확하게 구현할 수 있다. 따라서 작곡자의 의도를 파악할 수 있다면 정격연주를 할 수 있다.

D : 작곡자의 의도대로 한 연주가 작곡된 시대에 연주된 느낌을 정확하게 구현하지 못할 수 있다. 작곡된 시대에 연주된 느낌을 정확하게 구현하려면 작곡자의 의도뿐만 아니라 당시의 연주 관습도 고려해야 한다. 전근대 시대에 악기 구성이나 프레이징 등은 작곡자의 의도만이 아니라 연주자와 연주 상황에 따라 관습적으로 결정되었다. 따라서 작곡자의 의도와 연주 관습을 모두 고려하지 않는다면 정격연주를 실현할 수 없다.

〈보 기〉

ㄱ. A와 C는 옛 음악을 과거와 똑같이 재연한다면 과거의 연주 느낌이 구현될 수 있다는 것을 부정하지 않는다.

ㄴ. B는 어떤 과거 연주 관습은 현대에 똑같이 재연될 수 없다는 것을 인정하지만 D는 그렇지 않다.

ㄷ. C와 D는 작곡자의 의도를 파악한다면 정격연주가 가능하다는 것에 동의한다.

① ㄱ
② ㄴ
③ ㄱ, ㄷ
④ ㄴ, ㄷ
⑤ ㄱ, ㄴ, ㄷ

문 37. 다음 글의 A와 B에 대한 평가로 적절한 것만을 〈보기〉에서 모두 고르면?

> 지구중심설을 고수하던 프톨레마이오스의 추종자 A와 B는 '지구가 태양 주위를 1년 주기로 공전하고 있다'는 지구 공전 가설에 대하여 나름의 논증으로 대응한다.
>
> A : 오른쪽 눈을 감고 본 세상과 왼쪽 눈을 감고 본 세상은 사물의 상대적 위치가 미묘하게 다르다. 지구 공전 가설이 옳다면, 지구의 공전 궤도 상에서 서로 가장 멀리 떨어진 두 위치에서 별을 관측한다면 별의 위치가 다르게 보일 것이다. 그러나 별은 늘 같은 위치에 있는 것으로 관측된다. 그러므로 지구 공전 가설은 틀렸다.
> B : 바람과 반대 방향으로 빠르게 달리는 마차에서 보면 빗방울은 정지한 마차에서 볼 때보다 더 비스듬하게 떨어지는 것으로 보이지만 마차가 같은 속도로 바람과 같은 방향으로 달릴 때에는 그보다는 덜 비스듬하게 떨어지는 것으로 보인다. 지구 공전 가설이 옳다면 지구의 운동 속도는 상당히 빠를 것이고 반년이 지나면 운동 방향이 반대가 될 것이다. 그러므로 지구의 운동 방향에 따라 별빛이 기울어지는 정도가 변할 것이고 별의 가시적 위치가 달라질 것이다. 그러나 별은 늘 같은 위치에 있는 것으로 관측된다. 그러므로 지구 공전 가설은 틀렸다.

〈보 기〉

ㄱ. A와 B 모두 일상적 경험에 착안하여 얻은 예측과 별을 관측한 결과를 근거로 지구 공전 가설을 평가했다.
ㄴ. A와 B 모두 당시 관측 기술의 한계로 별의 위치 변화가 관측되지 않았을 가능성을 고려하지 않았다.
ㄷ. 지구가 공전하면 별의 위치가 달라져 보일 이유를, A는 관측자의 관측 위치가 달라진 것에서, B는 관측자의 관측 대상에 대한 운동 방향이 뒤바뀐 것에서 찾았다.

① ㄱ
② ㄷ
③ ㄱ, ㄴ
④ ㄴ, ㄷ
⑤ ㄱ, ㄴ, ㄷ

문 38. 다음 글의 A~C의 주장에 대한 평가로 적절한 것만을 〈보기〉에서 모두 고르면?

> 같은 양의 50℃의 물과 30℃의 물을 얼렸을 때 30℃의 물이 먼저 얼 것이라는 예상과는 달리 50℃의 물이 먼저 어는 현상이 발견되었다. 이 현상의 원인에 대해 A, B, C는 다음과 같이 주장하였다.
>
> A : 이러한 현상은 물의 대류로 설명할 수 있다. 물을 얼릴 때 처음에는 전체적으로 온도가 같던 물이라도 외부에 접촉한 곳이 먼저 식고 그렇지 않은 곳은 여전히 따뜻한 상태로 있다. 이러한 온도차가 물 내부에 흐름을 만들어 내는데 이를 대류라 한다. 대류 현상이 활발하게 일어나면 윗부분과 아랫부분의 물이 섞여 온도 차이가 작아지고, 물이 빨리 식을 것이다. 대류 현상은 차가운 물보다 따뜻한 물에서 더 활발하다. 따라서 차가운 물보다 따뜻한 물이 외부로 열을 더 빨리 뺏겨 따뜻한 물이 차가운 물보다 빨리 얼게 된 것이다.
> B : 따뜻한 물의 물 분자들은 차가운 물의 물 분자들보다 더 활발하게 활동하기 때문에, 차가운 물보다 따뜻한 물에서 물의 증발이 더 잘 일어난다. 따라서 따뜻한 물의 질량이 차가운 물의 질량보다 상대적으로 작아져 따뜻한 물이 차가운 물보다 더 빨리 얼게 된 것이다.
> C : 따뜻한 물에는 차가운 물보다 용해기체가 덜 녹아 있다. 용해기체가 많으면 어는점이 더 많이 떨어진다. 따라서 따뜻한 물보다 용해기체가 더 많은 차가운 물의 어는점이 상대적으로 낮아 따뜻한 물이 먼저 얼게 된 것이다.

〈보 기〉

ㄱ. 다른 조건은 동일하고 용기 내부에서 물의 대류를 억제하여 실험을 했을 때도 따뜻한 물이 먼저 언다면 A의 주장은 강화된다.
ㄴ. 따뜻한 물과 차가운 물을 얼리는 과정에서 차가운 물에서 증발한 물의 질량보다 따뜻한 물에서 증발한 물의 질량이 더 크다면 B의 주장은 강화된다.
ㄷ. 차가운 물을 얼린 얼음에 포함되어 있는 용해기체의 양이 따뜻한 물을 얼린 얼음에 포함되어 있는 용해기체의 양보다 많다면 C의 주장은 약화된다.

① ㄱ
② ㄴ
③ ㄱ, ㄷ
④ ㄴ, ㄷ
⑤ ㄱ, ㄴ, ㄷ

갑 : 나는 행복이 만족이라는 개인의 심리적 상태라고 본다. 내가 말하는 만족이란 어떤 순간의 욕구가 충족될 때 생겨나는 것으로서, 욕구가 더 많이 충족될수록 최고 만족에 더 접근한다. 동일한 조건에 있는 사람들 중에도 심리적 상태에 따라 더 행복하기도 하고 덜 행복하기도 하다는 것을 보면 내 주장이 옳다는 것을 알 수 있다.

을 : 아니다. 행복은 전체 삶을 놓고 볼 때 도덕적인 삶을 사는 것이다. 그 이유는 다음과 같다. 목표에는 규범적 목표와 비규범적 목표가 있다. 한 인간의 규범적 목표란, 그의 전체 삶이 끝나는 순간에만 그 달성 여부가 결정되는 목표이다. 반면에 비규범적 목표는 그 달성 여부가 삶의 어떤 순간에 결정된다. 예를 들어 만족은 욕구가 달성된 직후에 만족되었는지의 여부가 결정된다. 행복은 비규범적 목표가 아니라 규범적 목표이다. 그리고 도덕적인 삶 역시 전체 삶이 끝나는 순간에 그 달성 여부가 결정되는 규범적 목표이다. 그러므로 ㉠ 도덕적인 삶과 행복은 같다.

병 : 행복이 개인의 심리적 상태라는 갑의 주장에 반대한다. 나의 근거는 이렇다. 만약 행복이 심리적 상태라면, 그것은 도덕적으로 선한 자에게나 악한 자에게나 마찬가지로 성취될 수 있을 것이다. 예컨대 자신의 만족을 위해 잔악한 짓을 일삼는 악당은 도덕적 표준에 따르면 부도덕하지만, 우리는 그를 행복한 사람이라고 말해야 한다. 하지만 ㉡ 도덕적으로 타락한 그런 사람은 행복한 사람이 아니다. 행복한 사람은 모두 도덕적인 사람이기 때문이다.

정 : 병의 마지막 문장에는 동의한다. 다만, 행복의 달성에 필요한 조건들은 개인의 도덕성 외에도 많이 있다는 것을 나의 주장으로서 첨언하고 싶다. 그렇지 않다면, 왜 우리 사회와 국가는 궁핍을 없애고 국민의 건강을 증진하려 노력하며, 모든 국민들에게 참정권을 확장하고자 애쓰겠는가? 만일 각자의 도덕성이 우리의 행복을 위해 필요한 전부라면, 역사상 일어났던 수많은 사회 제도의 개혁들이 무의미해지고 말 것이다.

무 : 사회 제도의 개혁이 행복과 유관하다는 데에 대체로 공감한다. 그에 덧붙여서 나는, 사회 구성원 각자의 도덕성은 그 개인이 속한 사회가 추구하는 사회 복지의 실현에 기여함으로써 행복의 달성에 간접적으로 영향을 준다고 주장한다. 다만, 사회 복지는 그 사회에 속한 각 개인의 행복을 달성하기 위한 수단일 뿐 그 자체가 목표는 아니다.

문 39. 윗글에 대한 분석으로 적절하지 않은 것은?

① 갑은 행복의 정도가 욕구의 충족에 의존한다는 것에 동의한다.

② 을의 논증에 다양한 규범적 목표가 있다는 전제를 추가하면 ㉠이 도출된다.

③ 병이 받아들이는 ㉡은 도덕성이 개인의 심리적 상태가 아니라는 것과 양립가능하다.

④ 정은 역사상 있어온 사회 제도의 개혁들이 무의미하지 않았다는 것을 전제한다.

⑤ 무는 사회 복지가 실현되면 그 사회에 속한 개인들이 반드시 행복해진다고 전제하지는 않는다.

문 40. 윗글을 토대로 할 때, A~C에 대한 평가로 적절한 것만을 〈보기〉에서 모두 고르면?

> A : 개인의 행복을 위해 꼭 필요한 요소들 중 하나인 건강은, 그가 속한 국가와 사회의 제도를 통한 노력뿐만 아니라 때때로 우연한 행운의 영향을 받기도 한다.
>
> B : 행복을 심리적 상태로 보기는 어렵다. 어떤 사람에게는 만족인 욕구의 충족이 다른 사람에게는 만족이 아닐 수도 있다.
>
> C : 도덕적 행위의 이행은 행복과 무관하다. 개인의 도덕성과 개인의 행복은 서로 어떤 형태로도 영향을 주고받지 않는다.

─────〈 보 기 〉─────

ㄱ. A는 정의 입장을 반박한다.

ㄴ. B는 을의 입장도 병의 입장도 반박하지 않는다.

ㄷ. C는 무의 입장을 반박하지만 갑의 입장을 반박하지는 않는다.

① ㄱ

② ㄴ

③ ㄱ, ㄷ

④ ㄴ, ㄷ

⑤ ㄱ, ㄴ, ㄷ

문 1. 다음 〈표〉는 2016년 경기도 10개 시의 문화유산 보유건수 현황에 대한 자료이다. 이에 대한 설명으로 옳은 것은?

〈표〉 경기도 10개 시의 유형별 문화유산 보유건수 현황

(단위 : 건)

유형 시	국가 지정 문화재	지방 지정 문화재	문화재 자료	등록 문화재	합
용인시	64	36	16	4	120
여주시	24	32	11	3	70
고양시	16	35	11	7	69
안성시	13	42	13	0	68
남양주시	18	34	11	4	67
파주시	14	28	9	12	63
성남시	36	17	3	3	59
화성시	14	26	9	0	49
수원시	14	24	8	2	48
양주시	11	19	9	0	39
전체	224	293	100	35	( )

※ 문화유산은 국가 지정 문화재, 지방 지정 문화재, 문화재 자료, 등록 문화재로만 구성됨

① '등록 문화재'를 보유한 시는 6개이다.

② 유형별 전체 보유건수가 가장 많은 문화유산은 '국가 지정 문화재'이다.

③ 파주시 문화유산 보유건수 합은 전체 문화유산 보유건수 합의 10% 이하이다.

④ '문화재 자료' 보유건수가 가장 많은 시는 안성시다.

⑤ '국가 지정 문화재'의 시별 보유건수 순위는 '문화재 자료'와 동일하다.

문 2. 다음 〈표〉는 2018년 '갑'국 도시 A~F의 폭염주의보 발령일 수, 온열질환자 수, 무더위 쉼터 수 및 인구 수에 관한 자료이다. 이에 대한 〈보기〉의 설명 중 옳은 것만을 모두 고르면?

〈표〉 도시별 폭염주의보 발령일 수, 온열질환자 수, 무더위 쉼터 수 및 인구 수

구분 도시	폭염주의보 발령일 수 (일)	온열 질환자 수 (명)	무더위 쉼터 수 (개)	인구 수 (만 명)
A	90	55	92	100
B	30	18	90	53
C	50	34	120	89
D	49	25	100	70
E	75	52	110	80
F	24	10	85	25
전체	( )	194	597	417

〈보 기〉

ㄱ. 무더위 쉼터가 100개 이상인 도시 중 인구 수가 가장 많은 도시는 C이다.

ㄴ. 인구 수가 많은 도시일수록 온열질환자 수가 많다.

ㄷ. 온열질환자 수가 가장 적은 도시와 인구 수 대비 무더위 쉼터 수가 가장 많은 도시는 동일하다.

ㄹ. 폭염주의보 발령일 수가 전체 도시의 폭염주의보 발령일 수 평균보다 많은 도시는 2개이다.

① ㄱ, ㄴ

② ㄱ, ㄷ

③ ㄴ, ㄹ

④ ㄱ, ㄷ, ㄹ

⑤ ㄴ, ㄷ, ㄹ

문 3. 다음 〈그림〉과 〈표〉는 '갑'국의 재생에너지 생산 현황에 관한 자료이다. 이에 대한 〈보기〉의 설명 중 옳은 것만을 모두 고르면?

〈그림〉 2011~2018년 재생에너지 생산량

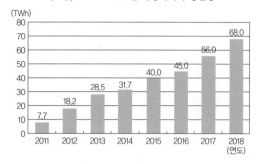

〈표〉 2016~2018년 에너지원별 재생에너지 생산량 비율

(단위 : %)

연도 에너지원	2016	2017	2018
폐기물	61.1	60.4	55.0
바이오	16.6	17.3	17.5
수력	10.3	11.3	15.1
태양광	10.9	9.8	8.8
풍력	1.1	1.2	3.6
계	100.0	100.0	100.0

─── 〈보 기〉 ───

ㄱ. 2012~2018년 재생에너지 생산량은 매년 전년대비 10% 이상 증가하였다.

ㄴ. 2016~2018년 에너지원별 재생에너지 생산량 비율의 순위는 매년 동일하다.

ㄷ. 2016~2018년 태양광을 에너지원으로 하는 재생에너지 생산량은 매년 증가하였다.

ㄹ. 수력을 에너지원으로 하는 재생에너지 생산량은 2018년이 2016년의 3배 이상이다.

① ㄱ, ㄴ
② ㄱ, ㄷ
③ ㄱ, ㄹ
④ ㄴ, ㄷ
⑤ ㄴ, ㄹ

문 4. 다음 〈표〉는 2013~2018년 커피전문점 A~F 브랜드의 매출액과 점포수에 관한 자료이다. 이를 이용하여 작성한 그래프로 옳지 않은 것은?

〈표〉 2013~2018년 커피전문점 브랜드별 매출액과 점포수

(단위 : 억 원, 개)

구분	연도 브랜드	2013	2014	2015	2016	2017	2018
매출액	A	1,094	1,344	1,710	2,040	2,400	2,982
	B	–	–	24	223	1,010	1,675
	C	492	679	918	1,112	1,267	1,338
	D	–	129	197	335	540	625
	E	–	155	225	873	1,082	577
	F	–	–	–	–	184	231
	전체	1,586	2,307	3,074	4,583	6,483	7,428
점포수	A	188	233	282	316	322	395
	B	–	–	17	105	450	735
	C	81	110	150	190	208	252
	D	–	71	111	154	208	314
	E	–	130	183	218	248	366
	F	–	–	–	–	71	106
	전체	269	544	743	983	1,507	2,168

① 전체 커피전문점의 전년대비 매출액과 점포수 증가폭 추이

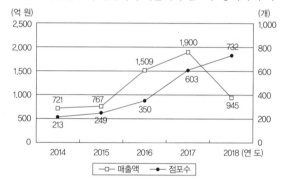

② 2018년 커피전문점 브랜드별 점포당 매출액

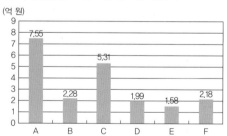

③ 2017년 매출액 기준 커피전문점 브랜드별 점유율

(단위 : %)

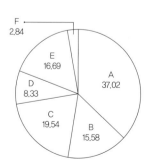

④ 2017년 대비 2018년 커피전문점 브랜드별 매출액의 증가량

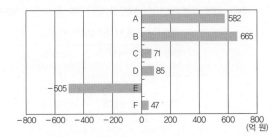

⑤ 전체 커피전문점의 연도별 점포당 매출액

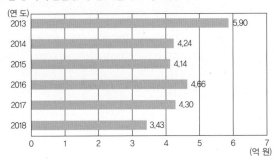

문 5. 다음 〈표〉는 A, B 기업의 경력사원채용 지원자 특성에 관한 자료이다. 이에 대한 〈보기〉의 설명 중 옳은 것만을 모두 고르면?

〈표〉 경력사원채용 지원자 특성

(단위 : 명)

지원자 특성	기업	A 기업	B 기업
성별	남성	53	57
	여성	21	24
최종학력	학사	16	18
	석사	19	21
	박사	39	42
연령대	30대	26	27
	40대	25	26
	50대 이상	23	28
관련 업무 경력	5년 미만	12	18
	5년 이상~10년 미만	9	12
	10년 이상~15년 미만	18	17
	15년 이상~20년 미만	16	9
	20년 이상	19	25

※ A 기업과 B 기업에 모두 지원한 인원은 없음

─〈보 기〉─

ㄱ. A 기업 지원자 중, 남성 지원자의 비율은 관련 업무 경력이 10년 이상인 지원자의 비율보다 높다.

ㄴ. 최종학력이 석사 또는 박사인 B 기업 지원자 중 관련 업무 경력이 20년 이상인 지원자는 7명 이상이다.

ㄷ. 기업별 여성 지원자의 비율은 A 기업이 B 기업보다 높다.

ㄹ. A, B 기업 전체 지원자 중 40대 지원자의 비율은 35% 미만이다.

① ㄱ, ㄴ

② ㄱ, ㄷ

③ ㄴ, ㄷ

④ ㄴ, ㄹ

⑤ ㄷ, ㄹ

문 6. 다음 〈표〉는 가정용 정화조에서 수집한 샘플의 수중 질소 성분 농도를 측정한 자료이다. 이에 대한 〈보기〉의 설명 중 옳은 것만을 모두 고르면?

〈표〉 수집한 샘플의 수중 질소 성분 농도

(단위 : mg/L)

항목 샘플	총질소	암모니아성 질소	질산성 질소	유기성 질소	TKN
A	46.24	14.25	2.88	29.11	43.36
B	37.38	6.46	( )	25.01	( )
C	40.63	15.29	5.01	20.33	35.62
D	54.38	( )	( )	36.91	49.39
E	41.42	13.92	4.04	23.46	37.38
F	( )	( )	5.82	( )	34.51
G	30.73	5.27	3.29	22.17	27.44
H	25.29	12.84	( )	7.88	20.72
I	( )	5.27	1.12	35.19	40.46
J	38.82	7.01	5.76	26.05	33.06
평 균	39.68	( )	4.34	( )	35.34

※ 1) 총질소 농도＝암모니아성 질소 농도＋질산성 질소 농도＋유기성 질소 농도
2) TKN 농도＝암모니아성 질소 농도＋유기성 질소 농도

─ 〈보 기〉 ─
ㄱ. 샘플 A의 총질소 농도는 샘플 I의 총질소 농도보다 높다.
ㄴ. 샘플 B의 TKN 농도는 30mg/L 이상이다.
ㄷ. 샘플 B의 질산성 질소 농도는 샘플 D의 질산성 질소 농도보다 낮다.
ㄹ. 샘플 F는 암모니아성 질소 농도가 유기성 질소 농도보다 높다.

① ㄱ, ㄴ
② ㄱ, ㄷ
③ ㄴ, ㄷ
④ ㄱ, ㄷ, ㄹ
⑤ ㄴ, ㄷ, ㄹ

문 7. 다음 〈표〉는 '갑'국 A~J 지역의 대형종합소매업 현황에 대한 자료이다. 이에 대한 〈보기〉의 설명 중 옳은 것만을 모두 고르면?

〈표〉 지역별 대형종합소매업 현황

구분 지역	사업체 수 (개)	종사자 수 (명)	매출액 (백만 원)	건물 연면적 (m²)
A	47	6,731	4,878,427	1,683,092
B	33	4,173	2,808,881	1,070,431
C	35	4,430	3,141,552	1,772,698
D	18	2,247	1,380,511	677,288
E	22	3,152	1,804,262	765,096
F	19	2,414	1,473,698	633,497
G	147	18,287	11,625,278	5,032,741
H	17	1,519	861,094	364,296
I	19	2,086	1,305,468	535,880
J	16	1,565	879,172	326,373
전 체	373	46,604	30,158,343	12,861,392

─ 〈보 기〉 ─
ㄱ. 사업체당 종사자 수가 100명 미만인 지역은 모두 2개이다.
ㄴ. 사업체당 매출액은 G 지역이 가장 크다.
ㄷ. I 지역의 종사자당 매출액은 E 지역의 종사자당 매출액보다 크다.
ㄹ. 건물 연면적이 가장 작은 지역이 매출액도 가장 작다.

① ㄱ, ㄷ
② ㄱ, ㄹ
③ ㄴ, ㄷ
④ ㄴ, ㄹ
⑤ ㄱ, ㄴ, ㄷ

문 8. 다음 〈표〉는 1996~2015년 생명공학기술의 기술분야별 특허건수와 점유율에 관한 자료이다. 〈표〉와 〈조건〉에 근거하여 A~D에 해당하는 기술분야를 바르게 나열한 것은?

〈표〉 1996~2015년 생명공학기술의 기술분야별 특허건수와 점유율

(단위 : 건, %)

구분 기술분야	전세계 특허건수	미국 점유율	한국 특허건수	한국 점유율
생물공정기술	75,823	36.8	4,701	6.2
A	27,252	47.6	1,880	( )
생물자원탐색기술	39,215	26.1	6,274	16.0
B	170,855	45.6	7,518	( )
생물농약개발기술	8,122	42.8	560	6.9
C	20,849	8.1	4,295	( )
단백질체기술	68,342	35.1	3,622	5.3
D	26,495	16.8	7,127	( )

※ 해당국의 점유율(%) = $\frac{해당국의\ 특허건수}{전세계\ 특허건수} \times 100$

──────── 〈조 건〉 ────────

• '발효식품개발기술'과 '환경생물공학기술'은 미국보다 한국의 점유율이 높다.
• '동식물세포배양기술'에 대한 미국 점유율은 '생물농약개발기술'에 대한 미국 점유율보다 높다.
• '유전체기술'에 대한 한국 점유율과 미국 점유율의 차이는 41%p 이상이다.
• '환경생물공학기술'에 대한 한국의 점유율은 25% 이상이다.

	A	B	C	D
①	동식물세포배양기술	유전체기술	발효식품개발기술	환경생물공학기술
②	동식물세포배양기술	유전체기술	환경생물공학기술	발효식품개발기술
③	발효식품개발기술	유전체기술	동식물세포배양기술	환경생물공학기술
④	유전체기술	동식물세포배양기술	발효식품개발기술	환경생물공학기술
⑤	유전체기술	동식물세포배양기술	환경생물공학기술	발효식품개발기술

문 9. 다음 〈표〉와 〈그림〉은 2017년 지역별 정보탐색에 관한 자료이다. 이에 대한 설명으로 옳은 것은?

〈표〉 지역별 인구 수 및 정보탐색 시도율과 정보탐색 성공률

(단위 : 명, %)

구분 지역	인구 수		정보탐색 시도율		정보탐색 성공률	
	남	여	남	여	남	여
A	5,800	4,200	35.0	39.0	90.1	91.6
B	1,000	800	28.0	30.0	92.9	95.8
C	2,500	3,000	15.0	25.0	88.0	92.0
D	4,000	3,500	37.0	40.0	91.2	92.9
E	4,800	3,200	42.0	45.0	87.3	84.7
F	6,000	6,500	20.0	33.0	81.7	93.2
G	1,200	900	35.0	28.0	95.2	95.2
H	1,400	1,600	16.0	13.0	89.3	91.3

※ 1) 정보탐색 시도율(%) = $\frac{정보탐색\ 시도자\ 수}{인구\ 수} \times 100$

2) 정보탐색 성공률(%) = $\frac{정보탐색\ 성공자\ 수}{정보탐색\ 시도자\ 수} \times 100$

〈그림〉 지역별 정보탐색 시도율과 정보탐색 성공률 분포

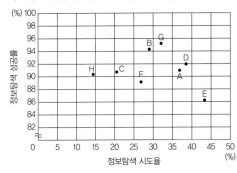

① 인구 수 대비 정보탐색 성공자 수의 비율은 B 지역이 D 지역보다 높다.
② 인구 수 대비 정보탐색 성공자 수의 비율이 가장 낮은 지역은 H 지역이다.
③ 정보탐색 시도율이 높은 지역일수록 정보탐색 성공률도 높다.
④ 인구 수가 가장 작은 지역과 남성 정보탐색 성공자 수가 가장 작은 지역은 동일하다.
⑤ D 지역의 여성 정보탐색 성공자 수는 C 지역의 여성 정보탐색 성공자 수의 2배 이상이다.

문 10. 다음 〈표〉는 '갑'국 축구 국가대표팀 코치(A~F)의 분야별 잠재능력을 수치화한 것이다. 각 코치가 맡은 모든 분야를 체크(✓)로 표시할 때, 〈표〉와 〈조건〉에 부합하는 코치의 역할 배분으로 가능한 것은?

〈표〉 코치의 분야별 잠재능력

분야\코치	체력	전술	수비	공격
A	18	20	18	15
B	18	16	15	20
C	16	18	20	15
D	20	16	15	18
E	20	18	16	15
F	16	14	20	20

〈조 건〉

• 각 코치는 반드시 하나 이상의 분야를 맡는다.

• 코치의 분야별 투입능력 = $\dfrac{\text{코치의 분야별 잠재능력}}{\text{코치가 맡은 분야의 수}}$

• 각 분야별로 그 분야를 맡은 모든 코치의 분야별 투입능력 합은 24 이상이어야 한다.

①

분야\코치	체력	전술	수비	공격
A	✓	✓		✓
B		✓	✓	
C	✓			
D		✓	✓	
E	✓			✓
F			✓	✓

②

분야\코치	체력	전술	수비	공격
A		✓		
B		✓	✓	✓
C	✓		✓	
D	✓			✓
E	✓			
F			✓	

③

분야\코치	체력	전술	수비	공격
A		✓	✓	
B				✓
C	✓	✓		✓
D	✓		✓	
E				
F	✓		✓	

④

분야\코치	체력	전술	수비	공격
A		✓	✓	
B		✓		✓
C			✓	
D	✓			✓
E	✓			
F	✓	✓		

⑤

분야\코치	체력	전술	수비	공격
A	✓			✓
B				✓
C	✓	✓	✓	
D		✓	✓	✓
E	✓			
F		✓	✓	

문 11. 다음 〈표〉는 2014~2018년 '갑'국의 범죄 피의자 처리 현황에 대한 자료이다. 이에 대한 설명으로 옳은 것은?

〈표〉 범죄 피의자 처리 현황

(단위 : 명)

구분\연도	처리	처리 결과		기소 유형	
		기소	불기소	정식재판기소	약식재판기소
2014	33,654	14,205	( )	( )	12,239
2015	26,397	10,962	15,435	1,972	( )
2016	28,593	12,287	( )	( )	10,050
2017	31,096	12,057	19,039	2,619	( )
2018	38,152	( )	( )	3,513	10,750

※ 1) 모든 범죄 피의자는 당해년도에 처리됨
  2) 범죄 피의자에 대한 처리 결과는 기소와 불기소로만 구분되며, 기소 유형은 정식재판기소와 약식재판기소로만 구분됨
  3) 기소율(%) = $\dfrac{\text{기소 인원}}{\text{처리 인원}} \times 100$

① 2015년 이후 처리 인원이 전년대비 증가한 연도에는 기소 인원도 전년대비 증가한다.

② 2018년 기소 인원과 기소율은 2014년보다 모두 증가하였다.

③ 2017년 불기소 인원은 2018년보다 많다.

④ 2014년 불기소 인원은 정식재판기소 인원의 10배 이상이다.

⑤ 처리 인원 중 정식재판기소 인원과 약식재판기소 인원의 합이 차지하는 비율은 매년 50% 미만이다.

문 12. 다음 〈그림〉과 〈표〉는 연도별 의약품 국내시장 현황과 세계 지역별 의약품 시장규모에 관한 자료이다. 이에 대한 〈보기〉의 설명 중 옳은 것만을 모두 고르면?

〈그림〉 2006~2015년 의약품 국내시장 현황

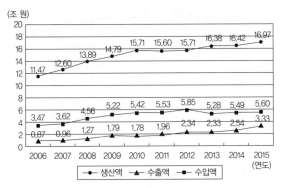

※ 국내시장규모＝생산액－수출액＋수입액

〈표〉 2013~2014년 세계 지역별 의약품 시장규모

(단위 : 십억 달러, %)

연도 구분 지역	2013		2014	
	시장규모	비중	시장규모	비중
북 미	362.8	38.3	405.6	39.5
유 럽	219.8	( )	228.8	22.3
아시아(일본 제외), 호주, 아프리카	182.6	19.3	199.2	19.4
일 본	80.5	8.5	81.6	7.9
라틴 아메리카	64.5	( )	72.1	7.0
기 타	37.4	3.9	39.9	3.9
전 체	947.6	100.0	( )	100.0

─── 〈보 기〉 ───

ㄱ. 2013년 의약품 국내시장규모에서 수입액이 차지하는 비중은 전년대비 감소하였다.
ㄴ. 2008~2015년 동안 의약품 국내시장규모는 전년대비 매년 증가하였다.
ㄷ. 2014년 의약품 세계 전체 시장규모에서 유럽이 차지하는 비중은 전년대비 감소하였다.
ㄹ. 2014년 의약품 세계 전체 시장규모는 전년대비 5% 이상 증가하였다.

① ㄱ, ㄴ
② ㄱ, ㄹ
③ ㄱ, ㄴ, ㄷ
④ ㄱ, ㄷ, ㄹ
⑤ ㄴ, ㄷ, ㄹ

문 13. 다음 〈표〉는 2014~2018년 '갑'국의 예산 및 세수 실적과 2018년 세수항목별 세수 실적에 관한 자료이다. 이에 대한 설명으로 옳지 않은 것은?

〈표 1〉 2014~2018년 '갑'국의 예산 및 세수 실적

(단위 : 십억 원)

연도 구분	예산액	징수결정액	수납액	불납결손액
2014	175,088	198,902	180,153	7,270
2015	192,620	211,095	192,092	8,200
2016	199,045	208,745	190,245	8
2017	204,926	221,054	195,754	2,970
2018	205,964	237,000	208,113	2,321

〈표 2〉 2018년 '갑'국의 세수항목별 세수 실적

(단위 : 십억 원)

구분 세수항목	예산액	징수결정액	수납액	불납결손액
총 세수	205,964	237,000	208,113	2,321
내국세	183,093	213,585	185,240	2,301
교통·에너지 ·환경세	13,920	14,110	14,054	10
교육세	5,184	4,922	4,819	3
농어촌 특별세	2,486	2,674	2,600	1
종합 부동산세	1,281	1,709	1,400	6

※ 1) 미수납액＝징수결정액－수납액－불납결손액

2) 수납비율(%)＝$\frac{수납액}{예산액}$×100

① 미수납액이 가장 큰 연도는 2018년이다.
② 수납비율이 가장 높은 연도는 2014년이다.
③ 2018년 내국세 미수납액은 총 세수 미수납액의 95% 이상을 차지한다.
④ 2018년 세수항목 중 수납비율이 가장 높은 항목은 종합부동산세이다.
⑤ 2018년 교통·에너지·환경세 미수납액은 교육세 미수납액보다 크다.

문 14. 다음 〈그림〉과 〈표〉는 '갑'국 맥주 소비량 및 매출액 현황에 관한 자료이다. 이에 대한 〈보고서〉의 설명 중 옳지 않은 것은?

〈그림〉 2010~2018년 국산맥주 소비량 및 수입맥주 소비량

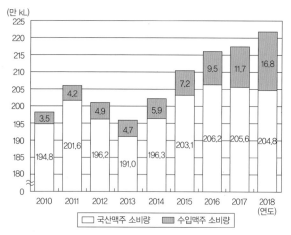

※ 맥주 소비량(만 kL)=국산맥주 소비량+수입맥주 소비량

〈표〉'갑'국 전체 맥주 매출액 대비 브랜드별 맥주 매출액 비중 순위

(단위 : %)

순위	2017년			2018년		
	브랜드명	비중	비고	브랜드명	비중	비고
1	파아스	37.4	국산	파아스	32.3	국산
2	하이프	15.6	국산	하이프	15.4	국산
3	드로이C	7.1	국산	클라우스	8.0	국산
4	막 스	6.6	국산	막 스	4.7	국산
5	프라이	6.5	국산	프라이	4.3	국산
6	아사리	3.3	수입	드로이C	4.1	국산
7	하이네펜	3.2	수입	R맥주	4.0	수입
8	R맥주	3.0	수입	아사리	3.8	수입
9	호가튼	2.0	수입	하이네펜	3.4	수입
10	갓포로	1.3	수입	파울러나	1.9	수입

〈보고서〉

　ⓐ '갑'국 맥주 소비량은 2014년 이후 매년 꾸준하게 증가되어, 2013년 총 195만 7천 kL였던 맥주 소비량이 2018년에는 221만 6천 kL에 이르렀다. 이는 수입맥주 소비량의 증가가 주요 원인 중 한 가지로 파악된다. ⓑ 2010년 '갑'국 맥주 소비량 중 2% 미만이었던 수입맥주 소비량 비중이 2018년에는 7% 이상이 되었다. ⓒ 2014~2018년 '갑'국 수입맥주 소비량의 전년 대비 증가율 역시 매년 커지고 있다.
　2017년과 2018년 브랜드별 '갑'국 맥주시장 매출액 비중순위를 살펴보면 국산맥주 브랜드가 1~5위를 차지하여 매출액 비중 순위에서 강세를 나타냈다. 그럼에도 불구하고 ⓓ 맥주 매출액 상위 10개 브랜드 중 수입맥주 브랜드가 '갑'국 전체 맥주 매출액에서 차지하는 비중은 2017년보다 2018년에 커졌다. 그리고 ⓔ '갑'국 전체 맥주 매출액에서 상위 5개 브랜드가 차지하는 비중은 2017년에 비해 2018년에 작아졌다.

① ㄱ

② ㄴ

③ ㄷ

④ ㄹ

⑤ ㅁ

문 15. 다음 〈표〉는 우리나라 근로장려금과 자녀장려금 신청 현황에 관한 자료이다. 이에 대한 설명으로 옳지 않은 것은?

〈표 1〉 2011~2015년 전국 근로장려금 및 자녀장려금 신청 현황

(단위 : 천 가구, 십억 원)

구분\연도	근로장려금만 신청		자녀장려금만 신청		근로장려금과 자녀장려금 모두 신청			
	가구수	금액	가구수	금액	가구수	금액		
						근로	자녀	소계
2011	930	747	1,210	864	752	712	762	1,474
2012	1,020	719	1,384	893	692	882	765	1,647
2013	1,060	967	1,302	992	769	803	723	1,526
2014	1,658	1,419	1,403	975	750	715	572	1,287
2015	1,695	1,155	1,114	775	608	599	451	1,050

※ 1) 장려금은 근로장려금과 자녀장려금으로만 구성됨
　 2) 단일 연도에 같은 종류의 장려금을 중복 신청한 가구는 없음

〈표 2〉 2015년 지역별 근로장려금 및 자녀장려금 신청 현황

(단위 : 천 가구, 십억 원)

구분\지역	근로장려금만 신청		자녀장려금만 신청		근로장려금과 자녀장려금 모두 신청		
	가구수	금액	가구수	금액	가구수	금액	
						근로	자녀
서 울	247	174	119	95	83	86	57
인 천	105	72	79	52	40	39	30
경 기	344	261	282	188	144	144	106
강 원	71	44	42	29	23	23	17
대 전	58	35	38	26	21	20	16
충 북	59	36	41	29	20	20	16
충 남	70	43	46	33	24	23	19
세 종	4	3	4	2	2	2	1
광 주	62	39	43	31	24	23	18
전 북	91	59	54	40	31	30	25
전 남	93	58	51	38	29	28	24
대 구	93	64	59	39	33	32	23
경 북	113	75	68	47	36	34	27
부 산	126	88	70	45	37	35	26
울 산	26	15	20	13	10	10	7
경 남	109	74	79	54	40	39	30
제 주	24	15	19	14	11	11	9

① 장려금을 신청한 가구의 수는 2011~2014년 동안 매년 증가하였다.

② 근로장려금과 자녀장려금을 모두 신청한 가구의 가구당 장려금 총 신청 금액이 가장 큰 연도는 2012년이다.

③ 2015년 자녀장려금만 신청한 가구 중 경기 지역 가구가 차지하는 비중은 20% 이상이다.

④ 2015년 각 지역에서, 근로장려금과 자녀장려금을 모두 신청한 가구의 가구당 근로장려금 신청 금액은 근로장려금만 신청한 가구의 가구당 근로장려금 신청 금액보다 크다.

⑤ 2015년 근로장려금을 신청한 가구의 가구당 근로장려금 신청금액은 부산이 전국보다 크다.

문 16. 다음 〈표〉와 〈그림〉은 우리나라의 에너지 유형별 1차에너지 생산과 최종에너지 소비에 관한 자료이다. 이에 대한 〈보기〉의 설명으로 옳지 않은 것은?

〈표 1〉 2008~2012년 1차에너지의 유형별 생산량

(단위 : 천 TOE)

연도＼유형	석탄	수력	신재생	원자력	천연가스	합
2008	1,289	1,196	5,198	32,456	236	40,375
2009	1,171	1,213	5,480	31,771	498	40,133
2010	969	1,391	6,064	31,948	539	40,911
2011	969	1,684	6,618	33,265	451	42,987
2012	942	1,615	8,036	31,719	436	42,748

※ 국내에서 생산하는 1차에너지 유형은 제시된 5가지로만 구성됨

〈그림〉 2012년 1차에너지의 지역별 생산량 비중(TOE 기준)

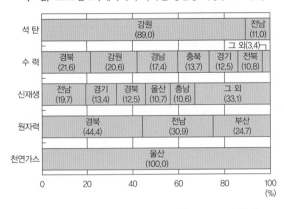

〈표 2〉 유형별 최종에너지 소비 추이(2008~2012년)와 지역별 최종에너지 소비(2012년)

(단위 : 천 TOE)

연도·지역＼유형	석탄	석유제품	천연 및 도시가스	전력	열	신재생	합
2008	26,219	97,217	19,765	33,116	1,512	4,747	182,576
2009	23,895	98,370	19,459	33,925	1,551	4,867	182,067
2010	29,164	100,381	21,640	37,338	1,718	5,346	195,587
2011	33,544	101,976	23,672	39,136	1,702	5,833	205,863
2012	31,964	101,710	25,445	40,127	1,751	7,124	208,121
서울	118	5,863	4,793	4,062	514	218	15,568
부산	62	3,141	1,385	1,777	-	104	6,469
대구	301	1,583	970	1,286	80	214	4,434
인천	54	6,798	1,610	1,948	-	288	10,698
광주	34	993	630	699	-	47	2,403
대전	47	945	682	788	-	51	2,513
울산	451	19,357	2,860	2,525	-	336	25,529
경기	335	10,139	5,143	8,625	1,058	847	26,147
강원	1,843	1,875	312	1,368	-	644	6,042
충북	1,275	2,044	752	1,837	59	471	6,438
충남	5,812	17,184	1,454	3,826	5	143	28,424
전북	27	2,177	846	1,846	-	337	5,233
전남	11,675	21,539	975	2,450	-	2,251	38,890
경북	9,646	3,476	1,505	3,853	-	879	19,359
경남	284	3,873	1,515	2,839	35	266	8,812
제주	-	721	13	332	-	28	1,094
기타	-	2	-	66	-	-	68

※ 국내에서 소비하는 최종에너지 유형은 제시된 6가지로만 구성됨

① 2008년 대비 2012년의 생산량 증가율이 가장 큰 1차에너지 유형은 천연가스이다.

② 2012년 1차에너지를 가장 많이 생산한 지역에서는 같은 해 최종에너지 중 석유제품을 가장 많이 소비하였다.

③ 2012년 석탄 1차에너지 생산량은 2012년 경기 지역의 신재생 1차에너지 생산량보다 적다.

④ 2012년에 1차에너지 생산량이 최종에너지 소비량의 합보다 많은 지역이 존재한다.

⑤ 2008년 대비 2012년의 소비량 증가율이 가장 큰 최종에너지 유형은 신재생이다.

문 17. 다음 〈표〉는 '갑'국의 전기자동차 충전요금 산정기준과 계절별 부하 시간대에 대한 자료이다. 이에 대한 설명으로 옳은 것은?

〈표 1〉 전기자동차 충전요금 산정기준

월 기본요금 (원)	전력량 요율(원/kWh)			
	시간대＼계절	여름 (6~8월)	봄 (3~5월), 가을 (9~10월)	겨울 (1~2월, 11~12월)
2,390	경부하	57.6	58.7	80.7
	중간부하	145.3	70.5	128.2
	최대부하	232.5	75.4	190.8

※ 1) 월 충전요금(원)＝월 기본요금
　＋(경부하 시간대 전력량 요율×경부하 시간대 충전 전력량)
　＋(중간부하 시간대 전력량 요율×중간부하 시간대 충전 전력량)
　＋(최대부하 시간대 전력량 요율×최대부하 시간대 충전 전력량)
2) 월 충전요금은 해당 월 1일에서 말일까지의 충전 전력량을 사용하여 산정함
3) 1시간에 충전되는 전기자동차의 전력량은 5kWh임

〈표 2〉 계절별 부하 시간대

시간대＼계절	여름 (6~8월)	봄(3~5월), 가을(9~10월)	겨울(1~2월, 11~12월)
경부하	00:00~09:00 23:00~24:00	00:00~09:00 23:00~24:00	00:00~09:00 23:00~24:00
중간부하	09:00~10:00 12:00~13:00 17:00~23:00	09:00~10:00 12:00~13:00 17:00~23:00	09:00~10:00 12:00~17:00 20:00~22:00
최대부하	10:00~12:00 13:00~17:00	10:00~12:00 13:00~17:00	10:00~12:00 17:00~20:00 22:00~23:00

① 모든 시간대에서 봄, 가을의 전력량 요율이 가장 낮다.

② 월 100kWh를 충전했을 때 월 충전요금의 최댓값과 최솟값 차이는 16,000원 이하이다.

③ 중간부하 시간대의 총 시간은 6월 1일과 12월 1일이 동일하다.

④ 22시 30분의 전력량 요율이 가장 높은 계절은 여름이다.

⑤ 12월 중간부하 시간대에만 100kWh를 충전한 월 충전요금은 6월 경부하 시간대에만 100kWh를 충전한 월 충전요금의 2배 이상이다.

문 18. 다음 〈표〉는 2010~2016년 '갑'국의 신설법인 현황에 대한 자료이다. 〈표〉를 이용하여 작성한 그래프로 옳지 않은 것은?

〈표〉 2010~2016년 '갑'국의 신설법인 현황

(단위 : 개)

업 종 연 도	농림 수산업	제조업	에너지 공급업	건설업	서비스 업	전 체
2010	1,077	14,818	234	6,790	37,393	60,312
2011	1,768	15,557	299	6,593	40,893	65,110
2012	2,067	17,733	391	6,996	46,975	74,162
2013	1,637	18,721	711	7,069	47,436	75,574
2014	2,593	19,509	1,363	8,145	53,087	84,697
2015	3,161	20,155	967	9,742	59,743	93,768
2016	2,391	19,037	1,488	9,825	63,414	96,155

① 2016년 신설법인의 업종별 구성비

(단위 : %)

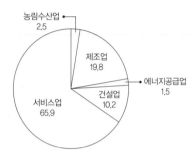

② 2011~2016년 제조업 및 서비스업 신설법인 수 추이

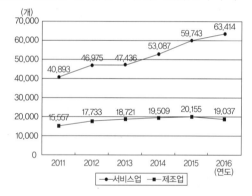

③ 2011~2016년 건설업 신설법인 수의 전년대비 증가율 추이

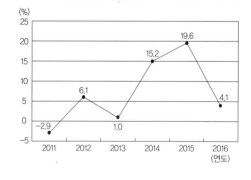

④ 2011~2016년 신설법인 중 서비스업 신설법인 비율

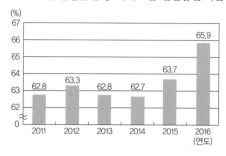

⑤ 2011~2016년 전체 신설법인 수의 전년대비 증가율 추이

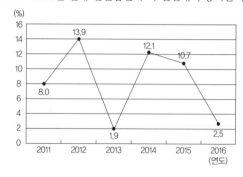

※ 다음 〈표〉는 2019년 2월에 '갑'국 국민 중 표본을 추출하여 2017년, 2018년 고용형태와 소득분위의 변화를 조사한 자료이다. 다음 물음에 답하시오. [문 19～문 20]

〈표 1〉 2017년에서 2018년 표본의 고용형태 변화비율

(단위 : %)

구분		2018년		합계
		사업가	피고용자	
2017년	사업가	80	20	100
	피고용자	30	70	100

※ 고용형태는 사업가와 피고용자로만 나누어지며 실업자는 없음

〈표 2〉 고용형태 변화 유형별 표본의 소득분위 변화

(단위 : %)

I. 사업가(2017년) → 사업가(2018년)

2017년 \ 2018년	1분위	2분위	3분위	4분위	5분위	합계
1분위	40.0	35.0	10.0	10.0	5.0	100.0
2분위	10.0	55.0	25.0	5.0	5.0	100.0
3분위	5.0	15.0	45.0	25.0	10.0	100.0
4분위	5.0	5.0	20.0	45.0	25.0	100.0
5분위	0.0	0.0	5.0	15.0	80.0	100.0

II. 사업가(2017년) → 피고용자(2018년)

2017년 \ 2018년	1분위	2분위	3분위	4분위	5분위	합계
1분위	70.0	30.0	0.0	0.0	0.0	100.0
2분위	25.0	55.0	15.0	5.0	0.0	100.0
3분위	5.0	25.0	50.0	15.0	5.0	100.0
4분위	5.0	10.0	20.0	50.0	15.0	100.0
5분위	0.0	5.0	5.0	15.0	75.0	100.0

III. 피고용자(2017년) → 피고용자(2018년)

2017년 \ 2018년	1분위	2분위	3분위	4분위	5분위	합계
1분위	85.0	10.0	5.0	0.0	0.0	100.0
2분위	15.0	65.0	15.0	5.0	0.0	100.0
3분위	5.0	20.0	60.0	15.0	0.0	100.0
4분위	0.0	5.0	15.0	65.0	15.0	100.0
5분위	0.0	5.0	5.0	15.0	75.0	100.0

IV. 피고용자(2017년) → 사업가(2018년)

2017년 \ 2018년	1분위	2분위	3분위	4분위	5분위	합계
1분위	50.0	40.0	5.0	5.0	0.0	100.0
2분위	10.0	60.0	20.0	5.0	5.0	100.0
3분위	5.0	20.0	50.0	20.0	5.0	100.0
4분위	0.0	10.0	20.0	50.0	20.0	100.0
5분위	0.0	0.0	5.0	35.0	60.0	100.0

※ 1) '가(2017년) → 나(2018년)'는 고용형태 변화 유형을 나타내며, 2017년 고용형태 '가'에서 2018년 고용형태 '나'로 변화된 것을 의미함
2) 소득분위는 1～5분위로 구분하며, 숫자가 클수록 분위가 높음
3) 각 고용형태 변화 유형 내에서 2017년 소득분위별 인원은 동일함

문 19. '갑'국 표본의 2017년 고용형태에서 사업가와 피고용자가 각각 5,000명일 때, 위 〈표〉를 근거로 한 〈보기〉의 설명 중 옳은 것만을 모두 고르면?

───── 〈보 기〉 ─────

ㄱ. 2017년 사업가에서 2018년 피고용자로 고용형태가 변화된 사람 중에서 2018년에 소득 1분위에 속하는 사람은 모두 210명이다.

ㄴ. 2018년 고용형태가 사업가인 사람은 6,000명이다.

ㄷ. 2017년 피고용자에서 2018년 사업가로 고용형태가 변화된 사람 중에서 2017년 소득 2분위에서 2018년 소득분위가 높아진 사람은 모두 90명이다.

ㄹ. 동일한 표본에 대해, 2017년에서 2018년 고용형태 변화비율과 같은 비율로 2018년에서 2019년 고용형태가 변화된다면 2019년 피고용자의 수는 2018년에 비해 감소한다.

① ㄱ, ㄴ
② ㄷ, ㄹ
③ ㄱ, ㄴ, ㄷ
④ ㄱ, ㄷ, ㄹ
⑤ ㄴ, ㄷ, ㄹ

문 20. 위 〈표〉를 근거로 한 〈보기〉의 설명 중 옳은 것만을 모두 고르면?

───── 〈보 기〉 ─────

ㄱ. 2017년 소득 1분위이면서 2018년 소득분위가 2017년 소득분위보다 높아진 사람의 비율은, '사업가(2017년) → 사업가(2018년)' 유형이 '사업가(2017년) → 피고용자(2018년)' 유형보다 높다.

ㄴ. 2017년 소득 3분위이면서 2018년 소득분위가 2017년 소득분위보다 높아진 사람의 비율은, '피고용자(2017년) → 사업가(2018년)' 유형이 '피고용자(2017년) → 피고용자(2018년)' 유형보다 높다.

ㄷ. 고용형태 변화 유형 네 가지 중에서 2017년과 2018년 사이에 소득분위가 변동되지 않은 사람의 비율이 가장 높은 유형은 '사업가(2017년) → 피고용자(2018년)'이다.

ㄹ. 고용형태 변화 유형 네 가지 중에서 2018년에 소득 5분위인 사람의 비율이 가장 높은 유형은 '사업가(2017년) → 사업가(2018년)'이다.

① ㄱ, ㄷ
② ㄴ, ㄹ
③ ㄷ, ㄹ
④ ㄱ, ㄴ, ㄷ
⑤ ㄱ, ㄴ, ㄹ

문 21. 다음 〈표〉와 〈보고서〉는 A시 대기오염과 그 영향에 관한 자료이다. 제시된 〈표〉 이외에 〈보고서〉를 작성하기 위해 추가로 필요한 자료만을 〈보기〉에서 모두 고르면?

〈표 1〉 A시 연평균 미세먼지 농도

(단위 : μg/m³)

연도	2012	2013	2014	2015	2016	2017	2018	평균
농도	61.30	55.37	54.04	49.03	46.90	41.08	44.57	50.32

〈표 2〉 A시 연평균 기온 및 상대습도

(단위 : ℃, %)

연도 구분	2012	2013	2014	2015	2016	2017	2018	평균
기 온	13.28	12.95	12.95	12.14	12.07	12.27	12.56	12.60
상대습도	62.25	59.45	61.10	62.90	59.54	56.63	60.02	60.27

— 〈보고서〉 —

A시 부설연구원은 2012~2018년 A시 사망자를 대상으로 대기오염으로 인한 사망영향을 연구하였다. 2012~2018년 연평균 미세먼지 농도는 평균 50.32μg/m³이었다. 연도별로는 2012년에 가장 높은 61.30μg/m³이었고, 2013년부터 지속적으로 감소하여 2017년 가장 낮은 41.08μg/m³을 나타내었다. 2018년에는 2017년에 비해 다소 증가하여 44.57μg/m³이었다.

연구대상 기간 동안 전체 연령집단, 65세 미만 연령집단, 65세 이상 연령집단의 연간 일일 사망자 수는 각각 평균 96.65명, 27.35명, 69.30명이었다. 전체 연령집단의 연간 일일 사망자 수는 2012년 93.61명에서 2018년 102.97명으로 증가하였다. 65세 미만 연령 집단의 연간 일일 사망자 수는 2012년 29.13명에서 2018년 26.09명으로 감소하였다. 65세 이상 연령집단의 연간 일일 사망자 수는 2012년 64.48명에서 2018년 76.88명으로 증가하였다.

2012~2018년 A시의 연평균 기온은 평균 12.60℃이었고, 2012년은 13.28℃로 다소 높았으며, 2016년은 12.07℃로 다소 낮은 기온을 나타내었다. 연구대상 기간 동안 연평균 상대습도는 평균 60.27%이었으며, 전체적으로 56.63~62.90% 수준이었다.

— 〈보 기〉 —

ㄱ. A시 연간 일일 사망자 수

(단위 : 명)

연도	2012	2013	2014	2015	2016	2017	2018	평균
사망자 수	93.61	92.24	92.75	96.59	97.21	101.19	102.97	96.65

ㄴ. A시 연간 미세먼지 경보발령일수

(단위 : 일)

연도	2012	2013	2014	2015	2016	2017	2018
일 수	37	32	33	25	26	30	29

ㄷ. A시 연간 심혈관계 응급환자 수

(단위 : 명)

연도	2012	2013	2014	2015	2016	2017	2018
환자 수	36,775	34,972	34,680	35,112	35,263	36,417	37,584

ㄹ. A시 65세 이상 연령집단의 연간 일일 사망자 수

(단위 : 명)

연도	2012	2013	2014	2015	2016	2017	2018	평균
사망자 수	64.48	64.40	65.19	68.72	70.35	75.07	76.88	69.30

① ㄱ, ㄴ
② ㄱ, ㄷ
③ ㄱ, ㄹ
④ ㄴ, ㄷ
⑤ ㄷ, ㄹ

문 22. 다음 〈그림〉은 2015~2018년 사용자별 사물인터넷 관련 지출액에 관한 자료이다. 이에 대한 설명으로 옳지 않은 것은?

〈그림〉 사물인터넷 관련 지출액

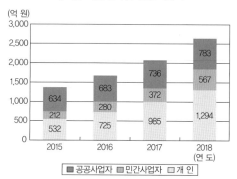

※ 사용자는 공공사업자, 민간사업자, 개인으로만 구성됨

① 2016~2018년 동안 '공공사업자' 지출액의 전년대비 증가폭이 가장 큰 해는 2017년이다.
② 2018년 사용자별 지출액의 전년대비 증가율은 '개인'이 가장 높다.
③ 2016~2018년 동안 사용자별 지출액의 전년대비 증가율은 매년 '공공사업자'가 가장 낮다.
④ '공공사업자'와 '민간사업자'의 지출액 합은 매년 '개인'의 지출액보다 크다.
⑤ 2018년 모든 사용자의 지출액 합은 2015년 대비 80% 이상 증가하였다.

문 23. 다음 〈보고서〉는 2017년과 2018년 청소년활동 참여 실태에 관한 자료이다. 〈보고서〉의 내용과 부합하는 자료만을 〈보기〉에서 모두 고르면?

─〈보고서〉─

2018년 청소년활동 9개 영역 중 '건강·보건활동'의 참여경험(93.6%)이 가장 높게 나타났고, 다음으로 '문화예술활동'(85.2%), '모험개척활동'(57.8%) 순으로 높게 나타났다. 반면, 2017년과 2018년 모두 '교류활동'의 참여경험 비율이 가장 낮게 나타났다. 이와 더불어 2018년 향후 가장 참여를 희망하는 청소년활동으로는 '문화예술활동'(22.5%), '진로탐색·직업체험활동'(21.5%)의 순으로 높게 조사되었다.

2018년 청소년활동 참여형태에 대한 9개 항목 중 '학교에서 단체로 참여'라는 응답(46.0%)이 가장 높게 나타났으며, 다음으로 '교내 동아리활동으로 참여', '개인적으로 참여'의 순으로 높게 나타났다. 2018년 청소년활동을 가장 희망하는 시간대는 '학교 수업시간 중'(43.7%)으로 조사되었고, '기타'를 제외하고는 '방과 후'가 가장 낮은 비율로 조사되었다.

2018년 청소년활동에 대한 '전반적 만족도'는 3.37점으로 2017년보다 상승한 것으로 확인되었고, '지도자 만족도'가 '활동내용 만족도'보다 더 높은 것으로 나타났다. 또한, 2018년 청소년활동 정책 인지도 점수는 최소 1.15점에서 최대 1.42점으로 나타났다.

─〈보 기〉─

ㄱ. 청소년활동 영역별 참여경험 및 향후 참여희망 비율 (2017~2018년)

(단위 : %)

영역 구분 / 연도	건강·보건활동	과학정보활동	교류활동	모험개척활동	문화예술활동	봉사활동	진로탐색·직업체험활동	환경보존활동	자기계발활동
참여경험 2017	93.7	53.6	26.5	55.7	79.7	55.4	63.8	42.4	41.3
참여경험 2018	93.6	61.2	33.9	57.8	85.2	62.9	72.5	48.8	50.8
향후참여희망 2017	9.7	11.6	3.6	16.4	21.1	5.0	21.0	1.7	4.7
향후참여희망 2018	8.2	11.1	3.0	17.0	22.5	5.4	21.5	1.8	3.5

ㄴ. 청소년활동 희망시간대(2018년)

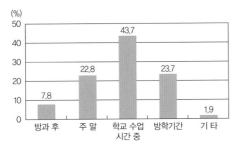

ㄷ. 청소년활동 참여형태(2017~2018년)

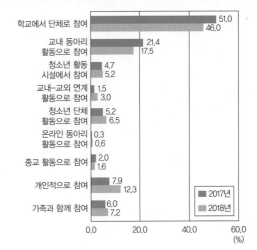

ㄹ. 청소년활동 정책 인지도 점수(2017~2018년)

(단위 : 점)

연도 항목	2017	2018
청소년수련활동인증제	1.24	1.27
국제청소년성취포상제	1.14	1.15
청소년어울림마당	1.40	1.42
청소년특별회의	1.28	1.30
청소년참여위원회	1.35	1.37
청소년운영위원회	1.41	1.44
청소년활동정보서비스	1.31	1.32
대한민국청소년박람회	1.29	1.28
청소년수련활동신고제	1.18	1.20

※점수가 높을수록 인지도가 높음

① ㄴ, ㄷ
② ㄴ, ㄹ
③ ㄷ, ㄹ
④ ㄱ, ㄴ, ㄷ
⑤ ㄱ, ㄷ, ㄹ

문 24. 다음 〈표〉는 2015~2018년 A~D국 초흡수성 수지의 기술분야별 특허출원에 대한 자료이다. 〈표〉를 이용하여 작성한 그래프로 옳지 않은 것은?

〈표〉 2015~2018년 초흡수성 수지의 특허출원 건수

(단위 : 건)

국가	기술분야 \ 연도	2015	2016	2017	2018	합
A	조성물	5	8	11	11	35
	공정	3	2	5	6	16
	친환경	1	3	10	13	27
B	조성물	4	4	2	1	11
	공정	0	2	5	8	15
	친환경	3	1	3	1	8
C	조성물	2	5	5	6	18
	공정	7	8	7	6	28
	친환경	3	5	3	3	14
D	조성물	1	2	1	2	6
	공정	1	3	3	2	9
	친환경	5	4	4	2	15
계		35	47	59	61	202

※ 기술분야는 조성물, 공정, 친환경으로만 구성됨

① 2015~2018년 국가별 초흡수성 수지의 특허출원 건수 비율

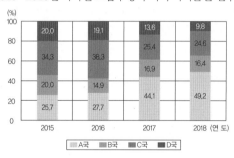

② 공정 기술분야의 국가별, 연도별 초흡수성 수지의 특허출원 건수

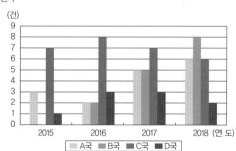

③ A~D국 전체의 초흡수성 수지 특허출원 건수의 연도별 구성비

(단위 : %)

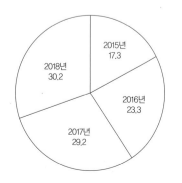

④ 2015~2018년 기술분야별 초흡수성 수지 특허출원 건수 합의 국가별 비중

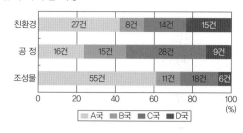

⑤ A~D국 전체의 초흡수성 수지 특허출원 건수의 전년대비 증가율

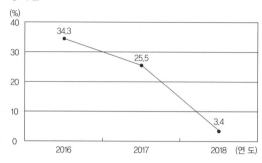

문 25. 다음 〈표〉는 수면제 A~D를 사용한 불면증 환자 '갑'~'무'의 숙면시간을 측정한 결과이다. 이에 대한 〈보기〉의 설명 중 옳은 것만을 모두 고르면?

〈표〉 수면제별 숙면시간

(단위 : 시간)

수면제 \ 환자	갑	을	병	정	무	평균
A	5.0	4.0	6.0	5.0	5.0	5.0
B	4.0	4.0	5.0	5.0	6.0	4.8
C	6.0	5.0	4.0	7.0	( )	5.6
D	6.0	4.0	5.0	5.0	6.0	( )

─── 〈보 기〉 ───

ㄱ. 평균 숙면시간이 긴 수면제부터 순서대로 나열하면 C, D, A, B 순이다.

ㄴ. 환자 '을'과 환자 '무'의 숙면시간 차이는 수면제 C가 수면제 B보다 크다.

ㄷ. 수면제 B와 수면제 D의 숙면시간 차이가 가장 큰 환자는 '갑'이다.

ㄹ. 수면제 C의 평균 숙면시간보다 수면제 C의 숙면시간이 긴 환자는 2명이다.

① ㄱ, ㄴ

② ㄱ, ㄷ

③ ㄴ, ㄹ

④ ㄱ, ㄴ, ㄷ

⑤ ㄴ, ㄷ, ㄹ

문 26. 다음 〈표〉는 2018년 A~C 지역의 0~11세 인구 자료이다. 이에 대한 〈보기〉의 설명 중 옳은 것만을 모두 고르면?

〈표 1〉 A~C 지역의 0~5세 인구(2018년)

(단위 : 명)

나이\지역	0	1	2	3	4	5	합
A	104,099	119,264	119,772	120,371	134,576	131,257	729,339
B	70,798	76,955	74,874	73,373	80,575	76,864	453,439
C	3,219	3,448	3,258	3,397	3,722	3,627	20,671
계	178,116	199,667	197,904	197,141	218,873	211,748	1,203,449

〈표 2〉 A~C 지역의 6~11세 인구(2018년)

(단위 : 명)

나이\지역	6	7	8	9	10	11	합
A	130,885	124,285	130,186	136,415	124,326	118,363	764,460
B	77,045	72,626	76,968	81,236	75,032	72,584	455,491
C	3,682	3,530	3,551	3,477	3,155	2,905	20,300
계	211,612	200,441	210,705	221,128	202,513	193,852	1,240,251

※ 1) 인구 이동 및 사망자는 없음
2) 나이＝당해연도－출생연도

― 〈보 기〉 ―

ㄱ. 2016년에 출생한 A, B 지역 인구의 합은 2015년에 출생한 A, B 지역 인구의 합보다 크다.

ㄴ. C 지역의 0~11세 인구 대비 6~11세 인구 비율은 2018년이 2017년보다 높다.

ㄷ. 2018년 A~C 지역 중, 5세 인구가 가장 많은 지역과 5세 인구 대비 0세 인구의 비율이 가장 높은 지역은 동일하다.

ㄹ. 2019년에 C 지역의 6~11세 인구의 합은 전년대비 증가한다.

① ㄱ, ㄴ
② ㄱ, ㄷ
③ ㄱ, ㄹ
④ ㄴ, ㄷ
⑤ ㄴ, ㄹ

문 27. 다음 〈표〉는 한국전쟁 당시 참전한 유엔군의 참전현황 및 피해인원에 관한 자료이다. 이에 대한 설명으로 옳은 것은?

〈표〉 한국전쟁 당시 참전한 유엔군의 참전현황 및 피해인원

(단위 : 명)

구분\국가	참전현황		피해인원				
	참전인원	참전군	전사·사망	부상	실종	포로	전체
미국	1,789,000	육군, 해군, 공군	36,940	92,134	3,737	4,439	137,250
영국	56,000	육군, 해군	1,078	2,674	179	977	4,908
캐나다	25,687	육군, 해군, 공군	312	1,212	1	32	1,557
터키	14,936	육군	741	2,068	163	244	3,216
호주	8,407	육군, 해군, 공군	339	1,216	3	26	1,584
필리핀	7,420	육군	112	229	16	41	398
태국	6,326	육군, 해군, 공군	129	1,139	5	0	1,273
네덜란드	5,322	육군, 해군	120	645	0	3	768
콜롬비아	5,100	육군, 해군	163	448	0	28	639
그리스	4,992	육군, 공군	192	543	0	3	738
뉴질랜드	3,794	육군, 해군	23	79	1	0	103
에티오피아	3,518	육군	121	536	0	0	657
벨기에	3,498	육군	99	336	4	1	440
프랑스	3,421	육군, 해군	262	1,008	7	12	1,289
남아공	826	공군	34	0	0	9	43
룩셈부르크	83	육군	2	13	0	0	15
계	1,938,330	－	40,667	104,280	4,116	5,815	154,878

① 미국의 참전인원은 다른 모든 국가의 참전인원의 합보다 15배 이상 많다.

② 참전인원 대비 전체 피해인원 비율이 가장 큰 국가는 터키이다.

③ 공군이 참전한 국가 중 해당 국가의 전체 피해인원 대비 '부상' 인원의 비율이 가장 큰 국가는 태국이다.

④ '전사·사망' 인원은 육군만 참전한 모든 국가의 합이 공군만 참전한 모든 국가의 합의 30배 이하이다.

⑤ '실종' 인원이 '포로' 인원보다 많은 국가는 4개국이다.

문 28. 다음 〈표〉는 '갑'국의 가사노동 부담형태에 대한 설문조사 결과이다. 이에 대한 〈보고서〉의 내용 중 옳은 것만을 모두 고르면?

〈표〉 가사노동 부담형태에 대한 설문조사 결과

(단위 : %)

구분	부담형태	부인 전담	부부 공동분담	남편 전담	가사 도우미 활용
성별	남성	87.9	8.0	3.2	0.9
	여성	89.9	7.0	2.1	1.0
연령대	20대	75.6	19.4	4.1	0.9
	30대	86.4	10.4	2.5	0.7
	40대	90.7	6.4	1.9	1.0
	50대	91.1	5.9	2.6	0.4
	60대 이상	88.4	6.7	3.5	1.4
경제활동 상태	취업자	90.1	6.7	2.3	0.9
	미취업자	87.4	8.6	3.0	1.0

※ '갑'국 20세 이상 기혼자 100,000명(남성 45,000명, 여성 55,000명)을 대상으로 동일시점에 조사하였으며 무응답과 중복응답은 없음

─── 〈보 기〉 ───

• 성별
  - 가사도우미를 활용한다고 응답한 남성의 비율은 0.9%로 가사도우미를 활용한다고 응답한 여성의 비율 1.0%와 비슷한 수준임
  - ㉠ 가사노동을 부인이 전담한다고 응답한 남성과 여성의 응답자 수 차이는 8,500명 이상임
• 연령대
  - 가사노동을 부부가 공동으로 분담한다고 응답한 비율은 20대가 다른 연령대에 비해 높음
  - ㉡ 연령대가 높을수록 가사노동을 부부가 공동으로 분담한다고 응답한 비율이 낮음
• 경제활동상태
  - ㉢ 가사노동 부담형태별로 살펴보면, 취업자와 미취업자가 응답한 비율의 차이는 '부인전담'에서 가장 크고, 다음으로 '부부 공동분담', '남편전담', '가사도우미 활용'의 순으로 나타남
  - ㉣ 가사노동을 '부인전담' 또는 '남편전담'으로 응답한 비율의 합은 취업자가 미취업자에 비해 낮음

① ㄱ, ㄴ
② ㄱ, ㄷ
③ ㄱ, ㄹ
④ ㄴ, ㄷ
⑤ ㄷ, ㄹ

문 29. 다음 〈표〉는 2014년 우리나라의 전자상거래물품 수입통관 현황에 대한 자료이다. 이에 대한 〈보고서〉의 설명 중 옳지 않은 것은?

〈표 1〉 1회당 구매금액별 전자상거래물품 수입통관 현황

(단위 : 천 건)

1회당 구매금액	수입통관 건수
50달러 이하	3,885
50달러 초과 100달러 이하	5,764
100달러 초과 150달러 이하	4,155
150달러 초과 200달러 이하	1,274
200달러 초과 1,000달러 이하	400
1,000달러 초과	52
합 계	15,530

〈표 2〉 품목별 전자상거래물품 수입통관 현황

(단위 : 천 건)

구분 품목	일반·간이 신고	목록통관	합
의류	524	2,438	2,962
건강식품	2,113	0	2,113
신발	656	1,384	2,040
기타식품	1,692	0	1,692
화장품	883	791	1,674
핸드백	869	395	1,264
완구인형	249	329	578
가전제품	89	264	353
시계	195	132	327
서적류	25	132	157
기타	1,647	723	2,370
전체	8,942	6,588	15,530

─── 〈보고서〉 ───

2014년 우리나라의 전자상거래물품 수입통관 현황을 ㉠ 1회당 구매금액별로 보았을 때, '50달러 초과 100달러 이하'인 수입통관 건수의 비중이 전체의 35% 이상으로 가장 크고, '50달러 이하'가 25%, '100달러 초과 150달러 이하'가 27%, '150달러 초과 200달러 이하'가 8%였다. 그리고 ㉡ 1회당 구매금액이 200달러 이하인 전자상거래물품의 수입통관 총 건수가 200달러 초과인 수입통관 총 건수의 30배 이상으로, 국내 소비자들은 대부분 200달러 이하의 소액물품 위주로 구입하고 있는 것으로 나타났다. '1,000달러 초과' 고가물품의 경우, 전체의 0.3% 정도로 비중은 작았으나 총 5만 2천 건 규모로 2009년 대비 767% 증가하며 전체 해외 직접 구매 증가 수준(330%)에 비해 상대적으로 2009년에 비해 크게 증가한 것으로 나타났다. 이는 최근 세금을 내더라도 가격차이 및 제품 다양성 등으로 인해 고가의 물품을 구매하는 경우가 증가하고 있기 때문으로 분석된다.

㉢ 품목별 수입통관 건수의 비중은 '의류'가 전체 수입통관 건수의 15% 이상으로 가장 크고, 그 다음으로 기타를 제외하고 '건강식품', '신발' 순이었다. ㉣ '핸드백', '가전제품', '시계'의 3가지 품목의 수입통관 건수의 합은 전체의 12% 이상을 차지하였다. ㉤ 수입통관을 일반·간이 신고로 한 물품 중에서 식품류('건강식품'과 '기타식품') 건수는 절반 이상을 차지하였다.

① ㉠
② ㉡
③ ㉢
④ ㉣
⑤ ㉤

문 30. 다음 〈표〉와 〈그림〉은 '갑' 요리대회 참가자의 종합점수 및 항목별 득점기여도 산정 방법과 항목별 득점 결과이다. 이에 대한 〈보기〉의 설명 중 옳은 것만을 모두 고르면?

〈표〉 참가자의 종합점수 및 항목별 득점기여도 산정 방법

- 종합점수=(항목별 득점×항목별 가중치)의 합계
- 항목별 득점기여도= $\dfrac{항목별\ 득점×항목별\ 가중치}{종합점수}$

항목	가중치
맛	6
향	4
색상	4
식감	3
장식	3

〈그림〉 전체 참가자의 항목별 득점 결과

(단위 : 점)

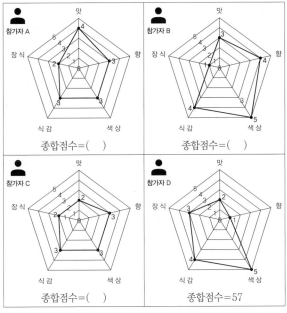

종합점수=( ) 종합점수=( )
종합점수=( ) 종합점수=57

※ 종합점수가 클수록 순위가 높음

── 〈보 기〉 ──
ㄱ. 참가자 A의 '색상' 점수와 참가자 D의 '장식' 점수가 각각 1점씩 상승하여도 전체 순위에는 변화가 없다.
ㄴ. 참가자 B의 '향' 항목 득점기여도는 참가자 A의 '색상' 항목 득점기여도보다 높다.
ㄷ. 참가자 C는 모든 항목에서 1점씩 더 득점하더라도 가장 높은 순위가 될 수 없다.
ㄹ. 순위가 높은 참가자일수록 '맛' 항목 득점기여도가 높다.

① ㄱ, ㄴ
② ㄱ, ㄷ
③ ㄱ, ㄹ
④ ㄴ, ㄷ
⑤ ㄴ, ㄹ

문 31. 다음 〈표〉는 2018년 5~6월 A군의 휴대폰 모바일 앱별 데이터 사용량에 관한 자료이다. 이에 대한 설명으로 옳은 것은?

〈표〉 2018년 5~6월 모바일 앱별 데이터 사용량

앱 이름 \ 월	5월	6월
G인터넷	5.3GB	6.7GB
HS쇼핑	1.8GB	2.1GB
톡 톡	2.4GB	1.5GB
앱가게	2.0GB	1.3GB
뮤직플레이	94.6MB	570.0MB
위튜브	836.0MB	427.0MB
쉬운지도	321.0MB	337.0MB
JJ멤버십	45.2MB	240.0MB
영화예매	77.9MB	53.1MB
날씨정보	42.8MB	45.3MB
가계부	–	27.7MB
17분운동	–	14.8MB
NEC뱅크	254.0MB	9.7MB
알 람	10.6MB	9.1MB
지상철	5.0MB	7.8MB
어제뉴스	2.7MB	1.8MB
S메일	29.7MB	0.8MB
JC카드	–	0.7MB
카메라	0.5MB	0.3MB
일정관리	0.3MB	0.2MB

※ 1) '–'는 해당 월에 데이터 사용량이 없음을 의미함
2) 제시된 20개의 앱 외 다른 앱의 데이터 사용량은 없음
3) 1GB(기가바이트)는 1,024MB(메가바이트)에 해당함

① 5월과 6월에 모두 데이터 사용량이 있는 앱 중 5월 대비 6월 데이터 사용량의 증가량이 가장 큰 앱은 '뮤직플레이'이다.
② 5월과 6월에 모두 데이터 사용량이 있는 앱 중 5월 대비 6월 데이터 사용량이 감소한 앱은 9개이고 증가한 앱은 8개이다.
③ 6월에만 데이터 사용량이 있는 모든 앱의 총 데이터 사용량은 '날씨정보'의 6월 데이터 사용량보다 많다.
④ 'G인터넷'과 'HS쇼핑'의 5월 데이터 사용량의 합은 나머지 앱의 5월 데이터 사용량의 합보다 많다.
⑤ 5월과 6월에 모두 데이터 사용량이 있는 앱 중 5월 대비 6월 데이터 사용량 변화율이 가장 큰 앱은 'S메일'이다.

문 32. 다음 〈표〉는 2016~2018년 '갑'국 매체 A~D의 종사자 현황 자료이다. 이와 〈조건〉을 근거로 2018년 전체 종사자가 많은 것부터 순서대로 나열하면?

〈표〉 매체 A~D의 종사자 현황

(단위 : 명)

연도	매체	정규직 여성	정규직 남성	정규직 소계	비정규직 여성	비정규직 남성	비정규직 소계
2016	A	6,530	15,824	22,354	743	1,560	2,303
	B	3,944	12,811	16,755	1,483	1,472	2,955
	C	3,947	7,194	11,141	900	1,650	2,550
	D	407	1,226	1,633	31	57	88
2017	A	5,957	14,110	20,067	1,017	2,439	3,456
	B	2,726	11,280	14,006	1,532	1,307	2,839
	C	3,905	6,338	10,243	1,059	2,158	3,217
	D	370	1,103	1,473	41	165	206
2018	A	6,962	17,279	24,241	966	2,459	3,425
	B	4,334	13,002	17,336	1,500	1,176	2,676
	C	6,848	10,000	16,848	1,701	2,891	4,592
	D	548	1,585	2,133	32	593	625

─── 〈조 건〉 ───
• 2017년과 2018년 '통신'의 비정규직 종사자는 전년대비 매년 증가하였다.
• 2017년 여성 종사자가 가장 많은 매체는 '종이신문'이다.
• 2018년 '방송'의 정규직 종사자 수 대비 비정규직 종사자 수의 비율은 20% 미만이다.
• 2016년에 비해 2017년에 남성 종사자가 감소했고 여성 종사자가 증가한 매체는 '인터넷신문'이다.

① 종이신문－방송－인터넷신문－통신
② 종이신문－인터넷신문－방송－통신
③ 통신－종이신문－인터넷신문－방송
④ 통신－인터넷신문－종이신문－방송
⑤ 인터넷신문－방송－종이신문－통신

문 33. 다음 〈표〉는 성별, 연령대별 전자금융서비스 인증수단 선호도에 관한 자료이다. 이에 대한 설명으로 옳지 않은 것은?

〈표〉 성별, 연령대별 전자금융서비스 인증수단 선호도 조사결과

(단위 : %)

구분	인증수단	휴대폰 문자 인증	공인 인증서	아이핀	이메일	전화 인증	신용 카드	바이오 인증
성별	남성	72.2	69.3	34.5	23.1	22.3	21.1	9.9
	여성	76.6	71.6	27.0	25.3	23.9	20.4	8.3
연령대	10대	82.2	40.1	38.1	54.6	19.1	12.0	11.9
	20대	73.7	67.4	36.0	24.1	25.6	16.9	9.4
	30대	71.6	76.2	29.8	15.7	28.0	22.3	7.8
	40대	75.0	77.7	26.7	17.8	20.6	23.3	8.6
	50대	71.9	79.4	25.7	21.1	21.2	26.0	9.4
전체		74.3	70.4	30.9	24.2	23.1	20.8	9.2

※ 1) 응답자 1인당 최소 1개에서 최대 3개까지의 선호하는 인증수단을 선택했음
2) 인증수단 선호도는 전체 응답자 중 해당 인증수단을 선호한다고 선택한 응답자의 비율임
3) 전자금융서비스 인증수단은 제시된 7개로만 한정됨

① 연령대별 인증수단 선호도를 살펴보면, 30대와 40대 모두 아이핀이 3번째로 높다.
② 전체 응답자 중 선호 인증수단을 3개 선택한 응답자 수는 40% 이상이다.
③ 선호하는 인증수단으로, 신용카드를 선택한 남성 수는 바이오인증을 선택한 남성 수의 3배 이하이다.
④ 20대와 50대 간의 인증수단별 선호도 차이는 공인인증서가 가장 크다.
⑤ 선호하는 인증수단으로, 이메일을 선택한 20대 모두가 아이핀과 공인인증서를 동시에 선택했다면, 신용카드를 선택한 20대 모두가 아이핀을 동시에 선택한 것이 가능하다.

문 34. 다음 〈표〉는 3D기술 분야 특허등록건수 상위 10개국의 국가별 영향력지수와 기술력지수를 나타낸 자료이다. 이에 대한 〈보기〉의 설명 중 옳은 것만을 모두 고르면?

〈표〉 3D기술 분야 특허등록건수 상위 10개국의
국가별 영향력지수와 기술력지수

구 분 \ 국 가	특허등록 건수(건)	영향력지수	기술력지수
미 국	500	( )	600.0
일 본	269	1.0	269.0
독 일	( )	0.6	45.0
한 국	59	0.3	17.7
네덜란드	( )	0.8	24.0
캐나다	22	( )	30.8
이스라엘	( )	0.6	10.2
태 국	14	0.1	1.4
프랑스	( )	0.3	3.9
핀란드	9	0.7	6.3

※ 1) 해당국가의 기술력지수
　＝해당국가의 특허등록건수×해당국가의 영향력지수
2) 해당국가의 영향력지수 = $\frac{해당국가의 피인용비}{전세계 피인용비}$
3) 해당국가의 피인용비 = $\frac{해당국가의 특허피인용건수}{해당국가의 특허등록건수}$
4) 3D기술 분야의 전세계 피인용비는 10임

──── 〈보 기〉 ────
ㄱ. 캐나다의 영향력지수는 미국의 영향력지수보다 크다.
ㄴ. 프랑스와 태국의 특허피인용건수의 차이는 프랑스와 핀란드의 특허피인용건수의 차이보다 크다.
ㄷ. 특허등록건수 상위 10개국 중 한국의 특허피인용건수는 네 번째로 많다.
ㄹ. 네덜란드의 특허등록건수는 한국의 특허등록건수의 50% 미만이다.

① ㄱ, ㄴ
② ㄱ, ㄷ
③ ㄴ, ㄹ
④ ㄱ, ㄷ, ㄹ
⑤ ㄴ, ㄷ, ㄹ

문 35. 다음 〈표〉는 2013~2017년 A~E국의 건강보험 진료비에 관한 자료이다. 이에 대한 〈보기〉의 설명 중 옳은 것만을 모두 고르면?

〈표 1〉 A국의 건강보험 진료비 발생 현황

(단위 : 억 원)

구분 \ 연도		2013	2014	2015	2016	2017
의료 기관	소 계	341,410	360,439	390,807	419,353	448,749
	입 원	158,365	160,791	178,911	190,426	207,214
	외 래	183,045	199,648	211,896	228,927	241,534
약 국	소 계	120,969	117,953	118,745	124,897	130,844
	처 방	120,892	117,881	118,678	124,831	130,775
	직접조제	77	72	66	66	69
계		462,379	478,392	509,552	544,250	579,593

〈표 2〉 A국의 건강보험 진료비 부담 현황

(단위 : 억 원)

구분 \ 연도	2013	2014	2015	2016	2017
공단부담	345,652	357,146	381,244	407,900	433,448
본인부담	116,727	121,246	128,308	136,350	146,145
계	462,379	478,392	509,552	544,250	579,593

〈표 3〉 국가별 건강보험 진료비의 전년대비 증가율

(단위 : %)

국가 \ 연도	2013	2014	2015	2016	2017
B	16.3	3.6	5.2	4.5	5.2
C	10.2	8.6	7.8	12.1	7.3
D	4.5	3.5	1.8	0.3	2.2
E	5.4	−0.6	7.6	6.3	5.5

──── 〈보 기〉 ────
ㄱ. 2016년 건강보험 진료비의 전년대비 증가율은 A국이 C국보다 크다.
ㄴ. 2014~2017년 동안 A국의 건강보험 진료비 중 약국의 직접조제 진료비가 차지하는 비중은 전년대비 매년 감소한다.
ㄷ. 2013~2017년 동안 A국 의료기관의 입원 진료비 중 공단부담 금액은 매년 3조 8천억 원 이상이다.
ㄹ. B국의 2012년 대비 2014년 건강보험 진료비의 비율은 1.2 이상이다.

① ㄱ, ㄴ
② ㄴ, ㄷ
③ ㄷ, ㄹ
④ ㄱ, ㄴ, ㄹ
⑤ ㄴ, ㄷ, ㄹ

문 36. 다음 〈보고서〉와 〈표〉는 2015년 '갑'국의 수출입 현황에 대한 자료이다. 이에 대한 설명으로 옳지 않은 것은?

───────〈보고서〉───────
• 2015년 '갑'국의 총 수출액에서 전자제품은 29.9%, 석유제품은 16.2%, 기계류는 11.2%, 농수산물은 6.3%를 차지한다.
• 2015년 '갑'국의 총 수입액에서 전자제품은 23.7%, 농수산물은 12.5%, 기계류는 11.2%, 플라스틱은 3.8%를 차지한다.

〈표 1〉 '갑'국의 수출입액 상위 10개 국가 현황

(단위 : 억 달러, %)

순위	수출			수입		
	국가명	수출액	'갑'국의 총 수출액에 대한 비율	국가명	수입액	'갑'국의 총 수입액에 대한 비율
1	싱가포르	280	14.0	중국	396	18.0
2	중국	260	13.0	싱가포르	264	12.0
3	미국	188	9.4	미국	178	8.1
4	일본	180	9.0	일본	161	7.3
5	태국	114	5.7	태국	121	5.5
6	홍콩	100	5.0	대만	106	4.8
7	인도	82	4.1	한국	97	4.4
8	인도네시아	76	3.8	인도네시아	86	3.9
9	호주	72	3.6	독일	70	3.2
10	한국	64	3.2	베트남	62	2.8

※ 무역수지는 수출액에서 수입액을 뺀 값으로, 이 값이 양(+)이면 흑자, 음(−)이면 적자임

〈표 2〉 '갑'국의 대(對) '을'국 수출입액 상위 5개 품목 현황

(단위 : 백만 달러, %)

순위	수출			수입		
	품목명	금액	전년대비 증가율	품목명	금액	전년대비 증가율
1	천연가스	2,132	33.2	농수산물	1,375	305.2
2	집적회로반도체	999	14.5	집적회로반도체	817	19.6
3	농수산물	861	43.0	평판디스플레이	326	45.6
4	개별소자반도체	382	40.6	기타정밀화학원료	302	6.6
5	컴퓨터부품	315	14.9	합성고무	269	5.6

① 2015년 '갑'국의 수출액 상위 10개 국가 중 2015년 '갑'국과의 교역에서 무역수지 흑자를 기록한 국가는 4개국이다.
② 2014년 '갑'국의 대(對) '을'국 집적회로반도체 수출액은 수입액보다 크다.
③ 2015년 '갑'국의 무역수지는 적자이다.
④ 2015년 '갑'국의 전체 농수산물 수출액에서 '을'국에 대한 농수산물 수출액이 차지하는 비율은 2015년 '갑'국의 전체 농수산물 수입액에서 '을'국으로부터의 농수산물 수입액이 차지하는 비율보다 작다.
⑤ 2015년 '갑'국의 전자제품 수출액은 수입액보다 크다.

문 37. 다음 〈보고서〉와 〈표〉는 '갑'국의 부동산 투기 억제 정책과 세대유형별 주택담보대출에 관한 자료이다. 이에 대한 〈보기〉의 내용 중 옳은 것만을 모두 고르면?

───────〈보고서〉───────
'갑'국 정부는 심화되는 부동산 투기를 억제하고자 2017년 8월 2일에 부동산 대책을 발표하였다. 부동산 대책에 의해 투기지역의 주택을 구매할 때 구매 시점부터 적용되는 세대유형별 주택담보대출비율(LTV)과 총부채상환비율(DTI)은 2017년 8월 2일부터 〈표 1〉과 같이 변경 적용되며, 2018년 4월 1일부터는 DTI 산출 방식이 변경 적용된다.

〈표 1〉 세대유형별 LTV, DTI 변경 내역

(단위 : %)

구분 / 세대유형	LTV		DTI	
	변경 전	변경 후	변경 전	변경 후
서민 실수요 세대	70	50	60	50
주택담보대출 미보유 세대	60	40	50	40
주택담보대출 보유 세대	50	30	40	30

※ 1) 구매하고자 하는 주택을 담보로 한 신규 주택담보대출 최대금액은 LTV에 따른 최대금액과 DTI에 따른 최대금액 중 작은 금액임

2) $LTV(\%) = \dfrac{\text{신규 주택담보대출 최대금액}}{\text{주택공시가격}} \times 100$

3) 2018년 3월 31일까지의 DTI 산출방식

$DTI(\%) = \dfrac{\left(\begin{array}{c}\text{신규 주택담보대출} \\ \text{최대금액의 연 원리금 상환액}\end{array} + \begin{array}{c}\text{기타 대출} \\ \text{연 이자 상환액}\end{array}\right)}{\text{연간소득}} \times 100$

4) 2018년 4월 1일까지의 DTI 산출방식

$DTI(\%) =$
$\dfrac{\left(\begin{array}{c}\text{신규 주택담보대출 최대금액의} \\ \text{연 원리금 상환액}\end{array} + \begin{array}{c}\text{기 주택담보대출 연} \\ \text{원리금 상환액}\end{array} + \begin{array}{c}\text{기타 대출} \\ \text{연 이자 상환액}\end{array}\right)}{\text{연간소득}}$
$\times 100$

〈표 2〉 A~C 세대의 신규 주택담보대출 금액산출 근거

(단위 : 만 원)

세대	세대유형	기 주택담보대출 연 원리금 상환액	기타 대출 연 이자 상환액	연간소득
A	서민 실수요 세대	0	500	3,000
B	주택담보대출 미보유 세대	0	0	6,000
C	주택담보대출 보유 세대	1,200	100	10,000

※ 1) 신규 주택담보대출 최대금액의 연 원리금 상환액은 신규 주택담보대출 최대금액의 10%임
2) 기 주택담보대출 연 원리금 상환액, 기타 대출 연 이자상환액, 연간소득은 변동 없음

─── 〈보 기〉 ───

ㄱ. 투기지역의 공시가격 4억 원인 주택을 2017년 10월에 구매하는 A 세대가 구매 시점에 적용받는 신규 주택담보대출 최대금액은 2억 원이다.

ㄴ. 투기지역의 공시가격 4억 원인 주택을 2017년 10월에 구매하는 B 세대가 2017년 6월에 구매할 때와 비교하여 구매 시점에 적용받는 신규 주택담보대출 최대금액의 감소폭은 1억 원 미만이다.

ㄷ. 투기지역의 공시가격 4억 원인 주택을 구매하는 C 세대가 2018년 10월 구매 시점에 적용받는 신규 주택담보대출 최대금액은 2017년 10월 구매 시점에 적용받는 신규 주택담보대출 최대금액보다 작다.

① ㄱ
② ㄴ
③ ㄱ, ㄷ
④ ㄴ, ㄷ
⑤ ㄱ, ㄴ, ㄷ

문 38. 다음 〈표〉는 2013년과 2016년에 A~D 국가 전체 인구를 대상으로 통신 가입자 현황을 조사한 자료이다. 이에 대한 설명으로 옳은 것은?

〈표〉 국가별 2013년과 2016년 통신 가입자 현황

(단위 : 만 명)

연도 구분 국가	2013				2016			
	유선통신 가입자	무선통신 가입자	유·무선통신 동시 가입자	미가입자	유선통신 가입자	무선통신 가입자	유·무선통신 동시 가입자	미가입자
A	( )	4,100	700	200	1,600	5,700	400	100
B	1,900	3,000	300	400	1,400	( )	100	200
C	3,200	7,700	( )	700	3,000	5,500	1,100	400
D	1,100	1,300	500	100	1,100	2,500	800	( )

※ 유·무선 통신 동시 가입자는 유선 통신 가입자와 무선 통신 가입자에도 포함됨

① A국의 2013년 인구 100명당 유선 통신 가입자가 40명이라면, 유선 통신 가입자는 2,200만 명이다.

② B국의 2013년 대비 2016년 무선 통신 가입자 수의 비율이 1.5라면, 2016년 무선 통신 가입자는 5,000만 명이다.

③ C국의 2013년 인구 100명당 무선 통신 가입자가 77명이라면, 유·무선 통신 동시 가입자는 1,600만 명이다.

④ D국의 2013년 대비 2016년 인구 비율이 1.5라면, 2016년 미가입자는 100만 명이다.

⑤ 2013년 유선 통신만 가입한 인구는 B국이 D국의 3배 이상이다.

※ 다음 〈표〉는 2016~2018년 A국 10대 수출품목의 수출액에 관한 자료이다. 다음 물음에 답하시오. [문 39~문 40]

〈표 1〉 A국 10대 수출품목의 수출액 비중과 품목별 세계수출시장 점유율(금액기준)

(단위 : %)

구분 품목 연도	A국의 전체 수출액에서 차지하는 비중			품목별 세계수출시장에서 A국의 점유율		
	2016	2017	2018	2016	2017	2018
백색가전	13.0	12.0	11.0	2.0	2.5	3.0
TV	14.0	14.0	13.0	10.0	20.0	25.0
반도체	10.0	10.0	15.0	30.0	33.0	34.0
휴대폰	16.0	15.0	13.0	17.0	16.0	13.0
2,000cc 이하 승용차	8.0	7.0	8.0	2.0	2.0	2.3
2,000cc 초과 승용차	6.0	6.0	5.0	0.8	0.7	0.8
자동차용 배터리	3.0	4.0	6.0	5.0	6.0	7.0
선 박	5.0	4.0	3.0	1.0	1.0	1.0
항공기	1.0	2.0	3.0	0.1	0.1	0.1
전자부품	7.0	8.0	9.0	2.0	1.8	1.7
계	83.0	82.0	86.0	—	—	—

※ A국의 전체 수출액은 매년 변동 없음

〈표 2〉 A국 백색가전의 세부 품목별 수출액 비중

(단위 : %)

연도 세부 품목	2016	2017	2018
일반세탁기	13.0	10.0	8.0
드럼세탁기	18.0	18.0	18.0
일반냉장고	17.0	12.0	11.0
양문형냉장고	22.0	26.0	28.0
에어컨	23.0	25.0	26.0
공기청정기	7.0	9.0	9.0
계	100.0	100.0	100.0

문 39. 위 〈표〉에 대한 〈보기〉의 설명 중 옳은 것만을 모두 고르면?

─── 〈보 기〉 ───

ㄱ. 2016년과 2018년 선박의 세계수출시장 규모는 같다.

ㄴ. 2017년과 2018년 A국의 전체 수출액에서 드럼세탁기가 차지하는 비중은 전년대비 매년 감소한다.

ㄷ. 2017년과 2018년 A국의 10대 수출품목 모두 품목별 세계수출시장에서 A국의 점유율은 전년대비 매년 증가한다.

ㄹ. 2018년 항공기 세계수출시장 규모는 A국 전체 수출액의 15배 이상이다.

① ㄱ, ㄴ
② ㄱ, ㄷ
③ ㄴ, ㄷ
④ ㄴ, ㄹ
⑤ ㄴ, ㄷ, ㄹ

문 40. 위 〈표〉를 이용하여 작성한 그래프로 옳지 않은 것은?

① TV의 세계수출시장 규모 대비 A국 전체 수출액의 비율

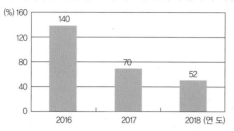

② 2016년 A국의 전체 수출액에서 각 품목이 차지하는 비중

(단위 : %)

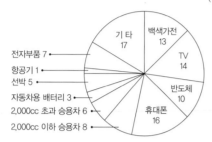

③ A국 백색가전 세부 품목별 수출액 비중

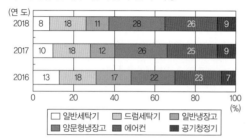

④ 2016~2018년 A국 품목별 세계수출시장 점유율

⑤ 2017~2018년 A국 품목별 수출액의 전년대비 증가율

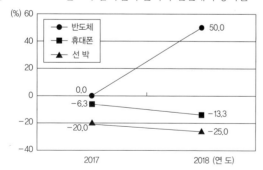

문 1. 다음 글을 근거로 판단할 때 옳은 것은?

> **제00조(문서의 성립 및 효력발생)** ① 문서는 결재권자가 해당 문서에 서명(전자이미지서명, 전자문자서명 및 행정전자서명을 포함한다)의 방식으로 결재함으로써 성립한다.
> ② 문서는 수신자에게 도달(전자문서의 경우는 수신자가 지정한 전자적 시스템에 입력되는 것을 말한다)됨으로써 효력이 발생한다.
> ③ 제2항에도 불구하고 공고문서는 그 문서에서 효력발생 시기를 구체적으로 밝히고 있지 않으면 그 고시 또는 공고가 있은 날부터 5일이 경과한 때에 효력이 발생한다.
> **제00조(문서 작성의 일반원칙)** ① 문서는 어문규범에 맞게 한글로 작성하되, 뜻을 정확하게 전달하기 위하여 필요한 경우에는 괄호 안에 한자나 그 밖의 외국어를 함께 적을 수 있으며, 특별한 사유가 없으면 가로로 쓴다.
> ② 문서의 내용은 간결하고 명확하게 표현하고 일반화되지 않은 약어와 전문용어 등의 사용을 피하여 이해하기 쉽게 작성하여야 한다.
> ③ 문서에는 음성정보나 영상정보 등을 수록할 수 있고 연계된 바코드 등을 표기할 수 있다.
> ④ 문서에 쓰는 숫자는 특별한 사유가 없으면 아라비아 숫자를 쓴다.
> ⑤ 문서에 쓰는 날짜는 숫자로 표기하되, 연·월·일의 글자는 생략하고 그 자리에 온점(.)을 찍어 표시하며, 시·분은 24시각제에 따라 숫자로 표기하되, 시·분의 글자는 생략하고 그 사이에 쌍점(:)을 찍어 구분한다. 다만 특별한 사유가 있으면 다른 방법으로 표시할 수 있다.

① 문서에 '2018년 7월 18일 오후 11시 30분'을 표기해야 할 때 특별한 사유가 없으면 '2018. 7. 18. 23:30'으로 표기한다.

② 2018년 9월 7일 공고된 문서에 효력발생 시기가 구체적으로 명시되지 않은 경우 그 문서의 효력은 즉시 발생한다.

③ 전자문서의 경우 해당 수신자가 지정한 전자적 시스템에 도달한 문서를 확인한 때부터 효력이 발생한다.

④ 문서 작성 시 이해를 쉽게 하기 위해 일반화되지 않은 약어와 전문용어를 사용하여 작성하여야 한다.

⑤ 연계된 바코드는 문서에 함께 표기할 수 없기 때문에 영상파일로 처리하여 첨부하여야 한다.

문 2. 다음 〈○○도 지방보조금 관리규정〉을 근거로 판단할 때, 〈보기〉에서 옳은 것만을 모두 고르면?

> **〈○○도 지방보조금 관리규정〉**
>
> **제00조(보조대상사업)** 도는 도가 권장하는 사업으로서 지방보조금을 지출하지 아니하면 수행할 수 없는 사업(지방보조사업)인 경우 그 사업에 필요한 경비의 일부 또는 전부를 보조할 수 있다.
> **제00조(용도외 사용금지 등)** ① 지방보조사업을 수행하는 자(이하 '지방보조사업자'라 한다)는 그 지방보조금을 다른 용도에 사용하여서는 아니된다.
> ② 지방보조사업자는 수익성 악화 등 사정의 변경으로 지방보조사업의 내용을 변경하거나 지방보조사업에 드는 경비의 배분을 변경하려면 도지사의 승인을 얻어야 한다. 다만 경미한 내용변경이나 경미한 경비배분변경의 경우에는 그러하지 아니하다.
> ③ 지방보조사업자는 수익성 악화 등 사정의 변경으로 그 지방보조사업을 다른 사업자에게 인계하거나 중단 또는 폐지하려면 미리 도지사의 승인을 얻어야 한다.
> **제00조(지방보조금의 대상사업과 도비보조율)** 도지사는 시·군에 대한 보조금에 대하여는 보조금이 지급되는 대상사업·경비의 종목·도비보조율 및 금액을 매년 예산으로 정한다. 단, 지방보조금의 예산반영신청 및 예산편성에 있어서 지방보조사업별로 적용하는 도비보조율은 다음 각 호에서 정한 분야별 범위 내에서 정한다.
> 1. 보건·사회 : 총사업비의 30% 이상 70% 이하
> 2. 상하수·치수 : 총사업비의 30% 이상 50% 이하
> 3. 문화·체육 : 총사업비의 30% 이상 60% 이하
> **제00조(시·군비 부담의무)** 시장·군수는 도비보조사업에 대한 시·군비 부담액을 다른 사업에 우선하여 해당연도 시·군 예산에 반영하여야 한다.

─── 〈보 기〉 ───

ㄱ. ○○도 지방보조사업자는 모든 경비배분이나 내용의 변경에 대해서 ○○도 도지사의 승인을 얻어야 한다.

ㄴ. ○○도 지방보조사업자가 수익성 악화를 이유로 자신이 수행하는 지방보조사업을 다른 사업자에게 인계하기 위해서는 미리 ○○도 도지사의 승인을 얻어야 한다.

ㄷ. ○○도 A시 시장은 도비보조사업과 무관한 자신의 공약사업 예산을 도비보조사업에 대한 시비 부담액보다 우선적으로 해당연도 A시 예산에 반영해야 한다.

ㄹ. ○○도 도지사는 지방보조금 지급대상사업인 '상하수도 정비사업(총사업비 40억 원)'에 대하여 최대 20억 원을 지방보조금 예산으로 정할 수 있다.

① ㄱ, ㄴ
② ㄱ, ㄷ
③ ㄴ, ㄷ
④ ㄴ, ㄹ
⑤ ㄷ, ㄹ

문 3. 다음 〈국내 대학(원) 재학생 학자금 대출 조건〉을 근거로 판단할 때, 〈보기〉에서 옳은 것만을 모두 고르면?(단, 甲~丙은 국내 대학(원)의 재학생이다)

〈국내 대학(원) 재학생 학자금 대출 조건〉

구 분		X학자금 대출	Y학자금 대출
신청 대상	신청 연령	• 35세 이하	• 55세 이하
	성적 기준	• 직전 학기 12학점 이상 이수 및 평균 C학점 이상(단, 장애인, 졸업학년인 경우 이수학점 기준 면제)	• 직전 학기 12학점 이상 이수 및 평균 C학점 이상(단, 대학원생, 장애인, 졸업학년인 경우 이수학점 기준 면제)
	가구소득 기준	• 소득 1~8분위	• 소득 9, 10분위
	신용 요건	• 제한 없음	• 금융채무불이행자, 저신용자 대출 불가
대출 한도	등록금	• 학기당 소요액 전액	• 학기당 소요액 전액
	생활비	• 학기당 150만 원	• 학기당 100만 원
상환 사항	상환 방식 (졸업 후)	• 기준소득을 초과하는 소득 발생 이전 : 유예 • 기준소득을 초과하는 소득 발생 이후 : 기준소득 초과분의 20%를 원천 징수 ※ 기준소득 : 연 □천만 원	• 졸업 직후 매월 상환 • 원금균등분할상환과 원리금균등분할상환 중 선택

〈보 기〉

ㄱ. 34세로 소득 7분위인 대학생 甲이 직전 학기에 14학점을 이수하여 평균 B학점을 받았을 경우 X학자금 대출을 받을 수 있다.

ㄴ. X학자금 대출 대상이 된 乙의 한 학기 등록금이 300만 원일 때, 한 학기당 총 450만 원을 대출받을 수 있다.

ㄷ. 50세로 소득 9분위인 대학원생 丙(장애인)은 신용 요건에 관계없이 Y학자금 대출을 받을 수 있다.

ㄹ. 대출금액이 동일하고 졸업 후 소득이 발생하지 않았다면, X학자금 대출과 Y학자금 대출의 매월 상환금액은 같다.

① ㄱ, ㄴ

② ㄱ, ㄷ

③ ㄷ, ㄹ

④ ㄱ, ㄴ, ㄹ

⑤ ㄴ, ㄷ, ㄹ

문 4. 다음 글과 〈상황〉을 근거로 판단할 때, 〈보기〉에서 옳은 것만을 모두 고르면?

'에너지이용권'은 에너지 취약계층에게 난방에너지 구입을 지원하는 것으로 관련 내용은 다음과 같다.

월별 지원금액	1인 가구 : 81,000원 2인 가구 : 102,000원 3인 이상 가구 : 114,000원
지원형태	신청서 제출 시 실물카드와 가상카드 중 선택 • 실물카드 : 에너지원(등유, 연탄, LPG, 전기, 도시가스)을 다양하게 구매 가능함. 단, 아파트 거주자는 관리비가 통합고지서로 발부되기 때문에 신청할 수 없음 • 가상카드 : 전기·도시가스·지역난방 중 택일. 매월 요금이 자동 차감됨. 단, 사용기간(발급일로부터 1개월) 만료 시 잔액이 발생하면 전기요금 차감
신청대상	생계급여 또는 의료급여 수급자로서 다음 각 호의 어느 하나에 해당하는 사람을 포함한 가구의 가구원 1. 1954. 12. 31. 이전 출생자 2. 2002. 1. 1. 이후 출생자 3. 등록된 장애인(1~6급)
신청방법	수급자 본인 또는 가족이 신청 ※ 담당공무원이 대리 신청 가능
신청서류	1. 에너지이용권 발급 신청서 2. 전기, 도시가스 또는 지역난방 요금고지서(영수증), 아파트 거주자의 경우 관리비 통합고지서 3. 신청인의 신분증 사본 4. 대리 신청일 경우 신청인 본인의 위임장, 대리인의 신분증 사본

〈상 황〉

甲~丙은 에너지이용권을 신청하고자 한다.

• 甲 : 3급 장애인, 실업급여 수급자, 1인 가구, 아파트 거주자

• 乙 : 2005. 1. 1. 출생, 의료급여 수급자, 4인 가구, 단독 주택 거주자

• 丙 : 1949. 3. 22. 출생, 생계급여 수급자, 2인 가구, 아파트 거주자

〈보 기〉

ㄱ. 甲은 에너지이용권 발급 신청서, 관리비 통합고지서, 본인 신분증 사본을 제출하고, 81,000원의 에너지이용권을 요금 자동 차감 방식으로 지급받을 수 있다.

ㄴ. 담당공무원인 丁이 乙을 대리하여 신청 서류를 모두 제출하고, 乙은 114,000원의 에너지이용권을 실물카드 형태로 지급받을 수 있다.

ㄷ. 丙은 도시가스를 선택하여 102,000원의 에너지이용권을 가상카드 형태로 지급받을 수 있으며, 이용권 사용기간 만료 시 잔액이 발생한다면 전기요금이 차감될 것이다.

① ㄱ

② ㄴ

③ ㄷ

④ ㄱ, ㄷ

⑤ ㄴ, ㄷ

문 5. 다음 글과 〈상황〉을 근거로 판단할 때, 甲~丙 중 임금피크제 지원금을 받을 수 있는 사람만을 모두 고르면?

제00조(임금피크제 지원금) ① 정부는 다음 각 호의 어느 하나에 해당하는 경우, 근로자의 신청을 받아 제2항의 규정에 따라 임금피크제 지원금을 지급하여야 한다.
1. 사업주가 근로자 대표의 동의를 받아 정년을 60세 이상으로 연장하면서 55세 이후부터 일정 나이, 근속시점 또는 임금액을 기준으로 임금을 줄이는 제도를 시행하는 경우
2. 정년을 55세 이상으로 정한 사업주가 정년에 이른 사람을 재고용(재고용 기간이 1년 미만인 경우는 제외한다)하면서 정년퇴직 이후부터 임금만을 줄이는 경우
3. 사업주가 제2호에 따라 재고용하면서 주당 소정의 근로시간을 15시간 이상 30시간 이하로 단축하는 경우
② 임금피크제 지원금은 해당 사업주에 고용되어 18개월 이상을 계속 근무한 자로서 피크임금(임금피크제의 적용으로 임금이 최초로 감액된 날이 속하는 연도의 직전 연도 임금을 말한다)과 지원금 신청연도의 임금을 비교하여 다음 각 호의 구분에 따른 비율 이상 낮아진 자에게 지급한다. 다만 상시 사용하는 근로자가 300명 미만인 사업장인 경우에는 100분의 10으로 한다.
1. 제1항 제1호의 경우 : 100분의 10
2. 제1항 제2호의 경우 : 100분의 20
3. 제1항 제3호의 경우 : 100분의 30

─── 〈상 황〉 ───

甲~丙은 올해 임금피크제 지원금을 신청하였다.
- 甲(56세)은 사업주가 근로자 대표의 동의를 받아 정년을 60세로 연장하면서 임금피크제를 실시하고 있는 사업장(상시 사용하는 근로자 320명)에 고용되어 3년간 계속 근무하고 있다. 甲의 피크임금은 4,000만 원이었고, 올해 임금은 3,500만 원이다.
- 乙(56세)은 사업주가 정년을 55세로 정한 사업장(상시 사용하는 근로자 200명)에서 1년간 계속 근무하다 작년 12월 31일 정년에 이르렀다. 乙은 올해 1월 1일 근무기간 10개월, 주당 근로시간은 동일한 조건으로 재고용되었다. 乙의 피크임금은 3,000만 원이었고, 올해 임금은 2,500만 원이다.
- 丙(56세)은 사업주가 정년을 55세로 정한 사업장(상시 사용하는 근로자 400명)에서 2년간 계속 근무하다 작년 12월 31일 정년에 이르렀다. 丙은 올해 1월 1일 근무기간 1년, 주당 근로시간을 40시간에서 30시간으로 단축하는 조건으로 재고용되었다. 丙의 피크임금은 2,000만 원이었고, 올해 임금은 1,200만 원이다.

① 甲
② 乙
③ 甲, 丙
④ 乙, 丙
⑤ 甲, 乙, 丙

문 6. 다음 글과 〈상황〉을 근거로 판단할 때 옳은 것은?

제00조(과세대상) 주권(株券)의 양도에 대해서는 이 법에 따라 증권거래세를 부과한다.
제00조(납세의무자) 주권을 양도하는 자는 납세의무를 진다. 다만 금융투자업자를 통하여 주권을 양도하는 경우에는 해당 금융투자업자가 증권거래세를 납부하여야 한다.
제00조(과세표준) 주권을 양도하는 경우에 증권거래세의 과세표준은 그 주권의 양도가액(주당 양도금액에 양도 주권수를 곱한 금액)이다.
제00조(세율) 주권의 양도에 대한 세율은 양도가액의 1천분의 5로 한다.
제00조(탄력세율) X 또는 Y증권시장에서 양도되는 주권에 대하여는 제00조(세율)의 규정에도 불구하고 다음의 세율에 의한다.
1. X증권시장 : 양도가액의 1천분의 1.5
2. Y증권시장 : 양도가액의 1천분의 3

─── 〈상 황〉 ───

투자자 甲은 금융투자업자 乙을 통해 다음 3건의 주권을 양도하였다.
- A회사의 주권 100주를 주당 15,000원에 양수하였다가 이를 주당 30,000원에 X증권시장에서 전량 양도하였다.
- B회사의 주권 200주를 주당 10,000원에 Y증권시장에서 양도하였다.
- C회사의 주권 200주를 X 및 Y증권시장을 통하지 않고 주당 50,000원에 양도하였다.

① 증권거래세는 甲이 직접 납부하여야 한다.
② 납부되어야 할 증권거래세액의 총합은 6만 원 이하이다.
③ 甲의 3건의 주권 양도는 모두 탄력세율을 적용받는다.
④ 甲의 A회사 주권 양도에 따른 증권거래세 과세표준은 150만 원이다.
⑤ 甲이 乙을 통해 Y증권시장에서 C회사의 주권 200주 전량을 주당 50,000원에 양도할 수 있다면 증권거래세액은 2만 원 감소한다.

문 7. 다음 글을 근거로 판단할 때, 〈보기〉에서 옳은 것만을 모두 고르면?

> 보다 많은 고객을 끌어들일 수 있는 이상적인 점포 입지를 결정하기 위한 상권분석이론에는 'X가설'과 'Y가설'이 있다. X가설에 의하면, 소비자는 유사한 제품을 판매하는 점포들 중 한 점포를 선택할 때 가장 가까운 점포를 선택한다. 그러나 이동거리가 점포 선택에 큰 영향을 미치기는 하지만, 소비자가 항상 가장 가까운 점포를 찾는다는 X가설이 적용되기 어려운 상황들이 있다. 가령, 소비자들은 먼 거리에 위치한 점포가 보다 나은 구매기회를 제공함으로써 이동에 따른 추가 노력을 보상한다면 기꺼이 먼 곳까지 찾아간다.
>
> 한편 Y가설은 다른 조건이 동일하다면 두 도시 사이에 위치하는 어떤 지역에 대한 각 도시의 상거래 흡인력은 각 도시의 인구에 비례하고, 각 도시로부터의 거리 제곱에 반비례한다고 본다. 즉, 인구가 많은 도시일수록 더 많은 구매기회를 제공할 가능성이 높으므로 소비자를 끌어당기는 힘이 크다고 본 것이다.
>
> 예를 들어, 일직선상에 A, B, C 세 도시가 있고, C시는 A시와 B시 사이에 위치하며, C시는 A시로부터 5km, B시로부터 10km 떨어져 있다. 그리고 A시 인구는 50만 명, B시의 인구는 400만 명, C시의 인구는 9만 명이다. 만약 A시와 B시가 서로 영향을 주지 않고, C시의 모든 인구가 A시와 B시에서만 구매한다고 가정하면, Y가설에 따라 A시와 B시로 구매활동에 유인되는 C시의 인구 규모를 계산할 수 있다. A시의 흡인력은 20,000(=50만÷25), B시의 흡인력은 40,000(=400만÷100)이다. 따라서 9만 명인 C시의 인구 중 1/3인 3만 명은 A시로, 2/3인 6만 명은 B시로 흡인된다.

> ─────── 〈보 기〉 ───────
> ㄱ. X가설에 따르면, 소비자가 유사한 제품을 판매하는 점포들 중 한 점포를 선택할 때 소비자는 더 싼 가격의 상품을 구매하기 위해 더 먼 거리에 있는 점포에 간다.
> ㄴ. Y가설에 따르면, 인구 및 다른 조건이 동일할 때 거리가 가까운 도시일수록 이상적인 점포 입지가 된다.
> ㄷ. Y가설에 따르면, C시로부터 A시와 B시가 떨어진 거리가 5km로 같다고 가정할 때 C시의 인구 중 8만 명이 B시로 흡인된다.

① ㄱ
② ㄴ
③ ㄱ, ㄷ
④ ㄴ, ㄷ
⑤ ㄱ, ㄴ, ㄷ

문 8. 다음 글을 근거로 판단할 때, 甲이 구매해야 할 재료와 그 양으로 옳은 것은?

> 甲은 아내, 아들과 함께 짬뽕을 만들어 먹기로 했다. 짬뽕요리에 필요한 재료를 사기 위해 근처 전통시장에 들른 甲은 아래 〈조건〉을 만족하도록 재료를 모두 구매한다. 다만 짬뽕요리에 필요한 각 재료의 절반 이상이 냉장고에 있으면 그 재료는 구매하지 않는다.
>
> 〈조 건〉
> • 甲과 아내는 각각 성인 1인분, 아들은 성인 0.5인분을 먹는다.
> • 매운 음식을 잘 먹지 못하는 아내를 고려하여 '고추'라는 단어가 들어간 재료는 모두 절반만 넣는다.
> • 아들은 성인 1인분의 새우를 먹는다.
>
> 〈냉장고에 있는 재료〉
> 면 200g, 오징어 240g, 돼지고기 100g, 양파 100g, 청양고추 15g, 고추기름 100ml, 대파 10cm, 간장 80ml, 마늘 5g
>
> 〈짬뽕요리 재료(성인 1인분 기준)〉
> 면 200g, 해삼 40g, 소라 30g, 오징어 60g, 돼지고기 90g, 새우 40g, 양파 60g, 양송이버섯 50g, 죽순 40g, 고추기름 20ml, 건고추 8g, 청양고추 10g, 대파 10cm, 마늘 10g, 청주 15ml

① 면 200g
② 양파 50g
③ 새우 100g
④ 건고추 7g
⑤ 돼지고기 125g

문 9. 다음 〈통역경비 산정기준〉과 〈상황〉을 근거로 판단할 때, A사가 甲시에서 개최한 설명회에 쓴 총 통역경비는?

〈통역경비 산정기준〉

통역경비는 통역료와 출장비(교통비, 이동보상비)의 합으로 산정한다.

• 통역료(통역사 1인당)

구 분	기본요금 (3시간까지)	추가요금 (3시간 초과 시)
영어, 아랍어, 독일어	500,000원	100,000원/시간
베트남어, 인도네시아어	600,000원	150,000원/시간

• 출장비(통역사 1인당)
  - 교통비는 왕복으로 실비 지급
  - 이동보상비는 이동 시간당 10,000원 지급

〈상 황〉

A사는 2019년 3월 9일 甲시에서 설명회를 개최하였다. 통역은 영어와 인도네시아어로 진행되었고, 영어 통역사 2명과 인도네시아어 통역사 2명이 통역하였다. 설명회에서 통역사 1인당 영어 통역은 4시간, 인도네시아어 통역은 2시간 진행되었다. 甲시까지는 편도로 2시간이 소요되며, 개인당 교통비는 왕복으로 100,000원이 들었다.

① 244만 원
② 276만 원
③ 288만 원
④ 296만 원
⑤ 326만 원

문 10. 다음 글을 근거로 판단할 때, 〈보기〉에서 옳은 것만을 모두 고르면?

A부족과 B부족은 한쪽 손의 손모양으로 손가락 셈법(지산법)을 사용하여 셈을 한다.
• A부족의 손가락 셈법에 따르면, 손모양을 보아 손바닥이 보이면 펴져 있는 손가락 개수만큼 더하고, 손등이 보이면 펴져 있는 손가락 개수만큼을 뺀다.
• B부족의 손가락 셈법에 따르면, 손모양을 보아 엄지가 펴져 있으면 엄지를 제외하고 펴져 있는 손가락 개수만큼 더하고, 엄지가 접혀 있으면 펴져 있는 손가락 개수만큼 뺀다.

〈보 기〉

ㄱ. 손바닥이 보이는 채로, 손가락 다섯 개가 세 번 모두 펴져 있으면, 셈의 합은 A부족이 15이고 B부족은 12일 것이다.
ㄴ. B부족의 셈법에 따르면, 세 번 다 엄지만이 펴져 있는 것의 셈의 합과 세 번 다 주먹이 쥐어져 있는 것의 셈의 합은 동일하다.
ㄷ. 손바닥이 보이는 채로, 첫 번째는 엄지·검지·중지만이 펴져 있고, 두 번째는 엄지가 접혀 있고 검지·중지만 펴져 있고, 세 번째는 다른 손가락은 접혀 있고 엄지만 펴져 있다. 이 경우 셈의 합은 A부족이 6이고 B부족은 3일 것이다.
ㄹ. 세 번 동안 손가락이 몇 개씩 펴져 있는지는 알 수 없으나 세 번 내내 엄지는 꼭 펴져 있었다. 이를 A부족, B부족 각각의 셈법에 따라 셈을 하였을 때, 셈의 합이 똑같이 9가 나올 수 있다.

① ㄱ, ㄴ
② ㄴ, ㄷ
③ ㄷ, ㄹ
④ ㄱ, ㄴ, ㄹ
⑤ ㄱ, ㄷ, ㄹ

문 11. 다음 〈감독의 말〉과 〈상황〉을 근거로 판단할 때, 甲~戊 중 드라마에 캐스팅되는 배우는?

― 〈감독의 말〉 ―

안녕하세요 여러분. '열혈 군의관, 조선시대로 가다!' 드라마 오디션에 지원해 주셔서 감사합니다. 잠시 후 오디션을 시작할 텐데요. 이번 오디션에서 캐스팅하려는 역은 20대 후반의 군의관입니다. 오디션 실시 후 오디션 점수를 기본 점수로 하고, 다음 채점 기준의 해당 점수를 기본 점수에 가감하여 최종 점수를 산출하며, 이 최종 점수가 가장 높은 사람을 캐스팅합니다.

첫째, 28세를 기준으로 나이가 많거나 적은 사람은 1세 차이당 2점씩 감점하겠습니다. 둘째, 이전에 군의관 역할을 연기해 본 경험이 있는 사람은 5점을 감점하겠습니다. 시청자들이 식상해 할 수 있을 것 같아서요. 셋째, 저희 드라마가 퓨전 사극이기 때문에, 사극에 출연해 본 경험이 있는 사람에게는 10점의 가점을 드리겠습니다. 넷째, 최종 점수가 가장 높은 사람이 여럿인 경우, 그중 기본 점수가 가장 높은 한 사람을 캐스팅하도록 하겠습니다.

― 〈상 황〉 ―

• 오디션 지원자는 총 5명이다.
• 오디션 점수는 甲이 76점, 乙이 78점, 丙이 80점, 丁이 82점, 戊가 85점이다.
• 각 배우의 오디션 점수에 각자의 나이를 더한 값은 모두 같다.
• 오디션 점수가 세 번째로 높은 사람만 군의관 역할을 연기해 본 경험이 있다.
• 나이가 가장 많은 배우만 사극에 출연한 경험이 있다.
• 나이가 가장 적은 배우는 23세이다.

① 甲
② 乙
③ 丙
④ 丁
⑤ 戊

문 12. 다음 글을 근거로 판단할 때 옳은 것은?

전문가 6명(A~F)의 〈회의 참여 가능 시간〉과 〈회의 장소 선호도〉를 반영하여, 〈조건〉을 충족하는 회의를 월~금요일 중 개최하려 한다.

〈회의 참여 가능 시간〉

요일 전문가	월	화	수	목	금
A	13:00~16:20	15:00~17:30	13:00~16:20	15:00~17:30	16:00~18:30
B	13:00~16:10	–	13:00~16:10	–	16:00~18:30
C	16:00~19:20	14:00~16:20	–	14:00~16:20	16:00~19:20
D	17:00~19:30	–	17:00~19:30	–	17:00~19:30
E	–	15:00~17:10	–	15:00~17:10	–
F	16:00~19:20	–	16:00~19:20	–	16:00~19:20

※ – : 참여 불가

〈회의 장소 선호도〉

(단위 : 점)

전문가 장소	A	B	C	D	E	F
가	5	4	5	6	7	5
나	6	6	8	6	8	8
다	7	8	5	6	3	4

― 〈조 건〉 ―

• 전문가 A~F 중 3명 이상이 참여할 수 있어야 회의 개최가 가능하다.
• 회의는 1시간 동안 진행되며, 회의 참여자는 회의 시작부터 종료까지 자리를 지켜야 한다.
• 회의 시간이 정해지면, 해당 일정에 참여 가능한 전문가들의 선호도를 합산하여 가장 높은 점수가 나온 곳을 회의 장소로 정한다.

① 월요일에는 회의를 개최할 수 없다.
② 금요일 16시에 회의를 개최할 경우 회의 장소는 '가'이다.
③ 금요일 18시에 회의를 개최할 경우 회의 장소는 '다'이다.
④ A가 반드시 참여해야 할 경우 목요일 16시에 회의를 개최할 수 있다.
⑤ C, D를 포함하여 4명 이상이 참여해야 할 경우 금요일 17시에 회의를 개최할 수 있다.

문 13. 다음 글을 근거로 판단할 때, 〈보기〉에서 철수가 구매한 과일바구니를 확실히 맞힐 수 있는 사람만을 모두 고르면?

- 철수는 아래 과일바구니(A~E) 중 하나를 구매하였다.
- 甲, 乙, 丙, 丁은 각자 철수에게 두 가지 질문을 하여 대답을 듣고 철수가 구매한 과일바구니를 맞히려 한다.
- 모든 사람은 〈과일바구니 종류〉와 〈과일의 무게 및 색깔〉을 정확히 알고 있으며, 철수는 거짓말을 하지 않는다.

〈과일바구니 종류〉

종류	바구니 색깔	바구니 구성
A	빨강	사과 1개, 참외 2개, 메론 1개
B	노랑	사과 1개, 참외 1개, 귤 2개, 오렌지 1개
C	초록	사과 2개, 참외 2개, 귤 1개
D	주황	참외 1개, 귤 2개
E	보라	사과 1개, 참외 1개, 귤 1개, 오렌지 1개

〈과일의 무게 및 색깔〉

구 분	사 과	참 외	메 론	귤	오렌지
무 게	200g	300g	1,000g	100g	150g
색 깔	빨강	노랑	초록	주황	주황

─── 〈보 기〉 ───

甲 : 바구니에 들어 있는 과일이 모두 몇 개니? 바구니에 들어 있는 과일의 무게를 모두 합치면 1kg 이상이니?

乙 : 바구니의 색깔과 같은 색깔의 과일이 포함되어 있니? 바구니에 들어 있는 과일이 모두 몇 개니?

丙 : 바구니에 들어 있는 과일이 모두 몇 개니? 바구니에 들어 있는 과일의 종류가 모두 다르니?

丁 : 바구니에 들어 있는 과일의 종류가 모두 다르니? 바구니에 들어 있는 과일의 무게를 모두 합치면 1kg 이상이니?

① 甲, 乙
② 甲, 丁
③ 乙, 丙
④ 甲, 乙, 丁
⑤ 乙, 丙, 丁

문 14. 다음 글을 근거로 판단할 때, 〈보기〉에서 옳은 것만을 모두 고르면?

- 甲과 乙은 민원을 담당하는 직원으로 각자 한 번에 하나의 민원만 접수한다.
- 민원은 'X민원'과 'Y민원' 중 하나이고, 민원을 접수한 직원은 'X민원' 접수 시 기분이 좋아져 감정도가 10 상승하지만 'Y민원' 접수 시 기분이 나빠져 감정도가 20 하락한다.
- 甲과 乙은 오늘 09:00부터 18:00까지 근무했다.
- 09:00에 甲과 乙의 감정도는 100이다.
- 매시 정각 甲과 乙의 감정도는 5씩 상승한다(단, 09:00, 13:00, 18:00 제외).
- 13:00에는 甲과 乙의 감정도가 100으로 초기화된다.
- 18:00이 되었을 때, 감정도가 50 미만인 직원에게는 1일의 월차를 부여한다.
- 甲과 乙이 오늘 접수한 각각의 민원은 아래 〈민원 등록 대장〉에 모두 기록됐다.

〈민원 등록 대장〉

접수 시각	접수한 직원	민원 종류
09:30	甲	Y민원
10:00	乙	X민원
11:40	甲	Y민원
13:20	乙	Y민원
14:10	甲	Y민원
14:20	乙	Y민원
15:10	甲	㉠
16:10	乙	Y민원
16:50	乙	㉡
17:00	甲	X민원
17:40	乙	X민원

─── 〈보 기〉 ───

ㄱ. ㉠, ㉡에 상관없이 18:00에 甲의 감정도는 乙의 감정도보다 높다.

ㄴ. ㉡이 'Y민원'이라면, 乙은 1일의 월차를 부여받는다.

ㄷ. 12:30에 乙의 감정도는 125이다.

① ㄱ
② ㄴ
③ ㄱ, ㄷ
④ ㄴ, ㄷ
⑤ ㄱ, ㄴ, ㄷ

문 15. 다음 글을 근거로 판단할 때 옳은 것은?

> □□학과는 지망자 5명(A~E) 중 한 명을 교환학생으로 추천하기 위하여 각각 5회의 평가를 실시하고, 그 결과에 바탕을 둔 추첨을 하기로 했다. 평가 및 추첨 방식과 현재까지 진행된 평가 결과는 아래와 같다.
>
> - 매 회 100점 만점으로 10점 단위의 점수를 매기며, 100점을 얻은 지망자에게는 5장의 카드, 90점을 얻은 지망자에게는 2장의 카드, 80점을 얻은 지망자에게는 1장의 카드를 부여한다. 70점 이하를 얻은 지망자에게는 카드를 부여하지 않는다.
> - 5회차 평가 이후 각 지망자는 자신이 받은 모든 카드에 본인의 이름을 적고, 추첨함에 넣는다. 다만 5번의 평가의 총점이 400점 미만인 지망자는 본인의 카드를 추첨함에 넣지 못한다.
> - □□학과장은 추첨함에서 한 장의 카드를 무작위로 뽑아 카드에 이름이 적힌 지망자를 □□학과의 교환학생으로 추천한다.
>
> 〈평가 결과〉
>
> (단위 : 점)
>
> | 구 분 | 1회 | 2회 | 3회 | 4회 | 5회 |
> |---|---|---|---|---|---|
> | A | 90 | 90 | 90 | 90 | |
> | B | 80 | 80 | 70 | 70 | |
> | C | 90 | 70 | 90 | 70 | |
> | D | 70 | 70 | 70 | 70 | |
> | E | 80 | 80 | 90 | 80 | |

① A가 5회차 평가에서 80점을 얻더라도 다른 지망자의 점수에 관계없이 추천될 확률이 가장 높다.

② B가 5회차 평가에서 90점을 얻는다면 적어도 D보다는 추천될 확률이 높다.

③ C가 5회차 평가에서 카드를 받지 못하더라도 B보다는 추천될 확률이 높다.

④ D가 5회차 평가에서 100점을 받고 다른 지망자가 모두 80점을 받는다면 D가 추천될 확률은 세 번째로 높다.

⑤ E가 5회차 평가에서 카드를 받지 못하더라도 E는 추첨 대상에 포함될 수 있다.

문 16. 다음 글을 근거로 판단할 때 옳지 않은 것은?

> A구와 B구로 이루어진 신도시 甲시에는 어린이집과 복지회관이 없다. 이에 甲시는 60억 원의 건축 예산을 사용하여 아래 〈건축비와 만족도〉와 〈조건〉 하에서 시민 만족도가 가장 높도록 어린이집과 복지회관을 신축하려고 한다.
>
> 〈건축비와 만족도〉
>
> | 지 역 | 시설 종류 | 건축비(억 원) | 만족도 |
> |---|---|---|---|
> | A 구 | 어린이집 | 20 | 35 |
> | | 복지회관 | 15 | 30 |
> | B 구 | 어린이집 | 15 | 40 |
> | | 복지회관 | 20 | 50 |
>
> 〈조 건〉
>
> 1) 예산 범위 내에서 시설을 신축한다.
> 2) 시민 만족도는 각 시설에 대한 만족도의 합으로 계산한다.
> 3) 각 구에는 최소 1개의 시설을 신축해야 한다.
> 4) 하나의 구에 동일 종류의 시설을 3개 이상 신축할 수 없다.
> 5) 하나의 구에 동일 종류의 시설을 2개 신축할 경우, 그 시설 중 한 시설에 대한 만족도는 20% 하락한다.

① 예산은 모두 사용될 것이다.

② A구에는 어린이집이 신축될 것이다.

③ B구에는 2개의 시설이 신축될 것이다.

④ 甲시에 신축되는 시설의 수는 4개일 것이다.

⑤ 〈조건〉 5)가 없더라도 신축되는 시설의 수는 달라지지 않을 것이다.

문 17. 다음 글을 근거로 판단할 때, ○○백화점이 한 해 캐롤 음원이용료로 지불해야 하는 최대 금액은?

> ○○백화점에서는 매년 크리스마스 트리 점등식(11월 네 번째 목요일) 이후 돌아오는 첫 월요일부터 크리스마스(12월 25일)까지 백화점 내에서 캐롤을 틀어 놓는다(단, 휴점일 제외). 이 기간 동안 캐롤을 틀기 위해서는 하루에 2만 원의 음원이용료를 지불해야 한다. ○○백화점 휴점일은 매월 네 번째 수요일이지만, 크리스마스와 겹칠 경우에는 정상영업을 한다.

① 48만 원

② 52만 원

③ 58만 원

④ 60만 원

⑤ 66만 원

문 18. 다음 글을 근거로 판단할 때, 甲이 얻을 수 있는 최대 이윤과 이때 채굴한 원석의 개수로 옳게 짝지은 것은?(단, 원석은 정수 단위로 채굴한다)

보석 가공업자인 甲은 원석을 채굴하여 목걸이용 보석과 반지용 보석으로 1차 가공한다. 원석 1개를 1차 가공하면 목걸이용 보석 60개와 반지용 보석 40개가 생산된다.

이렇게 생산된 보석들은 1차 가공 직후 판매할 수 있지만, 2차 가공을 거쳐서 판매할 수도 있다. 목걸이용 보석 1개는 2차 가공을 통해 목걸이 1개로, 반지용 보석 1개는 2차 가공을 통해 반지 1개로 생산된다. 甲은 보석 용도별로 2차 가공 여부를 판단하는데, 2차 가공하여 판매할 때의 이윤이 2차 가공을 하지 않고 판매할 때의 이윤보다 큰 경우에만 2차 가공하여 판매한다.

〈생산단계별 비용 및 판매가격〉

• 원석 채굴 : 최초에 원석 1개를 채굴할 때에는 300만 원의 비용이 들고, 두 번째 채굴 이후부터는 원석 1개당 채굴 비용이 100만 원씩 증가한다. 즉, 두 번째 원석의 채굴 비용은 400만 원이 되어 원석 2개의 총 채굴 비용은 700만 원이다.

• 1차 가공 : 원석의 1차 가공 비용은 개당 250만 원이며, 목걸이용 보석은 개당 7만 원에, 반지용 보석은 개당 5만 원에 판매된다.

• 2차 가공 : 목걸이용 보석의 2차 가공 비용은 개당 40만 원이며, 목걸이는 개당 50만 원에 판매된다. 반지용 보석의 2차 가공 비용은 개당 20만 원이며, 반지는 개당 15만 원에 판매된다.

	최대 이윤	원석의 개수
①	400만 원	2개
②	400만 원	3개
③	450만 원	3개
④	450만 원	4개
⑤	500만 원	4개

※ 다음 글을 읽고 물음에 답하시오. [문 19~문 20]

도지(賭地)란 조선 후기에 도지권을 가진 소작농이 일정한 사용료, 즉 도조(賭租)를 내고 빌려서 경작했던 논밭을 말한다. 지주는 도지를 제공하고 그 대신 도조를 받았다. 도지권을 가진 소작농은 농작물을 수확하여 도조를 치른 후 나머지를 차지하였다. 도지계약은 구두로 하는 것이 보통이고, 문서를 작성하는 경우는 드물었다.

도조를 정하는 방법에는 수확량을 고려하지 않고 미리 일정액을 정하는 방식과 매년 농작물을 수확하기 직전에 지주가 간평인(看坪人)을 보내어 수확량을 조사하고 그 해의 도조를 결정하는 방식이 있었다. 후자의 경우에 수확량에 대한 도조의 비율은 일정하였다. 특히 논밭을 경작하기 전에 도조를 미리 지급하고 경작하는 경우의 도지를 선도지(先賭地)라고 하였다.

도지권을 가진 소작농은 그 도지를 영구히 경작할 수 있었고, 지주의 승낙이 없어도 임의로 도지권을 타인에게 매매, 양도, 임대, 저당, 상속할 수 있었다. 도지권의 매매 가격은 지주의 소유권 가격의 1/2이었으며, 도지의 전체 가격은 소작농의 도지권 가격과 지주의 소유권 가격의 합이었다. 도조는 수확량의 약 1/4에서 1/3 정도에 불과하여 일반적인 소작지의 소작료보다 훨씬 저렴하였기 때문에, 도지권을 가진 소작농은 도지를 다른 소작농에게 빌려주고 그로부터 일반 소작료를 받아 지주에게 납부해야 할 도조를 제외한 다음 그 차액을 가지기도 하였다. 지주가 이러한 사실을 알더라도 그것은 당연한 도지권의 행사이기 때문에 간섭하지 않았다.

지주가 도지권을 소멸시키거나 다른 소작농에게 이작(移作)시키려고 할 때에는 도지권을 가진 소작농의 동의를 구하고 도지권의 가격만큼을 지급하여야 하였다. 다만 도지권을 가진 소작농이 도조를 납부하지 않는 상황에는 지주가 소작농의 동의를 얻은 뒤 도지권을 팔 수 있었다. 이 경우 지주는 연체된 도조를 빼고 나머지는 소작농에게 반환하여야 하였다.

도지권은 일제가 실시한 토지조사사업에 의하여 그 권리가 부정됨으로써 급격히 소멸하게 되었다. 일제의 토지조사사업으로 부분적 소유권으로서의 소작농의 도지권은 부인되었고 대신 소작기간 20년 이상 50년 이하의 소작권이 인정되었다. 이것은 원래의 도지권 성격과는 크게 다른 것이었으므로 도지권을 소유한 소작농들은 도지권 수호 운동을 전개하였으나, 일제의 무력탄압으로 모두 좌절되고 말았다.

문 19. 윗글을 근거로 판단할 때, 〈보기〉에서 옳은 것만을 모두 고르면?

〈보 기〉

ㄱ. 지주의 사전 승낙이 없어도 도지권을 매입한 소작농이 있었을 수 있다.

ㄴ. 지주가 간평인을 보내어 도조를 결정하였다면, 해당 도지는 선도지가 아니었을 것이다.

ㄷ. 도지권을 가진 소작농들은 일제의 토지조사사업으로 소작을 할 수 없게 되었다.

ㄹ. 도지권을 가진 소작농이 도지권을 매매하려면, 그 소작농은 지주의 동의를 얻어야 했다.

---

① ㄱ, ㄴ

② ㄱ, ㄹ

③ ㄴ, ㄷ

④ ㄷ, ㄹ

⑤ ㄱ, ㄴ, ㄷ

문 20. 윗글을 근거로 판단할 때, 〈상황〉의 ㉠~㉣에 들어갈 수의 합은?(단, 쌀 1말의 가치는 5냥이며, 주어진 조건 외에는 고려하지 않는다)

〈상 황〉

甲 소유의 논 A는 1년에 한 번 수확하고 수확량은 매년 쌀 20말이다. 소작농乙은 A 전부를 대상으로 매년 수확량의 1/4을 甲에게 도조로 납부하는 도지계약을 甲과 체결한 상태이다. A의 전체 가격은 甲, 乙의 도지계약 당시부터 올해 말까지 변동 없이 900냥이다.

재작년 乙은 수확 후 甲에게 정해진 도조 액수인 (㉠)냥을 납부하였다.

작년 초부터 큰 병을 얻은 乙은 더 이상 농사를 지을 수 없게 되자, 乙은 매년 (㉡)냥을 받아 도조 납부 후 25냥을 남길 생각으로 丙에게 A를 빌려주었다.

그러나 乙은 약값에 허덕여 작년과 올해분의 도조를 甲에게 납부하지 못했다. 결국 甲은 乙의 동의를 얻어 丁에게 A에 대한 도지권을 올해 말 (㉢)냥에 매매한 후, 乙에게 (㉣)냥을 반환하기로 하였다.

---

① 575

② 600

③ 625

④ 750

⑤ 925

문 21. 다음 글을 근거로 판단할 때 옳은 것은?

제00조(연구실적평가) ① 연구직으로 근무한 경력이 2년 이상인 연구사(석사 이상의 학위를 가진 사람은 제외한다)는 매년 12월 31일까지 그 연구실적의 결과를 논문으로 제출하여야 한다. 다만 연구실적 심사평가를 3번 이상 통과한 연구사는 그러하지 아니하다.

② 연구실적의 심사를 위하여 소속기관의 장은 임용권자 단위 또는 소속 기관 단위로 직렬별, 직류별 또는 직류 내 같은 업무 분야별로 연구실적평가위원회를 설치하여야 한다.

③ 연구실적평가위원회는 위원장을 포함한 5명의 위원으로 구성한다. 위원장과 2명의 위원은 소속기관 내부 연구관 중에서, 위원 2명은 대학교수나 외부 연구기관·단체의 연구관 중에서 연구실적평가위원회를 구성할 때마다 임용권자가 임명하거나 위촉한다. 이 경우 위원 중에는 대학교수인 위원이 1명 이상 포함되어야 한다.

④ 연구실적평가위원회의 회의는 임용권자나 위원장이 매년 1월 중에 소집하고, 그 밖에 필요한 경우에는 수시로 소집한다.

⑤ 연구실적평가위원회의 표결은 무기명 투표로 하며, 재적위원 과반수의 찬성으로 의결한다.

※ 대학교수와 연구관은 겸직할 수 없음

① 개별 연구실적평가위원회는 최대 3명의 대학교수를 위원으로 위촉할 수 있다.

② 연구실적평가위원회 위원장은 소속기관 내부 연구관이 아닌 대학교수가 맡을 수 있다.

③ 연구실적평가위원회에 4명의 위원이 출석한 경우와 5명의 위원이 출석한 경우의 의결정족수는 같다.

④ 연구실적평가위원회 위원으로 위촉된 경력이 있는 사람을 재위촉하는 경우 별도의 위촉절차를 거치지 않아도 된다.

⑤ 석사학위 이상을 소지하지 않은 모든 연구사는 연구직으로 임용된 이후 5년이 지나면 석사학위를 소지한 연구사와 동일하게 연구실적 결과물 제출을 면제받는다.

문 22. 다음 글을 근거로 판단할 때 옳은 것은?

제00조(사무의 관장) 시장(특별시장·광역시장은 제외한다. 이하 같다)·군수 및 자치구의 구청장은 이 법에 따른 본인서명사실확인서 및 전자본인서명확인서의 발급·관리 등에 관한 사무를 관장한다.

제00조(본인서명사실확인서의 발급 신청) ① 본인서명사실확인서를 발급받으려는 사람 중 다음 각 호의 어느 하나에 해당하는 사람은 시장·군수·구청장(자치구가 아닌 구의 구청장을 포함한다)이나 읍장·면장·동장(이하 '발급기관'이라 한다)을 직접 방문하여 발급을 신청하여야 한다.
1. 대한민국 내에 주소를 가진 국민
2. 대한민국 내에 주소를 가지지 아니한 국민
3. 「재외동포의 출입국과 법적 지위에 관한 법률」에 따라 국내거소신고를 한 재외국민
② 미성년자인 신청인이 제1항에 따라 본인서명사실확인서의 발급을 신청하려는 경우에는 법정대리인과 함께 발급기관을 직접 방문하여 법정대리인의 동의를 받아 신청하여야 한다.

제00조(전자본인서명확인서 발급시스템 이용의 승인) ① 민원인은 전자본인서명확인서 발급시스템을 이용하려는 경우에는 미리 시장·군수 또는 자치구의 구청장(이하 '승인권자'라 한다)의 승인을 받아야 한다.
② 제1항에 따라 승인을 받으려는 민원인은 승인권자를 직접 방문하여 이용 승인을 신청하여야 한다.
③ 미성년자인 민원인이 제2항에 따라 이용 승인을 신청하려는 경우에는 법정대리인과 함께 승인권자를 직접 방문하여 법정대리인의 동의를 받아 신청하여야 한다.

제00조(인감증명서와의 관계) 부동산거래에서 인감증명서 제출과 함께 관련 서면에 인감을 날인하여야 할 때에는 다음 각 호의 어느 하나에 해당하는 경우 인감증명서를 제출하고 관련 서면에 인감을 날인한 것으로 본다.
1. 본인서명사실확인서를 제출하고 관련 서면에 서명을 한 경우
2. 전자본인서명확인서 발급증을 제출하고 관련 서면에 서명을 한 경우

① 대구광역시 수성구 A동 주민 甲(30세)이 전자본인서명확인서 발급시스템을 이용하기 위해서는 미리 동장을 방문하여 이용 승인을 신청하여야 한다.

② 재외국민 乙(26세)이 「재외동포의 출입국과 법적 지위에 관한 법률」에 따라 국내거소신고를 하였다면 본인서명사실확인서 발급을 신청한 것으로 본다.

③ 본인서명사실확인서를 발급받은 바 있는 丙(17세)이 전자본인서명확인서 발급시스템 이용 승인을 신청하기 위해서는 법정대리인의 동의를 받지 않아도 된다.

④ 토지매매 시 인감증명서를 제출하고 관련 서면에 인감을 날인하여야 하는 경우, 본인서명사실확인서를 제출하고 관련 서면에 서명하는 것으로 대신할 수 있다.

⑤ 서울특별시 종로구 B동 주민 丁(25세)은 본인서명사실확인서를 발급받기 위하여 서울특별시장을 방문하여 전자본인서명확인서 발급시스템 이용 승인을 신청하여야 한다.

문 23. 다음 글을 근거로 판단할 때, 〈보기〉에서 옳은 것만을 모두 고르면?

• 정부ㅁㅁ청사 신축 시 〈화장실 위생기구 설치기준〉에 따라 위생기구(대변기 또는 소변기)를 설치하고자 한다.
• 남자 화장실에는 위생기구 수가 짝수인 경우 대변기와 소변기를 절반씩 나누어 설치하고, 홀수인 경우 대변기를 한 개 더 많게 설치한다. 여자 화장실에는 모두 대변기를 설치한다.

〈화장실 위생기구 설치기준〉

기준	각 성별 사람 수(명)	위생기구 수(개)
A	1~9	1
	10~35	2
	36~55	3
	56~80	4
	81~110	5
	111~150	6
B	1~15	1
	16~40	2
	41~75	3
	76~150	4
C	1~50	2
	51~100	3
	101~150	4

〈보 기〉

ㄱ. 남자 30명과 여자 30명이 근무할 경우, A기준과 B기준에 따라 설치할 위생기구 수는 같다.
ㄴ. 남자 50명과 여자 40명이 근무할 경우, B기준에 따라 설치할 남자 화장실과 여자 화장실의 대변기 수는 같다.
ㄷ. 남자 80명과 여자 80명이 근무할 경우, A기준에 따라 설치할 소변기는 총 4개이다.
ㄹ. 남자 150명과 여자 100명이 근무할 경우, C기준에 따라 설치할 대변기는 총 5개이다.

① ㄱ, ㄴ
② ㄴ, ㄷ
③ ㄷ, ㄹ
④ ㄱ, ㄴ, ㄹ
⑤ ㄱ, ㄷ, ㄹ

문 24. 다음 글을 근거로 판단할 때 옳은 것은?

> - 가뭄 예·경보는 농업용수 분야와 생활 및 공업용수 분야로 구분하여 발령한다.
> - 예·경보 발령은 '주의', '심함', '매우심함' 3단계로 구분하며, '매우심함'이 가장 심각한 단계이다.
> - 가뭄 예·경보는 다음에서 정한 날에 발령한다.
>   - 주의 : 해당 기준에 도달한 매 월 10일
>   - 심함 : 해당 기준에 도달한 매 주 금요일
>   - 매우심함 : 해당 기준에 도달한 매 일마다 수시
>
> **〈가뭄 예·경보 발령 기준〉**
>
> | | | |
> |---|---|---|
> | 주의 | 농업용수 | 영농기(4~9월)에 저수지 저수율이 평년의 70% 이하 또는 밭 토양 유효수분율이 60% 이하에 해당되는 경우 |
> | | 생활 및 공업용수 | 하천여유수량을 감량 공급하는 상황에서 현재 하천유지유량이 고갈되거나, 장래 1~3개월 후 하천 및 댐 등에서 농업용수 공급이 어려울 것으로 판단되는 경우 |
> | 심함 | 농업용수 | 영농기(4~9월)에 저수지 저수율이 평년의 60% 이하 또는 밭 토양 유효수분율이 40% 이하에 해당되는 경우 |
> | | 생활 및 공업용수 | 하천유지유량을 감량 공급하는 상황에서 현재 하천 및 댐 등에서 농업용수 공급이 부족하거나, 장래 1~3개월 후 생활 및 공업용수 공급이 어려울 것으로 판단되는 경우 |
> | 매우심함 | 농업용수 | 영농기(4~9월)에 저수지 저수율이 평년의 50% 이하 또는 밭 토양 유효수분율이 30% 이하에 해당되는 경우 |
> | | 생활 및 공업용수 | 현재 하천 및 댐 등에서 농업용수, 생활 및 공업용수 공급이 부족하고, 장래 1~3개월 후 생활 및 공업용수 공급에도 차질이 발생할 것으로 판단되는 경우 |

※ 단, 상황이 여러 기준에 모두 해당되는 경우 더 심각한 단계에 해당되는 것으로 판단

① 영농기에 저수지 저수율이 평년의 50%라면 농업용수 가뭄 예·경보 기준의 심함에 해당한다.

② 영농기에 밭 토양 유효수분율이 70%일 경우 농업용수 가뭄 예·경보를 그 달 10일에 발령한다.

③ 하천유지유량을 감량 공급하는 상황에서 현재 하천 및 댐 등에서 농업용수 공급이 부족한 경우, 농업용수 가뭄 예·경보 기준의 심함에 해당한다.

④ 12월 23일 금요일에 저수지 저수율이 평년의 60% 이하이거나 밭 토양 유효수분율이 40% 이하이면 농업용수 가뭄 예·경보가 발령될 것이다.

⑤ 5월 19일 목요일에 생활 및 공업용수 가뭄 예·경보가 발령되었다면, 현재 하천 및 댐 등에서 농업용수, 생활 및 공업용수 공급이 부족하고, 장래 1~3개월 후 생활 및 공업용수 공급에도 차질이 발생할 것으로 판단되는 경우일 것이다.

문 25. 다음 글과 〈상황〉을 근거로 판단할 때, 甲이 A대학을 졸업하기 위해 추가로 필요한 최소 취득학점은?

> △△법 제◇◇조(학점의 인정 등) ① 전문학사학위과정 또는 학사학위과정을 운영하는 대학(이하 '대학'이라 한다)은 학생이 다음 각 호의 어느 하나에 해당하는 경우에 학칙으로 정하는 바에 따라 이를 해당 대학에서 학점을 취득한 것으로 인정할 수 있다.
> 1. 국내외의 다른 전문학사학위과정 또는 학사학위과정에서 학점을 취득한 경우
> 2. 전문학사학위과정 또는 학사학위과정과 동등한 학력·학위가 인정되는 평생교육시설에서 학점을 취득한 경우
> 3. 「병역법」에 따른 입영 또는 복무로 인하여 휴학 중인 사람이 원격수업을 수강하여 학점을 취득한 경우
> ② 제1항에 따라 인정되는 학점의 범위와 기준은 다음 각 호와 같다.
> 1. 제1항 제1호에 해당하는 경우 : 취득한 학점의 전부
> 2. 제1항 제2호에 해당하는 경우 : 대학 졸업에 필요한 학점의 2분의 1 이내
> 3. 제1항 제3호에 해당하는 경우 : 연(年) 12학점 이내
> 제ㅁㅁ조(편입학 등) 학사학위과정을 운영하는 대학은 다음 각 호에 해당하는 학생을 편입학 전형을 통해 선발할 수 있다.
> 1. 전문학사학위를 취득한 자
> 2. 학사학위과정의 제2학년을 수료한 자

> **─〈상황〉─**
> - A대학은 학칙을 통해 학점인정의 범위를 △△법에서 허용하는 최대 수준으로 정하고 있다.
> - 졸업에 필요한 최소 취득학점은 A대학 120학점, B전문대학 63학점이다.
> - 甲은 B전문대학에서 졸업에 필요한 최소 취득학점만으로 전문학사학위를 취득하였다.
> - 甲은 B전문대학 졸업 후 A대학 3학년에 편입하였고 군복무로 인한 휴학 기간에 원격수업을 수강하여 총 6학점을 취득하였다.
> - 甲은 A대학에 복학한 이후 총 30학점을 취득하였고, 1년 동안 미국의 C대학에 교환학생으로 파견되어 총 12학점을 취득하였다.

① 9학점
② 12학점
③ 15학점
④ 22학점
⑤ 24학점

문 26. 다음 글과 〈상황〉을 근거로 판단할 때, 甲과 乙에게 부과된 과태료의 합은?

> A국은 부동산 또는 부동산을 취득할 수 있는 권리의 매매계약을 체결한 경우, 매도인이 그 실제 거래가격을 거래계약 체결일부터 60일 이내에 관할관청에 신고하도록 신고의무를 ○○법으로 규정하고 있다. 그리고 이를 위반할 경우 다음의 기준에 따라 과태료를 부과한다.
>
> **○○법 제00조(과태료 부과기준)** ① 신고의무를 게을리 한 경우에는 다음 각 호의 기준에 따라 과태료를 부과한다.
> 1. 신고기간 만료일의 다음 날부터 기산하여 신고를 하지 않은 기간(이하 '해태기간'이라 한다)이 1개월 이하인 경우
>   가. 실제 거래가격이 3억 원 미만인 경우 : 50만 원
>   나. 실제 거래가격이 3억 원 이상인 경우 : 100만 원
> 2. 해태기간이 1개월을 초과한 경우
>   가. 실제 거래가격이 3억 원 미만인 경우 : 100만 원
>   나. 실제 거래가격이 3억 원 이상인 경우 : 200만 원
> ② 거짓으로 신고를 한 경우에는 다음 각 호의 기준에 따라 과태료를 부과한다. 단, 과태료 산정에 있어서의 취득세는 매수인을 기준으로 한다.
> 1. 부동산의 실제 거래가격을 거짓으로 신고한 경우
>   가. 실제 거래가격과 신고가격의 차액이 실제 거래가격의 20% 미만인 경우
>   - 실제 거래가격이 5억 원 이하인 경우 : 취득세의 2배
>   - 실제 거래가격이 5억 원 초과인 경우 : 취득세의 1배
>   나. 실제 거래가격과 신고가격의 차액이 실제 거래가격의 20% 이상인 경우
>   - 실제 거래가격이 5억 원 이하인 경우 : 취득세의 3배
>   - 실제 거래가격이 5억 원 초과인 경우 : 취득세의 2배
> 2. 부동산을 취득할 수 있는 권리의 실제 거래가격을 거짓으로 신고한 경우
>   가. 실제 거래가격과 신고가격의 차액이 실제 거래가격의 20% 미만인 경우 : 실제 거래가격의 100분의 2
>   나. 실제 거래가격과 신고가격의 차액이 실제 거래가격의 20% 이상인 경우 : 실제 거래가격의 100분의 4
> ③ 제1항과 제2항에 해당하는 위반행위를 동시에 한 경우 해당 과태료는 병과한다.

─────── 〈상 황〉 ───────

> • 매수인의 취득세는 실제 거래가격의 100분의 1이다.
> • 甲은 X토지를 2018. 1. 15. 丙에게 5억 원에 매도하였으나, 2018. 4. 2. 거래가격을 3억 원으로 신고하였다가 적발되어 과태료가 부과되었다.
> • 乙은 공사 중인 Y아파트를 취득할 권리인 입주권을 2018. 2. 1. 丁에게 2억 원에 매도하였으나, 2018. 2. 5. 거래가격을 1억 원으로 신고하였다가 적발되어 과태료가 부과되었다.

① 1,400만 원 　　　　　② 2,000만 원
③ 2,300만 원 　　　　　④ 2,400만 원
⑤ 2,500만 원

문 27. 다음 글을 근거로 판단할 때, A학자의 언어체계에서 표기와 그 의미를 연결한 것으로 옳지 않은 것은?

> A학자는 존재하는 모든 사물들을 자연적인 질서에 따라 나열하고 그것들의 지위와 본질을 표현하는 적절한 기호를 부여하면 보편언어를 만들 수 있다고 생각했다.
>
> 이를 위해 A학자는 우선 세상의 모든 사물을 40개의 '속(屬)'으로 나누고, 속을 다시 '차이(差異)'로 세분했다. 예를 들어 8번째 속인 돌은 순서대로 아래와 같이 6개의 차이로 분류된다.
> (1) 가치 없는 돌
> (2) 중간 가치의 돌
> (3) 덜 투명한 가치 있는 돌
> (4) 더 투명한 가치 있는 돌
> (5) 물에 녹는 지구의 응결물
> (6) 물에 녹지 않는 지구의 응결물
> 이 차이는 다시 '종(種)'으로 세분화되었다. 예를 들어, '가치 없는 돌'은 그 크기, 용도에 따라서 8개의 종으로 분류되었다.
>
> 이렇게 사물을 전부 분류한 다음에 A학자는 속, 차이, 종에 문자를 대응시키고 표기하였다.
>
> 예를 들어, 7번째 속부터 10번째 속까지는 다음과 같이 표기된다.
> 7) 원소 : de
> 8) 돌 : di
> 9) 금속 : do
> 10) 잎 : gw
> 차이를 나타내는 표기는 첫 번째 차이부터 순서대로 b, d, g, p, t, c, z, s, n을 사용했고, 종은 순서대로 w, a, e, i, o, u, y, yi, yu를 사용했다. 따라서 'di'는 돌을 의미하고 'dib'는 가치 없는 돌을 의미하며, 'diba'는 가치 없는 돌의 두 번째 종을 의미한다.

① ditu - 물에 녹는 지구의 응결물의 여섯 번째 종
② gwpyi - 잎의 네 번째 차이의 네 번째 종
③ dige - 덜 투명한 가치 있는 돌의 세 번째 종
④ deda - 원소의 두 번째 차이의 두 번째 종
⑤ donw - 금속의 아홉 번째 차이의 첫 번째 종

문 28. 다음 글을 근거로 판단할 때, 甲이 지불할 관광비용은?

- 甲은 경복궁에서 시작하여 서울시립미술관, 서울타워 전망대, 국립중앙박물관까지 관광하려 한다. '경복궁 → 서울시립미술관'은 도보로, '서울시립미술관 → 서울타워 전망대' 및 '서울타워 전망대 → 국립중앙박물관'은 각각 지하철로 이동해야 한다.
- 입장료 및 지하철 요금

경복궁	서울시립미술관	서울타워전망대	국립중앙박물관	지하철
1,000원	5,000원	10,000원	1,000원	1,000원

※ 지하철 요금은 거리에 관계없이 탑승할 때마다 일정하게 지불하며, 도보 이동 시에는 별도 비용 없음

- 관광비용은 입장료, 지하철 요금, 상품가격의 합산액이다.
- 甲은 관광비용을 최소화하고자 하며, 甲이 선택할 수 있는 상품은 다음 세 가지 중 하나이다.

상품	가격	혜택				
		경복궁	서울시립미술관	서울타워전망대	국립중앙박물관	지하철
스마트교통카드	1,000원	–	–	50%할인	–	당일무료
시티투어A	3,000원	30%할인	30%할인	30%할인	30%할인	당일무료
시티투어B	5,000원	무료	–	무료	무료	–

① 11,000원
② 12,000원
③ 13,000원
④ 14,900원
⑤ 19,000원

문 29. 다음 글과 〈표〉를 근거로 판단할 때, A사무관이 선택할 4월의 광고수단은?

- 주어진 예산은 월 3천만 원이며, A사무관은 월별 광고효과가 가장 큰 광고수단 하나만을 선택한다.
- 광고비용이 예산을 초과하면 해당 광고수단은 선택하지 않는다.
- 광고효과는 아래와 같이 계산한다.

$$광고효과 = \frac{총\ 광고\ 횟수 \times 회당\ 광고노출자\ 수}{광고비용}$$

- 광고수단은 한 달 단위로 선택된다.

〈표〉

광고수단	광고 횟수	회당 광고노출자 수	월 광고비용 (천 원)
T V	월 3회	100만 명	30,000
버 스	일 1회	10만 명	20,000
KTX	일 70회	1만 명	35,000
지하철	일 60회	2천 명	25,000
포털사이트	일 50회	5천 명	30,000

① TV
② 버 스
③ KTX
④ 지하철
⑤ 포털사이트

문 30. 다음 글을 근거로 판단할 때, 길동이가 오늘 아침에 수행한 아침 일과에 포함될 수 없는 것은?

길동이는 오늘 아침 7시 20분에 기상하여, 25분 후인 7시 45분에 집을 나섰다. 길동이는 주어진 25분을 모두 아침 일과를 쉼 없이 수행하는 데 사용했다.

아침 일과를 수행하는 데 정해진 순서는 없으며, 같은 아침 일과를 두 번 이상 수행하지 않는다.

단, 머리를 감았다면 반드시 말리며, 각 아침 일과 수행 중에 다른 아침 일과를 동시에 수행할 수는 없다. 각 아침 일과를 수행하는 데 소요되는 시간은 아래와 같다.

아침 일과	소요 시간
샤 워	10분
세 수	4분
머리 감기	3분
머리 말리기	5분
몸치장 하기	7분
구두 닦기	5분
주스 만들기	15분
양말 신기	2분

① 세 수
② 머리 감기
③ 구두 닦기
④ 몸치장 하기
⑤ 주스 만들기

문 31. 다음 글과 〈상황〉을 근거로 판단할 때, 출장을 함께 갈 수 있는 직원들의 조합으로 가능한 것은?

A은행 B지점에서는 3월 11일 회계감사 관련 서류 제출을 위해 본점으로 출장을 가야 한다. 08시 정각 출발이 확정되어 있으며, 출발 후 B지점에 복귀하기까지 총 8시간이 소요된다. 단, 비가 오는 경우 1시간이 추가로 소요된다.
• 출장인원 중 한 명이 직접 운전하여야 하며, '운전면허 1종 보통' 소지자만 운전할 수 있다.
• 출장시간에 사내 업무가 겹치는 경우에는 출장을 갈 수 없다.
• 출장인원 중 부상자가 포함되어 있는 경우, 서류 박스 운반 지연으로 인해 30분이 추가로 소요된다.
• 차장은 책임자로서 출장인원에 적어도 한 명 포함되어야 한다.
• 주어진 조건 외에는 고려하지 않는다.

─── 〈상 황〉 ───
• 3월 11일은 하루 종일 비가 온다.
• 3월 11일 당직 근무는 17시 10분에 시작한다.

직 원	직 급	운전면허	건강상태	출장 당일 사내 업무
甲	차 장	1종 보통	부상	없 음
乙	차 장	2종 보통	건 강	17시 15분 계약업체 면담
丙	과 장	없 음	건 강	17시 35분 고객 상담
丁	과 장	1종 보통	건 강	당직 근무
戊	대 리	2종 보통	건 강	없 음

① 甲, 乙, 丙
② 甲, 丙, 丁
③ 乙, 丙, 戊
④ 乙, 丁, 戊
⑤ 丙, 丁, 戊

문 32. 다음 글을 근거로 판단할 때 옳은 것은?

○○기업은 5명(甲~戊)을 대상으로 면접시험을 실시하였다. 면접시험의 평가기준은 가치관, 열정, 표현력, 잠재력, 논증력 5가지 항목이며 각 항목 점수는 3점 만점이다. 이에 따라 5명은 항목별로 다음과 같은 점수를 받았다.

〈면접시험 결과〉

(단위 : 점)

구 분	甲	乙	丙	丁	戊
가치관	3	2	3	2	2
열 정	2	3	2	2	2
표현력	2	3	2	2	3
잠재력	3	2	2	3	3
논증력	2	2	3	3	2

종합점수는 각 항목별 점수에 항목가중치를 곱하여 합산하며, 종합점수가 높은 순으로 등수를 결정했다. 결과는 다음과 같다.

〈등 수〉

1등	乙
2등	戊
3등	甲
4등	丁
5등	丙

① 잠재력은 열정보다 항목가중치가 높다.
② 논증력은 열정보다 항목가중치가 높다.
③ 잠재력은 가치관보다 항목가중치가 높다.
④ 가치관은 표현력보다 항목가중치가 높다.
⑤ 논증력은 잠재력보다 항목가중치가 높다.

문 33. 다음 글과 〈자기소개〉를 근거로 판단할 때, 대학생, 성별, 학과, 가면을 모두 옳게 짝지은 것은?

> 대학생 5명(A~E)이 모여 주말에 가면파티를 하기로 했다.
> - 남학생이 3명이고 여학생이 2명이다.
> - 5명은 각각 행정학과, 경제학과, 식품영양학과, 정치외교학과, 전자공학과 재학생이다.
> - 5명은 각각 늑대인간, 유령, 처녀귀신, 좀비, 드라큘라 가면을 쓸 것이다.
> - 본인의 성별, 학과, 가면에 대해 한 명은 모두 거짓만을 말하고 있고 나머지는 모두 진실만을 말하고 있다.

〈자기소개〉

A : 식품영양학과와 경제학과에 다니지 않는 남학생인데 드라큘라 가면을 안 쓸 거야.
B : 행정학과에 다니는 남학생인데 늑대인간 가면을 쓸 거야.
C : 식품영양학과에 다니는 남학생인데 처녀귀신 가면을 쓸 거야.
D : 정치외교학과에 다니는 여학생인데 좀비 가면을 쓸 거야.
E : 전자공학과에 다니는 남학생인데 드라큘라 가면을 쓸 거야.

	대학생	성 별	학 과	가 면
①	A	여	행정학과	늑대인간
②	B	여	경제학과	유 령
③	C	남	식품영양학과	좀 비
④	D	여	정치외교학과	드라큘라
⑤	E	남	전자공학과	처녀귀신

문 34. 다음 글을 근거로 판단할 때, 〈보기〉에서 옳은 것만을 모두 고르면?

> - 4종류(A, B, C, D)의 세균을 대상으로 세균 간 '관계'에 대한 실험을 2일간 진행한다.
> - 1일차 실험에서는 4종류의 세균 중 2종류의 세균을 짝지어 하나의 수조에 넣고, 나머지 2종류를 짝지어 다른 하나의 수조에 넣어 관찰한다.
> - 2일차 실험에서는 1일차 실험의 수조에서 각 종류의 세균을 분리하여 채취한 후 짝을 바꾸어 1일차와 같은 방식으로 진행한다.
> - 4종류의 세균 간에는 함께 보관 시에 아래와 같이 공생, 독립, 기피, 천적의 4가지 관계가 존재한다.
>   - A와 B : 독립관계
>   - A와 C : 기피관계
>   - A와 D : 천적관계(A강세, D약세)
>   - B와 C : 기피관계
>   - B와 D : 공생관계
>   - C와 D : 천적관계(C강세, D약세)
> - 2종류의 세균을 짝을 지어 하나의 수조에 보관했을 때 생존지수는 1일마다 각각의 관계에 따라 아래와 같이 일정하게 변화한다.
>   - 공생관계 : 각각 3만큼 증가
>   - 독립관계 : 불변
>   - 기피관계 : 각각 2만큼 감소
>   - 천적관계 : 강세측은 불변, 약세측은 4만큼 감소
> - 각 세균의 1일차 실험시작 직전 초기 생존지수와 2일차 실험이 종료된 후의 생존지수는 아래와 같다.

구 분	A	B	C	D
초기 생존지수	10	20	30	40
2일차 실험종료 후 생존지수	8	21	26	39

〈보 기〉

> ㄱ. 실험기간 동안 천적관계에 있는 세균끼리 짝을 지어 하나의 수조에서 실험한 적은 없다.
> ㄴ. 실험기간 동안 독립관계에 있는 세균끼리 짝을 지어 하나의 수조에서 실험한 적은 없다.
> ㄷ. 1일차와 2일차 모두 적어도 1개의 수조에는 기피관계에 있는 세균끼리 짝을 지어 실험했다.
> ㄹ. 한 종류의 세균에 대해서는 1일차와 2일차 모두 동일한 '관계'에 있는 세균끼리 짝을 지어 실험했다.

① ㄱ, ㄴ
② ㄴ, ㄷ
③ ㄱ, ㄴ, ㄷ
④ ㄱ, ㄷ, ㄹ
⑤ ㄴ, ㄷ, ㄹ

문 35. 다음 글을 근거로 판단할 때 옳은 것은?

> ○○국 의회의 의원 정수는 40명이다. 현재는 4개의 선거구(A~D)로 이루어져 있고 각 선거구에서 10명씩 의원을 선출한다. 정당은 각 선거구별로 정당별 득표율에 따라 의석을 배분받는다. 각 선거구에서 정당별 의석수는 정당별 득표율에 그 선거구의 총 의석수를 곱한 수에서 소수점 이하를 제외한 정수만큼 의석을 각 정당에 배분하고, 잔여 의석은 소수점 이하가 큰 순서대로 1석씩 차례로 배분한다. 그런데 유권자 1표의 가치 차이를 조정하기 위해 선거 제도를 개편할 필요성이 제기되었고, X안이 논의 중이다.
>
> X안은 현재의 4개 선거구를 2개의 선거구로 통합하되, 이 경우 두 선거구 유권자수가 1:1이 되도록 A, C선거구와 B, D선거구를 각각 통합한다. 이때 통합된 A·C선거구와 B·D선거구의 의석수는 각각 20석이다. 선거구별 정당 의석 배분 방식은 현행제도와 동일하다. 다음은 ○○국에서 최근 실시된 의원 선거의 각 선거구별 유권자수와 정당 득표수이다.
>
> 〈선거구별 유권자수〉
>
> (단위 : 천 명)
>
> | 선거구 | A | B | C | D | 합 계 |
> |---|---|---|---|---|---|
> | 유권자수 | 200 | 400 | 300 | 100 | 1,000 |
>
> 〈선거구별 정당 득표수〉
>
> (단위 : 천 표)
>
> | 선거구
정당 | A | B | C | D |
> |---|---|---|---|---|
> | 甲 | 80 | 120 | 150 | 40 |
> | 乙 | 60 | 160 | 60 | 40 |
> | 丙 | 40 | 40 | 90 | 10 |
> | 丁 | 20 | 80 | 0 | 10 |
> | 합 계 | 200 | 400 | 300 | 100 |

※ 특정 선거구 '유권자 1표의 가치'는 해당 선거구 의원 의석수를 해당 선거구 유권자수로 나는 값임

① 최근 실시된 의원 선거에서 유권자 1표의 가치가 가장 큰 곳은 B선거구이다.
② 최근 실시된 의원 선거의 결과에 X안을 적용할 경우, 丁정당의 의석수는 현행제도보다 늘어난다.
③ 최근 실시된 의원 선거의 결과에 X안을 적용할 경우, 甲정당의 의석수는 현행제도와 차이가 없다.
④ 최근 실시된 의원 선거의 결과에 X안을 적용할 경우, A선거구 유권자 1표의 가치가 현행제도보다 커진다.
⑤ 최근 실시된 의원 선거의 결과에 X안을 적용할 경우, 乙정당과 丙정당은 의석수에 있어서 현행제도가 X안보다 유리하다.

문 36. 다음 글을 근거로 판단할 때, 수호가 세탁을 통해 가질 수 있는 수건의 색조합으로 옳지 않은 것은?

> • 수호는 현재 빨간색, 파란색, 노란색, 흰색, 검은색 수건을 각 1개씩 가지고 있다.
> • 수호는 본인의 세탁기로 세탁하며, 동일한 수건을 여러 번 세탁할 수 있다.
> • 수호가 가지고 있는 세탁기는 수건을 2개까지 동시에 세탁할 수 있고, 다른 색의 수건을 함께 세탁하면 다음과 같이 색이 변한다.
>   − 빨간색 수건과 파란색 수건을 함께 세탁하면, 모두 보라색 수건이 된다.
>   − 빨간색 수건과 노란색 수건을 함께 세탁하면, 각각 빨간색 수건과 주황색 수건이 된다.
>   − 파란색 수건과 노란색 수건을 함께 세탁하면, 각각 파란색 수건과 초록색 수건이 된다.
>   − 흰색 수건을 다른 색 수건과 함께 세탁하면, 모두 그 다른 색 수건이 된다.
>   − 검은색 수건을 다른 색 수건과 함께 세탁하면, 모두 검은색 수건이 된다.

① 빨간색 1개, 파란색 1개, 보라색 2개, 검은색 1개
② 주황색 1개, 파란색 1개, 노란색 1개, 검은색 2개
③ 빨간색 1개, 주황색 1개, 파란색 2개, 검은색 1개
④ 보라색 3개, 초록색 1개, 검은색 1개
⑤ 빨간색 2개, 초록색 1개, 검은색 2개

문 37. 다음 글을 근거로 판단할 때, 甲이 지불한 연체료의 최솟값은?

> A시립도서관은 다음의 원칙에 따라 휴관일 없이 도서 대출 서비스를 운영하고 있다.
> - 시민 1인당 총 10권까지 대출 가능하며, 대출 기간은 대출일을 포함하여 14일이다.
> - 대출 기간은 권당 1회에 한하여 7일 연장할 수 있으며, 이때 총 대출 기간은 21일이 된다. 연장 신청은 기존 대출 기간 내에 해야 한다.
> - 만화와 시로 분류되는 도서의 경우에는 대출 기간은 7일이며 연장 신청도 불가능하다.
> - 대출한 도서를 대출 기간 내에 반납하지 못한 경우에는 기간 종료일의 다음날부터 해당 도서 반납을 연체한 것으로 본다.
> - 연체료는 각 서적별로 '연체 일수×100원'만큼 부과되며, 최종 반납일도 연체 일수에 포함된다. 또한 대출일 기준으로 출간일이 6개월 이내인 신간의 연체는 2배로 부과된다.
>
> A시에 거주하는 甲은 아래와 같이 총 5권의 책을 대출하여 2018년 10월 30일에 모두 반납하였다. 甲은 이 중 2권의 대출 기간을 연장하였으며, 반납한 날에 연체료를 전부 지불하였다.
>
> 〈甲의 도서 대출 목록〉
>
> | 도서명 | 분류 | 출간일 | 대출일 |
> |---|---|---|---|
> | 원○○ | 만화 | 2018. 1. 10. | 2018. 10. 10. |
> | 입 속의 검은 △ | 시 | 2018. 9. 10. | 2018. 10. 20. |
> | □의 노래 | 소설 | 2017. 10. 30. | 2018. 10. 5. |
> | ☆☆ 문화유산 답사기 | 수필 | 2018. 4. 15. | 2018. 10. 10. |
> | 햄 ◇ | 희곡 | 2018. 6. 10. | 2018. 10. 5. |

① 3,000원
② 3,700원
③ 4,400원
④ 5,500원
⑤ 7,200원

문 38. 다음 글을 근거로 판단할 때, 왕이 한 번에 최대금액을 갖는 가장 빠른 달과 그 금액은?

> - A왕국에서는 왕과 65명의 신하들이 매달 66만 원을 나누어 가지려고 한다. 매달 왕은 66만 원을 누구에게 얼마씩 나누어 줄지 제안할 수 있으며, 매달 그 방법을 새롭게 제안할 수 있다. 나누어 갖게 되는 돈은 만 원 단위이며, 그 총합은 매달 항상 66만 원이다.
> - 매달 65명의 신하들은 왕의 제안에 대해 각자 찬성, 반대, 기권할 수 있다. 신하들은 그 달 자신의 몫에만 관심이 있다. 신하들은 자신의 몫이 전월보다 늘어나는 제안에는 찬성표를 행사하지만, 줄어드는 제안에는 반대표를 행사한다. 자신의 몫이 전월과 동일하면 기권한다.
> - 찬성표가 반대표보다 많으면 왕이 제안한 방법은 그 달에 시행된다. 재투표는 없으며, 왕의 제안이 시행되지 않아 66명 모두가 돈을 갖지 못하는 달은 없다.
> - 첫 번째 달에는 신하 33명이 각각 2만 원을 받았다.
> - 두 번째 달부터 왕은 한 번에 최대금액을 가장 빨리 받기 위하여 합리적으로 행동한다.

	가장 빠른 달	최대금액
①	7번째 달	62만 원
②	7번째 달	63만 원
③	8번째 달	62만 원
④	8번째 달	63만 원
⑤	8번째 달	64만 원

※ 다음 글을 읽고 물음에 답하시오. [문 39~문 40]

제00조 교도소에 수용된 수형자(이하 '수형자'라 한다)의 도주 위험성에 따라 계호(戒護)의 정도를 구별하고, 범죄성향의 진전과 개선정도, 교정성적에 따라 처우수준을 구별하는 경비처우급은 개방처우급, 완화경비처우급, 일반경비처우급, 중(重)경비처우급으로 구분한다.

제00조 교도소장(이하 '소장'이라 한다)은 개방처우급·완화경비처우급·일반경비처우급 수형자로서 교정성적, 나이, 인성 등을 고려하여 다른 수형자의 모범이 된다고 인정되는 경우에는 봉사원으로 선정하여 교도관의 사무처리 업무를 보조하게 할 수 있다.

제00조 ① 소장은 개방처우급·완화경비처우급 수형자에게 자치생활을 허가할 수 있다.
② 소장은 자치생활 수형자들이 교육실, 강당 등 적당한 장소에서 월 1회 이상 토론회를 할 수 있도록 하여야 한다.

제00조 ① 수형자의 접견의 허용횟수는 개방처우급은 1일 1회, 완화경비처우급은 월 6회, 일반경비처우급은 월 5회, 중경비처우급은 월 4회로 한다.
② 접견은 1일 1회만 허용한다.
③ 소장은 개방처우급·완화경비처우급 수형자에 대하여 가족 만남의 날 행사에 참여하게 하거나 가족 만남의 집을 이용하게 할 수 있다. 이 경우 제1항의 접견 허용횟수에는 포함되지 아니한다.
④ 소장은 제3항에도 불구하고 교화를 위하여 특히 필요한 경우에는 일반경비처우급 수형자에 대하여도 가족 만남의 날 행사 참여 또는 가족 만남의 집 이용을 허가할 수 있다.

제00조 소장은 개방처우급·완화경비처우급 수형자에 대하여 교도소 밖에서 이루어지는 사회견학, 사회봉사, 종교행사 참석, 연극·영화·그 밖의 문화공연 관람 활동을 허가할 수 있다. 다만 처우상 특히 필요한 경우에는 일반경비처우급 수형자에게도 이를 허가할 수 있다.

제00조 ① 소장은 개방처우급 혹은 완화경비처우급 수형자가 형기(刑期)가 3년 이상이고 범죄 횟수가 2회 이하이며 형기 종료 예정일까지 기간이 3개월 이상 1년 6개월 이하인 경우에는 교도소 내에 설치된 개방시설에 수용하여 사회적응에 필요한 교육, 취업지원 등 적정한 처우를 할 수 있다.
② 소장은 제1항에 따른 처우의 대상자 중 형기 종료 예정일까지의 기간이 9개월 미만인 수형자에 대해서는 지역사회에 설치된 개방시설에 수용하여 제1항에 따른 처우를 할 수 있다.

제00조 소장은 수형자가 개방처우급 또는 완화경비처우급으로서 직업능력 향상을 위하여 특히 필요한 경우에는 교도소 밖의 공공기관 또는 기업체 등에서 운영하는 직업훈련을 받게 할 수 있다.

※ 계호(戒護) : 경계하여 지킴

문 39. 윗글을 근거로 판단할 때, 소장이 일반경비처우급 수형자에게 부여할 수 있는 처우를 〈보기〉에서 모두 고르면?

─── 〈보 기〉 ───
ㄱ. 교도관의 사무처리 업무 보조
ㄴ. 교도소 밖 사회봉사활동 및 종교행사 참석
ㄷ. 교도소 내 교육실에서의 월 1회 토론회 참여
ㄹ. 가족 만남의 날 행사 참여

① ㄱ, ㄴ
② ㄴ, ㄷ
③ ㄷ, ㄹ
④ ㄱ, ㄴ, ㄹ
⑤ ㄱ, ㄷ, ㄹ

문 40. 윗글을 근거로 판단할 때, 〈보기〉에서 소장의 조치로 적법한 것만을 모두 고르면?

─── 〈보 기〉 ───
ㄱ. 과거 범죄 횟수가 1회이며, 7년 형을 선고받고 남은 형기가 6개월인 개방처우급 수형자 甲에게 소장은 교도소 내 개방시설에 수용하여 사회적응교육을 받도록 하였다.
ㄴ. 과거 범죄 횟수가 1회이며, 5년 형을 선고받고 남은 형기가 10개월인 완화경비처우급 수형자 乙에게 소장은 지역사회에 설치된 개방시설에 수용하여 취업지원 처우를 받도록 하였다.
ㄷ. 과거 범죄 횟수가 3회이며, 5년 형을 선고받고 남은 형기가 2개월인 일반경비처우급 수형자 丙에게 소장은 교도소 밖의 개방시설에 수용하여 사회적응교육을 받도록 하였다.
ㄹ. 초범자로서 3년 형을 선고받고 남은 형기가 8개월인 완화경비처우급 수형자 丁을 소장은 직업능력 향상을 위하여 특히 필요한 경우로 보아 교도소 밖의 공공기관에서 직업훈련을 받게 하였다.

① ㄱ, ㄴ
② ㄱ, ㄹ
③ ㄴ, ㄷ
④ ㄱ, ㄷ, ㄹ
⑤ ㄴ, ㄷ, ㄹ

2018년 공직적격성평가(PSAT)

2018년 3월 10일 시행

5급 공채 · 외교관후보자 및 지역인재 7급 선발 필기시험

응시번호	
성 명	

문제 책 형
나

【시험과목】

제1과목	언 어 논 리
제2과목	자 료 해 석
제3과목	상 황 판 단

문제풀이 시작과 종료 시간을 기입해 주시기 바랍니다.

- 언어논리(90분) _____시 _____분 ~ _____시 _____분
- 자료해석(90분) _____시 _____분 ~ _____시 _____분
- 상황판단(90분) _____시 _____분 ~ _____시 _____분

문 1. 다음 글의 내용과 부합하는 것은?

국민주권에 바탕을 둔 민주주의 원리는 모든 국가기관의 의사가 국민의 의사로 귀착될 수 있어야 한다는 것이다. 이러한 민주주의 원리로부터 국민의 생활에 중요한 영향을 미치는 국가기관일수록 국민의 대표성이 더 반영되어야 한다는 '민주적 정당성'의 원리가 도출된다. 헌법재판 역시 그 중대성을 감안할 때 국민의 대의기관이 직접 담당하는 것이 민주적 정당성의 원리에 부합할 것이다. 헌법재판은 과거 세대와 현재 및 미래 세대에게 아울러 적용되는 헌법과 인권의 가치를 수호하는 특수한 기능을 수행한다. 헌법재판소는 항구적인 인권 가치를 수호하기 위하여 의회입법이나 대통령의 행위를 위헌이라고 선언할 수 있다. 이는 현재 세대의 의사와 배치될 수도 있는 작업이다. 그렇다면 이는 의회와 같은 현 세대의 대표자가 직접 담당하기에는 부적합하다. 헌법재판관들은 현재 다수 국민들의 실제 의사를 반영하기 위하여 임명되는 것이 아니다. 그들의 임무는 현재 국민들이 헌법을 개정하지 않는 한 헌법에 선언된 과거 국민들의 미래에 대한 약정을 최대한 실현하는 것이다. 그렇다면 헌법재판은 의회로부터 어느 정도 독립되고, 전문성을 갖춘 재판관들이 담당해야 한다.

한편 헌법재판은 사법적으로 이루어질 때 보다 공정하고 독립적으로 이루어질 수 있다. 이는 독립된 재판관에 의하여 이루어지는 법해석을 중심으로 판단이 이루어져야 한다는 것을 말한다. 그런데 독립된 헌법재판소를 두더라도 헌법재판관의 구성방법이 문제된다. 헌법 제1조 제2항에 따라 모든 국가권력은 국민에게 귀착되어야 하는 정당성의 사슬로 연결되어 있기에 헌법재판관 선출은 국민의 직접 위임에 의한 것이 이상적이다. 그러나 현실적으로 국민의 직접선거로 재판관을 선출하는 것은 용이하지 않다. 따라서 대의기관이 관여하여 헌법재판관을 임명함으로써 최소한의 민주적 정당성을 갖추어야 할 것이다. 그러므로 헌법재판관들이 선출되지 않은 소수 혹은 국민에 대하여 책임지지 않는 소수라는 이유만으로 민주적 정당성이 없다고 하는 것은, 헌법재판관 선출에 의회와 대통령이 관여한다는 점에서 무리한 비판이라고 볼 것이다.

① 헌법재판관들은 현행 헌법 개정에 구속되지 않고 미래 세대에 대한 약정을 최대한 실현해야 한다.
② 헌법재판소가 다수의 이익을 대표하는 대의기관의 행위를 위헌이라고 판단하는 것은 민주적 정당성의 원리에 배치된다.
③ 현재 헌법재판관 선출방법은 모든 국가권력이 국민에게 귀착되어야 한다는 민주적 정당성의 원리를 이상적으로 실현하고 있다.
④ 헌법재판은 현재와 미래 세대에게 아울러 적용되는 헌법과 항구적인 인권의 가치를 수호해야 하지만, 이는 현재 세대의 의사와 배치되어서는 안 된다.
⑤ 헌법재판은 사법기관이 담당하는 것이 바람직하며, 그 기관은 현재 세대를 대표하는 대의기관으로부터 어느 정도 독립되고 전문성을 갖출 필요가 있다.

문 2. 다음 글에서 알 수 없는 것은?

사유 재산 제도와 시장 경제가 자본주의의 양대 축을 이루기 때문에 토지 또한 민간의 소유이어야만 한다고 하는 이들이 많다. 토지사유제의 정당성을 그것이 자본주의의 성립 근거라는 점에서 찾고자 하는 학자도 있다. 토지에 대해서는 절대적이고 배타적인 소유권을 인정할 수 없다고 하면 이들은 신성불가침 영역에 대한 도발이라며 이에 반발한다. 토지가 일반 재화나 자본에 비해 지닌 근본적인 차이는 무시하고 말이다. 과연 자본주의 경제는 토지사유제 없이 성립할 수 없는 것일까?

싱가포르, 홍콩, 대만, 핀란드 등의 사례는 위의 물음에 직접적인 답변을 제시한다. 이들은 토지공유제를 시행하였거나 토지의 공공성을 인정했음에도 불구하고 자본주의 경제를 모범적으로 발전시켜온 사례이다. 물론 토지사유제를 당연하게 여기는 사람들이 이런 사례들을 토지 공공성을 인정해야만 하는 당위의 근거로서 받아들이는 것은 아니다. 그들은 오히려 토지의 공공성 강조가 사회주의적 발상이라고 비판한다. 하지만 이와 같은 비판은 토지와 관련된 권리 제도에 대한 무지에 기인한다.

토지 소유권은 사용권, 처분권, 수익권의 세 가지 권리로 구성된다. 각각의 권리를 누가 갖느냐에 따라 토지 제도는 다음과 같이 분류된다. 세 권리 모두 민간이 갖는 토지사유제, 세 권리 모두 공공이 갖는 사회주의적 토지공유제, 그리고 사용권은 민간이 갖고 수익권은 공공이 갖는 토지가치공유제이다. 한편, 토지가치공유제는 처분권을 누가 갖느냐에 따라 두 가지 제도로 분류된다. 처분권을 완전히 민간이 갖는 토지가치세제와 공공이 처분권을 갖지만 사용권을 가진 자에게 한시적으로 처분권을 맡기는 토지공공임대제이다. 토지 소유권을 구성하는 세 가지 권리를 민간과 공공이 적당히 나누어 갖는 경우가 많으므로 실제의 토지 제도는 이 분류보다 훨씬 더 다양하다.

이 중 자본주의 경제와 결합될 수 없는 토지 제도는 사회주의적 토지공유제뿐이다. 물론 어느 토지 제도가 더 나은 경제적 성과를 보이는가는 그 이후의 문제이다. 토지사유제 옹호론에 따르면, 토지 자원의 효율적 배분이 가능하기 위해 토지에 대한 절대적, 배타적 소유권을 인정해야만 한다. 토지사유제만이 토지의 오용을 막을 수 있으며, 나아가 토지 사용의 안정성을 보장할 수 있다는 것이다. 하지만 토지 자원의 효율적 배분을 위해 토지의 사용권, 처분권, 수익권 모두를 민간이 가져야 할 필요는 없다. 토지 위 시설물에 대한 소유권을 민간이 갖고, 토지에 대해서 민간은 배타적 사용권만 가지면 충분하다.

① 토지사유제는 자본주의 성립을 위한 필수 조건이 아니다.
② 토지사유제를 보장하지 않아도 토지 사용의 안정성을 이룰 수 있다.
③ 토지사유제와 토지가치세제에서는 토지 사용권을 모두 민간이 갖는다.
④ 토지사유제에서는 토지 자원의 성격과 일반 재화의 성격이 서로 다른 것으로 인정된다.
⑤ 토지가치세제와 토지공공임대제 이외에도 토지 소유권을 어떻게 나누느냐에 따라 다양한 토지 제도가 존재한다.

문 3. 다음 글에서 알 수 없는 것은?

　　현존하는 한국 범종 중에서 신라 범종이 으뜸이다. 신라 범종으로는 상원사 동종, 성덕대왕 신종, 용주사 범종이 있으며 모두 국보로 지정되어 있다. 이 가운데 에밀레종이라 알려진 성덕대왕 신종은 세계의 보배라 여겨진다. 그러나 이러한 평가는 미술이나 종교의 차원에 국한될 뿐, 에밀레종이 갖는 음향공학 차원의 가치는 간과되고 있다.

　　에밀레종을 포함한 한국 범종은 종신(鐘身)이 작고 종구(鐘口)가 벌어져 있는 서양 종보다 종신이 훨씬 크다는 점에서는 중국 범종과 유사하다. 또한 한국 범종은 높은 종탑에 매다는 서양 종과 달리 높지 않은 종각에 매단다는 점에서도 중국 범종과 비슷하다. 하지만 중국 범종은 종신의 중앙 부분에 비해 종구가 나팔처럼 벌어져 있는 반면, 한국 범종은 종구가 항아리처럼 오므라져 있다. 또한 한국 범종은 중국 범종에 비해 지상에 더 가까이 땅에 닿을 듯이 매단다.

　　나아가 한국 범종은 종신과 대칭 형태로 바닥에 커다란 반구형의 구덩이를 파두는데, 바로 여기에 에밀레종이나 여타 한국 범종의 숨은 진가가 있다. 한국 범종의 이러한 구조는 종소리의 조음에 영향을 미쳐 독특한 음향을 내게 한다. 이 구덩이는 100헤르츠 미만의 저주파 성분이 땅속으로 스며들게 하고, 커다란 울림통으로 작용하여 소리의 여운을 길게 한다.

　　땅속으로 음파를 밀어 넣어 주려면 뒤에서 받쳐 주는 지지대가 있어야 하는데, 한국 범종에서는 땅에 닿을 듯이 매달려 있는 거대한 종신이 바로 이 역할을 한다. 이를 음향공학에서는 뒷판이라 한다. 땅을 거쳐 나온 저주파 성분은 종신 꼭대기에 있는 음통관을 거쳐 나온 고주파 성분과 조화를 이루면서 인간이 듣기에 가장 적합한 소리, 곧 장중하고 그윽하며 은은히 울려 퍼지는 여음이 발생하는 것이다.

① 현존하는 한국 범종 중 세 개 이상이 국보로 지정되어 있다.
② 한국 범종과 중국 범종은 종신 중앙 부분의 지름이 종구의 지름보다 크다.
③ 한국 범종의 종신은 저주파 성분을 땅속으로 밀어 넣어주는 뒷판 역할을 한다.
④ 한국 범종의 독특한 소리는 종신과 대칭 형태로 파놓은 반구형의 구덩이와 관련이 있다.
⑤ 성덕대왕 신종의 여음은 음통관을 거쳐 나오는 소리와 땅을 거쳐 나오는 소리가 조화되어 만들어진다.

문 4. 다음 글에서 알 수 있는 것은?

　　송시열은 임진왜란 때 조선에 원군을 보낸 명나라 신종과 그 마지막 황제인 의종의 제사를 거행하고자 했으나 그 뜻을 이루지 못했다. 송시열의 제자인 권상하는 스승의 유명(遺命)을 이어받아 괴산군 청천면에 만동묘(萬東廟)를 만들고 매년 두 황제에 대한 제사를 지냈다. 만동묘라는 명칭은 경기도 가평군 조종암(朝宗巖)에 새겨진 선조의 어필 '만절필동(萬折必東)'이라는 글자의 처음과 끝 자를 딴 것이다. '만절필동'이라는 글자에는 황하가 여러 번 굽이쳐도 결국은 동쪽으로 나아가 황해로 흘러 들어가듯이, 조선 역시 어떠한 상황에도 명이 원병을 보냈다는 사실을 잊지 않고 의리를 지키겠다는 의지가 담겨 있다.

　　창덕궁 후원에 있는 대보단(大報壇)도 명 신종을 제사 지내기 위해 건립된 제단이다. 대보단의 제례는 국왕이 직접 주관하는 것이 원칙이었고, 그때 사용하는 제물과 기구는 문묘 제례 때 쓰던 것과 같았다. 영조 25년부터 이 대보단에서 명나라의 태조와 그 마지막 황제 의종도 함께 매년 제사 지내기 시작했다. 영조는 중앙 관료들로 하여금 빠짐없이 대보단 제례에 참석하도록 했는데, 정조는 이를 고쳐 제례 집행자만 참례하게 했다. 그렇지만 영조의 전례에 따라 대보단에 자주 행차하여 돌아보는 등 큰 관심을 표명했다.

　　당시 학자들 사이에서는 명이 망한 뒤에 중화의 정통을 이은 나라가 조선밖에 남지 않았다는 의식이 확산되고 있었다. 대보단 제례는 그와 같은 분위기 속에서 더욱 중요한 의미를 가지게 되었다. 만동묘를 중시하는 분위기도 확산되었다. 만동묘에서 명 황제들에 대한 제사를 지낼 무렵이 되면 전국의 유생이 구름같이 모여들었고, 이로 인해 제사 비용은 날로 많아졌다. 이 소식을 들은 영조는 만동묘에 전답을 하사하여 제사 비용을 조달하는 데 어려움이 없도록 해주었다. 헌종 때에는 만동묘에서 제사를 지낼 때마다 충청도 관찰사가 참석하도록 하는 조치도 취해졌다. 만동묘는 이처럼 위상이 높았지만, 운영비 조달을 핑계로 양민의 재산을 함부로 빼앗는 등 폐해가 컸다.

　　만동묘를 싫어하던 흥선대원군은 대보단에서 거행하는 것과 같은 제사를 만동묘에서 또 지낼 필요가 없다고 보았다. 그러한 이유에서 그는 만동묘가 설립될 때부터 매년 지내오던 제사를 폐지하였다. 또 명 황제들의 신주를 만동묘에서 대보단으로 옮겼다. 흥선대원군이 실각한 후 만동묘 제사는 부활되었지만 순종 황제 재위 때 다시 철폐되었다.

① 영조는 만동묘를 없애고 그 제사를 대보단으로 옮겨 지내도록 하였다.
② 만동묘에서 제사를 지낼 때에는 국왕이 직접 참석하는 것이 관례였다.
③ 헌종 때부터 대보단에서 제사를 지낼 시에 충청도 관찰사가 참석하였다.
④ 정조 때 만동묘와 대보단 두 곳에서 모두 명나라의 신종과 의종을 기려 제사를 지냈다.
⑤ 만동묘라는 이름은 선조가 그 건립을 기념하기 위해 내린 어필의 처음과 끝 글자를 딴 것이다.

문 5. 다음 글에서 알 수 있는 것은?

네트워크란 구성원들이 위계적이지 않으며 독자적인 의사소통망을 통해 서로 활발히 연결되어 있는 구조라고 할 수 있다. 마약조직 등에 나타나는 점조직은 기초적인 형태의 네트워크이며, 정교한 형태의 네트워크로는 행위자들이 하나의 행위자에 개별적으로 연결되어 있는 '허브' 조직이나 모든 행위자들이 서로 연결되어 있는 '모든 채널' 조직이 있다. 네트워크가 복잡해질수록 이를 유지하기 위해 의사소통 체계를 구축하는 비용이 커지지만, 정부를 비롯한 외부 세력이 와해시키기도 어렵게 된다. 특정한 지도자가 없고 핵심 기능들이 여러 구성원에 중복 분산되어 있어, 조직 내의 한 지점을 공격해도 전체적인 기능이 조만간 복구되기 때문이다. 이런 네트워크의 구성원들이 이념과 목표를 공유하고 실현하는 데 필요한 것들을 직접 행동에 옮긴다면, 이러한 조직을 상대하기는 더욱 힘들어진다.

네트워크가 반드시 첨단 기술을 전제로 하는 것은 아니며, 서로 연결되어 있기만 하면 그것은 네트워크다. 그렇지만 인터넷과 통신 기술과 같은 첨단 기술의 발달은 정교한 형태의 네트워크 유지에 필요한 비용을 크게 줄여놓았다. 이 때문에 세계의 수많은 시민 단체, 범죄 조직, 그리고 테러 단체들이 과거에는 상상할 수 없었던 힘을 발휘하게 되었으며, 정치, 외교, 환경, 범죄에 이르기까지 사회의 모든 부문에 영향력을 미치고 있다. 이렇듯 네트워크를 활용하는 비국가행위자들의 영향력이 확대되면서 국가가 사회에서 차지하는 역할의 비중이 축소되었다. 반면 비국가행위자들은 정보통신 기술의 힘을 얻은 네트워크를 통해 그동안 억눌렸던 자신들의 목소리를 낼 수 있게 되었다.

이러한 변화는 두 얼굴을 가진 야누스이다. 인권과 민주주의, 그리고 평화의 확산을 위해 애쓰는 시민사회 단체들은 네트워크의 힘을 바탕으로 기존의 국가 조직이 손대지 못한 영역에서 긍정적인 변화를 이끌어낼 것이다. 반면 테러 및 범죄 조직 역시 네트워크를 통해 국가의 추격을 피해가며 전 세계로 그 활동 범위를 넓혀나갈 것이다. 정보통신 기술의 발달과 네트워크의 등장으로 양쪽 모두 전례 없는 기회를 얻었다. 시민사회 단체들의 긍정적인 측면을 최대한 끌어내 정부의 기능을 보완, 견제하고 테러 및 범죄 조직의 발흥을 막을 수 있는 시스템을 구축하는 것이 시대의 과제가 될 것이다.

① 여러 형태의 네트워크 중 점조직의 결집력이 가장 강하다.
② 네트워크의 확산은 인류 미래에 부정적인 영향보다 긍정적인 영향을 더 크게 할 것이다.
③ 네트워크의 외부 공격에 대한 대응력은 조직의 정교성이나 복잡성과는 관계가 없을 것이다.
④ 기초적인 형태의 네트워크는 구성원의 수가 적어질수록 정교한 형태의 네트워크로 발전할 가능성이 크다.
⑤ 정교한 형태의 네트워크 유지에 들어가는 비용이 낮아진 것은 국가가 사회에 미치는 영향력이 약화된 결과를 낳았다.

문 6. 다음 A, B 학파에 대한 판단으로 적절하지 않은 것은?

비정규 노동은 파트타임, 기간제, 파견, 용역, 호출 등의 근로형태를 의미한다. IMF 외환위기 이후 정규직과 비정규직 사이의 차별이 사회문제로 대두되었는데 그중 가장 심각한 문제가 임금차별이다. 정규직과 비정규직 사이의 임금수준 격차는 점차 커져 비정규직 임금이 2001년에는 정규직의 63% 수준이었다가 2016년에는 53.5% 수준으로 떨어졌다. 이 문제를 어떻게 해결할 것인가를 놓고 크게 두 가지 시각이 대립한다.

A 학파는 차별적 관행을 고수하는 기업들은 비차별적 기업들과의 경쟁에서 자연적으로 도태되기 때문에 기업 간 경쟁이 임금차별 완화의 핵심이라고 이야기한다. 기업이 노동자 개인의 능력 이외에 다른 잣대를 바탕으로 차별하는 행위는 비합리적이기 때문에, 기업들 사이의 경쟁이 강화될수록 임금차별은 자연스럽게 줄어들 수밖에 없다는 것이다. 예를 들어 정규직과 비정규직 가릴 것 없이 오직 능력에 비례하여 임금을 결정하는 회사는 정규직 또는 비정규직이라는 이유만으로 무능한 직원들을 임금 면에서 우대하고 유능한 직원들을 홀대하는 회사보다 경쟁에서 앞서나갈 것이다.

B 학파는 실제로는 고용주들이 비정규직을 차별한다고 해서 기업 간 경쟁에서 불리해지지는 않는 현실을 근거로 A 학파를 비판한다. B 학파에 따르면 고용주들은 오직 사회적 비용이라는 추가적 장애물의 위협에 직면했을 때에만 정규직과 비정규직 사이의 임금차별 관행을 근본적으로 재고한다. 여기서 말하는 사회적 비용이란, 국가가 제정한 법과 제도를 수용하지 않음으로써 조직의 정당성이 낮아짐을 뜻한다. 기업의 경우엔 조직의 정당성이 낮아지게 되면 조직의 생존 가능성 역시 낮아지게 된다. 그래서 기업은 임금차별을 줄이는 강제적 제도를 수용함으로써 사회적 비용을 낮추는 선택을 하게 된다는 것이다. 따라서 B 학파는 법과 제도에 의한 규제를 통해 임금차별이 줄어들 것이라고 본다.

① A 학파에 따르면 경쟁이 치열한 산업군일수록 근로형태에 따른 임금 격차는 더 적어진다.
② A 학파는 시장에서 기업 간 경쟁이 약화되는 것을 방지하기 위한 보완 정책이 수립되어야 한다고 본다.
③ A 학파는 정규직과 비정규직 사이의 임금차별이 어떻게 줄어드는가에 대해 B 학파와 견해를 달리한다.
④ B 학파는 기업이 자기 조직의 생존 가능성을 낮춰가면서까지 임금차별 관행을 고수하지는 않을 것이라고 전제한다.
⑤ B 학파에 따르면 다른 조건이 동일할 때 기업의 비정규직에 대한 임금차별은 주로 강제적 규제에 의해 시정될 수 있다.

문 7. 다음 ㉠과 ㉡에 들어갈 말을 가장 적절하게 나열한 것은?

우주론자들에 따르면 우주는 빅뱅으로부터 시작되었다고 한다. 빅뱅이란 엄청난 에너지를 가진 아주 작은 우주가 폭발하듯 갑자기 생겨난 사건을 말한다. 그게 사실이라면 빅뱅 이전에는 무엇이 있었느냐는 질문이 나오는 게 당연하다. 아마 아무것도 없었을 것이다. 하지만 빅뱅 이전에 아무것도 없었다는 말은 무슨 뜻일까? 영겁의 시간 동안 단지 진공이었다는 뜻이다. 움직이는 것도, 변화하는 것도 없었다는 것이다.

그런데 이런 식으로 사고하려면, 아무 일도 일어나지 않고 시간만 존재하는 것을 상상할 수 있어야 한다. 그것은 곧 시간을 일종의 그릇처럼 상상하고 그 그릇 안에 담긴 것과 무관하게 여긴다는 뜻이다. 시간을 이렇게 본다면 변화는 일어날 수 없다. 여기서 변화는 시간의 경과가 아니라 사물의 변화를 가리킨다. 이런 전제하에서 우리가 마주하는 문제는 이것이다. 어떤 변화가 생겨나기도 전에 영겁의 시간이 있었다면, [_____㉠_____] 설명할 수 없다. 단지 지금 설명할 수 없다는 뜻이 아니라 설명 자체가 있을 수 없다는 뜻이다. 어떻게 설명이 가능하겠는가? 수도관이 터진 이유는 그 전에 닥쳐온 추위로 설명할 수 있다. 공룡이 멸종한 이유는 그 전에 지구와 운석이 충돌했을 가능성으로 설명하면 된다. 바꿔 말해서, 우리는 한 사건을 설명하기 위해 그 사건 이전에 일어났던 사건에서 원인을 찾는다. 그러나 빅뱅의 경우에는 그 이전에 아무것도 없었으므로 어떠한 설명도 찾을 수 없는 것이다.

'빅뱅 이전에 아무 일도 없었다'는 말을 달리 해석하는 방법도 있다. 그것은 바로 [_____㉡_____]고 해석하는 것이다. 그 경우 '빅뱅 이전'이라는 개념 자체가 성립하지 않으므로 그 이전에 아무 일도 없었던 것은 당연하다. 그렇게 해석한다면 빅뱅이 일어난 이유도 설명할 수 있게 된다. 즉 빅뱅은 '0년'을 나타내는 것이다. 시간의 시작은 빅뱅의 시작으로 정의되기 때문에 우주가 그 이전이든 이후이든 왜 탄생했느냐고 묻는 것은 이치에 닿지 않는다.

① ㉠ : 왜 우주가 탄생하게 되었는지를
　 ㉡ : 시간은 변화와 무관하다
② ㉠ : 왜 우주가 탄생하게 되었는지를
　 ㉡ : 빅뱅 이전에는 시간도 없었다
③ ㉠ : 사물의 변화가 어떻게 시간의 경과를 가져왔는지를
　 ㉡ : 시간은 변화와 무관하다
④ ㉠ : 사물의 변화가 어떻게 시간의 경과를 가져왔는지를
　 ㉡ : 빅뱅 이전에는 시간도 없었다
⑤ ㉠ : 왜 그토록 긴 시간이 지난 후에야 빅뱅이 생겨났는지를
　 ㉡ : 시간은 변화와 무관하다

문 8. 다음 ㉠~㉣에 들어갈 말을 가장 적절하게 나열한 것은?

신체의 운동이 뇌에 의해 통제되고 조절된다는 것은 당연하게 여겨지지만, 여전히 뇌의 어느 부위가 어떤 운동 기능을 담당하는지는 정확하게 이해되고 있지 않다. 이는 뇌의 여러 부분이 동시에 신체 운동에 관여하기 때문이다. 신체 운동에 관여하는 중요한 뇌의 부위에는 운동 피질, 소뇌, 기저핵이 있다. 대뇌에 있는 운동 피질은 의지에 따른 운동을 주로 조절한다. 소뇌와 기저핵은 숙달되어 생각하지 않아도 일어나는 운동들을 조절한다. 평균대 위에서 재주를 넘는 체조선수의 섬세한 몸동작은 반복된 훈련을 통하여 생각 없이 자동으로 이루어지는데 이러한 일은 주로 소뇌가 관여하여 일어난다. 기저핵의 두 부위인 선조체와 흑색질은 서로 대립적으로 신체 운동을 조절한다. 선조체는 신체 운동을 [__㉠__]하고, 흑색질은 신체 운동을 [__㉡__]하는 역할을 한다. 뇌의 이상으로 발생하는 운동 장애로 헌팅턴 무도병과 파킨슨병이 있다. 이 두 질병은 그 증세가 서로 대조적이다. 전자는 신체의 근육들이 제멋대로 움직여서 거칠고 통제할 수 없는 운동을 유발한다. 반면에 파킨슨병은 근육의 경직과 떨림으로 움직이려 하여도 근육이 제대로 움직여 주지 않는다. 이러한 대조적인 증세는 대립적으로 작용하는 기저핵의 두 부위에서 일어난 손상으로 인하여 발생한다. 선조체가 손상을 입으면 헌팅턴 무도병에 걸리고 흑색질에 손상을 입으면 파킨슨병에 걸린다. 따라서 [__㉢__]의 기능을 향상시키는 약을 쓰면 파킨슨병의 증세가 완화되고 [__㉣__]의 기능을 억제하는 약을 쓰면 헌팅턴 무도병의 증세가 완화된다.

	㉠	㉡	㉢	㉣
①	억제	유발	흑색질	흑색질
②	억제	유발	흑색질	선조체
③	억제	유발	선조체	선조체
④	유발	억제	선조체	흑색질
⑤	유발	억제	흑색질	선조체

문 9. 다음 ㉠으로 가장 적절한 것은?

　　　오늘날 유전 과학자들은 유전자의 발현에 관한 ㉠ 물음에 관심을 갖고 있다. 맥길 대학의 연구팀은 이 물음에 답하려고 연구를 수행하였다. 어미 쥐가 새끼를 핥아주는 성향에는 편차가 있다. 어떤 어미는 다른 어미보다 더 많이 핥아주었다. 많이 핥아주는 어미가 돌본 새끼들은 인색하게 핥아주는 어미가 돌본 새끼들보다 외부 스트레스에 무디게 반응했다. 게다가 많이 안 핥아주는 친어미에게서 새끼를 떼어내어 많이 핥아주는 양어미에게 두어 핥게 하면, 새끼의 스트레스 반응 정도는 양어미의 새끼 수준과 비슷해졌다.
　　　연구팀은 어미가 누구든 많이 핥인 새끼는 그렇지 않은 새끼보다 뇌의 특정 부분, 특히 해마에서 글루코코르티코이드 수용체들, 곧 GR들이 더 많이 생겨났다는 것을 발견했다. 이렇게 생긴 GR의 수는 성체가 되어도 크게 바뀌지 않았다. GR의 수는 GR 유전자의 발현에 달려있다. 이 쥐들의 GR 유전자는 차이는 없지만 그 발현 정도에는 차이가 있을 수 있다. 이 발현을 촉진하는 인자 중 하나가 NGF 단백질인데, 많이 핥인 새끼는 그렇지 못한 새끼에 비해 NGF 수치가 더 높다.
　　　스트레스 반응 정도는 코르티솔 민감성에 따라 결정되는데 GR이 많으면 코르티솔 민감성이 낮아지게 하는 되먹임 회로가 강화된다. 이 때문에 똑같은 스트레스를 받아도 많이 핥인 새끼는 그렇지 않은 새끼보다 더 무디게 반응한다.

① 코르티솔 유전자는 어떻게 발현되는가?
② 유전자는 어떻게 발현하여 단백질을 만드는가?
③ 핥아주는 성향의 유전자는 어떻게 발현되는가?
④ 후천 요소가 유전자의 발현에 영향을 미칠 수 있는가?
⑤ 유전자 발현에 영향을 미치는 유전 요인에는 무엇이 있는가?

문 10. 다음 글에서 알 수 있는 것만을 〈보기〉에서 모두 고르면?

　　　기존 암치료법은 암세포의 증식을 막는 데 초점이 맞춰져 있으나, 컴퓨터 설명 모형이 새로 나와 이와는 다른 암치료법이 개발될 수 있다는 가능성이 제시되었다. W 교수의 연구에 따르면, 종전의 공간 모형은 종양의 3차원 공간 구조를 잘 설명하지만 암세포들 간 유전 변이를 잘 설명하지는 못한다. 또 다른 종전 모형인 비공간 모형은 암세포들 간 유전 변이를 잘 설명해 종양의 진화 과정은 정교하게 그려냈지만 종양의 3차원 공간 구조는 잡아내지 못했다. 그러나 종양의 성장과 진화를 이해하려면 종양의 3차원 공간 구조뿐만 아니라 유전 변이를 잘 설명할 수 있어야 한다.
　　　새로 개발된 컴퓨터 설명 모형은 왜 모든 암세포들이 그토록 많은 유전 변이들을 갖고 있으며, 그 가운데 약제 내성을 갖는 '주동자 변이'가 어떻게 전체 종양에 퍼지게 되는지를 잘 설명해준다. 이 설명의 열쇠는 암세포들이 이곳저곳으로 옮겨 다닐 수 있는 능력을 갖고 있다는 데 있다. W 교수는 "사실상 환자를 죽게 만드는 암의 전이는 암세포의 자체 이동 능력 때문"이라고 말한다. 종전의 공간 모형에 따르면 암세포는 빈곳이 있을 때만 분열할 수 있고 다른 세포를 올라 타고서만 다른 곳으로 옮겨갈 수 있다. 그래서 암세포가 분열할 수 있는 곳은 제한되어 있다. 하지만 새 모형에 따르면 암세포가 다른 세포의 도움 없이 빈곳으로 이동할 수 있다. 이런 식으로 암세포는 여러 곳으로 이동하여 그곳에서 증식함으로써 새로운 유전 변이를 얻게 된다. 바로 이 때문에 종양은 종전 모형의 예상보다 더 빨리 자랄 수 있고 이상할 정도로 많은 유전 변이들을 가질 수 있다.

───────── 〈보 기〉 ─────────
ㄱ. 컴퓨터 설명 모형은 종전의 공간 모형보다 암세포의 유전 변이를 더 잘 설명한다.
ㄴ. 종전의 공간 모형은 컴퓨터 설명 모형보다 암세포의 3차원 공간 구조를 더 잘 설명한다.
ㄷ. 종전의 공간 모형과 비공간 모형은 암세포의 자체 이동 능력을 인정하지만 이를 설명할 수 없다.

① ㄱ
② ㄴ
③ ㄱ, ㄷ
④ ㄴ, ㄷ
⑤ ㄱ, ㄴ, ㄷ

문 11. 다음 글에서 알 수 있는 것만을 〈보기〉에서 모두 고르면?

> 손익이 동일해도 상황에 따라 그 손익에 대한 효용은 달라질 수 있다. 손익이 양수이면 수익을 얻고 손익이 음수이면 손실을 입는다. 효용이 양수이면 만족감을 느끼고 효용이 음수이면 상실감을 느낀다. 효용의 차이는 다음과 같은 세 가지 특징을 통해 설명할 수 있다.
> 첫 번째 특징은 준거점 의존성이다. 사람들은 기대손익을 준거점으로 삼는다. 기대손익이 다르면 실제 손익이 같다 하더라도 그에 따른 만족감이나 상실감이 달라진다. 철수의 기대수익이 200만 원이었을 때 실제 수익이 300만 원이라면 그는 100만큼의 만족감을 느낀다. 하지만 그의 실제 수익이 300만 원으로 같아도 기대수익이 1,000만 원이었다면 그는 700만큼의 상실감을 느낀다. 두 번째 특징은 민감성 반응이다. 재산의 상황에 따라 민감성 반응도 달라진다. 재산이 양수이면 자산을 갖고 재산이 음수이면 부채를 갖는다. 사람들은 자산이 많을수록 동일한 수익에 대해 둔감하게 반응한다. 마찬가지로 부채가 많을수록 동일한 손실에 대해 둔감하게 반응한다. 예를 들어 100만 원의 손실을 입을 경우, 부채가 200만 원일 때 발생하는 상실감보다 부채가 1,000만 원일 때 발생하는 상실감이 더 작다. 세 번째 특징은 손실 회피성이다. 이는 심리적으로 수익보다 손실에 더 큰 가중치를 두는 것을 말한다. 기대손익과 재산이 고정되어 있는 경우, 한 사람이 100만 원의 수익을 얻었을 때 느끼는 만족감보다 100만 원의 손실을 입었을 때 느끼는 상실감이 더 크다. 연구에 따르면, 이 경우 상실감은 만족감의 2배로 나타났다.

〈보 기〉

ㄱ. 손실을 입은 사람은 상실감을 느낀다.
ㄴ. 동일한 수익을 얻은 경우라도 자산이 x였을 때 자산이 y였을 때보다 더 큰 만족감을 느꼈다면, x는 y보다 작다.
ㄷ. 갑이 x의 손실을 입고 을이 x의 수익을 얻은 경우, 갑이 느끼는 상실감은 을이 느끼는 만족감의 2배이다.

① ㄱ
② ㄴ
③ ㄱ, ㄷ
④ ㄴ, ㄷ
⑤ ㄱ, ㄴ, ㄷ

문 12. 다음 ㉠에 대한 판단으로 적절한 것만을 〈보기〉에서 모두 고르면?

> 사람의 혈액은 혈구와 혈장으로 구성되어 있는데, 혈구에는 적혈구와 백혈구 그리고 혈소판이 포함되고 혈액의 나머지 액성 물질은 혈장에 포함된다. 혈장의 90%는 물로 구성되어 있으며 상당량의 무기질 및 유기질 성분들이 함유되어 있다. 혈구를 구성하는 물질 중 99% 이상이 적혈구이며 백혈구와 혈소판은 1% 미만을 차지한다. ㉠ 전체 혈액 중 적혈구가 차지하는 비율은 여성보다 남성이 약간 높다. 적혈구는 말초 조직에 있는 세포로 산소를 전달하고, 말초 조직에 있는 세포가 만든 이산화탄소를 폐로 전달하는 역할을 한다. 이러한 역할을 수행하는 적혈구의 수를 혈액 내에서 일정하게 유지하는 것은 정상 상태의 인체를 유지하는 데 매우 중요하다.
> 하지만 혈액을 구성하는 물질의 조성(組成)은 질병이나 주변 환경 그리고 인체의 상태에 따라 달라질 수 있다. 예를 들면 빈혈은 말초 조직에 있는 세포에서 필요로 하는 산소를 공급하는 적혈구의 수가 충분하지 않을 때 나타난다. 골수계 종양의 하나인 진성적혈구증가증에 걸리면 다른 혈액 성분에 비해 적혈구가 많이 생산된다. 적혈구 총량에는 변동 없이 혈장이 감소하는 가성적혈구증가증도 혈액의 조성에 영향을 준다. 또한 과도한 운동이나 심각한 설사로 체내 혈장의 물이 체내로 유입되는 물보다 더 많이 외부로 유출되면 심한 탈수 현상이 일어난다.

〈보 기〉

ㄱ. 심한 운동으로 땀을 많이 흘리면 ㉠이 정상 상태보다 높아진다.
ㄴ. 폐로 유입되는 산소의 농도가 높아지면 ㉠이 정상 상태보다 높아진다.
ㄷ. 진성적혈구증가증에 걸리면 ㉠이 정상 상태보다 높아지는 반면, 가성적혈구증가증에 걸리면 ㉠이 정상 상태보다 낮아진다.

① ㄱ
② ㄷ
③ ㄱ, ㄴ
④ ㄴ, ㄷ
⑤ ㄱ, ㄴ, ㄷ

> 나나 : 역사 안에서 일어나는 모든 일에는 선과 악이 없어. 하지만 개인이 선할 가능성은 여전히 남아있지. 자연의 힘으로 벌어지는 모든 일에는 선과 악이 없고, 역사란 자연의 힘만으로 전개되는 것이야. 개인이 노력한다고 해서 역사가 달라지지도 않아. 만일 개인이 노력한다고 해서 역사가 달라지지 않고 역사 안에서 일어나는 모든 일에 선과 악이 없다면, 개인은 역사 바깥에 나갈 때에만 선할 수 있어. 물론 개인은 역사 바깥에 나가지도 못하고, 자연의 힘을 벗어날 수도 없지.
>
> 모모 : 개인은 역사 바깥에 나가지도 못하고, 자연의 힘을 벗어날 수도 없어. 자연의 힘으로 벌어지는 모든 일에는 선과 악이 없다는 것도 참이야. 하지만 역사 안에서 일어나는 일 가운데는 선과 악이 있는 일도 있어. 왜냐하면 역사 안에서 일어나는 모든 일이 자연의 힘만으로 벌어지는 것은 아니니까. 역사 안에서 일어나는 일 중에는 지성과 사랑의 힘에 의해 일어나는 일도 있어. 지성과 사랑의 힘에 의해 일어나는 일에는 선과 악이 있지.
>
> 수수 : 역사 중에는 물론 지성의 역사와 사랑의 역사도 있지. 하지만 그것을 포함한 모든 역사는 오직 자연의 힘만으로 벌어지지. 지성과 사랑의 역사도 진화의 역사일 뿐이고, 진화의 역사는 오직 자연의 힘만으로 벌어지기 때문이야. 자연의 힘만으로 벌어지는 모든 일에는 선과 악이 없지만, 진화의 역사에서 오직 자연의 힘만으로 인간 지성과 사랑이 출현한 일에는 선이 있음이 분명해.

① 모모
② 수수
③ 나나, 모모
④ 나나, 수수
⑤ 나나, 모모, 수수

> A 부서에서는 올해부터 직원을 선정하여 국외 연수를 보내기로 하였다. 선정 결과 가영, 나준, 다석이 미국, 중국, 프랑스에 한 명씩 가기로 하였다. A 부서에 근무하는 갑~정은 다음과 같이 예측하였다.
>
> 갑 : 가영이는 미국에 가고 나준이는 프랑스에 갈 거야.
>
> 을 : 나준이가 프랑스에 가지 않으면, 가영이는 미국에 가지 않을 거야.
>
> 병 : 나준이가 프랑스에 가고 다석이가 중국에 가는 그런 경우는 없을 거야.
>
> 정 : 다석이는 중국에 가지 않고 가영이는 미국에 가지 않을 거야.
>
> 하지만 을의 예측과 병의 예측 중 적어도 한 예측은 그르다는 것과 네 예측 중 두 예측은 옳고 나머지 두 예측은 그르다는 것이 밝혀졌다.

─── 〈보 기〉 ───

ㄱ. 가영이는 미국에 간다.
ㄴ. 나준이는 프랑스에 가지 않는다.
ㄷ. 다석이는 중국에 가지 않는다.

① ㄱ
② ㄴ
③ ㄱ, ㄷ
④ ㄴ, ㄷ
⑤ ㄱ, ㄴ, ㄷ

문 15. 다음 글의 내용이 모두 참일 때 반드시 참인 것만을 〈보기〉에서 모두 고르면?

> 대한민국의 모든 사무관은 세종, 과천, 서울 청사 중 하나의 청사에서만 근무하며, 세 청사의 사무관 수는 다르다. 단, 세종 청사의 사무관 수가 서울 청사의 사무관 수보다 많다. 세 청사 중 사무관 수가 두 번째로 많은 청사의 사무관은 모두 일자리 창출 업무를 겸임한다. 세 청사의 사무관들 중 갑~정에 관하여 다음과 같은 사실이 알려져 있다.
> • 갑과 병 중 적어도 한 명은 세종 청사에서 근무하고, 정은 서울 청사에서 근무한다.
> • 일자리 창출 업무를 겸임하지 않는 사람은 이들 중 을뿐이다.
> • 과천 청사에서 근무하는 사무관은 이들 중 2명이다.
> • 을이 근무하는 청사는 사무관 수가 가장 적은 청사가 아니다.

〈보 기〉

> ㄱ. 갑, 을, 병, 정 중 사무관 수가 가장 적은 청사에서 일하는 사무관은 일자리 창출 업무를 겸임하지 않는다.
> ㄴ. 을이 세종 청사에서 근무하거나 병이 서울 청사에서 근무한다.
> ㄷ. 정이 근무하는 청사의 사무관 수가 가장 적다.

① ㄱ
② ㄷ
③ ㄱ, ㄴ
④ ㄴ, ㄷ
⑤ ㄱ, ㄴ, ㄷ

문 16. 다음 글의 논지를 약화하는 것으로 가장 적절한 것은?

> 과학 연구는 많은 자원을 소비하지만 과학 연구에 사용할 수 있는 자원은 제한되어 있다. 따라서 우리는 제한된 자원을 서로 경쟁적인 관계에 있는 연구 프로그램들에 어떻게 배분하는 것이 옳은가라는 물음에 직면한다. 이 물음에 관해 생각해 보기 위해 상충하는 두 연구 프로그램 A와 B가 있다고 해보자. 현재로서는 A가 B보다 유망해 보이지만 어떤 것이 최종적으로 성공하게 될지 아직 아무도 모른다. 양자의 관계를 고려하면, A가 성공하고 B가 실패하거나, A가 실패하고 B가 성공하거나, 아니면 둘 다 실패하거나 셋 중 하나이다. 합리적 관점에서 보면 A와 B가 모두 작동할 수 있을 정도로, 그리고 그것들이 매달리고 있는 문제가 해결될 확률을 극대화하는 방향으로 자원을 배분해야 한다. 그렇게 하려면 자원을 어떻게 배분해야 할까?
>
> 이 물음에 답하려면 구체적인 사항들에 대한 세세한 정보가 필요하겠지만, 한 쪽에 모든 자원을 투입하고 다른 쪽에는 아무 것도 배분하지 않는 것은 어떤 경우에도 현명한 방법이 아니다. 심지어 A가 B보다 훨씬 유망해 보이는 경우라도 A만 선택하여 지원하는 '선택과 집중' 전략보다는 '나누어 걸기' 전략이 더 바람직하다. 이유는 간단하다. 현재 유망한 연구 프로그램이 쇠락의 길을 걷게 될 수도 있고 반대로 현재 성과가 미미한 연구 프로그램이 얼마 뒤 눈부신 성공을 거둘 가능성이 있기 때문이다. 따라서 현명한 사회에서는 대부분의 자원을 A에 배분하더라도 적어도 어느 정도의 자원은 B에 배분할 것이다. 다른 조건이 동일하다고 가정하면, 현재 시점에서 평가된 각 연구 프로그램의 성공 확률에 비례하는 방식으로 자원을 배분하는 것이 합리적일 것이다. 이런 원칙은 한 영역에 셋 이상 다수의 상충하는 연구 프로그램이 경쟁하고 있는 경우에도 똑같이 적용될 수 있다. 물론 적절한 주기로 연구 프로그램을 평가하여 자원 배분의 비율을 조정하는 일은 잊지 않아야 한다.

① '선택과 집중' 전략은 기업의 투자 전략으로 바람직하지 않다.
② 연구 프로그램들에 대한 현재의 비교 평가 결과는 몇 년 안에 확연히 달라질 수도 있다.
③ 상충하는 연구 프로그램들이 모두 작동하기 위해서는 배분 가능한 것 이상의 자원이 필요한 경우가 발생할 수 있다.
④ 연구 프로그램이 아무리 많다고 하더라도 그것들 중에 최종적으로 성공하게 되는 것이 하나도 없을 가능성이 존재한다.
⑤ 과학 연구에 투입되는 자원의 배분은 사회의 성패와 관련된 것이므로 한 사람이나 몇몇 사람의 생각으로 결정해서는 안 된다.

문 17. 다음 논쟁에 대한 평가로 적절한 것만을 〈보기〉에서 모두 고르면?

A : '거문고'라는 이름은 어디에서 유래했다고 생각하니?

B : 흥미로운 쟁점이야. 그에 관해서는 여러 가지 설이 있지만, 그 가운데 어느 것이 옳은가에 대해선 지금도 논란이 분분하지.

A : 내 주장은 '거문고'에서 '거문'은 색깔을 가리키는 말에서 유래했다는 것이야. '거문'은 '검다'로 해석되고, 한자로는 '玄'이라 쓰지. 김부식의 『삼국사기』에 따르면, 고구려의 왕산악이 진나라의 칠현금을 개량해 새 악기를 만들고, 겸해서 백여 곡을 지어 연주했다고 해. 그러자 현학(玄鶴) 즉 검은 학이 날아와 춤을 추었고, 이로부터 악기의 이름을 '현학금'이라고 지었대. '현학금'이 훗날 '현금'으로 변했고, 다시 우리말 '검은고(거문고)'로 바뀐 것이지.

B : 내 주장은 '거문고'에서 '거문'은 나라 이름을 가리키는 말에서 유래했다는 것이야. 원래 '거문'은 '거무' 혹은 'ㄱ무'로 발음되기도 하는데, 옛날에는 '고구려'를 '거무'나 'ㄱ무'라고 불렀고, 이 말들은 '개마'라는 용어와도 쓰임이 같거든. '개마'는 고대 한민족이 부족사회를 세웠던 장소의 명칭이잖아. 일본인들은 고구려를 '고마'라고 발음하기도 해. 따라서 '거문고'는 '고구려 현악기' 혹은 '고구려 악기'라고 정의될 수 있어.

〈보 기〉

ㄱ. '단군왕검'에서 '검'이 '신(神)'을 뜻하는 옛말로 '곰', '감' 등과 통용되었다는 사실은 A와 B의 주장을 모두 강화한다.

ㄴ. 현악기를 지칭할 때 '고'와 '금(琴)'을 혼용하였다는 사실은 B의 주장을 약화한다.

ㄷ. '가얏고(가야+고)'의 사례에서 보듯이 악기의 이름 맨 앞에 국명을 붙이는 관습이 있었다는 사실은 A의 주장을 강화하지 않는다.

---

① ㄴ

② ㄷ

③ ㄱ, ㄴ

④ ㄱ, ㄷ

⑤ ㄱ, ㄴ, ㄷ

문 18. 다음 ㉠을 평가한 것으로 가장 적절한 것은?

일어나기 매우 어려운 사건이 일어났다고 매우 믿을 만한 사람이 증언했을 때, 우리는 그 사건이 일어났다고 추론할 수 있는가? 증언하는 사람이 거짓말을 자주 해서 믿을 만하지 않은 사람이거나 증언이 진기한 사건에 관한 것이라면, 증언의 믿음직함은 떨어질 수밖에 없다. 흄은 증언이 단순히 진기한 사건 정도가 아니라 기적 사건에 관한 것인 경우를 다룬다. 기적이 일어났다고 누군가 증언했다고 생각해 보자. 흄의 이론에 따르면, 그 증언이 거짓일 확률과 그 기적이 실제로 일어날 확률을 비교해서, 후자가 더 낮다면 우리는 기적 사건이 일어나지 않았다고 생각하고, 전자가 더 낮다면 우리는 그 증언이 거짓이 아니라고 생각해야 한다. 한편 프라이스의 이론에 따르면, 그 증언이 참일 확률이 기적이 일어날 확률보다 훨씬 높으면, 우리는 그 증언으로부터 기적이 실제로 일어났으리라고 추론할 수 있다.

예컨대 가람은 ㉠거의 죽어가는 사람이 살아나는 기적이 일어났다고 증언했다. 그런 기적이 일어날 확률은 0.01%지만, 가람은 매우 믿을 만한 사람이어서 그의 증언이 거짓일 확률은 0.1%다. 의심 많은 나래는 가람보다 더 믿을 만한 증인이다. 나래도 그런 기적을 증언했는데 그의 증언이 거짓일 확률은 0.001%다.

---

① 흄의 이론에 따르면, 나래가 ㉠에 대해 거짓말했다고 생각해야 한다.

② 흄의 이론에 따르면, ㉠에 대한 가람의 증언이 받아들일 만하다고 생각해야 한다.

③ 프라이스의 이론에 따르면, 가람이 ㉠에 대해 거짓말했다고 생각해야 한다.

④ 흄의 이론에 따르든 프라이스의 이론에 따르든, 가람의 증언으로부터 ㉠이 실제로 일어났으리라고 추론할 수 있다.

⑤ 흄의 이론에 따르든 프라이스의 이론에 따르든, 나래의 증언으로부터 ㉠이 실제로 일어났으리라고 추론할 수 있다.

인과 관계를 나타내는 인과 진술 '사건 X는 사건 Y의 원인이다'를 우리는 어떻게 이해해야 할까? '사건 X는 사건 Y의 원인이다'라는 진술은 곧 '사건 X는 사건 Y보다 먼저 일어났고, X로부터 Y를 예측할 수 있다'를 뜻한다. 여기서 'X로부터 Y를 예측할 수 있다'는 것은 '관련된 자료와 법칙을 모두 동원하여 X로부터 Y를 논리적으로 도출할 수 있다'를 뜻한다.

하지만 관련 자료와 법칙을 우리가 어떻게 모두 알 수 있겠는가? 만일 우리가 그 자료나 법칙을 알 수 없다면, 진술 'X는 Y의 원인이다'를 입증하지도 반증하지도 못하는 것이 아닐까? 경험주의자들이 이미 주장했듯이, 입증하거나 반증하는 증거를 원리상 찾을 수 없는 진술은 무의미하다. 예컨대 '역사는 절대 정신의 발현 과정이다'라는 진술은 입증 증거도 반증 증거도 아예 찾을 수 없고 이 때문에 이 진술은 무의미하다. 그렇다면 만일 관련 자료와 법칙을 모두 알아낼 수 없거나 거짓 자료나 틀린 법칙을 갖고 있다면, 우리가 'X는 Y의 원인이다'를 유의미하게 진술할 방법이 없는 것처럼 보인다.

하지만 꼭 그렇다고 말할 수는 없다. 다음과 같은 상황을 생각해 보자. 오늘날 우리는 관련된 참된 법칙과 자료를 써서 A로부터 B를 논리적으로 도출함으로써 A가 B의 원인이라는 것을 입증했다. 하지만 1600년에 살았던 갑은 지금은 틀린 것으로 밝혀진 법칙을 써서 A로부터 B를 논리적으로 도출함으로써 '사건 A는 사건 B의 원인이다'를 주장했다. 이 경우 갑의 진술이 무의미하다고 주장할 필요가 없다. 왜냐하면 갑의 진술 'A는 B의 원인이다'는 오늘날 참이고 1600년에도 참이었기 때문이다.

따라서 우리는 갑의 진술 'A는 B의 원인이다'가 1600년 당시에 무의미했다고 말해서는 안 되고, 입증할 수 있는 진술을 그 당시에 갑이 입증하지는 못했다고 말하는 것이 옳다. 갑이 거짓 법칙을 써서라도 A로부터 B를 도출할 수 있다면, 그의 진술은 입증할 수 있는 진술이고, 이 점에서 그의 진술은 유의미하다. 이처럼 우리가 관련 법칙과 자료를 모르거나 틀린 법칙을 썼다고 해서, 우리의 인과 진술이 무의미하다고 주장해서는 안 된다. 우리가 관련 법칙과 자료를 지금 모두 알 수 없다 하더라도 우리는 여전히 유의미하게 인과 관계를 주장할 수 있다.

'A는 B의 원인이다'의 참 또는 거짓 여부가 오늘 결정될 수 없다는 이유에서 그 진술이 무의미하다고 주장해서는 안 된다. 미래의 어느 시점에 그 진술을 입증 또는 반증하는 증거가 나타날 여지가 있다면 그 진술은 유의미하다. 이 진술이 단지 유의미한 진술을 넘어서 참된 진술로 입증되려면, 지금이 아니더라도 언젠가 참인 법칙과 자료로부터 논리적으로 도출할 수 있어야 하겠지만 말이다.

문 19. 윗글로부터 알 수 있는 것은?

① 관련 법칙을 명시할 수 없다면 인과 진술은 무의미하다.

② 반증할 수 있는 인과 진술은 입증할 수 있는 인과 진술과 마찬가지로 유의미한 진술이다.

③ 논리적 도출을 통해 입증된 인과 진술들 가운데 나중에 일어난 사건이 원인이 되는 경우가 있다.

④ 가까운 미래에는 입증될 수 없는 진술 '지구와 가장 가까운 항성계에도 지적 생명체가 산다'는 무의미하다.

⑤ 관련된 자료들이 현재 알려지지 않아서 앞선 사건으로부터 나중 사건을 논리적으로 도출할 수 없다면, 두 사건 사이에는 인과 관계가 있을 수 없다.

문 20. 다음 〈사례〉에 대한 평가로 옳은 것만을 〈보기〉에서 모두 고르면?

─── 〈사 례〉 ───

과학자 병호는 사건 A로부터 사건 B를 예측한 다음 'A는 B의 원인이다'라고 주장했다. 반면에 과학자 정호는 사건 C로부터 사건 D를 예측한 다음 'C는 D의 원인이다'라고 주장했다. 그런데 병호가 A로부터 B를 논리적으로 도출하기 위해 사용한 법칙과 자료는 거짓인 반면 정호가 C로부터 D를 논리적으로 도출하기 위해 사용한 법칙과 자료는 참이다.

─── 〈보 기〉 ───

ㄱ. 'A는 B의 원인이다'와 'C는 D의 원인이다' 둘 다 유의미하다.

ㄴ. 'A는 B의 원인이다'는 거짓이다.

ㄷ. 'C는 D의 원인이다'는 참이다.

① ㄱ

② ㄴ

③ ㄱ, ㄷ

④ ㄴ, ㄷ

⑤ ㄱ, ㄴ, ㄷ

문 21. 다음 글에서 알 수 있는 것은?

조선시대에는 변경의 급보를 전할 때 봉수를 이용하는 경우가 많았다. 봉수의 '봉'은 햇불을 의미하며, '수'는 연기라는 뜻을 지닌다. 봉수란 밤에는 햇불, 낮에는 연기를 사용해 릴레이식으로 신호를 보내는 것이다.

봉수 제도는 삼국시대부터 있었다. 그러나 그것이 체계적으로 정비된 것은 조선시대 세종 때의 일이다. 세종은 병조 아래에 무비사(武備司)라는 기구를 두어 봉수를 관할하도록 하는 한편, 각 지방에 봉수대를 설치하였다. 봉수대는 연변봉수대, 내지봉수대, 경봉수대로 나뉘어져 있었다. 연변봉수대에서는 외적이 접근할 때 곧바로 연기나 불을 올려 급보를 전했다. 그러면 그 소식이 여러 곳의 봉수대를 거쳐 한양으로 전해지도록 되어 있었다.

봉수로는 다섯 개 노선으로 나뉘어져 있었다. 제1로는 함경도 경흥에서 출발하여 각지의 봉수대를 거친 다음 한양의 경봉수대로 이어졌다. 제2로는 동래에서 출발하는 노선이었고, 제3로와 제4로는 평안도 강계와 의주에서 각각 출발하는 노선이었다. 제5로도 순천에서 시작하여 경봉수대까지 연결되어 있었다. 봉수대에서는 봉수를 다섯 개까지 올릴 수 있었다. 평상시에는 봉수를 1개만 올렸고, 적이 멀리서 접근하는 것이 보이면 2개를 올렸다. 적이 국경에 거의 다가왔을 때에는 3개, 국경을 침범하면 4개를 올렸다. 또 조선군이 외적과 전투를 시작할 때 5개를 올려 이를 알려야 했다.

연변봉수대가 외적의 접근을 알리는 봉수를 올리면 그 소식이 하루 안에 한양으로 전달되었다고 한다. 그러나 아무리 봉수를 올려도 어떤 내지봉수대에서는 앞봉수대의 신호가 잘 보이지 않는 경우가 있었다. 날씨 때문에 앞 봉수대에서 봉수가 몇 개 올라갔는지 분간하기 어려울 수 있었던 것이다. 그때에는 봉수군이 직접 그 봉수대까지 달려가서 확인해야 했다.

봉수대를 지키는 봉수군에게는 매일 올리는 봉수를 꺼지지 않도록 할 의무가 있었다. 그러나 그 일이 너무 고되었기 때문에 의무를 다하지 않고 도망가 버리는 경우가 적지 않았다. 이 때문에 을묘왜변 때에는 연변봉수대의 신호가 내지봉수대들에게 제대로 전달되지 못했다. 선조는 선왕이 을묘왜변 당시 발생한 이 문제를 시정하지 못했다는 점을 인지하고, 봉수가 원활하게 전달되지 않을 때를 대비하여 파발 제도를 운영하였다.

① 선조는 내지봉수대가 제 기능을 하지 않자 을묘왜변 때 봉수 제도를 폐지하고 파발을 운영하였다.
② 햇빛이 강한 날에는 정해진 규칙에 따라 봉수를 올리지 않고 봉수군이 다음 봉수대로 달려가 소식을 전했다.
③ 연변봉수대는 군사적으로 긴급한 상황이 발생할 때 낮에 햇불을 올리고 밤에는 연기를 올려 경봉수대에 알려야 했다.
④ 연변봉수대는 평상시에 1개의 봉수를 올렸지만, 외적이 국경을 넘으면 바로 2개의 봉수를 올려 위급한 상황을 알렸다.
⑤ 조선군이 국경을 넘은 외적과 싸우기 시작할 때 연변봉수대는 5개의 봉수를 올려 이 사실을 내지봉수대로 전해야 했다.

문 22. 다음 글에서 알 수 있는 것은?

1651년에 러시아는 헤이룽강 상류 지역에 진출하여 알바진성을 쌓고 군사 기지로 삼았다. 다음해 러시아군은 헤이룽강을 타고 동쪽으로 진출하였다. 러시아군은 그 강과 우수리강이 합류하는 지점에 이르러 새로 군사 기지를 건설하려 했다. 청은 러시아가 우수리강 하구에 기지를 만들려 한다는 소식을 접하고 영고탑(寧古塔)에 주둔하던 부대로 하여금 러시아군을 막게 했다. 청군은 즉시 북상해 러시아군과 교전했으나 화력에 압도당하여 패배하였다.

이에 청은 파병을 요청해왔다. 조선은 이를 받아들여 변급이라는 장수를 파견하였다. 변급의 부대는 두만강을 건너 영고탑으로 이동한 후, 그곳에 있던 청군과 함께 북상하였다. 출발 이후 줄곧 걸어서 북상한 조선군은 도중에 청군과 함께 배에 올라 강을 타고 이동하였다. 그 무렵 기지를 출발한 러시아 함대는 알바진과 우수리강 하구 사이의 중간에 있는 헤이룽강의 지류 입구로 접어들어 며칠 동안 남하하고 있었다. 양측은 의란이라는 곳에서 만나 싸웠다. 당시 조선과 청의 연합군이 탑승한 배는 크고 견고한 러시아 배의 적수가 되지 못했다. 이에 연합군은 청군이 러시아 함대를 유인하고, 조선군이 강변의 산 위에서 숨어 있다가 적이 나타나면 사격을 가하는 전법을 택했다. 작전대로 조선군이 총탄을 퍼붓자 러시아 함대는 큰 피해를 입고 퇴각하였다. 조선군은 사상자 없이 개선하였다.

청은 1658년에 또 파병을 요청했다. 조선은 이를 받아들여 신유라는 사람을 대장으로 삼아 군대를 파견하였다. 조선군은 청군과 합세하고자 예전에 변급의 부대가 이용했던 경로로 영고탑까지 북상했다. 함께 이동하기 시작한 조·청 연합군은 쑹화강과 헤이룽강의 합류 지점에 이르러 러시아군과 교전했다. 청군은 보유한 전선을 최대한 투입했다. 조선군도 배 위에서 용감히 싸웠다. 조선군이 갈고리를 이용해 러시아 배로 건너가 싸우자 러시아 병사들은 배를 버리고 도망쳤다. 조선군은 러시아군에 비해 성능이 떨어지는 총을 보유했지만, 평소 갈고 닦은 전투력을 바탕으로 승리할 수 있었다.

패배한 러시아군은 알바진으로 후퇴하였다. 러시아와 청은 몇 차례 회담을 거쳐 네르친스크 조약을 맺었다. 이 조약에 따라 러시아는 알바진과 우수리강의 하구 지점을 잇는 수로를 포기하고 그 북쪽의 외흥안령 산맥까지 물러났다. 또 그 산맥 남쪽 지역을 청의 영토로 인정하였다.

① 신유의 부대는 두만강을 건너 북상하다가 의란에서 러시아군과 교전하였다.
② 변급의 부대는 러시아군을 우수리강의 하구 지점에서 만나 전투를 벌였다.
③ 변급의 부대는 러시아군과 교전할 때 산 위에 대기하다가 러시아 함대를 향해 사격하는 방법으로 승리했다.
④ 변급의 부대가 러시아군과 만나 싸운 장소는 네르친스크 조약의 체결에 따라 러시아 영토에 편입되었다.
⑤ 신유의 부대는 배를 타고 두만강 하구로 나갔다가 그 배로 쑹화강과 헤이룽강의 합류 지점으로 들어가 러시아군과 싸웠다.

'인간'이란 말의 의미는 '호모 속(屬)에 속하는 동물'이고, 호모 속에는 사피엔스 외에도 여타의 종(種)이 존재했다. 불을 가졌던 사피엔스는 선조들에 비해 치아와 턱이 작았고 뇌의 크기는 우리와 비슷한 수준이었다. 사피엔스는 7만 년 전 아라비아 반도로 퍼져나갔고, 이후 다른 지역으로 급속히 퍼져나가 번성했다. 기술과 사회성이 뛰어난 사피엔스는 이미 그 지역에 정착해 있었던 다른 종의 인간들을 멸종시키기 시작하였다.

사피엔스의 확산은 인지혁명 덕분이었다. 이 혁명은 약 7만 년 전부터 3만 년 전 사이에 출현한 사고방식의 변화와 의사소통 방식의 변화를 가리킨다. 이와 같은 변화의 중심에는 그들의 언어가 있었다. 그렇다면, 사피엔스의 언어에 어떤 특별한 점이 있었기에 그들이 세계를 정복할 수 있었을까?

사피엔스는 제한된 개수의 소리와 기호를 연결해 각기 다른 의미를 지닌 무한한 개수의 문장을 만들 수 있었다. 곧 그들의 언어는 유연성을 지녔다. 이로써 그들은 자기 주변 환경에 대한 막대한 양의 정보를 공유할 수 있었다. 사피엔스가 다른 종의 인간들을 내몰 수 있었던 까닭이 공유된 정보의 양 때문이었다는 이론이 널리 알려져 있기는 하다. 그러나 공유된 정보의 양이 성공의 직접적 원인은 아니라는 이론 또한 존재한다. 이에 따르면 사피엔스가 세계를 정복할 수 있었던 원인은 오히려 그들의 언어가 사회적 협력을 다른 언어보다 더 원활하게 해주었다는 데 있다. 사피엔스는 주변 환경에 대한 담화를 할 수 있었을 뿐 아니라 다른 사회 구성원에 대한 담화도 할 수 있었다. 그런 담화는 상호 간의 관계를 더욱 긴밀하게 했고 협력을 증진시켰다. 작은 무리의 사피엔스는 이렇게 더욱 긴밀한 협력 관계를 유지할 수 있었다.

위의 두 이론, 곧 유연성 이론과 담화 이론은 사피엔스의 정복을 부분적으로는 설명해 줄 수 있을 것이다. 하지만 그 직접적 원인은 그들이 사용한 언어만이 존재하지도 않는 것에 대한 정보를 공유할 수 있게끔 해주었다는 데 있다. 직접 보거나 만지거나 냄새 맡지 못한 것에 대해 이야기할 수 있었던 존재는 사피엔스뿐이었다. 그들이 지닌 언어의 이와 같은 특성 때문에 사피엔스는 개인적인 상상을 집단적으로 공유할 수 있게 되었으며 공통의 신화들을 짜낼 수 있었다. 그 덕분에 그들의 사회는 서로 모르는 구성원들 사이에서도 협력 관계를 유지하고 복잡한 거대 사회로 발전될 수 있었다.

① 사피엔스의 뇌 크기는 인지혁명 이후에야 현재 인류의 그것과 비슷해졌다.
② 유연성 이론과 담화 이론에 따르면 공유한 정보의 양이 사피엔스 성공의 직접적 원인이었다.
③ 사피엔스가 다른 인간 종을 몰아내기 시작한 것은 그들이 이주를 시도한 때부터 약 4만 년 후였다.
④ 담화 이론에 따르면, 자기 주변 환경에 대한 정보가 사회 구성원들에 대한 정보보다 사피엔스에게 더 중요하였다.
⑤ 사피엔스가 다른 인간 종을 멸종시킬 수 있었던 원인은 상상이나 신화와 같은 허구를 사회적으로 공유할 수 있는 능력에 있었다.

오스만 제국은 정복 지역민의 개종을 통한 통치보다 정복되기 이전의 사회, 경제적 지배 체제를 이용한 통치를 선호하였다. 정복 지역의 기존 세력이 경제적 기반을 유지할 수 있도록 허용하였고, 종교 자치구도 인정하였던 한편, 정복 지역의 인재를 제국의 엘리트로 영입하기 위한 교육 제도 또한 운영하였다. 이와 같은 정책의 실행이 정복 지역에 대한 제국의 안정적 지배에 크게 기여하였다.

제국의 경작지와 목축용 토지는 사원에 대한 기부 토지인 와크프의 경우를 제외하고는 전적으로 술탄의 개인 재산이었다. 그러나 제국의 영토가 정복에 의해 확장되면서 이와 같은 토지 정책은 유지될 수 없었다. 티마르는 술탄이 정복지 토착 귀족이나 토후에게 하사했던 토지이다. 이는 중세 유럽의 봉건 영지와 유사한 것으로 잘못 비교되기도 한다. 티마르 영지를 분배받은 이들은 그로부터 세금을 거둘 권리를 갖기는 했지만 유럽의 중세 영주와는 달리 사법권을 갖지는 못했다.

밀레트는 종교, 문화적 자유가 인정된 종교 자치구인데, 해당 자치구 내에서는 전통적인 공동체의 유지와 그에 입각한 교육도 허용되었다. 콘스탄티노플의 대주교를 총대주교로 하는 정교회 교구가 그중 하나였다. 총대주교는 정교회의 행동에 대한 모든 책임까지 져야 하는 행정 관리이기도 하였다. 한편, 오스만 제국은 기독교 신자 등 비이슬람교도 관리를 위해 종교 자치구를 인정했지만, 개별 민족을 위한 자치구까지 허용하지는 않았다. 오스만 제국의 정복 지역에서는 여러 민족들이 서로를 차별하는 현상이 빈번했다. 그러나 이러한 현상이 제국의 종교 자치구 정책 시행 때문에 생겨난 것인가의 여부는 판단하기 어렵다.

데브쉬르메는 지역의 인재를 제국의 엘리트로 양성하여 그들이 차출된 지역으로 다시 파견하거나 또는 그들을 제국의 중앙관리로 영입하는 인사 제도였다. 그러나 이 제도는 실상 남자 어린이 징용제도와도 같았다. 각 가정의 장남을 6, 7세 때 개종과 제국 중심의 교육을 위해 콘스탄티노플이나 아나톨리아 등의 중심도시로 끌고 갔다. 제국은 이 제도로 매년 1천~3천 명의 새로운 전사나 충성스런 관리를 충원해 나갈 수 있었다. 데브쉬르메 제도에서 교육받은 이들은 자신이 제국의 엘리트라는 의식이 강했고 종교적으로는 이슬람으로 무장되어 있었다.

① 콘스탄티노플의 대주교는 종교 자치구의 행정 관리로서 역할을 하였다.
② 밀레트는 종교 자치구로 민족끼리의 상호 차별을 예방하기 위한 것이었다.
③ 데브쉬르메 제도는 징용된 어린이를 볼모로 삼아 정복 지역의 반란을 예방하기 위한 수단이 되었다.
④ 티마르 영지를 분배받은 이들의 영지에 대한 권리는 중세 봉건 영지에 대한 영주의 권리와 동일하였다.
⑤ 오스만 제국의 통치 정책은 정복지에 형성되었던 기존의 종교적, 사회적, 경제적 질서를 더욱 견고하게 유지하기 위한 것이었다.

1890년 독점 및 거래제한 행위에 대한 규제를 명시한 셔먼법이 제정됐다. 셔먼은 반독점법 제정이 소비자의 이익 보호와 함께 소생산자들의 탈집중화된 경제 보호라는 목적이 있다는 점을 강조했다. 그는 독점적 기업 결합 집단인 트러스트가 독점을 통한 인위적인 가격 상승으로 소비자를 기만한다고 보았다. 더 나아가 트러스트가 사적 권력을 강화해 민주주의에 위협이 된다고 비판했다. 이런 비판의 사상적 배경이 된 것은 시민 자치를 중시하는 공화주의 전통이었다.

이후 반독점 운동에서 브랜다이스가 영향력 있는 인물로 부상했다. 그는 독점 규제를 통해 소비자의 이익이 아니라 독립적 소생산자의 경제를 보호하고자 했다. 반독점법의 취지는 거대한 경제 권력의 영향으로부터 독립적 소생산자들을 보호함으로써 자치를 지켜내는 데 있다는 것이다. 이런 생각에는 공화주의 전통이 반영되어 있었다. 브랜다이스는 거대한 트러스트에 집중된 부와 권력이 시민 자치를 위협한다고 보았다. 이 점에서 그는 반독점법이 소생산자의 이익 자체를 도모하는 것보다는 경제와 권력의 집중을 막는 데 초점을 맞추어야 한다고 주장했다.

반독점법이 강력하게 집행된 것은 1930년대 후반에 이르러서였다. 1938년 아놀드가 법무부 반독점국의 책임자로 임명되었다. 아놀드는 소생산자의 자치와 탈집중화된 경제의 보호가 대량 생산 시대에 맞지 않는 감상적인 생각이라고 치부하고, 시민 자치권을 근거로 하는 반독점 주장을 거부했다. 그는 독점 규제의 목적이 권력 집중에 대한 싸움이 아니라 경제적 효율성의 향상에 맞춰져야 한다고 주장했다. 독점 규제를 통해 생산과 분배의 효율성을 증가시키고 그 혜택을 소비자에게 돌려주는 것이 핵심 문제라는 것이다. 이 점에서 반독점법의 목적이 소비자 가격을 낮춰 소비자 복지를 증진시키는 데 있다고 본 것이다. 그는 사람들이 반독점법을 지지하는 이유도 대기업에 대한 반감이나 분노 때문이 아니라, '돼지갈비, 빵, 안경, 약, 배관공사 등의 가격'에 대한 관심 때문이라고 강조했다. 이 시기 아놀드의 견해가 널리 받아들여진 것도 소비자 복지에 대한 당시 사람들의 관심사를 반영했기 때문으로 볼 수 있다. 이런 점에서 소비자 복지에 근거한 반독점 정책은 안정된 법적, 정치적 제도로서의 지위를 갖게 되었다.

① 셔먼과 브랜다이스의 견해는 공화주의 전통에 기반을 두고 있었다.
② 아놀드는 독점 규제의 목적에 대한 브랜다이스의 견해에 비판적이었다.
③ 셔먼과 아놀드는 소비자 이익을 보호한다는 점에서 반독점법을 지지했다.
④ 반독점 주장의 주된 근거는 1930년대 후반 시민 자치권에서 소비자 복지로 옮겨 갔다.
⑤ 브랜다이스는 독립적 소생산자와 소비자의 이익을 보호하여 시민 자치를 지키고자 했다.

베블런에 의하면 사치품 사용 금기는 전근대적 계급에 기원을 두고 있다. 즉, 사치품 소비는 상류층의 지위를 드러내는 과시소비이기 때문에 피지배계층이 사치품을 소비하는 것은 상류층의 안락감이나 쾌감을 손상한다는 것이다. 따라서 상류층은 사치품을 사회적 지위 및 위계질서를 나타내는 기호(記號)로 간주하여 피지배계층의 사치품 소비를 금지했다. 또한 베블런은 사치품의 가격 상승에도 그 수요가 줄지 않고 오히려 증가하는 이유가 사치품의 소비를 통하여 사회적 지위를 과시하려는 상류층의 소비행태 때문이라고 보았다.

그러나 소득 수준이 높아지고 대량 생산에 의해 물자가 넘쳐흐르는 풍요로운 현대 대중사회에서 서민들은 과거 왕족들이 쓰던 물건들을 일상생활 속에서 쓰고 있고 유명한 배우가 쓰는 사치품도 쓸 수 있다. 모든 사람들이 명품을 살 수 있는 돈을 갖고 있을 때 명품의 사용은 더 이상 상류층을 표시하는 기호가 될 수 없다. 따라서 새로운 사회의 도래는 베블런의 과시소비이론으로 설명하기 어려운 소비행태를 가져왔다. 이때 상류층이 서민들과 구별될 수 있는 방법은 오히려 아래로 내려가는 것이다. 현대의 상류층에게는 차이가 중요한 것이지 사물 그 자체가 중요한 것이 아니기 때문이다. 월급쟁이 직원이 고급 외제차를 타면 사장은 소형 국산차를 타는 것이 그 예이다.

이와 같이 현대의 상류층은 고급, 화려함, 낭비를 과시하기보다 서민들처럼 소박한 생활을 한다는 것을 과시한다. 이것은 두 가지 효과가 있다. 사치품을 소비하는 서민들과 구별된다는 점이 하나이고, 돈 많은 사람이 소박하고 겸손하기까지 하여 서민들에게 친근감을 준다는 점이 다른 하나이다.

그러나 그것은 극단적인 위세의 형태일 뿐이다. 뽐냄이 아니라 남의 눈에 띄지 않는 겸손한 태도와 검소함으로 자신을 한층 더 드러내는 것이다. 이런 행동들은 결국 한층 더 심한 과시이다. 소비하기를 거부하는 것이 소비 중에서도 최고의 소비가 된다. 다만 그들이 언제나 소형차를 타는 것은 아니다. 차별화해야 할 아래 계층이 없거나 경쟁 상대인 다른 상류층 사이에 있을 때 그들은 마음 놓고 경쟁적으로 고가품을 소비하며 자신을 마음껏 과시한다. 현대사회에서 소비하지 않기는 고도의 교묘한 소비이며, 그것은 상류층의 표시가 되었다. 그런 점에서 상류층을 따라 사치품을 소비하는 서민층은 순진하다고 하지 않을 수 없다.

① 현대의 상류층은 낭비를 지양하고 소박한 생활을 지향함으로써 서민들에게 친근감을 준다.
② 현대의 서민들은 상류층을 따라 겸손한 태도로 자신을 한층 더 드러내는 소비행태를 보인다.
③ 현대의 상류층은 그들이 접하는 계층과는 무관하게 절제를 통해 자신의 사회적 지위를 과시한다.
④ 현대에 들어와 위계질서를 드러내는 명품을 소비하면서 과시적으로 소비하는 새로운 행태가 나타났다.
⑤ 현대의 상류층은 사치품을 소비하는 것뿐만 아니라 소비하지 않기를 통해서도 자신의 사회적 지위를 과시한다.

문 27. 다음 글의 결론으로 가장 적절한 것은?

정치 갈등의 중심에는 불평등과 재분배의 문제가 자리하고 있다. 이 문제로 좌파와 우파는 오랫동안 대립해 왔다. 두 진영이 협력하여 공동의 목표를 이루려면 두 진영이 불일치하는 지점을 찾아 이 지점을 올바르고 정확하게 분석해야 한다. 바로 이것이 우리가 논증하고자 하는 바다.

우파는 시장 원리, 개인 주도성, 효율성이 장기 관점에서 소득 수준과 생활환경을 실제로 개선할 수 있다고 주장한다. 반면 정부 개입을 통한 재분배는 그 규모가 크지 않아야 한다. 이 점에서 이들은 선순환 메커니즘을 되도록 방해하지 않는 원천징수나 근로장려세 같은 조세 제도만을 사용해야 한다고 주장한다.

반면 19세기 사회주의 이론과 노동조합 운동을 이어받은 좌파는 사회 및 정치 투쟁이 극빈자의 불행을 덜어주는 더 좋은 방법이라고 주장한다. 이들은 불평등을 누그러뜨리고 재분배를 이루려면 우파가 주장하는 조세 제도만으로는 부족하고, 생산수단을 공유화하거나 노동자의 급여 수준을 강제하는 등 보다 강력한 정부 개입이 있어야 한다고 주장한다. 정부의 개입이 생산 과정의 중심에까지 영향을 미쳐야 시장 원리의 실패와 이 때문에 생긴 불평등을 해소할 수 있다는 것이다.

좌파와 우파의 대립은 두 진영이 사회정의를 바라보는 시각이 다른 데서 비롯된 것이 아니다. 오히려 불평등이 왜 생겨났으며 그것을 어떻게 해소할 것인가를 다루는 사회경제 이론이 다른 데서 비롯되었다. 사실 좌우 진영은 사회정의의 몇 가지 기본 원칙에 합의했다.

행운으로 얻었거나 가족에게 물려받은 재산의 불평등은 개인이 통제할 수 없다. 개인이 통제할 수 없는 요인 때문에 생겨난 불평등을 그런 재산의 수혜자에게 책임 지우는 것은 옳지 않다. 이 점에서 행운과 상속의 혜택을 받은 이들에게 이런 불평등 문제를 해결하라고 요구하는 것은 바람직하지 않다. 혜택받지 못한 이들, 곧 매우 불리한 형편에 부닥친 이들의 처지를 개선하려고 애써야 할 당사자는 당연히 국가다. 정의로운 국가라면 국가가 사회 구성원 모두 평등권을 되도록 폭넓게 누리도록 보장해야 한다는 정의의 원칙은 좌파와 우파 모두에게 널리 받아들여진 생각이다.

불리한 형편에 놓인 이들의 삶을 덜 나쁘게 하고 불평등을 누그러뜨려 하는 국가의 목표를 이루는 데 두 진영이 협력하는 첫걸음이 무엇인지는 이제 거의 분명해졌다.

① 좌파와 우파는 자신들의 문제점을 개선하려고 애써야 한다.
② 좌파와 우파는 정치 갈등을 해결하려는 의지가 있어야 한다.
③ 좌파와 우파는 사회정의를 위한 기본 원칙에 먼저 합의해야 한다.
④ 좌파와 우파는 분배 문제 해결에 국가가 앞장서야 한다는 데 동의해야 한다.
⑤ 좌파와 우파는 불평등을 일으키고 이를 완화하는 사회경제 메커니즘을 보다 정확히 분석해야 한다.

문 28. 다음 글의 빈칸에 들어갈 진술로 가장 적절한 것은?

야생의 자연이라는 이상을 고집하는 자연 애호가들은 인류가 자연과 내밀하면서도 창조적인 관계를 맺었던 반(反) 야생의 자연, 즉 정원을 간과한다. 정원은 울타리를 통해 농경지보다 야생의 자연과 분명한 경계를 긋는다. 집약적인 토지 이용이라는 전통은 정원에서 시작되었다. 정원은 대규모의 농경지 경작이 행해지지 않은 원시적인 문화에서도 발견된다. 만여 종의 경작용 식물들은 모두 대량 생산에 들어가기 전에 정원에서 자라는 단계를 거쳐 온 것으로 보인다.

농업경제의 역사에서 정원이 갖는 의미는 시대와 지역에 따라 매우 달랐다. 좁은 공간에서 집약적인 농사를 짓는 지역에서는 농부가 곧 정원사였다. 반면 예전의 독일 농부들은 정원이 곡물 경작에 사용될 퇴비를 앗아가므로 정원을 악으로 여기기도 했다. 하지만 여성들의 입장은 지역적인 편차가 없었다. 아메리카의 푸에블로 인디언부터 근대 독일의 농부 집안까지 정원은 농업 혁신에 주도적인 역할을 해온 여성들에게는 자신들의 제국이자 자존심이었다. 그곳에는 여성들이 경험을 통해 쌓은 지식 전통이 살아 있었다. 환경사에서 여성이 갖는 특별한 역할의 물질적 근간은 대부분 정원에서 발견된다. 지난 세기들의 경우 이는 특히 여성 제후들과 관련되어 있으며 자료가 풍부하다. 작센의 여성 제후인 안나는 식물에 관한 지식을 늘 공유했던 긴밀하고도 광범위한 사회적 네트워크를 가지고 있었는데 그중에는 식물 경제학에 관심이 깊은 고귀한 신분의 여성들도 많았으며 수도원 소속의 여성들도 있었다.

여성들이 정원에서 쌓은 경험의 특징은 무엇일까? 정원에서는 땅을 면밀히 살피고 손으로 흙을 부스러뜨리는 습관이 생겨났을 것이다. 정원에서 즐겨 이용되는 삽도 다양한 토질의 층을 자세히 연구하도록 부추겼을 것이 분명하다. 넓은 경작지보다는 정원에서 땅을 다룰 때 더 아끼고 보호했을 것이다. 정원이라는 매우 제한된 공간에는 옛날에도 충분한 퇴비를 줄 수 있었다. 경작지보다도 다양한 종류의 퇴비로 실험할 수 있었고 새로운 작물을 키우며 경험을 수집할 수 있었다. 정원에서는 좁은 공간에서 다양한 식물이 자라기 때문에 모든 종류의 식물들이 서로 잘 지내지는 않는다는 사실에도 주의를 기울였다. 이는 식물 생태학의 근간을 이루는 통찰이었다.

결론적으로 정원은 [   ]

① 자연을 즐기고 자연과 교감할 수 있는 야생의 공간으로서 집안에 들여놓은 자연의 축소판이었다.
② 여성들이 자연을 통제하고자 하는 이룰 수 없는 욕구를 충족하기 위하여 인공적으로 구축한 공간이었다.
③ 경작용 식물들이 서로 잘 지낼 수 있도록 농경지를 구획하는 울타리를 헐어버림으로써 구축한 인위적 공간이었다.
④ 여성 제후들이 농부들의 경작 경험을 집대성하여 환경사의 근간을 이루는 식물 생태학의 기초를 다지는 공간이었다.
⑤ 여성들이 주도가 되어 토양과 식물을 이해하고 농경지 경작에 유용한 지식과 경험을 배양할 수 있는 좋은 장소였다.

기분관리 이론은 사람들의 기분과 선택 행동의 관계에 대해 설명하기 위한 이론이다. 이 이론의 핵심은 사람들이 현재의 기분을 최적 상태로 유지하려고 한다는 것이다. 따라서 기분관리 이론은 흥분 수준이 최적 상태보다 높을 때는 사람들이 이를 낮출 수 있는 수단을 선택한다고 예측한다. 반면에 흥분 수준이 낮을 때는 이를 회복시킬 수 있는 수단을 선택한다고 예측한다. 예를 들어, 음악 선택의 상황에서 전자의 경우에는 차분한 음악을 선택하고 후자의 경우에는 흥겨운 음악을 선택한다는 것이다. 기분조정 이론은 기분관리 이론이 현재 시점에만 초점을 맞추고 있다는 점을 지적하고 이를 보완하고자 한다. 기분조정 이론을 음악 선택의 상황에 적용하면, ☐☐☐☐☐ 고 예측할 수 있다.

연구자 A는 음악 선택 상황을 통해 기분조정 이론을 검증하기 위한 실험을 했다. 그는 실험 참가자들을 두 집단으로 나누고 집단 1에게는 한 시간 후 재미있는 놀이를 하게 된다고 말했고, 집단 2에게는 한 시간 후 심각한 과제를 하게 된다고 말했다. 집단 1은 최적 상태 수준에서 즐거워했고, 집단 2는 최적 상태 수준을 벗어날 정도로 기분이 가라앉았다. 이때 연구자 A는 참가자들에게 기다리는 동안 음악을 선택하게 했다. 그랬더니 집단 1은 다소 즐거운 음악을 선택한 반면, 집단 2는 과도하게 흥겨운 음악을 선택했다. 그런데 30분이 지나고 각 집단이 기대하는 일을 하게 될 시간이 다가오자 두 집단 사이에는 뚜렷한 차이가 나타났다. 집단 1의 선택에는 큰 변화가 없었으나, 집단 2는 기분을 가라앉히는 차분한 음악을 선택하는 쪽으로 변하는 경향을 보인 것이다. 이러한 선택의 변화는 기분조정 이론을 뒷받침하는 것으로 간주되었다.

① 사람들은 현재의 기분을 지속하는 데 도움이 되는 음악을 선택한다

② 사람들은 다음에 올 상황을 고려해 흥분을 유발할 수 있는 음악을 선택한다

③ 사람들은 다음에 올 상황에 맞추어 현재의 기분을 조정하는 음악을 선택한다

④ 사람들은 현재의 기분과는 상관없이 자신이 평소 선호하는 음악을 선택한다

⑤ 사람들은 현재의 기분이 즐거운 경우에는 그것을 조정하기 위해 그와 반대되는 기분을 자아내는 음악을 선택한다

사람들은 모국어의 '음소'가 아닌 소리를 들으면, 그 소리를 변별적으로 인식하지 못한다. 가령, 물리적으로 다르지만 유사하게 들리는 음성 [x]와 [y]가 있다고 가정해 보자. 이때 우리는 [x]와 [y]가 서로 다르다고 인식할 수도 있고 다르다는 것을 인식하지 못할 수도 있다. [x]와 [y]가 다르다고 인식할 때 우리는 두 소리가 서로 변별적이라고 하고, [x]와 [y]가 다르다는 것을 인식하지 못할 때 두 소리가 서로 비변별적이라고 한다. 변별적으로 인식하는 소리를 음소라고 하고, 변별적으로 인식하지 못하는 소리를 이음 또는 변이음이라고 한다. 우리가 [x]와 [y]를 변별적으로 인식한다면, [x]와 [y]는 둘 다 음소로서의 지위를 갖는다. 반면 [x]와 [y] 가운데 하나는 음소이고 다른 하나가 음소가 아니라면, [x]와 [y]를 서로 변별적으로 인식하지 못한다. 다시 말해 ㉠

여기서 변별적이라는 것은 달리 말하면 대립을 한다는 것을 뜻한다. 어떤 소리가 대립을 한다는 말은 그 소리가 단어의 뜻을 갈라내는 기능을 한다는 것을 의미한다. 비변별적이라는 것은 대립을 하지 못한다는 것을 뜻한다. 그러므로 대립을 하는 소리는 당연히 변별적이고, 대립을 하지 못하는 소리는 비변별적이다.

인간이 발성 기관을 통해 낼 수 있는 소리의 목록은 비록 언어가 다르더라도 동일하다고 가정하지만, 변별적으로 인식하는 소리 즉, 음소의 수와 종류는 언어마다 다르다. 언어가 문화적 산물이라는 사실을 이해하면, 이는 당연한 일이다. 나라마다 문화가 다르듯이 언어 역시 문화적 산물이므로 차이가 나는 것은 당연하고, 언어를 구성하는 가장 작은 단위인 음소의 수와 종류에도 차이가 나는 것은 당연하다. 우리가 다른 문화권의 사람이라는 것을 인지하는 가장 기본적인 요소 중의 하나가 언어라면, 언어가 다르다고 인지하는 가장 핵심적인 요소 중의 하나가 바로 음소 목록의 차이이다. 그렇기 때문에 모국어의 음소 목록에 포함되어 있지 않은 소리를 들었다면, ㉡

① ㉠ : [x]를 들어도 [y]로 인식한다면 [x]는 음소이다.
　㉡ : 소리는 들리지만 그 소리가 무슨 소리인지 알 수 없다.

② ㉠ : [y]를 들어도 [x]로 인식한다면 [y]는 음소이다.
　㉡ : 그 소리를 모국어에 존재하는 음소 중의 하나로 인식하게 된다.

③ ㉠ : [x]를 들어도 [y]로 인식한다면 [x]는 [y]의 변이음이다.
　㉡ : 그 소리를 모국어에 존재하는 음소 중의 하나로 인식하게 된다.

④ ㉠ : [x]를 들어도 [y]로 인식한다면 [x]는 [y]의 변이음이다.
　㉡ : 그 소리를 듣고 모국어에 존재하는 유사한 음소들의 중간음으로 인식하게 된다.

⑤ ㉠ : [y]를 들어도 [x]로 인식한다면 [x]는 [y]의 변이음이다.
　㉡ : 그 소리를 듣고 모국어에 존재하는 유사한 음소들의 중간음으로 인식하게 된다.

문 31. 다음 ㉠~㉾에 대한 분석으로 가장 적절한 것은?

우리의 사고는 구조를 가지고 있을까? 이를 알아보기 위해 한국어 문장 "철수는 영희를 사랑한다."에서 출발해 보자. ㉠ 이 문장에 포함되어 있는 고유명사 '철수'와 '영희'가 지시하는 대상이 존재한다면, 이 문장이 유의미하다는 점을 부정할 사람은 없을 것이다. 그런데 ㉡ 이 문장이 유의미하다면, 두 고유명사의 위치를 서로 바꾼 문장 "영희는 철수를 사랑한다."도 유의미하다. 언어의 이러한 속성을 체계성이라고 한다. ㉢ 언어의 체계성은 해당 언어의 문장이 구조를 가질 경우에만 보장된다.

이번에는 언어의 생산성에 관해 생각해 보자. 한 언어가 생산적이라는 말의 의미는, 그 언어 내의 임의의 문장을 이용하여 유의미한 문장을 새롭게 구성할 수 있다는 것이다. 예를 들어, "철수는 귀엽다."와 "영희는 씩씩하다."는 문장들을 가지고 새로운 문장 "철수는 귀엽고 영희는 씩씩하다."를 얻을 수 있다. 또한 여기에다가 "영희는 철수를 사랑한다."를 덧붙여서 "철수는 귀엽고 영희는 씩씩하고 영희는 철수를 사랑한다."를 얻을 수 있다. 이러한 과정은 끝없이 확대될 수 있다. ㉣ 언어의 이러한 특성 역시 해당 언어의 문장이 구조를 가질 경우에만 보장된다.

이제 우리는 ㉤ 언어의 체계성과 생산성은 언어가 구조를 가질 경우에만 보장된다고 결론지을 수 있다. 이러한 결론은 우리의 사고에 대해서도 성립할 가능성이 있다. 왜냐하면 ㉥ 우리의 사고가 체계성과 생산성을 가지고 있다는 것은 부정할 수 없는 사실이기 때문이다. ㉦ 우리는 A가 B를 사랑한다고 생각할 수 있다면, B가 A를 사랑한다고 생각할 수도 있다. 뿐만 아니라 ㉧ 우리는 A가 귀엽다고 생각하고 B가 씩씩하다고 생각할 수 있다면, A는 귀엽고 B는 씩씩하다고 생각할 수 있다. 언어의 경우와 유사하게 사고의 경우도 이처럼 체계성과 생산성을 가지고 있다. 결국 언어와 마찬가지로 ㉨ 우리의 사고도 구조를 가지고 있다는 유추가 가능하다.

① ㉠은 ㉡을 지지한다.
② ㉥은 ㉤을 지지한다.
③ ㉢과 ㉣이 참이라고 할지라도 ㉤은 거짓일 수 있다.
④ ㉤과 ㉥이 참이라고 할지라도 ㉨은 거짓일 수 있다.
⑤ ㉥이 참이라고 할지라도 ㉦과 ㉧은 거짓일 수 있다.

문 32. 뇌물수수 혐의자 A~D에 관한 다음 진술들 중 하나만 참일 때, 이들 가운데 뇌물을 받은 사람의 수는?

- A가 뇌물을 받았다면, B는 뇌물을 받지 않았다.
- A와 C와 D 중 적어도 한 명은 뇌물을 받았다.
- B와 C 중 적어도 한 명은 뇌물을 받지 않았다.
- B와 C 중 한 명이라도 뇌물을 받았다면, D도 뇌물을 받았다.

① 0명
② 1명
③ 2명
④ 3명
⑤ 4명

문 33. 다음 글의 내용이 모두 참일 때 반드시 참인 것만을 〈보기〉에서 모두 고르면?

신생벤처기업 지원투자 사업이나 벤처기업 입주지원 사업이 10월에 진행된다면 벤처기업 대표자 간담회도 10월에 열려야 한다. 그런데 창업지원센터가 10월에 간담회 장소로 대관되지 않을 경우 벤처기업 입주지원 사업이 10월에 진행된다. 만일 대관된다면 벤처기업 입주지원 사업은 11월로 연기된다. 또한 기존 중소기업 지원사업이 10월에 진행된다면 벤처기업 대표자 간담회는 11월로 연기된다. 벤처기업 대표자 간담회가 10월에 열릴 경우 창업지원센터는 간담회 장소로 대관된다. 벤처기업 대표자 간담회 외의 일로 창업지원센터가 대관되는 일은 없다. 이러한 상황에서 신생벤처기업 지원투자 사업과 기존 중소기업 지원 사업 중 한 개의 사업만이 10월에 진행된다는 것이 밝혀졌다.

〈보 기〉
ㄱ. 벤처기업 입주지원 사업은 10월에 진행되지 않는다.
ㄴ. 벤처기업 대표자 간담회는 10월에 진행되지 않는다.
ㄷ. 신생벤처기업 지원투자 사업은 10월에 진행되지 않는다.

① ㄱ
② ㄷ
③ ㄱ, ㄴ
④ ㄴ, ㄷ
⑤ ㄱ, ㄴ, ㄷ

문 34. 윗마을에 사는 남자는 참말만 하고 여자는 거짓말만 한다. 아랫마을에 사는 남자는 거짓말만 하고 여자는 참말만 한다. 이 마을들에 사는 이는 남자거나 여자다. 윗마을 사람 두 명과 아랫마을 사람 두 명이 다음과 같이 대화하고 있을 때, 반드시 참인 것은?

갑 : 나는 아랫마을에 살아.
을 : 나는 아랫마을에 살아. 갑은 남자야.
병 : 을은 아랫마을에 살아. 을은 남자야.
정 : 을은 윗마을에 살아. 병은 윗마을에 살아.

① 갑은 윗마을에 산다.
② 갑과 을은 같은 마을에 산다.
③ 을과 병은 다른 마을에 산다.
④ 을, 병, 정 가운데 둘은 아랫마을에 산다.
⑤ 이 대화에 참여하고 있는 이들은 모두 여자다.

온갖 사물이 뒤섞여 등장하는 사진들에서 고양이를 틀림없이 알아보는 인공지능이 있다고 해보자. 그러한 식별 능력은 고양이 개념을 이해하는 능력과 어떤 관계가 있을까? 고양이를 실수 없이 가려내는 능력이 고양이 개념을 이해하는 능력의 필요충분조건이라고 할 수 있을까?

먼저, 인공지능이든 사람이든 고양이 개념에 대해 이해하면서도 영상 속의 짐승이나 사물이 고양이인지 정확히 판단하지 못하는 경우는 있을 수 있다. 예를 들어, 누군가가 전형적인 고양이와 거리가 먼 희귀한 외양의 고양이를 보고 "좀 이상하게 생긴 족제비로군요."라고 말했다고 해보자. 이것은 틀린 판단이지만, 그렇다고 그가 고양이 개념을 이해하지 못하고 있다고 평가하는 것은 부적절한 일일 것이다.

이번에는 다른 예로 누군가가 영상자료에서 가을에 해당하는 장면들을 실수 없이 가려낸다고 해보자. 그는 가을 개념을 이해하고 있다고 보아야 할까? 그 장면들을 실수 없이 가려낸다고 해도 그가 가을이 적잖은 사람들을 왠지 쓸쓸하게 하는 계절이라든가, 농경문화의 전통에서 수확의 결실이 있는 계절이라는 것, 혹은 가을이 지구 자전축의 기울기와 유관하다는 것 등을 반드시 알고 있는 것은 아니다. 심지어 가을이 지구의 1년을 넷으로 나눈 시간 중 하나를 가리킨다는 사실을 모르고 있을 수도 있다. 만일 가을이 여름과 겨울 사이에 오는 계절이라는 사실조차 모르는 사람이 있다면 우리는 그가 가을 개념을 이해하고 있다고 인정할 수 있을까? 그것은 불합리한 일일 것이다.

가을이든 고양이든 인공지능이 그런 개념들을 충분히 이해하는 것은 영원히 불가능하다고 단언할 이유는 없다. 하지만 우리가 여기서 확인한 점은 개념의 사례를 식별하는 능력이 개념을 이해하는 능력을 함축하는 것은 아니고, 그 역도 마찬가지라는 것이다.

① 인간 개념과 관련된 모든 지식을 가진 사람은 아무도 없겠지만 우리는 대개 인간과 인간 아닌 존재를 어렵지 않게 구별할 줄 안다.

② 어느 정도의 훈련을 받은 사람은 병아리의 암수를 정확히 감별하지만 그렇다고 암컷과 수컷 개념을 이해하고 있다고 볼 이유는 없다.

③ 자율주행 자동차에 탑재된 인공지능이 인간 개념을 이해하고 있지 않다면 동물 복장을 하고 횡단보도를 건너는 인간 보행자를 인간으로 식별하지 못한다.

④ 정육면체 개념을 이해할 리가 없는 침팬지도 다양한 형태의 크고 작은 상자들 가운데 정육면체 모양의 상자에만 숨겨둔 과자를 족집게같이 찾아낸다.

⑤ 10월 어느 날 남반구에서 북반구로 여행을 간 사람이 그곳의 계절을 봄으로 오인한다고 해서 그가 봄과 가을의 개념을 잘못 이해하고 있다고 할 수는 없다.

멜라토닌은 포유동물의 뇌의 일부분인 송과선이라는 내분비 기관에서 분비되는 호르몬이다. 멜라토닌은 밤에 많이 생성되고 낮에는 덜 생성된다. 이러한 특성을 이용하여 포유동물은 멜라토닌에 의해 광주기의 변화를 인지한다. 포유동물은 두부(頭部)의 피부나 망막에 들어오는 빛의 양을 감지하여 멜라토닌의 생성을 조절하는 방식으로 생체 리듬을 조절한다. 일몰과 함께 멜라토닌의 생성이 증가하면서 졸음이 오게 된다. 동이 트면 멜라토닌의 생성이 감소하면서 잠이 깨고 정신을 차리게 된다. 청소년기에는 멜라토닌이 많이 생성되기 때문에 청소년은 성인보다 더 오래 잠을 자려는 경향이 있다. 또한 ㉠ 멜라토닌은 생식 기관의 발달과 성장을 억제한다. 멜라토닌이 시상하부에 작용하여 생식선자극호르몬방출호르몬(LHRH)의 분비를 억제하면, 난자와 정자의 생성이나 생식 기관의 성숙을 일으키는 테스토스테론과 에스트로겐의 분비가 억제되어 생식 기관의 성숙이 억제된다.

① 송과선을 제거한 포유동물이 비정상적으로 성적 성숙이 더뎌졌다.

② 봄이 되면 포유동물의 혈액 속 멜라토닌의 평균 농도가 높아지고 번식과 짝짓기가 많아진다.

③ 성숙한 포유동물을 지속적으로 어둠 속에서 키웠더니 혈액 속 멜라토닌의 평균 농도가 낮아졌다.

④ 어린 포유동물을 밤마다 긴 시간 동안 빛에 노출하였더니 생식 기관이 비정상적으로 조기에 발달하였다.

⑤ 생식 기관의 발달이 비정상적으로 저조한 포유동물 개체들이 생식 기관의 발달이 정상적인 같은 종의 개체들보다 혈액 속 멜라토닌의 평균 농도가 낮았다.

문 37. 다음 ㉠을 약화하는 진술로 가장 적절한 것은?

침팬지, 오랑우탄, 피그미 침팬지 등 유인원도 자신이 다른 개체의 입장이 됐을 때 어떤 생각을 할지 미루어 짐작해 보는 능력이 있다는 연구 결과가 나왔다. 그동안 다른 개체의 입장에서 생각을 미루어 짐작해 보는 능력은 사람에게만 있는 것으로 여겨져 왔다. 연구팀은 오랑우탄 40마리에게 심리테스트를 위해 제작한 영상을 보여주었다. 그들은 '시선 추적기'라는 특수 장치를 이용하여 오랑우탄들의 시선이 어디를 주목하는지 조사하였다. 영상에는 유인원의 의상을 입은 두 사람 A와 B가 싸우는 장면이 보인다. A와 싸우던 B가 건초더미 뒤로 도망친다. 화가 난 A가 문으로 나가자 B는 이 틈을 이용해 옆에 있는 상자 뒤에 숨는다. 연구팀은 몽둥이를 든 A가 다시 등장하는 장면에서 피험자 오랑우탄들의 시선이 어디로 향하는지를 분석하였다. 이 장면에서 오랑우탄 40마리 중 20마리는 건초더미 쪽을 주목했다. B가 숨은 상자를 주목한 오랑우탄은 10마리였다. 이 결과를 토대로 연구팀은 피험자 오랑우탄 20마리는 B가 상자 뒤에 숨었다는 사실을 모르는 A의 입장이 되어 건초더미를 주목했다는 ㉠ 해석을 제시하였다. 이 실험으로 오랑우탄에게도 다른 개체의 생각을 미루어 짐작하는 능력이 있는 것으로 볼 수 있으며, 이러한 점은 사람과 유인원의 심리 진화 과정을 밝히는 실마리가 될 것으로 보인다.

① 상자를 주목한 오랑우탄들은 A보다 B와 외모가 유사한 개체들임이 밝혀졌다.
② 사람 40명을 피험자로 삼아 같은 실험을 하였더니 A의 등장 장면에서 30명이 건초더미를 주목하였다.
③ 새로운 오랑우탄 40마리를 피험자로 삼고 같은 실험을 하였더니 A의 등장 장면에서 21마리가 건초더미를 주목하였다.
④ 오랑우탄 20마리는 단지 건초더미가 상자보다 자신들에게 가까운 곳에 있었기 때문에 건초더미를 주목한 것임이 밝혀졌다.
⑤ 건초더미와 상자 중 어느 쪽도 주목하지 않은 나머지 오랑우탄 10마리는 영상 속의 유인원이 가짜라는 것을 알고 있었다.

문 38. 다음 글의 논증을 약화하는 것만을 〈보기〉에서 모두 고르면?

나는 계통수 가설을 지지한다. 그것은 모든 유기체들이 같은 기원을 갖는다고 말한다. 지구상의 식물과 동물이 공통의 조상을 갖는다고 생각하는 이유는 무엇인가?

이 물음에 답하는 데 사용되는 표준 증거는 유전 암호가 보편적이라는 점이다. DNA 암호를 전사받은 메신저 RNA는 뉴클레오타이드 3개가 코돈을 이루고 하나의 코돈이 하나의 아미노산의 유전 정보를 지정한다. 예를 들어 코돈 UUU는 페닐알라닌의 정보를, 코돈 AUA는 아이소류신의 정보를, 코돈 GCU는 알라닌의 정보를 지정한다. 각각의 아미노산의 정보를 지정하기 위해 사용되는 암호는 모든 생명체에서 동일하다. 이것은 모든 지상의 생명체가 연결되어 있다는 증거이다.

생물학자들은 유전 암호가 임의적이어서 어떤 코돈이 특정한 아미노산의 정보를 지정해야 할 기능적인 이유가 없다고 한다. 우리가 관찰하는 유전 암호가 가장 기능적으로 우수한 물리적 가능성을 갖는다면 모든 생물 종들이 각각 별도의 기원들은 갖고 있다고 하더라도 그 암호를 사용했으리라고 기대할 것이다. 그러나 유전 암호가 임의적인데도 그것이 보편적이라는 사실은 모든 생명이 공통의 기원을 갖는다는 가설을 옹호한다.

왜 언어학자들은 상이한 인간 언어들이 서로 이어져 있다고 믿는지 생각해 보자. 모든 언어가 수에 해당하는 단어를 포함한다는 사실은 그 언어들이 공통의 기원을 갖는다는 증거가 될 수 없다. 숫자는 명백한 기능적 효용성을 갖기 때문이다. 반면에 몇 종류의 언어들이 수에 비슷한 이름을 부여하고 있다는 사실은 놀라운 증거가 된다. 가령, 2를 의미하는 프랑스어 단어는 'deux', 이탈리아어 단어는 'due', 스페인어 단어는 'dos'로 유사하다. 수에 대한 이름들은 임의적으로 선택되기 때문에 이런 단어들의 유사성은 이 언어들이 공통의 기원을 갖는다는 강력한 증거가 된다. 이렇게 적응으로 생겨난 유사성과 달리 임의적 유사성은 생명체가 공통의 조상을 가지고 있다는 강력한 증거가 된다.

〈보 기〉

ㄱ. UUU가 페닐알라닌이 아닌 다른 아미노산의 정보를 지정하는 것이 기능적으로 불가능한 이유가 있다.
ㄴ. 사람은 유아기에 엄마가 꼭 필요하기 때문에 엄마를 의미하는 유아어가 모든 언어에서 발견된다.
ㄷ. 코돈을 이루는 뉴클레오타이드가 4개인 것이 3개인 것보다 기능이 우수하다.

① ㄱ
② ㄴ
③ ㄱ, ㄷ
④ ㄴ, ㄷ
⑤ ㄱ, ㄴ, ㄷ

갑 : 사람이 운전하지 않고 자동차 스스로 운전을 하는 세상이 조만간 현실이 될 거야. 운전 실수로 수많은 사람이 목숨을 잃는 비극은 이제 종말을 맞게 될까?

을 : 기술이 가능하다는 것과 그 기술이 상용화되는 것은 별개의 문제지. 현재까지 자동차 운전이란 인간이 하는 자발적인 행위라고 할 수 있고, 바로 그 때문에 교통사고에서 실수로 사고를 낸 사람에게 그 사고에 대한 책임을 물을 수 있는 것 아니겠어? 자율주행 자동차가 사고를 낸다고 할 때 그 책임을 누구에게 물을 수 있지?

갑 : 모든 기계가 그렇듯 오작동이 있을 수 있지. 만약 오작동으로 인해서 사고가 났는데 그 사고가 제조사의 잘못된 설계 때문이라면 제조사가 그 사고에 대한 책임을 지는 것이 당연하잖아. 자율주행 자동차에 대해서도 똑같이 생각하면 되지 않을까?

을 : 그런데 문제는 자율주행 자동차를 설계하는 과정에서 어떤 것을 잘못이라고 볼 것인지 하는 거야. ㉠ 이런 상황을 생각해 봐. 달리고 있는 자율주행 자동차 앞에 갑자기 아이 두 명이 뛰어들었는데 거리가 너무 가까워서 자동차가 아이들 앞에 멈출 수는 없어. 자동차가 직진을 하면 교통 법규는 준수하겠지만 아이들은 목숨을 잃게 되지. 아이들 목숨을 구하기 위해서 교통 법규를 무시하고 왼쪽으로 가면, 자동차는 마주 오는 오토바이와 충돌하여 오토바이에 탄 사람 한 명을 죽게 만들어. 오른쪽으로 가면 교통 법규는 준수하겠지만 정차 중인 트럭과 충돌하여 자율주행 자동차 안에 타고 있는 탑승자 모두 죽게 된다고 해. 자동차가 취할 수 있는 다른 선택은 없고 각 경우에서 언급된 인명 피해 말고 다른 인명 피해는 없다고 할 때, 어떤 결정을 하도록 설계하는 것이 옳다고 할 수 있을까?

갑 : 그건 어느 쪽이 옳다고 단정할 수 없는 문제이기 때문에 오히려 쉬운 문제라고 할 수 있지. 그런 상황에서 최선의 선택은 없으므로 어느 쪽으로 설계하더라도 괜찮다는 거야. 예를 들어, ㉡ 다음 규칙을 어떤 우선순위로 적용할 것인지를 합의하기만 하면 되는 거지. 규칙 1, 자율주행 자동차에 탄 탑승자를 보호하라. 규칙 2, 인명 피해를 최소화하라. 규칙 3, 교통 법규를 준수하라. '규칙 1-2-3'의 우선순위를 따르게 한다면, 규칙 1을 가장 먼저 지키고, 그 다음 규칙 2, 그 다음 규칙 3을 지키는 것이지. 어떤 순서가 더 윤리적으로 옳은지에 대해 사회적으로 합의만 된다면 그에 맞춰 설계한 자율주행 자동차를 받아들일 수 있을 거야.

병 : 지금 당장 도로를 다니는 자동차가 모두 자율주행을 한다면, 훨씬 사고가 줄어들겠지. 자동차끼리 서로 정보를 주고 받을 테니 자동차 사고가 일어나더라도 인명 피해를 크게 줄일 수 있을 거야. 하지만 문제는 교통 환경이 그런 완전 자율주행 상태로 가기 전에 사람들이 직접 운전하는 자동차와 자율주행 자동차가 도로에 뒤섞여 있는 상태를 먼저 맞게 된다는 거야. 이런 상황에서 발생할 수 있는 문제를 해결하도록 자율주행 자동차를 설계하는 일은 자율주행 자동차만 도로를 누비는 환경에 적합한 자율주행 자동차를 설계하는 일보다 훨씬 어렵지. 쉬운 문제를 만나기 전에 어려운 문제를 만나게 되는, 이른바 '문지방' 문제가 있는 거야. 그런데 ㉢ 자율주행 자동차를 대하는 사람들의 이율배반적 태도는 이 문지방 문제를 해결하는 데 더 많은 시간이 걸리게 만들어. 이 때문에 완전 자율주행 상태를 실현하기는 매우 어렵다고 봐야지.

문 39. ㉠에서 ㉡을 고려하여 만들어진 자율주행 자동차가 오른쪽으로 방향을 바꿔 트럭과 충돌하는 사건이 일어났다면, 이 사건이 일어날 수 있는 경우에 해당하는 것은?

① 자율주행 자동차에는 1명이 탑승하고 있었고, 우선순위는 규칙 3-1-2이다.

② 자율주행 자동차에는 2명이 탑승하고 있었고, 우선순위는 규칙 3-2-1이다.

③ 자율주행 자동차에는 1명이 탑승하고 있었고, 우선순위는 규칙 2-3-1이다.

④ 자율주행 자동차에는 2명이 탑승하고 있었고, 우선순위는 규칙 2-3-1이다.

⑤ 자율주행 자동차에는 2명 이상이 탑승하고 있었고, 우선순위는 규칙 3-1-2이다.

문 40. 다음 사실이 ㉢을 강화할 때, 빈칸에 들어갈 물음으로 가장 적절한 것은?

> 광범위한 설문 조사 결과 대다수 사람들은 가급적 가까운 미래에 인명 피해를 최소화하도록 설계된 자율주행 자동차가 도로에 많아지는 것을 선호하는 것으로 나타났다. 하지만 '[   ]'라는 질문을 받으면, 대다수의 사람들은 '아니다'라고 대답했다.

① 자동차 대부분이 자율주행을 한다고 해도 여전히 직접 운전하길 선호하는가?

② 자율주행 자동차가 낸 교통사고에 대한 책임은 그 자동차에 탑승한 사람에게 있는가?

③ 자동차 탑승자의 인명을 희생하더라도 보다 많은 사람의 목숨을 구하도록 설계된 자동차를 살 의향이 있는가?

④ 인명 피해를 최소화하도록 설계된 자율주행 자동차보다 탑승자의 인명을 최우선으로 지키도록 설계된 자율주행 자동차를 선호하는가?

⑤ 탑승자의 인명을 최우선으로 지키도록 설계된 자율주행 자동차보다 교통법규를 최우선으로 준수하도록 설계된 자율주행 자동차를 선호하는가?

문 1. 다음 〈표〉는 '갑'~'무' 도시에 위치한 두 브랜드(해피카페, 드림카페)의 커피전문점 분포에 대한 자료이다. 이에 대한 〈보기〉의 설명으로 옳은 것만을 모두 고르면?

〈표〉 '갑'~'무' 도시별 커피전문점 분포

(단위 : 개)

브랜드	도시 구분	갑	을	병	정	무	평균
해피 카페	점포수	7	4	2	( )	4	4
	|편차|	3	0	2	1	0	( )
드림 카페	점포수	( )	5	( )	5	2	4
	|편차|	2	1	2	1	2	1.6

※ |편차|는 해당 브랜드 점포수 평균에서 각 도시의 해당 브랜드 점포수를 뺀 값의 절댓값임

───── 〈보 기〉 ─────

ㄱ. '해피카페' |편차|의 평균은 '드림카페' |편차|의 평균보다 크다.

ㄴ. '갑' 도시의 '드림카페' 점포수와 '병' 도시의 '드림카페' 점포수는 다르다.

ㄷ. '정' 도시는 '해피카페' 점포수가 '드림카페' 점포수보다 적다.

ㄹ. '무' 도시에 있는 '해피카페' 중 1개 점포가 '병' 도시로 브랜드의 변경 없이 이전할 경우, '해피카페' |편차|의 평균은 변하지 않는다.

① ㄱ, ㄷ
② ㄴ, ㄷ
③ ㄷ, ㄹ
④ ㄱ, ㄴ, ㄹ
⑤ ㄴ, ㄷ, ㄹ

문 2. 다음 〈표〉는 2016년과 2017년 추석교통대책기간 중 고속도로교통 현황에 관한 자료이다. 이에 대한 〈보고서〉의 내용 중 옳은 것만을 모두 고르면?

〈표 1〉 일자별 고속도로 이동인원 및 교통량

(단위 : 만 명, 만 대)

연도	2016		2017	
일자 구분	이동인원	교통량	이동인원	교통량
D-5	-	-	525	470
D-4	-	-	520	439
D-3	-	-	465	367
D-2	590	459	531	425
D-1	618	422	608	447
추석 당일	775	535	809	588
D+1	629	433	742	548
D+2	483	346	560	433
D+3	445	311	557	440
D+4	-	-	442	388
D+5	-	-	401	369
계	3,540	2,506	6,160	4,914

※ 2016년, 2017년 추석교통대책기간은 각각 6일(D-2~D+3), 11일(D-5~D+5)임

〈표 2〉 고속도로 구간별 최대 소요시간 현황

연도	서울-대전		서울-부산		서울-광주		서서울-목포		서울-강릉	
	귀성	귀경	귀성	귀경	귀성	귀경	귀성	귀경	귀성	귀경
2016	4:15	3:30	7:15	7:20	7:30	5:30	8:50	6:10	5:00	3:40
2017	4:00	4:20	7:50	9:40	7:00	7:50	7:00	9:50	4:50	5:10

※ 'A:B'에서 A는 시간, B는 분을 의미함. 예를 들어, 4:15는 4시간 15분을 의미함

───── 〈보고서〉 ─────

⊙ 2017년 추석교통대책기간 중 총 고속도로 이동인원은 6,160만 명으로 전년대비 70% 이상 증가하였으나, ⓒ 1일 평균 이동인원은 560만 명으로 전년대비 10% 이상 감소하였다. 2017년 추석 당일 고속도로 이동인원은 사상 최대인 809만 명으로 전년대비 약 4.4% 증가하였다. 2017년 추석연휴기간의 증가로 나들이 차량 등이 늘어 추석교통대책기간 중 1일 평균 고속도로 교통량은 약 447만 대로 전년대비 6% 이상 증가하였다. 특히 ⓒ 추석 당일 고속도로 교통량은 588만 대로 전년대비 9% 이상 증가하였다. ② 2017년 고속도로 최대 소요시간은 귀성의 경우, 제시된 구간에서 전년보다 모두 감소하였으며, 특히 서서울-목포 7시간, 서울-광주 7시간이 걸려 전년대비 각각 1시간 50분, 30분 감소하였다. 반면 귀경의 경우, 서서울-목포 9시간 50분, 서울-부산 9시간 40분으로 전년대비 각각 3시간 40분, 2시간 20분 증가하였다.

① ㄱ, ㄴ
② ㄱ, ㄷ
③ ㄴ, ㄷ
④ ㄴ, ㄹ
⑤ ㄷ, ㄹ

문 3. 다음 〈그림〉은 2004~2017년 '갑'국의 엥겔계수와 엔젤계수를 나타낸 자료이다. 이에 대한 설명으로 옳은 것은?

〈그림〉 2004~2017년 엥겔계수와 엔젤계수

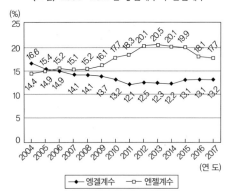

※ 1) 엥겔계수(%) = $\dfrac{\text{식료품비}}{\text{가계지출액}} \times 100$

※ 2) 엔젤계수(%) = $\dfrac{\text{18세 미만 자녀에 대한 보육 · 교육비}}{\text{가계지출액}} \times 100$

※ 3) 보육 · 교육비에는 식료품비가 포함되지 않음

① 2008~2013년 동안 엔젤계수의 연간 상승폭은 매년 증가한다.

② 2004년 대비 2014년, 엥겔계수 하락폭은 엔젤계수 상승폭보다 크다.

③ 2006년 이후 매년 18세 미만 자녀에 대한 보육 · 교육비는 식료품비를 초과한다.

④ 2008~2012년 동안 매년 18세 미만 자녀에 대한 보육 · 교육비 대비 식료품비의 비율은 증가한다.

⑤ 엔젤계수는 가장 높은 해가 가장 낮은 해에 비해 7.0%p 이상 크다.

문 4. 다음 〈표〉는 2017년 스노보드 빅에어 월드컵 결승전에 출전한 선수 '갑'~'정'의 심사위원별 점수에 관한 자료이다. 이에 대한 〈보기〉의 설명 중 옳은 것만을 모두 고르면?

〈표〉 선수 '갑'~'정'의 심사위원별 점수

(단위 : 점)

선수	시기	심사위원				평균 점수	최종 점수
		A	B	C	D		
갑	1차	88	90	89	92	89.5	183.5
	2차	48	55	60	45	51.5	
	3차	95	96	92	( )	( )	
을	1차	84	87	87	88	( )	( )
	2차	28	40	41	39	39.5	
	3차	81	77	79	79	( )	
병	1차	74	73	85	89	79.5	167.5
	2차	89	88	88	87	88.0	
	3차	68	69	73	74	( )	
정	1차	79	82	80	85	81.0	( )
	2차	94	95	93	96	94.5	
	3차	37	45	39	41	40.0	

※ 1) 각 시기의 평균점수는 심사위원 A~D의 점수 중 최고점과 최저점을 제외한 2개 점수의 평균임

2) 각 선수의 최종점수는 각 선수의 1~3차 시기 평균점수 중 최저점을 제외한 2개 점수의 합임

〈보기〉

ㄱ. 최종점수는 '정'이 '을'보다 낮다.

ㄴ. 3차 시기의 평균점수는 '갑'이 '병'보다 낮다.

ㄷ. '정'이 1차 시기에서 심사위원 A~D에게 10점씩 더 높은 점수를 받는다면, 최종점수가 가장 높다.

ㄹ. 1차 시기에서 심사위원 C는 4명의 선수 모두에게 심사위원 A보다 높은 점수를 부여했다.

① ㄱ

② ㄷ

③ ㄹ

④ ㄱ, ㄴ

⑤ ㄷ, ㄹ

문 5. 다음 〈표〉는 방한 중국인 관광객에 관한 자료이다. 〈보고서〉를 작성하기 위해 〈표〉 이외에 추가로 필요한 자료만을 〈보기〉에서 모두 고르면?

〈표 1〉 2016~2017년 월별 방한 중국인 관광객수

(단위 : 만 명)

년\월	1	2	3	4	5	6	7	8	9	10	11	12	계
2016	60	47	80	80	78	95	87	102	107	106	55	54	951
2017	15	15	18	17	17	20	15	21	13	19	12	13	195

※ 2017년 자료는 추정값임

〈표 2〉 2016년 방한 중국인 관광객 1인당 관광 지출액

(단위 : 달러)

구분	쇼핑	숙박 · 교통	식음료	기 타	총지출
개 별	1,430	422	322	61	2,235
단 체	1,296	168	196	17	1,677
전 체	1,363	295	259	39	1,956

※ 전체는 방한 중국인 관광객 1인당 관광 지출액임

─── 〈보고서〉 ───

　2017년 3월부터 7월까지 5개월간 전년 동기간 대비 방한 중국인 관광객수는 300만 명 이상 감소한 것으로 추정된다. 해당 규모에 2016년 기준 전체 방한 중국인 관광객 1인당 관광 지출액인 1,956달러를 적용하면 중국인의 한국 관광 포기로 인한 지출 감소액은 약 65.1억 달러로 추정된다.

　2017년 전년대비 연간 추정 방한 중국인 관광객 감소 규모는 약 756만 명이며, 추정 지출 감소액은 약 147.9억 달러로 나타난다. 이는 각각 2016년 중국인 관광객을 제외한 연간 전체 방한 외국인 관광객수의 46.3%, 중국인 관광객 지출액을 제외한 전체 방한 외국인 관광객 총 지출액의 55.8% 수준이다.

　2017년 산업부문별 추정 매출 감소액을 살펴보면, 도소매업의 매출액 감소가 전년대비 108.9억 달러로 가장 크고, 다음으로 식음료업, 숙박업 순으로 나타났다.

─── 〈보 기〉 ───

ㄱ. 2016년 방한 외국인 관광객의 국적별 1인당 관광 지출액
ㄴ. 2016년 전체 방한 외국인 관광객수 및 지출액 현황
ㄷ. 2016년 산업부문별 매출액 규모 및 구성비
ㄹ. 2017년 산업부문별 추정 매출액 규모 및 구성비

① ㄱ, ㄷ
② ㄴ, ㄷ
③ ㄴ, ㄹ
④ ㄱ, ㄴ, ㄹ
⑤ ㄴ, ㄷ, ㄹ

문 6. 다음 〈표〉는 조선시대 태조~선조 대 동안 과거 급제자 및 '출신신분이 낮은 급제자' 중 '본관이 없는 자', '3품 이상 오른 자'에 대한 자료이다. 이에 대한 〈보기〉의 설명 중 옳은 것만을 모두 고르면?

〈표〉 조선시대 과거 급제자

(단위 : 명)

왕 대	전체 급제자	출신신분이 낮은 급제자		
			본관이 없는 자	3품 이상 오른 자
태조 · 정종	101	40	28	13
태 종	266	133	75	33
세 종	463	155	99	40
문종 · 단종	179	62	35	16
세 조	309	94	53	23
예종 · 성종	478	106	71	33
연산군	251	43	21	13
중 종	900	188	39	69
인종 · 명종	470	93	10	26
선 조	1,112	186	11	40

※ 급제자는 1회만 급제한 것으로 가정함

─── 〈보 기〉 ───

ㄱ. 태조 · 정종 대에 '출신신분이 낮은 급제자' 중 ' 본관이 없는 자'의 비율은 70%이지만, 선조 대에는 그 비율이 10% 미만이다.
ㄴ. 태조 · 정종 대의 '출신신분이 낮은 급제자' 가운데 '본관이 없는 자'이면서 '3품 이상 오른 자'는 한 명 이상이다.
ㄷ. '전체 급제자'가 가장 많은 왕 대에 '출신신분이 낮은 급제자'도 가장 많다.
ㄹ. 중종 대의 '전체 급제자' 중에서 '출신신분이 낮은 급제자'가 차지하는 비율은 20% 미만이다.

① ㄱ, ㄴ
② ㄱ, ㄷ
③ ㄴ, ㄷ
④ ㄱ, ㄴ, ㄹ
⑤ ㄴ, ㄷ, ㄹ

문 7. 다음 〈그림〉과 〈표〉는 2010~2014년 '갑'국 상업용 무인기의 국내 시장 판매량 및 수출입량과 '갑'국 A사의 상업용 무인기 매출액에 대한 자료이다. 이에 대한 〈보기〉의 설명 중 옳은 것만을 모두 고르면?

〈그림〉 '갑'국 상업용 무인기의 국내 시장 판매량

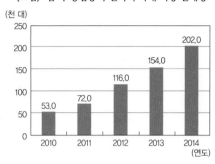

(천 대)

연도	판매량
2010	53.0
2011	72.0
2012	116.0
2013	154.0
2014	202.0

〈표 1〉 '갑'국 상업용 무인기 수출입량

(단위 : 천 대)

연도 구분	2010	2011	2012	2013	2014
수출량	1.2	2.5	18.0	67.0	240.0
수입량	1.1	2.0	3.5	4.2	5.0

※ 1) 수출량은 국내 시장 판매량에 포함되지 않음
　 2) 수입량은 당해 연도 국내 시장에서 모두 판매됨

〈표 2〉 '갑'국 A사의 상업용 무인기 매출액

(단위 : 백만 달러)

연도	2010	2011	2012	2013	2014
매출액	4.3	43.0	304.4	1,203.1	4,348.4

──── 〈보 기〉 ────

ㄱ. 2014년 상업용 무인기의 국내 시장 판매량 대비 수입량의 비율은 3.0% 이하이다.

ㄴ. 2011~2014년 동안 상업용 무인기 국내 시장 판매량의 전년대비 증가율이 가장 큰 해는 2012년이다.

ㄷ. 2011~2014년 동안 상업용 무인기 수입량의 전년대비 증가율이 가장 작은 해에는 상업용 무인기 수출량의 전년대비 증가율이 가장 크다.

ㄹ. 2012년 '갑'국 상업용 무인기 수출량의 전년대비 증가율과 2012년 '갑'국 A사의 상업용 무인기 매출액의 전년대비 증가율의 차이는 30%p 이하이다.

① ㄱ, ㄴ
② ㄷ, ㄹ
③ ㄱ, ㄴ, ㄷ
④ ㄱ, ㄴ, ㄹ
⑤ ㄴ, ㄷ, ㄹ

문 8. 다음 〈표〉는 '갑'시 자격시험 접수, 응시 및 합격자 현황이다. 이에 대한 설명으로 옳은 것은?

〈표〉 '갑'시 자격시험 접수, 응시 및 합격자 현황

(단위 : 명)

구분	종목	접수	응시	합격
산업 기사	치공구설계	28	22	14
	컴퓨터응용가공	48	42	14
	기계설계	86	76	31
	용접	24	11	2
	전체	186	151	61
기능사	기계가공조립	17	17	17
	컴퓨터응용선반	41	34	29
	웹디자인	9	8	6
	귀금속가공	22	22	16
	컴퓨터응용밀링	17	15	12
	전산응용기계제도	188	156	66
	전체	294	252	146

※ 1) 응시율(%) = $\frac{응시자 수}{접수자 수}$ × 100

　 2) 합격률(%) = $\frac{합격자 수}{응시자 수}$ × 100

① 산업기사 전체 합격률은 기능사 전체 합격률보다 높다.

② 산업기사 종목을 합격률이 높은 것부터 순서대로 나열하면 치공구설계, 컴퓨터응용가공, 기계설계, 용접 순이다.

③ 산업기사 전체 응시율은 기능사 전체 응시율보다 낮다.

④ 산업기사 종목 중 응시율이 가장 낮은 것은 컴퓨터응용가공이다.

⑤ 기능사 종목 중 응시율이 높은 종목일수록 합격률도 높다.

문 9. 다음 〈표〉는 서울시 10개구의 대기 중 오염물질 농도 및 오염물질별 대기환경지수 계산식에 관한 것이다. 이에 대한 〈보기〉의 설명 중 옳은 것만을 모두 고르면?

〈표 1〉 대기 중 오염물질 농도

지 역 \ 오염물질	미세먼지 ($\mu g/m^3$)	초미세먼지 ($\mu g/m^3$)	이산화질소 (ppm)
종로구	46	36	0.018
중 구	44	31	0.019
용산구	49	35	0.034
성동구	67	23	0.029
광진구	46	10	0.051
동대문구	57	25	0.037
중랑구	48	22	0.041
성북구	56	21	0.037
강북구	44	23	0.042
도봉구	53	14	0.022
평 균	51	24	0.033

〈표 2〉 오염물질별 대기환경지수 계산식

오염물질 \ 계산식	조 건	계산식
미세먼지 ($\mu g/m^3$)	농도가 51 이하일 때	0.9×농도
	농도가 51 초과일 때	1.0×농도
초미세먼지 ($\mu g/m^3$)	농도가 25 이하일 때	2.0×농도
	농도가 25 초과일 때	1.5×(농도−25)+51
이산화질소 (ppm)	농도가 0.04 이하일 때	1,200×농도
	농도가 0.04 초과일 때	800×(농도−0.04)+51

※ 통합대기환경지수는 오염물질별 대기환경지수 중 최댓값임

── 〈보 기〉 ──
ㄱ. 용산구의 통합대기환경지수는 성동구의 통합대기환경지수보다 작다.
ㄴ. 강북구의 미세먼지 농도와 초미세먼지 농도는 각각의 평균보다 낮고, 이산화질소 농도는 평균보다 높다.
ㄷ. 중랑구의 통합대기환경지수는 미세먼지의 대기환경지수와 같다.
ㄹ. 세 가지 오염물질 농도가 각각의 평균보다 모두 높은 구는 2개 이상이다.

① ㄱ, ㄴ
② ㄱ, ㄷ
③ ㄷ, ㄹ
④ ㄱ, ㄴ, ㄹ
⑤ ㄴ, ㄷ, ㄹ

문 10. 다음 〈표〉는 상표심사 목표조정계수와 상표심사과 직원의 인사 발령에 관한 자료이다. 이에 대한 〈보기〉의 설명 중 옳은 것만을 모두 고르면?

〈표 1〉 상표심사과 근무월수별 상표심사 목표조정계수

교육이수 여부	직급	자격증 유무	1개월차	2개월차	3개월차	4개월차	5개월차	6개월차	7개월차 이후
이수	일반직 5·6급	유	0.3	0.4	0.6	0.8	0.9	1.0	
		무	0.3	0.3	0.4	0.6	0.8	0.9	1.0
	경채 5·6급		0.2	0.3	0.3	0.5	0.5	0.5	
미이수			직급과 자격증 유무가 동일한 교육이수자의 근무월수에 해당하는 상표심사 목표조정계수의 70%						

※ 상표심사 목표점수(점)＝150(점)×상표심사 목표조정계수

〈표 2〉 상표심사과 인사 발령 명단

이름 \ 구분	교육이수 여부	직 급	자격증 유무
최연중	이 수	일반직 6급	무
권순용	이 수	경채 6급	무
정민하	미이수	일반직 5급	유
안필성	미이수	경채 5급	무

── 〈보 기〉 ──
ㄱ. 근무 3개월차 상표심사 목표점수가 높은 사람부터 순서대로 나열하면 정민하, 최연중, 권순용, 안필성이다.
ㄴ. 상표심사과 인사 발령자 중 5급의 근무 5개월차 상표심사 목표점수의 합은 6급의 근무 5개월차 상표심사 목표점수의 합보다 크다.
ㄷ. 근무 3개월차 대비 근무 4개월차 상표심사 목표점수의 증가율은 정민하가 최연중보다 크다.
ㄹ. 정민하와 안필성이 교육을 이수한 후 발령 받았다면, 근무 3개월차 상표심사 목표점수의 두 사람 간 차이는 40점 이상이다.

① ㄱ, ㄴ
② ㄱ, ㄹ
③ ㄴ, ㄷ
④ ㄱ, ㄷ, ㄹ
⑤ ㄴ, ㄷ, ㄹ

문 11. 다음 〈그림〉은 2013~2017년 '갑' 기업의 '가', '나' 사업장의 연간 매출액에 대한 자료이고, 다음 〈보고서〉는 2018년 '갑' 기업의 '가', '나' 사업장의 직원 증원에 대한 내부 검토 내용이다. 〈그림〉과 〈보고서〉를 근거로 2018년 '가', '나' 사업장의 증원인원별 연간 매출액을 추정한 결과로 옳은 것은?

〈그림〉 2013~2017년 '갑' 기업 사업장별 연간 매출액

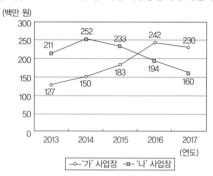

─── 〈보고서〉 ───

• 2018년 '가', '나' 사업장은 각각 0~3명의 직원을 증원할 계획임

• 추정 결과, 직원을 증원하지 않을 경우 '가', '나' 사업장의 2017년 대비 2018년 매출액 증감률은 각각 10% 이하일 것으로 예상됨

• 직원 증원이 없을 때와 직원 3명을 증원할 때의 2018년 매출액 차이는 '나' 사업장이 '가' 사업장보다 클 것으로 추정됨

• '나' 사업장이 2013~2017년 중 최대 매출액을 기록했던 2014년보다 큰 매출액을 기록하기 위해서는 2018년에 최소 2명의 직원을 증원해야 함

① (백만 원)

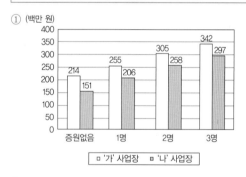

② (백만 원)

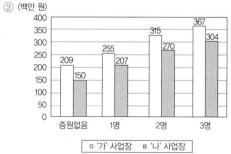

③ (백만 원)

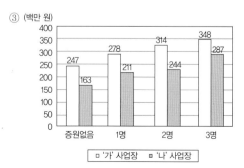

④ (백만 원)

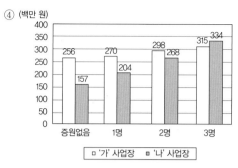

⑤ (백만 원)

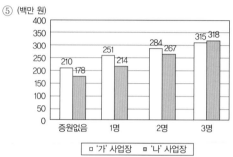

※ 다음 〈표〉는 대학 평판도에 관한 자료이다. 〈표〉를 보고 물음에 답하시오. [문 12~문 13]

〈표 1〉 대학 평판도 지표별 가중치

지표	지표 설명	가중치
가	향후 발전가능성이 높은 대학	10
나	학생 교육이 우수한 대학	5
다	입학을 추천하고 싶은 대학	10
라	기부하고 싶은 대학	5
마	기업의 채용선호가 높은 대학	10
바	국가·사회 전반에 기여가 큰 대학	5
사	지역 사회에 기여가 큰 대학	5
	가중치 합	50

〈표 2〉 A~H 대학의 평판도 지표점수 및 대학 평판도 총점

(단위 : 점)

지표＼대학	A	B	C	D	E	F	G	H
가	9	8	7	3	6	4	5	8
나	6	8	5	8	7	7	8	8
다	10	9	10	9	( )	9	10	9
라	4	6	6	6	( )	( )	( )	6
마	4	6	6	6	( )	( )	8	6
바	10	9	10	3	6	4	5	9
사	8	6	4	( )	7	8	9	5
대학 평판도 총점	( )	( )	( )	( )	410	365	375	( )

※ 1) 지표점수는 여론조사 결과를 바탕으로 각 지표별로 0~10 사이의 점수를 1점 단위로 부여함
2) 지표환산점수(점)=지표별 가중치×지표점수
3) 대학 평판도 총점은 해당 대학 지표환산점수의 총합임

문 12. A~D 대학을 대학 평판도 총점이 높은 대학부터 순서대로 나열하면?

① A, B, C, D
② A, B, D, C
③ B, A, C, D
④ B, A, D, C
⑤ C, A, B, D

문 13. E~H 대학의 평판도와 관련하여 다음 〈보기〉의 설명 중 옳은 것만을 모두 고르면?

〈보 기〉

ㄱ. E 대학은 지표 '다', '라', '마'의 지표점수가 동일하다.
ㄴ. 지표 '라'의 지표점수는 F 대학이 G 대학보다 높다.
ㄷ. H 대학은 지표 '나'의 지표환산점수가 지표 '마'의 지표환산점수보다 대학 평판도 총점에서 더 큰 비중을 차지한다.

① ㄴ
② ㄱ, ㄴ
③ ㄱ, ㄷ
④ ㄴ, ㄷ
⑤ ㄱ, ㄴ, ㄷ

문 14. 다음 〈표〉는 2011~2015년 군 장병 1인당 1일 급식비와 조리원 충원인원에 관한 자료이다. 이에 대한 설명으로 옳지 않은 것은?

〈표〉 군 장병 1인당 1일 급식비와 조리원 충원인원

구분＼연도	2011	2012	2013	2014	2015
1인당 1일 급식비(원)	5,820	6,155	6,432	6,848	6,984
조리원 충원인원(명)	1,767	1,924	2,024	2,123	2,195
전년대비 물가상승률(%)	5	5	5	5	5

※ 2011~2015년 동안 군 장병 수는 동일함

① 2012년 이후 군 장병 1인당 1일 급식비의 전년대비 증가율이 가장 큰 해는 2014년이다.
② 2012년의 조리원 충원인원이 목표 충원인원의 88%라고 할 때, 2012년의 조리원 목표 충원인원은 2,100명보다 많다.
③ 2012년 이후 조리원 충원인원의 전년대비 증가율은 매년 감소한다.
④ 2011년 대비 2015년의 군 장병 1인당 1일 급식비의 증가율은 2011년 대비 2015년의 물가상승률보다 낮다.
⑤ 군 장병 1인당 1일 급식비의 5년(2011~2015년) 평균은 2013년 군 장병 1인당 1일 급식비보다 작다.

문 15. 다음 〈표〉와 〈그림〉은 2015년과 2016년 '갑'~'무'국의 경상수지에 관한 자료이다. 이와 〈조건〉을 이용하여 A~E에 해당하는 국가를 바르게 나열한 것은?

〈표〉 국가별 상품수출액과 서비스수출액

(단위 : 백만 달러)

국가	항목 \ 연도	2015	2016
A	상품수출액	50	50
A	서비스수출액	30	26
B	상품수출액	30	40
B	서비스수출액	28	34
C	상품수출액	60	70
C	서비스수출액	40	46
D	상품수출액	70	62
D	서비스수출액	55	60
E	상품수출액	50	40
E	서비스수출액	27	33

〈그림 1〉 국가별 상품수지와 서비스수지

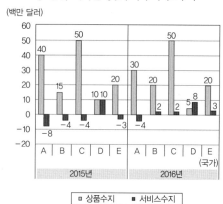

※ 상품(서비스)수지＝상품(서비스)수출액－상품(서비스)수입액

〈그림 2〉 국가별 본원소득수지와 이전소득수지

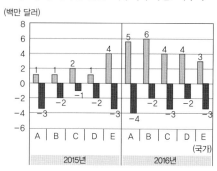

──── 〈조 건〉 ────
• 2015년 대비 2016년의 상품수입액 증가폭이 동일한 국가는 '을'국과 '정'국이다.
• 2015년과 2016년의 서비스수입액이 동일한 국가는 '을'국, '병'국, '무'국이다.
• 2015년 본원소득수지 대비 상품수지 비율은 '병'국이 '무'국의 3배이다.
• 2016년 '갑'국과 '병'국의 이전소득수지는 동일하다.

	A	B	C	D	E
①	을	병	정	갑	무
②	을	무	갑	정	병
③	정	갑	을	무	병
④	정	병	을	갑	무
⑤	무	을	갑	정	병

문 16. 다음 〈표〉는 A~E 리조트의 1박 기준 일반요금 및 회원할인율에 관한 자료이다. 이에 대한 〈보기〉의 설명 중 옳은 것만을 모두 고르면?

〈표 1〉 비수기 및 성수기 일반요금(1박 기준)

(단위 : 천 원)

구 분 \ 리조트	A	B	C	D	E
비수기 일반요금	300	250	200	150	100
성수기 일반요금	500	350	300	250	200

〈표 2〉 비수기 및 성수기 회원할인율(1박 기준)

(단위 : %)

구 분	회원유형 \ 리조트	A	B	C	D	E
비수기 회원할인율	기 명	50	45	40	30	20
	무기명	35	40	25	20	15
성수기 회원할인율	기 명	35	30	30	25	15
	무기명	30	25	20	15	10

※ 회원할인율(%)= $\dfrac{일반요금-회원요금}{일반요금} \times 100$

───── 〈보 기〉 ─────

ㄱ. 리조트 1박 기준, 성수기 일반요금이 낮은 리조트일수록 성수기 무기명 회원요금이 낮다.

ㄴ. 리조트 1박 기준, B 리조트의 회원요금 중 가장 높은 값과 가장 낮은 값의 차이는 125,000원이다.

ㄷ. 리조트 1박 기준, 각 리조트의 기명 회원요금은 성수기가 비수기의 2배를 넘지 않는다.

ㄹ. 리조트 1박 기준, 비수기 기명 회원요금과 비수기 무기명 회원요금 차이가 가장 작은 리조트는 성수기 기명 회원요금과 성수기 무기명 회원요금 차이도 가장 작다.

① ㄱ, ㄴ
② ㄱ, ㄷ
③ ㄷ, ㄹ
④ ㄱ, ㄴ, ㄹ
⑤ ㄴ, ㄷ, ㄹ

문 17. 다음 〈그림〉과 〈규칙〉은 아마추어 야구대회에 참가한 A~E팀이 현재까지 치른 경기의 중간 결과와 대회 규칙을 나타낸 것이다. 이에 대한 〈보기〉의 설명 중 옳은 것만을 모두 고르면?

〈그림〉 아마추어 야구대회 중간 결과

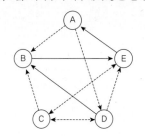

가	나	'가'팀과 '나'팀이 아직 경기를 치르지 않았음
가 → 나		'가'팀이 '나'팀에 1승을 거둠
가 ↔ 나		'가'팀과 '나'팀 간 상대전적은 1승 1패임
가 ⇒ 나		'가'팀이 '나'팀에 2승을 거둠

───── 〈규 칙〉 ─────

• 야구대회 기간 동안 A~E팀은 자신을 제외한 모든 팀과 두 번씩 경기를 하며, 각 경기에 무승부는 없다.

• 최종 승수는 모든 경기를 치른 후 팀별로 집계한다.

───── 〈보 기〉 ─────

ㄱ. 현재까지 치러지지 않은 경기는 모두 여섯 경기이다.

ㄴ. 현재까지 가장 많은 경기를 치른 팀은 B팀이다.

ㄷ. A팀이 남은 경기를 모두 승리한다면, 다른 팀들의 남은 경기 결과에 관계없이 A팀의 최종 승수가 가장 많다.

ㄹ. A팀이 남은 경기를 모두 승리하고 E팀이 남은 경기를 모두 패배한다면, D팀의 최종 승수는 4승이다.

① ㄱ, ㄴ
② ㄱ, ㄷ
③ ㄴ, ㄹ
④ ㄱ, ㄷ, ㄹ
⑤ ㄴ, ㄷ, ㄹ

다음 〈표〉는 특별·광역·특별자치시의 도로현황이다. 이를 바탕으로 〈조건〉을 모두 만족하는 두 도시 A, B를 비교한 것으로 옳은 것은?

〈표〉 특별·광역·특별자치시의 도로현황

구분	면적 (km²)	인구 (천 명)	도로 연장 (km)	포장 도로 (km)	도로 포장 률 (%)	면적당 도로 연장 (km/ km²)	인구당 도로 연장 (km/ 천 명)	자동차 대수 (천 대)	자동차 당 도로 연장 (km/ 천 대)	도로 보급률
서울	605	10,195	8,223	8,223	100.0	13.59	0.81	2,974	2.76	3.31
부산	770	3,538	3,101	3,022	97.5	4.03	0.88	1,184	2.62	1.88
대구	884	2,506	2,627	2,627	100.0	2.97	1.05	1,039	2.53	1.76
인천	1,041	2,844	2,743	2,605	95.0	2.63	0.96	1,142	2.40	1.59
광주	501	1,469	1,806	1,799	99.6	3.60	1.23	568	3.18	2.11
대전	540	1,525	2,077	2,077	100.0	3.85	1.36	606	3.43	2.29
울산	1,060	1,147	1,760	1,724	98.0	1.66	1.53	485	3.63	1.60
세종	465	113	412	334	81.1	0.89	3.65	53	7.77	1.80
전국	100,188	50,948	106,440	87,798	82.5	1.06	2.09	19,400	5.49	1.49

─── 〈조 건〉 ───
- 자동차당 도로연장은 A시와 B시 모두 전국보다 짧다.
- A시 인구는 B시 인구의 2배 이상이다.
- A시는 B시에 비해 면적이 더 넓다.
- A시는 B시에 비해 도로포장률이 더 높다.

① 자동차 대수 : A<B
② 도로보급률 : A<B
③ 면적당 도로연장 : A>B
④ 인구당 도로연장 : A>B
⑤ 자동차당 도로연장 : A>B

문 19. 다음 〈표〉는 소프트웨어 A~E의 제공 기능 및 가격과 사용자별 필요 기능 및 보유 소프트웨어에 관한 자료이다. 이에 대한 〈보기〉의 설명 중 옳은 것만을 모두 고르면?

〈표 1〉 소프트웨어별 제공 기능 및 가격

(단위 : 원)

| 구분 소프트웨어 | 기능 | | | | | | | | | | 가격 |
	1	2	3	4	5	6	7	8	9	10	
A	○		○		○		○	○		○	79,000
B		○		○		○			○	○	62,000
C	○		○	○	○	○		○		○	58,000
D		○				○	○	○			54,000
E	○			○	○	○		○			68,000

※ 1) ○ : 소프트웨어가 해당 번호의 기능을 제공함을 뜻함
2) 각 기능의 가격은 해당 기능을 제공하는 모든 소프트웨어에서 동일하며, 소프트웨어의 가격은 제공 기능 가격의 합임

〈표 2〉 사용자별 필요 기능 및 보유 소프트웨어

| 구분 사용자 | 기능 | | | | | | | | | | 보유 소프트웨어 |
	1	2	3	4	5	6	7	8	9	10	
갑			○		○		○	○			A
을		○		○		○			○	○	B
병	○							○			( )

※ 1) ○ : 사용자가 해당 번호의 기능이 필요함을 뜻함
2) 각 사용자는 소프트웨어 A~E 중 필요 기능을 모두 제공하는 1개의 소프트웨어를 보유함
3) 각 소프트웨어는 여러 명의 사용자가 동시에 보유할 수 있음

─── 〈보 기〉 ───
ㄱ. '갑'의 필요 기능을 모두 제공하는 소프트웨어 중 가격이 가장 낮은 것은 E이다.
ㄴ. 기능 1, 5, 8의 가격 합과 기능 10의 가격 차이는 3,000원 이상이다.
ㄷ. '을'의 보유 소프트웨어와 '병'의 보유 소프트웨어로 기능 1~10을 모두 제공하려면, '병'이 보유할 수 있는 소프트웨어는 E뿐이다.

① ㄱ
② ㄱ, ㄴ
③ ㄱ, ㄷ
④ ㄴ, ㄷ
⑤ ㄱ, ㄴ, ㄷ

문 20. 다음 〈표〉는 2016년 10월, 2017년 10월 순위 기준 상위 11개국의 축구 국가대표팀 순위 변동에 관한 자료이다. 이에 대한 설명으로 옳은 것은?

〈표〉 축구 국가대표팀 순위 변동

구분	2016년 10월			2017년 10월		
순위	국가	점수	등락	국가	점수	등락
1	아르헨티나	1,621	−	독일	1,606	↑1
2	독일	1,465	↑1	브라질	1,590	↓1
3	브라질	1,410	↑1	포르투갈	1,386	↑3
4	벨기에	1,382	↓2	아르헨티나	1,325	↓1
5	콜롬비아	1,361	−	벨기에	1,265	↑4
6	칠레	1,273	−	폴란드	1,250	↓1
7	프랑스	1,271	↑1	스위스	1,210	↓3
8	포르투갈	1,231	↓1	프랑스	1,208	↑2
9	우루과이	1,175	−	칠레	1,195	↓2
10	스페인	1,168	↑1	콜롬비아	1,191	↓2
11	웨일스	1,113	↑1	스페인	1,184	−

※ 1) 축구 국가대표팀 순위는 매월 발표됨
  2) 등락에서 ↑, ↓, −는 전월 순위보다 각각 상승, 하락, 변동없음을 의미하고, 옆의 숫자는 전월대비 순위의 상승폭 혹은 하락폭을 의미함

① 2016년 10월과 2017년 10월에 순위가 모두 상위 10위 이내인 국가 수는 9개이다.
② 2017년 10월 상위 10개 국가 중, 2017년 9월 순위가 2016년 10월 순위보다 낮은 국가는 높은 국가보다 많다.
③ 2017년 10월 상위 5개 국가의 점수 평균이 2016년 10월 상위 5개 국가의 점수 평균보다 높다.
④ 2017년 10월 상위 11개 국가 중 전년 동월 대비 점수가 상승한 국가는 전년 동월 대비 순위도 상승하였다.
⑤ 2017년 10월 상위 11개 국가 중 2017년 10월 순위가 전월 대비 상승한 국가는 전년 동월 대비 상승한 국가보다 많다.

문 21. 다음 〈그림〉은 우리나라의 지역별 한옥건설업체수 현황이다. 이에 대한 〈보기〉의 설명 중 옳은 것만을 모두 고르면?

〈그림〉 지역별 한옥건설업체수 현황

(단위 : 개)

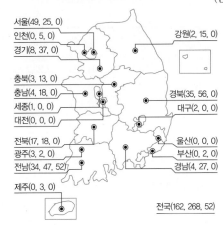

서울(49, 25, 0)
인천(0, 5, 0)
경기(8, 37, 0)
강원(2, 15, 0)
충북(3, 13, 0)
충남(4, 18, 0)
세종(1, 0, 0)
대전(0, 0, 0)
경북(35, 56, 0)
대구(2, 0, 0)
전북(17, 18, 0)
광주(3, 2, 0)
전남(34, 47, 52)
울산(0, 0, 0)
부산(0, 2, 0)
경남(4, 27, 0)
제주(0, 3, 0)
전국(162, 268, 52)

※ 1) 한옥건설업체는 설계업체, 시공업체, 자재업체로 구분됨
  2) 지역명(A, B, C)의 A, B, C는 해당 지역 한옥건설업체의 설계업체수, 시공업체수, 자재업체수를 각각 의미함
  3) 수도권은 서울, 인천, 경기로 구성됨

〈보 기〉
ㄱ. 설계업체수가 시공업체수보다 많은 지역의 수는 한옥건설업체가 없는 지역의 수보다 많다.
ㄴ. 전국의 설계업체수는 시공업체수보다 많다.
ㄷ. 수도권 시공업체 중 서울 시공업체가 차지하는 비중은 전국 설계업체 중 수도권 설계업체가 차지하는 비중보다 크다.
ㄹ. 설계업체수 기준, 상위 2개 지역의 설계업체수 합은 전국 설계업체수의 50% 미만이다.

① ㄱ, ㄴ
② ㄱ, ㄷ
③ ㄴ, ㄹ
④ ㄱ, ㄷ, ㄹ
⑤ ㄴ, ㄷ, ㄹ

문 22. 다음 〈표〉와 〈그림〉은 2015년 A~D국의 산업별 기업수와 국내총생산(GDP)에 대한 자료이다. 이와 〈조건〉에 근거하여 A~D에 해당하는 국가를 바르게 나열한 것은?

〈표〉 A~D국의 산업별 기업수

(단위 : 개)

산업 국가	전 체	제조업	서비스업	기 타
A	3,094,595	235,093	2,283,769	575,733
B	3,668,152	396,422	2,742,607	529,103
C	2,975,674	397,171	2,450,288	128,215
D	3,254,196	489,530	2,747,603	17,063

〈그림〉 A~D국의 전체 기업수와 GDP

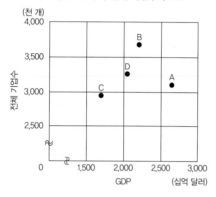

— 〈조 건〉 —
· '갑'~'정'국 중 전체 기업수 대비 서비스업 기업수의 비중이 가장 큰 국가는 '갑'국이다.
· '정'국은 '을'국보다 제조업 기업수가 많다.
· '을'국은 '병'국보다 전체 기업수는 많지만 GDP는 낮다.

	A	B	C	D
①	갑	정	을	병
②	을	병	정	갑
③	병	을	갑	정
④	병	을	정	갑
⑤	정	을	병	갑

문 23. 다음 〈표〉는 임진왜란 전기·후기 전투 횟수에 관한 자료이다. 이에 대한 설명으로 옳지 않은 것은?

〈표〉 임진왜란 전기·후기 전투 횟수

(단위 : 회)

구분	시기	전기		후기		합 계
		1592년	1593년	1597년	1598년	
전체 전투		70	17	10	8	105
공격 주체	조선측 공격	43	15	2	8	68
	일본측 공격	27	2	8	0	37
전투 결과	조선측 승리	40	14	5	6	65
	일본측 승리	30	3	5	2	40
조선의 전투인력 구성	관군 단독전	19	8	5	6	38
	의병 단독전	9	1	0	0	10
	관군·의병 연합전	42	8	5	2	57

① 전체 전투 대비 일본측 공격 비율은 임진왜란 전기에 비해 임진왜란 후기가 낮다.
② 조선측 공격이 일본측 공격보다 많았던 해에는 항상 조선측 승리가 일본측 승리보다 많았다.
③ 전체 전투 대비 관군 단독전 비율은 1598년이 1592년의 2배 이상이다.
④ 1592년 조선이 관군·의병 연합전으로 거둔 승리는 그 해 조선측 승리의 30% 이상이다.
⑤ 1598년에는 관군 단독전 중 조선측 승리인 경우가 있다.

문 24. 다음 〈표〉는 인공지능(AI)의 동물식별 능력을 조사한 결과이다. 이에 대한 〈보기〉의 설명으로 옳은 것만을 모두 고르면?

〈표〉 AI의 동물식별 능력 조사 결과

(단위 : 마리)

실제 \ AI 식별 결과	개	여우	돼지	염소	양	고양이	합계
개	457	10	32	1	0	2	502
여우	12	600	17	3	1	2	635
돼지	22	22	350	2	0	3	399
염소	4	3	3	35	1	2	48
양	0	0	1	1	76	0	78
고양이	3	6	5	2	1	87	104
전체	498	641	408	44	79	96	1,766

〈보 기〉

ㄱ. AI가 돼지로 식별한 동물 중 실제 돼지가 아닌 비율은 10% 이상이다.

ㄴ. 실제 여우 중 AI가 여우로 식별한 비율은 실제 돼지 중 AI 가 돼지로 식별한 비율보다 낮다.

ㄷ. 전체 동물 중 AI가 실제와 동일하게 식별한 비율은 85% 이상이다.

ㄹ. 실제 염소를 AI가 고양이로 식별한 수보다 양으로 식별한 수가 많다.

① ㄱ, ㄴ

② ㄱ, ㄷ

③ ㄴ, ㄷ

④ ㄱ, ㄷ, ㄹ

⑤ ㄴ, ㄷ, ㄹ

문 25. 다음 〈표〉는 2015~2017년 A 대학 재학생의 교육에 관한 영역별 만족도와 중요도 점수이다. 이에 대한 〈보기〉의 설명 중 옳은 것만을 모두 고르면?

〈표 1〉 2015~2017년 영역별 만족도 점수

(단위 : 점)

영 역 \ 연 도	2015	2016	2017
교 과	3.60	3.41	3.45
비교과	3.73	3.50	3.56
교수활동	3.72	3.52	3.57
학생복지	3.39	3.27	3.31
교육환경 및 시설	3.66	3.48	3.56
교육지원	3.57	3.39	3.41

〈표 2〉 2015~2017년 영역별 중요도 점수

(단위 : 점)

영 역 \ 연 도	2015	2016	2017
교 과	3.74	3.54	3.57
비교과	3.77	3.61	3.64
교수활동	3.89	3.82	3.81
학생복지	3.88	3.73	3.77
교육환경 및 시설	3.84	3.69	3.73
교육지원	3.78	3.63	3.66

※ 해당영역별 요구충족도(%) = $\dfrac{\text{해당영역 만족도 점수}}{\text{해당영역 중요도 점수}}$ × 100

〈보 기〉

ㄱ. 중요도 점수가 높은 영역부터 차례대로 나열하면 그 순서는 매년 동일하다.

ㄴ. 2017년 만족도 점수는 각 영역에서 전년보다 높다.

ㄷ. 만족도 점수가 가장 높은 영역과 가장 낮은 영역의 만족도 점수 차이는 2016년이 2015년보다 크다.

ㄹ. 2017년 요구충족도가 가장 높은 영역은 교과 영역이다.

① ㄱ, ㄴ

② ㄱ, ㄷ

③ ㄷ, ㄹ

④ ㄱ, ㄴ, ㄹ

⑤ ㄴ, ㄷ, ㄹ

문 26. 다음 〈보고서〉는 2015년 A국의 노인학대 현황에 관한 것이다. 〈보고서〉의 내용과 부합하는 자료만을 〈보기〉에서 모두 고르면?

<보고서>

2015년 1월 1일부터 12월 31일까지 한 해 동안 전국 29개 지역의 노인보호전문기관에 신고된 전체 11,905건의 노인학대 의심사례 중에 학대 인정사례는 3,818건으로 나타났다. 이는 전년대비 학대 인정사례 건수가 8% 이상 증가한 것이다.

학대 인정사례 3,818건을 신고자 유형별로 살펴보면 신고의무자에 의해 신고된 학대 인정사례는 707건, 비신고의무자에 의해 신고된 학대 인정사례는 3,111건이었다. 신고의무자에 의해 신고된 학대 인정사례 중 사회복지전담 공무원의 신고에 의한 학대 인정사례가 40% 이상으로 나타났다. 비신고의무자에 의해 신고된 학대 인정사례 중에서는 관련기관 종사자의 신고에 의한 학대 인정사례가 48% 이상으로 가장 높았고, 학대 행위자 본인의 신고에 의한 학대 인정사례의 비율이 가장 낮았다.

또한 3,818건의 학대 인정사례를 발생장소별로 살펴보면 기타를 제외하고 가정 내 학대가 85.8%로 가장 높게 나타났으며, 다음으로 생활시설 5.4%, 병원 2.3%, 공공장소 2.1%의 순으로 나타났다. 학대 인정사례 중 병원에서의 학대 인정사례 비율은 2012~2015년 동안 매년 감소한 것으로 나타났다.

한편, 학대 인정사례를 가구형태별로 살펴보면 2012~2015년 동안 매년 학대 인정사례 건수가 가장 많은 가구형태는 노인단독가구였다.

<보 기>

ㄱ. 2015년 신고자 유형별 노인학대 인정사례 건수

(단위 : 건)

신고자 유형	건 수
신고의무자	707
의료인	44
노인복지시설 종사자	178
장애노인시설 종사자	16
가정폭력 관련 종사자	101
사회복지전담 공무원	290
노숙인 보호시설 종사자	31
구급대원	9
재가장기요양기관 종사자	38
비신고의무자	3,111
학대피해노인 본인	722
학대행위자 본인	8
친 족	567
타 인	320
관련기관 종사자	1,494

ㄴ. 2014년과 2015년 노인보호전문기관에 신고된 노인 학대 의심사례 신고 건수와 구성비

2014년

2015년
(단위 : 건(%))

3,532 (33.4)
7,041 (66.6)

3,818 (32.1)
8,087 (67.9)

■ 학대 인정사례 건수   □ 학대 인정사례 외 건수

※ 구성비는 소수점 아래 둘째 자리에서 반올림한 값임

ㄷ. 발생장소별 노인학대 인정사례 건수와 구성비

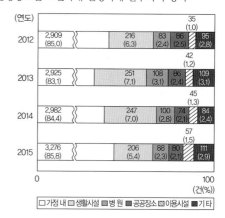

(연도)

2012	2,909 (85.0)	216 (6.3)	83 (2.4)	86 (2.5)	95 (2.8)	35 (1.0)
2013	2,925 (83.1)	251 (7.1)	108 (3.1)	84 (2.4)	109 (3.1)	42 (1.2)
2014	2,982 (84.4)	247 (7.0)	100 (2.8)	74 (2.1)	84 (2.4)	45 (1.3)
2015	3,276 (85.8)	206 (5.4)	88 (2.3)	80 (2.1)	111 (2.9)	57 (1.5)

0   100
                                        (건(%))

□ 가정 내 □ 생활시설 ▨ 병원 ■ 공공장소 ◫ 이용시설 ■ 기타

※ 구성비는 소수점 아래 둘째 자리에서 반올림한 값임

ㄹ. 가구형태별 노인학대 인정사례 건수

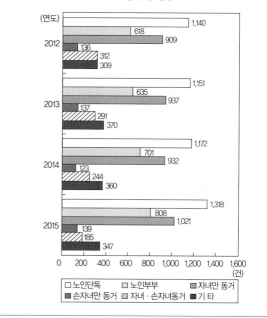

(연도)

2012: 1,140 / 618 / 909 / 136 / 312 / 309
2013: 1,151 / 635 / 937 / 137 / 291 / 370
2014: 1,172 / 701 / 932 / 123 / 244 / 360
2015: 1,318 / 808 / 1,021 / 139 / 185 / 347

0 200 400 600 800 1,000 1,200 1,400 1,600
                                              (건)

□ 노인단독   □ 노인부부   ▨ 자녀만 동거
■ 손자녀만 동거 ◫ 자녀·손자녀동거 ■ 기타

① ㄱ, ㄹ
② ㄴ, ㄷ
③ ㄱ, ㄴ, ㄷ
④ ㄱ, ㄴ, ㄹ
⑤ ㄴ, ㄷ, ㄹ

문 27. 다음 〈자료〉와 〈표〉는 2017년 11월 말 기준 A지역 청년통장 사업 참여인원에 관한 자료이다. 이에 대한 〈보기〉의 설명 중 옳은 것만을 모두 고르면?

───── 〈자 료〉 ─────

• 청년통장 사업에 참여한 근로자의 고용형태별, 직종별, 근무 연수별 인원

1) 고용형태

(단위 : 명)

전 체	정규직	비정규직
6,500	4,591	1,909

2) 직종

(단위 : 명)

전 체	제조업	서비스업	숙박 및 음식접업	운수업	도·소매업	건설업	기 타
6,500	1,280	2,847	247	58	390	240	1,438

3) 근무연수

(단위 : 명)

전 체	6개월 미만	6개월 이상 1년 미만	1년 이상 2년 미만	2년 이상
6,500	1,669	1,204	1,583	2,044

〈표〉 청년통장 사업별 참여인원 중 유지인원 현황

(단위 : 명)

사업명	참여인원	유지인원	중도해지인원
청년통장Ⅰ	500	476	24
청년통장Ⅱ	1,000	984	16
청년통장Ⅲ	5,000	4,984	16
전 체	6,500	6,444	56

───── 〈보 기〉 ─────

ㄱ. 청년통장 사업에 참여한 근로자의 70% 이상이 정규직 근로 자이다.

ㄴ. 청년통장 사업에 참여한 정규직 근로자 중 근무연수가 2년 이상인 근로자의 비율은 2% 이상이다.

ㄷ. 청년통장 사업에 참여한 정규직 근로자 중 제조업과 서비 스업을 제외한 직종의 근로자는 450명보다 적다.

ㄹ. 참여인원 대비 유지인원 비율은 청년통장Ⅰ이 가장 높고 다음으로 청년통장Ⅱ, 청년통장Ⅲ 순이다.

① ㄱ, ㄴ ② ㄱ, ㄷ
③ ㄱ, ㄹ ④ ㄴ, ㄹ
⑤ ㄷ, ㄹ

문 28. 다음 〈표〉는 A 기업 지원자의 인턴 및 해외연수 경험과 합격여부에 관한 자료이다. 이에 대한 〈보기〉의 설명 중 옳은 것만을 모두 고르면?

〈표〉 A 기업 지원자의 인턴 및 해외연수 경험과 합격여부

(단위 : 명, %)

인턴 경험	해외연수 경험	합격여부		합격률
		합 격	불합격	
있 음	있 음	53	414	11.3
	없 음	11	37	22.9
없 음	있 음	0	16	0.0
	없 음	4	139	2.8

※ 1) 합격율(%) = 합격자수 / (합격자수 + 불합격자수) × 100
2) 합격률은 소수점 아래 둘째 자리에서 반올림한 값임

───── 〈보 기〉 ─────

ㄱ. 해외연수 경험이 있는 지원자가 해외연수 경험이 없는 지 원자보다 합격률이 높다.

ㄴ. 인턴 경험이 있는 지원자가 인턴 경험이 없는 지원자보다 합격률이 높다.

ㄷ. 인턴 경험과 해외연수 경험이 모두 있는 지원자 합격률은 인턴 경험만 있는 지원자 합격률의 2배 이상이다.

ㄹ. 인턴 경험과 해외연수 경험이 모두 없는 지원자와 인턴경 험만 있는 지원자 간 합격률 차이는 30%p보다 크다.

① ㄱ, ㄴ
② ㄱ, ㄷ
③ ㄴ, ㄷ
④ ㄱ, ㄴ, ㄹ
⑤ ㄴ, ㄷ, ㄹ

※ 다음 〈표〉와 〈그림〉은 2015~2017년 '갑'국 철강산업의 온실가스 배출량 및 철강 생산량에 관한 자료이다. 〈표〉와 〈그림〉을 보고 물음에 답하시오. [문 29~문 30]

〈표〉 업체별·연도별 온실가스 배출량

(단위 : 천tCO2eq.)

구분 업체	배출량				예상 배출량
	2015년	2016년	2017년	3년 평균 (2015~2017년)	2018년
A	1,021	990	929	980	910
B	590	535	531	552	524
C	403	385	361	383	352
D	356	( )	260	284	257
E	280	271	265	272	241
F	168	150	135	151	132
G	102	101	100	( )	96
H	92	81	73	82	71
I	68	59	47	58	44
J	30	29	28	( )	24
기 타	28	27	20	25	22
전 체	3,138	2,864	( )	2,917	2,673

〈그림〉 업체 A~J의 3년 평균(2015~2017년) 철강 생산량과 온실가스 배출량

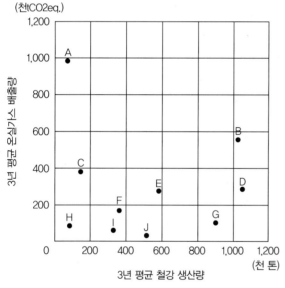

(천CO2eq.)

3년 평균 철강 생산량
(천 톤)

※ 온실가스 배출 효율성 = $\dfrac{3년 평균 철강 생산량}{3년 평균 온실가스 배출량} \times 100$

문 29. 위 〈표〉와 〈그림〉에 대한 〈보기〉의 설명 중 옳은 것만을 모두 고르면?

〈보 기〉

ㄱ. 2015~2017년 동안 매년 온실가스 배출량 기준 상위 2개 업체가 해당년도 전체 온실가스 배출량의 50% 이상을 차지하고 있다.

ㄴ. 2015~2017년 동안 철강산업의 전체 온실가스 배출량은 매년 감소하였다.

ㄷ. 업체 A~J 중 2015~2017의 온실가스 배출 효율성이 가장 낮은 업체는 J이고, 가장 높은 업체는 A이다.

ㄹ. 2015~2017년 동안 업체 A~J 각각의 온실가스 배출량은 매년 감소하였다.

① ㄱ, ㄴ
② ㄱ, ㄷ
③ ㄱ, ㄴ, ㄷ
④ ㄱ, ㄴ, ㄹ
⑤ ㄴ, ㄷ, ㄹ

문 30. 위 〈표〉와 〈그림〉의 내용과 〈분배규칙〉을 바탕으로 작성한 〈보고서〉의 설명 중 옳은 것만을 모두 고르면?

〈분배규칙〉

• 해당년도 업체별 온실가스 배출권(천tCO2eq.) = 해당년도 온실가스 배출권 총량 × $\dfrac{해당 업체의 직전 3년 평균 온실가스 배출량}{철강산업 전체의 직전 3년 평균 온실가스 배출량}$

〈보고서〉

2015~2017년 동안 철강산업의 업체별 온실가스 배출량을 조사하였다. 조사결과 ⊙ 매년 온실가스 배출량 기준 상위 3개 업체의 순위에는 변화가 없었으며, 상위 10개 업체가 철강산업 전체 온실가스 배출량의 90% 이상을 차지하였다. 철강 생산량과 온실가스 배출량의 관계를 살펴보면, 3년 평균(2015~2017년)을 기준으로 할 때 ⓒ D 업체는 E 업체에 비하여 철강 1톤을 생산하는 데 50% 이상의 온실가스를 더 배출하는 등 업체별 온실가스 배출 효율성에 큰 차이가 있다.

현황 조사를 기반으로 온실가스배출권거래제도의 시행을 위하여 철강산업의 온실가스 배출량 기준 상위 10개 업체를 온실가스배출권거래제도 적용대상 업체로 선정하여 2018년도 온실가스 배출권 총량 2,600천 tCO2eq.를 〈분배규칙〉에 따라 업체별로 분배하였다.

분배결과, ⓒ B 업체는 C 업체보다 더 많은 온실가스 배출권을 할당받았다. 온실가스배출권거래제도에서는 온실가스 배출권보다 더 많은 양의 온실가스를 배출한 업체는 거래시장에서 배출권 부족분을 구매해야 한다. 반대로, 배출권보다 적은 양을 배출한 업체는 배출권 잉여분을 시장에 판매하는 것이 가능하다. 2018년도 업체별 온실가스 예상 배출량을 기준으로 살펴보면, ⓔ G 업체의 예상 배출량은 온실가스 배출권보다 많아 배출권을 구매하는 것이 필요할 것으로 예상된다.

① ㄱ, ㄴ
② ㄱ, ㄹ
③ ㄱ, ㄴ, ㄷ
④ ㄱ, ㄷ, ㄹ
⑤ ㄴ, ㄷ, ㄹ

문 31. 다음 〈그림〉과 〈표〉는 '갑'시에서 '을'시로의 이동에 대한 자료이다. 이와 다음 〈계산식〉을 적용하여 이동방법 A, B, C를 이동비용이 적은 것부터 순서대로 나열하면?

〈그림〉 '갑' → '을' 이동방법 A, B, C의 경로

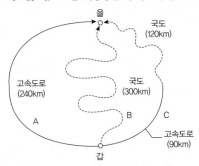

〈표〉 '갑' → '을' 이동방법별 주행관련 정보

이동방법	A		B		C	
이용도로 구 분	고속도로	국 도	고속도로	국 도		
거리(km)	240	300	90	120		
평균속력(km/시간)	120	60	90	60		
주행시간(시간)	2.0	( )	1.0	( )		
평균연비(km/L)	12	15	12	15		
연료소비량(L)	( )	20.0	7.5	( )		
휴식시간(시간)	1.0	1.5	0.5	0.5		
통행료(원)	8,000	0	5,000	0		

── 〈계산식〉 ──

• 이동비용＝시간가치＋연료비＋통행료
• 시간가치＝소요시간(시간)×1,500(원/시간)
• 소요시간＝주행시간＋휴식시간
• 연료비＝연료소비량(L)×1,500(원/L)

① A, B, C
② B, A, C
③ B, C, A
④ C, A, B
⑤ C, B, A

문 32. 다음 〈표〉와 〈그림〉은 기계 100대의 업그레이드 전·후 성능지수에 관한 자료이다. 이에 대한 설명으로 옳은 것은?

〈표〉 업그레이드 전·후 성능지수별 대수

(단위 : 대)

성능지수 구 분	65	79	85	100
업그레이드 전	80	5	0	15
업그레이드 후	0	60	5	35

※ 성능지수는 네 가지 값(65, 79, 85, 100)만 존재하고, 그 값이 클수록 성능지수가 향상됨을 의미함

〈그림〉 성능지수 향상폭 분포

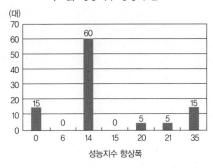

※ 1) 업그레이드를 통한 성능 감소는 없음
   2) 성능지수 향상폭＝업그레이드 후 성능지수－업그레이드 전 성능지수

① 업그레이드 후 1대당 성능지수는 업그레이드 전 1대당 성능지수에 비해 20 이상 향상되었다.
② 업그레이드 전 성능지수가 65였던 기계의 15%가 업그레이드 후 성능지수 100이 된다.
③ 업그레이드 전 성능지수가 79였던 모든 기계가 업그레이드 후 성능지수 100이 된 것은 아니다.
④ 업그레이드 전 성능지수가 100이 아니었던 기계 중, 업그레이드를 통한 성능지수 향상폭이 0인 기계가 있다.
⑤ 업그레이드를 통한 성능지수 향상폭이 35인 기계 대수는 업그레이드 전 성능지수가 100이었던 기계 대수와 같다.

문 33. 다음 〈표〉는 하진이의 10월 모바일 쇼핑 구매내역이다. 이에 대한 설명으로 옳은 것은?

〈표〉 10월 모바일 쇼핑 구매내역

(단위 : 원, 포인트)

상 품	주문금액	할인금액		결제금액	
요가용품세트	45,400	즉시할인	4,540	신용카드	32,700
		쿠폰할인	4,860	+포인트	3,300
				=36,000	
가을스웨터	57,200	즉시할인	600	신용카드	48,370
		쿠폰할인	7,970	+포인트	260
				=48,630	
샴 푸	38,800	즉시할인	0	신용카드	34,300
		쿠폰할인	( )	+포인트	1,500
				=35,800	
보온병	9,200	즉시할인	1,840	신용카드	7,290
		쿠폰할인	0	+포인트	70
				=7,360	
전 체	150,600	22,810		127,790	

※ 1) 결제금액(원)=주문금액-할인금액

2) 할인율(%)= $\dfrac{할인금액}{주문금액}$ ×100

3) 1포인트는 결제금액 1원에 해당함

① 전체 할인율은 15% 미만이다.
② 할인율이 가장 높은 상품은 '보온병'이다.
③ 주문금액 대비 신용카드 결제금액 비율이 가장 낮은 상품은 '요가용품세트'이다.
④ 10월 전체 주문금액의 3%가 11월 포인트로 적립된다면, 10월 구매로 적립된 11월 포인트는 10월 동안 사용한 포인트보다 크다.
⑤ 결제금액 중 포인트로 결제한 금액이 차지하는 비율이 두 번째로 낮은 상품은 '가을스웨터'이다.

문 34. 다음 〈그림〉은 A시와 B시의 시민단체 사회연결망 분석도이다. 이에 대한 〈보기〉의 설명 중 옳은 것만을 모두 고르면?

〈그림〉 A시와 B시의 시민단체 사회연결망 분석도

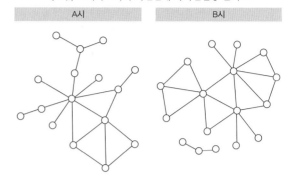

※ 1) 'o—o'에서 'o'는 시민단체, '—'은 두 시민단체 간 직접연결을 나타냄

2) 각 시민단체의 연결중심성은 해당 시민단체에 직접연결된 다른 시민단체수임

3) 각 시의 연결망 밀도= $\dfrac{2×해당 시의 직접연결 개수 총합}{해당 시의 시민단체수×(해당 시의 시민단체수-1)}$

─〈보 기〉─

ㄱ. 연결중심성이 가장 큰 시민단체는 A시에 있다.
ㄴ. 연결중심성이 1인 시민단체수는 A시가 B시보다 많다.
ㄷ. 시민단체수는 A시가 B시보다 많다.
ㄹ. 연결망 밀도는 A시가 B시보다 크다.

① ㄱ, ㄴ
② ㄱ, ㄹ
③ ㄴ, ㄷ
④ ㄱ, ㄴ, ㄹ
⑤ ㄴ, ㄷ, ㄹ

문 35. 다음 〈표〉는 '갑' 패스트푸드점의 메인 · 스낵 · 음료 메뉴의 영양성분에 관한 자료이다. 이에 대한 설명으로 옳은 것은?

〈표 1〉 메인 메뉴 단위당 영양성분표

구분\n메뉴	중량\n(g)	열량\n(kcal)	성분함량			
			당\n(g)	단백질\n(g)	포화지방\n(g)	나트륨\n(mg)
치즈버거	114	297	7	15	7	758
햄버거	100	248	6	13	5	548
새우버거	197	395	9	15	5	882
치킨버거	163	374	6	15	5	719
불고기버거	155	399	13	16	2	760
칠리버거	228	443	7	22	5	972
베이컨버거	242	513	15	26	13	1,197
스페셜버거	213	505	8	26	12	1,059

〈표 2〉 스낵 메뉴 단위당 영양성분표

구분\n메뉴	중량\n(g)	열량\n(kcal)	성분함량			
			당\n(g)	단백질\n(g)	포화지방\n(g)	나트륨\n(mg)
감자튀김	114	352	0	4	4	181
조각치킨	68	165	0	10	3	313
치즈스틱	47	172	0	6	6	267

〈표 3〉 음료 메뉴 단위당 영양성분표

구분\n메뉴	중량\n(g)	열량\n(kcal)	성분함량			
			당\n(g)	단백질\n(g)	포화지방\n(g)	나트륨\n(mg)
콜라	425	143	34	0	0	19
커피	400	10	0	0	0	0
우유	200	130	9	6	5	100
오렌지주스	175	84	18	0	0	5

① 중량 대비 열량의 비율이 가장 낮은 메인 메뉴는 새우버거이다.

② 모든 메인 메뉴는 나트륨 함량이 당 함량의 50배 이상이다.

③ 서로 다른 두 메인 메뉴를 한 단위씩 주문한다면, 총 단백질 함량은 항상 총 포화지방 함량의 두 배 이상이다.

④ 메인 메뉴 각각의 단위당 중량은 모든 스낵 메뉴의 단위당 중량 합보다 작다.

⑤ 메인 메뉴, 스낵 메뉴 및 음료 메뉴 각각 한 단위씩 주문하여 총 열량이 500kcal 이하가 되도록 할 때 주문할 수 있는 음료 메뉴는 커피뿐이다.

문 36. 다음 〈표〉와 〈선정절차〉는 '갑' 사업에 지원한 A~E 유치원 현황과 사업 선정절차에 대한 자료이다. 이에 대한 〈보기〉의 설명 중 옳은 것만을 모두 고르면?

〈표〉 A~E 유치원 현황

유치원	원아수\n(명)	교직원수(명)			교사\n평균\n경력\n(년)	시설현황				통학\n차량\n대수\n(대)
		교사		사무\n직원		교실		놀이터\n면적\n(m²)	유치원\n총면적\n(m²)	
		정교사	준교사			수(개)	총면적\n(m²)			
A	132	10	2	1	2.1	5	450	2,400	3,800	3
B	160	5	0	1	4.5	7	420	200	1,300	2
C	120	4	3	0	3.1	5	420	440	1,000	1
D	170	2	10	2	4.0	7	550	300	1,500	2
E	135	4	5	1	2.9	6	550	1,000	2,500	2

※ 여유면적=유치원 총면적－교실 총면적－놀이터 면적

〈선정절차〉

• 1단계 : 아래 4개 조건을 모두 충족하는 유치원을 예비 선정한다.
　－ 교실조건 : 교실 1개당 원아수가 25명 이하여야 한다.
　－ 교사조건 : 교사 1인당 원아수가 15명 이하여야 한다.
　－ 차량조건 : 통학 차량 1대당 원아수가 100명 이하여야 한다.
　－ 여유면적조건 : 여유면적이 650m² 이상이어야 한다.
• 2단계 : 예비 선정된 유치원 중 교사평균경력이 가장 긴 유치원을 최종 선정한다.

〈보 기〉

ㄱ. A 유치원은 교사조건, 차량조건, 여유면적조건을 충족한다.
ㄴ. '갑' 사업에 최종 선정되는 유치원은 D이다.
ㄷ. C 유치원은 원아수를 15% 줄이면 차량조건을 충족하게 된다.
ㄹ. B 유치원이 교사경력 4.0년 이상인 준교사 6명을 증원한다면 B 유치원이 '갑' 사업에 최종 선정된다.

① ㄱ, ㄴ
② ㄱ, ㄷ
③ ㄷ, ㄹ
④ ㄱ, ㄴ, ㄹ
⑤ ㄴ, ㄷ, ㄹ

문 37. 다음 〈표〉는 18세기 조선의 직업별 연봉 및 품목별 가격에 관한 자료이다. 이에 대한 설명으로 옳지 않은 것은?

〈표 1〉 18세기 조선의 직업별 연봉

구분		곡물(섬)		면포(필)	현재 원화 가치(원)
		쌀	콩		
관료	정1품	25	3	-	5,854,400
	정5품	17	1	-	3,684,800
	종9품	7	1	-	1,684,800
궁녀	상궁	11	1	-	( )
	나인	5	1	-	1,284,800
군인	기병	7	2	9	( )
	보병	3	-	9	1,500,000

〈표 2〉 18세기 조선의 품목별 가격

품목	곡물(1섬)		면포(1필)	소고기(1근)	집(1칸)	
	쌀	콩			기와집	초가집
가격	5냥	7냥 1전 2푼	2냥 5전	7전	21냥 6전 5푼	9냥 5전 5푼

※ 1냥=10전=100푼

① 18세기 조선의 1푼의 가치는 현재 원화가치로 환산할 경우 400원과 같다.
② '기병' 연봉은 '종9품' 연봉보다 많고 '정5품' 연봉보다 적다.
③ '정1품' 관료의 12년치 연봉은 100칸의 기와집 가격보다 적다.
④ '상궁' 연봉은 '보병' 연봉의 2배 이상이다.
⑤ '나인'의 1년치 연봉으로 살 수 있는 소고기는 40근 이상이다.

문 38. 다음 〈표〉는 '갑'국의 인구 구조와 노령화에 대한 자료이다. 이에 대한 〈보기〉의 설명 중 옳은 것만을 모두 고르면?

〈표 1〉 인구 구조 현황 및 전망

(단위 : 천 명, %)

연도	총인구	유소년인구 (14세 이하)		생산가능인구 (15~64세)		노인인구 (65세 이상)	
		인구수	구성비	인구수	구성비	인구수	구성비
2000	47,008	9,911	21.1	33,702	71.7	3,395	7.2
2010	49,410	7,975	( )	35,983	72.8	5,452	11.0
2016	51,246	( )	( )	( )	( )	8,181	16.0
2020	51,974	( )	( )	( )	( )	9,219	17.7
2030	48,941	5,628	11.5	29,609	60.5	( )	28.0

※ 2020년, 2030년은 예상치임

〈표 2〉 노년부양비 및 노령화지수

(단위 : %)

구분 \ 연도	2000	2010	2016	2020	2030
노년부양비	10.1	15.2	( )	25.6	46.3
노령화지수	34.3	68.4	119.3	135.6	243.5

※ 1) 노년부양비(%)= $\frac{노인인구}{생산가능인구} \times 100$

2) 노령화지수(%)= $\frac{노인인구}{유소년인구} \times 100$

─〈보 기〉─

ㄱ. 2020년 대비 2030년의 노인인구 증가율은 55% 이상으로 예상된다.
ㄴ. 2016년에는 노인인구가 유소년인구보다 많다.
ㄷ. 2016년 노년부양비는 20% 이상이다.
ㄹ. 2020년 대비 2030년의 생산가능인구 감소폭은 600만 명 이상일 것으로 예상된다.

① ㄱ, ㄷ
② ㄴ, ㄷ
③ ㄴ, ㄹ
④ ㄱ, ㄴ, ㄷ
⑤ ㄴ, ㄷ, ㄹ

문 39. 다음 〈그림〉은 '갑' 노선(A~E역)의 무궁화호 운행 다이어그램이고, 〈정보〉는 무궁화호, 새마을호, 고속열차의 운행에 관련된 자료이다. 이에 대한 〈보기〉의 설명 중 옳은 것만을 모두 고르면?

〈그림〉 '갑' 노선의 무궁화호 운행 다이어그램

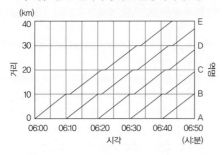

─────────〈정 보〉─────────
• 무궁화호, 새마을호, 고속열차는 시발역인 A역을 출발한 후 모든 역에 정차하며, 각 역에서 정차 시간은 1분이다.
• 새마을호의 역간 속력은 120km/시간이고 고속열차의 역간 속력은 240km/시간이다. 각 열차의 역간 속력은 일정하다.
• A역에서 06시 00분에 첫 무궁화호가 출발하고, 06시 05분에 첫 새마을호와 첫 고속열차가 출발한다.
• 무궁화호, 새마을호, 고속열차는 동일노선의 각각 다른 선로와 플랫폼을 이용하며 역간 운행 거리는 동일하다.
• 열차의 길이는 무시한다.

─────────〈보 기〉─────────
ㄱ. 첫 무궁화호가 C역에 도착하기 6분 전에 첫 고속열차는 D역에 정차해 있다.
ㄴ. 첫 새마을호의 D역 출발 시각과 06시 10분에 A역을 출발한 무궁화호의 C역 도착 시각은 같다.
ㄷ. 고속열차가 C역을 출발하여 E역에 도착하는 데 6분이 소요된다.

① ㄱ
② ㄴ
③ ㄷ
④ ㄱ, ㄷ
⑤ ㄱ, ㄴ, ㄷ

문 40. 다음 〈표〉는 A 업체에서 판매한 전체 주류와 주세에 관한 자료이다. 이에 대한 〈보기〉의 설명 중 옳은 것만을 모두 고르면?

〈표 1〉 주류별 판매량과 판매가격

(단위 : 천 병, 원)

구분 \ 주류	탁주	청주	과실주
판매량	1,500	1,000	1,600
병당 판매가격	1,500	1,750	1,000

〈표 2〉 주세 계산 시 주류별 공제금액과 세율

(단위 : 백만 원, %)

구분 \ 주류	탁주	청주	과실주
공제금액	450	350	400
세율	10	20	15

※ 주류별 세율(%) = $\dfrac{\text{주류별 주세}}{\text{주류별 판매액} - \text{주류별 공제금액}} \times 100$

─────────〈보 기〉─────────
ㄱ. 탁주, 청주는 판매량과 병당 판매가격이 각각 10% 증가하고 과실주는 변화가 없다면, A업체의 주류별 판매액 합은 15% 증가한다.
ㄴ. 탁주의 주세는 과실주의 주세보다 크다.
ㄷ. 각 주류의 판매량과 공제금액이 각각 10% 증가할 경우, A업체의 주류별 주세 합은 708백만 원이다.
ㄹ. 각 주류의 판매량은 각각 10% 증가하고 각 주류의 병당 판매가격은 각각 10% 하락한 경우, A업체의 주류별 판매액 합은 5,544백만 원이다.

① ㄱ, ㄴ
② ㄱ, ㄷ
③ ㄱ, ㄹ
④ ㄴ, ㄷ
⑤ ㄷ, ㄹ

문 1. 다음 글을 근거로 판단할 때 옳지 않은 것은?

공공성은 서구에서 유래된 '퍼블릭(public)'이나 '오피셜 (official)'과 동아시아에서 전통적으로 사용해 온 개념인 '공 (公)'이나 '공공(公共)'이 접합되어 이루어진 개념이다. 공공성 개념은 다음과 같은 세 가지 의미를 포괄하고 있다. 첫째, 어떤 사적인 이익이 아니라 공동체 전체의 이익과 관계된다는 의미 이다. 둘째, 만인의 이익을 대표하여 관리하는 정통성을 지닌 기관이라는 의미가 있다. 셋째, 사사롭거나 편파적이지 않으며 바르고 정의롭다는 의미이다.

정도전의 정치사상에서 가장 인상적인 것은 정치권력의 사 유화에 대한 강렬한 비판의식과 아울러 정치권력을 철저하게 공공성의 영역 안에 묶어두려는 의지이다. 또 그가 이를 위한 제도적 장치의 마련을 끊임없이 고민하였다는 사실도 확인되 고 있다. 정도전은 정치공동체에서 나타나는 문제의 근저에 '자 기 중심성'이 있고, 고려의 정치적 경험에서 자기 중심성이 특 히 '사욕(私慾)'의 정치로 나타났다고 생각했다. 그리고 이로 인 해 독선적인 정치와 폭정이 야기되었다고 보았다. 정도전은 이 러한 고려의 정치를 소유 지향적 정치로 보았고, 이에 대한 대 안으로 '공론'과 '공의'의 정치를 제시하였는데 이를 '문덕(文德)' 의 정치라 불렀다.

공공성과 관련하여 고려와 조선의 국가 운영 차이를 가장 선 명히 드러내는 것은 체계적인 법전의 유무이다. 고려의 경우는 각 행정부처들이 독자적인 관례나 규정에 따라서 통치를 하였 을 뿐, 일관되고 체계적인 법전을 갖추고 있지 못하였다. 그래 서 조선의 건국 주체는 중앙집권적인 국가운영체제를 확립하 기 위해서 법체계를 갖추려고 했다. 이러한 노력을 통해 만든 최초의 법전이 정도전에 의해 편찬된 『조선경국전』이다. 이를 통해서 건국 주체는 자신이 세운 정치체제에 공공성을 부여하 려고 하였다.

① 공공성에는 공동체 전체의 이익뿐만 아니라 이를 대표하여 관리하는 정통성을 지닌 기관이라는 의미도 포함되어 있다.
② 정도전은 고려의 정치에서 자기 중심성이 '사욕'의 정치로 나타났다고 보았다.
③ 고려시대에는 각 행정부처의 관례나 규정이 존재하지 않아 '사욕'의 정치가 나타났다.
④ 정도전에게 '문덕'의 정치란 소유 지향적 정치의 대안이었다.
⑤ 정도전의 정치사상에서 공공성을 갖추기 위한 제도적 장치 마련은 중요한 의미를 지닌다.

문 2. 다음 글과 〈甲지방자치단체 공직자윤리위원회 위원 현황〉을 근거로 판단할 때 옳은 것은?(단, 오늘은 2018년 3월 10일이다)

제00조 ① 지방자치단체는 공직자윤리위원회(이하 '위원회'라 한다)를 두어야 한다.
② 위원회는 위원장과 부위원장 각 1명을 포함한 9명의 위원으 로 구성하되 위원은 다음 각 호에 따라 위촉한다.
  1. 5명의 위원은 법관, 교육자, 시민단체에서 추천한 자로 한 다. 이 경우 제2호의 요건에 해당하는 자는 제외된다.
  2. 4명의 위원은 해당 지방의회 의원 2명, 해당 지방자치단체 소속 행정국장, 기획관리실장(이하 '소속 공무원'이라 한다) 으로 한다.
③ 위원회의 위원장과 부위원장은 위원회에서 다음 각 호에 따 라 선임한다.
  1. 위원장은 제2항 제1호의 5명 중에서 선임
  2. 부위원장은 제2항 제2호의 4명 중에서 선임
제00조 ① 위원의 임기는 2년으로 하되, 한 차례만 연임할 수 있다.
② 지방자치단체의회 의원 및 소속 공무원 중에서 위촉된 위원 의 임기는 제1항에도 불구하고 지방의회 의원인 경우에는 그 임기 내로 하고, 소속 공무원인 경우에는 그 직위에 재직 중인 기간으로 한다.
③ 전조 제2항 제1호에 따른 위원 중 결원이 생겼을 경우 그 자 리에 새로 위촉된 위원의 임기는 전임자의 남은 기간으로 한다.

〈甲지방자치단체 공직자윤리위원회 위원 현황〉

성 명	직 위	최초 위촉일자
A	甲지방의회 의원	2016. 9. 1.
B	시민연대 회원	2016. 9. 1.
C	甲지방자치단체 소속 기획관리실장	2016. 9. 1.
D	지방법원 판사	2017. 3. 1.
E	대학교 교수	2016. 9. 1.
F	고등학교 교사	2014. 9. 1.
G	중학교 교사	2016. 9. 1.
H	甲지방의회 의원	2016. 9. 1.
I	甲지방자치단체 소속 행정국장	2016. 9. 1.

※ 모든 위원은 최초 위촉 이후 계속 위원으로 활동하고 있다.

① B가 사망하여 새로운 위원을 위촉하는 경우 甲지방의회의 원을 위촉할 수 있다.
② C가 오늘자로 명예퇴직하더라도 위원직을 유지할 수 있다.
③ E가 오늘자로 사임한 경우 당일 그 자리에 위촉된 위원의 임기는 위촉된 날로부터 2년이다.
④ F는 임기가 만료되면 연임할 수 있다.
⑤ I는 부위원장으로 선임될 수 있다.

문 3. 다음 글을 근거로 판단할 때 옳은 것은?

> 제00조 이 법에서 말하는 폐기물이란 쓰레기, 연소재, 폐유, 폐알칼리 및 동물의 사체 등으로 사람의 생활이나 사업활동에 필요하지 않게 된 물질을 말한다.
>
> 제00조 ① 도지사는 관할 구역의 폐기물을 적정하게 처리하기 위하여 환경부장관이 정하는 지침에 따라 10년마다 '폐기물 처리에 관한 기본계획'(이하 '기본계획'이라 한다)을 세워 환경부장관의 승인을 받아야 한다. 승인사항을 변경하려 할 때에도 또한 같다. 이 경우 환경부장관은 기본계획을 승인하거나 변경승인하려면 관계 중앙행정기관의 장과 협의하여야 한다.
>
> ② 시장·군수·구청장은 10년마다 관할 구역의 기본 계획을 세워 도지사에게 제출하여야 한다.
>
> ③ 제1항과 제2항에 따른 기본계획에는 다음 각 호의 사항이 포함되어야 한다.
>
> 1. 관할 구역의 지리적 환경 등에 관한 개황
> 2. 폐기물의 종류별 발생량과 장래의 발생 예상량
> 3. 폐기물의 처리 현황과 향후 처리 계획
> 4. 폐기물의 감량화와 재활용 등 자원화에 관한 사항
> 5. 폐기물처리시설의 설치 현황과 향후 설치 계획
> 6. 폐기물 처리의 개선에 관한 사항
> 7. 재원의 확보계획
>
> 제00조 ① 환경부장관은 국가 폐기물을 적정하게 관리하기 위하여 전조 제1항에 따른 기본계획을 기초로 '국가 폐기물 관리 종합계획'(이하 '종합계획'이라 한다)을 10년마다 세워야 한다.
>
> ② 환경부장관은 종합계획을 세운 날부터 5년이 지나면 그 타당성을 재검토하여 변경할 수 있다.

① 재원의 확보계획은 기본계획에 포함되지 않아도 된다.

② A도 도지사가 제출한 기본계획을 승인하려면, 환경부장관은 관계 중앙행정기관의 장과 협의를 거쳐야 한다.

③ 환경부장관은 국가 폐기물을 적정하게 관리하기 위하여 10년마다 기본계획을 수립하여야 한다.

④ B군 군수는 5년마다 종합계획을 세워 환경부장관에게 제출하여야 한다.

⑤ 기본계획 수립 이후 5년이 경과하였다면, 환경부장관은 계획의 타당성을 재검토하여 계획을 변경하여야 한다.

문 4. 다음 글을 근거로 판단할 때 옳은 것은?

> 제00조 다음 각 호의 어느 하나에 해당하는 자는 감사원에 감사를 청구할 수 있다.
>
> 1. 19세 이상으로서 300명 이상의 국민
> 2. 상시 구성원 수가 300인 이상으로 등록된 공익 추구의 시민단체. 다만 정치적 성향을 띠거나 특정 계층 또는 집단의 이익을 추구하는 단체는 제외한다.
> 3. 감사대상기관의 장. 다만 해당 감사대상기관의 사무처리에 관한 사항 중 자체감사기구에서 직접처리하기 어려운 부득이한 사유가 있거나 자체감사기구가 없는 경우에 한한다.
> 4. 지방의회. 다만 해당 지방자치단체의 사무처리에 한한다.
>
> 제00조 ① 감사청구의 대상은 공공기관에서 처리한 사무처리가 다음 각 호의 어느 하나에 해당하는 사항으로 한다.
>
> 1. 주요 정책·사업의 추진과정에서의 예산낭비에 관한 사항
> 2. 기관이기주의 등으로 인하여 정책·사업 등이 장기간 지연되는 사항
> 3. 국가 행정 및 시책, 제도 등이 현저히 불합리하여 개선이 필요한 사항
> 4. 기타 공공기관의 사무처리가 위법 또는 부당행위로 인하여 공익을 현저히 해한다고 판단되는 사항
>
> ② 제1항의 규정에 불구하고 다음 각 호의 어느 하나에 해당하는 사항은 감사청구의 대상에서 제외한다.
>
> 1. 수사 중이거나 재판(헌법재판소 심판을 포함한다), 행정심판, 감사원 심사청구 또는 화해·조정·중재 등 법령에 의한 불복절차가 진행 중인 사항. 다만 수사 또는 재판, 행정심판 등과는 직접적인 관계없이 예산낭비 등을 방지하기 위한 긴급한 필요가 있다고 인정될 때에는 감사를 실시할 수 있다.
> 2. 수사 결과, 판결, 재결, 결정 또는 화해·조정·중재 등에 의하여 확정되었거나 형 집행에 관한 사항

※ 공공기관 : 중앙행정기관, 지방자치단체, 정부투자기관을 의미한다.

① A시 지방의회는 A시가 주요 사업으로 시행하는 노후수도 설비교체사업 중 발생한 예산낭비 사항에 대하여 감사를 청구할 수 있다.

② B정당의 사무총장은 C시청 별관신축공사 입찰 시 담당공무원의 부당한 업무처리에 대하여 단독으로 감사를 청구할 수 있다.

③ D정부투자기관의 장은 해당 기관 직원과 특정 기업 간 유착관계에 대하여 자체감사기구에서 직접 처리할 수 있더라도 감사를 청구할 수 있다.

④ E시 지방의회는 E시 시장의 위법한 사무처리에 대하여 판결이 확정되었더라도 감사를 청구할 수 있다.

⑤ 민간 유통업체 F마트 사장은 농산물의 납품대가로 과도한 향응을 받은 담당직원의 위법행위에 대하여 감사를 청구할 수 있다.

문 5. 다음 글을 근거로 판단할 때, 소장이 귀휴를 허가할 수 없는 경우는?(단, 수형자 甲~戊의 교정성적은 모두 우수하고, 귀휴를 허가할 수 있는 일수는 남아 있다)

제○○조 ① 교도소·구치소 및 그 지소의 장(이하 '소장'이라 한다)은 6개월 이상 복역한 수형자로서 그 형기의 3분의 1(21년 이상의 유기형 또는 무기형의 경우에는 7년)이 지나고 교정성적이 우수한 사람이 다음 각 호의 어느 하나에 해당하면 1년 중 20일 이내의 귀휴를 허가할 수 있다.
1. 가족 또는 배우자의 직계존속이 위독한 때
2. 질병이나 사고로 외부의료시설에의 입원이 필요한 때
3. 천재지변이나 그 밖의 재해로 가족, 배우자의 직계존속 또는 수형자 본인에게 회복할 수 없는 중대한 재산상의 손해가 발생하였거나 발생할 우려가 있는 때
4. 직계존속, 배우자, 배우자의 직계존속 또는 본인의 회갑일이나 고희일인 때
5. 본인 또는 형제자매의 혼례가 있는 때
6. 직계비속이 입대하거나 해외유학을 위하여 출국하게 된 때
7. 각종 시험에 응시하기 위하여 필요한 때
② 소장은 다음 각 호의 어느 하나에 해당하는 사유가 있는 수형자에 대하여는 제1항에도 불구하고 5일 이내의 귀휴를 특별히 허가할 수 있다.
1. 가족 또는 배우자의 직계존속이 사망한 때
2. 직계비속의 혼례가 있는 때

※ 귀휴 : 교도소 등에 복역 중인 죄수가 출소하기 전에 일정한 사유에 따라 휴가를 얻어 일시적으로 교도소 밖으로 나오는 것을 의미한다.

① 징역 1년을 선고받고 4개월 동안 복역 중인 甲의 아버지의 회갑일인 경우
② 징역 2년을 선고받고 10개월 동안 복역 중인 乙의 친형의 혼례가 있는 경우
③ 징역 10년을 선고받고 4년 동안 복역 중인 丙의 자녀가 입대하는 경우
④ 징역 30년을 선고받고 8년 동안 복역 중인 丁의 부친이 위독한 경우
⑤ 무기징역을 선고받고 5년 동안 복역 중인 戊의 배우자의 모친이 사망한 경우

문 6. 다음 글을 근거로 판단할 때 옳은 것은?

오늘날에는 매우 다양한 모양의 바퀴가 사용되고 있는데, 통나무를 잘라 만든 원판 모양의 나무바퀴는 기원전 5000년경부터 사용된 것으로 추정된다. 이후 나무바퀴는 세 조각의 판자를 맞춘 형태로 진화했다. 현존하는 유물로는 기원전 3500년경에 제작된 것으로 추정되는 메소포타미아의 전차(戰車)용 나무바퀴가 가장 오래된 것이다.

바퀴가 처음부터 모든 문명에서 사용된 것은 아니다. 이집트에서는 피라미드를 만들 때 바퀴가 아닌 썰매를 사용했다. 잉카 원주민과 아메리카 원주민은 유럽인이 전파해주기 전까지 바퀴의 존재조차 몰랐다. 유럽인이 바퀴를 전해준 다음에도 아메리카 원주민들은 썰매를 많이 이용했다. 에스키모는 지금도 개가 끄는 썰매를 이용하고 있다.

바퀴가 수레에만 사용된 것은 아니다. 도자기를 만드는 데 사용하는 돌림판인 물레는 바퀴의 일종으로 우리나라에서는 4,000년 전부터 사용했다. 메소포타미아에서도 바퀴는 그릇을 빚는 물레로 쓰였다.

바퀴의 성능은 전쟁용 수레인 전차가 발달하면서 크게 개선되었다. 기원전 2000년경 히타이트족은 처음으로 바퀴살이 달린 바퀴를 전차에 사용하였다. 그 뒤 산업혁명기에 발명된 고무타이어가 바퀴에 사용되면서 바퀴의 성능은 한층 개선되었다. 1885년 다임러와 벤츠가 최초로 가솔린 자동차를 발명했다. 자동차용 공기압 타이어는 그로부터 10년 후 프랑스의 미쉘린 형제에 의해 처음으로 개발되었다. 1931년 미국 듀퐁사가 개발한 합성고무가 재료로 사용되면서 타이어의 성능은 더욱 발전하고 종류도 다양해졌다.

① 바퀴를 처음 만들고 사용한 사람은 기원전 3500년경 메소포타미아인이다.
② 19세기 초반부터 이미 자동차에 공기압 타이어가 사용되었다.
③ 전차의 발달과 고무타이어의 발명은 바퀴의 성능 개선에 기여했다.
④ 바퀴가 없었던 지역에 바퀴가 전해진 이후 그 지역에서 썰매는 사용되지 않았다.
⑤ 바퀴가 수레를 움직이는 것 외에 다른 용도로 사용되기 시작한 것은 산업혁명기 이후였다.

문 7. 다음 글을 근거로 판단할 때, 〈보기〉에서 옳은 것만을 모두 고르면?

조선왕실의 음악 일체를 담당한 장악원(掌樂院)은 왕실의례에서 핵심적 역할을 수행하였다. 장악원은 승정원, 사간원, 홍문관, 예문관, 성균관, 춘추관과 같은 정3품 관청으로서, 『경국대전』에 의하면 2명의 당상관이 장악원 제조(提調)를 맡았고, 정3품의 정 1명, 종4품의 첨정 1명, 종6품의 주부 1명, 종7품의 직장 1명이 관리로 소속되어 있었다. 이들은 모두 음악 전문인이 아닌 문관 출신의 행정관리로서, 음악교육과 관련된 행정업무를 담당하였다. 이는 음악행정과 음악연주를 담당한 계층이 분리되어 있었다는 것을 의미한다.

궁중음악 연주를 담당한 장악원 소속 악공(樂工)과 악생(樂生)들은 행사에서 연주할 음악을 익히기 위해 정기적 또는 부정기적으로 연습하였다. 이 가운데 정기적인 연습은 특별한 사정이 없는 경우 매달 2자와 6자가 들어가는 날, 즉 2일과 6일, 12일과 16일, 22일과 26일의 여섯 차례에 걸쳐 이루어졌다. 그러한 이유에서 장악원 악공과 악생들의 습악(習樂)을 이륙좌기(二六坐起), 이륙회(二六會), 이륙이악식(二六肄樂式)과 같은 이름으로 불렀다. 이는 장악원의 정규적 음악이습(音樂肄習) 과정의 하나로 조선시대의 여러 법전에 규정된 바에 따라 시행되었다.

조선시대에는 악공과 악생의 음악연습을 독려하기 위한 여러 장치가 있었다. 1779년(정조 3년) 당시 장악원 제조로 있던 서명응이 정한 규칙 가운데에는 악공과 악생의 실력을 겨루어서 우수한 사람에게 상을 주는 내용이 있었다. 시험을 봐서 악생 중에 가장 우수한 사람 1인에게는 2냥(兩), 1등을 한 2인에게는 각각 1냥 5전(錢), 2등을 한 3인에게는 각각 1냥, 3등을 한 9인에게 각각 5전을 상금으로 주었다. 또 악공 중에서도 가장 우수한 사람 1인에게 2냥, 1등을 한 3인에게는 각각 1냥 5전, 2등을 한 5인에게는 각각 1냥, 3등을 한 21인에게 각각 5전을 상금으로 주었다. 악공 포상자가 더 많은 이유는 악공의 수가 악생의 수보다 많았기 때문이다. 1779년 당시의 악공은 168명, 악생은 90명이었다.

※ 10전(錢) = 1냥(兩)

─── 〈보 기〉 ───

ㄱ. 장악원에서는 특별한 사정이 없는 한 연간 최소 72회의 습악이 있었을 것이다.

ㄴ. 서명응이 정한 규칙에 따라 장악원에서 실시한 시험에서 상금을 받는 악공의 수는 상금을 받는 악생 수의 2배였다.

ㄷ. 『경국대전』에 따르면 장악원에서 음악행정 업무를 담당하는 관리들은 4명이었다.

ㄹ. 서명응이 정한 규칙에 따라 장악원에서 실시한 1회의 시험에서 악공과 악생들이 받은 총 상금액은 40냥 이상이었을 것이다.

① ㄱ, ㄴ
② ㄱ, ㄷ
③ ㄷ, ㄹ
④ ㄱ, ㄴ, ㄹ
⑤ ㄴ, ㄷ, ㄹ

문 8. 다음 글을 근거로 판단할 때, 평가대상기관(A~D) 중 최종순위 최상위기관과 최하위기관을 고르면?

〈공공시설물 내진보강대책 추진실적 평가기준〉

• 평가요소 및 점수부여

$$\text{내진성능평가지수} = \frac{\text{내진보강공사실적건수}}{\text{내진보강대상건수}} \times 100$$

$$\text{내진보강공사지수} = \frac{\text{내진성능평가실적건수}}{\text{내진보강대상건수}} \times 100$$

- 산출된 지수 값에 따른 점수는 아래 표와 같이 부여한다.

구 분	지수 값 최상위 1개 기관	지수 값 중위 2개 기관	지수 값 최하위 1개 기관
내진성능 평가점수	5점	3점	1점
내진보강 공사점수	5점	3점	1점

• 최종순위 결정

- 내진성능평가점수와 내진보강공사점수의 합이 큰 기관에 높은 순위를 부여한다.
- 합산 점수가 동점인 경우에는 내진보강대상건수가 많은 기관을 높은 순위로 한다.

〈평가대상기관의 실적〉

(단위 : 건)

구 분	A	B	C	D
내진성능 평가실적	82	72	72	83
내진보강 공사실적	91	76	81	96
내진보강 대상	100	80	90	100

	최상위기관	최하위기관
①	A	B
②	B	C
③	B	D
④	C	D
⑤	D	C

문 9. 다음 글을 근거로 판단할 때, 〈보기〉에서 옳은 것만을 모두 고르면?

- 평가대상기관은 甲, 乙, 丙, 丁 4개 기관이다.
- 평가요소는 국정과제, 규제개혁, 정책성과, 홍보실적 총 4개이다. 평가요소별로 100점을 4개 평가대상기관에 배분하며, 평가대상기관이 받는 평가요소별 최소점수는 3점이다.
- 4개 평가요소의 점수를 기관별로 합산하여 총점이 높은 순서로 평가순위를 매긴다. 평가결과 2위 기관까지 인센티브가 주어진다.
- 4개 기관의 평가 결과는 아래와 같다.

(단위 : 점)

평가요소 기 관	국정과제	규제개혁	정책성과	홍보실적
甲	30	40	A	25
乙	20	B	30	25
丙	10	C	40	20
丁	40	30	D	30
합 계	100	100	100	100

※ 특정 평가요소에 가중치를 n배 줄 경우 해당 평가요소점수는 n배가 된다.

〈보 기〉

ㄱ. 丙은 인센티브를 받을 수 있다.
ㄴ. B가 27이고 D가 25 이상이면 乙이 2위가 된다.
ㄷ. 국정과제에 가중치를 2배 준다면 丁은 인센티브를 받을 수 없다.
ㄹ. 국정과제에 가중치를 3배 준다면 丁은 1위가 된다.

① ㄱ, ㄴ
② ㄱ, ㄹ
③ ㄴ, ㄷ
④ ㄴ, ㄹ
⑤ ㄴ, ㄷ, ㄹ

문 10. 다음 〈조건〉을 근거로 판단할 때, 〈보기〉에서 옳은 것만을 모두 고르면?

〈조 건〉

- 인공지능 컴퓨터와 매번 대결할 때마다, 甲은 A, B, C 전략 중 하나를 선택할 수 있다.
- 인공지능 컴퓨터는 대결을 거듭할수록 학습을 통해 각각의 전략에 대응하므로, 동일한 전략을 사용할수록 甲이 승리할 확률은 하락한다.
- 각각의 전략을 사용한 횟수에 따라 각 대결에서 甲이 승리할 확률은 아래와 같고, 甲도 그 사실을 알고 있다.

〈전략별 사용횟수에 따른 甲의 승률〉

(단위 : %)

전략별 사용횟수 전략종류	1회	2회	3회	4회
A전략	60	50	40	0
B전략	70	30	20	0
C전략	90	40	10	0

〈보 기〉

ㄱ. 甲이 총 3번의 대결을 하면서 각 대결에서 승리할 확률이 가장 높은 전략부터 순서대로 선택한다면, 3가지 전략을 각각 1회씩 사용해야 한다.
ㄴ. 甲이 총 5번의 대결을 하면서 각 대결에서 승리할 확률이 가장 높은 전략부터 순서대로 선택한다면, 5번째 대결에서는 B전략을 사용해야 한다.
ㄷ. 甲이 1개의 전략만을 사용하여 총 3번의 대결을 하면서 3번 모두 승리할 확률을 가장 높이려면, A전략을 선택해야 한다.
ㄹ. 甲이 1개의 전략만을 사용하여 총 2번의 대결을 하면서 2번 모두 패배할 확률을 가장 낮추려면, A전략을 선택해야 한다.

① ㄱ, ㄴ
② ㄱ, ㄷ
③ ㄴ, ㄹ
④ ㄱ, ㄷ, ㄹ
⑤ ㄴ, ㄷ, ㄹ

문 11. 다음 글을 근거로 판단할 때, 선수 A와 B의 '합계점수'를 더하면?

스키점프는 스키를 타고 급경사면을 내려오다가 도약대에서 점프하여 날아가 착지하는 스포츠로, 착지의 기준점을 뜻하는 K점에 따라 경기 종목이 구분된다. 도약대로부터 K점까지의 거리가 75m 이상 99m 이하이면 '노멀힐', 100m 이상이면 '라지힐' 경기이다. 예를 들어 '노멀힐 K-98'의 경우 도약대로부터 K점까지의 거리가 98m인 노멀힐 경기를 뜻한다.

출전선수의 점수는 '거리점수'와 '자세점수'를 합산하여 결정되며, 이를 '합계점수'라 한다. 거리점수는 도약대로부터 K점을 초과한 비행거리 1m당 노멀힐의 경우 2점이, 라지힐의 경우 1.8점이 기본점수 60점에 가산된다. 반면 K점에 미달하는 비행거리 1m당 가산점과 같은 점수가 기본점수에서 차감된다. 자세점수는 날아가는 동안의 자세, 균형 등을 고려하여 5명의 심판이 각각 20점 만점을 기준으로 채점하며, 심판들이 매긴 점수 중 가장 높은 것과 가장 낮은 것을 각각 하나씩 제외한 나머지를 합산한 점수이다.

다음은 선수 A와 B의 경기 결과이다.

〈경기 결과〉

출전종목	선수	비행거리 (m)	자세점수(점)				
			심판1	심판2	심판3	심판4	심판5
노멀힐 K-98	A	100	17	16	17	19	17
라지힐 K-125	B	123	19	17	20	19.5	17.5

① 226.6
② 227
③ 227.4
④ 364
⑤ 364.4

문 12. 다음 글을 근거로 판단할 때, 〈보기〉에서 옳은 것만을 모두 고르면?

- 甲국의 1일 통관 물량은 1,000건이며, 모조품은 1일 통관 물량 중 1%의 확률로 존재한다.
- 검수율은 전체 통관 물량 중 검수대상을 무작위로 선정해 실제로 조사하는 비율을 뜻하는데, 현재 검수율은 10%로 전문 조사 인력은 매일 10명을 투입한다.
- 검수율을 추가로 10%p 상승시킬 때마다 전문 조사인력은 1일당 20명이 추가로 필요하다.
- 인건비는 1인당 1일 기준 30만 원이다.
- 모조품 적발 시 부과되는 벌금은 건당 1,000만 원이며, 이 중 인건비를 차감한 나머지를 세관의 '수입'으로 한다.

※ 검수대상에 포함된 모조품은 모두 적발되고, 부과된 벌금은 모두 징수된다.

〈보 기〉

ㄱ. 1일 평균 수입은 700만 원이다.
ㄴ. 모든 통관 물량에 대해 전수조사를 한다면 수입보다 인건비가 더 클 것이다.
ㄷ. 검수율이 40%면 1일 평균 수입은 현재의 4배 이상일 것이다.
ㄹ. 검수율을 30%로 하는 방안과 검수율을 10%로 유지한 채 벌금을 2배로 인상하는 방안을 비교하면 벌금을 인상하는 방안의 1일 평균 수입이 더 많을 것이다.

① ㄱ, ㄴ
② ㄴ, ㄷ
③ ㄱ, ㄴ, ㄹ
④ ㄱ, ㄷ, ㄹ
⑤ ㄴ, ㄷ, ㄹ

문 13. 다음 글을 근거로 판단할 때, 사과 사탕 1개와 딸기 사탕 1개를 함께 먹은 사람과 戊가 먹은 사탕을 옳게 짝지은 것은?

> 사과 사탕, 포도 사탕, 딸기 사탕이 각각 2개씩 있다. 다섯 명의 사람(甲~戊) 중 한 명이 사과 사탕 1개와 딸기 사탕 1개를 함께 먹고, 다른 네 명이 남은 사탕을 각각 1개씩 먹었다. 이 사실만을 알고 甲~戊는 차례대로 다음과 같이 말했으며, 모두 진실을 말하였다.
>
> 甲 : 나는 포도 사탕을 먹지 않았어.
> 乙 : 나는 사과 사탕만을 먹었어.
> 丙 : 나는 사과 사탕을 먹지 않았어.
> 丁 : 나는 사탕을 한 종류만 먹었어.
> 戊 : 너희 말을 다 듣고 아무리 생각해봐도 나는 딸기 사탕을 먹은 사람 두 명 다 알 수는 없어.

① 甲, 포도 사탕 1개
② 甲, 딸기 사탕 1개
③ 丙, 포도 사탕 1개
④ 丙, 딸기 사탕 1개
⑤ 戊, 사과 사탕 1개와 딸기 사탕 1개

문 14. 다음 글과 〈선정 방식〉을 근거로 판단할 때, 〈보기〉에서 옳은 것만을 모두 고르면?

> △△기업은 3개 신문사(甲~丙)를 대상으로 광고비를 지급하기 위해 3가지 선정 방식을 논의 중이다. 3개 신문사의 정보는 다음과 같다.
>
> | 신문사 | 발행부수(부) | 유료부수(부) | 발행기간(년) |
> |---|---|---|---|
> | 甲 | 30,000 | 9,000 | 5 |
> | 乙 | 30,000 | 11,500 | 10 |
> | 丙 | 20,000 | 12,000 | 12 |

※ 발행부수＝유료부수＋무료부수

〈선정 방식〉

- 방식 1 : 항목별 점수를 합산하여 고득점 순으로 500만 원, 300만 원, 200만 원을 광고비로 지급하되, 80점 미만인 신문사에는 지급하지 않는다.

평가항목	항목별 점수			
발행부수 (부)	20,000 이상	15,000~ 19,999	10,000~ 14,999	10,000 미만
	50점	40점	30점	20점
유료부수 (부)	15,000 이상	10,000~ 14,999	5,000~ 9,999	5,000 미만
	30점	25점	20점	15점
발행기간 (년)	15 이상	12~14	9~11	6~8
	20점	15점	10점	5점

※ 항목별 점수에 해당하지 않을 경우 해당 항목을 0점으로 처리한다.

- 방식 2 : A등급에 400만 원, B등급에 200만 원, C등급에 100만 원을 광고비로 지급하되, 등급별 조건을 모두 충족하는 경우에만 해당 등급을 부여한다.

등 급	발행부수(부)	유료부수(부)	발행기간(년)
A	20,000 이상	10,000 이상	10 이상
B	10,000 이상	5,000 이상	5 이상
C	5,000 이상	2,000 이상	2 이상

※ 하나의 신문사가 복수의 등급에 해당할 경우, 그 신문사에게 가장 유리한 등급을 부여한다.

- 방식 3 : 1,000만 원을 발행부수 비율에 따라 각 신문사에 광고비로 지급한다.

〈보 기〉

ㄱ. 乙은 방식 3이 가장 유리하다.
ㄴ. 丙은 방식 1이 가장 유리하다.
ㄷ. 방식 1로 선정할 경우, 甲은 200만 원의 광고비를 지급받는다.
ㄹ. 방식 2로 선정할 경우, 丙은 甲보다 두 배의 광고비를 지급받는다.

① ㄱ, ㄴ
② ㄱ, ㄷ
③ ㄴ, ㄷ
④ ㄴ, ㄹ
⑤ ㄷ, ㄹ

문 15. 다음 글을 근거로 판단할 때, 하이디와 페터가 키우는 양의 총 마리 수와 ㉠~㉣ 중 옳게 기록된 것만을 짝지은 것은?

- 하이디와 페터는 알프스의 목장에서 양을 키우는데, 목장은 4개의 구역(A~D)으로 이루어져 있다. 양들은 자유롭게 다른 구역을 넘나들 수 있지만 목장을 벗어나지 않는다.
- 하이디와 페터는 양을 잘 관리하기 위해 구역별 양의 수를 파악하고 있어야 하는데, 양들이 계속 구역을 넘나들기 때문에 양의 수를 정확히 헤아리는 데 어려움을 겪고 있다. 고민 끝에 하이디와 페터는 시간별로 양의 수를 기록하되, 하이디는 특정 시간 특정 구역의 양의 수만을 기록하고, 페터는 양이 구역을 넘나들 때마다 그 시간과 그때 이동한 양의 수를 기록하기로 하였다.
- 하이디와 페터가 같은 날 오전 9시부터 오전 10시 15분까지 작성한 기록표는 다음과 같으며, ㉠~㉣을 제외한 모든 기록은 정확하다.

하이디의 기록표			페터의 기록표		
시간	구 역	마리 수	시간	구역 이동	마리 수
09:10	A	17마리	09:08	B → A	3마리
09:22	D	21마리	09:15	B → D	2마리
09:30	B	8마리	09:18	C → A	5마리
09:45	C	11마리	09:32	D → C	1마리
09:58	D	㉠ 21마리	09:48	A → C	4마리
10:04	A	㉡ 18마리	09:50	D → B	1마리
10:10	B	㉢ 12마리	09:52	C → D	3마리
10:15	C	㉣ 10마리	10:05	C → B	2마리

※ 구역 이동 외의 양의 수 변화는 고려하지 않는다.

① 59마리, ㉡, ㉣
② 59마리, ㉢, ㉣
③ 60마리, ㉠, ㉢
④ 61마리, ㉠, ㉡
⑤ 61마리, ㉡, ㉣

문 16. 다음 글을 근거로 판단할 때, A에서 가장 멀리 떨어진 도시는?

- 甲지역에는 7개의 도시(A~G)가 있다.
- E, F, G는 정남북 방향으로 일직선상에 위치하며, B는 C로부터 정동쪽으로 250km 떨어져 있다.
- C는 A로부터 정남쪽으로 150km 떨어져 있다.
- D는 B의 정북쪽에 있으며, B와 D 간의 거리는 A와 C 간의 거리보다 짧다.
- E와 F 간의 거리는 C와 D 간의 직선거리와 같다.
- G는 D로부터 정동쪽으로 350km 거리에 위치해 있으며, A의 정동쪽에 위치한 도시는 F가 유일하다.

※ 모든 도시는 동일 평면상에 있으며, 도시의 크기는 고려하지 않는다.

① B   ② D
③ E   ④ F
⑤ G

문 17. 다음 글을 근거로 판단할 때, 〈보기〉에서 옳은 것만을 모두 고르면?

- 甲회사는 A기차역에 도착한 전체 관객을 B공연장까지 버스로 수송해야 한다.
- 이때 甲회사는 아래 표와 같이 콘서트 시작 4시간 전부터 1시간 단위로 전체 관객 대비 A기차역에 도착하는 관객의 비율을 예측하여 버스를 운행하고자 한다. 단, 콘서트 시작 시간까지 관객을 모두 수송해야 한다.

시 각	전체 관객 대비 비율(%)
콘서트 시작 4시간 전	a
콘서트 시작 3시간 전	b
콘서트 시작 2시간 전	c
콘서트 시작 1시간 전	d
계	100

- 전체 관객 수는 40,000명이다.
- 버스는 한 번에 대당 최대 40명의 관객을 수송한다.
- 버스가 A기차역과 B공연장 사이를 왕복하는 데 걸리는 시간은 6분이다.

※ 관객의 버스 승·하차 및 공연장 입·퇴장에 소요되는 시간은 고려하지 않는다.

〈보 기〉

ㄱ. a=b=c=d=25라면, 甲회사가 전체 관객을 A기차역에서 B공연장으로 수송하는 데 필요한 버스는 최소 20대이다.

ㄴ. a=10, b=20, c=30, d=40이라면, 甲회사가 전체 관객을 A기차역에서 B공연장으로 수송하는 데 필요한 버스는 최소 40대이다.

ㄷ. 만일 콘서트가 끝난 후 2시간 이내에 전체 관객을 B공연장에서 A기차역까지 버스로 수송해야 한다면, 이때 甲회사에게 필요한 버스는 최소 50대이다.

① ㄱ
② ㄴ
③ ㄱ, ㄴ
④ ㄱ, ㄷ
⑤ ㄴ, ㄷ

문 18. 다음 〈상황〉을 근거로 판단할 때, 〈보기〉에서 옳은 것만을 모두 고르면?

〈상 황〉

- 체육대회에서 8개의 종목을 구성해 각 종목에서 우승 시 얻는 승점을 합하여 각 팀의 최종 순위를 매기고자 한다.
- 각 종목은 순서대로 진행하고, 3번째 종목부터는 각 종목 우승 시 받는 승점이 그 이전 종목들의 승점을 모두 합한 점수보다 10점 더 많도록 구성하였다.

※ 승점은 각 종목의 우승 시에만 얻을 수 있으며, 모든 종목의 승점은 자연수이다.

〈보 기〉

ㄱ. 1번째 종목과 2번째 종목의 승점이 각각 10점, 20점이라면 8번째 종목의 승점은 1,000점을 넘게 된다.

ㄴ. 1번째 종목과 2번째 종목의 승점이 각각 100점, 200점이라면 8번째 종목의 승점은 10,000점을 넘게 된다.

ㄷ. 1번째 종목과 2번째 종목의 승점에 상관없이 8번째 종목의 승점은 6번째 종목 승점의 네 배이다.

ㄹ. 만약 3번째 종목부터 각 종목 우승 시 받는 승점이 그 이전 종목들의 승점을 모두 합한 점수보다 10점 더 적도록 구성한다면, 1번째 종목과 2번째 종목의 승점에 상관없이 8번째 종목의 승점은 6번째 종목 승점의 네 배보다 적다.

① ㄱ, ㄷ
② ㄱ, ㄹ
③ ㄴ, ㄷ
④ ㄱ, ㄴ, ㄹ
⑤ ㄴ, ㄷ, ㄹ

※ 다음 글을 읽고 물음에 답하시오. [문 19~문 20]

채종하여 파종할 때까지 종자를 보관하는 것을 '종자의 저장'이라고 하는데, 채종하여 1년 이내 저장하는 것을 단기저장, 2~5년은 중기저장, 그 이상은 장기저장이라 한다. 종자의 함수율(moisture content)은 종자의 수명을 결정하는 가장 중요한 인자이다. 함수율은 아래와 같이 백분율로 표시한다.

$$함수율(\%) = \frac{원종자\ 무게 - 건조종자\ 무게}{원종자\ 무게} \times 100$$

일반적으로 종자저장에 가장 적합한 함수율은 5~10%이다. 다만 참나무류 등과 같이 수분이 많은 종자들은 함수율을 약 30% 이상으로 유지시켜 주어야 한다. 또한 유전자 보존을 위해서는 보통 장기저장을 하는데, 이에 가장 적합한 함수율은 4~6%이다. 일반적으로 온도와 수분은 종자의 저장기간과 역의 상관관계를 갖는다.

종자는 저장 용이성에 따라 '보통저장성' 종자와 '난저장성' 종자로 구분한다. 보통저장성 종자는 종자 수분 5~10%, 온도 0℃ 부근에서 비교적 장기간 보관이 가능한데, 전나무류, 자작나무류, 벚나무류, 소나무류 등 온대 지역의 수종 대부분이 이에 속한다. 하지만 대사작용이 활발하여 산소가 많이 필요한 난저장성 종자는 0℃ 혹은 약간 더 낮은 온도에서 저장하여야 건조되는 것을 방지할 수 있다. 이에 속하는 수종은 참나무류, 칠엽수류 등의 몇몇 온대수종과 모든 열대수종이다.

한편 종자의 저장 방법에는 '건조저장법'과 '보습저장법'이 있다. 건조저장법은 '상온저장법'과 '저온저장법'으로 구분한다. 상온저장법은 일정한 용기 안에 종자를 넣어 창고 또는 실내에서 보관하는 방법으로 보통 가을부터 이듬해 봄까지 저장하며, 1년 이상 보관 시에는 건조제를 용기에 넣어 보관한다. 반면에 저온저장법의 경우, 보통저장성 종자는 함수율이 5~10% 정도 되도록 건조하여 주변에서 수분을 흡수할 수 없도록 밀봉용기에 저장하여야 한다. 난저장성 종자는 −3℃ 이하에 저장해서는 안 된다.

보습저장법은 '노천매장법', '보호저장법', '냉습적법' 등이 있다. 노천매장법은 양지바르고 배수가 잘되는 곳에 50~100cm 깊이의 구덩이를 파고 종자를 넣은 뒤 땅 표면은 흙을 덮어 겨울동안 눈이나 빗물이 그대로 스며들 수 있도록 하는 방식이다. 보호저장법은 건사저장법이라고도 하는데 참나무류, 칠엽수류 등 수분이 많은 종자가 부패되지 않도록 저장하는 방법이다. 냉습적법은 용기 안에 보습제인 이끼, 모래와 종자를 섞어서 넣고 3~5℃의 냉장고에 저장하는 방법이다.

문 19. 윗글을 근거로 판단할 때 옳은 것은?

① 저온저장법으로 저장할 때 열대수종은 −3℃ 이하로 보관하는 것이 좋다.

② 일반적으로 유전자 보존을 위해서는 종자를 함수율 5% 정도로 2~5년 저장한다.

③ 일부 난저장성 종자는 보호저장법으로 저장하는 것이 적절하다.

④ 참나무 종자저장에 적합한 함수율은 5~10%이다.

⑤ 일반적으로 종자보관장소의 온도를 높이면 종자의 저장기간이 길어진다.

문 20. 윗글을 근거로 판단할 때, 일반적으로 종자저장에 가장 적합한 함수율을 가진 원종자의 무게가 10g이면 건조종자의 무게는?

① 6g~6.5g
② 7g~7.5g
③ 8g~8.5g
④ 9g~9.5g
⑤ 10g~10.5g

문 21. 다음 글을 근거로 판단할 때 옳은 것은?

> 상훈법은 훈장과 포장을 함께 규정하고 있다. 훈장은 대한민국 국민이나 외국인으로서 대한민국에 뚜렷한 공로가 있는 자에게 수여한다. 훈장의 종류는 무궁화대훈장 · 건국훈장 · 국민훈장 · 무공훈장 · 근정훈장 · 보국훈장 · 수교훈장 · 산업훈장 · 새마을훈장 · 문화훈장 · 체육훈장 · 과학기술훈장 등 12종이 있다. 무궁화대훈장(무등급)을 제외하고는 각 훈장은 모두 5개 등급으로 나누어져 있고, 각 등급에 따라 다른 명칭이 붙여져 있다. 포장은 건국포장 · 국민포장 · 무공포장 · 근정포장 · 보국포장 · 예비군포장 · 수교포장 · 산업포장 · 새마을포장 · 문화포장 · 체육포장 · 과학기술포장 등 12종이 있고, 훈장과는 달리 등급이 없다.
>
> 훈장의 수여 여부는 서훈대상자의 공적 내용, 그 공적이 국가 · 사회에 미친 효과의 정도, 지위 및 그 밖의 사항을 참작하여 결정하며, 동일한 공적에 대하여는 훈장을 거듭 수여하지 않는다. 서훈의 추천은 원 · 부 · 처 · 청의 장, 국회사무총장, 법원행정처장, 헌법재판소사무처장, 감사원장, 중앙선거관리위원회 위원장 등이 행하되, 청의 장은 소속장관을 거쳐야 한다. 이상의 추천권자의 소관에 속하지 않는 서훈의 추천은 행정안전부장관이 행하고, 서훈의 추천을 하고자 할 때에는 공적심사를 거쳐야 한다. 서훈대상자는 국무회의의 심의를 거쳐 대통령이 결정한다.
>
> 훈장은 대통령이 직접 수여함을 원칙으로 하나 예외적으로 제3자를 통해 수여할 수 있고, 훈장과 부상(금품)을 함께 줄 수 있다. 훈장은 본인에 한하여 종신 패용할 수 있고, 사후에는 그 유족이 보존하되 패용하지는 못한다. 훈장을 받은 자가 훈장을 분실하거나 파손한 때에는 유상으로 재교부 받을 수 있다.
>
> 훈장을 받은 자의 공적이 허위임이 판명된 경우, 훈장을 받은 자가 국가안전에 관한 죄를 범하고 형을 받았거나 적대지역으로 도피한 경우, 사형 · 무기 또는 3년 이상의 징역이나 금고의 형을 받은 경우에는 국무회의의 심의를 거쳐 서훈을 취소하고 훈장과 이에 관련하여 수여한 금품을 환수한다.

① 훈장의 명칭은 60개로 구분된다.
② 훈장과 포장은 등급별로 구분되어 있다.
③ 훈장을 받은 자가 사망하였다면 그 훈장은 패용될 수 없다.
④ 서훈대상자는 국회의 의결을 거쳐 대통령이 결정한다.
⑤ 훈장을 받은 자의 공적이 허위임이 판명되어 서훈이 취소된 경우, 훈장과 함께 수여한 금품은 그의 소유로 남는다.

문 22. 다음 글을 근거로 판단할 때 옳은 것은?

> **제00조** 이 법은 법령의 공포절차 등에 관하여 규정함을 목적으로 한다.
>
> **제00조** ① 법률 공포문의 전문에는 국회의 의결을 받은 사실을 적고, 대통령이 서명한 후 대통령인을 찍고 그 공포일을 명기하여 국무총리와 관계 국무위원이 서명한다.
> ② 확정된 법률을 대통령이 공포하지 아니할 때에는 국회의장이 이를 공포한다. 국회의장이 공포하는 법률의 공포문 전문에는 국회의 의결을 받은 사실을 적고, 국회의장이 서명한 후 국회의장인을 찍고 그 공포일을 명기하여야 한다.
>
> **제00조** 조약 공포문의 전문에는 국회의 동의 또는 국무회의의 심의를 거친 사실을 적고, 대통령이 서명한 후 대통령인을 찍고 그 공포일을 명기하여 국무총리와 관계 국무위원이 서명한다.
>
> **제00조** 대통령령 공포문의 전문에는 국무회의의 심의를 거친 사실을 적고, 대통령이 서명한 후 대통령인을 찍고 그 공포일을 명기하여 국무총리와 관계 국무위원이 서명한다.
>
> **제00조** ① 총리령을 공포할 때에는 그 일자를 명기하고, 국무총리가 서명한 후 총리인을 찍는다.
> ② 부령을 공포할 때에는 그 일자를 명기하고, 해당 부의 장관이 서명한 후 그 장관인을 찍는다.
>
> **제00조** ① 법령의 공포는 관보에 게재함으로써 한다.
> ② 관보의 내용 및 적용 시기 등은 종이관보를 우선으로 하며, 전자관보는 부차적인 효력을 가진다.

※ 법령 : 법률, 조약, 대통령령, 총리령, 부령을 의미한다.

① 모든 법률의 공포문 전문에는 국회의장인이 찍혀 있다.
② 핵무기비확산조약의 공포문 전문에는 총리인이 찍혀 있다.
③ 지역문화발전기본법의 공포문 전문에는 대법원장인이 찍혀 있다.
④ 대통령인이 찍혀 있는 법령의 공포문 전문에는 국무총리의 서명이 들어 있다.
⑤ 종이관보에 기재된 법인세법의 세율과 전자관보에 기재된 그 세율이 다른 경우 전자관보를 기준으로 판단하여야 한다.

문 23. 다음 글과 〈상황〉을 근거로 판단할 때 옳은 것은?

> 제00조 ① 증인신문은 증인을 신청한 당사자가 먼저하고, 다음에 다른 당사자가 한다.
> ② 재판장은 제1항의 신문이 끝난 뒤에 신문할 수 있다.
> ③ 재판장은 제1항과 제2항의 규정에 불구하고 언제든지 신문할 수 있다.
> ④ 재판장은 당사자의 의견을 들어 제1항과 제2항의 규정에 따른 신문의 순서를 바꿀 수 있다.
> ⑤ 당사자의 신문이 중복되거나 쟁점과 관계가 없는 때, 그 밖에 필요한 사정이 있는 때에 재판장은 당사자의 신문을 제한할 수 있다.
> ⑥ 합의부원은 재판장에게 알리고 신문할 수 있다.
> 제00조 ① 증인은 따로따로 신문하여야 한다.
> ② 신문하지 않은 증인이 법정 안에 있을 때에는 법정에서 나가도록 명하여야 한다. 다만 필요하다고 인정한 때에는 신문할 증인을 법정 안에 머무르게 할 수 있다.
> 제00조 재판장은 필요하다고 인정한 때에는 증인 서로의 대질을 명할 수 있다.
> 제00조 증인은 서류에 의하여 진술하지 못한다. 다만 재판장이 허가하면 그러하지 아니하다.

※ 당사자 : 원고, 피고를 가리킨다.

─── 〈상 황〉 ───

> 원고 甲은 피고 乙을 상대로 대여금반환청구의 소를 제기하였다. 이후 절차에서 甲은 丙을, 乙은 丁을 각각 증인으로 신청하였으며 해당 재판부(재판장 A, 합의부원 B와 C)는 丙과 丁을 모두 증인으로 채택하였다.

① 丙을 신문할 때 A는 乙보다 먼저 신문할 수 없다.
② 甲의 丙에 대한 신문이 쟁점과 관계가 없는 때, A는 甲의 신문을 제한할 수 있다.
③ A가 丁에 대한 신문을 乙보다 甲이 먼저 하게 하려면, B와 C의 의견을 들어야 한다.
④ 丙과 丁을 따로따로 신문해야 하는 것이 원칙이지만, B는 필요하다고 인정한 때 丙과 丁의 대질을 명할 수 있다.
⑤ 丙이 질병으로 인해 서류에 의해 진술하려는 경우 A의 허가를 요하지 않는다.

문 24. 다음 글을 근거로 판단할 때 옳은 것은?

> 제00조 ① 산지전용허가를 받으려는 자는 신청서를 다음 각 호의 구분에 따른 자(이하 '산림청장 등'이라 한다)에게 제출하여야 한다.
> 1. 산지전용허가를 받으려는 산지의 면적이 200만㎡ 이상인 경우 : 산림청장
> 2. 산지전용허가를 받으려는 산지의 면적이 50만㎡ 이상 200만㎡ 미만인 경우
>   가. 산림청장 소관인 국유림의 산지인 경우 : 산림청장
>   나. 산림청장 소관이 아닌 국유림, 공유림 또는 사유림의 산지인 경우 : 시·도지사
> 3. 산지전용허가를 받으려는 산지의 면적이 50만㎡ 미만인 경우
>   가. 산림청장 소관인 국유림의 산지인 경우 : 산림청장
>   나. 산림청장 소관이 아닌 국유림, 공유림 또는 사유림의 산지인 경우 : 시장·군수·구청장
> ② 산림청장 등은 제1항에 따라 산지전용허가 신청을 받은 때에는 허가대상 산지에 대하여 현지조사를 실시하여야 한다. 다만 산지전용타당성조사를 받은 경우에는 현지조사를 않고 심사할 수 있다.
> ③ 제1항의 신청서에는 다음 각 호의 서류를 첨부하여야 한다.
> 1. 사업계획서(산지전용의 목적, 사업기간 등이 포함되어야 한다) 1부
> 2. 허가신청일 전 2년 이내에 완료된 산지전용타당성조사 결과서 1부(해당자에 한한다)
> 3. 산지전용을 하고자 하는 산지의 소유권 또는 사용·수익권을 증명할 수 있는 서류 1부(토지등기사항증명서로 확인할 수 없는 경우에 한정한다)
> 4. 산림조사서 1부. 다만 전용하려는 산지의 면적이 65만㎡ 미만인 경우에는 제외한다.

① 사유림인 산지 180만㎡에 대해 산지전용허가를 받으려는 甲은 신청서를 산림청장에게 제출해야 한다.
② 공유림인 산지 250만㎡에 대해 산지전용허가를 받으려는 乙은 신청서를 시·도지사에게 제출해야 한다.
③ 산지전용허가를 신청하는 丙은 토지등기사항증명서를 첨부하면 사업계획서를 제출하지 않아도 된다.
④ 산림청장 소관의 국유림 50만㎡에 대해 산지전용허가를 받으려는 丁은 산림조사서를 산림청장에게 제출해야 한다.
⑤ 산지전용허가를 받으려는 戊가 해당 산지에 대하여 허가신청일 1년 전에 완료된 산지전용타당성조사 결과서를 제출한 경우, '산림청장 등'은 현지조사를 않고 심사할 수 있다.

문 25. 다음 글을 근거로 판단할 때, 〈보기〉에서 옳은 것만을 모두 고르면?

> 甲국의 공무원연금공단은 다음 기준에 따라 사망조위금을 지급하고 있다. 사망조위금은 최우선 순위의 수급권자 1인에게만 지급한다.
>
> 〈사망조위금 지급기준〉
>
> | 사망자 | 수급권자 순위 | |
> |---|---|---|
> | 공무원의 배우자·부모 (배우자의 부모 포함)·자녀 | 해당 공무원이 1인인 경우 | 해당 공무원 |
> | | 해당 공무원이 2인 이상인 경우 | 1. 사망한 자의 배우자인 공무원
2. 사망한 자를 부양하던 직계비속인 공무원
3. 사망한 자의 최근친 직계비속인 공무원 중 최연장자
4. 사망한 자의 최근친 직계비속의 배우자인 공무원 중 최연장자 직계비속의 배우자인 공무원 |
> | 공무원 본인 | | 1. 사망한 공무원의 배우자
2. 사망한 공무원의 직계비속 중 공무원
3. 장례와 제사를 모시는 자 중 아래의 순위
 가. 사망한 공무원의 최근친 직계비속 중 최연장자
 나. 사망한 공무원의 최근친 직계존속 중 최연장자
 다. 사망한 공무원의 형제자매 중 최연장자 |

─────── 〈보 기〉 ───────

ㄱ. A와 B는 비(非)공무원 부부이며 공무원 C(37세)와 공무원 D(32세)를 자녀로 두고 있다. 공무원 D가 부모님을 부양하던 상황에서 A가 사망하였다면, 사망조위금 최우선 순위 수급권자는 D이다.

ㄴ. A와 B는 공무원 부부로 비공무원 C를 아들로 두고 있으며, 공무원 D는 C의 아내이다. 만약 C가 사망하였다면, 사망조위금 최우선 순위 수급권자는 A이다.

ㄷ. 공무원 A와 비공무원 B는 부부이며 비공무원 C(37세)와 비공무원 D(32세)를 자녀로 두고 있다. A가 사망하고 C와 D가 장례와 제사를 모시는 경우, 사망조위금 최우선 순위 수급권자는 C이다.

① ㄱ
② ㄴ
③ ㄷ
④ ㄱ, ㄴ
⑤ ㄱ, ㄷ

문 26. 다음 글을 근거로 판단할 때 옳은 것은?

> 보름달 중에 가장 크게 보이는 보름달을 슈퍼문이라고 한다. 크게 보이는 이유는 달이 평소보다 지구에 가까이 있기 때문이다. 슈퍼문이 되려면 보름달이 되는 시점과 달이 지구에 가장 가까워지는 시점이 일치하여야 한다. 달의 공전 궤도가 완벽한 원이라면 지구에서 달까지의 거리가 항상 똑같을 것이다. 하지만 실제로는 타원 궤도여서 달이 지구에 가까워지거나 멀어지는 현상이 생긴다. 유독 달만 그런 것은 아니고 태양계의 모든 행성이 태양을 중심으로 타원 궤도로 돈다. 이것이 바로 그 유명한 케플러의 행성운동 제1법칙이다.
>
> 지구와 달의 평균 거리는 약 38만km인 반면 슈퍼문일 때는 그 거리가 35만 7,000km 정도로 가까워진다. 달의 반지름은 약 1,737km이므로, 지구와 달의 거리가 평균 정도일 때 지구에서 보름달을 바라보는 시각도는 0.52도 정도인 반면, 슈퍼문일 때는 시각도가 0.56도로 커진다. 반대로 보름달이 가장 작게 보일 때, 다시 말해 보름달이 지구에서 제일 멀 때는 그 거리가 약 40만km여서 보름달을 보는 시각도가 0.49도로 작아진다.
>
> 밀물과 썰물이 생기는 원인은 지구에 작용하는 달과 태양의 중력 때문인데, 달이 태양보다는 지구에 훨씬 더 가깝기 때문에 더 큰 영향을 미친다. 달이 지구에 가까워지면 평소 달이 지구를 당기는 힘보다 더 강하게 지구를 당긴다. 그리고 달의 중력이 더 강하게 작용하면, 달을 향한 쪽의 해수면은 평상시보다 더 높아진다. 실제 우리나라에서도 슈퍼문일 때 제주도 등 해안가에 바닷물이 평소보다 더 높게 밀려 들어와서 일부 지역이 침수 피해를 겪기도 했다.
>
> 한편 달의 중력 때문에 높아진 해수면이 지구와 함께 자전을 하다보면 지구의 자전을 방해하게 된다. 일종의 브레이크가 걸리는 셈이다. 이 때문에 지구의 자전 속도가 느려지게 되고 그 결과 하루의 길이에 미세하게 차이가 생긴다. 실제 연구 결과에 따르면 100만 년에 17초 정도씩 길어지는 효과가 생긴다고 한다.

※ 시각도 : 물체의 양끝에서 눈의 결합점을 향하여 그은 두 선이 이루는 각을 의미한다.

① 지구에서 태양까지의 거리는 1년 동안 항상 일정하다.
② 해수면의 높이는 지구와 달의 거리와 관계가 없다.
③ 달이 지구에서 멀어지면 궤도에서 벗어나지 않기 위해 평소보다 더 강하게 지구를 잡아당긴다.
④ 지구와 달의 거리가 36만km 정도인 경우, 지구에서 보름달을 바라보는 시각도는 0.49도보다 크다.
⑤ 지구가 자전하는 속도는 점점 빨라지고 있다.

하와이 원주민들이 사용하던 토속어는 1898년 하와이가 미국에 병합된 후 미국이 하와이 학생들에게 사용을 금지하면서 급격히 소멸되었다. 그러나 하와이 원주민들이 소멸한 토속어를 부활시키기 위해 1983년 '아하푸나나 레오'라는 기구를 설립하여 취학 전 아동부터 중학생까지의 원주민들을 대상으로 집중적으로 토속어를 교육한 결과 언어 복원에 성공했다.

이러한 언어의 다양성을 지키려는 노력뿐만 아니라 언어의 통일성을 추구하려는 노력도 있었다. 안과의사였던 자멘호프는 유태인, 폴란드인, 독일인, 러시아인들이 서로 다른 언어를 사용함으로써 갈등과 불화가 생긴다고 판단하고 예외와 불규칙이 없는 문법과 알기 쉬운 어휘에 기초해 국제공통어 에스페란토를 만들어 1887년 발표했다. 그의 구상은 '1민족 2언어주의'에 입각하여 같은 민족끼리는 모국어를, 다른 민족과는 중립적이고 배우기 쉬운 에스페란토를 사용하자는 것이었다.

에스페란토의 문자는 영어 알파벳 26개 문자에서 Q, X, W, Y의 4개 문자를 빼고 영어 알파벳에는 없는 Ĉ, Ĝ, Ĥ, Ĵ, Ŝ, Ŭ의 6개 문자를 추가하여 만들어졌다. 문법의 경우 가급적 불규칙 변화를 없애고 각 어간에 품사 고유의 어미를 붙여 명사는 -o, 형용사는 -a, 부사는 -e, 동사원형은 -i로 끝낸다. 예를 들어 '사랑'은 amo, '사랑의'는 ama, '사랑으로'는 ame, '사랑하다'는 ami이다. 시제의 경우 어간에 과거형은 -is, 현재형은 -as, 미래형은 -os를 붙여 표현한다.

또한 1자 1음의 원칙에 따라 하나의 문자는 하나의 소리만을 내고, 소리 나지 않는 문자도 없으며, 단어의 강세는 항상 뒤에서 두 번째 모음에 있기 때문에 사전 없이도 쉽게 읽을 수 있다. 특정한 의미를 갖는 접두사와 접미사를 활용하여 많은 단어를 파생시켜 사용하므로 단어 암기를 위한 노력이 크게 줄어드는 것도 중요한 특징이다. 아버지는 patro, 어머니는 patrino, 장인은 bopatro, 장모는 bopatrino인 것이 그 예이다.

※ 에스페란토에서 모음은 A, E, I, O, U이며 반모음은 Ŭ이다.

〈보 기〉

ㄱ. 에스페란토의 문자는 모두 28개로 만들어졌다.
ㄴ. 미래형인 '사랑할 것이다'는 에스페란토로 amios이다.
ㄷ. '어머니'와 '장모'를 에스페란토로 말할 때 강세가 있는 모음은 같다.
ㄹ. 자멘호프의 구상에 따르면 동일한 언어를 사용하는 하와이 원주민끼리도 에스페란토만을 써야 한다.

① ㄱ, ㄷ
② ㄱ, ㄹ
③ ㄴ, ㄹ
④ ㄱ, ㄴ, ㄷ
⑤ ㄴ, ㄷ, ㄹ

- 甲부서에서는 2018년도 예산을 편성하기 위해 2017년에 시행되었던 정책(A~F)에 대한 평가를 실시하여, 아래와 같은 결과를 얻었다.

〈정책 평가 결과〉

(단위 : 점)

정책	계획의 충실성	계획 대비 실적	성과지표 달성도
A	96	95	76
B	93	83	81
C	94	96	82
D	98	82	75
E	95	92	79
F	95	90	85

- 정책 평가 영역과 각 영역별 기준 점수는 다음과 같다.
  - 계획의 충실성 : 기준 점수 90점
  - 계획 대비 실적 : 기준 점수 85점
  - 성과지표 달성도 : 기준 점수 80점
- 평가 점수가 해당 영역의 기준 점수 이상인 경우 '통과'로 판단하고 기준 점수 미만인 경우 '미통과'로 판단한다.
- 모든 영역이 통과로 판단된 정책에는 전년과 동일한 금액을 편성하며, 2개 영역이 통과로 판단된 정책에는 전년 대비 10% 감액, 1개 영역만 통과로 판단된 정책에는 15% 감액하여 편성한다. 다만 '계획 대비 실적' 영역이 미통과인 경우 위 기준과 상관없이 15% 감액하여 편성한다.
- 2017년도 甲부서의 A~F 정책 예산은 각각 20억 원으로 총 120억 원이었다.

① 전년과 동일한 금액의 예산을 편성해야 하는 정책은 총 2개이다.
② 甲부서의 2018년도 A~F 정책 예산은 전년 대비 9억 원이 줄어들 것이다.
③ '성과지표 달성도' 영역에서 '통과'로 판단된 경우에도 예산을 감액해야 하는 정책이 있다.
④ 예산을 전년 대비 15% 감액하여 편성하는 정책들은 모두 '계획 대비 실적' 영역이 '미통과'로 판단되었을 것이다.
⑤ 2개 영역이 '미통과'로 판단된 정책에 대해서만 전년 대비 2018년도 예산을 감액하는 것으로 기준을 변경하는 경우에는 총 1개의 정책만 감액해야 한다.

문 29. 다음 글을 근거로 판단할 때, 甲이 구매하게 될 차량은?

甲은 아내 그리고 자녀 둘과 함께 총 4명이 장거리 이동이 가능하도록 배터리 완전충전 시 주행거리가 200km 이상인 전기자동차 1대를 구매하려고 한다. 구매와 동시에 집 주차장에 배터리 충전기를 설치하려고 하는데, 배터리 충전시간(완속 기준)이 6시간을 초과하지 않으면 완속 충전기를, 6시간을 초과하면 급속 충전기를 설치하려고 한다.

한편 정부는 전기자동차 활성화를 위하여 전기자동차 구매보조금을 구매와 동시에 지원하고 있는데, 승용차는 2,000만 원, 승합차는 1,000만 원을 지원하고 있다. 승용차 중 경차는 1,000만 원을 추가로 지원한다. 배터리 충전기에 대해서는 완속 충전기에 한하여 구매 및 설치 비용을 구매와 동시에 전액 지원하며, 2,000만 원이 소요되는 급속 충전기의 구매 및 설치 비용은 지원하지 않는다.

이러한 상황을 감안하여 甲은 차량 A~E 중에서 실구매 비용(충전기 구매 및 설치 비용 포함)이 가장 저렴한 차량을 선택하려고 한다. 단, 실구매 비용이 동일할 경우에는 아래의 '점수 계산 방식'에 따라 점수가 가장 높은 차량을 구매하려고 한다.

차량	A	B	C	D	E
최고속도 (km/h)	130	100	120	140	120
완전충전 시 주행거리(km)	250	200	250	300	300
충전시간 (완속 기준)	7시간	5시간	8시간	4시간	5시간
승차 정원	6명	8명	2명	4명	5명
차 종	승용	승합	승용 (경차)	승용	승용
가격(만 원)	5,000	6,000	4,000	8,000	8,000

• 점수 계산 방식
 - 최고속도가 120km/h 미만일 경우에는 120km/h를 기준으로 10km/h가 줄어들 때마다 2점씩 감점
 - 승차 정원이 4명을 초과할 경우에는 초과인원 1명당 1점씩 가점

① A
② B
③ C
④ D
⑤ E

문 30. 다음 글과 〈실험〉을 근거로 판단할 때, 히스티딘을 합성하게 하는 '코돈'은?

인류 역사상 가장 위대한 업적 중 하나는 20세기 초중반에 걸쳐 이루어진 유전정보에 관한 발견이다. DNA는 유전물질이며 유전정보를 가지고 있다. 이러한 DNA의 유전정보는 RNA로 전달되어 단백질을 합성하게 함으로써 형질을 발현시킨다.

RNA는 뉴클레오타이드라는 단위체가 연결되어 있는 형태이다. RNA를 구성하는 뉴클레오타이드는 A, G, C, U의 4종류가 있다. 연속된 3개의 뉴클레오타이드 조합을 '코돈'이라 한다. 만약 G와 U 2종류의 뉴클레오타이드가 GUUGUGU와 같이 연결되어 RNA를 구성하고 있다면, 가능한 코돈은 GUU, UUG, UGU, GUG의 4가지이다. 하나의 코돈은 하나의 아미노산만을 합성하게 한다. 그러나 특정한 아미노산을 합성하게 하는 코돈은 여러 개일 수 있다.

※ 아미노산 : 단백질의 기본단위로서 히스티딘, 트레오닌, 프롤린, 글루타민, 아스파라긴 등이 있다.

─────── 〈실 험〉 ───────

어떤 과학자가 아미노산을 합성하게 하는 RNA의 유전정보를 번역하기 위해 뉴클레오타이드 A와 C를 가지고 다음과 같은 실험을 하였다.

실험 1 : A와 C를 교대로 연결하여 …ACACAC…인 RNA를 만들고, 이 RNA의 코돈을 이용하여 히스티딘과 트레오닌을 합성하였다.
실험 2 : A와 2개의 C인 ACC를 반복적으로 연결하여 …ACCACCACC…인 RNA를 만들고, 이 RNA의 코돈을 이용하여 히스티딘, 트레오닌, 프롤린을 합성하였다.
실험 3 : C와 2개의 A인 CAA를 반복적으로 연결하여 …CAACAACAA…인 RNA를 만들고, 이 RNA의 코돈을 이용하여 트레오닌, 글루타민, 아스파라긴을 합성하였다.

① AAC
② ACA
③ CAA
④ CAC
⑤ CCA

문 31. 다음 글을 근거로 판단할 때, 〈보기〉에서 옳은 것만을 모두 고르면?

> 甲, 乙, 丙이 바둑돌을 손가락으로 튕겨서 목표지점에 넣는 게임을 한다. 게임은 총 5라운드까지 진행하며, 라운드마다 바둑돌을 목표지점에 넣을 때까지 손가락으로 튕긴 횟수를 해당 라운드의 점수로 한다. 각 라운드의 점수가 가장 낮은 사람이 해당 라운드의 1위가 되며, 모든 라운드의 점수를 합산하여 그 값이 가장 작은 사람이 게임에서 우승한다.
>
> 아래의 표는 각 라운드별로 甲, 乙, 丙의 점수를 기록한 것이다. 4라운드와 5라운드의 결과는 실수로 지워졌는데, 그중 한 라운드에서는 甲, 乙, 丙 모두 점수가 같았고, 다른 한 라운드에서는 바둑돌을 한 번 튕겨서 목표지점에 넣은 사람이 있었다.

구 분	1라운드	2라운드	3라운드	4라운드	5라운드	점수 합
甲	2	4	3			16
乙	5	4	2			17
丙	5	2	6			18

〈보 기〉

ㄱ. 4라운드와 5라운드만을 합하여 바둑돌을 튕긴 횟수가 가장 많은 사람은 甲이다.

ㄴ. 바둑돌을 한 번 튕겨서 목표지점에 넣은 사람은 乙이다.

ㄷ. 丙의 점수는 라운드마다 달랐다.

ㄹ. 만약 각 라운드에서 단독으로 1위를 한 횟수가 가장 많은 사람이 우승하는 것으로 규칙을 변경한다면, 丙이 우승한다.

① ㄱ, ㄴ

② ㄱ, ㄷ

③ ㄴ, ㄹ

④ ㄱ, ㄷ, ㄹ

⑤ ㄴ, ㄷ, ㄹ

문 32. 다음 〈상황〉을 근거로 판단할 때, 〈대안〉의 월 소요 예산 규모를 비교한 것으로 옳은 것은?

〈상 황〉

- 甲사무관은 빈곤과 저출산 문제를 해결하기 위한 대안을 분석 중이다.
- 전체 1,500가구는 자녀 수에 따라 네 가지 유형으로 구분할 수 있는데, 그 구성은 무자녀 가구 300가구, 한 자녀 가구 600가구, 두 자녀 가구 500가구, 세 자녀 이상 가구 100가구이다.
- 전체 가구의 월 평균 소득은 200만 원이다.
- 각 가구 유형의 30%는 맞벌이 가구이다.
- 각 가구 유형의 20%는 빈곤 가구이다.

〈대 안〉

A안 : 모든 빈곤 가구에게 전체 가구 월 평균 소득의 25%에 해당하는 금액을 가구당 매월 지급한다.

B안 : 한 자녀 가구에는 10만 원, 두 자녀 가구에는 20만 원, 세 자녀 이상 가구에는 30만 원을 가구당 매월 지급한다.

C안 : 자녀가 있는 모든 맞벌이 가구에 자녀 1명당 30만 원을 매월 지급한다. 다만 세 자녀 이상의 맞벌이 가구에는 일률적으로 가구당 100만 원을 매월 지급한다.

① A<B<C

② A<C<B

③ B<A<C

④ B<C<A

⑤ C<A<B

문 33. 다음 글을 근거로 판단할 때, 〈보기〉에서 옳은 것만을 모두 고르면?

- 甲과 乙은 책의 쪽 번호를 이용한 점수 게임을 한다.
- 책을 임의로 펼쳐서 왼쪽 면 쪽 번호의 각 자리 숫자를 모두 더하거나 모두 곱해서 나오는 결과와 오른쪽 면 쪽 번호의 각 자리 숫자를 모두 더하거나 모두 곱해서 나오는 결과 중에 가장 큰 수를 본인의 점수로 한다.
- 점수가 더 높은 사람이 승리하고, 같은 점수가 나올 경우 무승부가 된다.
- 甲과 乙이 가진 책의 시작 면은 1쪽이고, 마지막 면은 378쪽이다. 책을 펼쳤을 때 왼쪽 면이 짝수, 오른쪽 면이 홀수 번호이다.
- 시작 면이나 마지막 면이 나오게 책을 펼치지는 않는다.

※ 쪽 번호가 없는 면은 존재하지 않는다.
※ 두 사람은 항상 서로 다른 면을 펼친다.

─── 〈보 기〉 ───

ㄱ. 甲이 98쪽과 99쪽을 펼치고, 乙은 198쪽과 199쪽을 펼치면 乙이 승리한다.
ㄴ. 甲이 120쪽과 121쪽을 펼치고, 乙은 210쪽과 211쪽을 펼치면 무승부이다.
ㄷ. 甲이 369쪽을 펼치면 반드시 승리한다.
ㄹ. 乙이 100쪽을 펼치면 승리할 수 없다.

① ㄱ, ㄴ
② ㄱ, ㄷ
③ ㄱ, ㄹ
④ ㄴ, ㄷ
⑤ ㄴ, ㄹ

문 34. 다음 글을 근거로 판단할 때, 〈보기〉에서 옳은 것만을 모두 고르면?

△△국 농구리그에는 네 팀(甲~丁)이 참여하고 있다. 이 리그의 2019 시즌 신인선수 선발은 2018 시즌 종료 후 1·2라운드로 나누어 다음과 같이 진행한다.
- 1라운드 : 2018 시즌 3, 4등에게 무작위 추첨을 통해 신인선수 선발 권한 1, 2순위를 부여하는데, 2018 시즌 3, 4등은 이 추첨에 반드시 참여하여야 한다. 2018 시즌 2등은 3순위로, 2018 시즌 1등은 마지막 순위로 선수를 선발한다.
- 2라운드 : 1라운드에서 부여된 신인선수 선발 순위의 역순으로 선수를 선발한다.
- 각 팀은 희망 선수 선호도에 따라 선수를 라운드당 1명씩 선발해야 한다.

2018 시즌에는 팀당 60경기를 치르며, 경기에서 무승부는 없다. 승수가 많을수록 등수가 높다. 2018년 3월 10일 현재 각 팀별 성적 및 희망 선수 선호도는 다음과 같다.

현재등수	팀 명	승	패	희망 선수 선호도
1	甲	50	9	A-B-C-D-E-F-G-H
2	乙	30	29	H-G-C-A-E-B-D-F
3	丙	29	29	H-A-C-D-F-E-B-G
4	丁	8	50	A-B-F-H-D-C-E-G

※ 희망 선수 선호도는 오른쪽에서 왼쪽으로 갈수록 더 높으며, 2019 시즌 신인선수 선발 종료 시점까지 변하지 않는다.
※ 시즌 종료 시 최종 등수가 같은 경우는 나오지 않는다.

─── 〈보 기〉 ───

ㄱ. 甲팀은 2라운드에서 가장 먼저 선수를 선발할 것이다.
ㄴ. 乙팀이 2등으로 2018 시즌을 종료할 경우, H선수를 선발할 것이다.
ㄷ. 丙팀이 2등으로 2018 시즌을 종료할 경우, C선수와 F선수를 선발할 것이다.
ㄹ. 丁팀은 남은 경기의 결과에 따라 1라운드 1순위 선발 권한을 확보하기 위한 추첨에 참여하지 못할 수도 있다.

① ㄱ, ㄴ
② ㄱ, ㄷ
③ ㄴ, ㄹ
④ ㄱ, ㄷ, ㄹ
⑤ ㄴ, ㄷ, ㄹ

문 35. 다음 글과 〈표〉를 근거로 판단할 때, 〈보기〉에서 세 사람 사이의 관계가 '모호'한 것만을 모두 고르면?

- 임의의 두 사람 사이의 관계는 '동갑'과 '위아래' 두 가지 경우로 나뉜다.
  - 두 사람이 태어난 연도가 같은 경우 초등학교 입학년도에 상관없이 '동갑' 관계가 된다.
  - 두 사람이 태어난 연도가 다른 경우 '위아래' 관계가 된다. 이때 생년이 더 빠른 사람이 '윗사람', 더 늦은 사람이 '아랫사람'이 된다.
  - 두 사람이 태어난 연도가 다르더라도 초등학교 입학년도가 같고 생년월일의 차이가 1년 미만이라면 '동갑' 관계가 된다.
- 두 사람 사이의 관계를 바탕으로 임의의 세 사람(A~C) 사이의 관계는 '명확'과 '모호' 두 가지 경우로 나뉜다.
  - A와 B, A와 C가 '동갑' 관계이고 B와 C 또한 '동갑' 관계인 경우 세 사람 사이의 관계는 '명확'하다.
  - A와 B가 '동갑' 관계이고 A가 C의 '윗사람', B가 C의 '윗사람'인 경우 세 사람 사이의 관계는 '명확'하다.
  - A와 B, A와 C가 '동갑' 관계이고 B와 C가 '위아래' 관계인 경우 세 사람 사이의 관계는 '모호'하다.

〈표〉

이 름	생년월일	초등학교 입학년도
甲	1992. 4. 11.	1998
乙	1991. 10. 3.	1998
丙	1991. 3. 1.	1998
丁	1992. 2. 14.	1998
戊	1993. 1. 7.	1999

〈보 기〉

ㄱ. 甲, 乙, 丙
ㄴ. 甲, 乙, 丁
ㄷ. 甲, 丙, 丁
ㄹ. 乙, 丁, 戊

① ㄱ, ㄴ
② ㄱ, ㄷ
③ ㄴ, ㄹ
④ ㄱ, ㄷ, ㄹ
⑤ ㄴ, ㄷ, ㄹ

문 36. 다음 글을 근거로 판단할 때, 〈보기〉에서 옳은 것만을 모두 고르면?

- 甲, 乙, 丙은 12장의 카드로 게임을 하고 있다.
- 12장의 카드 중에는 봄, 여름, 가을, 겨울 4가지 종류의 계절 카드가 각각 3장씩 있는데, 카드 뒷면만 보고는 어느 계절 카드인지 알 수 없다.
- 참가자들은 게임을 시작할 때 무작위로 4장씩 카드를 나누어 갖는다.
- 참가자들은 자신의 카드를 확인한 후 1대 1로 카드를 각자 2장씩 맞바꿀 수 있다. 맞바꿀 카드는 상대방의 카드 뒷면만 보고 무작위로 동시에 선택한다.
- 가장 먼저 봄, 여름, 가을, 겨울 카드를 모두 갖게 된 사람이 우승한다.
- 게임을 시작하여 4장의 카드를 나누어 가진 직후에 참가자들은 자신들이 가진 카드에 대해 아래와 같이 사실을 말했다.
  甲 : 겨울 카드는 내가 모두 갖고 있다.
  乙 : 나는 봄과 여름 2가지 종류의 계절 카드만 갖고 있다.
  丙 : 나는 여름 카드가 없다.

〈보 기〉

ㄱ. 게임 시작 시 3가지 종류의 계절 카드를 받은 사람은 1명이다.
ㄴ. 게임 시작 시 참가자 모두 봄 카드를 받았다면, 가을 카드는 모두 丙이 갖고 있다.
ㄷ. 첫 번째 맞바꾸기에서 甲과 乙이 카드를 맞바꿔서 甲이 바로 우승했다면, 게임 시작 시 丙은 봄 카드를 2장 받았다.

① ㄱ
② ㄴ
③ ㄱ, ㄴ
④ ㄱ, ㄷ
⑤ ㄴ, ㄷ

문 37. 다음 글과 〈라운드별 음식값〉을 근거로 판단할 때, 음식값을 가장 많이 낸 사람과 그가 낸 음식값을 고르면?

- 甲, 乙, 丙이 가위바위보를 하여 음식값 내기를 하고 있다.
- 라운드당 한 번씩 가위바위보를 하여 음식값을 낼 사람을 정하며 총 5라운드를 겨룬다.
- 가위바위보에서 승패가 가려진 경우 패자는 해당 라운드의 음식값을 낸다.
- 비긴 경우에는 세 사람이 모두 음식값을 낸다. 단, 직전 라운드 가위바위보의 승자는 음식값을 내지 않는다.
- 음식값을 낼 사람이 2명 이상인 라운드에서는 음식값을 낼 사람들이 동일한 비율로 음식값을 나누어 낸다.
- 甲은 가위-바위-보-가위-바위를 순서대로 낸다.
- 乙은 1라운드에서 바위를 낸 후 2라운드부터는 직전 라운드 가위바위보에서 이긴 경우 가위를, 비긴 경우 바위를, 진 경우 보를 낸다. 단, 乙이 직전 라운드에서 음식값을 낸 경우에는 가위를 낸다.
- 丙은 1라운드에서 바위를 낸 후 2라운드부터는 직전 라운드 가위바위보에서 이긴 경우 보를, 비긴 경우 바위를, 진 경우 가위를 낸다.

※ 주어진 조건 외에는 고려하지 않는다.

〈라운드별 음식값〉

라운드	1	2	3	4	5
음식값(원)	12,000	15,000	18,000	25,000	30,000

	음식값을 가장 많이 낸 사람	음식값
①	甲	57,000원
②	乙	44,000원
③	乙	51,500원
④	丙	44,000원
⑤	丙	51,500원

문 38. 다음 글을 근거로 판단할 때, ㉠에 들어갈 일시는?

- 서울에 있는 甲사무관, 런던에 있는 乙사무관, 시애틀에 있는 丙사무관은 같은 프로젝트를 진행하면서 다음과 같이 영상업무회의를 진행하였다.
- 회의 시각은 런던을 기준으로 11월 1일 오전 9시였다.
- 런던은 GMT+0, 서울은 GMT+9, 시애틀은 GMT-7을 표준시로 사용한다. (즉, 런던이 오전 9시일 때, 서울은 같은 날 오후 6시이며 시애틀은 같은 날 오전 2시이다)

甲 : 제가 프로젝트에서 맡은 업무는 오늘 오후 10시면 마칠 수 있습니다. 런던에서 받아서 1차 수정을 부탁드립니다.

乙 : 네, 저는 甲사무관님께서 제시간에 끝내 주시면 다음날 오후 3시면 마칠 수 있습니다. 시애틀에서 받아서 마지막 수정을 부탁드립니다.

丙 : 알겠습니다. 저는 앞선 두 분이 제시간에 끝내 주신다면 서울을 기준으로 모레 오전 10시면 마칠 수 있습니다. 제가 업무를 마치면 프로젝트가 최종 마무리 되겠군요.

甲 : 잠깐, 다들 말씀하신 시각의 기준이 다른 것 같은데요? 저는 처음부터 런던을 기준으로 이해하고 말씀드렸습니다.

乙 : 저는 처음부터 시애틀을 기준으로 이해하고 말씀드렸는데요?

丙 : 저는 처음부터 서울을 기준으로 이해하고 말씀드렸습니다. 그렇다면 계획대로 진행될 때 서울을 기준으로 (㉠)에 프로젝트를 최종 마무리할 수 있겠네요.

甲, 乙 : 네, 맞습니다.

① 11월 2일 오후 3시
② 11월 2일 오후 11시
③ 11월 3일 오전 10시
④ 11월 3일 오후 3시
⑤ 11월 3일 오후 7시

※ 다음 글을 읽고 물음에 답하시오. [문 39~문 40]

○○국의 항공기 식별코드는 '(현재상태부호)(특수임무부호)(기본임무부호)(항공기종류부호)-(설계번호)(개량형부호)'와 같이 최대 6개 부분(앞부분 4개, 뒷부분 2개)으로 구성된다.

항공기종류부호는 특수 항공기에만 붙이는 부호로, G는 글라이더, H는 헬리콥터, Q는 무인항공기, S는 우주선, V는 수직단거리이착륙기에 붙인다. 항공기종류부호가 생략된 항공기는 일반 비행기이다.

모든 항공기 식별코드는 기본임무부호나 특수임무부호 중 적어도 하나를 꼭 포함하고 있다. 기본임무부호는 항공기가 기본적으로 수행하는 임무를 나타내는 부호이다. A는 지상공격기, B는 폭격기, C는 수송기, E는 전자전기, F는 전투기, K는 공중급유기, L은 레이저탑재항공기, O는 관측기, P는 해상초계기, R은 정찰기, T는 훈련기, U는 다목적기에 붙인다.

특수임무부호는 항공기가 개량을 거쳐 기본임무와 다른 임무를 수행할 때 붙이는 부호이다. 부호에 사용되는 알파벳과 그 의미는 기본임무부호와 동일하다. 항공기가 기본임무와 특수임무를 모두 수행할 수 있을 때에는 두 부호를 모두 표시하며, 개량으로 인하여 더 이상 기본임무를 수행하지 못하게 된 경우에는 특수임무부호만을 표시한다.

현재상태부호는 현재 정상적으로 사용되고 있지 않은 항공기에만 붙이는 부호이다. G는 영구보존처리된 항공기, J와 N은 테스트를 위해 사용되고 있는 항공기에 붙이는 부호이다. J는 테스트 종료 후 정상적으로 사용될 항공기에 붙이는 부호이며, N은 개량을 많이 거쳤기 때문에 이후에도 정상적으로 사용될 계획이 없는 항공기에 붙이는 부호이다.

설계번호는 항공기가 특정그룹 내에서 몇 번째로 설계되었는지를 나타낸다. 1~100번은 일반 비행기, 101~200번은 글라이더 및 헬리콥터, 201~250번은 무인항공기, 251~300번은 우주선 및 수직단거리이착륙기에 붙인다. 예를 들어 107번은 글라이더와 헬리콥터 중 7번째로 설계된 항공기라는 뜻이다.

개량형부호는 한 모델의 항공기가 몇 차례 개량되었는지를 보여주는 부호이다. 개량하지 않은 최초의 모델은 항상 A를 부여받으며, 이후에는 개량될 때마다 알파벳 순서대로 부호가 붙게 된다.

문 39. 윗글을 근거로 판단할 때, 〈보기〉에서 항공기 식별코드 중 앞부분 코드로 구성 가능한 것을 모두 고르면?

─── 〈보 기〉 ───
ㄱ. KK
ㄴ. GBCV
ㄷ. CAH
ㄹ. R

① ㄱ
② ㄱ, ㄴ
③ ㄴ, ㄷ
④ ㄷ, ㄹ
⑤ ㄴ, ㄷ, ㄹ

문 40. 윗글을 근거로 판단할 때, '현재 정상적으로 사용 중인 개량하지 않은 일반 비행기'의 식별코드 형식으로 옳은 것은?

① (기본임무부호)-(설계번호)
② (기본임무부호)-(개량형부호)
③ (기본임무부호)-(설계번호)(개량형부호)
④ (현재상태부호)(특수임무부호)-(설계번호)(개량형부호)
⑤ (현재상태부호)(특수임무부호)(항공기종류부호)-(설계번호)(개량형부호)

2017년 공직적격성평가(PSAT)

2017년 2월 25일 시행

5급 공채·외교관후보자 및 지역인재 7급 선발 필기시험

응시번호	
성 명	

문제책형
㉮

【시험과목】

제1과목	언어논리
제2과목	자료해석
제3과목	상황판단

문제풀이 시작과 종료 시간을 기입해 주시기 바랍니다.

• 언어논리(90분) _____시 _____분 ~ _____시 _____분

• 자료해석(90분) _____시 _____분 ~ _____시 _____분

• 상황판단(90분) _____시 _____분 ~ _____시 _____분

문 1. 다음 글에서 알 수 있는 것은?

일본이 조선을 지배하게 됨에 따라 삶이 힘들어진 조선인의 일본 본토로의 이주가 급격히 늘었다. 1911년에는 약 2,500명에 불과하던 재일조선인은 1923년에는 9만 명을 넘어섰다. 일본 정부는 재일조선인의 급증에 대해 조선인이 가장 많이 거주하던 오사카에 대책을 지시하였고, 이에 1923년 오사카 내선협화회가 창립되었다. 이후 일본 각지에 협화회가 만들어졌고, 이들을 총괄하는 중앙협화회가 1938년에 만들어졌다. 협화란 협력하여 화합한다는 뜻이다.

재일조선인은 모두 협화회에 가입해야만 하였다. 협화회 회원증을 소지하지 않은 조선인은 체포되거나 조선으로 송환되었다. 1945년 재일조선인은 전시노동동원자를 포함하여 230만 명에 달했는데, 이들은 모두 협화회의 회원으로 편성되어 행동과 사상 일체에 대해 감시를 받았다. 조선에 거주하는 조선인이 군이나 면과 같은 조선총독부 하의 일반행정기관의 통제를 받았다면 재일조선인은 협화회의 관리를 받았다.

협화회는 민간단체였지만 경찰이 주체가 되어 조직한 단체였다. 지부장은 경찰서장이었고 각 경찰서 특별고등과 내선계가 관내의 조선인을 통제하는 구조였다. 재일조선인은 일본의 침략 전쟁에 비협력적 태도로 일관하였고, 임금과 주거 등의 차별에 계속 저항하였으며, 조선인들끼리 서로 협력하고 연락하는 단체를 1천여 개나 조직하고 있었다. 일본 정부는 이를 용납할 수 없었고, 전쟁에 비협조적이면서 임금문제를 둘러싸고 조직적으로 파업을 일으키는 조선인 집단을 척결대상으로 삼았다. 이것이 협화회를 조직하는 데 경찰이 주도적인 역할을 한 이유였다.

협화회는 재일조선인에 대한 감시와 사상 관리뿐 아니라 신사참배, 일본옷 강요, 조선어 금지, 강제예금, 창씨개명, 지원병 강제, 징병, 노동동원 등을 조선 본토보다 더 강압적으로 추진했다. 재일조선인은 압도적으로 다수인 일본인에 둘러싸여 있었고 협화회에서 벗어나기 어려웠다. 협화회는 재일조선인을 분열시키고 친일분자들을 증대시키기 위해 온갖 노력을 기울였다. 그 결과 학교에서 일본어와 일본사 등의 협화 교육을 받은 조선인 아이들이 조선어를 아예 모르는 경우까지도 생겨났다. 철저한 황민화였다. 하지만 재일조선인들은 집에서는 조선말을 하고 아리랑을 부르는 등 민족 정체성을 지키기 위하여 노력하였고, 일본이 항복을 선언한 후 조선에서와 마찬가지로 태극기를 만들어 축하 행진을 할 수 있었다.

① 협화회는 재일조선인에 대한 교육을 담당하였다.
② 협화회는 조선총독부와 긴밀한 협조체계를 유지하였다.
③ 협화회는 재일조선인 전시노동동원자에 대한 감시를 자행하였다.
④ 재일조선인은 협화회에 조직적으로 저항하며 민족 정체성을 유지하였다.
⑤ 일본의 민간인뿐만 아니라 일본 경찰에 협력한 조선인 친일분자들이 협화회 간부를 맡기도 하였다.

문 2. 다음 글에서 알 수 있는 것은?

김치는 자연 발효에 의해 익어가기 때문에 미생물의 작용에 따라 맛이 달라진다. 김치가 발효되기 위해서는 효모와 세균 등 여러 미생물의 증식이 일어나야 하는데, 이를 위해 김치를 담글 때 찹쌀가루나 밀가루로 풀을 쑤어 넣어 준다. 이는 풀에 들어 있는 전분을 비롯한 여러 가지 물질이 김치 속에 있는 미생물을 쉽게 자랄 수 있도록 해주는 영양분의 역할을 하기 때문이다. 김치는 배추나 무에 있는 효소뿐만 아니라 그 사이에 들어가는 김칫소에 포함된 효소의 작용에 의해서도 발효가 일어날 수 있다.

김치의 발효 과정에 관여하는 미생물에는 여러 종류의 효모, 호기성 세균 그리고 유산균을 포함한 혐기성 세균이 있다. 갓 담근 김치의 발효가 시작될 때 호기성 세균과 혐기성 세균의 수가 두드러지게 증가하지만, 김치가 익어갈수록 호기성 세균의 수는 점점 줄어들어 나중에는 그 수가 완만하게 증가하는 효모의 수와 거의 비슷해진다. 그러나 혐기성 세균의 수는 김치가 익어갈수록 증가하며 결국 많이 익어서 시큼한 맛이 나는 김치에 있는 미생물 중 대부분을 차지한다. 김치를 익히는 데 관여하는 균과 매우 높은 산성의 환경에서도 잘 살 수 있는 유산균이 그 예이다.

김치를 익히는 데 관여하는 세균과 유산균뿐만 아니라 김치의 발효 초기에 증식하는 호기성 세균도 독특한 김치 맛을 내는 데 도움을 준다. 김치에 들어 있는 효모는 세균보다 그 수가 훨씬 적지만 여러 종류의 효소를 가지고 있어서 김치 안에 있는 여러 종류의 탄수화물을 분해할 수 있다. 또한 김치를 발효시키는 유산균은 당을 분해해서 시큼한 맛이 나는 젖산을 생산하는데, 김치가 익어가면서 김치 국물의 맛이 시큼해지는 것은 바로 이런 이유 때문이다.

김치가 익는 정도는 재료나 온도 등의 조건에 따라 달라지는데 이는 유산균의 발효 정도가 달라지기 때문이다. 특히 이 미생물들이 만들어 내는 여러 종류의 향미 성분이 더해지면서 특색 있는 김치 맛이 만들어진다. 김치가 익는 기간에 따라 여러 가지 맛을 내는 것도 모두가 유산균의 발효 정도가 다른 데서 비롯된다.

① 김치를 담글 때 넣는 풀은 효모에 의해 효소로 바뀐다.
② 강한 산성 조건에서도 생존할 수 있는 혐기성 세균이 있다.
③ 김치 국물의 시큼한 맛은 호기성 세균의 작용에 의한 것이다.
④ 특색 있는 김치 맛을 만드는 것은 효모가 만든 향미 성분 때문이다.
⑤ 시큼한 맛이 나는 김치에 있는 효모의 수는 호기성 세균이나 혐기성 세균에 비해 훨씬 많다.

문 3. 다음 글에서 알 수 있는 것은?

1965년 노벨상 수상자 게리 베커는 '시간의 비용'이 시간을 소비하는 방식에 따라 변화한다고 주장했다. 예를 들어 수면이나 식사활동은 영화 관람에 비해 단위 시간당 시간의 비용이 작다. 그 이유는 수면과 식사가 생산적인 활동에 기여하기 때문이다. 잠을 못 자거나 식사를 제대로 하지 못해 체력이 떨어진다면, 생산적인 활동에 제약을 받기 때문에 수면과 식사활동에 들어가는 시간의 비용이 영화 관람에 비해 작다고 볼 수 있다. 베커는 "주말이나 저녁에는 회사들이 문을 닫기 때문에 활용할 수 있는 시간의 길이가 길어지고 이에 따라 특정 행동의 시간의 비용이 줄어든다"고도 지적한다. 시간의 비용이 가변적이라는 개념은, 기대 수명이 늘어나서 사람들에게 더 많은 시간이 주어지는 것이 시간의 비용에 영향을 미칠 수 있다는 점에서 의미가 있다.

시간의 비용이 가변적이라고 생각한 이는 베커만이 아니었다. 스웨덴의 경제학자 스테판 린더는 서구인들이 엄청난 경제성장을 이루고도 여유를 누리지 못하는 이유를 논증한다. 경제가 성장하면 사람들의 시간을 쓰는 방식도 달라진다. 임금이 상승하면 직장 밖 활동에 들어가는 시간의 비용이 늘어난다. 일하는 데 쓸 수 있는 시간을 영화나 책을 보는 데 소비하면 그만큼의 임금을 포기하는 것이다. 따라서 임금이 늘어난 만큼 일 이외의 활동에 들어가는 시간의 비용도 함께 늘어난다는 것이다.

베커와 린더는 사람들에게 주어진 시간을 고정된 양으로 전제했다. 1965년 당시의 기대수명은 약 70세였다. 하루 24시간 중 8시간을 수면에 쓰고 나머지 시간에 활동이 가능하다면, 평생 408,800시간의 활동가능 시간이 주어지는 셈이다. 하지만 이 방정식에서 변수 하나가 바뀌면 어떻게 될까? 기대수명이 크게 늘어난다면 시간의 가치 역시 달라져서, 늘 시간에 쫓기는 조급한 마음에도 영향을 주게 되지 않을까?

① 베커에 따르면, 2시간의 수면과 1시간의 영화 관람 중 시간의 비용은 후자가 더 크다.
② 베커에 따르면, 평일에 비해 주말에 단위 시간당 시간의 비용이 줄어드는데, 그 감소폭은 수면이 영화 관람보다 더 크다.
③ 린더에 따르면, 임금이 삭감되었는데도 노동의 시간과 조건이 이전과 동일한 회사원의 경우, 수면에 들어가는 시간의 비용은 이전보다 줄어든다.
④ 베커와 린더 모두 개인이 느끼는 시간의 비용이 작아질수록 주관적인 시간의 길이가 길어진다고 생각한다.
⑤ 베커와 린더 모두 시간의 비용이 가변적이라고 생각했지만, 기대수명이 시간의 비용에 영향을 미치는지 여부에 관해서는 서로 다른 견해를 가지고 있었다.

문 4. 빈칸에 들어갈 진술로 가장 적절한 것은?

하늘이 내린 생물을 해치고 없애는 것은 성인(聖人)이 하지 않는 바이다. 하물며 하늘의 도가 어찌 사람들에게 살아있는 것을 죽여서 자기의 생명을 기르게 하였겠는가? 『서경』에서는 "천지는 만물의 부모이며, 인간은 만물의 영장이다. 진실로 총명한 자는 천자가 되고, 천자는 백성의 부모가 된다"라고 하였다. 천지가 이미 만물의 부모라면 천지 사이에 태어난 것은 모두 천지의 자식이다. 천지와 사물의 관계는 부모와 자식의 관계와 같으며, 자식 가운데 어리석고 지혜로움의 차이가 있는 것은 사람과 만물 사이에 밝고 어두움의 차이가 있는 것과 같다. 부모는 자식이 어리석고 불초하면 사랑하고 가엽게 여기며 오히려 걱정하거늘, 하물며 해치겠는가? 살아있는 것을 죽여서 자기의 생명을 기르는 것은 같은 식구를 죽여서 자기를 기르는 것이다. 같은 식구를 죽여서 자기를 기르면 부모의 마음이 어떠하겠는가? 자식들끼리 서로 죽이는 것은 부모의 마음이 아니다. 사람과 만물이 서로 죽이는 것이 어찌 천지의 뜻이겠는가? 인간과 만물은 이미 천지의 기운을 함께 얻었으며, 또한 천지의 이치도 함께 얻었고 천지 사이에서 함께 살아가고 있다. 이미 하나의 같은 기운과 이치를 함께 부여받았는데, 어찌 살아있는 것들을 죽여서 자신의 생명을 양육할 수 있겠는가? 그래서 불교에서는 "천지는 나와 뿌리가 같고, 만물은 나와 한 몸이다"라고 하였고, 유교에서는 "천지만물을 자기와 하나로 여긴다"고 하면서 이것을 '인(仁)'이라고 부른다.

그렇지만 실천하여 행하는 것이 그 이상과 같아야 비로소 인의 도를 온전히 다했다고 할 수 있다. 유교 경전인 『논어』는 "공자는 그물질은 하지 않으셔도 낚시질은 하셨으며, 화살로 잠든 새는 쏘지 않으셨지만 나는 새는 맞추셨다"라고 하였고, 『맹자』도 "군자가 푸줏간을 멀리하는 것은 가축이 죽으면서 울부짖는 소리를 들으면 차마 그 고기를 먹지 못하기 때문이다"라고 말하고 있다. 이것으로 보면, _____.

① 유교는 『서경』 이래 천지만물을 하나의 가족처럼 여기는 인의 도를 철두철미하게 잘 실천하고 있다.
② 유교에서는 공자와 맹자에서부터 살생하지 말라는 불교의 계율을 이미 잘 실천하고 있다.
③ 유교의 공자와 맹자는 동물마저 측은히 여기는 대상에 포함하여 인간처럼 대하였다.
④ 유교는 인의 도가 지향하는 이상을 실천하는 데 철저하지 못한 측면이 있다.
⑤ 유교에서 인의 도는 인간과 동물을 부모와 자식의 관계로 보고 있다.

문 5. 다음 글에서 알 수 있는 것만을 〈보기〉에서 모두 고르면?

골격근에서 전체근육은 근육섬유를 뼈에 연결시키는 주변 조직인 힘줄과 결합조직을 모두 포함한다. 골격근의 근육섬유가 수축할 때 전체근육의 길이가 항상 줄어드는 것은 아니다. 근육 수축의 종류 중 근육섬유가 수축함에 따라 전체근육의 길이가 변화하는 것을 '등장수축'이라 하는데, 등장수축은 근육섬유 수축과 함께 전체근육의 길이가 줄어드는 '동심 등장수축'과 전체근육의 길이가 늘어나는 '편심 등장수축'으로 나뉜다.

반면에 근육섬유가 수축함에도 불구하고 전체근육의 길이가 변하지 않는 수축을 '등척수축'이라고 한다. 예를 들어 아령을 손에 들고 팔꿈치의 각도를 일정하게 유지하고 있는 상태에서 위팔의 이두근 근육섬유는 끊임없이 수축하고 있지만, 이 근육에서 만드는 장력이 근육에 걸린 부하량 즉 아령의 무게와 같아 전체근육의 길이가 변하지 않기 때문에 등척수축을 하는 것이다. 등척수축은 골격근의 주변 조직과 근육섬유 내에 있는 탄력섬유의 작용에 의해 일어난다. 근육에 부하가 걸릴 때, 이 부하를 견디기 위해 탄력섬유가 늘어나기 때문에 근육섬유는 수축하지만 전체근육의 길이는 변하지 않는 등척수축이 일어날 수 있다.

아래 그래프는 근육이 최대 장력으로 수축운동을 하는 동안 해당 근육에 걸린 초기 부하량이 전체근육의 수축 속도에 어떤 영향을 미치는지를 나타내고 있다. 그래프의 Y축에서 양의 값은 전체근육의 길이가 줄어드는 속도를 나타내고, 음의 값은 근육에 최대 장력을 초과하는 부하가 걸리면 근육섬유는 수축하지만 전체근육의 길이가 늘어나는 속도를 나타낸다.

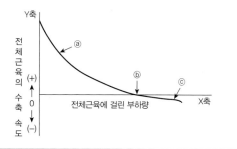

〈보 기〉
ㄱ. @에서 일어나는 근육 수축은 편심 등장수축이다.
ㄴ. ⓑ는 탄력섬유의 작용에 의해 일어나는 근육 수축에 해당한다.
ㄷ. 최대 장력이 10kg인 이두근이 있는 팔의 팔꿈치가 일정한 각도를 유지하고 있을 때, 이두근에 10kg을 초과하는 부하를 걸어주면 ⓒ가 발생할 수 있다.

① ㄱ
② ㄴ
③ ㄱ, ㄷ
④ ㄴ, ㄷ
⑤ ㄱ, ㄴ, ㄷ

문 6. 다음 글에서 알 수 없는 것은?

혈액의 기본 기능인 산소 운반능력이 감소하면 골수에서는 적혈구 생산, 즉 조혈과정이 촉진된다. 조직 내 산소 농도의 감소가 골수에서의 조혈을 직접 촉진하지는 않는다. 신장에 산소 공급이 감소하면 신장에서 혈액으로 에리트로포이어틴을 분비하고 이 호르몬이 골수의 조혈을 촉진한다. 에리트로포이어틴은 적혈구가 성숙, 분화하도록 하여 혈액에 적혈구 수를 늘려서 조직에 충분한 양의 산소가 공급되도록 한다. 신장에 산소 공급이 충분히 이루어지면 에리트로포이어틴의 분비도 중단된다. 출혈이나 정상 적혈구가 과도하게 파괴된 경우 6배 정도까지 조혈 속도가 상승한다.

골수에서 생산된 성숙한 적혈구가 혈관을 따라 순환하려면 헤모글로빈 합성, 핵과 세포내 소기관 제거 등의 과정을 거친다. 에리트로포이어틴의 자극을 받으면 적혈구는 수일 내에 혈액으로 흘러들어간다. 상당한 출혈로 적혈구 조혈이 왕성해지면 성숙하지 못한 망상적혈구가 골수에서 혈액으로 들어온다.

운동을 하는 근육은 계속해서 에너지를 생성하기 위해 산소를 요구한다. 혈액 도핑은 혈액의 산소 운반능력을 증가시키기 위해 고안된 기술이다. 자기 혈액을 이용한 혈액 도핑은 운동선수로부터 혈액을 뽑아 혈장은 선수에게 다시 주입하고 적혈구는 냉장 보관하다가 시합 1~7일 전에 주입하는 방법이다. 시합 3주 전에 450mL정도의 혈액을 뽑아내면 시합 때까지 적혈구 조혈이 왕성해져서 근육 내 산소 농도는 피를 뽑기 전의 정상수준으로 증가한다. 그리고 저장한 적혈구를 재주입하면 적혈구 수와 헤모글로빈이 증가한다. 표준 운동 시험에서 혈액 도핑을 받은 선수는 도핑을 하지 않은 경우와 비교해 유산소 운동 능력이 5~13% 증가한다. 이처럼 운동선수의 적혈구가 증가하여 경기 능력 향상에 도움이 되지만, 혈액의 점성이 증가해 부작용이 발생할 수도 있다.

합성 에리트로포이어틴을 이용한 혈액 도핑 문제도 심각하다. 합성 에리트로포이어틴 투여는 격렬한 운동이 요구되는 선수의 경기 능력을 7~10% 향상시킨다는 것이 입증되어, 많은 선수들이 암암리에 사용하고 있다. 1987년 유럽 사이클 선수 20명의 사망 원인으로 합성 에리트로포이어틴이 의심되고 있지만, 많은 선수들이 이러한 위험을 기꺼이 감수하고 있다.

① 적혈구가 많아지는 것은 운동선수의 유산소 운동능력 향상에 도움이 된다.
② 혈액 도핑을 위해 혈액을 뽑으면 일시적으로 근육 내 산소 농도는 감소할 것이다.
③ 혈액 도핑을 위해 혈액을 뽑으면, 운동선수의 혈관 내 혈액에서는 망상적혈구를 볼 수 있을 것이다.
④ 합성 에리트로포이어틴을 이용한 혈액 도핑을 하면 적혈구 수의 증가가 가져오는 효과를 볼 수 있다.
⑤ 혈액의 점성은 자기 혈액을 이용한 혈액 도핑보다 합성 에리트로포이어틴을 이용한 혈액 도핑을 할 때 더 증가한다.

문 7. 다음 A의 견해로 볼 수 없는 것은?

> 왕이 말했다. "선생께서 천리의 먼 길을 오셨는데, 장차 무엇으로 우리 국가에 이익이 있게 하시겠습니까?"
>
> A가 대답했다. "왕께서는 어떻게 이익을 말씀하십니까? 오직 인의(仁義)가 있을 따름입니다. 모든 사람이 이익만을 추구한다면, 서로 빼앗지 않고는 만족하지 못할 것입니다. 사람의 도리인 인을 잘 실천하는 사람이 자기 부모를 버린 경우는 없으며, 공적 직위에서 요구되는 역할인 의를 잘 실천하는 사람이 자기 임금을 저버린 경우는 없습니다."
>
> 왕이 물었다. "탕(湯)이 걸(桀)을 방벌하고, 무(武)가 주(紂)를 정벌하였다는데 정말 그런 일이 있었습니까? 신하가 자기 군주를 시해한 것이 정당합니까?"
>
> A가 대답했다. "인을 해친 자를 적(賊)이라 하고, 의를 해친 자를 잔(殘)이라 하며, 잔적(殘賊)한 자를 일부(一夫)라 합니다. 일부인 걸과 주를 죽였다는 말은 들었지만 자기 군주를 시해하였다는 말은 듣지 못했습니다. 무릇 군주란 백성의 부모로서 그 도리와 역할을 다하는 인의의 정치를 해야 하는 공적 자리입니다. 탕과 무는 왕이 되었을 때 비록 백성들을 수고롭게 했지만, 그 지위에 요구되는 역할을 온전히 다하는 정치를 행했기 때문에 오히려 최대의 이익을 누릴 수 있었습니다. 걸과 주는 이와 반대되는 정치를 행하면서 자신의 이익만을 추구하며, 자신을 태양에 비유 하였습니다. 하지만 백성들은 오히려 태양과 함께 죽고자 하였습니다. 백성들이 그 임금과 함께 죽고자 한다면, 군주가 어떻게 정당하게 그 지위와 이익을 향유할 수 있겠습니까?"

① 인의에 의한 정치를 펼치는 왕은 백성들을 수고롭게 할 수도 있다.

② 인의를 잘 실천하면 이익의 문제는 부차적으로 해결될 가능성이 있다.

③ 탕과 무는 자기 군주를 방벌했다는 점에서 인의 가운데 특히 의를 잘 실천하지 못한 사람이다.

④ 군주는 그 자신과 국가의 이익 이전에 군주로서의 도리와 역할을 온전히 수행하는 데 최선을 다해야 한다.

⑤ 공적 지위에 있는 자가 직책에 요구되는 도리와 역할을 수행하지 않고 사익(私益)을 추구하면 그 권한과 이익을 제한하는 것은 정당하다.

문 8. 다음 ㉠에 따를 때 도덕적으로 허용될 수 없는 것만을 〈보기〉에서 모두 고르면?

> 우리는 어떤 행위를 그것이 가져올 결과가 좋다는 근거만으로 허용할 수는 없다. 예컨대 그 행위 덕분에 더 많은 수의 생명을 구할 수 있다는 사실만으로 그 행위를 허용할 수는 없다는 것이다. ㉠ A 원리에 따르면 어떤 행위든 무고한 사람의 죽음 자체를 의도하는 것은 언제나 그른 행위이고 따라서 도덕적으로 허용될 수 없다. 여기서 의도란 단순히 자기 행위의 결과가 어떨지 예상하고 그 내용을 이해한다는 것을 넘어서, 그 행위의 결과 자체가 자신이 그 행위를 선택하게 된 이유임을 의미한다.
>
> 예를 들어 우리가 제한된 의료 자원으로 한 명의 환자를 살리는 것과 다수의 환자를 살리는 것 사이에서 선택을 해야만 할 경우, 비록 한 명의 환자가 죽게 되더라도 다수의 환자를 살리는 것이 도덕적으로 허용될 수도 있다. 이때 그의 죽음은 피치 못할 부수적인 결과였기 때문이다. 하지만 만일 그 한 명의 환자를 치료하지 않은 이유가 그가 죽은 후 그의 장기를 장기 이식을 기다리는 다른 여러 사람에게 이식하기 위한 것이었다면 그 행위는 허용될 수 없다.

〈보 기〉

ㄱ. 적국의 산업시설을 폭격하면 그 근처에 거주하는 다수의 민간인이 처참하게 죽게 되고 적국 시민이 그 참상에 공포심을 갖게 되어, 전쟁이 빨리 끝날 것이라는 기대감에 폭격하는 행위

ㄴ. 뛰어난 심장 전문의가 어머니의 임종을 지키기 위해 급하게 길을 가던 중 길거리에서 심장마비를 일으킨 사람을 발견했으나 그 사람을 치료하지 않고 어머니에게 가는 행위

ㄷ. 브레이크가 고장 난 채 달리고 있는 기관차의 선로 앞에 묶여 있는 다섯 명의 어린이를 구하기 위해 다른 선로에 홀로 일하고 있는 인부를 보고도 그 선로로 기관차의 진로를 변경하는 행위

① ㄱ

② ㄴ

③ ㄱ, ㄴ

④ ㄱ, ㄷ

⑤ ㄴ, ㄷ

문 9. 다음 ㉠의 내용으로 가장 적절한 것은?

> 인지부조화는 한 개인이 가지는 둘 이상의 사고, 태도, 신념, 의견 등이 서로 일치하지 않거나 상반될 때 생겨나는 심리적인 긴장상태를 의미한다. 인지부조화는 불편함을 유발하기 때문에 사람들은 이것을 감소시키려고 한다. 인지부조화를 감소시키는 방법은 서로 모순관계에 있어서 양립할 수 없는 인지들 가운데 하나 이상의 인지가 갖는 내용을 바꾸어 양립할 수 있게 만들거나, 서로 모순되는 인지들 간의 차이를 좁힐 수 있는 새로운 인지를 추가하여 부조화된 인지상태를 조화된 상태로 전환하는 것이다.
>
> 그런데 실제로 부조화를 감소시키는 행동은 비합리적인 면이 있다. 그 이유는 그러한 행동들이 사람들로 하여금 중요한 사실을 배우지 못하게 하고 자신들의 문제에 대해서 실제적인 해결책을 찾지 못하도록 할 수 있기 때문이다. 부조화를 감소시키려는 행동은 자기방어적인 행동이고, 부조화를 감소시킴으로써 우리는 자신의 긍정적인 이미지, 즉 자신이 선하고 현명하며 상당히 가치 있는 인물이라는 긍정적인 측면의 이미지를 유지하게 된다. 비록 자기방어적인 행동이 유용한 것으로 생각될 수 있지만, 이러한 행동은 부정적 결과를 초래할 수 있다.
>
> 한 실험에서 연구자는 인종차별 문제에 대해서 확고한 입장을 보이는 사람들을 선정하였다. 일부는 차별에 찬성하였고, 다른 일부는 차별에 반대하였다. 선정된 사람들에게 인종차별에 대한 찬성과 반대 의견이 실린 글을 모두 읽게 하였는데, 어떤 글은 지극히 논리적이고 그럴듯하였고, 다른 글은 터무니없고 억지스러운 것이었다. 실험에서는 참여자들이 과연 어느 글을 기억할 것인지에 관심이 있었다. 인지부조화 이론에 따르면, 사람들은 현명한 사람을 자기 편, 우매한 사람을 다른 편이라 생각할 때 마음이 편안해질 것이다. 그렇다면 이 실험에서 인지부조화 이론은 다음과 같은 ㉠ 결과를 예측할 것이다.

① 참여자들은 자신의 의견에 동의하는 논리적인 글과 반대편의 의견에 동의하는 논리적인 글을 기억한다.

② 참여자들은 자신의 의견에 동의하는 모든 글을 기억하고 반대편의 의견에 동의하는 모든 글을 기억하지 않는다.

③ 참여자들은 자신의 의견에 동의하는 논리적인 글과 반대편의 의견에 동의하는 터무니없고 억지스러운 글을 기억한다.

④ 참여자들은 자신의 의견에 동의하는 터무니없고 억지스러운 글과 반대편의 의견에 동의하는 논리적인 글을 기억한다.

⑤ 참여자들은 자신의 의견에 동의하는 모든 글을 기억하고 반대편의 의견에 동의하는 논리적인 글은 기억하지 않는다.

문 10. 다음 ㉠의 사례로 가장 적절한 것은?

> 보통 '관용'은 도덕적으로 바람직한 것으로 간주된다. 관용은 특정 믿음이나 행동, 관습 등을 잘못된 것이라고 여김에도 불구하고 용인하거나 불간섭하는 태도를 의미한다. 여기서 관용이란 개념의 본질적인 두 요소를 발견할 수 있다. 첫째 요소는 관용을 실천하는 사람이 관용의 대상이 되는 믿음이나 관습을 거짓이거나 잘못된 것으로 여긴다는 점이다. 이런 요소가 없다면, 우리는 '관용'을 말하고 있는 것이 아니라 '무관심'이나 '승인'을 말하는 셈이다. 둘째 요소는 관용을 실천하는 사람이 관용의 대상을 용인하거나 최소한 불간섭해야 한다는 점이다. 하지만 관용을 이렇게 이해하면 역설이 발생할 수 있다.
>
> 자국 문화를 제외한 다른 문화는 모두 미개하다고 생각하는 사람을 고려해보자. 그는 모든 문화가 우열 없이 동등하다는 생각이 틀렸다고 확신하고 있다. 하지만 그는 그런 자신의 믿음에도 불구하고 전략적인 이유로, 예를 들어 동료들의 비난을 피하기 위해 자신이 열등하다고 판단하는 문화를 폄하하려는 욕구를 억누르고 있다고 하자. 다른 문화를 폄하하고 싶은 그의 욕구가 크면 클수록, 그리고 그가 자신의 이런 욕구를 성공적으로 자제하면 할수록, 우리는 그가 더 관용적이라고 말해야 할 것 같다. 하지만 이는 받아들이기 어려운 역설적 결론이다.
>
> 이번에는 자신이 잘못이라고 믿는 수많은 믿음을 모두 용인하는 사람을 생각해 보자. 이 경우 이 사람이 용인하는 믿음이 많으면 많을수록 우리는 그가 더 관용적이라고 말해야 할 것 같다. 그런데 그럴 경우 우리는 인종차별주의처럼 우리가 일반적으로 잘못인 것으로 판단하는 믿음까지 용인하는 경우에도 그 사람이 더 관용적이라고 말해야 한다. 하지만 도덕적으로 잘못된 것을 용인하는 것은 그 자체가 도덕적으로 잘못이라고 보는 것이 마땅하다. 결국 우리는 관용적일수록 도덕적으로 잘못을 저지르게 될 가능성이 높아지게 되는데 이는 역설적이다.
>
> 이상의 논의를 고려하면 종교에 대한 관용처럼 비교적 단순해 보이는 사안에 대해서조차 ㉠ 역설이 발생한다. 이로부터 우리는 관용의 맥락에서, 용인하는 믿음이나 관습의 내용에 일정한 한계가 있어야 함을 알 수 있다.

① 종교적 문제에 대해 별다른 의견이 없는 사람을 관용적이라고 평가하게 된다.

② 모든 종교적 믿음은 거짓이라고 생각하고 배척하는 사람을 관용적이라고 평가하게 된다.

③ 자신의 종교가 주는 가르침만이 유일한 진리라고 믿는 사람일수록 덜 관용적이라고 평가하게 된다.

④ 보편적 도덕 원칙에 어긋나는 가르침을 주장하는 종교까지 용인하는 사람을 더 관용적이라고 평가하게 된다.

⑤ 자신이 유일하게 참으로 믿는 종교 이외의 다른 종교적 믿음에 대해서도 용인하는 사람일수록 더 관용적이라고 평가하게 된다.

전 세계적 금융위기로 인해 그 위기의 근원지였던 미국의 경제가 상당한 피해를 입었다. 미국에서는 경제 회복을 위해 통화량을 확대하는 양적완화 정책을 실시할 것인지를 두고 논란이 있었다. 미국의 양적완화는 미국 경제회복에 효과가 있겠지만, 국제 경제에 적지 않은 영향을 줄 수 있기 때문이다.

미국이 양적완화를 실시하면, 달러화의 가치가 하락하고 우리나라의 달러 환율도 하락한다. 우리나라의 달러 환율이 하락하면 우리나라의 수출이 감소한다. 우리나라 경제는 대외 의존도가 높기 때문에 경제의 주요지표들이 개선되기 위해서는 수출이 감소하면 안 된다.

또 미국이 양적완화를 중단하면 미국 금리가 상승한다. 미국 금리가 상승하면 우리나라 금리가 상승하고, 우리나라 금리가 상승하면 우리나라에 대한 외국인 투자가 증가한다. 또한 우리나라 금리가 상승하면 우리나라의 가계부채 문제가 심화된다. 가계부채 문제가 심화되는 나라의 국내소비는 감소한다. 국내소비가 감소하면, 경제의 전망이 어두워진다.

① 우리나라의 수출이 증가했다면 달러화 가치가 하락했을 것이다.
② 우리나라의 가계부채 문제가 심화되었다면 미국이 양적 완화를 중단했을 것이다.
③ 우리나라에 대한 외국인 투자가 감소하면 우리나라 경제의 전망이 어두워질 것이다.
④ 우리나라 경제의 주요지표들이 개선되었다면 우리나라의 달러 환율이 하락하지 않았을 것이다.
⑤ 우리나라의 국내소비가 감소하지 않았다면 우리나라에 대한 외국인 투자가 감소하지 않았을 것이다.

A국은 B국의 동태를 살피도록 세 명의 사신을 파견하였다. 세 명의 사신은 각각 세 가지 주장을 했는데, 각 사신의 주장 중 둘은 참이고 나머지 하나는 거짓이다.

〈사신 1〉
• B국은 군수물자를 확보할 수 있다면 전쟁을 일으킬 것이다.
• B국은 문화적으로 미개하지만 우리 나라의 문화에 관심을 많이 갖고 있다.
• B국은 종래의 봉건적인 지배권이 약화되어 있고 정치적으로도 무척 혼란스러운 상황이다.

〈사신 2〉
• B국이 전쟁을 일으킨다면 약하지 않았던 종래의 봉건적인 지배권이 한층 더 강화될 것이다.
• B국은 우리 나라의 문화에 관심을 많이 갖고 있을 뿐만 아니라 독창적이고 훌륭한 문화를 발전시켜 왔다.
• B국에는 서양 상인들이 많이 들어와 활동하고 있으며 신흥 상업 도시가 발전되어 있지만, 종래의 봉건적인 지배권이 약화되었다고 보기 어렵다.

〈사신 3〉
• B국은 약하지 않았던 종래의 봉건적인 지배권을 한층 더 강화하고 있다.
• B국은 군수물자를 확보하고 있기는 하지만 전쟁을 일으킬 생각은 없는 것이 분명하다.
• B국의 신흥 상업 도시가 더욱 발전한다면 우리 나라의 문화에도 더욱 큰 관심을 갖게 될 것이다.

① B국은 문화적으로 미개하다.
② B국은 정치적으로 안정되어 있다.
③ B국은 군수물자를 확보하고 있다.
④ B국은 A국의 문화에 관심이 없다.
⑤ B국은 전쟁을 일으킬 생각이 없다.

문 13. 다음 갑과 을의 견해에 대한 분석으로 가장 적절한 것은?

갑 : 좋아. 우리 둘 다 전지전능한 신이 존재한다는 가정에서 시작하는군. 이제 철수가 t 시점에 행동 A를 할 것이라고 해볼까? 신은 전지전능하니까 철수가 t 시점에 행동 A를 할 것임을 알겠지. 그런데 신은 전지전능하므로, 철수가 t 시점에 행동 A를 한다는 것은 필연적이야. 그리고 필연적으로 발생하는 것은 자유로운 것이 아니지. 따라서 철수의 행동 A는 자유롭지 않아.

을 : 비록 어떤 행동이 필연적이더라도 그 행동에 누군가의 강요가 없다면 자유로운 행동이 될 수 있어. 그러므로 철수가 t 시점에 행동 A를 할 것임이 필연적이라 하더라도, 그것만으로부터 행동 A가 자유롭지 않다고 판단할 수는 없지. 신이나 다른 누군가가 그 행동을 철수에게 강요했는지의 여부를 확인해야 해. 만약 신이 철수가 t 시점에 행동 A를 할 것임을 안다면 철수의 행동 A가 필연적이라는 것은 나도 인정해. 하지만 그로부터 신이 철수의 그 행동을 강요했음이 곧바로 도출되지는 않아. 따라서 철수의 행동은 여전히 자유로울 수 있지.

갑 : 필연적인 행동이 자유롭지 않은 이유는 다른 행동을 할 가능성이 차단되었기 때문이야. 만일 전지전능한 신이 존재하고 그 신이 철수가 t 시점에 행동 A를 할 것임을 안다면, 철수가 t 시점에 행동 A를 할 것이 필연적이라는 것은 너도 인정했지? 그것이 필연적이라면 철수가 t 시점에 행동 A 외에 다른 행동을 할 가능성은 없지. 신의 강요가 없을지라도 말이야.

을 : 맞아. 그렇지만 신이 강요하지 않는 한, 철수의 행동 A에는 A에 대한 철수 자신의 의지가 반영되어 있어. 즉, 철수의 행동 A는 철수 자신의 판단에 의한 행동이라는 것이지. 그렇기 때문에 철수의 행동 A는 자유로울 수 있어. 반면에 철수의 행동 A가 강요된 것이라면 행동 A에는 철수 자신의 의지가 반영되어 있지 않았겠지만 말이야. 그러니까 철수의 행동 A가 필연적인지의 여부는 그 행동이 자유로운 것인지의 여부를 가리는 데 결정적인 게 아니야.

① 갑과 을은 전지전능한 신이 존재할 경우 철수의 행동에 철수의 의지가 반영될 수 없다는 데 동의한다.
② 갑은 강요에 의한 행동을 자유로운 것으로 생각하지 않지만, 을은 그것을 자유로운 것으로 생각한다.
③ 갑은 필연적인 행동에는 다른 행동의 가능성이 차단된다고 생각하지만, 을은 필연적인 행동에도 다른 행동의 가능성이 있다고 생각한다.
④ 갑은 만약 전지전능한 신이 존재하지 않는다면 철수의 행동은 자유로울 것이라고 생각하지만, 을은 그러한 신이 존재하더라도 철수의 행동은 자유로울 수 있다고 생각한다.
⑤ 갑은 다른 행동을 할 가능성이 없으면 행동의 자유가 없다고 생각하지만, 을은 그런 가능성이 없다는 것으로부터 행동의 자유가 없다는 것이 도출된다고 생각하지 않는다.

문 14. 다음 A, B 두 사람의 논쟁에 대한 분석으로 가장 적절한 것은?

A1 : 최근 인터넷으로 대표되는 정보통신기술 혁명은 과거 유례를 찾을 수 없을 정도로 세상이 돌아가는 방식을 근본적으로 바꿔놓았다. 정보통신기술 혁명은 물리적 거리의 파괴로 이어졌고, 그에 따라 국경 없는 세계가 출현하면서 국경을 넘나드는 자본, 노동, 상품에 대한 규제가 철폐될 수밖에 없는 사회가 되었다. 이제 개인이나 기업 혹은 국가는 과거보다 훨씬 더 유연한 자세를 견지해야 하고, 이를 위해서는 강력한 시장 자유화가 필요하다.

B1 : 변화를 인식할 때 우리는 가장 최근의 것을 가장 혁신적인 것으로 생각하는 경향이 있다. 인터넷 혁명의 경제적, 사회적 영향은 최소한 지금까지는 세탁기를 비롯한 가전제품만큼 크지 않았다. 가전제품은 집안일에 들이는 노동 시간을 대폭 줄여줌으로써 여성들의 경제활동을 촉진했고, 가족 내의 전통적인 역학관계를 바꾸었다. 옛것을 과소평가해서도 안 되고 새것을 과대평가해서도 안 된다. 그렇게 할 경우 국가의 경제정책이나 기업의 정책은 물론이고 우리 자신의 직업과 관련해서도 여러 가지 잘못된 결정을 내리게 된다.

A2 : 인터넷이 가져온 변화는 가전제품이 초래한 변화에 비하면 전 지구적인 규모이고 동시적이라는 점에 주목해야 한다. 정보통신기술이 초래한 국경 없는 세계의 모습을 보라. 국경을 넘어 자본, 노동, 상품이 넘나들게 됨으로써 각 국가의 행정 시스템은 물론 세계 경제 시스템에도 변화가 불가피하게 되었다. 그런 점에서 정보통신기술의 영향력은 가전제품의 영향력과 비교될 수 없다.

B2 : 최근의 기술 변화는 100년 전에 있었던 변화만큼 혁명적이라고 할 수 없다. 100년 전의 세계는 1960~1980년에 비해 통신과 운송 부문에서의 기술은 훨씬 뒤떨어졌으나 세계화는 오히려 월등히 진전된 상태였다. 사실 1960~1980년 사이에 강대국 정부가 자본, 노동, 상품이 국경을 넘어 들어오는 것을 엄격하게 규제했기에 세계화의 정도는 그리 높지 않았다. 이처럼 세계화의 정도를 결정하는 것은 정치이지 기술력이 아니다.

① 이 논쟁의 핵심 쟁점은 정보통신기술 혁명과 가전제품을 비롯한 제조분야 혁명의 영향력 비교이다.
② A1은 최근의 정보통신기술 혁명으로 말미암아 자본, 노동, 상품이 국경을 넘나드는 것이 보편적 현상이 되었다는 점을 근거로 삼고 있다.
③ B1은 A1이 제시한 근거가 다 옳다고 하더라도 A1의 주장을 받아들일 수 없다고 주장하고 있다.
④ B1과 A2는 인터넷의 영향력에 대한 평가에는 의견을 달리하지만 가전제품의 영향력에 대한 평가에는 의견이 일치한다.
⑤ B2는 A2가 원인과 결과를 뒤바꾸어 해석함으로써 현상에 대한 잘못된 진단을 한다고 비판하고 있다.

문 15. 다음 논증의 구조를 분석한 것으로 가장 적절한 것은?(단, ↑는 '위의 문장이 아래 문장을 지지함'을, ⓐ+ⓑ는 'ⓐ와 ⓑ가 결합됨'을 의미함)

> ⓐ 만약 어떤 사람에게 다가온 신비적 경험이 그가 살아갈 수 있는 힘으로 밝혀진다면, 그가 다른 방식으로 살아야 한다고 다수인 우리가 주장할 근거는 어디에도 없다. 사실상 신비적 경험은 우리의 모든 노력을 조롱할 뿐 아니라, 논리라는 관점에서 볼 때 우리의 관할 구역을 절대적으로 벗어나 있다. ⓑ 우리 자신의 더 '합리적인' 신념은 신비주의자가 자신의 신념을 위해서 제시하는 증거와 그 본성에 있어서 유사한 증거에 기초해 있다. ⓒ 우리의 감각이 우리의 신념에 강력한 증거가 되는 것과 마찬가지로, 신비적 경험도 그것을 겪은 사람의 신념에 강력한 증거가 된다. ⓓ 우리가 지닌 합리적 신념의 증거와 유사한 증거에 해당하는 경험은, 그러한 경험을 한 사람에게 살아갈 힘을 제공해줄 것이 분명하다. ⓔ 신비적 경험은 신비주의자들에게는 살아갈 힘이 되는 것이다. ⓕ 신비주의자들의 삶의 방식이 수정되어야 할 '불합리한' 것이라고 주장할 수는 없다.

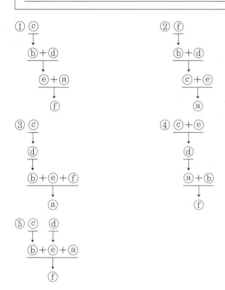

문 16. 다음 글의 내용에 대한 평가로 가장 적절한 것은?

> 우리나라는 눈부신 경제 성장을 이룩하였고 일인당 국민 소득도 빠른 속도로 증가해왔다. 소득이 증가하면 더 행복해질 것이라는 믿음과는 달리, 한국사회 구성원들의 전반적인 행복감은 높지 않은 실정이다. 전반적인 물질적 풍요에도 불구하고 왜 한국 사람들의 행복감은 그만큼 높아지지 않았을까? 이 물음에 대한 다음과 같은 두 가지 답변이 있다.
>
> (가) 일반적으로 소득이 일정한 수준에 도달한 이후에는 소득의 증가가 반드시 행복의 증가로 이어지지는 않는다. 인간이 살아가기 위해서는 물질재와 지위재가 필요하다. 물질재는 기본적인 의식주의 욕구를 충족시키는 데 필요한 재화이며, 경제 성장에 따라 공급이 늘어난다. 지위재는 대체재의 존재 여부나 다른 사람들의 요구에 따라 가치가 결정되는 비교적 희소한 재화나 서비스이며, 그 효용은 상대적이다. 경제 성장의 초기 단계에서는 물질재의 공급을 늘리면 사람들의 만족감이 커지지만, 경제가 일정 수준 이상으로 성장하면 점차 지위재가 중요해지고 물질재의 공급을 늘려서는 해소되지 않는 불만이 쌓이게 되는 이른바 '풍요의 역설'이 발생한다. 따라서 한국 사람들이 경제 수준이 높아진 만큼 행복하지 않은 이유는 소득 증가에 따른 자연스러운 현상이다.
>
> (나) 한국 사회의 행복 수준은 단순히 풍요의 역설로 설명할 수 없다. 행복에 대한 심리학적 연구에 따르면 타인과 비교하는 성향이 강한 사람일수록 행복감이 낮아지게 된다. 비교 성향이 강한 사람은 사회적 관계에서 자신보다 우월한 사람들을 준거집단으로 삼아 비교하기 쉽고 이로 인해 상대적 박탈감이 커질 수 있기 때문이다. 한국과 같은 경쟁 사회에서는 진학이나 구직 등에서 과열 경쟁이 벌어지고 등수에 의해 승자와 패자가 구분된다. 이 과정에서 비교 우위를 차지하지 못한 사람들은 좌절을 경험하기 쉬운데, 비교 성향이 강할수록 좌절감은 더 크다. 따라서 한국 사회의 행복감이 낮은 이유는 한국 사람들이 다른 사람들과 비교하는 성향이 매우 높은 데에서 찾을 수 있다.

① 지위재에 대한 경쟁이 치열한 국가일수록 전반적인 행복감이 높다는 사실은 (가)를 강화한다.

② 경제적 수준이 비슷한 나라들과 비교하여 한국의 지위재가 상대적으로 풍부하다는 사실은 (가)를 강화한다.

③ 한국 사회는 일인당 소득 수준이 비슷한 다른 나라들과 비교하더라도 행복감의 수준이 상당히 낮다는 조사 결과는 (가)를 강화한다.

④ 한국보다 소득 수준이 높고 대학 입학을 위한 입시 경쟁이 매우 치열한 나라가 있다는 사실은 (나)를 약화한다.

⑤ 자신보다 우월한 사람들을 준거집단으로 삼는 경향이 한국보다 강함에도 불구하고 행복감이 더 높은 나라가 있다는 사실은 (나)를 약화한다.

문 17. 다음 (가)와 (나)에 대한 평가로 적절한 것만을 <보기>에서 모두 고르면?

(가) 탄수화물은 우리 몸의 에너지원으로 쓰이는 필수 영양소이다. 건강한 신체 기능을 유지하기 위해서는 탄수화물 섭취 열량이 하루 총 섭취 열량의 55~70%가 되는 것이 이상적이다. 이에 해당하는 탄수화물의 하루 필요섭취량은 성인 기준 100~130g이다. 국민 건강영양조사에 따르면, 우리나라 성인의 하루 탄수화물 섭취량은 평균 289.1g으로 필요섭취량의 약 2~3배에 가깝다. 이에 비추어 볼 때, 한국인은 탄수화물을 지나치게 많이 섭취하고 있다.

(나) 우리가 탄수화물을 계속 섭취하지 않으면 우리 몸은 에너지로 사용되던 연료가 고갈되는 상태에 이르게 된다. 이 경우 몸은 자연스레 '대체 연료'를 찾기 위해 처음에는 근육의 단백질을 분해하고, 이어 내장지방을 포함한 지방을 분해한다. 지방 분해 과정에서 '케톤'이라는 대사성 물질이 생겨나면서 수분 손실이 나타나고 혈액 내의 당분이 정상보다 줄어들게 된다. 이 과정에서 체내 세포들의 글리코겐 양이 감소한다. 특히 이러한 현상은 간세포에서 두드러지게 나타난다. 이로 인해 혈액 및 소변 등의 체액과 인체조직에서는 케톤 수치가 높아지면서 신진대사 불균형이 초래된다. 이를 '케토시스 현상'이라 부른다. 케토시스 현상이 생기면 두통, 설사, 집중력 저하, 구취 등의 불편한 증상이 나타난다. 따라서 탄수화물을 극단적으로 제한하는 식단은 바람직하지 않다.

───── <보 기> ─────

ㄱ. 아시아의 경우 성인 기준 하루 300g 이상의 탄수화물 섭취가 필요하다는 연구결과는 (가)를 약화한다.

ㄴ. 우리나라 성인뿐 아니라 성인이 아닌 사람들의 탄수화물 섭취량 또한 과하다는 것이 밝혀지면 (가)의 설득력이 높아진다.

ㄷ. 우리 몸의 탄수화물이 충분한 상황에서 케토시스 현상이 나타나지 않는다는 연구결과는 (나)를 약화한다.

① ㄴ
② ㄷ
③ ㄱ, ㄴ
④ ㄱ, ㄷ
⑤ ㄱ, ㄴ, ㄷ

문 18. 다음 글의 내용에 대한 평가로 가장 적절한 것은?

(가) 우울증을 잘 초래하는 성향은 창조성과 결부되어 있기 때문에 생존에 유리한 측면이 있었다. 따라서 우울증과 관련이 있는 유전자는 오랜 역사를 거쳐 오면서도 사멸하지 않고 살아남아 오늘날 현대인에게도 그 유전자가 상당수 존재할 가능성이 있다. 베토벤, 뉴턴, 헤밍웨이 등 위대한 음악가, 과학자, 작가들의 상당수가 우울한 성향을 갖고 있었다. 천재와 우울증은 어찌 보면 동전의 양면으로, 인류 문명의 진보를 이끈 하나의 동력이자 그 부산물이라 할 수 있을지도 모른다.

(나) 우울증은 일반적으로 자기 파괴적인 질환으로 인식되어 왔지만 실은 자신을 보호하고 미래를 준비하기 위한 보호 기제일 수도 있다. 달성할 수 없거나 달성하기 매우 어려운 목표에 도달하기 위해 엄청난 에너지를 소모하는 것은 에너지와 자원을 낭비할 뿐만 아니라, 정신과 신체를 소진시킴으로써 사회적 기능을 수행할 수 없게 하고 주위의 도움이 없으면 생명을 유지하기 어려운 상태에 이르게도 할 수 있다. 이를 막기 위한 기제가 스스로의 자존감을 낮추고 그 목표를 포기하게 만드는 것이다. 이를 통해 고갈된 에너지를 보충하고 다시 도전할 수 있는 기회를 모색할 수 있다.

(다) 오늘날 우울증은 왜 이렇게 급격하게 늘어나는 것일까? 창조성이란 그 사회에 존재하고 있는 기술이나 생각에 대한 도전이자 대안 제시이며, 기존의 기술이나 생각을 엮어서 새로운 조합을 만들어 내는 것이다. 과거에 비해 현대 사회는 경쟁이 심화되고 혁신들이 더 가치를 인정받기 때문에 창조성이 있는 사람은 상당히 큰 선택적 이익을 갖게 된다. 그렇지만 현대 사회처럼 기존에 존재하는 기술이나 생각이 엄청나게 많아 우리의 뇌가 그것을 담기에도 벅찬 경우에는 새로운 조합을 만들어 내는 일은 무척이나 많은 에너지를 요한다. 또한 지금과 같은 경쟁 사회는 새로운 기술이나 생각에 대한 사회적 요구가 커지기 때문에 정신적 소진 상태를 초래하기 쉬운 환경이 되고 있다. 결국 경쟁은 창조성을 발휘하게 하지만 지나친 경쟁은 정신적 소진을 초래하기 때문에 우울증이 많이 발생할 수 있다.

① 창조적인 사람들은 정서적으로 불안정하고 우울증에 걸릴 수 있는 유전자를 가질 확률이 높다는 사실은 (가)를 강화한다.

② 우울증에 걸린 사람 중에 어려운 목표를 포기하지 못하는 사람들이 많다는 사실은 (나)를 강화한다.

③ 정신적 소진은 우울증을 초래할 가능성이 높다는 사실은 (다)를 약화한다.

④ 유전적 요인이 환경에 적응하는 과정에서 정신질환이 생겨난다는 사실은 (가)와 (나) 모두를 약화한다.

⑤ 과거에 비해 현대 사회에서 창조적인 아이디어를 만들어내기 어렵다는 사실은 (가)를 강화하고 (다)를 약화한다.

오늘날 인류가 왼손보다 오른손을 선호하는 경향은 어디서 비롯되었을까? 무기를 들고 싸우는 결투에서 오른손잡이는 왼손잡이 상대를 만나 곤혹을 치르곤 한다. 왼손잡이 적수가 무기를 든 왼손은 뒤로 감춘 채 오른손을 내밀어 화해의 몸짓을 보이다가 방심한 틈에 공격을 할 수도 있다. 그러나 이런 상황이 왼손에 대한 폭넓고 뿌리 깊은 반감을 다 설명해 준다고는 생각되지 않는다. 예컨대 그런 종류의 겨루기와 거의 무관했던 여성들의 오른손 선호는 어떻게 설명할 것인가?

오른손을 귀하게 여기고 왼손을 천대하는 현상은 어쩌면 산업화 이전 사회에서 배변 후 사용할 휴지가 없었다는 사실과 관련이 있을 법하다. 인류 역사에서 대부분의 기간 동안 배변 후 뒤처리를 담당한 것은 맨손이었다. 맨손으로 배변 뒤처리를 하는 것은 불쾌할 뿐더러 병균을 옮길 위험을 수반하는 일이었다. 이런 위험의 가능성을 낮추는 간단한 방법은 음식을 먹거나 인사할 때 다른 손을 사용하는 것이었다. 기술 발달 이전의 사회에서는 대개 왼손을 배변 뒤처리에, 오른손을 먹고 인사하는 일에 사용했다. 이런 전통에서 벗어난 행동을 보면 사람들은 기겁하지 않을 수 없었다. 오른손과 왼손의 역할 분담에 관한 관습을 따르지 않는 어린아이는 벌을 받았을 것이다.

나는 이런 배경이 인간 사회에서 널리 나타나는 '오른쪽'에 대한 긍정과 '왼쪽'에 대한 반감을 어느 정도 설명해 줄 수 있으리라고 생각한다. 그러나 이 설명은 왜 애초에 오른손이 먹는 일에, 그리고 왼손이 배변 처리에 사용되었는지 설명해주지 못한다. 확률로 말하자면 왼손이 배변 처리를 담당하게 될 확률은 1/2이다. 그렇다면 인간 사회 가운데 절반 정도는 왼손잡이 사회였어야 할 것이다. 그러나 동서양을 막론하고, 왼손잡이 사회는 확인된 바 없다. 세상에는 왜 온통 오른손잡이 사회들뿐인지에 대한 근본적인 설명은 다른 곳에서 찾아야 할 것 같다.

한쪽 손을 주로 쓰는 경향은 뇌의 좌우반구의 기능 분화와 관련되어 있는 것으로 보인다. 보고된 증거에 따르면, 왼손잡이는 읽기와 쓰기, 개념적·논리적 사고 같은 좌반구 기능에서 오른손잡이보다 상대적으로 미약한 대신 상상력, 패턴 인식, 창의력 등 전형적인 우반구 기능에서는 상대적으로 기민한 경우가 많다.

비비원숭이의 두개골 화석을 연구함으로써 오스트랄로피테쿠스가 어느 손을 즐겨 썼는지를 추정할 수 있다. 이들이 비비원숭이를 몽둥이로 때려서 입힌 상처의 흔적이 남아 있기 때문이다. 연구에 따르면 오스트랄로피테쿠스는 약 80%가 오른손잡이였다. 이는 현대인과 거의 일치한다. 사람이 오른손을 즐겨 쓰듯 다른 동물들도 앞발 중에 더 선호하는 쪽이 있는데, 포유류에 속하는 동물들은 대개 왼발을 즐겨 쓰는 것으로 나타났다. 이들 동물에서도 뇌의 좌우반구 기능은 인간과 본질적으로 다르지 않으며, 좌우반구의 신체 제어에서 좌우 교차가 일어난다는 점도 인간과 다르지 않다.

왼쪽과 오른쪽의 대결은 인간이라는 종의 먼 과거까지 거슬러 올라간다. 나는 이성 대 직관의 힘겨루기, 뇌의 두 반구 사이의 힘겨루기가 오른손과 왼손의 힘겨루기로 표면화된 것이 아닐까 생각한다. 즉 오른손이 원래 왼손보다 더 능숙했기 때문이 아니라 뇌의 좌반구가 인간의 행동을 지배하는 권력을 갖게 되었기 때문에 오른손 선호에 이르렀다는 생각이다. 그리고 이것이 사실이라면 직관적 사고에 대한 논리적 비판은 거시적 관점에서 그 타당성을 의심해볼 만하다. 어쩌면 뇌의 우반구 역시 좌반구의 권력을 못마땅하게 여기고 있는지도 모른다. 다만 논리적인 언어로 반론을 펴지 못할 뿐.

문 19. 윗글에서 알 수 없는 것은?

① 위생에 관한 관습은 명문화된 규범 없이도 형성될 수 있다.
② 직관적 사고보다 논리적 사고가 인간의 행위를 더 강하게 지배해 왔다고 볼 수 있다.
③ 인류를 제외한 대부분의 포유류의 경우에는 뇌의 우반구가 좌반구와의 힘겨루기에서 우세하다고 볼 수 있다.
④ 먹는 손과 배변을 처리하는 손이 다르게 된 이유는 먹는 행위와 배변 처리 행위에 요구되는 뇌 기능이 다르기 때문이다.
⑤ 왼손을 천대하는 관습이 가져다주는 이익이 있다고 해서 오른손잡이가 왼손잡이보다 압도적으로 많은 이유가 설명되는 것은 아니다.

문 20. 윗글의 논지를 약화하는 진술로 가장 적절한 것은?

① 오스트랄로피테쿠스의 지능은 현생 인류에 비하여 현저하게 뒤떨어지는 수준이었다.
② '왼쪽'에 대한 반감의 정도가 서로 다른 여러 사회에서 왼손잡이의 비율은 거의 일정함이 밝혀졌다.
③ 오른손잡이와 왼손잡이가 뇌의 해부학적 구조에서 유의미한 차이를 보이지 않는다는 사실이 입증되었다.
④ 진화 연구를 통해 인류 조상들의 행동의 성패를 좌우한 것이 언어·개념과 무관한 시각 패턴 인식 능력이었음이 밝혀졌다.
⑤ 태평양의 어느 섬에서 외부와 교류 없이 수백 년 동안 존속해 온 원시 부족 사회는 왼손에 대한 반감을 전혀 갖고 있지 않았다.

문 21. 다음 글의 내용과 부합하는 것은?

아래로 흐르던 물이 손에 부딪쳐 튀어 오르는 것이 기운[氣]이라 하더라도 손에 부딪쳐 튀어 오르게 하는 것은 이치[理]니, 어찌 기운만 홀로 작용한다고 할 수 있겠는가?

대저 물이 아래로 흐르게 하는 것은 이치이며, 흐르던 물이 손에 부딪쳐 튀어 오르게 하는 것도 역시 이치이다. 물이 아래로 내려가는 것은 '본연의 이치[本然之理]' 때문이며, 손에 부딪쳤을 때 튀어 오르는 것은 '기운을 타고 있는 이치[乘氣之理]' 때문이다. 기운을 타고 있는 이치 밖에서 '본연의 이치'를 따로 구하는 것은 옳지 않지만, 기운을 타고 정상(定常)에 위반되는 것을 가리켜 '본연의 이치'라고 하는 것 역시 옳지 않다. 그리고 만약 정상에 위반되는 것에 대해 여기에는 기운만 홀로 작용하고 이치가 존재하지 않는다고 하는 것 역시 옳지 않다.

어떤 악인(惡人) 아무개가 편안히 늙어 죽는 것은 그야말로 정상에 위반되지만, 나라를 다스리는 도리가 공평하지 않아 상벌이 제대로 시행되지 못하여 악인이 득세하고 선한 사람이 곤궁해지는 까닭 역시 이치이다. 맹자는 "작은 것은 큰 것에 부림을 받고, 약한 것은 강한 것에 부림을 받는다. 이것은 천(天)이다"라고 하였다. 대저 덕의 크고 작음을 논하지 않고 오직 물리적인 대소와 강약만을 승부로 삼는 것이 어찌 천의 본연이겠는가? 이것은 형세를 기준으로 말한 것이니, 형세가 이미 그러할 때는 이치도 역시 그러하니, 이것을 천이라 한 것이다. 그러니 아무개가 목숨을 보존할 수 있었던 것은 본연의 이치가 아니라고 하면 옳지만, 기운이 홀로 그렇게 하고 이치는 없다고 하면 옳지 않다. 천하에 어찌 이치 밖에서 기운이 존재하겠는가?

대저 이치는 본래 하나일 뿐이고, 기운 역시 하나일 뿐이다. 기운이 움직일 때 고르지 않으면 이치도 역시 고르지 못하니, 기운은 이치를 떠나지 못하고 이치는 기운을 떠나지 못한다. 이렇다면 이치와 기운은 하나이니, 어디에서 따로 있는 것을 볼 수 있겠는가?

① 약한 것이 강한 것의 부림을 받는 것은 천의 본연이다.
② 형세가 바뀐 기운에는 그 기운을 타고 작용하는 이치가 반드시 있다.
③ 기운을 타고 있는 이치 이외에 그 기준이 되는 본연의 이치가 독립적으로 실재한다.
④ 악인이 편안히 늙어 죽는 것은 이치가 아니며, 다만 기운이 그렇게 작용할 뿐이다.
⑤ 이치에는 본연의 것과 정상을 벗어난 것이 있는데, 이 중 본연의 이치만 참된 이치이다.

문 22. 다음 글에서 알 수 있는 것은?

서양 사람들은 중국 명나라를 은의 나라로 불렀다. 명나라의 은 생산이 많아서 그런 것은 아니었다. 무역을 통해 외국으로부터 은이 쏟아져 들어오고 있었기 때문이었다. 그 은 가운데 상당량은 일본에서 채굴된 것이었다.

당시 일본은 세계 굴지의 은 생산 국가로 발돋움하고 있었다. 그 배경에는 두 명의 조선 사람이 있었다. 은광석에는 다량의 납이 포함되어 있었으며, 은광석에서 은과 납을 분리하는 제련기술 없이 은 생산은 늘어날 수 없었다. 그런데 1503년에 김감불과 김검동이란 조선인이 은과 납을 효율적으로 분리하는 기술인 연은분리법을 세계 최초로 개발했다. 연은분리법은 조선에서는 곧 잊혀졌지만 정작 조선보다 일본에서 빛을 발해 이후 일본의 은 생산량을 크게 늘리는 데 기여했다. 일본은 조선보다 은광석이 풍부했지만 제련하는 기술이 후진적이어서 생산량은 뒤쳐져 있었다. 그런데 조선에서 개발된 이 기술이 일본에 전해진 후 일본 전역에서 은광 개발 붐이 일어났고, 16세기 말 일본은 동아시아 최대의 은 생산국이 되었다.

특히 혼슈의 이와미은광은 막대한 생산량으로 인해 일본 군웅들의 각축장이 되었다. 당시 은은 국제통화였고 명나라에서는 은이 부족했으므로, 이와미은광은 동아시아 교역의 중심에 섰다. 일례로 포르투갈 상인에게 조총을 구입하기 위해 일본의 지방 영주들은 은을 지출하였고, 은을 보유하게 된 포르투갈 상인들은 다시 중국으로 건너가 도자기와 차·비단을 구입하며 은을 지불했다.

임진왜란 4년 전인 1588년, 도요토미 히데요시는 왜구 집단에 대해 개별적인 밀무역과 해적활동을 금지하는 해적정지령을 내렸다. 이로써 그는 독립적이었던 왜구의 무역 활동을 장악하고, 그 전력을 정규 수군화한 후 조선과 중국에 무역을 요구했다. 하지만 명은 왜구에 대한 두려움으로 일본과의 무역을 제한하는 해금정책을 풀지 않았고, 조선 또한 삼포왜란 이후 중단된 거래를 재개할 생각이 없었다. 도요토미는 은을 매개로 한 교역을 활성화할 수 있는 방법으로 전쟁을 택했다. 그에게는 조선을 거쳐 베이징으로 침공하는 방법과 중국 남해안을 직접 공격하는 방법이 있었다. 도요토미는 대규모 군대와 전쟁 물자를 수송해야 하는 문제를 고려하여 전자를 선택하였다. 임진왜란의 발발이었다.

① 도요토미 히데요시는 해적정지령을 내려 조선·명과의 관계를 개선하였다.
② 일본은 조선보다 은광석이 풍부했으며 은광석의 납 함유율도 조선보다 높았다.
③ 은을 매개로 한 조선·명·일본 3국의 교역망은 임진왜란 발발로 붕괴되었다.
④ 연은분리법의 전파로 인해 일본의 은 생산량은 조선의 은 생산량을 앞지르게 되었다.
⑤ 도요토미 히데요시가 일본을 통일하는 데 이와미은광에서 나온 은이 중요한 역할을 하였다.

문 23. 다음 글에서 알 수 없는 것은?

1930년대 우리나라 탐정소설에는 과학적 수사의 강조, 육감적 혹은 감정적 사건 전개라는 두 가지 특성이 나타난다. 이러한 것들은 1930년대 우리나라 탐정소설에 서구 번역 탐정소설이 미친 영향력 못지않게 국내에서 유행하던 환상소설, 공포소설, 모험소설, 연애소설 등의 대중 소설 장르가 영향력을 미친 데서 비롯된 것이다. 2000년대 이후 오늘날의 탐정소설은 과학적 수사, 증명, 논리적 추론 과정에 초점이 맞추어지는 데 반해, 1930년대 탐정소설은 감정적, 심리적, 우연적 요소의 개입 같은 것들이 사건 해결의 열쇠를 쥐고 있었다. 두 가지 큰 특성 중 감정적 혹은 육감적 사건 전개는 탐정소설의 범위를 넓히는 동시에 다양한 세부 장르를 형성하였다. 그러나 현재로 오면서 두 번째 특성은 소멸되고 첫 번째의 특성만 강하게 남아, 그것이 탐정소설의 전부인 것처럼 인식되는 경향이 지배적이다.

다양한 의미와 유형을 내포했던 1930년대의 '탐정'과 탐정소설은 현재로 오면서 오히려 그 범위가 협소해진 것으로 보인다. '탐정'이라는 용어는 서술어적 의미가 사라지고 인물의 의미로 국한되어 사용되었으며, 탐정소설은 감정적 혹은 육감적 사건 전개나 기괴한 이야기가 지니는 환상적인 매력이 사라지고 논리적 추론 과정에 초점이 맞추어지는 서구의 고전적 탐정소설 유형만이 남게 되었다. 1930년대의 탐정소설이 서구 고전적 탐정소설로 귀착되면서, 탐정소설과 다른 대중 소설 장르가 결합된 양식들은 사라졌다. 그런 면에서 1930년대 탐정소설의 고유한 특성을 밝히는 것은 서구의 것과는 다른 한국식 탐정소설의 양식들이 발전할 수 있는 가능성을 제기하는 것이기도 하다.

① 1930년대 우리나라에서 '탐정'이라는 말은 현재보다 더 넓은 의미를 가졌다.

② 서구의 고전적 탐정소설은 과학적 수사와 논리적 추론 과정에 초점을 맞춘다.

③ 오늘날 우리나라 탐정소설에서는 기괴한 이야기가 가진 환상적 매력을 발견하기 어렵다.

④ 과학적, 논리적 추론 과정의 정립은 한국식 탐정소설의 다양한 형식을 발전시키는 데 기여했다.

⑤ 1930년대 우리나라 탐정소설은 서구 번역 탐정소설과 한국의 대중 소설 장르의 영향을 받았다.

문 24. 다음 글에서 알 수 없는 것은?

동아시아 삼국에 외국인이 집단적으로 장기 거주함에 따라 생활의 편의와 교통통신을 위한 근대적 편의시설이 갖춰지기 시작했다. 이른바 문명의 이기로 불린 전신, 우편, 신문, 전차, 기차 등이 그것이다. 민간인을 독자로 하는 신문은 개항 이후 새롭게 나타난 신문물 가운데 하나이다. 신문(新聞) 혹은 신보(新報)라는 이름부터가 그렇다. 물론 그 전에도 정부 차원에서 관료들에게 소식을 전하는 관보가 있었지만 오늘날 우리가 사용하는 의미에서의 신문은 여기서부터 비롯된다.

1882년 서양 선교사가 창간한 『The Universal Gazette』의 한자 표현이 '천하신문'인 데서 알 수 있듯, 선교사들은 가제트를 '신문'으로 번역했다. 이후 신문이란 말은 "마카오의 신문지를 참조하라"거나 "신문관을 설립하자"는 식으로 중국인들이 자발적으로 활발하게 사용하기 시작했다.

상업이 발달한 중국 상하이와 일본 요코하마에서는 각각 1851년과 1861년 영국인에 의해 영자신문이 창간되어 유럽과 미국 회사들에 필요한 정보를 제공했고, 이윽고 이를 모델로 하는 중국어, 일본어 신문이 창간되었다. 상하이 최초의 중국어 신문은 영국의 민간회사 자림양행에 의해 1861년 창간된 『상하이신보』다. 거기에는 선박의 출입일정, 물가정보, 각종 광고 등이 게재되어 중국인의 필요에 부응했다. 이 신문은 'ㅇㅇ신보'라는 용어의 유래가 된 신문이다. 중국에서 자국인에 의해 발행된 신문은 1874년 상인 왕타오에 의해 창간된 중국어 신문 『순후안일보』가 최초이다. 이것은 오늘날 '△△일보'라는 용어의 유래가 된 신문이다.

한편 요코하마에서는 1864년 미국 영사관 통역관이 최초의 일본어 신문 『카이가이신문』을 창간하면서 일본 국내외 뉴스와 광고를 게재했다. 1871년 처음으로 일본인에 의해 일본어 신문인 『요코하마마이니치신문』이 창간되었고, 이후 일본어 신문 창간의 붐이 일었다.

개항 자체가 늦었던 조선에서는 정부 주도하에 1883년 외교를 담당하던 통리아문 박문국에서 최초의 근대적 신문 『한성순보』를 창간했다. 그러나 한문으로 쓰인 『한성순보』와는 달리 그 후속으로 1886년 발행된 『한성주보』는 국한문 혼용을 표방했다. 한글로 된 최초의 신문은 1896년 독립협회가 창간한 『독립신문』이다. 1904년 영국인 베델과 양기탁 등에 의해 『대한매일신보』가 영문판 외에 국한문 혼용판과 한글 전용판을 발간했다. 그밖에 인천에서 상업에 종사하는 사람들을 위한 정보를 알려주는 신문 등 다양한 종류의 신문이 등장했다.

① 중국 상하이와 일본 요코하마에서 창간된 영자신문은 서양 선교사들이 주도적으로 참여하였다.

② 개항 이전에는 관료를 위한 관보는 있었지만, 민간인 독자를 대상으로 하는 신문은 없었다.

③ 'ㅇㅇ신보'나 '△△일보'란 용어는 민간이 만든 신문들의 이름에서 기인한다.

④ 일본은 중국보다 자국인에 의한 자국어 신문을 먼저 발행하였다.

⑤ 개항 이후 외국인의 필요에 의해 발행된 신문이 있었다.

문 25. 다음 글에서 알 수 있는 것만을 〈보기〉에서 모두 고르면?

　　조선후기에 들어와 아들이 없어 대를 이을 수 없는 양반들은 가계의 단절을 막기 위해 양자를 적극적으로 입양했다. 양자는 생부와 양부가 모두 생존해 있을 때 결정되기도 하지만, 양부 혹은 양부모가 모두 젊은 나이에 사망했을 때는 사후에 정해지기도 했다. 어떤 형식이든 간에 목적은 아들이 없는 집의 가계 계승이었다.

　　양반가에서 입양이 일단 이루어지면 양부모와 양자의 부자 관계는 지속되었으며 세월이 흘러 세대가 바뀌어도 그 관계는 변하지 않았다. 그러나 입양이 일시적으로만 유지되는 경우도 있었는데, 이는 하층민에게서 나타나는 현상이었다. 호적을 보면 평민은 물론 노비층에도 양자가 존재했으며 때로는 양부와 양자의 성씨가 다른 경우도 있었다. 양자의 성씨가 다른 경우는 가계 계승을 목적으로 하는 입양에서는 있을 수 없는 일이었다. 그러므로 조선후기에 성씨가 다른 양자가 보인다면 이는 양반가가 아닌 하층민에서 노동력 확보나 노후 봉양 등을 목적으로 한 입양이었다.

　　양반 남성에게 양자는 자신과 성씨가 같으며 부계 혈통을 나누어 가진 자여야만 했다. 더구나 가문 내에서 세대 간 순차적 연결을 위해, 입양하려는 사람은 입양 대상자를 자신의 아들 항렬에 해당하는 친족으로 한정했다. 따라서 적당한 입양 대상자를 찾기 위하여 때로는 20~30촌이 넘는 부계친족의 협조를 받아 입양하기도 했다. 입양된 양자는 양부모의 재산을 물려받고, 그들을 위해 매년 제사를 지냈으며, 호적에도 생부가 아닌 양부가 친부로 기록되며 이는 결코 변경되지 않았다. 한편 적자와 서자의 차별이 강화되고 적자를 통해 가계를 계승해야 한다는 인식이 확산되면서, 적자는 없지만 서자가 있는 양반가에서도 양자를 들였다. 하층민들도 부계의 아들 항렬을 입양하기도 했는데, 양반과는 달리 입양의 목적이 반드시 가계 계승에 있지는 않았다. 가계 계승이 아닌 양부모 봉양 때문에 이루어진 하층민의 친족 입양은 그 목적이 사라지면 입양 관계가 종결되었다.

　　조선후기 호적에는 입양 사실을 보여주는 여러 기록이 있다. 예를 들어 경상도 단성현 법물야면 호적에는 1750년에 변담이 큰아버지 변해석의 양자로 들어갔음이 기록되어 있는데, 1757년에 변해석이 사망한 후 1759년 호적에는 변담의 생부인 변해달이 변담의 친부로 기록되어 있다.

〈보 기〉

ㄱ. 변해석은 노동력 확보를 위해 변담을 양자로 입양했다.
ㄴ. 변담은 가계 계승을 목적으로 변해석의 양자로 들어갔다.
ㄷ. 경상도 단성현 법물야면의 호적에는 평민 등 하층민에 대해서도 기록되어 있다.

① ㄱ
② ㄷ
③ ㄱ, ㄴ
④ ㄴ, ㄷ
⑤ ㄱ, ㄴ, ㄷ

문 26. 다음 글에서 바르게 추론한 것만을 〈보기〉에서 모두 고르면?

　　우리가 현재 가지고 있는 믿음들은 추가로 획득된 정보에 의해서 수정된다. 뺑소니사고의 용의자로 갑, 을, 병이 지목되었고 이 중 단 한 명만 범인이라고 하자. 수사관 K는 운전 습관, 범죄 이력 등을 근거로 각 용의자가 범인일 확률을 추측하여, '갑이 범인'이라는 것을 0.3, '을이 범인'이라는 것을 0.45, '병이 범인'이라는 것을 0.25만큼 믿게 되었다고 하자. 얼마 후 병의 알리바이가 확보되어 병은 용의자에서 제외되었다. 그렇다면 K의 믿음의 정도는 어떻게 수정되어야 할까?

　　믿음의 정도를 수정하는 두 가지 방법이 있다. 방법 A는 0.25를 다른 두 믿음에 동일하게 나누어 주는 것이다. 따라서 병의 알리바이가 확보된 이후 '갑이 범인'이라는 것과 '을이 범인'이라는 것에 대한 K의 믿음의 정도는 각각 0.425와 0.575가 된다. 방법 B는 기존 믿음의 정도에 비례해서 분배하는 것이다. 위 사례에서 '을이 범인'이라는 것에 대한 기존 믿음의 정도 0.45는 '갑이 범인'이라는 것에 대한 기존 믿음의 정도 0.3의 1.5배이다. 따라서 믿음의 정도 0.25도 이 비율에 따라 나누어 주어야 한다. 즉 방법 B는 '갑이 범인'이라는 것에는 0.1을, '을이 범인'이라는 것에는 0.15를 추가하는 것이다. 결국 방법 B에 따르면 병의 알리바이가 확보된 이후 '갑이 범인'이라는 것과 '을이 범인'이라는 것에 대한 K의 믿음의 정도는 각각 0.4와 0.6이 된다.

〈보 기〉

ㄱ. 만약 기존 믿음의 정도들이 위 사례와 달랐다면, 병이 용의자에서 제외된 뒤 '갑이 범인'과 '을이 범인'에 대한 믿음의 정도의 합은, 방법 A와 방법 B 중 무엇을 이용하는지에 따라 다를 수 있다.
ㄴ. 만약 기존 믿음의 정도들이 위 사례와 달랐다면, 병이 용의자에서 제외된 뒤 '갑이 범인'과 '을이 범인'에 대한 믿음의 정도의 차이는 방법 A를 이용한 결과가 방법 B를 이용한 결과보다 클 수 있다.
ㄷ. 만약 '갑이 범인'에 대한 기존 믿음의 정도와 '을이 범인'에 대한 기존 믿음의 정도가 같았다면, '병이 범인'에 대한 기존 믿음의 정도에 상관없이 병이 용의자에서 제외된 뒤 방법 A를 이용한 결과와 방법 B를 이용한 결과는 서로 같다.

① ㄴ
② ㄷ
③ ㄱ, ㄴ
④ ㄱ, ㄷ
⑤ ㄴ, ㄷ

문 27. 다음 ⊙의 사례로 적절한 것만을 〈보기〉에서 모두 고르면?

　　적혈구는 일정한 수명을 가지고 있어서 그 수와 관계 없이 총 적혈구의 약 0.8% 정도는 매일 몸 안에서 파괴된다. 파괴된 적혈구로부터 빌리루빈이라는 물질이 유리되고, 이 빌리루빈은 여러 생화학적 대사 과정을 통해 간과 소장에서 다른 물질로 변환된 후에 대변과 소변을 통해 배설된다.

　　적혈구로부터 유리된 빌리루빈은 강한 지용성 물질이어서 혈액의 주요 구성물질인 물에 녹지 않는다. 이런 빌리루빈을 비결합 빌리루빈이라고 하며, 혈액 내에서 비결합 빌리루빈은 알부민이라는 혈액 단백질에 부착된 상태로 혈류를 따라 간으로 이동한다. 간에서 이 비결합 빌리루빈은 담즙을 만드는 간세포에 흡수되고 글루쿠론산과 결합하여 물에 잘 녹는 수용성 물질인 결합 빌리루빈으로 바뀌게 된다. 결합 빌리루빈의 대부분은 간세포에서 만들어져 담관을 통해 분비되는 담즙에 포함되어 소장으로 배출되지만 일부는 다시 혈액으로 되돌려 보내져 혈액 내에서 알부민과 결합하지 않고 혈류를 따라 순환한다.

　　간세포에서 분비된 담즙을 통해 소장으로 들어온 결합 빌리루빈의 절반은 장세균의 작용에 의해 소장에서 흡수되어 혈액으로 이동하는 유로빌리노젠으로 전환된다. 나머지 절반의 결합 빌리루빈은 소장에서 흡수되지 않고 대변에 포함되어 배설된다. 혈액으로 이동한 유로빌리노젠의 일부분은 혈액이 신장을 통과할 때 혈액으로부터 여과되어 신장으로 이동한 후 소변으로 배설된다. 하지만 대부분의 혈액 내 유로빌리노젠은 간으로 이동하여 간세포에서 만든 담즙을 통해 소장으로 배출되어 대변을 통해 배설된다.

　　빌리루빈의 대사와 배설에 장애가 있을 때 여러 임상 증상이 나타날 수 있다. 따라서 빌리루빈이나 빌리루빈 대사물의 양을 측정한 후, 그 값을 정상치와 비교하면 임상 증상을 일으키는 원인이 되는 질병이나 문제를 ⊙ 추측할 수 있다.

─────〈보 기〉─────

ㄱ. 소변 내 유로빌리노젠의 양이 정상치보다 높으면, 혈액의 적혈구 파괴 비율이 증가하는 용혈성 질병이 있을 수 있다.

ㄴ. 혈액 내 비결합 빌리루빈의 양이 정상치보다 높으면, 담즙을 만드는 간세포의 기능이 망가진 간경화가 있을 수 있다.

ㄷ. 대변 내 결합 빌리루빈이 발견되지 않으면, 담석에 의해 담관이 막혀 담즙이 배출되지 않은 담관폐쇄증이 있을 수 있다.

① ㄱ
② ㄴ
③ ㄱ, ㄷ
④ ㄴ, ㄷ
⑤ ㄱ, ㄴ, ㄷ

문 28. 다음 ⊙과 ⓒ에 대한 판단으로 가장 적절한 것은?

　　니체는 자신이 가끔 '가축 떼의 도덕'이라고 부르며 비난했던 것을 '노예의 도덕', 즉 노예나 하인에게 적합한 도덕으로 묘사한다. 그는 다음과 같이 말한다. "지금까지 지상을 지배해 온 수많은 도덕들 사이를 헤집고 다니면서 마침내 두 가지의 기본적인 유형, 주인의 도덕과 노예의 도덕을 발견했다." 그 다음 그는 이 두 유형의 도덕은 보통 섞여 있으며 온갖 다양한 방식으로 함께 작동한다는 점을 덧붙인다. 그의 주장에는 분명 지나치게 단순한 이분법이 스며들어 있다. 그러나 『도덕의 계보』에서 그는 자신이 우리에게 제시하고 있는 것은 하나의 논쟁이며, 지나치게 단순화되긴 했지만 도덕을 보는 사유의 근본적인 쟁점을 부각시키는 데 목적이 있다는 점도 분명하게 밝힌다.

　　니체에 따르면 성경이나 칸트의 저서에서 제시된 도덕은 ⊙ 노예의 도덕이다. 노예 도덕의 가장 조잡한 형태는 개인을 구속하고 굴레를 씌우는 일반 원칙으로 구성되는데, 이는 외적 권위 즉 통치자나 신으로부터 부과된 것이다. 좀 더 섬세하고 세련된 형태에서는 외적 권위가 내재화되는데, 이성(理性)의 능력이 그 예라고 할 수 있다. 하지만 조잡한 형태든 세련된 형태든 이 도덕을 가장 잘 특징짓는 것은 그것이 무엇인가를 금지하고 제약하는 일반 원칙의 형태로 나타난다는 점이다. 칸트가 정언명령을 몇 개의 일반적 정칙(定則)으로 제시했을 때도 그 내용은 '너희는 해서는 안 된다'였다.

　　반면 ⓒ 주인의 도덕은 덕의 윤리이며, 개인의 탁월성을 강조하는 윤리이다. 이는 개인의 행복과 반대되지 않으며 오히려 도움을 줄 수도 있다. 니체와 아리스토텔레스는 인격적으로 뛰어나게 되는 것이야말로 그 사람을 행복하게 해 준다고 생각했다. 자신의 목표나 만족을 희생해서 마지못해 자신의 의무를 완수하는 것은 그 사람을 불행하게 만든다. 그에 비해 주인의 도덕을 실천하는 사람은 자신이 좋아하고 자신에게 어울리는 가치, 이상, 실천을 자신의 도덕으로 삼는다. 주인의 도덕은 '지금의 나 자신이 되어라!'를 자신의 표어로 삼는다. 그리고 자신이 다른 사람과 같은지 다른지, 혹은 다른 사람의 것을 받아들일 수 있는지 없는지에 대해서는 별 신경을 쓰지 않는다.

① 내가 '좋음'의 의미를 주체적으로 정립하여 사는 삶은 ⊙에 따라 사는 삶이다.

② 내가 나 자신의 탁월성 신장을 통하여 행복을 추구하여 사는 삶은 ⊙에 따라 사는 삶이다.

③ 내가 끊임없이 스스로를 갈고 닦아 자신만의 개성을 만들어 사는 삶은 ⊙에 따라 사는 삶이다.

④ 내가 내재화된 이성의 힘을 토대로 주체적인 삶을 영위하기 위해 노력하는 것은 ⓒ에 따라 사는 삶이다.

⑤ 내가 개인을 구속하는 일반 원칙에 얽매이지 않고 덕스러운 방식으로 행복을 추구하는 것은 ⓒ에 따라 사는 삶이다.

문 29. 다음 글에 비추어 볼 때, 구들에 의한 영향으로 볼 수 있는 사례만을 〈보기〉에서 모두 고르면?

우리 민족은 고유한 주거문화로 바닥 난방 기술인 구들을 발전시켜 왔는데, 구들은 우리 민족에 다양한 영향을 주었다. 우선 오랜 구들 생활은 우리 민족의 인체에 적지 않은 변화를 초래하였다. 태어나면서부터 따뜻한 구들에서 누워자는 것이 습관이 된 우리 아이들은 사지의 활동량이 적고 발육이 늦어졌다. 구들에서 자란 우리 아이들은 다른 어떤 민족의 아이들보다 따뜻한 곳에서 안정감을 느꼈으며, 우리 민족은 아이들에게 따뜻함을 느낄 수 있는 환경을 만들어주기 위해 여러 가지를 고안하여 발전시켰다.

구들은 농경을 주업으로 하는 우리 민족의 생산도구의 제작과 사용에 많은 영향을 주었다. 구들에 앉아 오랫동안 활동하는 습관은 하반신보다 상반신의 작업량을 증가시켰고 상반신의 움직임이 상대적으로 정교하게 되었다. 구들 생활에 익숙해진 우리 민족은 방 안에서의 작업뿐만 아니라 농사를 비롯한 야외의 많은 작업에서도 앉아서 하는 습관을 갖게 되었는데 이는 큰 농기구를 이용하여 서서 작업을 하는 서양과는 완전히 다른 방식이었다.

구들에서의 생활은 우리의 음식문화에도 많은 영향을 미쳤다. 구들에 앉거나 누우면 엉덩이나 등은 따뜻하게 되지만 상대적으로 소화계통이 있는 배는 고루 덥혀지지 않게 된다. 이 때문에 소화과정에 불균형이 발생하는데 우리 민족은 자극적인 음식을 발전시켜 이를 해결하였다. 구들 생활에 맞추어 식생활에 쓰이는 도구들의 크기도 앉아서 팔을 들어 사용하기 편리하게끔 만들어졌다. 밥솥의 크기는 아낙네들이 팔을 휙 두르면 어디나 닿을 수 있게 만들어졌으며 맷돌도 구들에 앉아 혼자서 돌리기에 맞게 만들어졌다.

〈보 기〉
ㄱ. 우리 민족은 아주 다양한 찌개 음식을 발전시켰는데, 찌개 음식은 맵거나 짠 경우가 대부분이다.
ㄴ. 호미, 낫 등 우리 민족의 농경도구들은 대부분 팔의 길이보다 짧아 앉아서 사용하기에 편리하다.
ㄷ. 우리 민족의 남자아이들은 연날리기나 팽이치기 등의 놀이를 즐겼고, 여자아이들은 공기놀이나 널뛰기 등의 놀이를 즐겼다.

① ㄱ
② ㄴ
③ ㄱ, ㄴ
④ ㄱ, ㄷ
⑤ ㄱ, ㄴ, ㄷ

문 30. 다음 A~F에 대한 평가로 적절하지 않은 것은?

어느 때부터 인간으로 간주할 수 있는가와 관련된 주제는 인문학뿐만 아니라 자연과학에서도 흥미로운 주제이다. 특히 태아의 인권 취득과 관련하여 이러한 주제는 다양하게 논의되고 있다. 과학적으로 볼 때, 인간은 수정 후 시간이 흐름에 따라 수정체, 접합체, 배아, 태아의 단계를 거쳐 인간의 모습을 갖추게 되는 수준으로 발전한다. 수정 후에 태아가 형성되는 데까지는 8주 정도가 소요되는데 배아는 2주경에 형성된다. 10달의 임신 기간은 태아 형성기, 두뇌의 발달 정도 등을 고려하여 4기로 나뉘는데, 1~3기는 3개월 단위로 나뉘고 마지막 한 달은 4기에 해당한다. 이러한 발달 단계의 어느 시점에서부터 그 대상을 인간으로 간주할 것인지에 대해서는 다양한 견해들이 있다.

A에 따르면 태아가 산모의 뱃속으로부터 밖으로 나올 때 즉 태아의 신체가 전부 노출이 될 때부터 인간에 해당한다. B에 따르면 출산의 진통 때부터는 태아가 산모로부터 독립해 생존이 가능하기 때문에 그때부터 인간에 해당한다. C는 태아가 형성된 후 4개월 이후부터 인간으로 간주한다. 지각력이 있는 태아는 보호받아야 하는데 지각력에 있어서 필수 요소인 전뇌가 2기부터 발달하기 때문이다. D에 따르면 정자와 난자가 합쳐졌을 때, 즉 수정체부터 인간에 해당한다. 그 이유는 수정체는 생물학적으로 인간으로 태어날 가능성을 갖고 있기 때문이다. E에 따르면 합리적 사고를 가능하게 하는 뇌가 생기는 시점 즉 배아에 해당하는 때부터 인간에 해당한다. F는 수정될 때 영혼이 생기기 때문에 수정체부터 인간에 해당한다고 본다.

① A가 인간으로 간주하는 대상은 B도 인간으로 간주한다.
② C가 인간으로 간주하는 대상은 E도 인간으로 간주한다.
③ D가 인간으로 간주하는 대상은 E도 인간으로 간주한다.
④ D가 인간으로 간주하는 대상을 F도 인간으로 간주하지만, 그렇게 간주하는 이유는 다르다.
⑤ 접합체에도 영혼이 존재할 수 있다는 연구결과를 얻더라도 F의 견해는 설득력이 떨어지지 않는다.

문 31. 다음 대화의 내용이 참일 때, 거짓인 것은?

> 상학 : 위기관리체계 점검 회의를 위해 외부 전문가를 위촉해야 하는데, 위촉 후보자는 A, B, C, D, E, F 여섯 사람이야.
>
> 일웅 : 그건 나도 알고 있어. 그런데 A와 B 중 적어도 한 명은 위촉해야 해. 지진 재해와 관련된 전문가들은 이들 뿐이거든.
>
> 상학 : 나도 동의해. 그런데 A는 C와 같이 참여하기를 바라고 있어. 그러니까 C를 위촉할 경우에만 A를 위촉해야 해.
>
> 희아 : 별 문제 없겠는데? C는 반드시 위촉해야 하거든. 회의 진행을 맡을 사람이 필요한데, C가 적격이야. 그런데 C를 위촉하기 위해서는 D, E, F 세 사람 중 적어도 한 명은 위촉해야 해. C가 회의를 진행할 때 도움이 될 사람이 필요하거든.
>
> 일웅 : E를 위촉할 경우에는 F도 반드시 위촉해야 해. E는 F가 참여하지 않으면 참여하지 않겠다고 했거든.
>
> 희아 : 주의할 점이 있어. B와 D를 함께 위촉할 수는 없어. B와 D는 같은 학술 단체 소속이거든.

① 총 3명만 위촉하는 방법은 모두 3가지이다.

② A는 위촉되지 않을 수 있다.

③ B를 위촉하기 위해서는 F도 위촉해야 한다.

④ D와 E 중 적어도 한 사람은 위촉해야 한다.

⑤ D를 포함하여 최소인원을 위촉하려면 총 3명을 위촉해야 한다.

문 32. 다음 글의 내용이 참일 때, 우수공무원으로 반드시 표창 받는 사람의 수는?

> 지난 1년간의 평가에 의거하여, 우수공무원 표창을 하고자 한다. 세 개의 부서에서 갑, 을, 병, 정, 무 다섯 명을 표창 대상자로 추천했는데, 각 부서는 근무평점이 높은 순서로 추천하였다. 이들 중 갑, 을, 병은 같은 부서 소속이고 갑의 근무평점이 가장 높다. 추천된 사람 중에서 아래 네 가지 조건 중 적어도 두 가지를 충족하는 사람만 우수공무원으로 표창을 받는다.
> • 소속 부서에서 가장 높은 근무평점을 받아야 한다.
> • 근무한 날짜가 250일 이상이어야 한다.
> • 공무원 교육자료 집필에 참여한 적이 있으면서, 공무원 연수교육에 3회 이상 참석하여야 한다.
> • 정부출연연구소에서 활동한 사람은 그 활동 보고서가 인사혁신처 공식 자료로 등록되어야 한다.
>
> 지난 1년 동안 이들의 활동 내역은 다음과 같다. 250일 이상을 근무한 사람은 을, 병, 정이다. 갑, 병, 무 세 명 중에서 250일 이상을 근무한 사람은 모두 자신의 정부출연연구소 활동 보고서가 인사혁신처 공식 자료로 등록되었다. 만약 갑이 공무원 교육자료 집필에 참여하지 않았거나 무가 공무원 교육자료 집필에 참여하지 않았다면, 다섯 명의 후보 중에서 근무한 날짜의 수가 250일 이상인 사람은 한 명도 없다. 정부출연연구소에서 활동한 적이 없는 사람은 모두 공무원 연수교육에 1회 또는 2회만 참석했다. 그리고 다섯 명의 후보 모두 공무원 연수교육에 3회 이상 참석했다.

① 1명

② 2명

③ 3명

④ 4명

⑤ 5명

문 33. 다음 ㉠~㉣에 대한 판단으로 가장 적절한 것은?

> 동물실험이란 교육, 시험, 연구 및 생물학적 제제의 생산 등 과학적 목적을 위해 동물을 대상으로 실시하는 실험 및 그 절차를 말한다. 동물실험은 오랜 역사를 가진 만큼 이에 대한 찬반 입장이 복잡하게 얽혀있다.
>
> 인간과 동물의 몸이 자동 기계라고 보았던 근대 철학자 ㉠데카르트는 동물은 인간과 달리 영혼이 없어 쾌락이나 고통을 경험할 수 없다고 믿었다. 데카르트는 살아있는 동물을 마취도 하지 않은 채 해부 실험을 했던 것으로 악명이 높다. 당시에는 마취술이 변변치 않았을 뿐더러 동물이 아파하는 행동도 진정한 고통의 반영이 아니라고 보았기 때문에, 그는 양심의 가책을 느끼지 않았을 것이다. ㉡칸트는 이성 능력과 도덕적 실천 능력을 가진 인간은 목적으로서 대우해야 하지만, 이성도 도덕도 가지지 않는 동물은 그렇지 않다고 보았다. 그는 동물을 학대하는 일은 옳지 않다고 생각했는데, 동물을 잔혹하게 대하는 일이 습관화되면 다른 사람과의 관계에도 문제가 생기고 인간의 품위가 손상된다고 보았기 때문이다.
>
> 동물실험을 옹호하는 여러 입장들은 인간은 동물이 가지지 않은 언어 능력, 도구 사용 능력, 이성 능력 등을 가진다는 점을 근거로 삼는 경우가 많지만, 동물들도 지능과 문화를 가진다는 점을 들어 인간과 동물의 근본적 차이를 부정하는 이들도 있다. 현대의 ㉢공리주의 생명윤리학자들은 이성이나 언어 능력에서 인간과 동물이 차이가 있더라도 동물실험이 정당화되는 것은 아니라고 본다. 이들에게 도덕적 차원에서 중요한 기준은 고통을 느낄 수 있는지 여부이다. 인종이나 성별과 무관하게 고통은 최소화되어야 하듯, 동물이 겪고 있는 고통도 마찬가지이다. 이들이 문제 삼는 것은 동물실험 자체라기보다는 그것이 초래하는 전체 복지의 감소에 있다. 따라서 동물에 대한 충분한 배려 속에서 전체적인 복지를 증대시킬 수 있다면, 일부 동물실험은 허용될 수 있다.
>
> 이와 달리, 현대 철학자 ㉣리건은 몇몇 포유류의 경우 각 동물 개체가 삶의 주체로서 갖는 가치가 있다고 주장하면서, 이 동물에게는 실험에 이용되지 않을 권리가 있다고 본다. 이러한 고유한 가치를 지닌 존재는 존중되어야 하며 결코 수단으로 취급되어서는 안 된다. 따라서 개체로서의 가치와 동물권을 지니는 대상은 그 어떤 실험에도 사용되지 않아야 한다.

① ㉠과 ㉡은 이성과 도덕을 갖춘 인간의 이익을 우선시하기 때문에 동물실험에 찬성한다.

② ㉠과 ㉢은 동물이 고통을 느낄 수 있는지 여부에 관해 견해가 서로 다르다.

③ ㉡과 ㉣은 인간과 동물의 근본적 차이로 인해 동물을 인간과 다르게 대우해도 좋다고 본다.

④ ㉢은 언어와 이성 능력에서 인간과 동물이 차이가 있음을 부정한다.

⑤ ㉣은 동물이 고통을 느낄 수 있는 존재이기 때문에 각 동물 개체가 삶의 주체로서 가치를 지닌다고 본다.

문 34. 다음 대화에 대한 분석으로 가장 적절한 것은?

> A : '2+3=5'처럼 특정한 수를 다루는 수식은 공리가 가지는 몇 가지 특성, 즉 증명 불가능하며 그 자체로 명백하다는 특성을 가지고 있다.
>
> B : '2+3=5'는 증명될 수 없고 그 자체로 명백하다는 데 동의한다. 그것은 물론 공리의 특성이다. 하지만 그런 수식은 공리와는 달리 일반적이지 않으며 그 개수도 무한하다.
>
> C : 공리는 증명 불가능하다. 그런데 증명 불가능한 진리가 무한히 많다는 것은 틀린 생각이다. 그러므로 특정한 수를 다루는 무한히 많은 수식들이 공리일 수는 없다. 나아가 어떤 수식이 증명 불가능한 경우, 우리는 그것의 참과 거짓을 알 수 없을 것이다. 그러나 우리는 모든 수식의 참과 거짓을 알 수 있다. 따라서 모든 수식은 증명 가능하다.
>
> D : 수식의 참과 거짓을 알기 위해 증명이 꼭 필요하지는 않다. 우리는 직관을 통해 모든 수식의 참과 거짓을 그 자체로 명백하게 알 수 있다.
>
> E : 직관을 통해 그 자체로 명백하게 참과 거짓을 알 수 있는 수식은 없다. 예를 들어 '135664＋37863＝173527'은 정말 그 자체로 명백한가? 도대체 우리가 135664에 대한 직관을 가지고 있기나 한가? 그러나 우리는 이 수식이 참이라는 것을 분명히 안다. 모든 수식은 증명될 수 있기 때문이다.
>
> F : 작은 수로 이루어진 수식의 경우와 큰 수로 이루어진 경우를 나누어 생각할 필요가 있겠다. '2+3=5'와 같이 작은 수에 관한 수식은 직관을 통해 그 자체로 명백하게 참임을 알 수 있으며 증명은 불가능하다. 반면에 '135664＋37863＝173527'과 같이 큰 수로 이루어진 수식은 그 자체로 명백하게 알 수는 없지만 증명은 가능하다.
>
> G : 작은 수와 큰 수를 나누는 기준이 10이라고 한번 가정해보자. 그렇다면 만약 10 이상의 수로 이루어진 수식이 증명될 수 있다면, 왜 5 이상, 2 이상, 1 이상의 경우에는 증명될 수 없는가?

① B는 특정한 수를 다루는 수식이 공리의 특성을 갖는다고 해서 모두 공리는 아니라고 주장함으로써 A의 주장을 반박한다.

② C는 특정한 수를 다루는 수식이 무한히 많다는 것을 부정함으로써, 그러한 수식은 증명 불가능하다는 B의 주장을 반박한다.

③ D는 큰 수로 이루어진 수식의 참과 거짓을 그 자체로 명백히 알 수 있다는 데 반대하고, E는 그것을 증명할 수 있다고 주장한다.

④ F는 어떠한 수식도 증명을 통해 참임을 아는 것이 아니라는 D의 주장을 반박하면서 E의 주장을 옹호한다.

⑤ G는 만약 큰 수로 이루어진 수식이 증명될 수 있다면 작은 수로 이루어진 수식도 증명될 수 있다는 점에 근거하여 F의 주장을 반박한다.

문 35. 다음 논증에 대한 평가로 적절한 것만을 〈보기〉에서 모두 고르면?

평범한 사람들은 어떤 행위가 의도적이었는지의 여부를 어떻게 판단할까? 다음 사례를 생각해보자.

사례1 : "새로운 사업을 시작하면 수익을 창출할 것이지만, 환경에 해를 끼치게 될 것입니다"라는 보고를 받은 어느 회사의 사장은 다음과 같이 대답했다. "환경에 해로운지 따위는 전혀 신경쓰지 않습니다. 가능한 한 많은 수익을 내기를 원할 뿐입니다. 그 사업을 시작합시다." 회사는 새로운 사업을 시작했고, 환경에 해를 입혔다.

사례2 : "새로운 사업을 시작하면 수익을 창출할 것이고, 환경에 도움이 될 것입니다"라는 보고를 받은 어느 회사의 사장은 다음과 같이 대답했다. "환경에 도움이 되는지 따위는 전혀 신경 쓰지 않습니다. 가능한 한 많은 수익을 내기를 원할 뿐입니다. 그 사업을 시작합시다." 회사는 새로운 사업을 시작했고, 환경에 도움이 되었다.

위 사례들에서 사장이 가능한 한 많은 수익을 내는 것을 의도했다는 것은 분명하다. 그렇다면 사례 1의 사장은 의도적으로 환경에 해를 입혔는가? 사례 2의 사장은 의도적으로 환경에 도움을 주었는가? 일반인을 대상으로 한 설문 조사 결과, 사례 1의 경우 '의도적으로 환경에 해를 입혔다'고 답한 사람은 82%에 이르렀지만, 사례 2의 경우 '의도적으로 환경에 도움을 주었다'고 답한 사람은 23%에 불과했다. 따라서 특정 행위 결과를 행위자가 의도했는가에 대한 사람들의 판단은 그 행위 결과의 도덕성 여부에 대한 판단에 의존한다고 결론 내릴 수 있다.

〈보 기〉

ㄱ. 위 설문조사에 응한 사람들의 대부분이 환경에 대한 영향과 도덕성은 무관하다고 생각한다는 사실은 위 논증을 약화한다.

ㄴ. 위 설문조사 결과는, 부도덕한 의도를 가지고 부도덕한 결과를 낳는 행위를 한 행위자가 그런 의도 없이 같은 결과를 낳는 행위를 한 행위자보다 그 행위 결과에 대해 더 큰 도덕적 책임을 갖는다는 것을 지지한다.

ㄷ. 두 행위자가 동일한 부도덕한 결과를 의도했음이 분명한 경우, 그러한 결과를 달성하지 못한 행위자는 도덕적 책임을 갖지 않지만 그러한 결과를 달성한 행위자는 도덕적 책임을 갖는다고 판단하는 사람이 많다는 사실은 위 논증을 강화한다.

① ㄱ
② ㄴ
③ ㄱ, ㄷ
④ ㄴ, ㄷ
⑤ ㄱ, ㄴ, ㄷ

문 36. 다음 글의 내용을 평가한 것으로 가장 적절한 것은?

갑국에서는 소셜미디어 상에서 진보 성향의 견해들이 두드러지게 나타난다. 이러한 현상은 다음 두 가설에 의해서 설명될 수 있다.

A 가설은 이러한 현상이 일어나는 이유가 진보 이념에서 전통적으로 중시되는 참여 민주주의의 가치가 쌍방향 의사소통을 주요 특징으로 하는 소셜미디어와 잘 부합하기 때문이라고 본다. 진보 성향을 가진 사람들은 일반적으로 엘리트에 의한 통제보다는 시민들이 가지는 영향력과 정치 활동에 지지를 표하고, 참여를 통해 자신들의 입장이 정당함을 보여주려는 경향이 강하다. 갑국의 소셜미디어 사용자들의 다수가 진보적인 젊은 유권자들이라는 사실은 이러한 A 가설을 뒷받침한다. 최근 갑국의 트위터 사용자에 대한 연구에서도 진보적인 유권자들이 트위터와 같은 소셜미디어를 더 자주 이용하는 것으로 나타났다.

한편 소셜미디어가 가지는 대안 매체로서의 가능성에 관련한 B 가설에 따르면, 소셜미디어는 기존의 주류 언론에서 상대적으로 소외된 집단에 의해 주도적으로 활용될 가능성이 높다. 가령 트위터는 140자의 트윗이라는 형식을 통해 누구든지 팔로워들에게 원하는 메시지를 전파할 수 있고, 이 메시지는 리트윗을 통해 더 많은 사람들에게 전달될 수 있다. 이러한 트위터의 작동방식은 사용자들로 하여금 더 이상 주류 언론에 의한 매개 과정을 거치지 않고 독자적인 언론인으로 활동하며 다수에게 자신들의 견해를 전달할 수 있게 해준다. B 가설은 주류 언론이 가지는 이념적 성향이 소셜미디어의 이념적 편향성의 방향을 결정하는 주요 요인이 되리라는 예측을 가능케 한다. 즉 어떤 이념적 성향을 가진 집단이 주류 언론에 대해 상대적 소외감을 더 크게 느끼느냐에 따라 누가 이 대안 매체의 활용 가치를 더 크게 느끼는지 결정되리라는 것이다.

① 갑국에 적용한 것과 동일한 방식으로 분석했을 때, 을국의 경우 트위터 사용자들은 진보 성향보다 보수 성향이 많았다는 사실은 A 가설을 약화하지 않는다.

② 갑국의 주류 언론은 보수적 이념 성향이 강하다는 사실은 B 가설을 강화한다.

③ 갑국의 젊은 사람들 중에 진보 성향의 비율이 높다는 사실은 A 가설을 강화하고 B 가설은 약화한다.

④ 갑국에서 주류 언론보다 소셜미디어의 영향력이 강하다는 사실은 A 가설과 B 가설을 모두 강화한다.

⑤ 갑국에서는 정치 활동을 많이 하는 사람들이 소셜미디어를 더 많이 사용한다는 사실은 A 가설과 B 가설을 모두 약화한다.

2001년 인간 유전체 프로젝트가 완료된 후, 영국의 일요신문 『옵저버』는 "드디어 밝혀진 인간 행동의 비밀, 열쇠는 유전자가 아니라 바로 환경"이라는 제목의 기사를 실었다. 유전체 연구 결과, 인간의 유전자 수는 애당초 추정치인 10만 개에 크게 못 미치는 3만 개로 드러났다. 해당 기사는 인간 유전체 프로젝트의 핵심 연구자였던 크레이그 벤터 박사의 ⊙ 주장을 다음과 같이 인용하였다. "유전자 결정론이 옳다고 보기에는 유전자 수가 턱없이 부족합니다. 인간 행동과 형질의 놀라운 다양성은 우리의 유전자 속에 들어있지 않다는 것이죠. 환경에 그 열쇠가 있습니다. 우리의 행동 양식은 유전자가 환경과 상호작용함으로써 비로소 결정되죠. 인간은 유전자의 지배를 받는 존재가 아닌 것이죠. 우리는 자유의지를 발휘할 수 있는 존재인 것입니다." 여러 신문들이 같은 기사를 실었다. 이를 계기로, 본성 대 양육이라는 해묵은 논쟁은 인간의 행동을 결정하는 것이 유전인지 아니면 환경인지 하는 논쟁의 형태로 재점화되었다. 인간이란 결국 신체를 구성하는 물질에 의해 구속받는 존재인지 아니면 인간에게 자유의지가 허락되는지를 놓고도 열띤 토론이 벌어졌다.

〈보 기〉

ㄱ. 자유의지가 없는 동물 중에는 인간보다 더 많은 유전자 수를 가지고 있는 경우도 있다.

ㄴ. 유전자에게 지배되지 않더라도 인간의 행동이 유전자와 환경의 상호작용으로 결정된다면, 그 행동은 인간 스스로의 자유로운 의지에 따라 행한 것이라고 볼 수 없다.

ㄷ. 다양한 인간 행동은 일정한 수의 유형화된 행동 패턴들의 중층적 조합으로 분석될 수 있고, 발견된 인간 유전자의 수는 유형화된 행동 패턴들을 모두 설명하기에 적지 않다.

① ㄱ
② ㄴ
③ ㄱ, ㄷ
④ ㄴ, ㄷ
⑤ ㄱ, ㄴ, ㄷ

어떤 사람들은 특별히 길을 잘 기억하고 찾아가는 반면 다른 이들은 길을 찾는 데 어려움을 호소한다. A는 뇌신경에 대한 연구를 통해 이러한 차이가 나타나는 이유의 실마리를 찾았다. A는 해마에 있는 신경세포의 하나인 장소세포를 발견하였다. 해마는 대뇌의 좌·우 측두엽 안쪽 깊숙이 자리한 기관으로 기억을 저장하고 상기시켜 기억의 제조 공장으로 불린다. A는 장소세포가 공간을 탐색하고 기억하는 역할을 하며, 우리가 장소를 옮기면 이 신경세포가 활성화되어 우리가 어디에 있는지 인식할 수 있다고 보고 있다. A는 이런 장소세포의 기능을 쥐 실험을 통해 확인하였다. 미로상자에 쥐를 가둔 뒤 행동을 관찰한 결과, 쥐는 처음에는 이리저리 돌아다니다가 시간이 흐를수록 지나갔던 장소에 가면 멈칫거리는 행동을 보였고 그 때마다 특정 장소세포의 활성화가 관찰되었다. A는 쥐가 지나갔던 장소의 시각적 정보가 해마 속 장소세포에 저장되어 해당 지점에 도달했을 때, 장소세포가 신호를 보내 쥐가 이런 행동을 보인 것으로 분석했다.

A는 장소세포와 더불어, 뇌의 내비게이션 시스템을 구성하는 데 있어 핵심적인 역할을 할 것으로 추측되는 격자세포를 발견했다. 쥐가 상자 안에서 먹이를 찾아다닐 때의 뇌신호를 분석한 결과 해마 바로 옆 내후각피질의 신경세포인 격자세포가 집단적으로 반응했다는 것이 A의 연구결과 내용이다. 격자세포의 반응은 특정한 지점에서만 나타났는데, 이 지점들을 모아서 그려보면 일정한 간격을 가진 격자 모양으로 나타났다. 상자 속 쥐가 아무런 규칙 없이 움직인 것으로 보이지만 실제로는 자기만의 좌표를 가지고 어느 지점을 지나고 있는지 알고 행동했다는 의미다. 쥐를 이용한 동물 실험의 연구결과를 토대로 A는 해마의 장소세포가 특정 지점의 모양새에 관한 기억을 보관하고, 격자세포는 공간과 거리에 관한 정보를 저장하며 이를 장소세포에 효율적으로 제공함으로써 사람이 길을 찾아가도록 도와주는 것으로 본다.

① 해마의 신경세포가 거의 활성화되지 않아도 쥐가 길을 잘 찾는 연구 사례가 보고되었다.
② 사람의 장소세포는 쥐와 달리 해마뿐만 아니라 소뇌에서도 발견된다는 연구 사례가 보고되었다.
③ 공간과 거리에 대한 정보량은 산술적으로 매우 크기 때문에 신경세포가 저장할 수 있는 양을 초과한다.
④ 미로상자 속의 쥐가 멈칫거리는 행동은 이미 지나간 장소에 있던 냄새를 기억했기 때문이라는 것이 밝혀졌다.
⑤ 쥐에는 있지만 사람에게는 없는 세포 구성 성분이 발견된 것에 비추어 볼 때, 사람의 세포가 쥐의 세포와 유사하지 않다.

※ 다음 글을 읽고 물음에 답하시오. [문 39~문 40]

양자역학은 이론과 인간 경험 사이의 간극을 잘 보여준다. 입자 하나가 가상의 선을 기준으로 오른쪽에 있거나 왼쪽에 있다고 하자. 오른쪽에 있는 입자를 관측하면 우리는 그 위치를 '오른쪽'이라고 하고, 왼쪽에 있는 입자를 관측하면 그 위치를 '왼쪽'이라고 할 것이다. 반면 양자역학에 따르면 입자는 오른쪽과 왼쪽의 '중첩' 상태에 놓일 수 있다. 하지만 우리는 결코 이 중첩 상태를 경험하지 못하며, 언제나 '오른쪽' 또는 '왼쪽'이라고 관측한다. 입자의 위치를 측정하고 나면, 우리는 '오른쪽'과 '왼쪽' 가운데 오직 하나를 경험하며, 다른 경험은 결코 하지 못한다.

양자역학과 우리의 경험을 조화시키기 위해 양자역학에 대한 여러 해석이 제안되었다. 시간이 지남에 따라 우주가 여러 가지로 쪼개진다고 상상하고 여러 가지로 쪼개진 각각을 '가지'라고 하자. 이제 양자역학의 해석으로 다음 두 해석만 있다고 가정한다. 하나는 가지 치는 것을 허용하지 않는 ST 해석이고, 다른 하나는 이를 허용하는 MW 해석이다. 오직 두 해석만 있기 때문에 한 해석이 참이면 다른 해석은 거짓이다. 우리의 경험은 두 해석 중 무엇을 확증하는가?

알려졌듯이, 입자의 위치를 관측할 때 '오른쪽'이 관측될 확률과 '왼쪽'이 관측될 확률은 1/2로 동일하다. 이는 다음과 같이 표현될 수 있다.

	가지1	가지2
ST	'오른쪽' 또는 '왼쪽'이 관측되지만, 둘 다 동시에 관측될 수는 없다.	✕
MW	'오른쪽'이 관측된다.	'왼쪽'이 관측된다.

입자를 관측한 결과 '오른쪽'이 관측되었다고 가정하자. 이는 다음과 같은 증거 R이 주어졌음을 뜻한다.

R : 관측된 입자의 위치가 '오른쪽'인 가지가 존재한다.

이제 다음 정의를 받아들이자. '증거 E가 가설 H를 확증한다'는 것은 '가설 H가 참인 조건에서 증거 E가 참일 확률이 가설 H가 거짓인 조건에서 증거 E가 참일 확률보다 더 크다'는 것을 의미한다.

ST 해석과 MW 해석을 가설로 간주할 때 증거 R이 이들 가설을 각각 확증하는지 따져보자. ST가 참인 조건에서 R이 참일 확률은 1/2이다. 왜냐하면 ST가 참인 조건에서는 가지가 하나밖에 없고, 가지가 하나밖에 없는 우주에서 '오른쪽'이 관측될 확률은 1/2이기 때문이다. 반면 ST가 거짓인 조건, 즉 MW가 참인 조건에서 R이 참일 확률은 1이다. 왜냐하면 MW가 참이라는 조건에서는 두 개의 가지가 있고 이 중 하나에서는 반드시 '오른쪽'이 관측되기 때문이다. 비슷한 방식으로 우리는 MW가 거짓인 조건에서 R이 참일 확률이 얼마인지도 알아낼 수 있다. 따라서 □□□□□

이제 '왼쪽'이 관측되었다면 어떻게 될까? 이는 다음과 같은 증거 L이 주어졌음을 뜻한다.

L : 관측된 입자의 위치가 '왼쪽'인 가지가 존재한다.

ST가 참인 조건에서 증거 L이 참일 확률은 1/2이다. 왜냐하면 ST가 참인 조건에서는 가지가 하나밖에 없고, 가지가 하나밖에 없는 우주에서 '왼쪽'이 관측될 확률은 1/2이기 때문이다. 반면 ST가 거짓인 조건, 즉 MW가 참인 조건에서 L이 참일 확률은 1이다. 왜냐하면 MW가 참인 조건에서는 가지가 두 개가 있고, 두 가지 가운데 하나에서는 반드시 '왼쪽'이 관측되기 때문이다.

지금까지의 논의를 종합할 때 우리는 ㉠ 흥미로운 결론에 도달한다.

문 39. 윗글의 빈칸에 들어갈 진술로 가장 적절한 것은?

① R은 ST와 MW를 모두 확증한다.
② R은 ST와 MW 중 어느 것도 확증하지 못한다.
③ R은 ST를 확증하지 못하지만 MW는 확증한다.
④ R은 ST를 확증하지만 MW는 확증하지 못한다.
⑤ R이 ST와 MW 중 하나를 확증하지만 어느 것인지는 알 수 없다.

문 40. 윗글의 ㉠으로 가장 적절한 것은?

① 양자역학의 한 해석이 확증되면 다른 해석도 확증된다.
② 우리의 모든 경험이 확증하는 양자역학의 해석은 없다.
③ 우리의 경험이 다르면 그 경험이 확증하는 양자역학의 해석도 다르다.
④ 특정한 경험은 양자역학의 두 해석을 모두 확증하거나 모두 확증하지 못한다.
⑤ 어떤 경험을 하든지 우리의 경험은 양자역학의 특정한 해석 하나만을 확증한다.

문 1. 다음 〈표〉는 8개 기관의 장애인 고용 현황이다. 〈표〉와 〈조건〉에 근거하여 A~D에 해당하는 기관을 바르게 나열한 것은?

〈표〉 기관별 장애인 고용 현황

(단위 : 명, %)

기 관	전체 고용인원	장애인 고용의무 인원	장애인 고용인원	장애인 고용률
남동청	4,013	121	58	1.45
A	2,818	85	30	1.06
B	22,323	670	301	1.35
북동청	92,385	2,772	1,422	1.54
C	22,509	676	361	1.60
D	19,927	598	332	1.67
남서청	53,401	1,603	947	1.77
북서청	19,989	600	357	1.79

※ 장애인 고용률(%) = $\dfrac{\text{장애인 고용인원}}{\text{전체 고용인원}} \times 100$

────── 〈조 건〉 ──────

• 동부청의 장애인 고용의무인원은 서부청보다 많고, 남부청보다 적다.
• 장애인 고용률은 서부청이 가장 낮다.
• 장애인 고용의무인원은 북부청이 남부청보다 적다.
• 동부청은 남동청보다 장애인 고용인원은 많으나, 장애인 고용률은 낮다.

	A	B	C	D
①	동부청	서부청	남부청	북부청
②	동부청	서부청	북부청	남부청
③	서부청	동부청	남부청	북부청
④	서부청	동부청	북부청	남부청
⑤	서부청	남부청	동부청	북부청

문 2. 다음 〈표〉는 미국이 환율조작국을 지정하기 위해 만든 요건별 판단 기준과 '가'~'카' 국의 2015년 자료이다. 이에 대한 〈보기〉의 설명 중 옳은 것만을 모두 고르면?

〈표 1〉 요건별 판단기준

요 건	A	B	C
	현저한 대미무역수지 흑자	상당한 경상수지 흑자	지속적 환율시장 개입
판단기준	대미무역수지 200억 달러 초과	GDP 대비 경상수지 비중 3% 초과	GDP 대비 외화자산 순매수액 비중 2% 초과

※ 1) 요건 중 세 가지를 모두 충족하면 환율조작국으로 지정됨
2) 요건 중 두 가지만을 충족하면 관찰대상국으로 지정됨

〈표 2〉 환율조작국 지정 관련 자료(2015년)

(단위 : 10억 달러, %)

국 가 ＼ 항 목	대미무역수지	GDP 대비 경상수지 비중	GDP 대비 외화자산 순매수액 비중
가	365.7	3.1	−3.9
나	74.2	8.5	0.0
다	68.6	3.3	2.1
라	58.4	−2.8	−1.8
마	28.3	7.7	0.2
바	27.8	2.2	1.1
사	23.2	−1.1	1.8
아	17.6	−0.2	0.2
자	14.9	−3.3	0.0
차	14.9	14.6	2.4
카	−4.3	−3.3	0.1

────── 〈보 기〉 ──────

ㄱ. 환율조작국으로 지정되는 국가는 없다.
ㄴ. '나' 국은 A요건과 B요건을 충족한다.
ㄷ. 관찰대상국으로 지정되는 국가는 모두 4개이다.
ㄹ. A요건의 판단기준을 '대미무역수지 200억 달러 초과'에서 '대미무역수지 150억 달러 초과'로 변경하여도 관찰 대상국 및 환율조작국으로 지정되는 국가들은 동일하다.

① ㄱ, ㄴ
② ㄱ, ㄷ
③ ㄴ, ㄹ
④ ㄷ, ㄹ
⑤ ㄴ, ㄷ, ㄹ

문 3. 다음 〈표〉는 6개 광종의 위험도와 경제성 점수에 관한 자료이다. 〈표〉와 〈분류기준〉을 이용하여 광종을 분류할 때, 〈보기〉의 설명 중 옳은 것을 모두 고르면?

〈표〉 6개 광종의 위험도와 경제성 점수

(단위 : 점)

항목＼광종	금광	은광	동광	연광	아연광	철광
위험도	2.5	4.0	2.5	2.7	3.0	3.5
경제성	3.0	3.5	2.5	2.7	3.5	4.0

〈분류기준〉

위험도와 경제성 점수가 모두 3.0점을 초과하는 경우에는 '비축필요광종'으로 분류하고, 위험도와 경제성 점수 중 하나는 3.0점 초과, 다른 하나는 2.5점 초과 3.0점 이하인 경우에는 '주시광종'으로 분류하며, 그 외는 '비축제외광종'으로 분류한다.

〈보 기〉

ㄱ. '주시광종'으로 분류되는 광종은 1종류이다.
ㄴ. '비축필요광종'으로 분류되는 광종은 '은광', '아연광', '철광'이다.
ㄷ. 모든 광종의 위험도와 경제성 점수가 현재보다 각각 20% 증가하면, '비축필요광종'으로 분류되는 광종은 4종류가 된다.
ㄹ. '주시광종' 분류기준을 '위험도와 경제성 점수 중 하나는 3.0점 초과, 다른 하나는 2.5점 이상 3.0점 이하'로 변경한다면, '금광'과 '아연광'은 '주시광종'으로 분류된다.

① ㄱ, ㄷ
② ㄱ, ㄹ
③ ㄷ, ㄹ
④ ㄱ, ㄴ, ㄷ
⑤ ㄴ, ㄷ, ㄹ

문 4. 다음 〈표〉는 중학생의 주당 운동시간 현황을 조사한 자료이다. 이에 대한 〈보기〉의 설명 중 옳은 것만을 모두 고르면?

〈표〉 중학생의 주당 운동시간 현황

(단위 : %, 명)

구분		남학생			여학생		
		1학년	2학년	3학년	1학년	2학년	3학년
1시간 미만	비율	10.0	5.7	7.6	18.8	19.2	25.1
	인원수	118	66	87	221	217	281
1시간 이상 2시간 미만	비율	22.2	20.4	19.7	26.6	31.3	29.3
	인원수	261	235	224	312	353	328
2시간 이상 3시간 미만	비율	21.8	20.9	24.1	20.7	18.0	21.6
	인원수	256	241	274	243	203	242
3시간 이상 4시간 미만	비율	34.8	34.0	23.4	30.0	27.3	14.0
	인원수	409	392	266	353	308	157
4시간 이상	비율	11.2	19.0	25.2	3.9	4.2	10.0
	인원수	132	219	287	46	47	112
합계	비율	100.0	100.0	100.0	100.0	100.0	100.0
	인원수	1,176	1,153	1,138	1,175	1,128	1,120

〈보 기〉

ㄱ. '1시간 미만' 운동하는 3학년 남학생 수는 '4시간 이상' 운동하는 1학년 여학생 수보다 많다.
ㄴ. 동일 학년의 남학생과 여학생을 비교하면, 남학생 중 '1시간 미만' 운동하는 남학생의 비율이 여학생 중 '1시간 미만' 운동하는 여학생의 비율보다 각 학년에서 모두 낮다.
ㄷ. 남학생과 여학생 각각, 학년이 높아질수록 3시간 이상 운동하는 학생의 비율이 낮아진다.
ㄹ. 모든 학년별 남학생과 여학생 각각에서, '3시간 이상 4시간 미만' 운동하는 학생의 비율이 '4시간 이상' 운동하는 학생의 비율보다 높다.

① ㄱ, ㄴ
② ㄱ, ㄹ
③ ㄴ, ㄷ
④ ㄷ, ㄹ
⑤ ㄱ, ㄴ, ㄷ

문 5. 다음 〈표〉는 둘씩 짝지은 A~F 대학 현황 자료이다. 〈조건〉을 근거로 A–B, C–D, E–F 대학을 순서대로 바르게 짝지어 나열한 것은?

〈표〉 둘씩 짝지은 대학 현황

(단위 : %, 명, 달러)

짝지은 대학	A–B		C–D		E–F	
	A	B	C	D	E	F
입학 허가율	7	12	7	7	9	7
졸업률	96	96	96	97	95	94
학생 수	7,000	24,600	12,300	28,800	9,270	27,600
교수 1인당 학생 수	7	6	6	8	9	6
연간 학비	43,500	49,500	47,600	45,300	49,300	53,000

〈조 건〉
- 짝지어진 두 대학끼리만 비교한다.
- 졸업률은 야누스가 플로라보다 높다.
- 로키와 토르의 학생 수 차이는 18,000명 이상이다.
- 교수 수는 이시스가 오시리스보다 많다.
- 입학허가율은 토르가 로키보다 높다.

	A–B	C–D	E–F
①	오시리스–이시스	플로라–야누스	토르–로키
②	이시스–오시리스	플로라–야누스	로키–토르
③	로키–토르	이시스–오시리스	야누스–플로라
④	로키–토르	플로라–야누스	오시리스–이시스
⑤	야누스–플로라	이시스–오시리스	토르–로키

문 6. 다음 〈표〉는 2016년 1~6월 월말종가기준 A, B사의 주가와 주가지수에 대한 자료이다. 이에 대한 〈보기〉의 설명 중 옳은 것만을 모두 고르면?

〈표〉 A, B사의 주가와 주가지수(2016년 1~6월)

구 분		1월	2월	3월	4월	5월	6월
주가 (원)	A사	5,000	( )	5,700	4,500	3,900	( )
	B사	6,000	( )	6,300	5,900	6,200	5,400
주가지수		100.00	( )	109.09	( )	91.82	100.00

※ 1) 주가지수 = $\frac{\text{해당 월 A사의 주가} + \text{해당 월 B사의 주가}}{\text{1월 A사의 주가} + \text{1월 B사의 주가}} \times 100$

2) 해당 월의 주가 수익률(%) = $\frac{\text{해당 월의 주가} - \text{전월의 주가}}{\text{전월의 주가}} \times 100$

〈보 기〉
ㄱ. 3~6월 중 주가지수가 가장 낮은 달에 A사와 B사의 주가는 모두 전월 대비 하락하였다.
ㄴ. A사의 주가는 6월이 1월보다 높다.
ㄷ. 2월 A사의 주가가 전월 대비 20% 하락하고 B사의 주가는 전월과 동일하면, 2월의 주가지수는 전월 대비 10% 이상 하락한다.
ㄹ. 4~6월 중 A사의 주가 수익률이 가장 낮은 달에 B사의 주가는 전월 대비 하락하였다.

① ㄱ, ㄴ   ② ㄱ, ㄷ
③ ㄴ, ㄷ   ④ ㄴ, ㄹ
⑤ ㄷ, ㄹ

문 7. 다음 〈표〉는 2012년 34개국의 국가별 1인당 GDP와 학생들의 수학 성취도 자료이고, 〈그림〉은 〈표〉의 자료를 그래프로 나타낸 것이다. 이에 대한 〈보기〉의 설명 중 옳은 것만을 모두 고르면?

〈표〉 국가별 1인당 GDP와 수학성취도

(단위 : 천 달러, 점)

국 가	1인당 GDP	수학성취도
룩셈부르크	85	490
카타르	77	( )
싱가포르	58	573
미 국	47	481
노르웨이	45	489
네덜란드	42	523
아일랜드	41	501
호 주	41	504
덴마크	41	500
캐나다	40	518
스웨덴	39	478
독 일	38	514
핀란드	36	519
일 본	35	536
프랑스	34	495
이탈리아	32	485
스페인	32	484
한 국	29	554
이스라엘	27	466
포르투칼	26	487
체 코	25	499
헝가리	21	477
폴란드	20	518
러시아	20	482
칠 레	17	423
아르헨티나	16	388
터 키	16	448
멕시코	15	413
말레이시아	15	421
불가리아	14	439
브라질	13	391
태 국	10	427
인도네시아	5	( )
베트남	4	511

〈그림〉 국가별 1인당 GDP와 수학성취도

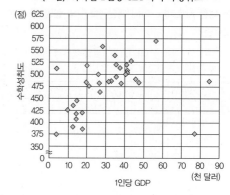

※ 국가별 학생 수는 동일하지 않고, 각 국가의 수학성취도는 해당국 학생 전체의 수학성취도 평균이며, 34개국 학생 전체의 수학성취도 평균은 500점임

─── 〈보 기〉 ───
ㄱ. 1인당 GDP가 체코보다 높은 국가 중에서 수학성취도가 체코보다 높은 국가의 수와 낮은 국가의 수는 같다.
ㄴ. 수학성취도 하위 7개 국가의 1인당 GDP는 모두 2만 달러 이하이다.
ㄷ. 1인당 GDP 상위 5개 국가 중에서 수학성취도가 34개국 학생 전체의 평균보다 높은 국가는 1개이다.
ㄹ. 수학성취도 상위 2개 국가의 1인당 GDP 차이는 수학성취도 하위 2개 국가의 1인당 GDP 차이보다 크다.

① ㄱ, ㄴ   ② ㄱ, ㄷ
③ ㄴ, ㄷ   ④ ㄴ, ㄹ
⑤ ㄱ, ㄷ, ㄹ

문 8. 다음 〈표〉는 축구팀 '가'~'다' 사이의 경기 결과이다. 이에 대한 〈보기〉의 설명 중 옳은 것만을 모두 고르면?

〈표〉 경기 결과

팀＼기록	승리 경기수	패배 경기수	무승부 경기수	총득점	총실점
가	2	( )	( )	( )	2
나	( )	( )	( )	4	5
다	( )	( )	1	2	8

※ 각 팀이 나머지 두 팀과 각각 한 번씩만 경기를 한 결과임

─── 〈보 기〉 ───
ㄱ. '가'의 총득점은 8점이다.
ㄴ. '나'와 '다'의 경기 결과는 무승부이다.
ㄷ. '가'는 '나'와의 경기에서 3:2로 승리했다.
ㄹ. '가'는 '다'와의 경기에서 5:0으로 승리했다.

① ㄱ, ㄷ   ② ㄱ, ㄹ
③ ㄴ, ㄷ   ④ ㄴ, ㄹ
⑤ ㄴ, ㄷ, ㄹ

문 9. 다음 〈표〉는 2008~2013년 '갑'국 농·임업 생산액과 부가가치 현황에 대한 자료이다. 이에 대한 〈보기〉의 설명 중 옳은 것만을 모두 고르면?

〈표 1〉 농·임업 생산액 현황

(단위 : 10억 원, %)

구분 \ 연도		2008	2009	2010	2011	2012	2013
농·임업 생산액		39,663	42,995	43,523	43,214	46,357	46,648
분야별 비중	곡물	23.6	20.2	15.6	18.5	17.5	18.3
	화훼	28.0	27.7	29.4	30.1	31.7	32.1
	과수	34.3	38.3	40.2	34.7	34.6	34.8

※ 1) 분야별 비중은 농·임업 생산액 대비 해당 분야의 생산액 비중임
  2) 곡물, 화훼, 과수는 농·임업의 일부 분야임

〈표 2〉 농·임업 부가가치 현황

(단위 : 10억 원, %)

구분 \ 연도		2008	2009	2010	2011	2012	2013
농·임업 부가가치		22,587	23,540	24,872	26,721	27,359	27,376
GDP 대비 비중	농업	2.1	2.1	2.0	2.1	2.0	2.0
	임업	0.1	0.1	0.2	0.1	0.2	0.2

※ 1) GDP 대비 비중은 GDP 대비 해당 분야의 부가가치 비중임
  2) 농·임업은 농업과 임업으로만 구성됨

─── 〈보 기〉 ───

ㄱ. 농·임업 생산액이 전년보다 작은 해에는 농·임업 부가가치도 전년보다 작다.
ㄴ. 화훼 생산액은 매년 증가한다.
ㄷ. 매년 곡물 생산액은 과수 생산액의 50% 이상이다.
ㄹ. 매년 농업 부가가치는 농·임업 부가가치의 85% 이상이다.

① ㄱ, ㄴ
② ㄱ, ㄷ
③ ㄴ, ㄷ
④ ㄴ, ㄹ
⑤ ㄷ, ㄹ

문 10. 다음 〈표〉는 A~F로만 구성된 '갑'반 학생의 일대일채팅방 참여 현황을 표시한 자료이다. 〈보기〉의 설명 중 〈표〉와 〈규칙〉에 근거하여 옳은 것만을 모두 고르면?

〈표〉 '갑'반의 일대일채팅방 참여 현황

학생	F	E	D	C	B
A	0	1	0	0	1
B	1	1	0	1	
C	1	0	1		
D	0	1			
E	0				

※ 학생들이 참여할 수 있는 모든 일대일채팅방의 참여 여부를 '0'과 '1'로 표시함

─── 〈규 칙〉 ───

• 서로 다른 두 학생이 동일한 일대일채팅방에 참여하고 있으면 '1'로, 그 이외의 경우에는 '0'으로 나타내며, 그 값을 각 학생이 속한 행 또는 열이 만나는 곳에 표시한다.
• 학생 수가 n일 때 학생들이 참여할 수 있는 모든 일대일채팅방의 개수는 $\frac{n(n-1)}{2}$ 이다.
• 일대일채팅방 밀도 = $\frac{학생들이\ 참여하고\ 있는\ 일대일채팅방의\ 개수}{학생들이\ 참여할\ 수\ 있는\ 모든\ 일대일채팅방의\ 개수}$

─── 〈보 기〉 ───

ㄱ. 참여하고 있는 일대일채팅방의 수가 가장 많은 학생은 B이다.
ㄴ. A는 C와 일대일채팅방에 참여하고 있지 않지만, A는 B와, B는 C와 일대일채팅방에 참여하고 있다.
ㄷ. '갑'반의 일대일 채팅방 밀도는 0.6 이상이다.
ㄹ. '갑'반으로 전학 온 새로운 학생 G가 C, D와만 각각 일대일채팅방에 참여한다면, '갑'반의 일대일 채팅방 밀도는 낮아진다.

① ㄱ, ㄴ
② ㄱ, ㄷ
③ ㄴ, ㄹ
④ ㄷ, ㄹ
⑤ ㄱ, ㄴ, ㄹ

문 11. 다음 〈표〉는 '갑'국 맥주 수출 현황에 관한 자료이다. 〈보고서〉를 작성하기 위해 〈표〉 이외에 추가로 필요한 자료만을 〈보기〉에서 모두 고르면?

〈표〉 주요 국가에 대한 '갑'국 맥주 수출액 및 증가율

(단위 : 천 달러, %)

구분	2013년	전년대비 증가율	2014년	전년대비 증가율	2015년	전년대비 증가율	2016년 상반기	전년 동기간 대비 증가율
맥주 수출 총액	72,251	6.5	73,191	1.3	84,462	15.4	48,011	3.7
일본	33,007	12.4	32,480	-1.6	35,134	8.2	19,017	0.8
중국	8,482	35.9	14,121	66.5	19,364	37.1	11,516	21.8
이라크	2,881	35.3	4,485	55.7	7,257	61.8	4,264	-15.9
싱가포르	8,641	21.0	3,966	-54.1	6,790	71.2	2,626	-31.3
미국	3,070	3.6	3,721	21.2	3,758	1.0	2,247	26.8
호주	3,044	4.2	3,290	8.1	2,676	-18.7	1,240	-25.1
타이	2,119	9.9	2,496	17.8	2,548	2.1	1,139	-12.5
몽골	5,465	-16.4	2,604	-52.4	1,682	-35.4	1,005	-27.5
필리핀	3,350	-49.9	2,606	-22.2	1,558	-40.2	2,257	124.5
러시아	740	2.4	886	19.7	771	-13.0	417	-10.6
말레이시아	174	144.0	710	308.0	663	-6.6	1,438	442.2
베트남	11	-	60	445.5	427	611.7	101	-57.5

─── 〈보고서〉 ───

중국으로의 수출 증가에 힘입어 2015년 '갑'국의 맥주 수출액이 맥주 수출을 시작한 1992년 이래 역대 최고치를 기록하였다. 또한 2016년 상반기도 역대 동기간 대비 최고치를 기록하고 있다. 2015년 맥주 수출 총액은 약 8천 4백만 달러로 전년대비 15.4% 증가하였다. 2013년 대비 2015년 맥주 수출 총액은 16.9% 증가하여, 같은 기간 '갑'국 전체 수출액이 5.9% 감소한 것에 비하면 주목할 만한 성과이다. 2016년 상반기 맥주 수출 총액은 약 4천 8백만 달러로 전년 동기간 대비 3.7% 증가하였다.

2015년 '갑'국의 주요 맥주 수출국은 일본(41.6%), 중국(22.9%), 이라크(8.6%), 싱가포르(8.0%), 미국(4.4%) 순으로, 2012년부터 '갑'국의 맥주 수출액이 가장 큰 상대 국가는 일본이다. 2015년 일본으로의 맥주 수출액은 약 3천 5백만 달러로 전년대비 8.2% 증가하였다. 특히 중국으로의 맥주 수출액은 2013년부터 2015년까지 매년 두 자릿수 증가율을 기록하여, 2014년부터 중국이 싱가포르를 제치고 '갑'국 맥주 수출 대상국 중 2위로 자리매김하였다. 또한, 베트남으로의 맥주 수출액은 2013년 대비 2015년에 약 39배로 증가하여 베트남이 새로운 맥주 수출 시장으로 부상하고 있다.

─── 〈보 기〉 ───

ㄱ. 1992~2012년 연도별 '갑'국의 연간 맥주 수출 총액
ㄴ. 1992~2015년 연도별 '갑'국의 상반기 맥주 수출액
ㄷ. 2015년 상반기 '갑'국의 국가별 맥주 수출액
ㄹ. 2013~2015년 연도별 '갑'국의 전체 수출액

① ㄱ, ㄴ
② ㄱ, ㄷ
③ ㄴ, ㄹ
④ ㄱ, ㄴ, ㄹ
⑤ ㄴ, ㄷ, ㄹ

문 12. 다음 〈표〉는 A국의 2000~2013년 알코올 관련 질환 사망자 수에 대한 자료이다. 이에 대한 설명으로 옳은 것은?

〈표〉 알코올 관련 질환 사망자 수

(단위 : 명)

구분\연도	남 성 사망자 수	남 성 인구 10만 명당 사망자 수	여 성 사망자 수	여 성 인구 10만 명당 사망자 수	전 체 사망자 수	전 체 인구 10만 명당 사망자 수
2000	2,542	10.7	156	0.7	2,698	5.9
2001	2,870	11.9	199	0.8	3,069	6.3
2002	3,807	15.8	299	1.2	4,106	8.4
2003	4,400	18.2	340	1.4	4,740	9.8
2004	4,674	19.2	374	1.5	5,048	10.2
2005	4,289	17.6	387	1.6	4,676	9.6
2006	4,107	16.8	383	1.6	4,490	9.3
2007	4,305	17.5	396	1.6	4,701	9.5
2008	4,243	17.1	400	1.6	4,643	9.3
2009	4,010	16.1	420	1.7	4,430	8.9
2010	4,111	16.5	424	1.7	( )	9.1
2011	3,996	15.9	497	2.0	4,493	9.0
2012	4,075	16.2	474	1.9	( )	9.1
2013	3,955	15.6	521	2.1	4,476	8.9

※ 인구 10만 명당 사망자 수는 소수점 아래 둘째 자리에서 반올림한 값임

① 2010년과 2012년의 전체 사망자 수는 같다.
② 여성 사망자 수는 매년 증가한다.
③ 매년 남성 인구 10만 명당 사망자 수는 여성 인구 10만 명당 사망자 수의 8배 이상이다.
④ 남성 인구 10만 명당 사망자 수가 가장 많은 해의 전년대비 남성 사망자 수 증가율은 5% 이상이다.
⑤ 전체 사망자 수의 전년대비 증가율은 2001년이 2003년보다 높다.

문 13. 다음 〈그림〉은 '갑' 소독제 소독실험에서 소독제 누적주입량에 따른 병원성미생물 개체수의 변화를 나타낸 것이다. 〈그림〉과 〈실험정보〉에 근거한 〈보기〉의 설명 중 옳은 것만을 모두 고르면?

〈그림〉 소독제 누적주입량에 따른 병원성미생물 개체수 변화

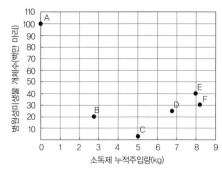

〈실험정보〉

- 이 실험은 1회 시행한 단일 실험임
- 실험 시작시점(A)에서 측정한 값과, 이후 5시간 동안 소독제를 주입하면서 매 1시간이 경과하는 시점을 순서대로 B, C, D, E, F라고 하고 각 시점에서 측정한 값을 표시하였음
- 소독효율(마리/kg)＝
  $$\frac{시작시점(A)\ 병원성미생물\ 개체수 - 측정시점\ 병원성미생물\ 개체수}{측정시점의\ 소독제\ 누적주입량}$$
- 구간 소독속도(마리/시간)＝
  $$\frac{구간의\ 시작시점\ 병원성미생물\ 개체수 - 구간의\ 종료시점\ 병원성미생물\ 개체수}{두\ 측정시점\ 사이의\ 시간}$$

〈보 기〉

ㄱ. 실험시작 후 2시간이 경과한 시점의 소독효율이 가장 높다.
ㄴ. 소독효율은 F가 D보다 낮다.
ㄷ. 구간 소독속도는 B~C 구간이 E~F 구간보다 낮다.

① ㄱ
② ㄴ
③ ㄷ
④ ㄴ, ㄷ
⑤ ㄱ, ㄴ, ㄷ

문 14. 다음 〈표〉는 2006~2012년 '갑'국의 문화재 국외반출 허가 및 전시 현황에 관한 자료이다. 이에 대한 설명으로 옳은 것은?

〈표〉 문화재 국외반출 허가 및 전시 현황

(단위 : 건, 개)

연도	전시건수		국외반출 허가 문화재 수량		
	국가별 전시건수 (국가 : 건수)	계	지정문화재 (문화재 종류 : 개수)	비지정 문화재	계
2006	일본 : 6, 중국 : 1, 영국 : 1, 프랑스 : 1, 호주 : 1	10	국보 : 3, 보물 : 4, 시도지정 문화재 : 1	796	804
2007	일본 : 10, 미국 : 5, 그리스 : 1, 체코 : 1, 중국 : 1	18	국보 : 18, 보물 : 3, 시도지정 문화재 : 1	902	924
2008	일본 : 5, 미국 : 3, 벨기에 : 1, 영국 : 1	10	국보 : 5, 보물 : 10	315	330
2009	일본 : 9, 미국 : 8, 중국 : 3, 이탈리아 : 3, 프랑스 : 2, 영국 : 2, 독일 : 2, 포르투갈 : 1, 네덜란드 : 1, 체코 : 1, 러시아 : 1	33	국보 : 2, 보물 : 13	1,399	1,414
2010	일본 : 9, 미국 : 5, 영국 : 2, 러시아 : 2, 중국 : 1, 벨기에 : 1, 이탈리아 : 1, 프랑스 : 1, 스페인 : 1, 브라질 : 1	24	국보 : 3, 보물 : 11	1,311	1,325
2011	미국 : 3, 일본 : 2, 호주 : 2, 중국 : 1, 타이완 : 1	9	국보 : 4, 보물 : 12	733	749
2012	미국 : 6, 중국 : 5, 일본 : 5, 영국 : 2, 브라질 : 1, 독일 : 1, 러시아 : 1	21	국보 : 4, 보물 : 9	1,430	1,443

※ 1) 지정문화재는 국보, 보물, 시도지정문화재만으로 구성됨
2) 동일년도에 두 번 이상 전시된 국외반출 허가 문화재는 없음

① 연도별 국외반출 허가 문화재 수량 중 지정문화재 수량의 비중이 가장 큰 해는 2011년이다.
② 2007년 이후, 연도별 전시건수 중 미국 전시건수 비중이 가장 작은 해에는 프랑스에서도 전시가 있었다.
③ 국가별 전시건수의 합이 10건 이상인 국가는 일본, 미국, 영국이다.
④ 보물인 국외반출 허가 지정문화재의 수량이 가장 많은 해는 전시건당 국외반출 허가 문화재 수량이 가장 많은 해와 동일하다.
⑤ 2009년 이후, 연도별 전시건수가 많을수록 국외반출 허가 문화재 수량도 많다.

문 15. 다음 〈표〉는 '갑'국의 4대 범죄 발생건수 및 검거건수에 대한 자료이다. 이에 대한 설명으로 옳지 않은 것은?

〈표 1〉 2009~2013년 4대 범죄 발생건수 및 검거건수

(단위 : 건, 천 명)

구분 연도	발생건수	검거건수	총인구	인구 10만 명당 발생건수
2009	15,693	14,492	49,194	31.9
2010	18,258	16,125	49,346	( )
2011	19,498	16,404	49,740	39.2
2012	19,670	16,630	50,051	39.3
2013	22,310	19,774	50,248	44.4

〈표 2〉 2013년 4대 범죄 유형별 발생건수 및 검거건수

(단위 : 건)

구분 범죄 유형	발생건수	검거건수
강 도	5,753	5,481
살 인	132	122
절 도	14,778	12,525
방 화	1,647	1,646
계	22,310	19,774

① 인구 10만 명당 4대 범죄 발생건수는 매년 증가한다.

② 2010년 이후, 전년대비 4대 범죄 발생건수 증가율이 가장 낮은 연도와 전년대비 4대 범죄 검거건수 증가율이 가장 낮은 연도는 동일하다.

③ 2013년 발생건수 대비 검거건수 비율이 가장 낮은 범죄 유형의 발생건수는 해당 연도 4대 범죄 발생건수의 60% 이상이다.

④ 4대 범죄 발생건수 대비 검거건수 비율은 매년 80% 이상이다.

⑤ 2013년 강도와 살인 발생건수의 합이 4대 범죄 발생건수에서 차지하는 비율은 2013년 강도와 살인 검거건수의 합이 4대 범죄 검거건수에서 차지하는 비율보다 높다.

문 16. 다음 〈표〉와 〈그림〉은 2013년 '갑'국의 자동차 매출에 관한 자료이다. 이에 대한 설명으로 옳은 것은?

〈표〉 2013년 10월 월매출액 상위 10개 자동차의 매출 현황

(단위 : 억 원, %)

순위	자동차	월매출액	시장점유율	전월대비 증가율
1	A	1,139	34.3	60
2	B	1,097	33.0	40
3	C	285	8.6	50
4	D	196	5.9	50
5	E	154	4.6	40
6	F	149	4.5	20
7	G	138	4.2	50
8	H	40	1.2	30
9	I	30	0.9	150
10	J	27	0.8	40

※ 시장점유율(%)= $\frac{해당 자동차 월매출액}{전체 자동차 월매출 총액}$ ×100

〈그림〉 2013년 I 자동차 누적매출액

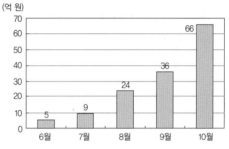

※ 월매출액은 해당 월 말에 집계됨

① 2013년 9월 C 자동차의 월매출액은 200억 원 이상이다.

② 2013년 10월 월매출액 상위 5개 자동차의 순위는 전월과 동일하다.

③ 2013년 6월부터 2013년 9월 중 I 자동차의 월매출액이 가장 큰 달은 9월이다.

④ 2013년 10월 월매출액 상위 5개 자동차의 10월 월매출액 기준 시장점유율은 80% 이하이다.

⑤ 2013년 10월 '갑'국의 전체 자동차 매출액 총액은 4,000억 원 이하이다.

문 17. 식물학자 '갑'은 2016년 2월 14일 A지역에 위치한 B지점에 X식물을 파종하였다. 다음 〈조건〉과 〈표〉를 근거로 산정한 X식물의 발아 예정일로 옳은 것은?

---〈조 건〉---

- A지역 기온측정 기준점의 고도는 해발 110m이고, B지점의 고도는 해발 710m이다.
- A지역의 날씨는 지점에 관계없이 동일하나, 기온은 고도에 의해서 변한다. 지점의 고도가 10m 높아질 때마다 기온은 0.1℃씩 낮아진다.
- 발아예정일 산정방법

  1) 파종 후, 일 최고기온이 3℃ 이상인 날이 연속 3일 이상 존재한다.

  2) 1)을 만족한 날 이후, 일 최고기온이 0℃ 이하인 날이 1일 이상 존재한다.

  3) 2)를 만족한 날 이후, 일 최고기온이 3℃ 이상인 날이 존재한다.

  4) 발아예정일은 3)을 만족한 최초일에 6일을 더한 날이다. 단, 1)을 만족한 최초일 다음날부터 3)을 만족한 최초일 사이에 일 최고기온이 0℃ 이상이면서 비가 온 날이 있다면 그 날 수만큼 발아예정일이 앞당겨진다.

〈표〉 2016년 A지역의 날씨 및 기온측정 기준점의 일 최고기온

날 짜	일 최고기온 (℃)	날 씨	날 짜	일 최고기온 (℃)	날 씨
2월 15일	3.8	맑음	3월 6일	7.9	맑음
2월 16일	3.3	맑음	3월 7일	8.0	비
2월 17일	2.7	흐림	3월 8일	5.8	비
2월 18일	4.0	맑음	3월 9일	6.5	맑음
2월 19일	4.9	흐림	3월 10일	5.3	흐림
2월 20일	5.2	비	3월 11일	4.8	맑음
2월 21일	8.4	맑음	3월 12일	6.8	맑음
2월 22일	9.1	맑음	3월 13일	7.7	흐림
2월 23일	10.1	맑음	3월 14일	8.7	맑음
2월 24일	8.9	흐림	3월 15일	8.5	비
2월 25일	6.2	비	3월 16일	6.1	흐림
2월 26일	3.8	흐림	3월 17일	5.6	맑음
2월 27일	0.2	흐림	3월 18일	5.7	비
2월 28일	0.5	맑음	3월 19일	6.2	흐림
2월 29일	7.6	맑음	3월 20일	7.3	맑음
3월 1일	7.8	맑음	3월 21일	7.9	맑음
3월 2일	9.6	맑음	3월 22일	8.6	흐림
3월 3일	10.7	흐림	3월 23일	9.9	맑음
3월 4일	10.9	맑음	3월 24일	8.2	흐림
3월 5일	9.2	흐림	3월 25일	11.8	맑음

① 2016년 3월 7일

② 2016년 3월 8일

③ 2016년 3월 19일

④ 2016년 3월 27일

⑤ 2016년 3월 29일

문 18. 다음 〈표〉는 2013~2015년 기업역량개선사업에 선정된 업체와 선정 업체의 과제 이행 실적에 대한 자료이다. 이에 대한 〈보기〉의 설명 중 옳은 것만을 모두 고르면?

〈표 1〉 산업별 선정 업체 수

(단위 : 개)

연도 \ 산업	엔지니어링	바이오	디자인	미디어
2013	3	2	3	6
2014	2	2	2	6
2015	2	5	5	3

※ 기업역량개선사업은 2013년 시작되었고, 전 기간 동안 중복 선정된 업체는 없음

〈표 2〉 선정 업체의 연도별 과제 이행 실적 건수

(단위 : 건)

연도	2013	2014	2015	전체
과제 이행 실적	12	24	19	55

※ 선정 업체가 이행하는 과제 수에는 제한이 없음

〈표 3〉 선정 업체의 3년간(2013~2015년) 과제 이행 실적별 분포

(단위 : 개)

과제 이행 실적	없음	1건	2건	3건	4건	5건	전체
업체 수	15	11	4	9	1	1	41

---〈보 기〉---

ㄱ. 매년 선정 업체 중 디자인 업체가 차지하는 비중은 증가하였다.

ㄴ. 2013년 선정 업체 중 당해 연도 과제 이행 실적이 한 건도 없는 업체는 3개 이상이다.

ㄷ. 산업별 선정 업체 수의 3년간 합이 많은 산업부터 순서대로 나열하면 미디어, 디자인, 바이오, 엔지니어링 순이다.

ㄹ. 전체 선정 업체 중 3년간 과제 이행 실적 건수 상위 15개 업체의 과제 이행 실적 건수는 전체 과제 이행 실적 건수의 80%를 차지하였다.

① ㄱ, ㄴ

② ㄱ, ㄷ

③ ㄴ, ㄷ

④ ㄷ, ㄹ

⑤ ㄴ, ㄷ, ㄹ

※ 다음 〈표〉는 훈련대상별 훈련성과에 관한 자료이다. 〈표〉를 보고 물음에 답하시오. [문 19~문 20]

〈표 1〉 훈련대상별 훈련실시인원과 자격증취득인원

(단위 : 명)

구분＼훈련대상	전직실업자	신규실업자	지역실업자	영세자영업자	새터민
훈련실시인원	9,013	3,005	7,308	3,184	1,301
자격증취득인원	4,124	1,230	3,174	487	617

※ 1) 훈련대상은 '전직실업자', '신규실업자', '지역실업자', '영세자영업자', '새터민'으로 구성됨
　2) 훈련대상별 훈련실시인원의 중복은 없음

〈표 2〉 훈련대상별 자격증취득인원의 성·연령대·최종학력별 구성비

(단위 : %)

구분＼훈련대상		전직실업자	신규실업자	지역실업자	영세자영업자	새터민
성	남	45	63	44	58	40
	여	55	37	56	42	60
연령대	20대	5	17	18	8	21
	30대	13	32	21	24	25
	40대	27	27	27	22	18
	50대	45	13	23	31	22
	60대 이상	10	11	11	15	14
최종학력	중졸 이하	4	8	12	32	34
	고졸	23	25	18	28	23
	전문대졸	19	28	31	16	27
	대졸	38	21	23	15	14
	대학원졸	16	18	16	9	2

※ 소수점 아래 첫째 자리에서 반올림한 값임

〈표 3〉 훈련대상·최종학력별 훈련실시인원 및 자격증취득률

(단위 : 명, %)

구분＼훈련대상		전직실업자	신규실업자	지역실업자	영세자영업자	새터민	전체
최종학력	중졸이하	1,498(11)	547(18)	865(44)	1,299(12)	499(42)	4,708(21)
	고졸	1,790(53)	854(36)	1,099(52)	852(16)	473(30)	5,068(42)
	전문대졸	2,528(31)	861(40)	1,789(55)	779(10)	203(82)	6,160(38)
	대졸	2,305(68)	497(52)	2,808(26)	203(36)	108(80)	5,921(46)
	대학원졸	892(74)	246(90)	747(68)	51(86)	18(70)	1,954(74)

※ 1) 자격증취득률(%) = $\frac{자격증취득인원}{훈련실시인원} \times 100$
　2) ( ) 안 수치는 자격증취득률을 의미함
　3) 소수점 아래 첫째 자리에서 반올림한 값임

문 19. 위 〈표〉에 대한 설명으로 옳은 것은?

① 고졸 전직실업자인 자격증취득인원은 전문대졸 지역실업자인 자격증취득인원보다 적다.

② 남성 자격증취득인원은 훈련대상 중 신규실업자가 가장 많다.

③ 신규실업자의 최종학력별 자격증취득률은 고졸이 대졸보다 높다.

④ 영세자영업자의 자격증취득률은 연령대 중 50대가 가장 낮다.

⑤ 전체 대졸 자격증취득인원 대비 훈련대상별 대졸 자격증취득인원의 비율이 가장 낮은 훈련대상은 새터민이다.

문 20. 위 〈표〉의 내용과 부합하는 것만을 〈보기〉에서 모두 고르면?

〈보 기〉

ㄱ. 훈련대상별 자격증취득인원

ㄴ. 훈련대상·성별 자격증취득률
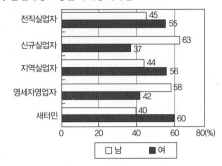

ㄷ. 중졸 이하 자격증취득인원의 훈련대상별 구성비
(단위 : %)
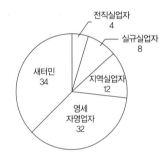

ㄹ. 새터민 자격증취득인원의 연령대별 누적 구성비
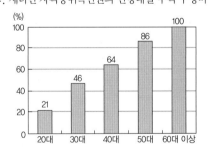

① ㄱ, ㄴ　　　　② ㄱ, ㄷ

③ ㄱ, ㄹ　　　　④ ㄴ, ㄷ

⑤ ㄴ, ㄹ

문 21. 다음 〈표〉는 2013~2015년 A국의 13대 수출 주력 품목에 관한 자료이다. 이에 대한 〈보기〉의 설명 중 옳은 것만을 모두 고르면?

〈표 1〉 전체 수출액 대비 13대 수출 주력 품목의 수출액 비중

(단위 : %)

연 도 품 목	2013	2014	2015
가 전	1.83	2.35	2.12
무선통신기기	6.49	6.42	7.28
반도체	8.31	10.04	11.01
석유제품	9.31	8.88	6.09
석유화학	8.15	8.35	7.11
선박류	10.29	7.09	7.75
섬유류	2.86	2.81	2.74
일반기계	8.31	8.49	8.89
자동차	8.16	8.54	8.69
자동차부품	4.09	4.50	4.68
철강제품	6.94	6.22	5.74
컴퓨터	2.25	2.12	2.28
평판디스플레이	5.22	4.59	4.24
계	82.21	80.40	78.62

〈표 2〉 13대 수출 주력 품목별 세계수출시장 점유율

(단위 : %)

연 도 품 목	2013	2014	2015
가 전	2.95	3.63	2.94
무선통신기기	6.77	5.68	5.82
반도체	8.33	9.39	8.84
석유제품	5.60	5.20	5.18
석유화학	8.63	9.12	8.42
선박류	24.55	22.45	21.21
섬유류	2.12	1.96	1.89
일반기계	3.19	3.25	3.27
자동차	5.34	5.21	4.82
자동차부품	5.55	5.75	5.50
철강제품	5.47	5.44	5.33
컴퓨터	2.23	2.11	2.25
평판디스플레이	23.23	21.49	18.50

─── 〈보 기〉 ───

ㄱ. 13대 수출 주력 품목 중 2014년 수출액이 큰 품목부터 차례대로 나열하면 반도체, 석유제품, 자동차, 일반기계, 석유화학, 선박류 등의 순이다.

ㄴ. 13대 수출 주력 품목 중 2013년에 비해 2015년에 전체 수출액 대비 수출액 비중이 상승한 품목은 총 7개이다.

ㄷ. 13대 수출 주력 품목 중 세계수출시장 점유율 상위 5개 품목의 순위는 2013년과 2014년이 동일하다.

① ㄱ
② ㄴ
③ ㄱ, ㄴ
④ ㄴ, ㄷ
⑤ ㄱ, ㄴ, ㄷ

문 22. 다음 〈그림〉은 2012~2015년 '갑'국 기업의 남성육아휴직제 시행현황에 관한 자료이다. 이에 대한 설명으로 옳은 것은?

〈그림〉 남성육아휴직제 시행기업수 및 참여직원수

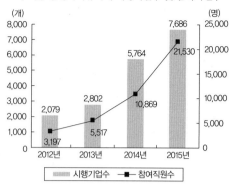

① 2013년 이후 전년보다 참여직원수가 가장 많이 증가한 해와 시행기업수가 가장 많이 증가한 해는 동일하다.
② 2015년 남성육아휴직제 참여직원수는 2012년의 7배 이상이다.
③ 시행기업당 참여직원수가 가장 많은 해는 2015년이다.
④ 2013년 대비 2015년 시행기업수의 증가율은 참여직원수의 증가율보다 높다.
⑤ 2012~2015년 참여직원수 연간 증가인원의 평균은 6,000명 이하이다.

문 23. 다음 〈표〉는 질병진단키트 A~D의 임상실험 결과 자료이다. 〈표〉와 〈정의〉에 근거하여 〈보기〉의 설명 중 옳은 것만을 모두 고르면?

〈표〉 질병진단키트 A~D의 임상실험 결과

(단위 : 명)

A

질병 판정	있음	없음
양성	100	20
음성	20	100

B

질병 판정	있음	없음
양성	80	40
음성	40	80

C

질병 판정	있음	없음
양성	80	30
음성	30	100

D

질병 판정	있음	없음
양성	80	20
음성	20	120

※ 질병진단키트당 피실험자 240명을 대상으로 임상실험한 결과임

─── 〈정 의〉 ───

- 민감도 : 질병이 있는 피실험자 중 임상실험 결과에서 양성 판정된 피실험자의 비율
- 특이도 : 질병이 없는 피실험자 중 임상실험 결과에서 음성 판정된 피실험자의 비율
- 양성 예측도 : 임상실험 결과 양성 판정된 피실험자 중 질병이 있는 피실험자의 비율
- 음성 예측도 : 임상실험 결과 음성 판정된 피실험자 중 질병이 없는 피실험자의 비율

─── 〈보 기〉 ───

ㄱ. 민감도가 가장 높은 질병진단키트는 A이다.
ㄴ. 특이도가 가장 높은 질병진단키트는 B이다.
ㄷ. 질병진단키트 C의 민감도와 양성 예측도는 동일하다.
ㄹ. 질병진단키트 D의 양성 예측도와 음성 예측도는 동일하다.

① ㄱ, ㄴ
② ㄱ, ㄷ
③ ㄴ, ㄷ
④ ㄱ, ㄷ, ㄹ
⑤ ㄴ, ㄷ, ㄹ

문 24. 다음 〈표〉는 결함이 있는 베어링 610개의 추정 결함원인과 실제 결함원인에 관한 자료이다. 이에 대한 〈보기〉의 설명 중 옳은 것만을 모두 고르면?

〈표〉 베어링의 추정 결함원인과 실제 결함원인

(단위 : 개)

추정 결함 원인 실제 결함원인	불균형 결함	내륜 결함	외륜 결함	정렬 불량 결함	볼결함	합
불균형결함	87	9	14	6	14	130
내륜결함	12	90	11	6	15	134
외륜결함	6	8	92	14	4	124
정렬불량 결함	5	2	5	75	16	103
볼결함	5	7	11	18	78	119
계	115	116	133	119	127	610

※ 1) 전체인식률 = $\dfrac{\text{추정 결함원인과 실제 결함원인이 동일한 베어링의 개수}}{\text{결함이 있는 베어링의 개수}}$

2) 인식률 = $\dfrac{\text{추정 결함원인과 실제 결함원인이 동일한 베어링의 개수}}{\text{추정 결함원인에 해당되는 베어링의 개수}}$

3) 오류율 = 1 − 인식률

─── 〈보 기〉 ───

ㄱ. 전체인식률은 0.8 이상이다.
ㄴ. '내륜결함' 오류율은 '외륜결함' 오류율보다 낮다.
ㄷ. '불균형결함' 인식률은 '외륜결함' 인식률보다 낮다.
ㄹ. 실제 결함원인이 '정렬불량결함'인 베어링 중에서, 추정 결함원인이 '불균형결함'인 베어링은 추정 결함원인이 '볼결함'인 베어링보다 적다.

① ㄱ, ㄴ
② ㄱ, ㄷ
③ ㄴ, ㄷ
④ ㄴ, ㄹ
⑤ ㄴ, ㄷ, ㄹ

문 25. 다음 〈표〉는 학생 '갑'~'정'의 시험 성적에 관한 자료이다. 〈표〉와 〈순위산정방식〉을 이용하여 순위를 산정할 때, 〈보기〉의 설명 중 옳은 것만을 모두 고르면?

〈표〉 '갑'~'정'의 시험 성적

(단위 : 점)

학생\과목	국 어	영 어	수 학	과 학
갑	75	85	90	97
을	82	83	79	81
병	95	75	75	85
정	89	70	91	90

── 〈순위산정방식〉 ──

- A방식 : 4개 과목의 총점이 높은 학생부터 순서대로 1, 2, 3, 4위로 하되, 4개 과목의 총점이 동일한 학생의 경우 국어 성적이 높은 학생을 높은 순위로 함
- B방식 : 과목별 등수의 합이 작은 학생부터 순서대로 1, 2, 3, 4위로 하되, 과목별 등수의 합이 동일한 학생의 경우 A방식에 따라 산정한 순위가 높은 학생을 높은 순위로 함
- C방식 : 80점 이상인 과목의 수가 많은 학생부터 순서대로 1, 2, 3, 4위로 하되, 80점 이상인 과목의 수가 동일한 학생의 경우 A방식에 따라 산정한 순위가 높은 학생을 높은 순위로 함

── 〈보 기〉 ──

ㄱ. A방식과 B방식으로 산정한 '병'의 순위는 동일하다.
ㄴ. C방식으로 산정한 '정'의 순위는 2위이다.
ㄷ. '정'의 과학점수만 95점으로 변경된다면, B방식으로 산정한 '갑'의 순위는 2위가 된다.

① ㄱ
② ㄴ
③ ㄷ
④ ㄱ, ㄴ
⑤ ㄱ, ㄴ, ㄷ

문 26. 다음 〈그림〉은 '갑' 국 4대 유통업태의 성별, 연령대별 구매액 비중에 대한 자료이다. 이에 대한 〈보기〉의 설명 중 옳은 것만을 모두 고르면?

〈그림〉 '갑'국 4대 유통업태의 성별, 연령대별 구매액 비중

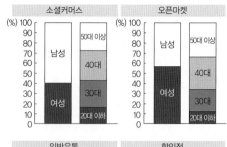

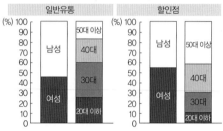

※ 유통업태는 소셜커머스, 오픈마켓, 일반유통, 할인점으로만 구성됨

── 〈보 기〉 ──

ㄱ. 유통업태별 전체 구매액 중 50대 이상 연령대의 구매액 비중이 가장 큰 유통업태는 할인점이다.
ㄴ. 유통업태별 전체 구매액 중 여성의 구매액 비중이 남성보다 큰 유통업태 각각에서는 40세 이상의 구매액 비중이 60% 이상이다.
ㄷ. 4대 유통업태 각각에서 50대 이상 연령대의 구매액 비중은 20대 이하보다 크다.
ㄹ. 유통업태별 전체 구매액 중 40세 미만의 구매액 비중이 50% 미만인 유통업태에서는 여성의 구매액 비중이 남성보다 크다.

① ㄱ, ㄴ
② ㄱ, ㄷ
③ ㄴ, ㄷ
④ ㄱ, ㄴ, ㄹ
⑤ ㄴ, ㄷ, ㄹ

문 27. 다음 〈표〉는 A제품을 생산·판매하는 '갑'사의 1~3주차 A제품 주문량 및 B부품 구매량에 관한 자료이다. 〈조건〉에 근거하여 매주 토요일 판매완료 후 남게 되는 A제품의 재고량을 주차별로 바르게 나열한 것은?

〈표〉 A제품 주문량 및 B부품 구매량

(단위 : 개)

구분 \ 주	1주차	2주차	3주차
A제품 주문량	0	200	450
B부품 구매량	500	900	1,100

※ 1) 1주차 시작 전 A제품과 B부품의 재고는 없음
　　2) 한 주의 시작은 월요일임

─── 〈조 건〉 ───

• A제품은 매주 월요일부터 금요일까지 생산하고, A제품 1개 생산 시 B부품만 2개가 사용된다.
• B부품은 매주 일요일에 일괄구매하고, 그 다음 주 A제품 생산에 남김없이 모두 사용된다.
• 생산된 A제품은 매주 토요일에 해당 주차 주문량만큼 즉시 판매되고, 남은 A제품은 이후 판매하기 위한 재고로 보유한다.

	1주차	2주차	3주차
①	0	50	0
②	0	50	50
③	50	50	50
④	250	0	0
⑤	250	50	50

문 28. 다음 〈표〉는 세조 재위기간 중 지역별 흉년 현황을 나타낸 것이다. 이에 대한 설명으로 옳지 않은 것은?

〈표〉 세조 재위기간 중 지역별 흉년 현황

지역 \ 재위년	경기	황해	평안	함경	강원	충청	경상	전라	흉년 지역 수
세조1	×	×	×	×	×	○	×	×	1
세조2	○	×	×	×	×	○	○	×	3
세조3	×	×	×	×	○	○	○	○	4
세조4	○	( )	( )	( )	×	( )	×	( )	4
세조5	○	( )	○	○	×	×	×	×	( )
세조8	×	×	×	×	○	○	×	×	1
세조9	×	○	×	( )	×	○	×	×	2
세조10	○	×	×	○	○	○	×	×	4
세조12	○	○	○	○	○	○	×	×	5
세조13	○	×	( )	×	○	×	×	( )	3
세조14	○	○	×	×	○	( )	( )	×	4
흉년 빈도	8	5	( )	2	7	6	( )	1	

※ 1) ○(×) : 해당 재위년 해당 지역이 흉년임(흉년이 아님)을 의미함
　　2) 〈표〉에 제시되지 않은 재위년에는 흉년인 지역이 없음

① 흉년 빈도가 네 번째로 높은 지역은 평안이다.
② 흉년 지역 수는 세조5년이 세조4년보다 많다.
③ 경기, 황해, 강원 3개 지역의 흉년 빈도 합은 흉년 빈도 총합의 55% 이상이다.
④ 충청의 흉년 빈도는 경상의 2배이다.
⑤ 흉년 지역 수가 5인 재위년의 횟수는 총 2번이다.

문 29. 다음 〈그림〉과 〈표〉는 우리나라 10대 전략기술 분야의 기술 수준과 기술격차를 나타낸 것이다. 이에 대한 〈보고서〉의 설명 중 옳은 것만을 모두 고르면?

〈그림〉 우리나라 10대 전략기술 분야의 최고기술보유국 대비 기술수준과 기술격차

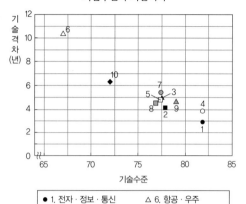

● 1. 전자 · 정보 · 통신　　△ 6. 항공 · 우주
■ 2. 의료　　　　　　　　⊙ 7. 환경 · 지구 · 해양
▲ 3. 바이오　　　　　　　▣ 8. 나노 · 소재
○ 4. 기계 · 제조 · 공정　　△ 9. 건설 · 교통
□ 5. 에너지 · 자원 · 극한기술　◆ 10. 재난 · 재해 · 안전

※ 1) 기술수준은 비교대상국가(지역)의 기술 발전 정도를 100으로 볼 때 특정국가(지역)의 해당 기술 발전 정도임
2) 기술격차는 특정국가(지역)가 비교대상국가(지역)의 기술 발전 정도에 도달하는 데 소요될 것으로 예측되는 시간임. 단, 음수의 경우 비교대상국가(지역)가 특정국가(지역)의 기술 발전 정도에 도달하는 데 그 절댓값만큼의 시간이 소요됨을 의미함

〈표〉 10대 전략기술 분야별 우리나라의 기술격차

(단위 : 년)

기술격차　　분야	대(對)중국 기술격차	대(對)일본 기술격차	대(對)미국 기술격차	대(對)EU 기술격차
전자 · 정보 · 통신	−2.4	1.3	2.9	1.0
의료	−1.9	2.2	4.1	2.6
바이오	−2.5	3.1	5.0	3.5
기계 · 제조 · 공정	−2.3	2.7	3.8	2.9
에너지 · 자원 · 극한기술	−1.3	3.3	4.8	3.9
항공 · 우주	4.5	5.4	10.4	7.6
환경 · 지구 · 해양	−2.9	4.1	5.4	4.9
나노 · 소재	−1.2	3.4	4.5	2.8
건설 · 교통	−2.8	4.0	4.7	3.9
재난 · 재해 · 안전	−1.9	4.2	6.3	3.6

〈보고서〉

ⓐ 최고기술보유국 대비 우리나라 10대 전략기술 분야 기술수준의 평균은 75 이하이고, 기술격차의 평균은 4년 이상인 것으로 나타났다. ⓑ 최고기술보유국 대비 우리나라의 기술수준은 전자 · 정보 · 통신과 기계 · 제조 · 공정 분야가 80 이상이고 항공 · 우주 분야는 70 미만이다. 기술격차가 가장 작은 분야는 전자 · 정보 · 통신이고 기술격차가 가장 큰 분야는 항공 · 우주 분야로 기술격차가 10년 이상인 것으로 조사되었다. 우리나라는 일본, 미국, EU에 비하여 분야별로 최소 1년에서 최대 10.4년까지 뒤쳐져 있다. ⓒ 우리나라의 대(對)중국 기술격차를 보면, 우리나라가 모든 10대 전략기술 분야에서 중국보다 앞서 있으며, 특히 환경 · 지구 · 해양 분야에서 2.9년 앞서 있는 것으로 나타났다. 미국은 우리나라뿐 아니라 중국, 일본, EU와 비교했을 때 모든 10대 전략 기술 분야에서 최고기술을 보유한 국가인 것으로 나타났다. ⓓ 일본의 기술 발전 정도는 모든 10대 전략기술 분야에서 미국에 뒤쳐져 있으나, 전자 · 정보 · 통신, 나노 · 소재, 건설 · 교통, 재난 · 재해 · 안전의 분야에서는 EU보다 앞서 있는 것으로 나타났다.

① ㄱ, ㄴ
② ㄱ, ㄹ
③ ㄴ, ㄷ
④ ㄴ, ㄹ
⑤ ㄷ, ㄹ

문 30. 다음 〈그림〉은 2013년 A~D국의 항목별 웰빙지수에 관한 자료이다. 이에 대한 설명으로 옳지 않은 것은?

〈그림〉 2013년 A~D국의 항목별 웰빙지수

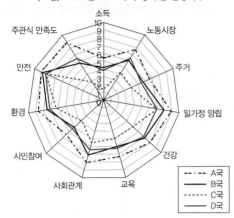

※ 1) 웰빙지수는 항목별로 0~10으로 표시되고, 숫자가 클수록 지수가 높으며, 그 래프의 0~10 사이 간격은 균등함

2) 종합웰빙지수 = $\dfrac{\text{각 항목 웰빙지수의 합}}{\text{전체 항목 수}}$

① A국의 종합웰빙지수는 7 이상이다.

② B국과 D국의 종합웰빙지수 차이는 1 미만이다.

③ D국의 웰빙지수가 B국보다 높은 항목의 수는 전체 항목 수의 50% 미만이다.

④ A국과 C국에서 웰빙지수가 가장 낮은 항목은 동일하다.

⑤ A국과 C국의 웰빙지수 차이가 가장 작은 항목과 B국과 D국의 웰빙지수 차이가 가장 작은 항목은 동일하다.

문 31. 다음 〈보고서〉와 〈표〉는 2014년 A국의 공적개발원조에 대한 자료이다. 이에 대한 〈보기〉의 설명 중 옳은 것만을 모두 고르면?

〈보고서〉

2014년 A국이 공여한 전체 공적개발원조액은 19억 1,430만 달러로 GDP 대비 0.13%를 기록하였다. 공적개발원조액의 지역별 배분을 살펴보면 북아프리카 5.4%, 사하라 이남 아프리카 20.0%, 오세아니아·기타 아시아 32.4%, 유럽 0.7%, 중남미 7.5%, 중앙아시아·남아시아 21.1%, 기타 지역 12.9%로 나타났다.

〈표〉 2014년 A국 공적개발원조 수원액 상위 10개국 현황

(단위 : 백만 달러)

순위	국가명	수원액
1	베트남	215
2	아프가니스탄	93
3	탄자니아	68
4	캄보디아	68
5	방글라데시	61
6	모잠비크	57
7	필리핀	55
8	스리랑카	52
9	에티오피아	35
10	인도네시아	34
	계	738

〈보기〉

ㄱ. 수원액 상위 10개국의 수원액 합은 A국 GDP의 0.04% 이상이다.

ㄴ. '사하라 이남 아프리카'에 대한 공적개발원조액은 수원액 상위 10개국의 수원액 합보다 크다.

ㄷ. '오세아니아·기타아시아'에 대한 공적개발원조액은 '사하라 이남 아프리카', '북아프리카', '중남미'에 대한 공적개발원조액 합보다 크다.

ㄹ. 수원액 상위 10개국을 제외한 국가들의 수원액 합은 베트남 수원액의 5배 이상이다.

① ㄱ, ㄴ　　　　　　② ㄱ, ㄹ

③ ㄴ, ㄷ　　　　　　④ ㄷ, ㄹ

⑤ ㄱ, ㄷ, ㄹ

문 32. 다음 〈표〉와 〈그림〉은 2011~2015년 국가공무원 및 지방자치단체 공무원 현황에 관한 자료이다. 이에 대한 설명으로 옳지 않은 것은?

〈표〉 국가공무원 및 지방자치단체공무원 현황

(단위 : 명)

구 분 \ 연 도	2011	2012	2013	2014	2015
국가공무원	621,313	622,424	621,823	634,051	637,654
지방자치단체 공무원	280,958	284,273	287,220	289,837	296,193

〈그림〉 국가공무원 및 지방자치단체공무원 중 여성 비율

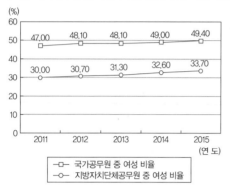

① 매년 국가공무원 중 여성 수는 지방자치단체공무원 중 여성 수의 3배 이상이다.

② 지방자치단체공무원 중 여성 수는 매년 증가하였다.

③ 매년 국가공무원 중 여성 수는 지방자치단체공무원 수보다 많다.

④ 국가공무원 중 남성 수는 2013년이 2012년보다 적다.

⑤ 국가공무원 중 여성 비율과 지방자치단체공무원 중 여성 비율의 차이는 매년 감소한다.

문 33. '갑'은 2017년 1월 전액 현금으로만 다음 〈표〉와 같이 지출하였다. 만약 '갑'이 2017년 1월에 A~C신용카드 중 하나만을 발급받아 할인 전 금액이 〈표〉와 동일하도록 그 카드로만 지출하였다면, 〈신용카드별 할인혜택〉에 근거한 할인 후 예상청구액이 가장 적은 카드부터 순서대로 나열한 것은?

〈표〉 2017년 1월 지출내역

(단위 : 만 원)

분류	세부항목		금액	합
교통비	버스 · 지하철 요금		8	20
	택시 요금		2	
	KTX 요금		10	
식 비	외식비	평 일	10	30
		주 말	5	
	카페 지출액		5	
	식료품 구입비	대형마트	5	
		재래시장	5	
의류구입비	온라인		15	30
	오프라인		15	
여가 및 자기계발비	영화관람표(1만 원/회×2회)		2	30
	도서구입비 (2만 원/권×1권, 1만 5천 원/권 ×2권, 1만 원/권×3권)		8	
	학원수강료		20	

— 〈신용카드별 할인혜택〉 —

• A신용카드
  − 버스 · 지하철, KTX 요금 20% 할인(단, 할인액의 한도는 월 2만 원)
  − 외식비 주말 결제액 5% 할인
  − 학원 수강료 15% 할인
  − 최대 총 할인한도액은 없음
  − 연회비 1만 5천 원이 발급 시 부과되어 합산됨

• B신용카드
  − 버스 · 지하철, KTX 요금 10% 할인(단, 할인액의 한도는 월 1만 원)
  − 온라인 의류구입비 10% 할인
  − 도서구입비 권당 3천 원 할인(단, 권당 가격이 1만 2천 원 이상인 경우에만 적용)
  − 최대 총 할인한도액은 월 3만 원
  − 연회비 없음

• C신용카드
  − 버스 · 지하철, 택시 요금 10% 할인(단, 할인액의 한도는 월 1만 원)
  − 카페 지출액 10% 할인
  − 재래시장 식료품 구입비 10% 할인
  − 영화관람료 회당 2천 원 할인(월 최대 2회)
  − 최대 총 할인한도액은 월 4만 원
  − 연회비 없음

※ 1) 할부나 부분청구는 없음
   2) A~C신용카드는 매달 1일부터 말일까지의 사용분에 대하여 익월 청구됨

① A − B − C
② A − C − B
③ B − A − C
④ B − C − A
⑤ C − A − B

문 34. 다음 〈표〉는 '갑'국 A공무원의 보수 지급 명세서이다. 이에 대한 설명으로 옳지 않은 것은?

〈표〉 보수 지급 명세서

(단위 : 원)

실수령액 : ( )			
보 수		공 제	
보수항목	보수액	공제항목	공제액
봉 급	2,530,000	소득세	160,000
중요직무급	150,000	지방소득세	16,000
시간외수당	510,000	일반기여금	284,000
정액급식비	130,000	건강보험료	103,000
직급보조비	250,000	장기요양보험료	7,000
보수총액	( )	공제총액	( )

※ 실수령액=보수총액−공제총액

① '봉급'이 '보수총액'에서 차지하는 비중은 70% 이상이다.
② '일반기여금'이 15% 증가하면 '공제총액'은 60만 원 이상이 된다.
③ '실수령액'은 '봉급'의 1.3배 이상이다.
④ '건강보험료'는 '장기요양보험료'의 15배 이하이다.
⑤ '공제총액'에서 '일반기여금'이 차지하는 비중은 '보수총액'에서 '직급보조비'가 차지하는 비중의 6배 이상이다.

문 35. 다음 〈표〉는 A~D지역으로만 이루어진 '갑'국의 2015년 인구 전입·전출과 관련한 자료이다. 이에 대한 〈보고서〉의 내용 중 옳은 것만을 모두 고르면?

〈표 1〉 2015년 인구 전입·전출

(단위 : 명)

전출지＼전입지	A	B	C	D
A		190	145	390
B	123		302	260
C	165	185		110
D	310	220	130	

※ 1) 전입·전출은 A~D지역 간에서만 이루어짐
2) 2015년 인구 전입·전출은 2015년 1월 1일부터 12월 31일까지 발생하며, 동일인의 전입·전출은 최대 1회만 가능함
3) 예시 : 〈표 1〉에서 '190'은 A지역에서 190명이 전출하여 B지역으로 전입하였음을 의미함

〈표 2〉 2015, 2016년 지역별 인구

(단위 : 명)

지 역＼연 도	2015	2016
A	3,232	3,105
B	3,120	3,030
C	2,931	( )
D	3,080	( )

※ 1) 인구는 매년 1월 1일 0시를 기준으로 함
2) 인구변화는 전입·전출에 의해서만 가능함

〈보고서〉

　'갑'국의 지역 간 인구 이동을 파악하기 위해 2015년의 전입·전출을 분석한 결과 총 2,530명이 주소지를 이전한 것으로 파악되었다. '갑'국의 4개 지역 가운데 ⊙ 전출자 수가 가장 큰 지역은 A이다. 반면, ⓒ 전입자 수가 가장 큰 지역은 A, B, D 지역으로부터 총 577명이 전입한 C이다. 지역 간 인구 이동은 지역경제 활성화에 따른 일자리 수요와 밀접하게 연관된다. 2015년 인구이동 결과, ⓒ 2016년 인구가 가장 많은 지역은 D이며, ⓔ 2015년과 2016년의 인구 차이가 가장 큰 지역은 A이다.

① ㄱ, ㄴ
② ㄱ, ㄷ
③ ㄴ, ㄹ
④ ㄷ, ㄹ
⑤ ㄱ, ㄷ, ㄹ

문 36. 다음 〈표〉는 '갑', '을' 기업의 부가가치세 결의서이다. 이에 대한 설명으로 옳지 않은 것은?

〈표 1〉 '갑' 기업의 부가가치세 결의서

(단위 : 천 원)

연도 / 구 분	2014	2015	전년대비 증가액
과세표준	150,000	( )	20,000
매출세액(a)	15,000	( )	2,000
매입세액(b)	7,000	( )	0
납부예정세액 (c)(=a−b)	8,000	( )	( )
경감·공제 세액(d)	0	( )	0
기납부세액(e)	1,500	( )	2,000
확정세액 (=c−d−e)	6,500	( )	( )

〈표 2〉 '을' 기업의 부가가치세 결의서

(단위 : 천 원)

연도 / 구 분	2014	2015	전년대비 증가액
과세표준	190,000	130,000	−60,000
매출세액(a)	19,000	13,000	−6,000
매입세액(b)	14,000	16,000	2,000
납부예정세액 (c)(=a−b)	5,000	( )	−8,000
경감·공제 세액(d)	4,000	0	−4,000
기납부세액(e)	0	0	0
확정세액 (=c−d−e)	1,000	( )	−4,000

※ 1) 확정세액이 음수이면 환급 받고, 양수이면 납부함
    2) 매출세액＝과세표준×매출세율

① 2014년과 2015년 매출세율은 10%이다.
② '갑' 기업의 확정세액은 2014년에 비해 2015년에 증가하였다.
③ 2015년 '을' 기업은 300만 원을 환급 받는다.
④ '갑' 기업의 납부예정세액은 2014년에 비해 2015년에 20% 이상 증가하였다.
⑤ 2015년 매출세율이 15%라면, 2015년 '갑' 기업의 확정세액은 '을' 기업의 4배 이상이다.

문 37. 다음 〈표〉는 2014~2016년 추석연휴 교통사고에 관한 자료이다. 이에 대한 〈보고서〉의 설명 중 옳은 것만을 모두 고르면?

〈표 1〉 추석연휴 및 평소 주말교통사고 현황

(단위 : 건, 명)

구 분	추석연휴 하루평균			평소 주말 하루평균		
	사 고	부상자	사망자	사 고	부상자	사망자
전체 교통사고	487.4	885.1	11.0	581.7	957.3	12.9
졸음운전 사고	7.8	21.1	0.6	8.2	17.1	0.3
어린이 사고	45.4	59.4	0.4	39.4	51.3	0.3

※ 2014~2016년 동안 평균 추석연휴기간은 4.7일이었으며, 추석연휴에 포함된 주말의 경우 평소 주말 통계에 포함시키지 않음

〈표 2〉 추석 전후 일자별 하루평균 전체교통사고 현황

(단위 : 건, 명)

구 분	추석연휴전날	추석전날	추석당일	추석다음날
사 고	822.0	505.3	448.0	450.0
부상자	1,178.0	865.0	1,013.3	822.0
사망자	17.3	15.3	10.0	8.3

─── 〈보고서〉 ───

2014~2016년 추석 전후 발생한 교통사고를 분석한 결과, 추석연휴전날에 교통사고가 많이 발생한 것으로 나타났다. ㉠ 추석연휴전날에는 평소 주말보다 하루 평균 사고건수는 240.3건, 부상자 수는 220.7명 많았고, 사망자 수는 30% 이상 많은 것으로 나타났다. ㉡ 교통사고 건당 부상자 수와 교통사고 건당 사망자 수는 각각 추석당일이 추석전날보다 많았다.

㉢ 졸음운전사고를 살펴보면, 추석연휴 하루 평균 사고건수는 평소 주말보다 적었으나 추석연휴 하루 평균 부상자 수와 사망자 수는 평소 주말보다 각각 많았다. 특히 ㉣ 졸음운전 사고의 경우 평소 주말 대비 추석연휴 하루 평균 사망자의 증가율은 하루 평균 부상자의 증가율의 10배 이상이었다. 시간대별로는 졸음운전사고가 14~16시에 가장 많이 발생했다.

㉤ 어린이사고의 경우 평소 주말보다 추석연휴 하루 평균 사고건수는 6.0건, 부상자 수는 8.1명, 사망자 수는 0.1명 많은 것으로 나타났다.

① ㄱ, ㄴ, ㄹ
② ㄱ, ㄷ, ㄹ
③ ㄱ, ㄷ, ㅁ
④ ㄴ, ㄷ, ㅁ
⑤ ㄴ, ㄹ, ㅁ

문 38. 다음 〈그림〉은 A기업의 2011년과 2012년 자산총액의 항목별 구성비를 나타낸 자료이다. 이에 대한 〈보기〉의 설명 중 옳은 것만을 모두 고르면?

〈그림〉 자산총액의 항목별 구성비

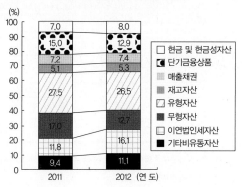

※ 1) 자산총액은 2011년 3,400억 원, 2012년 2,850억 원임
  2) 유동자산＝현금 및 현금성자산＋단기금융상품＋매출채권＋재고자산

〈보 기〉
ㄱ. 2011년 항목별 금액의 순위가 2012년과 동일한 항목은 4개이다.
ㄴ. 2011년 유동자산 중 '단기금융상품'의 구성비는 45% 미만이다.
ㄷ. '현금 및 현금성자산' 금액은 2012년이 2011년보다 크다.
ㄹ. 2011년 대비 2012년에 '무형자산' 금액은 4.3% 감소하였다.

① ㄱ, ㄴ
② ㄱ, ㄷ
③ ㄴ, ㄷ
④ ㄱ, ㄴ, ㄹ
⑤ ㄴ, ㄷ, ㄹ

※ 다음 〈표〉는 6세 미만 영유아 1,000명의 공공재 문화시설 유형별 이용률을 조사한 결과이다. 〈표〉를 보고 물음에 답하시오. [문 39~문 40]

〈표〉 영유아 소속 가구소득수준별 영유아의 공공재 문화시설 유형별 이용률

(단위 : %)

시설 유형 \ 영유아 소속 가구소득 수준 \ 기간	출생 후 현재까지			최근 1년 동안		
	일반 가구 영유아	저소득 가구 영유아	전 체	일반 가구 영유아	저소득 가구 영유아	전 체
일반도서관	24.0	23.0	23.8	21.0	19.5	20.7
어린이도서관	25.3	13.0	22.8	22.5	11.5	20.3
일반박물관	26.0	16.5	24.1	18.3	11.0	16.8
어린이박물관	22.0	8.0	19.2	17.0	4.5	14.5
일반미술관	8.6	7.5	8.4	6.6	3.5	6.0
어린이미술관	7.5	1.5	6.3	5.1	0.5	4.2
문예회관	15.3	10.5	14.3	11.8	7.5	10.9
어린이놀이터	95.8	93.5	95.3	95.0	92.5	94.5

※ 1) 조사대상 중 무응답은 없으며, 조사대상 기간 중 한 번이라도 이용한 적이 있으면 이용한 것으로 집계함
  2) 일반가구란 가구소득수준을 기준으로 저소득가구를 제외한 모든 가구를 지칭함
  3) 소수점 아래 둘째 자리에서 반올림한 값임

문 39. 위 〈표〉에 대한 〈보기〉의 설명 중 옳은 것만을 모두 고르면?

〈보 기〉
ㄱ. 일반가구 영유아 수는 저소득가구 영유아 수의 3배 이상이다.
ㄴ. 출생 후 현재까지 일반도서관을 이용한 적이 있는 일반가구 영유아 중에 최근 1년 동안 일반도서관을 이용하지 않은 영유아는 30명 미만이다.
ㄷ. 전체 영유아의 출생 후 현재까지 공공재 문화시설 유형별 이용률 순위와 전체 영유아의 최근 1년 동안 공공재 문화시설 유형별 이용률 순위는 동일하다.
ㄹ. 출생 후 현재까지 일반가구 영유아의 이용률이 가장 낮은 공공재 문화시설 유형과 최근 1년 동안 저소득가구 영유아의 이용률이 가장 낮은 공공재 문화시설 유형은 동일하다.

① ㄱ, ㄴ
② ㄱ, ㄷ
③ ㄷ, ㄹ
④ ㄱ, ㄴ, ㄹ
⑤ ㄴ, ㄷ, ㄹ

문 40. 다음 〈보고서〉는 위 〈표〉와 추가적인 자료를 바탕으로 작성한 것이다. 〈보기〉에서 〈보고서〉의 내용과 부합하지 않는 자료만을 모두 고르면?

─── 〈보고서〉 ───

- 전체 영유아의 출생 후 현재까지의 공공재 문화시설 유형별 이용률은 어린이놀이터가 95.3%로 가장 높았고, 어린이미술관이 6.3%로 가장 낮았다. 이를 가구 소득 수준별로 살펴보면, 일반가구 영유아와 저소득 가구 영유아 모두 출생 후 현재까지의 공공재 문화시설 유형별 이용률 중 어린이놀이터 이용률이 가장 높았고, 어린이 미술관 이용률이 가장 낮았다.
- 출생 후 현재까지의 소비재 문화시설 유형별 이용률의 경우 일반가구 영유아와 저소득가구 영유아 모두 놀이공원 이용률이 가장 높았고, 키즈카페 이용률이 가장 낮았다. 소비재 문화시설 유형 각각에서 일반가구 영유아의 이용률이 저소득가구 영유아의 이용률보다 높았다.
- 영유아의 공공재 문화시설 유형별 최초 이용 시기를 살펴보면, 90% 이상의 영유아가 어린이놀이터를 이용하기 시작한 시기는 만 3세가 되기 전이며, 나머지 모든 공공재 문화시설 유형들은 만 4세가 되기 전에 90% 이상의 영유아가 이용하기 시작하는 것으로 나타났다.
- 영유아의 최근 1년 동안 공공재 문화시설 유형별 이용률 역시 출생 후 현재까지 공공재 문화시설 유형별 이용률과 동일하게 어린이놀이터 이용률이 가장 높았고, 가구소득 수준별로도 일반가구 영유아와 저소득가구 영유아 모두 어린이놀이터 이용률이 가장 높았다.
- 소비재 문화시설의 경우 최근 1년 동안 영유아의 극장 이용 목적은 관람이 가장 큰 비중을 차지하였고 키즈카페 이용목적은 놀이활동이 가장 큰 비중을 차지하였다.

─── 〈보 기〉 ───

ㄱ. 영유아의 공공재 문화시설 유형별 최초 이용시기

(단위 : %)

최초 이용 시기 / 시설 유형	만 0세 이상 만 1세 미만	만 1세 이상 만 2세 미만	만 2세 이상 만 3세 미만	만 3세 이상 만 4세 미만	만 4세 이상 만 5세 미만	만 5세 이상 만 6세 미만	계
일반도서관	0.8	10.1	24.8	34.5	24.4	5.4	100.0
어린이도서관	0.9	11.1	26.1	39.4	19.0	3.5	100.0
일반박물관	0.4	10.9	21.8	39.3	23.0	4.6	100.0
어린이박물관	0.5	12.2	21.7	42.3	18.5	4.8	100.0
일반미술관	1.2	15.5	22.6	38.1	15.5	7.1	100.0
어린이미술관	0.0	9.7	17.7	33.9	32.3	6.4	100.0
문예회관	2.8	13.3	30.8	33.6	16.1	3.4	100.0
어린이놀이터	13.5	60.1	20.3	5.5	0.4	0.2	100.0

ㄴ. 가구소득수준별 영유아의 출생 후 현재까지 소비재 문화시설 유형별 이용률

(단위 : %)

영유아 소속 가구소득 수준 / 시설 유형	일반가구 영유아	저소득가구 영유아	전체
극장	51.5	34.0	48.0
놀이공원	71.9	65.5	70.6
키즈카페	53.1	33.0	49.1
수족관 및 동·식물원	65.6	49.5	62.4

ㄷ. 영유아의 최근 1년 동안 소비재 문화시설 유형별 이용 목적

(단위 : %)

이용 목적 / 시설 유형	관람	프로그램 참여	놀이 활동	독서·대출	지식 습득	가족과 시간 향유	부모 휴식	계
극장	74.3	1.9	7.1	0.0	0.5	14.3	1.9	100.0
놀이공원	4.1	1.2	47.3	0.0	0.5	44.3	2.6	100.0
키즈카페	2.0	3.9	74.8	0.2	1.1	8.0	10.0	100.0
수족관 및 동·식물원	22.9	2.5	7.9	0.2	7.4	58.7	0.4	100.0

① ㄱ
② ㄴ
③ ㄱ, ㄴ
④ ㄴ, ㄷ
⑤ ㄱ, ㄴ, ㄷ

문 1. 다음 글을 근거로 판단할 때 옳지 않은 것은?

> 유엔 식량농업기구(FAO)에 따르면 곤충의 종류는 2,013종인데, 그중 일부가 현재 식재료로 사용되고 있다. 곤충은 병균을 옮기는 더러운 것으로 알려져 있지만 깨끗한 환경에서 사육된 곤충은 식용에 문제가 없다.
>
> 식용으로 귀뚜라미를 사육할 경우 전통적인 육류 단백질 공급원보다 생산에 필요한 자원을 절감할 수 있다. 귀뚜라미가 다른 전통적인 단백질 공급원보다 뛰어난 점은 다음과 같다. 첫째, 쇠고기 0.45kg을 생산하기 위해 필요한 자원으로 식용 귀뚜라미 11.33kg을 생산할 수 있다. 이것이 가능한 가장 큰 이유는 귀뚜라미가 냉혈동물이라 돼지나 소와 같이 체내 온도 유지를 위해 먹이를 많이 소비하지 않기 때문이다. 둘째, 식용 귀뚜라미 0.45kg을 생산하는 데 필요한 물은 감자나 당근을 생산하는 데 필요한 수준인 3.8ℓ 이지만, 닭고기 0.45kg을 생산하려면 1,900ℓ의 물이 필요하며, 쇠고기는 닭고기의 경우보다 4배 이상의 물이 필요하다. 셋째, 귀뚜라미를 사육할 때 발생하는 온실가스의 양은 가축을 사육할 때 발생하는 온실가스 양의 20%에 불과하다.
>
> 현재 곤충 사육은 많은 지역에서 이루어지고 있지만, 식용 곤충의 공급이 제한적이고 사람들에게 곤충도 식량이 될 수 있다는 점을 이해시키는 데 어려움이 있다. 따라서 새로운 식용 곤충 생산과 공급방법을 확충하고 곤충 섭취에 대한 사람들의 거부감을 줄이는 방안이 필요하다.
>
> 현재 식용 귀뚜라미는 주로 분말 형태로 100g당 10달러에 판매된다. 이는 같은 양의 닭고기나 쇠고기의 가격과 큰 차이가 없다. 그러나 인구가 현재보다 20억 명 더 늘어날 것으로 예상되는 2050년에는 귀뚜라미 등 곤충이 저렴하게 저녁식사 재료로 공급될 것이다.

① 쇠고기 생산보다 식용 귀뚜라미 생산에 자원이 덜 드는 이유 중 하나는 귀뚜라미가 냉혈동물이라는 점이다.

② 현재 곤충 사육은 많은 지역에서 이루어지고 있지만, 식용으로 사용되는 곤충의 종류는 일부에 불과하다.

③ 식용 귀뚜라미와 동일한 양의 쇠고기를 생산하려면, 귀뚜라미 생산에 필요한 물보다 500배의 물이 필요하다.

④ 식용 귀뚜라미 생산에는 쇠고기 생산보다 자원이 적게 들지만, 현재 이 둘의 100g당 판매 가격은 큰 차이가 없다.

⑤ 가축을 사육할 때 발생하는 온실가스의 양은 귀뚜라미를 사육할 때의 5배이다.

문 2. 다음 글을 근거로 판단할 때 옳은 것은?

> 판옥선은 조선 수군의 주력 군선(軍船)으로 왜구를 제압하기 위해 1555년(명종 10년) 새로 개발된 것이다. 종전의 군선은 갑판이 1층뿐인 평선인 데 비하여 판옥선은 선체의 상부에 상장(上粧)을 가설하여 2층 구조로 만든 배이다. 이 같은 구조로 되어 있기 때문에, 노를 젓는 요원인 격군(格軍)은 1층 갑판에서 안전하게 노를 저을 수 있고, 전투 요원들은 2층 갑판에서 적을 내려다보면서 유리하게 전투를 수행할 수 있었다.
>
> 전근대 해전에서는 상대방 군선으로 건너가 마치 지상에서처럼 칼과 창으로 싸우는 경우가 흔했다. 조선 수군은 기본적으로 활과 화약무기 같은 원거리 무기를 능숙하게 사용했지만, 칼과 창 같은 단병무기를 운용하는 데는 상대적으로 서툴렀다. 이 같은 약점을 극복하고 조선 수군이 해전에서 승리하기 위해서는, 적이 승선하여 전투를 벌이는 전술을 막으면서 조선 수군의 장기인 활과 대구경(大口徑) 화약무기로 전투를 수행할 수 있도록 선체가 높은 군선이 필요했다.
>
> 선체 길이가 20~30m 정도였던 판옥선은 임진왜란 해전에 참전한 조선·명·일본의 군선 중 크기가 큰 편에 속한데다가 선체도 높았기 때문에 일본군이 그들의 장기인 승선전투전술을 활용하기 어렵게 하는 효과도 있었다. 이 때문에 임진왜란 당시 도승지였던 이항복은 "판옥선은 마치 성곽과 같다"라고 그 성능을 격찬했다. 판옥선은 1592년 발발한 임진왜란에서 일본의 수군을 격파하여 조선 수군이 완승할 수 있는 원동력이 되었다. 옥포해전·당포해전·한산해전 등 주요 해전에 동원된 군선 중에서 3척의 거북선을 제외하고는 모두가 판옥선이었다.
>
> 판옥선의 승선인원은 시대와 크기에 따라 달랐던 것으로 보인다. 『명종실록』에는 50여 명이 탑승했다고 기록되어 있는 반면에, 『선조실록』에 따르면 거북선 운용에 필요한 사수(射手)와 격군을 합친 숫자가 판옥선의 125명보다 많다고 되어 있어 판옥선의 규모가 이전보다 커진 것을 알 수 있다.

① 판옥선은 갑판 구조가 단층인 군선으로, 선체의 높이가 20~30m에 달하였다.

② 판옥선의 구조는 적군의 승선전투전술 활용을 어렵게 하여 조선 수군이 전투를 수행하는 데 유리하였을 것이다.

③ 『선조실록』에 따르면 판옥선의 격군은 최소 125명 이상이었다.

④ 판옥선은 임진왜란 때 일본의 수군을 격파하기 위해 처음 개발되었다.

⑤ 판옥선은 임진왜란의 각 해전에서 주력 군선인 거북선으로 대체되었다.

문 3. 다음 글을 근거로 판단할 때, 〈보기〉에서 옳은 것만을 모두 고르면?

> 모든 신호등은 '신호운영계획'에 따라 움직인다. 신호운영계획이란 교차로, 횡단보도 등에 설치된 신호등의 신호순서, 신호시간, 신호주기 등을 결정하는 것이다. '신호순서'란 방향별, 회전별 순서를 말하고, '신호시간'이란 차량 또는 보행자 신호등이 켜진 상태로 지속되는 시간을 말하며, '신호주기'란 한 신호가 나오고 그 다음에 최초로 같은 신호가 나오기까지의 시간 간격을 말한다.
>
> '횡단보도 보행시간'은 기본적으로 보행진입시간 (㉠)초에 횡단시간(횡단보도 1m당 1초)을 더하여 결정되는데, 예외적으로 보행약자나 유동인구가 많아 보행밀도가 높은 지역에서는 더 긴 횡단시간을 제공하기도 한다. 이에 따르면 길이가 32m인 횡단보도 보행시간은 원칙적으로 39초이지만, 어린이, 장애인 등 보행약자의 이동이 많아 배려가 필요한 장소에 설치된 횡단보도의 경우 '1m당 1초'보다 완화된 '(㉡)m당 1초'를 기준으로 횡단시간을 결정하여, 32m 길이 횡단보도의 보행시간을 47초로 연장할 수 있다.
>
> 한편 신호가 바뀔 때 교통사고를 막기 위해서 '전(全)방향 적색신호', '한 박자 늦은 보행신호' 방식을 운영하기도 한다. 전방향 적색신호 방식은 차량 녹색신호가 끝나는 시점에 교차로에 진입한 차량이 교차로를 완전히 빠져나갈 때까지 다른 방향 차량이 진입하지 못하도록 1~2초 동안 모든 방향을 적색신호로 운영하는 방식이다. 한 박자 늦은 보행신호 방식은 차량 녹색신호가 끝나는 시점에 진입한 차량이 횡단보도를 완전히 통과하기 전에 보행자가 진입하지 못하도록 차량 녹색신호가 끝나고 1~2초 뒤에 보행 녹색 신호가 들어오는 방식이다.

─── 〈보 기〉 ───

ㄱ. '한 박자 늦은 보행신호' 방식은 차량과 보행자 사이의 교통사고를 방지하기 위한 방식이다.

ㄴ. 어떤 교차로에는 모든 차량신호등이 적색이 되는 시점이 있다.

ㄷ. ㉠과 ㉡의 합은 8보다 크다.

① ㄱ

② ㄴ

③ ㄷ

④ ㄱ, ㄴ

⑤ ㄴ, ㄷ

문 4. 다음 〈A국 사업타당성조사 규정〉을 근거로 판단할 때, 〈보기〉에서 옳은 것만을 모두 고르면?

─── 〈A국 사업타당성조사 규정〉 ───

제○○조(예비타당성조사 대상사업) 신규 사업 중 총사업비가 500억 원 이상이면서 국가의 재정지원 규모가 300억 원 이상인 건설사업, 정보화사업, 국가연구개발사업에 대해 예비타당성조사를 실시한다.

제△△조(타당성조사의 대상사업과 실시) ① 제○○조에 해당하지 않는 사업으로서, 국가 예산의 지원을 받아 지자체·공기업·준정부기관·기타 공공기관 또는 민간이 시행하는 사업 중 완성에 2년 이상이 소요되는 다음 각 호의 사업을 타당성조사 대상사업으로 한다.

1. 총사업비가 500억 원 이상인 토목사업 및 정보화사업

2. 총사업비가 200억 원 이상인 건설사업

② 제1항의 대상사업 중 다음 각 호의 어느 하나에 해당하는 경우에는 타당성조사를 실시하여야 한다.

1. 사업추진 과정에서 총사업비가 예비타당성조사의 대상 규모로 증가한 사업

2. 사업물량 또는 토지 등의 규모 증가로 인하여 총사업비가 100분의 20 이상 증가한 사업

─── 〈보 기〉 ───

ㄱ. 국가의 재정지원 비율이 50%인 총사업비 550억 원 규모의 신규 건설사업은 예비타당성조사 대상이 된다.

ㄴ. 민간이 시행하는 사업도 타당성조사 대상사업이 될 수 있다.

ㄷ. 지자체가 시행하는 건설사업으로서 사업완성에 2년 이상 소요되며 전액 국가의 재정지원을 받는 총사업비 460억 원 규모의 사업추진 과정에서, 총사업비가 10% 증가한 경우 타당성조사를 실시하여야 한다.

ㄹ. 총사업비가 500억 원 미만인 모든 사업은 예비타당성조사 및 타당성조사 대상사업에서 제외된다.

① ㄱ, ㄴ

② ㄱ, ㄷ

③ ㄴ, ㄷ

④ ㄴ, ㄹ

⑤ ㄷ, ㄹ

문 5. 다음 글과 〈상황〉을 근거로 판단할 때 옳은 것은?

저작자는 미술저작물, 건축저작물, 사진저작물(이하 "미술저작물 등"이라 한다)의 원본이나 그 복제물을 전시할 권리를 가진다. 전시권은 저작자인 화가, 건축물 설계자, 사진작가에게 인정되므로, 타인이 미술저작물 등을 전시하기 위해서는 저작자의 허락을 얻어야 한다. 다만 전시는 일반인에 대한 공개를 전제로 하는 것이므로, 예컨대 가정 내에서 진열하는 때에는 저작자의 허락이 필요 없다. 또한 저작자는 복제권도 가지기 때문에 타인이 미술저작물 등을 복제하기 위해서는 저작자의 허락을 얻어야 한다. 그런데 저작자가 미술저작물 등을 타인에게 판매하여 소유권을 넘긴 경우에는 저작자의 전시권·복제권과 소유자의 소유권이 충돌하는 문제가 발생한다. 저작권법은 미술저작물 등의 전시·복제와 관련된 문제들을 다음과 같이 해결하고 있다.

첫째, 미술저작물 등의 원본의 소유자나 그의 허락을 얻은 자는 자유로이 미술저작물 등의 원본을 전시할 수 있다. 다만 가로·공원·건축물의 외벽 등 공중에게 개방된 장소에 항시 전시하는 경우에는 저작자의 허락을 얻어야 한다.

둘째, 개방된 장소에 항시 전시되어 있는 미술저작물 등은 제3자가 어떠한 방법으로든지 이를 복제하여 이용할 수 있다. 다만 건축물을 건축물로 복제하는 경우, 조각 또는 회화를 조각 또는 회화로 복제하는 경우, 미술 저작물 등을 판매목적으로 복제하는 경우에는 저작자의 허락을 얻어야 한다.

셋째, 화가 또는 사진작가가 고객으로부터 위탁을 받아 완성한 초상화 또는 사진저작물의 경우, 화가 또는 사진작가는 위탁자의 허락이 있어야 이를 전시·복제할 수 있다.

〈상 황〉

• 화가 甲은 자신이 그린 「군마」라는 이름의 회화를 乙에게 판매하였다.
• 화가 丙은 丁의 위탁을 받아 丁을 모델로 한 초상화를 그려 이를 丁에게 인도하였다.

① 乙이 「군마」를 건축물의 외벽에 잠시 전시하고자 할 때라도 甲의 허락을 얻어야만 한다.
② 乙이 감상하기 위해서 「군마」를 자신의 거실 벽에 걸어 놓을 때는 甲의 허락을 얻어야 한다.
③ A가 공원에 항시 전시되어 있는 「군마」를 회화로 복제하고자 할 때는 乙의 허락을 얻어야 한다.
④ 丙이 丁의 초상화를 복제하여 전시하고자 할 때는 丁의 허락을 얻어야 한다.
⑤ B가 공원에 항시 전시되어 있는 丁의 초상화를 판매목적으로 복제하고자 할 때는 丙의 허락을 얻을 필요가 없다.

문 6. 다음 〈A대학 학사규정〉을 근거로 판단할 때, 〈상황〉의 ㉠과 ㉡에 들어갈 기간으로 옳게 짝지은 것은?

〈A대학 학사규정〉

제1조(목적) 이 규정은 졸업을 위한 재적기간 및 수료연한을 정하는 것을 목적으로 한다.

제2조(재적기간과 수료연한) ① 재적기간은 입학 시부터 졸업 시까지의 기간으로 휴학기간을 포함한다.

② 졸업을 위한 수료연한은 4년으로 한다. 다만 다음 각 호의 경우에는 수료연한을 달리할 수 있다.
1. 외국인 유학생은 어학습득을 위하여 수료연한을 1년 연장하여 5년으로 할 수 있다.
2. 특별입학으로 입학한 학생은 2년차에 편입되며 수료연한은 3년으로 한다. 다만 특별입학은 내국인에 한한다.

③ 수료와 동시에 졸업한다.

제3조(휴학) ① 휴학은 일반휴학과 해외 어학연수를 위한 휴학으로 구분한다.

② 일반휴학은 해당 학생의 수료연한의 2분의 1을 초과할 수 없으며, 6개월 단위로만 신청할 수 있다.

③ 해외 어학연수를 위한 휴학은 해당 학생의 수료연한의 2분의 1을 초과할 수 없으며, 1년 단위로만 신청할 수 있다.

〈상 황〉

• A대학의 학생이 재적할 수 있는 최장기간은 (㉠)이다.
• A대학에 특별입학으로 입학한 학생이 일반휴학 없이 재적할 수 있는 최장기간은 (㉡)이다.

	㉠	㉡
①	9년	4년
②	9년 6개월	4년
③	9년 6개월	4년 6개월
④	10년	4년 6개월
⑤	10년	5년

문 7. 다음 〈복약설명서〉에 따라 甲이 두 약을 복용할 때 옳은 것은?

─────── 〈복약설명서〉 ───────

1. 약품명 : 가나다정	1. 약품명 : ABC정
2. 복용법 및 주의사항	2. 복용법 및 주의사항
− 식전 15분에 복용하는 것이 가장 좋으나 식전 30분부터 식사 직전까지 복용이 가능합니다.	− 매 식사 도중 또는 식사 직후에 복용합니다.
− 식사를 거르게 될 경우에 복용을 거릅니다.	− 복용을 잊은 경우 식사 후 1시간 이내에 생각이 났다면 즉시 약을 복용하도록 합니다. 식사 후 1시간이 초과되었다면 다음 식사에 다음 번 분량만을 복용합니다.
− 식이요법과 운동요법을 계속하고, 정기적으로 혈당(혈액 속에 섞여 있는 당분)을 측정해야 합니다.	− 씹지 말고 그대로 삼켜서 복용합니다.
− 야뇨(夜尿)를 피하기 위해 최종 복용시간은 오후 6시까지로 합니다.	− 정기적인 혈액검사를 통해서 혈중 칼슘, 인의 농도를 확인해야 합니다.
− 저혈당을 예방하기 위해 사탕 등 혈당을 상승시킬 수 있는 것을 가지고 다닙니다.	

① 식사를 거르게 될 경우 가나다정만 복용한다.

② 두 약을 복용하는 기간 동안 정기적으로 혈액검사를 할 필요는 없다.

③ 저녁식사 전 가나다정을 복용하려면 저녁식사는 늦어도 오후 6시 30분에는 시작해야 한다.

④ ABC정은 식사 중에 다른 음식과 함께 씹어 복용할 수 있다.

⑤ 식사를 30분 동안 한다고 할 때, 두 약의 복용시간은 최대 1시간 30분 차이가 날 수 있다.

문 8. 다음 〈지원계획〉과 〈연구모임 현황 및 평가결과〉를 근거로 판단할 때, 연구모임 A~E 중 두 번째로 많은 총지원금을 받는 모임은?

─────── 〈지원계획〉 ───────

• 지원을 받기 위해서는 한 모임당 6명 이상 9명 미만으로 구성되어야 한다.

• 기본지원금
  한 모임당 1,500천 원을 기본으로 지원한다. 단, 상품개발을 위한 모임의 경우는 2,000천 원을 지원한다.

• 추가지원금
  연구 계획 사전평가결과에 따라,
  '상' 등급을 받은 모임에는 구성원 1인당 120천 원을,
  '중' 등급을 받은 모임에는 구성원 1인당 100천 원을,
  '하' 등급을 받은 모임에는 구성원 1인당 70천 원을 추가로 지원한다.

• 협업 장려를 위해 협업이 인정되는 모임에는 위의 두 지원금을 합한 금액의 30%를 별도로 지원한다.

〈연구모임 현황 및 평가결과〉

모임	상품개발 여부	구성원 수	연구 계획 사전 평가결과	협업 인정 여부
A	○	5	상	○
B	×	6	중	×
C	×	8	상	○
D	○	7	중	×
E	×	9	하	×

① A
② B
③ C
④ D
⑤ E

문 9. 다음 글과 〈선거 결과〉를 근거로 판단할 때 옳은 것은?

> ○○국 의회의원은 총 8명이며, 4개의 선거구에서 한 선거구당 2명씩 선출된다. 선거제도는 다음과 같이 운용된다.
>
> 각 정당은 선거구별로 두 명의 후보 이름이 적힌 명부를 작성한다. 유권자는 해당 선거구에서 모든 정당의 후보 중 한 명에게만 1표를 행사하며, 이를 통해 개별 후보자의 득표율이 집계된다.
>
> 특정 선거구에서 각 정당의 득표율은 그 정당의 해당 선거구 후보자 2명의 득표율의 합이다. 예를 들어 한 정당의 명부에 있는 두 후보가 각각 30%, 20% 득표를 했다면 해당 선거구에서 그 정당의 득표율은 50%가 된다. 그리고 각 후보의 득표율에 따라 소속 정당 명부에서의 순위(1번, 2번)가 결정된다.
>
> 다음으로 선거구별 2개의 의석은 다음과 같이 배분한다. 먼저 해당 선거구에서 득표율 1위 정당의 1번 후보에게 1석이 배분된다. 그리고 만약 1위 정당의 정당 득표율이 2위 정당의 정당 득표율의 2배 이상이라면, 정당 득표율 1위 정당의 2번 후보에게 나머지 1석이 돌아간다. 그러나 1위 정당의 정당 득표율이 2위 정당의 정당 득표율의 2배 미만이라면 정당 득표율 2위 정당의 1번 후보에게 나머지 1석을 배분한다.

> ───── 〈선거 결과〉 ─────
>
> ○○국의 의회의원선거 제1~4선거구의 선거 결과를 요약하면 다음과 같다. 수치는 선거구별 득표율(%)이다.
>
> | | 제1선거구 | 제2선거구 | 제3선거구 | 제4선거구 |
> |---|---|---|---|---|
> | A정당 | 41 | 50 | 16 | 39 |
> | 1번 후보 | 30 | 30 | 12 | 20 |
> | 2번 후보 | 11 | 20 | 4 | 19 |
> | B정당 | 39 | 30 | 57 | 28 |
> | 1번 후보 | 22 | 18 | 40 | 26 |
> | 2번 후보 | 17 | 12 | 17 | 2 |
> | C정당 | 20 | 20 | 27 | 33 |
> | 1번 후보 | 11 | 11 | 20 | 18 |
> | 2번 후보 | 9 | 9 | 7 | 15 |

① A정당은 모든 선거구에서 최소 1석을 차지했다.
② B정당은 모든 선거구에서 최소 1석을 차지했다.
③ C정당 후보가 당선된 곳은 제3선거구이다.
④ 각 선거구마다 최다 득표를 한 후보가 당선되었다.
⑤ 가장 많은 당선자를 낸 정당은 B정당이다.

문 10. 다음 글을 근거로 판단할 때, A팀이 최종적으로 선택하게 될 이동수단의 종류와 그 비용으로 옳게 짝지은 것은?

> 4명으로 구성된 A팀은 해외출장을 계획하고 있다. A팀은 출장지에서의 이동수단 한 가지를 결정하려 한다. 이때 A팀은 경제성, 용이성, 안전성의 총 3가지 요소를 고려하여 최종점수가 가장 높은 이동수단을 선택한다.
>
> • 각 고려요소의 평가결과 '상' 등급을 받으면 3점을, '중' 등급을 받으면 2점을, '하' 등급을 받으면 1점을 부여한다. 단, 안전성을 중시하여 안전성 점수는 2배로 계산한다(예 안전성 '하' 등급 2점).
> • 경제성은 각 이동수단별 최소비용이 적은 것부터 상, 중, 하로 평가한다.
> • 각 고려요소의 평가점수를 합하여 최종점수를 구한다.

〈이동수단별 평가표〉

이동수단	경제성	용이성	안전성
렌터카	?	상	하
택 시	?	중	중
대중교통	?	하	중

〈이동수단별 비용계산식〉

이동수단	비용계산식
렌터카	(렌트비+유류비)×이용 일수 - 렌트비=\$50/1일(4인승 차량) - 유류비=\$10/1일(4인승 차량)
택 시	거리당 가격(\$1/1마일)×이동거리(마일) - 최대 4명까지 탑승 가능
대중교통	대중교통패스 3일권(\$40/1인)×인원수

〈해외출장 일정〉

출장 일정	이동거리(마일)
11월 1일	100
11월 2일	50
11월 3일	50

	이동수단	비용
①	렌터카	\$180
②	택 시	\$200
③	택 시	\$400
④	대중교통	\$140
⑤	대중교통	\$160

문 11. 다음 〈휴양림 요금규정〉과 〈조건〉에 근거할 때, 〈상황〉에서 甲, 乙, 丙 일행이 각각 지불한 총 요금 중 가장 큰 금액과 가장 작은 금액의 차이는?

───── 〈휴양림 요금규정〉 ─────

• 휴양림 입장료(1인당 1일 기준)

구분	요금(원)	입장료 면제
어른	1,000	
청소년 (만 13세 이상~19세 미만)	600	• 동절기(12월~3월) • 다자녀 가정
어린이(만 13세 미만)	300	

※ '다자녀 가정'은 만 19세 미만의 자녀가 3인 이상 있는 가족을 말한다.

• 야영시설 및 숙박시설(시설당 1일 기준)

구분		요금(원)		비고
		성수기 (7~8월)	비수기 (7~8월 외)	
야영시설 (10인 이내)	황토데크 (개)	10,000		휴양림 입장료 별도
	캐빈(동)	30,000		
숙박시설	3인용(실)	45,000	24,000	휴양림 입장료 면제
	5인용(실)	85,000	46,000	

※ 일행 중 '장애인'이 있거나 '다자녀 가정'인 경우 비수기에 한해 야영시설 및 숙박시설 요금의 50%를 할인한다.

───── 〈조 건〉 ─────

• 총요금＝(휴양림 입장료)＋(야영시설 또는 숙박시설 요금)
• 휴양림 입장료는 머문 일수만큼, 야영시설 및 숙박시설 요금은 숙박 일수만큼 계산함(예. 2박 3일의 경우 머문 일수는 3일, 숙박 일수는 2일).

───── 〈상 황〉 ─────

• 甲(만 45세)은 아내(만 45세), 자녀 3명(각각 만 17세, 15세, 10세)과 함께 휴양림에 7월 중 3박 4일간 머물렀다. 甲 일행은 5인용 숙박시설 1실을 이용하였다.
• 乙(만 25세)은 어머니(만 55세, 장애인), 아버지(만 58세)를 모시고 휴양림에서 12월 중 6박 7일간 머물렀다. 乙 일행은 캐빈 1동을 이용하였다.
• 丙(만 21세)은 동갑인 친구 3명과 함께 휴양림에서 10월 중 9박 10일 동안 머물렀다. 丙 일행은 황토데크 1개를 이용하였다.

① 40,000원
② 114,000원
③ 125,000원
④ 144,000원
⑤ 165,000원

문 12. 다음 글을 근거로 판단할 때, 〈보기〉에서 옳은 것만을 모두 고르면?(단, 주어진 조건 외에 다른 조건은 고려하지 않는다)

A회사의 모든 직원이 매일 아침 회사에서 요일별로 제공되는 빵을 먹었다. 직원 가운데 甲, 乙, 丙, 丁 네 사람은 빵에 포함된 특정 재료로 인해 당일 알레르기 증상이 나타났다. A회사는 요일별로 제공된 빵의 재료와 甲, 乙, 丙, 丁에게 알레르기 증상이 나타난 요일을 아래와 같이 표로 정리했으나, 화요일에 제공된 빵에 포함된 두 가지 재료가 확인되지 않았다. 甲, 乙, 丙, 丁은 각각 한 가지 재료에 대해서만 알레르기 증상을 보였다.

구분	월	화	수	목	금
재료	밀가루, ?, ?	밀가루, ?, ?	옥수수 가루, 아몬드, 달걀	밀가루, 우유, 달걀	밀가루, 우유, 달걀, 식용유
알레르기 증상 발생자	甲	丁	乙, 丁	甲, 丁	甲, 丙, 丁

※ 알레르기 증상은 발생한 당일 내에 사라진다.

───── 〈보 기〉 ─────

ㄱ. 甲이 알레르기 증상을 보인 것은 밀가루 때문이다.
ㄴ. 甲, 乙, 丙은 서로 다른 재료에 대하여 알레르기 증상을 보였다.
ㄷ. 화요일에 제공된 빵의 확인되지 않은 재료 중 한 가지는 달걀이다.
ㄹ. 만약 화요일에 제공된 빵에 포함된 재료 중 한 가지가 아몬드였다면, 乙의 알레르기 증상은 옥수수가루 때문이다.

① ㄱ, ㄷ
② ㄴ, ㄹ
③ ㄷ, ㄹ
④ ㄱ, ㄴ, ㄹ
⑤ ㄴ, ㄷ, ㄹ

문 13. 다음 글을 근거로 판단할 때, 〈상황〉에서 제한보호구역으로 지정해야 하는 지역은?

제00조(통제보호구역과 제한보호구역의 지정)
① 다음 각 호 중 어느 하나에 해당하는 경우 통제보호구역으로 지정한다.
1. 민간인통제선 이북(以北)지역
2. 제1호 외의 지역에 위치한 특별군사시설의 최외곽경계선으로부터 500미터 이내의 지역
② 통제보호구역이 아닌 지역으로 다음 각 호 중 어느 하나에 해당하는 경우 제한보호구역으로 지정한다.
1. 특별군사시설이 아닌 군사시설로서 군폭발물시설·군방공기지·군사격장·군훈련장의 경우, 당해 군사 시설의 최외곽경계선으로부터 1킬로미터 이내의 지역
2. 특별군사시설이 아닌 군사시설로서 취락지역에 위치하는 제1호 이외의 군사시설의 경우, 당해 군사시설의 최외곽경계선으로부터 500미터 이내의 지역

〈상 황〉

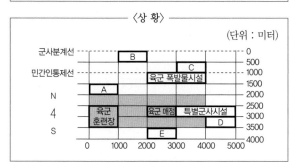

※ 음영으로 표시된 부분은 취락지역이다.

① A
② B
③ C
④ D
⑤ E

문 14. 다음 글을 근거로 판단할 때, 〈보기〉에서 옳은 것만을 모두 고르면?

- 甲과 乙은 다음 그림과 같이 번호가 매겨진 9개의 구역을 점령하는 게임을 한다.

1	2	3
4	5	6
7	8	9

- 게임 시작 전 제비뽑기를 통해 甲은 1구역, 乙은 8구역으로 최초 점령 구역이 정해졌다.
- 甲과 乙은 가위바위보를 해서 이길 때마다, 자신이 이미 점령한 구역에 상하좌우로 변이 접한 구역 중 점령되지 않은 구역 1개를 추가로 점령하여 자신의 구역으로 만든다.
- 만약 가위바위보에서 이겨도 더 이상 자신이 점령할 수 있는 구역이 없으면 이후의 가위바위보는 모두 진 것으로 한다.
- 게임은 모든 구역이 점령될 때까지 계속되며, 더 많은 구역을 점령한 사람이 게임에서 승리한다.
- 甲과 乙은 게임에서 승리하기 위하여 최선의 선택을 한다.

〈보 기〉

ㄱ. 乙이 첫 번째, 두 번째 가위바위보에서 모두 이기면 게임에서 승리한다.
ㄴ. 甲이 첫 번째, 두 번째 가위바위보를 이겨서 2구역과 5구역을 점령하고, 乙이 세 번째 가위바위보를 이겨서 9구역을 점령하면, 네 번째 가위바위보를 이긴 사람이 게임에서 승리한다.
ㄷ. 甲이 첫 번째, 세 번째 가위바위보를 이겨서 2구역과 4구역을 점령하고, 乙이 두 번째 가위바위보를 이겨서 5구역을 점령하면, 게임의 승자를 결정하기 위해서는 최소 2번 이상의 가위바위보를 해야 한다.

① ㄴ
② ㄷ
③ ㄱ, ㄴ
④ ㄱ, ㄷ
⑤ ㄴ, ㄷ

다음 〈조건〉과 〈2월 날씨〉를 근거로 판단할 때, 2월 8일과 16일의 실제 날씨로 가능한 것을 옳게 짝지은 것은?

───── 〈조 건〉 ─────

- 날씨 예측 점수는 매일 다음과 같이 부여한다.

예측＼실제	맑음	흐림	눈·비
맑음	10점	6점	0점
흐림	4점	10점	6점
눈·비	0점	2점	10점

- 한 주의 주중(월~금) 날씨 예측 점수의 평균은 매주 5점 이상이다.
- 2월 1일부터 19일까지 요일별 날씨 예측 점수의 평균은 다음과 같다.

요일	월	화	수	목	금
날씨 예측 점수 평균	7점 이하	5점 이상	7점 이하	5점 이상	7점 이하

〈2월 날씨〉

	월	화	수	목	금	토	일
날짜			1	2	3	4	5
예측			맑음	흐림	맑음	눈·비	흐림
실제			맑음	맑음	흐림	흐림	맑음
날짜	6	7	8	9	10	11	12
예측	맑음	흐림	맑음	맑음	맑음	흐림	흐림
실제	흐림	흐림	?	맑음	흐림	눈·비	흐림
날짜	13	14	15	16	17	18	19
예측	눈·비	눈·비	맑음	눈·비	눈·비	흐림	흐림
실제	맑음	맑음	맑음	?	눈·비	흐림	눈·비

※ 위 달력의 같은 줄을 한 주로 한다.

	2월 8일	2월 16일
①	맑음	흐림
②	맑음	눈·비
③	눈·비	흐림
④	눈·비	맑음
⑤	흐림	흐림

문 16. 다음 글과 〈상황〉을 근거로 판단할 때, 〈보기〉에서 옳은 것만을 모두 고르면?

국가공무원인재개발원은 신임관리자과정 입교 예정자를 대상으로 사전 이러닝제도를 운영하고 있다. 이는 입교 예정자가 입교 전에 총 9개 과목을 온라인으로 수강하도록 하는 제도이다.

- 이러닝 교과목은 2017년 4월 10일부터 수강하며, 하루 최대 수강시간은 10시간이다.
- 필수Ⅰ 교과목은 교과목별로 정해진 시간의 강의를 모두 수강하는 것을 이수조건으로 한다.
- 필수Ⅱ 교과목은 교과목별로 정해진 시간의 강의를 모두 수강하고 온라인 시험에 응시하는 것을 이수조건으로 한다. 온라인 시험은 강의시간과 별도로 교과목당 반드시 1시간이 소요되며, 그 시험시간은 수강시간에 포함된다.
- 신임관리자과정 입교는 2017년 5월 1일이다.
- 2017년 4월 30일 24시까지 교과목 미이수 시, 필수Ⅰ은 교과목당 3점, 필수Ⅱ는 교과목당 2점을 교육성적에서 감점한다.

교과목	강의시간	분류
• 사이버 청렴교육	15시간	필수Ⅰ
• 행정업무 운영제도	7시간	
• 공문서 작성을 위한 한글맞춤법	8시간	
• 공무원 복무제도	6시간	
• 역사에서 배우는 공직자의 길	8시간	필수Ⅱ
• 헌법정신에 기반한 공직윤리	5시간	
• 판례와 사례로 다가가는 헌법	6시간	
• 공무원이 알아야 할 행정법 사례	7시간	
• 쉽게 배우는 공무원 인사실무	5시간	
계	67시간	

※ 교과목은 순서에 상관없이 여러 날에 걸쳐 시간 단위로만 수강할 수 있다.

───── 〈상 황〉 ─────

신임관리자과정 입교를 앞둔 甲은 2017년 4월 13일에 출국하여 4월 27일에 귀국하는 해외여행을 계획하고 있다. 甲은 일정상 출·귀국일을 포함하여 여행기간에는 이러닝 교과목을 수강하거나 온라인 시험에 응시할 수 없는 상황이며, 여행기간을 제외한 시간에는 최대한 이러닝 교과목을 이수하려고 한다.

───── 〈보 기〉 ─────

ㄱ. 甲은 계획대로라면 교육성적에서 최소 3점 감점을 받을 것이다.
ㄴ. 甲이 하루 일찍 귀국하면 이러닝 교과목을 모두 이수할 수 있을 것이다.
ㄷ. '판례와 사례로 다가가는 헌법', '쉽게 배우는 공무원 인사실무'를 여행 중 이수할 수 있다면, 출·귀국일을 변경하지 않고도 교육성적에서 감점을 받지 않을 것이다.

① ㄱ
② ㄴ
③ ㄷ
④ ㄱ, ㄷ
⑤ ㄴ, ㄷ

문 17. 다음 〈조건〉과 〈상황〉을 근거로 판단할 때 옳지 않은 것은?

〈조 건〉

민우의 스마트폰은 아래 사항 중 어느 하나라도 위배되면 자동으로 전원이 종료된다.
- 3개 이상의 메신저 애플리케이션이 동시에 실행 중일 수 없다.
- 총 메모리 사용량이 메모리의 용량을 초과할 수 없다.(단, 기본 메모리 용량은 1.5GB이나, 1.6GB로 확장할 수 있다)
- 실행 중인 애플리케이션 이름의 글자 수 합이 22자를 초과할 수 없다.
- 서로 종류(메신저, 게임, 지도, 뱅킹)가 다른 4가지의 애플리케이션이 동시에 실행 중일 수 없다.

〈상 황〉

- 민우의 스마트폰에는 총 9개의 애플리케이션이 아래와 같이 설치되어 있다.

이 름	종 류	메모리 사용량(MB)
바나나톡	메신저	400
나 인	메신저	300
모노그램	메신저	150
쿠키워크	게 임	350
레일런	게 임	150
녹색지도	지 도	300
고글지도	지 도	100
컨트리은행	뱅 킹	90
구한은행	뱅 킹	260

- 현재 민우의 스마트폰은 전원이 켜져 있다.
- 현재 민우의 스마트폰에서는 총 6개의 애플리케이션이 실행 중이다.
- 현재 민우의 스마트폰에서는 '바나나톡', '구한은행'이 실행 중이다.

※ 1GB는 1,024MB이다.
※ 총 메모리 사용량은 실행 중인 개별 애플리케이션 메모리 사용량의 합이다.

① 현재 '나인'은 실행 중이다.
② 현재 '컨트리은행'은 실행되지 않고 있다.
③ 현재 게임 애플리케이션은 모두 실행 중이다.
④ 현재 '고글지도'는 실행되지 않고 있다.
⑤ 민우의 스마트폰은 메모리가 확장되어 현재 1.6GB인 상태이다.

문 18. 다음 글을 근거로 판단할 때, 색칠된 사물함에 들어 있는 돈의 총액으로 가능한 것은?

- 아래와 같이 생긴 25개의 사물함 각각에는 200원이 들어 있거나 300원이 들어 있거나 돈이 아예 들어 있지 않다.
- 그림의 우측과 아래에 쓰인 숫자는 그 줄의 사물함에 든 돈의 액수를 모두 합한 금액이다. 예를 들어, 1번, 2번, 3번, 4번, 5번 사물함에 든 돈의 액수를 모두 합하면 900원이다.
- 11번 사물함에는 200원이 들어 있고, 25번 사물함에는 300원이 들어 있으며, 전체 사물함 중 200원이 든 사물함은 4개 뿐이다.

1	2	3	4	5	900
6	7	8	9	10	700
11	12	13	14	15	500
16	17	18	19	20	300
21	22	23	24	25	500
500	400	900	600	500	

① 600원
② 900원
③ 1,000원
④ 1,200원
⑤ 1,400원

19세기까지 각 지역에서 시간의 기준점은 태양이 머리 위에 있는 순간, 즉 그림자가 없거나 제일 작은 순간이었다. 문제는 태양이 계속 움직인다(사실은 지구가 자전하는 것이지만)는 사실이었다. 한국의 위도를 기준으로 한다면 지구의 자전 속도는 분당 약 20km이다. 조선시대 강릉 관아에서 정오를 알리는 종을 친 후 11분이 지나서야 한양(서울)에서도 정오를 알리는 종을 쳤던 것은 바로 이 때문이다. 그러나 대부분의 사람들이 태어나서 줄곧 한 곳에 살았고 설사 여행을 하더라도 걸어가는 게 다반사였으며, 탈 것을 이용한다 해도 나룻배나 우마차를 타고 다니던 상황에서 이처럼 지역마다 시간이 다른 것은 아무런 문제가 되지 않았다.

철도의 출현은 이러한 상황을 변화시켰다. 철도가 처음으로 만들어진 영국에서는 표준시를 최초로 제정해 각기 다른 시간을 하나로 묶는 일이 진행되었다. 현재 세계 어느 나라를 가더라도 외국인들이 출입하는 호텔의 안내 데스크 뒤쪽 벽면에서 뉴욕이나 런던, 도쿄, 베이징 등 도시 이름이 붙어 있는 여러 개의 시계를 볼 수 있다. 이는 표준시에 근거한 각 도시의 시각을 여행자에게 알려주는 것으로 그리니치 표준시를 기준으로 하기에 가능한 것이다.

과거 표준시가 정착되기 이전에도 오늘날의 호텔처럼 미국의 기차역에는 여러 개의 시계가 걸려 있었다. 다른 점이 있다면 시계 밑에 붙어 있는 명찰에는 서울, 홍콩, 베를린, 파리 같은 도시명 대신 '뉴욕 센트럴 레일웨이'와 '볼티모어 앤 오하이오' 같은 미국의 철도회사 이름이 적혀 있었다는 것이다. 즉 시간의 기준은 철도회사가 정하였고, 이에 따라 철도회사의 수만큼 다양한 시간이 존재했다. 1870년대의 '펜실베니아' 철도회사는 필라델피아 시간을 기준으로 열차를 운행하면서 자신이 운행하는 노선의 역들에 이 기준시간에 따른 시간표를 배포했다. '뉴욕 센트럴 레일웨이'는 그랜드 센트럴 역의 '밴더빌트 시간'을 기준으로 열차를 운행했다. 이 두 회사는 가까운 지역에서 영업을 했는데도 통일된 열차 시간을 공유하지 못했다. 만약 여행자가 피츠버그 역에서 열차를 갈아타야 할 경우 갈아탈 시각과 함께 어느 회사에서 운행하는 열차인지도 알아야 했다. 어느 한 회사의 시간을 기준으로 삼을 경우 다른 회사의 시간표는 무용지물이 되기 일쑤였다.

문 19. 위의 글을 근거로 판단할 때, 〈보기〉에서 옳은 것만을 모두 고르면?

〈보 기〉
ㄱ. 19세기 조선에서 같은 위도 상의 두 지역이 동서로 60km 떨어져 있었다면 그 두 지역의 정오는 약 3분 차이가 났다.
ㄴ. 1870년대 미국 철도회사는 각 철도회사의 기준시간에 따라 열차를 운행하였다.
ㄷ. 1870년대 피츠버그 역에는 여행자를 위해 전세계의 도시별 시각을 표시한 여러 개의 시계가 걸려 있었다.
ㄹ. 철도가 처음 만들어진 곳은 영국이지만 표준시가 처음 제정된 곳은 미국이다.

① ㄱ, ㄴ ② ㄱ, ㄹ
③ ㄴ, ㄷ ④ ㄱ, ㄷ, ㄹ
⑤ ㄴ, ㄷ, ㄹ

문 20. 위의 글과 다음 〈상황〉을 근거로 판단할 때, A도시 시간 기준으로 甲이 C도시에 도착할 수 있는 가장 빠른 시각은?

〈상 황〉
• A도시는 B도시보다 40분 먼저 정오가 되고, C도시보다는 10분 늦게 정오가 된다.
• 'ㅇㅇ레일웨이'는 A도시의 시간을 기준으로 열차를 운행한다. A도시 발 B도시 행 'ㅇㅇ레일웨이' 열차는 매시 정각과 30분에 출발하며 운행시간은 3시간이다.
• '△△캐리어'는 C도시의 시간을 기준으로 열차를 운행한다. B도시 발 C도시 행 '△△캐리어' 열차는 매시 15분과 45분에 출발하며 운행시간은 4시간 30분이다.
• 甲은 A도시의 역에 A도시 시간을 기준으로 오전 7시 40분에 도착하여 'ㅇㅇ레일웨이' 열차로 B도시에 가서 '△△캐리어' 열차를 타고 C도시까지 간다.

※ 열차를 갈아타는 데 걸리는 이동시간은 고려하지 않는다.

① 15시 10분
② 15시 15분
③ 15시 25분
④ 15시 35분
⑤ 15시 55분

문 21. 다음 글을 근거로 판단할 때, 甲의 관찰 결과로 옳은 것은?

> 꿀벌의 통신방법은 甲의 관찰에 의해 밝혀졌다. 그에 따르면 꿀벌이 어디에선가 꿀을 발견하면 벌집에 돌아와서 다른 벌들에게 그 사실을 알리는데, 이때 춤을 통하여 꿀이 있는 방향과 거리 및 꿀의 품질을 비교적 정확하게 알려준다.
>
> 꿀벌의 말에도 '방언'이 있어 지역에 따라 춤을 추는 방식이 다르다. 유럽 꿀벌의 경우 눕힌 8자형(○○)모양의 춤을 벌집의 벽을 향하여 춘다. 이때 꿀이 발견된 장소의 방향은 ○○자 모양의 가운데 교차점에서의 꿀벌의 움직임과 관련돼 있다. 예컨대 꿀의 방향이 태양과 같은 방향이면 아래에서 위로 교차점을 통과(○○)하고, 태양과 반대 방향이면 위에서 아래로 교차점을 통과(○○)한다.
>
> 벌집에서 꿀이 발견된 장소까지의 거리는 단위 시간당 춤의 횟수로 나타낸다. 예를 들어 유럽 꿀벌이 약 15초 안에 열 번 돌면 100m 가량, 여섯 번 돌면 500m 가량, 네 번 돌면 1.5km 정도를 나타내며, 멀게는 11km 정도의 거리까지 정확하게 교신할 수 있다. 또 같은 ○○자 모양의 춤을 활기차게 출수록 꿀의 품질이 더 좋은 것임을 말해 준다.
>
> 甲은 여러 가지 실험을 통해서 위와 같은 유럽 꿀벌의 통신방법이 우연적인 것이 아니고 일관성 있는 것임을 알아냈다. 예를 들면 벌 한 마리에게 벌집에서 2km 지점에 있는 설탕물을 맛보게 하고 벌집으로 돌려보낸 뒤 설탕물을 다른 곳으로 옮겼는데, 그래도 이 정보를 수신한 벌들은 원래 설탕물이 있던 지점 근방으로 날아와 설탕물을 찾으려 했다. 또 같은 방향이지만 원지점보다 가까운 1.2km 거리에 설탕물을 옮겨 놓아도 벌들은 그곳을 그냥 지나쳐 버렸다.

① 유럽 꿀벌이 고품질의 꿀을 발견하면 ○○자와 다른 모양의 춤을 춘다.

② 유럽 꿀벌이 춤으로 전달하는 정보는 꿀이 있는 방향과 거리 및 꿀의 양이다.

③ 유럽 꿀벌이 단위 시간당 춤을 추는 횟수가 적을수록 꿀이 있는 장소까지의 거리는 멀다.

④ 유럽 꿀벌이 ○○자 모양의 춤을 출 때, 꿀이 있는 방향이 태양과 반대 방향이면 교차점을 아래에서 위로 통과한다.

⑤ 유럽 꿀벌은 동료의 춤을 통해 꿀에 관한 정보를 전달받은 후 실제 꿀의 위치가 달라져도 방향만 같으면, 그 정보를 통하여 꿀이 있는 장소를 한 번에 정확히 찾을 수 있다.

문 22. 다음 글을 근거로 판단할 때 옳지 않은 것은?

> 甲국 의회는 상원과 하원으로 구성된다. 甲국 상원은 주(州)당 2명의 의원이 선출되어 총 60명으로 구성되며, 甲국 부통령이 의장이 된다. 상원의원의 임기는 6년이며, 2년마다 총 정원의 1/3씩 의원을 새로 선출한다.
>
> 甲국 상원은 대통령을 수반으로 하는 행정부에 대해 각종 동의와 승인의 권한을 갖는다. 하원은 국민을 대표하는 기관으로서 세금과 경제정책에 대한 권한을 가지는 반면, 상원은 각 주를 대표한다. 군대의 파병이나 관료의 임명에 대한 동의, 외국과의 조약에 대한 승인 등의 권한은 모두 상원에만 있다. 또한 상원은 하원에 대한 견제 역할을 담당하여 하원이 만든 법안을 수정하고 다시 하원에 되돌려 보내는 권한을 가지며, 급박한 사항에 대해서는 직접 마련한 법안을 먼저 제출하여 처리하기도 한다.
>
> 甲국 하원의원의 임기는 2년으로 선거 때마다 전원을 새로 선출한다. 하원의원의 수는 총 400명으로서 인구비례에 따라 각 주에 배분된다. 예를 들어 A주, B주, C주의 선출 정원이 각 1명으로 가장 적고, D주의 정원이 53명으로 가장 많다.
>
> 하원의원 선거는 2년마다 상원의원 선거와 함께 실시되며, 4년마다 실시되는 대통령 선거와 같은 해에 치러지는 경우가 있다. 대통령 선거와 일치하지 않는 해에 실시되는 하원의원 및 상원의원 선거를 통칭하여 '중간선거'라고 부르는데, 이 중간선거는 대통령의 임기 중반에 대통령의 국정수행에 대하여 유권자의 지지도를 평가하는 성격을 갖는다.

① 甲국 의회에 속한 D주 의원의 정원 총합은 55명이다.

② 甲국 의회의 상원은 스스로 법안을 제출하여 처리할 수 있다.

③ 甲국에는 상원의원의 정원이 하원의원의 정원보다 많은 주가 있다.

④ 甲국의 대통령 선거가 2016년에 실시되었다면, 그 이후 가장 빠른 '중간선거'는 2018년에 실시된다.

⑤ 같은 해에 실시되는 선거에 의해 甲국 상원과 하원의 모든 의석이 새로 선출된 의원으로 교체되는 경우도 있다.

문 23. 다음 글을 근거로 판단할 때 옳지 않은 것은?

여러분이 컴퓨터 키보드의 @ 키를 하루에 몇 번이나 누르는지 한번 생각해 보라. 아마도 이메일 덕분에 사용 빈도가 매우 높을 것이다. 이탈리아에서는 '달팽이', 네덜란드에서는 '원숭이 꼬리'라 부르고 한국에서는 '골뱅이'라 불리는 이 '앳(at)'키는 한때 수동 타자기와 함께 영영 잊혀질 위기에 처하기도 하였다.

6세기에 @은 라틴어 전치사인 'ad'를 한 획에 쓰기 위한 합자(合字)였다. 그리고 시간이 흐르면서 @은 베니스, 스페인, 포르투갈 상인들 사이에 측정 단위를 나타내는 기호로 사용되었다. 베니스 상인들은 @을 부피의 단위인 암포라(amphora)를 나타내는 기호로 사용하였으며, 스페인과 포르투갈의 상인들은 질량의 단위인 아로바(arroba)를 나타내는 기호로 사용하였다. 스페인에서의 1아로바는 현재의 9.5kg에 해당하며, 포르투갈에서의 1아로바는 현재의 12kg에 해당한다. 이후에 @은 단가를 뜻하는 기호로 변화하였다. 예컨대 '복숭아 12개@1.5달러'로 표기한 경우 복숭아 12개의 가격이 18달러라는 것을 의미했다.

@ 키는 1885년 미국에서 언더우드 타자기에 등장하였고 20세기까지 자판에서 자리를 지키고 있었지만 사용 빈도는 점차 줄어들었다. 그런데 1971년 미국의 한 프로그래머가 잊혀지다시피 하였던 @ 키를 살려낸다. 연구개발 업체에서 인터넷상의 컴퓨터 간 메시지 송신기술 개발을 담당했던 그는 @ 키를 이메일 기호로 활용했던 것이다.

※ ad : 현대 영어의 'at' 또는 'to'에 해당하는 전치사

① 1960년대 말 @ 키는 타자기 자판에서 사라지면서 사용빈도가 점차 줄어들었다.

② @이 사용되기 시작한 지 1,000년이 넘었다.

③ @이 단가를 뜻하는 기호로 쓰였을 때, '토마토 15개@3달러'라면 토마토 15개의 가격은 45달러였을 것이다.

④ @은 전치사, 측정 단위, 단가, 이메일 기호 등 다양한 의미로 활용되어 왔다.

⑤ 스페인 상인과 포르투갈 상인이 측정 단위로 사용했던 1@는 그 질량이 동일하지 않았을 것이다.

문 24. 다음 글과 〈상황〉을 근거로 판단할 때 옳은 것은?

민사소송에서 판결은 다음의 어느 하나에 해당하면 확정되며, 확정된 판결에 대해서 당사자는 더 이상 상급심 법원에 상소를 제기할 수 없게 된다.

첫째, 판결은 선고와 동시에 확정되는 경우가 있다. 예컨대 대법원 판결에 대해서는 더 이상 상소할 수 없기 때문에 그 판결은 선고 시에 확정된다. 그리고 하급심 판결이라도 선고 전에 당사자들이 상소하지 않기로 합의하고 이 합의서를 법원에 제출할 경우, 판결은 선고 시에 확정된다.

둘째, 상소기간이 만료된 때에 판결이 확정되는 경우가 있다. 상소는 패소한 당사자가 제기하는 것으로, 상소를 하고자 하는 자는 판결문을 송달받은 날부터 2주 이내에 상소를 제기해야 한다. 이 기간 내에 상소를 제기하지 않으면 더 이상 상소할 수 없게 되므로, 판결은 상소기간 만료 시에 확정된다. 또한 상소기간 내에 상소를 제기하였더라도 그 후 상소를 취하하면 상소기간 만료 시에 판결은 확정된다.

셋째, 상소기간이 경과되기 전에 패소한 당사자가 법원에 상소포기서를 제출하면, 제출 시에 판결은 확정된다.

―――――〈상 황〉―――――

원고 甲은 피고 乙을 상대로 ○○지방법원에 매매대금지급청구소송을 제기하였다. ○○지방법원은 甲에게 매매대금지급청구권이 없다고 판단하여 2016년 11월 1일 원고 패소 판결을 선고하였다. 이 판결문은 甲에게는 2016년 11월 10일 송달되었고, 乙에게는 2016년 11월 14일 송달되었다.

① 乙은 2016년 11월 28일까지 상소할 수 있다.

② 甲이 2016년 11월 28일까지 상소하지 않으면, 같은 날 판결은 확정된다.

③ 甲이 2016년 11월 11일 상소한 후 2016년 12월 1일 상소를 취하하였다면, 취하한 때 판결은 확정된다.

④ 甲과 乙이 상소하지 않기로 하는 내용의 합의서를 2016년 10월 25일 법원에 제출하였다면, 판결은 2016년 11월 1일 확정된다.

⑤ 甲이 2016년 11월 21일 법원에 상소포기서를 제출하면, 판결은 2016년 11월 1일 확정된 것으로 본다.

문 25. 다음 글과 〈상황〉을 근거로 판단할 때 옳은 것은?(단, 기간을 일(日)로 정한 때에는 기간의 초일은 산입하지 않는다)

> **제○○조(위원회의 직무)** 위원회는 그 소관에 속하는 의안과 청원 등의 심사 기타 법률에서 정하는 직무를 행한다.
>
> **제△△조(안건의 신속처리)** ① 위원회에 회부된 안건을 제2항에 따른 신속처리대상안건으로 지정하고자 하는 경우 의원은 재적의원 과반수가 서명한 신속처리대상안건 지정 요구 동의(이하 "신속처리안건지정동의")를 국회의장에게, 안건의 소관 위원회 소속 위원은 소관위원회 재적위원 과반수가 서명한 신속처리안건지정동의를 소관 위원회 위원장에게 제출하여야 한다. 이 경우 의장 또는 안건의 소관 위원회 위원장은 지체 없이 신속처리안건지정동의를 무기명투표로 표결하되 재적의원 5분의 3 이상 또는 안건의 소관 위원회 재적위원 5분의 3 이상의 찬성으로 의결한다.
> ② 의장은 제1항에 따라 신속처리안건지정동의가 가결된 때에는 해당 안건을 제3항의 기간 내에 심사를 마쳐야 하는 안건(이하 "신속처리대상안건")으로 지정하여야 한다.
> ③ 위원회는 신속처리대상안건에 대한 심사를 그 지정일부터 180일 이내에 마쳐야 한다. 다만, 법제사법위원회는 신속처리대상안건에 대한 체계·자구심사를 그 지정일, 제4항에 따라 회부된 것으로 보는 날 또는 제□□조에 따라 회부된 날부터 90일 이내에 마쳐야 한다.
> ④ 위원회(법제사법위원회를 제외한다)가 신속처리대상 안건에 대하여 제3항에 따른 기간 내에 신속처리대상안건의 심사를 마치지 아니한 때에는 그 기간이 종료된 다음 날에 소관 위원회에서 심사를 마치고 체계·자구심사를 위하여 법제사법위원회로 회부된 것으로 본다.
> ⑤ 법제사법위원회가 신속처리대상안건에 대하여 제3항에 따른 기간 내에 심사를 마치지 아니한 때에는 그 기간이 종료한 다음 날에 법제사법위원회에서 심사를 마치고 바로 본회의에 부의된 것으로 본다.
> ⑥ 제5항에 따른 신속처리대상안건은 본회의에 부의된 것으로 보는 날부터 60일 이내에 본회의에 상정되어야 한다.
> **제□□조(체계·자구의 심사)** 위원회에서 법률안의 심사를 마치거나 입안한 때에는 법제사법위원회에 회부하여 체계와 자구에 대한 심사를 거쳐야 한다.

───── 〈상 황〉 ─────

- 국회 재적의원은 300명이고, 지식경제위원회 재적위원은 25명이다.
- 지식경제위원회에 회부된 안건 X가 3월 2일 신속처리 대상 안건으로 지정되었다.

① 안건 X는 국회 재적의원 중 최소 150명 또는 지식경제위원회 위원 중 최소 13명의 찬성으로 신속처리대상안건으로 지정되었다.
② 지식경제위원회는 안건 X에 대해 당해년도 10월 1일까지 심사를 마쳐야 한다.
③ 지식경제위원회가 안건 X에 대해 기간 내 심사를 마치지 못했다면, 90일을 연장하여 재심사 할 수 있다.
④ 지식경제위원회가 안건 X에 대해 심사를 마치고 당해년도 7월 1일 법제사법위원회로 회부했다면, 법제사법위원회는 당해년도 9월 29일까지 심사를 마쳐야 한다.
⑤ 안건 X가 당해년도 8월 1일 법제사법위원회로 회부되었고 법제사법위원회가 기간 내 심사를 마치지 못했다면, 다음 해 1월 28일에 본회의에 부의된 것으로 본다.

문 26. 다음 글을 근거로 판단할 때, 〈상황〉의 ㉠에 들어갈 금액으로 옳은 것은?

> 법원이 진행하는 부동산 경매를 통해 부동산을 매수하려는 사람은 법원이 정한 해당 부동산의 '최저가매각가격' 이상의 금액을 매수가격으로 하여 매수신고를 하여야 한다. 이때 신고인은 최저가매각가격의 10분의 1을 보증금으로 납부하여야 입찰에 참가할 수 있다. 법원은 입찰자 중 최고가 매수가격을 신고한 사람(최고가매수신고인)을 매수인으로 결정하며, 매수인은 신고한 매수가격(매수신고액)에서 보증금을 공제한 금액을 지정된 기일까지 납부하여야 한다. 만일 최고가매수신고인이 그 대금을 기일까지 납부하지 않으면, 최고가매수신고인 외의 매수신고인은 자신이 신고한 매수가격대로 매수를 허가하여 달라는 취지의 차순위매수신고를 할 수 있다. 다만 차순위매수신고는 매수신고액이 최고가매수신고액에서 보증금을 뺀 금액을 넘어야 할 수 있다.

───── 〈상 황〉 ─────

> 甲과 乙은 법원이 최저가매각가격을 2억 원으로 정한 A주택의 경매에 입찰자로 참가하였다. 甲은 매수가격을 2억 5천만 원으로 신고하여 최고가매수신고인이 되었다. 甲이 지정된 기일까지 대금을 납부하지 않은 경우, 乙이 차순위매수신고를 하기 위해서는 乙의 매수신고액이 최소한 (㉠)을 넘어야 한다.

① 2천만 원
② 2억 원
③ 2억 2천만 원
④ 2억 2천 5백만 원
⑤ 2억 3천만 원

문 27. 다음 글과 〈표〉를 근거로 판단할 때, 〈보기〉에서 옳은 것만을 모두 고르면?

- 수현과 혜연은 결혼을 준비하는 예비부부이고, 결혼까지 준비해야 할 항목이 7가지 있다.
- 결혼 당사자인 수현과 혜연은 준비해야 할 항목들에 대해 선호를 가지고 있으며, 양가 부모 또한 선호를 가지고 있다. 이때 '선호도'가 높을수록 우선순위가 높다.
- '선호도'는 '투입 대비 만족도'로 산출한다.
- '종합 선호도'는 각 항목별로 다음과 같이 산출한다.

$$종합\ 선호도 = \frac{\{(결혼\ 당사자의\ 만족도) + (양가\ 부모의\ 만족도)\}}{\{(결혼\ 당사자의\ 투입) + (양가\ 부모의\ 투입)\}}$$

〈표〉

항 목	결혼 당사자		양가 부모	
	만족도	투 입	만족도	투 입
예 물	60	40	40	40
예 단	60	60	80	40
폐 백	40	40	30	20
스튜디오 촬영	90	50	10	10
신혼여행	120	60	20	40
예식장	50	50	100	50
신혼집	300	100	300	100

〈보 기〉

ㄱ. 결혼 당사자와 양가 부모의 종합 선호도에 따른 우선순위 상위 3가지에는 '스튜디오 촬영'과 '신혼집'이 모두 포함된다.

ㄴ. 결혼 당사자의 우선순위 상위 3가지와 양가 부모의 우선순위 상위 3가지 중 일치하는 항목은 '신혼집'이다.

ㄷ. '예물'과 '폐백' 모두 결혼 당사자의 선호도보다 양가 부모의 선호도가 더 높다.

ㄹ. 양가 부모에게 우선순위가 가장 낮은 항목은 '스튜디오 촬영'이다.

① ㄱ, ㄴ
② ㄴ, ㄷ
③ ㄷ, ㄹ
④ ㄱ, ㄴ, ㄹ
⑤ ㄱ, ㄷ, ㄹ

문 28. 다음 글과 〈상황〉을 근거로 판단할 때, 미란이가 지원받을 수 있는 주택보수비용의 최대 액수는?

- 주택을 소유하고 해당 주택에 거주하는 가구를 대상으로 주택 노후도 평가를 실시하여 그 결과(경·중·대보수)에 따라 아래와 같이 주택보수비용을 지원

〈주택보수비용 지원 내용〉

구 분	경보수	중보수	대보수
보수항목	도배 혹은 장판	수도시설 혹은 난방시설	지붕 혹은 기둥
주택당 보수비용 지원한도액	350만 원	650만 원	950만 원

- 소득인정액에 따라 위 보수비용 지원한도액의 80~100%를 차등지원

구 분	중위소득 25% 미만	중위소득 25% 이상 35% 미만	중위소득 35% 이상 43% 미만
지원율	100%	90%	80%

〈상 황〉

미란이는 현재 거주하고 있는 A주택의 소유자이며, 소득인정액이 중위소득 40%에 해당한다. A주택의 노후도 평가 결과, 지붕의 수선이 필요한 주택보수비용지원 대상으로 선정되었다.

① 520만 원
② 650만 원
③ 760만 원
④ 855만 원
⑤ 950만 원

문 29. 다음 글과 〈상황〉을 근거로 판단할 때, 甲정당과 그 소속 후보자들이 최대로 실시할 수 있는 선거방송 시간의 총합은?

- △△국 의회는 지역구의원과 비례대표의원으로 구성된다.
- 의회의원 선거에서 정당과 후보자는 선거방송을 실시할 수 있다. 선거방송은 방송광고와 방송연설로 이루어진다.
- 선거운동을 위한 방송광고는 비례대표의원 후보자를 추천한 정당이 방송매체별로 각 15회 이내에서 실시할 수 있으며, 1회 1분을 초과할 수 없다.
- 후보자는 방송연설을 할 수 있다. 비례대표의원 선거에서는 정당별로 비례대표의원 후보자 중에서 선임된 대표 2인이 각각 1회 10분 이내에서 방송매체별로 각 1회 실시할 수 있다. 지역구의원 선거에서는 각 후보자가 1회 10분 이내, 방송매체별로 각 2회 이내에서 실시할 수 있다.

─── 〈상 황〉 ───

- △△국 방송매체로는 텔레비전 방송사 1개, 라디오 방송사 1개가 있다.
- △△국 甲정당은 의회의원 선거에서 지역구의원 후보 100명을 출마시키고 비례대표의원 후보 10명을 추천하였다.

① 2,070분
② 4,050분
③ 4,070분
④ 4,340분
⑤ 5,225분

문 30. 다음 글과 〈설립위치 선정 기준〉을 근거로 판단할 때, A사가 서비스센터를 설립하는 방식과 위치로 옳은 것은?

- 휴대폰 제조사 A는 B국에 고객서비스를 제공하기 위해 1개의 서비스센터 설립을 추진하려고 한다.
- 설립방식에는 (가)방식과 (나)방식이 있다.
- A사는 {(고객만족도 효과의 현재가치) − (비용의 현재가치)}의 값이 큰 방식을 선택한다.
- 비용에는 규제비용과 로열티비용이 있다.

구 분		(가)방식	(나)방식
고객만족도 효과의 현재가치		5억 원	4.5억 원
비용의 현재가치	규제비용	3억 원(설립 당해년도만 발생)	없 음
	로열티비용	없 음	− 3년간 로열티비용을 지불함 − 로열티비용의 현재가치 환산액 : 설립 당해년도는 2억 원, 그 다음 해부터는 직전년도 로열티비용의 1/2씩 감액한 금액

※ 고객만족도 효과의 현재가치는 설립 당해년도를 기준으로 산정된 결과이다.

─── 〈설립위치 선정 기준〉 ───

- 설립위치로 B국의 甲, 乙, 丙 3곳을 검토 중이며, 각 위치의 특성은 다음과 같다.

위 치	유동인구(만 명)	20~30대 비율(%)	교통혼잡성
甲	80	75	3
乙	100	50	1
丙	75	60	2

- A사는 {(유동인구)×(20~30대 비율)/(교통혼잡성)} 값이 큰 곳을 선정한다. 다만 A사는 제품의 특성을 고려하여 20~30대 비율이 50% 이하인 지역은 선정대상에서 제외한다.

	설립방식	설립위치
①	(가)	甲
②	(가)	丙
③	(나)	甲
④	(나)	乙
⑤	(나)	丙

문 31. 다음 〈조건〉과 〈표〉를 근거로 판단할 때, 화령이가 만들 수 있는 도시락으로 옳은 것은?

─── 〈조 건〉 ───

- 화령이는 아래 〈표〉의 3종류(탄수화물, 단백질, 채소)를 모두 넣어서 도시락을 만들려고 한다.
- 열량은 500kcal 이하, 재료비는 3,000원 이하로 한다(단, 양념은 집에 있는 것을 사용하여 추가 재료비가 들지 않는다).
- 도시락 반찬은 다음의 재료를 사용하여 만든다.
  - 두부구이 : 두부 100g, 올리브유 10ml, 간장 10ml
  - 닭불고기 : 닭가슴살 100g, 양파 1개, 올리브유 10ml, 고추장 15g, 설탕 5g
  - 돼지불고기 : 돼지고기 100g, 양파 1개, 올리브유 10ml, 간장 15ml, 설탕 10g
- 도시락 반찬의 열량은 재료 열량의 합이다.

〈표〉

종 류	품 목	양	가격(원)	열량(kcal)
탄수화물	현미밥	100g	600	150
	통밀빵	100g	850	100
	고구마	1개	500	128
단백질	돼지고기	100g	800	223
	닭가슴살	100g	1,500	109
	두 부	100g	1,600	100
	우 유	100ml	450	50
채 소	어린잎	100g	2,000	25
	상 추	100g	700	11
	토마토	1개	700	14
	양 파	1개	500	20
양 념	올리브유	10ml	–	80
	고추장	15g	–	30
	간 장	30ml	–	15
	설 탕	5g	–	20

① 현미밥 200g, 닭불고기
② 돼지불고기, 상추 100g
③ 현미밥 300g, 두부구이
④ 통밀빵 100g, 돼지불고기
⑤ 고구마 2개, 우유 200ml, 토마토 2개

문 32. 다음 글을 근거로 판단할 때, 甲금속회사가 생산한 제품 A, B를 모두 판매하여 얻을 수 있는 최대 금액은?

- 甲금속회사는 특수구리합금 제품 A와 B를 생산 및 판매한다.
- 특수구리합금 제품 A, B는 10kg 단위로만 생산된다.
- 제품 A의 1kg당 가격은 300원이고, 제품 B의 1kg당 가격은 200원이다.
- 甲금속회사는 보유하고 있던 구리 710kg, 철 15kg, 주석 33kg, 아연 155kg, 망간 30kg 중 일부를 활용하여 아래 표의 질량 배합 비율에 따라 제품 A를 300kg 생산한 상태이다(단, 개별 금속의 추가구입은 불가능하다).
- 합금 제품별 질량 배합 비율은 아래와 같으며 배합비율을 만족하는 경우에만 제품이 될 수 있다.

(단위 : %)

구 분	구 리	철	주 석	아 연	망 간
A	60	5	0	25	10
B	80	0	5	15	0

※ 배합된 개별 금속 질량의 합은 생산된 합금 제품의 질량과 같다.

① 195,000원
② 196,000원
③ 197,000원
④ 198,000원
⑤ 199,000원

문 33. 다음 글과 〈조건〉을 근거로 판단할 때, A 매립지에서 8월에 쓰레기를 매립할 셀은?

> A 매립지는 셀 방식으로 쓰레기를 매립하고 있다. 셀 방식은 전체 매립부지를 일정한 넓이의 셀로 나누어서 각 셀마다 쓰레기를 매립한다. 이 방식에 따르면 쓰레기를 매립할 셀을 지정해서 개방한 후, 해당 셀이 포화되면 순차적으로 다른 셀을 개방한다. 이는 쓰레기를 무차별적으로 매립하는 것을 방지하고 매립과정을 쉽게 감시하기 위한 것이다.

〈조 건〉

- A 매립지는 4×4 셀로 구성되어 있다.
- 각 행에는 1, 2, 3, 4 중 서로 다른 숫자 1개가 각 셀에 지정된다.
- A 매립지는 효율적인 관리를 위해 한 개 이상의 셀로 이루어진 구획을 설정하고, 조감도에 두꺼운 테두리로 표현한다.
- 두 개 이상의 셀로 구성되는 구획에는 각 구획을 구성하는 셀에 지정된 숫자들을 모두 곱한 값이 다음 예와 같이 표현되어 있다.

예

(24*)		

  '(24*)'는 구획을 구성하는 셀에 지정된 숫자를 모두 곱하면 24가 된다는 의미이다. 1, 2, 3, 4 중 서로 다른 숫자를 곱하여 24가 되는 3개의 숫자는 2, 3, 4밖에 없으므로 위의 셀 안에는 2, 3, 4가 각각 하나씩 들어가야 한다.
- A 매립지는 하나의 셀이 한 달마다 포화되고, 개방되는 셀은 행의 순서와 셀에 지정된 숫자에 의해 결정된다. 즉 1월에는 1행의 1이 쓰인 셀, 2월에는 2행의 1이 쓰인 셀, 3월에는 3행의 1이 쓰인 셀, 4월에는 4행의 1이 쓰인 셀에 매립이 이루어진다. 5월에는 1행의 2가 쓰인 셀, 6월에는 2행의 2가 쓰인 셀에 쓰레기가 매립되며, 이와 같은 방식으로 12월까지 매립이 이루어지게 된다.

〈A 매립지 조감도〉

(24*)	3	⑩	(3*) 1
(4*) ②	1	(12*) 4	3
1	ⓒ	3	(8*) 4
3	(4*) 4	ⓛ	①

① ①
② ①
③ ①
④ ②
⑤ ⑩

문 34. 다음 글을 근거로 판단할 때, 〈보기〉에서 옳은 것만을 모두 고르면?

- 甲~丁은 다음 그림과 같은 과녁에 각자 보유한 화살을 쏜다. 과녁은 빨간색, 노란색, 초록색, 파란색의 칸으로 4등분이 되어 있다. 화살은 반드시 4개의 칸 중 하나의 칸에 명중하며, 하나의 칸에 여러 개의 화살이 명중할 수 있다.

| 10점 빨간색 | 8점 노란색 |
| 초록색 6점 | 파란색 4점 |

- 화살을 쏜 사람은 그 화살이 명중한 칸에 쓰인 점수를 받는다.
- 화살의 색깔과 화살이 명중한 칸의 색깔이 일치하면 칸에 쓰인 점수보다 1점을 더 받는다.
- 노란색 화살이 파란색 칸에 명중하는 경우에만 칸에 쓰인 점수보다 1점을 덜 받는다.
- 甲~丁이 보유한 화살은 다음과 같으며, 각자가 보유한 화살을 전부 쏘아 얻은 점수를 합하여 최종 점수를 계산한다. 단, 각 화살은 한 번씩만 쏜다.

사람	보유 화살
甲	빨간색 화살 1개, 노란색 화살 1개
乙	초록색 화살 2개
丙	노란색 화살 1개, 초록색 화살 1개
丁	초록색 화살 1개, 파란색 화살 1개

〈보 기〉

ㄱ. 乙의 최종 점수의 최댓값과 丁의 최종 점수의 최댓값은 같다.
ㄴ. 甲과 丙의 최종 점수가 10점으로 같았다면, 노란색 화살들은 모두 초록색 칸에 명중한 것이다.
ㄷ. 乙의 최종 점수의 최솟값은 甲의 최종 점수와는 다를 것이다.
ㄹ. 丙과 丁의 화살 4개가 모두 같은 칸에 명중하고 최종 점수가 같았다면, 그 칸은 파란색일 수 있다.

① ㄱ, ㄷ
② ㄴ, ㄷ
③ ㄴ, ㄹ
④ ㄱ, ㄴ, ㄹ
⑤ ㄱ, ㄷ, ㄹ

문 35. 다음 글과 〈반 편성 기준〉을 근거로 판단할 때, 〈보기〉에서 옳은 것만을 모두 고르면?

- 학생 6명(A~F)의 외국어반 편성을 위해 쓰기, 읽기, 듣기, 말하기 등 4개 영역에 대해 시험을 실시한다.
- 영역별 점수는 시험 결과에 따라 1점 이상 10점 이하로 부여한다.
- 다음 〈반 편성 기준〉에 따라 등수를 매겨 상위 3명은 심화반에, 하위 3명은 기초반에 편성한다.
- 동점자가 발생할 경우, 듣기 점수가 더 높은 학생을 상위 등수로 간주하고, 듣기 점수도 같은 경우에는 말하기 점수, 말하기 점수도 같은 경우에는 읽기 점수, 읽기 점수도 같은 경우에는 쓰기 점수가 더 높은 학생을 상위 등수로 간주한다.
- A~F의 영역별 점수는 다음과 같고, F의 쓰기와 말하기 영역은 채점 중이다.

(단위 : 점)

학 생	쓰 기	읽 기	듣 기	말하기
A	10	10	6	3
B	7	8	7	8
C	5	4	4	3
D	5	4	4	6
E	8	7	6	5
F	?	6	5	?

〈반 편성 기준〉

아래 두 가지 기준 중 하나를 채택하여 반을 편성한다.
- (기준1) 종합적 외국어능력을 반영하기 위해 4개 영역의 점수를 합산한 총점을 기준으로 편성한다.
- (기준2) 수업 중 원어민 교사와의 원활한 소통을 위해 듣기와 말하기 점수의 합을 기준으로 편성한다.

〈보 기〉

ㄱ. B와 D는 어떤 경우에도 같은 반이 될 수 없다.
ㄴ. 채점 결과 F의 말하기 점수가 5점 이하라면, 어떤 기준에 따라 반을 편성하더라도 F는 기초반에 편성된다.
ㄷ. 채점 결과 F의 말하기 점수가 6점 이상이라면, 어떤 기준에 따라 반을 편성하더라도 C와 D는 같은 반에 편성된다.

① ㄱ
② ㄷ
③ ㄱ, ㄴ
④ ㄱ, ㄷ
⑤ ㄴ, ㄷ

문 36. 다음 글을 근거로 판단할 때, 2017년 3월 인사 파견에서 선발될 직원만을 모두 고르면?

- △△도청에서는 소속 공무원들의 역량 강화를 위해 정례적으로 인사 파견을 실시하고 있다.
- 인사 파견은 지원자 중 3명을 선발하여 1년간 이루어지고 파견 기간은 변경되지 않는다.
- 선발 조건은 다음과 같다.
  - 과장을 선발하는 경우 동일 부서에 근무하는 직원을 1명 이상 함께 선발한다.
  - 동일 부서에 근무하는 2명 이상의 팀장을 선발할 수 없다.
  - 과학기술과 직원을 1명 이상 선발한다.
  - 근무 평정이 70점 이상인 직원만을 선발한다.
  - 어학 능력이 '하'인 직원을 선발한다면 어학 능력이 '상'인 직원도 선발한다.
  - 직전 인사 파견 기간이 종료된 이후 2년 이상 경과하지 않은 직원을 선발할 수 없다.
- 2017년 3월 인사 파견의 지원자 현황은 다음과 같다.

직 원	직 위	근무 부서	근무 평정	어학 능력	직전 인사 파견 시작 시점
A	과 장	과학기술과	65	중	2013년 1월
B	과 장	자치행정과	75	하	2014년 1월
C	팀 장	과학기술과	90	중	2014년 7월
D	팀 장	문화정책과	70	상	2013년 7월
E	팀 장	문화정책과	75	중	2014년 1월
F	－	과학기술과	75	중	2014년 1월
G	－	자치행정과	80	하	2013년 7월

① A, D, F
② B, D, G
③ B, E, F
④ C, D, G
⑤ D, F, G

문 37. 다음 〈관람 위치 배정방식〉과 〈상황〉을 근거로 판단할 때 옳은 것은?

〈관람 위치 배정방식〉

- 공연장의 좌석은 총 22개이며 좌측 6개석, 중앙 10개석, 우측 6개석으로 구성된다.

무대											

	좌								우	
앞줄				계단			A	계단		
뒷줄										B

- 입장은 공연일 정오에 마감되며, 해당 시점까지 공연장에 도착한 관람객을 대상으로 관람 위치를 배정한다.
- 좌석배정은 선착순으로 이루어지며, 가장 먼저 온 관람객부터 무대에 가까운 앞줄의 맨 좌측 좌석부터 맨 우측 좌석까지, 그 후 뒷줄의 맨 우측 좌석부터 맨 좌측 좌석까지 순서대로 이루어진다.
- 관람객이 22명을 초과할 경우, 초과인원 중 먼저 도착한 절반은 좌측 계단에, 나머지 절반은 우측 계단에 순서대로 앉힌다.

〈상 황〉

- 공연장에 가장 먼저 온 관람객은 오전 2:10에 도착하였다.
- 오전 4:30까지는 20분 간격으로 관람객이 공연장에 도착하였다.
- 오전 4:30부터 오전 6:00까지는 10분 간격으로 관람객이 공연장에 도착하였다.
- 오전 6:00 이후에는 30분 간격으로 관람객이 공연장에 도착하였다.
- 공연장에 가장 마지막으로 온 관람객은 오전 11:30에 도착하였다.
- 관람객은 공연장에 한 명씩 도착하였다.

※ 위 상황은 모두 공연일 하루 동안 발생한 것이다.

① 우측 계단에 앉은 관람객이 중앙 좌석에 앉기 위해서는 지금보다 적어도 3시간, 최대 4시간은 일찍 도착해야 한다.
② 공연일 오전 9:00부터 공연일 오전 10:00까지 도착한 관람객은 모두 좌측 계단에 앉는다.
③ A에 앉은 관람객과 B에 앉은 관람객의 도착시간은 50분 차이가 난다.
④ 공연일 오전 6:00에 도착한 관람객은 앞줄 좌석에 앉는다.
⑤ 총 30명의 관람객이 공연장에 도착하였다.

문 38. 다음 글과 〈대회 종료 후 대화〉를 근거로 판단할 때, 비긴 카드 게임의 총 수는?

다섯 명의 선수(甲~戊)가 카드 게임 대회에 참가했다. 각 선수는 대회에 참가한 다른 모든 선수들과 일대일로 한 번씩 카드 게임을 했다. 각 게임의 승자는 점수 2점을 받고, 비긴 선수는 점수 1점을 받고, 패자는 점수를 받지 못한다.

이 카드 게임 대회에서 각 선수가 얻은 점수의 총합이 큰 순으로 매긴 순위는 甲, 乙, 丙, 丁, 戊 순이다. (단, 동점은 존재하지 않는다)

〈대회 종료 후 대화〉

- 乙 : 난 한 게임도 안 진 유일한 사람이야.
- 戊 : 난 한 게임도 못 이긴 유일한 사람이야.

① 2번
② 3번
③ 4번
④ 5번
⑤ 6번

측우기는 1440년을 전후하여 발명되어 1442년(세종 24년)부터 1907년 일제의 조선통감부에 의해 근대적 기상관측이 시작될 때까지 우량(雨量) 관측기구로 사용되었다. 관측된 우량은 『승정원일기(承政院日記)』에 기록되었다. 우량을 정량적으로 측정하여 보고하는 제도는 측우기 도입 이전에도 있었는데, 비가 온 뒤 땅에 비가 스민 깊이를 측정하여 이를 조정에 보고하는 방식이었다. 『세종실록(世宗實錄)』의 기록에 의하면, 왕세자 이향(李珦, 훗날의 문종 임금)은 우량을 정확하게 측정하기 위해 그릇에 빗물을 받아 그 양을 측정하는 방식을 연구하였다. 빗물이 땅에 스민 깊이는 토양의 습도에 따라 달라지므로 기존 방법으로는 빗물의 양을 정확히 측정하기 어렵기 때문이었다.

측우기라는 이름이 사용된 것도 이때부터이다. 일반적으로 측우기는 주철(鑄鐵)로 된 원통형 그릇으로, 표준규격은 깊이 1자 5치, 지름 7치(14.7cm)였다. 이 측우기를 돌로 만든 측우대(測雨臺) 위에 올려놓고 비가 온 뒤 그 안에 고인 빗물의 깊이를 주척(周尺 : 길이를 재는 자의 한 가지)으로 읽는데, 푼(2.1mm) 단위까지 정밀하게 측정할 수 있었다.

세종대(代)에는 이상과 같은 표준에 맞게 제작된 측우기와 주척을 중앙의 천문관서인 서운관(書雲觀)과 전국 팔도의 감영(監營)에 나누어 주고, 그 이하 행정 단위의 관아에서는 자기(磁器) 또는 와기(瓦器)로 측우기를 만들어 설치하도록 하였다. 서운관의 관원과 팔도 감사 및 각 고을의 수령들에게 비가 오면 주척으로 푼 단위까지 측정한 빗물의 수심을 기록하여 조정에 보고하고 훗날에 참고하기 위해 그 기록을 남겨두도록 하였다.

그렇지만 임진왜란과 병자호란의 혼란을 겪으면서, 측우 관련 제도는 더 이상 지속되지 못했다. 측우 제도가 부활한 것은 1770년(영조 46년) 5월이다. 영조는 특히 세종대에 갖추어진 천문과 기상 관측 제도를 부흥시키는 데 깊은 관심을 보였는데, 측우 제도 복원 사업도 그 일환이었다. 영조는 『세종실록』에 기록된 측우기의 규격과 관측 및 보고 제도를 거의 그대로 따랐다. 한 가지 차이가 있다면, 전국의 모든 고을에까지 측우기를 설치했던 세종대와는 달리 영조대에는 서울의 궁궐과 서운관, 팔도감영, 강화와 개성의 유수부(留守府)에만 설치했다는 것이다.

문 39. 윗글을 근거로 판단할 때, 〈보기〉에서 옳은 것만을 모두 고르면?

〈보 기〉

ㄱ. 세종대에는 중앙의 천문관서와 지방의 감영에 표준에 맞게 제작된 측우기를 설치하여 전국적으로 우량 관측 및 보고 체계를 갖추었다.

ㄴ. 측우기를 이용한 관측 및 보고 제도는 1907년 일제의 조선통감부에 의해 근대적 기상관측이 도입될 때까지 지속적으로 유지되었다.

ㄷ. 세종대에 서울과 지방에서 우량을 관측했던 측우기는 모두 주철로 제작되었다.

ㄹ. 세종대에는 영조대보다 전국적으로 더 많은 곳에서 측우기를 통해 우량을 측정하여 보고하도록 하였다.

① ㄱ, ㄴ
② ㄱ, ㄹ
③ ㄴ, ㄷ
④ ㄱ, ㄷ, ㄹ
⑤ ㄴ, ㄷ, ㄹ

문 40. 세종대 甲지역에서 오전 10시부터 오후 1시까지 시간당 51mm의 비가 내렸다고 가정해보자. 측우기를 사용하여 甲지역의 감사가 보고한 우량으로 옳은 것은?(단, 주어진 조건 외에 다른 조건은 고려하지 않는다)

① 약 7치
② 약 7치 1푼
③ 약 7치 3푼
④ 약 7치 5푼
⑤ 약 7치 7푼

2016년 공직적격성평가(PSAT)

2016년 3월 5일 시행

5급 공채·외교관후보자 및 지역인재 7급 선발 필기시험

응시번호	
성 명	

【시 험 과 목】

제1과목	언 어 논 리
제2과목	자 료 해 석
제3과목	상 황 판 단

문제풀이 시작과 종료 시간을 기입해 주시기 바랍니다.

- 언어논리(90분) _____시 _____분 ~ _____시 _____분
- 자료해석(90분) _____시 _____분 ~ _____시 _____분
- 상황판단(90분) _____시 _____분 ~ _____시 _____분

문 1. 다음 글에서 알 수 있는 것은?

김정호에 의해 1861년에 만들어진 대동여지도는 근대적 방식에 의해 만들어진 것이 아님에도 국토의 윤곽이 아주 정확하게 묘사되어 있다. 그래서 김정호가 백두산을 일곱 차례나 오르는 등 피나는 노력 끝에 대동여지도를 만들어 내었다는 일화가 있다. 또한 대동여지도의 자세함에 놀란 흥선대원군이 국가기밀이 누설될 우려가 있다고 하여 지도 목판을 불사르고 김정호를 옥에 가두어 죽게 하였다는 일화도 있다. 이러한 일화들은 1930년대 교과서에 소개된 것으로서, 불굴의 의지와 위대한 업적의 표상으로 김정호를 보여주는 반면에 지도 목판을 불사르고 김정호를 죽게 만든 우매한 위정자의 모습을 보여주고 있다. 이는 조선의 통치자들을 부정적으로 만들고 일본의 조선 통치를 정당화하려는 일제 식민사관의 논리가 반영된 것이었다. 그런데 최근에 대동여지도의 목판이 발견되는 등 이러한 일화들이 허구임이 밝혀졌다.

중국에서는 일찍부터 종이 위에 모눈을 그어 모든 지역이 같은 비율로 나타나도록 표현하는 방식이 고안되었다. 방격법이라 불린 이 방법은 우리나라에 전래되어 우물 정(井)자를 긋는다는 의미로 획정(劃井)이라 불렸다. 17세기의 조선 정부는 북방지역에 대해 커다란 관심을 기울였고, 남구만은 이 방법을 적용하여 함경도의 지도를 만들었다.

18세기 초에 정상기가 백리척을 이용한 축척법을 만들어 동국지도를 제작함으로써 조선의 지도 제작 기술은 한 단계 도약하였다. 그는 서울을 중심으로, 서울에서 가까운 지방, 좀 더 먼 지방 순으로 차례로 지도를 제작하였다. 이때 각 지역 간의 상대적 거리를 설정해야만 했고, 백리척은 이 과정에서 만들어졌다.

18세기 말 정조 대에는 열람과 휴대의 편의를 고려하면서도 합리적 표현을 중시하며 지도를 만들었다. 어떤 한 지역과 다른 지역 사이의 거리만을 중시하던 단계에서 벗어나 지도에 각 지역의 북극 고도를 고려함으로써 지도의 정확성이 높아졌다. 북극 고도는 동양의 천문지식을 활용하여 측정하였다. 이처럼 조선 후기 지도 제작의 역사 속에서 대동여지도를 만들 만한 기술적 여건이 충족되어 있었다. 김정호는 당시 국가가 소장하고 있던 각종 지도와 지도 제작 방법에 관한 자료를 모두 열람할 수 있도록 편의를 제공받았으며, 북극 고도 측정 방법을 비롯하여 그때까지 조선에 축적된 지도 제작 기술과 정보를 배워 대동여지도 제작에 반영하였다.

① 불굴의 의지를 가지고 백두산을 일곱 번 오르는 등의 노력을 한 끝에 김정호는 대동여지도를 제작할 수 있었다.
② 김정호는 대동여지도를 제작하면서 백리척의 축척법은 이용하였으나, 중국에서 전래된 방격법은 사용하지 않았다.
③ 정조 대 이후 조선에서는 천문지식을 활용하여 지도의 정확성을 높였으며, 대동여지도 제작에 이러한 지식이 활용되었다.
④ 지도의 정확성을 높이기 위하여, 정상기는 서울에서부터 지방까지의 거리를 실측해가면서 백리척을 이용하여 동국지도를 만들었다.
⑤ 조선의 중요한 지리 정보가 다른 나라에 누설될 수 있다는 판단 때문에 김정호의 대동여지도 목판이 불태워 없어졌다는 이야기는 대원군 때부터 민간에 퍼지기 시작하였다.

문 2. 다음 글에서 알 수 있는 것은?

고려 전기 문신 출신 문벌들의 정치적 특권과 경제적 풍요는 농민이나 무신 등에게 돌아가야 할 몫이 그들에게 집중된 결과였다. 이에 대해 농민들과 무신들은 강하게 반발하였고, 결국 농민 출신 병사들의 지지를 얻은 무신들이 문벌들을 몰아내고 권력을 장악하였다. 이 지배세력의 교체는 문화에서도 변화를 가져왔다. 예를 들어 청자의 형태에도 영향을 미쳤다. 문양을 새기지 않았던 순청자의 아름다운 비색 바탕에 문양을 더하여 상감청자가 만들어지게 된 것이다.

상감청자는 무신들의 생활 도구였다. 무신들은 상감청자의 하늘처럼 푸른 빛깔과 아름다운 문양에 한껏 매료되었다. 무신들을 주요 수요자로 하여 성행하던 상감청자는 13세기 전반 몽골과의 항쟁을 위하여 무신정권이 강화도로 피난한 시기에 전성기를 맞았으며, 몽골과의 강화 이후 친원세력이 집권하면서 쇠락하기 시작하였다.

도자기 생산에 상감기법이 등장하게 된 것은 문신의 문화가 청산되었기 때문이었다. 특권 의식과 사대 의식을 특징으로 삼던 문신의 문화는 무신집권으로 인하여 사라졌다. 문신의 문화를 대체하여 이전과는 다른 새로운 문화가 모색되었고, 중국의 영향에서 벗어나 자주적 문화를 창조하려는 시대적 분위기가 도자기 생산을 비롯한 여러 분야에 영향을 미쳤다.

상감기법의 기술적 배경이 된 것은 당시 전성기에 도달해 있던 나전기술의 이용이었다. 나전기술은 나무로 만든 생활용구 표면에 무늬를 음각하고 그 자리에다 자개를 박아 옻칠을 하는 것이다. 이러한 기술이 도자기 생산에도 적용되어, 독창적이고 고려화된 문양과 기법이 순청자에 적용된 것이다.

상감청자의 문양으로 자주 등장하는 것은 운학(雲鶴) 무늬이다. 운학 무늬는 그릇 표면에 학과 구름이 점점이 아로새겨진 무늬를 일컫는다. 학이 상서롭고 세속을 벗어난 고고한 동물이라는 점에서 고려 사람들은 이를 무늬로 즐겨 이용하였고 푸른 그릇 표면은 하늘로 생각했다. 하늘은 소란스러운 속세를 떠난, 정적만이 있는 무한한 공간이었다. 이러한 곳에서 세속을 벗어난 고고한 학처럼 살고 싶었던 무신들은 그들이 희구하던 세계를 그릇 위에 나타내도록 한 것이다.

① 나전기술이 무신집권기에 개발되어 상감청자를 만드는 데 적용되었다.
② 청자의 사용은 무신의 집권과 더불어 등장하게 된 자주적인 문화양상이다.
③ 몽골과의 전쟁이 발발하자 상감청자를 사용하는 문화는 쇠퇴하기 시작하였다.
④ 무신들은 최고 권력을 쟁취하고자 하는 꿈을 상감청자의 학 문양에 담았다.
⑤ 문벌에서 무신으로 고려의 지배층이 변함에 따라 청자의 형태도 영향을 받았다.

문 3. 다음 글에서 알 수 없는 것은?

11세기 말 이슬람 제국의 고관 알 물크는 어려운 문제에 직면하였다. 페르시아 북부에는 코란에 시아파 신비주의를 접목한 교리를 추종하는 이스마일파가 있었는데, 강력한 카리스마를 지닌 지도자 하사니 사바가 제국의 통치에 염증을 느낀 사람들을 수천 명이나 이스마일파로 개종시킨 것이다. 이스마일파의 영향력이 나날이 커져가면서 알 물크의 시름도 깊어갔지만 문제는 그들이 철저하게 비밀리에 활동한다는 것이었다. 누가 이스마일파로 개종했는지조차 알아낼 수 없었다.

그런데 얼마 후 알 물크는 이스파한에서 바그다드로 향하던 길에 암살을 당하였다. 누군가가 그가 타고 가던 마차에 접근하더니 단검을 꺼내어 그를 찔렀던 것이다. 그리고 알 물크의 피살이 단순한 행위가 아니라, 이스마일파가 전쟁을 벌이는 방식이라는 사실이 곧 드러났다. 그것은 낯설고도 소름 끼치는 전쟁이었다. 그 뒤 몇 년에 걸쳐 술탄 무함마드 타파르의 주요 각료들이 동일한 방식, 즉 살인자가 군중 속에서 홀연히 나타나 단검으로 치명상을 입히는 방식으로 살해되었다.

테러의 공포가 제국의 지배층을 휩쓸었다. 도대체 누가 이스마일파인지 구분하기는 불가능했다. 어느 누구도 진실을 알 수 없는 상황이었기에 모두가 혐의자가 될 수밖에 없었다. 술탄은 이 악마같은 자와 협상하는 편이 낫겠다는 생각이 들어, 출정을 취소하고 하사니 사바와 화해했다. 수년에 걸쳐 이스마일파의 정치력이 커지면서, 이 종파에 속한 암살자들은 거의 신화적인 존재가 되었다. 한 암살자가 살해에 성공한 뒤 묵묵히 체포되어 고문을 당한 다음 처형당하고 나면 또 다른 암살자가 뒤를 이었다. 그들은 이스마일파 교리에 완전히 매료되어서 종파의 대의를 지키기 위하여 자신의 목숨을 비롯한 모든 것을 바쳤다.

당시 하사니 사바의 목표는 페르시아 북부에 자신의 종파를 위한 국가를 건설하고, 그 국가가 이슬람 제국 내에서 살아남아 번영하도록 만드는 것이었다. 하지만 신자 수가 상대적으로 적은데다 각지에 권력자들이 버티고 있는 상황에서 그는 더 이상 세력을 확장시킬 수가 없었다. 그래서 정치권력에 대항하여 역사상 최초로 테러 전쟁을 조직화하는 전략을 고안했던 것이다. 이스마일파의 세력은 사실상 매우 취약했다. 그러나 부하들을 꾸준히 제국의 심장부 깊숙이 침투시킴으로써, 자신들이 어디에나 도사리고 있는 듯한 착각을 만들어 냈다. 그리하여 하사니 사바가 통솔하던 기간 동안 암살 행위는 총 50회에 불과했지만, 그 정치적 영향력은 수십만 대군을 거느린 것처럼 대단하였다.

① 이스마일파의 테러는 소수 집단의 한계를 극복하는 방안의 하나로써 사용되었다.
② 이스마일파의 테러리스트들은 자신이 신봉하는 대의를 지키기 위해 희생을 마다하지 않았다.
③ 이스마일파의 테러가 효과적이었던 이유는 제국 곳곳에 근거지를 확보할 수 있었기 때문이다.
④ 이스마일파는 테러를 통해 제국의 지배층에 공포 분위기를 조성함으로써 커다란 정치력을 발휘하였다.
⑤ 이스마일파의 구성원을 식별할 수 없었기 때문에 이슬람 제국의 지배층은 테러에 효과적으로 대응할 수 없었다.

문 4. 다음 글에서 알 수 없는 것은?

희생제의란 신 혹은 초자연적 존재에게 제물을 바침으로써 인간 사회에서 발생하는 중요한 문제를 해결하려는 목적으로 이루어지는 의례를 의미한다. 이 제의에서는 제물이 가장 주요한 구성요소인데, 이때 제물은 제사를 올리는 인간들과 제사를 받는 대상 사이의 유대 관계를 맺게 해주어 상호 소통할 수 있도록 매개하는 역할을 수행한다.

희생제의의 제물, 즉 희생제물의 대명사로 우리는 '희생양'을 떠올린다. 이는 희생제물이 대개 동물일 것이라고 추정하게 하지만, 희생제물에는 인간도 포함된다. 인간 집단은 안위를 위협하는 심각한 위기 상황을 맞게 되면, 이를 극복하고 사회 안정을 회복하기 위해 처녀나 어린아이를 제물로 바쳤다. 이러한 사실은 인신공희(人身供犧) 설화를 통해 찾아볼 수 있다. 이러한 설화에서 인간들은 신이나 괴수에게 처녀나 어린아이를 희생 제물로 바쳤다.

희생제의는 원시사회의 산물로 머문 것이 아니라 아주 오랫동안 동서양을 막론하고 여러 문화권에서 지속적으로 행해져 왔다. 이에 희생제의의 기원이나 형식을 밝히기 위한 종교현상학적 연구들이 시도되어 왔다. 그리고 인류학적 연구에서는 희생제의에 나타난 인간과 문화의 본질에 대한 탐색이 있어 왔다. 인류학적 관점의 대표적인 학자인 지라르는 『폭력과 성스러움』, 『희생양』 등을 통해 인간 사회의 특징, 사회 갈등과 그 해소 등의 문제를 '희생제의'와 '희생양'으로 설명했다.

인간은 끊임없이 타인과 경쟁하고 갈등하는 존재이다. 이러한 인간들 간의 갈등은 공동체 내에서 무차별적이면서도 심각한 갈등 양상으로 치닫게 되고 극도의 사회적 긴장관계를 유발한다. 이때 다수의 사회 구성원들은 사회 갈등을 희생양에게 전이시켜 사회 갈등을 해소하고 안정을 되찾고자 하였다는 것이 지라르 논의의 핵심이다.

희생제의에서 희생제물로서 처녀나 어린아이가 선택되는 경우가 한국뿐 아니라 많은 나라에서도 발견된다. 처녀와 어린아이에게는 인간 사회의 세속적이고 부정적인 속성이 깃들지 않았다는 관념이 오래 전부터 지배적이었기 때문이다. 그러나 지라르는 근본적으로 이들이 희생제물로 선택된 이유를, 사회를 주도하는 주체인 성인 남성들이 스스로 일으킨 문제를 자신들이 해결하지 않고 사회적 역할 차원에서 자신들과 대척점에 있는 타자인 이들을 희생양으로 삼았기 때문인 것으로 설명하였다.

① 종교현상학적 연구는 인간 사회의 특성과 사회 갈등 형성 및 해소를 희생제의와 희생양의 관계를 통해 설명한다.
② 지라르에 따르면, 다수의 사회 구성원들은 사회 갈등을 희생양에게 전이시킴으로써 사회 안정을 이루고자 하였다.
③ 희생제물을 통해 위기를 극복하고 사회의 안정을 회복하고자 한 의례 행위는 동양에 국한된 것은 아니다.
④ 지라르에 따르면, 희생제물인 처녀나 어린아이들은 성인 남성들과 대척점에 있는 존재이다.
⑤ 인신공희 설화에서 희생제물인 어린아이들은 인간들과 신 혹은 괴수 간에 소통을 매개한다.

문 5. 다음 글에서 추론할 수 없는 것은?

『삼국유사』는 신라 전성시대의 경주의 모습을 설명하면서 금입택(金入宅)의 명칭 39개를 나열하고 있다. 신라의 전성시대란 일반적으로 상대, 중대, 하대 중 삼국통일 이후 100여 년간의 중대를 가리키는 것이 보통이나, 경주가 왕도로서 가장 발전했던 시기는 하대 헌강왕 대이다. 39개의 금입택이 있었던 시기도 이때이다. 그런데 경덕왕 13년에 황룡사종을 만든 장인이 금입택 가운데 하나인 이상택(里上宅)의 하인이었으므로, 중대의 최전성기에 이미 금입택이 존재하고 있었음을 알 수 있다. 즉 금입택은 적어도 중대부터 만들어지기 시작하여 하대에 이르면 경주에 대략 40여 택이 들어서 있었다. 하지만 『삼국유사』의 기록이 금입택 가운데 저명한 것만을 기록한 것이므로, 실제는 더 많았을 것이다.

'쇠드리네' 또는 '금드리네'의 직역어인 금입택은 금이나 은 또는 도금으로 서까래나 문틀 주위를 장식한 호화주택이다. 지붕은 주로 막새기와를 덮었으며, 지붕의 합각 부분에는 물고기나 화초 모양의 장식을 했다. 김유신 가문이라든가 집사부 시중을 역임한 김양종의 가문, 경명왕의 왕비를 배출한 장사택 가문 등 진골 중에서도 왕권에 비견되는 막대한 권력과 재력을 누리던 소수의 유력한 집안만이 이러한 가옥을 가질 수 있었다.

금입택은 평지에는 만들어지지 않았다. 경주에서는 알천이 자주 범람하였으므로 대저택을 만들기에 평지는 부적절했다. 따라서 귀족들의 금입택은 월성 건너편의 기슭에 주로 조성되었는데, 이 일대는 풍광이 매우 아름다워 주택지로서 최적이었다. 또한 남산의 산록 및 북천의 북쪽 기슭에도 많이 만들어졌는데, 이 지역은 하천을 내려다볼 수 있는 높은 지대라서 주택지로 적합하였다.

또한 지택(池宅), 천택(泉宅), 정상택(井上宅), 수망택(水望宅) 등 이름 가운데 '지(池)', '천(泉)', '정(井)', '수(水)' 등 물과 관계있는 문자가 보이는 금입택이 많다. 이러한 금입택은 물을 이용한 연못이나 우물 등의 시설을 갖추고 있었다. 금입택 중 명남택(榆南宅)에서 보이는 '명(榆)' 자는 조선 후기의 실학자 이수광, 이규경 등이 증명한 것처럼, 우리 고유의 글자로 대나무 혹은 돌을 길게 이어 물을 끌어 쓰거나 버리는 데 이용하는 대홈통의 뜻을 갖고 있다. 이러한 수리시설은 오늘날 산지에서 이용되고 있으며, 통일신라시대 사찰이나 궁궐의 조경에도 이용되었다. 명남택은 이러한 수리시설을 갖추었기 때문에 붙은 이름이었다. 한편 금입택 중 사절유택(四節遊宅)과 구지택(仇知宅)은 별장이었다.

① 금입택은 신라 하대 이전에 이미 존재하였다.
② 진골 귀족이라도 금입택을 소유하지 못한 경우도 있었다.
③ 이름에 물과 관계있는 문자가 들어간 금입택은 물을 이용한 시설을 갖추고 있었다.
④ 명남택에서 사용한 수리시설은 귀족 거주용 주택이 아닌 건물에서도 사용되었다.
⑤ 월성 건너편의 기슭은 하천을 내려다볼 수 있는 높은 지대였으므로 주택지로서 적합하였다.

문 6. 다음 글에서 추론할 수 있는 것만을 〈보기〉에서 모두 고르면?

'도박사의 오류'라고 불리는 것은 특정 사건과 관련 없는 사건을 관련 있는 것으로 간주했을 때 발생하는 오류이다. 예를 들어, 주사위 세 개를 동시에 던지는 게임을 생각해 보자. 첫 번째 던지기 결과는 두 번째 던지기 결과에 어떤 영향도 미치지 않으며, 이런 의미에서 두 사건은 서로 상관이 없다. 마찬가지로 10번의 던지기에서 한 번도 6의 눈이 나오지 않았다는 것은 11번째 던지기에서 6의 눈이 나온다는 것과 아무 상관이 없다. 그럼에도 불구하고, 우리는 "10번 던질 동안 한 번도 6의 눈이 나오지 않았으니, 이번 11번째 던지기에서는 6의 눈이 나올 확률이 무척 높다."라고 말하는 경우를 종종 본다. 이런 오류를 '도박사의 오류 A'라고 하자. 이 오류는 지금까지 일어난 사건을 통해 미래에 일어날 특정 사건을 예측할 때 일어난다.

하지만 반대 방향도 가능하다. 즉, 지금 일어난 특정 사건을 바탕으로 과거를 추측하는 경우에도 오류가 발생한다. 다음 사례를 생각해보자. 당신은 친구의 집을 방문했다. 친구의 방에 들어가는 순간, 친구는 주사위 세 개를 던지고 있었으며 그 결과 세 개의 주사위에서 모두 6의 눈이 나왔다. 이를 본 당신은 "방금 6의 눈이 세 개가 나온 놀라운 사건이 일어났다는 것에 비춰볼 때, 내가 오기 전에 너는 주사위 던지기를 무척 많이 했음에 틀림없다."라고 말한다. 당신은 방금 놀라운 사건이 일어났다는 것을 바탕으로 당신 친구가 과거에 주사위 던지기를 많이 했다는 것을 추론한 것이다. 하지만 이것도 오류이다. 당신이 방문을 여는 순간 친구가 던진 주사위들에서 모두 6의 눈이 나올 확률은 매우 낮다. 하지만 이 사건은 당신 친구가 과거에 주사위 던지기를 많이 했다는 것에 영향을 받은 것이 아니다. 왜냐하면 문을 열었을 때 처음으로 주사위 던지기를 했을 경우에 문제의 사건이 일어날 확률과, 문을 열기 전 오랫동안 주사위 던지기를 했을 경우에 해당 사건이 일어날 확률은 동일하기 때문이다. 이 오류는 현재에 일어난 특정 사건을 통해 과거를 추측할 때 일어난다. 이를 '도박사의 오류 B'라고 하자.

〈보 기〉

ㄱ. 갑이 당첨 확률이 매우 낮은 복권을 구입했다는 사실로부터 그가 구입한 그 복권은 당첨되지 않을 것이라고 추론하는 것은 도박사의 오류 A이다.

ㄴ. 을이 오늘 구입한 복권에 당첨되었다는 사실로부터 그가 그동안 꽤 많은 복권을 샀을 것이라고 추론하는 것은 도박사의 오류 B이다.

ㄷ. 병이 어제 구입한 복권에 당첨되었다는 사실로부터 그가 구입했던 그 복권의 당첨 확률이 매우 높았을 것이라고 추론하는 것은 도박사의 오류 A도 아니며 도박사의 오류 B도 아니다.

① ㄱ
② ㄴ
③ ㄱ, ㄷ
④ ㄴ, ㄷ
⑤ ㄱ, ㄴ, ㄷ

문 7. 다음 글에서 추론할 수 있는 것은?

'핸드오버'란 이동단말기가 이동함에 따라 기존 기지국에서 이탈하여 새로운 기지국으로 넘어갈 때 통화가 끊기지 않도록 통화 신호를 새로운 기지국으로 넘겨주는 것을 말한다. 이런 핸드오버는 이동단말기, 기지국, 이동전화교환국 사이의 유무선 연결을 바탕으로 실행된다. 이동단말기가 기지국에 가까워지면 그 둘 사이의 신호가 점점 강해지는 데 반해, 이동단말기와 기지국이 멀어지면 그 둘 사이의 신호는 점점 약해진다. 이 신호의 세기가 특정값 이하로 떨어지게 되면 핸드오버가 명령되어 이동단말기와 새로운 기지국 간의 통화 채널이 형성된다. 이 과정에서 이동전화교환국과 기지국 간 연결에 문제가 발생하면 핸드오버가 실패하게 된다.

핸드오버는 이동단말기와 기지국 간 통화 채널 형성 순서에 따라 '형성 전 단절 방식'과 '단절 전 형성 방식'으로 구분될 수 있다. FDMA와 TDMA에서는 형성 전 단절 방식을, CDMA에서는 단절 전 형성 방식을 사용한다. 형성 전 단절 방식은 이동단말기와 새로운 기지국 간의 통화 채널이 형성되기 전에 기존 기지국과의 통화 채널을 단절하는 것을 말한다. 이와 반대로 단절 전 형성 방식은 이동단말기와 기존 기지국 간의 통화 채널이 단절되기 전에 새로운 기지국과의 통화 채널을 형성하는 방식이다. 이런 핸드오버 방식의 차이는 각 기지국이 사용하는 주파수 간 차이에서 비롯된다. 만약 각 기지국이 다른 주파수를 사용하고 있다면, 이동단말기는 기존 기지국과의 통화 채널을 미리 단절한 뒤 새로운 기지국에 맞는 주파수를 할당 받은 후 통화 채널을 형성해야 한다. 그러나 각 기지국이 같은 주파수를 사용하고 있다면, 그런 주파수 조정이 필요 없으며 새로운 통화 채널을 형성하고 나서 기존 통화 채널을 단절할 수 있다.

① 단절 전 형성 방식의 각 기지국은 서로 다른 주파수를 사용한다.

② 형성 전 단절 방식은 단절 전 형성 방식보다 더 빨리 핸드오버를 명령할 수 있다.

③ 이동단말기와 기존 기지국 간의 통화 채널이 단절되면 핸드오버가 성공한다.

④ CDMA에서는 하나의 이동단말기가 두 기지국과 동시에 통화 채널을 형성할 수 있지만 FDMA에서는 그렇지 않다.

⑤ 이동단말기 A와 기지국 간 신호 세기가 이동단말기 B와 기지국 간 신호 세기보다 더 작다면 이동단말기 A에서는 핸드오버가 명령되지만 이동단말기 B에서는 핸드오버가 명령되지 않는다.

문 8. 다음 글의 내용이 참일 때, 반드시 참인 것만을 〈보기〉에서 모두 고르면?

이번에 K부서에서는 자기 부서의 정책을 홍보하기 위해 책자를 제작해 배포하였다. 이 홍보 사업에 참여한 K부서의 팀은 A와 B 두 팀이다. 두 팀은 각각 500권의 정책홍보책자를 제작하였다. 그러나 책자를 어떤 방식으로 배포할 것인지에 대해 두 팀 간에 차이가 있었다. A팀은 자신들이 제작한 K부서의 모든 정책홍보책자를 서울이나 부산에 배포한다는 지침에 따라 배포하였다. 한편, B팀은 자신들이 제작한 K부서 정책홍보책자를 서울에 모두 배포하거나 부산에 모두 배포한다는 지침에 따라 배포하였다. 사업이 진행된 이후 배포된 결과를 살펴보기 위해서 서울과 부산을 조사하였다. 조사를 담당한 한 직원은 A팀이 제작 · 배포한 K부서 정책홍보책자 중 일부를 서울에서 발견하였다. 한편, 또 다른 직원은 B팀이 제작 · 배포한 K부서 정책홍보책자 중 일부를 부산에서 발견하였다. 그리고 배포 과정을 검토해본 결과, 이번에 A팀과 B팀이 제작한 K부서 정책홍보책자는 모두 배포되었다는 것과, 책자가 배포된 곳과 발견된 곳이 일치한다는 것이 확인되었다.

〈보 기〉

ㄱ. 부산에는 500권이 넘는 K부서 정책홍보책자가 배포되었다.

ㄴ. 서울에 배포된 K부서 정책홍보책자의 수는 부산에 배포된 K부서 정책홍보책자의 수보다 적다.

ㄷ. A팀이 제작한 K부서 정책홍보책자가 부산에서 발견되었다면, 부산에 배포된 K부서 정책홍보책자의 수가 서울에 배포된 수보다 많다.

① ㄱ

② ㄷ

③ ㄱ, ㄴ

④ ㄴ, ㄷ

⑤ ㄱ, ㄴ, ㄷ

문 9. 사무관 A는 국가공무원인재개발원에서 수강할 과목을 선택하려 한다. A가 선택할 과목에 대해 갑~무가 다음과 같이 진술하였는데 이 중 한 사람의 진술은 거짓이고 나머지 사람들의 진술은 모두 참인 것으로 밝혀졌다. A가 반드시 수강할 과목만을 모두 고르면?

갑 : 법학을 수강할 경우, 정치학도 수강한다.

을 : 법학을 수강하지 않을 경우, 윤리학도 수강하지 않는다.

병 : 법학과 정치학 중 적어도 하나를 수강한다.

정 : 윤리학을 수강할 경우에만 정치학을 수강한다.

무 : 윤리학을 수강하지만 법학은 수강하지 않는다.

① 윤리학

② 법학

③ 윤리학, 정치학

④ 윤리학, 법학

⑤ 윤리학, 법학, 정치학

문 10. 다음 글의 ⓐ~ⓔ에 대한 평가로 적절한 것만을 〈보기〉에서 모두 고르면?

영혼이 영원한 존재라는 것을 증명하기 위해서는 먼저 소멸 가능한 존재에 관해 생각해 볼 필요가 있다. 예를 들어, 종이나 연필은 소멸 가능한 존재이다. 그것들을 소멸시키는 방법은 아주 간단하다. 그것들을 구성요소들로 해체시키면 된다. 소멸 가능한 존재는 여러 구성요소들로 이루어져 있다. 이제 소멸 불가능한, 즉 영원한 존재에 대해 생각해 보자. 예를 들어, 칠판에 적힌 숫자 '3'과는 달리 수 3은 절대로 소멸되지 않는다. 그 이유는 무엇일까? 그것은 바로 수 3은 구성요소들로 이루어진 결합물이 아니기 때문이다. 따라서 ⓐ 구성요소들로 이루어진 결합물일 경우에만 소멸 가능하다고 할 수 있다. 결합물에 대해서는 그 구성요소들을 해체한 상태를 상상할 수 있지만, 수 3과 같은 존재는 해체를 통한 소멸을 상상할 수 없다. 그것은 해체할 수 있는 구성요소들이 없는 단순한 존재이기 때문이다. 여기서 '단순한 존재'란 구성요소들로 이루어져 있지 않은 존재를 의미한다.

어떤 것이 결합물인지 단순한 존재인지를 가릴 수 있는 객관적 기준은 무엇일까? 그것은 바로 '변화'라고 할 수 있다. 예를 들어, 우리가 쇠막대기를 구부린다고 해보자. 쇠막대기를 파괴한 것은 아니고 단지 변화시켰을 뿐이다. 우리는 이렇게 어떤 존재를 구성하고 있는 요소들 사이의 관계를 새롭게 형성하는 방식으로 그 존재를 변화시킬 수 있다. 따라서 ⓑ 어떤 존재가 변화하지 않는다면, 그 존재는 구성요소들로 이루어진 결합물이 아니다.

변화하는 존재들에는 무엇이 있을까? 종이, 연필 등 우리가 일상적으로 볼 수 있는 모든 것들이다. 반면에 ⓒ 우리가 일상적으로 볼 수 없는 것들은 변화하지 않는다. 수 3을 다시 생각해 보자. 칠판에 적힌 숫자 '3'과는 달리 수 3은 절대로 변화하지 않는다. 어제도 홀수였고 내일도 모레도 홀수로 남아 있을 것이다. 수 3이 짝수가 될 가능성은 없다. 영원한 홀수이다. 우리는 영혼에 대해서도 똑같이 말할 수 있다. ⓓ 영혼은 일상적으로 볼 수 있는 것이 아니다. 우리가 일상적으로 볼 수 있는 것은 영혼을 가진 사람의 육체와 그것의 움직임일 뿐이다. 이제 우리는 다음과 같은 결론에 다다랐다. ⓔ 영혼은 소멸하지 않는 존재이다.

〈보 기〉

ㄱ. ⓐ, ⓑ, ⓒ를 모두 받아들인다고 해도, 일상적으로 볼 수 없는 것들은 소멸하지 않는다는 것은 도출되지 않는다.

ㄴ. ⓒ에 대한 정당화가 충분하지 않다. 비록 수 3과 같은 수학적 대상이 변화하지 않는다는 것을 받아들인다고 해도, 일상적으로 볼 수 없는 모든 것이 변화하지 않는다는 것을 반드시 받아들일 필요는 없다.

ㄷ. ⓐ, ⓑ, ⓒ, ⓓ를 모두 받아들인다고 해도, ⓔ는 도출되지 않는다.

① ㄱ
② ㄴ
③ ㄱ, ㄷ
④ ㄴ, ㄷ
⑤ ㄱ, ㄴ, ㄷ

문 11. 다음 글의 내용과 상충하는 것은?

토크빌이 미국에서 관찰한 정치 과정 가운데 가장 놀랐던 것은 바로 시민들의 정치적 결사였다. 미국인들은 어려서부터 스스로 단체를 만들고 스스로 규칙을 제정하여 그에 따라 행동하는 것을 관습화해왔다. 이에 미국인들은 어떤 사안이 발생할 경우 국가기관이나 유력자의 도움을 받기 전에 스스로 단체를 결성하여 집합적으로 대응하는 양상을 보인다. 미국의 항구적인 지역 자치의 단위인 타운, 시티, 카운티조차도 주민들의 자발적인 결사로부터 형성된 단체였다.

미국인들의 정치적 결사는 결사의 자유에 대한 완벽한 보장을 기반으로 실현된다. 일단 하나의 결사로 뭉친 개인들은 언론의 자유를 보장받으면서 자신들의 집약적 견해를 널리 알린다. 이러한 견해에 호응하는 지지자들의 수가 점차 늘어날수록 이들은 더욱 열성적으로 결사를 확대해간다. 그런 다음에는 집회를 개최하여 자신들의 힘을 표출한다. 집회에서 가장 중요한 요소는 대표자를 선출하는 기회를 만드는 것이다. 집회로부터 선출된 지도부는 물론 공식적으로 정치적 대의제의 대표는 아니다. 하지만 이들은 도덕적인 힘을 가지고 자신들의 의견을 반영한 법안을 미리 기초하여 그것이 실제 법률로 제정되게끔 공개적으로 입법부에 압력을 가할 수 있다.

토크빌은 이러한 정치적 결사가 갖는 의미에 대해 독특한 해석을 펼친다. 그에 따르면, 미국에서는 정치적 결사가 다수의 횡포에 맞서는 보장책으로서의 기능을 수행한다. 미국의 입법부는 미국 시민의 이익을 대표하며, 의회 다수당은 다수 여론의 지지를 받는다. 이를 고려하면 언제든 '다수'의 이름으로 '소수'를 배제한 입법권의 행사가 가능해짐에 따라 입법 활동에 대한 다수의 횡포가 나타날 수 있다. 토크빌은 이러한 다수의 횡포를 제어할 수 있는 정치 제도가 없는 상황에서 소수 의견을 가진 시민들의 정치적 결사는 다수의 횡포에 맞설 수 있는 유일한 수단이라고 보았다. 더불어 토크빌은 시민들의 정치적 결사가 소수자들이 다수의 횡포를 견제할 수 있는 수단으로 온전히 기능하기 위해서는 도덕의 권위에 호소해야 한다고 보았다. 왜냐하면 힘이 약한 소수자가 호소할 수 있는 것은 도덕의 권위뿐이기 때문이다.

① 미국 정치는 다수에 의한 지배를 정당화하는 체제를 토대로 한다.

② 미국에서는 처음에 자발적 결사로 시작된 단체도 항구적 자치 단체로 성장할 수 있다.

③ 미국 시민들은 정치적 결사를 통해 실제 법률 제정과 관련하여 입법부에 압력을 행사할 수 있다.

④ 토크빌에 따르면, 미국에서 소수자는 도덕의 권위에 도전함으로써 다수의 횡포에 저항해야 한다.

⑤ 토크빌에 따르면, 미국에서 정치적 결사는 시민들의 소수의견이 배제된 입법 활동을 제어하는 역할을 한다.

문 12. 다음 대화에 대한 분석으로 적절하지 않은 것은?

가영 : 확보된 증거에 비추어볼 때 갑과 을 두 사람 중 적어도 한 사람에게 사고의 책임이 있을 개연성이 무척 높기는 하지만, 갑에게 책임이 없다고 밝혀진 것만으로는 을의 책임 관계를 확정할 수 없습니다.

나정 : 책임소재에 관한 어떤 증거도 없는 경우라면 모르지만, 둘 중 한 사람에게 사고의 책임이 있다는 것을 꽤 지지하는 증거가 확보된 경우에는 그렇게 말할 수 없습니다. '갑 아니면 을이다. 그런데 갑이 아니다. 그렇다면 을이다.'라고 추론해야지요.

가영 : 그 논리적 추론이야 물론 당연합니다. 하지만 문제는 우리가 지금 토론하고 있는 상황이 그 추론의 결론을 반드시 수용해야 하는 경우가 아니라는 것입니다. '갑 아니면 을이다.'가 확실히 참이라고 말할 수 없기 때문이지요.

나정 : 앞에서 증거에 의해 '갑, 을 두 사람 중 적어도 한 사람에게 사고의 책임이 있을 개연성이 무척 높다.'라고 전제하지 않았습니까? 그런 경우에 '갑 아니면 을이다.'를 참이라고 수용해야 하는 것 아닌가요?

가영 : 그렇지 않습니다. 아무리 개연성이 높은 판단이라고 할지라도 결국에는 거짓으로 밝혀지는 경우가 드물지 않습니다. 가령, 나중에 을에게 책임이 없음을 확실히 입증하는 증거가 나타나는 상황을 배제할 수 없습니다. 그런 증거가 나타나는 경우, 둘 중 적어도 한 사람에게 책임이 있다고 보았던 최초의 전제의 개연성이 흔들리고 그 전제를 참이라고 수용할 수 없게 됩니다.

나정 : 여러 가지 상황 때문에 우리가 취할 수 있는 증거는 제한적일 수밖에 없으며, 이에 제한된 증거만으로 책임 관계의 판단을 확정하는 것은 쉽지 않습니다. 하지만 그렇다고 언제까지 판단을 미룰 수는 없습니다. 우리는 확보된 증거를 이용해 전제들의 개연성을 파악해야 하고 그 전제들로부터 논리적으로 추론하여 결론을 이끌어 내야 합니다. 나타나지도 않은 증거를 기다릴 일이 아니라, 확보된 증거를 충분히 고려해 을에게 사고의 책임을 물어야 한다는 것입니다.

① 가영과 나정은 모두 책임 소재의 규명에서 증거의 역할을 부정하지 않는다.

② 가영은 책임 소재를 규명하는 과정에서 사용되는 전제의 개연성은 달라질 수 있다고 주장한다.

③ 가영과 달리 나정은 어떤 판단의 개연성이 충분히 높다면 그 판단을 수용할 수 있다고 주장한다.

④ 나정은 가영의 견해에 따를 경우 책임 소재에 관한 판단이 계속 미결 상태로 표류할 수도 있다고 주장한다.

⑤ 나정과 달리 가영은 참인 전제들로부터 논리적 추론을 이용해서 도출된 결론이 거짓일 수 있다고 주장한다.

문 13. 다음 글의 ㉠에 대한 평가로 적절하지 않은 것은?

중생대의 마지막 시기인 백악기(K)와 신생대의 첫 시기인 제3기(T) 사이에 형성된, 'K/T경계층'이라고 불리는 점토층이 있다. 이 지층보다 아래쪽에서는 공룡의 화석이 발견되지만 그 위에서는 전혀 발견되지 않는다. 도대체 그 사이에 무슨 일이 벌어진 것일까? 우리는 물리학자 앨버레즈가 1980년에 『사이언스』에 게재한 논문 덕분에 이 물음에 대한 유력한 답을 알게 되었다.

앨버레즈는 동료들과 함께 지층이 퇴적된 시간을 정확히 읽어내는 방법을 연구하고 있었다. 일반적으로 지층의 두께는 퇴적 시간과 비례하지 않는다. 얇은 지층이 수백 년에 걸쳐 서서히 퇴적된 것일 수도 있고, 수십 미터가 넘는 두께의 지층이라도 며칠, 심지어 몇 시간의 격변에 의해 형성될 수 있기 때문이다. 앨버레즈는 이 문제를 이리듐 측정을 통해 해결하려 했다. 이리듐은 아주 무거운 금속으로, 지구가 생성되던 때 핵 속으로 가라앉아 지구 표면에는 거의 남아 있지 않다. 오늘날 지표면에서 미량이나마 검출되는 이리듐은 우주 먼지나 운석 등을 통해 오랜 시간에 걸쳐 지구 표면에 내려앉아 생긴 것이다. 앨버레즈는 이리듐 양의 이러한 증가 속도가 거의 일정하다고 보고, 이리듐이 지구 표면에 내려앉는 양을 기준으로 삼아 지층이 퇴적되는 데 걸린 시간을 측정하려 했다.

조사 결과 지표면의 평균 이리듐 농도는 0.3ppb이었고 대체로 일정했다. 그런데 이탈리아 북부의 어느 지역을 조사했을 때 그곳의 K/T경계층에서 특이한 점이 발견되었다. 평균보다 무려 30배나 많은 이리듐이 검출된 것이다. 원래 이 경우 다른 지층이 형성될 때보다 K/T경계층의 퇴적이 30분의 1 정도의 속도로 아주 느리게 진행되었다고 결론을 내려야 했지만, 다른 증거들을 종합할 때 이 지층의 형성이 그렇게 오래 걸렸다고 볼 이유가 없었다. 그래서 이들은 다른 결론을 선택했다. 이 시기에 지구 밖에서 한꺼번에 대량의 이리듐이 왔다는 것이었다. 이리듐의 농도를 가지고 역산한 결과, 앨버레즈는 ㉠ 약 6,500만 년 전 지름 10킬로미터 크기의 소행성이 지구와 충돌했고 이 충돌에서 생긴 소행성과 지각의 무수한 파편들이 대기를 떠돌며 지구 생태계를 교란함으로써 대멸종이 일어나 공룡이 멸종했다는 결론에 도달했다. 공룡 멸종의 원인에 대한 이런 견해는 오늘날 과학계가 수용하고 있는 최선의 가설이다.

① 만일 신생대 제3기(T) 이후에 형성된 지층에서 공룡 화석이 대량으로 발견될 경우 약화된다.

② 고생대 페름기에 일어난 대멸종이 소행성 충돌과 무관하게 진행되었다는 사실이 입증되더라도 강화되지 않는다.

③ 동일한 시간 동안 우주먼지로 지구에 유입되는 이리듐의 양이 일정하지 않고 큰 변화폭을 지닌다는 사실이 입증되면 약화된다.

④ 앨버레즈가 조사한 이탈리아 북부의 지층이 K/T경계층이 아니라 다른 시기에 형성된 지층이었음이 밝혀질 경우 약화된다.

⑤ K/T경계층 형성 시기 이외에 공룡이 존재했던 다른 시기에도 지름 10킬로미터 규모의 소행성이 드물지 않게 지구에 충돌했음이 입증될 경우 강화된다.

문 14. 다음 글의 ㉠에 대한 두 비판을 평가한 것으로 적절한 것만을 〈보기〉에서 모두 고르면?

경제 불평등은 어떻게 해결할 수 있을까? '㉠ 로빈후드 각본'이라고 불리는 방법은 막대한 부를 소유한 사람에게 세금을 통해 돈을 걷어 가난한 사람에게 나눠주는 것을 말한다. 가령 수조 원대의 자산가에게 10억 원을 받아 형편이 어려운 100명에게 천만 원씩 나눠준다고 가정해보자. 그 자산가에게 10억 원이라는 돈은 크게 아쉽지 않지만, 형편이 어려운 사람들에게 천만 원이라는 돈은 무척 소중하다. 따라서 이런 재분배 방식을 통해 사회 전체의 공리는 상승하여 최대화될 것이다.

이런 로빈후드 각본은 두 가지 방식으로 비판받을 수 있다. 첫 번째는 자산가들에게 많은 세금을 부과해 재분배하는 방식이 자산가의 일과 투자에 대한 의욕을 꺾어 생산성의 감소로 이어질 수 있다는 것이다. 이렇게 생산성이 감소한다면, 사회 전체의 경제 이익이 줄어 전체 공리도 감소할 것이다. 따라서 로빈후드 각본은 사회 전체의 공리를 최대화 하는 데 적합하지 않다. 두 번째는 부자에게 세금을 부과해 가난한 사람들을 돕는 행위가 기본권을 침해할 수 있다는 것이다. 자산가가 동의하지 않은 상태에서 그의 돈을 가져가는 행위는 자산가의 자유를 침해하는 강압 행위이다. 자유는 조금도 침해될 수 없는 절대적 가치이며 다수를 위해 소수의 희생을 강요하는 것은 절대 불가하다. 따라서 로빈후드 각본에 의한 부의 재분배는 인간의 기본권을 훼손하는 것이다.

〈보 기〉

ㄱ. 세금을 통한 재분배 방식이 생산성을 감소시킬 뿐만 아니라 빈부격차를 심화시킨다면, 첫 번째 비판은 강화된다.

ㄴ. 부의 재분배가 기본권의 침해보다 투자 의욕 감소에 더 큰 영향을 준다면, 두 번째 비판은 약화된다.

ㄷ. 행복한 삶을 추구할 수 있는 권리를 보호하기 위한 부의 재분배가 사회 갈등을 해소시켜 생산성이 증가한다면, 첫 번째 비판은 약화되지만 두 번째 비판은 약화되지 않는다.

① ㄱ
② ㄴ
③ ㄱ, ㄷ
④ ㄴ, ㄷ
⑤ ㄱ, ㄴ, ㄷ

문 15. 다음 글의 논증에 대한 비판으로 적절하지 않은 것은?

진화론자들은 지구상에서 생명의 탄생이 30억 년 전에 시작됐다고 추정한다. 5억 년 전 캄브리아기 생명폭발 이후 다양한 생물종이 출현했다. 인간 종이 지구상에 출현한 것은 길게는 100만 년 전이고 짧게는 10만 년 전이다. 현재 약 180만 종의 생물종이 보고되어 있다. 멸종된 것을 포함해서 5억 년 전 이후 지구상에 출현한 생물종은 1억 종에 이른다. 5억 년을 100년 단위로 자르면 500만 개의 단위로 나눌 수 있다. 이것은 새로운 생물종이 평균적으로 100년 단위마다 약 20종이 출현한다는 것을 의미한다. 하지만 지난 100년간 생물학자들은 지구상에서 새롭게 출현한 종을 찾아내지 못했다. 이는 한 종에서 분화를 통해 다른 종이 발생한다는 진화론이 거짓이라는 것을 함축한다.

① 100년마다 20종이 출현한다는 것은 다만 평균일 뿐이다. 현재의 신생 종 출현 빈도는 그보다 훨씬 적을 수 있지만 언젠가 신생 종이 훨씬 많이 발생하는 시기가 올 수 있다.

② 5억 년 전 이후부터 지구상에 출현한 생물종이 1,000만 종 이하일 수 있다. 그러면 100년 내에 새로 출현하는 종의 수는 2종 정도이므로 신생 종을 발견하기 어려울 수 있다.

③ 생물학자는 새로 발견한 종이 신생 종인지 아니면 오래전부터 존재했던 종인지 판단하기 어렵다. 따라서 신생종의 출현이나 부재로 진화론을 검증하려는 시도는 성공할 수 없다.

④ 30억 년 전에 생물이 출현한 이후 5차례의 대멸종이 일어났으나 대멸종은 매번 규모가 달랐다. 21세기 현재, 알려진 종 중 사라지는 수가 크게 늘고 있어 우리는 인간에 의해 유발된 대멸종의 시대를 맞이하는 것으로 볼 수 있다.

⑤ 생물학자들이 발견한 몇몇 종은 지난 100년 내에 출현한 종이라고 판단할 이유가 있다. DNA의 구성에 따라 계통수를 그렸을 때 본줄기보다는 곁가지 쪽에 배치될수록 늦게 출현한 종임을 알 수 있기 때문이다.

문 16. 다음 글의 논지를 약화하는 것만을 〈보기〉에서 모두 고르면?

M이 내린 인가처분은 학교법인 B가 법학전문대학원 설치 인가를 받기 위해 제출한 입학전형 계획을 그대로 인정함으로써 청구인 A의 헌법상의 기본권인 직업선택의 자유를 제한하는 것처럼 보인다. 그러나 학교법인 B는 헌법 제31조 제4항에 서술된 헌법상의 기본권인 '대학의 자율성'의 주체이다. 이 사건처럼 두 기본권이 충돌하는 경우, 헌법의 통일성을 유지한다는 취지에서, 상충하는 기본권이 모두 최대한 그 기능과 효력을 발휘할 수 있도록 하는 조화로운 방법이 모색되어야 한다. 따라서 해당 인가처분이 청구인 A의 직업선택의 자유를 제한하는 정도와 대학의 자율성을 보호하는 정도 사이에 적정한 비례를 유지하고 있는지를 살펴본다.

청구인 A는 해당 인가처분으로 인하여 청구인이 전체 법학전문대학원중 B대학교 법학전문대학원 정원인 100명만큼 지원할 수 없게 되어 법학전문대학원에 진학할 기회가 줄어든다고 주장하고 있다. 그러나 여자대학이 아닌 법학전문대학원의 경우에도 여학생의 비율이 평균 40%에 달하고 있는 점으로 미루어, B대학교 법학전문대학원이 여성과 남성을 차별 없이 모집하였을 경우를 상정하더라도 청구인 A가 이 인가처분으로 인해 받는 직업선택의 자유의 제한 정도가 어느 정도인지 산술적으로 명확하게 계산하기는 어렵지만 청구인이 주장하는 2,000분의 100에는 미치지 못할 것으로 보인다. 반면 청구인 A는 B대학교 이외에 입학정원 총 1,900명의 전국 24개 여타 법학전문대학원에 지원할 수 있고 입학하여 소정의 교육을 마친 후 변호사시험을 통해 법조인이 될 수 있는 충분한 가능성이 있으므로, 이 인가처분으로 청구인이 받는 불이익이 과도하게 크다고 보기 어렵다. 따라서 이 인가처분은 청구인 A의 직업선택의 자유와 B대학교의 대학의 자율성 사이에서 적정한 비례 관계를 유지하고 있다 할 것이다.

학생의 선발, 입학의 전형도 사립대학의 자율성의 범위에 속한다는 점, 여성 고등교육 기관이라는 B대학교의 정체성에 비추어 여자대학교라는 정책의 유지 여부는 대학 자율성의 본질적인 부분에 속한다는 점, 이 사건 인가처분으로 인하여 청구인 A가 받는 불이익이 크지 않다는 점 등을 고려하면, 이 사건 인가처분은 청구인의 직업선택의 자유와 대학의 자율성이라는 두 기본권을 합리적으로 조화시킨 것이며 양 기본권의 제한에 있어 적정한 비례를 유지한 것이라고 할 것이다. 따라서 이 사건 인가처분은 청구인 A의 직업선택의 자유를 침해하지 않고, 그러므로 헌법에 위반된다고 할 수 없다.

─────〈보 기〉─────

ㄱ. 청구인의 불이익은 사실상의 불이익에 불과하고 기본권의 침해에 해당하지 않는다.

ㄴ. 권리를 향유할 주체가 구체적 자연인인 경우의 기본권은 그 주체가 무형의 법인인 경우보다 우선하여 고려되어야 한다.

ㄷ. 상이한 기본권의 제한 간에 적정한 비례관계가 성립하는지를 평가하기 위해서는 비교되는 두 항을 계량할 공통의 기준이 먼저 제시되어야 한다.

① ㄱ
② ㄷ
③ ㄱ, ㄴ
④ ㄴ, ㄷ
⑤ ㄱ, ㄴ, ㄷ

문 17. 다음 글의 빈칸에 들어갈 내용으로 가장 적절한 것은?

뉴턴은 무거운 물체가 땅으로 떨어지는 것과 달이 지구 주위를 도는 것은 동일한 원인에 의한 현상이라고 생각했다. 그는 행성들이 태양 주위를 도는 것도 태양과 행성 사이에 중력이라는 힘이 존재하기 때문이라고 보았다. 뉴턴은 질량 m_1인 물체와 질량 m_2인 물체의 중심이 r만큼 떨어져 있을 때 물체 사이에 작용하는 중력 F는 다음과 같이 표현된다고 보았다.

$$F = G\frac{m_1 m_2}{r^2} \text{ (단, G는 만유인력 상수임)}$$

뉴턴은 이렇게 표현되는 중력으로 행성들과 달의 운동을 잘 설명할 수 있었다. 이 힘은 질량을 갖는 것이라면 우주의 모든 것에 작용한다는 점에서 '보편' 중력이라고 부를 만하다. 그렇지만 뉴턴은 왜 이런 힘이 존재하는지를 설명하지 못했다.

그에 대한 설명은 20세기에 들어와 아인슈타인에 의해 이루어졌다. 아인슈타인에 따르면 중력은 물질 근처에서 휘어지는 시공간의 기하학적 구조와 관계가 있는데, 이처럼 휘어지는 방식은 마치 팽팽한 고무막에 볼링공을 가만히 올려놓으면 고무막이 휘어지는 것과 비슷하다. 이 상태에서 볼링공 근처에서 구슬을 굴렸을때 구슬의 경로가 볼링공 쪽으로 휘어지거나 구슬이 볼링공 주위를 도는 것은 태양의 중력을 받아 혜성이나 행성이 운동하는 방식에 비길 수 있다. 아인슈타인은 중력이라는 힘을 물체의 질량에 의해 시공간이 휘어진다는 개념을 통해서 설명할 수 있음을 보였다.

더 나아가서 아인슈타인은 뉴턴의 중력 개념으로는 설명할 수 없는 현상을 자신의 중력 개념으로부터 추론해냈다. 그는 태양의 큰 질량 때문에 태양 주위에 시공간의 왜곡이 발생해서 태양 주위를 지나가는 광자의 경로가 태양 쪽으로 휘어진다고 예측했다. 그러나 [   ]는 사실을 고려하면, 뉴턴의 중력 이론의 관점에서는 이렇게 될 이유가 없다. 이러한 상반된 예측 중 어느 쪽이 옳은가를 확인하기 위해 나선 에딩턴의 원정대는 1919년에 개기일식의 기회를 이용해서 별빛의 경로가 태양 근처에서 아인슈타인이 예측했던 대로 휘어진다는 사실을 확인했고, 아인슈타인은 뉴턴을 능가하는 물리학자로 세계적인 명성을 얻게 되었다.

① 광자는 질량을 갖지 않는다.
② 진공 속에서 광자의 속력은 일정하다.
③ 물체의 질량이 클수록 더 큰 중력을 발휘한다.
④ 중력은 지구의 표면과 우주 공간에서 동일하다.
⑤ 시간과 공간은 물체의 질량이나 운동에 영향을 받지 않는다.

문 18. 다음 글의 ㉠~㉢에 들어갈 말을 바르게 나열한 것은?

다음 세대에 유전자를 남기기 위해서는 반드시 암수가 만나 번식을 해야 한다. 그런데 왜 이성이 아니라 동성에게 성적으로 끌리는 사람들이 낮은 빈도로나마 꾸준히 존재하는 것일까? 진화심리학자들은 이 질문에 대해서 여러 가지 가설로 동성애 성향이 유전자를 통해 다음 세대로 전달된다고 설명한다. 그중 캄페리오-치아니는 동성애 유전자가 X염색체에 위치하고, 동성애 유전자가 남성에게 있으면 자식을 낳아 유전자를 남기는 번식이 감소하지만, 동성애 유전자가 여성에게 있으면 여타 조건이 동일한 상황에서 자식을 많이 낳아 유전자를 많이 남기기 때문에 동성애 유전자가 계속 유지된다고 주장하였다. 인간은 23쌍의 염색체를 갖는데, 그 중 한 쌍이 성염색체로 남성은 XY 염색체를 가지며 여성은 XX염색체를 가진다. 한 쌍의 성염색체는 아버지와 어머니로부터 각각 하나씩 받아서 쌍을 이룬다. 즉 남성 성염색체 XY의 경우 X염색체는 어머니로부터 Y염색체는 아버지로부터 물려받고, 여성 성염색체 XX는 아버지와 어머니로부터 각각 한 개씩의 X염색체를 물려받는다. 만약에 동성애 남성이라면 동성애 유전자가 X염색체에 있고 그 유전자는 어머니로부터 물려받은 것이다. 따라서 캄페리오-치아니의 가설이 맞다면 확률적으로 동성애 남성의 ㉠ 한 명이 낳은 자식의 수가 이성애 남성의 ㉡ 한 명이 낳은 자식의 수보다 ㉢ .

	㉠	㉡	㉢
①	이 모	이 모	많 다
②	고 모	고 모	많 다
③	이 모	고 모	적 다
④	고 모	고 모	적 다
⑤	이 모	이 모	적 다

※ 다음 글을 읽고 물음에 답하시오. [문 19~문 20]

윤지는 여행길에서 처음 만난 송 씨 아저씨와 가족 이야기를 나누었다. 아저씨는 다음과 같은 물음을 던졌다.

• 물음1 : 저에겐 아이가 둘 있습니다. 이 가운데 적어도 하나는 딸입니다. 제 아이 둘 다가 딸일 확률은 얼마일까요?

윤지는 다음과 같은 풀이를 따라 그 답이 1/3이어야 한다고 생각한다.

• 풀이1 : 두 아이를 성별과 나이 순으로 나열할 때, 있을 수 있는 경우는 (딸, 딸), (딸, 아들), (아들, 딸), (아들, 아들), 이렇게 네 가지이다. 이 네 가지 가운데 하나가 이루어질 각각의 확률은 똑같다고 보아야 한다. 아저씨는 두 아이 가운데 적어도 하나가 딸이라고 말했다. 그렇다면 네 가지 가운데 (아들, 아들)의 경우는 배제해야 한다. 그래서 아저씨의 두 아이는 (딸, 딸)이거나(딸, 아들)이거나 (아들, 딸)인 것이 분명하다. 이들 세가지 가운데 하나가 이루어질 각각의 확률은 여전히 똑같다고 보아야 한다. 따라서 아저씨의 두 아이가(딸, 딸)일 확률은 1/3이고, (딸, 아들)일 확률은 1/3이고, (아들, 딸)일 확률은 1/3이다. 결국 아저씨의 두 아이 모두가 딸일 확률은 1/3이다.

윤지가 첫째 물음에 1/3이라고 답하자, 아저씨는 다른 물음을 던졌다. 첫째 물음에 한 문장이 덧붙여졌을 뿐이다.

• 물음2 : 저에겐 아이가 둘 있습니다. 이 가운데 적어도 하나는 딸입니다. (지갑에서 사진을 꺼내 보여 주며) 이 아이가 제 딸입니다. 제 아이 둘 다가 딸일 확률은 얼마일까요?

윤지는 다음과 같은 풀이를 따라 그 답이 1/2이어야 한다고 생각한다.

• 풀이2 : 사진에서 내가 보았던 아이는 아저씨의 딸이었다. 나는 아저씨의 다른 아이의 얼굴을 모르고 그가 딸인지 아들인지 모른다. 사진으로도 보지 못한 바로 그 아이가 딸일 확률은 아저씨의 두 아이 모두가 딸일 확률과 같다. 사진으로도 보지 못한 바로 그 아이는 딸이거나 아들이다. 그 아이가 딸일 확률과 아들일 확률은 같다. 따라서 사진으로도 보지 못한 바로 그 아이가 딸일 확률은 1/2이다. 결국 아저씨의 두 아이 모두가 딸일 확률은 1/2이다.

위의 물음들에 대해 왜 서로 다른 답변이 나오는가 하는 문제를 '두 딸의 수수께끼'라고 한다. 송 씨가 윤지에게 지갑에서 사진을 꺼내 보여주면서 "이 아이가 제 딸입니다."라고 말할 때 윤지가 받은 정보를 A라고 하자. 정보 A는 송 씨의 두 아이가 모두 딸일 확률을 바꿀 만한 정보일까?

송 씨는 아까 본 딸의 사진을 고려하지 말라고 하면서 셋째 물음을 던졌다. 이 물음도 첫째 물음에 한 문장이 덧붙여졌을 뿐이다.

• 물음3 : 저에겐 아이가 둘 있습니다. 이 가운데 적어도 하나는 딸입니다. 제 딸의 이름은 서현입니다. 제 아이 둘 다가 딸일 확률은 얼마일까요?

송 씨는 이 물음에 대해 다음과 같은 풀이를 제안했다.

• 풀이3 : 물음3의 답변을 구하기 위해 다음과 같은 표본 조사를 해보자. 우선 아이가 둘 있는 부부들을 무작위로 고른다. 이들 가운데 두 아이가 모두 아들인 부부들은 제외한다. 나머지 부부들 가운데서 딸아이의 이름이 '서현'인 경우를 찾는다. 표본조사 결과 다음과 같은 통계값들을 얻었다. 두 아이를 둔 부부 100만 쌍 중에서 딸아이를 적어도 한 명 둔 부부는 750,117쌍이었다. 750,117쌍 중에서 '서현'이란 이름의 딸아이가 있는 부부는 101쌍이었고, '서현'이란 이름의 딸아이가 있는 부부 중 두 아이가 모두 딸인 부부는 49쌍이었다. '서현'이라는 이름을 가진 딸을 둔 부부들 가운데서 두 아이가 모두 딸인 부부가 차지하는 비율은 거의 1/2이다. 물음3의 답변은 1/2이다.

문 19. 윗글의 정보 A에 대한 판단으로 적절한 것은?

① 정보 A가 송 씨의 두 아이가 모두 딸일 확률을 바꿀 만한 정보라면, 물음2의 답변은 1/2이 아니다.

② 정보 A가 송 씨의 두 아이가 모두 딸일 확률을 바꿀 만한 정보라면, 풀이1은 물음1의 올바른 답변이 아니거나 풀이2는 물음2의 올바른 답변이 아니다.

③ 정보 A가 송 씨의 두 아이가 모두 딸일 확률을 바꿀 만한 정보가 아니라면, 물음1과 물음2의 답변은 둘 다 똑같이 1/2이다.

④ 풀이1과 풀이2가 각각 물음1과 물음2의 올바른 답변이라면, 정보 A는 송 씨의 두 아이가 모두 딸일 확률을 바꿀 만한 정보이다.

⑤ 풀이1은 물음1의 올바른 답변이 아니지만 풀이2는 물음2의 올바른 답변이라면, 정보 A는 송 씨의 두 아이가 모두 딸일 확률을 바꿀 만한 정보이다.

문 20. 다음 두 전제가 모두 참이라고 할 때, 윗글에서 추론할 수 있는 것은?

> 전제 1 : 만일 물음3의 올바른 답변이 1/2이라면, 물음2의 올바른 답변도 1/2이어야 한다.
> 전제 2 : 풀이3은 물음3에 대한 올바른 답변이다.

① 물음1의 답변과 물음2의 답변은 같아야 한다.

② 물음1의 답변과 물음2의 답변을 모두 수정해야 한다.

③ 물음1의 답변을 유지하는 대신에 물음2의 답변을 수정해야 한다.

④ 물음2의 답변을 유지하는 대신에 물음1의 답변을 수정해야 한다.

⑤ 이름을 알려주는 것이 확률을 바꾸는 정보를 주는 것이 아니라면, 물음1의 답변을 수정해야 한다.

문 21. 다음 글에서 알 수 있는 것은?

> 고려 현종 1년 11월 16일 거란의 왕 성종은 직접 40만 대군을 이끌고 압록강을 건너 고려에 쳐들어왔다. 이때 행영도통사 강조가 지휘하는 고려의 주력군은 통주성 근처에 주둔하고 있었는데, 거란군이 다가오자 통주성 남쪽으로 나와 세 부대로 나누어 진을 쳤다. 강조는 칼과 창으로 무장한 수레인 검거를 진에 배치해 두었다가 거란군이 쳐들어오면 검거로 포위하고, 또 세 부대가 유기적으로 협조하여 여러 차례 승리를 거두었다. 하지만 거란군을 얕보게 된 강조는 여유를 부리다 결국 거란군의 포로가 되었다. 성종은 포로로 잡혀온 강조의 결박을 풀어주며 자신의 신하가 되라고 요구하였다. 강조는 "나는 고려인이다. 어찌 너의 신하가 되겠는가?"라고 답하였고, 거란왕이 재차 묻자 똑같이 대답하였다. 거란왕은 살을 찢는 가혹한 고문을 가해 강조를 죽였다.
>
> 강조의 죽음으로 고려의 주력군이 패전하자 거란군의 남침 속도는 빨라졌고, 현종은 수도인 개경을 떠나 남쪽으로 피난길에 오를 수밖에 없었다. 양주에 다다랐을 무렵 하공진은 고영기와 함께 거란군과 평화 협상을 하기 위한 사신으로 파견되었다. 거란군의 선봉이 창화현에 이르자 하공진은 거란군을 찾아가 철수를 요구하였다.
>
> 이듬해 정월에 개경이 함락되었다. 거란군은 개경에서 약탈, 살인, 방화 등 온갖 만행을 저질렀고, 웅장하고 아름다운 궁궐과 태묘, 관서는 물론 일반 민가까지 모두 불살라 폐허로 만들었다. 이를 목격한 하공진은 거란왕을 만나 거란군의 철수를 거듭 요청하였다. 성종은 그 요청을 받아들여 철수하였으나, 고려의 사신들을 볼모로 잡아갔다.
>
> 거란으로 끌려간 하공진은 고려로 탈출하기 위해 몰래 시장에서 말을 사서 고려로 가는 길에 차례로 배치해 두었다. 하지만 이 계획은 발각되었고 거란왕은 하공진을 붙잡아 심문하였다. 하공진은 "나는 고려에 대해서 두 마음을 가질 수 없다. 살아서 거란을 섬기는 것을 원하지 않는다."라고 하였다. 거란왕은 하공진의 충성에 감동하여 이제까지의 잘못을 용서할 테니 자신에게 충성하라고 요구하였다. 회유가 계속될수록 하공진은 단호한 태도를 취하였고, 거란왕을 모욕하는 말까지 서슴지 않았다. 결국 화가 난 거란왕은 하공진을 처형하였다. 그가 최후를 마친 날은 현종 2년 12월이었다.

① 거란군에 사신으로 파견된 하공진은 창화현에서 거란왕을 만나 거란군의 철수를 요청하였다.

② 압록강을 건너 고려를 침공한 지 석 달이 되지 않아 거란군은 고려 수도를 함락시켰다.

③ 볼모로 거란에 끌려간 하공진과 고영기는 탈출하기 위해 서로 협력하였다.

④ 통주성 근처에서 거란군에게 패전한 고려의 주력군은 남쪽으로 후퇴하였다.

⑤ 거란왕을 모욕하는 말을 한 하공진은 가혹한 고문을 당한 후 처형되었다.

문 22. 다음 글에서 알 수 있는 것은?

김치는 넓은 의미에서 소금, 초, 장 등에 '절인 채소'를 말한다. 김치의 어원인 '딤채[沈菜]'도 '담근 채소'라는 뜻이다. 그러므로 깍두기, 오이지, 오이소박이, 단무지는 물론 장아찌까지도 김치류에 속한다고 볼 수 있다. 우리나라의 김치는 '지'라 불렸다. 그래서 짠지, 싱건지, 오이지 등의 김치에는 지금도 '지'가 붙는다. 초기의 김치는 단무지나 장아찌에 가까웠을 것이다.

처음에는 서양의 피클이나 일본의 쯔께모노와 비슷했던 김치가 이들과 전혀 다른 음식이 된 것은 젓갈과 고춧가루를 쓰기 시작하면서부터이다. 하지만 이때에도 김치의 주재료는 무나 오이였다. 우리가 지금 흔히 먹는 배추김치는 18세기 말 중국으로부터 크고 맛이 좋은 배추 품종을 들여온 뒤로 사람들이 널리 담그기 시작하였고, 20세기에 들어와서야 무김치를 능가하게 되었다.

김치와 관련하여 우리나라 향신료의 대명사로 쓰이는 고추는 생각만큼 오랜 역사를 갖고 있지 못하다. 중미멕시코가 원산지인 고추는 '남만초'나 '왜겨자'라는 이름으로 16세기 말 조선에 전래되어 17세기부터 서서히 보급되다가 17세기 말부터 가루로 만들어 비로소 김치에 쓰이게 되었다. 조선 전기까지 주요 향신료는 후추, 천초 등이었고, 이 가운데 후추는 값이 비싸 쉽게 얻을 수 없었다. 19세기 무렵에 와서 고추는 향신료로서 압도적인 우위를 차지하게 되었다. 그 결과 후추는 더 이상 고가품이 아니게 되었으며, '산초'라고도 불리는 천초의 경우 지금에 와서는 간혹 추어탕에나 쓰일 정도로 되었다.

우리나라의 고추는 다른 나라의 고추 품종과 달리 매운 맛에 비해 단 맛 성분이 많고, 색소는 강렬하면서 비타민 C 함유량이 매우 많다. 더구나 고추는 소금이나 젓갈과 어우러져 몸에 좋은 효소를 만들어 낸다. 또 몸의 지방 성분을 산화시켜 열이 나게 함으로써 겨울의 추위를 이기게 하는 기능이 있다. 고추가 김장김치에 사용되기 시작한 것도 이 때문이라고 한다.

① 17세기에 와서야 고추를 사용한 김치가 출현하였다.
② 고추가 소금, 젓갈과 어우러져 만들어 내는 효소는 우리 몸에 열이 나게 한다.
③ 고추를 넣은 배추김치를 먹게 된 것은 중국 및 멕시코와의 농산물 교역 덕분이었다.
④ 16세기 이전에는 김치를 담글 때 고추 대신 후추, 천초와 같은 향신료를 사용하였다.
⑤ 젓갈과 고추가 쓰이기 전에는 김치의 제조과정이 서양의 피클이나 일본의 쯔께모노의 그것과 같았다.

문 23. 다음 글의 내용과 부합하는 것은?

현재 알려진 가장 오래된 판소리는 〈춘향가〉이다. 기생의 딸과 양반집 도련님의 신분을 뛰어넘는 사랑이 주제인 〈춘향가〉는 노비에서 양인으로, 양인에서 양반으로 신분 상승이 이루어지던 조선 후기의 사회현상과 하층민의 신분 상승에 대한 열망을 반영하고 있다. 이처럼 민(民)의 사회적 열망을 담고 있던 판소리들은 당시 전국으로 확산되었다.

판소리는 한국의 서사무가의 서술원리와 구연방식을 빌려다가 흥미 있는 설화 자료를 각색해, 굿이 아닌 세속의 저잣거리에서 일반 사람들을 상대로 노래하면서 시작되었다. 호남지역에서 대대로 무당을 세습하던 세습 무당 집안에서는 여자 무당이 굿을 담당하고 남자 무당은 여자 무당을 도와 여러 가지 잡일을 했다. 당연히 굿을 해주고 받는 굿값의 분배도 여자 무당을 중심으로 이루어졌고, 힘든 잡일을 담당한 남자 무당은 몫이 훨씬 적었다. 남자 무당이 굿에 참여하고 그 몫의 돈을 받는 경우는 노래를 할 때뿐이었다. 따라서 세습 무당 집안에서 태어난 남자들은 노래를 잘하는 것이 잘 살 수 있는 길이었다. 남자들은 노래공부를 열심히 했고, 이 과정에서 세습 무당 집안에서는 많은 명창을 배출하였다.

이러한 호남지역의 무속적 특징은 조선 후기 사회변화와 관련을 맺으면서 판소리의 발생을 자극했다. 조선 후기로 갈수록 지역 마을마다 행하던 주민 공동행사인 마을굿이 제사형태로 바뀌었고, 이에 따라 무당이 참여하지 않는 마을굿이 늘어났다. 정부와 양반 지배층이 유교이념에 입각하여 지속적으로 무속을 탄압하는 정책을 펴왔던 탓이었다. 또한 합리적 사고의 발달에 따라 무속이 사회적 신임을 잃은 탓이기도 하였다.

호남지역의 세습 무당들은 개인의 질병을 치료하는 굿보다는 풍년이나 풍어를 기원하는 정기적인 마을굿을 하여 생계를 유지했다. 이러한 마을굿이 점차 사라지면서 그들은 생계를 위협받게 되었다. 한편 이 시기에는 상업이 발달하면서 상행위가 활발해졌고, 생활이 풍족해짐에 따라 백성들의 문화욕구가 커지면서 예능이 상품으로 인정받았다. 이에 따라 춤과 소리 등의 예술과 곡예가 구경거리로 부상하였다. 세습 무당 집안 출신의 노래 잘하는 남자 무당들은 무속이라는 속박을 떨쳐 버리고 돈을 벌기 위하여 소리판을 벌이게 되었다. 이들의 소리가 많은 사람에게 환영을 받자 점차 전문 직업인으로서 명창이 등장하게 되었다. 대중적 인기가 자신의 명성과 소득에 직결되었으므로, 이들은 대중이 좋아할 만한 내용을 담은 소리들을 발굴하고 개발하였다. 이 중 가장 인기를 얻은 것이 〈춘향가〉였다.

① 호남지역의 무속적 특징이 판소리 발생의 배경이었으므로, 판소리는 호남지역에 국한되었다.
② 호남지역의 세습 무당 집안에서는 일반적으로 여자 무당의 소득이 남자 무당보다 높았다.
③ 마을굿의 형식을 표준화하는 과정에서 세습 무당 집안은 명창을 배출하였다.
④ 조선 후기 상업 발달은 여자 무당의 쇠퇴와 남자 무당의 성장을 가져왔다.
⑤ 판소리의 시작은 서사무가의 다양화와 무속의 상업화를 가져왔다.

문 24. 다음 글에서 알 수 있는 것은?

　수명연장의 꿈을 갖고 제안된 것들 중 하나로 냉동보존이 있다. 이는 낮은 온도에서는 화학적 작용이 완전히 중지된다는 점에 착안해, 지금은 치료할 수 없는 환자를 그가 사망한 직후 액화질소 안에 냉동한 후, 냉동 및 해동에 따른 손상을 회복시키고 원래의 병을 치료할 수 있을 정도로 의학기술이 발전할 때까지 보관한다는 생각이다. 그러나 인체 냉동보존술은 제도권 내에 안착하지 못했으며, 현재는 소수의 열광자들에 의해 계승되어 이와 관련된 사업을 알코어 재단이 운영 중이다.

　그런데 시신을 냉동하는 과정에서 시신의 세포 내부에 얼음이 형성되어 심각한 세포 손상이 일어난다는 것이 밝혀졌다. 이를 방지하기 위하여 지속 냉동보존술이 제시 되었는데, 이는 주로 정자나 난자, 배아, 혈액 등의 온도를 1분에 1도 정도로 천천히 낮추는 방식이었다. 이 기술에서 느린 냉각은 삼투압을 이용해 세포 바깥의 물을 얼음 상태로 만들고 세포 내부의 물은 냉동되지 않도록 하는 방식이다. 그러나 이 또한 치명적이지는 않더라도 여전히 세포들을 손상시킨다. 최근에는 액체 상태의 체액을 유리질 상태로 변화시키는 방법을 이용해 세포들을 냉각시키는 방법이 개발되었다. 유리질 상태는 고체이지만 결정 구조가 아니다. 그것의 물 분자는 무질서한 상태로 남아 있으며, 얼음 결정에서 보이는 것과 같은 규칙적인 격자 형태로 배열되어 있지 않다. 알코어 재단은 시신 조직의 미시적 구조가 손상되는 것을 줄이기 위해 최근부터 유리질화를 이용한 냉동방법을 활용하고 있다.

　하지만 뇌과학자 A는 유리질화를 이용한 냉동보존에 대해서 회의적인 입장이다. 그에 따르면 우리의 기억이나 정체성을 이루고 있는 것은 신경계의 뉴런들이 상호 연결되어 있는 연결망의 총체로서의 커넥톰이다. 냉동 보존된 인간을 다시 살려냈을 때, 그 사람이 냉동 이전의 사람과 동일한 사람이라고 할 수 있기 위해서는 뉴런들의 커넥톰이 그대로 보존되어 있어야 한다. 그러나 A는 이러한 가능성에 대해서 회의적이다. 인공호흡기로 연명하던 환자를 죽은 뒤에 부검해보면, 신체의 다른 장기들은 완전히 정상으로 보이지만 두뇌는 이미 변색이 일어나고 말랑하게 되거나 부분적으로 녹은 채로 발견되었다. 이로부터 병리학자들은 두뇌가 신체의 나머지 부분보다 훨씬 이전에 죽는다고 결론을 내렸다. 알코어 재단이 냉동보존할 시신을 수령할 무렵 시신의 두뇌는 최소한 몇 시간 동안 산소 결핍 상태에 있었으며, 살아있는 뇌세포는 하나도 남아있지 않았고 심하게 손상된 상태였다.

① 냉동보존술이 제도권 내에 안착하지 못한 원인은 높은 비용 때문이다.
② 유리질화를 이용한 냉동보존술은 뉴런들의 커넥톰 보존을 염두에 둔 기술이다.
③ 지속 냉동보존술은 정자나 난자, 배아, 혈액을 냉각시킬 때 세포를 손상시키지 않는다.
④ 뇌과학자 A에 따르면, 알코어 재단이 시신을 보존하기 시작하는 시점에 뉴런들의 커넥톰은 이미 정상 상태에 있지 않았다.
⑤ 뇌과학자 A에 따르면, 머리 이외의 신체 보존 방식은 지속 냉동보존술이나 유리질화를 이용한 냉동보존술이나 차이가 없다.

문 25. 다음 글에서 추론할 수 있는 것만을 〈보기〉에서 모두 고르면?

　예술과 도덕의 관계, 더 구체적으로는 예술작품의 미적 가치와 도덕적 가치의 관계는 동서양을 막론하고 사상사의 중요한 주제들 중 하나이다. 그 관계에 대한 입장들로는 '극단적 도덕주의', '온건한 도덕주의', '자율성주의'가 있다. 이 입장들은 예술작품이 도덕적 가치 판단의 대상이 될 수 있느냐는 물음에 각기 다른 대답을 한다.

　극단적 도덕주의 입장은 모든 예술작품을 도덕적 가치판단의 대상으로 본다. 이 입장은 도덕적 가치를 가장 우선적인 가치이자 가장 포괄적인 가치로 본다. 따라서 모든 예술 작품은 도덕적 가치에 의해서 긍정적으로 또는 부정적으로 평가된다. 또한 도덕적 가치는 미적 가치를 비롯한 다른 가치들보다 우선한다. 이러한 입장을 대표하는 사람이 바로 톨스토이다. 그는 인간의 형제애에 관한 정서를 전달함으로써 인류의 심정적 통합을 이루는 것이 예술의 핵심적 가치라고 보았다.

　온건한 도덕주의는 오직 일부 예술작품만이 도덕적 판단의 대상이 된다고 보는 입장이다. 따라서 일부의 예술작품들에 대해서만 긍정적인 또는 부정적인 도덕적 가치판단이 가능하다고 본다. 이 입장에 따르면, 도덕적 판단의 대상이 되는 예술작품의 도덕적 가치와 미적 가치는 서로 독립적으로 성립하는 것이 아니다. 그것들은 서로 내적으로 연결되어 있기 때문에 어떤 예술작품이 가지는 도덕적 장점이 그 예술작품의 미적 장점이 된다. 또한 어떤 예술작품의 도덕적 결함은 그 예술작품의 미적 결함이 된다.

　자율성주의는 어떠한 예술작품도 도덕적 가치판단의 대상이 될 수 없다고 보는 입장이다. 이 입장에 따르면, 도덕적 가치와 미적 가치는 서로 자율성을 유지한다. 즉, 도덕적 가치와 미적 가치는 각각 독립적인 영역에서 구현되고 서로 다른 기준에 의해 평가된다는 것이다. 결국 자율성주의는 예술작품에 대한 도덕적 가치 판단을 범주착오에 해당하는 것으로 본다.

―――――〈보 기〉―――――
ㄱ. 자율성주의는 극단적 도덕주의와 온건한 도덕주의가 모두 범주착오를 범하고 있다고 볼 것이다.
ㄴ. 극단적 도덕주의는 모든 도덕적 가치가 예술작품을 통해 구현된다고 보지만 자율성주의는 그렇지 않을 것이다.
ㄷ. 온건한 도덕주의에서 도덕적 판단의 대상이 되는 예술 작품들은 모두 극단적 도덕주의에서도 도덕적 판단의 대상이 될 것이다.

① ㄱ
② ㄴ
③ ㄱ, ㄷ
④ ㄴ, ㄷ
⑤ ㄱ, ㄴ, ㄷ

문 26. 다음 글에서 추론할 수 없는 것은?

쿤이 말하는 과학혁명의 과정을 명확하게 이해하기 위해 세 가지 질문을 던져보자. 첫째, 새 이론을 제일 처음 제안하고 지지하는 소수의 과학자들은 어떤 이유에서 그렇게 하는가? 기존 이론이 이상현상 때문에 위기에 봉착했다고 판단했기 때문이다. 기존 이론은 이미 상당한 문제 해결 능력을 증명한 바 있다. 다만 기존 이론이 몇 가지 이상현상을 설명할 능력이 없다고 판단한 과학자들이 나타났을 뿐이다. 이런 과학자들 중 누군가가 새 이론을 처음 제안했을 때 기존 이론을 수용하고 있는 과학자 공동체는 새 이론에 호의적이지 않을 것이다. 당장 새 이론이 기존 이론보다 더 많은 문제를 해결할 리가 없기 때문이다. 그럼에도 불구하고 기존 이론이 설명하지 못하는 이상현상을 새 이론이 설명한다는 것이 과학혁명의 출발점이다.

둘째, 다른 과학자들은 어떻게 기존 이론을 버리고 새로 제안된 이론을 선택하는가? 새 이론은 여전히 기존 이론보다 문제 해결의 성과가 부족하다. 하지만 선구적인 소수 과학자들의 연구활동과 그 성과에 자극을 받아 새 이론을 선택하는 과학자들은 그것이 앞으로 점점 더 많은 문제를 해결하리라고, 나아가 기존 이론의 문제 해결능력을 능가하리라고 기대한다. 이러한 기대는 이론의 심미적 특성 같은 것에 근거한 주관적 판단이고, 그와 같은 판단은 개별 과학자의 몫이다. 물론 이러한 기대는 좌절될 수도 있고, 그 경우 과학혁명은 좌절된다.

셋째, 과학혁명이 일어날 때 과학자 공동체가 기존 이론을 버리고 새 이론을 선택하도록 하는 결정적인 요인은 무엇인가? 이 물음에서 선택의 주체는 더 이상 개별 과학자가 아니라 과학자 공동체이다. 하지만 과학자 공동체는 결국 개별 과학자들로 이루어져 있다. 그렇다면 문제는 과학자 공동체를 구성하는 과학자들이 어떻게 이론을 선택하는가이다. 하지만 이 단계에서 모든 개별 과학자의 선택 기준은 더 이상 새 이론의 심미적 특성이나 막연한 기대가 아니다. 과학자들은 새 이론이 해결하는 문제의 수와 범위가 기존 이론의 그것보다 크다고 판단할 경우 새 이론을 선택할 것이다. 과학자 공동체의 대다수 과학자들이 이렇게 판단하게 되면 그것은 과학자 공동체가 새 이론을 선택한 것이고, 이로써 쿤이 말하는 과학혁명이 완성된다.

① 심미적 관점에서 우월한 이론일수록 해결 가능한 문제의 범위와 수에서도 우월하다.
② 과학자가 이론을 선택하는 기준은 과학혁명의 진행 단계에 따라 변하기도 한다.
③ 이론이 설명하지 못하는 이상현상이 존재한다고 해서 과학자 공동체가 그 이론을 폐기하는 것은 아니다.
④ 기존 이론의 이상현상을 설명하는 이론이 없이는 과학혁명이 시작되지 않는다.
⑤ 과학자 공동체는 해결하지 못하는 문제가 있더라도 더 많은 문제를 해결하는 이론을 선택한다.

문 27. 다음 글에서 추론할 수 없는 것은?

흑체복사(blackbody radiation)는 모든 전자기파를 반사 없이 흡수하는 성질을 갖는 이상적인 물체인 흑체에서 방출하는 전자기파 복사를 말한다. 20℃의 상온에서 흑체가 검게 보이는 이유는 가시영역을 포함한 모든 전자기파를 반사 없이 흡수하고 또한 가시영역의 전자기파를 방출하지 않기 때문이다. 하지만 흑체가 가열되면 방출하는 전자기파의 특성이 변한다. 가열된 흑체가 방출하는 다양한 파장의 전자기파에는 가시영역의 전자기파도 있기 때문에 흑체는 온도에 따라 다양한 색을 띨 수 있다.

흑체를 관찰하기 위해 물리학자들은 일정한 온도가 유지되고 완벽하게 밀봉된 공동(空洞)에 작은 구멍을 뚫어 흑체를 실현했다. 공동이 상온일 경우 공동의 내벽은 전자기파를 방출하는데, 이 전자기파는 공동의 내벽에 부딪혀 일부는 반사되고 일부는 흡수된다. 공동의 내벽에서는 이렇게 전자기파의 방출, 반사, 흡수가 끊임없이 일어나고 그 일부는 공동 구멍으로 방출되지만 가시영역의 전자기파가 없기 때문에 공동 구멍은 검게 보인다. 또 공동이 상온일 경우 이 공동 구멍으로 들어가는 전자기파는 공동 안에서 이리저리 반사되다 결국 흡수되어 다시 구멍으로 나오지 않는다. 즉 공동 구멍의 특성은 모든 전자기파를 흡수하는 흑체의 특성과 같다. 한편 공동이 충분히 가열되면 공동 구멍으로부터 가시영역의 전자기파도 방출되어 공동 구멍은 색을 띨 수 있다. 이렇게 공동 구멍에서 방출되는 전자기파의 특성은 같은 온도에서 이상적인 흑체가 방출하는 전자기파의 특성과 일치한다.

물리학자들은 어떤 주어진 온도에서 공동 구멍으로부터 방출되는 공동 복사의 전자기파 파장별 복사에너지를 정밀하게 측정하여, 전자기파의 파장이 커짐에 따라 복사에너지 방출량이 커지다가 다시 줄어드는 경향을 보인다는 것을 발견하였다.

① 흑체의 온도를 높이면 흑체가 검지 않게 보일 수도 있다.
② 공동의 온도가 올라감에 따라 복사에너지 방출량은 커지다가 줄어든다.
③ 공동을 가열하면 공동 구멍에서 다양한 파장의 전자기파가 방출된다.
④ 흑체가 전자기파를 방출할 때 파장에 따라 복사에너지 방출량이 달라진다.
⑤ 상온으로 유지되는 공동 구멍이 검게 보인다고 공동 내벽에서 방출되는 전자기파가 없는 것은 아니다.

문 28. 다음 글의 내용이 참일 때, 반드시 참인 것은?

> 만일 A 정책이 효과적이라면, 부동산 수요가 조절되거나 공급이 조절된다. 만일 부동산 가격이 적정 수준에서 조절된다면, A 정책이 효과적이라고 할 수 있다. 그리고 만일 부동산 가격이 적정 수준에서 조절된다면, 물가 상승이 없다는 전제 하에서 서민들의 삶이 개선된다. 부동산 가격은 적정 수준에서 조절된다. 그러나 물가가 상승한다면, 부동산 수요가 조절되지 않고 서민들의 삶도 개선되지 않는다. 물론 물가가 상승한다는 것은 분명하다.

① 서민들의 삶이 개선된다.
② 부동산 공급이 조절된다.
③ A 정책이 효과적이라면, 물가가 상승하지 않는다.
④ A 정책이 효과적이라면, 부동산 수요가 조절된다.
⑤ A 정책이 효과적이라도, 부동산 가격은 적정 수준에서 조절되지 않는다.

문 29. 정책 갑에 대하여 A~G는 찬성이나 반대 중 한 의견을 제시하였다. 이들의 찬반 의견이 다음과 같다고 할 때, 반대 의견을 제시한 사람의 최소 인원은?

> • A나 B가 찬성하면, C와 D도 찬성한다.
> • B나 C가 찬성하면, E도 찬성한다.
> • D는 반대한다.
> • E와 F가 찬성하면, B나 D 중 적어도 하나는 찬성한다.
> • G가 반대하면, F는 찬성한다.

① 2명
② 3명
③ 4명
④ 5명
⑤ 6명

문 30. 다음 글의 대화 내용이 참일 때, 갑수보다 반드시 나이가 적은 사람만을 모두 고르면?

> 갑수, 을수, 병수, 철희, 정희 다섯 사람은 어느 외국어 학습 모임에서 서로 처음 만났다. 이후 모임을 여러 차례 갖게 되었지만 그들의 관계는 형식적인 관계 이상으로는 발전하지 않았다. 이 모임에서 주도적인 역할을 하고 있는 갑수는 서로 더 친하게 지냈으면 좋겠다는 생각에 뒤풀이를 갖자고 제안했다. 갑수의 제안에 모두 동의했다. 그들은 인근 맥줏집을 찾아갔다. 그 자리에서 그들이 제일 먼저 한 일은 서로의 나이를 묻는 것이었다.
>
> 먼저 갑수가 정희에게 말했다. "정희 씨, 나이가 몇 살이에요?" 정희는 잠시 머뭇거리더니 다음과 같이 말했다. "나이 묻는 것은 실례인거 아시죠? 저는요, 갑수 씨 나이는 알고 있거든요. 어쨌든 갑수 씨보다는 나이가 적어요." 그리고는 "그럼 을수 씨 나이는 어떻게 되세요?"라고 을수에게 물었다. 을수는 "정희 씨, 저는 정희 씨와 철희 씨보다는 나이가 많지 않아요."라고 했다.
>
> 그때 병수가 대뜸 갑수에게 말했다. "그런데 저는 정작 갑수 씨 나이가 궁금해요. 우리들 중에서 리더 역할을 하고 있잖아요. 진짜 나이가 어떻게 되세요?" 갑수가 "저요? 음, 많아야 병수 씨 나이죠."라고 하자, "아, 그렇군요. 그럼 제가 대장해도 될까요? 하하 ⋯⋯."라고 병수가 너털웃음을 웃으며 대꾸했다.
>
> 이때, "그럼 그렇게 하세요. 오늘 술값은 리더가 내시는 거 아시죠?"라고 정희가 끼어들었다. 그리고 "그런데 철희 씨는 좀 어려 보이는데, 몇 살이에요?"라고 물었다. 철희는 다소 수줍은 듯이 고개를 숙였다. 그리고는 "저는 병수 씨와 한 살 차이밖에 나지 않아요. 보기보다 나이가 많죠?"라고 대답했다.

① 정희
② 철희, 을수
③ 정희, 을수
④ 철희, 정희
⑤ 철희, 정희, 을수

문 31. 다음 글의 내용과 상충하는 것은?

'원시인'이라는 말은 아프리카·남태평양·아메리카 및 아시아 등지의 지역에 사는 원주민을 일컫는 일반적인 명칭이다. 원주민들이 유럽인들에 의해 발견된 것은 주로 15세기에서 19세기 사이였으며, 어떤 경우에는 20세기까지 포함되기도 한다. 현대에 발견되는 원시인은 대부분 선사 시대인이나 현대 유럽인과 신체적으로 다르지만, 그들을 원시인이라고 판단하는 기준은 그들의 신체적 특징이 아닌 문화적 발달단계에 의한 것이다. 원시인의 문화적 발달 단계는 혹자가 '야만적'이라고 표현하는 단계부터 비교적 고도로 발달된 단계까지 다양하다. 그래서 원시인이라는 단어는 그 자체의 의미상 규정이 명확하지 않다.

'문명인'과 구분하여 '원시인'에 대해 적당한 정의를 내리는 일은 불가능하지 않지만 어려운 일이다. 우리들 자신의 문명을 표준으로 삼는 일조차 그 문명의 어떤 측면이나 특징을 결정적인 것으로 생각하는가 하는 문제가 발생한다. 보통 규범 체계, 과학 지식, 기술적 성과와 같은 요소를 생각할 수 있다. 이러한 측면에서 원시문화를 살펴보면, 현대의 문화와 동일한 종류는 아니지만, 같은 기준선상에서의 평가가 가능하다. 대부분의 원시부족은 고도로 발달된 규범 체계를 갖고 있었다. 헌법으로 규정된 국가조직과 관습으로 규정된 부족조직 사이에는 본질적인 차이가 없으며, 원시인들 또한 국가를 형성하기도 했다. 또한 원시인들의 법은 단순한 체계를 가지고 있었지만 정교한 현대의 법체계와 마찬가지로 효과적인 강제력을 지니고 있었다. 과학이나 기술 수준 역시 마찬가지다. 폴리네시아의 선원들은 천문학 지식이 매우 풍부하였는데 그것은 상당한 정도의 과학적 관찰을 필요로 하는 일이었다. 에스키모인은 황폐한 국토에 내장되어 있는 빈곤한 자원을 최대한 활용할 수 있는 기술을 발전시켰다. 현대의 유럽인이 같은 조건 하에서 생활한다면, 북극지방의 생활에 적응하기 위하여 그들보다 더 좋은 도구를 만들어 내지 못할 것이며, 에스키모인의 생활양식을 응용해야 한다.

원시인을 말 그대로 원시인이라고 느낄 수 있는 부분은 그나마 종교적인 면에서일 뿐이다. 우리의 관점에서 보면 다양한 형태의 원시종교는 비논리적이지는 않더라도 매우 불합리하다. 원시종교에서는 주술이 중요한 역할을 담당하지만, 문명사회에서는 주술이나 주술사의 힘을 믿는 경우는 거의 찾아볼 수 없다.

① 원시사회의 법보다 현대 유럽사회의 법이 더 효과적이지는 않다.

② 현대 유럽사회의 종교와 달리 원시사회의 종교는 비논리적이었다.

③ 원시문화가 인간 문화의 가장 초보적 단계를 의미하는 것은 아니다.

④ 자연환경에 최적화된 원시사회의 기술이 현대 유럽사회의 기술보다 저급하지는 않다.

⑤ 유럽인들이 15세기에 발견한 원시인들은 19세기에 발견한 원시인들보다 문화적 발달단계가 더 낮은 것은 아니다.

문 32. 다음 글의 갑~병의 견해에 대한 분석으로 가장 적절한 것은?

갑 : 현대 사회에 접어들어 구성원들의 이해관계는 더욱 복잡해졌으며, 그 이해관계 사이의 충돌은 심각해졌다. 그리고 현대 사회에서 발생하는 다양한 범죄는 바로 이런 문제에서 비롯되었다고 말할 수 있다. 이에 범죄자에 대한 처벌 여부와 처벌 방식의 정당성은 그의 범죄 행위뿐만 아니라 현대 사회의 문제점도 함께 고려하여 확립되어야 한다. 처벌은 사회 전체의 이득을 생각해서, 다른 사회 구성원들을 교육하고 범죄자를 교화하는 기능을 수행해야 한다.

을 : 처벌 제도는 종종 다른 사람들의 공리를 위해 범죄자들을 이용하곤 한다. 이는 범죄자를 다른 사람들의 이익을 위한 수단으로 대우하는 것이다. 하지만 사람의 타고난 존엄성은 그런 대우에 맞서 스스로를 보호할 권리를 부여한다. 따라서 처벌 여부와 처벌 방식을 결정하는 데 있어 처벌을 통해 얻을 수 있는 사회의 이익을 고려해서는 안 된다. 악행을 한 사람에 대한 처벌 여부와 그 방식은 그 악행으로도 충분히, 그리고 그 악행에 의해서만 정당화되어야 한다.

병 : 범죄자에 대한 처벌의 교화 효과에 대해서는 의문의 여지가 있다. 처벌의 종류에 따라 교화 효과는 다른 양상을 보인다. 가령 벌금형이나 단기 징역형의 경우 충분한 교화 효과가 있는 것처럼 보이기도 하지만, 장기 징역형의 경우 그 효과는 불분명하고 복잡하다. 특히, 범죄사회학의 연구 결과는 장기 징역형을 받은 죄수들은 처벌을 받은 이후에 보다 더 고도화된 범죄를 저지르며 사회에 대한 강한 적개심을 가지게 되는 경향이 있다는 것을 보여준다.

① 처벌의 정당성을 확립하기 위한 고려사항에 대해 갑과 을의 의견은 양립 가능하다.

② 갑과 달리 을은 현대 사회에 접어들어 구성원들 간 이해 관계의 충돌이 더욱 심해졌다는 것을 부정한다.

③ 을과 달리 갑은 사람에게는 타고난 존엄성이 있다는 것을 부정한다.

④ 병은 처벌이 갑이 말하는 기능을 수행하지 못할 수도 있다는 것을 보여준다.

⑤ 병은 처벌이 을이 말하는 방식으로 정당화될 수 없다는 것을 보여준다.

문 33. 다음 글의 논지를 강화하는 것만을 〈보기〉에서 모두 고르면?

인간의 복잡하고 정교한 면역계는 세균이나 바이러스 같은 병원체의 침입에 맞서서 우리를 지켜 주지만, 병원체가 몸 안으로 들어오고 난 다음에야 비로소 침입한 병원체를 제거하는 과정을 시작한다. 이 과정은 염증이나 발열 같은 적잖은 생물학적 비용과 위험을 동반한다. 인류의 진화 과정은 개체군의 번영을 훼방하는 이런 비용을 치러야 할 상황을 미리 제거하거나 줄이는 방향으로 진행되었다. 이 과정은 인류에게 병원체를 옮길 만한 사람과 어울리지 않고 거리를 두려는 자연적인 성향을 만들어냈다. 그 결과 누런 콧물이나 변색된 피부처럼 병원체에 감염되었음을 암시하는 단서를 보이는 대상에 대해 혐오나 기피의 정서가 작동하여 감염 위험이 줄어들게 된다.

그러나 이와 비슷한 위험은 병에 걸린 것으로 보이지 않는 대상에도 있다. 기생체와 숙주 사이에 진행된 공진화의 과정은 지역에 따라 상이한 병원체들과 그것들에 대한 면역력을 지닌 거주민들을 만들어냈다. 처음에는 광범위한 지역에 동일한 기생체와 숙주들이 분포했더라도 지역에 따라 상이한 기생체가 숙주의 방어를 깨고 침입하는 데 성공하고 숙주는 해당 기생체에 대한 면역을 갖게 되면서 지역에 따라 기생체의 성쇠와 분포가 달라지고 숙주의 면역계도 다르게 진화한다. 결과적으로 그 지역의 토착 병원균들을 다스리는 면역 능력을 비슷하게 가진 사람들이 한 곳에 모여 살게 되었다. 그러므로 다른 지역의 토착 병원균에 적응하여 살아온 외지인과 접촉했다가는 자신의 면역계로 감당할 수 없는 낯선 병원균에 무방비로 노출될 수 있고, 이런 위험은 피하는 것이 상책이다. 그래서 앞서 언급한 질병의 외형적 단서들에 대해서 뿐만 아니라 단지 어떤 사람이 우리 집단에 속하지 않는 외지인임을 알려주는 단서, 예컨대 이곳 사람들과 다른 문화나 가치관을 가졌다고 보이는 경우 그런 사람을 배척하거나 꺼리는 기제가 작동한다. 외지인을 배척하고 같은 지역 사람들끼리 결속하는 성향은 전염성 질병으로부터 스스로를 보호하는 효율적인 장치였다.

──── 〈보 기〉 ────

ㄱ. 문화와 가치체계의 동질성을 기준으로 한 지역 간 경계가 토착성 전염성 병원균의 지리적 분포의 경계와 일치하였다.

ㄴ. 병원체의 분포 밀도가 낮아 생태적으로 질병의 감염 위험이 미미한 지역일수록 배타적인 집단주의 성향이 더 강하게 나타났다.

ㄷ. 특정 지역의 거주민들을 대상으로 한 심리 실험에서 사람들은 원전사고나 기상이변으로 인한 위험에 보편적으로 민감하게 반응한 반면, 전염병의 감염으로 인한 위험을 평가할 때는 뚜렷한 개인차를 보였다.

① ㄱ
② ㄴ
③ ㄱ, ㄷ
④ ㄴ, ㄷ
⑤ ㄱ, ㄴ, ㄷ

문 34. 다음 글의 ㉠을 지지하는 것으로 적절한 것은?

공상과학 소설가였던 허버드는 1950년에 펴낸 그의 책 『다이어네틱스 현대 정신 치료학』에서 하나의 정신 이론이자 정신 질환을 치료하는 방법으로서 다이어네틱스를 제안했다. 이것은 사이언톨로지의 교의가 됐다. 그런데 ㉠ 다이어네틱스는 신뢰할 만하지 않다는 평가를 받았다. 다음은 다이어네틱스의 주요 내용이다.

정신은 '분석정신'과 '반응정신' 두 부분을 가지고 있다. 반응정신은 생각하는 기능을 수행할 수 없다. 반응정신이 할 수 있는 것은, 수면상태에서처럼 분석정신이 작동하지 않을 때 감각에 입력된 내용을 뇌의 특정 부위에 기록하는 것뿐이다. 그럼에도 불구하고 그것은 청각, 후각 등 오감을 통해 입력된 모든 것을 기록하는 아주 성능 좋은 기록기이다. 이렇게 기록된 것을 엔그램이라고 한다.

예를 들어 어떤 사람이 머리를 부딪쳐서 정신을 잃었다고 해보자. 그때 근처에 있던 모터가 시끄럽게 돌아가고 있었다. 자신도 모르게 반응정신이 작동하여 이 소음이 기록된 하나의 엔그램이 탄생하게 된다. 그런데 나중에 비슷한 환경에서 정신을 잃을 정도는 아니지만 머리를 세게 부딪쳤을 때 예전에 기록된 엔그램으로 인해 주위에 모터가 없는데도 시끄러운 모터 소리 비슷한 소음을 듣는 경험을 하게 된다. 이처럼 어떤 사람이 엔그램이 기록될 때와 비슷한 경험을 하게 되면 그 사람은 그때와 비슷한 일을 겪는 느낌을 받는다. 바로 이러한 엔그램의 작용이 정신 질환의 원인이 된다. 한편 반응정신은 출생 전 태아 상태에서부터 작동하며, 따라서 인간은 이미 상당히 축적된 엔그램을 지니고 태어난다.

이러한 이론에 입각해 다이어네틱스 치료법은 다음과 같이 진행된다. 조용한 공간에서 청취자 역할을 하는 치료사가 질의 응답 과정을 통해 치료를 받는 사람의 엔그램에 접근한다. 이 중 문제가 있는 엔그램을 치료 받는 사람의 분석정신 앞으로 끌어내면 그 엔그램은 완전히 삭제되어 더 이상 문제를 일으키지 않게 된다. 정신을 망가뜨리는 엔그램들이 모두 제거된 사람은 정신적으로 깨끗한 상태가 된다.

허버드의 책이 출판된 후 약 6년 동안 수백 명이나 되는 사람들이 치료사가 되는 훈련을 받았으며, 미국 전역의 수십 곳에 다이어네틱스 치료 센터가 세워졌다. 그리고 대부분의 센터가 이 치료방법을 통해 다양한 유형의 정신 질환을 치료했다고 주장했다.

① 엔그램은 영구적인 것이 아니며 삭제되기도 한다는 것이 밝혀졌다.

② 상당수의 정신 질환이 태아 시절의 경험에서 비롯되었다는 것이 밝혀졌다.

③ 엔그램의 기억에는 의식하지 못한 상태에서 기록된 것이 많이 있다는 것이 밝혀졌다.

④ 다이어네틱스 치료 센터는 프라이버시 보호 규정에 따라 환자의 신상 정보를 공개하지 않았다.

⑤ 뇌기능 검사를 통해 반응정신의 작동 결과를 기록하는 뇌 부위가 없다는 결과를 얻었다.

지구 곳곳에서 심각한 기후 변화가 나타나고 있고 그 원인이 인간의 활동에 있다는 주장은 일견 과학적인 것처럼 들리지만 따지고 보면 진실과는 거리가 먼, 다분히 정치적인 프로파간다에 불과하다. "자동차는 세워 두고, 지하철과 천연가스 버스 같은 대중교통을 이용합시다."와 같은, 기후 변화와 사실상 무관한 슬로건에 상당수의 시민이 귀를 기울이도록 만든 것은 환경주의자들의 성과였지만, 그 성과는 사회 전체의 차원에서 볼 때 가슴 아파해야 할 낭비의 이면에 불과하다.

희망컨대 이제는 진실을 직시하고, 현명해져야 한다. 기후 변화가 일어나는 이유는 인간이 발생시키는 온실 가스 때문이 아니라 태양의 활동 때문이라고 보는 것이 합리적이다. 태양 표면의 폭발이나 흑점의 변화는 지구의 기후 변화에 막대한 영향을 미친다. 결과적으로 태양의 활동이 활발해지면 지구의 기온이 올라가고, 태양의 활동이 상대적으로 약해지면 기온이 내려간다. 환경주의자들이 말하는 온난화의 주범은 사실 자동차가 배출하는 가스를 비롯한 온실가스가 아니라 태양이다. 태양 활동의 거시적 주기에 따라 지구 대기의 온도는 올라가다가 다시 낮아지게 될 것이다.

대기화학자 브림블컴은 런던의 대기오염 상황을 16세기 말까지 추적해 올라가서 20세기까지 그 거시적 변화의 추이를 연구했는데, 그 결과 매연의 양과 아황산가스 농도가 모두 19세기 말까지 빠르게 증가했다가 그 이후 아주 빠르게 감소하여 1990년대에는 16세기 말보다도 낮은 수준에 도달했음이 밝혀졌다. 반면에 브림블컴이 연구 대상으로 삼은 수백 년의 기간 동안 지구의 평균 기온은 지속적으로 상승해 왔다. 두 변수의 이런 독립적인 행태는 인간이 기후에 미치는 영향이 거의 없다는 것을 보여준다.

① 인간이 출현하기 이전인 고생대 석탄기에 북유럽의 빙하지대에 고사리와 같은 난대성 식물이 폭넓게 서식하였다.
② 태양 활동의 변화와 기후 변화의 양상 간의 상관관계를 조사해 보니 양자의 주기가 일치하지 않았다.
③ 태양 표면의 폭발이 많아지는 시기에 지구의 평균 기온은 오히려 내려간 사례가 많았다.
④ 최근 20년간 세계 여러 나라가 연대하여 대기오염을 줄이는 적극적인 노력을 기울인 결과 지구의 평균 기온 상승률이 완화되었다.
⑤ 최근 300년간 태양의 활동에 따른 기후 변화의 몫보다는 인간의 활동에 의해 좌우되는 기후 변화의 몫이 더 크다는 증거가 있다.

위험은 우리의 안전을 위태롭게 하는 실제 사건의 발생과 진행의 총체라고 할 수 있다. 위험에 대해 사람들이 취하는 태도에 대해서는 여러 관점이 존재한다.

관점 A에 따르면, 위험 요소들은 보편타당한 기준에 따라 계산 가능하고 예측 가능하기 때문에 객관적이고 중립적인 것으로 인식될 수 있다. 그 결과, 각각의 위험에 대해 개인이나 집단이 취하게 될 태도 역시 사고의 확률에 대한 객관적인 정보에 의해서만 결정된다. 하지만 이 관점은 객관적인 발생가능성이 높지 않은 위험을 민감하게 받아들이는 개인이나 사회가 있다는 것을 설명하지 못한다.

한편 관점 B는 위험에 대한 태도가 객관적인 요소뿐만 아니라 위험에 대한 주관적 인지와 평가에 의해 좌우된다고 본다. 예를 들어 위험이 발생할 객관적인 가능성이 크지 않더라도, 그 위험의 발생을 스스로 통제할 수 없는 경우에 사람들은 더욱 민감하게 반응한다. 그뿐만 아니라 위험을 야기하는 사건이 자신에게 생소한 것이어서 그에 대한 지식이 부족할수록 사람들은 그 사건을 더 위험한 것으로 인식하는 경향이 있다. 하지만 이것은 동일한 위험에 대해 서로 다른 문화와 가치관을 가지고 있는 사회 또는 집단들이 다른 태도를 보이는 이유를 설명하지 못한다.

이와 관련해 관점 C는 위험에 대한 태도가 개인의 심리적인 과정에 의해서만 결정되는 것이 아니라, 개인이 속한 집단의 문화적 배경에도 의존한다고 주장한다. 예를 들어 숙명론이 만연한 집단은 위험을 통제 밖의 일로 여겨 위험에 대해서 둔감한 태도를 보이게 되며, 구성원의 안전 문제를 다른 무엇보다도 우선시하는 집단은 그렇지 않은 집단보다 위험에 더 민감한 태도를 보이게 될 것이다.

───── 〈보 기〉 ─────

ㄱ. 관점 A와 달리 관점 B는 위험에 대한 사람들의 태도가 객관적인 요소에 영향을 받지 않는다고 주장한다.
ㄴ. 관점 B와 관점 C는 사람들이 동일한 위험에 대해서 다른 태도를 보이는 사례를 설명할 수 있다.
ㄷ. 관점 A는 민주화 수준이 높은 사회일수록 사회 구성원들이 기후변화의 위험에 더 민감한 태도를 보인다는 것을 설명할 수 있지만, 관점 C는 그렇지 않다.

① ㄱ
② ㄴ
③ ㄱ, ㄷ
④ ㄴ, ㄷ
⑤ ㄱ, ㄴ, ㄷ

A : 요즘 자연과학이 발전함에 따라 뇌과학을 통해 .인간에 대해 탐구하려는 시도가 유행하고 있지만, 나는 인간의 본질은 뇌세포와 같은 물질이 아니라 영혼이라고 생각해. 어떤 물질도 존재하지 않지만 나 자신은 영혼 상태로 존재하는 세계를, 나는 상상할 수 있어. 따라서 나는 존재하지만 어떤 물질도 존재하지 않는 세계는 가능해. 나는 존재하지만 어떤 물질도 존재하지 않는 세계가 가능하다면, 나의 본질은 물질이 아니야. 따라서 나는 본질적으로 물질이 아니라고 할 수 있어. 나의 본질이 물질이 아니라면 무엇일까? 그것은 바로 영혼이지. 결국 물질적인 뇌세포를 탐구하는 뇌과학은 인간의 본질에 대해 알려줄 수 없어.

B : 너는 ㉠ 잘못된 생각을 암묵적으로 전제하고 있어. 수학 명제를 한번 생각해 봐. 어떤 수학 명제가 참이라면 그 명제가 거짓이라는 것은 불가능해. 마찬가지로 어떤 수학 명제가 거짓이라면 그 명제가 참이라는 것도 불가능하지. 그럼 아직까지 증명되지 않아서 참인지 거짓인지 모르는 골드바흐의 명제를 생각해 봐. 그 명제는 '2보다 큰 모든 짝수는 두 소수의 합이다.'라는 거야. 분명히 이 명제가 참인 세계를 상상할 수 있어. 물론 거짓인 세계도 상상할 수 있지. 그렇지만 이 수학 명제가 참인 세계와 거짓인 세계 중 하나는 분명히 가능하지 않아. 앞에서 말했듯이, 그 수학 명제가 참이라면 그것이 거짓이라는 것은 불가능하고, 그 수학 명제가 거짓이라면 그것이 참이라는 것은 불가능하기 때문이야.

① 인간의 본질은 영혼이거나 물질이다.
② 우리가 상상할 수 있는 모든 세계는 가능하다.
③ 우리가 상상할 수 없는 어떤 것도 참일 수 없다.
④ 물질이 인간의 본질이 아니라는 것은 상상할 수 없다.
⑤ 뇌과학이 다루는 문제와 수학이 다루는 문제는 동일하다.

쥐는 암수에 따라 행동양상을 다르게 나타낸다. 쥐가 태어날 때 쥐의 뇌는 무성화되어 있다. 그런데 출생 후 성체가 되기 전에 쥐의 뇌가 에스트로겐에 노출되면 뇌가 여성화되고 테스토스테론에 노출되면 뇌가 남성화된다. 만약 출생 후 성체가 될 때까지 쥐의 뇌가 에스트로겐이나 테스토스테론에 노출되지 않으면, 외부 생식기의 성 정체성과는 다르게 뇌는 무성화된 상태로 남아있다.

행동 A와 행동 B는 뇌의 성 정체성에 의해 나타나며, 행동 A는 암컷 성체에서 에스트로겐에 의해 유발되는 행동이고, 행동 B는 수컷 성체에서 테스토스테론에 의해 유발되는 행동으로 알려져 있다. 생체 내에서 에스트로겐은 암컷 쥐의 난소에서만 만들어지고, 테스토스테론은 수컷 쥐의 정소에서만 만들어진다.

생리학자는 행동 A와 행동 B가 나타나는 조건을 알아보고자 실험을 하여 다음과 같은 실험 결과를 얻었다.

〈실험 결과〉

• 성체 암컷 쥐는 난소를 제거하더라도 에스트로겐을 투여하면 행동 A가 나타났지만, 테스토스테론을 투여하면 행동 B가 나타나지 않았다.
• 출생 직후 정소나 난소가 제거된 후 성체로 자란 쥐에게 에스트로겐을 투여하면 행동 A가 나타났지만, 테스토스테론을 투여하면 행동 B가 나타나지 않았다.
• 출생 직후 쥐의 정소를 제거한 후 테스토스테론을 투여하였다. 이 쥐가 성체로 자란 후, 에스트로겐을 투여하면 행동 A가 나타나지 않았지만 테스토스테론을 투여하면 행동 B가 나타났다.

〈보 기〉

ㄱ. 무성화된 뇌를 가진 성체 쥐에서 행동 A는 유발할 수 있지만 행동 B는 유발할 수 없다.
ㄴ. 뇌가 남성화된 경우 테스토스테론을 투여하면 행동 B가 나타난다.
ㄷ. 뇌가 여성화된 경우라도 난소를 제거하면 행동 A를 유발할 수 없다.

① ㄱ
② ㄷ
③ ㄱ, ㄴ
④ ㄴ, ㄷ
⑤ ㄱ, ㄴ, ㄷ

※ 다음 글을 읽고 물음에 답하시오. [문 39~문 40]

지금까지 관찰된 모든 에메랄드가 초록이었다면, 우리는 귀납 추론을 통해, 다음에 관찰될 에메랄드도 초록이라고 예측할 것이다. 이러한 추론 및 예측 행위를 두고 "과거 사례들에 부여한 규칙성을 미래에 투사한다."라고 표현한다. 다시 말해 우리는 과거 사례들에 부여한 '에메랄드는 초록임'이라는 규칙성을 미래에 투사하여, 미래 사례들에도 '에메랄드는 초록임'을 부여하게 된다. 만일 우리의 예측이 잘 들어맞을 경우, 우리가 부여한 규칙성은 미래에 투사할 수 있는 규칙성이 된다. 하지만 과거 관찰 사례들에 부여한 규칙성들이 모두 미래에 투사할 수 있는 규칙성인 것은 아니다. 우연의 일치 때문에 일어난 규칙성은 미래에 투사할 수 없는 규칙성이다. '에메랄드는 초록임'은 투사할 수 있는 규칙성일까?

귀납 추론 과정에서 도입하는 투사 행위에는 수수께끼가 있다. 예컨대 일상생활에서는 사용하지 않지만, 어떤 학자가 '초랑'이라는 낱말을 고안했다고 생각해 보자. 색깔을 나타내는 낱말 '초랑'은 우리가 잘 알고 있는 낱말 '초록'과 '파랑'을 통해 다음과 같이 정의된다.

만일 한 사물의 색깔이 이미 관찰되었고 초록이거나, 아직 관찰되지 않았고 파랑일 경우, 그 사물의 색깔은 초랑이다. 그 역도 성립한다.

이 정의에 따르면, 지금까지 관찰된 모든 에메랄드는 초랑이다. 왜냐하면 이미 관찰된 에메랄드의 색깔은 초록이었기 때문이다. 그런데 우리는 '에메랄드는 초랑임'을 미래에 투사할 수 있을까? 달리 말해 '에메랄드는 초랑임'은 미래에 투사할 수 있는 규칙성일까? 그래서 "모든 에메랄드는 초랑이다."라고 결론 내릴 수 있을까?

한 보석 전문가가 아직 관찰되지 않은 에메랄드의 색깔을 예측하고자 한다. 그가 '에메랄드는 초랑임'을 미래에 투사한다고 해보자. 그가 '에메랄드는 초랑임'을 미래에 투사하면, 그는 아직 관찰되지 않은 그 에메랄드가 초랑이라고 예측한다. 마찬가지로 그가 '에메랄드는 초록임'을 미래에 투사하면, 그는 그 에메랄드가 초록이라고 예측한다. 이 두 가지 투사는 동일한 관찰 사례와 동일한 귀납 추론을 사용하였다. 그렇다면 그 결과는 같은가? '에메랄드는 초록임'을 투사한 예측은 그 에메랄드가 초록이라는 것을 말한다. 한편, 정의에 의해서 '에메랄드가 초랑임'을 투사한 예측은 그 에메랄드가 파랑이라는 것을 말한다. 그럼 어떤 예측이 올바른가?

두 가지 예측 과정은 사용한 관찰 사례들과 추론 방식에서는 아무런 차이가 없다. 두 과정의 유일한 차이는 하나는 '초록'이라는 용어를 사용하는 것이고 다른 하나는 '초랑'이라는 용어를 사용하는 것이다. 아직 관찰되지 않은 에메랄드가 두 가지 색깔을 갖는 것은 불가능하다. 만일 두 예측 가운데 하나만 참이라면, '에메랄드가 초록임'과 '에메랄드가 초랑임' 중 하나는 미래에 투사할 수 있는 규칙성이고 다른 하나는 미래에 투사할 수 없는 규칙성이다.

문 39. 윗글에서 추론할 수 있는 것은?

① 고안된 낱말이 포함된 규칙성은 미래에 투사할 수 없는 규칙성이다.

② 과거 사례들에 부여한 규칙성을 미래 사례들에 투사하는 것은 오류이다.

③ 규칙성을 미래에 투사할 수 있는지 여부는 우리가 어떤 용어를 사용하는지와 무관하다.

④ 미래에 투사할 수 있는 규칙성과 미래에 투사할 수 없는 규칙성은 귀납 추론을 통해 식별된다.

⑤ 똑같은 관찰 사례와 똑같은 추론 방식을 쓴다 하더라도 한 사물의 색깔에 대해 다르게 예측할 수 있다.

문 40. 다음 글의 물음에 대한 답으로 가장 적절한 것은?

이상한 나라의 앨리스는 사물의 색깔을 표현하기 위해 '초록'이나 '파랑'을 쓰지 않는다. 그는 앞에서 정의한 '초랑'을 쓰거나 다음과 같은 '파록'을 쓴다.

만일 한 사물의 색깔이 이미 관찰되었고 파랑이거나, 아직 관찰되지 않았고 초록일 경우, 그 사물의 색깔은 파록이다. 그 역도 성립한다.

우리는 이미 관찰된 에메랄드의 색깔로부터 아직 관찰되지 않은 에메랄드까지 모두 초록일 것이라고 예측한다. "이미 관찰되었든 아직 관찰되지 않았든 모든 에메랄드는 초록이다."라는 주장을 우리는 그냥 "모든 에메랄드는 초록이다."라고 표현한다. 앨리스가 '초랑'이나 '파록'을 써서 이를 표현해야 한다면 그는 어떻게 해야 할까?

① 모든 에메랄드는 초랑이다.

② 모든 에메랄드는 파록이다.

③ 관찰된 모든 에메랄드는 초랑이고, 아직 관찰되지 않은 모든 에메랄드는 파록이다.

④ 관찰된 모든 에메랄드는 파록이고, 아직 관찰되지 않은 모든 에메랄드는 초랑이다.

⑤ 관찰된 모든 에메랄드는 초랑이거나 파록이지만, 아직 관찰되지 않은 모든 에메랄드는 초랑도 아니고 파록도 아니다.

문 1. 다음 〈표〉는 2007~2013년 동안 '갑' 국의 흡연율 및 금연계획률에 관한 자료이다. 이에 대한 설명으로 옳은 것은?

〈표 1〉 성별 흡연율

(단위 : %)

연도 성별	2007	2008	2009	2010	2011	2012	2013
남 성	45.0	47.7	46.9	48.3	47.3	43.7	42.1
여 성	5.3	7.4	7.1	6.3	6.8	7.9	6.1
전 체	20.6	23.5	23.7	24.6	25.2	24.9	24.1

〈표 2〉 소득수준별 남성 흡연율

(단위 : %)

연도 소득수준	2007	2008	2009	2010	2011	2012	2013
최 상	38.9	39.9	38.7	43.5	44.1	40.8	36.6
상	44.9	46.4	46.4	45.8	44.9	38.6	41.3
중	45.2	49.6	50.9	48.3	46.6	45.4	43.1
하	50.9	55.3	51.2	54.2	53.9	48.2	47.5

〈표 3〉 금연계획률

(단위 : %)

연도 구분	2007	2008	2009	2010	2011	2012	2013
금연계획률	59.8	56.9	( )	( )	56.3	55.2	56.5
단기 금연계획률	19.4	( )	18.2	20.8	20.2	19.6	19.3
장기 금연계획률	40.4	39.2	39.2	32.7	( )	35.6	37.2

※ 1) 흡연율(%)= $\dfrac{흡연자\ 수}{인구\ 수}$ ×100

2) 금연계획률(%)= $\dfrac{금연계획자\ 수}{흡연자\ 수}$ ×100=단기 금연계획률+장기 금연계획률

① 매년 남성 흡연율은 여성 흡연율의 6배 이상이다.

② 매년 소득수준이 높을수록 남성 흡연율은 낮다.

③ 2007~2010년 동안 매년 소득수준이 높을수록 여성 흡연자 수는 적다.

④ 2008~2010년 동안 매년 금연계획률은 전년대비 감소한다.

⑤ 2011년의 장기 금연계획률은 2008년의 단기 금연계획률의 두 배 이상이다.

문 2. 다음 〈그림〉은 A국의 세계시장 수출점유율 상위 10개 산업에 관한 자료이다. 이에 대한 〈보기〉의 설명 중 옳은 것만을 모두 고르면?

〈그림 1〉 A국의 세계시장 수출점유율 상위 10개 산업(2008년)

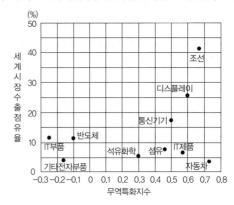

〈그림 2〉 A국의 세계시장 수출점유율 상위 10개 산업(2013년)

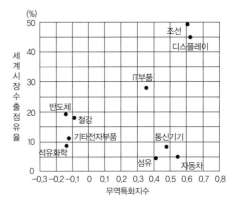

※ 1) 세계시장 수출점유율(%)= $\dfrac{A국\ 해당산업\ 수출액}{세계\ 해당산업\ 수출액}$ ×100

2) 무역특화지수= $\dfrac{A국\ 해당산업\ 수출액-A국\ 해당산업\ 수입액}{A국\ 해당산업\ 수출액+A국\ 해당산업\ 수입액}$

〈보 기〉

ㄱ. 2008년 세계시장 수출점유율 상위 10개 산업 중에서 2013년 세계시장 수출점유율이 2008년에 비해 하락한 산업은 모두 3개이다.

ㄴ. 세계시장 수출점유율 상위 10개 산업 중에서 세계시장 수출점유율이 10% 이상이면서 무역특화지수가 0.3 이하인 산업은 2008년과 2013년 각각 3개이다.

ㄷ. 세계시장 수출점유율 상위 10개 산업 중에서 A국 수출액보다 A국 수입액이 큰 산업은 2008년에 3개, 2013년에 4개이다.

ㄹ. 2008년 세계시장 수출점유율 상위 5개 산업 중에서 2013년 무역특화지수가 2008년에 비해 증가한 산업은 모두 2개이다.

① ㄱ, ㄴ　　　　　　② ㄱ, ㄷ

③ ㄴ, ㄹ　　　　　　④ ㄱ, ㄷ, ㄹ

⑤ ㄴ, ㄷ, ㄹ

─── 〈보고서〉 ───

노(老)-노(老)학대란 노인인 학대행위자가 노인을 학대하는 것을 의미한다. 노(老)-노(老)학대는 주로 고령 부부 간의 배우자 학대, 고령 자녀 및 며느리에 의한 부모 학대, 그리고 노인이 본인 스스로를 돌보지 않는 자기방임 유형의 학대로 나타난다.

신고 접수된 노(老)-노(老)학대행위 건수는 2005~2013년 동안 매년 증가하였다. 2013년에 신고 접수된 노(老)-노(老)학대행위 건수는 총 1,374건으로, 이 건수는 학대행위자 수와 동일하였다. 또한 2013년 신고 접수된 노(老)-노(老)학대 행위 건수는 2005년 신고 접수된 노(老)-노(老)학대행위 건수의 300% 이상 증가하였다.

2013년 신고 접수된 노(老)-노(老)학대행위의 가구형태별 비율을 살펴보면, '노인단독' 가구형태가 36.3%로 가장 높고, '노인부부' 가구형태가 33.0%, '자녀동거' 가구형태가 17.4%의 비율을 나타내고 있다. 노(老)-노(老)학대의 가구형태 중에는 '자녀, 손자녀 동거', '손자녀 동거'와 같이 손자녀가 포함된 가구도 있다.

2013년 노(老)-노(老)학대의 학대행위자 유형별 학대행위 건수를 살펴보면, '아들'에 의한 학대가 '딸'에 의한 학대의 3배 이상이고 '며느리'에 의한 학대가 '사위'에 의한 학대의 4배 이상이다. '손자녀'에 의한 학대는 한 건도 없다.

2013년 노(老)-노(老)학대의 학대행위자 직업 유형을 살펴보면 '무직'이 70.0% 이상으로 가장 많은 비율을 차지하고 있다. '공무원', '전문직', '사무종사자' 합은 '무직'을 제외한 직업 유형에 속한 학대행위자의 10.0% 미만이다.

2013년 노(老)-노(老)학대를 신고한 신고자 유형을 살펴보면, 비신고의무자의 신고 건수가 전체 신고 건수의 75.0% 이상이다. 비신고의무자의 세부유형을 신고 건수가 많은 것부터 순서대로 나열하면 '관련기관', '학대피해노인 본인', '친족', '친족 외 타인', '학대행위자 본인' 순이다.

① 2005~2013년 노(老)-노(老)학대행위 건수

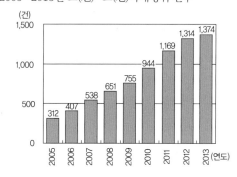

② 2013년 노(老)-노(老)학대행위의 가구형태별 비율

(단위 : %)

가구형태	노인단독	노인부부	자녀동거	자녀, 손자녀 동거	손자녀 동거	기 타	계
비 율	36.3	33.0	17.4	3.9	2.2	7.2	100.0

③ 2013년 노(老)-노(老)학대의 학대행위자 유형별 학대행위 건수

(단위 : 건)

| 학대행위자 유형 | 피해자 본인 | 친족 | | | | | | | | 친족 외 타인 | 기관 | 계 |
		배우자	아들	며느리	딸	사위	손자녀	친척	소계			
건 수	370	530	198	29	53	6	0	34	850	122	32	1,374

④ 2013년 노(老)-노(老)학대의 학대행위자 직업 유형

(단위 : 명)

직업 유형	인원수
공무원	5
전문직	30
기술공	9
사무종사자	9
판매종사자	36
농·어·축산업 종사자	99
기능종사자	11
기계조작원	2
노무종사자	79
자영업자	72
기 타	7
무 직	1,015
계	1,374

⑤ 2013년 노(老)-노(老)학대의 신고자 유형별 신고 건수

(단위 : 건)

신고자 유형	세부유형	건 수
신고 의무자	의료인	15
	노인 복지시설 종사자	70
	장애인 복지시설 종사자	0
	가정폭력관련 종사자	41
	사회복지전담 공무원	122
	사회복지관, 부랑인 및 노숙인 보호시설 관련 종사자	11
	구급대원	4
	재가 장기요양기관 종사자	13
	건강가정지원센터 종사자	0
	소 계	276
비신고 의무자	학대피해노인 본인	327
	학대행위자 본인	5
	친 족	180
	친족 외 타인	113
	관련기관	473
	소 계	1,098
합 계		1,374

문 4. 다음 〈그림〉은 2000~2014년 A국의 50~64세 장년층의 고용 실태를 조사한 자료이다. 이에 대한 〈보고서〉의 설명 중 옳은 것만을 모두 고르면?

〈그림 1〉 전체 고용률과 장년층 고용률 추이(2000~2014년)

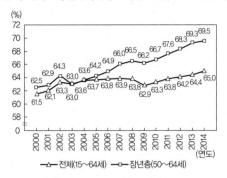

—△— 전체(15~64세) —□— 장년층(50~64세)

〈그림 2〉 장년층 재취업자 고용 형태(2013년)

(단위 : 천 명, %)

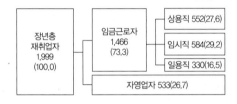

〈그림 3〉 장년층 재취업 전후 직종 구성비(2013년)

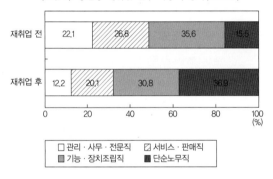

□ 관리·사무·전문직   ▨ 서비스·판매직
▨ 기능·장치조립직   ■ 단순노무직

〈그림 4〉 자영업자 중 50대의 비중 추이(2009~2014년)

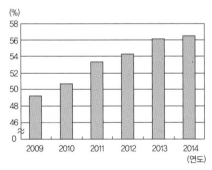

〈보고서〉

A국의 2000~2014년 장년층의 고용실태를 조사한 내용은 다음과 같다. ㉠ 장년층 고용률은 2005년 이후 매년 전체 고용률보다 높고 2009년 이후 지속적으로 상승하고 있다. ㉡ 전체 고용률과 장년층 고용률의 차이를 연도별로 비교하면 2013년 전체 고용률과 장년층 고용률의 차이가 조사 기간 중 두 번째로 크다.

장년층 고용이 양적으로는 확대되고 있는 반면, 장년층이 조기퇴직한 후 재취업 및 창업 과정을 거치며 고용의 질은 악화되고 있다. ㉢ 2013년 장년층 재취업자 중 임금근로자의 고용형태를 비중이 높은 것부터 순서대로 나열하면 임시직, 상용직, 일용직 순이다. 또한, ㉣ 2013년 장년층 재취업 전 직종 구성비에서 단순노무직이 차지하는 비중은 15.5%로 가장 낮으나, 장년층 재취업 후 직종 구성비에서 단순노무직이 차지하는 비중은 36.9%로 가장 높다.

한편, 자영업종에 대한 과다진입으로 자영업 영세화가 심화되고 베이비붐 세대의 퇴직까지 본격화되고 있다. ㉤ 2009년 이후 자영업자 중 50대의 비중이 50.0% 이상이고 이 비중은 매년 증가하고 있다.

① ㄱ, ㄴ, ㄷ
② ㄱ, ㄷ, ㄹ
③ ㄱ, ㄷ, ㅁ
④ ㄴ, ㄷ, ㄹ
⑤ ㄴ, ㄹ, ㅁ

문 5. 다음 〈그림〉은 2013년과 2014년 침해유형별 개인정보 침해경험을 설문조사한 결과이다. 이에 대한 설명으로 옳은 것은?

〈그림〉 침해유형별 개인정보 침해경험 설문조사 결과

(단위 : %)

■ 있음 ▨ 없음 □ 모름

① '있음'으로 응답한 비율이 큰 침해유형부터 순서대로 나열하면 2013년과 2014년의 순서는 동일하다.
② 2014년 '개인정보 무단수집'을 '있음'으로 응답한 비율은 '개인정보 미파기'를 '있음'으로 응답한 비율의 2배 이상이다.
③ 2014년 '있음'으로 응답한 비율의 전년대비 감소폭이 가장 큰 침해유형은 '과도한 개인정보 수집'이다.
④ 2014년 '모름'으로 응답한 비율은 모든 침해유형에서 전년대비 증가하였다.
⑤ 2014년 '있음'으로 응답한 비율의 전년대비 감소율이 가장 큰 침해유형은 '주민등록번호 도용'이다.

문 6. 다음 〈보고서〉는 국내 스마트폰 이용 행태를 조사한 자료이다. 〈보고서〉의 내용과 부합하지 않는 것은?

─〈보고서〉─

　　전체 응답자 중 스마트폰 이용자는 3,701명, 스마트폰 비이용자는 2,740명이었다. 각 응답자는 모든 문항에 응답하였다.
　　스마트폰 이용자의 연령대별 비율을 살펴본 결과, 가장 높은 비율을 차지하는 연령대의 비율과 가장 낮은 비율을 차지하는 연령대의 비율 차이는 25.5%p이다. 그리고 스마트폰 비이용자 중 40대 이상의 비율이 84.0%이다.
　　스마트폰 이용자와 비이용자의 TV 시청빈도를 살펴본 결과, 스마트폰 이용자 중 매일 TV를 시청하는 사람은 2,000명 이상이다. TV를 시청하지 않는 스마트폰 비이용자가 TV를 시청하지 않는 스마트폰 이용자보다 적다.
　　스마트폰 선택 시 고려하는 요소를 응답 비율이 높은 것부터 순서대로 나열하면 '단말기 브랜드', '이동통신사', '가격', '디자인', '운영체제' 순이다. '단말기 브랜드'와 '이동 통신사'를 모두 고려한다는 응답 비율은 전체 응답의 55.9%이다.
　　스마트폰 이용자의 콘텐츠별 이용 상황 비율을 살펴본 결과, 'TV 프로그램', '라디오 프로그램', '영화', '기타' 각각에서 '이동 중' 이용의 비율이 가장 높다. 그리고 '영화' 콘텐츠를 '이동 중'에만 이용하는 사람의 비율은 최소 20.8%, 최대 51.5%이다.
　　한편, 스마트폰 비이용자의 스마트폰 비이용 이유를 살펴본 결과, '불필요해서'를 선택한 사람과 '이용요금이 비싸서'를 선택한 사람의 합은 1,800명 이상이다. 또한 '관심이 없어서'라고 응답한 사람의 비율은 15.7%이다.

① 연령대별 스마트폰 이용자와 비이용자

(단위 : %)

연령대	비 율	스마트폰 이용자	스마트폰 비이용자
10대 이하	11.6	15.3	6.5
20대	15.3	24.9	2.3
30대	18.9	27.6	7.2
40대	19.8	21.4	17.8
50대	15.9	8.7	25.7
60대 이상	18.5	2.1	40.5
계	100.0	100.0	100.0

② 스마트폰 이용자와 비이용자의 TV 시청 빈도별 비율

(단위 : %)

구분 \ TV시청 빈도	매 일	1주일에 5~6일	1주일에 3~4일	1주일에 1~2일	시청 안 함	합
스마트폰 이용자	61.1	14.3	9.4	8.7	6.5	100.0
스마트폰 비이용자	82.0	7.4	3.9	3.4	3.3	100.0

③ 스마트폰 선택 시 고려 요소

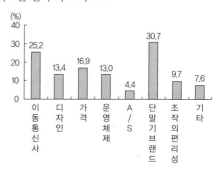

※ 복수응답 가능

④ 스마트폰 이용자의 콘텐츠별 이용 상황

(단위 : %)

이용 상황 \ 콘텐츠	이동 중	약속 대기 중	집에서	회사 및 학교에서	기 타
TV 프로그램	50.3	32.2	26.4	16.8	2.8
라디오 프로그램	57.9	32.7	22.6	15.9	3.4
영 화	51.5	34.3	30.0	11.1	3.8
기 타	42.3	32.0	37.3	20.4	5.2

※ 복수응답 가능

⑤ 스마트폰 비이용자의 스마트폰 비이용 이유

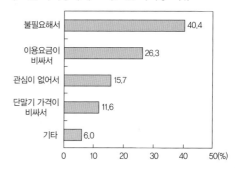

※ 복수응답 없음

문 7. 다음 〈표〉는 일본에서 조사한 1897~1910년 대한제국의 무역에 관한 자료이다. 이에 대한 〈보기〉의 설명 중 옳은 것만을 모두 고르면?

〈표 1〉 1897~1910년 무역상대국별 수출액

(단위 : 천 엔)

국가 / 연도	일본	청	러시아	기타	전체
1897	8,090	736	148	0	8,974
1898	4,523	1,130	57	0	5,710
1899	4,205	685	107	0	4,997
1900	7,232	1,969	239	0	9,440
1901	7,443	821	261	17	8,542
1902	6,660	1,555	232	21	8,468
1903	7,666	1,630	310	63	9,669
1904	5,800	1,672	3	56	7,531
1905	5,546	2,279	20	72	7,917
1906	7,191	1,001	651	60	8,903
1907	12,919	3,220	787	58	16,984
1908	10,916	2,247	773	177	14,113
1909	12,053	3,203	785	208	16,249
1910	15,360	3,026	1,155	373	19,914

〈표 2〉 1897~1910년 무역상대국별 수입액

(단위 : 천 엔)

국가 / 연도	일본	청	러시아	기타	전체
1897	6,432	3,536	100	0	10,068
1898	6,777	4,929	111	0	11,817
1899	6,658	3,471	98	0	10,227
1900	8,241	2,582	117	0	10,940
1901	9,110	5,639	28	0	14,777
1902	8,664	4,851	21	157	13,693
1903	11,685	5,648	128	950	18,411
1904	19,255	5,403	165	2,580	27,403
1905	24,041	6,463	111	2,357	32,972
1906	23,223	4,394	56	2,632	30,305
1907	29,524	5,641	67	6,379	41,611
1908	23,982	4,882	45	12,116	41,025
1909	21,821	4,473	44	10,310	36,648
1910	25,238	3,845	18	10,681	39,782

─── 〈보 기〉 ───

ㄱ. 전체 수입액이 가장 큰 해의 러시아 상대 수출액은 전년대비 20% 이상 증가한다.

ㄴ. 전체 수출액에서 기타가 차지하는 비중은 1901년 이후 매년 높아진다.

ㄷ. 1898~1910년 동안 청으로부터의 수입액이 전년보다 큰 모든 해에 전체 수입액도 전년보다 크다.

ㄹ. 전체 수출액과 전체 수입액 각각에서 일본이 차지하는 비중은 매년 60% 이상이다.

① ㄱ, ㄴ
② ㄱ, ㄷ
③ ㄴ, ㄷ
④ ㄴ, ㄹ
⑤ ㄱ, ㄷ, ㄹ

문 8. 다음 〈표〉는 A회사의 연도별 임직원 현황에 관한 자료이다. 이에 대한 〈보기〉의 설명 중 옳은 것만을 모두 고르면?

〈표〉 A회사의 연도별 임직원 현황

(단위 : 명)

구분		연도	2013	2014	2015
국적		한국	9,566	10,197	9,070
		중국	2,636	3,748	4,853
		일본	1,615	2,353	2,749
		대만	1,333	1,585	2,032
		기타	97	115	153
		계	15,247	17,998	18,857
고용 형태		정규직	14,173	16,007	17,341
		비정규직	1,074	1,991	1,516
		계	15,247	17,998	18,857
연령		20대 이하	8,914	8,933	10,947
		30대	5,181	7,113	6,210
		40대 이상	1,152	1,952	1,700
		계	15,247	17,998	18,857
직급		사원	12,365	14,800	15,504
		간부	2,801	3,109	3,255
		임원	81	89	98
		계	15,247	17,998	18,857

─── 〈보 기〉 ───

ㄱ. 매년 일본, 대만 및 기타 국적 임직원 수의 합은 중국 국적 임직원 수보다 많다.

ㄴ. 매년 전체 임직원 중 20대 이하 임직원이 차지하는 비중은 50% 이상이다.

ㄷ. 2014년과 2015년에 전년대비 임직원 수가 가장 많이 증가한 국적은 모두 중국이다.

ㄹ. 국적이 한국이면서 고용형태가 정규직이고 직급이 사원인 임직원은 2014년에 5,000명 이상이다.

① ㄱ, ㄴ
② ㄱ, ㄷ
③ ㄴ, ㄹ
④ ㄱ, ㄷ, ㄹ
⑤ ㄴ, ㄷ, ㄹ

문 9. 다음 〈표〉는 2013년 '갑' 국의 식품 수입액 및 수입건수 상위 10개 수입상대국 현황을 나타낸 자료이다. 이에 대한 설명 중 옳은 것은?

〈표〉 2013년 '갑' 국의 식품 수입액 및 수입건수 상위 10개 수입 상대국 현황

(단위 : 조 원, 건, %)

	수입액				수입건수		
순위	국가	금액	점유율	순위	국가	건수	점유율
1	중국	3.39	21.06	1	중국	104,487	32.06
2	미국	3.14	19.51	2	미국	55,980	17.17
3	호주	1.10	6.83	3	일본	15,884	4.87
4	브라질	0.73	4.54	4	프랑스	15,883	4.87
5	태국	0.55	3.42	5	이탈리아	15,143	4.65
6	베트남	0.50	3.11	6	태국	12,075	3.70
7	필리핀	0.42	2.61	7	독일	11,699	3.59
8	말레이시아	0.36	2.24	8	베트남	10,558	3.24
9	영국	0.34	2.11	9	영국	7,595	2.33
10	일본	0.17	1.06	10	필리핀	7,126	2.19
−	기타국가	5.40	33.53	−	기타국가	69,517	21.33

① 식품의 총 수입액은 17조 원 이상이다.
② 수입액 상위 10개 수입상대국의 식품 수입액 합이 전체 식품 수입액에서 차지하는 비중은 70% 이상이다.
③ 식품 수입액 상위 10개 수입상대국과 식품 수입건수 상위 10개 수입상대국에 모두 속하는 국가 수는 6개이다.
④ 식품 수입건수당 식품 수입액은 중국이 미국보다 크다.
⑤ 중국으로부터의 식품 수입건수는 수입건수 상위 10개 수입 상대국으로부터의 식품 수입건수 합의 45% 이하이다.

문 10. 다음 〈표〉는 A국의 농·축·수산물 안전성 조사결과에 관한 자료이다. 이에 대한 〈보기〉의 설명 중 옳은 것만을 모두 고르면?

〈표 1〉 2014년 A국의 단계별 농·축·수산물 안전성 조사결과

(단위 : 건)

구분\단계	농산물		축산물		수산물	
	조사건수	부적합건수	조사건수	부적합건수	조사건수	부적합건수
생산단계	91,211	1,209	418,647	1,803	12,922	235
유통단계	55,094	516	22,927	106	8,988	49
총계	146,305	1,725	441,574	1,909	21,910	284

〈표 2〉 A국의 연도별 농·축·수산물 생산단계 안전성 조사결과

(단위 : 건)

구분\연도	농산물		축산물		수산물	
	조사실적지수	부적합건수	조사실적지수	부적합건수	조사실적지수	부적합건수
2011	84	( )	86	( )	84	( )
2012	87	( )	92	( )	91	( )
2013	99	( )	105	( )	92	( )
2014	100	1,209	100	1,803	100	235

※ 1) 해당년도 조사실적지수 = $\frac{해당년도\ 조사건수}{2014년\ 조사건수} \times 100$

단, 조사실적지수는 소수점 첫째 자리에서 반올림한 값임

2) 부적합건수비율(%) = $\frac{부적합건수}{조사건수} \times 100$

─────〈보기〉─────

ㄱ. 2014년 생산단계에서의 부적합건수비율은 농산물이 수산물보다 낮다.
ㄴ. 2011년 대비 2012년 생산단계 조사건수 증가량은 수산물이 농산물보다 많다.
ㄷ. 2013년 생산단계 안전성 조사결과에서, 농산물 부적합 건수비율이 축산물 부적합건수비율의 10배라면 부적합 건수는 농산물이 축산물의 2배 이상이다.
ㄹ. 2012~2014년 동안 농·축·수산물 각각의 생산단계 조사건수는 전년대비 매년 증가한다.

① ㄱ, ㄴ
② ㄱ, ㄷ
③ ㄱ, ㄹ
④ ㄴ, ㄹ
⑤ ㄷ, ㄹ

문 11. 다음 〈그림〉은 '갑' 택지지구의 개발 적합성 평가 기초 자료이다. 〈조건〉을 이용하여 '갑' 택지지구 내 A~E 지역의 개발 적합성 점수를 계산했을 때, 개발 적합성 점수가 가장 낮은 지역과 가장 높은 지역을 바르게 나열한 것은?

〈그림〉 '갑' 택지지구의 개발 적합성 평가 기초 자료

A~E 지역 위치

	A			
		B		
C				
		D		
				E

토지이용 유형
(1-산림, 2-농지, 3-주택지)

1	1	2	2	2
1	2	2	2	3
2	2	2	3	3
2	2	3	3	3
2	3	3	3	3

경사도(%)

15	15	20	20	20
15	15	20	20	20
10	15	15	15	20
10	10	15	15	15
10	10	10	15	15

토지소유 형태
(1-국유지, 2-사유지)

2	2	2	2	2
1	1	1	1	1
1	1	1	1	1
2	2	2	2	2
2	2	2	2	2

※ 음영 지역(■)은 개발제한구역을 의미함

─── 〈조 건〉 ───
- 평가 점수=(0.6×토지이용 기준 점수)+(0.4×경사도 기준 점수)
- 토지이용 기준 점수는 유형에 따라 산림 5점, 농지 8점, 주택지 10점이다.
- 경사도 기준 점수는 경사도 10%이면 10점, 나머지는 5점이다.
- 개발 적합성 점수는 토지소유 형태가 사유지이면 '평가 점수'의 80%를 부여하고, 국유지이면 100%를 부여한다. 단, 토지소유 형태와 상관없이 개발제한구역의 개발 적합성 점수는 0점으로 한다.

	가장 낮은 지역	가장 높은 지역
①	A	B
②	A	C
③	A	E
④	D	C
⑤	D	E

문 12. 다음 〈표〉는 2008~2012년 한국을 포함한 OECD 주요국의 공공복지예산에 관한 자료이다. 이에 대한 〈보기〉의 설명 중 옳은 것만을 모두 고르면?

〈표 1〉 2008~2012년 한국의 공공복지예산과 분야별 GDP 대비 공공복지예산 비율

(단위 : 십억 원, %)

구 분 연 도	공공복지예산	분야별 GDP 대비 공공복지예산 비율					
		노령	보건	가족	실업	기타	합
2008	84,466	1.79	3.28	0.68	0.26	1.64	7.65
2009	99,856	1.91	3.64	0.74	0.36	2.02	8.67
2010	105,248	1.93	3.74	0.73	0.29	1.63	8.32
2011	111,090	1.95	3.73	0.87	0.27	1.52	8.34
2012	124,824	2.21	3.76	1.08	0.27	1.74	9.06

〈표 2〉 2008~2012년 OECD 주요국의 GDP 대비 공공복지예산 비율

(단위 : %)

연 도 국 가	2008	2009	2010	2011	2012
한 국	7.65	8.67	8.32	8.34	9.06
호 주	17.80	17.80	17.90	18.20	18.80
미 국	17.00	19.20	19.80	19.60	19.70
체 코	18.10	20.70	20.80	20.80	21.00
영 국	21.80	24.10	23.80	23.60	23.90
독 일	25.20	27.80	27.10	25.90	25.90
핀란드	25.30	29.40	29.60	29.20	30.00
스웨덴	27.50	29.80	28.30	27.60	28.10
프랑스	29.80	32.10	32.40	32.00	32.50

─── 〈보 기〉 ───
ㄱ. 2011년 한국의 실업분야 공공복지예산은 4조 원 이상이다.
ㄴ. 한국의 공공복지예산 중 보건분야 예산이 차지하는 비중은 2011년과 2012년에 전년대비 감소한다.
ㄷ. 매년 한국의 노령분야 공공복지예산은 가족분야 공공복지예산의 2배 이상이다.
ㄹ. 2009~2012년 동안 OECD 주요국 중 GDP 대비 공공복지예산 비율이 가장 높은 국가와 가장 낮은 국가 간의 비율 차이는 전년대비 매년 증가한다.

① ㄱ, ㄹ
② ㄴ, ㄷ
③ ㄴ, ㄹ
④ ㄱ, ㄴ, ㄷ
⑤ ㄱ, ㄷ, ㄹ

문 13. 다음 〈표〉는 스마트폰 기종별 출고가 및 공시지원금에 대한 자료이다. 〈조건〉과 〈정보〉를 근거로 A~D에 해당하는 스마트폰 기종 '갑'~'정'을 바르게 나열한 것은?

〈표〉 스마트폰 기종별 출고가 및 공시지원금

(단위 : 원)

기종 \ 구분	출고가	공시지원금
A	858,000	210,000
B	900,000	230,000
C	780,000	150,000
D	990,000	190,000

─── 〈조 건〉 ───

- 모든 소비자는 스마트폰을 구입할 때 '요금할인' 또는 '공시지원금' 중 하나를 선택한다.
- 사용요금은 월정액 51,000원이다.
- '요금할인'을 선택하는 경우의 월 납부액은 사용요금의 80%에 출고가를 24(개월)로 나눈 월 기기값을 합한 금액이다.
- '공시지원금'을 선택하는 경우의 월 납부액은 출고가에서 공시지원금과 대리점보조금(공시지원금의 10%)을 뺀 금액을 24(개월)로 나눈 월 기기값에 사용요금을 합한 금액이다.
- 월 기기값, 사용요금 이외의 비용은 없고, 10원 단위 이하 금액은 절사한다.
- 구입한 스마트폰의 사용기간은 24개월이고, 사용기간 연장이나 중도해지는 없다.

─── 〈정 보〉 ───

- 출고가 대비 공시지원금의 비율이 20% 이하인 스마트폰 기종은 '병'과 '정'이다.
- '공시지원금'을 선택하는 경우의 월 납부액보다 '요금할인'을 선택하는 경우의 월 납부액이 더 큰 스마트폰 기종은 '갑' 뿐이다.
- '공시지원금'을 선택하는 경우 월 기기값이 가장 작은 스마트폰 기종은 '정'이다.

	A	B	C	D
①	갑	을	정	병
②	을	갑	병	정
③	을	갑	정	병
④	병	을	정	갑
⑤	정	병	갑	을

문 14. 다음 〈표〉는 1908년 대한제국의 내각 직원 수에 관한 자료이다. 〈조건〉의 설명에 근거하여 〈보기〉의 내용 중 옳은 것만을 모두 고르면?

〈표〉 1908년 대한제국의 내각 직원 수

(단위 : 명)

구분			직원 수
본청	경비국		(A)
	대신관방	문서과	7
		비서과	3
		회계과	4
		소 계	14
	법제국	총무과	1
		관보과	3
		기록과	(B)
		법제과	5
		소 계	( )
	외사국	총무과	(C)
		번역과	3
		외사과	3
		소 계	7
법전 조사국	경비과		(D)
	서무과		(E)
	회계과		5
	조사과		12
	소 계		( )
표훈원	경비과		1
	제장과		6
	서무과		4
	소 계		( )
문관전고소			9
전 체			99

※ 내각은 본청, 법전조사국, 표훈원, 문관전고소만으로 구성되어 있음

─── 〈조 건〉 ───

- 본청 경비국 직원 수(A)는 법전조사국 서무과 직원 수(E)의 1.5배이다.
- 법전조사국 경비과 직원 수(D)는 본청 경비국 직원 수(A)에 본청 법제국 기록과 직원 수(B)를 합한 것과 같다.
- 법전조사국 경비과 직원 수(D)는 본청 법제국 기록과 직원 수(B)의 3배와 본청 외사국 총무과 직원 수(C)를 합한 것과 같다.
- 법전조사국 서무과 직원 수(E)는 본청 외사국 총무과 직원 수(C)의 2배와 본청 법제국 기록과 직원 수(B)를 합한 것과 같다.

─── 〈보 기〉 ───

ㄱ. 표훈원 직원 수는 내각 전체 직원 수의 $\frac{1}{9}$이다.

ㄴ. 법전조사국 서무과 직원 수와 표훈원 서무과 직원 수의 합은 법전조사국 조사과 직원 수보다 크다.

ㄷ. 법전조사국 직원 수는 내각 전체 직원 수의 30% 미만이다.

ㄹ. A+B+C+D의 값은 27이다.

① ㄱ, ㄴ   ② ㄱ, ㄷ
③ ㄱ, ㄹ   ④ ㄴ, ㄷ
⑤ ㄴ, ㄹ

문 15. 다음 〈정보〉와 〈표〉는 2014년 '부패영향평가' 의뢰기한 준수도 평가에 관한 자료이다. '갑'~'무' 기관을 평가한 결과 '무' 기관이 3위를 하였다면 '무' 기관의 G 법령안 '부패영향평가' 의뢰일로 가능한 날짜는?

───────〈정 보〉───────

- 각 기관은 소관 법령을 제정·개정하기 위하여 법령안을 제출하여 '부패영향평가'를 의뢰한다.
- 각 기관의 '부패영향평가' 의뢰기한 준수도는 각 기관이 의뢰한 법령안들의 의뢰시기별 평가점수 평균이고, 순위는 평가점수 평균이 높은 기관부터 순서대로 부여한다.
- 법령안의 의뢰시기별 평가점수
  - 관계기관 협의일 이전 : 10점
  - 관계기관 협의일 후 입법예고 시작일 이전 : 5점
  - 입법예고 시작일 후 입법예고 마감일 이전 : 3점
  - 입법예고 마감일 후 : 0점

〈표 1〉 2014년 '갑'~'무' 기관의 의뢰시기별 '부패영향평가' 의뢰현황

(단위 : 건)

구분\기관	관계기관 협의일 이전	관계기관 협의일 후 입법예고 시작일 이전	입법예고 시작일 후 입법예고 마감일 이전	입법예고 마감일 후	합
갑	8	0	12	7	27
을	40	0	6	0	46
병	12	8	3	0	23
정	24	3	20	3	50
무	( )	( )	( )	( )	7

※ 예 '갑' 기관의 '부패영향평가' 의뢰기한 준수도 :

$$\frac{(8건 \times 10점)+(0건 \times 5점)+(12건 \times 3점)+(7건 \times 0점)}{27}=4.30$$

〈표 2〉 2014년 '무' 기관 소관 법령안별 관련 입법절차 일자 및 '부패영향평가' 의뢰일

법령안	관계기관 협의일	입법예고 시작일	입법예고 마감일	'부패영향평가' 의뢰일
A	1월 3일	1월 17일	2월 24일	1월 8일
B	2월 20일	2월 26일	4월 7일	2월 24일
C	3월 20일	3월 26일	5월 7일	3월 7일
D	3월 11일	3월 14일	4월 23일	3월 10일
E	4월 14일	5월 29일	7월 11일	5월 30일
F	7월 14일	7월 21일	8월 25일	8월 18일
G	9월 19일	10월 15일	11월 28일	( )

① 9월 17일
② 10월 6일
③ 11월 20일
④ 12월 1일
⑤ 12월 8일

문 16. 다음 〈보고서〉는 A~E 국가 중 하나인 '갑'국의 일일평균 TV 시청시간별, 성별 사망률 간의 관계를 분석한 것이고, 〈표〉는 A~E 국가의 일일평균 TV 시청시간별, 성별 사망률에 대한 자료이다. 이를 근거로 '갑'국에 해당하는 국가를 A~E에서 고르면?

───────〈보고서〉───────

'갑'국의 일일평균 TV 시청시간에 따른 남녀사망률의 차이는 다음과 같다. 첫째, 남성과 여성 모두 일일평균 TV 시청시간이 길면 사망률이 높다. 둘째, 일일평균 TV 시청시간의 증가에 따른 사망률의 증가폭은 남성이 여성보다 컸으나, 일일평균 TV 시청시간이 증가함에 따라 남성과 여성 간 사망률 증가폭의 차이는 줄어들었다. 셋째, 남성과 여성 모두 TV를 일일평균 8시간 시청했을 때 사망률이 TV를 일일평균 2시간 시청했을 때 사망률의 1.65배 이상이다. 넷째, TV를 일일평균 6시간 시청했을 때 남성과 여성의 사망률 차이는 TV를 일일 평균 2시간 시청했을 때 남성과 여성의 사망률 차이의 2배 이상이다.

〈표〉 A~E 국가의 일일평균 TV 시청시간별, 성별 사망률

(단위 : %)

일일평균 TV 시청시간 국가\성별	2시간 남	2시간 여	4시간 남	4시간 여	6시간 남	6시간 여	8시간 남	8시간 여
A	5.8	6.3	8.1	7.7	10.5	9.3	12.7	10.8
B	7.1	4.2	7.8	4.5	9.5	5.9	11.4	7.5
C	6.8	7.7	10.2	9.8	13.0	11.4	14.8	13.1
D	5.3	2.5	8.0	4.8	12.6	4.6	15.1	7.2
E	6.2	4.7	7.3	5.0	8.8	5.8	11.5	7.5

① A
② B
③ C
④ D
⑤ E

문 17. 다음 〈표〉는 A국의 2008년과 2012년 의원 유형별, 정당별 전체 의원 및 여성 의원에 관한 자료이다. 이에 대한 〈보기〉의 설명 중 옳은 것만을 모두 고르면?

〈표 1〉 2008년 의원 유형별, 정당별 전체 의원 및 여성 의원

(단위 : 명)

의원 유형	구 분	가	나	다	라	기타	전체
비례대표 의원	전체 의원 수	44	38	16	20	70	188
	여성 의원 수	21	18	6	10	25	80
지역구 의원	전체 의원 수	230	209	50	51	362	902
	여성 의원 수	16	21	2	7	17	63

〈표 2〉 2012년 의원 유형별, 정당별 전체 의원 및 여성 의원

(단위 : 명, %)

의원 유형	구 분	가	나	다	라	기타	전체
비례대표 의원	전체 의원 수	34	42	18	17	74	185
	여성 의원 비율	41.2	54.8	27.8	35.3	40.5	42.2
지역구 의원	전체 의원 수	222	242	60	58	344	926
	여성 의원 비율	7.2	12.4	10.0	13.8	4.1	8.0

※ 1) 의원 유형은 비례대표의원과 지역구의원으로만 구성됨
　2) 비율은 소수점 둘째 자리에서 반올림한 값임

― 〈보 기〉 ―

ㄱ. 2012년 A국 전체 의원 중 여성 의원의 비율은 15% 이하이다.
ㄴ. 2008년 정당별 지역구의원 중 여성 의원 비율은 '기타'를 제외하고 '라' 정당이 가장 높다.
ㄷ. 2008년 대비 2012년의 '가' 정당 여성 의원 비율은 비례대표의원 유형과 지역구의원 유형에서 모두 감소하였다.
ㄹ. 2008년 대비 2012년에 여성 지역구의원 수는 '가'~'라' 정당에서 모두 증가하였다.

① ㄱ, ㄴ
② ㄱ, ㄷ
③ ㄴ, ㄷ
④ ㄴ, ㄹ
⑤ ㄱ, ㄴ, ㄹ

문 18. 다음 〈표〉는 A~C 차량의 연료 및 경제속도 연비, 연료별 리터당 가격에 관한 자료이다. 〈조건〉을 적용하였을 때, A~C 차량 중 두 번째로 높은 연료비가 소요되는 차량과 해당 차량의 연료비를 바르게 나열한 것은?

〈표 1〉 A~C 차량의 연료 및 경제속도 연비

(단위 : km/L)

차량 \ 구분	연료	경제속도 연비
A	LPG	10
B	휘발유	16
C	경유	20

※ 차량 경제속도는 60km/h 이상 90km/h 미만임

〈표 2〉 연료별 리터당 가격

(단위 : 원/L)

연료	LPG	휘발유	경유
리터당 가격	1,000	2,000	1,600

― 〈조 건〉 ―

• A~C 차량은 모두 아래와 같이 각 구간을 한 번씩 주행하고, 각 구간별 주행속도 범위 내에서만 주행한다.

구 간	1구간	2구간	3구간
주행거리(km)	100	40	60
주행속도 (km/h)	30 이상 60 미만	60 이상 90 미만	90 이상 120 미만

• A~C 차량의 주행속도별 연비적용률은 다음과 같다.

차량	주행속도(km/h)	연비적용률(%)
A	30 이상 60 미만	50.0
	60 이상 90 미만	100.0
	90 이상 120 미만	80.0
B	30 이상 60 미만	62.5
	60 이상 90 미만	100.0
	90 이상 120 미만	75.0
C	30 이상 60 미만	50.0
	60 이상 90 미만	100.0
	90 이상 120 미만	75.0

※ 연비적용률이란 경제속도 연비 대비 주행속도 연비를 백분율로 나타낸 것임

	차 량	연료비
①	A	27,500원
②	A	31,500원
③	B	24,500원
④	B	35,000원
⑤	C	25,600원

※ 다음 〈그림〉과 〈표〉는 2010~2014년 '갑' 국 초·중·고등학교 학생의 사교육에 관한 자료이다. [문 19~문 20]

〈그림〉 2010~2014년 연간 사교육비 및 전체 학생수

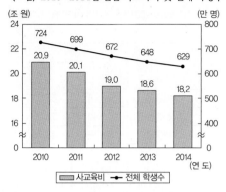

〈표 1〉 2010~2014년 학교급별 연간 사교육비

(단위 : 억 원)

연 도 학교급	2010	2011	2012	2013	2014
초등학교	97,080	90,461	77,554	77,375	75,949
중학교	60,396	60,006	61,162	57,831	55,678
고등학교	51,242	50,799	51,679	50,754	50,671
전 체	208,718	201,266	190,395	185,960	182,298

〈표 2〉 2010~2014년 학교급별 학생 1인당 월평균 사교육비

(단위 : 만 원/인)

연 도 학교급	2010	2011	2012	2013	2014
초등학교	24.5	24.1	21.9	23.2	23.2
중학교	25.5	26.2	27.6	26.7	27.0
고등학교	21.8	21.8	22.4	22.3	23.0

※ 학생 1인당 월평균 사교육비(만 원/인) = $\dfrac{\text{(학교급별)연간 사교육비}}{\text{(학교급별)전체 학생수}}$ ÷ 12(개월)

〈표 3〉 2010~2014년 학교급별 사교육 참여율

(단위 : %)

연 도 학교급	2010	2011	2012	2013	2014
초등학교	86.8	84.6	80.9	81.8	81.1
중학교	72.2	71.0	70.6	69.5	69.1
고등학교	52.8	51.6	50.7	49.2	49.5

※ 사교육 참여율(%) = $\dfrac{\text{(학교급별)사교육 참여 학생수}}{\text{(학교급별)전체 학생수}} \times 100$

문 19. 위 〈그림〉과 〈표〉에 대한 〈보기〉의 설명 중 옳은 것만을 모두 고르면?

─ 〈보 기〉 ─

ㄱ. 2011~2014년 동안 학생 1인당 연간 사교육비는 전년대비 매년 증가한다.

ㄴ. 2011~2014년 동안 초등학교 연간 사교육비의 전년대비 증감률은 고등학교 연간 사교육비의 전년대비 증감률보다 매년 크다.

ㄷ. 2011~2014년 동안 초등학교 학생 1인당 월평균 사교육비의 전년대비 증감률이 가장 큰 해에는 중학교 학생 1인당 월평균 사교육비의 전년대비 증감률도 가장 크다.

ㄹ. 2011~2014년 동안 사교육 참여율이 전년대비 매년 감소한 학교급은 중학교 뿐이다.

① ㄱ, ㄴ
② ㄱ, ㄷ
③ ㄴ, ㄷ
④ ㄴ, ㄹ
⑤ ㄷ, ㄹ

문 20. 위 자료와 아래의 〈표 4〉를 이용하여, A~C 과목별로 2014년 사교육 참여 학생 1인당 월평균 사교육비가 가장 큰 학교급을 바르게 나열한 것은?

〈표 4〉 2014년 학교급별, 과목별 사교육비 비중

(단위 : %)

과 목 학교급	A	B	C	기 타	합
초등학교	25	30	40	5	100
중학교	15	40	40	5	100
고등학교	15	40	35	10	100

	A 과목	B 과목	C 과목
①	초등학교	초등학교	중학교
②	중학교	초등학교	고등학교
③	초등학교	고등학교	고등학교
④	중학교	고등학교	초등학교
⑤	고등학교	중학교	초등학교

문 21. 다음 〈표〉와 〈그림〉은 조선시대 A군의 조사시기별 가구 수 및 인구 수와 가구 구성비에 대한 자료이다. 이에 대한 〈보기〉의 설명 중 옳은 것만을 모두 고르면?

〈표〉 A군의 조사시기별 가구 수 및 인구 수

(단위 : 호, 명)

조사시기	가구 수	인구 수
1729년	1,480	11,790
1765년	7,210	57,330
1804년	8,670	68,930
1867년	27,360	144,140

〈그림〉 A군의 조사시기별 가구 구성비

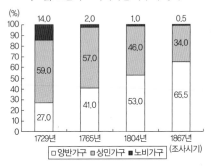

── 〈보 기〉 ──

ㄱ. 1804년 대비 1867년의 가구당 인구 수는 증가하였다.

ㄴ. 1765년 상민가구 수는 1804년 양반가구 수보다 적다.

ㄷ. 노비가구 수는 1804년이 1765년보다는 적고 1867년보다는 많다.

ㄹ. 1729년 대비 1765년에 상민가구 구성비는 감소하였고 상민가구 수는 증가하였다.

① ㄱ, ㄴ
② ㄱ, ㄷ
③ ㄴ, ㄹ
④ ㄱ, ㄷ, ㄹ
⑤ ㄴ, ㄷ, ㄹ

문 22. 다음 〈표〉는 2010~2012년 남아공, 멕시코, 브라질, 사우디, 캐나다, 한국의 이산화탄소 배출량에 대한 자료이다. 다음 〈조건〉을 근거로 하여 A~D에 해당하는 국가를 바르게 나열한 것은?

〈표〉 2010~2012년 국가별 이산화탄소 배출량

(단위 : 천만 톤, 톤/인)

국가	구분 \ 연도	2010	2011	2012
한국	총배출량	56.45	58.99	59.29
	1인당 배출량	11.42	11.85	11.86
멕시코	총배출량	41.79	43.25	43.58
	1인당 배출량	3.66	3.74	3.75
A	총배출량	37.63	36.15	37.61
	1인당 배출량	7.39	7.01	7.20
B	총배출량	41.49	42.98	45.88
	1인당 배출량	15.22	15.48	16.22
C	총배출량	53.14	53.67	53.37
	1인당 배출량	15.57	15.56	15.30
D	총배출량	38.85	40.80	44.02
	1인당 배출량	1.99	2.07	2.22

※ 1인당 배출량(톤/인) = $\dfrac{총배출량}{인구}$

── 〈조 건〉 ──

• 1인당 이산화탄소 배출량이 2011과 2012년 모두 전년 대비 증가한 국가는 멕시코, 브라질, 사우디, 한국이다.

• 2010~2012년 동안 매년 인구가 1억 명 이상인 국가는 멕시코와 브라질이다.

• 2012년 인구는 남아공이 한국보다 많다.

	A	B	C	D
①	남아공	사우디	캐나다	브라질
②	남아공	브라질	캐나다	사우디
③	캐나다	사우디	남아공	브라질
④	캐나다	브라질	남아공	사우디
⑤	캐나다	남아공	사우디	브라질

① ㄱ, ㄴ, ㄷ   ② ㄱ, ㄷ, ㄹ
③ ㄱ, ㄷ, ㅁ   ④ ㄴ, ㄷ, ㄹ
⑤ ㄴ, ㄹ, ㅁ

문 23. 다음 〈그림〉과 〈표〉를 이용하여 〈보고서〉를 작성하였다. 제시된 〈그림〉과 〈표〉 이외에 추가로 필요한 자료만을 〈보기〉에서 모두 고르면?

〈그림〉 박사학위 취득자의 성별, 전공계열별 고용률 현황

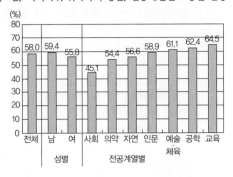

〈표〉 박사학위 취득자 중 취업자의 고용형태별 직장유형 구성 비율

(단위 : %)

고용형태 직장유형	전 체	정규직	비정규직
대 학	54.2	9.3	81.1
민간기업	24.9	64.3	1.2
공공연구소	10.3	8.5	11.3
민간연구소	3.3	6.4	1.5
정부·지자체	1.9	2.4	1.7
기 타	5.4	9.1	3.2
계	100.0	100.0	100.0

〈보고서〉

박사학위 취득자의 전체 고용률은 58.0%이었다. 전공계열 중 교육계열의 고용률이 가장 높고 그 다음으로 공학계열, 예술·체육계열, 인문계열의 순으로 나타났으며, 사회계열, 의약계열과 자연계열의 고용률은 상대적으로 낮았다.

박사학위 취득자 중 취업자의 직장유형 구성비율을 살펴보면 대학이 가장 높았고, 그 다음으로 민간기업, 공공연구소 등의 순이었다.

박사학위 취득자 중 취업자의 고용형태를 살펴보면, 여성 취업자 중 비정규직 비율은 75% 이상이었다. 전공계열별로는 인문계열의 비정규직 비율이 가장 높고, 그 다음으로 예술·체육계열, 의약계열, 사회계열, 자연계열, 교육계열, 공학계열 순으로 나타났다. 정규직은 과반수가 민간기업에 소속된 반면, 비정규직은 80% 이상이 대학에 소속된 것으로 나타났다.

박사학위 취득자 중 취업자의 고용형태에 따라 평균 연봉 차이가 큰 것으로 나타났다. 정규직 취업자의 직장 유형을 기타를 제외하고 평균 연봉이 높은 것부터 순서대로 나열하면 민간기업, 민간연구소, 공공연구소, 대학, 정부·지자체 순이었다. 또한, 비정규직 내에서도 직장유형별 평균 연봉의 편차가 크게 나타났다.

〈보 기〉

ㄱ. 박사학위 취득자 중 취업자의 전공계열별 고용형태
ㄴ. 박사학위 취득자 중 취업자의 성별, 전공계열별 평균 연봉
ㄷ. 박사학위 취득자 중 취업자의 고용형태별, 직장유형별 평균 연봉
ㄹ. 박사학위 취득자 중 취업자의 성별 고용형태
ㅁ. 박사학위 취득자 중 비정규직 여성 취업자의 전공 계열별 평균 근속기간

문 24. 영희가 다음의 〈규칙〉에 따라 아래의 〈그림〉을 작성하였을 때, 영희가 사용한 두 자연수 n과 m의 합을 구하면?

〈규 칙〉

• 원주를 (n-1) 등분하여 '등분점'을 찍는다.
• '등분점' 중 임의의 한 점부터 반시계 방향으로 각 점에 순서대로 1, 2, …, n-1의 번호를 붙인다.
• 임의의 '등분점' P를 선택해 P의 번호에 m을 곱한 수를 n으로 나눈 나머지를 구하여, 그 값을 번호로 가지는 '등분점'을 P의 '대응점'이라 한다.
• 단, $2 \leq m \leq \dfrac{n}{2}$ 이다.
• 각 '등분점'과 그 '등분점'의 '대응점'을 선으로 연결한다.

〈그 림〉

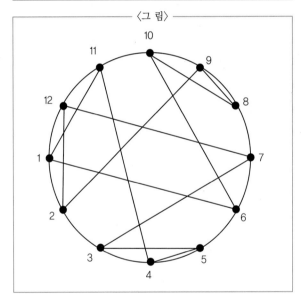

① 15   ② 16
③ 17   ④ 18
⑤ 19

문 25. 다음 〈표〉와 〈보고서〉는 2012~2013년 '갑' 국의 철도사고 및 운행장애 발생 현황과 원인분석에 관한 자료이다. 이를 근거로 아래의 (가)~(마)에 알맞은 수를 바르게 나열한 것은?

〈표 1〉 철도사고 및 운행장애 발생 현황

(단위 : 건)

구 분		연 도	2012	2013	전년대비 증감
철도사고	철도교통사고	열차사고	0	0	0
		철도교통사상사고	(가)	( )	+4
	철도안전사고	철도화재사고	0	0	0
		철도안전사상사고	(나)	( )	-1
		철도시설파손사고	0	0	0
운행장애	위험사건		0	0	0
	지연운행		5	3	-2
	기 타		0	0	0

〈표 2〉 철도안전사상사고 피해자 유형별 사고 건수 및 피해 정도별 피해자 수

(단위 : 건, 명)

구 분 연 도	피해자 유형별 사고 건수			피해정도별 피해자 수		
	승 객	비승객 일반인	직 원	사 망	중 상	경 상
2012	( )	( )	( )	1	4	4
2013	( )	( )	8	1	(다)	4

〈표 3〉 사고원인별 운행장애 발생 현황

(단위 : 건)

사고원인 연 도	차량 탈선	규정 위반	급전 장애	신호 장애	차량 고장	기 타
2012	( )	( )	( )	(라)	2	( )
2013	( )	( )	( )	( )	( )	(마)
전년대비 증감	+1	-1	-1	-1	-2	+2

─── 〈보고서〉 ───

• 2013년 철도교통사상사고는 전년대비 4건이 증가하였으며, 이 중 '투신자살'이 27건으로 전체 철도교통 사상사고 건수의 90%를 차지함

• 2013년 철도안전사상사고 1건당 피해자 수는 1명으로 전년과 동일하였고, 피해자 유형은 모두 '직원'임

• 2013년에는 '규정위반', '급전장애', '신호장애', '차량고장'을 제외한 원인으로 모두 3건의 운행장애가 발생함

	(가)	(나)	(다)	(라)	(마)
①	26	9	2	1	1
②	26	9	3	1	2
③	26	10	2	2	2
④	27	9	2	2	1
⑤	27	10	3	2	2

문 26. 다음 〈그림〉은 국내 7개 권역별 전국 대비 면적, 인구, 산업 생산액 비중 현황을 나타낸 것이다. 이를 토대로 〈보기〉에 제시된 각 항목의 값이 두 번째로 큰 권역을 바르게 나열한 것은?

〈그림〉 권역별 전국 대비 면적, 인구, 산업 생산액 비중 현황

(단위 : %)

a 면적 비중
b 인구 비중
c 총생산액 비중
d 농·임·어업 생산액 비중
e 제조업 생산액 비중

※ 비중은 전국을 100으로 했을 때 각 권역의 비중임

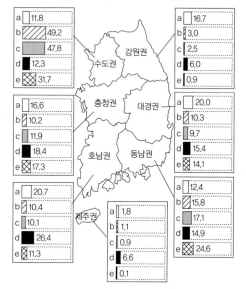

수도권
a 11.8
b 49.2
c 47.8
d 12.3
e 31.7

강원권
a 16.7
b 3.0
c 2.5
d 6.0
e 0.9

충청권
a 16.6
b 10.2
c 11.9
d 18.4
e 17.3

대경권
a 20.0
b 10.3
c 9.7
d 15.4
e 14.1

호남권
a 20.7
b 10.4
c 10.1
d 26.4
e 11.3

동남권
a 12.4
b 15.8
c 17.1
d 14.9
e 24.6

제주권
a 1.8
b 1.1
c 0.9
d 6.6
e 0.1

─── 〈보 기〉 ───

ㄱ. 면적 대비 총생산액
ㄴ. 면적 대비 농·임·어업 생산액
ㄷ. 인구 대비 제조업 생산액

	ㄱ	ㄴ	ㄷ
①	충청권	동남권	동남권
②	충청권	호남권	대경권
③	동남권	동남권	대경권
④	동남권	호남권	대경권
⑤	동남권	호남권	동남권

문 27. 다음 〈표〉는 금융기관별, 개인신용등급별 햇살론 보증잔액 현황에 관한 자료이다. 〈그림〉은 〈표〉를 이용하여 6개 금융기관 중 2개 금융기관의 개인신용등급별 햇살론 보증잔액 구성비를 나타낸 것이다. 〈그림〉의 금융기관 A와 B를 바르게 나열한 것은?

〈표〉 금융기관별, 개인신용등급별 햇살론 보증잔액 현황

(단위 : 백만 원)

금융기관 / 개인신용등급	농협	수협	축협	신협	새마을 금고	저축 은행	합
1	2,425	119	51	4,932	7,783	3,785	19,095
2	6,609	372	77	14,816	22,511	16,477	60,862
3	8,226	492	176	18,249	24,333	27,133	78,609
4	20,199	971	319	44,905	53,858	72,692	192,944
5	41,137	2,506	859	85,086	100,591	220,535	450,714
6	77,749	5,441	1,909	147,907	177,734	629,846	1,040,586
7	58,340	5,528	2,578	130,777	127,705	610,921	935,849
8	11,587	1,995	738	37,906	42,630	149,409	244,265
9	1,216	212	75	1,854	3,066	1,637	8,060
10	291	97	2	279	539	161	1,369
계	227,779	17,733	6,784	486,711	560,750	1,732,596	3,032,353

〈그림〉 금융기관 A와 B의 개인신용등급별 햇살론 보증잔액 구성비

(단위 : %)

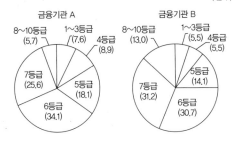

금융기관 A
8~10등급 (5.7) / 1~3등급 (7.6) / 4등급 (8.9) / 5등급 (18.1) / 6등급 (34.1) / 7등급 (25.6)

금융기관 B
8~10등급 (13.0) / 1~3등급 (5.5) / 4등급 (5.5) / 5등급 (14.1) / 6등급 (30.7) / 7등급 (31.2)

※ 1) '1~3등급'은 개인신용등급 1, 2, 3등급을 합한 것이고, '8~10등급'은 개인신용등급 8, 9, 10등급을 합한 것임
2) 보증잔액 구성비는 소수점 둘째 자리에서 반올림한 값임

	A	B
①	농협	수협
②	농협	축협
③	수협	신협
④	저축은행	수협
⑤	저축은행	축협

문 28. 다음 〈표〉는 우리나라의 시·군 중 2013년 경지 면적, 논 면적, 밭 면적 상위 5개 시·군에 대한 자료이다. 이에 대한 〈보기〉의 설명 중 옳은 것만을 모두 고르면?

〈표〉 경지 면적, 논 면적, 밭 면적 상위 5개 시·군

(단위 : ha)

구분	순위	시·군	면적
경지 면적	1	해남군	35,369
	2	제주시	31,585
	3	서귀포시	31,271
	4	김제시	28,501
	5	서산시	27,285
논 면적	1	김제시	23,415
	2	해남군	23,042
	3	서산시	21,730
	4	당진시	21,726
	5	익산시	19,067
밭 면적	1	제주시	31,577
	2	서귀포시	31,246
	3	안동시	13,231
	4	해남군	12,327
	5	상주시	11,047

※ 1) 경지 면적=논 면적+밭 면적
2) 순위는 면적이 큰 시·군부터 순서대로 부여함

─── 〈보 기〉 ───
ㄱ. 해남군의 논 면적은 해남군 밭 면적의 2배 이상이다.
ㄴ. 서귀포시의 논 면적은 제주시 논 면적보다 크다.
ㄷ. 서산시의 밭 면적은 김제시 밭 면적보다 크다.
ㄹ. 상주시의 논 면적은 익산시 논 면적의 90% 이하이다.

① ㄱ, ㄴ
② ㄴ, ㄷ
③ ㄴ, ㄹ
④ ㄱ, ㄷ, ㄹ
⑤ ㄴ, ㄷ, ㄹ

문 29. 다음 〈표〉는 2012년 어린이집 및 유치원의 11개 특별활동프로그램 실시 현황에 관한 자료이다. 이에 대한 〈보기〉의 설명 중 옳은 것만을 모두 고르면?

〈표〉 어린이집 및 유치원의 11개 특별활동프로그램 실시 현황

(단위 : %, 개, 명)

구 분 특별 활동 프로그램	어린이집			유치원		
	실시율	실시 기관 수	파견 강사 수	실시율	실시 기관 수	파견 강사 수
미 술	15.7	6,677	834	38.5	3,250	671
음 악	47.0	19,988	2,498	62.7	5,294	1,059
체 육	53.6	22,794	2,849	78.2	6,600	1,320
과 학	6.0	( )	319	27.9	( )	471
수 학	2.9	1,233	206	16.2	1,366	273
한 글	5.8	2,467	411	15.5	1,306	291
컴퓨터	0.7	298	37	0.0	0	0
교 구	15.2	6,464	808	15.5	1,306	261
한 자	0.5	213	26	3.7	316	63
영 어	62.9	26,749	6,687	70.7	5,968	1,492
서 예	1.0	425	53	0.6	51	10

※ 1) 해당 특별활동프로그램 실시율(%)

= 해당 특별활동프로그램 실시 어린이집(유치원) 수 / 특별활동프로그램 실시 전체 어린이집(유치원) 수 ×100

2) 어린이집과 유치원은 각각 1개 이상의 특별활동프로그램을 실시하며, 2012년 특별활동프로그램 실시 전체 어린이집 수는 42,527개이고, 특별활동프로그램 실시 전체 유치원 수는 8,443개임

───── 〈보 기〉 ─────

ㄱ. 특별활동프로그램 실시율이 40% 이상인 특별활동 프로그램 수는 어린이집과 유치원이 동일하다.

ㄴ. 어린이집의 특별활동프로그램 중 실시기관 수 대비 파견강사 수의 비율은 '영어'가 '음악'보다 높다.

ㄷ. 파견강사 수가 많은 특별활동프로그램부터 순서대로 나열하면, 어린이집과 유치원의 특별활동프로그램 순위는 동일하다.

ㄹ. 특별활동프로그램 중 '과학' 실시기관 수는 유치원이 어린이집보다 많다.

① ㄱ, ㄴ
② ㄱ, ㄷ
③ ㄷ, ㄹ
④ ㄱ, ㄴ, ㄹ
⑤ ㄴ, ㄷ, ㄹ

문 30. 다음 〈그림〉과 〈표〉는 2000~2009년 A기업과 주요 5개 기업의 택배평균단가와 A기업 택배물량에 대한 자료이다. 이에 대한 설명으로 옳은 것은?

〈그림〉 A기업과 주요 5개 기업의 택배평균단가

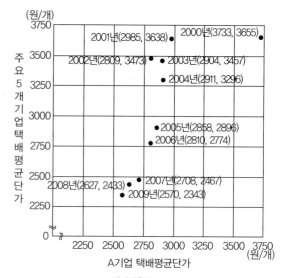

※ 1) 택배평균단가 (원/개) = 택배매출액 / 택배물량

2) A기업 택배평균단가 비교지수 = A기업 택배평균단가 / 주요 5대 기업 택배평균단가 ×100

3) 주요 5개 기업에 A기업은 포함되지 않음

4) ( ) 안의 수치는 각각 A기업 택배평균단가, 주요 5개 기업 택배평균단가를 의미함

〈표〉 A기업 택배물량

(단위 : 천 개)

연도	2000	2001	2002	2003	2004	2005	2006	2007	2008	2009
택배 물량	2,709	12,710	22,127	25,613	35,016	49,595	68,496	83,336	99,417	111,035

① 2000~2009년 동안 A기업 택배평균단가 비교지수가 가장 작은 해는 2002년이다.

② 2007~2009년 동안 A기업 택배매출액은 매년 상승하여 2009년에는 3,000억 원 이상이다.

③ 2000~2009년 동안 주요 5개 기업의 택배평균단가보다 A기업 택배평균단가가 높았던 해는 낮았던 해보다 더 많다.

④ 2003~2006년 동안 전년대비 A기업 택배물량 증가율이 가장 높았던 해는 2006년이다.

⑤ 2000~2009년 동안 A기업 택배평균단가가 가장 높은 해는 2000년이고, 주요 5개 기업 택배평균단가가 가장 높은 해는 2001년이다.

문 31. 다음 〈표〉는 A카페의 커피 판매정보에 대한 자료이다. 한 잔만을 더 판매하고 영업을 종료한다고 할 때, 총이익이 정확히 64,000원이 되기 위해서 판매해야 하는 메뉴는?

〈표〉 A카페의 커피 판매정보

(단위 : 원, 잔)

구분 메뉴	한 잔 판매가격	현재까지의 판매량	한 잔당 재료(재료비)				
			원두 (200)	우유 (300)	바닐라 시럽 (100)	초코 시럽 (150)	카라멜 시럽 (250)
아메리카노	3,000	5	○	×	×	×	×
카페라떼	3,500	3	○	○	×	×	×
바닐라 라떼	4,000	3	○	○	○	×	×
카페모카	4,000	2	○	○	×	○	×
카라멜 마끼아또	4,300	6	○	○	○	×	○

※ 1) 메뉴별 이익=(메뉴별 판매가격−메뉴별 재료비)×메뉴별 판매량
2) 총이익은 메뉴별 이익의 합이며, 다른 비용은 고려하지 않음
3) A카페는 5가지 메뉴만을 판매하며, 메뉴별 한 잔 판매가격과 재료비는 변동 없음
4) ○ : 해당 재료 한 번 사용, × : 해당 재료 사용하지 않음

① 아메리카노
② 카페라떼
③ 바닐라라떼
④ 카페모카
⑤ 카라멜마끼아또

문 32. 다음 〈표〉는 A지역 공무원 150명을 대상으로 설문조사를 실시한 뒤, 제출된 설문지의 문항별 응답 결과를 정리한 것이다. 〈표〉와 〈조건〉을 적용한 〈보기〉의 설명 중 옳은 것만을 모두 고르면?

〈표〉 설문지 문항별 응답 결과

(단위 : 명)

문항	응답 결과		문항	응답 결과	
	응답속성	응답수		응답속성	응답수
성	남자	63	소속 기관	고용센터	71
	여자	63		시청	3
연령	29세 이하	13		고용노동청	41
	30~39세	54	직급	5급 이상	4
	40~49세	43		6~7급	28
	50세 이상	15		8~9급	44
학력	고졸 이하	6	직무 유형	취업지원	34
	대졸	100		고용지원	28
	대학원 재학 이상	18		기업지원	27
근무 기간	2년 미만	19		실업급여 상담	14
	2년 이상 5년 미만	24		외국인 채용	8
	5년 이상 10년 미만	21		기획 총괄	5
	10년 이상	23		기타	8

──── 〈조 건〉 ────

• 설문조사는 동일 시점에 조사 대상자별로 독립적으로 이루어졌다.
• 설문조사 대상자 1인당 1부의 동일한 설문지를 배포하였다.
• 설문조사 문항별로 응답 거부는 허용된 반면 복수 응답은 허용되지 않았다.
• 배포된 150부의 설문지 중 제출된 130부로 문항별 응답 결과를 정리하였다.

──── 〈보 기〉 ────

ㄱ. 배포된 설문지 중 제출된 설문지 비율은 85% 이상이다.
ㄴ. 전체 설문조사 대상자의 학력 분포에서 '고졸 이하'의 비율이 가장 낮다.
ㄷ. 제출된 설문지의 문항별 응답률은 '직무유형'이 '소속기관'보다 높다.
ㄹ. '직급' 문항 응답자 중 '8~9급' 비율은 '근무기간' 문항 응답자 중 5년 이상이라고 응답한 비율보다 높다.

① ㄱ, ㄴ
② ㄱ, ㄹ
③ ㄴ, ㄷ
④ ㄱ, ㄷ, ㄹ
⑤ ㄴ, ㄷ, ㄹ

문 33. 다음 〈표〉는 A국 전체 근로자의 회사 규모 및 근로자 직급별 출퇴근 소요시간 분포와 유연근무제도 유형별 활용률에 관한 자료이다. 이에 대한 설명으로 옳은 것은?

〈표 1〉 회사 규모 및 근로자 직급별 출퇴근 소요시간 분포

(단위 : %)

규모 및 직급	출퇴근 소요시간	30분 이하	30분 초과 60분 이하	60분 초과 90분 이하	90분 초과 120분 이하	120분 초과 150분 이하	150분 초과 180분 이하	180분 초과	전체
규모	중소기업	12.2	34.6	16.2	17.4	8.4	8.5	2.7	100.0
	중견기업	22.8	35.7	16.8	16.3	3.1	3.4	1.9	100.0
	대기업	21.0	37.7	15.3	15.6	4.7	4.3	1.4	100.0
직급	대리급 이하	20.5	37.3	15.4	13.8	5.0	5.3	2.6	100.0
	과장급	16.9	31.6	16.7	19.9	5.6	7.7	1.7	100.0
	차장급 이상	12.6	36.3	18.3	19.3	7.3	4.2	1.9	100.0

〈표 2〉 회사 규모 및 근로자 직급별 유연근무제도 유형별 활용률

(단위 : %)

규모 및 직급	유연근무제도 유형	재택 근무제	원격 근무제	탄력 근무제	시차 출퇴근제
규모	중소기업	10.4	54.4	15.6	41.7
	중견기업	29.8	11.5	39.5	32.0
	대기업	8.6	23.5	19.9	27.0
직급	대리급 이하	0.7	32.0	23.6	29.0
	과장급	30.2	16.3	27.7	28.7
	차장급 이상	14.2	26.4	25.1	33.2

① 출퇴근 소요시간이 60분 이하인 근로자 수는 출퇴근 소요시간이 60분 초과인 근로자 수보다 모든 직급에서 많다.
② 출퇴근 소요시간이 90분 초과인 대리급 이하 근로자 비율은 탄력근무제를 활용하는 대리급 이하 근로자 비율보다 낮다.
③ 출퇴근 소요시간이 120분 이하인 과장급 근로자 중에는 원격근무제를 활용하는 근로자가 있다.
④ 원격근무제를 활용하는 중소기업 근로자 수는 탄력근무제와 시차출퇴근제 중 하나 이상을 활용하는 중소기업 근로자 수보다 적다.
⑤ 출퇴근 소요시간이 60분 이하인 차장급 이상 근로자 수는 원격근무제와 탄력근무제 중 하나 이상을 활용하는 차장급 이상 근로자 수보다 적다.

문 34. 다음 〈표〉는 품목별 한우의 2015년 10월 평균가격, 전월, 전년 동월, 직전 3개년 동월 평균가격을 제시한 자료이다. 이에 대한 설명으로 옳은 것은?

〈표〉 품목별 한우 평균가격(2015년 10월 기준)

(단위 : 원/kg)

품목		2015년 10월 평균가격	전월 평균가격	전년 동월 평균가격	직전 3개년 동월 평균가격
구분	등급				
거세우	1등급	17,895	18,922	14,683	14,199
	2등급	16,534	17,369	13,612	12,647
	3등급	14,166	14,205	12,034	10,350
비거세우	1등급	18,022	18,917	15,059	15,022
	2등급	16,957	16,990	13,222	12,879
	3등급	14,560	14,344	11,693	10,528

※ 1) 거세우, 비거세우의 등급은 1등급, 2등급, 3등급만 있음
2) 품목은 구분과 등급의 조합임. 예를 들어, 구분이 거세우이고 등급이 1등급이면 품목은 거세우 1등급임

① 거세우 각 등급에서의 2015년 10월 평균가격이 비거세우 같은 등급의 2015년 10월 평균가격보다 모두 높다.
② 모든 품목에서 전월 평균가격은 2015년 10월 평균가격보다 높다.
③ 2015년 10월 평균가격, 전월 평균가격, 전년 동월 평균가격, 직전 3개년 동월 평균가격은 비거세우 1등급이 다른 모든 품목에 비해 높다.
④ 직전 3개년 동월 평균가격 대비 전년 동월 평균가격의 증가폭이 가장 큰 품목은 거세우 2등급이다.
⑤ 전년 동월 평균가격 대비 2015년 10월 평균가격 증감률이 가장 큰 품목은 비거세우 2등급이다.

문 35. 다음 〈표〉는 학생 6명의 A~E과목 시험 성적 자료의 일부이다. 이에 대한 〈보기〉의 설명 중 옳은 것만을 모두 고르면?

〈표〉 학생 6명의 A~E과목 시험 성적

(단위 : 점)

과목\학생	A	B	C	D	E	평균
영희	( )	14	13	15	( )	( )
민수	12	14	( )	10	14	13.0
수민	10	12	9	( )	18	11.8
은경	14	14	( )	17	( )	( )
철민	( )	20	19	17	19	18.6
상욱	10	( )	16	( )	16	
계	80	( )	( )	84	( )	( )
평균	( )	14.5	14.5	( )	( )	( )

※ 1) 과목별 시험 점수 범위는 0~20점이고, 모든 과목 시험에서 결시자는 없음
2) 학생의 성취도수준은 5개 과목 시험 점수의 산술평균으로 결정함
  – 시험 점수 평균이 18점 이상 20점 이하 : 수월수준
  – 시험 점수 평균이 15점 이상 18점 미만 : 우수수준
  – 시험 점수 평균이 12점 이상 15점 미만 : 보통수준
  – 시험 점수 평균이 12점 미만 : 기초수준

─────〈보 기〉─────

ㄱ. 영희의 성취도수준은 E과목 시험 점수가 17점 이상이면 '우수수준'이 될 수 있다.

ㄴ. 은경의 성취도수준은 E과목 시험 점수에 따라 '기초수준'이 될 수 있다.

ㄷ. 상욱의 시험 점수는 B과목은 13점, D과목은 15점이므로, 상욱의 성취도수준은 '보통수준'이다.

ㄹ. 민수의 C과목 시험 점수는 철민의 A과목 시험 점수보다 높다.

① ㄱ, ㄴ
② ㄱ, ㄷ
③ ㄱ, ㄹ
④ ㄴ, ㄷ
⑤ ㄴ, ㄹ

문 36. 다음 〈표〉는 K국 '갑'~'무' 공무원의 국외 출장 현황과 출장 국가별 여비 기준을 나타낸 자료이다. 〈표〉와 〈조건〉을 근거로 출장 여비를 지급받을 때, 출장 여비를 가장 많이 지급받는 출장자부터 순서대로 바르게 나열한 것은?

〈표 1〉 K국 '갑'~'무' 공무원 국외 출장 현황

출장자	출장국가	출장기간	숙박비 지급유형	1박 실지출 비용($/박)	출장 시 개인 마일리지 사용 여부
갑	A	3박 4일	실비지급	145	미사용
을	A	3박 4일	정액지급	130	사용
병	B	3박 5일	실비지급	110	사용
정	C	4박 6일	정액지급	75	미사용
무	D	5박 6일	실비지급	75	사용

※ 각 출장자의 출장 기간 중 매박 실지출 비용은 변동 없음

〈표 2〉 출장 국가별 1인당 여비 지급 기준액

구분\출장국가	1일 숙박비 상한액($/박)	1일 식비($/일)
A	170	72
B	140	60
C	100	45
D	85	35

─────〈조 건〉─────

• 출장 여비($)＝숙박비＋식비
• 숙박비는 숙박 실지출 비용을 지급하는 실비지급 유형과 출장국가 숙박비 상한액의 80%를 지급하는 정액지급 유형으로 구분
  ■ 실비지급숙박비($)＝(1박 실지출 비용)×('박' 수)
  ■ 정액지급 숙박비($)
    ＝(출장국가 1일 숙박비 상한액)×('박' 수)×0.8
• 식비는 출장 시 개인 마일리지 사용 여부에 따라 출장 중 식비의 20% 추가지급
  ■ 개인 마일리지 미사용 시 지급 식비($)
    ＝(출장국가 1일 식비)×('일' 수)
  ■ 개인 마일리지 사용 시 지급 식비($)
    ＝(출장국가 1일 식비)×('일' 수)×1.2

① 갑, 을, 병, 정, 무
② 갑, 을, 병, 무, 정
③ 을, 갑, 정, 병, 무
④ 을, 갑, 병, 무, 정
⑤ 을, 갑, 무, 병, 정

문 37. 다음 〈표〉와 〈조건〉은 고객기관 유형별 기관수와 고객기관 유형별 공공데이터 자체활용 및 제공 현황이고, 〈그림〉은 공공 데이터의 제공 경로를 나타낸다. 이에 대한 〈보기〉의 설명 중 옳은 것만을 모두 고르면?

〈표〉 고객기관 유형별 기관수

(단위 : 개)

유 형	기관수
1차 고객기관	600
2차 고객기관	300

─ 〈조 건〉 ─

• 모든 1차 고객기관은 공공데이터 원천기관으로부터 제공받은 공공데이터를 보유하고 있으며, 1차 고객기관은 공공데이터를 자체활용만 하는 기관과 자체활용 없이 개인고객 또는 2차 고객기관에게 공공데이터를 제공하는 기관으로 구분된다.

• 1차 고객기관 중 25%는 공공데이터를 자체활용만 한다.

• 1차 고객기관 중 50%는 2차 고객기관에게 공공데이터를 제공하고, 1차 고객기관 중 60%는 개인고객에게 공공데이터를 제공한다.

• 2차 고객기관 중 30%는 공공데이터를 자체활용만 하고, 70%는 개인고객에게 공공데이터를 제공한다.

• 1차 고객기관으로부터 공공데이터를 제공받지 않는 2차 고객기관은 없다.

〈그림〉 공공데이터의 제공 경로

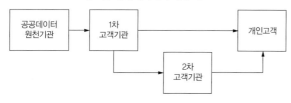

─ 〈보 기〉 ─

ㄱ. 개인고객에게 공공데이터를 제공하는 기관의 수는 1차 고객기관이 2차 고객기관보다 크다.

ㄴ. 공공데이터를 자체활용만 하는 기관의 수는 1차 고객기관이 2차 고객기관보다 크다.

ㄷ. 1차 고객기관 중 개인고객에게만 공공데이터를 제공하는 기관의 수는 1차 고객기관의 25%이다.

ㄹ. 1차 고객기관 중 개인고객에게만 공공데이터를 제공하는 기관의 수는 1차 고객기관 중 2차 고객기관에게만 공공데이터를 제공하는 기관의 수에 비해 70% 이상 더 크다.

① ㄱ, ㄴ   ② ㄱ, ㄷ
③ ㄴ, ㄹ   ④ ㄱ, ㄴ, ㄷ
⑤ ㄱ, ㄴ, ㄹ

문 38. 다음 〈표〉는 A도시 주민 일일 통행 횟수의 통행목적에 따른 시간대별 비율을 정리한 자료이다. 이에 대한 〈보기〉의 설명 중 옳은 것만을 모두 고르면?

〈표〉 일일 통행 횟수의 통행목적에 따른 시간대별 비율

(단위 : %)

통행목적 시간대	업 무	여 가	쇼 핑	전체통행
00:00~03:00	3.00	1.00	1.50	2.25
03:00~06:00	4.50	1.50	1.50	3.15
06:00~09:00	40.50	1.50	6.00	24.30
09:00~12:00	7.00	12.00	30.50	14.80
12:00~15:00	8.00	9.00	31.50	15.20
15:00~18:00	24.50	7.50	10.00	17.60
18:00~21:00	8.00	50.00	14.00	16.10
21:00~24:00	4.50	17.50	5.00	6.60
계	100.00	100.00	100.00	100.00

※ 1) 전체통행은 업무, 여가, 쇼핑의 3가지 통행목적으로만 구성되며, 각각의 통행은 하나의 통행목적을 위해서만 이루어짐
2) 모든 통행은 각 시간대 내에서만 출발과 도착이 모두 이루어짐

─ 〈보 기〉 ─

ㄱ. 업무목적 통행 비율이 하루 중 가장 높은 시간대와 전체통행 횟수가 하루 중 가장 많은 시간대는 동일하다.

ㄴ. 일일 통행목적별 통행 횟수는 '업무', '쇼핑', '여가' 순으로 많다.

ㄷ. 여가목적 통행 비율이 하루 중 가장 높은 시간대의 여가목적 통행 횟수는 09:00~12:00시간대의 전체 통행 횟수보다 많다.

ㄹ. 쇼핑목적 통행 비율이 하루 중 가장 높은 시간대의 쇼핑목적 통행 횟수는 같은 시간대의 업무목적 통행 횟수의 2.5배 이상이다.

① ㄱ, ㄴ
② ㄱ, ㄷ
③ ㄱ, ㄴ, ㄷ
④ ㄱ, ㄴ, ㄹ
⑤ ㄴ, ㄷ, ㄹ

※ 다음 〈표〉는 '갑' 국 호수 A와 B의 2013년 8월 10~16일 수온, 수질측정, 조류예보 및 해제 현황과 2008~2012년 조류예보 발령 현황에 대한 자료이다. 〈표〉를 보고 물음에 답하시오. [문 39~문 40]

〈표 1〉 호수별 수온, 수질측정, 조류예보 및 해제 현황
(2013년 8월 10~16일)

호 수	측정월일	수 온 (℃)	수질측정항목		조류예보 및 해제
			클로로필 농도 (mg/m³)	남조류 세포수 (개/mL)	
A	8월 10일	27.6	16.9	917	-
	8월 11일	27.5	29.4	4,221	주의보
	8월 12일	26.2	30.4	5,480	주의보
	8월 13일	25.2	40.1	8,320	경 보
	8월 14일	23.9	20.8	1,020	주의보
	8월 15일	20.5	18.0	328	주의보
	8월 16일	21.3	13.8	620	해 제
B	8월 10일	24.2	21.7	4,750	-
	8월 11일	25.2	28.5	1,733	주의보
	8월 12일	26.1	30.5	5,315	주의보
	8월 13일	23.8	21.5	1,312	( )
	8월 14일	22.1	16.8	389	( )
	8월 15일	18.6	10.3	987	( )
	8월 16일	17.8	5.8	612	( )

※ 수질측정은 매일 각 호수별로 동일시간, 동일지점, 동일한 방법으로 1회만 수행함

〈표 2〉 2008~2012년 호수별 조류예보 발령 현황

(단위 : 일)

호 수	구 분	2008년	2009년	2010년	2011년	2012년
A	주의보	7	0	21	14	28
	경 보	0	0	0	0	0
	대발생	0	0	0	0	0
B	주의보	49	35	28	35	14
	경 보	7	0	21	42	0
	대발생	7	0	0	14	0

문 39. 다음 〈보고서〉를 작성하기 위해 위 〈표〉 이외에 추가로 필요한 자료만을 〈보기〉에서 모두 고르면?

─ 〈보고서〉 ─

2013년 8월 10~16일 동안 호수 B의 수온이 호수 A의 수온보다 매일 낮았다. 그리고, 8월 10~12일 동안 호수 B의 클로로필 농도는 증가하다가 8월 13~16일 동안 감소하였다. 호수 B의 남조류 세포수는 8월 10~13일 동안 증감을 반복하다가 8월 14~16일 동안 1,000개/mL 이하로 유지되었다.

2008~2013년 호수 A와 B에서 클로로필 농도와 남조류 세포수의 월일별 증감 방향은 일치하지 않았으나, 호수 내 질소의 농도와 인의 농도를 월일별로 살펴보면 밀접한 상관관계가 있었다.

2008~2013년 조류예보 발령 현황을 보면 호수 A에는 2009년을 제외하면 매년 '주의보'가 발령되었고 호수 B에는 '경보'와 '대발생'도 발령되었다. '주의보'가 발령되는 시기는 주로 8월에서 10월까지 집중되어 있으며, 동절기인 12월에는 '주의보' 발령이 없었다.

─ 〈보 기〉 ─

ㄱ. 2008~2013년 호수 A와 B의 월일별 질소 및 인 농도 측정 현황
ㄴ. 2008~2013년 호수 A와 B의 월일별 수위측정 현황
ㄷ. 2008~2013년 호수 A와 B의 월일별 조류예보 발령 현황
ㄹ. 2008~2013년 호수 A와 B의 월일별 수온측정 현황
ㅁ. 2008~2013년 호수 A와 B의 월일별 클로로필 농도 및 남조류 세포수 측정 현황

① ㄱ, ㄷ
② ㄱ, ㄷ, ㅁ
③ ㄴ, ㄷ, ㅁ
④ ㄱ, ㄴ, ㄹ, ㅁ
⑤ ㄱ, ㄷ, ㄹ, ㅁ

문 40. 위 〈표〉와 다음 〈표 3〉 그리고 〈조류예보 및 해제 발령 절차〉를 이용하여 2013년 8월 13~15일 호수 B의 조류예보 및 해제 발령 결과를 바르게 나열한 것은?

〈표 3〉 조류예보 수질측정항목 수치의 단계별 기준

수질측정항목 / 단계	주의보	경보	대발생
클로로필 농도 (mg/m³)	15 이상	25 이상	100 이상
남조류 세포수 (개/mL)	500 이상	5,000 이상	1,000,000 이상

※ '갑' 국에서는 조류예보 수질측정항목으로 '클로로필 농도'와 '남조류 세포수'만 사용함

────── 〈조류예보 및 해제 발령 절차〉 ──────

• 예보 당일 및 전일 조류예보 수질측정항목 수치의 단계별 기준에 의거, 다음과 같이 조류예보 또는 '해제'를 발령함
• 예보 당일 및 전일의 수질측정항목(클로로필 농도와 남조류 세포수) 측정수치 4개를 획득함
• 아래 5개 조건 만족여부를 순서대로 판정하고 조건을 만족하면 해당 발령 후 예보 당일 '조류예보 및 해제 발령 절차'를 종료함
  1) 측정수치 4개가 모두 대발생 단계 기준을 만족하면 '대발생' 발령
  2) 측정수치 4개가 모두 경보 단계 기준을 만족하면 '경보' 발령
  3) 측정수치 4개가 모두 주의보 단계 기준을 만족하면 '주의보' 발령
  4) 측정수치 4개 중 2개 이상이 주의보 단계 기준을 만족하지 못하면 '해제' 발령
  5) 위 1)~4)를 만족하지 못하면 예보 전일과 동일한 발령을 유지

	8월 13일	8월 14일	8월 15일
①	경 보	주의보	해 제
②	경 보	주의보	주의보
③	주의보	주의보	주의보
④	주의보	주의보	해 제
⑤	주의보	경 보	주의보

문 1. 다음 글을 근거로 판단할 때, 〈보기〉에서 옳은 것만을 모두 고르면?

> 무릇 오곡이란 백성들이 생존의 양식으로 의존하는 것이기에 군주는 식량 증산에 힘쓰지 않을 수 없고, 재물을 쓰는 데 절약하지 않을 수 없다.
>
> 오곡 가운데 한 가지 곡식이 제대로 수확되지 않으면 이것을 근(饉)이라 하고, 두 가지 곡식이 제대로 수확되지 않으면 이것을 한(旱)이라고 한다. 세 가지 곡식이 제대로 수확되지 않으면 이것을 흉(凶)이라고 한다. 또 네 가지 곡식이 제대로 수확되지 않으면 이것을 궤(饋)라고 하고, 다섯 가지 곡식 모두 제대로 수확되지 않으면 이것을 기(饑)라고 한다. 근이 든 해에는 대부(大夫) 이하 벼슬하는 사람들은 모두 봉록의 5분의 1을 감봉한다. 한이 든 해에는 5분의 2를 감봉하고, 흉이 든 해에는 5분의 3을 감봉하고, 궤가 든 해에는 5분의 4를 감봉하며, 기가 든 해에는 아예 봉록을 주지 않고 약간의 식량만을 지급할 뿐이다.
>
> 곡식이 제대로 수확되지 않으면 군주는 먹던 요리의 5분의 3을 줄이고, 대부들은 음악을 듣지 않으며, 선비들은 농사에 힘쓸 뿐 배우러 다니지 않는다. 군주는 조회할 때 입는 예복이 낡아도 고쳐 입지 않고, 사방 이웃 나라의 사신들에게도 식사만을 대접할 뿐 성대한 잔치를 베풀지 않는다. 또 군주가 행차할 때 수레를 끄는 말의 수도 반으로 줄여 두 마리만으로 수레를 끌게 한다. 길을 보수하지 않고, 말에게 곡식을 먹이지 않으며, 궁녀들은 비단옷을 입지 않는다. 이것은 식량이 부족함을 백성들에게 인식시키고자 함이다.

〈보 기〉

ㄱ. 대부 이하 벼슬하는 사람이 근(饉)이 들었을 때 받을 수 있는 봉록은 궤(饋)가 들었을 때 받을 수 있는 봉록의 4배일 것이다.

ㄴ. 오곡 모두 제대로 수확되지 않으면 대부 이하 벼슬하는 사람들은 봉록과 식량을 전혀 지급받지 못했을 것이다.

ㄷ. 곡식이 제대로 수확되지 않으면 군주가 행차할 때 탄 수레는 곡식을 먹인 말 두 마리가 끌었을 것이다.

ㄹ. 곡식이 제대로 수확되지 않으면 군주는 먹던 요리를 5분의 4로 줄였을 것이다.

① ㄱ
② ㄷ
③ ㄱ, ㄴ
④ ㄴ, ㄹ
⑤ ㄱ, ㄷ, ㄹ

문 2. 다음 글을 근거로 판단할 때 옳은 것은?

> ○○시에서 택시기사 면허증을 취득하기 위해서는 약 2만 5천 개나 되는 도로와 수천 개의 주요 장소를 알고 있어야 한다. 이 모든 지식을 익히는 데에는 보통 3~4년의 교육 기간이 소요된다. 그리고 여러 번의 시험을 합격해야만 면허증을 취득할 수 있다. 신경학자들은 교육을 받아 시험에 합격한 집단, 교육은 받았지만 시험에는 불합격한 집단, 교육을 받지 않은 집단을 대상으로 뇌 해마의 성장을 비교하였다. 그 결과 교육을 받아 시험에 합격한 집단만 해마의 회색질이 증가함을 확인하였다. 연령, 학력, 지능에 있어서는 세 집단 간에 두드러진 차이가 없었다. 한편 교육을 받은 집단간 비교에서 전체 교육 기간의 차이는 거의 없으나, 주당 교육 시간에는 차이가 현격했다. 시험에 합격한 사람들의 주당교육 시간은 평균 34.5시간이었고, 시험에 불합격한 사람들의 경우에는 평균 16.7시간에 불과했다.
>
> 또 다른 실험에서는 참가자들을 두 그룹으로 나누어 아래의 단어 전체를 동시에 30초간 제시하였다.

> 던지다 – 망치 – 반짝이다 – 이순신 – 달리다 – 돌 – 생각하다 – 자동차 – 진드기 – 사랑하다 – 구름 – 마시다 – 보이다 – 책 – 불 – 뼈 – 먹다 – 유관순 – 바다 – 철

> '그룹1'은 명사와 동사를 구분하고, '그룹2'는 명사와 동사를 구분하는 것뿐만 아니라 명사는 고유명사와 일반명사로 동사는 자동사와 타동사로 구분하도록 하였다. 다음날 모든 참가자에게 그들이 기억할 수 있는 단어를 모두 말하도록 한 결과, 상대적으로 복잡한 과제를 수행한 집단이 더 많은 단어를 기억하였다.

※ 해마 : 대뇌 변연계의 양쪽 측두엽에 존재하며 기억을 담당

① 교육시간이 길어질수록 뇌 해마의 회색질이 감소할 것이다.
② 단어 기억 실험에서 '그룹2'가 더 많은 단어를 기억했을 것이다.
③ 개인의 교육 수준보다 연령이 기억력에 미치는 영향이 더 클 것이다.
④ 선천적으로 기억력이 좋은 사람만 ○○시의 택시기사 면허 시험에 통과하였을 것이다.
⑤ ○○시 택시기사 면허 시험에 합격한 집단의 전체 교육기간 평균은 시험에 불합격한 집단의 평균보다 두 배 가량 길었을 것이다.

문 3. 다음 글을 근거로 판단할 때, 〈보기〉에서 허용될 수 있는 행동을 한 사람만을 모두 고르면?

우매한 수령은 아전을 심복으로 여겨 밤중에 몰래 불러서 여러 가지 일을 의논한다. 아전이 그 수령에게 아첨하여 기쁘게 해주는 까닭은 전세(田稅)를 농간질하고 창고의 곡식을 가로채거나 송사(訟事)와 옥사(獄事)를 팔아서 그 뇌물을 빨아먹기 위한 것뿐이다.

대체적으로 참알(參謁)을 받는 수령은 조관(朝冠)을 착용하는데, 아전이 어찌 흰 옷과 베 띠를 착용하고 관정(官庭)에 들어올 수 있겠는가. 지금 경사(京司)에서 참알하는 서리(書吏)들은 모두 홍단령(紅團領)을 착용하는 것이 본연의 법도인 것이다. 다만, 상중(喪中)에 공무를 보러 나온 자는 검은 갓과 검은 띠를 착용함을 허락하되 관아에서 참알하는 것은 허락하지 말 것이며, 관아를 드나들면서 일을 품의(稟議)하도록 한다.

요즘 보면, 수령된 자가 아전들이 잔치를 열고 노는 것을 내버려 두니 아전들은 산을 오르고 물에 배를 띄우면서 노래와 춤추기를 번갈아 한다. 백성들은 이를 보고는 미워하기를 원수와 같이 한다. 즐기기는 아전이 하고 원망은 수령이 듣게 되니 또한 터무니없는 일이 아닌가. 마땅히 엄금해야 할 것이다. 혹시 한 번쯤 바람 쐬고 싶은 생각이 들면 시절이 좋고 풍년이 든 때를 가려서 관아에 일도 적은 날, 흰밥과 나물반찬을 준비해 가지고 산에 오르거나 물가에 가서 소박한 모임을 갖도록 해야 할 것이다.

아전들이나 하인들이 사사로이 서로 경계하고 타이르는 것을 반드시 다 금지할 필요는 없다. 그러나 곤장 10대 이상을 벌주는 일은 마땅히 품의한 다음에 시행하도록 해야 한다. 백성으로서 관아에 직접 딸려 있지 않은 자에게는 읍민(邑民)이나 촌민(村民)을 가리지 않고 매 한 대라도 허용하여서는 안 된다.

※ 참알 : 조선시대 벼슬아치가 그의 책임 벼슬아치를 뵙는 일
※ 경사 : 서울에 있던 관아를 통틀어 이르는 말
※ 홍단령 : 붉은 색 공복(公服)
※ 품의 : 웃어른이나 상사에게 글이나 말로 여쭈어 의논함

─── 〈보 기〉 ───
ㄱ. 흰 옷과 베 띠를 착용하고 경사에서 참알한 서리
ㄴ. 흉년에 사기진작을 위해 수시로 잔치를 열어 아전들을 격려한 수령
ㄷ. 아전이 잘못한 하인을 곤장으로 벌주는 모든 행위를 품의 없이 할 수 있도록 허락한 수령
ㄹ. 삼년상을 치르는 중 일을 품의하기 위해 검은 갓과 검은 띠를 착용하고 관아를 드나든 아전

① ㄱ   ② ㄴ
③ ㄹ   ④ ㄱ, ㄷ
⑤ ㄴ, ㄷ, ㄹ

문 4. 다음 글을 근거로 판단할 때, 〈보기〉에서 옳은 것만을 모두 고르면?

특정 물질의 치사량은 주로 동물 연구와 실험을 통해서 결정한다. 치사량의 단위는 주로 LD50을 사용하는데, 'LD'는 Lethal Dose의 약어로 치사량을 의미하고, '50'은 물질 투여시 실험 대상 동물의 50%가 죽는 것을 의미한다. 이런 이유로 LD50을 반수(半數) 치사량이라고도 한다. 일반적으로 치사량이란 '즉시' 생명을 앗아갈 수 있는 양을 의미하고 있으므로 '급성' 반수 치사량이 사실 정확한 표현이다. LD50 값을 표기할 때는 보통 실험 대상 동물의 몸무게 1kg을 기준으로 하는 mg/kg 단위를 사용한다.

독성이 강하다는 보톡스의 LD50 값은 1ng/kg으로 복어 독보다 1만 배 이상 강하다. 일상에서 쉽게 접할 수 있는 카페인의 LD50 값은 200mg/kg이며 니코틴의 LD50 값은 1mg/kg이다. 커피 1잔에는 평균적으로 150mg의 카페인이 들어 있으며 담배 한 개비에는 평균적으로 0.1mg의 니코틴이 함유되어 있다.

※ 1ng(나노그램) = 10^{-6}mg = 10^{-9}g

─── 〈보 기〉 ───
ㄱ. 복어 독의 LD50 값은 0.01mg/kg 이상이다.
ㄴ. 일반적으로 독성이 더 강한 물질일수록 LD50 값이 더 작다.
ㄷ. 몸무게가 7kg인 실험 대상 동물의 50%가 즉시 치사하는 카페인 투여량은 1.4g이다.
ㄹ. 몸무게가 60kg인 실험 대상 동물의 50%가 즉시 치사하는 니코틴 투여량은 1개비당 니코틴 함량이 0.1mg인 담배 60개비에 들어 있는 니코틴의 양에 상응한다.

① ㄱ, ㄴ
② ㄱ, ㄷ
③ ㄱ, ㄴ, ㄷ
④ ㄴ, ㄷ, ㄹ
⑤ ㄱ, ㄴ, ㄷ, ㄹ

문 5. 다음 글을 근거로 판단할 때 옳지 않은 것은?

> **제00조(예비이전후보지의 선정)** ① 종전부지 지방자치단체의 장은 군 공항을 이전하고자 하는 경우 국방부장관에게 이전을 건의할 수 있다.
> ② 제1항의 건의를 받은 국방부장관은 군 공항을 이전하고자 하는 경우 군사작전 및 군 공항 입지의 적합성 등을 고려하여 군 공항 예비이전후보지(이하 '예비이전후보지'라 한다)를 선정할 수 있다.
> **제00조(이전후보지의 선정)** 국방부장관은 한 곳 이상의 예비이전후보지 중에서 군 공항 이전후보지를 선정함에 있어서 군 공항 이전부지 선정위원회의 심의를 거쳐야 한다.
> **제00조(군 공항 이전부지 선정위원회)** ① 군 공항 이전후보지 및 이전부지의 선정 등을 심의하기 위해 국방부에 군 공항 이전부지 선정위원회(이하 '선정위원회'라 한다)를 둔다.
> ② 위원장은 국방부장관으로 하고, 당연직위원은 다음 각 호의 사람으로 한다.
> 1. 기획재정부차관, 국토교통부차관
> 2. 종전부지 지방자치단체의 장
> 3. 예비이전후보지를 포함한 이전주변지역 지방자치단체의 장
> 4. 종전부지 및 이전주변지역을 관할하는 특별시장·광역시장 또는 도지사
> ③ 선정위원회는 다음 각 호의 사항을 심의한다.
> 1. 이전후보지 및 이전부지 선정
> 2. 종전부지 활용방안 및 종전부지 매각을 통한 이전 주변지역 지원방안
> **제00조(이전부지의 선정)** ① 국방부장관은 이전후보지 지방자치단체의 장에게 「주민투표법」에 따라 주민투표를 요구할 수 있다.
> ② 제1항의 지방자치단체의 장은 주민투표 결과를 충실히 반영하여 국방부장관에게 군 공항 이전 유치를 신청한다.
> ③ 국방부장관은 제2항에 따라 유치를 신청한 지방자치단체 중에서 선정위원회의 심의를 거쳐 이전부지를 선정한다.

※ 종전부지 : 군 공항이 설치되어 있는 기존의 부지
※ 이전부지 : 군 공항이 이전되어 설치될 부지

① 종전부지를 관할하는 광역시장은 이전부지 선정 심의에 참여한다.
② 국방부장관은 선정위원회의 심의를 거치지 않고 예비이전후보지를 선정할 수 있다.
③ 선정위원회는 군 공항이 이전되고 난 후에 종전부지를 어떻게 활용할 것인지에 대한 사항도 심의한다.
④ 종전부지 지방자치단체의 장은 주민투표를 거치지 않으면 국방부장관에게 군 공항 이전을 건의할 수 없다.
⑤ 예비이전후보지가 한 곳이라고 하더라도 선정위원회의 심의를 거쳐야 이전후보지로 선정될 수 있다.

문 6. 다음 글을 근거로 판단할 때 옳은 것은?

> **제00조(중재합의의 방식)** ① 중재합의는 독립된 합의의 형식으로 또는 계약에 중재조항을 포함하는 형식으로 할 수 있다.
> ② 중재합의는 서면으로 하여야 한다.
> ③ 다음 각 호의 어느 하나에 해당하는 경우는 서면에 의한 중재합의로 본다.
> 1. 당사자들이 서명한 문서에 중재합의가 포함된 경우
> 2. 편지, 전보, 전신, 팩스 또는 그 밖의 통신수단에 의하여 교환된 문서에 중재합의가 포함된 경우
> 3. 어느 한쪽 당사자가 당사자 간에 교환된 문서의 내용에 중재합의가 있는 것을 주장하고 상대방 당사자가 이에 대하여 다투지 아니하는 경우
> ④ 계약이 중재조항을 포함한 문서를 인용하고 있는 경우에는 중재합의가 있는 것으로 본다. 다만, 그 계약이 서면으로 작성되고 중재조항을 그 계약의 일부로 하고 있는 경우로 한정한다.
> **제00조(중재합의와 법원에의 제소)** ① 중재합의의 대상인 분쟁에 관하여 소(訴)가 제기된 경우에 피고가 중재합의가 있다는 항변(抗辯)을 하였을 때에는 법원은 그 소를 각하(却下)하여야 한다. 다만, 중재합의가 없거나 무효이거나 효력을 상실하였거나 그 이행이 불가능한 경우에는 그러하지 아니하다.
> ② 제1항의 소가 법원에 계속 중인 경우에도 중재판정부는 중재절차를 개시 또는 진행하거나 중재판정을 내릴 수 있다.

※ 중재 : 당사자 간 합의로 선출된 중재인의 판정에 따른 당사자 간의 분쟁해결 절차
※ 각하 : 적법하지 않은 소가 제기된 경우 이를 배척하는 것

① 甲과 乙이 계약을 말로 체결하면서 중재조항을 포함한 문서를 인용한 경우, 중재합의가 있는 것으로 본다.
② 甲과 乙이 계약을 체결하면서 중재합의를 하고자 하는 경우, 계약에 중재조항을 포함시키지 않으면 안 된다.
③ 甲과 乙사이에 교환된 문서의 내용에 중재합의가 있는 것을 甲이 주장하고 乙이 이에 대하여 다투지 아니하는 경우, 서면에 의한 중재합의로 본다.
④ 甲과 乙이 계약을 체결하면서 중재합의를 하였지만 중재합의의 대상인 계약에 관하여 소가 제기되어 법원에 계속 중인 경우, 중재판정부는 중재절차를 개시할 수 없다.
⑤ 甲과 乙이 계약을 체결하면서 중재합의를 하였으나 중재합의의 효력이 상실된 경우, 해당 계약에 관한 소가 제기되어 피고가 중재합의가 있다는 항변을 하면 법원은 그 소를 각하하여야 한다.

문 7. 다음 글과 〈상황〉을 근거로 판단할 때, 2016년 정당에 지급할 국고보조금의 총액은?

제00조(국고보조금의 계상) ① 국가는 정당에 대한 보조금으로 최근 실시한 임기만료에 의한 국회의원선거의 선거권자 총수에 보조금 계상단가를 곱한 금액을 매년 예산에 계상하여야 한다.

② 대통령선거, 임기만료에 의한 국회의원선거 또는 동시 지방선거가 있는 연도에는 각 선거(동시지방선거는 하나의 선거로 본다)마다 보조금 계상단가를 추가한 금액을 제1항의 기준에 의하여 예산에 계상하여야 한다.

③ 제1항 및 제2항에 따른 보조금 계상단가는 전년도 보조금 계상단가에 전전년도와 대비한 전년도 전국소비자물가 변동률을 적용하여 산정한 금액을 증감한 금액으로 한다.

④ 중앙선거관리위원회는 제1항의 규정에 의한 보조금(이하 '경상보조금'이라 한다)은 매년 분기별로 균등분할하여 정당에 지급하고, 제2항의 규정에 의한 보조금(이하 '선거보조금'이라 한다)은 당해 선거의 후보자등록마감일 후 2일 이내에 정당에 지급한다.

〈상 황〉

• 2014년 실시된 임기만료에 의한 국회의원선거의 선거권자 총수는 3천만 명이었고, 국회의원 임기는 4년이다.
• 2015년 정당에 지급된 국고보조금의 보조금 계상단가는 1,000원이었다.
• 전국소비자물가 변동률을 적용하여 산정한 보조금 계상단가는 전년 대비 매년 30원씩 증가한다.
• 2016년에는 5월에 대통령선거가 있고 8월에 임기만료에 의한 동시지방선거가 있다. 각 선거의 한 달 전에 후보자 등록을 마감한다.
• 2017년에는 대통령선거, 임기만료에 의한 국회의원선거 또는 동시지방선거가 없다.

① 309억 원
② 600억 원
③ 618억 원
④ 900억 원
⑤ 927억 원

문 8. 다음 글을 근거로 판단할 때, 〈보기〉에서 옳은 것만을 모두 고르면?

1989년 독일 통일 직후, 체제가 다른 구동독에서 교육받아 양성되고 활동했던 판사·검사들의 자격유지를 둘러싸고 논쟁이 벌어졌다.

판사·검사들의 자격유지에 반대하는 주장의 논거는 다음과 같다.

논거1 : 구동독에서 전체주의 국가의 체제지도이념에 따라 소송을 수행해 온 판사·검사들은 자유민주적 법치국가에 부합하는 국가관이 결여되어 있고, 오히려 그들은 과거 관여한 재판의 결과로 야기된 체제 불법에 대하여 책임을 져야 한다.

논거2 : 구동독과 구서독은 법체제뿐만 아니라 소송의 전 과정에 큰 차이가 있었기 때문에, 구동독에서 법학 교육을 받고 판사·검사로 양성된 자들을 구서독질서를 기준으로 작동하고 있는 통일독일의 사법체제 내로 받아들인다는 것은 소송수행능력 차원에서도 인정되기 어렵다.

판사·검사들의 자격유지에 찬성하는 주장의 논거는 다음과 같다.

논거1 : 구동독 출신 판사·검사들을 통일독일의 사법체제 내로 받아들이지 않는다면, 당장 상당히 넓은 지역에서 재판 정지상태가 야기될 것이다.

논거2 : 구서독 출신 판사·검사들은 구동독 지역의 생활 관계의 고유한 관점들을 고려하지 못하여 구동독 주민들로부터 신뢰받기 어렵고, 이러한 점은 재판에서 불복과 다툼의 원인이 될 것이다.

한편, 구동독 지역인 튀링엔 주의 경우 1990년 10월 3일 판사·검사의 자격유지 여부를 위한 적격심사를 한 결과, 전체 194명의 판사 중 101명이, 141명의 검사 중 61명이 심사를 통과하여 판사·검사로 계속 활동하게 되었다.

〈보 기〉

ㄱ. 구동독 판사·검사의 자격유지를 반대하는 입장에서는, 이들이 구동독 전체주의 체제에서 오랜 기간 교육받고 생활하면서 형성된 국가관을 가지고 있다는 점을 문제로 제기했을 것이다.

ㄴ. 구동독 판사·검사의 자격유지를 찬성하는 입장에서는, 기존 판사·검사들의 공백으로 인한 재판업무의 마비를 우려했을 것이다.

ㄷ. 구동독 판사·검사의 자격유지를 찬성하는 입장에서는, 구동독 주민들의 관점에서 이들의 생활관계상 특수성을 이해하고 주민들의 신뢰를 받을 수 있는 판사·검사가 필요하다고 주장했을 것이다.

ㄹ. 튀링엔 주의 경우 1990년 10월 3일 적격심사 결과, 판사들보다 검사들 중 통일독일의 판사·검사로서 적합한 인물이 보다 많았다고 할 수 있다.

① ㄱ, ㄴ
② ㄱ, ㄴ, ㄷ
③ ㄱ, ㄴ, ㄹ
④ ㄱ, ㄷ, ㄹ
⑤ ㄴ, ㄷ, ㄹ

문 9. 다음 글을 근거로 판단할 때, 〈보기〉에서 옳은 것만을 모두 고르면?

> '올해의 체육인상' 후보에 총 5명(甲~戊)이 올랐다. 수상자는 120명의 기자단 투표에 의해 결정되며 투표 규칙은 다음과 같다.
> - 투표권자는 한 명당 한 장의 투표용지를 받고, 그 투표용지에 1순위와 2순위 각 한 명의 후보자를 적어야 한다.
> - 투표권자는 1순위와 2순위로 동일한 후보자를 적을 수 없다.
> - 투표용지에 1순위로 적힌 후보자에게는 5점이, 2순위로 적힌 후보자에게는 3점이 부여된다.
> - '올해의 체육인상'은 개표 완료 후, 총 점수가 가장 높은 후보자가 수상하게 된다.
> - 기권표와 무효표는 없다.
>
> 현재 투표까지의 중간집계 점수는 아래와 같다.
>
> 〈중간집계〉
>
> | 후보자 | 점 수 |
> |---|---|
> | 甲 | 360점 |
> | 乙 | 15점 |
> | 丙 | 170점 |
> | 丁 | 70점 |
> | 戊 | 25점 |

〈보 기〉
ㄱ. 현재 투표한 인원은 총 투표인원의 64%를 넘는다.
ㄴ. 중간집계 결과로 볼 때, '올해의 체육인상'을 받을 수 있는 사람은 甲뿐이다.
ㄷ. 중간집계 결과로 볼 때, 8명이 丁을 1순위로 적었다면 최대 60명이 甲을 1순위로 적었을 것이다.

① ㄱ
② ㄱ, ㄴ
③ ㄱ, ㄷ
④ ㄴ, ㄷ
⑤ ㄱ, ㄴ, ㄷ

문 10. 다음 〈규칙〉을 근거로 판단할 때, A와 B가 한 번의 게임에서 얻은 점수 합계의 최댓값과 최솟값은?

〈규 칙〉
- A와 B는 상자 안에 든 1~9까지의 숫자가 적힌 아홉 개의 공을 번갈아가며 하나씩 뽑는다. 단, 하나의 공에는 하나의 숫자만 적혀 있고, 중복되거나 누락된 숫자는 없다.
- 뽑은 공은 상자 안에 다시 넣지 않는다.
- 공은 A가 먼저 뽑고, 공을 모두 뽑으면 게임은 종료된다.
- 득점방식은 다음과 같다.
  - $(n-1)$번째 뽑은 공에 적힌 숫자와 n번째 뽑은 공에 적힌 숫자를 더한다. ($n=2, 3, 4, 5, 6, 7, 8, 9$)
  - 위 합산 값의 일의 자리 수가 n번째 공을 뽑은 사람의 득점이 된다. 즉, n이 홀수일 때 A가 득점하고, n이 짝수일 때 B가 득점한다.
  - A는 자신이 뽑은 첫 번째 공으로 득점할 수 없다.

	최댓값	최솟값
①	61	3
②	61	4
③	61	5
④	67	4
⑤	67	5

문 11. 다음 글과 〈자료〉를 근거로 판단할 때, 甲이 여행을 다녀온 시기로 가능한 것은?

- 甲은 선박으로 '포항 → 울릉도 → 독도 → 울릉도 → 포항' 순으로 여행을 다녀왔다.
- '포항 → 울릉도' 선박은 매일 오전 10시, '울릉도 → 포항' 선박은 매일 오후 3시에 출발하며, 편도 운항에 3시간이 소요된다.
- 울릉도에서 출발해 독도를 돌아보는 선박은 매주 화요일과 목요일 오전 8시에 출발하여 당일 오전 11시에 돌아온다.
- 최대 파고가 3m 이상인 날은 모든 노선의 선박이 운항되지 않는다.
- 甲은 매주 금요일에 술을 마시는데, 술을 마신 다음 날은 멀미가 심해 선박을 탈 수 없다.
- 이번 여행 중 甲은 울릉도에서 호박엿 만들기 체험을 했는데, 호박엿 만들기 체험은 매주 월·금요일 오후 6시에만 할 수 있다.

〈자 료〉

㉠ : 최대 파고(단위 : m)

일	월	화	수	목	금	토
16	17	18	19	20	21	22
㉠ 1.0	㉠ 1.4	㉠ 3.2	㉠ 2.7	㉠ 2.8	㉠ 3.7	㉠ 2.0
23	24	25	26	27	28	29
㉠ 0.7	㉠ 3.3	㉠ 2.8	㉠ 2.7	㉠ 0.5	㉠ 3.7	㉠ 3.3

① 16일(일)~19일(수)
② 19일(수)~22일(토)
③ 20일(목)~23일(일)
④ 23일(일)~26일(수)
⑤ 25일(화)~28일(금)

문 12. 다음 글을 근거로 판단할 때 참말을 한 사람은?

A동아리 5명의 학생 각각은 B동아리 학생들과 30회씩 가위바위보 게임을 했다. 각 게임에서 이길 경우 5점, 비길 경우 1점, 질 경우 −1점을 받는다. 게임이 모두 끝나자 A 동아리 5명의 학생들은 자신이 얻은 합산 점수를 다음과 같이 말했다.
태우 : 내 점수는 148점이야.
시윤 : 내 점수는 145점이야.
성헌 : 내 점수는 143점이야.
빛나 : 내 점수는 140점이야.
은지 : 내 점수는 139점이야.
이들 중 한 명만이 참말을 하고 있다.

① 태 우
② 시 윤
③ 성 헌
④ 빛 나
⑤ 은 지

문 13. 다음 〈규칙〉을 근거로 판단할 때, 〈보기〉에서 옳은 것만을 모두 고르면?

〈규 칙〉

- 직원이 50명인 A회사는 야유회에서 경품 추첨 행사를 한다.
- 직원들은 1명당 3장의 응모용지를 받고, 1~100 중 원하는 수 하나씩을 응모용지별로 적어서 제출한다. 한 사람당 최대 3장까지 원하는 만큼 응모할 수 있고, 모든 응모용지에 동일한 수를 적을 수 있다.
- 사장이 1~100 중 가장 좋아하는 수 하나를 고르면 해당 수를 응모한 사람이 당첨자로 결정된다. 해당 수를 응모한 사람이 없으면 사장은 당첨자가 나올 때까지 다른 수를 고른다.
- 당첨 선물은 사과 총 100개이고, 당첨된 응모용지가 n장이면 당첨된 응모용지 1장당 사과를 100/n개씩 나누어 준다.
- 만약 한 사람이 2장의 응모용지에 똑같은 수를 써서 당첨된다면 2장 몫의 사과를 받고, 3장일 경우는 3장 몫의 사과를 받는다.

〈보 기〉

ㄱ. 직원 甲과 乙이 함께 당첨된다면 甲은 최대 50개의 사과를 받는다.
ㄴ. 직원 중에 甲과 乙 두 명만이 사과를 받는다면 甲은 최소 25개의 사과를 받는다.
ㄷ. 당첨된 수를 응모한 직원이 甲밖에 없다면, 甲이 그 수를 1장 써서 응모하거나 3장 써서 응모하거나 같은 개수의 사과를 받는다.

① ㄱ
② ㄷ
③ ㄱ, ㄴ
④ ㄱ, ㄷ
⑤ ㄴ, ㄷ

문 14. 다음 글을 근거로 판단할 때, 2015년 9월 15일이 화요일이라면 2020년 이후 A국 ○○축제가 처음으로 18일 동안 개최되는 해는?(단, 모든 날짜는 양력 기준이다)

> 1년의 개념은 지구가 태양을 한 바퀴 도는 데에 걸리는 시간으로, 그 시간은 정확히 365일이 아니다. 실제 그 시간은 365일보다 조금 긴 약 365.2422일이다. 따라서 다음과 같은 규칙을 순서대로 적용하여 1년이 366일인 윤년을 정한다.
>
> 규칙 1 : 연도가 4로 나누어 떨어지는 해는 윤년으로 한다.
> (2004년, 2008년,…)
> 규칙2 : '규칙1'의 연도 중에서 100으로 나누어 떨어지는 해는 평년으로 한다.
> (2100년, 2200년, 2300년,…)
> 규칙3 : '규칙2'의 연도 중에서 400으로 나누어 떨어지는 해는 윤년으로 한다.
> (1600년, 2000년, 2400년,…)

※ 평년 : 윤년이 아닌, 1년이 365일인 해

> A국 ○○축제는 매년 9월 15일이 지나고 돌아오는 첫 번째 토요일에 시작하여 10월 첫 번째 일요일에 끝나는 일정으로 개최한다. 다만 10월 1일 또는 2일이 일요일인 경우, 축제를 A국 국경일인 10월 3일까지 연장한다. 따라서 축제는 최단 16일에서 최장 18일 동안 열린다.

① 2021년
② 2022년
③ 2023년
④ 2025년
⑤ 2026년

문 15. 다음 글과 〈결과〉를 근거로 판단할 때, 〈보기〉에서 옳은 것만을 모두 고르면?

> - △△콩쿠르 결선 진출자 7명에게는 결선 순위에 따라 상금이 주어진다. 단, 공동 순위는 없다.
> - 특별상은 순위와는 상관없이 결선 진출자 중에서 부문별로 한 명씩만 선정된다. 단, 수상자가 선정되지 않거나 한 명이 여러 부문에 선정될 수 있다.
> - 결선 순위별 상금과 특별상 부문별 상금은 다음과 같다.

〈결선 순위별 상금〉
(단위 : 천 원)

순위	상금
1위	30,000
2위	25,000
3위	20,000
4위	15,000
5위	10,000
6위	7,000
7위	7,000

〈특별상 부문별 상금〉
(단위 : 천 원)

부문	상금
인기상	3,000
기교상	3,000
감동상	5,000
창의상	10,000

──── 〈결 과〉 ────

결선 진출자들의 개인별 총 상금(내림차순)은 다음과 같다. C와 D가 받은 총 상금은 아래 목록에서 누락되었고, 이번 콩쿠르에서 7명의 결선 진출자에게 지급된 총 상금은 132,000천 원이다.

〈결선 진출자별 총 상금〉
(단위 : 천 원)

결선 진출자	총 상금
A	35,000
B	33,000
C	?
D	?
E	10,000
F	7,000
G	7,000

──── 〈보 기〉 ────

ㄱ. B가 기교상을 받았다면, 인기상 수상자는 없다.
ㄴ. 감동상을 받은 사람이 다른 특별상을 중복하여 수상한 경우는 없다.
ㄷ. C가 결선에서 4위를 했을 가능성은 없다.
ㄹ. 결선 2위는 A 또는 C 중에서 결정되었다.

① ㄱ, ㄴ
② ㄱ, ㄹ
③ ㄴ, ㄷ
④ ㄴ, ㄹ
⑤ ㄱ, ㄷ, ㄹ

문 16. 다음 〈상황〉을 근거로 판단할 때, 36개의 로봇 중 가장 빠른 로봇 1, 2위를 선발하기 위해 필요한 최소 경기 수는?

─── 〈상 황〉 ───

• 전국 로봇달리기 대회에 36개의 로봇이 참가한다.
• 경주 레인은 총 6개이고, 경기당 각 레인에 하나의 로봇만 배정할 수 있으나, 한 경기에 모든 레인을 사용할 필요는 없다.
• 배정된 레인 내에서 결승점을 먼저 통과하는 순서대로 순위를 정한다.
• 속력과 시간의 측정은 불가능하고, 오직 경기 결과에 의해서만 순위를 결정한다.
• 로봇별 속력은 모두 다르고 각 로봇의 속력은 항상 일정하다.
• 로봇의 고장과 같은 다른 요인은 경기 결과에 영향을 미치지 않는다.

① 7
② 8
③ 9
④ 10
⑤ 11

문 17. 다음 글과 〈평가표〉를 근거로 판단할 때 옳은 것은?

1년 이상 A국에 합법적으로 체류 중인 전문인력 외국인 중 〈평가표〉에 의한 총점이 80점 이상인 경우, A국에서의 거주자격을 부여받게 된다. '점수제에 의한 거주자격 부여 제도'는 1년 이상 A국에 합법적으로 체류 중인 전문 인력 외국인으로서 가점을 제외한 연령·학력·A국 어학능력·연간소득 항목에서 각각 최소의 점수라도 얻을 수 있는 자(이하 '대상자'라 한다)를 대상으로 한다. 평가표 기준(단, 가점 제외)에 해당하지 않는 자는 '점수제에 의한 거주자격 부여 제도'의 대상자에 포함될 수 없다. 예를 들어, 기본적인 의사소통도 불가능한 사람은 이 제도를 통하여 거주자격을 부여받을 수 없다.

아래 〈평가표〉에서 연령·학력·A국 어학능력·연간 소득의 항목별 점수를 합산하고, 가점항목에 해당하는 경우 가점도 합산하여 총점을 구한다.

─── 〈평가표〉 ───

• 연 령

연령대	18~24세	25~29세	30~34세	35~39세	40~44세	45~50세	51세 이상
점 수	20점	23점	25점	23점	20점	18점	15점

• 학 력

최종 학력	박사 학위 2개 이상	박사 학위 1개	석사 학위 2개 이상	석사 학위 1개	학사 학위 2개 이상	학사 학위 1개	2년제 이상 전문 대학 졸업
점 수	35점	33점	32점	30점	28점	26점	25점

• A국 어학능력

A국 어학능력	사회생활에서 충분한 의사소통	친숙한 주제 의사소통	기본적인 의사소통
점 수	20점	15점	10점

• 연간소득

연간소득 (원)	3천만 미만	3천만 이상~5천만 미만	5천만 이상~8천만 미만	8천만 이상~1억 미만	1억 이상
점 수	5점	6점	7점	8점	10점

• 가 점

가점 항목	A국 유학경험					A국 사회봉사 활동			해외전문분야 취업경력		
세부 항목	어학 연수	전문 학사	학 사	석 사	박 사	1년 미만	1~2년 미만	2년 이상	1년 미만	1~2년 미만	2년 이상
점 수	3점	5점	7점	9점	10점	1점	3점	5점	1점	3점	5점

※ A국 유학경험 항목의 경우, 2개 이상의 세부항목에 해당된다면 가장 높은 점수만을 부여한다.

① 평가표에 의할 때 대상자가 받을 수 있는 최저점수는 70점 이다.
② 평가표에 의할 때 대상자가 가점으로 받을 수 있는 최고점 수는 52점이다.
③ 가점항목을 제외한 4개의 항목 중 배점이 두 번째로 작은 항목은 연령이다.
④ 대상자 甲은 가점을 획득하지 못해도 연령, 학력, A국 어학 능력에서 최고점을 받는다면, 연간소득 항목에서 최저점수 를 받더라도 거주자격을 부여받을 수 있다.
⑤ 박사학위를 소지한 33세 대상자 乙은 A국 대학에서 다른 분야의 박사학위를 취득하고 기본적인 의사소통을 한다면 거주자격을 부여 받지 못한다.

문 18. 다음 글을 근거로 판단할 때, A시가 '창의 테마파크'에서 운영할 프로그램은?

> A시는 학생들의 창의력을 증진시키기 위해 '창의 테마파크' 를 운영하고자 한다. 이를 위해 다음과 같은 프로그램을 후보 로 정했다.
>
> | 분 야 | 프로그램명 | 전문가 점수 | 학생 점수 |
> |---|---|---|---|
> | 미 술 | 내 손으로 만드는 동물 | 26 | 32 |
> | 인 문 | 세상을 바꾼 생각들 | 31 | 18 |
> | 무 용 | 스스로 창작 | 37 | 25 |
> | 인 문 | 역사랑 놀자 | 36 | 28 |
> | 음 악 | 연주하는 교실 | 34 | 34 |
> | 연 극 | 연출노트 | 32 | 30 |
> | 미 술 | 창의 예술학교 | 40 | 25 |
> | 진 로 | 항공체험 캠프 | 30 | 35 |
>
> • 전문가와 학생은 후보로 선정된 프로그램을 각각 40점 만점 제로 우선 평가하였다.
> • 전문가 점수와 학생 점수의 반영 비율을 3:2로 적용하여 합 산한 후, 하나밖에 없는 분야에 속한 프로그램에는 취득점수 의 30%를 가산점으로 부여한다.
> • A시는 가장 높은 점수를 받은 프로그램을 최종 선정하여 운 영한다.

① 연주하는 교실
② 항공체험 캠프
③ 스스로 창작
④ 연출노트
⑤ 창의 예술학교

※ 다음 글을 읽고 물음에 답하시오. [문 19~문 20]

> 다윈은 1881년에 『지렁이의 활동과 분변토의 형성』이라는 글을 발표하였다. 그는 지렁이가 분변토(똥)로 내보내는 거름의 양을 설명하면서, 4천 평방미터의 밭에 지렁이 5만 마리가 살 수 있고 이들이 1년에 18톤의 거름을 만들어 낸다고 하였다.
>
> 다윈이 무엇보다 주목한 것은 토양의 성질을 바꾸는 지렁이의 능력이었다. 다윈은 "지렁이들이 주로 하는 일은 흙의 거친 입자를 체질하듯 걸러내어 더 부드럽게 하고, 식물의 작은 입자들을 흙과 섞으며, 창자 분비물로 흙을 흠뻑 적셔버리는 것이다"라고 하였다. 지렁이는 토양을 소화하여 분변토를 만드는데, 그 과정에서 유기물질을 완전히 분해한다. 즉, 지렁이는 토양의 화학적 상태를 변화시켜 토양의 비옥도와 생산성을 향상시키는 중요한 역할을 담당하는 것이다.
>
> 당대의 사람들은 다윈의 주장이 과장됐다고 생각했다. 그때까지만 해도 지렁이는 주로 식물의 뿌리를 훼손하고, 잔디를 똥으로 더럽히는 하찮은 동물로 여겨졌다. 당대 사람들이 생각한 지렁이의 이로운 점은 흙에 구멍을 뚫어 배수작용을 도와주는 정도였다. 지렁이가 생명이 자라는 데 도움이 되는 방향으로 흙을 바꾸는 일을 한다고 생각한 다윈과는 달리, 대부분의 사람들은 지렁이가 그런 중요한 역할을 하기에는 너무 작고 연약하다고 인식했다.
>
> 다윈은 자신을 비난하는 사람들에 대해 "사람들은 계속해서 반복되는 원인이 일으키는 결과를 제대로 평가하지 못하며, 그것은 흔히 과학의 발전을 막는다"라고 하였다. 비록 다윈의 주장은 당시 사람들의 주목을 끌지 못했지만 오늘날 지렁이를 연구하는 과학자들에게 다윈의 연구는 일종의 시금석(試金石)이자 숙고의 대상이 되었다. 지난 100여년 동안 지렁이를 연구해 온 현대 과학자들은 지렁이가 폐기물 및 음식물 쓰레기 처리, 농업생산량 증대, 미용산업 발전에도 핵심적인 역할을 할 수 있음을 밝혀냈다.

문 19. 윗글을 근거로 판단할 때, 〈보기〉에서 옳은 것만을 모두 고르면?

〈보 기〉

ㄱ. 다윈은 1881년 연구 발표와 동시에 지렁이에 대한 당대 사람들의 기존 인식을 바꿀 수 있었다.

ㄴ. 다윈에 따르면, 지렁이는 흙을 체질하듯 걸러내고 식물의 작은 입자를 흙과 섞을 수 있다.

ㄷ. 현대 과학자들은 지렁이가 폐기물 및 음식물 쓰레기 처리에도 도움을 줄 수 있음을 밝혀냈다.

ㄹ. 현대에 와서야 지렁이가 흙에 구멍을 내어 배수작용을 도와준다는 것이 밝혀졌다.

① ㄱ, ㄴ
② ㄱ, ㄷ
③ ㄱ, ㄹ
④ ㄴ, ㄷ
⑤ ㄴ, ㄹ

문 20. 4천 평방미터의 밭에 지렁이가 5만 마리가 살고 있다고 가정할 때, 다윈의 관찰대로라면 지렁이 한 마리가 1년에 만들어내는 거름의 양은?(단, 지렁이 한 마리가 만들어 내는 거름의 양은 동일하다)

① 27g
② 36g
③ 180g
④ 270g
⑤ 360g

문 21. 다음 글을 근거로 판단할 때 옳은 것은?

조선시대 신문고(申聞鼓)가 처음으로 등장한 것은 태종 1년인 1401년의 일이다. 태종과 신하들은 신문고가 백성들의 생각을 국왕에게 전달할 수 있는 통로로서 기능할 것으로 기대하였다. 그리고 신문고를 설치한 구체적인 이유로 2가지를 제시하였다. 하나는 억울한 일을 당한 백성들이 국왕에게 호소할 수 있는 길을 열어주는 것이었다. 다른 하나는 백성들이 신문고로 국왕에게 직접 호소할 수 있다는 점을 수령들이 두려워하여 마음을 다해 상세히 백성들의 호소를 살피도록 하기 위함이었다.

백성들이 신문고를 치는 이유는 무엇보다도 원통함과 억울함 때문이었다. 국왕이 신문고를 설치하면서 제시한 이유도 원통함과 억울함을 풀어주는 데 있었다. 『조선왕조실록』에 기록된 사례를 보면 자신이 소유한 노비를 위세 있는 사람에게 빼앗겼다고 신문고를 쳐서 호소하기도 하고, 노비 소유와 관련된 소송에서 관원이 잘못된 판결을 내렸다고 신문고를 두드리기도 하였다.

재상 하륜(河崙)은 신문고를 운영하는 몇 가지 원칙을 제시하였다. 그는 백성들의 호소가 '사실이면 들어주고, 거짓이면 벌을 내린다'는 점을 강조하였다. 그리고 신문고를 치려면 일정한 단계를 거쳐야 하는데 이를 건너뛰어도 벌을 주어야 한다고 하였다.

신문고를 치기 위한 단계는 다음과 같다. 우선, 한성부에 살고 있는 자는 한성부의 주무관청에 호소하고, 지방에 살고 있는 자는 수령에게 호소하는 단계를 거쳐야 했다. 그렇게 하여도 원통하고 억울함이 있으면 사헌부(司憲府)에 고소하고, 그래도 또 원통하고 억울함이 있으면 신문고를 칠 수 있었다. 신문고를 친 사람이 호소한 내용은 의금부의 당직 관리가 잘 정리하여 국왕에게 보고하였다. 그러나 역모를 꾀하여 장차 종묘사직(宗廟社稷)을 위태롭게 하거나 종친 등을 모해(謀害)하여 화란(禍亂)을 일으키려는 자를 고발하는 것이라면, 곧바로 신문고를 치는 것이 가능하였다.

① 노비 소유와 관련된 사적 분쟁 문제도 신문고를 통해 호소할 수 있었다.

② 한성부에 살고 있는 甲은 신문고를 치기 전까지 최소 3번의 단계를 거쳐야 했다.

③ 종묘사직의 안위에 대한 문제를 고발할 때에는 더욱 엄격한 단계를 거쳐야만 신문고를 칠 수 있었다.

④ 백성이 수령에게 억울함을 직접 호소할 수 있는 길을 열어주기 위해 태종 때 신문고가 모든 관아에 설치되었다.

⑤ 하륜은 백성들이 신문고를 적극 활용할 수 있도록 억울함을 호소하는 내용이 거짓이더라도 불이익을 주지 않아야 한다고 강조하였다.

문 22. 다음 글을 근거로 판단할 때 옳은 것은?

○○국의 지방자치단체는 국가에 비해 재원확보능력이 취약하고 지역간 재정 불균형이 심한 편이다. 이에 따라 국가는 지방자치단체의 재정활동을 지원하고 지역간 재정 불균형을 해소하기 위해, 지방교부세와 국고보조금을 교부하고 있다.

지방교부세는 국가가 각 지방자치단체의 재정부족액을 산정해 국세로 징수한 세금의 일부를 지방자치단체로 이전하는 재원이다. 이에 비해 국고보조금은 국가가 특정한 행정업무를 지방자치단체로 하여금 처리하도록 하기 위해 지방자치단체에 지급하는 재원으로, 국가의 정책상 필요한 사업뿐만 아니라 지방자치단체가 필요한 사업을 지원하기 위한 것이다.

국고보조금의 특징은 다음과 같다. 첫째, 국고보조금은 매년 지방자치단체장의 신청에 의해 지급된다. 둘째, 국고보조금은 특정 용도 외의 사용이 금지되어 있다는 점에서 용도에 제한을 두지 않는 지방교부세와 다르다. 셋째, 국고보조금이 투입되는 사업에 대해서는 상급기관의 행정적·재정적 감독을 받게 되어 예산운용의 측면에서 지방자치단체의 자율성이 약화될 수 있다. 넷째, 국고보조금은 지방자치단체가 사업 비용의 일부를 부담해야 한다는 것이 전제 조건이다. 따라서 재정력이 양호한 지방자치단체의 경우는 국고보조사업을 수행하는 데 문제가 없으나, 재정력이 취약한 지방자치단체는 지방비 부담으로 인해 상대적으로 국고보조사업 신청에 소극적이다.

---

① 국가는 지방자치단체가 필요로 하는 사업에 용도를 지정하여 지방교부세를 지급한다.

② 국고보조금은 지방교부세에 비해 예산운용의 측면에서 지방자치단체의 자율성을 약화시킬 수 있다.

③ 지방자치단체의 R&D 사업에 지급된 국고보조금의 경우, 해당 R&D 사업 외의 용도로 사용될 수 있다.

④ 일반적으로 재정력이 취약한 지방자치단체는 재정력이 양호한 지방자치단체에 비해 국고보조사업 신청에 더 적극적이다.

⑤ 국고보조금은 지방자치단체가 필요로 하는 사업에는 지원되지 않기 때문에 지방자치단체 간 재정불균형을 해소하는 기능은 없다.

문 23. 다음 글과 〈조건〉을 근거로 판단할 때, 〈보기〉에서 옳은 것만을 모두 고르면?

정약용은 『목민심서』에서 흉작에 대비하여 군현 차원에서 수령이 취해야 할 대책에 대해 서술하였다. 그는 효과적인 대책으로 권분(勸分)을 꼽았는데, 권분이란 군현에서 어느 정도 경제력을 갖춘 사람들에게 곡식을 내놓도록 권하는 제도였다.

권분의 대상자는 요호(饒戶)라고 불렀다. 요호는 크게 3등(等)으로 구분되는데, 각 등은 9급(級)으로 나누어졌다. 상등 요호는 봄에 무상으로 곡물을 내놓는 진희(賑餼), 중등 요호는 봄에 곡물을 빌려주었다가 가을에 상환받는 진대(賑貸), 하등 요호는 봄에 곡물을 시가의 1/4로 판매하는 진조(賑糶)를 권분으로 행하였다. 정약용이 하등 요호 8, 9급까지 권분의 대상에 포함시킨 것은, 현실적으로 상등 요호와 중등 요호는 소수이고 하등 요호가 대다수이었기 때문이다.

상등 요호 1급의 진희량은 벼 1,000석이고, 요호의 등급이 2급, 3급 등으로 한 급씩 내려갈 때마다 벼 100석 씩 감소하였다. 중등 요호 1급의 진대량은 벼 100석이고, 한 급씩 내려갈 때마다 벼 10석씩 감소하였다. 하등 요호 1급의 진조량은 벼 10석이고, 한 급씩 내려갈 때마다 벼 1석씩 감소하였다. 조선시대 국법은 벼 50석 이상 권분을 행한 자부터 시상(施賞)할 수 있도록 규정하였는데 상등 요호들은 이러한 자격조건을 충분히 넘어섰고, 이들에게는 군역 면제의 혜택이 주어졌다.

〈조 건〉

• 조선시대 벼 1석의 봄 시가 : 6냥
• 조선시대 벼 1석의 가을 시가 : 1.5냥

〈보 기〉

ㄱ. 상등 요호 1급 甲에게 정해진 권분량과 하등 요호 9급 乙에게 정해진 권분량의 차이는 벼 999석이었을 것이다.

ㄴ. 중등 요호 6급 丙이 권분을 다한 경우, 조선시대 국법에 의하면 시상할 수 없었을 것이다.

ㄷ. 중등 요호 7급 丁에게 정해진 권분량의 대여시점과 상환시점의 시가 차액은 180냥이었을 것이다.

ㄹ. 상등 요호 9급 戊에게 정해진 권분량의 권분 당시 시가는 1,200냥이었을 것이다.

---

① ㄱ, ㄴ   ② ㄱ, ㄷ

③ ㄴ, ㄷ   ④ ㄴ, ㄹ

⑤ ㄷ, ㄹ

문 24. 다음 글을 근거로 판단할 때 옳은 것은?

> 독일의 통계학자 A는 가계지출을 음식비, 피복비, 주거비, 광열비, 문화비(교육비, 공과금, 보건비, 기타 잡비)의 5개 항목으로 구분해 분석했다. 그 결과 소득의 증가에 따라 총 가계지출 중 음식비 지출 비중은 점차 감소하는 경향이 있지만, 피복비 지출은 소득의 증감에 비교적 영향을 받지 않는다는 사실을 발견했다. 또 주거비와 광열비에 대한 지출 비중은 소득수준에 관계없이 거의 일정하고, 문화비 지출 비중은 소득 증가에 따라 급속하게 증가한다는 것도 알아냈다. 이러한 사실을 모두 아울러 'A의 법칙'이라고 한다. 특히 이 가운데서 가계지출 중 음식비 지출 비중만을 따로 떼어 내어 'A계수'라고 한다. A계수는 총 가계지출에서 차지하는 음식비의 비중을 백분율로 표시한 것으로, 소득 수준이 높을수록 낮아지고, 소득수준이 낮을수록 높아지는 경향을 보인다.
>
> 가계지출 중 자녀 교육비의 비중을 나타낸 수치를 'B계수'라고 한다. 지난 1분기 가계소득 하위 20% 가구의 월평균 교육비 지출액은 12만 원으로 가계지출의 10%였다. 반면 가계소득 상위 20% 가구의 월평균 교육비 지출액은 72만 원으로 가계소득 하위 20% 가구의 6배에 달했고 가계지출에서 차지하는 비중도 20%였다.

① 가계소득이 증가할 때 A계수와 B계수는 모두 높아질 것이다.
② 소득이 높은 가계라도 가계구성원 모두가 값비싼 음식을 선호한다면 소득이 낮은 가계보다 A계수가 높을 수 있다.
③ A의 법칙에 의하면 소득이 증가할수록 음식비 지출액이 줄어든다고 할 수 있다.
④ 지난 1분기 가계소득 상위 20% 가구의 월평균 소득은 가계소득 하위 20% 가구의 월평균 소득의 3배이다.
⑤ 지난 1분기 가계소득 분위별 교육비 지출액 현황을 볼 때 가계소득이 낮을수록 교육열이 높다고 볼 수 있다.

문 25. 다음 글을 근거로 판단할 때 옳은 것은?

> **제00조(선거공보)** ① 후보자는 선거운동을 위하여 책자형 선거공보 1종을 작성할 수 있다.
> ② 제1항의 규정에 따른 책자형 선거공보는 대통령선거에 있어서는 16면 이내로, 국회의원선거 및 지방자치단체의 장 선거에 있어서는 12면 이내로, 지방의회의원선거에 있어서는 8면 이내로 작성한다.
> ③ 후보자는 제1항의 규정에 따른 책자형 선거공보 외에 별도의 점자형 선거공보(시각장애선거인을 위한 선거공보) 1종을 책자형 선거공보와 동일한 면수 제약 하에서 작성할 수 있다. 다만, 대통령선거·지역구국회의원선거 및 지방자치단체의 장 선거의 후보자는 책자형 선거공보 제작 시 점자형 선거공보를 함께 작성·제출하여야 한다.
> ④ 대통령선거, 지역구국회의원선거, 지역구지방의회의원선거 및 지방자치단체의 장 선거에서 책자형 선거공보(점자형 선거공보를 포함한다)를 제출하는 경우에는 다음 각 호에 따른 내용(이하 이 조에서 '후보자정보공개자료'라 한다)을 게재하여야 하며, 후보자정보공개자료에 대하여 소명이 필요한 사항은 그 소명자료를 함께 게재할 수 있다. 점자형 선거공보에 게재하는 후보자정보공개자료의 내용은 책자형 선거공보에 게재하는 내용과 똑같아야 한다.
> 1. 재산상황
>   후보자, 후보자의 배우자 및 직계존·비속(혼인한 딸과 외조부모 및 외손자녀를 제외한다)의 각 재산총액
> 2. 병역사항
>   후보자 및 후보자의 직계비속의 군별·계급·복무기간·복무분야·병역처분사항 및 병역처분사유
> 3. 전과기록
>   죄명과 그 형 및 확정일자

① 지역구지방의회의원선거에 출마한 A는 책자형 선거공보를 12면까지 가득 채워서 작성할 수 있다.
② 지역구국회의원선거에 출마한 B는 자신의 선거운동전략에 따라 책자형 선거공보 제작 시 점자형 선거공보는 제작하지 않을 수 있다.
③ 지역구지방의회의원선거에 출마한 C는 책자형 선거공보를 제출할 경우, 자신의 가족 중 15세인 친손녀의 재산총액을 표시할 필요가 없다.
④ 지역구국회의원선거에 출마한 D가 제작한 책자형 선거공보에는 D본인과 자신의 가족 중 아버지, 아들, 손자의 병역사항을 표시해야 한다.
⑤ 지역구국회의원선거에 출마한 E는 자신에게 전과기록이 있다는 사실을 공개하면 선거운동에 악영향을 미칠 것이라고 판단할 경우, 책자형 선거공보를 제작하지 않고 선거운동을 할 수 있다.

제00조(범죄경력조회·수사경력조회 및 회보의 제한 등) 수사자료표에 의한 범죄경력조회 및 수사경력조회와 그에 대한 회보는 다음 각 호의 어느 하나에 해당하는 경우에 그 전부 또는 일부에 대하여 조회 목적에 필요한 범위에서 할 수 있다.
1. 범죄 수사 또는 재판을 위하여 필요한 경우
2. 형의 집행 또는 사회봉사명령, 수강명령의 집행을 위하여 필요한 경우
3. 보호감호, 치료감호, 보호관찰 등 보호처분 또는 보안관찰 업무의 수행을 위하여 필요한 경우
4. 수사자료표의 내용을 확인하기 위하여 본인이 신청하거나 외국 입국·체류 허가에 필요하여 본인이 신청하는 경우
5. 외국인의 귀화·국적회복·체류 허가에 필요한 경우
6. 각군 사관생도의 입학 및 장교의 임용에 필요한 경우
7. 병역의무 부과와 관련하여 현역병 및 사회복무요원의 입영(入營)에 필요한 경우
8. 공무원 임용, 인가·허가, 서훈(敍勳), 대통령 표창, 국무총리 표창 등의 결격사유, 징계절차가 개시된 공무원의 구체적인 징계 사유(범죄경력조회와 그에 대한 회보에 한정한다) 또는 공무원연금지급 제한 사유 등을 확인하기 위하여 필요한 경우

※ 회보 : 신청인의 요구에 대하여 조회 후 알려주는 것

① 외국인 A의 귀화 허가를 위하여 A의 범죄경력을 조회하는 행위
② 회사원 B에 대한 사회봉사명령 집행을 위하여 B에 대한 수사경력을 조회하는 행위
③ 퇴직공무원 C의 공무원연금 지급 제한 사유를 확인하기 위해 C의 범죄경력을 조회하는 행위
④ 취업준비생 D의 채용에 참고하기 위하여 해당 사기업의 요청을 받아 D의 범죄경력을 조회하는 행위
⑤ 징계절차가 개시된 공무원 E의 구체적인 징계 사유를 확인하기 위하여 E의 범죄경력을 조회하는 행위

문 27. 다음 글과 〈상황〉을 근거로 판단할 때, A와 B의 값으로 옳게 짝지은 것은?

○○국 법원은 손해배상책임의 여부 또는 손해배상액을 정할 때에 피해자에게 과실이 있으면 그 과실의 정도를 반드시 참작하여야 하는데 이를 '과실상계(過失相計)'라고 한다. 예컨대 택시의 과속운행으로 승객이 부상당하여 승객에게 치료비 등 총 손해가 100만 원이 발생하였지만, 사실은 승객이 빨리 달리라고 요구하여 사고가 난 것이라고 하자. 이 경우 승객의 과실이 40%이면 손해액에서 40만 원을 빼고 60만 원만 배상액으로 정하는 것이다. 이는 자기 과실로 인한 손해를 타인에게 전가하는 것이 부당하므로 손해의 공평한 부담이라는 취지에서 인정되는 제도이다.

한편 손해가 발생하였어도 손해배상 청구권자가 손해를 본 것과 같은 원인에 의하여 이익도 보았을 때, 손해에서 그 이익을 공제하는 것을 '손익상계(損益相計)'라고 한다. 예컨대 타인에 의해 자동차가 완전 파손되어 자동차 가격에 대한 손해배상을 청구할 경우, 만약 해당 자동차를 고철로 팔아 이익을 얻었다면 그 이익을 공제하는 것이다. 주의할 것은, 국가배상에 의한 손해배상금에서 유족보상금을 공제하는 것과 같이 손해를 일으킨 원인으로 인해 피해자가 이익을 얻은 경우이어야 손익상계가 인정된다는 점이다. 따라서 손해배상의 책임 원인과 무관한 이익, 예컨대 사망했을 경우 별도로 가입한 보험계약에 의해 받은 생명보험금이나 조문객들의 부의금등은 공제되지 않는다.

과실상계를 할 사유와 손익상계를 할 사유가 모두 있으면 과실상계를 먼저 한 후에 손익상계를 하여야 한다.

─── 〈상 황〉 ───

○○국 공무원 甲은 공무수행 중 사망하였다. 법원이 인정한 바에 따르면 국가와 甲 모두에게 과실이 있고, 손익상계와 과실상계를 하기 전 甲의 사망에 의한 손해액은 6억 원이었다. 甲의 유일한 상속인 乙은 甲의 사망으로 유족보상금 3억 원과 甲이 개인적으로 가입했던 보험계약에 의해 생명보험금 6천만 원을 수령하였다. 그 밖에 다른 사정은 없었다. 법원은 甲의 과실을 A %, 국가의 과실을 B %로 판단하여 국가가 甲의 상속인 乙에게 배상할 손해배상금을 1억 8천만 원으로 정하였다.

	A	B
①	20	80
②	25	75
③	30	70
④	40	60
⑤	70	30

문 28. 다음 글을 근거로 판단할 때, 〈보기〉에서 인증이 가능한 경우만을 모두 고르면?

> ○○국 친환경농산물의 종류는 3가지로, 인증기준에 부합하는 재배방법은 각각 다음과 같다. 1) 유기농산물의 경우 일정기간(다년생 작물 3년, 그 외 작물 2년) 이상을 농약과 화학비료를 사용하지 않고 재배한다. 2) 무농약농산물의 경우 농약을 사용하지 않고, 화학비료는 권장량의 2분의 1 이하로 사용하여 재배한다. 3) 저농약농산물의 경우 화학 비료는 권장량의 2분의 1 이하로 사용하고, 농약은 살포 시기를 지켜 살포 최대횟수의 2분의 1 이하로 사용하여 재배한다.
>
> **〈농산물별 관련 기준〉**
>
> | 종류 | 재배기간 내 화학비료 권장량 (kg/ha) | 재배기간 내 농약살포 최대횟수 | 농약 살포시기 |
> |------|------|------|------|
> | 사 과 | 100 | 4 | 수확 30일 전까지 |
> | 감 귤 | 80 | 3 | 수확 30일 전까지 |
> | 감 | 120 | 4 | 수확 14일 전까지 |
> | 복숭아 | 50 | 5 | 수확 14일 전까지 |

※ 1ha=10,000m², 1t=1,000kg

〈보 기〉

ㄱ. 甲은 5km²의 면적에서 재배기간 동안 농약을 전혀 사용하지 않고 20t의 화학비료를 사용하여 사과를 재배하였으며, 이 사과를 수확하여 무농약농산물 인증 신청을 하였다.

ㄴ. 乙은 3ha의 면적에서 재배기간 동안 농약을 1회 살포하고 50kg의 화학비료를 사용하여 복숭아를 재배하였다. 하지만 수확시기가 다가오면서 병충해 피해가 나타나자 농약을 추가로 1회 살포하였고, 열흘 뒤 수확하여 저농약농산물 인증신청을 하였다.

ㄷ. 丙은 지름이 1km인 원 모양의 농장에서 작년부터 농약을 전혀 사용하지 않고 감귤을 재배하였다. 작년에는 5t의 화학비료를 사용하였으나, 올해는 전혀 사용하지 않고 감귤을 수확하여 유기농산물 인증신청을 하였다.

ㄹ. 丁은 가로와 세로가 각각 100m, 500m인 과수원에서 감을 재배하였다. 재배기간 동안 총 2회(올해 4월 말과 8월 초) 화학비료 100kg씩을 뿌리면서 병충해 방지를 위해 농약도 함께 살포하였다. 丁은 추석을 맞아 9월 말에 감을 수확하여 저농약농산물 인증신청을 하였다.

① ㄱ, ㄹ
② ㄴ, ㄷ
③ ㄱ, ㄴ, ㄹ
④ ㄱ, ㄷ, ㄹ
⑤ ㄴ, ㄷ, ㄹ

문 29. 다음 글을 근거로 판단할 때, 〈보기〉에서 옳은 것만을 모두 고르면?

> ○○국에서는 배구가 인기 스포츠이고 매년 1월 프로배구 결승전이 5전 3선승제로 열려 우승팀을 가린다. 단, 각 경기에서 무승부는 존재하지 않는다. 올해는 甲팀과 乙팀이 결승전에 진출하자, 다음과 같은 기사가 나왔다.
>
> > 1차전 승리한 팀의 우승확률 A%!!
> > 1·2차전 모두 승리한 팀의 우승확률 B%!!
> > － △△일보 －
>
> 위와 같은 기사에 흥미를 느낀 누리는 △△일보 기자에게 우승확률을 어떻게 산출하였는지 물었다. 기자는 과거 20년간 매년 치러진 결승전의 모든 진출팀들과 결승전 결과를 아래와 같은 계산식에 적용하였다고 대답하였다.
>
> $$A=\frac{1차전\ 승리한\ 팀이\ 우승한\ 횟수}{1차전\ 승리한\ 팀이\ 우승한\ 횟수+1차전\ 패배한\ 팀이\ 우승한\ 횟수}\times100$$
>
> $$B=\frac{1\cdot2차전\ 모두\ 승리한\ 팀이\ 우승한\ 횟수}{1\cdot2차전\ 모두\ 승리한\ 팀이\ 우승한\ 횟수+1\cdot2차전\ 모두\ 패배한\ 팀이\ 우승한\ 횟수}\times100$$

〈보 기〉

ㄱ. A를 구하는 계산식의 분모는 20이다.

ㄴ. A와 B 모두 50보다 작을 수는 없다.

ㄷ. A>B가 될 수는 없다.

ㄹ. △△일보 기사에 따르면, 1·2차전을 모두 패배한 팀의 우승확률은 (100−B)%이다.

① ㄱ, ㄷ
② ㄱ, ㄹ
③ ㄴ, ㄷ
④ ㄱ, ㄴ, ㄹ
⑤ ㄱ, ㄷ, ㄹ

문 30. 다음 글을 근거로 판단할 때, 〈보기〉에서 옳은 것만을 모두 고르면?(단, 주어진 조건 외에 다른 조건은 고려하지 않는다)

- 내전을 겪은 甲국은 2015년 1월 1일 평화협정을 통해 4개 국(A~D)으로 분할되었다. 평화협정으로 정한 영토분할 방식은 다음과 같다.
  - 甲국의 영토는 정삼각형이다.
  - 정삼각형의 한 꼭짓점에서 마주보는 변(이하 '밑변'이라 한다)까지 가상의 수직이등분선을 긋고, 그 선을 4등분하는 3개의 구분점을 정한다.
  - 3개의 구분점을 각각 지나는 3개의 직선을 밑변과 평행하게 긋고, 이를 국경선으로 삼아 기존 甲국의 영토를 4개의 영역으로 나눈다.
  - 나누어진 4개의 영역 중 가장 작은 영역부터 가장 큰 영역까지 차례로 각각 A국, B국, C국, D국의 영토로 한다.
- 모든 국가의 쌀 생산량은 영토의 면적에 비례하며, A국의 영토에서는 매년 10,000가마의 쌀이 생산된다.
- 각국은 영토가 작을수록 국력이 강하고, 국력이 약한 국가는 자국보다 국력이 강한 모든 국가에게 매년 연말에 각각 10,000가마의 쌀을 공물로 보낸다.
- 4개 국의 인구는 모두 동일하며, 변하지 않는다. 각국은 매년 10,000가마의 쌀을 소비한다.
- 각국의 쌀 생산량은 홍수 등 자연재해가 없는 한 변하지 않으며, 2015년 1월 1일 현재 각국은 10,000가마의 쌀을 보유하고 있다.

〈보 기〉

ㄱ. 2016년 1월 1일에 1년 전보다 쌀 보유량이 줄어든 국가는 D국뿐이다.

ㄴ. 2017년 1월 1일에 4개 국 중 가장 많은 쌀을 보유한 국가는 A국이다.

ㄷ. 만약 2015년 여름 홍수로 인해 모든 국가의 2015년도 쌀 생산량이 반으로 줄어든다고 하여도, 2016년 1월 1일 기준 각 국가의 쌀 보유량은 0보다 크다.

① ㄱ

② ㄴ

③ ㄷ

④ ㄱ, ㄷ

⑤ ㄴ, ㄷ

문 31. 다음 글을 근거로 판단할 때, 〈보기〉에서 옳은 것만을 모두 고르면?

- 이 게임은 카드를 뽑아 낱말퍼즐 조각끼리 맞바꿔 단어를 만드는 게임이다. 낱말퍼즐은 총 16조각으로 이루어져 있고, 다음과 같이 1조각당 숫자 1개와 문자 1개가 함께 적혀 있다.

1 경	2 표	3 명	4 심
5 목	6 세	7 유	8 서
9 자	10 심	11 보	12 법
13 손	14 민	15 병	16 감

- 카드는 A, B, C 각 1장씩 있고, 뽑힌 각 1장의 카드로 낱말퍼즐 조각 2개를 아래와 같은 방식으로 1회 맞바꿀 수 있다.

카드 A	짝수가 적혀 있는 낱말퍼즐 조각끼리 맞바꿈
카드 B	낱말퍼즐 조각에 적힌 숫자를 3으로 나눈 나머지가 같은 조각끼리 맞바꿈
카드 C	낱말퍼즐 조각에 적힌 숫자를 더해서 소수가 되는 조각끼리 맞바꿈

- 낱말퍼즐에서 같은 가로 줄에 있는 4개의 문자를 왼쪽에서부터 차례로 읽은 것 또는 같은 세로 줄에 있는 4개의 문자를 위쪽에서부터 차례로 읽은 것을 '단어'라고 한다.

〈보 기〉

ㄱ. 카드 A, B를 뽑았다면 '목민심서'라는 단어를 만들 수 있다.

ㄴ. 카드 A, C를 뽑았다면 '경세유표'라는 단어를 만들 수 있다.

ㄷ. 카드 B, C를 뽑았다면 '명심보감'이라는 단어를 만들 수 있다.

① ㄴ

② ㄷ

③ ㄱ, ㄴ

④ ㄱ, ㄷ

⑤ ㄱ, ㄴ, ㄷ

문 32. 다음 글을 근거로 판단할 때, 도형의 모양으로 옳게 짝지은 것은?

> 5명의 학생은 5개 도형 A~E의 모양을 맞히는 게임을 하고 있다. 5개의 도형은 모두 서로 다른 모양을 가지며 각각 삼각형, 사각형, 오각형, 육각형, 원 중 하나의 모양으로 이루어진다. 학생들에게 아주 짧은 시간 동안 5개의 도형을 보여준 후 도형의 모양을 2개씩 진술하게 하였다. 학생들이 진술한 도형의 모양은 다음과 같고, 모두 하나씩만 정확하게 맞혔다.
>
> 지영 : C=삼각형, D=사각형
> 종형 : B=오각형, E=사각형
> 미석 : C=원,   D=오각형
> 길원 : A=육각형, E=사각형
> 수연 : A=육각형, B=삼각형

① A=육각형, D=사각형
② B=오각형, C=삼각형
③ A=삼각형, E=사각형
④ C=오각형, D=원
⑤ D=오각형, E=육각형

문 33. 재적의원이 210명인 ○○국 의회에서 다음과 같은 〈규칙〉에 따라 안건 통과 여부를 결정한다고 할 때, 〈보기〉에서 옳은 것만을 모두 고르면?

— 〈규 칙〉 —
- 안건이 상정된 회의에서 기권표가 전체의 3분의 1 이상이면 안건은 부결된다.
- 기권표를 제외하고, 찬성 또는 반대의견을 던진 표 중에서 찬성표가 50%를 초과해야 안건이 가결된다.

※ 재적의원 전원이 참석하여 1인 1표를 행사하였고, 무효표는 없다.

— 〈보 기〉 —
ㄱ. 70명이 기권하여도 71명이 찬성하면 안건이 가결된다.
ㄴ. 104명이 반대하면 기권표에 관계없이 안건이 부결된다.
ㄷ. 141명이 찬성하면 기권표에 관계없이 안건이 가결된다.
ㄹ. 안건이 가결될 수 있는 최소 찬성표는 71표이다.

① ㄱ, ㄴ   ② ㄱ, ㄷ
③ ㄴ, ㄷ   ④ ㄴ, ㄹ
⑤ ㄷ, ㄹ

문 34. 다음 글을 근거로 판단할 때, 〈보기〉에서 옳은 것만을 모두 고르면?

- 9명의 참가자는 1번부터 9번까지의 번호 중 하나를 부여받고, 동시에 제비를 뽑아 3명은 범인, 6명은 시민이 된다.
- '1번의 오른쪽은 2번, 2번의 오른쪽은 3번, …, 8번의 오른쪽은 9번, 9번의 오른쪽은 1번'과 같이 번호 순서대로 동그랗게 앉는다.
- 참가자는 본인과 바로 양 옆에 앉은 사람이 범인인지 시민인지 알 수 있다.
- "옆에 범인이 있다"라는 말은 바로 양 옆에 앉은 2명 중 1명 혹은 2명이 범인이라는 뜻이다.
- "옆에 범인이 없다"라는 말은 바로 양 옆에 앉은 2명 모두 범인이 아니라는 뜻이다.
- 범인은 거짓말만하고, 시민은 참말만 한다.

— 〈보 기〉 —
ㄱ. 1, 4, 6, 7, 8번의 진술이 "옆에 범인이 있다"이고, 2, 3, 5, 9번의 진술이 "옆에 범인이 없다"일 때, 8번이 시민임을 알면 범인들을 모두 찾아낼 수 있다.
ㄴ. 만약 모두가 "옆에 범인이 있다"라고 진술한 경우, 범인이 부여받은 번호의 조합은 (1, 4, 7)/(2, 5, 8)/(3, 6, 9) 3가지이다.
ㄷ. 한 명만이 "옆에 범인이 없다"라고 진술할 경우는 없다.

① ㄴ
② ㄷ
③ ㄱ, ㄴ
④ ㄱ, ㄷ
⑤ ㄱ, ㄴ, ㄷ

문 35. 다음 글을 근거로 판단할 때, 〈보기〉에서 옳은 것만을 모두 고르면?

> 혜민이와 은이는 ○×퀴즈를 풀었다. 문제는 총 8개(100점 만점)이고 분야별 문제 수와 문제당 배점은 다음과 같다.
>
> | 분야 | 문제 수 | 문제당 배점 |
> |------|--------|-----------|
> | 역사 | 6 | 10점 |
> | 경제 | 1 | 20점 |
> | 예술 | 1 | 20점 |
>
> 문제 순서는 무작위로 정해지고, 혜민이와 은이가 각 문제에 대해 '○' 또는 '×'를 다음과 같이 선택했다.
>
> | 문제 | 혜민 | 은 |
> |------|------|-----|
> | 1 | ○ | ○ |
> | 2 | × | ○ |
> | 3 | ○ | ○ |
> | 4 | ○ | × |
> | 5 | × | × |
> | 6 | ○ | × |
> | 7 | × | ○ |
> | 8 | ○ | ○ |
> | 총 점 | 80 | 70 |

─────── 〈보 기〉 ───────

ㄱ. 혜민이와 은이 모두 경제 문제를 틀린 경우가 있을 수 있다.

ㄴ. 혜민이만 경제 문제를 틀렸다면, 예술 문제는 혜민이와 은이 모두 맞혔다.

ㄷ. 혜민이가 역사 문제 두 문제를 틀렸다면, 은이는 예술 문제와 경제 문제를 모두 맞혔다.

① ㄴ
② ㄷ
③ ㄱ, ㄴ
④ ㄱ, ㄷ
⑤ ㄴ, ㄷ

문 36. 다음 글과 〈3년간 인증대학 현황〉을 근거로 판단할 때, 〈보기〉에서 옳은 것만을 모두 고르면?(단, 다른 조건은 고려하지 않는다)

> • 대학의 외국인 유학생 관리·지원 체계 및 실적 등을 평가하여 인증을 부여하는 제도가 2013년에 처음 시행되었다.
> • 신규 인증을 신청한 대학이 1단계 핵심지표평가 및 2단계 현장평가 결과 일정 기준을 충족할 경우, 신규 인증대학으로 선정되고 인증의 유효기간은 3년이다.
> • 매년 2월 인증대학을 선정하며 인증은 당해 연도 3월 1일부터 유효하다.
> • 기존 인증대학에 대해서는 매년 2월 핵심지표평가만을 실시하고, 기준을 충족하지 못하는 경우 당해 연도 3월 1일부터 인증이 취소된다.
> • 인증이 취소된 대학은 그 다음 해부터 신규 인증을 신청하여 신규 인증대학으로 다시 선정될 수 있다.

〈3년간 인증대학 현황〉

구 분	2013년 3월	2014년 3월	2015년 3월
신규 인증대학	12	18	21
기존 인증대학	−	10	25
합 계	12	28	46

─────── 〈보 기〉 ───────

ㄱ. 2013년에 신규 인증대학으로 선정된 A대학이 2016년에 핵심지표평가만을 받는 경우는 없다.

ㄴ. 2015년 3월까지 인증대학으로 1번 이상 선정된 대학은 최대 51개이다.

ㄷ. 2015년 3월까지 인증대학으로 1번 이상 선정된 대학은 최소 46개이다.

ㄹ. 2016년 2월 현재 23개월 이상 인증을 유지하고 있는 대학은 25개이다.

① ㄱ, ㄷ
② ㄴ, ㄷ
③ ㄴ, ㄹ
④ ㄱ, ㄴ, ㄹ
⑤ ㄴ, ㄷ, ㄹ

문 37. 다음 〈조건〉과 〈전투능력을 가진 생존자 현황〉을 근거로 판단할 때, 생존자들이 탈출할 수 있는 경우는?(단, 다른 조건은 고려하지 않는다)

――――― 〈조 건〉 ―――――

- 좀비 바이러스에 의해 甲국에 거주하던 많은 사람들이 좀비가 되었다. 건물에 갇힌 생존자들은 동, 서, 남, 북 4개의 통로를 이용해 5명씩 팀을 이루어 탈출을 시도한다. 탈출은 통로를 통해서만 가능하며, 한쪽 통로를 선택하면 되돌아올 수 없다.
- 동쪽 통로에 11마리, 서쪽 통로에 7마리, 남쪽 통로에 11마리, 북쪽 통로에 9마리의 좀비들이 있다. 선택한 통로의 좀비를 모두 제거해야만 탈출할 수 있다.
- 남쪽 통로의 경우, 통로 끝이 막혀 탈출할 수 없지만 팀에 폭파전문가가 있다면 다이너마이트를 사용하여 막힌 통로를 뚫고 탈출할 수 있다.
- '전투'란 생존자가 좀비를 제거하는 것을 의미하며 선택한 통로에서 일시에 이루어진다.
- '전투능력'은 정상인 건강상태에서 해당 생존자가 전투에서 제거하는 좀비의 수를 의미하며, 질병이나 부상 상태인 사람은 그 능력이 50% 줄어든다.
- 전투력 강화제는 건강상태가 정상인 생존자들 중 1명에게만 사용할 수 있으며, 전투능력을 50% 향상시킨다. 사용 가능한 대상은 의사 혹은 의사의 팀 내 구성원이다.
- 생존자의 직업은 다양하며, 아이(들)와 노인(들)은 전투 능력과 보유품목이 없고 건강상태는 정상이다.

〈전투능력을 가진 생존자 현황〉

직 업	인 원	전투능력	건강상태	보유품목
경 찰	1명	6	질 병	–
사냥꾼	1명	4	정 상	–
의 사	1명	2	정 상	전투력 강화제 1개
무 사	1명	8	정 상	–
폭파전문가	1명	4	부 상	다이너마이트

	탈출 통로	팀 구성 인원
①	동쪽 통로	폭파전문가 – 무사 – 노인(3)
②	서쪽 통로	사냥꾼 – 경찰 – 아이(2) – 노인
③	남쪽 통로	사냥꾼 – 폭파전문가 – 아이 – 노인(2)
④	남쪽 통로	폭파전문가 – 사냥꾼 – 의사 – 아이(2)
⑤	북쪽 통로	경찰 – 의사 – 아이(2) – 노인

문 38. 다음 〈맛집 정보〉와 〈평가기준〉을 근거로 판단할 때, 총점이 가장 높은 음식점은?

〈맛집 정보〉

평가 항목 음식점	음식 종류	이동 거리	가격 (1인 기준)	맛 평점 (★ 5개 만점)	방 예약 가능여부
자금성	중 식	150m	7,500원	★★☆	○
샹젤리제	양 식	170m	8,000원	★★★	○
경복궁	한 식	80m	10,000원	★★★★	×
도쿄타워	일 식	350m	9,000원	★★★★☆	×
광화문	한 식	300m	12,000원	★★★★★	×

※ ☆은 ★의 반 개이다.

――――― 〈평가기준〉 ―――――

- 평가 항목 중 이동거리, 가격, 맛 평점에 대하여 각 항목별로 5, 4, 3, 2, 1점을 각각의 음식점에 하나씩 부여한다.
  - 이동거리가 짧은 음식점일수록 높은 점수를 준다.
  - 가격이 낮은 음식점일수록 높은 점수를 준다.
  - 맛 평점이 높은 음식점일수록 높은 점수를 준다.
- 평가 항목 중 음식종류에 대하여 일식 5점, 한식 4점, 양식 3점, 중식 2점을 부여한다.
- 방 예약이 가능한 경우 가점 1점을 부여한다.
- 총점은 음식종류, 이동거리, 가격, 맛 평점의 4가지 평가 항목에서 부여 받은 점수와 가점을 합산하여 산출한다.

① 자금성
② 샹젤리제
③ 경복궁
④ 도쿄타워
⑤ 광화문

※ 다음 글을 읽고 물음에 답하시오. [문 39~문 40]

경연(經筵)이란 신하들이 임금에게 유학의 경서를 강론하는 것으로서, 경악(經幄) 또는 경유(經幃)라고도 하였다. 임금에게 경사(經史)를 가르쳐 유교의 이상정치를 실현하려는 것이 그 목적이었으나, 실제로는 왕권의 행사를 규제하는 중요한 기능을 수행하였다. 경연에서는 『사서』와 『오경』 및 역사책인 『자치통감』 등에 대한 강의가 이루어졌고, 강의가 끝난 후에는 정치문제도 협의하였다.

기록에 따르면 경연은 고려 예종이 처음 도입하였고, 조선시대에 들어와 숭유(崇儒)정책을 실시하면서 비약적으로 발전하였다. 조선시대 태조는 경연청을 설치했고, 정종과 태종도 각각 경연을 실시하였다. 세종은 즉위한 뒤 약 20년 동안 매일 경연에 참석했으며, 집현전을 정비해 경연관(經筵官)을 강화하였다. 특히 성종은 재위 25년 동안 매일 세 번씩 경연에 참석하여 여러 정치 문제를 협의하였다. 경연이 바야흐로 정치의 심장부가 된 것이다.

조선시대 경연관은 당상관(堂上官)과 낭청(郎廳)으로 구성되었다. 당상관은 영사(領事) 3인, 지사(知事) 3인, 동지사(同知事) 3인, 참찬관(參贊官) 7인이다. 영사는 삼정승이 겸하고 지사와 동지사는 정2품과 종2품에서 각각 적임자를 임명하였다. 참찬관은 여섯 승지와 홍문관 부제학이 겸직하였다. 그 밖에 성종 말년에 특진관을 두었는데, 1·2품의 대신 중에서 임명했으며, 정원은 없다. 낭청으로는 시강관·시독관·검토관이 있었는데 모두 홍문관원이 겸임하였다. 시강관은 직제학·전한·응교·부응교가 겸했고, 시독관은 교리·부교리가 겸했으며, 검토관은 수찬·부수찬이 겸임하였다.

강의 방식도 세종과 성종 때에 대체로 확립되었다. 세종 때는 승지 1인, 낭청 2인, 사관(史官) 1인이 참석하였다. 성종은 어린 나이로 왕이 되었을 때부터 하루에 세 번 조강(朝講)·주강(晝講)·석강(夕講)에 참석했는데, 성년이 된 후에도 계속되었다. 조강에는 영사·지사(또는 동지사)·참찬관 각 1인, 낭청 2인, 대간(臺諫) 각 1인, 사관 1인, 특진관 2인 등 모두 10인 이상의 신하들이 참석하였다. 주강과 석강의 참석자는 세종 때와 같았다. 좌석의 배치는 왕이 북쪽에 남향해 앉고, 1품은 동편에 서향, 2품은 서편에 동향, 3품 이하는 남쪽에 북향해 부복하였다.

※ 승지 : 조선시대 승정원의 도승지·좌승지·우승지·좌부승지·우부승지·동부승지의 총칭
※ 경연관 : 고려·조선시대 국왕의 학문지도와 치도강론을 위하여 설치한 관직
※ 대간 : 사헌부의 대관과 사간원의 간관을 합칭한 말
※ 부복 : 고개를 숙이고 엎드림

문 39. 윗글을 근거로 판단할 때 옳은 것은?

① 조선시대 성종 때 조강에 참석했던 인원은 최소 11인이었을 것이다.
② 삼정승 중 으뜸인 영의정은 경연관 중 동지사에 해당한다.
③ 지사와 동지사는 동편에 서향해 부복하였을 것이다.
④ 경연 시 다루어진 주제에 역사는 포함되지 않았을 것이다.
⑤ 경연은 조선시대에 처음 시작되어 유교의 이상정치 실현에 기여하였다.

문 40. 윗글을 근거로 판단할 때, 조선시대 성종 대의 강의 시간과 경연 참석자의 관직으로 구성될 수 없는 것은?

	강의 시간	당상관	낭 청
①	조 강	우의정	부응교
②	조 강	도승지	직제학
③	주 강	도승지	부제학
④	주 강	우승지	직제학
⑤	석 강	좌승지	전 한

피 셋
PSAT

Public Service Aptitude Test

시대고시 & 시대에듀의

목표점수 달성을 위한 G-TELP
지텔프 라인업

65점+

고득점 획득 > 지텔프 특강 / 지텔프 보카

▶ 동영상

지텔프
특강

지텔프
보카

안정권 유지 > 지텔프 실전 모의고사(6회분)

▶ 동영상

지텔프
실전 모의고사(6회분)

32점+

목표 점수 확보 > SPEED 지텔프 2급 문법 / 정윤호의 지텔프 전략독해 Level 2

▶ 동영상　　▶ 동영상

SPEED 지텔프
2급 문법

정윤호의 지텔프
전략독해 Level 2

도서 구입 및 동영상 문의 1600 - 3600

5·7급 공채 / 국립외교원 / 지역인재 7급 / 입법고시 / 민간경력자 /
대통령경호처 7급 경호공무원 1차 공직적격성평가 대비

2021
최신개정판

피셋 한방

PSAT
을 정복하고자 하는
수험생에게 제시하는
맞춤 처방!

5개년 기출문제집

정답 및 해설

PSAT Doctor 이정민 편저

합격의 공식 시대에듀

(주)시대고시기획

목차

PART 3 **기출문제 정답 및 해설**

PART

3

정답 및 해설

피 셋
PSAT

Public Service Aptitude Test

인간은 살아있기 위해 무언가에 대한 열망을
간직해야 한다.

- 마가렛 딜란드 -

2020 기출문제 정답 · 유형 · 풀이시간

01 언어논리

번호	정답	유형	풀이시간	번호	정답	유형	풀이시간
01	⑤	추론	지문 : 45초 정답 : 1분 20초	21	①	추론	지문 : 40초 정답 : 50초
02	⑤	추론	지문 : 35초 정답 : 1분 25초	22	②	추론	지문 : 50초 정답 : 1분 5초
03	③	추론	지문 : 40초 정답 : 1분 15초	23	⑤	추론	지문 : 55초 정답 : 2분 10초
04	④	추론	지문 : 40초 정답 : 1분 10초	24	⑤	추론	지문 : 40초 정답 : 1분 35초
05	④	추론	정답 : 1분 15초	25	①	추론	지문 : 55초 정답 : 1분
06	④	추론	지문 : 50초 정답 : 1분 35초	26	⑤	추론	지문 : 45초 정답 : 1분 45초
07	③	추론	지문 : 1분 10초 정답 : 1분 45초	27	③	추론	지문 : 40초 정답 : 1분 10초
08	③	추론	지문 : 1분 정답 : 2분 5초	28	④	추론	지문 : 1분 5초 정답 : 2분 5초
09	⑤	추론-밑줄	정답 : 1분 10초	29	⑤	추론	정답 : 2분 35초
10	②	추론	지문 : 55초 정답 : 1분 10초	30	④	논증-분석	지문 : 45초 정답 : 1분 45초
11	④	논리-연역논증	정답 : 1분 50초	31	⑤	연역논증	정답 : 1분 40초
12	③	논리-연역논증	정답 : 1분 25초	32	③	논리-연역논증	정답 : 2분 45초
13	②	논증-분석	지문 : 50초 정답 : 1분 30초	33	②	논증-분석	지문 : 45초 정답 : 2분 25초
14	①	논증-분석	지문 : 45초 정답 : 1분	34	④	논증-분석	정답 : 1분 10초
15	④	추론	지문 : 40초 정답 : 1분 5초	35	①	논증-분석	정답 : 2분 5초
16	①	논증-분석	지문 : 45초 정답 : 1분 10초	36	⑤	논증-평가	정답 : 1분 35초
17	⑤	추론	지문 : 50초 정답 : 2분	37	①	논증-약화	지문 : 40초 정답 : 1분 35초
18	④	논증-평가	지문 : 50초 정답 : 2분 15초	38	②	논증-강화	지문 : 45초 정답 : 1분 20초
19	②	추론	지문 : 1분 5초 정답 : 1분 30초	39	②	추론	지문 : 1분 10초 정답 : 1분 45초
20	④	논증-평가	정답 : 1분 10초	40	①	추론-빈칸	정답 : 50초

01	②	매 칭	정답 : 1분 35초	21	②	보고서	정답 : 1분 15초
02	②	분수비교	정답 : 1분 25초	22	④	매 칭	정답 : 1분 50초
03	④	보고서	정답 : 45초	23	④	보고서	정답 : 50초
04	①	매 칭	정답 : 1분 10초	24	③	차이값/분수비교	정답 : 1분 20초
05	④	보고서	정답 : 2분 15초	25	④	퍼센트	정답 : 1분 45초
06	①	매 칭	정답 : 1분 25초	26	⑤	표 해석	정답 : 1분 50초
07	②	보고서	정답 : 1분 40초	27	⑤	곱셈비교	정답 : 1분 50초
08	①	매 칭	정답 : 1분 35초	28	③	곱셈비교/분수비교	정답 : 2분 10초
09	③	차이값	정답 : 2분 35초	29	②	매 칭	정답 : 1분 25초
10	④	분수비교/매칭	정답 : 2분 10초	30	①	분수비교	정답 : 50초
11	⑤	짝짓기	정답 : 2분 5초	31	②	곱셈비교	정답 : 2분
12	⑤	곱셈비교	정답 : 1분 50초	32	④	계 산	정답 : 2분 40초
13	③	계 산	정답 : 1분 50초	33	①	매칭/곱셈비교	정답 : 1분 15초
14	①	보고서	정답 : 1분 15초	34	④	직선의 방정식	정답 : 45초
15	③	표 차트 보고서	정답 : 2분 15초	35	⑤	분수 식 이해	정답 : 2분
16	①	분수비교	정답 : 2분 15초	36	⑤	가중평균/곱셈비교	정답 : 2분 20초
17	①	곱셈비교	정답 : 2분 55초	37	②	짝짓기	정답 : 1분 55초
18	③	매 칭	정답 : 1분 55초	38	③	분수 식 구성	정답 : 2분 50초
19	⑤	식 세우기	정답 : 2분 35초	39	⑤	매 칭	정답 : 2분 35초
20	④	차이값	정답 : 2분 30초	40	⑤	식 구성	정답 : 2분 35초

01	④	법조문	지문 : 45초 정답 : 1분 20초	21	③	법조문	지문 : 45초 정답 : 1분 15초
02	③	법조문	지문 : 35초 정답 : 1분	22	⑤	법조문	지문 : 30초 정답 : 1분 10초
03	②	법조문	지문 : 40초 정답 : 55초	23	①	법조문	지문 : 40초 정답 : 50초
04	①	법조문	지문 : 50초 정답 : 1분	24	②	법조형 지문	지문 : 50초 정답 : 1분
05	④	법조문	지문 : 35초 정답 : 2분 15초	25	⑤	법조문	지문 : 40초 정답 : 1분 45초
06	②	설명문	지문 : 45초 정답 : 1분 5초	26	④	부 합	지문 : 45초 정답 : 1분 50초
07	①	추 론	지문 : 30초 정답 : 1분 10초	27	③	계 산	정답 : 1분 30초
08	④	계 산	정답 : 2분	28	⑤	최솟값	정답 : 2분 10초
09	⑤	계 산	정답 : 2분 10초	29	②	최솟값	정답 : 1분 5초
10	①	최솟값	정답 : 2분 10초	30	③	계 산	정답 : 1분 50초
11	④	최대최솟값	정답 : 1분 30초	31	④	계 산	정답 : 1분 40초
12	②	상황구성	정답 : 1분 35초	32	①	상황구성	정답 : 2분 15초
13	③	확 률	정답 : 1분 50초	33	①	공 정	정답 : 2분 45초
14	⑤	논증−분석	정답 : 2분 20초	34	⑤	상황구성−완성	정답 : 2분
15	⑤	최솟값	정답 : 1분 15초	35	②	계 산	정답 : 2분 30초
16	③	상황구성	정답 : 1분 40초	36	②	식 정리	정답 : 2분 15초
17	③	상황구성	지문 : 1분 10초 정답 : 2분 15초	37	⑤	매 칭	정답 : 1분 55초
18	④	최댓값	지문 : 15초 정답 : 1분 10초	38	④	상황구성	정답 : 2분 25초
19	④	부 합	지문 : 50초 정답 : 1분 20초	39	⑤	추 론	지문 : 40초 정답 : 1분 35초
20	①	부 합	정답 : 1분 10초	40	③	매 칭	지문 : 35초

01 추론
답 ⑤

정답해설

지문은 설명문이지만, 다양한 소재를 설명하기보다는 하나의 소재에 대한 설명을 진행해나간다. 특징적인 부분은 '그런데'라고 하는 역접사를 사용해주고 있기 때문에 체크가 수월하게 가능하고, 문단의 첫 문장과 마지막 문장에서 필요한 내용들이 제시가 되고 있어서 흐름을 잡기 좋게 제시가 되었다.

⑤ 2문단 : 2문단의 하단에 윗단 부처, 아랫단 보살로 그려진 것이 신분을 구별하던 사회 분위기가 반영되어 있는 것으로 본 견해가 있음을 다루고 있다. (○)

오답해설

① 3문단 : 숙창원비가 주문한 불화는 관음보살을 소재로 하였고, 아미타불에 대한 내용은 다뤄지지 않는다. (×)

② 1문단 : 귀족들은 불화를 구입해 자신의 개인 기도처인 원당에 걸어두었다. (×)

③ 3문단 : 우선 예외적인 사례가 제시되었기 때문에 이를 활용해 틀렸다고 판단해도 무방하다. 3문단을 확인해보면 고려 시대 불화로서 관음보살–중생이 그려져 있기 때문에 석가여래–평민이라고 단정지을 수 없다. (×)

④ 3문단 : 크기가 큰 예시를 3문단에서 보여주고 있긴 하지만, 크기가 큰 이유에 대해서는 다루고 있지 않다. (×)

02 추론
답 ⑤

정답해설

설명문으로, 1문단에서는 일무에 대한 내용을 팔일무/육일무로 나누어 설명하고, 2문단에서는 일무를 문무와 무무로 나누어 설명한다. 이 때, 조선시대와 중국 역대 왕조의 일무에 대한 내용을 비교해주고 있기 때문에 비교항목이 필요한 경우 확인할 수 있게끔 해야 한다. 마지막 문단에서는 조선시대 이후 다양하게 펼쳐진 시대별 변천사가 언급되고 있으므로, 구분점을 잘 체크해두었다가 선지에서 요구하는 경우 빠르게 찾아서 타고 들어갈 수 있게 해두어야 한다.

⑤ 2 · 3문단 : 3문단에서 오늘날 시행되는 종묘제례에 대한 설명을 다룬다. 3문단 내의 1960년대 설명으로 넘어가서, 2문단의 조선시대 문무의 무구를 확인해야 한다. 이는 ⊙을 바탕으로 확인이 되었던 부분이기 때문에 같은 내용으로 2종의 무구를 손에 들고 있었음이 확인된다. (○)

오답해설

① 2문단 : 대한제국의 이야기를 다루는 것은 3문단이다. 하지만 시기와 상관없이 일무는 문무와 무무로 나뉘어 제시가 되었기 때문에 2문단에서의 문무의 구성을 확인하면 된다. 2문단에서 조선시대의 문무를 출 때를 살펴보면 피리와 꿩 깃털 장식물을 들었기 때문에 검과 창이 아님을 확인할 수 있다. (×)

② 1 · 3문단 : 일제강점기에는 36명이 일무를 추었고, 1문단에서 36명이 추는 일무는 육일무이며, 64명이 추는 팔일무는 대한제국 시기에 잠깐 행해졌을 뿐이다. (×)

③ 2문단 : 중국 역대 왕조의 무무에서 한 사람당 4종의 무구를 들었을 뿐, 조선은 한 사람당 하나씩만 잡고 춤을 추었다. (×)

④ 1 · 2문단 : 조선시대의 종묘제례는 제후국으로서 육일무를 추었다고 말할 뿐, 제후국으로서 문무가 배제됨을 다루고 있지 않기 때문에 잘못된 설명임을 확인할 수 있다. 이것만으로 불충분하다고 생각되면 2문단에서 문무가 제후국에 예외적으로 배제된다는 내용이 없음을 확인해야 한다. (×)

03 추론
답 ③

정답해설

설명항목이 시간의 흐름과 주체의 전환에 따라 잘 구분되어 있다. 1문단은 영조와 추가적으로 그 선왕인 경종을 다루고 있고, 2문단은 정조와 그 아들인 순조, 3문단은 순종과 일제강점기 시절에 대한 내용을 다루고 있기 때문에 흐름을 따라가기 어렵지 않다. 따라서 선지를 확인하는 과정에서 지엽적인 내용을 기준으로 찾아들어가는 것이 아니라 기준점이 되는 부분을 중심으로 확인해나가야 한다.

③ 2문단 : 영빈 이씨는 사도세자의 생모이기 때문에 영조의 후궁임을 알 수 있고, 수빈 박씨는 순조의 생모이기 때문에 정조의 후궁임을 알 수 있다. (○)

오답해설

① 1 · 3문단 : 경종이 언급된 것은 1문단 마지막 문장이다. 경종은 사당 방문에 대한 내용이 없기 때문에 영조 전의 일반론을 따르면 된다. 선희궁, 연호궁은 3문단에서 확인 가능하듯 후궁의 사당이므로, 방문하지 않았을 것임을 알 수 있다. (×)

② 1 · 3문단 : 국조속오례의를 편찬하면서 포함한 것은 육상궁이라는 사당에 대한 부분이고, 그것이 대빈궁, 연호궁, 선희궁, 경우궁에 대한 제사인지는 알 수 없다. (×)

④ 3문단 : 대빈궁, 연호궁, 선희궁, 저경궁, 경우궁을 육상궁 경내로 옮긴 것은 1908년의 순종이다. (×)

⑤ 전체 : 숙빈 최씨–육상궁, 희빈 장씨–대빈궁, 수빈 박씨–경우궁 총 3개의 사당에서 실제 통치한 왕의 생모인 후궁을 모셨다. (×)

04 추론
답 ④

정답해설

지문은 한국어 계통 연구에 대한 내용을 문단별 맥락에 따라 전개시키고 있다. 첫 문단은 비교언어학적 근거가 한계가 있음을 다루고, 두 번째 문단은 비교언어학 이외에 사용되는 연구관점들, 세 번째 문단은 고대의 고구려어, 백제어, 신라어에 대한 학계의 견해를 다룬다. 내용 자체는 다소 익숙하지 않아 어려울 수 있지만 이 흐름을 중심으로 구분해줄 수 있다면 선지가 쉽게 제시되었기 때문에 문제 자체는 금방 풀어낼 수 있다.

④ 3문단 : 고대의 백제어와 고구려어에 대한 내용은 3문단에서 다뤄진다. 고구려 · 신라 · 백제어들이 서로 다른 언어인지 방언적 차이만을 지닌 것인지에 대해서는 이견이 있기 때문에 하나의 견해로 단정지어 서술할 수 없다. (×)

① 1문단 : 비교언어학적 근거의 한계를 언급하고 있기 때문에 1문단
    에서 확인이 가능하다. 한국어의 알타이어족설은 알타이 어군과 한
    국어 간의 친족 관계를 설명하기 힘들다. (○)

② 2문단 : 인류학적 연구는 비교언어학적 연구와 다른 관점이기 때문
    에 2문단에서 확인이 가능하다. 인류학적 연구는 천손 신화와 난생
    신화의 건국 신화를 활용하며, 특히 천손 신화는 북방계의 신화료서
    북방 요소로 기능을 한다. (○)

③ 2문단 : 유전학적 연구는 비교언어학적 연구와 다른 관점이기 때문
    에 2문단에서 확인이 가능하다. 한민족의 유전 형질에 대한 정보와
    건국 신화 등 다양한 정보를 통해 연구가 진행된다. (○)

⑤ 3문단 : 마지막 문장에서 중세 국어가 현대 한국어로 변모하는 과
    정에 대해서는 남북한 학계의 견해가 일치함을 확인할 수 있다. (○)

05 추 론

정답해설

빈칸추론 문제이기 때문에 지문의 내용을 꼼꼼히 읽을 필요가 없다. 특
히 빈칸을 중심으로 앞뒤 맥락을 파악하면 된다.
㉠은 전체 돼지 사육 두수가 크게 증가하고, 밀집된 형태에서 대규모로
돼지를 사육하는 농장의 출현과 같은 맥락에 놓여야 한다. 선지의 ③,
④, ⑤는 농장당 돼지 사육 두수가 늘고 사육 면적당 돼지의 수도 늘어
났음을 가리키기 때문에 맥락상 잘 어울린다.
㉡은 마지막 문단에서 총정리로서의 결과를 아울러야 한다. 해당 빈 칸
의 앞 문단에서는 소비자들의 육류가공제품의 소비를 적게 하더라도
실제로는 많은 수의 가축과 접촉하게 됨을 다루고 있기 때문에 ④번이
잘 어울린다.

06 추 론

정답해설

④ 2문단 : 피의자가 임의적으로 진술했음이 인정되면 신문 상황과 무
    관하게 자백의 증거 능력이 인정되었다. (○)

오답해설

① 지문은 미란다 판결에서 미란다 원칙이 확립되었음을 언급할 뿐, 미
    란다 재판의 판결에 대해서는 언급하지 않고 있다. (×)

② 3문단 : 미란다 판결은 피해자의 권리가 아닌 자백의 증거 능력에
    대해 다루고 있다. (×)

③ 2문단 : 기존에도 경찰의 고문과 같은 가혹 행위로 받아낸 자백은
    효력이 없기 때문에, 기존부터 법적 책임을 물어왔음을 알 수 있다.
    (×)

⑤ 1문단 : 연방대법원은 경찰관이 묵비권과 변호사 선임권을 갖고 있
    다는 사실을 고지했다는 것이 입증되지 않는 한, 신문 결과만으로
    얻어진 진술은 불리하게 사용될 수 없다고 판결하였다. (×)

07 추 론

정답해설

③ 3문단 : '부석소 4 복수국간 무역협정 방식'은 체제 밖에서 체결된
    협정을 WTO 체제로 편입시키는 방식인데, 체제로 편입시키기 위해
    선 모든 WTO 회원국 대표의 승인이 필요하다. 즉, 전자상거래협정
    이 체결되었을 때, 이에 대한 WTO 편입 여부의 법적 지위 변화에는
    협정에 대한 가입이 아닌 승인이 필요한 것이기 때문에 협정 가입은
    상관이 없다. (×)

오답해설

① 4문단 : 임계질량 복수국간 무역협정 방식은 협정의 혜택을 모든
    WTO 회원국, 의무는 당사국에만 부여하기 때문에 혜택을 받는 국
    가와 의무를 지는 국가가 같을 수는 있어도 적을 수는 없다. (○)

② 1문단 : 1문단에서 총의 제도를 명문화 했으며, 회원국이 의사결정
    회의에 불참하더라도 그 불참은 반대가 아닌 찬성으로 간주된다.
    (○)

④ 1 · 2문단 : 총의가 불참하더라도 찬성으로 간주되는 방식이고, 총
    의가 잘 이루어지지 않는 제도적 한계를 극복하기 위한 방안 중 하
    나로 '부속서 4 복수국간 무역협정 방식'이 도입된 것이기 때문에
    목적이 충돌함을 알 수 있다. (○)

⑤ 4문단 : '임계질량 복수국간 무역협정 방식'은 협정 적용대상 품목
    의 무역량이 전세계 무역량의 90% 이상을 차지하여야 하는데, ICT
    제품에 대한 협정이 발효된 것을 보면 전세계 무역량의 90% 이상
    임을 알 수 있다. (○)

08 추 론

정답해설

지문이 화학물질을 소재로 다루고 있기 때문에 읽기가 다소 어렵다. 하
지만 결국 해당 용어의 이해와는 상관없이, 연결만 시켜주면 되기 때문
에 부담스러워 할 필요는 없다. 지문은 항산화 물질인 폴리페놀부터 카
테킨, 테아플리반과 테아루비딘으로 소재를 갈래로 나누어나가며 구체
적인 내용을 다루고 있다. 따라서 선지에서 확인해야 하는 대상도 층위
에 맞는 소재에 대응시켜 확인하면 체계적으로 답을 낼 수 있다.

③ 2문단 : 와인과 커피는 플라바놀이 들어있는 플라보노이드를 구성
    물질로 한 폴리페놀을 가지고 있다. (○)

오답해설

① 4문단 : 산화가 진행될수록 테아루비딘이 나타나고, 테아루비딘이
    많을수록 어두운 적색 계통의 갈색 홍차가 되기 때문에 테아루비딘
    의 양에 대한 테아플라빈의 양의 비율은 낮아진다고 볼 수 있다.
    (×)

② 1 · 2문단 : 항산화 물질은 활성산소를 제거하는 역할을 하는데, 찻
    잎에 들어있는 폴리페놀의 구성물질인 플라보노이드는 항산화 복합
    물로서 항산화 물질임을 알 수 있다. 따라서 활성산소 생성 억제가
    아닌 제거를 한다. (×)

④ 3 · 4문단 : 카데킨 중 일부인 에피갈로카데킨 갈레이트의 녹차와
    홍차 함유량에 대해 다루고 있지 않다. (×)

⑤ 4 · 5문단 : 중국 홍차의 산화 과정이 더 길기 때문에 테아루비딘이
    많다는 것을 알 수 있다. 그러나 카데킨이 많은지는 알 수 없다. (×)

09 추론 – 밑줄

정답해설

ㄱ. A국 궁수가 4,000명이 되면 B국의 손실 병력은 A국 궁수의 10%인 400명이 되고, 손실비는 $\dfrac{400/1,000}{100/4,000}$이 된다. 따라서 16이다. (○)

ㄴ. 주어진 A국의 손실비는 $\dfrac{100/2,000}{200/1,000}=\dfrac{1}{4}$이다. 따라서 A국의 군사력은 적국보다 4배로 우월한 것이다. (○)

ㄷ. A국과 B국의 병력은 각각 2,000, 1,000이고, 손실된 병력이 100명으로 동일하다고 한다면, A국의 손실비는 $\dfrac{100/2,000}{100/1,000}=\dfrac{1}{2}$이고, B국의 손실비는 $\dfrac{100/1,000}{100/2,000}=2$이다. 따라서 최초 병력의 수가 적은 쪽의 손실비가 더 크다. (○)

10 추론

정답해설

② 2문단 : 전투 신경증이 실재한다는 것을 전제로 하여 전통주의자들과 진보주의자들 간의 의학적 논쟁이 일어난 것이다. (○)

오답해설

① 2문단 : 전통주의자들은 처벌을 중심으로 하는 치료, 진보주의자들은 인도적 치료를 옹호하였다. (×)

③ 1문단 : 전투 신경증이 발생한 이후 대응방식에 대해 견해가 갈리는 것이기 때문에 발생 계기에 대해서는 같다고 볼 수 있다. (×)

④ 2문단 : 진보주의자의 견해가 언급되는 구간은 전통주의자와 역접 상태에 놓이기 때문에 히스테리라는 용어에 대해 서로 다른 견해임을 알 수 있다. (×)

⑤ 2문단 : 진보주의자는 전투 신경증은 히스테리의 한 유형이라고 생각할 뿐, 전투 신경증에 의한 히스테리 증상이 나타난다고 생각하는 것은 아니다. (×)

11 논리 – 연역논증

정답해설

조건을 정리하면, A<B<C 이며, 1/3/6, 1/4/5, 2/3/5명이 배치될 수 있다. 따라서 ①, ②, ③은 참이라고 할 수 없다.

이 때, B에는 남자 신임 외교관이 1명, 여자 신임 외교관이 2명 또는 3명이 배치될 수 있기 때문에 ④번은 반드시 참임을 알 수 있다.

12 논리 – 연역논증

정답해설

세 사람의 진술이 (T, T), (F, F), (T/F) 로 구분되기 때문에, 진술들의 진위를 가리기보다는 어떤 관계에 놓이는지만 확인하면 된다.

• 갑의 진술 1이 참이면, 단독범이면서 호텔 2층에 머무는 것이기 때문에 을의 진술 1과 을의 진술 2가 거짓이다.

• 을의 진술 2와 병의 진술 1은 모순관계이다.

• 병의 진술 2가 참이면 갑의 진술 2가 참이라는 사실을 알 수 있다.

③ 병의 진술이 둘 다 거짓이면, 병의 진술 1이 거짓이므로, 갑의 진술 1이 거짓이라는 것을 알 수 있다. (○)

오답해설

① 갑의 진술이 둘 다 거짓이면 을과 병 중 하나는 (T, T), 다른 하나는 (T/F)의 진술을 가져야 한다. 그런데 갑의 진술 2가 거짓이면 병의 진술 2는 거짓이고, 을의 진술 2와 병의 진술 1은 모순관계이기 때문에 갑의 진술이 둘 다 거짓이어서는 안 된다. (×)

② 알 수 없다. (×)

④ 을의 진술이 둘 다 거짓이면, 모순에 있는 병의 진술 1은 참이다. 이 때, 병의 진술 2가 참이라면 갑의 진술 2는 참이고, 갑의 진술 1은 거짓이다. 그렇다면 범인은 단독범이 아닐 수 있다. 하지만 병의 진술 2가 거짓이면 갑의 진술 1과 2는 모두 참이 되어야 한다. 이 때는 범인이 단독범이어야 한다. 따라서 확인할 수 없다. (×)

⑤ 갑이 하나만 참을 말하며, 진술 1이 참이면 을의 진술 1과 2는 모두 거짓이다. 그렇다면 병은 모두 참을 말해야 하는데, 병의 진술 2가 참이면 갑의 진술 2가 참이다. 따라서 갑의 진술이 하나만 참이라면 진술 1은 참일 수 없다 그러므로 갑의 진술 1은 거짓, 2는 참이어야 한다. 이 때는 을이 모두 거짓이거나 모두 참을 말해야 한다. 을이 모두 거짓이라면 을의 진술 2에 따라 범인은 단독범일 수 있다. (×)

13 논증 – 분석

정답해설

• 갑 : 기술은 모두 물질로 구현된다고 한다.

• 을 : 기술로 인정되려면 지성이 개입해야 하며, 근대 과학혁명 이후 등장한 과학이 개입한 것으로 한정한다.

• 병 : 과학의 개입이 꼭 필요한 것은 아니며 시행착오를 통해 발전한 것을 기술이라 지칭하며 범위를 넓히고자 한다.

ㄴ. 병은 을의 주장을 포함해 더 넓은 범위를 다루기 때문에 범주적인 관점에서 비교가 가능하다. 이때, 병은 과학이 개입하지 않은 기술을 인정한다. (○)

오답해설

ㄱ. 갑보다 을이 더 좁은 것은 사실이지만, 갑이 병보다 넓은지는 확인할 수 없다. 각자의 정의인 물질로 구현한 것을 기준으로 하거나 시행착오를 통해 발전한 것을 기준으로 비교하지 않고 있다. (×)

ㄷ. 병은 시행착오를 거치며 발전한 것을 기술로 인정한다. 따라서 옷감 제작법도 기술로 인정할 것이다. 그리고 갑도 물질적인 결과물을 산출하는 옷감 제작법을 기술로 인정할 것이다. (×)

14 논증-분석 답 ①

정답해설

- 갑 : 설득을 위해 진실만을 말해야 한다.
- 을 : 진실을 말하는 것이 반드시 설득이라는 결과를 가져오는 것은 아니기 때문에 이야기 기술이 필요하다.

① 을2, 갑3 : 을은 진실을 말해도 기술이 없으면 설득할 수 없고, 갑은 진실을 말해도 설득할 수 있는 것은 아니라고 하면서 진실해도 설득에 실패할 수 있음을 다루고 있다. (○)

오답해설

② 갑2 : 갑은 진실 없이 이야기 기술만으로 설득하는 예를 들고 있다. (×)

③ 을2 : 을은 이야기 기술 습득이 설득에 필요하다고 하고 있지만, 진실하지 않은 것을 말하는 이야기 기술을 습득하지 말아야 한다는 내용은 언급하지 않고 있다. (×)

④ 갑2 · 3, 을2 : 지문 자체가 이야기 기술을 가지고 설득에 실패하는 것을 전제하고 있지 않지만, 특히 갑은 긍정하지 않는 모습을 보인다. (×)

⑤ 갑2, 을2 : 을 역시 갑2의 상황이 발생할 수 있음을 인정하면서, 그럼에도 설득을 위해 진실 이외에 이야기 기술이 필요하다고 언급하고 있다. (×)

15 추론 답 ④

정답해설

④ 2 · 3문단 : 장수 노인 중에는 규칙적인 운동을 하지 않은 사람이 없기 때문에 정상 범위를 넘어서지 않는 사람이 있다고 할 수 없다. (×)

오답해설

① 2 · 3문단 : 장수 노인은 모두 연구에 부합했고, 규칙적 운동을 하지 않은 사람들이 β 호르몬이 적게 분비되었고, β 호르몬이 적게 분비되면 체지방 비율이 정상 범위를 넘어서는데 조기 사망자는 누구도 체지방 비율이 정상 범위를 넘어서지 않았기 때문에 규칙적 운동을 했음을 알 수 있다. (○)

② 2 · 3문단 : 장수 노인은 모두 짜거나 기름진 음식을 즐겨먹지 않았기 때문에 혈중 콜레스테롤 지수가 낮다는 것을 알 수 있다. (○)

③ 2 · 3문단 : 조기 사망자는 모두 혈중 콜레스테롤이 높기 때문에 짜거나 기름진 음식을 즐겨먹었음을 알 수 있다. (○)

⑤ 2 · 3문단 : 조기 사망자는 모두 면역지수가 낮았기 때문에 결혼 생활이 행복하지 않았음을 알 수 있다. (○)

16 논증-분석 답 ①

정답해설

㉠은 ⅰ) 비교급 관계를 알고 속성을 모를 수 있다는 것, ⅱ) 비교급 표현이 속성 표현보다 먼저 발생할 수 있다는 것을 근거로 한다.

ㄱ. 비교급 관계 이해가 속성 이해에 우선한다는 것이기 때문에 ㉠을 강화한다. (○)

오답해설

ㄴ. 비교급 관계 이해가 속성 이해에 뒤처진다는 것이기 때문에 ㉠을 강화하지 않는다. (×)

ㄷ. '인간이다'라는 표현은 비교급과 무관하기 때문에 ㉠과 무관하다. (×)

17 추론 답 ⑤

정답해설

⑤ 갑의 측정기는 ^{220}Rn과 ^{222}Rn만을 측정할 수 있기 때문에, 60cm를 넘어서 측정된 방사선은 ^{222}Rn에서 나온 것이다. (○)

오답해설

① A의 실험 결과를 보면, 50cm를 넘어간 60cm의 기록이, 0cm의 1/4이므로, ^{220}Rn을 가지고 있음을 알 수 있다. (×)

② B는 모든 거리에서 동일한 방사선량이 측정되므로, ^{220}Rn을 가지고 있지 않다. (×)

③ A는 ^{220}Rn을 가지고 있다. ^{222}Rn은 알 수 없다. (×)

④ 60cm 떨어진 거리에서 측정된 방사선량을 보면 A는 ^{222}Rn을 B와 같은 양 가지고 있다는 것을 알 수 있다. (×)

18 논증-평가 답 ④

정답해설

이론 A는 문장을 모아 의미를 확정하고, 그것을 기반으로 단어의 의미를 결정한다.

ㄴ. 과학의 단어가 지니는 의미는 과학 이론에 의존하기 때문에 이론 A를 강화한다. (○)

ㄷ. 직접적인 관찰 증거 이외에도 다양한 사례를 모아서 세부적인 의미로 접근해야 하기 때문에 이론 A를 약화시킨다. (○)

오답해설

ㄱ. 이론 A를 강화하려면 포유류의 의미를 결정하고 나서 단어의 의미를 확정하는 것이 아니라, 확정하고 의미를 결정해야 한다. 따라서 이론 A와 반대된다. (×)

19 추 론   답 ②

정답해설

② 1문단 : 말의 의미를 이해하는 능력이 없다면 아무리 많은 문제를 해결해도 약한 인공지능이다. (×)

오답해설

① 1·2문단 : 강한 인공지능은 인공지능이 말의 의미를 이해하는 것을 말한다. 약한 인공지능은 이러한 속성을 지니지 못할 텐데, 인공지능 번역기는 의미를 이해한다고 볼 수 없기 때문에 약한 인공지능을 탑재했을 것이다. (○)

③ 3문단 : 인공일반지능은 일반지능을 갖춘 것처럼 보이는 인공지능을 가리킨다. 식별, 기억, 판단 등의 인지체계가 지적 능력을 발휘하는 것을 말한다. (○)

④ 1문단 : 약한 인공지능은 강한 인공지능에 비해 말의 의미를 이해하지 못하는 것만을 구분 기준으로 하기 때문에 다른 과업에서는 더 뛰어난 역량을 발휘할 수 있다. (○)

⑤ 1문단 : '강한'이라는 표현은 우리가 일반적으로 강하다는 말을 사용할 때의 그것과 다르다고 표현하고 있다. (○)

---

20 논증-평가   답 ④

정답해설

ㄴ. '바둑'이라는 단어는 표현에 불과한 인간중심적인 것이며, 알파고는 ㉠에서 말하는 외형적 구조가 아닌 바둑이라는 말의 본질적 의미를 다룬 것으로 이해할 때, ㉠은 약화된다. (○)

ㄷ. ㉡은 말의 의미를 이해한 것처럼 보이는 인공일반지능이 사실은 말의 의미를 이해하지 못한 것이라고 하는 것이기 때문에, 이 둘을 구별할 수 없다는 의견은 ㉡을 약화시킨다. (○)

오답해설

ㄱ. ㉠은 뛰어난 인공지능이라도 말의 의미를 파악하지 못한다고 하며, 인공지능의 이해 기능이 확산된다는 선지의 내용과 부딪힌다. (×)

---

21 추 론   답 ①

정답해설

① 1문단 : 병조판서는 병조판서의 행차답게 날래고 강렬하게, 크게 냈다. (○)

오답해설

② 1문단 : 봉도는 국왕의 행차 때 하는 가도를 말하고, 가도는 행차에 방해되는 사람을 물리치는 행위이다. 꿇어앉히는 행위까지 일컫지는 않는다. (×)

③ 2문단 : 잡인들의 통행을 막으면서 감시가 증가한 것이 아니라, 위엄을 과시하는 형태로 굳어지자 서민들은 다른 길로 돌아갔다. (×)

④ 3문단 : 피마는 벼슬아치들이 경의를 표하는 행위를 뜻하는 말이다. (×)

⑤ 전체 : 다뤄진 내용이 서울에서의 얘기일 뿐, 서울 외의 지역에서 하지 않음은 언급하지 않았다. (×)

---

22 추 론   답 ②

정답해설

② 4문단 : 칠거지악에 해당하더라도, 조선의 양반 집안은 현실적인 사회적 이익 때문에 부인을 쫓아내지 않았다. (○)

오답해설

① 전체 : 양반 집안에 대해 다루고 있기 때문에 평민과 노비 계층에 대해서는 판단할 수 없다. (×)

③ 1문단 : 조선시대에서 적처의 존재를 중요하게 생각한 것은 부인의 역할이 중국과는 달랐기 때문이 아니라 적처를 내보내면 적처 집안과의 관계가 단절되는 등 사회 안정에 도움이 되지 않기 때문이다. (×)

④ 1문단 : 조선은 중국과 달리 이혼을 실질적으로 용인하지 않았다. (×)

⑤ 전체 : 조선은 이혼을 막기 위해 조치를 취하지는 않았다. 각 집안에서 어떻게 대처했는지 다루고 있다. (×)

---

23 추 론   답 ⑤

정답해설

⑤ 2·3문단 : 여연군에서 서남쪽으로 이동하면 만포가 있고, 이천의 부대는 만포에서 압록강을 건너 여진족을 토벌했기 때문에, 압록강을 건넌 지역은 여연군의 하류에 있음을 알 수 있다. (○)

오답해설

① 2문단 : 아목하로부터 동쪽으로 진격하면 여연군이 나오기 때문에, 여연군의 동쪽에 아목하가 있을 수 없다. (×)

② 2문단 : 최윤덕의 부대는 무창군과 관련이 없다. (×)

③ 3문단 : 이천의 부대는 여연군과, 최윤덕의 토벌 이후 설치된 자성군 사이에 우예군, 여연군에서 동남쪽으로 떨어진 곳에 무창군을 설치했다. (×)

④ 1문단 : 여연군은 경원부가 바뀐 것이 아니다. (×)

---

24 추 론   답 ⑤

정답해설

⑤ 2문단 : 뉴욕주 소방청은 공공데이터 공유 플랫폼을 이용해 수집된 주 내의 모든 정부 기관의 정보를 평가자료로 활용한다. (○)

오답해설

① 2문단 : 건축모범규준에 있어서 특정 주요 기준은 최근 개정안을 적용하지만, 그 외의 기준은 개정되기 전 규준의 기준을 적용하기도 한다는 점에서 강제적이라고 하기는 어렵다. (×)

② 1문단 : 건축모범규준과 화재안전평가제는 건축물의 계획 및 시공 단계에서 설계지침으로 적용되며, 화재위험도평가제는 기존 건축물의 유지 및 관리단계에서 화재위험도 관리를 위해 활용된다 . (×)

③ 2문단 : 건축모범규준은 특정 주요 기준에 해당하지 않는 경우 개정되기 전 규준의 기준을 따라도 된다. (×)

④ 1·2문단 : 미국화재예방협회가 개발하고, 주 정부가 선택해 운영한다. (×)

25 추론

답 ①

정답해설

① 2문단 : 독일 자유주의자들은 개인이 자발적으로 사회적 약자들을 돕는 것에는 반대하지 않고 적극 권장하는 입장을 취해, 앞서 정책적인 복지는 반대했지만 개인의 자선에는 찬성한 것을 알 수 있다. (○)

오답해설

② 2문단 : 보수주의자들은 복지 정책 수립에 찬성했지만, 재원을 마련함에 부담을 어디에 전가할 것인지 다루지 않고 있다. (×)
③ 전체 : 개인의 자율성이 침해되었다는 내용은 다뤄지지 않는다. (×)
④ 2문단 : 복지 정책에 대한 갈등은 현재까지도 지속되고 있다. (×)
⑤ 1문단 : 사회 보장 정책의 일차적 목표는 노동자를 대변하는 사회주의자들을 견제하는데 있었다. (×)

26 추론

답 ⑤

정답해설

⑤ 4문단 : 협상이 자기결정권의 정도가 가장 크지만 사회 정의 실현에는 미흡한 점이 있다. (○)

오답해설

① 2 · 3 · 4문단 : 중재는 만족하지 못하는 당사자가 발생하지만, 협상도 개인간의 차이가 크다. 따라서 중재가 가장 만족도가 낮은지는 알 수 없다. (×)
② 4문단 : 사법적 통제에 대한 내용은 다뤄지지 않는다. (×)
③ 4문단 : 협상의 분쟁 해결에 요구되는 시간은 다뤄지지 않았다. (×)
④ 4문단 : 협상의 자기결정권 정도가 가장 크다. (×)

27 추론

답 ③

정답해설

ㄱ. 2 · 3문단 : 인간의 성품을 고양하는 법률은 정의로운 법인데, 2문단에서 정의로운 법률은 도덕법에 해당한다고 말하고 있다. (○)
ㄴ. 2문단 : 사람끼리의 규약이 불의한 이유는 그것이 자연법에 기원한 것이 아니기 때문이라고 하고 있다. (○)

오답해설

ㄷ. 인종차별적인 법률은 불의한 것이긴 하지만, 인종차별을 포함하지 않는 법률 중 불의한 법이 있을 수 있다. (×)

28 추론

답 ④

정답해설

④ 4문단 : 정련 과정은 제강로에 선철을 넣어 탄소나 기타 성분이 제거되는 과정이다. 이 과정을 통해 강이 만들어지는데, 강은 질기고 외부 충격에 깨지지 않고 늘어나는 성질이 강하다. (○)

오답해설

① 2문단 : 순철은 온도가 높아지면 구조가 면심입방격자로 변하고, 다시 체심입방격자로 바뀐다. 또한 얇게 펼 수도 있어, 수출 · 팽창이 쉽다는 것을 알 수 있다. 하지만 그 이유는 연성이 높기 때문이 아니라 100% 철로 되어 있기 때문이다. (×)
② 3문단 : 선철은 순철보다 질긴 정도가 낮고, 외부 충격에 깨지지 않고 늘어나는 정도도 낮다. (×)
③ 3문단 : 용선은 용광로에서 나와 가공되기 전 녹아 있는 상태의 선철을 말하고, 탄소가 특히 많이 함유되어 있다. 따라서 저탄소강의 탄소의 양보다 많을 것이다. (×)
⑤ 전체 : 고장력강에 대한 내용은 알 수 없다.

29 추론

답 ⑤

정답해설

• 갑은 첫째, 영구적인 주소가 없다. 둘째, 영구적인 주소가 없다. 셋째, 어느 쪽에도 영구적인 주소가 없기 때문에 1년의 50%를 초과해 거주하는 Y국 거주자이다.
• 을은 첫째, 소득을 얻는 국가 중 X에만 영구적인 주소를 가지고 있기 때문에 X국 거주자이다.
• 병은 첫째, 모두에 영구적인 주소를 가지고 있다. 둘째, 모두에 영구적인 주소를 가지고 있는 경우에 해당하므로 더 중요한 이해관계를 가지는 X국 거주자이다.
• 정은 첫째, 소득을 얻지 않는 국가의 영구적인 주소를 가진다. 둘째, 소득을 얻는 두 국가 모두에 영구적인 주소가 없다. 셋째, 두 국가에 모두 중요한 이해관계를 가지지 않는다. 넷째, 어느 곳에도 통상적으로 거주하지 않으므로, Y국 거주자이다.
⑤ X국의 거주자로 결정된 사람의 수는 2명(을, 병), Y국의 거주자로 결정된 사람의 수는 2명(갑, 정)이다. (○)

오답해설

① 갑은 Y국 거주자이고, 병은 X국 거주자이다. (×)
② 거주국은 모두 결정된다. (×)
③ 국적이 Z국인 을은 X국 거주자이다. (×)
④ Z국에 영구적인 주소를 가지는 정은 Y국 거주자이다. (×)

30 논증－분석

답 ④

정답해설

내적 타당성은 역사요인, 선택 요인과 관련 있고, 외적 타당성은 표본 집단과 관련이 있다.
• 갑은 표본의 수에 대해 문제를 제기하고 있으므로, 외적 타당성과 관련이 있다.
• 을은 역사 요인과 관련된 문제를 제기하고 있으므로, 내적 타당성과 관련이 있다.
• 병은 비교 집단에 대한 내용이므로 선택 요인의 문제를 제기하여, 내적 타당성과 관련이 있다.
④ 병은 선택 요인과 관련한 내적 타당성 요인을 검토할 것을 촉구한다. (○)

오답해설

① 갑은 외적 타당성을 확보하기 위해 타당성 검토를 촉구하고 있다. (×)

② 을은 역사 요인과 관련한 타당성을 검토하자고 한다. (×)

③ 을의 역사 요인과 관련한 타당성 검토를 주장하고, 이는 내적 타당성 검토에 해당한다. (×)

⑤ 병은 내적 타당성을 확보하고자 한다. (×)

31 연역논증 답 ⑤

정답해설

주어진 조건을 정리하면 다음과 같다.

구분	갑	을	병	정	무
A	우수	보통	최우수	최우수	
B	우수	보통	최우수	최우수	
C	보통	보통	보통	보통	보통
D		보통	최우수	최우수	최우수

- 갑은 C영역에서만 보통 평가를 받았는데, 모든 직원이 보통 평가를 받은 영역이 있으므로, C영역은 모두 보통임을 알 수 있다.
- 을만 D영역에서 보통 평가를 받았는데, 모든 영역에서 보통 평가를 받은 직원이 있으므로, 을은 모두 보통임을 알 수 있다.
- 병, 정은 A, B, 두 영역에서 최우수 평가를 받았고 다른 직원은 A, B에서 최우수를 받지 못했다.
- 무는 1개 영역에서만 최우수 평가를 받기 때문에, A, B, C가 아닌 D에서 최우수를 받는다.
  이 때, 갑은 A, B 영역에서 최우수도 보통도 받지 않기 때문에 우수를 받는다.

∴ 따라서 정답은 ⑤번이다.

32 논리-연역논증 답 ③

정답해설

주어진 조건을 정리하면 다음과 같다.

경제 → 법률

행정 → ~법률

철학 ∧ ~경제 ∧ ~행정

이 때, 새로운 조건을 추가하여 ⅰ) 철학만 신청한 사람이 있다. ⅱ) 경제 ∧ 철학 ∧ 법률 ∧ ~행정이 도출되어야 한다.

철학만 있을 수 있는 상황이면서, 세 개를 선택할 수 있는 상황이 도출되어야 하기 때문에 둘만 선택할 수 있는 상황이 없다고 말하는 ③이 있어야 한다.

33 논증-분석 답 ②

정답해설

- 갑 : 동물은 의식이 없는 반사작용만을 한다.
- 을 : 동물은 의식은 있지만, 자의식이 없다. 또한 자의식이 없어 기억도 하지 못한다.
- 병 : 동물은 기억을 할 수 있고, 학습할 수 있다.

ㄷ. 을은 의식이 있어야 기억할 수 있다고 보고 있지만, 병은 동물이 기억할 수 없다면 학습할 수 없다고 하고 있다. (○)

오답해설

ㄱ. 병은 동물이 기억을 통해 학습할 수 있다는 점을 들고, 기억에 자의식이 꼭 필요하지는 않다고 주장한다. (×)

ㄴ. 갑은 동물이 의식이 없는 상태에서 반사작용으로서 행동을 한다고 여기지만, 을은 동물이 의식은 있으나 자의식이 없다고 한다. (×)

34 논증-분석 답 ④

정답해설

- 갑 : 진술 A의 근거를 동전 c의 특성에서 찾고자 한다.
- 을 : 진술 A를 빈도에 초점을 맞춰 해석한다.
- 병 : 진술 A의 방식이 실제로 동일한가에 초점을 맞추지만, 그렇지 않더라도 그것이 거짓이라고 받아들일 수 없다고 한다.
- 정 : 가상 세계에서 방식이 실제로 동일할 수 있음을 따져야 한다고 본다.

④ 병과 정은 실제 세계에서 진술 A가 완전히 동일한 방식으로 동전 c를 던질 수 없음을 전제한다. (○)

오답해설

① 병 역시 진술 A가 참이라고 생각한다. (×)

② 병은 동일한 방식으로 던지는 것은 불가능하다고 본다. (×)

③ 정도 가상 세계에서 동일한 방식으로 던져지는 상황을 생각한다. (×)

⑤ 갑을 제외하고, 나머지에게 물리적 특징은 중요하지 않다. (×)

35 논증-분석 답 ①

정답해설

ㄱ. '㉠ 형상은 물질적 대상이 아니다.'와 '㉢ 형상이 물질적 대상이 아니라면, 그 어떤 물질적인 것도 결코 형상을 이해할 수 없다.'가 참이면, ㉢의 전제인 ㉠이 참이면서, ㉢의 결론인 어떤 물질도 형상을 이해할 수 없다가 참임을 알 수 있다. 따라서 이성이 형상을 이해할 수 있다면 ㉢의 대우를 통해 ㉡이 참임을 알 수 있다. (○)

오답해설

ㄴ. 오직 불멸하는 이성만이 비물질적이면, 이성은 물질적인 것이 아니라는 ㉡에서 일부를 추려냈을 뿐이다. 따라서 확정할 수 없다. (×)

ㄷ. 불멸하는 것만이 불멸하는 것을 이해하는 것이 전제되어도, 이성이 형상을 이해할 수 있는지, 형상이 불멸하는지의 ㉂의 전제를 끌어낼 수 없기 때문에 참일 수 없다. (×)

36 논증-평가   답 ⑤

정답해설

ㄱ. 방사능에 노출하기 전 발생한 조건을 다시 경험하게 된 쥐와 그렇지 않은 쥐들의 반응을 살펴본 실험에서, 한 번만 노출된 경험인데도 반응이 나타나는 것을 보면 ㉠은 약화됨을 알 수 있다. 또한, 단물이냐 맹물이냐는 중요한 것이 아니기 때문에 ㉢은 약화되지 않는다. (○)

ㄴ. 여러 차례 조건이 반복되는 실험이기 때문에 ㉠은 약화되지 않고, 서로 다른 자극에 대해 다른 반응을 보이고 있기 때문에 ㉢을 약화시킨다. (○)

ㄷ. 〈실험 A〉는 자극 간 간격이 30분이기 때문에 ㉡이 약화되고, 〈실험 B〉는 거의 동시에 자극해 약화되지 않는다. (○)

37 논증-약화   답 ①

정답해설

ㄱ. 3문단에서 단위 몸무게당 기초대사율은 몸무게에 반비례하는 경향을 나타낸다고 하였으므로, 순록의 기초대사율이 더 크다고 한다면 약화됨을 알 수 있다. (○)

오답해설

ㄴ. 양서류는 외온동물이기 때문에 주변 온도에 따라 달라진다면 강화된다. (×)

ㄷ. 외온동물은 내온동물보다 표준대사율이 낮은데, 이를 강화시킨다. (×)

38 논증-강화   답 ②

정답해설

주장은 '인간은 이성적이고, 토론과 경험을 통해 발전해나간다는 것이며, 이 때, 토론에 대해 정부의 개입이 있어서는 안 된다.'는 것이다.

ㄷ. 인류 전체를 통틀어 한 사람만이 다른 생각을 가지고 있더라도, 그에게 침묵을 강요할 수는 없다는 것의 사례이다. 강화시키는 사례에 해당한다. (○)

오답해설

ㄱ. 토론 없이 경험만으로 이뤄졌다는 것으로 약화시키는 내용이다. (×)

ㄴ. 정부의 개입이 필요하다는 내용이므로 약화된다. (×)

39 추론   답 ②

정답해설

② 2문단 : 혈중 TSH나 T3, T4의 수치 중 어느 것이든 낮으면 갑상선기능저하증으로 진단하기 때문에 T4가 매우 낮고 T3는 높을 수 있다. 또한 TSH수치의 측정만으로는 갑상선기능저하증을 찾아내기 어렵다. (×)

오답해설

① 2문단 : TSH를 측정하기 위한 가장 기본적인 검사는 혈중 TSH와 T4의 측정인데, 갑상선에서 분비되는 시점에 갑상선 호르몬의 93%는 T4이고 나머지는 T3라는 점을 통해 알 수 있다.

③ 3문단 : 셀레늄섭취를 늘리면 T3의 생산과 기능을 진작할 수 있다. (○)

④ 2문단 : 뇌하수체 TSH 수치가 정상이면서도 갑상선기능저하증에 해당하는 증상이 나타날 수 있다. (○)

⑤ 3문단 : LT4와 같은 약을 복용해 T4와 같은 작용을 하도록 하여 호르몬 이상 증상을 완화할 수 있다. (○)

40 추론-빈칸   답 ①

정답해설

갑상선기능저하증을 놓치지 않고 찾아내기 어려운 이유를 앞에서, T3가 rT3로 변환되고, rT3가 많아지면 T3의 작용이 저하되기 때문에 TSH수치가 정상이면서도 증상이 나타나기 때문이라고 하고 있다.

∴ 따라서 ①번임을 알 수 있다.

01 매칭
답 ②

정답해설

3개 분야에서 모두 미국의 10% 이하에 불과했다는 내용을 통해 〈표 1〉을 통해 B는 해당되지 않고, 〈표 2〉를 통해 A와 C는 해당되지 않는 것을 알 수 있다. 소프트웨어 분야와 컴퓨터 분야의 인수·합병 건수는 매년 증가했다는 점을 통해 〈표 1〉에서 E는 해당되지 않는다는 것을 알 수 있다. 따라서 D가 '갑'국이고, 'D'의 3개 분야 인수·합병 건수의 합은 49+38+18=105건이다.

02 분수비교
답 ②

정답해설

- 〈정보〉를 보면, H, F, M, C가 모든 상황을 가리키므로, 정확성의 분모는 12임을 알 수 있다. 정확도가 가장 높은 팀은 H+C만 비교하면 된다. H, C는 관측과 예측이 같은 날씨이기 때문에 서로 일치하는 날짜만 빠르게 골라주면 된다.
  - 가 : H(3)+C(7)=10, 다 : H(2)+C(7)=9이므로, 가 팀이 정확도가 가장 높다는 것을 알 수 있다.
- 임계성공지수는 F, M이 서로 날씨가 어긋난 날이라는 점을 생각하면 조금 더 쉽게 찾을 수 있다.
  - 나 : H(4), F(4), M(0), 라 : H(1), F(0), M(3)이므로 임계성공지수는 나 : 4/8, 라 : 1/4로 라가 가장 낮다는 것을 알 수 있다.
- 정답은 ②이다.

03 보고서
답 ④

정답해설

- 첫 문단에서 경제활동인구 1인당 택배 물량이 증가한다고 하고 있기 때문에, ㄹ. 2015~2018년 연도별 경제활동인구가 필요하다.
- 두 번째 문단에서 2001~2018년 매출액의 연평균 성장률을 다루고 있기 때문에, ㄱ. 2001~2014년 연도별 택배업 매출액이 필요하다.
- 두 번째 문단에서 2011~2018년 매출액의 연평균 성장률을 다루고 있기 때문에, ㄴ. 2011~2018년 연도별 유통업 매출액이 필요하다.

04 매칭
답 ①

정답해설

- ㄱ. 택시를 이용한 날은 1일, 9일, 11일, 12일, 14일, 15일이고 모두 9,500보 이하이다. (○)
- ㄴ. 섭취 열량이 소비 열량보다 큰 날은 8일, 10일이고, 양일은 각각 1.7kg, 1.1kg 증가하였다. (○)

오답해설

- ㄷ. 7일은 버스를 이용했지만 몸무게가 감소하지 않았다. (×)
- ㄹ. 만보기 측정값이 10,000보 이상인 날은 2~8일, 10일, 13일이고, 3일, 4일은 섭취 열량이 2,500kcal 이하이다. (×)

05 보고서
답 ④

정답해설

④ 네 번째 문단에서 확인 가능하다. 전체 시청시간은 ②를 통해 확인할 수 있고, 74.55분이다. 이 중 45%는 33.66분이기 때문에, 오락의 29.39분은 45% 이상일 수 없다. (×)

오답해설

① 첫 번째 문단에서 확인 가능하다. 스마트폰 사용자 3,427만 명 중 월 1회 이상 동영상을 시청한 사용자는 3,246만 명으로 94.7%이다. (○)

② 첫 번째 문단에서 확인 가능하다. 동영상 시청시간은 7,112.51분 중 827.63분으로 10% 이상이고, 방송 프로그램 시청시간은 74.55분으로 10% 미만이었다. (○)

③ 두 번째 문단에서 확인 가능하다. 모든 연령대에서 동영상 시청자 비율이 90%이상이고, 20대~40대는 방송프로그램 시청자의 비중이 68.0%, 67.2%, 65.6%로 60%를 상회하고, 60대 이상은 44.5%로 50%에 미치지 못한다. (○)

⑤ 세 번째 문단에서 확인 가능하다. 동영상 시청시간은 남성이 901.0분, 여성이 746.4분으로 남성이 더 길고, 연령대별로는 10대 이하가 1,917.5분으로 가장 길었다. 방송프로그램 시청시간 역시 같은 구간에서 확인 가능하다. (○)

06 매칭
답 ①

정답해설

① A팀은 12일에 한 번 승리했고, C팀은 14일과 28일에 승리했다. (×)

오답해설

② B팀은 12일에 비겼고, 19일과 26일에 각각 승리했다. (○)

③ 23일에 모든 팀이 비겼다. (○)

④ 14일에 승점이 3점 오르고, 0점인 팀의 조합은 C와 E밖에 없다. (○)

⑤ 30일에 1등인 D의 승점 16점을 위협하는 팀은 15점인 E와 13점인 F가 있는데, E는 이미 승리를 했기 때문에 더 승점이 오르는 선택지가 없고, F는 승리를 해서 3점을 얻어도 15점이 되기 때문에 상황이 달라지지 않는다. (○)

07 보고서
답 ②

정답해설

- 대졸이 고졸과 중졸보다 전일제 근로자 비율이 10%p, 20%p 이상 큰 국가로 E는 31%, 49%, 55%로 해당하지 않는다.
- 두 번째 조건에서는 A국이 시간제 근로자 비율은 고졸의 경우 중졸과 대졸보다 크지만, 그 차이는 3%p 이하라는 점에서, 29%, 31%, 25%로 해당하지 않는다.
- 세 번째 조건인 갑국의 무직자 비율은 대졸의 경우 20% 미만이며, 고졸의 경우 25% 미만, 중졸의 경우 30% 이상이라는 점에서 C는 고졸이 43%라서 해당되지 않고, D 역시 고졸이 26%라서 해당되지 않는다. 따라서 해당하는 국가는 B국이다.

08 매칭   답 ①

정답해설

ㄱ. 문제해결능력은 신소재 분야 4.58, 수리능력은 4.46으로 각각 중요도 상위 2개에 해당한다. (○)

ㄴ. 미디어는 4.59-3.68=0.91로 차이값이 가장 크다. (○)

오답해설

ㄷ. 미디어 분야에서 중요도가 가장 낮은 것은 3.68의 기술능력이다. (×)

ㄹ. 직무역량 중요도의 평균값이 가장 높은 것은 직업윤리이다. 직업윤리의 합은 4.44+4.66+4.59+4.39로, 문제해결능력의 4.58+4.52+4.45+4.50 보다 크다. (×)

09 차이값   답 ③

정답해설

ㄴ. 전체 압류건수가 가장 많은 해는 2017(163,666)년이다. 부동산 압류 건수가 가장 많은 해도 2017(163-34≒129)년이다. (○)

ㄷ. 2019년 부동산 압류건수가 30% 감소하면 (151,211-29,814)×0.7=84,978이다. 2019년 전체 압류건수는 84,978+29,814≒114,792이므로, 2018년 대비 감소율은 (151,211-114,792)/151,211≒24.1%이다. 따라서 25% 미만 감소하였다. (○)

오답해설

ㄱ. 2016년 기타 재산 압류건수(34,011)×5<전체 압류건수(158,754) 임을 알 수 있다. 부동산 압류건수가 기타 재산 압류건수의 4배 이상이면, 기타 재산 압류건수×5≤전체 압류건수이다. (×)

ㄹ. 2016년 부동산 압류건수는 158,754-34,011=124,743건이고, 2014년 부동산 압류건수는 122,148건이다. 124-122<3이므로, 122,148의 2.5%인 약 3,000건이 증가하지 않아 2.5% 이상 증가하지 않았다. (×)

10 분수비교/매칭   답 ④

정답해설

ㄴ. 필기 응시자가 가장 많은 등급은 기능사이고, 기능사 필기합격률이 빈칸으로 주어진 기능장 필기합격률보다 높기 때문에 가장 높다. (○)

ㄹ. 필기 응시자가 많은 등급의 순은 기능사>기사>산업기사>기능장>기술사이고, 실기 응시자가 많은 등급의 순은 기능사>기사>산업기사>기능장>기술사 순이다. (○)

오답해설

ㄱ. 기능장 필기 합격률은 9,903/21,651>40%로, 29.7%보다 높다. (×)

ㄷ. 실기합격률이 필기합격률보다 높은 등급은 기술사, 기사, 기능사이다. 그런데, 산업기사의 실기합격률은 49,993/101,949>40%이므로, 실기합격률이 필기합격률보다 높은 등급은 총 4개이다. (×)

11 짝짓기   답 ⑤

정답해설

- 첫 번째 조건에서 2018년 화학제품 매출액이 2019년의 화학제품 매출액의 80% 미만이 되려면, 전년대비 증가율이 25% 이상이어야 한다. 25%라면, 2019년×100/125(=4/5)이기 때문이다. 따라서 드폰과 KR 화학이 될 수 없는 것은 D, ③이다.

- 세 번째 조건에서 2019년 총매출액은 포로오사가 KR화학보다 작아야 하기 때문에, A와 C 중 A가 해당한다. 따라서 정답은 ④, ⑤ 중에 있다.

- 네 번째 조건을 통해 2018년 화학제품 매출액은 자빅이 37.6/1.053≒35.71이다. B는 54.2/1.287≒42.11, D는 29.7/1.1=27이므로, 자빅보다 작은 D가 시노텍임을 알 수 있다.

따라서 정답은 ⑤이다.

12 곱셈비교   답 ⑤

정답해설

ㄱ. 모든 지목의 보상 배율을 실거래가로 변경했을 때, 보상 배율은 2배 이상이다. 2배가 안 되는 지목은 전과 답이 있는데, 나머지 대지, 임야, 공장, 창고는 큰 폭으로 증가하기 때문에 문제되지 않는다. (○)

ㄴ. 보상비 증가액=면적×면적당 지가×(실거래가 기준 보상 배율-감정가 기준 보상 배율). 대지는 면적×면적당 지가도 가장 크고, 보상 배율도 2배가 증가해 다른 지목에 비해 많거나 같게 증가한다. (○)

ㄹ. 공장의 감정가 기준 보상비는 100×150×1.6×1.20이고, 전의 실거래가 기준 보상비는 50×150×3.2×1.2로, 서로 같다.
- 전의 실거래가 기준 보상비를 100×150×1.6×1.2로 조정할 수 있기 때문에 쉽게 파악할 수 있다. (○)

오답해설

ㄷ. 지목별 보상비는 용지 구입비+지장물 보상비인데, 지장물 보상비는 0.2×용지 구입비이므로, 지목별 보상비는 1.2×용지 구입비이다. 따라서 지목별 보상비에서 용지 구입비가 차지하는 비중은 1.0/1.2로 모두 같다. (×)

13 계산   답 ③

정답해설

〈표 2〉에서 2018년 국제화의 부문별 점수를 계산하면 (24.7+26.9+16.6)×2.5÷7.5=22.7이다. 따라서 E대학의 자료이다. E대학의 산학협력 점수는 40.5, 논문인용도는 11.60이다.

14 보고서　답 ①

- 두 번째 문단에서 2018년 세계대학평가 결과 1~5위, 이후 2017년 순위를 다루고 있기 때문에, ㄱ. 2017~2018 세계대학평가 순위가 필요하다.
- 세 번째 문단 마지막 문장에서 C대학의 연구와 산학협력 부문에서 2017년 대비 점수가 하락해 순위가 낮아졌다고 하므로, 이에 대한 자료인 ㄴ. 2017~2018년 세계대학평가 C대학 세부지표별 점수가 필요하다.

15 표 차트 보고서　답 ③

③ 2015년 중식의 사업체당 종사자는 80,193/13,102≒6.2명이다. 잘못되었다. (×)

①~⑤는 〈표〉를 통해 확인 가능하다.

16 분수비교　답 ①

ㄱ. 종합물류업은 업체당 매출액이 10,000이 훨씬 넘는데 나머지는 이에 한참 못 미친다. (○)

ㄴ. 종업원 수 당 자격증 소지자 비중은 화물정보업이 1/100이고, 다른 업종은 1% 이상이기 때문에 화물정보업이 가장 낮다는 것을 알 수 있다. 매출액 당 전문인력 수는 화물정보업이 8/189≒4.2%로 다른 업종에 비해 가장 많다. 따라서 동일하다. (○)

ㄷ. 업체당 전문인력 수는 화물정보업이 8/2=4 이다. 다른 업종은 이보다 크기 때문에, 화물정보업이 가장 작다. (×)

ㄹ. 업체당 종업원 수가 가장 적은 업종은 100/2=50인 화물정보업이다. 화물정보업의 종업원 중 전문인력은 8/100=8%이고, 물류시설업은 138/1,787≒7.7%이다. 따라서 화물정보업이 가장 낮지 않다. (×)

17 곱셈비교　답 ①

ㄱ. 백화점의 비정규직 간접고용 인원은 3,408+209+2,149+231+146≒6,000 이다. 따라서 마트는 14,000명에 조금 못 미친다. 그렇기 때문에 마트는 백화점의 2배 이상임을 알 수 있다. (○)

ㄷ. 비정규직 간접고용 비율이 가장 낮은 사업장은 E이다. E의 비정규직 직접고용 인원=(100-19.6)/19.6×8,603=4×8,603≒34,412 명이며, 총 직접고용 인원은 2.33×20,761≒48,373명이다. 따라서 E의 비정규직 직접고용인원이 다른 업체의 합보다 많다는 것을 알 수 있다. (○)

ㄴ. 간접고용 비율과 간접고용 인원을 활용하면 직접고용 인원을 알 수 있다. 이를 활용하면, A의 직접고용 인원=(100-74.9)/74.9×3,408≒34%×3,408이다. H의 직접고용인원=(100-90.4)/90.4×1,553≒11%×1,553 이다. 따라서 A가 H의 3×2만큼 더 많아 약 6배 정도 많음을 알 수 있다. (×)

ㄹ. 유통업체별 비정규직 간접고용 비율을 확인하기 위해서는 해당 유통업체 전체 간접고용 인원을 파악해야 한다.
다 = (2,149+231+8,603)/((2,149/36.6)+(231/39.9)+(8,603/19.9))≒22.1%
라=(146+682)/((146/34.3)+682/34.4))≒34.4 이다.
따라서 라가 더 높다. (×)

18 매칭　답 ③

③ 2018년 10월~2019년 6월까지 E현상이 있었기 때문에, 2018년에 E현상이 있었음을 알 수 있다. 또한, 2017년 10월~2018년 3월까지 L현상이 있었기 때문에, 2018년에 L현상이 있었음을 알 수 있다. (○)

① 기준 해수면온도는 5월이 27.9도로 가장 높다. (×)

② α지수가 2019년 6월까지 계산되었다. α지수는 전월, 해당월, 익월의 평균값이므로, 해수면 온도는 7월까지 관측되었음을 알 수 있다. (×)

④ E현상은 9개월, L현상은 6개월간 있었다. (×)

⑤ 1℃가 낮아지면, 2017년 10월~2018년 3월까지 α지수가 0이상이 되기 때문에 L현상은 없다. (×)

19 식 세우기　답 ⑤

ㄱ. E종목의 국내판매점수는 전체 10,000점-E를 제외한 나머지인 7,951=2,049이고, 해외판매점수는 5,000-3,899=1,101 이므로, 국내판매점수는 해외판매점수의 1.5배 이상이다. (○)

ㄴ. 해당 종목 입장권 국내 판매량=14×국내판매점수이고, 해당 종목 입장권 해외 판매량=20×해외판매점수이다. 따라서 입장권 판매량이 국내보다 해외가 많기 위해서는 14×국내판매점수>20×해외판매점수임을 알 수 있다. 이 식을 그대로 활용하거나 정리해서, 0.7×국내판매점수>해외판매점수를 활용해도 좋다. 〈표〉에서는 A, C, F, G가 이에 해당한다. 따라서 총 4개이다. (○)

ㄷ. 해당 종목 입장권 발행량=10%×(국내 판매점수×입장권 국내 판매량+해외 판매점수×입장권 해외 판매량×2)÷판매율 점수이다. 해당 종목 입장권 발행량이 가장 적은 것을 찾아야 하므로, 모든 종목에서 불변하는 입장권 국내 판매량과 입장권 해외 판매량은 무시하고, 국내 판매 점수와 해외 판매 점수가 가장 작은 종목을 우선 찾아볼 수 있다. G의 경우 다른 종목에 비해 크게 작기 때문에 확인 가능하다 (○)

20 차이값　　　답 ④

ㄱ. 만 1세 초과 만 2세 이하인 원아는, 구간별로 확인할 수 있다. 만 2세 이하－만 1세 이하＝162－42＝120이다. 또한 이든샘에서 만 1세 초과 만 2세 이하인 원아는 49－9＝40이다. 따라서 33%이다. (○)

ㄷ. 어린이집 원아 수는 만 5세 이하＋만 5세 초과를 통해 확인 가능하다. 예그리나의 원아 수는 238명, 이든샘은 215명, 아이온은 150명, 윤빛은 181명, 올고운이 202명이다. 이 중 정원 대비 현재 원아 수 비율이 가장 낮은 어린이집은 150/160의 아이온이다. (○)

ㄹ. 윤빛 어린이집의 만 3세 초과 및 만 4세 이하의 원아 수는 101－50＝51명이고, 한 명의 보육교사가 15명씩 보육이 가능하기 때문에 4명의 보육교사로 9명까지 충원이 가능하다. 그런데 〈표 1〉의 각주에서 정원을 초과할 수 없다고 하고 있으므로, 정원 186 중 현재 원아수 181을 고려하면 5명만 더 충원할 수 있다. (○)

ㄴ. 올고운의 원아 수는 만 1세 이하 6명, 만 1세 초과～만 2세 이하 20명, 만 2세 초과～만 3세 이하 28명, 만 3세 초과～만 4세 이하 50명, 만 4세 초과 98명으로 총 202명이다.
현재 보육교사는 만 1세 이하 2명, 만 1세 초과～만 2세 이하 4명, 만 2세 초과～만 3세 이하 4명, 만 3세 초과～만 4세 이하 4명, 만 4세 초과 5명으로 총 19명이다. (×)

21 보고서　　　답 ②

• B과정은 차수당 교육인원이 많은 과정을 가리킨다. 5급 : 2,127/3＝709이고, 과장은 476이기 때문에 5급이 B에 해당한다.

• C는 2018년 공무원 집합교육의 교육인원과 연인원이 2017년에 비해 어떻게 달라졌는지를 확인하면 된다. 교육인원은 6,398명에서 7,255명으로 증가했기 때문에 많았다고 보면 된다.

• D는 2018년이 2017년에 비해 과장 과정의 교육 인원 대비 연인원 비율의 변화를 보면 된다. 2017년은 1,428/476＝3이고, 2018년 2,260/580＞3이므로, 증가하였다.

22 매칭　　　답 ④

ㄱ. 경성보다 물가가 낮은 도시는 1910~1914년 중 경성의 1.04보다 낮은 대구, 목포, 부산, 신의주, 평양 5곳이고, 1935~1939년에는 경성을 제외한 나머지 총 7곳이다. (○)

ㄴ. 물가와 명목임금 모두가 기간별 8개 도시 평균 보다 매 기간에 걸쳐 높다는 것은 매 기간 1.0을 넘는 다는 것을 의미한다. 따라서 청진만이 해당된다. (○)

ㄹ. 1920~1924년 기간의 명목임금은 목포가 0.97로 신의주의 0.79보다 0.18더 크기 때문에 20%이상 더 크다 (○)

ㄷ. 1910~1914년 기간 대비 1935~1949년 명목임금의 증감 여부는 알 수 없다. 기간별 명목임금간 비교지수만 제시되어있기 때문이다. (×)

23 보고서　　　답 ④

보고서에서 사용하지 않은 자료는 언급조차 하지 않은 자료를 의미한다. ④ 다루고 있지 않다. (×)

① 육아휴직자 수를 남성과 여성을 비교하며 다루고 있는 보고서는 3문단에서 다뤄진다. (○)

② 두 번째 문단에서 남녀 간 혼인 상태에 따른 고용률을 보여주고 있다. 특히 기혼 남여성에 대한 내용이 다뤄진다. (○)

③ 첫 번째 문단에서 가족친화 인증을 받은 기업 및 기관수에 대해 다루고 있다. (○)

⑤ 두 번째 문단 첫 번째 문장에서 유배우자 가구 중 맞벌이 가구의 비율에 대해 다루고 있다. (○)

24 차이값/분수비교　　　답 ③

ㄴ. 2018년 169 vs 171, 2017년 174 vs 189, 2016년 137 vs 184, 2015년 136 vs 177, 2014년 134 vs 192로 매년 영업직 사원수가 더 적다. (○)

ㄷ. 2015년은 전체 313명 의 사원 중 30%인 93.9명보다 적은 93명의 생산직 사원이 있다. (○)

ㄱ. 2014년의 전체 사원수는 134＋107＋85 이고, 2015년의 전체 사원수는 136＋93＋84이다. 영업직의 증가량이 생산직과 사무직 감소량을 커버하지 못하기 때문에 매년 증가하지 않음을 알 수 있다. (×)

ㄹ. 2016년의 영업직 비중은 42.7%이고, 2015년의 영업직 비중은 43.5%로 매년 증가하지는 않는다. (×)

25 퍼센트　　　답 ④

ㄱ. 첫 번째 문단에서 다뤄진다. 매출액은 871억 5천만 원으로, 전년도의 403억 7천 2백만 원에 비해 100% 이상 증가한 두 배 이상인 상황이고, 관객 역시 410만 5천 명으로 전년보다 증가하였다. (○)

ㄴ. 두 번째 문단에서 다뤄진다. 2017년 개막편수는 5,288편으로 10% 이상을 차지하는 것은 3월(574편) 뿐이고, 공연 횟수는 52,131회로 10% 이상을 차지하는 것은 8월(5,559회) 뿐이다. (○)

ㄹ. 네 번째 문단에서 다뤄진다. 3만 원 미만의 관객은 57%로 절반 이상을 차지하고, 가장 비싼 7만 원 이상 입장권 관객 수는 14.5%로 3배 이상에 해당한다. (○)

ㄷ. 세 번째 문단에서 다뤄진다. 매출액은 뮤지컬이 전체 87,150의 60%인 약 52,200보다 많은 56,014 백만 원을 차지하지만, 관객 수는 무용과 국악이 516명으로 전체 4,105의 10% 이상을 차지해, 뮤지컬, 클래식, 연극이 90% 이상을 차지하지 않는다는 것을 알 수 있다. (×)

26 표 해석

정답해설

ㄴ. 객실 판매율은 C가 1,000/1,250=80%, D가 990/1,100=90%이다. C가 더 낮다. (○)

ㄹ. 판매가능 객실 수가 많은 호텔의 순은 A>B>C>D이고, 객실 판매율의 순은 D>C>B>A이다. 역순임을 알 수 있다. (○)

오답해설

ㄱ. A호텔의 객실 수입은 1,600×40=64,000, B호텔의 객실 수입은 2,100×30=63,000이므로, A호텔의 객실 수입이 더 많다. (×)

ㄷ. 판매가능 객실당 객실수입은 '판매 객실 수×평균 객실 요금÷판매 가능 객실'이다.

A는 18.29, B는 21, C는 16, D는 90이다. D가 가장 낮다. (×)

27 곱셈비교

정답해설

ㄴ. 생산직에서 직위불안 항목에서 낮음으로 응답한 근로자는 24.06%×133≒32명, 사무직에서 직위불안 항목에서 낮음으로 응답한 근로자는 27.59%×87≒24명으로 생산직이 더 많다. (○)

ㄹ. 보상부적절 항목에서 높음으로 응답한 생산직 근로자는 133×60.15%≒80명, 사무직은 87×64.37%≒56명이므로, 사무직이 더 적다. (○)

오답해설

ㄱ. 생산직 근로자의 직위불안의 높음 스트레스는 64.66이고, 사무직 근로자의 직위불안 높음 스트레스는 58.62로, 생산직이 더 높다. (×)

ㄷ. 관계갈등 항목에서 매우 높음으로 응답한 생산직 근로자는 133×10.53이고, 매우 낮음으로 응답한 생산직 근로자는 133×1.50이므로, 차이값은 133×(10.53−1.50)=12명이다. (×)

28 곱셈비교/분수비교

정답해설

③ 충청의 인지도 점수를 2점 이하로 부여한 응답자 대비 4점 이상으로 부여한 응답자의 비율은 36.8/43.0≒85.6%이고, 강원은 61.7/26.8≒230%이다. 강원이 가장 높다. (×)

오답해설

① 소유면적별 인지도 평균점수는 3.20/2.36≒1.41로, 50ha이상이 2ha미만의 1.4배 이상이다. (○)

② 거주지 권역별 인지도 평균점수는 강원이 3.46, 경기가 2.86으로 강원이 더 높다. (○)

④ 인지도 점수를 1점으로 부여한 소재산주는 669×5.8%≒39명이고, 5점으로 부여한 부재산주는 149×12.1%≒15명이다. (○)

⑤ 독립가는 173×(22.0%+39.3%+18.5%)≒138명이고, 임업후계자는 292×(20.9%+33.9%+13.7%)≒200명이고, 일반산주는 353×(10.5%+16.4%+1.1%)≒99명이다. (○)

29 매 칭

정답해설

ㄴ. 2017년 대비 2018년 평균정산단가 증가율은 원자력이 2.3%, 유연탄이 3.8%, LNG가 8.4%, 유류가 8.4%, 양수가 16.5%이다. 양수가 가장 높다. (○)

ㄷ. 전력단가의 평균과 유류의 평균정산단가 모두 증감방향은 −, −, +, +이다. (○)

오답해설

ㄱ. 2015년의 여름 전력단가의 합은 84.54+81.99+88.590이고, 가을 전력단가의 합은 90.98+98.34+94.930이다. 더해보지 않아도 가을이 더 크다는 것을 알 수 있다. (×)

ㄹ. 2017년의 에너지원별 평균정산단가 순위는 유류>LNG>양수>유연탄>원자력 순이고, 2018년은 유류>양수>LNG>유연탄>원자력 순이다. (×)

30 분수비교

정답해설

① A기관이 밭으로 분류한 대상지 중 B기관이 혼합림으로 분류한 대상지의 비율은 30/460이고, B기관이 밭으로 분류한 대상지 중 A기관이 혼합림으로 분류한 대상지의 비율은 30/460이다. 서로 같다. (○)

오답해설

② B기관이 침엽수림으로 분류한 대상지 중 A기관이 침엽수림으로 분류하지 않은 분류 량은 5,525−5,230=295이다. 이는 5,525의 10%인 552.5보다 작다. (×)

③ B기관이 논으로 분류한 대상지 중 A기관도 논으로 분류한 대상지의 비율은 840/1,095는 A기관이 논으로 분류한 대상지 중 B기관도 논으로 분류한 대상지의 비율인 840/1,030과 다르다. (×)

④ A기관이 산림지역으로 분류한 대상지 중 두 기관 모두 활엽수림으로 분류한 대상지가 차지하는 비중은 4175/(6505+4175+4790)≒27%이고, B기관은 4570/(5525+4570+5255)≒29.8%이다. (×)

⑤ 두 기관 모두 농업지역으로 분류한 대상지(840+25+50+315) 중 서로 다른 세부분류로 분류한 대상지가 차지하는 비율은 6.1%이다. A 또는 B기관이 하천으로 분류한 대상지 중 두 기관 모두 하천으로 분류한 대상지의 비율은 281/(396+341−281)≒61.6%이다. (×)

31 곱셈비교

정답해설

ㄴ. 5,764×44.2%≒2,548이므로, 2,500억 원 이상으로 가장 큰 비중을 차지하고 있다. (○)

ㄷ. 2018년 내에서의 비교이기 때문에, 2018년의 시장규모는 따질 필요 없다.

- 옥상 : 31.4%×63.7%
- 버스택시 : 44.2%×40.2%
- 극장 : 24.4%×64.3%

- 지하철 : 44.2%×34.5%
- 전광판 : 31.4%×36.3%

를 비교하면 된다. 단순 곱셈비교로 마무리 가능하기 때문에 옥상>버스택시>극장>지하철>전광판 순임을 알 수 있다. (○)

ㄱ. 2016년 대비 2018년 옥외광고 시장규모 비중은 7,737/5,764≒74.5%이므로 30% 이상 감소하지 않았다. (×)

ㄹ. 엔터·기타에서 기타가 차지하는 시장 규모는 5,764×24.4%×8.1%≒114억 원이다. 따라서 120억 원에 못 미친다. (×)

32 계산　　　답④

ㄱ. 중앙값이 평균의 이하이기 때문에 다섯 명 이상임을 알 수 있다. (○)

ㄴ. A의 빈칸은 60.9, C의 빈칸은 71.00이다. F는 인공지능의 중앙값이므로, 45.00이고, 인공지능에서 1등급은 B, C이다. 빅데이터에서 1등급은 B, A, 사물인터넷은 B, I이다. 따라서 1등급을 받은 교과목 수가 1개 이상인 학생은 A, B, C, I로 4명이다. (○)

ㄷ. 학생 D의 빅데이터 교과목과 사물인터넷 교과목 점수가 서로 바뀌면, 빅데이터 점수가 57점에서 65점으로 높아지기 때문에 평균이 높아진다. (○)

ㄹ. 인공지능에서 B의 점수는 88점, D의 점수는 28점으로 차이는 60점이다. 빅데이터에서는 B의 90점과 H의 49.9의 차이점은 40.1점이고, 사물인터넷에서는 최고점 B의 92점과 최저점인 G의 50점의 차이점은 42점이다. 따라서 가장 차이값이 적은 과목은 빅데이터다. (×)

33 매칭/곱셈비교　　　답①

① 재해율을 통해 2016년의 건설업 재해자 수는 2,586,832×0.91×0.01로, 23,540명임을 알 수 있다. 2018년은 근로자수가 2017년에 비해 증가하고, 재해율 역시 75%에서 84%로 증가했기 때문에 재해자 수 역시 증가했다. 따라서 매년 재해자 수가 증가했음을 알 수 있다. (○)

② 2016년의 차이는 0.320이고, 2019년의 차이는 0.35이다. 2019년이 가장 크다. (×)

③ 2020년 근로자의 수는 알 수 없다. 따라서 판단할 수 없다. (×)

④ 2013년의 전체 산업 재해율과 건설업 재해율이 같은데, 건설업 근로자 수가 전체 산업 근로자 수의 20%로, 전체 산업 근로자 수가 건설업 근로자 수의 5배라면, 재해자 수 역시 5배이다. (×)

⑤ 건설업 사망자 수가 가장 많은 해는 2016년이다. 건설업 환산강도율은 2014년이 2016년보다 높다. (×)

34 직선의 방정식　　　답④

재해건당 재해손실일수=환산강도율÷환산도수율 이다. 따라서 〈그림 2〉의 기울기를 가리킨다는 것을 알 수 있다. 기울기가 가장 큰 것은 2014년이고, 기울기가 가장 작은 것은 2016년이다.

35 분수 식 이해　　　답⑤

ㄱ. 모든 유증상자를 음성으로 판정한 시스템은 E이다. E의 정확도는 99.2%로, A의 99.1%보다 높다. (○)

ㄴ. B의 음성 정답률은 음성 판정된 유증상자와 음성 판정된 비감염자가 992명으로 동일해 100%이고, 양성 검출률도 8/8=1로, 100%이다. D 역시도 모두 100%이다. 따라서 모두 100% 이다. (○)

ㄷ. B는 정확도가 100%이기 때문에 유증상자는 모두 양성 판정 감염자이거나 음성 판정된 비감염자이다. 따라서 양성(음성) 정답률의 분모와 분자가 동일할 수밖에 없다. 그러므로 B의 양성 정답률과 음성 정답률은 모두 100%로 같다. (○)

ㄹ. 양성 검출률이 0%인 시스템은 감염자가 있는데 양성 감염자가 하나도 없는 경우이고, 음성 검출률이 0%인 시스템은 비감염자가 있는데 음성 비감염자가 하나도 없는 경우이다. 이에 해당하는 것은 A와 E이며, E의 음성 정답률은 99.2%이다. (×)

36 가중평균/곱셈비교　　　답⑤

⑤ 평균에서의 비율차이를 보면, 채소의 경우 남학생은 0.3, 여학생은 0.2의 차이가 난다. 즉, 남학생:여학생=2:3임을 알 수 있다. 따라서 전체 2,000명 중 남학생은 800명, 여학생은 1,200명이다. 따라서 채소를 매일 섭취하는 중학교 여학생 수는 1,200×28.8%이고, 초등학교 여학생 수는 1,000×31.8%이므로, 중학교 여학생 수가 더 많다는 것을 알 수 있다. (○)

① 라면과 달리 탄산음료를 예로 보면, 탄산음료를 주 1회 이상 섭취한 중학교 남학생 수의 비율과 중학교 여학생 비율의 평균이 전체인 82.1%가 아니기 때문에, 중학교 남학생 수와 중학교 여학생 수는 같을 수 없다는 것을 알 수 있다. 따라서 라면을 주 1회 이상 섭취한 남학생 수와 중학교 여학생 수는 비율이 같긴 하지만, 서로 다르다는 것을 알 수 있다. (×)

② 중학교 남학생 수는 동일하게 유지되기 때문에 과일을 매일 섭취하는 28.0%의 학생보다 채소를 매일 섭취하는 28.5%의 수가 더 많다. (×)

③ 평균에서의 비율차이를 보면, 채소의 경우 남학생은 0.3, 여학생은 0.2의 차이가 난다. 즉, 남학생:여학생=2:3임을 알 수 있다. 따라서 전체 2,000명 중 남학생은 800명, 여학생은 1,200명이다. 그러므로 우유를 매일 섭취하는 여학생 수는 1,200×27.5%=330명이다. (×)

④ 과일을 매일 섭취하는 초등학교 남학생 중 햄버거를 주 1회 이상 섭취하는 학생은 36.1%+64.4%-100%=0.5%이다. 따라서 초등학교 남학생 1,000명(앞선 검토를 초등학교에 적용하면 초등학교 남학생 수와 여학생 수는 같다는 것을 알 수 있다.) 중 과일을 매일 섭취하고, 햄버거를 주 1회 이상 섭취하는 학생은 1,000×0.5%=5명이다. (×)

37 짝짓기

답 ②

[정답해설]

• 첫 번째 조건에 따르면, 평균이 8인 응시자는 '가'만 확인이 가능하다. 또한, 면접관별 점수의 합이 40이 될 수 없는 것은 빈칸을 제외하고 29의 합을 보여주는 '나'이기 때문에, 민수와 현수는 '가' 또는 '다'임을 알 수 있다.

• 세 번째 조건을 활용해보면, '라'는 8이 두 명이고, 9가 한 명이기 때문에 무조건 중앙값이 8일 수밖에 없다. 따라서 영수는 '라'이고, 철수는 '나'이다.

• 두 번째 조건을 활용해보면, 철수의 최솟값은 5점이다. 현수의 최솟값은 5보다 커야 하기 때문에 현수는 '가'가 될 수 없고, '다'라는 것을 알 수 있다.

38 분수 식 구성

답 ③

[정답해설]

ㄱ. 독서인구 비율=독서인구 수÷사람 수이므로, 1인당 연간 독서권수÷독서인구 1인당 연간 독서권수를 통해 알 수 있다. 남자의 독서인구 비율은 10.4÷18.9≒55%이므로, 50% 이상이다. (○)

ㄹ. 독서인구 1인당 연간 독서권수가 16.8권이고, 남자는 18.9, 여자는 14.2권이다. 인구가 동일한지 확인하기 위해 평균과의 차이값을 검토해보면 남자는 2.1, 여자는 2.6의 차이가 난다. 즉, 남자:여자=2.6:2.1의 비율을 보이는 것이다. ㄱ의 방식으로 여자의 독서인구 비율을 구하면, 8.1÷14.2≒57%이다. 따라서 남자 사람 수×0.55=2.6×독서인구 수이고, 여자 사람 수×0.57=2.1×독서 인구수임을 알 수 있다. 이를 하나의 식으로 정리하면 (남자 사람 수/여자 사람 수)=(2.6/2.1)×(0.57/0.55) 이다. 여자 사람 수 대비 남자 사람 수가 1이 넘기 때문에 남자 사람 수가 더 많다는 것을 알 수 있다. (○)

[오답해설]

ㄴ. 위 공식을 통해 20~29세, 30~39세의 독서인구 1인당 연간 독서권수를 알 수 있다. 20~29세의 독서인구 1인당 연간 독서권수는 14.0÷74.1≒20.4권이다. 따라서 13~19세보다 많기 때문에 매 연령대마다 감소한다고 보기 어렵다. (×)

ㄷ. 독서인구 비율=독서인구 수÷사람 수이므로, 독서인구=사람 수×독서인구 비율이다. 이 때, 서부지역:남부지역의 인구비가 5:4이므로, 서부지역 독서인구=5×독서인구 비율이고, 남부지역 독서인구=4×독서인구 비율이다. 따라서 서부지역 독서인구는 5×0.43=2.15, 남부지역 독서인구는 4×0.544=2.176으로, 남부지역 독서인구가 더 많다. (×)

39 매칭

답 ⑤

[정답해설]

ㄱ. 하나의 경기를 살펴보면, 승리와 패배는 한 경기에서 발생하고, 2:0인 경우와 2:1인 경우 모두 승점이 총 3점씩 발생한다. 따라서 모든 팀 최종 승점의 합은 경기 수×3임을 알 수 있다. 경기 수는 팀 수×경기 수÷2=21이므로, 총 승점은 63점이다. 따라서 60점 이상이다. (○)

ㄴ. E의 최종 승점은 ㄱ의 정보를 활용해 7점임을 알 수 있다. E는 3승 3패이므로, 1·2·5경기에서 승리를 했을 것이고, 패배한 경기에서 1점을 얻었다. 따라서 1·2·5경기에서 2점씩을 얻었다는 것이기 때문에 모두 2:1로 승리했음을 알 수 있다. (○)

ㄷ. A는 G와 경기한 총 세트 수가 같다. G의 세트 수는 14세트를 경기했기 때문에, A도 빈 칸인 3·4·5경기에서 8세트를 했음을 알 수 있다. A는 8세트인 3·4·5경기에서 2승 1패를 해야 하고, 6점을 얻어야 하기 때문에 2:0(3점), 2:1(2점), 1:2(1점)의 결과를 얻었음을 알 수 있다. (○)

40 식 구성

답 ⑤

[정답해설]

ㄷ. 〈표 2〉에서 2019년의 생산방법별 재배면적을 살펴보면 유기농:저농약=1:7이다. 〈표 3〉에서 생산방법별 농작물의 구성비를 비교해보면 곡류, 과실류, 채소류 모두 1:7이 되지 않는다. 따라서 유기농이 저농약보다 재배면적당 생산량이 많다고 볼 수 있다. (○)

ㄹ. 곡류: 과실류: 채소류=1:2:3이라면,
• 유기농 생산량은 1×11+2×27+3×18=119
• 무농약 생산량은 1×17+2×67+3×28=235
• 저농약 생산량은 1×72+2×6+3×54=246이다.
따라서 저농약 생산량이 가장 많다. (○)

[오답해설]

ㄱ. 재배농가당 재배면적은 2017년에 106/135≒0.79, 2018년 174/195≒0.890이므로, 매년 감소하지 않는다. (×)

ㄴ. 친환경 농작물 재배면적은 〈표 1〉의 재배면적을 활용하면 된다. 따라서 친환경 농작물 재배면적 중 무농약의 비중은 〈표 2〉의 무농약/〈표 1〉의 재배면적이다. 2017년은 37/106≒35%이고, 2018년은 42/174≒24.1%이다. 따라서 매년 증가하는 것은 아니다. (×)

01 법조문

답 ④

정답해설

④ 2조 3항 : 위원회는 반환의무 일부 또는 전부를 면제하는 결정을 할 수 있다. (○)

오답해설

① 1조 1항 : 지자체 장은 소속공무원이 적극행정으로 인해 징계 의결 요구가 된 경우 200만 원 이하의 범위 내에서 변호인 선임비용을 지원할 수 있다. (×)

② 1조 3항 : 지원결정을 받은 공무원은 이미 변호인을 선임한 경우를 제외하고는 1개월 내에 변호인을 선임해야 하기 때문에, 이미 선임하였다면 새로운 변호인을 선임하지 않아도 된다. (×)

③ 무죄의 확정판결을 받은 경우 어떻게 해야 하는지에 대한 내용을 다루는 조항은 없다. 2조 1항 2호의 경우 유죄의 확정판결을 받은 경우 취소해야 한다고 하여, 무죄는 이에 해당하지 않음을 확인시켜줄 뿐이다. (×)

⑤ 2조 2 · 4항 : 지원결정이 취소된 경우 해당 공무원은 지원받은 변호인 선임비용을 즉시 반환하여야 하는데, 이는 공무원이 퇴직한 경우에도 적용한다. (×)

02 법조문

답 ③

정답해설

③ 2조 : 맹견의 소유자가 준수해야 하는 사항은 2조에 담겨있고, 월령 1개월의 맹견을 동반하고 외출하는 것은 규정되어 있지 않아 인식표를 부착하지 않아도 된다. (○)

오답해설

① 2조 : 맹견의 소유자가 준수해야 하는 사항은 2조에 담겨있다. 그런데 월령 1개월의 맹견을 동반하고 외출하는 것은 규정되어 있지 않기 때문에 문제될 것 없다. (×)

② 2조 3항 : 맹견의 소유주인 甲은 월령과 무관하게 맹견의 안전한 사육과 관리에 관하여 정기적으로 교육을 받아야 한다. (×)

④ 2조 2항 : 시장 · 군수 · 구청장은 맹견이 사람에게 신체적 피해를 주는 경우, 소유자의 동의 없이 맹견에 대해 격리조치 등을 취할 수 있기 때문에, 동의는 필요 없다. (×)

⑤ 2조 1항 2호, 3조 2항 : 2조 1항을 위반해 사람의 신체를 상해에 이르게 하면 2년 이하의 징역 또는 2천만 원 이하의 벌금에 처하기 때문에 3년의 징역은 적절하지 않다. (×)

03 법조문

답 ②

정답해설

② 1조 2항 · 4항 : 청원경찰을 배치받으려는 기관의 장의 신청이 있거나 지방경찰청장의 배치 요청을 통해 청원경찰이 배치가능하다. (○)

오답해설

① 3조 1항 : 임용승인 권한은 관할 지방경찰청장에게 있다. (×)

③ 3조 2항 · 3항 : 청원경찰의 결격사유는 국가공무원법에 따르고, 임용자격 등에 관하여 대통령령으로 정한다. (×)

④ 2조 1항 · 2항 : 청원경찰은 경비를 목적으로 필요한 범위더라도 수사활동 등 사법경찰관리의 직무를 수행해서는 안 된다. (×)

⑤ 4조 : 청원경찰이 아닌 청원주가 청원경찰의 휴대 무기 대여를 목적으로 신청해야 한다. (×)

04 법조문

답 ①

정답해설

① 3조 2항 : 농식품투자조합이 해산하면 일반적으로 업무집행조합원이 청산인이 되고, 예외적으로 조합의 규약에 따른 청산인을 선임한다. (○)

오답해설

② 1조 2항 1호 : 조합은 채무에 대해 무한책임을 지는 1인 이상의 조합원과 유한책임을 지는 조합원으로 구성하고, 중소기업창업투자회사나 투자관리전문기관은 업무집행조합원 중 1인이 되어야 한다. (×)

③ 2조 3호 : 업무집행조합원은 농식품투자조합의 재산으로 지급보증 또는 담보를 제공하는 행위를 할 수 없다. (×)

④ 3조 3항 : 농식품투자조합의 해산 당시 출자금액을 초과하는 채무가 있으면 업무집행조합원이 채무를 변제해야 한다. (×)

⑤ 3조 1항 3호 : 농식품투자조합의 자산이 출자금 총액보다 적어 업무를 계속 수행하기 어려운 경우, 조합원 총수의 과반수뿐만 아니라 조합원 총지분 과반수의 동의를 받아야 해산한다. (×)

05 법조문

답 ④

정답해설

ㄱ. 1조 2항, 2조 4항 : 건의민원은 10일 이내에 처리해야 한다. 7일부터 21일까지 공휴일이 일요일 2회, 광복절 1회, 토요일 2회로 총 5일을 쉬어야 하기 때문에, 소요된 총 처리기간은 10일임을 알 수 있다. 따라서 문제되지 않는다. (○)

ㄷ. 1조 4항, 2조 1항 : 기타민원은 즉시 처리해야 하기 때문에 3시간 이내에 처리해야 한다. 근무시간을 기준으로 하면 8.17(목) 10시가 근무시간 3시간 째이기 때문에 문제되지 않는다. (○)

ㄹ. 1조 1항 2호, 2조 2항 : 제도 · 절차 등에 관한 질의민원은 4일의 처리기간을 둔다. 5일 이하로 시간 단위의 계산이 되어야 하기 때문에 8.23(수) 11시까지 처리하면 된다. (○)

오답해설

ㄴ. 1조 3항 : 고충민원을 접수하면 14일의 실지조사기간을 두고, 그 외에 7일의 처리기간을 둔다. 10일간 실지조사를 하면, 총 17일과 공휴일 4일(일요일 3일, 광복절 1일)과 토요일 3일로 총 24일이 필요하다. 이를 따져보면 9월 6일까지 처리가 되어야 한다. (×)

06 설명문　답 ②

정답해설

② 2문단 : 정무직 공무원은 고도의 정책결정 업무를 담당하는 등의 경우로, 조례에서 정무직으로 지정하는 공무원으로 규정한다. (○)

오답해설

① 1·3문단 : 감사원장은 정무직 공무원인데, 정무직 공무원은 국가 공무원 총 정원에 포함되지 않는다. (×)

③ 1문단 : 정무직 공무원은 선거로 취임이 가능하기 때문에 모두 국회의 동의가 필요한 것은 아니다. (×)

④ 3문단 : 정무직 공무원은 재산등록의무와 병역사항 신고의무가 있다. (×)

⑤ 4문단 : 차관급 이상 공무원은 행정기관 소속 정무직 공무원이지만, 정무직 공무원은 좁은 의미의 공무원을 집행하는 정부관료집단에 포함되지 않는다. (×)

07 추론　답 ①

정답해설

ㄱ. A안에 따르면 15＋15＋30＝60만 원이고, B안에 따르면 20＋20＋22＝62이기 때문에 B안이 더 많다. (○)

ㄷ. A안은 15＋15＝30만 원이고, C안은 50%를 증액했을 때, 12＋12＝24만 원이므로, A가 더 많다. (○)

오답해설

ㄴ. A안을 적용했을 때 자녀가 둘 미만인 경우를 위한 정책은 없다. (×)

ㄹ. 1명의 자녀가 3세 미만일 때, 10만 원이고, 3세부터는 초등학교 졸업때까지 8만 원이 되기 때문에 꾸준히 증가한다고 볼 수 없다. (×)

08 계산　답 ④

정답해설

개별 물품 할인 → 이달의 할인 쿠폰 → 20,000원 추가 할인 쿠폰 순서로 적용되어야 한다.

개별 물품 할인은 가방에 10%, 영양제 30%, 목베개 10%가 적용되기 때문에, 150×0.9＋100×0.7＋50×0.9이고, 이달의 할인 쿠폰으로 20% 할인하여, 지불할 금액은 (150×0.9＋100×0.7＋50×0.9)×0.8이다. 이를 계산하면 200달러이기 때문에 200달러 초과한 경우의 20,000원 추가 할인 쿠폰은 적용되지 않고, 200달러×1,000원＝200,000원이다.

09 계산　답 ⑤

정답해설

오늘날 1석을 묻고 있기 때문에, 오늘날 도량에 집중해서 보는 것이 중요하다. 특히, 오늘날 도량을 다룬 문단에서는 옛날과 비교하는 정보를 통해 석과 승의 관계를 보강할 것이다. 따라서 2문단만으로 답을 빠르게 내줘야 한다.

오늘날을 기준으로 하면, 1구＝4승, 1부＝4구이므로, 1부＝16승이다. 그런데, 1부＝1두(됴) 6승이므로, 1두(됴)는 10승임을 알 수 있다.

1종은 16두(됴)이고, 1석은 15두(됴)이므로, 1석은 150승이다.

10 최솟값　답 ①

정답해설

2차 투표에서 A안을 지지한 사람은 1·2차 모두 지지한 20명과 2차만 지지한 5명을 포함한 25명임을 알 수 있다. 2차 투표에서 B를 지지한 사람은 40명이다.

1차 A안을 지지한 투표자에서 이탈하는 사람 10명이 2차 B안을 지지하고, 1차 C안을 지지한 투표자에서 이탈 가능성이 있는 20명이 2차 B안을 지지한다면 2차 투표 B안 40명 중 1차에도 B를 지지한 사람은 10명 뿐임을 알 수 있다.

∴ 따라서 1·2차 모두 B를 지지한 사람은 10명이다.

11 최대최솟값　답 ④

정답해설

만능카드가 한 장 있고, 6/9는 뒤집어서 사용할 수 있기 때문에, 9는 최대 3번 사용이 가능하다는 점을 파악하고 문제를 풀어야 한다.

ㄱ. 가장 큰 다섯 자리의 수는 9를 세 번 사용하고, 큰 수를 순서대로 나열한 99987이다. 이것은 홀수이다. (○)

ㄴ. 12보다 작은 두 자리 수를 만들 수 있는지 생각해봐야 한다. 만들 수 있는 최소값은 110이다. 이미 乙이 1을 1장 사용했기 때문에, 甲은 11을 만들 수 없다. (○)

ㄹ. 10보다 작은 3의 배수는 3, 6, 9 뿐이다. 만능카드가 추가되더라도 총 4장의 카드 중 선택하는 것이기 때문에 乙이 3장을 선점하면 남는 것은 1장이므로 乙이 승리한다. (○)

오답해설

ㄷ. 98보다 큰 두 자리 수는 99이다. 9는 최대 3번까지 사용이 가능하기 때문에, 甲이 98을 만들어도, 乙이 99를 만들면 승리하지 못한다. (×)

12 상황구성　답 ②

정답해설

배정규칙의 순위는 직급＞성별＞나이＞소속팀이다.

ㄱ. 사무관 3은 사무관 1, 2와 비교해 직급이 같고, 사무관 1, 2의 성별이 여자이기 때문에 성별에도 영향을 받지 않는다. 나이 역시 사무관 2와 함께 사무관 1보다 어리기 때문에 소속팀으로 따져야 하는데 소속팀이 '다'이기 때문에 3번을 받게 된다. (○)

ㄷ. 주무관 3이 남성이고, 31~39세이면, 주무관 2, 3, 5, 6이 남성으로 뒷번호를 배정받게 된다. 이 때 나이 순으로 주무관 5가 6번을 받고, 주무관 3의 나이가 주무관 2보다 많지 않기 때문에 소속팀에 따라 주무관 2＞주무관 3의 순으로 번호를 배정받고, 주무관 6보다 나이가 적지 않아 소속팀에 따라 주무관 3＞주무관 6의 순으로 번호를 배정받는다는 것을 알 수 있다. 따라서 모두 확정된다. (○)

즉, 乙은 자신의 숫자가 490이면, 甲이 50 이상 중 가능한 수가 50 한 가지 밖에 없는 상황이기 때문에 세 명 전체의 수를 확신할 수 있게 된다. 이러한 반응을 통해 1을 가지고 있던 丙은 각자의 수를 알 수 있게 된다.

∴ 따라서 乙의 점수는 490이다.

16 상황구성   답 ③

정답해설

평가항목별 최종점수의 산식은 (중간값의 합/2)이다. 그런데, 어차피 각자÷2가 적용되므로, 이는 생략하고 중간값의 합만으로 평가항목별 최종점수를 비교해도 된다.

ㄱ. ⓐ가 최고점이건 최저점이건 甲의 문제인식 점수는 24, 30으로 구성된다. 따라서 乙과 丙의 문제인식 점수보다 높다. (ㅇ)

ㄴ. ⓑ와 ⓒ는 16보다 크고, 서로 같다. 성장전략 평가항목의 최종점수가 丙이 乙보다 크거나 같은 상황이 있는지 따져보면 되는데, 乙은 32와 ⓑ로 성장전략 점수가 평가되고, 丙은 24와 ⓒ로 평가되기 때문에 乙이 丙보다 낮을 수 없다. 가장 큰 40의 경우는 서로 생략하면 되기 때문에, 乙은 32+32, 丙은 40+24로 동률이다. 마찬가지로 누구 하나도 낮을 수 없다. (ㅇ)

오답해설

ㄷ. ⓐ=18, ⓑ=24, ⓒ=24일 때, 평가항목별 최종점수를 구하면 다음과 같다.

- 甲 문제인식 : 30+24, 실현가능성 : 24+18, 성장전략 : 32+24
- 乙 문제인식 : 24+12, 실현가능성 : 24+18, 성장전략 : 32+24
- 丙 문제인식 : 24+18, 실현가능성 : 24+12, 성장전략 : 24+24

이다.

따라서 甲과 乙이 포상을 받는다. (×)

오답해설

ㄴ. 여성이 총 5명이면, 사무관 3과 주무관 3은 남성이다. 따라서 과장, 사무관 1~3은 내선번호가 일단 확정된다. 주무관 중에는 여성이면서 나이가 가장 많은 주무관 1과 주무관이면서 여성인 주무관 4의 내선번호가 확정된다. 따라서 총 6명이 확정된다. (×)

ㄹ. 사무관 3의 성별을 모르더라도 ㄷ처럼 주무관 3의 나이와 성별을 알면 확정할 수 있다. (×)

13 확률   답 ③

정답해설

ㄴ. 특정 위치에 놓이기 위해서는 1/24의 확률을 갖게 된다. (ㅇ)

ㄹ. 22번째 주사위의 위치가 12시이면, 두 번의 주사위를 더 굴려서 1~5시에 위치할 확률이 甲이 승리할 확률이다. 두 번의 주사위 조합은 (홀, 홀)=1/4, (홀, 짝)=1/4, (짝, 홀)=1/4, (짝, 짝)=1/4로 나타나는데, 이 때, 甲이 승리할 확률은 1/4이고, 무승부가 될 확률은 1/2이기 때문에 甲이 승리할 확률이 무승부할 확률보다 낮다. (ㅇ)

오답해설

ㄱ. 3시라는 특정한 위치에 말이 놓이기 위해서는 주사위를 굴려 말이 이동할 확률인 1/2와 12시간 중 특정한 위치인 1/12의 곱으로 정해진다. 따라서 1/24의 확률로 3시에 위치함을 알 수 있다. (×)

ㄷ. 24번째의 주사위 결과보다 23번의 주사위 결과에 따른 위치가 중요하다.

甲이 유리한 상황은 현재 위치가 12시~4시인 상황이고, 甲이 유리하지 않은 상황은 나머지인 5시~11시인 상황이다. 甲이 유리한 위치에 23번의 결과로 특정될 가능성은 5/12이고, 그렇지 않은 경우는 7/12이기 때문에 甲이 항상 유리하진 않다. (×)

14 논증-분석   답 ⑤

정답해설

- 甲의 진술에 따라 B에 0이 들어가면 A>B가 되기 때문에, 99★2703는 첫 번째 사건의 가해차량일 수 없다. → ①·②번은 불가능하다.
- 첫 번째 사건의 가해차량 번호는 두 번째 사건의 목격자 진술에 부합하지 않고, 81★3325는 乙의 진술(9<13)과 丙의 진술(4050>3325)에 부합하기 때문에 첫 번째 가해차량일 수 없다. → ③, ④번은 불가능하다.

∴ 따라서 정답은 ⑤번이다.

17 상황구성   답 ③

정답해설

ㄴ. 기준 Ⅱ로 대안을 선택하면 최소 기대이익을 비교하기 때문에 최소 기대이익이 가장 큰 A₃를 선택하게 된다. (ㅇ)

ㄹ. 기준 Ⅲ으로 대안을 선택하면 다음과 같다.

구 분	S_1	S_2	S_3	최대 후회
A_1	0	3	19	19
A_2	20	0	5	20
A_3	30	4	0	30

따라서 후회가 가장 작은 A₁을 선택한다. (ㅇ)

오답해설

ㄱ. 기준 Ⅰ로 대안을 선택하면, 최대 기대이익이 가장 큰 A₁을 대안으로 하게 된다. (×)

ㄷ. S₂에서 A₂의 후회는 A₂의 최대 기대이익 19-A₂의 기대이익 19=0이다. (×)

15 최솟값   답 ⑤

정답해설

서로 다른 세 자연수이고, 합이 100인 상황에서 甲이 '내가 가장 높은 점수를 받았다'고 한다면, 乙과 丙의 합보다 자신이 클 수밖에 없다는 것을 말하는 것이다. 즉, 甲의 점수는 최소 50이라는 것을 알 수 있다.

乙이 甲의 발언(최소 50이라는)을 듣고, 자신의 점수를 바탕으로 다른 사람의 점수를 알 수 있다는 것은 먼저, 甲이 50이 될 수밖에 없다는 확신과 이를 바탕으로 甲과 乙 자신의 숫자를 뺀 나머지가 丙임을 알 수 있게 된다는 것이다.

18 최댓값 답 ④

정답해설

10만 원을 분배해야 하기 때문에, 가성비가 가장 높은 점수를 찾아야 한다. 외식은 4만 원으로 13점을 얻으면서, 가성비가 가장 높다. 남은 6만 원으로 최대 14점을 얻을 수 있는지 확인하면 되는데, 14점을 얻기 위해서는 최소 7만 원이 필요하다. 전시회 관람 5만 원(12점), 쇼핑 1만 원(1점)으로 최대점수인 13점을 얻으면 총 26점의 만족도를 얻을 수 있다.

19 부합 답 ④

정답해설

ㄱ. 2문단에서 input 명령문은 레코드를 이용해 변수에 수를 저장한다는 것을 알 수 있다. (○)

ㄷ. 2문단에서 〈프로그램 2〉의 사례를 보면, input 명령문이 하나이고 다수의 레코드가 있을 경우 모든 레코드를 이용해 변수에 수를 저장할 수 있다. (○)

오답해설

ㄴ. 2문단에서 〈프로그램 2〉의 사례를 보면, input 명령문이 다수인 경우, 같은 레코드를 이용할 수 있다. (×)

20 부합 답 ①

정답해설

〈프로그램 2〉의 사례를 적용해 확인해봐야 한다. input 명령문이 하나이고 a, b 두 개의 레코드가 있으므로 모든 레코드를 차례대로 이용한다. 첫 번째 레코드 020824에서 a는 1–6인 020824, b는 3–4이므로, 08이다.

두 번째 레코드에서 701102에서 c는 5–6이므로, 02이고, @가 있으므로 d는 같은 레코드를 이용해 3–4인 11이다.

마지막 input에서 레코드는 720508을 이용하고, 3–5이므로 0500이게 된다.

즉, a는 20824, b는 8, c는 2, d는 11, e는 50가 된다. 따라서 모두 더하면 20895이다.

21 법조문 답 ③

정답해설

甲 : 1조 1항에 따라 파산선고를 받고 복권되었기 때문에 공무원이다.

乙 : 1조 1항 4호에 따라 금고 이상의 형의 선고유예를 받고 그 기간 중에 있고, 1조 3항에 따라 당연히 퇴직된다.

丙 : 3조에 따라 정직 중에 있더라도 신분은 보유한다.

丁 : 1조 2항에 따라 공무원 신분은 발생하지 않는다.

戊 : 2조 2항에 따라 1~6월 사이에 있기 때문에 6월 30일에 당연히 퇴직하게 된다.

22 법조문 답 ⑤

정답해설

⑤ 1조 3항, 1조 1항 본문·단서, 1조 2항 : 시장이 1조 1항에 따라 빈집 철거를 명한 후, 특별한 사유 없이 2항의 60일 이내에 철거조치를 하지 않으면 직권으로 그 빈집을 철거할 수 있다. (○)

오답해설

① 1조 1항 2호 : 주거환경에 장애가 되면 1조 1항의 본문에 따라 철거 조치를 명할 수 있다. (×)

② 1조 4항 : 철거한 빈집 소유자의 소재를 알 수 없는 경우 직권으로 철거한다는 내용을 일간신문에 공고한 날부터 60일이 지난 날까지 철거하지 않으면 직권으로 철거할 수 있다. 재량행위이다. (×)

③ 1조 5항 : 정당한 보상비로 철거에 소요된 비용을 빼고 지급할 수 있다. (×)

④ 1조 6항 1호 : 빈집 소유자가 보상비 수령을 거부하면 법원에 보상비를 공탁해야 한다. (○)

23 법조문 답 ①

정답해설

① 임의시설 두 번째 항목에 따르면 무도장업은 목욕시설 등을 설치할 수 없다. (○)

오답해설

② 필수시설 두 번째 항목에 따르면 수영장은 탈의실을 대신해 세면실을 설치할 수 없다. (×)

③ 임의시설 세 번째 항목에 따르면 신고 체육시설업인 체력 단련장업은 지장이 없더라도 다른 종류의 체육시설을 설치할 수 없다. (×)

④ 필수시설 첫 번째 항목에 따르면 등록 체육시설업만 해당되기 때문에 골프연습장업은 해당하지 않는다. (×)

⑤ 필수시설 세 번째 항목에 따르면 수영장은 응급실 및 구급약품을 갖춰야만 한다. (×)

24 법조형 지문 답 ②

정답해설

② 1·2문단 : 주주는 결의취소의 소를 제기할 수 있고, 회사가 피고가 된 소송에서는 대표이사가 회사를 대표해 소송을 수행하기 때문에, 乙이 대표해 소송을 수행한다. (○)

오답해설

① 1문단 : 변론종결 전에 이사의 지위를 상실한 甲이 결의취소의 소를 제기하면 부적법 각하된다. (×)

③ 2문단 : 주주가 결의취소의 소를 제기했을 때, 회사와 회사가 아닌 사람을 공동피고로 한 경우, 사람인 乙에 대한 소는 부적법한 것으로 각하되고, 회사에 대한 소송은 진행된다. (×)

④ 2문단 : 이사가 소를 제기한 경우에는 감사가 회사를 대표해 소송을 수행하기 때문에 근가 수행한다. (×)

⑤ 1문단 : 지위 상실로 소가 부적법 각하가 되기 위해서는 변론종결 전에 지위를 상실해야 하는데, 근는 변론종결 후 임기가 만료되기 때문에, 부적법 각하되지 않는다. (×)

25 법조문 답 ⑤

정답해설

⑤ 3조 2항 : 법원은 소송승계인에게 미루어 온 비용의 납입을 명할 수 있다. (○)

오답해설

① 각주1 : 소송구조는 재판비용 납입을 면제하는 것이 아니라 미리 납입하지 않도록 하는 것일 뿐이다. (×)

② 4조 : 소송구조를 받은 사람이 소송비용을 납입할 자금 능력이 있게 된 때에는 법원은 직권으로 언제든지 구조를 취소할 수 있다. (×)

③ 3조 1항 : 소송구조는 이를 받은 사람에게만 미치기 때문에 乙에게는 효력을 미치지 않는다. (×)

④ 1조 1항 단서 : 패소할 것이 분명하면 소송구조를 할 수 없다. (×)

26 부합 답 ④

정답해설

④ 3문단 : 1998년 은행 융자 총액은 500억 달러, 2005년 은행 융자 총액은 670억이다. (×)

오답해설

① 1문단 : 개발도상국에의 투자는 포트폴리오와 외국인 직접투자로 나뉘고, 포트폴리오 투자는 경제적 수익, 외국인 직접투자는 회사 경영에 영향력을 행사하기 위한 투자이다. (○)

② 2문단 : 최근 경제학자들 사이에서는 해외 원조가 경제적 효과가 없다는 주장이 힘을 얻고 있다. (○)

③ 1문단 : 부채는 은행 융자와 채권으로 나뉘며, 첫 문단부터 원조, 부채(은행 융자, 채권), 투자(포트폴리오 투자, 외국인 직접투자)로 구분됨을 알 수 있다. (○)

⑤ 3·4문단 : 개발도상국에 대한 포트폴리오 투자는 90억 달러에서 410억 달러로, 채권은 230억 달러에서 440억 달러로 증가해 포트폴리오 투자의 증가액이 크다는 것을 알 수 있다. (○)

27 계산 답 ③

정답해설

상금 중 복지시설비를 제외한 2,100만 원 내에서 분배해야 한다. 포상금은 40% 이상 분배해야 하기 때문에 최소 2,000만 원을 분배해야 한다. 따라서 우수부서는 10개 이상이고, 우수부서를 최소로 선정해야 하기 때문에 10개임을 알 수 있다.

우수부서를 10개 선정하면, 1,500＋500＝2,000만 원이 포상금으로 분배되고, 남은 100만 원으로 기념품을 100개 구입한다.

28 최솟값 답 ⑤

정답해설

甲을 선택한 경우 최대 할인액은 29만 원이다.

乙을 선택한 경우의 할인액은 16만 원이다.

丙을 선택한 경우의 할인액은 10만 원이다.

이 때, 甲상점에서 전 품목을 구매하면, 乙상점에서 전 품목을 구매하는 것보다 총액이 25만 원 더 비싼 상황이기 때문에, 甲상점에서 전 품목을 구매하는 것은 손해이다.

마찬가지로 甲혜택을 받는 상황과 乙혜택을 받는 상황을 비교했을 때, 乙혜택을 받으려면 반드시 A, C, D를 구매해야 하는데 A, C, D에 대해서 甲은 198만 원, 乙은 194만 원이기 때문에 乙을 선택하는 것이 이득이다.

그렇다면 남은 B와 E는 혜택을 포기하고 더 저렴하게 파는 곳에서 구매하면 된다.

따라서 乙상점에서 A, C, D, E를 구매하고 丙상점에서 B를 구매하게 된다.

29 최솟값 답 ②

정답해설

1회－1,760g을 양분하면 880g, 880g이 된다.

2회－880g을 양분하면 440g, 440g이 된다.

3회－440g의 더미에서 35g, 5g을 활용하여 40g을 덜어내 400g＋40g을 다른 쪽의 440g과 비교하면 400g을 확인할 수 있다.

30 계산 답 ③

정답해설

4월 1일에는 같은 시간대에 동일한 제품을 생산해야 하기 때문에, Y제품을 3시간씩 총 3시간 동안 A, B팀이 총 18개를 생산하고, X제품은 시간당 3개(2＋1개)씩 8시간 동안 24개를 생산한다. 따라서 총 11시간이 걸린다.

4월 2일에는 처음 6시간 동안은 A가 X를 2개씩, B가 Y를 3개씩 생산한다. 6시간 후, 18개의 Y가 모두 완성되면 X는 12개가 완성되어 있다. 남은 12개의 X를 생산하기 위해 B도 X를 생산하며, 총 4시간 동안 12개의 X를 모두 완성하게 된다. 따라서 4월 2일에는 총 10시간이 걸린다.

31 계산 답 ④

정답해설

ㄱ. 기준 1에 따르면 1순위가 가장 많은 바닷가재가 메뉴로 정해진다. 기준 4에 따르면 탕수육 15점, 양고기 18점, 바닷가재 17점, 방어회 10점, 삼겹살 15점으로 양고기와 바닷가재가 상위 2개인데, 그 중 1순위가 더 많은 것은 바닷가재이다. 따라서 어느 기준에 따르더라도 메뉴가 같다. (○)

ㄴ. 탕수육에는 5위가 없기 때문에 기준 2에 따르면 탕수육이 메뉴로 정해진다. (○)

ㄹ. 기준 5에 따르면 바닷가재를 제외하고, 남은 메뉴 중 1순위가 가장 많은 양고기가 선정된다. 따라서 무는 회식에 참석하지 않는다. (○)

ㄷ. 기준 3에 따르면 양고기가 18점으로 선정되어 무는 참석하지 않는다. (×)

32 상황구성 　　　　　　　　　　　答 ①

주어진 프로그램에 대한 조건만으로는 어느 프로그램의 시간대가 명확하게 확정되지 않기 때문에 가능성을 따져보는 형태가 좋다.

월요일 오전에 펭귄파워에 출연하면, 화요일 오후에 펭귄극장에 출연해야 하며, 수요일 오전에는 지금은 남극시대나 굿모닝 남극대행진에 출연한다. 모두 오전 라디오이기 때문에 목요일 오후에는 남극의 법칙에 출연하고, 금요일 오전에는 굿모닝 남극대행진에 출연할 수밖에 없어, 수요일은 지금은 남극시대임을 알 수 있다.

이렇게 되면 월요일 오전에 펭귄파워에 출연했을 때, 조건과 충돌되지 않고 모든 일정이 제시되기 때문에 가능한 일정과 선지를 비교하면 된다. 따라서 정답은 ①이다.

33 공정 　　　　　　　　　　　答 ①

화장실은 甲 → 乙 → 丁 → 丙 순으로 사용하면 총 30분 동안 모두 사용한다.

세면대는 甲이 6분~8분, 乙이 11분~15분, 丁이 21분~23분, 丙이 31분~35분 사용한다.

甲은 9분~28분 동안 샤워장 1, 乙은 16~25분 동안 샤워장 2, 丁은 26분~40분까지 샤워장 2, 丙이 36~40분까지 샤워장 1을 사용하면 모두 준비가 가능하다. 따라서 총 40분이 걸린다.

34 상황구성-완성 　　　　　　　　答 ⑤

남녀 평균 나이가 같아야 하므로, 평균 나이는 30세이다.

직업을 말하지 않은 丙에게 남은 직업은 의료관련 일임을 알 수 있다. 따라서 丙과 甲은 모두 남성이다. 그렇다면 戊는 여성임을 알 수 있다. 그럼 나이는 甲 : 32, 乙 : 30, 丙 : 28, 丁 : 34, 戊 : 26이다. 또한 주어진 조건 중 라디오작가는 남성이어야 하기 때문에 乙이고, 요리사인 戊와 매칭된다는 것을 알 수 있다. 그렇다면 TV드라마감독은 丁이다.

⑤ 丁은 의료계에서 일하는 두 사람 중 나이가 적은 丙(28)의 나이보다 6살 많다. (×)

① TV드라마감독 丁은 34세이고, 乙은 30세이기 때문에 적절하다. (○)
② 甲과 丙의 나이는 각각 32세, 28세이기 때문에 평균 30세이다. (○)
③ 요리사는 26세, 라디오작가는 30세로 4살 차이이다. (○)
④ 방송업계에서 일하는 사람들의 평균 나이는 32세이고, 甲의 나이도 32세이다. 따라서 같다. (○)

35 계산 　　　　　　　　　　　答 ②

乙과 丙은 서로 상대방보다 적게 조립했다고 말하고 있기 때문에, 둘 중 한 사람이 거짓말을 했음을 알 수 있다. 따라서 甲은 참을 말한 것이다. 甲과 乙이 참이라면, 甲이 분당 6개씩 조립했을 때, 40분씩 240개를 만들고, 乙이 80분 동안 3개씩 240개를 만들었을 때 성립된다는 것을 알 수 있다. 따라서 총 240개이다.

丙이 참이라고 접근하면, 丙은 甲보다 1분 동안 많은 양을 생산하면서 甲보다 적은 양을 조립해야 하기 때문에 불가능하다.

36 식 정리 　　　　　　　　　　答 ②

산업단지	산업단지 내 기업 수	업종	입주공간 확보	지자체 육성 의지	총 점
A(1위)	58개(40점)	자동차(40점)	가능(20점)	있 음	100
B(3위)	9개(20점)	자동차(40점)	가능(20점)	있 음	80
C(2위)	14개(30점)	철강(40점)	가능(20점)	있 음	90
D	10개(30점)	운송(40점)	가능(20점)	없음(제외)	90
E	44개(40점)	바이오(0점)	가능(20점)	있 음	60
F	27개(30점)	화학(40점)	불가(0점)	있 음	70
G(4위)	35개(40점)	전기전자(20점)	가능(20점)	있 음	80

② A가 소재 산업단지면 유사 업종이기 때문에 점수가 20점 깎인다. 하지만 여전히 공동 3위이기 때문에 선정은 된다. (×)

① B는 3위이기 때문에 선정된다. (○)
③ 3곳을 선정하면 A, B, C만 선정된다. (○)
④ F가 80점이 되면, 연관업종으로 G보다 높은 순위가 되기 때문에 선정된다. (○)
⑤ D가 육성 의지가 있으면 90점으로 C와 공동 2위가 되고, 4위 내에 포함되기 때문에 선정된다. (○)

37 매칭 　　　　　　　　　　　答 ⑤

오늘은 유효기간이 30일 지났기 때문에 2019년 12월 20일임을 알 수 있다. 따라서 3주 후인 2020년 1월에 발급된다. 그러므로 ④, ⑤ 중에서 확인 가능하다.

공장주소변경으로 재발급을 받는 것이기 때문에 6C코드가 사용된다. 따라서 정답은 ⑤이다. 나머지 정보를 확인하면, 공장주소변경, 기간 만료 재발급으로 큰 숫자 순인 6C4B로 코드가 설정되고, 토목, 베트남공장이라는 정보를 통해 CD, FA순으로 품질인증서번호가 부여된다.

38 상황구성   답 ④

고정값으로, 최소성분량의 A~D 합은 60이고, 최대성분량의 A~D 합은 100이다.

ㄱ. x가 4이고, y가 10인 경우 D의 최소성분량 20과 나머지 최대성분량의 합이 90으로 100% 미달이므로 불명확하다. (○)

ㄷ. x가 25이고, y가 26인 경우, D성분의 최대성분량(40)과 나머지 최소성분량의 합(5+25+10+25=65)의 합은 105로, 100을 초과한다. 따라서 불명확하다. (○)

ㄹ. x가 20이고, y가 20보다 크면서 40보다 작은 경우, 해당되는 항목이 없다. 따라서 불명확하지 않다. (○)

ㄴ. x가 100이고, y가 20인 경우, 불명확하지 않다. (×)

39 추론   답 ⑤

⑤ 4문단 : 강화학습이 없으면 지도학습에서 찾아낸 가중치로 고정된다. (○)

① 2문단 : 오답에 따른 학습을 반복할수록 정확도는 향상된다. (×)

② 3문단 : 기보 16만 건에서 추출된 약 3,000만 건의 착점을 학습했기 때문에 기보 한 건당 약 185건의 착점을 학습했다. (×)

③ 4문단 : 지도학습 이외에 강화학습도 했다. (×)

④ 4 · 5문단 : 프로그래머가 정확한 평가함수를 입력하는 것이 아니라, 학습을 통해 찾아간다. (×)

40 매칭   답 ③

주어진 상황에서는

A 0.4, B 0.3>A 0.3, B 0.3

A 0.5, B 0.3>A 0.3, B 0.3

A 0.4, B 0.4<A 0.4, B 0.3

A 0.5, B 0.3<A 0.4, B 0.3

A 0.4, B 0.3>A 0.4, B 0.2

이기 때문에 가장 많이 이긴 A 0.4, B 0.3으로 정해진다.

2019 기출문제 정답 · 유형 · 풀이시간

01 언어논리

번호	정답	유형	풀이시간	번호	정답	유형	풀이시간
01	①	추 론	지문 : 40초 정답 : 50초	21	①	추 론	지문 : 45초 정답 : 55초
02	②	추 론	지문 : 50초 정답 : 1분 30초	22	①	추 론	지문 : 50초 정답 : 1분 15초
03	③	추 론	지문 : 50초 정답 : 1분 35초	23	④	추 론	지문 : 1분 5초 정답 : 1분 40초
04	①	추 론	지문 : 40초 정답 : 1분	24	③	추 론	지문 : 45초 정답 : 1분 10초
05	⑤	추 론	지문 : 40초 정답 : 1분 50초	25	⑤	추 론	지문 : 50초 정답 : 1분 15초
06	①	추론-빈칸	정답 : 45초	26	⑤	추 론	지문 : 40초 정답 : 1분 15초
07	⑤	추 론	지문 : 40초 정답 : 1분 30초	27	②	추 론	지문 : 40초 정답 : 1분
08	②	추 론	지문 : 55초 정답 : 2분	28	③	추 론	지문 : 1분 정답 : 1분 15초
09	①	추론-밑줄	정답 : 1분 5초	29	③	추론-밑줄	정답 : 1분 10초
10	④	추 론	지문 : 45초 정답 : 1분 45초	30	④	추 론	지문 : 45초 정답 : 1분 30초
11	①	추 론	정답 : 40초	31	④	추론-밑줄	정답 : 1분 15초
12	⑤	논리-연역논증	정답 : 2분 45초	32	⑤	논리-연역논증	정답 : 2분 35초
13	⑤	논리-연역논증	정답 : 2분 45초	33	④	논리-연역논증	정답 : 2분 55초
14	③	논리-연역논증	정답 : 2분 30초	34	③	논리-연역논증	정답 : 2분 30초
15	⑤	논증-비교	지문 : 30초 정답 : 1분	35	③	논증-분석	지문 : 35초 정답 : 1분 5초
16	③	추론-밑줄	정답 : 2분 5초	36	①	논증-분석	지문 : 40초 정답 : 1분 20초
17	②	논증-분석	정답 : 1분 55초	37	⑤	논증-평가	지문 : 35초 정답 : 55초
18	⑤	논증-약화	지문 : 45초 정답 : 1분 15초	38	②	논증-평가	지문 : 30초 정답 : 50초
19	④	추 론	지문 : 40초 정답 : 2분 15초	39	②	논증-분석	지문 : 50초 정답 : 1분 20초
20	④	논증-분석	정답 : 2분 20초	40	④	논증-강화	정답 : 50초

01	③	자료해석(1개)	정답 : 20초	21	③	보고서-추가로 필요한 자료	정답 : 1분 5초
02	④	자료해석(1개)	정답 : 50초	22	②	자료해석(1개)	정답 : 35초
03	②	자료해석(2개)	정답 : 1분	23	①	보고서-부합	정답 : 1분
04	①	표-차트 전환	정답 : 40초	24	④	표-차트 전환	정답 : 1분 35초
05	④	자료해석(1개)	정답 : 1분	25	②	자료해석(1개)	정답 : 25초
06	①	자료해석(1개)	정답 : 55초	26	③	자료해석(2개)	정답 : 30초
07	①	자료해석(1개)	정답 : 1분	27	③	자료해석(1개)	정답 : 1분 5초
08	①	짝짓기	정답 : 2분 40초	28	②	자료해석(1개)	정답 : 1분
09	②	자료해석(2개)	정답 : 35초	29	⑤	자료해석(2개)	정답 : 1분 35초
10	④	조건의 적용	정답 : 2분 40초	30	①	자료해석(2개)	정답 : 1분 15초
11	⑤	자료해석(1개)	정답 : 1분 35초	31	④	자료해석(1개)	정답 : 55초
12	④	자료해석(2개)	정답 : 1분 50초	32	②	짝짓기	정답 : 1분 25초
13	⑤	자료해석(2개)	정답 : 1분 35초	33	⑤	자료해석(1개)	정답 : 1분 10초
14	③	자료해석(2개)	정답 : 1분 35초	34	①	자료해석(1개)	정답 : 1분 35초
15	⑤	자료해석(2개)	정답 : 2분 35초	35	⑤	자료해석(3개)	정답 : 1분
16	②	자료해석(3개)	정답 : 55초	36	④	자료해석(3개)	정답 : 1분 45초
17	③	자료해석(2개)	정답 : 2분 35초	37	②	자료해석(2개)	정답 : 2분 10초
18	③	표-차트 전환	정답 : 1분 5초	38	③	자료해석(1개)	정답 : 50초
19	④	자료해석(2개)	정답 : 2분	39	④	조건의 적용	정답 : 1분 15초
20	⑤	자료해석(2개)	정답 : 40초	40	①	표-차트 전환	정답 : 30초

01	①	법조문	지문 : 30초 정답 : 40초	21	③	법조문	지문 : 25초 정답 : 25초
02	④	법조문	지문 : 30초 정답 : 50초	22	④	법조문	지문 : 40초 정답 : 45초
03	①	부합	지문 : 50초 정답 : 1분	23	④	상황구성- 고정상황 미완성	지문 : 10초 정답 : 1분 20초
04	⑤	법조문	지문 : 10초 정답 : 1분 45초	24	⑤	부합	지문 : 15초 정답 : 1분 50초
05	③	법조문	지문 : 30초 정답 : 1분 55초	25	①	법조문	지문 : 35초 정답 : 1분 15초
06	⑤	법조문	지문 : 30초 정답 : 2분 35초	26	④	계산	지문 : 40초 정답 : 2분 15초
07	④	부합	지문 : 45초 정답 : 1분 45초	27	②	부합	지문 : 40초 정답 : 1분 50초
08	⑤	계산	정답 : 1분 15초	28	②	계산	지문 : 20초 정답 : 2분 40초
09	④	계산	정답 : 1분 15초	29	⑤	계산	지문 : 30초 정답 : 2분
10	①	상황구성- 고정상황 미완성	지문 : 10초 정답 : 2분 15초	30	①	상황구성- 고정상황 없음	정답 : 1분
11	④	상황구성	정답 : 2분 45초	31	④	상황구성- 고정상황 미완성	지문 : 30초 정답 : 2분 25초
12	⑤	상황구성- 고정상황 미완성	정답 : 1분 30초	32	③	계산-가중평균	정답 : 1분 45초
13	①	상황구성- 고정상황 미완성	정답 : 1분 45초	33	②	상황구성- 거짓말쟁이	정답 : 2분 15초
14	③	상황구성- 고정상황 미완성	정답 : 2분 20초	34	⑤	상황구성- 고정상황 완성	정답 : 2분
15	⑤	상황구성- 고정상황 미완성	정답 : 2분 40초	35	②	상황구성- 고정상황 완성	정답 : 1분 30초
16	②	상황구성- 고정상황 완성	정답 : 1분 45초	36	①	상황구성- 고정상황 미완성	정답 : 1분 20초
17	③	계산-최댓값	정답 : 2분 15초	37	③	계산	정답 : 2분 45초
18	③	계산	정답 : 2분 15초	38	②	상황구성- 최댓값 구성	정답 : 2분 50초
19	①	부합	지문 : 45초 정답 : 2분 15초	39	④	법조문	지문 : 1분 정답 : 45초
20	③	계산	정답 : 1분 50초	40	②	법조문	정답 : 55초

01 추론 답 ①

정답해설

① 2 · 4문단 : 새 왕은 전왕의 실록을 만들기 위해 실록청을 세우고, 효종 뒤의 왕은 현종이었으므로, 효종실록은 현종 때 실록청이 간행했을 것이다. (○)

오답해설

② 3문단 : 노산군일기는 세조 때 간행했을 것이다. (×)

③ 4문단 : 수정실록은 붕당 간 대립으로 인해 생긴 것으로, 광해군과 인조 때까지만해도 붕당 간 대립이 심하지 않아 선조수정실록이 없을 것이며, 있다고 해도 바로 다음 왕의 시기에 제작된다고 볼 수 없다. (×)

④ 1문단 : 세계 기록 유산으로 등재된 조선왕조실록은 태조부터 철종까지의 시기를 다룬다. (×)

⑤ 3문단 : 광해군일기도 세계 기록 유산으로 등재된 조선왕조실록에 포함되었다. (×)

02 추론 답 ②

정답해설

② 2 · 4문단 : 세 사람 이상 무리를 이뤄 남의 재물을 강탈하면 100대를 때리는데, 100대를 때리는 경우에는 태형을 선택할 수 없기 때문에 장형으로 처벌했음을 알 수 있다. (○)

오답해설

① 3문단 : 피의자가 죽는 경우 책임자를 파직하여 마무리 할 수도 있다. (×)

③ 1 · 3문단 : 반역 혐의가 있는 사람에게 형문을 시행할 수도 있기 때문에 자백을 받는 과정이 있었음을 알 수 있다. (×)

④ 2 · 4문단 : 종이 상전을 다치게 했을 경우 도구가 더 중해짐을 언급할 뿐, 상전의 명을 어긴 혐의로 형문을 받을 때 더 중한 처벌을 받는지 언급되지 않는다. (×)

⑤ 2문단 : 평문을 통해 범죄 사실이 확정되면 본형이 집행된다. (×)

03 추론 답 ③

정답해설

③ 3문단 : 조선팔도지도에는 오늘날과 동일하게 설악산의 범위가 표시되어 있고, 그 범위 안에 설악산이라는 명칭만 등장한다는 것을 보아 한계령이 있는 봉우리도 포함됨을 알 수 있다. (○)

오답해설

① 2 · 3문단 : 여지도에는 오늘날 설악산을 한계산과 설악산으로 구분해 두었고, 대동지지에는 한계령을 설악산에 포함시켰다. (×)

② 3문단 : 동국여지는 한계산을 설악산의 봉우리로 포함시키고, 조선팔도지지는 천후산을 대청봉과 같은 산으로 포함시켰다. 하지만 동국여지에서 천후산을 어떻게 대하는지는 제시되지 않았다. (×)

④ 2 · 3문단 : 비변사인 방안지도 양양부 도엽이라는 지도에는 설악산, 천후산과 한계산이 서로 다른 산으로 구분되어 있지만, 대동지지에는 한계산을 설악산에 포함시킨다. (×)

⑤ 2문단 : 여지도는 오늘날 설악산, 천후산, 한계산을 모두 더한 범위를 한계산과 설악산으로 구분하고 있고, 비변사인 방안지도 양양부 도엽에서는 이를 설악산, 천후산, 한계산으로 나눈 것으로 보면 천후산의 범위가 동일하지 않다는 것을 알 수 있다. (×)

04 추론 답 ①

정답해설

① 4문단 : 금리 인하는 국공채에 투자했던 퇴직자들의 소득을 감소시켰고, 이는 정부에서 금융업으로 부의 대규모 이동을 야기해 불평등을 심화시켰다. (×)

오답해설

② 1 · 5문단 : 연준은 저금리 정책으로 고용 증대에 주안점을 두었지만, 노동을 자본으로 대체하는 투자를 증대시키면서 고용 증대가 더 어려워지게 만들었다. (○)

③ 1 · 3문단 : 2000년대 초반은 기술 산업 거품 붕괴로 인한 경기침체기로, 대부분의 부문에서 설비 가동률이 낮아 저금리 정책이 적절하지 않았다. (○)

④ 3 · 4문단 : 저금리 정책은 주택 시장의 거품을 초래하고, 주가 상승을 가져왔다. (○)

⑤ 2문단 : 부당산 거품에 대한 대응책으로는 금리 인상보다 주택 담보 대출에 대한 규제가 더 합리적이다. (○)

05 추론 답 ⑤

정답해설

⑤ 3문단 : 아이오와주의 선거 운영 방식은 당마다 달랐는데, 공화당의 경우에는 코커스 등 전당대회에서 특정 후보를 지지하더라도 상위 전당대회에서 다른 후보를 지지해도 괜찮았다. (○)

오답해설

① 1문단 : 주에 따라 의회선거구 전당대회는 건너뛰기도 했다. (×)

② 2문단 : 1971년까지는 각 주별로 5월 둘째 월요일까지 코커스를 개최하면 될 뿐, 언제 했는지는 알 수 없다. (×)

③ 2문단 : 1972년부터 민주당의 코커스는 1월에 열렸다. (×)

④ 2문단 : 1971년까지는 선거법에 따라 민주당과 공화당 모두 5월 둘째 월요일까지 코커스를 개최했으나, 72년부터 민주당의 코커스는 그 해 1월에 열렸다. (×)

06 추론 – 빈칸 답 ①

정답해설

빈칸을 포함하고 있는 문장에서는 발룽엔의 존재를 염두에 둔다면, 빈칸과 같이 결론을 내릴 수 있다고 했다. 이 때, 발룽엔의 개념은 1문단에서 제시되는데, 발룽엔은 엄밀히 정의할 수 없는 용어를 가리킨다. 그리고 3문단에서는 증거와 가설이 상충하더라도 가설이 단순히 퇴출될 수는 없다고 서술하고 있다. 그 이유는 증거와 가설의 관계를 판단하려면 증거의 의미를 정확히 알아야 하기 때문이라고 한다. 그런데, 빈칸의 문장에서 발룽엔의 존재를 염두에 둔다고 했으니, 가설과 증거의 관계를 정확하게 파악할 수는 없다는 얘기를 하고 싶다는 것을 알 수 있다. 따라서 빈칸에는 ①이 들어가게 된다.

07 추론 답 ⑤

정답해설

⑤ 2·3문단 : 탈출 속도를 구하는 공식을 제시했고, 태양과 동일한 질량을 가진 별의 임계 둘레를 계산할 수 있다는 것을 보면, 별의 질량이 커질수록 임계 둘레 역시 커진다는 것을 알 수 있다. (○)

오답해설

① 3문단 : 임계 둘레 이하의 둘레를 가진 별에 사는 존재가 임계 둘레보다 큰 둘레를 가진 별에서 오는 빛을 관찰할 수 없는 것이 아니라, 임계 둘레보다 작은 둘레를 가진 암흑의 별들에게서 빛이 빠져나올 수 없기 때문에 지구에서 볼 수 없는 것이다. (×)

② 2·3문단 : 빛의 속도가 아니라, 별의 임계 둘레와 질량에 따라 탈출 속도가 정해진다. (×)

③ 2문단 : 탈출 속도는 별의 질량을 별의 둘레로 나눈 값의 제곱근에 비례하기 때문에, 질량이 커지고 둘레가 변하지 않으면 탈출 속도는 빨라진다. (×)

④ 3문단 : 빛을 쏘아올릴 수는 있지만, 탈출하지 못하는 것이다. (×)

08 추론 답 ②

정답해설

ㄴ. 믿음의 문턱이 확률 값 k로 고정되어 있을 때, 명제에 대한 섬세한 믿음 태도가 변하더라도, 섬세한 믿음 태도로서의 확률 값이 믿음의 문턱 k값보다 작았다가 커지거나, 컸다가 작아지는 경우가 아니라면 거친 믿음 태도는 변하지 않을 수 있다. (○)

오답해설

ㄱ. 믿음의 문턱이 0.5인 경우, 명제가 참이라는 것을 0.5를 초과한 확률로 믿는다면 해당 명제를 참이라고 믿을 것이고, 명제가 거짓이라는 것을 0.5를 초과한 확률로 믿는다면 해당 명제를 거짓이라고 믿을 것이다. (×)

ㄷ. 4문단의 예시의 경우와 같다면 모두 해당 명제를 참이라고 믿지 않으면서, 거짓이라고 믿지 않는 경우가 있을 수 있다. (×)

09 추론-밑줄 답 ①

정답해설

밑줄 친 ㉠은 부재 인과를 받아들이면서 발생하는 문제로서의 사례를 제시하고자 한다. 이 때, 부재 인과는 첫 문장에서 제시되고, 사건의 부재가 다른 사건의 원인이라는 주장을 의미한다.

ㄱ. 영지의 지각의 원인은 기차의 고장이다. 그런데 기차의 고장에서 원인을 찾지 않고, 다른 행위를 하지 않은 것, 즉 새벽 3시에 걸어가지 않은 것을 원인으로 삼는 상황이다. (○)

오답해설

ㄴ. 영수가 유리창을 깬 원인은 야구공을 던졌기 때문이다. 이 때, 영수가 유리창을 깬 부재 원인의 사례가 되려면 야구공을 던진 것에서 원인을 찾지 않고, 다른 행위를 하지 않은 것, 이를테면 축구를 하지 않은 것을 삼아야 한다. 그런데 원인으로서의 행위는 공유하되 영수가 아닌 다른 사람들로부터 원인을 찾는 것은 부재 원인 사례로 적절하지 않다. (×)

ㄷ. 화분의 식물이 시들어 죽은 원인은 햇빛을 차단했기 때문이다. 마찬가지로 햇빛 차단이 아닌 다른 행위에서 원인을 찾아야 한다. 그런데 햇빛을 쪼이는 것이 식물 성장 원인이 아니라고 하고 있으므로 부재 원인 사례로 적절하지 않다. (×)

10 추론 답 ④

정답해설

④ 2문단 : 아르기닌과 산소로부터 산화질소가 만들어지고, 그 산화질소가 A효소를 활성화시킨다. (×)

오답해설

① 3문단 : cGMP의 작용으로 수축되어 있던 혈관 평활근세포가 이완되고 결국 혈관 평활근육 조직이 이완된다. (○)

② 2·3문단 : 산화질소 합성효소를 가지고 있는 세포 내에서 아르기닌과 산소로부터 산화질소를 생성하는데, 혈관의 내피세포에서는 산화질소가 만들어지기 때문에, 혈관의 내포세포가 산화질소 합성효소를 가지고 있음을 알 수 있다. (○)

③ 2·3문단 : A 효소가 활성화되면 표적세포 안에서 cGMP가 생성되어 수축되어 있던 혈관 평활근세포가 이완되고 결국 혈관 평활근육 조직이 이완되며 혈관이 팽창하게 된다. (○)

⑤ 1·3문단 : 신호물질과 수용체의 결합으로 생리적 현상이 유도되는 것에 대한 지문이다. 3문단에서 혈관의 팽창이 산화질소에 의해 일어나는 생리적 현상임을 보여주는데, 혈관 평활근세포 내에서 산화질소에 의해 일어나는 현상이기 때문에 수용체를 가지고 있음을 알 수 있다. (○)

11 추론 답 ①

정답해설

• ㉠의 경우 : (가)와 (나), (라) 중 선택해야 한다. 이 때, ㉠과 같이 해석하면 C시에 도시철도를 건설하지 않는 것은 거짓이 된다고 하고 있으므로, 적합한 것은 도시철도가 건설될 뿐만 아니라 무인운전방식으로 운행될 것이라고 말하는 (가)뿐이다.

• ㉡의 경우 : (다)와 (라) 중 선택하면 된다. 건설하지 않으면 운전방식과 무관하게 참이 되는 문장은 (다)이다. (라)의 경우에는 건설하지 않으면 유인운전방식을 선택한다는 의미이므로, (다)를 선택해야 한다.

12 논리 – 연역논증 　答 ⑤

> **기호화**
> 가 ∨ 나 ∨ 다 ∨ 라
> ~모 ∨ ~보 ∨ ~소
> 가 ∨ 나 → 라 ∧ 소
> 다 → ~모 ∧ ~보
> 소 → 모
> 총 4인이 뽑혀야 함

세 번째 조건 때문에 가훈이 선발되면, 라훈이와 소연이가 선발되고, 소연이가 선발되면 모연이도 선발된다. 마찬가지로 나훈이가 선발되어도, 라훈이, 소연이, 모연이가 선발된다. 이렇게 되면 4명이 선발된다.

네 번째 조건에 따라 다훈이가 선발되면 모연이와 보연이가 선발될 수 없어서 4명이 되기 위해서는 남자만 4명이 되거나 남은 여자 1명인 소연이를 포함해야 한다. 그런데, 남자 4명을 선발하게 되면 위에서 제시된 내용에 따라 가훈이나 나훈을 통해 소연이, 모연이가 선발되어 다훈이에 따른 조건과 모순된다. 마찬가지로 남은 여자 1명인 소연이를 선발하면, 다섯 번째 조건에 따라 모연이도 선발되어 네 번째 조건에 따른 모연이 불선발 조건에 부합하지 않게 된다. 따라서 다훈이는 선발할 수 없다.

남은 남자 중 라훈이만 여자 3명과 선발할 수 있는지 검토해볼 수 있는데, 두 번째 조건에 따라 여자 중 한 명은 선발할 수 없으므로, 라훈이만 선발되는 경우는 없고 결국 처음에 제시된 (가훈 또는 나훈), 라훈, 소연, 모연 총 4명이 선발된다.

ㄱ. 가훈 또는 나훈, 라훈, 소연, 모연에서 4명이므로 남녀 동수로 구성된다. (○)
ㄴ. 다훈과 보연은 팀에 포함되지 않는다. (○)
ㄷ. 라훈과 모연은 둘 다 포함된다. (○)

13 논리 – 연역논증 　答 ⑤

• 조건에 따르면, 월은 5월 vs 6월, 날짜는 8일 vs 10일, 요일은 화 vs 목 vs 금요일이다. 그리고 세 가지 사항을 다 맞힌 사람은 없고, 다 틀린 사람/하나 맞힌 사람/두개 맞힌 사람으로 구분된다는 것을 알아야 한다. 이 때, 요일은 가장 마지막에 따져보기로 한다.
• 5월 8일에 회의가 열리는 상황
  – 가영이는 두 개 맞힌 사람이므로 목요일은 아니어야 한다.
  – 나영은 한 개 맞힌 상태가 되어야 하므로, 화요일은 아니어야 한다.
  – 다영은 날짜를 한 개 맞힌 것이 되므로, 다 틀린 사람이 없어서 불가능하다.
• 5월 10일에 회의가 열리는 상황
  – 가영이는 한 개 맞힌 상황이 되어야하므로, 목요일이 아니어야 한다.
  – 나영은 두 개 맞힌 상황이므로, 화요일이 아니어야 한다.
  – 다영은 둘 다 틀린 상황인데, 다 틀려야 해서 금요일이 아니어야 한다.
  – 따라서 요일이 맞는 사람이 없으므로 불가능하다.
• 6월 8일에 회의가 열리는 상황
  – 다영이는 두 개 맞힌 상황이므로, 금요일이 아니어야 한다.
  – 나영이는 다 틀린 상황이므로, 화요일이 아니어야 한다.

– 가영이는 한 개 맞힌 상황이므로, 목요일이 아니어야 한다.
– 따라서 요일이 맞는 사람이 없으므로 불가능하다.
• 6월 10일에 회의가 열리는 상황
  – 가영이는 다 틀린 상황이므로, 목요일이 아니어야 한다.
  – 나영이와 다영이는 요일을 제외하고 하나씩 맞힌 상황이므로, 회의 요일이 화요일인지 금요일인지에 따라서 두 개 맞힌 사람과 하나 맞힌 사람이 결정된다.
ㄱ. 회의는 6월 10일에 열렸다. (○)
ㄴ. 가영은 어느 것도 맞히지 못한다. (○)
ㄷ. 다영이 하나만 맞힌 사람이라면, 회의 요일이 금요일이어서는 안 되고, 화요일이어야 한다. (○)

14 논리 – 연역논증 　答 ③

> **기호화**
> ~성격 → 발달 ∧ 임상
> 임상 → 성격
> ~인지 → ~성격 ∧ 발달
> ~인지 ∧ ~발달

• 네 진술 중 하나는 거짓이고, 세 진술은 참이므로 모순이나 동시에 성립할 수 없는 관계를 먼저 찾아야 한다. 네 번째 진술이 성립하면 인지심리학과 발달심리학을 듣지 않는데, 인지심리학을 듣지 않은 상황이면 세 번째 진술에 따라 발달심리학을 들어야 하므로 세 번째 진술과 네 번째 진술은 동시에 성립할 수 없다. 따라서 각각이 참인 상황을 들어 영희가 들은 수업의 최소 개수와 최대 개수를 파악할 수 있다.
• 먼저, 네 번째 진술이 참이라면 인지심리학과 발달심리학을 듣지 않게 된다. 그렇게 되면 첫 번째 진술의 대우에 따라 성격심리학을 들어야 한다. 따라서 1개의 수업을 듣는 상황으로 이것이 최솟값임을 알 수 있다.
• 다음으로, 최댓값을 확인하기 위해 세 번째 진술이 참이고, 네 번째 진술이 거짓인 상황을 검토해보자. 네 번째 진술이 거짓이므로 인지심리학 ∨ 발달심리학이 된다. 이 때, 최댓값이 몇 개인지 확인해야 하므로, 인지심리학과 발달심리학을 모두 듣는다고 두더라도 나머지 모든 조건의 참을 유지할 수 있다. 또한 두 번째 조건에 부딪히지 않으면서 최댓값을 설정하기 위해 임상심리학도 듣는다고 가정하면 성격심리학도 듣게 된다는 것을 확인할 수 있다. 따라서 최대 4개의 수업을 모두 들을 수 있다는 것을 확인 가능하다.

15 논증 – 비교 　答 ⑤

지문 (가)에서는 기존의 사고인 철도 건설이 경제 성장에 필수불가결한 것이었음을 비판하기 위해 철도 건설을 통한 운송비 변화에 초래되는 효과를 평가할 때 인과 경로에서의 효과를 모두 검토해야 함을 주장한다. 그중 하나는 이미 주목받고 있는 철도로 인한 직접적인 물류 운송비 절감 효과이고, 나머지 하나는 간과되고 있는 철도 건설에 따른 다른 체계의 발전을 통한 효과의 미실현이다. 결국 지문 (가)는 철도 건설이 경제성장에 필수불가결한 것이라는 사고는 두 번째 요소를 무시했음을 얘기하는 것이다. 지문 (나)는 (가)와 같은 구조로 주장을 펼치고 있다. 갑이 말하는 신약 A의 필수불가결성은 지문 (가)의 첫 번째 요소만 평가한 것이라는 것이고, 을이 말하는 사고는 지문 (나)의 두 번째 요소를 간과해서는 안 된다는 내용을 다룬다.

ㄱ. 지문 (나)에서 을이 말한 내용을 통해 확인 가능하다. (○)

ㄴ. 지문 (나)에서 을이 말한 내용을 통해 확인 가능하다. (○)

ㄷ. 지문 (나)에서 갑이 말한 내용이며, 위 지문에 대한 설명을 통해 확인 가능하다. (○)

16 추론-밑줄 정답 ③

정답해설

③ ㉢은 문화재는 인간의 창작물이고, 오로지 보호대상만 해당한다고 말하므로, 보호대상이면서 문화재인 것은 인간의 창작물만을 가리킨다는 것을 확인할 수 있다. (○)

오답해설

① ㉠은 학술상 가치뿐 아니라 보존해야 할 무형의 가치도 지닌 보호대상을 문화재로 분류해야 한다고 말하고 있으므로, 무형의 가치를 지녔으면 문화재에서 제외되어야 한다고 볼 수 없다. (×)

② ㉡은 문화재는 당연히 가치가 큰 것을 가리킨다고 하여, 자연물을 문화재로 보는 근거로 가치가 큰 것은 당연하며, 다른 근거가 필요함을 말하고 있다. 따라서 자연물인 화석은 무형의 가치를 지니지 않는다고 말하는 것이 아니고, 다른 근거가 있어야 한다고 말하는 것이다. (×)

④ ㉣은 자연이 인간 활동에 미치는 영향이 크다는 것을 전제하고 있지만, 자연물이 문화재에 포함되는 것이므로 자연의 영향을 받지 않은 문화재가 존재할 수 있음이 부정되지 않는다. (×)

⑤ ㉠과 ㉣은 자연물을 문화재에 명시적으로 포함하고 있고, ㉢은 명시적으로 제외하지만 ㉡은 문화재에 자연물을 포함하기 위한 근거가 더 필요하다는 것이지 명시적으로 제외한 것은 아니다. (×)

17 논증-분석 정답 ②

정답해설

ㄷ. (나)는 암쥐를 연구자가 임의로 고지방식 섭취 여부를 결정했지만, (다)에서는 연구자가 임의로 실험대상자의 사지 절단 수술을 결정한 것이 아니고, 심장병 사망자를 대상으로 과거 기록을 확인해 연구를 진행한 것이다. (○)

오답해설

ㄱ. (나)에는 해당되는 얘기지만, (가)는 아스피린 복용 집단과 미복용 집단을 나눈 후 비교한 것이 아니다. (×)

ㄴ. (가)는 심장병 환자와 심장병이 발병한 적이 없는 환자 각 집단의 아스피린 복용 비율을 확인하는 것이지, 아스피린을 복용해 온 사람 중 결과인 심장병 발생 비율을 보여주는 것이 아니다. (다)는 사지 중 하나 이상의 절단 수술이 적용된 개체들 중 심장병 사망 비율을 확인하는 것이 아니라, 심장병 사망 집단 중 절단 수술이 적용된 개체 비율을 확인한다. (×)

18 논증-약화 정답 ⑤

정답해설

㉠은 음식에 대한 욕구 이전에 쾌락에 대한 욕구가 있어야 하며, 이를 통해 음식에 대한 욕구가 형성된다는 것이다.

⑤ 쾌락에 대한 욕구를 전제하고 있을 뿐만 아니라, 맛을 선택하는 기준을 통해 쾌락에 대한 욕구를 비교하고 있기 때문에 ㉠을 약화시키지 못한다. (×)

오답해설

① 쾌락에 대한 욕구가 음식에 대한 욕구일 수 없다면, ㉠은 약화된다. (○)

② 쾌락에 대한 욕구가 없을 수 있다면, ㉠은 약화된다. (○)

③ 쾌락에 대한 욕구 이전에 음식에 대한 욕구가 필요하다는 것이므로 ㉠을 약화한다. (○)

④ 외적 대상에 대한 욕구를 음식에 대한 욕구로 본다면, 쾌락에 대한 욕구가 없어도 외적(음식) 대상에 대한 욕구가 야기된다는 것이므로, ㉠은 약화된다. (○)

19 추론 정답 ④

정답해설

ㄴ. 3문단 : 유충호르몬은 유충의 특성이 남아 있게 하는 역할만을 수행하는 호르몬이고, 알로트로핀은 이를 촉진하는 역할을 하기 때문에 알로트로핀이 주입되면 유충의 특성만을 갖게 하여 성체로 발생하지 않을 수 있다. (○)

ㄷ. 3문단 : 유충호르몬은 탈피 촉진과 무관하기 때문에, 탈피호르몬이 분비되면 탈피가 시작될 수 있다. (○)

오답해설

ㄱ. 2문단 : 탈피호르몬이 유충의 전흉선에서 분비되기는 하지만, 먹이 섭취 활동과 관련된 자극이 유충의 뇌에 전달되게 하는 것이지 전흉선에서 이뤄지는 것은 아니다. (×)

20 논증-분석 정답 ④

정답해설

ㄴ. ㉠은 성체로의 마지막 탈피가 끝난 다음 탈피호르몬이 없어진다는 것이고, 결과2 역시 최종 탈피 전까지 탈피호르몬이 줄어들지 않는다는 것이므로, "최종 탈피가 끝난 후, 탈피호르몬을 분비하는 전흉선이 사라진다"는 것이 이들을 설명할 수 있음을 알 수 있다. (○)

ㄷ. 결과1은 성체가 되는 동안 유충호르몬이 감소해감을 언급하고, 결과2는 성체가 되어 최종 탈피가 된 후에 탈피호르몬이 감소가 시작됨을 언급한다. 따라서 변태 과정에 있는 곤충의 경우에는 분모인 탈피호르몬이 고정상태이고, 분자인 유충호르몬이 작아지고 있음을 언급하는 것이므로 해당 비율이 작아질수록 성체의 특성이 두드러진다는 가설을 지지하는 것임을 알 수 있다. (○)

오답해설

ㄱ. 유충호르몬에스터라제는 유충호르몬 분해 효소이다. 따라서 유충호르몬의 방출량이 정해져 있고, 유충호르몬이 가장 많을 때에 분해 효소가 가장 많다는 것은 잘못된 가설이다. (×)

정답해설

지문은 설명문이다. 따라서 지문의 주장을 파악하기보다는 소재의 구성을 통해 선지가 설명되고 있는 위치를 파악하는 것이 중요하다.

① 3·4문단 : 정관헌이 바깥 기둥 재료로 목재를 사용한 것은 재정적 여력 때문이지, 우리 문화와 정서를 반영하기 위함이 아니다. (×)

오답해설

② 3·4문단 : 회랑의 난간에 있는 소나무, 사슴, 박쥐 등의 형상은 장수, 복 등을 상징하고, 바깥 기둥의 오얏꽃은 대한제국을 상징한다. (○)

③ 4문단 : 정관헌은 건축적 가치가 큰 궁궐 건물이지만 규모가 크지 않고 가벼운 용도로 지어져 소홀히 취급되어 왔다. (○)

④ 2문단 : 정관헌의 외형은 서양식 기둥과 붉은 벽돌의 사용으로 상당히 이국적으로 보인다. (○)

⑤ 전체적으로 정관헌은 우리나라의 문화와 정서가 녹아들어있는 서양식 정자로서, 동서양의 건축적 특징이 조합된 양관으로 볼 수 있다. (○)

22 추론　　　　　　　　　🅐 ①

정답해설

지문은 조선시대 초기의 조세제도인 '답험손실법'과 세종이 도입한 '공법'에 대해 나누어 설명한다. 첫 문단에서 '답험손실법'에 대한 개념을 언급하고, 두 번째 문단에서 이것이 구체화됨을 구분한다면, 마지막 문단에서 세종이 인식하는 문제점과 그 개혁인 '공법'을 구분하는 정도로만 지문을 확인하면 어렵지 않게 풀 수 있다.

① 3문단 : 세종은 1결당 세액을 동일한 액수로 고정했고, 이를 기준으로 6등전의 절대면적이 1등전에 비해 크다는 것을 활용해 동일 면적 대비 1등전의 세액이 더 비싸다는 것을 알 수 있다. 따라서 1등전만 있는 마을 주민들의 조세 총액이 2등전만 있는 마을 조세 총액보다 비쌀 것이다. (○)

오답해설

② 3문단 : 공법은 단순히 비옥도만을 고려한 것이 아니라, 농지의 생산성과 연도별 작황을 감안해 세액과 결을 조정한 제도이다. 따라서 크기만 같은 지역끼리의 조세가 매년 같다고 볼 수는 없다. (×)

③ 3문단 : 공법 시행 후, 1등전의 1결 절대 면적이 2등전의 1결 절대 면적보다 작기 때문에, 절대 면적이 동일하다면 1등전만 있는 마을의 결의 수가 2등전보다 클 수도 있다. (×)

④ 3문단 : 세종은 도 관찰사로 하여금 결당 세액을 군현 별로 조정하도록 했으므로, 개인은 중앙 관청이 아닌 도 관찰사에게 보고해야 했다. (×)

⑤ 3문단 : 세종의 초안은 답험을 국가가 직접하는 것을 말하고, 기존의 답험손실법에서는 1결당 세액이 고정된다. 그렇게 되면 생산성이 낮은 농지에 거주하는 함경도 주민들의 부담이 커지기 때문에 반대가 많이 나타났다. 하지만 이것이 함경도 주민들의 조세 총액이 전라도 주민들의 조세 총액보다 많은 것인지는 알 수 없다. (×)

23 추론　　　　　　　　　🅐 ④

정답해설

지문은 유교를 근본 정신(유교)과 행위 규범(예교)로 구분하고, 예교는 법과 구분하며, 예교를 명교와 강상으로 구체화한다. 또한 마지막 문단에서는 그러한 구분을 기준으로 변법유신론자와 캉유웨이가 입헌군주국 설립을 위해 예교 해체와 유교와 예교의 구별이 이뤄졌음을 다룬다.

④ 2문단 : 근대 중국 지식인들이 유교를 비판할 때, 예교 규칙으로서의 행위 규범인 명교와 삼강에 집중했는데, 이에 따른 우열은 평등과 민주의 이념에 어긋나기 때문이었다. (○)

오답해설

① 3문단 : 유교와 예교를 분리시켰던 변법유신론자인 캉유웨이는 공자의 원래 생각을 중심으로 유교를 재편하고자 했지, 공자 정신을 비판한 것은 아니다. (×)

② 2문단 : 삼강은 예교로서, 자발적이고 내면적인 규율에 속하며, 신분, 성별에 따른 우열을 규정한 것이다. (×)

③ 1·2문단 : 전통적 유교 신봉자들에게 예교는 유교 그 자체라고도 볼 수 있었다. 그런데, 예교는 자발적이고 내면적인 규율로, 법과 구분되었기 때문에 법을 준수하는 생활 속에서 유교적 가치를 체험했는지는 알 수 없다. (×)

⑤ 2·3문단 : 명교는 예교에 포함되는 개념으로, 근대의 예교 해체과정에 포함되어 비판받았다. (×)

PSAT Doctor의 덧붙이기

> 이처럼 설명문의 구분항목이 차곡차곡 나열된 지문의 경우에는, 지문의 내용을 모두 구분하고, 이해하는 것이 아니라 구분에만 초점을 맞추면 선지의 내용을 확인하는 데 훨씬 수월하다.

24 추론　　　　　　　　　🅐 ③

정답해설

지문은 연금 제도가 12세기 영국에서부터 지금까지 중세에 비롯된 신탁 원리에 기반하였음을 다루고 있다. 특히, 첫 문단에서 언급된 신탁 원리와 그로 인한 수익자 지위에 대한 방향은 마지막 문단에서 여전히 유효하고 강력하다고 하여, 지문이 전체적으로 하나의 주제를 가지고 관통되는 상황임을 말해준다. 따라서 본문에서는 흐름보다도 구체화된 개념이나 내용정도만 신경 써서 구분하면 된다는 것을 알 수 있다.

③ 1·2문단 : 연금 수익자의 지위가 불안정하기 때문에 권리 행사가 제한된 것이 아니라, 권리 행사가 제한되기 때문에 수익자의 지위가 불안정한 것이다. (×)

오답해설

① 3문단 : 연금 제도가 신탁 원리에 기반해, 가입자가 수탁자의 재량에 종속된다고 하고 있으므로, 자본 시장의 유동성 역시 충분히 누릴 수 없었음을 알 수 있다. (○)

② 1문단 : 수탁자는 제3자인 친구나 지인도 가능하다. (○)

④ 1문단 : 12세기 영국에서는 미성년 유족에게 토지 재산을 물려주기 위해 신탁 제도를 만들었다. (○)

⑤ 1·3문단 : 신탁 원리에 기반한 연금 제도 하에서는 연기금 운용자인 수탁자의 재량에 가입자가 종속되는 존재가 된다. (○)

PSAT Doctor의 덧붙이기

지문이 하나의 흐름과 하나의 주제를 관통하고 있다는 것이 확인되면, 구체적인 내용을 찾아서 선지를 해결하기보다는, 일관된 흐름 내에서 선지를 해결해나가는 것이 훨씬 수월하다.

25 추론

답 ⑤

정답해설

지문은 선거법에 따른 투표용지상의 기호 배정 방식을 소개하고 있다. 문단별로 방식에 대한 개념 설명, 해당 방식이 가진 문제점을 순서대로 제시하고 있기 때문에 빠르게 구분만 하고 선지로 넘어가 답을 찾는 것이 중요하다.

⑤ 3 · 4문단 : 원내 의석이 있건 없건, 정당의 공천을 받은 후보자들은 무소속 후보자에 비해 게재 순위가 높다. (○)

오답해설

① 1문단 : A방식은 기호가 추첨으로 배정되었기 때문에 성씨와는 무관하다. (×)

② 2문단 : 정당 명칭에 따라 순서가 부여되는 것은 '원내 의석이 3순위 이하'인 기타 정당의 후보자이다. 원내 의석이 2순위 안에 해당하는 정당은 의석 순위에 따라 기호를 배정받으므로, 2순위 정당의 후보자는 기호 '1'을 배정받지 못한다. (×)

③ 3문단 : C방식에서는 선거구별 추첨제를 통해 후보자 게재 순위가 결정되었기 때문에 정당별로 동일한 기호를 배정받지 않을 수 있다. (×)

④ 4문단 : B방식에서 원내 의석수가 4순위인 정당은 '나'를 받을 것이고, D방식에서는 다수 의석순이기 때문에 '나'를 받을 수는 없다. (×)

26 추론

답 ⑤

정답해설

지문의 내용은 대기오염 물질의 자연적 배출원과 인위적 배출원을 구분하여 대기 환경에 미치는 영향을 설명하고자 한다. 이를 2문단은 자연적 배출원(생물, 비생물)에 대하여, 4문단은 인위적 배출원을 오염원(점, 면, 선)별로 구분하여 대기 환경에 미치는 영향 정도에 대해 서술한다. 이런 식으로 지문의 설명 단위를 빠르게 파악할 수 있어야 한다.

⑤ 4문단 : 높은 굴뚝에서 오염 물질을 배출하는 점오염원은 그 영향 범위가 넓고, 배출구가 낮으면 대기 확산이 잘 이루어지지 않아 오염원 근처의 지표면에 영향을 미친다. (○)

오답해설

① 2문단 : 비생물 배출원에서 질소산화물은 번개에 의해 생성된다. (×)

② 2 · 3문단 : 산성비는 생물의 활동으로 발생한 오염 물질에 의하여 형성되기도 하지만, 이와 같은 물질들은 인위적 배출원에 의해서도 발생한다. 따라서 단순히 산성비가 어느 배출원에 의해 더 많이 생성된 것인지는 판단할 수 없다. (×)

③ 1문단 : 지구 규모 또는 대륙 규모의 오염 지역을 대상으로 할 경우에는 자연적 배출원의 영향이 매우 크다. (×)

④ 2문단 : 미생물이나 식생의 활동은 자연적 배출원의 일종이고, 이들은 오히려 오염 물질을 배출한다. (×)

27 추론

답 ②

정답해설

A 그룹과 B 그룹은 100명으로 구성되고, 동전을 A 그룹은 10개, B 그룹은 100개를 나눠 갖는다. 〈게임 1〉은 앞면이 나온 동전 1개당 1점씩 받아 점수 총합이 높으면 승리하고, 〈게임 2〉는 앞면이 나온 동전의 비율에 따라 점수가 높으면 승리한다.

ㄷ. 3문단 : 〈게임 2〉에서 동전 개수가 증가했을 때 80점(80%의 앞면)을 받는 사람이 한 명쯤 나오려면 그 동전 개수의 증가에 맞춰 그룹 인원수도 크게 증가해야 한다. (○)

오답해설

ㄱ. 2문단 : A 그룹과 B 그룹의 동전 개수는 절반으로 줄여도 〈게임 1〉에 따르면 B 그룹은 5개의 동전 이상의 앞면은 쉽게 확보할 수 있을 것이기 때문에 게임의 승자가 나올 그룹은 바뀌지 않을 것이다. (×)

ㄴ. 3문단 : 〈게임 2〉에서 B 그룹의 인원이 늘면 90점을 받는 사람이 나오기 힘든 것이지 아예 나오지 않는다고 말할 수는 없다. (×)

28 추론

답 ③

정답해설

- 원리 K는 기댓값에 따라 선호를 결정해야 한다는 것으로, 게임 A에서는 선택1의 기댓값이 100, 선택2의 기댓값이 109이므로, 선택2를 선호하고, 게임 B에서는 선택3의 기댓값이 11, 선택 4의 기댓값이 20이므로, 선택 4를 선호해야 한다는 것이다.

- 원리 P는 '구조'가 선호를 결정한다는 것으로, 선택1과 선택2의 공통 요소인 100만 원이 들어있는 봉투 89장을 선택3과 선택4의 공통 요소인 빈 봉투 89장으로 바꿀 수 있기 때문에 이를 바꾼 선택1*과 선택2*에서의 선호구조와 선택3과 선택4에서의 선호구조가 서로 같아야 하므로 선택1*을 선택2*보다 선호한다면 같은 구조인 선택3을 선택4보다 선호해야 한다는 것이다.

ㄱ. 선택1과 선택3을 선호하면 원리 P를 따른 결과와 같고, 원리 K를 따른 결과와 다르다. 따라서 원리 K를 거부해야 한다. (○)

ㄴ. 선택2와 선택3을 선호하면 두 원리로부터 모두 도출되지 않는다. 따라서 원리 K와 P를 모두 거부해야 한다. (○)

오답해설

ㄷ. 선택 2와 선택 4를 선호하면 원리 K와 원리 P로부터 모두 도출되는 결과다. 따라서 어느 원리도 거부할 수 없다. (×)

29 추론 – 밑줄

답 ③

정답해설

밑줄 친 ㉠인 A 원리는, 갑과 을의 대화를 통해 추론 가능하다. 갑은 자극 → (고통) → 행동이기 때문에, 직접 알 수는 없지만 행동을 관찰해서 고통의 심리상태에 있음을 알 수 있다고 한다. 따라서 을이 말하는 A 원리는, 갑이 말한 특정 자극에 따른 행동이 발생하면, 항상 그에 기반한 심리 상태가 있음이 성립해야 한다는 것을 알 수 있다. 그러므로 정답은 ③번이다.

정답해설

지문은 수집한 암석의 특징을 통해, 암석이 화성에 실재했음을 확신한다. 따라서 수집한 암석이 가진 특징을 통해 결론짓는 메커니즘을 살펴보아야 한다. 먼저, 암석의 겉껍질이 광물에 녹은 상태를 보고, 대기 통과를 떠올린다. 특히 그 중에서도 암석 내의 유리에 포함된 기체가, 지구가 아닌 화성의 대기와 흡사하다는 점과 그중에서도 산소가 지구의 암석이 아닌 화성의 운석에서 나타나는 동위원소 조성과 일치한다는 점을 통해 화석에서 온 암석임을 추론한다. 또한, 암석에서 발견된 탄산염 광물이 지구의 퇴적물과 닮았고, 광물 내의 자철석 결정이 지구에서 발견되는 A 종류 박테리아에 의해 생성된 것과 같은 특징을 보인다는 것을 확인한다. 그리고 이를 통해 이 운석이 있던 화성에도 A 종류 박테리아, 즉 생명체가 있었음을 알 수 있다고 추론한다.

ㄴ. 1문단 : 지구와 화성의 암석이 갖는 산소 동위원소 조성이 다르다는 전제가 있어야. 운석의 출신이 지구가 아닌 화성임을 추론할 수 있다. (○)

ㄷ. 2문단 : A 종류의 박테리아가 생성하는 자철석의 결정형과 순도가 유지되는 것을 통해 이 암석이 있었던 화성에도 생명체가 있었음을 추론하고 있으므로, A 종류의 박테리아가 아니면 해당 자철석이 나타나지 않음이 전제되어야 다른 원인이 아닌 A 종류 박테리아의 영향임을 알 수 있다. (○)

오답해설

ㄱ. 2문단 : 크기가 100나노미터 이하의 구조는 생명체로 볼 수 없다면, 생명체가 화성에서 실재했음을 나타내는 증거로 사용될 수 없다. (×)

31 추론 – 밑줄   답 ④

정답해설

④ 통계자료에서 가장 많이 사용된 알파벳은 E이므로, 철수가 사용한 규칙 α에 따른 암호문은 E를 A로 변경하기 때문에, 암호문에 가장 많이 사용된 알파벳은 A일 가능성이 높을 것이다. (○)

오답해설

① 단일환자방식은 기본 문장을 일대일 대응을 통해 암호문으로 바꾸는 규칙을 적용하기 때문에 기본문장인 I와 L을 암호문인 Q와 R로 변경하는 것이 맞다. (×)

② 단일환자방식이 적용되어 있다는 것을 알고 있다면, 별도의 암호화 규칙을 알지 못하더라도 사용 빈도를 통해 일대일 대응 규칙을 추론할 수 있기 때문에 수정할 필요가 없다. (×)

③ 밑줄 다음 문장에서 역접사를 통해 암호문이 많을수록 암호문 해독 가능성이 높아짐을 언급하고 있기 때문에 밑줄에는 암호문이 적을수록 추론하기 어려움을 언급하는 것이 적절하다. (×)

⑤ 암호문은 바꾼 후의 문장이고, 암호화한 것은 바꾸기 전의 문장이므로, 규칙 α에 따르면 'I ATE IT'이 암호화하기 전의 문장임을 알 수 있다. (×)

32 논리 – 연역논증   답 ⑤

정답해설

지문에 주어진 밑줄 친 문장을 정리하면 다음과 같다.
㉠ 두 명제들의 진리 표현은 서로 다른 진리를 나타낸다.
㉡ 진리 표현이 서로 다른 진리를 나타낸다는 주장이 성립하면, 진리는 진정한 속성이다.
㉢ 진리는 진정한 속성이다.
㉣ 언어 사용을 통해 어떤 것의 속성을 알 수 있다면, 그것은 어떤 것의 진정한 속성이 아니다.
㉤ 언어 사용을 통해 진리에 관한 모든 것을 알 수 있다.

ㄱ. 삼단 논법에 따라, ㉡+㉠=㉢ 임을 확인할 수 있으므로, ㉠과 ㉡은 ㉢을 지지한다. (○)

ㄴ. 삼단 논법에 따라, ㉣+㉤=~㉢ 임을 확인할 수 있으므로, ㉣과 ㉤은 ㉢을 반박한다. (○)

ㄷ. 삼단 논법에 따라, ㉡+㉠=㉢이고, ㉣의 대우 +㉢=~㉤ 임을 확인할 수 있으므로, ㉠, ㉡, ㉣은 ㉤을 반박한다. (○)

33 논리 – 연역논증   답 ④

정답해설

기호화

A : 내근 ∨ 외근
내근 ∧ 미혼 → ~과장 ∧ ~부장
외근 ∧ ~미혼 → 과장 ∨ 부장
외근 ∧ 미혼 → 연금저축
~미혼 → 남성

④ 여성이고 과장이면, 다섯 번째 조건에 따라 미혼이고 과장이라는 것이다. 그렇다면 두 번째 조건의 대우를 통해 외근을 한다는 것을 알 수 있고, 이로 인해 네 번째 조건에 따라 연금저축에 가입했음을 알 수 있게 된다. (○)

오답해설

① 내근 ∧ 미혼이면, 두 번째 조건에 따라 대리임은 확인할 수 있지만 김 대리인지 단정지을 수 없다. (×)

② 네 번째 조건의 대우를 취하면, ~연금저축 → 내근 ∨ ~미혼이다. 따라서 연금저축에 가입해 있지 않은데, 미혼이라면 내근을 해야 한다. (×)

③ 두 번째 조건의 대우를 취하면, 과장 → ~내근 ∨ ~미혼이다. 따라서 과장이면서 미혼이면 외근을 한다는 것은 알 수 있지만, 과장이면서 미혼이 아닌 것을 통해 내근인지는 알 수 없다. (×)

⑤ 두 번째 조건의 대우를 통해 부장 → ~내근 ∨ ~미혼이기 때문에, 부장 ∧ 외근(~내근)인 것으로 미혼임을 도출할 수는 없다. 또한, 외근 ∧ 기혼이더라도 연금저축에 가입하지 않았는지는 알 수 없다. (×)

34 논리-연역논증 정답 ③

정답해설

> **기호화**
> 미래 : ~재평가
> 가용 ∨ 나윤 → 미래 : 재평가
> ~드론 → 나윤 ∨ 다석
> ~나노 → 라율 ∧ 가용

ㄱ. 미래 : ~재평가이므로, 두 번째 조건의 대우에 따라 ~가용 ∧ ~ 나윤임을 알 수 있다. 이 때, 세 번째 조건에 따라 드론 작업이 성공적이지 않았더라도 나윤이 부적격 판정을 받지 않을 수는 있지만, 네 번째 조건에 따라 나노 기술 지원 사업이 성공적이지 않으면 가용의 부적격 판정을 피할 수는 없기 때문에 나노 기술 지원 사업은 성공적이었음을 알 수 있다. (○)

ㄴ. 다석이 개인 평가에서 부적격 판정을 받지 않았다면, 드론 법규 정비가 성공적이지 않을 때, 나윤이 부적격 판정을 받고, 그 결과 미래가 재평가를 받아야 한다. 하지만, 미래가 재평가를 받지 않으므로, 나윤도 부적격 판정을 받지 않은 것이고, 드론 법규 정비가 성공적이었음을 알 수 있다. (○)

오답해설

ㄷ. 드론 법규 정비 작업이 성공적이지 않고, 미래가 재평가를 받지 않으려면 세 번째 조건에 따라 다석이 부적격 판정을 받으면 된다. 또한, 미래가 재평가를 받지 않기 때문에, 나노 기술지원 사업은 성공적이어서 라율과 가용 두 사람 누구도 부적격 판정을 받지 않는다는 것을 알 수 있다. (×)

35 논증-분석 정답 ③

정답해설

논증(강화/약화) 문제의 경우에는 우선적으로 주장을 확인하고, 선지가 취하는 주장에 대한 방향성을 검토하면 된다. 다만, 본 지문의 경우 이론 A와 이론 B를 서로 다른 기준에 따라 제시할 뿐 특별한 주장은 제시되지 않는다. 이러한 경우에도 지문에서 제시된 큰 흐름적인 부분만 간단히 검토한 후, 선지에서의 방향이 지문의 내용과 어떤 방향에 해당하는지 검토하면 될 뿐이다. 본 지문은 이론 A의 경우 선호가 제도적 맥락에 의해 형성된 것이고, 개인의 심리를 분석할 필요는 없고, 이론 B는 선호는 주어진 것으로, 형성 과정에 주목할 필요가 없다는 두 이론을 제시하고 있다.

ㄱ. 이론 A의 경우 세 번째 문단에서 개인의 심리 분석을 목적으로 하지 않는다고 말하고, 이론 B는 첫 문단에서 애초에 선호 형성 과정에 주목하지 않고, 개인의 심리에 의해 설명할 필요가 없다고 한다. (○)

ㄴ. 이론 A는 세 번째 문단에서 행위자들의 행위를 제도적 맥락으로부터 이해해야 한다고 하고, 이론 B는 첫 문단에서 선호의 형성 과정에 주목하지 않는다고 한다. (○)

오답해설

ㄷ. 이론 B는 첫 문단에서 자신의 이익을 최대화하는 전략을 선택하는 합리적 존재라고 가정하고, 이론 A는 두 번째 문단에서 구체적인 상황 속에서 행위자의 행위가 자신의 이익을 최대화한다고 생각하기 때문에 선택되는 것임을 언급한다. (×)

36 논증-분석 정답 ①

정답해설

- A : 연주의 재연을 통해 정격연주가 가능하다.
- B : 현대 연주 관습상 차이로 재연은 불가능하고, 결국 정격연주는 불가능하다.
- C : 재연은 불가능하지만, 작곡자의 의도를 파악하면 정격연주가 가능하다.
- D : 작곡자의 의도를 파악해도 정격연주가 아닐 수 있다. 작곡자의 의도와 연주 관습을 모두 고려하지 않으면 정격연주를 실현할 수 없다.

ㄱ. A는 재연하면 정격연주가 가능하다고 하고, C는 재연이 현실적으로 어렵다는 B의 의견에 더해 얘기할 뿐, 재연되면 정격연주가 가능하다는 것을 부정하지 않는다. (○)

오답해설

ㄴ. D 역시도 연주 관습을 고려하는 것이 중요하다고 언급하고 있으며, B와 같이 연주 관습을 고려하지 못해 정확하게 구현하지 못해, 정격연주가 실현되지 않을 수 있다고 한다. (×)

ㄷ. D는 작곡자의 의도를 파악하는 것 외에도 연주 관습이 고려되어야 한다고 한다. (×)

37 논증-평가 정답 ⑤

정답해설

A와 B는 모두 지구의 공전 가설에 대해 반박하고 있다.

ㄱ. A는 한 눈씩 번갈아서 감고 본 세상의 상대적 위치에 대한 경험에 착안하여, B는 마차에서 보는 빗방울의 경험에 착안하여 별을 관측한 결과에 비추어 지구 공전 가설이 틀렸다고 평가한다. (○)

ㄴ. A와 B 모두 기술적인 문제의 고려는 없이 자신의 사고에 근거한 가설에 비추어 공전 가설을 판단한다. (○)

ㄷ. A는 지구의 공전 궤도 상에서 위치가 서로 다를 때의 별 관측 결과에서, B는 지구의 공전을 통해 운동 방향이 반대가 되는 것을 바탕으로 가설을 제시하고 평가하였다. (○)

38 논증-평가 정답 ②

정답해설

- A는 따뜻한 물이 대류 현상으로 더 빨리 차가워져 빨리 얼게 된다고 주장한다.
- B는 따뜻한 물의 질량이 더 빨리 작아져 빨리 얼게 된다고 주장한다.
- C는 따뜻한 물이 용해기체가 더 적어 차가운 물에 비해 어는점이 높아 빨리 얼게 된다고 주장한다.

ㄴ. 물이 어는 과정에서 따뜻한 물에서 증발한 물의 질량이 더 크다면 B의 주장과 일치한다. (○)

오답해설

ㄱ. 물의 대류를 억제하면 A의 주장을 공격하는 실험이 되는 것이다. 그런데 기존의 실험과 같은 결과가 나타나면 결과의 원인은 A의 주장인 물의 대류가 아니라는 것이다. 따라서 A가 강화될 수 없다. (×)

ㄷ. C는 용해기체의 양이 차가운 물에 더 많다고 했으므로, C의 주장은 약화되지 않는다. (×)

정답해설

- 갑 : 행복이 만족이라는 개인의 심리적 상태라고 본다.
- 을 : 도덕적인 삶과 행복이 같다고 본다.
- 병 : 행복한 사람은 모두 도덕적이기 때문에 도덕적으로 타락한 사람은 행복한 사람이 아니라고 본다.
- 정 : 행복의 달성에 필요한 조건은 도덕성 외에도 많다고 본다.
- 무 : 도덕성이 행복의 달성에 간접적으로 영향을 준다고 본다.

② 을의 논증은 행복은 규범적 목표이고, 도덕적인 삶 역시 규범적 목표이기 때문에 도덕적인 삶과 행복은 같다는 것이다. 그런데 이 때, 규범적 목표가 다양하면 도덕적인 삶과 행복은 같지 않을 수 있다. (×)

오답해설

① 갑에 따르면 만족은 욕구 충족에서 생겨나는 것이고, 이를 통해 행복하게 되기 때문에, 행복의 정도가 욕구 충족에 의존한다는 것에 동의함을 알 수 있다. (○)

③ 병은 행복이 심리적 상태라는 것에 반대하기 때문에, 그 근거인 ⓒ은 도덕성이 개인의 심리적 상태가 아니라는 것과 양립 가능하다. (○)

④ 정은 행복의 달성에 필요한 조건들은 도덕성 이외에도 다른 것이 있다고 주장하기 때문에, 역사상 일어난 사회 제도 개혁들이 무의미하지 않았음을 전제한다는 것을 알 수 있다. (○)

⑤ 무는 사회 복지가 개인 행복을 달성하는 수단이라고 보기 때문에, 사회 복지가 실현된다고 해서 개인의 행복이 모두 달성된다고 볼 수는 없다. (○)

정답해설

ㄴ. B는 행복이 개인의 심리적 상태가 아님을 강조한다. 이는 갑에 대한 반박으로 기능하지만, 갑의 입장을 부정하는 을과 병의 입장을 반박하지는 않는다. (○)

ㄷ. 무는 도덕성이 행복 달성에 간접적으로 영향을 준다고 하지만, C는 서로 관계가 없다고 하기 때문에 무를 반박하는 것임을 알 수 있다. 이 때, 도덕적 행위의 이행이 행복에 영향을 미치지 않는 것은 갑이 말하는 만족과 행복의 관계와는 무관하기 때문에 갑을 반박하지는 않는다. (○)

오답해설

ㄱ. A는 정이 말한 도덕성 외의 요소로서 건강을 언급하고 있으므로, 정의 입장을 반박한다고 볼 수 없다. (×)

01 자료해석(1개) 탑 ③

정답해설

③ 파주시 문화유산 보유건수 합은 63건이고, 전체 문화유산 보유건수 합은 652건(224+293+100+35)이다. 파주시가 차지하는 비중은 10% 이하이다. (○)

오답해설

① 등록문화재를 보유한 시는 7개(용인, 여주, 고양, 남양주, 파주, 성남, 수원)이다. (×)

② 전체 보유건수가 가장 많은 문화유산 유형은 지방 지정문화재(293건)이다. (×)

④ 문화재 자료 보유건수가 가장 많은 시는 용인시(16건)이다. (×)

⑤ 국가 지정 문화재의 시별 보유건수 순위는 1위가 용인시, 2위가 성남시이고, 문화재 자료는 1위가 용인시, 2위가 안성시이다. (×)

02 자료해석(1개) 탑 ④

정답해설

ㄱ. 무더위 쉼터가 100개 이상인 도시는 C, D, E이고, 그중 인구수가 가장 많은 도시는 C이다. (○)

ㄷ. 온열질환자 수가 가장 적은 도시는 F이고, 인구수 대비 무더위 쉼터 수가 가장 많은 도시도 F(85/25)이다. (○)

ㄹ. 전체 도시의 폭염주의보 발령일수 평균은 53일(318/6)이다. 이보다 폭염주의보 발령일수가 많은 도시는 A, E 2개이다. (○)

오답해설

ㄴ. 인구수가 가장 많은 도시는 A, C 순이고, 온열질환자 수가 많은 도시는 A, E 순이다. (×)

03 자료해석(2개) 탑 ②

정답해설

ㄱ. 재생에너지 생산량은 2012년 10.3TWh, 2013년 3.2TWh, 2014년 8.3TWh, 2015년 5.0TWh, 2016년 11.0TWh, 2017년 12.0TWh으로 매년 10% 이상 증가하였다. (○)

ㄷ. 2016년 태양광을 에너지원으로 하는 재생에너지 생산량은 10.9%×45.0TWh=4.905TWh이고, 2017년은 9.8%×56.0TWh=5.488TWh, 2018년은 8.8%×68.0TWh=5.984TWh로 매년 증가하였다. (○)

오답해설

ㄴ. 2016년 에너지원별 재생에너지 생산량 비율은 폐기물, 바이오, 태양광 순이고, 2017년은 폐기물, 바이오, 수력 순이다. (×)

ㄹ. 2016년의 수력을 에너지원으로 하는 재생에너지 생산량은 10.3%×45.0TWh=4.635TWh이고, 2018년은 15.1%×68.0TWh=10.268TWh이다. 2018년은 2016년의 3배(4.635×3=13.905TWh)에 미치지 못한다. (×)

04 표-차트 전환 탑 ①

정답해설

① 매출액의 전년대비 증가폭은 바르게 제시되어 있지만, 점포수의 경우 2014년의 전년대비 점포수 증가폭은 275개이다. (×)

오답해설

② 2018년 커피전문점 브랜드별 점포당 매출액(브랜드별 매출액/점포)을 바르게 제시한다. (○)

③ 2017년 매출액의 브랜드별 점유율(브랜드별 매출액/6,483)을 바르게 제시한다. (○)

④ 2017년 대비 2018년의 매출액 증가량(브랜드별 2018년 매출액-2017년 매출액)을 바르게 제시한다. (○)

⑤ 연도별 점포당 매출액(=매출액/점포)을 바르게 제시한다. (○)

05 자료해석(1개) 탑 ④

정답해설

ㄴ. 최종학력이 석사 또는 박사인 B기업 지원자는 63(21+42)명이고, 관련 업무경력이 20년 이상인 지원자는 25명이다. 모두 B기업 지원자라는 모집단을 대상으로 분류되는 것이기 때문에, 교집합은 63+25-81=7명이다. 따라서 최소 7명 이상이 두 집단에 모두 속한다. (○)

ㄹ. A, B기업 전체 지원자는 155명이고, 40대 지원자는 51명이다. 전체 지원자 중 40대 지원자는 51/155≒32.9%로 35% 미만이다. (○)

오답해설

ㄱ. A기업 지원자 중 남성 지원자의 비율은 A기업 지원자 중 53명이고, 관련 업무경력이 10년 이상인 지원자는 A기업 지원자 중 53(18+16+19)명으로 같다. (×)

ㄷ. A기업 지원자 중 여성 지원자의 비율은 21/74≒28.4%, B기업 지원자 중 여성 지원자의 비율은 24/81≒29.6%이다. B기업 지원자 중 여성 지원자의 비율이 더 높다. (×)

06 자료해석(1개) 탑 ①

정답해설

ㄱ. 샘플 A의 총질소 농도는 46.24이고, 샘플 I의 총질소 농도는 '41.58=5.27+1.12+35.19'이다. (○)

ㄴ. 샘플 B의 TKN 농도는 '암모니아성 질소 농도(6.46)+유기성 질소 농도(25.01)=31.47'이다. (○)

오답해설

ㄷ. 샘플 D의 암모니아성 질소 농도는 'TKN농도-유기성 질소 농도'이므로, 12.48(=49.39-36.91)이다. 또한, '총질소-TKN=질산성질소 농도'이다. 이는 4.99이다. 그리고 '샘플 B의 질산성 질소 농도=총질소-암모니아성 질소 농도-유기성 질소 농도'이므로, 5.91이다. 따라서 샘플 B의 질산성 질소 농도가 더 높다. (×)

ㄹ. 샘플 F의 암모니아성 질소 농도와 유기성 질소 농도의 합은 알 수 있지만, 어느 것이 더 높은지는 알 수 없다. (×)

07 자료해석(1개)   답 ①

정답해설

ㄱ. 사업체당 종사자 수가 100명 미만인 지역은 H와 J 2개이다. (○)

ㄷ. I 지역의 종사자당 매출액은 1,305,468/2,086≒626백만 원이고, E 지역의 종사자당 매출액은 1,804,262/3,152≒572백만 원이다. I 지역이 더 크다. (○)

오답해설

ㄴ. G 지역의 사업체당 매출액은 11,625,278/147≒79,084백만 원이고, A 지역의 사업체당 매출액은 4,878,427/47≒103,796백만 원으로, A 지역이 더 크다. (×)

ㄹ. 건물 연면적이 가장 작은 지역은 J 지역이고, 매출액이 가장 작은 지역은 H 지역이다. (×)

08 짝짓기   답 ①

정답해설

• A와 B의 한국 점유율은 10%에 못 미치고, C와 D의 한국 점유율은 20% 이상이다. 따라서 첫 번째 조건은 C, D를 의미한다. 또한 두 번째 조건을 통해 생물농약개발기술의 미국 점유율이 42.8이므로, 동식물세포배양기술과 유전체기술은 A나 B임을 알 수 있다.

• 세 번째 조건에서 유전체기술은 A 또는 B를 확인해봐야 한다. A의 경우, 한국 점유율은 6.89%이기 때문에 미국 점유율과의 차이값이 40.7%p이고, B의 경우 한국 점유율이 4.4%이므로 미국 점유율과의 차이값이 41.2%p임을 알 수 있다. 따라서 유전체기술은 B이다.

• 네 번째 조건에 따라 D는 한국 점유율이 26.9%이기 때문에 환경생물공학기술임을 알 수 있다. 그러므로 C는 발효식품개발기술에 해당한다.

09 자료해석(2개)   답 ②

정답해설

② 〈그림〉에서 'X값×Y값'을 통해 인구수 대 정보탐색 성공자수의 비율을 알 수 있으며, 사각형의 넓이가 클수록 무조건 크다. 그런데 H와 F, E는 가로와 세로가 일방적으로 차이나는 것은 아니기 때문에 비교해볼 필요가 있다. 'H : 90×15, F : 89×25, E : 86×43' 정도로 보았을 때, H가 가장 낮다는 것을 알 수 있다. (○)

오답해설

① 인구수 대비 정보탐색 성공자수의 비율은 각주 1)과 2)를 곱한 값임을 알 수 있다. 따라서 B의 경우 약 27×약 94이고, D는 약 37×92임을 알 수 있다. 27에서 37로의 증가율이 40%에 조금 못 미치고, 92에서 94로의 증가율이 10%에 못 미치므로, B보다는 D가 크다는 것을 알 수 있다. (×)

③ E지역의 경우 정보탐색 시도율이 가장 높지만, 정보탐색 성공률은 가장 낮다. (×)

④ 인구수가 가장 작은 지역은 B이지만, 남성 정보탐색 성공자수는 B의 경우 '1,000명×28.0%=280명'이고, H의 경우 '1,400명×16.0%=224명'으로 가장 작은 지역이 동일하지 않다. (×)

⑤ D 지역의 여성 정보탐색 성공자수는 '3,500명×40.0%×92.9%'이고, C지역의 여성 정보탐색 성공자수의 2배는 '3,000명×25.0%×92.0%×2'이므로, '3,000명×50.0%×92.0%'과 곱셈비교를 하면 될 것이다. D의 경우 1,300명이고, C의 경우 1,380명이기 때문에 D가 더 작다. (×)

10 조건의 적용   답 ④

정답해설

④ 모든 분야의 코치 분야별 투입 능력 합이 24 이상이다. (○)

오답해설

① 전술분야를 맡은 코치의 분야별 투입 능력 합이 '20/3+16/2+16/2=22.6'이므로, 24에 못 미친다. (×)

② 공격분야의 합이 '20/3+18/3+15/2=20.1'이므로, 24에 못 미친다. (×)

③ 체력분야의 합이 '16/3+20/2+16/2=23.3'으로, 24에 못 미친다. (×)

⑤ 전술분야의 합이 '18/3+16/3+14/2=18.3'으로, 24에 못 미친다. (×)

11 자료해석(1개)   답 ⑤

정답해설

⑤ 정식재판기소 인원과 약식재판기소 인원의 합은 기소 인원을 의미한다. 따라서 처리 인원에서 기소 인원의 비중이 50% 미만인지 확인하면 되고, 2014년은 '14,205×2=28,410<33,654', 2015년은 '10,962×2=21,924<26,397', 2016년은 '12,287×2=24,574<28,593', 2017년은 '12,057×2=24,114<31,096', 2018년은 '(3,513+10,750)×2=28,526<38,152'이다. 따라서 매년 50% 미만이다. (○)

오답해설

① 2017년에는 처리 인원이 전년대비 증가했지만, 기소 인원은 감소하였다. (×)

② 2018년 기소 인원은 기소 유형의 합이므로, 14,263(=3,513+10,750)이기 때문에 2014년보다 기소 인원은 더 많다. 2018년의 기소율은 14,263/38,152≒37.4%이고, 2014년의 기소율은 14,205/33,654≒42.2%로 감소하였다. (×)

③ 2017년의 불기소 인원은 19,039명이고, 2018년의 불기소 인원은 처리 인원−기소 인원이므로, 38,152−14,263=23,889명으로 증가하였다. (×)

④ 2014년의 불기소 인원은 '33,654−14,205=19,449명'이고, 정식재판 기소 인원은 '기소 인원−약식재판 기소=14,205−12,239=1,966'이다. 따라서 불기소 인원은 정식재판 기소 인원의 10배에 못 미친다. (×)

12 자료해석(2개)   답 ④

ㄱ. 2013년 의약품 국내시장규모에서 수입액이 차지하는 비중은 5.28/(16.38−2.33+5.28)≒27.3%이고, 2012년은 5.85/(15.71−2.34+5.85)≒30.4%이다. 따라서 전년대비 감소하였다. (○)

ㄷ. 2014년의 세계 전체 시장규모에서 유럽이 차지하는 비중은 22.3%이고, 2013년은 219.8/947.6≒23.2%이다. 따라서 전년대비 감소했음을 알 수 있다. (○)

ㄹ. 2014년의 시장규모에서 아시아가 차지하는 비중은 19.4이므로, 200이 약 20%에 못 미침을 알 수 있다. 따라서 2014년의 시장규모는 1,000이 넘을 것이고, 2013년(947.6)에 비해 5% 이상 증가했음을 알 수 있다. 2014년의 지역별 시장규모를 모두 더해서 확인하면, '1,027.2=405.6+228.8+199.2+81.6+72.1+39.9'이므로, '(1,027.2−947.6)/947.6≒8.4%'로 구해도 무방하다. (○)

ㄴ. 2008년 이후 생산액의 증가액과 수입액의 증가액을 수출액의 증가액과 비교하면 된다. 예를 들어, 2009년의 경우 생산액과 수입액의 증가액은 0.9+0.7정도이고, 수출액의 증가액은 0.52이므로, 생산액과 수입액의 증가액이 더 크다는 것을 알 수 있다. 따라서 2009년의 국내시장규모는 2008년에 비해 증가한 것이다. 이러한 방식으로 비교했을 때, 2011년은 전년에 비해 생산액이 −0.11, 수입액이 +0.11, 수출액은 +0.180이므로, 수출액이 더 많이 증가해 국내시장규모는 감소하게 된다는 것을 알 수 있다. (×)

13 자료해석(2개)   답 ⑤

⑤ 교통·에너지·환경세 미수납액은 46십억 원(=14,110−14,054−10), 교육세 미수납액은 100십억 원(=4,922−4,819−3)으로, 교육세 미수납액보다 작다. (×)

① '미수납액=징수결정액−수납액−불납결손액'이고, 이를 적용하면 2018년은 26,566십억 원이므로 가장 크다. (○)

② 수납비율은 2014년과 2018년이 100%가 넘기 때문에, 둘만 비교하면 된다. 2014년은 '180,153/175,088≒103%'이고, 2018년은 '208,113/205,964≒101%'로 2014년이 가장 높다. (○)

③ 2018년 내국세 미수납액은 26,044(=213,585−185,240−2,301)이고, 이는 총 세수 미수납액 26,566의 약 98%를 차지한다. (○)

④ 〈표 2〉에서 세수항목 중 수납비율은 항목별로 내국세는 '185,240/183,093≒101.2%', 교통·에너지·환경세는 '14,054/13,920≒101.0%', 교육세는 '4,819/5,184≒93.0%', 농어촌특별세는 '2,600/2,486≒104.6%', 종합부동산세는 '1,400/1,281≒109.3%'이다. 따라서 종합부동산세가 가장 높다. (○)

14 자료해석(2개)   답 ③

ㄷ. 2014년의 전년대비 증가율은 25.5%(4.7 → 5.9), 2015년은 22.0%(5.9 → 7.2), 2016년은 31.9%(7.2 → 9.5), 2017년 23.2%(9.5 → 11.7)로 매년 증가하지 않는다. (×)

ㄱ. 갑국 맥주 소비량은 2014년 : 202.2, 2015년 : 210.3, 2016년 : 215.7, 2017년 : 217.3, 2018년 : 221.6으로 매년 증가한다. (○)

ㄴ. 2010년 수입맥주 소비량 비중은 3.5/198.3≒1.8%이고, 2018년 수입맥주 소비량 비중은 16.8/221.6≒7.6%이다. (○)

ㄹ. 〈표 2〉에서 2017년은 수입맥주인 6위 아사리~10위 갓포로까지의 매출이 차지하는 비중이 12.8%이고, 2018년은 수입맥주인 7위 R맥주~10위 파울러나까지의 매출이 차지하는 비중이 13.1%로 2017년보다 커졌다. (○)

ㅁ. 2017년 상위 5개 브랜드가 전체 맥주 매출액에서 차지하는 비중은 73.2%이고, 2018년은 64.7%로 작아졌다. (○)

15 자료해석(2개)   답 ⑤

⑤ 2015년 부산의 근로장려금 신청 가구의 가구당 근로장려금 신청 금액은 근로장려금만 신청한 가구와 근로장려금과 자녀장려금을 모두 신청한 값을 모두 더해서 산정해야 하기 때문에, 123/163≒75.5%이고, 전국은 1,754/2,303≒76.2%로 부산이 더 작다. (×)

① 〈표 1〉에서 2011년은 2,892, 2012년은 3,096, 2013년은 3,131, 2014년은 3,811로 매년 증가하였다. (○)

② 〈표 1〉에서 근로장려금과 자녀장려금을 모두 신청한 가구의 가구당 장려금은 2012년이 유일하게 200% 이상인 238%로, 가장 크다. (○)

③ 〈표 2〉에서 경기 지역의 자녀장려금만 신청한 가구 수는 282가구이고, 이는 282/1,114≒25.3%로 20% 이상이다. (○)

④ 〈표 2〉에서 근로장려금과 자녀장려금 모두 신청한 가구의 가구당 근로장려금 신청 금액은 모두 100%에 매우 가깝지만, 근로장려금만 신청한 가구의 가구당 근로장려금 신청 금액은 모두 100%에 한참 모자라다. (○)

16 자료해석(3개)   답 ②

② 〈그림 2〉에서 경북은 수력, 원자력 생산량이 가장 많고, 신재생 에너지의 경우 전남보다 적은 생산량을 보이지만 이는 원자력 생산량으로 충분히 상쇄되기 때문에 경북이 가장 크다는 것을 알 수 있다. 이때, 〈표 2〉에서 경북지역은 석탄을 석유제품보다 많이 사용했음을 알 수 있다. (×)

① 〈표 1〉에서 2008년 대비 2012년의 생산량 증가율은 석탄은 감소, 수력은 35.0%, 신재생은 54.6%, 원자력은 감소, 천연가스는 84.7%로 천연가스가 가장 크다. (○)

③ 〈표 1〉에서 2012년 석탄 생산량은 942이고, 〈그림〉에서 2012년 경기의 신재생 에너지 생산량은 8,036×13.4%=1,076.8로 경기의 생산량이 더 크다. (○)

④ 〈표 2〉의 부산 지역의 경우 최종에너지 소비량이 6,469이고, 원자력 에너지의 부산 지역의 생산량은 31,719×24.7%≒7,834이므로, 존재한다는 것을 알 수 있다. (○)

⑤ 〈표 2〉에서 석탄의 소비량 증가율은 21.9%, 석유제품은 4.6%, 천연 및 도시가스는 28.7%, 전력은 21.2%, 열은 15.8%, 신재생은 50.1%로 신재생의 소비량 증가율이 가장 크다. (○)

17 자료해석(2개) 답 ③

③ 6월 여름의 중간부하 시간대의 총 시간은 8시간이고, 12월 겨울의 중간부하 시간대의 총 시간은 8시간으로 동일하다. (○)

① 〈표 1〉에서 봄의 경부하 때의 전력양 요율은 여름보다 높다. (×)

② 여름 경부하 시간대에 100kWh를 충전하는 경우와 최대부하 시간대에 100kWh를 충전하는 경우를 비교하면, '232.5−57.6=174.9원/kWh'이고, 100kWh의 경우 17,490원으로 16,000원 이상이다. (×)

④ 22시 30분은, 여름에는 중간부하에 해당해 전력량 요율이 145.3원/kWh이고, 봄에도 중간부하에 해당해 70.5원/kWh이다. 그런데 겨울에는 최대부하에 해당해 전력량 요율이 190.8원/kWh으로, 가장 높다. (×)

⑤ 12월 중간부하 시간대에만 100kWh를 충전한 월 충전요금은 '월 기본요금+중간부하 시간대 전력량 요율×중간부하 시간대 충전 전력량'이므로, '2,390+128.2×100=15,210원'이고, 6월 경부하 시간대의 월 충전요금은 '2,390+57.6×100=8,150원'이다. 따라서 2배에 못 미친다. (×)

18 표-차트 전환 답 ③

③ 2016년의 건설업 신설법인 수의 전년대비 증가율은 1% 미만인 0.9%이다. 하지만, 선지에는 4.1%로 잘못 표기되어 있다. 2016년을 제외한 나머지는 바르게 제시되어 있다. (×)

① 2016년 신설법인의 업종별 구성비가 바르게 제시되어 있다. (○)

② 2011~2016년 제조업 및 서비스업 신설법인 수 추이가 바르게 제시되어 있다. (○)

④ 2011~2016년 신설법인 중 서비스업 신설법인 비율이 바르게 제시되어 있다. (○)

⑤ 2011~2016년 전체 신설법인 수의 전년대비 증가율 추이가 바르게 제시되어 있다. (○)

19 자료해석(2개) 답 ④

ㄱ. 2017년 사업가에서 2018년 피고용자로 고용형태가 변화된 사람(Ⅱ)은 '5,000×20%=1,000명'이다. 따라서 2017년 소득 분위별로 200명씩이다. 이 때, 2018년 소득 1분위에 속하는 사람들은 '200×(70.0%+25.0%+5.0%+5.0%)=210명'이다. (○)

ㄷ. 2017년 피고용자에서 2018년 사업가로 고용형태가 변화된 사람(Ⅳ)은 5,000명 중 30%인 1,500명이다. 그렇다면 소득분위별 300명씩 구성된다. 이때, 2017년 소득 2분위에서 2018년 소득분위가 3~5분위로 높아진 사람은 '20.0%+5.0%+5.0%=30%'이므로, '300×30%=90명'이다. (○)

ㄹ. 2017년에서 2018년에 고용형태가 변화된 비율은 사업가>피고용자이기 때문에, 2018년에서 2019년 고용형태 변화 비율을 보면 마찬가지로 피고용자는 2018년에 비해 감소한다. (○)

ㄴ. 2018년 고용형태가 사업가인 사람은 '2017년(사업가) → 2018년(사업가)'인 '5,000×80%=4,000명'과 '2017년(피고용자) → 2018년(사업가)'인 '5,000×30%=1,500명'이므로, 총 5,500명이다. (×)

20 자료해석(2개) 답 ⑤

ㄱ. '사업가(2017년) → 사업가(2018년)' 유형(Ⅰ) 중 2017년 소득 1분위이면서 2018년 그보다 소득분위가 높아진 사람의 비율은 60%이고, 이는 '사업가(2017년) → 피고용자(2018년)' 유형(Ⅱ)에서의 비율인 30.0%보다 높다. (○)

ㄴ. '피고용자(2017년) → 사업가(2018년)' 유형(Ⅳ) 중 2017년 소득 3분위이면서 2018년 소득분위가 높아진 사람의 비율은 25.0%이고, '피고용자(2017년) → 피고용자(2017년)' 유형(Ⅲ)의 15.0%보다 높다. (○)

ㄹ. 2018년에 소득 5분위인 사람의 비율은, Ⅰ유형은 '800×125%=1,000명'이므로, 4,000명 중 25%이고, Ⅱ유형은 '200×95%=190명'이므로, 1,000명 중 19%이고, Ⅲ유형은 '700×90%=630명'이므로, 3,500명 중 18%이고, Ⅳ유형은 '300×90%=270명'이므로, 1,500명 중 18%이다. 따라서 Ⅰ유형(사업가 → 사업가)에서 가장 높다. (○)

ㄷ. 고용형태 변화 유형 네 가지(Ⅰ, Ⅱ, Ⅲ, Ⅳ) 중 2017년과 2018년의 소득분위가 변동되지 않은 사람의 비율이 가장 높은 유형은 Ⅲ이다. Ⅰ유형의 경우 '800×265%=2,120'이므로, 4,000명의 53%이고, Ⅱ유형의 경우 '200×300%=600'이므로, 1,000명의 60%이고, Ⅲ유형의 경우 '700×350%=2,450'이므로, 3,500명의 70%이고, Ⅳ유형의 경우 '300×270%=810'이므로, 1,500명의 54%이다. (×)

21 보고서 – 추가로 필요한 자료 답 ③

정답해설

- 〈보고서〉의 1문단에서 2012~2018년 연평균 미세먼지 농도는 〈표 1〉에서 확인 가능하다.
- 〈보고서〉의 2문단에서 연령집단별 일일 사망자 수는 〈표〉에 제시되지 않고 있고, ㄱ과 ㄹ을 통해 65세 이상 연령집단과 65세 미만 연령집단의 일일 사망자 수를 확인 가능하다.
- 〈보고서〉의 3문단에서 다룬 A시의 연평균 기온은 〈표 2〉에서 확인 가능하다.

22 자료해석(1개) 답 ②

정답해설

② 2018년 사용자별 지출액의 전년대비 증가율은 공공사업자가 47/736≒6%, 민간사업자가 195/372≒52%, 개인이 309/985≒31%로 민간사업자가 가장 크다. (×)

오답해설

① 공공사업자의 지출액 증가폭은 2016년 49, 2017년 53, 2018년 47로 2017년이 가장 크다. (○)
③ 2016년의 전년대비 증가율은 공공사업자가 7.7%로 가장 작고, 2017년의 전년대비 증가율도 7.8%로 가장 작다. 2018년은 ②에서 살펴본 것과 같이 공공사업자의 전년대비 증가율이 6.4%로 가장 작다. (○)
④ 공공사업자와 민간사업자 지출액의 합은 2015년 846, 2016년 963, 2017년 1,108, 2018년 1,350으로 개인사업자 지출액인 532, 725, 985, 1,294보다 매년 크다. (○)
⑤ 2018년 모든 사용자의 지출액은 2,644, 2015년의 모든 사용자의 지출액은 1,378로, 약 91.9% 증가하였다. (○)

23 보고서 – 부합 답 ①

정답해설

ㄴ. 〈보고서〉 두 번째 문단에서 확인되며, 후문에서 확인 가능하다. (○)
ㄷ. 〈보고서〉 두 번째 문단에서 확인되며, 전문에서 확인 가능하다. (○)

오답해설

ㄱ. 〈보고서〉 첫 문단에서 확인이 가능하다. 2018년의 참여경험은 '건강 · 보건활동', '문화예술활동', '진로탐색 · 직업체험활동(72.5%)' 순으로 '진로탐색 · 직업체험활동'이 '모험개척활동(57.8%)보다 높다. (×)
ㄹ. 〈보고서〉 세 번째 문단에서 확인되며, 2018년에 최소 국제청소년성취포상제가 1.14점, 최대 청소년운영위원회가 1.44점이다. (×)

24 표 – 차트 전환 답 ④

정답해설

④ A국의 조성물 전체 합은 35건이다. (×)

오답해설

① 2015년의 경우 A국이 9건, B국이 7건, C국이 12건, D국이 7건으로 전체 35건에 대한 비중이다. 모든 연도의 비중이 바르게 제시되어 있다. (○)
② 2015년의 경우 공정분야의 초흡수성 수지는 A국이 3건, B국이 0건, C국이 7건, D국이 1건이다. 이후의 모든 연도의 건수 역시 바르게 제시되어 있다. (○)
③ 연도별 전체 초흡수성 수지 건수는 2015년 35건, 2016년 47건, 2017년 59건, 2018년 61건이다. 전체 합이 2020이므로, 각각의 비중은 17.3%, 23.3%, 29.2%, 30.2%이다. (○)
⑤ 전년대비 증가율은 2016년 12/35 ≒ 34.3%, 2017년 12/47 ≒ 25.5%, 2/59 ≒ 3.4%이다. (○)

25 자료해석(1개) 답 ②

정답해설

ㄱ. D의 평균 숙면시간을 먼저 확인해야 한다. D에 대한 갑~무의 숙면시간의 합이 26이므로, 평균 숙면시간은 5.2시간이다. 따라서 C>D>A>B 순이다. (○)
ㄷ. 수면제 B와 수면제 D의 숙면시간 차이가 갑은 2시간, 나머지는 모두 0시간씩이다. (○)

오답해설

ㄴ. 무의 수면제 C에 대한 숙면시간은 '5.6×4=28', '28-6-5-4-7=6시간'이다. 따라서 수면제 C에 대한 을과 무의 숙면시간 차이는 1시간이고, B의 경우 2시간이다. 따라서 수면제 B에 대한 숙면시간이 더 크다. (×)
ㄹ. 수면제 C의 평균 숙면시간이 5.6시간이기 때문에 갑과 정, 그리고 무 3명이 C의 평균 숙면시간보다 길다. (×)

26 자료해석(2개) 답 ③

정답해설

ㄱ. 2016년에 출생한 인구는 2018년 현재 나이가 2세인 인구를 가리킨다. 따라서 A, B의 합은 '119,772+74,874=194,646명'이고, 2015년에 출생한 인구는 나이가 3세인 인구의 합 193,744명을 가리킨다. 따라서 2016년 출생 인구의 합이 더 크다. (○)
ㄹ. 2019년의 C지역 6~11세 인구의 합은 2018년의 C지역 5~10세의 합이다. 따라서 2018년의 C지역 5~10세의 합과 6~11세의 합을 비교하면 되기 때문에 2018년 5세와 11세를 비교하면 된다. 5세 인구가 더 많기 때문에 2019년의 C지역 6~11세 인구의 합은 전년대비 증가한다. (○)

오답해설

ㄴ. 2017년의 0~11세 인구는 2018년의 1~12세 인구를 가리킨다. 하지만 2018년의 12세 인구를 알 수 없다. (×)
ㄷ. 2018년 5세 인구가 가장 많은 지역은 131,257명인 A지역이다. 그리고 5세 인구 대비 0세 인구 비율이 가장 높은 지역은 B(92.1%)이다. (×)

27 자료해석(1개) 답 ③

정답해설

③ 공군이 참전한 국가는 미국, 캐나다, 호주, 태국, 그리스, 남아공 6개 국이고, 이들의 전체 피해인원 대비 부상인원의 비율은 각각 67.1%, 77.8%, 76.8%, 89.5%, 73.6%, 0%로 태국이 가장 크다. 이 때, 태국의 경우 90%에 가깝고 나머지 국가들은 90%와는 크게 차 이 남을 통해 확인 가능하다. (○)

오답해설

① 미국의 참전인원은 1,789,000명이고, 전체 참전인원은 1,938,330 명이므로, 미국을 제외한 나머지 국가의 참전인원 합은 149,330명 이다. '149,330×15=2,239,950'이므로, 미국의 참전인원은 나머 지 국가의 참전인원의 합의 15배에 못 미친다. (×)

② 참전인원 대비 전체 피해인원 비율은 터키가 '3,216/14,936≒ 21.5%'이고, 프랑스는 '1,289/3,421≒37.7%'이다. 따라서 터키가 가장 크지 않다. (×)

④ 육군만 참전한 국가는 터키, 필리핀, 에티오피아, 벨기에, 룩셈부르 크 5개국이고, 이들의 전사·사망 인원의 합은 1,075명이고, 공군 만 참전한 국가는 남아공으로 34명이다. '34×30=1,020명'이므로, 30배 이상이다. (×)

⑤ 실종 인원이 포로 인원보다 많은 국가는 태국, 뉴질랜드, 벨기에 3 개국이다. (×)

28 자료해석(1개) 답 ②

정답해설

ㄱ. 남성은 45,000명이므로, 부담형태가 부인전담인 응답자는 '45,000 ×87.9%=39,555명'이고, 여성은 55,000명이므로, 부인전담 응답 자는 '55,000×89.9%=49,445명'이다. 따라서 응답자 수 차이는 9,890명이다. (○)

ㄷ. 취업자와 미취업자의 응답비율 차이는 부인전담이 2.7%p, 부부공 동분담이 1.9%p, 남편전담이 0.7%p, 가사도우미 활용이 0.1%p 순 으로 크다. (○)

오답해설

ㄴ. 연령대별 부부공동분담 응답 비율은 50대까지 낮아지지만, 60대 이상의 부부공동분담 응답비율(6.7%)은 50대(5.9%)보다 높다. (×)

ㄹ. 가사노동을 부인전담 또는 남편전담으로 응답한 비율의 합은 취업 자가 '90.1%+2.3%=92.4%'이고, 미취업자가 '87.4%+3.0%= 90.4%'이므로, 취업자가 더 높다. (×)

29 자료해석(2개) 답 ⑤

정답해설

ㅁ. 〈표 2〉에서 식품류의 일반·간이 신고 건수는 '2,113+1,692= 3,805건'으로, 8,942건의 절반에 못 미친다. (×)

오답해설

ㄱ. 〈표 1〉에서 50달러 초과 100달러 이하의 비중은 '5,764/15,530≒ 37.1%'임을 확인할 수 있다. (○)

ㄴ. 〈표 1〉에서 1회당 구매금액이 200달러 이하인 수입통관 총 건수는

'3,885+5,764+4,155+1,274=15,078건'으로 200달러 초과인 수입통관 총 건수인 '400+52=452건'의 30배인 13,560건을 초과 한다. (○)

ㄷ. 〈표 2〉에서 의류의 수입통관 건수는 2,962로 가장 크고, 이는 '2,962/15,530≒19.1%'로 15% 이상이다. (○)

ㄹ. 〈표 2〉에서 핸드백, 가전제품, 시계의 수입통관 건수의 합은 '1,264+353+327=1,944건'으로, '1,944/15,530≒12.5%'이다. (○)

30 자료해석(2개) 답 ①

정답해설

전체의 종합점수와 순위는 A : 63점, B : 69점, C : 51점, D : 57점으 로, B>A>D>C이다.

ㄱ. 참가자 A의 색상 점수가 1점 증가하면, 종합점수는 4점 증가하고, D의 장식 점수가 1점 증가하면 종합점수가 3점 증가한다. 따라서 참가자간 종합점수의 간극을 역전하지는 못하기 때문에 종합순위 는 변하지 않는다. (○)

ㄴ. B의 '향' 항목 득점기여도는 16/69≒23.2%이고 A의 '색상' 항목 득 점기여도는 12/63≒19.0%이므로, B의 '향' 항목 득점기여도가 더 높다. (○)

오답해설

ㄷ. 모든 항목에서 1점씩 더 득점한다는 것은 가중치의 점수의 합만큼 득점하는 것이다. 따라서 종합점수가 20점 상승하고, C의 경우 종 합점수가 71점이 되기 때문에 가장 높은 순위가 될 수 있다. (×)

ㄹ. 순위가 가장 높은 참가자 B의 '맛' 항목 득점기여도는 18/69≒ 26.1%이고, 2위인 A의 '맛' 항목 득점기여도는 24/63≒38.1%이므 로, A의 '맛' 항목 득점기여도가 B보다 높다. (×)

31 자료해석(1개) 답 ④

정답해설

④ G인터넷과 HS쇼핑의 5월 데이터 사용량의 합은 '5.3+1.8=7.1GB' 이다. 나머지 앱의 5월 데이터 사용량의 합은 '2.4GB+2.0GB+ 1,720.3MB'로 총 6GB에 못 미친다. (○)

오답해설

① 뮤직플레이의 5월 대비 6월 데이터 사용량의 증가량은 '570.0-94.6 =475.4MB'이고, G인터넷은 '6.7-5.3=1.4GB'로 '1.4×1,024MB= 1,433.6MB'로 증가량이 더 크다. GB와 MB의 단위 차이를 인식하고 있다면 굳이 1,024MB를 곱해서 계산할 필요는 없다. (×)

② 5월 대비 6월 데이터 사용량이 감소한 앱은 10개(톡톡, 앱가게, 위 튜브, 영화예매, NEC뱅크, 알람, 어제뉴스, S메일, 카메라, 일정관 리)이다. (×)

③ 6월에만 데이터 사용량이 있는 모든 앱의 총 데이터 사용량은 '가계 부(27.7)+17분운동(14.8)+JC카드(0.7)=43.2MB'로 날씨정보 (45.3MB)보다 작다. (×)

⑤ S메일의 5월 대비 6월 데이터 사용량 변화율은 '(0.8-29.7)/29.7≒ -97.3%'이다. 하지만 JJ멤버십의 경우 '(240.0-45.2)/45.2≒ 431%'로 JJ멤버십의 5월 대비 6월 데이터 사용량 변화율이 더 크 다. (×)

32 짝짓기   답 ②

정답해설

- 첫 번째 조건을 통해, 전년대비 2017년 비정규직 종사자가 증가한 C(2,550→3,217→4,592)와 D(88→206→625)가 통신일 수 있음을 확인한다.
- 두 번째 조건을 통해, 2017년 여성 종사자가 가장 많은 매체는 A(5,957+1,017)임을 알 수 있다. 따라서 A는 종이신문이다.
- 네 번째 조건을 통해, 2016년에 비해 2017년 남성 종사자가 감소한 것은 모든 매체이지만, 여성 종사자가 증가한 것은 C뿐(2016년 4,847명 → 2017년 4,964명)이기 때문에, C가 인터넷신문이다.
- 따라서 A는 종이신문, B는 방송, C는 인터넷신문, D는 통신임을 확인할 수 있고, 이를 통해 종이신문(27,666)>인터넷신문(21,440)>방송(20,012)>통신(2,758) 순으로 2018년 종사자가 많다는 것을 알 수 있다.

33 자료해석(1개)   답 ⑤

정답해설

⑤ 이메일을 선택한 20대는 모두 아이핀과 공인인증서를 선택한다. 그런데 신용카드를 선택한 20대 모두가 아이핀을 동시에 선택한다면 아이핀을 선택한 인원에는 이메일을 선택한 인원과 신용카드를 선택한 인원이 겹칠 수 있게 된다. 만약 겹치면 신용카드를 선택한 인원은 총 4개의 인증수단을 선택한 상황이 될 수 있다. 따라서, 신용카드와 이메일을 선호하는 사람은 겹쳐서는 안 된다. 신용카드와 이메일을 선택한 사람의 합이 '16.9+24.1=41.0%(>36.0%)'으로 아이핀을 선택한 사람 내에 서로 구분되어 포함될 수 없음을 확인 가능하다. (×)

오답해설

① 30대와 40대 모두 공인인증서-휴대폰 문자인증-아이핀 순으로 선호도가 높다. (○)
② 전체 선호도의 합이 252.9이고, 3개씩 중복 선택이 가능하므로, 약 52.9% 이상의 사람들이 3개의 선호 인증수단을 선택했음을 알 수 있다. (○)
③ 신용카드를 선택한 남성 수는 전체의 21.1%이고, 바이오 인증을 선택한 남성 수는 전체 9.9%이다. '9.9×3=29.7%'이므로, 3배에 못 미친다. (○)
④ 20대와 50대의 인증수단별 선호도 차이는 공인인증서가 12.0%p (79.4-67.4)로 가장 크다. (○)

34 자료해석(1개)   답 ①

정답해설

ㄱ. 캐나다의 영향지수는 '30.8/22=1.4', 미국의 영향력지수는 '600/500=1.2'이다. (○)
ㄴ. '국가별 피인용비=영향력지수×전세계 피인용비(10)'이고, 이렇게 도출된 국가별 피인용비를 바탕으로, 피인용건수를 구할 수 있다. '특허피인용건수=국가별 피인용비×특허등록건수'이다. 프랑스의 피인용비는 0.030이고, 특허피인용건수는 0.39이다. 태국의 피인용비는 0.01이고, 특허피인용건수는 0.14이다. 따라서 두 국가간의

특허피인용건수의 차이는 0.25이다. 같은 방식으로 핀란드의 특허피인용건수는 0.63이므로, 프랑스와의 차이가 0.24임을 알 수 있다. 따라서 프랑스와 태국의 특허피인용건수의 차이가 더 크다. (○)

오답해설

ㄷ. 특허피인용건수는 미국(60), 일본(26.9), 독일(4.5), 캐나다(3.08), 네덜란드(2.4), 한국(1.77) 순이다. (×)
ㄹ. 네덜란드의 특허등록건수는 30이고, 한국은 590이다. 따라서 네덜란드 특허등록건수의 한국에 대한 비중은 30/59≒51%로, 50% 이상이다. (×)

35 자료해석(3개)   답 ⑤

정답해설

ㄴ. 〈표 1〉에서 A국의 건강보험 진료비 중 약국의 직접조제 진료비가 차지하는 비중은 2014년부터 2016년까지 직접조제값이 감소하고, 건강보험 진료비가 증가한 점을 통해 지속적으로 작아져왔음을 알 수 있다. 2017년의 경우에는 직접조제와 건강보험 진료비가 모두 증가했으므로, 조금 더 비교를 해줘야 한다. 2017년의 분자인 69는 2016년의 분자인 66에 비해 5% 조금 못 미치게 증가했고, 분모는 2016년의 분모인 544,250에 비해 5% 이상(35,343) 증가해 분모의 증가율이 분자의 증가율보다 큰 것이므로, 2017년에는 2016년에 비해 감소했음을 확인할 수 있다. (○)
ㄷ. 〈표 1〉과 〈표 2〉를 통해 확인할 수 있다. 입원 진료비에 해당하면서 공단부담 금액에 해당하는지 확인하려면, 교집합을 확인하는 방식으로 접근해야 한다. 2013년을 예로 들면, '입원 진료비(158,365)+공단부담 진료비(345,652)=504,017'이므로, 전체 건강보험 진료비(462,379)보다 크기 때문에 반드시 서로 겹치는 부분이 있음을 확인할 수 있다. 정확히는 '입원 진료비+공단부담진료비-전체 건강보험 진료비=겹치는 부분인 입원 진료비 중 공단부담 금액(41,638억 원)'임을 알 수 있다. 이를 통해, 해당 금액이 매년 3조 8천억 원 이상임을 확인할 수 있다. (○)
ㄹ. 〈표 3〉에서 B국의 2012년 건강보험 진료비를 100이라고 두면, 2013년은 116.30이고, 2014년은 '116.3×103.6≒120.49'이다. 이는 120.49로 2012년의 20% 이상이다. (○)

오답해설

ㄱ. 〈표 1〉에서 A국의 2016년 건강보험 진료비의 전년대비 증가율은 '(544,250-509,552)/509,552≒6.8%'로, 〈표 3〉에서 확인 가능한 C국의 전년대비 증가율 12.1%보다 작다는 것을 알 수 있다. (×)

36 자료해석(3개)   답 ④

정답해설

④ '갑'국의 전체 농수산물 수출액은 ③에서 확인한 전체 수출액의 6.3%이다. 따라서 '갑'국의 전체 농수산물 수출액에서 '을'국에 대한 농수산물 수출액이 차지하는 비중은 '861백만/(2,000억×6.3%)≒0.068'이다. '갑'국의 전체 농수산물 수입액은 ③에서 확인한 전체 수입액의 12.5%이다. 따라서 '갑'국의 전체 농수산물 수출액에서 '을'국에 대한 농수산물 수입액이 차지하는 비중은 '1,375/(2,100억×12.5%)≒0.052'이다. 따라서 수출액이 차지하는 비중이 더 크다. (×)

① 〈표 1〉에서 '갑'국과의 교역에서 무역수지 흑자를 기록한 국가는 '갑'국의 수입액이 수출액보다 더 큰 국가를 찾으면 된다. 해당 국가는 중국, 태국, 한국, 인도네시아 4개국이다. (○)

② 〈표 2〉에서 2014년의 집적회로 반도체 수출액은 '999/1.145≒872백만 달러', 수입액은 '817/1.196≒683백만 달러'이다. 따라서 수출액이 더 크다. (○)

③ 〈표 1〉에서 갑국의 전체 수출액은 홍콩의 비율을 활용해, '100×20=2,000억 달러'임을 알 수 있고, 수입액은 독일로부터의 수입액 '70×30=2,100억 달러'보다 조금 더 크다는 것을 알 수 있다. 그렇다면 수출액이 수입액보다 작으므로, 갑의 무역수지는 적자임을 알 수 있다. (○)

⑤ 갑국의 수출액에서 전자제품이 차지하는 비중은 29.9% 이므로, '2,000×29.9%≒598.0'이고, 수입액에서 전자제품이 차지하는 비중은 23.7%이므로, '2,100×23.7%≒497.7'이다. 따라서 수출액이 더 크다. (○)

37 자료해석(2개) 정답 ②

ㄴ. B세대의 2017년 6월과 10월의 LTV와 DTI를 비교해야 한다. 2017년 6월의 LTV의 경우 60%이므로, 2억 4천만 원이고, DTI의 경우 50%이므로, 연간소득 6천만 원의 50%인 3천만 원의 10배인 3억 원이다. 따라서 그중 작은 값이 2억 4천만 원임을 알 수 있다. 2017년 10월의 경우 같은 방식으로 확인하면 LTV의 경우 40%이므로, 1억 6천만 원이고, DTI의 경우에도 40%이므로, 2억 4천만 원이다. 이를 통해 그중 작은 값인 1억 6천만 원임을 알 수 있다. 그러므로 2억 4천만 원-1억 6천만 원=8천만 원이므로, 1억 원 미만이다. (○)

ㄱ. A의 2017년 10월 LTV는 50%이므로, 공시가격 4억 원인 주택의 신규 주택담보대출 최대금액은 2억 원이다. A의 2017년 10월 DTI는 2018년 3월 31일까지의 DTI 산출방식에 따라서 적용해야 하고, 〈표 1〉에 따라 50%이다. 따라서, 'DTI=50%=(1,000+500)/3,000×100'이고, 〈표 2〉의 각주 1)에 따라 신규 주택담보 최대금액은 1억 원임을 알 수 있다. 또한, 〈표 1〉의 각주 1)에 따라 A의 신규 주택담보대출 최대금액은 1억 원이다. (×)

ㄷ. C세대의 2018년 10월 적용 금액은 LTV가 30%이므로, 1억 2천만 원이고, DTI가 30%이므로, 2018년 4월 1일부터의 산출방식인 '(1,700+1,200+100)/10,000'으로 1억 7천만 원임을 알 수 있다. 따라서 2018년 10월의 최대금액은 1억 2천만 원이다. 2017년 10월의 경우 LTV가 30%이므로, 1억 2천만 원으로 같고, DTI도 30%이지만 2018년 3월 31일까지의 산출방식을 통해 '2,900만 원×10=2억 9천만 원'임을 알 수 있다. 그리고 최대금액은 둘 중 작은 값인 1억 2천만 원이다. 그러므로 두 기간의 신규주택담보대출 최대금액은 서로 같다. (×)

38 자료해석(1개) 정답 ③

③ 2013년 C국의 무선통신가입자 비율이 77%라면, 〈표〉의 무선통신가입자가 7,700명이라는 것을 통해 2013년 전체가 10,000임을 알 수 있다. 따라서 '3,200+7,700-유·무선통신가입자+700=10,000'이 됨을 알 수 있다. 그러므로 '유·무선통신가입자=1,600'이 성립한다. (○)

① A국의 유선통신가입자가 2,200만 명일 때, 해당 값이 40%에 해당하는지 확인하면 된다. '22/72≒30.6%'이므로, 40%가 아니다. (×)

② B국 2013년 대비 2016년의 무선통신가입자 비율이 1.5라면, 2016년 무선통신가입자 수는 '3,000×1.5=4,500'이어야 한다. (×)

④ D국의 2013년 전체 인구는 '1,100+1,300-500+100=2,000'이고, 2016년은 그 1.5배이므로 3,000일 것이다. 그렇다면 미가입자는 '3,000-1,100-2,500+800=200'이다. (×)

⑤ B국에서 2013년 유선통신만 가입한 사람은 '1,900-300=1,600'이고, D국은 '1,100-500=600'이다. 따라서 3배에 못 미친다. (×)

39 조건의 적용 정답 ④

ㄴ. 백색가전이 A국의 전체 수출액에서 차지하는 비중은 매년 줄어들고, 백색가전에서의 드럼세탁기 비중은 매년 같기 때문에, A국의 전체 수출액에서 드럼세탁기가 차지하는 비중 역시 매년 감소함을 알 수 있다. 2016년은 'A국 전체 수출액×13%×18%', 2017년은 'A국 전체 수출액×12%×18%', 2018년은 'A국 전체 수출액×11%×18%'이다. (○)

ㄹ. 2018년 A국 항공기 품목이 세계수출시장에서 차지하는 비중은 0.1%이다. 즉, 항공기 세계수출시장 규모를 X로 두면, A국 항공기 품목의 비중은 0.001×X인 것이다. 그리고, 2018년 A국 전체 수출액에서 항공기 품목이 차지하는 비중은 3%이므로, A국 전체 수출액을 Y로 두면, A국 항공기 품목의 비중은 0.03×Y인 것이다. 따라서 X=30×Y이다. 그러므로, 15배 이상이다. (○)

ㄱ. A국의 전체 수출액은 변동이 없는데, 2016년 선박의 수출품목이 A국 수출액에서 차지하는 비중은 5%이고, 2018년은 3%이므로, A국의 선박 수출규모는 줄어들었다. 그런데, 세계수출시장에서는 2016년과 2018년이 1%로 서로 같으므로, 선박의 세계수출시장규모 역시 줄어들었음을 알 수 있다. (×)

ㄷ. 〈표 1〉에서 2017년, 2018년 품목별 세계수출시장에서 A국의 점유율은 휴대폰, 선박, 항공기, 전자부품의 경우에 매년 증가하지 않는다. (×)

40 표-차트 전환 　답 ①

정답해설

① 39번의 ㄹ선지와 같은 방식으로 해결이 가능하고, 2016년의 경우 140%가 아니라, 1/1.4가 되어야 한다. (×)

오답해설

② 〈표 1〉의 2016년 품목별 비중을 통해 확인 가능하다. (○)

③ 〈표 2〉에 각 연도별 세부 품목별 비중을 통해 확인 가능하다. (○)

④ 〈표 1〉에서 연도별 품목별 A국 점유율을 통해 확인 가능하다. (○)

⑤ 〈표 1〉에서 연도별 A국에서 차지하는 비중 간의 전년대비 증가율을 통해 확인 가능하다. (○)

01 법조문　　　　　　　　　　답 ①

정답해설

① 2조 5항 : 문서에 쓰는 날짜는 숫자로, 연·월·일의 글자는 생략하고 온점을 찍어 표시하고, 시·분은 24시각제에 따라 숫자로 표기, 시·분의 글자는 생략하고 그 사이에 쌍점을 찍어 구분해야 한다. 따라서 2018년 7월 18일 오후 11시 30분은 '2018. 7. 18. 23:30'으로 표기하는 것이 맞다. (○)

오답해설

② 1조 3항 : 공고문서가 효력발생 시기를 구체적으로 밝히고 있지 않으면 공고가 있은 날부터 5일이 경과한 때에 효력이 발생한다. (×)

③ 1조 2항 : 전자문서의 경우 수신자가 지정한 전자적 시스템에 입력되면 효력이 발생한다. (×)

④ 2조 2항 : 문서의 내용은 간결하고 명확하게 표현하고 일반화되지 않은 약어와 전문용어 등의 사용을 피하여 작성하여야 한다. (×)

⑤ 2조 3항 : 문서에는 음성정보나 영상정보 등을 수록할 수 있고 연계된 바코드 등을 표기할 수 있다. (×)

02 법조문　　　　　　　　　　답 ④

정답해설

ㄴ. 2조 3항 : 지방보조사업자는 지방보조사업을 수익성 악화 등을 이유로 다른 사업자에게 인계하기 위해서는 미리 도지사의 승인을 얻어야 한다. (○)

ㄹ. 3조 2호 : 도지사는 지방보조금의 예산반영신청 및 예산편성에 있어서 상하수·치수의 경우에는 총사업비의 30% 이상 50% 이하의 범위 내에서 도비보조율을 정한다. 따라서 총사업비가 40억 원인 경우에는 최대 20억 원을 지방보조금 예산으로 정할 수 있다. (○)

오답해설

ㄱ. 2조 2항 : 지방보조사업자는 지방보조사업의 내용을 변경하거나 경비의 배분을 변경하려면 도지사의 승인을 얻어야 하지만, 경미한 경우에는 그러하지 아니한다. (×)

ㄷ. 4조 : A시장은 도비보조사업에 대한 시·군비 부담액을 다른 사업에 우선하여 해당연도 시·군 예산에 반영하여야 한다. (×)

03 부합　　　　　　　　　　답 ①

정답해설

ㄱ. 甲은 35세 이하이고, 직전 학기 12학점 이상 이수 및 평균 C학점 이상이고, 소득이 8분위 이하이기 때문에, X학자금 대출 신청대상에 해당한다. (○)

ㄴ. 乙이 X학자금 대출 대상이 된다면, 대출한도는 한 학기 등록금 전액과 생활비 150만 원이다. 따라서 등록금이 300만 원이면, 총 450만 원을 대출받을 수 있다. (○)

오답해설

ㄷ. 丙은 55세 이하이고, 소득이 9, 10분위 중에 해당하지만, 성적 기준에 충족하더라도 신용 요건에 따라 금융채무불이행자거나 저신용자인 경우에는 대출이 불가능하다. (×)

ㄹ. 졸업을 한 상황이라고 할 때, X학자금 대출은 소득이 기준소득을 초과하지 않은 상태라면 상환이 유예되고, Y학자금은 기준소득과 무관하게 졸업 직후 매월 상환을 해야 하기 때문에 두 대출방식의 매월 상환금액은 다를 수 있다. (×)

04 법조문　　　　　　　　　　답 ⑤

정답해설

ㄴ. 乙은 의료급여 수급자로 2002년 1월 1일 이후 출생자이기 때문에 신청 대상에 해당하고, 4인 가구, 단독주택 거주자로 실물카드 형태로 114,000원의 에너지이용권을 지급받을 수 있다. (○)

ㄷ. 丙은 생계급여 수급자로 1954년 12월 31일 이전 출생자로, 2인 가구, 아파트에 거주하기 때문에 실물카드는 신청할 수 없고, 가상카드로 도시가스를 선택해 매월 요금이 자동차감되는 지원을 받을 수 있다. 이 때, 사용기간 만료시 잔액이 발생하면 전기요금이 차감된다. (○)

오답해설

ㄱ. 甲은 실업급여 수급자이기 때문에 신청 대상에 해당하지 않는다. (×)

05 법조문　　　　　　　　　　답 ③

정답해설

• 甲은 사업주가 근로자 대표의 동의를 받아 정년을 60세 이상으로 연장하면서 55세 이후부터 임금을 줄이는 1조 1항 1호에 해당한다. 1조 2항에 따라 甲은 18개월 이상 계속 근무했고, 피크임금과 지원금 신청연도의 임금을 비교했을 때, 1조 2항 1호에 따라, 10% 이상 낮아졌기 때문에, 임금피크제 지원금을 지급받을 수 있다. (○)

• 丙은 정년을 55세 이상으로 정한 사업주가 정년에 이른 사람을 재고용하면서 정년퇴직 이후 임금만을 줄이는 1조 1항 2호에 해당하고, 재고용 기간도 1년이기 때문에 문제되지 않는다. 이 때, 丙의 지원금 신청연도의 임금은 1,200만 원으로 피크임금에 비해 40% 낮아졌기 때문에 1조 2항 2호의 범위인 20% 이상 낮아진 자에 해당해 임금피크제 지원금을 지급받을 수 있다. (○)

오답해설

乙은 정년을 55세 이상으로 정한 사업주가 정년에 이른 사람을 재고용하면서 정년퇴직 이후 임금만을 줄이는 1조 1항 2호에 해당하지만, 재고용 기간이 1년 미만인 10개월이기 때문에 제외된다. (×)

06 법조문

답 ⑤

정답해설

> **고정상황**
> - 甲은 금융투자업자 乙을 통해 주권을 양도하기 때문에, 증권거래세는 2조에 따라 금융투자업자인 乙이 납부하여야 한다.
> - A회사의 주권 100주는 30,000원/주에 X증권시장에서 양도하므로, 5조 1호에 따라 양도가액의 1천분의 1.5인 '30,000×100×1.5× 1/1,000=4,500원'을 증권거래세로 납부해야 한다.
> - B회사의 주권 200주는 10,000원/주에 Y증권시장에서 양도하므로, 5조 2호에 따라 양도가액의 1천분의 3인 '10,000×200×3× 1/1,000=6,000원'을 증권거래세로 납부해야 한다.
> - C회사의 주권 200주는 50,000원/주에 X 또는 Y증권시장을 통하지 않으므로, 4조에 따라 양도가액의 1천분의 5인 '50,000×200×5× 1/1,000=50,000원'을 증권거래세로 납부해야 한다.
> ∴ 甲이 乙을 통해 납부하게 되는 증권거래세는 총 60,500원이다.

⑤ 甲이 乙을 통해 C회사의 주권 전량을 주당 50,000원에 Y증권시장을 통해 양도할 수 있다면, 세율이 1,000분의 2만큼 감소하게 된다. 따라서 증권거래세는 50,000원에서 30,000원으로 2만 원 감소한다. (○)

오답해설

① 2조 단서에 따라 乙이 납부해야 한다. (×)
② 납부되어야 할 증권거래세액의 총합은 6만 원 이상이다. (×)
③ C회사의 주권은 탄력세율을 적용받지 않는다. (×)
④ A회사 주권 양도에 따른 증권거래세 과세표준은 3조에 따라 주당 양도금액×양도주권수이므로, 300만 원이다. (×)

07 부합

답 ④

정답해설

ㄴ. Y가설에 따르면, 도시의 상거래 흡인력은 도시로부터의 거리 제곱에 반비례한다. (○)
ㄷ. Y가설에 따르면, C시로부터 A시와 B시가 떨어진 거리가 5km로 같다고 가정할 때, A시의 흡인력은 '50만÷25=20,000'이고, B시의 흡인력은 '400만÷25=160,000'이므로, C시의 인구 중 1/9인 1만 명은 A시로, 8/9인 8만 명은 B시로 흡인된다. (○)

오답해설

ㄱ. X가설에 따르면, 소비자들은 이동거리가 점포 선택에 큰 영향을 미치기는 하지만, 더 나은 구매기회를 제공함으로써 이동에 따른 추가 노력을 보상한다면 기꺼이 먼 곳까지 찾아간다. (×)

08 계산

답 ⑤

정답해설

甲이 만들 짬뽕은 기본적으로 2.5인분의 재료를 필요로 하지만, 고추는 아내가 못 먹으므로 1.5인분, 새우는 아들이 잘 먹으므로 3인분을 만들어야 한다는 것을 고려해야 한다.

⑤ 돼지고기는 2.5인분인 225g이 필요하다. 현재 냉장고에 돼지고기가 100g 있으므로, 125g을 더 구매해야 한다. (○)

오답해설

① 면은 2.5인분인 500g이 필요하다. 현재 냉장고에 면이 200g 있으므로, 300g을 더 구매해야 한다. (×)
② 양파는 2.5인분인 150g이 필요하다. 현재 냉장고에 양파가 100g 있어, 절반 이상이 있으므로 구매하지 않는다. (×)
③ 새우는 3인분인 120g이 필요하다. 현재 냉장고에 새우가 없으므로, 120g을 구매해야 한다. (×)
④ 건고추는 1.5인분인 12g이 필요하다. 현재 냉장고에 건고추가 없으므로, 12g을 구매해야 한다. (×)

09 계산

답 ④

정답해설

> **고정상황**
> 영어 통역사와 인도네시아어 통역사는 각각 2명씩이다.

다음 표에는 통역사 각각을 A, B로 표시해 각자의 경비가 어떻게 책정되었는지 제시하였다. 본 문제에서는 그룹별로 경비가 같기 때문에, 합쳐서 산정해도 무방하다.

구 분	기본요금	추가요금	교통비	이동보상비
영 어	3시간	1시간	왕복 실비	왕복 4시간
A	50만 원	10만 원	10만 원	4만 원
B	50만 원	10만 원	10만 원	4만 원
인도네시아어	2시간	–	왕복 실비	왕복 4시간
A	60만 원	–	10만 원	4만 원
B	60만 원	–	10만 원	4만 원
계	220만 원	20만 원	40만 원	16만 원

∴ 총 통역경비는 296만 원이다.

10 상황구성 – 고정상황 미완성

답 ①

정답해설

ㄱ. 손바닥이 보이는 채로, 다섯 개 손가락이 세 번 모두 펴져있으면, A는 '5+5+5=15'이고, B는 '4+4+4=12'이다. (○)
ㄴ. B부족의 셈법에 따르면, 세 번 다 엄지만이 펴져 있는 것의 셈의 합은 '0+0+0=0'이고, 세 번 다 주먹이 쥐어져 있는 것의 셈의 합은 펴진 손가락 개수를 빼는 것으로 이뤄지는데, 펴진 손가락이 없으므로 0이다. 둘은 동일하다. (○)

오답해설

ㄷ. A부족의 셈법에 따르면 '3+2+1=6'이고, B부족의 셈법에 따르면 '2-2+0=0'이다. (×)
ㄹ. 세 번의 엄지가 펴진 채로, A부족 셈의 합이 9가 나오려면, '세 번의 엄지+여섯 손가락'이 나와야 한다. 그런데, B부족 셈의 합에서는 엄지가 펴져있으면, 엄지를 제외한 나머지 손가락을 세기 때문에 9가 아닌 6이 나오게 된다. (×)

11 상황구성 답 ④

정답해설

드라마에 캐스팅되는 배우는 오디션 점수와 가감 점수를 바탕으로 산출된 최종 점수에 따라 결정된다. 주어진 오디션 점수와 가감 점수는 다음과 같다.

구분	甲	乙	丙	丁	戊
오디션 점수	76	78	80	82	85
오디션 +나이	오디션 점수와 나이의 합이 모두 같으므로, 나이가 가장 어린 사람은 오디션 점수가 가장 높을 것이다. 따라서, 戊가 23세이고, 오디션 점수와 나이의 합은 108임을 알 수 있고, 나머지 배우들의 나이를 알 수 있다.				
나이	32	30	28	26	23
나이로 인한 가감	−8	−4	0	−4	−10
군의관 역할				−5점	
사극 경험	+10점				
최종 점수	78점	74점	75점	78점	75점
최종 캐스팅				O	

최종 점수가 78점인 것은 甲과 丁이지만, 丁이 기본 점수인 오디션 점수가 더 높으므로, 丁이 캐스팅된다.

12 상황구성 – 고정상황 미완성 답 ⑤

정답해설

고정상황
- 월요일에는 17시~19시 20분 사이에 회의를 개최할 수 있다.
- 화요일에는 15시~16시 20분 사이에 회의를 개최할 수 있다.
- 수요일에는 전문가 3명이 동시에 1시간을 잡을 수 없기 때문에 회의를 개최할 수 없다.
- 목요일에는 15시~16시 20분 사이에 회의를 개최할 수 있다.
- 금요일에는 16시~18시 30분 사이에 회의를 개최할 수 있다.
---

⑤ C, D를 포함하여 4명 이상이 참여해야 할 경우 금요일 17시에 회의를 개최할 수 있다. (○)

오답해설

① 월요일에는 회의를 개최할 수 있다. (×)
② 금요일 16시에 회의를 개최하면 16시~17시에 참석이 가능한 A, B, C, F의 선호도를 따져야 한다.
- 가의 경우 : 5+4+5+5=19점
- 나의 경우 : 6+6+8+8=28점
- 다의 경우 : 7+8+5+4=24점
∴ 회의장소는 '나'가 된다. (×)
③ 금요일 18시에 회의를 개최하면 18시~19시에 참석이 가능한 C, D, F의 선호도를 따져야 한다.
- 가의 경우 : 5+6+5=16점
- 나의 경우 : 8+6+8=22점
- 다의 경우 : 5+6+4=15점
∴ 회의장소는 '나'가 된다. (×)
④ A가 반드시 참여해야 할 경우 목요일 15시 20분까지는 회의를 개최해야 한다. (×)

13 상황구성 – 고정상황 미완성 답 ①

정답해설

고정상황
두 가지 질문을 통해 하나의 과일바구니를 정확하게 맞히려면, 질문을 통해 하나의 과일바구니를 특정할 수 있어야 한다.

종류	색깔	구성	개수 (개)	무게 (g)	바구니와 같은 색깔	서로 다른 종류
A	빨	사과(1), 참외(2), 메론(1)	4	1,800	Y	N
B	노	사과(1), 참외(1), 귤(2), 오렌지(1)	5	850	Y	N
C	초	사과(2), 참외(2), 귤(1)	5	1,100	N	N
D	주	참외(1), 귤(2)	3	500	Y	N
E	보	사과(1), 참외(1), 귤(1), 오렌지(1)	4	750	N	Y

- 甲의 경우에는 첫 번째 질문을 통해 D, (A, E)와 (B, C)를 구분할 수 있다. 그리고 (A, E)와 (B, C)는 두 번째 질문인 1kg을 기준으로 서로 나눌 수 있다. (○)
- 乙의 경우에는 첫 번째 질문을 통해 (A, B, D)와 (C, E)를 구분할 수 있다. 그리고 두 번째 질문을 통해 (A, B, D)는 4, 5, 3개로 구분되고, (C, E)는 5, 4개로 구분된다. (○)

오답해설

- 丙의 경우에는 첫 번째 질문을 통해 D, (A, E)와 (B, C)를 구분할 수 있다. 하지만 (A, E)와 (B, C)는 두 번째 질문인 과일의 종류에 대한 질문을 통해 구분되지 않는다. (×)
- 丁의 경우에는 첫 번째 질문을 통해 (A, B, C, D)와 E를 구분할 수 있다. 그리고 (A, B, C, D)는 두 번째 질문인 과일의 무게의 합이 1kg을 넘는지에 대한 질문을 통해 (A, C)와 (B, D)로 구분할 수 있다. 하지만 완전히 나누지는 못한다. (×)

14 상황구성 – 고정상황 미완성 답 ③

정답해설

주어진 조건을 바탕으로, 민원 등록 대장에 따른 甲과 乙의 감정도는 다음과 같다.

접수 시각	접수한 직원	민원 종류	甲의 감정도	乙의 감정도
09:00	−	−	100	100
09:30	甲	Y민원(−20)	80	100
10:00(+5)	乙	X민원(+10)	85	115
11:00(+5)	−	−	90	120
11:40	甲	Y민원(−20)	70	120
12:00(+5)	−	−	75	125
13:00(초기화)	−	−	100	100
13:20	乙	Y민원(−20)	100	80
14:00(+5)	−	−	105	85
14:10	甲	Y민원(−20)	85	85
14:20	乙	Y민원(−20)	85	65
15:00(+5)	−	−	90	70
15:10	甲	㉠ (X or Y)	70 or 100	70
16:00(+5)	−	−	75 or 105	75

16:10	乙	Y민원(−20)	75 or 105	55
16:50	乙	㉡ (X or Y)	75 or 105	65 or 35
17:00(+5)	−	−	80 or 110	70 or 40
17:00	甲	X민원(+10)	90 or 120	70 or 40
17:40	乙	X민원(+10)	90 or 120	80 or 50

이처럼 ㉠과 ㉡에서 접수한 민원이 X민원인지 Y민원인지 알 수 없기 때문에 甲과 乙의 감정도는 정확하게 알 수 없고, 변화 양상만 확인할 수 있을 뿐이다.

ㄱ. ㉠과 ㉡에 상관없이, 18:00에 甲의 감정도는 최소 90, 乙의 감정도는 최대 80이기 때문에 甲의 감정도는 乙의 감정도보다 높다. (○)

ㄷ. 12:30의 감정도는 13:00가 되기 전의 중간 감정도를 검토하면 된다. 12:00에 5점을 받았기 때문에 乙의 감정도는 125가 된다. (○)

오답해설

ㄴ. ㉡이 'Y민원'이라면 乙의 최종 감정도는 500이다. 1일의 월차는 감정도가 50 미만인 직원에게 부여되므로, 乙은 월차를 받을 수 없다. (×)

15 상황구성 – 고정상황 미완성   답 ⑤

정답해설

고정상황
5회차는 아직 평가를 실시하지 않았기 때문에, 4회차까지의 평가를 파악해둘 수 있다.

구 분	1회	2회	3회	4회	5회	총 카드
A	2장	2장	2장	2장		8장+5회
B	1장	1장	0장	0장		2장+5회
C	2장	0장	2장	0장		4장+5회
D	0장	0장	0장	0장		0장+5회
E	1장	1장	2장	1장		5장+5회

이 때, 5회차의 결과에 따라 추첨이 이루어지게 된다.

⑤ E가 5회차 평가에서 카드를 받지 못하더라도, 현재까지의 총점이 330점이므로 5회차에 70점 이상만 받을 수 있으면 추첨 대상에 포함될 수 있다. (○)

오답해설

① A가 5회차 평가에서 80점을 얻는다면, 1장의 카드가 추가되어 총 9장의 카드를 확보한다. 하지만, E가 100점을 받아서 5장의 카드가 추가되면, E는 총 10장의 카드를 확보하기 때문에 A가 반드시 추천될 확률이 높은 것은 아니다. (×)

② B가 5회차 평가에서 90점을 얻는다면, 1장의 카드가 추가되어 총 3장의 카드를 확보한다. 하지만 5회차 평가에서 D가 100점을 얻는다면 D는 총 5장의 카드를 확보하기 때문에 B가 반드시 D보다 추천될 확률이 높은 것은 아니다. (×)

③ C가 5회차 평가에서 카드를 받지 못하면 총 4장의 카드를 확보한 상태가 되고, B가 100점을 얻는다면 B는 총 7장의 카드를 확보하기 때문에 C가 반드시 B보다 추천될 확률이 높은 것은 아니다. (×)

④ D가 5회차 평가에서 100점을 받고 다른 지망자가 모두 80점을 받는다면 A는 9장, B는 3장, C는 5장, D는 5장, E는 6장을 확보하게 된다. 하지만 마지막 회차에 100점을 받아도 총점이 400점 미만이므로 추첨 대상에 포함되지 않는다. (×)

16 상황구성 – 고정상황 완성   답 ②

정답해설

고정상황
예산은 60억 원이고, 만족도를 극대화하기 위해 시설을 신축해야 한다. 따라서 예산대비 만족도에 대한 고민을 해야 하고, 예산을 최대한 많이 사용할 수 있어야 한다.

먼저 시설을 2개씩 지었을 경우의 만족도를 정리해보면, 다음과 같다.

지 역	시설 종류	건축비 (억 원)	1개 만족도	2개 만족도	만족도 합	예산대비 만족도 (1개)	예산대비 만족도 (2개)
A구	어린이집	20	35	28	63	1.75	1.575
	복지회관	15	30	24	54	2	1.8
B구	어린이집	15	40	32	72	2.6	2.4
	복지회관	20	50	40	90	2.5	2.25

이 때, 예산대비 만족도가 가장 높은 B구 어린이집을 먼저 지으면, B구 어린이집을 하나 더 짓는 것이 예산대비 만족도를 가장 높이는 방법이다. 그렇게 하면, 예산을 30억 원 사용하고, 남은 30억 원을 20억 원짜리 시설 1개나 A구 복지회관 2개를 지을 수 있는데, 그 때의 만족도는 A구 복지회관을 2개 짓는 것이 더 높기 때문에 B구 어린이집 2개와 A구 복지회관 2개를 지어 만족도 총합을 126으로 만드는 것이 바람직하다.

② A구에는 복지회관이 신축될 것이다. (×)

오답해설

① B구 어린이집 2개와 A구 복지회관 2개를 지으면 예산 60억 원을 모두 사용한다. (○)

③ B구에는 2개의 시설이 신축될 것이다. (○)

④ 甲시에는 신축되는 시설이 총 4개일 것이다. (○)

⑤ 〈조건〉 5)가 없다면, 만족도가 20% 하락하게 되지 않는다는 것만 반영하여 다시 확인하면 된다. 이 때, 마찬가지로 예산 60억 원을 들여서 B구 어린이집 2개와 A구 복지회관 2개를 지으면 만족도 총합이 140이 되고, 예산 55억 원을 들여서 B구 복지회관 2개와 A구 어린이집 1개를 지으면 만족도 총합이 135가 되기 때문에 B구 어린이집 2개와 A구 복지회관 2개를 짓게 될 것이다. (○)

17 계산 – 최댓값   답 ③

정답해설

• 캐롤 음원이용료가 최대 금액으로 산출되려면 11월 네 번째 목요일을 크리스마스로부터 최대한 멀리 떨어뜨려야 한다. 따라서 11월 1일을 목요일에 두고 따지면 최댓값을 따지기 수월하다.

• 11월 1일을 목요일로 두면, 네 번째 목요일은 11월 22일이고, 이어지는 월요일인 11월 26일부터 캐롤을 틀어놓는다. 그런데, 28일이 네 번째 수요일이기 때문에 휴점임을 감안하면 총 29일 동안 캐롤이 틀어지게 된다. 따라서 '29×20,000=58만 원'이다.

18 계산 정답 ③

정답해설

- 원석 채굴비용은 300만 원, 1차 가공 비용은 250만 원이다. 이 때, 가공되는 목걸이용 보석 60개는 40만 원을 들여서 2차 가공 후에 개당 50만 원에 판매하면, 개당 10만 원씩 총 600만 원의 이윤을 만든다. 반지용 보석 40개는 2차 가공 비용이 판매 비용보다 비싸기 때문에 1차 가공 상태에서 개당 5만 원씩 총 200만 원의 이윤을 받는 것이 이득이다. 그렇게 하면, 원석 1개를 통해 550만 원의 비용을 들여 800만 원을 벌어들여, 250만 원의 이윤을 남길 수 있다.
- 두 번째 원석에서는 채굴비용 400만 원, 1차 가공 비용을 통해 250만 원이 든다. 마찬가지로 1차 가공 이후에는 목걸이는 2차 가공을 통해 600만 원을, 반지용 보석은 1차 가공만으로 판매해 200만 원을 벌어들여 총 150만 원의 이윤을 남길 수 있다.
- 세 번째 원석에서는 채굴비용 500만 원, 1차 가공 비용을 통해 250만 원이 든다. 마찬가지로 1차 가공 이후에는 목걸이는 2차 가공을 통해 600만 원을, 반지용 보석은 1차 가공만으로 판매해 200만 원을 벌어들여 총 50만 원의 이윤을 남길 수 있다.
- 네 번째 원석에서는 채굴비용이 600만 원이 되기 때문에 전체적으로 손해가 발생하므로, 세 번째 원석까지만 판매한다. 따라서 최대 이윤은 450만 원이다.

19 부합 정답 ①

정답해설

ㄱ. 3문단 : 도지권을 가진 소작농은 지주의 승낙이 없어도 임의로 도지권을 타인에게 매매, 양도, 임대, 저당, 상속할 수 있었다. (○)

ㄴ. 2문단 : 선도지는 논밭을 경작하기 전에 도조를 미리 지급하고 경작하는 경우이기 때문에, 농작물을 수확하기 직전에 지주가 간평인을 보내어 수확량을 조사하고 그 해의 도조를 결정하는 방식은 선도지가 아니다. (○)

오답해설

ㄷ. 5문단 : 일제가 실시한 토지조사사업을 통해 도지권은 소멸되었지만, 소작기간 20년 이상 50년 이하의 소작권이 인정되었다. (×)

ㄹ. ・3문단 : 도지권을 가진 소작농은 지주의 승낙이 없어도 임의로 도지권을 타인에게 매매, 양도, 임대, 저당, 상속할 수 있었다.
  ・4문단 : 도지권을 가진 소작농이 도조를 납부하지 않으면 지주가 소작농의 동의를 얻은 뒤 도지권을 팔 수 있었다. 하지만, 소작농이 매매할 때에는, 3문단에 따르듯 승인이 필요한 것은 아니다. (×)

20 계산 정답 ③

정답해설

甲 소유의 논 A의 수확량은 매년 쌀 20말로, 100냥의 가치를 지닌다. 소작농 乙은 매년 수확량의 1/4인 25냥을 도조로 납부하는 도지계약을 체결했다. 논 A의 전체 가격은 지주의 소유권과 지주의 소유권 가격의 1/2인 도지권 가격의 합이고, 이는 900냥이다. 따라서, 지주의 소유권은 600냥, 도지권 가격은 300냥임을 알 수 있다.

- ㉠ : 재작년 乙이 납부한 도조 액수는 별다른 상황의 변화가 없으므로, 25냥이다.

- ㉡ : 乙은 丙에게 소작을 내주어 甲에게 도조인 25냥을 내고도, 25냥을 남기고자 한다. 즉, 50냥에 소작을 내주었음을 알 수 있다.
- ㉢ : 甲은 乙의 도지권을 매매한 후, 乙에게 도지권의 가격만큼을 지급해야하기 때문에, 300냥에 매매했음을 알 수 있다.
- ㉣ : 乙은 작년과 올해분의 도조를 甲에게 납부하지 못했기 때문에, 이를 제외한 250냥을 반환받으면 된다.

∴ ㉠~㉣의 합은 625냥이다.

21 법조문 정답 ③

정답해설

③ 5항 : 연구실적평가위원회의 표결은 재적위원 과반수의 찬성으로 하기 때문에, 4명이나 5명이나 의결정족수는 같다. (○)

오답해설

① 3항 : 연구실적평가위원회는 위원 2명을 대학교수나 외부 연구기관・단체의 연구관 중에서 위촉한다. (×)

② 3항 : 위원장은 소속기관 내부 연구관 중에서 위촉한다. (×)

④ 1항 : 경력이 2년 이상이더라도 연구실적의 결과를 논문으로 제출하여야 하고, 3번 이상 통과한 연구사에 한하여 평가절차를 면제한다. (×)

⑤ 1항 : 석사학위가 없는 2년 이상의 연구사는 연구실적의 결과를 논문으로 제출하여야 하며, 5년의 경력이 아닌, 연구실적 심사평가를 3번 이상 통과했을 때 면제된다. (×)

22 법조문 정답 ④

정답해설

④ 4조 1호 : 부동산거래에서 인감증명서 제출과 함께 관련 서면에 인감을 날인하여야 할 때에는 본인서명사실확인서를 제출하고 관련 서면에 서명하는 것으로 대신할 수 있다. (○)

오답해설

① 3조 1항 : 甲이 전자본인서명확인서를 이용하려는 경우에는 동장이 아닌 수성구 구청장의 승인을 받아야 한다. (×)

② 2조 1항 3호 : 乙은 국내거소신고를 한 재외국민으로 본인서명사실확인서의 발급을 신청할 수 있는 상황이지, 아직 발급을 신청한 것으로 볼 수는 없다. (×)

③ 2조 2항 : 미성년자인 丙이 전자본인서명확인서 발급시스템 이용의 승인을 받으려는 경우에는 법정대리인과 함께 발급기관을 직접 방문하여 법정대리인의 동의를 받아 이용 승인을 신청하여야 한다. (×)

⑤ 2조 1항 1호 : 丁은 대한민국 내에 주소를 가진 주민으로, 본인서명사실확인서를 발급받기 위하여 자치구인 종로구청장을 직접 방문하여 발급을 신청하여야 한다. 추가로 1조를 확인해 보면 특별시장은 사무를 관장하는 대상에서 제외된다. (×)

23 상황구성 – 고정상황 미완성　　　답 ④

정답해설

> **지문**
> 화장실 위생기구 설치기준을 남자·여자 화장실로 구분하여, 남자화장실은 짝수, 홀수인 경우를 세부적으로 나눠 제시한다. 이러한 큰 틀을 바탕으로, A, B, C 기준별로 사람 수에 따른 설치 위생기구 수를 제시해 주고 있다.

ㄱ. A기준에 따르면, 남자 30명의 경우 위생기구는 2개가 설치되어 소변기와 대변기 각각 1개씩 설치되고, 여자 30명의 경우에는 대변기가 2개 설치된다. B기준에 다르면, 남자 30명의 경우 위생기구는 2개가 설치되어 소변기와 대변기 각각 1개씩 설치되고, 여자 30명의 경우에는 대변기가 2개 설치된다. 따라서 설치할 위생기구의 수는 같다. (○)

ㄴ. B기준에 따르면, 남자 50명의 경우 위생기구는 3개가 설치되어 대변기 2개, 소변기 1개가 설치되고, 여자 40명의 경우 위생기구는 2개가 설치되어 대변기 2개가 설치된다. 따라서 남자화장실과 여자화장실의 대변기의 수는 같다. (○)

ㄹ. C기준에 따르면, 남자 150명의 경우 위생기구는 4개가 설치되어 대변기 2개, 소변기 2개가 설치되고, 여자 100명의 경우 위생기구는 3개가 설치되어 대변기가 3개 설치된다. 따라서 대변기는 5개 설치된다. (○)

오답해설

ㄷ. A기준에 따르면, 남자 80명의 경우 위생기구는 4개가 설치되어 대변기 2개, 소변기 2개가 설치되고, 여자 80명의 경우 위생기구는 4개가 설치되어 대변기가 4개 설치된다. 따라서 소변기는 2개 설치된다. (×)

24 부합　　　답 ⑤

정답해설

⑤ 목요일임에도 생활 및 공업용수 가뭄 예·경보가 발령된 것은 매우 심함 단계에 해당된다는 것을 의미한다. 따라서 생활 및 공업용수의 매우 심함 기준인 현재 하천 및 댐 등에서 농업용수, 생활 및 공업용수 공급이 부족하고, 장래 1~3개월 후 생활 및 공업용수 공급에도 차질이 발생할 것으로 판단되는 경우에 해당한다는 것을 알 수 있다. (○)

오답해설

① 영농기에 저수지 저수율이 평년의 50%라면 농업용수 가뭄 예·경보 기준의 매우 심함에 해당한다. (×)

② 영농기에 밭 토양 유효수분율이 70%일 경우 가뭄 예·경보 발령 기준에 해당하지 않는다. (×)

③ 하천유지유량을 감량 공급하는 상황에서 현재 하천 및 댐 등에서 농업용수 공급이 부족한 경우에 생활 및 공업용수 가뭄 예·경보 기준의 심함에 해당한다. (×)

④ 농업용수는 영농기(4~9월)에 저수지 저수율이나 밭 토양 유효수분율을 바탕으로 판단해 가뭄 예·경보 기준을 판단하기 때문에 12월은 이에 해당하지 않는다. (×)

25 법조문　　　답 ①

정답해설

甲이 취득한 학점은 B전문대학에서 63학점(1조 1항 1호), 편입(2조 1호) 후 군복무 휴학기간 중 원격수업(1조 1항 3호)을 통한 6학점, A대학 복학 후 30학점, C대학 교환학생(1조 1항 1호)으로 12학점을 취득하였다. 따라서 총 111학점을 취득한 것이고, A대학은 졸업에 필요한 최소 취득학점으로 120학점을 정하고 있으므로, 甲은 최소한 9학점을 더 취득해야 한다.

26 계산　　　답 ④

정답해설

• 甲은 1월 15일에 매도하였으나 신고의무를 게을리 하여 4월 2일에 신고하였고, 실제 거래가격을 거짓으로 신고하여 1항과 2항에 따른 과태료가 병과된다.

• 1항에 해당하는 과태료는 신고기간 만료일 다음날부터 해태기간이 1개월 이하에 해당하며, 실제 거래가격이 3억 원 이상이므로, 100만 원이 부과된다. 2항 1호에 해당하는 과태료는 실제 거래가격과 신고가격의 차액이 5억 원 중 2억 원이므로, 20% 이상에 해당해, 취득세의 3배가 적용되어야 한다. 취득세는 실제 거래가격의 100분의 1이므로, 500만 원이고, 그 3배는 1,500만 원이다. 따라서 甲에게 부과되는 과태료는 1,600만 원이다.

• 乙은 신고의무를 게을리 하지 않았고, 거짓으로 신고를 한 경우이므로 2항에 해당하는 과태료가 부과된다. 그중에서도 2호인 부동산을 취득할 수 있는 권리의 실제 거래가격을 거짓으로 신고한 것이기 때문에 2호가 적용되고, 실제 거래가격과 신고가격의 차액이 2억 원 중 1억 원으로, 20% 이상인 경우에 해당하기 때문에 실제 거래가격의 4%를 과태료로 부과한다. 따라서 2억 원의 4%인 800만 원이 과태료로 부과된다.

∴ 甲과 乙에게 부과된 과태료의 합은 2,400만 원이다.

27 부합　　　답 ②

정답해설

A학자는 속(40개)-차이(6개)-종(8개)로 구분하여 보편언어를 만들고자 하였다.

② gwpyi : 속 중 gw는 잎을 의미하고, 차이 중 p는 (4) 더 투명한 가치 있는 돌, 종 중 yi는 여덟 번째 종을 가리킨다. (×)

오답해설

① ditu : 속 중 di는 돌을 의미하고, 차이 중 t는 (5) 물에 녹는 지구의 응결물, 종 중 u는 여섯 번째 종을 가리킨다. (○)

③ dige : 속 중 di는 돌을 의미하고, 차이 중 g는 (3) 덜 투명한 가치 있는 돌, 종 중 e는 세 번째 종을 가리킨다. (○)

④ deda : 속 중 de는 원소를 의미하고, 차이 중 d는 (2) 중간 가치의 돌, 종 중 a는 두 번째 종을 가리킨다. (○)

⑤ donw : 속 중 do는 금속을 의미하고, 차이 중 n은 넘버링은 없지만 아홉 번째 차이를, 종 중 w는 첫 번째 종을 가리킨다. (○)

28 계산 답 ②

- 스마트 교통카드를 구입한 경우 : 카드값(1,000원)+경복궁(1,000원) +미술관(5,000원)+전망대(5,000원)+박물관(1,000원)=13,000원
- 시티투어 A를 구입한 경우 : A값(3,000원)+경복궁(700원)+미술관 (3,500원)+전망대(7,000원)+박물관(700원)=14,900원
- 시티투어 B를 구입한 경우 : B값(5,000원)+경복궁(0원)+미술관(5,000 원)+전망대(0원)+박물관(0원)+지하철(1,000원×2)=12,000원
- ∴ 甲이 지불할 관광비용을 최소로 하기 위해서는 시티투어 B를 구입해야 하고, 그에 따른 관광 비용은 12,000원이다.

29 계산 답 ⑤

예산은 월 3천만 원이기 때문에, KTX는 처음부터 배제한다.

- TV : $\dfrac{3회×100만 명}{30,000천 원}=0.1명$
- 버스 : $\dfrac{1회/일×30일×10만 명}{20,000천 원}=0.15명$
- 지하철 : $\dfrac{60회/일×30일×2천명}{25,000천 원}=0.144명$
- 포털사이트 : $\dfrac{50회/일×30일×5천명}{30,000천 원}=0.25명$
- ∴ 포털사이트의 광고효과가 가장 높다.

30 상황구성－고정상황 없음 답 ①

주어진 시간은 25분이고, 25분을 꽉 채워 일과를 수행해야 한다. 이 때, 소요 시간 구성을 살펴봤을 때, 25분은 '10분+15분'이나 '4분+21분'의 세트로 나눌 수 있음을 알 수 있다.

- 먼저 10분+15분으로 구성하는 경우에는, '10분(샤워)와 15분(주스 만들기), 8분(머리감기, 머리말리기)+7분(몸치장하기 또는 구두닦기, 양말신기)'로 구성이 가능하다.
- 하지만, 4분+21분으로 구성하는 경우에는, 4분(세수)는 가능하지만, 21분을 주어진 시간 구성들로 채울 수가 없기 때문에, 세수가 아침 일과에 포함될 수 없음을 알 수 있다.

31 상황구성－고정상황 미완성 답 ④

- 비가 오기 때문에 출장시간은 총 9시간이 걸리므로, 17시 도착 예정이다. 단, 甲이 포함되는 경우인 ①, ②번은 9시간 30분이 걸리기 때문에, 17시 30분 도착 예정이다.
- 甲 또는 丁이 운전해야 한다. → ③번은 불가능하다.
- 출장시간에 사내 업무가 겹치는 경우에는 출장을 갈 수 없기 때문에, 甲과 丁이 동시에 가면 丁의 당일 사내 업무 시간을 맞출 수 없어서 함께 갈 수 없고, 乙 역시도 17시 15분에 계약업체 면담이 있기 때문에 甲과 같이 갈 수 없다. → ①, ②번은 불가능하다.

- 책임자로서 차장이 출장인원에 적어도 한 명 포함되어야 하기 때문에 甲 또는 乙이 반드시 포함되어야 한다. → ⑤번은 불가능하다.
- ∴ 조건에 부합하는 것은 ④번 뿐이다.

32 계산－가중평균 답 ③

- '다섯 개 항목에 대한 가중치×점수'의 합을 통해 면접시험 종합점수가 도출되기 때문에, 점수 또는 가중치의 크기가 종합점수의 크기에 영향을 미침을 알 수 있다. 특히, 다섯 개의 항목 중 3개의 점수는 같고 나머지 2개의 점수가 1점씩 서로 크고 작은 항목끼리 비교가 가능하다. 예를 들어, 丁과 戊의 종합점수를 비교해보면, 서로 가치관, 열정, 잠재력에 대한 점수는 같고, 표현력과 논증력은 서로 1점씩 크고 작다.
- 丁은 '2×가치관+2×열정+2×표현력+3×잠재력+3×논증력', 戊은 '2×가치관+2×열정+3×표현력+3×잠재력+2×논증력'이므로, 서로 같은 값들을 제거하면, 丁은 논증력, 戊은 표현력만 남아서 논증력에 대한 가중치가 큰지, 표현력에 대한 가중치가 큰지 여부가 丁과 戊의 순위를 결정하게 된다. 등수는 戊>丁이므로, 표현력의 가중치가 더 크다는 것을 알 수 있다. 이와 같은 방식으로 선지들을 판단하면, 다음과 같다.
- ③ 丙과 丁을 비교하면 확인 가능하다. 위와 같이 서로 차이를 보면, 丙은 가치관이 남고, 丁은 잠재력이 남는데, 丁의 등수가 더 높으므로, 잠재력의 가중치가 더 높다. (○)

- ① 乙과 戊를 비교하면 확인 가능하다. 위와 같이 서로 차이를 보면, 乙은 열정이 남고, 戊는 잠재력이 남는데, 乙의 등수가 더 높으므로, 열정의 가중치가 더 높다. (×)
- ② 논증력과 열정만 서로 크고 작음이 다르고, 나머지 3개 항목이 같은 경우는 없어서 비교할 수 없다. (×)
- ④ 甲과 戊를 비교하면 확인 가능하다. 같은 방식으로 확인하면 戊의 등수가 더 높으므로, 표현력의 가중치가 더 높다. (×)
- ⑤ 甲과 丙을 비교하면 확인 가능하다. 같은 방식으로 확인하면 甲의 등수가 더 높으므로, 잠재력의 가중치가 더 높다. (×)

33 상황구성－거짓말쟁이 답 ②

- 주어진 상황에서 확정되어 있는 것은, 남자가 3명, 여자가 2명이라는 것과 1명은 모두 거짓말, 4명은 모두 진실을 말하고 있다는 것이다.
- 주어진 〈자기소개〉에서 여자라고 밝히는 것은 D 한 명 뿐이다. 만약 D가 거짓말을 한 것이 되면, 나머지 A, B, C, E 모두 진실이어야 하는데 그렇게 되면 남자만 5명이므로, D는 거짓말을 하지 않음을 알 수 있다. 따라서 ③, ④번은 답일 수 없다.
- D를 제외한 나머지 중 여자가 있어야 하는데, 선지를 살펴보면, 여자는 A 또는 B임을 알 수 있다. 즉, A 또는 B가 거짓말을 했어야 하는 것이다.
- 먼저, ①번이 맞으려면, A는 거짓말을 했어야 한다. 그런데, A가 거짓말을 했다면 드라큘라 가면을 써야하는데, 드라큘라 가면은 진실을 말한 E가 쓰게 되기 때문에 문제가 발생한다. 따라서 A는 거짓말을

했을 수 없고, 남학생이 진실임을 알 수 있다.

∴ 나머지 여학생일 수 있는 B를 다룬 ②번이 답임을 알 수 잇다.

34 상황구성 – 고정상황 완성 정답 ⑤

정답해설

> **고정상황**
> 관계들을 통해 발생하는 점수 변화를 바탕으로, 각각이 1·2일차에 경험한 관계를 파악할 수 있다.

- A의 경우 : 2일차 실험을 거치면서 −2점이 되었기 때문에, C와 기피관계를 경험하고, B와 독립관계 또는 D와 강세로서의 천적관계를 거쳤음을 알 수 있다.
- B의 경우 : 2일차 실험을 거치면서 +1점이 되었기 때문에, D와 공생관계를 경험하고, C와 기피관계를 경험했음을 알 수 있다.
- C의 경우 : 2일차 실험을 거치면서 −4점이 되었기 때문에, A 또는 B와의 기피관계, 독립관계 후 강세로서의 천적관계를 경험했을 것이다. 그런데 C는 독립관계에 놓이는 대상이 없고, A와 B의 경우 C와 기피관계를 한 번씩 거치기 때문에, C는 A, B와 각각 기피관계를 가졌음을 알 수 있다.
- D의 경우 : 2일차 실험을 거치면서 −1점이 되었기 때문에, A 또는 C와의 천적관계, B와의 공생관계를 경험했음을 알 수 있다. 그런데, 앞에서 C는 D와 천적관계를 갖지 않기 때문에 A와의 천적관계를 가지고, B와의 공생관계를 가진다는 것을 알 수 있다. 그리고 이를 통해 A 역시 B와의 독립관계가 아닌, D와 강세로서의 천적관계를 갖는다는 것을 알 수 있다. 이를 정리하면, 다음과 같다.

구 분	A	B	C	D
세 균	C, D	D, C	A, B	A, B
관 계	기피, 강세	공생, 기피	기피, 기피	약세, 공생

ㄴ. A, B만 독립관계에 있는데, 서로 짝이 된 적은 없다. (○)

ㄷ. C는 A, B 기피관계에 있는 세균들과만 짝을 지었다. (○)

ㄹ. C는 기피관계에 있는 세균끼리 짝을 지었다. (○)

오답해설

ㄱ. A와 D는 천적관계끼리 짝을 지은 것이다. (×)

35 상황구성 – 고정상황 완성 정답 ②

정답해설

> **고정상황**
> 기존의 의석배분은 다음과 같다.
>
> | 정 당 | A(10석) | | B(10석) | | C(10석) | | D(10석) | | 의석 배분 |
> |---|---|---|---|---|---|---|---|---|---|
> | 甲 | 80 | 4 | 120 | 3 | 150 | 5 | 40 | 4 | 16 |
> | 乙 | 60 | 3 | 160 | 4 | 60 | 2 | 40 | 4 | 13 |
> | 丙 | 40 | 2 | 40 | 1 | 90 | 3 | 10 | 1 | 7 |
> | 丁 | 20 | 1 | 80 | 2 | 0 | 0 | 10 | 1 | 4 |

- X안에 따른 의석배분은 다음과 같다.

정 당	A, C(20석)				
	득표수	득표율	의석수	1차 의석수	잔여 의석 배분
甲	230	46%	9.2	9석	9석
乙	120	24%	4.8	4석	5석
丙	130	26%	5.2	5석	5석
丁	20	4%	0.8	0석	1석

정 당	B, D(20석)				
	득표수	득표율	의석수	1차 의석수	잔여 의석 배분
甲	160	32%	6.4	6석	6석
乙	200	40%	8.0	8석	8석
丙	50	10%	2.0	2석	2석
丁	90	18%	3.6	3석	4석

- 최종적으로, 甲은 15석, 乙은 13석, 丙은 7석, 丁은 5석을 배분받게 된다.

② X안을 적용하면 丁정당의 의석수는 4석에서 5석으로 늘어난다. (○)

오답해설

① 유권자 1표의 가치는 '의석수/유권자수'로 판단할 수 있다. 모든 선거구(A~D)의 의석수가 같은 상황일 때는 유권자수가 적을수록 유권자 1표의 가치가 높다. 따라서 B의 유권자 1표 가치가 가장 낮다. (×)

③ X안을 적용하면 甲정당의 의석수는 16석에서 15석으로 줄어든다. (×)

④ X안을 적용하면 A선거구 유권자 1표의 가치는 10/200에서 20/500으로 작아진다. (×)

⑤ X안을 적용하면 乙정당과 丙정당은 현행제도와 달라지지 않는다. (×)

36 상황구성 – 고정상황 미완성 정답 ①

정답해설

① 보라색을 만드는 과정에서 빨간색과 파란색이 소모되어야 한다. 물론, 흰색들로 빨간색이나 파란색의 여분을 만들 수는 있지만, 흰색이 1개뿐이기 때문에 둘 모두의 여분을 만들 수는 없다. (×)

오답해설

② 먼저 흰색과 노란색을 빨면, 노란색 2개가 된다. 그중 노란색 1개와 빨간색을 빨면, 빨간색과 주황색이 남는다. 그리고 남은 빨간색과 검정색을 빨면 검정색 2개가 된다. (○)

③ 빨간색과 노란색을 빨면, 빨간색과 주황색이 남는다. 흰색과 파란색을 빨면 파란색 2개가 남는다. (○)

④ 파란색과 노란색을 빨면 파란색과 초록색이 남는다. 남은 파란색과 빨간색을 빨면 보라색 2개가 남는다. 그중 보라색 하나를 흰색과 빨면 보라색은 총 3개가 남는다. (○)

⑤ 파란색과 노란색을 빨면 파란색과 초록색이 남는다. 빨간색과 흰색을 빨면 빨간색 2개가 남는다. 파란색과 검정색을 빨면 검정색 2개가 남는다. (○)

37 계산   답 ③

정답해설

대출기간은 만화와 시는 7일, 나머지는 14일, 2권에 한하여 대출연장을 하면 21일이다. 그리고 신간은 시, 수필, 희곡 3가지니까 잊지않고 연체료를 2배 해주어야 한다. 이 때, 대출연장은 연체료가 2배로 붙는 수필과 희곡에 적용하는 것이 연체료를 최소로 할 수 있게 해준다.

- 만화책의 대출기간은 10일~16일, 연체는 17일~30일(14일)이므로, 연체료는 1,400원이다.
- 시집의 대출기간은 20일~26일, 연체는 27일~30일(4일)이므로, 연체료는 '400원×2=800원'이다.
- 소설의 대출기간은 5일~18일, 연체는 19일~30일(12일)이므로, 연체료는 1,200원이다.
- 수필의 대출기간은 대출연장을 통해 10일~30일이므로, 연체료는 0원이다.
- 희곡의 대출기간은 대출연장을 통해 5일~25일, 연체는 26일~30일(5일)이므로, 연체료는 500원×2=1,000원이다.

∴ 연체료는 총 4,400원이다.

38 상황구성 - 최댓값 구성   답 ②

정답해설

전달과 비교해서 찬성은 자신의 몫이 늘어난 경우, 반대는 자신의 몫이 줄어든 경우, 기권은 자신의 몫이 동일한 경우이므로, 찬성을 끌어내리려면 항상 과반 이상을 만들어야 한다는 것을 활용하면 된다.

- 첫 번째 달에는 신하 33명이 2만 원씩, 32명이 0원씩, 왕이 0원을 갖게 된다.
- 두 번째 달에는 신하 33명 중 과반이 찬성을 하게 해야 하므로, 3만 원을 17명에게 분배한다고 발표한다. 그렇게 되면 33명 중 17명은 찬성, 16명은 반대, 32명은 기권을 하게 되어, 제안은 통과된다.
- 같은 방식으로, 세 번째 달에는 9명에게 4만 원, 네 번째 달에는 5명에게 5만 원, 다섯 번째 달에는 3명에게 6만 원, 여섯 번째 달에는 2명에게 7만 원을 제안하면서 계속 통과시킬 수 있다.
- 문제는 일곱 번째 달인데, 일곱 번째 달에 1명에게만 주기 위한 최솟값은 1명에게 3만 원을 제안하는 것이다. 1명에게 3만 원을 제안하면 첫 번째 달에 2만 원을 받았던 신하 중 1명이 찬성을 하고, 여섯 번째 7만 원을 받았던 2명이 기권을 하게 된다.

∴ 최종적으로 일곱 번째 달에 신하에게 3만원, 왕이 63만 원을 갖게 된다.

39 법조문   답 ④

정답해설

ㄱ. 2조 : 교도소장은 일반경비처우급 수형자로서 교정성적 등을 고려하여 교도관의 사무처리 업무를 보조하게 할 수 있다. (○)

ㄴ. 5조 : 소장은 처우상 특히 필요한 경우에는 일반경비처우급 수형자에게도 사회봉사, 종교행사 참석 등을 허가할 수 있다. (○)

ㄹ. 4조 : 소장은 교화를 위해 특히 필요한 경우에는 일반경비처우급 수형자에게도 가족 만남의 날 행사 참여를 허가할 수 있다. (○)

오답해설

ㄷ. 3조 2항 : 소장은 자치생활 수형자들에게 월 1회 이상 토론회를 할 수 있도록 한다. 일반경비처우급 수형자는 해당되지 않는다. (×)

40 법조문   답 ②

정답해설

ㄱ. 6조 1항 : 甲은 범죄 횟수가 2회 이하이며, 형기가 3년 이상이고, 남은 형기가 3개월 이상 1년 6개월 이하인 경우에 해당하므로 교도소 내 개방시설에 수용하여 사회적응교육을 받도록 할 수 있다. (○)

ㄹ. 7조 : 丁은 완화경비처우급으로서 직업능력 향상을 위해 필요한 경우에는 교도소 밖의 공공기관에서 직업훈련을 받게 할 수 있다. (○)

오답해설

ㄴ. 6조 2항 : 乙은 형기 종료 예정일이 9개월 이상이므로 지역사회에 설치된 개방시설에 수용해 취업지원 등 적정한 처우를 받을 수 없다. (×)

ㄷ. 종합적으로 문제가 된다. 우선, 6조 및 7조에 따라 일반경비처우급 수형자에게는 사회적응교육을 받도록 할 수 없고, 丙은 범죄 횟수가 2회를 초과하였고, 남은 형기가 3개월 미만이며, 6조 1항 요건에 충족이 되더라도, 이는 교도소 밖이 아닌 교도소 내의 개방시설에 수용되기 때문에 종합적으로 문제가 많아 오히려 빨리 체크된다. (×)

2018 기출문제 정답 · 유형 · 풀이시간

01 언어논리

번호	정답	유형	풀이시간	번호	정답	유형	풀이시간
01	⑤	추 론	지문 : 40초 정답 : 1분 30초	21	⑤	추 론	지문 : 50초 정답 : 2분 35초
02	④	추 론	지문 : 1분 정답 : 1분 50초	22	③	추 론	지문 : 45초 정답 : 1분 20초
03	②	추 론	지문 : 45초 정답 : 1분 40초	23	⑤	추 론	지문 : 45초 정답 : 1분 15초
04	④	추 론	지문 : 40초 정답 : 1분 30초	24	①	추 론	지문 : 50초 정답 : 1분 35초
05	⑤	추 론	지문 : 50초 정답 : 1분 45초	25	⑤	추 론	지문 : 55초 정답 : 1분 45초
06	②	추론-대조	지문 : 45초 정답 : 1분 30초	26	⑤	주 장	지문 : 35초 정답 : 55초
07	②	추론-빈칸	정답 : 1분 30초	27	⑤	주 장	지문 : 50초 정답 : 1분 25초
08	①	추론-빈칸	정답 : 2분 5초	28	⑤	주장-빈칸추론	정답 : 1분 40초
09	④	추론-밑줄	정답 : 1분 35초	29	③	추론-빈칸	정답 : 55초
10	①	추 론	지문 : 45초 정답 : 1분 35초	30	③	추론-빈칸	정답 : 2분 15초
11	②	추 론	지문 : 35초 정답 : 1분 35초	31	④	논리-연역논증	정답 : 2분 5초
12	①	추론-밑줄	지문 : 45초 정답 : 1분 45초	32	④	논리-거짓말	정답 : 2분 15초
13	①	논리-사고	정답 : 1분 25초	33	①	논리-연역논증	정답 : 3분 15초
14	①	논리-연역논증	정답 : 2분 5초	34	⑤	논리-거짓말	정답 : 2분 15초
15	②	논리-연역논증	정답 : 2분 25초	35	③	논증-약화	정답 : 45초
16	③	논증-약화	지문 : 40초 정답 : 1분 45초	36	④	논증-강화	정답 : 1분 20초
17	②	논증-평가	지문 : 25초 정답 : 1분 15초	37	④	논증-약화	정답 : 1분 15초
18	⑤	논증-평가	지문 : 40초 정답 : 2분 45초	38	①	논증-약화	정답 : 1분 50초
19	②	추 론	지문 : 1분 25초 정답 : 1분 40초	39	③	추 론	정답 : 3분
20	③	논증-평가	정답 : 55초	40	③	논증-강화	정답 : 50초

01	⑤	자료해석(1개)	정답 : 45초	21	②	자료해석(1개)	정답 : 1분 30초
02	②	자료해석(2개)	정답 : 1분	22	④	짝짓기	정답 : 1분 40초
03	③	자료해석(1개)	정답 : 1분	23	①	자료해석(1개)	정답 : 20초
04	⑤	자료해석(2개)	정답 : 1분 30초	24	②	자료해석(1개)	정답 : 1분 35초
05	⑤	보고서-추가로 필요한 자료	정답 : 1분 10초	25	①	자료해석(2개)	정답 : 1분 50초
06	①	자료해석(1개)	정답 : 40초	26	④	보고서-부합	정답 : 2분 5초
07	④	자료해석(3개)	정답 : 1분 30초	27	①	자료해석(1개)	정답 : 1분 25초
08	③	자료해석(1개)	정답 : 1분	28	①	자료해석(1개)	정답 : 1분 40초
09	①	자료해석(2개)	정답 : 1분 50초	29	①	자료해석(2개)	정답 : 2분
10	②	자료해석(2개)	정답 : 1분 40초	30	④	자료해석(2개)	정답 : 1분 5초
11	①	자료해석(1개)	정답 : 2분	31	⑤	식 구성	정답 : 2분
12	③	식 구성	정답 : 1분 5초	32	⑤	자료해석(2개)	정답 : 1분 25초
13	②	자료해석(1개)	정답 : 50초	33	③	자료해석(1개)	정답 : 50초
14	⑤	자료해석(1개)	정답 : 2분 40초	34	①	자료해석(1개)	정답 : 2분
15	④	짝짓기	정답 : 2분 10초	35	③	자료해석(3개)	정답 : 50초
16	④	자료해석(2개)	정답 : 2분 35초	36	④	조건의 적용	정답 : 2분
17	②	조건의 적용	정답 : 2분 35초	37	④	자료해석(2개)	정답 : 2분 30초
18	③	짝짓기	정답 : 2분 35초	38	⑤	자료해석(2개)	정답 : 3분 5초
19	②	자료해석(2개)	정답 : 1분 5초	39	④	조건의 적용	정답 : 2분 50초
20	②	자료해석(1개)	정답 : 40초	40	③	자료해석(2개)	정답 : 3분 15초

01	③	부 합	지문 : 30초 정답 : 45초	21	③	부 합	지문 : 45초 정답 : 1분
02	⑤	법조문	지문 : 35초 정답 : 2분	22	④	법조문	지문 : 25초 정답 : 1분 20초
03	②	법조문	지문 : 33초 정답 : 55초	23	②	법조문	지문 : 30초 정답 : 1분
04	①	법조문	지문 : 35초 정답 : 1분	24	⑤	법조문	지문 : 45초 정답 : 1분 50초
05	①	법조문	지문 : 38초 정답 : 50초	25	①	법조문	지문 : 10초 정답 : 1분 25초
06	③	법조문	지문 : 30초 정답 : 1분	26	④	부 합	지문 : 40초 정답 : 1분 50초
07	①	부 합	지문 : 50초 정답 : 2분 15초	27	①	부 합	지문 : 36초 정답 : 1분 19초
08	⑤	계 산	정답 : 2분 15초	28	②	상황구성- 고정상황 완성	지문 : 48초 정답 : 1분 25초
09	④	계 산	정답 : 2분 35초	29	①	계산- 지문요소 적용	지문 : 36초 정답 : 2분 30초
10	②	계 산	지문 : 15초 정답 : 1분 5초	30	④	상황구성- 고정상황 없음	정답 : 1분 15초
11	③	계 산	지문 : 25초 정답 : 1분 35초	31	④	상황구성- 고정상황 완성	지문 : 30초 정답 : 1분 15초
12	③	계 산	지문 : 15초 정답 : 2분	32	②	계산- 상향식 자원배분	지문 : 30초 정답 : 1분 15초
13	①	상황구성- 고정상황 미완성	정답 : 2분 10초	33	⑤	계 산	지문 : 30초 정답 : 1분
14	④	계 산	정답 : 2분 45초	34	②	상황구성- 고정상황 미완성	정답 : 1분 30초
15	⑤	상황구성- 고정상황 완성	정답 : 3분 15초	35	②	부 합	정답 : 1분 30초
16	③	상황구성- 고정상황 완성	정답 : 2분	36	⑤	상황구성- 고정상황 미완성	정답 : 1분 50초
17	⑤	상황구성- 고정상황 미완성	정답 : 2분	37	③	상황구성- 고정상황 완성, 상향식 자원배분	정답 : 2분 25초
18	①	상황구성- 고정상황 미완성	정답 : 1분 35초	38	⑤	상황구성- 시차 보정	정답 : 2분 30초
19	③	부 합	정답 : 1분 45초	39	⑤	부 합	지문 : 45초 정답 : 1분 20초
20	④	계 산	정답 : 35초	40	③	부 합	정답 : 35초

01 추 론
답 ⑤

정답해설

지문의 주장은 헌법재판관들은 의회로부터 독립적이고 전문성을 갖춰야 하기 때문에, 그 구성에 있어 대의기관의 관여를 통해 최소한의 민주적 정당성을 갖는 것이 적절하다는 것이다.

⑤ 1·2문단 : 본 지문의 주장이다. (○)

오답해설

① 1문단 : 헌법재판관들은 현재 국민들이 헌법을 개정하지 않는 한 헌법에 선언된 과거 국민들의 미래에 대한 약정을 최대한 실현하는 것이다. (×)

② 1문단 : 헌법재판은 항구적인 인권 가치를 수호하기 위해 의회입법이나 대통령의 행위를 위헌이라고 선언할 수 있다. (×)

③ 2문단 : 헌법재판관 선출이 국민의 직접 위임에 의한 것이 이상적이지만, 현실적으로 이는 용이하지 않다. (×)

④ 1문단 : 헌법재판소가 의회입법이나 대통령의 행위를 위헌이라고 선언하는 행위는 현재 세대의 의사와 배치될 수도 있는 작업이다. (×)

02 추 론
답 ④

정답해설

지문의 주장은 마지막 문단을 통해 확보 가능하다. 자본주의가 중시하는 자원의 효율적 배분을 위해 토지사유제 이외에도 다양한 제도가 있다는 것이다. 주장에 대한 내용이 간접적으로 정답을 구성하기는 하지만, 단순히 주장만 파악하려고 하면 오히려 문제를 풀 때 부담스러울 수 있다는 점을 참고한다.

④ 1문단 : 토지사유제는 토지가 일반 재화와 같이 민간의 소유가 되어야 함을 주장하는 제도임을 알 수 있다. (×)

오답해설

① 4문단 : 주장을 다루고 있다. (○)

② 4문단 : 주장과 같은 맥락에서 논의되는 내용이다. (○)

③ 1·3문단 : 1문단에서 토지사유제는 토지 사용권을 민간이 가져야 함을 제시하고 있고, 3문단에서 토지가치세제의 상위 제도인 토지가치공유제는 사용권을 민간이 갖는다고 제시되어 있다.

⑤ 3문단 : 토지 소유권을 사용권·처분권·수익권의 세 가지 권리로 구성해 다양한 토지 제도를 분류할 수 있다. (○)

03 추 론
답 ②

정답해설

한국 범종 중 성덕대왕 신종의 우수성을 음향공학 차원에서 조명하고 있는 지문이다. 문단별로 한국 범종의 특징을 중국·서양 종과의 비교, 한국 범종에서 구덩이의 역할, 은은한 여음이 발생하는 원리에 대해 다루고 있다.

② 2문단 : 한국 범종과 중국 범종의 종신 중앙 부분의 지름에 대해서는 다루고 있지 않다. (×)

오답해설

① 1문단 : 예시로 제시된 상원사 동종, 성덕대왕 신종, 용주사 범종 모두 국보이다. (○)

③ 4문단 : 한국 범종의 종신은 땅속으로 음파를 밀어넣어 주는 뒷판의 역할을 한다. (○)

④ 3문단 : 한국 범종의 독특한 소리는 종신과 대칭 형태로 파둔 반구형의 구덩이가 종소리의 조음에 미치기 때문에 생긴다. (○)

⑤ 4문단 : 성덕대왕 신종의 여음은 땅을 거쳐 나온 저주파 성분과 종신 꼭대기의 음통관을 거쳐 나온 고주파 성분이 조화를 이루어 발생한다. (○)

04 추 론
답 ④

정답해설

지문은 만동묘와 대보단에서의 제례에 대해 왕마다 어떤 태도를 취했는지 다루고 있다. 1문단은 만동묘에서 제사가 시작된 이유와 명칭의 기원, 2문단은 대보단의 제례에 대해 영조·정조의 태도, 3문단은 대보단 제례의 분위기와 만동묘에 취한 조치, 4문단은 흥선대원군의 조치 순으로 지문을 체크하면 될 것이다.

④ 1~3문단 : 만동묘는 명나라 신종과 의종을 기리는 제사이고, 대보단은 신종을 기리는 제사이다. 그런데 영조 25년부터 대보단에서 신종뿐만 아니라 의종의 제사도 지내도록 했고, 정조가 이를 다시 고쳤다고 하지 않으므로, 유지되었음을 추론할 수 있다. (○)

오답해설

① 3문단 : 영조는 만동묘에 전답을 하사했지 없애지 않았다. (×)

② 2·3문단 : 대보단의 제례는 국왕이 직접 주관하지만, 만동묘는 전답을 하사하거나 충청도 관찰사가 참석하게 하는 조치 등으로 마무리되었다. (×)

③ 3문단 : 헌종 때 만동묘에서 제사를 지낼 때마다 충청도 관찰사가 참석하도록 했다. (×)

⑤ 1문단 : 만동묘라는 이름은 경기도 조종암에 새겨진 선조의 어필 만절필동이라는 글자의 처음과 끝을 딴 것이지, 만동묘 건립을 위해 내린 어필을 활용한 것이 아니다. (×)

05 추 론
답 ⑤

정답해설

지문의 주장은 첨단 기술의 발달을 통해 네트워크가 확산되었고, 이를 기반으로 한 비국가 행위자들의 긍정적 역할을 위한 시스템적 대응이 중요해졌다는 것이다.

⑤ 2문단 : 첨단 기술의 발달로 네트워크 유지에 들어가는 비용이 줄어들었기 때문에 많은 비국가 행위자들이 큰 힘을 발휘하고, 사회의 모든 부분에 영향력을 행사하면서 국가가 사회에서 차지하는 역할의 비중을 축소시켰다. (○)

오답해설

① 1문단 : 네트워크의 형태 중 점조직은 기초적인 형태의 네트워크이기 때문에, 복잡할수록 와해시키기 어려운 네트워크의 특성을 고려하면 결집력이 가장 강하다고 보기 어렵다. (×)

② 3문단 : 네트워크의 확산이 인류 미래에 긍정적일지 부정적일지는 아직 알 수 없다. 주장을 활용한 선지로 볼 수 있다. (×)

③ 1문단 : 네트워크가 복잡해질수록 와해시키기 어려운 이유가 조직의 핵심 기능이 중복 분산되어 있기 때문이라는 점을 고려하면, 대응력과 복잡성이 관계가 있음을 추론할 수 있다. (×)

④ 1문단 : 기초적인 네트워크보다 구성원이 많아지면서 개별적으로 연결되어 있는 복잡성이 커지면 더욱 정교한 네트워크가 된다. (×)

06 추론-대조   답 ②

정답해설

1문단은 임금차별에 대한 견해 대립이 있음을 소개하고, 2문단에서는 A 학파(기업 간 경쟁이 임금차별 완화의 핵심)의 견해. 3문단에서는 B 학파가 취하는 A 학파에 대한 비판적 태도(기업 간 경쟁이 아닌, 사회적 비용이 임금차별 완화의 핵심)이라는 것을 확인할 수 있다.

② 2문단 : A 학파는 정책적 방향을 제시하고 있지는 않다. (×)

오답해설

① 2문단 : A 학파는 기업 간 경쟁이 치열할수록 임금차별이 완화된다고 본다. (○)

③ 2 · 3문단 : A 학파와 B 학파는 임금차별의 완화 요인을 두고 대립하고 있다. (○)

④ 3문단 : B 학파는 사회적 비용이 제도를 수용하지 않을 때 발생하는 조직의 생존 가능성 저하를 가리킨다고 보았다. 조직의 생존 가능성이 낮아지면 임금차별이 줄어들 것이라고 보았다. (○)

⑤ 3문단 : B 학파는 강제적 제도를 통해 사회적 비용을 높이면 임금차별이 줄어들 것으로 보았다. (○)

07 추론-빈칸   답 ②

정답해설

• ㉠의 뒤에서는 이유 · 원인 자체를 설명할 수 없음을 다루고 있다. 따라서 선지 ①과 ②의 왜 우주가 탄생하게 되었는지를 다루었음을 알 수 있다.

• ㉡의 뒤에서는 빅뱅 이전이 성립하지 않으면 그 이전에 아무 일도 없었다고 하여, 빅뱅 이전에 시간 자체가 없었음을 추론할 수 있다.

08 추론-빈칸   답 ①

정답해설

㉠과 ㉡은 헌팅턴 무도병과 파킨슨병의 설명을 통해 확인할 수 있다. 헌팅턴 무도병은 신체의 근육들이 제멋대로 움직이는 병이고, 파킨슨병은 근육을 움직일 수 없는 병이다. 따라서 선조체는 신체 운동을 ㉠ 억제하는 기능을 하고, 흑색질은 신체 운동을 ㉡ 유발하는 운동을 한다는 것을 알 수 있다. ㉢과 ㉣도 마찬가지로 판단하면 되는데, ㉢을 향상

시키면 파킨슨 병이 완화되고, ㉣의 기능을 억제하면 헌팅턴 무도병이 완화된다는 것을 통해 ㉢과 ㉣은 같은 부위임을 알 수 있다. 즉, 파킨슨병은 흑색질이 손상되어 발생한 병이기 때문에 ㉢과 ㉣은 모두 흑색질임을 알 수 있다.

09 추론-밑줄   답 ④

정답해설

유전 과학자들의 실험은 핥아짐과 스트레스 반응 정도에 인과 관계가 있음을 연구하고, 그 메커니즘에 GR 유전자, 코르티솔 민감성 등에 대해 제시하였다. 그런데 이러한 연구를 하더라도, 여전히 유전 과학자들이 갖고 있는 유전자의 발현에 관한 문제는 핥아짐이라는 후천적인 요소가 어떻게 유전자를 발현시키는지에 남아있게 된다.

10 추론   답 ①

정답해설

ㄱ. 2문단 : 새 모형은 암세포의 전이 방식을 통한 새로운, 더 많은 유전 변이를 설명할 수 있다. (○)

오답해설

ㄴ. 1 · 2문단 : 종전의 공간 모형이 3차원 공간 구조를 잘 설명하지만, 컴퓨터 설명 모형이 이를 설명하지 못하는지 제시하고 있지는 않다. (×)

ㄷ. 2문단 : 종전의 공간 모형은 종양이 다른 세포를 올라 타고서만 다른 곳으로 옮겨갈 수 있다고 하여 자체 이동 능력을 인정하지 못하는 모습을 보여준다. (×)

11 추론   답 ②

정답해설

지문은 효용의 차이가 갖는 특징을 설명하고 있다. 지문의 주장을 다루는 문제가 아니기 때문에 설명되는 소재의 파트 배치를 확인해두고, 특정 상황을 판단해야 하는 케이스들을 체크해두면 어렵지 않게 찾아서 확인할 수 있다.

ㄴ. 2문단 : 사람들은 자산이 많을수록 동일한 수익에 대해 둔감하게 반응한다. 따라서 동일한 수익을 얻었을 때의 '자산이 x일 때의 만족감>자산이 y일 때의 만족감'이라면 자산은 $x<y$ 이다. (○)

오답해설

ㄱ. 1문단 : 효용이 양수이면 만족감을 느끼고 효용이 음수이면 상실감을 느낀다. 단지 손실을 입는다고 해서 상실감을 느낀다고 할 수 없다. (×)

ㄷ. 2문단 : 한 사람의 재산이 고정되어 있는 경우 수익보다 손실로 느끼는 경우의 상실감이 만족감의 2배이다. 서로 다른 두 사람의 감정인 갑과 을의 상황에 대해서는 비교할 수 없다. (×)

12 추론 - 밑줄
정답 ①

정답해설

지문은 1문단에서 혈액의 구성 요소, 2문단에서 혈액 조성에 영향을 미치는 현상에 대해 설명하고 있다. 설명문이기 때문에 문단별/소재별 위치를 간단히 확인해두고 선지의 정오를 판단하면 된다.

ㄱ. 2문단 : 땀을 많이 흘리면 수분이 많이 빠져나가 과도한 운동을 한 상황과 같이 심한 탈수 현상이 일어나는 것인데, 이렇게 되면 혈액 중 물의 비중이 낮아지므로, 적혈구의 농도가 높아진다고 볼 수 있다. (○)

오답해설

ㄴ. 적혈구는 산소의 농도가 높아지면 생성되는 것이 아니라, 적혈구가 산소를 전달하는 역할을 하는 것이다. (×)

ㄷ. 진성적혈구증가증에 걸리면 다른 혈액 성분은 변동 없이 적혈구만 많이 생산되는 것이기 때문에 적혈구의 비율이 높아지고, 가성적혈구증가증은 적혈구의 총량은 변화 없이 혈장이 감소하는 것이기 때문에 적혈구의 비율이 마찬가지로 높아진다. (×)

13 논리 - 사고
정답 ①

정답해설

• 모모는 역사 안에서 자연의 힘이 아닌 지성과 사랑의 힘에 일어나는 일에 대해서는 선과 악이 있을 수 있다고 하여 모든 진술이 동시에 참일 수 있게끔 진술하고 있다. (○)

오답해설

• 나나는 역사 안에서 일어나는 모든 일에는 선과 악이 없지만, 개인이 선할 수는 있다고 하고 있다. 그런데 나나는 개인이 노력을 하더라도 역사에서 벗어날 수 없다고 하여 궁극적으로 개인에게도 선과 악이 있을 수 없는 상황을 만들고 있다. 따라서 나나의 모든 진술이 동시에 참일 수는 없다. (×)

• 수수는 지성과 사랑의 역사 역시 자연의 힘으로 벌어진다고 하고 있는데, 자연의 힘만으로 벌어지는 모든 일에는 선과 악이 없지만, 자연의 힘으로 벌어지는 지성과 사랑의 역사에는 선이 있다고 하여 모든 진술이 동시에 참일 수는 없게끔 진술하고 있다. (×)

14 논리 - 연역논증
정답 ①

정답해설

예측의 정리
• 갑 : 가영:미국 → 나준:프랑스
• 을 : ~나준:프랑스 → ~가영:미국
• 병 : ~(나준:프랑스 ∧ 다석:중국)
• 정 : ~다석:중국 ∧ ~가영:미국

이 때, 을과 병 중 적어도 한 명은 틀렸고, 네 명 중 두 명은 맞고, 두 명은 틀렸다. 그런데, 을의 대우를 취하면, 갑과 같다. 따라서 갑과 을이 맞고, 병과 정이 틀렸거나 갑과 을이 틀렸고, 병과 정이 맞는 상황임을 알 수 있다. 먼저 갑과 을이 맞는 상황이라면, 가영은 미국, 나준은 프랑스, 다석은 중국에 갈 것이다.

하지만 갑과 을이 틀린 상황이라면, 정 때문에 다석이는 중국에 가지 않고, 가영이가 미국에 가지 않아야 하면서 동시에, 을이 틀린 상황이기 때문에 가영이가 미국에 가고, 나준이가 프랑스에 가지 않는 상황이 성립해야 한다. 따라서 가영이가 미국에 가면서 가지않은 모순이 발생하기 때문에 갑과 을이 맞는 상황임을 알 수 있다.

ㄱ. 가영이는 미국에 간다. (○)

오답해설

ㄴ. 나준이는 프랑스에 간다. (×)

ㄷ. 다석이는 중국에 간다. (×)

15 논리 - 연역논증
정답 ②

정답해설

조건의 정리
• 세종>서울
• 세종 : 갑 ∨ 병, 서울 : 정
• 을 : ~일자리 창출(사무관이 두 번째로 많은 청사가 아님), 나머지 : 일자리 창출
• 과천 : 2명
• 을 : ~사무관이 가장 적은 청사

이를 통해 과천 2명에는 을과 갑 또는 병 중 세종에 배치되지 않은 1명이 배치되는 것을 알 수 있고, 을이 있는 과천이 사무관이 가장 많은 청사임을 알 수 있다. 따라서 과천>세종>서울 순으로 사무관의 수가 많다.

ㄷ. 정이 근무하는 서울이 사무관의 수가 가장 적다. (○)

오답해설

ㄱ. 사무관 수가 가장 적은 청사에 근무하는 사무관은 서울에 배치된 정이다. 그런데, 일자리 창출 업무를 겸임하지 않는 사무관은 을뿐이다. (×)

ㄴ. 을은 과천에 근무하고, 병은 세종 또는 과천에 근무한다. (×)

16 논증 - 약화
정답 ③

정답해설

지문의 주장은 과학 연구에 사용할 수 있는 한정된 자원은 나누어 걸기 전략을 통해 배분하는 것이 합리적이라는 것이다. 지문의 주장을 약화시키기 위해서는 본 주장의 방향과 다른 내용의 선지를 확인하면 된다.

③ 서로 다른 연구 프로그램에 자원을 배분하지 못하는 상황을 제시하고 있으므로, 지문의 방향과 다르다. (○)

오답해설

① 선택과 집중 전략보다 나누어 걸기 전략이 더 바람직하다고 말하는 것은 지문의 방향과 같다. (×)

② 연구 프로그램들에 대한 현재의 비교 평가 결과는 몇 년 안에 달라질 수 있기 때문에 지문에서는 적절한 주기로 연구 프로그램을 평가해 자원 배분의 비율을 조정토록 하고 있다. (×)

④ 연구 프로그램 중 하나가 반드시 성공할 것을 알기 때문에 자원을 분배하는 것이 아니라, 어느 것 하나 성공한다고 단정지을 수 없기 때문에 자원의 나누어 걸기 전략이 바람직하다는 것이므로, 지문의 방향과 같다. (×)

⑤ 한 사람이나 몇몇 사람의 생각으로 결정하지 않고, 성공 확률을 바탕으로 자원을 나누어 걸라는 것이기 때문에 같은 방향이라고 볼 수 있다. (×)

17 논증-평가
日 ②

정답해설

• A : 거문고의 '거문'이 색깔에서 유래하였고, '금'과 '고'는 같은 단어이기 때문에 '현금'이 거문고로 쓰이게 되었다고 주장한다.
• B : 거문고의 '거문'이 나라 이름 고구려의 옛말인 '거무'에서 유래하였고, '고'는 현악기 또는 악기를 가리키는 단어라고 주장한다.
ㄷ. 악기의 이름 앞에 국명을 붙이는 관습이 있었다는 사실은 B의 주장을 강화하고, A의 주장을 강화하지 않는다. (○)

오답해설

ㄱ. 단군왕검에서 '검'이 신(神)을 뜻하는 옛말이라는 사실은 옛말로부터 단어가 유래했다고 보는 B의 주장은 강화 가능하더라도, A의 주장까지 강화한다고 보기는 어렵다. (×)
ㄴ. '고'와 '금'을 혼용한다고 주장한 것은 A이지만, B가 딱히 이를 부정한 것은 아니기 때문에 고와 금을 혼용한다는 사실로 인해 B의 주장이 약화되지 않는다. (×)

18 논증-평가
日 ⑤

정답해설

흄에 따르면, 거짓일 확률과 기적이 일어날 확률을 비교해야 하고, 프라이스에 따르면 증언이 참일 확률과 기적이 일어날 확률을 비교해야 한다.

주어진 상황
• 기적이 일어날 확률 : 0.01%
• 가람이 거짓을 말할 확률 : 0.1%, 참을 말할 확률 : 99.9%
• 나래가 거짓을 말할 확률 : 0.001%, 참을 말할 확률 : 99.999%

⑤ 흄의 이론과 프라이스 이론 무엇을 따르더라도 나래의 증언은 참이라고 볼 수 있다. (○)

오답해설

① 흄의 이론에 따르면, 나래의 증언이 거짓일 확률과 기적이 일어날 확률을 비교해야 한다. 둘을 비교하면, 기적이 일어날 확률이 더 높기 때문에 나래는 진실을 말했다고 생각해야 한다. (×)
② 흄의 이론에 따르면, 가람의 증언이 거짓일 확률과 기적이 일어날 확률을 비교해야 한다. 둘을 비교하면, 거짓을 말할 확률이 더 높기 때문에 가람의 증언을 받아들일 수 없다. (×)
③ 프라이스의 이론에 따르면, 가람의 증언이 참일 확률과 기적이 일어날 확률을 비교해야 한다. 둘을 비교하면, 참을 말할 확률이 기적이 일어날 확률보다 높기 때문에 증언이 참이라고 봐야 한다. (×)
④ 흄의 이론에 따르면, 가람의 증언은 거짓이다. (×)

19 추론
日 ②

정답해설

② 5문단 : 미래의 어느 시점에 반증 가능성이 있다면 그 진술은 입증 가능한 증거가 있는 진술과 마찬가지로 유의미하다. (○)

오답해설

① 4문단 : 관련 법칙을 알 수 없다고 해도 여전히 유의미하게 인과 관계를 주장할 수 있다. (×)
③ 1문단 : 인과 관계를 나타내는 인과 진술은 먼저 일어난 사건을 통해 뒤에 일어날 사건을 예측할 수 있음을 의미하는 것이다. 따라서 나중에 일어난 사건이 원인이 될 수는 없다. (×)
④ 5문단 : 가까운 미래에 입증할 수 없더라도 미래 어느 순간 입증할 수 있다면 유의미하다. (×)
⑤ 5문단 : 현재 알려지지 않았더라도 미래에 입증할 가능성만 있다면 인과 관계가 있다. (×)

20 논증-평가
日 ③

정답해설

지문에서는 인과 진술이 거짓으로 밝혀지는 상황에 대해선 제시하지 않고 있다. 오히려 거짓 법칙을 써서라도 도출할 수 있다면 그 진술은 유의미하다고 봐야 한다. 따라서 병호와 정호 모두 어떤 자료를 활용해 인과를 입증했으므로, 모두 유의미한 진술이다.
ㄱ. 모두 유의미한 진술이다. (○)
ㄷ. 제대로 된 자료를 통해 입증을 했으므로, 참임을 알 수 있다. (○)

오답해설

ㄴ. 거짓을 만드는 메커니즘은 이 진술에서 다루지 않고 있다. (×)

21 추론
日 ⑤

정답해설

지문은 설명문이다. 따라서 지문의 주장을 파악하기보다는 소재의 구성을 통해 선지가 설명되고 있는 위치를 파악하는 것이 중요하다.
⑤ 3문단 : 봉수대에서 상황에 따른 봉수를 올리는 개수는 3문단에 제시되어 있다. 조선군이 외적과 전투를 시작하면 연변봉수대는 5개의 봉수를 올려야 한다. (○)

오답해설

① 5문단 : 선조의 정책은 5문단에서 설명되고 있다. 선조는 선왕 때 일어난 을묘왜변 당시 봉수대에 문제가 있었다는 것을 인지하고 봉수가 원활하게 전달되지 않을 때를 대비해 파발 제도를 운영하였다. 봉수제도를 폐지한 것은 아니다. (×)
② 4문단 : 날씨에 따른 봉수 운영은 4문단에서 제시된다. 날씨 때문에 봉수를 분간할 수 없을 때에는 그 다음 봉수군이 앞의 봉수대까지 찾아가서 확인해야 한다. (×)
③ 1·2문단 : 봉수의 정의는 1문단, 연변봉수대의 기능은 2문단에 제시되어 있다. 봉수란 밤에는 횃불, 낮에는 연기를 사용해 릴레이식으로 신호를 보내는 것이다. (×)
④ 3문단 : 봉수대에서 상황에 따른 봉수를 올리는 개수는 3문단에 제시되어 있다. 외적이 국경을 넘으면 4개의 봉수를 올려야 한다. (×)

22 추론

정답해설

지문은 러시아에 대항한 조청연합군의 과정에 대해 설명하고 있다. 따라서 지문을 읽으면서 소재의 배치에 신경써두면 된다. 예를 들어 1문단은 러시아군에 패배한 청군으로, 러시아군과 청군이 주어로 등장함을 알아두면 되고, 2문단은 청의 파병 이후, 조선, 변급의 부대, 조선과 청의 연합군, 이들에게 패배한 러시아 함대 정도가 주어로 등장함을 알아두면 된다. 3문단은 시기만 바뀌었을 뿐 체크해나가면 큰 흐름은 2문단과 같다. 따라서 청, 조선, 조선과 청의 연합군, 패퇴하는 러시아군 정도로 잡아두면 되겠고, 마지막 문단은 패배한 러시아군, 러시아와 청의 조약 정도로 확인하면 이 글의 배치는 간단히 확인해둘 수 있다.

③ 2문단 : 변급은 청군이 유인한 러시아 함대를 강변의 산 위에서 숨어 있다가 적이 나타나면 사격을 가하는 전법을 통해 승리를 거두었다. (○)

오답해설

① 3문단 : 신유는 3문단에서 등장한다. 신유는 변급처럼 두만강을 건너 북상하지만 의란이 아닌 쑹화강과 헤이룽강의 합류지점에서 러시아군과 교전한다. 의란에서 교전한 것은 변급이다. (×)

② 2문단 : 변급은 2문단에서 제시된다. 변급은 의란에서 전투를 벌였다. 우수리강의 하구 지점은 러시아군이 접어들어 남하한 기점이다. (×)

④ 2·4문단 : 조약은 4문단에서 제시된다. 네르친스크 조약을 통해 러시아는 우수리강의 하구 지점을 잇는 수로를 포기하였다. 크게 보면 지문에서의 조청연합군은 러시아에게 두 번이나 승리를 거두었기 때문에 러시아가 더 큰 영토를 가져가는 것이 말이 안 된다고 봐도 무방하다. (×)

⑤ 3문단 : 신유의 부대는 두만강 하구로 나간 것이 아니라 변급의 부대와 같이 두만강을 건너 영고탑으로 북상한 후, 청군과 함께 이동하였다. (×)

23 추론

정답해설

지문은 현재의 인간인 사피엔스가 다른 종의 인간들을 멸종시키고, 주류가 된 이유를 다룬 논설문이다. 마지막 문단에서 그 직접적 원인이 유연성 이론도 담화 이론도 아닌, 존재하지 않는 것에 대한 공유 가능성임을 제시해주고 있다.

⑤ 4문단 : 지문에서 사피엔스가 다른 종의 인간을 멸종시킨 직접적인 원인으로 상상과 허구와 같은 존재하지 않는 것에 대한 정보의 공유를 가리키고 있다. (○)

오답해설

① 1문단 : 불을 가졌던 시절의 사피엔스와 우리의 뇌 크기는 비슷한 수준이었다. (×)

② 4문단 : 유연성 이론과 담화 이론은 사피엔스의 정복을 부분적으로만 설명할 수 있기 때문에 직접적 원인이라고 볼 수는 없다. (×)

③ 1·2문단 : 인지혁명이 모두 마무리 되고 나서 다른 인간 종을 몰아내기 시작했다고 볼 수는 없다. 7만 년 전부터 다른 지역으로 퍼져나간 사피엔스는 이미 그 지역의 다른 종의 인간들을 멸종시키기 시작했고, 그 원인 중 하나가 인지혁명이다. 인지혁명이 기원전 7만 년 전부터 시작되었으니, 그 때부터 멸종시키기 시작했다고 볼 수 있다. (×)

④ 3문단 : 담화 이론은 사피엔스가 언어를 통해 사회적 협력을 강화시켰다는 것인데, 그 종류는 주변 환경에 대한 담화와 사회 구성원에 대한 담화이다. 둘 간의 우열을 두고 있지는 않다. (×)

PSAT Doctor의 덧붙이기

지문의 주장을 잡는 것이 문제를 푸는 데 직접적인 도움을 주는 경우도 있고, 주지 않는 경우도 있다. 하지만 지문의 주장이라는 것은 일부러 잡는 것이 아니라, 지문의 소재와 맥락을 크게 확인해나가다 보면 자연스럽게 잡히게 되는 것이다. 그런 연습이 되지 않았다면, 지문을 덩어리로 보는 훈련과 그를 통해 주장을 잡는 연습을 할 필요가 있다. 본 문제의 경우 ⑤번 선지가 주장을 직접 제시해주고 있기 때문에 지문의 주장을 통해 어렵지 않게 확인할 수 있다.

24 추론

정답해설

지문의 주장은 오스만 제국이 정복을 하더라도 기존 세력의 자치적 행정을 인정하는 정복방식을 선호해 제국이 안정적으로 지배되었다는 것이다. 이러한 주장은 첫 번째 문단에서 제시된 이후, 그에 대한 사례로서 경제정책, 종교정책, 인사정책이 제시 되고 있다.

① 3문단 : 콘스탄티노플의 대주교는 총대주교로서 정교회의 행동에 대한 모든 책임까지 지는 행정 관리이기도 했다. (○)

오답해설

② 3문단 : 오스만 제국의 정복 지역에서 민족 간 상호 차별 현상이 발생했으나, 그것이 밀레트 때문인지 알 수 없다고 제시되어 있다. 이는 최소한 밀레트가 상호 차별의 예방을 위한 제도는 아니라는 것을 알 수 있게 해준다. (×)

③ 4문단 : 데브쉬르메는 어린이 징용제도로서 새로운 전사와 관리를 육성해나가는 제도이다. 이 제도가 반란의 예방 조치로 기능했는지는 제시되지 않는다. (×)

④ 2문단 : 티마르 영지를 분배받은 이들은 조세권은 가졌지만, 사법권은 갖지 못해 중세 영주와는 다른 권리를 지녔음을 알 수 있다. (×)

⑤ 1문단 : 오스만 제국의 통치 정책은 정복지의 기존 질서를 견고히 하고자 하는 것이 아니라, 제국의 지배를 견고히 하기 위함이었다. (×)

PSAT Doctor의 덧붙이기

앞서 언급한 바와 같이, 지문을 통해 주장이 확보되는 것은 무방하지만, 주장을 먼저 잡고 답을 내겠다는 생각은 위험할 수 있다. 본 문제의 경우에도 지문의 주장을 잡고 그와 관련된 선지를 해결하려고 하면 오히려 헤매게 되기 때문이다. 그렇기 때문에 주장을 목적으로 하는 것이 아니라, 주장은 문단별 추론영역 확장을 통해 자연스럽게 잡히도록 연습주는 것이 좋다.

25 추론

정답해설

지문은 1890년부터 시작된 반독점법의 연혁과 목적(사상)에 대해 제시하고 있다. 첫 문단에서 셔먼법에 대한 틀을 보면 셔먼법의 목적과 비판 대상, 사상적 배경으로 구분되어 있다. 그렇다면 기본적인 문단의 틀 역시 그렇게 보고 다른 문단의 연혁 변화를 살펴보면 될 것이다. 최종적으로 아놀드의 반독점법은 시민 자치권이 아닌 경제적 효율성 향상으로서 소비자 복지에 초점을 맞추는 것이 중요하고, 이를 바탕으로 안정적 지위를 갖게 되었다는 것을 끌어내주면 된다.

⑤ 2문단 : 브랜다이스는 독점 규제의 취지가 소비자의 이익이 아니라 독립적 소생산자의 경제를 보호하는 것이라고 보았다. (×)

오답해설

① 1 · 2문단 : 셔먼과 브랜다이스는 반독점법의 사상적 배경을 공화주의에 두고 있다. (○)

② 3문단 : 아놀드는 시민 자치권을 근거로 하는 반독점 주장을 거부하고, 경제적 효율성 향상에 초점을 맞추고자 했다. (○)

③ 1 · 3문단 : 셔먼은 반독점법 제정을 통해 소비자의 이익 보호+탈집중화된 경제 보호, 아놀드는 소비자 복지의 증진이라는 점에 초점을 맞춰 모두 소비자 이익을 보호하고자 했음을 알 수 있다. (○)

④ 3문단 : 아놀드는 1938년 반독점국의 책임자로 임명된 이후 시민 자치권이 아닌 소비자 복지를 위한 반독점법을 시행하였다. (○)

26 주 장

정답해설

지문의 주장을 묻는 문제에서는 지문의 내용 흐름이나 소재의 배치 등에 초점을 맞출 필요가 없다. 지문의 주장을 묻는 문제는 반드시 지문을 큰 덩어리로 제시해 하나의 글로 완성시키기 때문이다. 이 지문의 경우에도 마지막 문단을 보면 결과적으로 상류층이 서민들 앞에서는 소비를 절제하는 검소한 태도로 자신의 위세를 과시하고, 서민이 없는 자리에서는 고가품을 통해 자신의 위세를 과시하는 모습을 보임을 지적하고 있다.

27 주 장

정답해설

첫 문단에서 정치 갈등의 중심에 있는 불평등과 재분배의 문제에 대해 좌파와 우파가 오래도록 대립하고 있는데, 이를 해소하기 위해서는 두 진영이 불일치하는 지점을 찾아 정확히 분석해야 한다고 제시한다. 그런데 4 · 5문단에서 좌파와 우파는 정의의 원칙에 대해 이미 합의를 했다고 제시되어 있다. 따라서 마지막 문단에서 말하는 것과 같이 두 진영이 협력하기 위한 첫걸음은 원칙에 대한 합의가 아니라 이에 대한 정확한 분석임을 알 수 있다.

28 주장 - 빈칸추론

정답해설

• 빈칸을 추론하는 문제는 일반적으로 빈칸의 전후 맥락을 통해 빈칸의 내용을 추론하는 문제이다. 하지만 본 문제는 주장을 묻는 문제 유형으로 제시되어 있다. 왜냐하면 빈칸의 앞에 '결론적으로 정원은'이라고 제시되어 있기 때문이다. '결론적으로'라고 하여 빈칸을 제시하고 있다는 것은 빈칸이 결국 주장을 제시하고 있다는 것을 의미한다. 따라서 지문의 맥락을 바탕으로 주장을 제시하면 될 것이다.

• 첫 문단에서 보면 반 야생의 자연인 정원이 간과되었음을 지적하며, 대량 생산에 필요한 정원이라는 단계를 강조하고 있다. 2 · 3문단을 가볍게 살펴보아도 정원에 대한 의미, 여성의 역할 등을 다루고 있지만 정원이 가진 농업경제에서의 역할을 무너뜨릴 정도로 강력한 내용의 전환은 발생하지 않는다. 따라서 본문의 내용을 첨가한 채, 경작과 관련되어 있는 선지를 확인해주면 될 것이다.

29 추론 - 빈칸

정답해설

• 빈칸의 전후 맥락을 확인하면 된다. 빈칸이 포함된 문장을 보면, 기분조정 이론을 음악 선택의 상황에 적용하면, 빈칸 같은 상황이 예측된다고 하였다. 그리고 바로 다음 문장을 보면 음악 선택 상황을 통한 기분조정 이론을 검증하는 실험이 진행된다. 즉, 이후의 문장에서 해당 빈칸에 대한 내용을 실험결과로서 제시하고 있음을 알 수 있다. 이제 해당 문단의 실험결과를 파악하기 위해 글을 읽어주면 된다.

• 실험결과는 서로 다른 집단 간 발생하는 변수에 따른 차이점이라고 생각하면 된다. 집단 1과 2에게 서로 다른 미래를 제시했더니, 집단 1은 즐거운 기분을 유지하고자 하고, 집단 2는 과도한 흥분을 유발시킨 후 마음을 가라앉히는 행동을 취했다. 이를 통해 다음 상황에 맞춰 현재의 기분을 조정하고자 한다는 것을 확인할 수 있다.

30 추론 - 빈칸

정답해설

마찬가지로 빈칸추론 문제이지만, 빈칸의 바로 전후문장만으로는 어떤 내용인지 인식하기 어렵다. 맥락보다도 어휘 자체에 대한 구분이 필요하기 때문이다. 지문에서는 음소, 변이음 등에 대한 어휘의 정의를 제시해주고 있고, 이것이 문제를 푸는 데 직접 활용이 되고 있기 때문에 어휘에 대한 개념을 확보하기 위한 꼼꼼히 읽기가 필요한 문제이다.

이에 대한 개념을 첫 문단에서 확보했다면,

• ㉠ : ①과 ②는 변이음에 대한 잘못된 설명임을 확인할 수 있고, ⑤는 음소에 대한 잘못된 설명임을 확인할 수 있다.

• ㉡ : 지문의 첫 문장에서 '음소'가 아닌 소리를 들으면, 이를 변별적으로 인식하지 못한다고 하고 있어 답은 ③번임을 확인할 수 있게 해준다.

31 논리－연역논증　　　　　　　　　답 ④

정답해설

④ ⑩은 '~구조 → 체계성 ∧ 생산성', ⑪은 '사고 : 체계성 ∧ 생산성'이다. ㉠은 '사고 → 구조'이기 때문에 ⑩과 ⑪이 참이라고 해서 ㉠이 참이라고 할 수 없다. (○)

오답해설

① ㉠은 '철수'와 '영희'가 지시하는 대상이 존재하면, '철수가 영희를 사랑한다.'는 문장이 유의미하다는 것이다. ㉡은 '철수가 영희를 사랑한다.'는 문장이 유의미하면, '영희가 철수를 사랑한다.'는 문장도 유의미하다고 제시한다. 하지만 ㉠이 참이라고 해서, ㉡이 참인 것은 아니기 때문에 지지한다고 볼 수 없다. (×)
② ⑪은 우리의 사고가 체계성과 생산성을 가지고 있다는 것이고, ⑩은 언어의 체계성과 생산성에 대한 내용이다. 사고와 언어에 대한 맥락이 두 문장만으로 연결되지 않기 때문에 지지한다고 볼 수 없다. (×)
③ ㉢은 '~구조 → ~체계성', ㉣은 '~구조 → ~생산성'이다. 이 둘이 참이면, '체계성 ∨ 생산성 → 구조'인데, ⑩ 역시 '체계성 ∨ 생산성 → 구조'를 가리킨다. 따라서 ㉢과 ㉣이 참이면, ⑩은 참이다. (×)
⑤ ⑪은 '사고 : 체계성 ∧ 생산성'이고, ㉺은 사고에 체계성이 있다는 것, ⓞ은 사고에 생산성이 있다는 것을 의미한다. 따라서 ⑪이 참이면, ㉺과 ⓞ은 참이다. (×)

32 논리－거짓말　　　　　　　　　답 ④

정답해설

진술 중 하나만 참이라는 것과 뇌물을 받거나 받지 않은 사람을 특정하는 진술이 있는지 확인하는 것이 우선적으로 고민되어야 한다. 그런데 두 번째 진술을 제외한 나머지 진술들은 전부 조건형 진술이다. 따라서 두 번째 진술을 활용해 확실한 단서를 잡을 수 있는지 확인해보자. 두 번째 진술이 거짓이면, A, C, D는 모두 뇌물을 받지 않은 것이다. 그렇게 되면 첫 번째 진술과 세 번째 진술이 모두 참이게 된다. 따라서 두 번째 진술은 거짓일 수 없다. 즉, 두 번째 진술만 참이고 나머지 진술들은 거짓임을 알 수 있다.
- A, C, D 중 적어도 한 명은 뇌물을 받았다.
- 첫 번째 진술은 거짓이므로, A가 뇌물을 받고, B도 뇌물을 받았음을 알 수 있다.
- 세 번째 진술은 거짓이므로, B와 C 모두 뇌물을 받았음을 알 수 있다.
- 네 번째 진술은 거짓이므로, B와 C 중 적어도 한 명이, 그리고 D는 뇌물을 받지 않았음을 알 수 있다.
∴ A, B, C는 뇌물을 받고, D는 뇌물을 받지 않았다. 총 3명이 뇌물을 받은 상황이다.

33 논리－연역논증　　　　　　　　　답 ①

정답해설

> **기호화**
> - 지원투자 ∨ 입주지원 : 10월 → 간담회 : 10월 → 10월 대관
> - ~10월 대관 → 입주지원 : 10월
> - 10월 대관 → 입주지원 : 11월
> - 지원사업 : 10월 → 간담회 : 11월
> - 지원투자 ∨ 지원사업 : 10월

ㄱ. 첫 번째 진술과 세 번째 진술의 대우를 살펴보자. 입주지원이 10월이면 10월 대관인데, 입주지원이 11월이 아니면 10월 대관이 안 된다. 즉, 입주지원이 10월일 수 없다는 것이다. 따라서 ㄱ선지는 참이다. (○)

오답해설

ㄴ. 대표자 간담회는 지원투자가 10월에 있으면 10월에 진행될 수 있다. 따라서 ㄴ선지는 참일 수 없다. (×)
ㄷ. 지원투자사업이 10월에 진행되더라도 특별히 문제될 것이 없다. 따라서 ㄷ선지는 참일 수 없다. (×)

34 논리－거짓말　　　　　　　　　답 ⑤

정답해설

참말과 거짓말을 하는 조건을 잘 검토해두고, 진술을 살펴본다.
을의 경우에는 자신이 사는 지역을 말하고, 다른 사람의 성별을 말하고 있기 때문에 참/거짓이 쉽게 구별될 수 있으므로, 먼저 검토한다.
- 을이 참말을 하는 상황이라고 가정하면, 을은 아랫마을에 사니까 여자이고, 갑은 남자이다. 갑이 남자라면, 갑의 진술이 거짓말이어야 하기 때문에 갑은 윗마을에 살아야 하고, 그렇게 되면 남자라서 참말을 해야 하는 모순이 발생한다. 따라서 을은 참말일 수 없다.
- 을이 거짓말을 하는 상황이 확정된다. 따라서 을은 윗마을에 살고, 갑은 여자임을 알 수 있다. 또한 을이 윗마을에 살고 거짓말을 하기 때문에 여자라는 것을 알 수 있다. 그 다음으로는 먼저 을에 대해 진술하기 때문에 판별하기 쉬운 병을 검토하면, 병은 을이 아랫마을에 살고 남자라고 말하기 때문에 거짓을 진술한다는 것을 알 수 있다. 마찬가지로 정 역시 을에 대해 진술하기 때문에 살펴보면, 을에 대해 참을 진술한다는 것을 알 수 있다. 그렇다면 병은 윗마을에 사는 것이다. 이 때, 조건에서 윗마을과 아랫마을 사람은 각각 두 명씩이라고 했기 때문에, 을과 병이 윗마을, 갑과 정이 아랫마을임을 알 수 있다. 그렇다면 정은 아랫마을에서 참을 진술하기 때문에 여자라는 것을 알 수 있고, 대화에 참여하는 이들이 모두 여자임을 확인할 수 있다.

⑤ 갑~정 모두 여자이다. (○)

오답해설

① 갑은 아랫마을에 산다. (×)
② 갑은 아랫마을, 을은 윗마을에 산다. (×)
③ 을과 병은 모두 윗마을에 산다. (×)
④ 을, 병, 정 중에서 을, 병이 윗마을에 산다. (×)

35 논증-약화　📘③

정답해설

논증(강화/약화) 문제의 경우에는 우선적으로 주장을 확인하고, 선지가 취하는 주장에 대한 방향성을 검토하면 된다. 본 지문의 주장은 인공지능이 사물을 식별하는 것에는 개념의 이해가 포함되지는 않고, 역도 마찬가지라는 것이다. 마지막 문단을 통해 충분히 확인이 가능하다. 따라서 우리는 인공지능이 사물을 식별하기 위해서는 개념의 이해가 선행되어야 한다거나 사물의 식별과 개념의 이해는 같은 것임을 가리키는 선지를 찾으면 된다.

③ 개념을 이해하지 못하면 식별할 수 없음을 가리킨다. 즉, 우리가 찾고자 하는 진술의 대우를 표현하고 있다. 따라서 본 지문의 주장을 약화시키는 진술이다. (○)

오답해설

① 개념을 제대로 갖추지 못하고도 식별할 수 있음을 의미한다. 따라서 본 지문의 주장과 같은 방향성을 갖는 진술이다. (×)

② 식별은 할 수 있어도 개념을 이해하지 못할 수 있는 사례를 제시한다. 따라서 본 지문의 주장과 같은 방향성을 갖는 진술이다.(×)

④ 개념을 이해하지 못하더라도 사물을 식별할 수 있음을 가리킨다. 따라서 본 지문의 주장과 같은 방향성을 갖는 진술이다. (×)

⑤ 계절을 잘못 식별하더라도 개념을 이해하고 있음을 가리킨다. 따라서 본 지문의 주장과 같은 방향성을 갖는 진술이다. (×)

36 논증-강화　📘④

정답해설

- 멜라토닌이 가지고 있는 메커니즘
  - 멜라토닌은 송과선에서 분비된다.
  - 멜라토닌은 밤에 많이 생성된다.
  - 멜라토닌은 졸음을 유발한다.
  - 멜라토닌은 생식 기관의 발달과 성장을 억제한다.

④ 빛에 많이 노출되면 멜라토닌은 줄어들 것이고, 생식 기관의 발달이 촉진될 것이다. (○)

오답해설

① 송과선이 제거되면 멜라토닌이 줄어들어 생식 기관의 발달과 성장이 촉진될 것을 추론할 수 있다. (×)

② 멜라토닌의 농도가 높아지면 생식이 더뎌져야 한다. (×)

③ 멜라토닌은 어둠 속에서 많이 생성될 것이다. 또한 밑줄 친 ⊙과 상관없는 진술이다. (×)

⑤ 생식 기관의 발달이 억제되어 있는 개체들은 멜라토닌이 많았을 것이다. (×)

37 논증-약화　📘④

정답해설

밑줄 친 ⊙의 '해석'이 무엇을 의미하는지 우선 확인하여야 한다. 실험 결과를 검토하면, 오랑우탄은 A의 입장이 되어 오랑우탄 자신은 B의 움직임을 알고 있지만, 모른다는 것을 가정하고 시선을 움직인다는 것을 확인할 수 있다. 따라서 이 해석이 약화되려면, 오랑우탄이 A의 입장이 되어 시선을 움직인 것이 아니라는 것을 제시해주면 된다.

④ 실험 결과가 나타난 이유가 A의 입장이 된 것이 아니라 단지 개체가 가까이 있었기 때문이라면 본 실험 결과에 대한 해석을 약화시킨다. (○)

오답해설

① B에 대한 인식은 실험과 무관하다. (×)

② 사람들 역시 A의 입장이 되어 시선을 움직인다는 것은 유인원의 심리 진화 과정에 대한 중요한 실마리가 될 수 있다는 해석을 강화한다. (×)

③ 20마리가 아니라 21마리가 같은 모습을 보인 실험 결과는 기존의 실험 결과를 강화시킨다. (×)

⑤ 나머지 10마리의 인식은 본 실험의 해석과 무관하다. (×)

38 논증-약화　📘①

정답해설

지문의 주장은 임의적 유사성이 계통수 가설을 지지하는 단서가 된다는 것이다. 이를 약화시키려면 임의적 유사성이 없더라도 계통수 가설은 지지될 수 있다는 것, 또는 임의적 유사성이 있더라도 계통수 가설은 지지될 수 없다는 것이다. 이를 틀로 삼아 선지를 검토해줘야 한다.

ㄱ. 3문단에서 임의적 유사성이 기능적 이유가 없기 때문이라고 제시되어 있는데, 기능적으로 이유가 있다고 제시되면 지문의 근거가 약화된다. (○)

오답해설

ㄴ. 엄마라는 단어에 이름들이 임의적으로 선택되면 강화된다. 물론 선지가 구체적으로 엄마라는 단어가 어떤 특징을 가지는지 제시하고 있지 않아 무관하다고 볼 수도 있다. (×)

ㄷ. 뉴클레타이오드의 개수는 주장과 무관하다. 개수에 따라 기능적 우수성에 대해 검토하고 있기는 하지만, 지문은 개수에 대한 검토 없이 3개로만 이루어진 RNA에 대해 다루므로 큰 의미는 없다. (×)

39 추론 답 ③

- ㉠의 상황은 아이 두 명이 뛰어들었을 때, 직진/우회전/좌회전에 따른 교통 법규, 탑승자 보호, 인명 피해를 구분한 경우의 수를 다루고 있다.
- ㉡은 교통 법규, 탑승자 보호, 인명 피해에 대한 우선순위를 제시하고 있기 때문에 이 둘을 고려해 문제에서 제시하는 우회전이 발생할 수 있는 상황을 검토해야 한다.
- 우회전은 교통 법규를 준수한 상황이고, 탑승자만 사망이기 때문에 선지에서 제시된 사망자를 통해 ㉡의 상황을 확인해주면 된다.
- 우선 우회전을 하면 탑승자가 사망하기 때문에, 탑승자를 보호하는 우선순위는 최후순위로 밀렸음을 알 수 있다. 탑승자가 1명이고 교통 법규 준수가 1순위일 때, 직진/오른쪽 중 인명피해 최소화를 위해 오른쪽을 선택하게 된다. 반대로 인명피해 최소화가 1순위일 때, 왼쪽/오른쪽 중 교통 법규 준수를 위해 오른쪽을 선택하게 된다. 따라서 탑승자가 1명이면 1·2순위와 무관하게 오른쪽을 선택하게 된다. 탑승자가 2명이면 교통 법규 준수가 1순위일 때, 직진/오른쪽 중 인명 피해 최소화를 위한 선택은 따로 없고, 3순위인 탑승자 보호를 위해 직진을 하게 된다. 반대로 인명 피해 최소화가 1순위이면 왼쪽을 선택하게 된다.

∴ 따라서 주어진 선지에서는 자율주행 자동차의 탑승자 보호(1)가 최후 순위이고, 탑승자가 1명인 상황을 생각해야 한다.

40 논증-강화 답 ③

㉢은 이율배반적 태도를 지적하고 있다. 주어진 빈칸은 인명 피해 최소화에 대한 선호에도 불구하고 발생하는 이율배반적 태도이기 때문에 이에 대한 사례가 될 수 있는 선지를 확인하면 된다. 주어진 선지 중 인명 피해 최소화를 도구로 삼는 선지는 ③번과 ⑤번인데, 병의 진술을 확인해보면 ⑤번의 교통법규 준수와 인명피해 최소화는 같은 상황을 목적으로 하기 때문에 이율배반적인 대답이 나오지 않는다. 하지만 ③번은 탑승자 자신의 인명보다 자신을 제외한 나머지 인명 피해의 최소화를 우선시할 것인지에 대한 질문에 대해서는 그렇지 않다는 답변을 하게 되면서 교통법규 준수 및 인명피해 최소화를 목적으로 하는 자율주행 자동차에 대한 이율배반적인 태도를 보이게 만든다.

01 자료해석(1개)　　　　　　　답 ⑤

정답해설

ㄴ. 갑의 드림카페 점포수와 병의 드림카페 점포수의 합은 '전체 드림카페 점포수 평균×5-을, 정, 무의 점포수의 합(12)=8'이다. 따라서 갑과 병의 점포의 |편차가 둘 다 2이려면, 하나는 4+2이고, 하나는 4-2이어야 한다. (○)

ㄷ. 정의 해피카페 점포수=해피카페 평균 점포수×5-정을 제외한 점포수(17)=3이다. 따라서 드림카페 점포수보다 적다. (○)

ㄹ. |편차의 평균은 |편차의 합이나 도시수가 달라져야 한다. 그런데, 무에서 브랜드 변경 없이 병으로 이전하면 |편차의 합도, 도시수도 달라지지 않는다. (○)

오답해설

ㄱ. 해피카페의 |편차의 합은 5이고 평균은 1.2, 드림카페의 |편차의 합은 8이고 평균은 1.6이다. (×)

02 자료해석(2개)　　　　　　　답 ②

정답해설

ㄱ. 고속도로 이동인원의 증가율은 (6,160-3,540)/3,540≒74.0%이다. (○)

ㄷ. (588-535)/535≒9.9%이다. (○)

오답해설

ㄴ. 먼저, 2017년 1일 평균 이동인원은 6,160/11=560만 명이고, 2016년 1일 평균 이동인원은 3,540/6=590만 명으로 전년대비 약 5.08% 감소하였다. (×)

ㄹ. 서울-부산의 경우 2016년에 비해 2017년에 7시간 15분에서 7시간 50분으로 증가했다. (×)

03 자료해석(1개)　　　　　　　답 ③

정답해설

③ 엥겔계수와 엔젤계수는 분모가 서로 같기 때문에 18세 미만 자녀에 대한 보육 교육비는 엔젤계수를, 식료품비는 엥겔계수를 기준으로 비교하면 된다. 따라서 2006년 이후 엔젤계수가 매년 엥겔계수보다 크기 때문에 보육·교육비가 식료품비보다 크다는 것을 알 수 있다. (○)

오답해설

① 2009년 대비 2010년의 변화는 16.1에서 17.7로 상승폭은 1.6이고, 2010년 대비 2011년의 변화는 17.7에서 18.3으로 상승폭은 0.6이다. 따라서 상승폭이 매년 증가하지 않음을 알 수 있다. (×)

② 엥겔계수 하락폭은 '16.6-12.2=4.4'이고, 엔젤계수 상승폭은 '14.4-20.1=5.7'이다. 엔젤계수 상승폭이 더 크다. (×)

④ '엥겔계수÷엔젤계수=식료품비/가계지출액×가계지출액/보육·교육비=식료품비/보육·교육비'이다. 따라서 이 분수값이 매년 증가하는지 확인하면 된다. 2009년을 보면 분모인 엔젤계수가 증가하고, 분자인 엥겔계수가 감소해 해당 분수는 감소한다. 따라서 보육

·교육비 대비 식료품비의 비율이 감소함을 알 수 있다.(×)

⑤ 엔젤계수가 가장 높은 해는 2013년으로 20.5이고, 엔젤계수가 가장 낮은 해는 2004년으로 14.4이다. 따라서 7.0%p만큼 차이나지 않는다. (×)

04 자료해석(2개)　　　　　　　답 ⑤

정답해설

ㄷ. 정의 1차 시기 평균점수가 10점이 높아지면, 최종점수는 91+94.5=185.5점이다. 이것은 갑과 병보다 크고, 을 역시 1차와 3차 평균점수가 각각 90을 넘지는 못하므로, 정의 최종점수가 가장 높다. (○)

ㄹ. 1차 시기에 A는 갑~정에게 88, 84, 74, 79점을 부여했고, C는 각각 89, 87, 85, 80점으로 A보다 높은 점수를 부여했다. (○)

오답해설

ㄱ. 을의 1차와 3차 세부점수를 보면 각각의 평균점수가 39.5점보다는 클 것이므로, 최종점수는 1차와 3차의 평균점수의 합이다. 을의 1차 평균점수는 정의 1차 평균점수보다 높지만, 을의 3차 평균점수는 정의 2차 평균점수보다 낮다. 세부적인 비교를 하면, 을의 1차 세부점수는 정의 1차 평균점수인 81점에 비하여 A : +3, B : +6, C : +6, D : +7이므로, 을의 1차 평균점수는 정의 1차 평균점수에 비해 +22/4=5.5점이 더 높음을 알 수 있다. 반대로 을의 3차 세부점수는 정의 2차 평균점수인 94.5점에 비하여 A : -13, B : -18, C : -14, D : -17이므로 을의 3차 평균점수는 정의 2차 평균점수에 비해 5.5점 이상 더 낮다는 것을 알 수 있다. 따라서 최종점수는 을이 정보다 더 낮다. (×)

ㄴ. 갑의 3차 평균점수는 183.5-89.5=94점이다. 병의 3차 심사위원별 점수는 94점보다 모두 낮기 때문에, 갑의 3차 평균점수는 병보다 높다. (×)

05 보고서-추가로 필요한 자료　　　　답 ⑤

정답해설

• 〈보고서〉의 1문단에 나온 2017년 3월~7월, 전년동기인 2016년 3월~7월의 방한 중국인 관광객수는 〈표 1〉에서 확인 가능하다. 중국인의 한국 관광 포기로 인한 관광 지출액은 〈표 1〉과 〈표 2〉를 통해 확인 가능하다.

• 〈보고서〉의 2문단에 나온 2017년 전년대비 연간 추정 방한 중국인 관광객 감소 규모는 〈표 1〉에서 확인 가능하다. 추정 지출 감소액은 〈표 1〉과 〈표 2〉를 활용하여 확인할 수 있다. 2016년 연간 전체 방한 외국인 관광객 수는 추가로 필요한 자료이므로, ㄴ이 필요하다.

• 〈보고서〉의 3문단에 나온 2017년 산업 부문별 추정 매출액은 추가로 필요한 자료이고, 매출 감소액과 전년대비 비교 역시 2016년 자료가 필요하므로 ㄷ, ㄹ이 필요하다.

∴ 따라서 정답은 ⑤번이다.

06 자료해석(1개)　　　답 ①

정답해설

ㄱ. 28/40＝70%이고, 11/186≒5.9%이다. (○)

ㄴ. 40명 중 28명과 13명 모두에 속하는 사람이 있는지를 보려면 전체 합과 부분의 합이 얼마나 차이가 나는지를 보면 된다. 28＋13－40 ＝1이므로, 1명은 반드시 포함된다. (○)

오답해설

ㄷ. 전체 급제자가 가장 많은 왕은 선조 대이고, 출신 신분이 낮은 급제자가 가장 많은 왕은 중종 대이다. (×)

ㄹ. 188/900≒20.9%이다. (×)

07 자료해석(3개)　　　답 ④

정답해설

ㄱ. 5/202≒2.5%이다. (○)

ㄴ. 2011년은 19/53≒35.8%, 2012년은 44/72≒61.1%, 2013년은 38/116≒32.8%, 2014년은 48/154≒31.2%이다. 따라서 2012년이 가장 크다. (○)

ㄹ. 2012년 갑국 상업용 무인기 수출량의 전년대비 증가율은 약 620%이고, 2012년 상업용 무인기 매출액의 전년대비 증가율은 608%이다. 증가율의 차이는 30%p 이하이다. (○)

오답해설

ㄷ. 수입량의 전년대비 증가율은 2011년 0.9/1.1≒81.8%, 2012년 1.5/2.0＝75%, 2013년 0.7/3.5＝20.0%, 2014년 0.8/4.2≒19.0%이기 때문에 증가율이 가장 작은 해는 2014년이다. 수출량의 전년대비 증가율은 2011년 1.3/1.2≒108%, 2012년 (18－2.5)/2.5＝620%, 2013년 272%, 2014년 258%이다. 따라서 2012년이 가장 크다. (×)

08 자료해석(1개)　　　답 ③

정답해설

③ 산업기사 전체 응시율은 151/186≒81.2%이고, 기능사 전체 응시율은 252/294≒85.7%이다. (○)

오답해설

① 산업기사 전체 합격률은 61/151≒40.4%이고, 기능사 전체 합격률은 146/252≒57.9%이다. (×)

② 치공구설계는 14/22≒63.6%, 컴퓨터응용가공 14/42≒33.3%, 기계설계는 31/76≒40.8%, 용접은 2/11≒18.2%로, 합격률이 높은 것은 치공구설계＞기계설계＞컴퓨터응용가공＞용접 순이다. (×)

④ 컴퓨터응용가공의 응시율은 42/48≒87.5%, 용접의 응시율은 11/24≒45.8%이다. (×)

⑤ 기계가공 조립과 귀금속가공의 응시율이 같기 때문에, 합격률도 같아야 하는데, 같지 않다. (×)

09 자료해석(2개)　　　답 ①

정답해설

ㄱ. 용산구의 미세먼지는 49×0.9＝44.1, 초미세먼지는 1.5×10＋51 ＝66, 이산화질소는 1,200×0.034＝40.80이다. 성동구의 미세먼지는 67, 초미세먼지는 2×23＝46, 이산화질소는 12×2.9＝34.80이다. 용산＜성동구이다. (○)

ㄴ. 강북구의 미세먼지 농도는 44로 평균인 51보다 작고, 초미세먼지 농도는 23으로 평균 24보다 작고, 이산화질소 농도는 0.042로 평균 0.033보다 크다. (○)

오답해설

ㄷ. 중랑구의 미세먼지 대기환경지수는 48×0.9＝43.2, 초미세먼지는 22×2.0＝44.0, 이산화질소는 '800×(0.041－0.04)＋51＝51.8'이므로, 통합대기환경지수는 이산화질소의 대기환경지수와 같다. (×)

ㄹ. 미세먼지가 평균보다 높은 곳은 4곳(성동구, 동대문구, 성북구, 도봉구)이다. 이 중 초미세먼지와 이산화질소 모두 평균보다 높은 곳은 동대문구 1곳이다. (×)

10 자료해석(2개)　　　답 ②

정답해설

ㄱ. 최연중(0.4), 권순용(0.3), 정민하(0.42), 안필성(0.21)이다. (○)

ㄹ. 교육 이수 후 발령받았을 때의 정민하와 안필성의 목표점수 차이는 0.6×150－0.3×150＝0.3×150＝45이다. (○)

오답해설

ㄴ. 6급은 최연중(0.8)＋권순용(0.5)이고, 5급은 정민하(0.9×0.7)＋안필성(0.5×0.7)이다. 따라서 6급은 1.30이고, 5급은 0.98이다. (×)

ㄷ. 자격증 유무는 어차피 변동 사항이 아니기 때문에 증가율에서 따질 필요가 없다. 따라서 직급과 자격증 여부에 따른 조정계수의 증가율만 비교하면 된다. 정민하는 0.6에서 0.8로 증가했고, 최연중은 0.4에서 0.6으로 증가해 최연중의 상표심사 목표점수의 증가율이 더 크다. (×)

11 자료해석(1개)　　　답 ①

정답해설

· 〈보고서〉의 두 번째 목차에 따라 증원이 없을 때 매출액은, (가) 사업장은 '207≤x≤253', (나) 사업장은 '144≤x≤176'이어야 한다. ④번은 (가) 사업장이 초과되었고, ⑤번은 (나) 사업장이 초과되었다.

· 〈보고서〉의 세 번째 목차에 따라 증원이 없을 때와 3명 증원 시 매출액 차이는 ①번은 나＞가이고, ②번은 가＞나이고, ③번은 나＞가이다. 따라서 ②번은 불가능하다.

· 〈보고서〉의 네 번째 항목은 (나) 사업장의 2014년 매출액은 252보다 2018년 2명 증원과 3명 증원의 매출액이 더 커야 한다. ①번은 258, 297이고, ③번은 244, 287이기 때문에 ①이 답이다.

12 식 구성 답 ③

- A의 평판도 총점은 $10 \times (9+10+4) + 5 \times (6+4+10+8) = 10 \times 23 + 5 \times 28 = 370$이다.
- B의 평판도 총점은 $10 \times (8+9+6) + 5 \times (8+6+9+6) = 375$이다. 따라서 B>A이다.
- C의 평판도 총점은 $10 \times 23 + 5 \times 25 = 355$, D의 평판도 총점은 $10 \times 18 + 5 \times (17+x)$이다. 이 때, 만약 x가 10이더라도 C가 더 크다.

∴ 따라서 B>A>C>D이고, 정답은 ③번이다.

13 자료해석(1개) 답 ②

ㄱ. E의 나머지 점수를 총점에서 빼면 $410-160=250$이다. 250점을 가중치 10인 항목 2개와 5인 항목 1개로 구성하려면 전부 10인 경우뿐이기 때문에 동일하다. (○)

ㄴ. 주어진 항목들을 이용해 G의 '라'를 구하면, G의 '라'는 7이다. F의 '마'가 최고점인 10이라고 해도 F의 '라'는 8이 된다. 그리고 F의 '마'가 10점이 아닌 더 낮은 점수를 받는 경우에는 F의 '라'는 더 커진다. 따라서 '라'의 지표점수는 F 대학이 G 대학보다 최소 1점 이상은 무조건 높다. (○)

ㄷ. H대학의 나 항목은 80이고, 마 항목은 60이다. 점수로 환산하면 나는 40점이고, 마는 60점이다. 따라서 총점이 얼마이든 마의 비중이 더 크다. (×)

14 자료해석(1개) 답 ⑤

⑤ 2011년부터 2015년까지의 1인당 1일 급식비의 평균은 6,447.8로 2013년의 1인당 1일 급식비인 6,432보다 크다. (×)

① 2012년은 335/5,820≒5.8%, 2013년은 277/6,155≒4.5%, 2014년은 416/6,432≒6.5%, 2015년은 136/6,848≒2%이다. 2014년이 가장 크다. (○)

② 1,924/2,100≒92%이기 때문에 목표 충원인원이 더 많아야 88%가 될 수 있다. (○)

③ 2012년은 157/1,767≒8.9%, 2013년은 100/1,924≒5.2%, 2014년은 99/2,024≒4.9%, 2015년은 72/2,123≒3.4%이다. 매년 증가율이 감소한다. (○)

④ 물가상승률은 5%씩 4번 상승했으므로, $1.05 \times 1.05 \times 1.05 \times 1.05 > 1.20$임을 알 수 있다. 이 때, 계산해보면 2011년대비 2015년의 물가상승률은 약 21.5%이다. (○)

15 짝짓기 답 ④

상품수입액을 알기 위해 〈그림 1〉을 통해 수입액을 확인해야 한다. 이를 활용해 상품 수입액과 서비스 수입액을 나타내면 다음과 같다.

구 분		2015	2016
A	상품수입액	10	20
	서비스수입액	38	30
B	상품수입액	15	20
	서비스수입액	32	32
C	상품수입액	10	20
	서비스수입액	44	44
D	상품수입액	60	57
	서비스수입액	45	52
E	상품수입액	30	20
	서비스수입액	30	30

첫 번째 조건을 통해 상품 수입액 증가폭이 동일한 국가 을과 정은 A와 C이다. 따라서 ①, ③, ④ 중 답이 있다. 두 번째 조건을 통해 서비스 수입액이 동일한 국가 을, 병, 무국은 B, C, E이다. 따라서 답은 ④번이다

16 자료해석(2개) 답 ④

ㄱ. 〈표 1〉에 따라 성수기 일반요금은 A>B>C>D>E 순이고, 성수기 무기명 회원요금은 〈표 1〉과 〈표 2〉를 통해 A>B>C>D>E 순임을 알 수 있다. (○)

ㄴ. B 리조트의 회원요금 중 가장 높은 값은 성수기 무기명으로 262,500원이고, 가장 낮은 값은 비수기 기명으로 137,500원이다. 그 둘의 차이는 125,000원이다. (○)

ㄹ. 비수기 기명 회원요금과 무기명 회원요금의 차이가 가장 작은 리조트는 5천 원 차이가 나는 E 리조트이다. E 리조트는 성수기 기명 회원요금과 무기명 회원요금의 차이도 1만 원 차이가 나서 가장 작다. (○)

ㄷ. A, E 리조트의 경우에는 성수기 기명 회원요금/비수기 기명 회원요금이 2배가 넘는다. (×)

17 조건의 적용 답 ②

〈규칙〉을 통해 〈그림〉의 상황을 정리하면, 다음과 같다.

	A	B	C	D	E
A		1승	−	1승	2패
B	1패			1패	2패	2승
C		1승		1승 1패	1승 1패
D	1패	2승	1승 1패		1승
E	2승	2패	1승 1패	1패	

ㄱ. 한 팀이 2경기씩 4팀과 치러야 하고, 다섯 팀이 리그를 구성하고 있기 때문에, 중복되어 셈해지는 경기를 빼면 총 20경기가 치러져

야 하는데, 현재 치러진 경기는 14경기이다. (○)

ㄷ. A팀이 남은 경기를 모두 승리하면, 6승이 된다. 그런 상황에서 나머지 팀이 얻을 수 있는 최대 승리는 B가 3승, C가 4승, D가 5승, E가 4승이기 때문에 A팀의 최종 승수가 가장 많음을 알 수 있다. (○)

오답해설

ㄴ. A는 4경기, B는 6경기, C는 5경기, D는 6경기, E는 7경기를 치렀기 때문에 E가 가장 많은 경기를 치렀다. (×)

ㄹ. A팀이 남은 경기를 모두 승리하고 E팀이 남은 경기를 모두 패배한다면, D는 A에게 1승 1패, B에게 2승, C에게 1승 1패, E에게 1승 1패를 한 것이기 때문에 총 5승을 한 것이 된다. (×)

18 짝짓기 답 ③

정답해설

• 첫 번째 〈조건〉을 통해 세종은 A와 B가 될 수 없다는 것을 알 수 있다.
• 두 번째 〈조건〉을 통해 울산, 대전, 광주는 A가 될 수 없고, 서울은 B가 될 수 없다.
• 세 번째 〈조건〉을 통해 광주는 A가 될 수 없고, 울산은 B가 될 수 없다.
• 네 번째 〈조건〉을 통해 인천은 A가 될 수 없고, 서울은 B가 될 수 없다.
• 종합하면, A가 될 수 없는 지역은, 세종, 울산, 대전, 광주, 인천이고, B가 될 수 없는 지역은 세종, 서울, 울산이다. 즉, 서울, 부산, 대구 중 A를 두고, 부산, 대구, 인천, 광주, 대전 중 B를 상정해서 주어진 선지에서 비교할 수 있다. A가 서울이면, B는 광주일 때 네 가지 조건을 모두 만족한다. 적합한 설명은 ③번뿐이다.

19 자료해석(2개) 답 ②

정답해설

ㄱ. 〈표 2〉에서 갑의 필요 기능은 3, 5, 7, 8이다. 〈표 1〉에서 해당 기능을 모두 제공하는 소프트웨어는 A와 E인데, 그중 가격이 저렴한 것은 E이다. (○)

ㄴ. 〈표 1〉에서 B와 C를 비교하면, C는 B보다 1, 5, 8만을 더 가지고 있고, B는 C보다 10만 더 가지고 있다. 즉, B와 C의 가격 차이가 1, 5, 8과 10의 가격 차이임을 알 수 있다. 둘의 가격 차이는 4,000원이다. (○)

오답해설

ㄷ. 〈표 2〉에서 을이 가진 소프트웨어와 병이 가진 소프트웨어로 1~10을 모두 제공하려면, 을이 보유한 소프트웨어 B로 제공하지 않는 기능인 1, 5, 7, 8을 병이 제공할 수 있어야 한다. 〈표 1〉에서 주어진 소프트웨어 중 1, 5, 7, 8을 제공하는 소프트웨어는 A, E이기 때문에 E뿐이라고 할 수 없다. (×)

20 자료해석(1개) 답 ②

정답해설

② 2017년 9월의 순위는 〈표 1〉의 등락을 반영해 확인할 수 있다. 2017년 9월과 2016년 10월의 순위를 비교하면 다음과 같다.

순위	2016년 10월	2017년 9월	2017년 10월
1위	아르헨티나	브라질	독일
2위	독일	독일	브라질
3위	브라질	아르헨티나	포르투갈
4위	벨기에	스위스	아르헨티나
5위	콜롬비아	폴란드	벨기에
6위	칠레	포르투갈	폴란드
7위	프랑스	칠레	스위스
8위	포르투갈	콜롬비아	프랑스
9위	우루과이	벨기에	칠레
10위	스페인	프랑스	콜롬비아
11위	웨일스	스페인	스페인

따라서 2017년 9월 순위가 2016년 10월보다 낮은 국가는 아르헨티나, 벨기에, 프랑스, 칠레, 콜롬비아 총 5개국임을 알 수 있다. 그런데 독일은 동률이므로, 높은 국가는 4개국이어서 낮은 국가가 더 많다. (○)

오답해설

① 양 기간 모두 10위 이내에 들어 있는 국가는 아르헨티나, 독일, 브라질, 벨기에, 콜롬비아, 칠레, 프랑스, 포르투갈 8개국이다. (×)

③ 2017년 10월 상위 5개 국가의 점수 평균은 1,434.4점이고, 2016년 10월 상위 5개 국가의 점수 평균은 1,447.8점이다. (×)

④ 2017년 10월 상위 11개 국가 중 2016년 10월 대비 점수가 상승한 국가는 독일, 브라질, 포르투갈, 폴란드, 스위스, 스페인이다. 이 중 스페인은 점수가 상승했지만 순위가 10위에서 11위로 하락했다. (×)

⑤ 2017년 10월 상위 11개 국가 중 전월 대비 순위가 상승한 국가는 독일, 포르투갈, 벨기에, 프랑스로 4개국이고, 전년 동월 대비 상승한 국가는 독일, 브라질, 포르투갈, 폴란드, 스위스로 5개국이다. (×)

21 자료해석(1개) 답 ②

정답해설

ㄱ. A>B인 지역은 서울, 세종, 광주, 대구 4곳이다. 한옥건설업체가 0인 지역은 대전, 울산 2곳이다. (○)

ㄷ. 수도권 시공업체 중 서울 시공업체가 차지하는 비중은 '25/(25+5+37)≒37.3%'이고, 전국 설계업체 중 수도권 설계업체가 차지하는 비중은 '(49+8)/162≒35.2%'이다. (○)

오답해설

ㄴ. 전국은 A : 162, B : 268, A<B 이다. (×)

ㄹ. A가 가장 큰 2개 지역은 서울, 경북이고, 그 합은 84이고, 84/162 ≒51.9%이다. (×)

22 짝짓기 답 ④

정답해설

• 첫 번째 조건을 통해 D는 갑임을 알 수 있다. → ②, ④, ⑤번 중 답이 있다.
• 두 번째 조건을 통해, A ≠ 정, D ≠ 을 → ⑤번 out
• 세 번째 조건을 통해, C ≠ 을, B ≠ 병 → ②번 out
∴ 따라서 정답은 ④번이다.

23 자료해석(1개)

정답해설

① 29/87(≒0.33)<8/18(≒0.44)이다. (×)

오답해설

② 조선측 공격이 일본측 공격보다 큰 해는 1592, 1593, 1598년이다. 이 해들은 매번 조선측 승리가 일본측 승리보다 많다. (○)

③ 1598년은 6/8(=0.75)이고, 1592년은 38/70(≒54.3)이다. (○)

④ 관군·의병 연합전 승리의 최소치=전체 승리-~(관군 단독전+의병 단독전)를 통해 도출 가능하다. 이를 대입하면 40-(19+9)=12이고, 여기서 12는 40의 30%이다. (○)

⑤ 관군 단독전의 승리 최소치=전체 승리-~(관군 단독전)=6-2=4>0이다. (○)

24 자료해석(1개)

정답해설

ㄱ. 돼지로 식별한 동물 중 돼지의 비율은 350/408≒85.8%이다. 따라서 돼지가 아니라고 식별한 비율은 100%-85.8%=14.2%이다. (○)

ㄷ. (457+600+350+35+76+87)/1766≒90.9%이다. (○)

오답해설

ㄴ. 여우로 식별한 비율은 600/636≒94.3%이고, 돼지로 식별한 비율은 350/399≒87.7%이다. (×)

ㄹ. 고양이(2)>양(1) (×)

25 자료해석(2개)

정답해설

ㄱ. 중요도 점수는 〈표 2〉에서 확인 가능하다. 교수-학생복지-교육환경-교육지원-비교과-교과 순 (○)

ㄴ. 만족도 점수는 〈표 1〉에서 확인 가능하다. (○)

구 분	2016	2017
교 과	3.41	3.45
비교과	3.50	3.56
교수활동	3.52	3.57
학생복지	3.27	3.31
교육환경 및 시설	3.48	3.56
교육지원	3.39	3.41

오답해설

ㄷ. 만족도 점수는 〈표 1〉에서 확인 가능하다. 2015년의 만족도가 가장 높은 영역은 비교과(3.73)이고, 만족도가 가장 낮은 영역은 학생복지(3.39)이다. 둘 간의 차이는 0.340이다. 2016년의 만족도가 가장 높은 영역은 교육활동(3.52)이고, 만족도가 가장 낮은 영역은 학생복지(3.27)이다. 둘 간의 차이는 0.250이다. (×)

ㄹ. 요구충족도는 각주를 통해 확인 가능하다. 2017년 요구충족도가 가장 높은 영역은 비교과(3.56/3.64≒97.8%)이다. (×)

26 보고서-부합

정답해설

ㄱ. 〈보고서〉의 두 번째 문단에 해당한다. (○)

ㄴ. 〈보고서〉의 첫 번째 문단에 해당한다. (○)

ㄹ. 〈보고서〉의 네 번째 문단에 해당한다. (○)

오답해설

ㄷ. 〈보고서〉의 세 번째 문단에 해당하지만, 병원에서의 학대 인정사례 비율은 2012년에 2.4%에서 2013년 3.1%로 증가했다. (×)

27 자료해석(1개)

정답해설

ㄱ. 〈자료〉에서 고용형태를 보면, 4,591/6,500≒70.6% (○)

ㄴ. 4,591명 중 2년 이상의 최소치는 2년 이상의 근로자가 전부 비정규직일 때, 남은 인원으로 따진다. (2,044-1,909)/4,591≒3%이다. (○)

오답해설

ㄷ. 비정규직이 제조업과 서비스업에 해당하는 사람으로 구성되었다고 한다면, 정규직 중 제조업과 서비스업에 해당하는 사람은 '(1,280+2,847)-1,909=2,218명'이다. 그렇다면 4,591명 중 2,218명을 제외한 나머지는 제조업과 서비스업이 아닌 나머지 직종의 근로자일 것이다. (×)

ㄹ. 476/500≒95.2%<984/1,000≒98.4% (×)

28 자료해석(1개)

정답해설

ㄱ. 분수 설정에 합이 필요해 시간이 조금 더 걸릴 수 있는 문제이다. 53/483≒11.0%, 15/191≒7.9%이다. (○)

ㄴ. 인턴 경험이 없는 경우의 합격자수가 64 vs 4로 분모의 증가율보다 훨씬 크다. (○)

오답해설

ㄷ. 53/467≒11.3%이고, (11×2)/48≒45.8%이다. (×)

ㄹ. 4/143≒2.8%이고, 11/48≒22.9%이기 때문에, 4/143에 30%p를 더하면 11/48을 넘어버린다. 따라서 30%p만큼 차이가 나지 않음을 알 수 있다. (×)

29 자료해석(2개)

정답해설

ㄱ. 〈표〉에서 A, B가 상위 2개 업체이다. 2016년의 D는 3년 평균이 2015년의 356보다 작으므로, 2016년의 B>D임을 알 수 있다.
- 2015년 : 3,138<(1,021+590)×2
- 2016년 : 2,864<(990+535)×2
- 2017년이 문제인데, B>D+E이고, 나머지 보다 A가 크기 때문에 A+B가 2017년 전체의 50% 이상임을 알 수 있다. (○)

ㄴ. 2017년의 온실가스 배출량의 합은 2,731로, 연도별 온실가스 배출량은 2015>2016>2017임을 알 수 있다. (○)

30 자료해석(2개) 정답 ④

정답해설

ㄱ. 〈표〉에서 매년 상위 3개 업체는 A, B, C가 유지된다. (○)

ㄷ. B는 $2,673 \times 552 \div 2,917 ≒ 505.8$이고, C는 $2,673 \times 383 \div 2,917 ≒ 350.9$이다. 따라서 B>C이다. (○)

ㄹ. G의 예상 배출량은 96이고, 배출권은 $2,673 \times 101 \div 2,917 ≒ 92.6$이다. G 업체의 예상배출량이 더 많다. (○)

오답해설

ㄴ. D의 철강 1톤을 생산하는 데 필요한 온실가스는 정확히 제시되지 않지만, '284/1,000 이상≒28.4% 이하'임을 알 수 있다. 이 때, 1,000 이상이기 때문에 최대 28.4%로 두고 비교해 오히려 엄격하게 확인할 수 있다. E의 철강 1톤을 생산하는 데 필요한 온실가스는 '272/600 이하≒45.3% 이상'임을 알 수 있다. 따라서 '(45.3-28.4)/28.4≒0.59'로 50% 이상 배출했음을 알 수 있다. (×)

31 식 구성 정답 ⑤

정답해설

• A : $3 \times 1,500 + 20 \times 1,500 + 8,000 = 42,500$원

• B : $6.5 \times 1,500 + 20 \times 1,500 + 0 = 39,750$원

• C : $4 \times 1,500 + 15.5 \times 1,500 + 5,000 = 34,250$원

∴ 따라서 정답은 ⑤ C, B, A이다.

32 자료해석(2개) 정답 ⑤

정답해설

• 차트의 X축의 의미

0은 65 → 65, 79 → 79, 85 → 85, 100 → 100

6은 65 → 71(불가), 85 → 91(불가), 79 → 85만 의미함

14는 65 → 79만 의미함

15는 85 → 100만 의미함

20은 65 → 85만 의미함

21은 79 → 100만 의미함

35는 65 → 100만 의미함

⑤ 둘 다 150이다. (○)

오답해설

① $60 \times 14 + 5 \times 20 + 5 \times 21 + 15 \times 35 = 1,570$이다. 따라서 15.7이다. (×)

② 35 증가한 것은 80 중 15이므로 15% 초과 (×)

③ 21 증가한 것은 5대, 모두 100이 됨 (×)

④ 향상되지 않은 기계는 15인데, 업그레이드 전 100인 기계가 15대이고, 성능이 떨어진 기계는 없다. (×)

33 자료해석(1개) 정답 ③

정답해설

③ 요가용품세트의 포인트 비중은 $33/360 ≒ 9.2\%$, 가을스웨터 $260/48,630 ≒ 0.5\%$, 샴푸 $15/358 ≒ 4.2\%$, 보온병 $7/736 ≒ 1\%$이다. 요가용품세트가 포인트 비중이 가장 크다. 따라서 신용카드 결제 금액 비중은 요가용품세트가 가장 낮다. (○)

오답해설

① $23/151 ≒ 15.2\%$, 따라서 15% 이상이다. (×)

② • 요가용품 세트의 할인 금액은 $45,400 \times (20+x)\% = 4,540 + 4,860$

• 보온병의 할인 금액은 $9,200 \times 20\% = 1,840$

따라서 요가용품 세트의 할인율이 더 크다. (×)

④ 10월 전체 주문 금액의 3%는 $150,600 \times 0.03 = 4,518$이고 10월에 사용한 포인트는 $3,300 + 260 + 1,500 + 70 = 5,130$이다. (×)

⑤ ③번에서 확인하면 된다. 가을 스웨터가 가장 작다. (×)

34 자료해석(1개) 정답 ①

정답해설

ㄱ. A시에서 연결중심성이 가장 큰 시민단체는 8이고, B는 7이다. (○)

ㄴ. A시에 연결중심성이 1인 시민단체의 수는 7개이고, B시는 6개이다. (○)

오답해설

ㄷ. A시의 시민단체 수는 16개이고, B시는 17개이다. (×)

ㄹ. 각주 3)에 따라 연결성 밀도는 A시 : $(2 \times 19)/(16 \times 15) ≒ 15.8\%$이고, B시 : $(2 \times 22)/(17 \times 16) ≒ 16.2\%$로 B시가 더 크다. (×)

35 자료해석(3개) 정답 ③

정답해설

③ 〈표 1〉에서 모든 메인 메뉴의 단백질≥포화지방×2이므로, 어떤 조합이든 단백질≥포화지방×2는 늘 유지된다. (○)

오답해설

① 〈표 1〉에서 새우버거는 $395/197 ≒ 2$이지만, 칠리버거는 2에 미치지 못한다. (×)

② 〈표 1〉에서 1g=1,000mg 이므로, 메인 메뉴의 당성분함량에 1,000을 곱하여 비교하면 편하다. 그렇게 비교해보면 나트륨 함량이 당 함량의 50배에 달하는 메인 메뉴는 없다. (×)

④ 〈표 2〉에서 모든 스낵의 단위당 중량합은 $114+68+47=229$이고, 메인 메뉴 중 베이컨버거는 단일 메뉴가 242g이기 때문에 모든 스낵 메뉴의 단위당 중량합이 더 큰 것은 아니다. (×)

⑤ 커피 이외의 열량이 가장 작은 음료를 주문할 가능성을 확보하기 위해 메인과 스낵 중 열량이 가장 낮은 조합을 살펴 보면, 조각치킨과 햄버거(165+248=413)이다. 둘을 합해 열량이 416이 안 되므로, 열량이 84인 오렌지 주스를 시켜도 5000이 넘지 않는다. (×)

36 조건의 적용
답 ④

정답해설

ㄱ. A는 교사조건(12×15=원아 180명), 차량조건(원아 300명), 여유면적조건(3,800−2,400−450=950) 조건을 충족한다. (○)

ㄴ. A는 모든 조건을 충족한다. B는 교사조건을 못 갖췄다. 교사조건에 따라 75명까지의 원아를 수용해야 한다. C는 교사조건을 못 갖췄다. 교사가 7명이기 때문에 105명까지의 원아만 수용할 수 있다. D는 모든 조건을 갖췄다. E 역시 모든 조건을 갖췄다. 따라서 2단계에서는 A, D, E를 검토해야 한다. 이 중 평균경력이 가장 긴 유치원은 D이다. (○)

ㄹ. B는 교사조건이 충족되지 않았던 것이기 때문에 준교사 6명을 증원하면, 11×15=165명의 원아를 둘 수 있으므로, 교사조건이 충족되고, 차량도 가능하다. 여유면적 역시 680으로 충족된다. 2단계에서 최종 선정되는 D와 교사 평균경력을 비교해야 하는데, D는 4.0년이다. 현재 B의 교사 총 경력은 22.5년이고, 교사경력 4.0년 이상인 준교사 6명을 증원하면, 평균 4.23년이 된다. 따라서 B가 최종 선정될 수 있다. (○)

오답해설

ㄷ. C의 원아를 15% 줄이면, 18명이 줄어들어 100명 이상이게 된다. 따라서 차량 1대로는 차량조건을 만족할 수 없다. (×)

37 자료해석(2개)
답 ④

정답해설

④ 상궁의 연봉은 11×5+1×7.12=62.12, 보병의 연봉은 3×5+9×2.5=37.50이므로 상궁의 연봉<보병의 연봉×2이다. (×)

오답해설

① 현재 화폐가치가 깔끔한 보병의 연봉을 보면, 3×5+9×2.5=37.5냥이다. 37.5×4=150냥이므로, 같음을 확인할 수 있다. (○)

② 종9품은 쌀 7, 콩1이고, 기병은 쌀 7, 콩 2, 면포 9이므로 기병>종9품이다. 정5품은 쌀 17, 콩 1이므로, 쌀 10과 콩 1, 면포 9를 비교해야 한다. 10×5>1×7.12+9×2.5=29.620이므로 정5품>기병임을 알 수 있다. (○)

③ 정1품의 12년치 연봉은 12×(25×5+3×7.12)=1,756.320이고, 기와집 100칸은 100×21.65=2,165이므로 정1품<기와집 100채이다. (○)

⑤ 나인의 1년치 연봉은 5×5+1×7.12=32.120이고, 소고기 40근은 40×0.7=280이다. (○)

38 자료해석(2개)
답 ⑤

정답해설

ㄴ. 〈표 2〉에서 2016년 노령화지수는 119.30이므로, 노인인구>유소년인구이다. (○)

ㄷ. 〈표 2〉에서 119.3=노인인구/유소년인구이므로, 119.3=16/x(유소년인구 비율)이다. 따라서 x는 13.40이다. 노인부양비는 노인인구/생산가능인구이므로, 16/70.6임을 알 수 있다. 따라서 노인부양비는 16/70.6×100≒22.70이다. (○)

ㄹ. 2020년의 생산가능인구 구성비는 노인부양비를 통해, 17.7/25.6×

100≒69.1이다. 따라서 2020년의 생산가능인구는 51,974×69.1%≒35,914천 명이다. 2030년의 생산가능인구는 29,609천 명이므로, 6,305천 명이다. (○)

오답해설

ㄱ. 〈표 1〉에서 2020년 대비 2030년의 노인인구 비율은 (48,941×28%)/(51,974×17.7%)≒1.490이므로, 55%만큼 증가하지 않았다. (×)

39 조건의 적용
답 ④

정답해설

ㄱ. 무궁화호의 속력은 10분에 10km를 이동하기 때문에 60km/h임을 알 수 있다. 이 때, 새마을호는 그 2배, 고속열차는 그 4배이다. 첫 무궁화호의 C역 도착시간은 6시+20분+1분=6시 21분이고, 첫 고속열차의 D역 도착시간은 6시 5분+2.5×3분+2분=6시 14분 30초이다. 1분간 정차하므로, 6시 15분에는 정차 중일 것이다. (○)

ㄷ. 고속열차가 2개역 이동하는 데 걸리는 시간은 1분의 정차시간이 포함된다. 따라서 2분 30초×2+1=6분이다. (○)

오답해설

ㄴ. 첫 새마을호 D역 출발시간이 6시+5×3분+3분=6시 18분이다. 6시 10분발 무궁화호의 C역 도착시간은 6시 10분+20분+1분=6시 31분이므로, 같지 않다. (×)

40 자료해석(2개)
답 ③

정답해설

ㄱ. 변화한 주류별 합계액은 1,500×1.1×1,500×1.1+1,000×1.1×1,750×1.1+1,000×1,600=6,440,0000이고, 기존의 주류별 합계액은 1,500×1,500+1,000×1,750+1,000×1,600=5,600,0000이다. 그 증가율은 (644−560)/560≒15%이다. (○)

ㄹ. 주류의 판매액은 판매량×병당 판매가격이다.
• 탁주 : 1,500,000×1.1×1,500×0.9=2,227.5백만 원
• 청주 : 1,000,000×1.1×1,750×0.9=1,732.5백만 원
• 과실주 : 1,600,000×1.1×1,000×0.9=1,584백만 원
∴ 총 주류 판매액 합은 5,544백만 원이다. 이 때, 이러한 변화를 모두 반영해 계산하지 않고, ㄱ에서 확인된 값에 1% 할인한 값을 활용해도 된다. (○)

오답해설

ㄴ. 각주에 따라 주세=세율×(판매액−공제금액)이다. 따라서 탁주의 주세는 0.1×(1,500−450)=105이다. 같은 방식으로 과실주의 주세는 0.15×(1,600−400)=1800이다. (×)

ㄷ. 주류별 주세=주류별 세율(%)÷100×(주류별 판매액 − 주류별 공제금액)이다.
• 탁주 : 10%×(1,500,000×1.1×1,500 − 450,000,000×1.1)=198백만 원
• 청주 : 20%×(1,000,000×1.1×1,750 − 350,000,000×1.1)=308백만 원
• 과실주 : 15%×(1,600,000×1.1×1,000 − 400,000,000×1.1)=198백만 원
∴ 총 주세 합은 704백만 원이다. (×)

01 부합　　　　　　　　　　　　　　　답 ③

정답해설

③ 3문단 : 고려의 경우 각 행정부처들이 독자적인 관례나 규정에 따라서 통치를 했다. 일관적이고 체계적인 법체계가 없었을 뿐이다. (×)

오답해설

① 1문단 : 공공성은 공동체 전체의 이익, 만인의 이익을 대표해 관리하는 정통성을 지닌 기관, 바르고 정의롭다는 의미를 갖는다. (○)

② 2문단 : 정도전은 고려의 정치공동체에서 나타나는 문제의 근저에 자기 중심성이 있고, 그것이 사욕의 정치로 나타났다고 보았다. (○)

④ 2문단 : 문덕의 정치란 정도전이 고려의 정치를 소유 지향적 정치로 인식하고, 그에 대한 대안으로 제시한 공론과 공의의 정치를 의미한다. (○)

⑤ 2문단 : 정도전은 정치권력의 사유화에 대해 강렬하게 비판하며 정치권력을 공공성 영역 안에 묶어두기 위해 제도적 장치의 마련을 끊임없이 고민했다. (○)

02 법조문　　　　　　　　　　　　　답 ⑤

정답해설

⑤ 1조 3항 2호 : 부위원장은 동조 2항 2호의 4명 중 선임하므로, 甲지방자치단체 소속 행정국장인 I는 부위원장으로 선임될 수 있다. (○)

오답해설

① 2조 3항, 1조 2항 1호 단서 : B가 사망해 결원이 생기더라도, 법관, 교육자, 시민단체에서 추천한 자로 채워져야 한다. (×)

② 2조 2항 : 지방자치단체 소속 공무원인 C는 명예퇴직하면 임기가 만료된 것으로 본다. (×)

③ 2조 3항, 1조 2항 1호 : 교육자인 E가 사임하면 새로 위촉된 위원의 임기는 전임자 C의 남은 기간으로 한다. (×)

④ 2조 1항 : 위원의 임기는 2년으로 하기 때문에 F의 임기는 2014. 9. 1. ~2016. 8. 31.이다. 그런데 현재 2018. 3. 10.까지 위원직을 유지하고 있다는 것은 연임하고 있는 것으로 봐야 한다. 따라서 더 이상 연임할 수는 없다. (×)

03 법조문　　　　　　　　　　　　　답 ②

정답해설

② 2조 1항 : 도지사가 10년마다 환경부장관의 승인을 받는 기본계획에 대해 승인을 하기 위해서는 환경부장관이 관계 중앙행정기관의 장과 협의하여야 한다. (○)

오답해설

① 2조 3항 7호 : 재원의 확보계획은 기본계획에 포함되어야 하는 사항이다. (×)

③ 3조 1항 : 환경부장관은 기본계획을 기초로 종합계획을 10년마다 세워야 한다. (×)

④ 2조 2항 : 군수는 10년마다 관할 구역의 기본계획을 세워 도지사에게 제출해야 한다. (×)

⑤ 3조 2항 : 환경부장관은 종합계획을 세운 날부터 5년이 지났을 때 타당성을 재검토해 변경할 수 있을 뿐, 기본계획에 대해서는 알 수 없다. (×)

04 법조문　　　　　　　　　　　　　답 ①

정답해설

① 1조 4호, 2조 1항 1호 : 지방의회는 지방자치단체의 사무처리에 대해 감사를 청구할 수 있으므로, A시의 주요 사업의 예산낭비에 관한 사항에 대해 감사를 청구할 수 있다. (○)

오답해설

② 1조 2호 단서 : B정당은 정치적 성향을 띄는 단체이기 때문에 감사를 청구할 수 없다. (×)

③ 1조 3호 단서 : D정부투자기관은 감사대상기관이지만, 자체감사기구가 있고 이를 직접 처리할 수 있는 상황이기 때문에 감사를 청구할 수 없다. (×)

④ 2조 2항 2호 : 판결이 확정된 사항에 대해서는 해당 지방자치단체의 사무처리에 대한 감사를 청구하더라도 대상에서 제외된다. (×)

⑤ 1조 : 민간 유통업체 F마트 사장은 감사를 청구할 수 있는 주체에 해당한다고 볼 수 없다. (×)

05 법조문　　　　　　　　　　　　　답 ①

정답해설

① 1조 1항 : 6개월 이상 복역하지 않아 해당되지 않는다. (×)

오답해설

② 1조 1항 5호 : 6개월 이상 복역했고, 24개월 중 8개월 이상을 복역해 20일 이내의 귀휴를 허가할 수 있다. (○)

③ 1조 1항 6호 : 6개월 이상 복역했고, 120개월 중 36개월 이상을 복역해 20일 이내의 귀휴를 허가할 수 있다. (○)

④ 1조 1항 1호 : 6개월 이상 복역했고, 30년 중 7년 이상을 복역해 20일 이내의 귀휴를 허가할 수 있다. (○)

⑤ 1조 2항 1호 : 6개월 이상 복역했으나, 무기징역이기 때문에 7년 이상 복역을 해야 한다. 하지만 2항 1호에 해당해 5일 이내의 귀휴가 특별히 허가 가능하다. (○)

06 법조문　　　　　　　　　　　　　답 ③

정답해설

③ 4문단 : 바퀴의 성능은 전쟁용 수레인 전차가 발달하고, 미국 듀퐁사가 합성고무를 재료로 한 타이어를 만들면서 더욱 발전하게 되었다. (○)

① 1문단 : 처음 만든 사람에 대한 설명은 알 수 없고, 기원전 3500년 경의 메소포타미아 바퀴는 현존하는 유물 중 가장 오래된 것일 뿐이다. (×)

② 4문단 : 공기압 타이어는 1895년 개발된 것이기 때문에 19세기 후반에 개발된 것이다. (×)

④ 2문단 : 유럽인이 바퀴를 전해준 다음에도 아메리카 원주민들은 썰매를 많이 이용했고, 에스키모인도 마찬가지이다. (×)

⑤ 3문단 : 바퀴는 수레 이외에도 도자기를 만드는 물레로 사용되기도 했다. (×)

07 부합   답 ①

ㄱ. 2문단 : 정기적인 연습은 특별한 사정이 없는 경우 매달 2, 6이 들어가는 날에 이루어졌다. 따라서 한달에 6회씩 총 72회가 있었을 것이다. (○)

ㄴ. 3문단 : 상금을 받는 악공의 수는 가장 우수한 학생부터 3등까지 (1+3+5+21) 30명이고, 악생의 수는 가장 우수한 학생부터 3등 까지(1+2+3+9) 15명이다. 따라서 2배이다. (○)

ㄷ. 1문단 : 『경국대전』에 따르면 2명의 당상관, 정 3품 1명, 종 4품 1명, 종 6품 1명, 종 7품 1명이 관리로 소속되어 행정업무를 담당했기 때문에 총 6명이다. (×)

ㄹ. 3문단 : 악공의 상금은 총 34.5냥이다. 따라서 40냥에 못 미친다. (×)

악생의 상금	악공의 상금
1×2=2	1×2=2
2×1.5=3	3×1.5=4.5
3×1=3	5×1=5
9×0.5=4.5	21×0.5=10.5
총 12.5냥	총 22냥

08 계산   답 ⑤

• 내진성능평가실적을 먼저 비교
A≒0.82(82/100), B≒0.9(72/80), C≒0.8(72/90), D≒0.83(83/100)
∴ B가 5점, A · D가 3점, C가 1점을 받는다.

• 내진보강공사실적을 비교
A≒0.91(91/100), B≒0.95(76/80), C≒0.9(81/90), D≒0.96(96/100)
∴ D가 5점, A · B가 3점, C가 1점을 받는다.

• 총점은 A가 6점, B가 8점, C가 2점, D가 8점이다. 최하위는 C이지만, B와 D는 동점이기 때문에 내진보강대상건수(B : 80건, D : 100건)가 더 많은 D가 최상위기관이 된다.

09 계산   답 ④

고정상황
甲 : 95+A
乙 : 75+B
丙 : 70+C
丁 : 100+D

ㄴ. 주어진 조건을 적용하면,
甲 : 95+5 이하≤100
乙 : 75+27=102
丙 : 70+3=73
丁 : 100+25 이상≥125
∴ 乙은 2위가 된다. (○)

ㄹ. 국정과제에 가중치를 3배 준다면, [고정상황]에 각각의 국정과제 점수×2를 해서 더하거나 ㄷ에 국정과제 점수를 각각 더하면 된다.
甲 : 155+A
乙 : 115+B
丙 : 90+C
丁 : 180+D
∴ 누구도 남은 점수를 통해 丁의 기본점수인 180을 넘을 수 없기 때문에 丁이 1위가 된다. (○)

ㄱ. 丙이 인센티브를 받으려면 2위 안에 들어야 한다. 丙이 현재 받을 수 있는 최대 점수는 70+27=97점이다. 그런데 甲이 받을 수 있는 최소 점수는 95+3=98이므로, 丙은 절대 2위가 될 수 없다. (×)

ㄷ. 국정과제에 가중치를 2배 준다면, [고정상황]에 각각의 국정과제 점수만큼 더하면 된다.
甲 : 125+A
乙 : 95+B
丙 : 80+C
丁 : 140+D
∴ 나머지는 마찬가지이고, 丁은 2위 이하로 떨어질 수 없다. (×)

10 계산   답 ②

ㄱ. 1회차 전략을 사용할 때, 승률이 가장 높은 것은 C전략이다. 그 다음 C전략은 이제 2회차 승률인 40%가 되고, A와 B는 각각 60%, 70%이다. 따라서 그 다음에는 B를 선택할 것이다. 그 다음에는 B가 30%가 되므로, A를 선택할 것이다. 따라서 3가지 전략을 각각 1회씩 사용하게 된다. (○)

ㄷ. 1개의 전략만을 사용하여 3번 모두 승리할 확률을 높이려면 3회차까지의 승률을 모두 곱해서 비교하면 된다.
A : 60%×50%×40%=12%
B : 70%×30%×20%=4.2%
C : 90%×40%×10%=3.6%
∴ A가 가장 높다. (○)

오답해설

ㄴ. 1회 : C전략, 2회 : B전략, 3회 : A전략, 4회 : A전략, 5회 : C전략을 사용하게 된다. (×)

ㄹ. 패배할 확률은 100%에서 승률을 빼면 알 수 있다.

〈2번 모두 패배할 확률〉

A : 40%×50%＝20%

B : 30%×70%＝21%

C : 10%×60%＝6%

∴ C전략을 선택해야 한다. (×)

---

11 계산　　　　　　　　　　　　　　답 ③

정답해설

A는 노멀힐 K-980이고, B는 라지힐 K-1250이다.

구 분	거리점수	자세점수	기본점수	합 계
A	2×2	17+17+17	60	115
B	-1.8×2	19+19.5+17.5	60	112.4

A와 B의 점수를 합치면 227.4점이다.

---

12 계산　　　　　　　　　　　　　　답 ③

정답해설

ㄱ. 현재 모조품은 10%로 검수되므로, 총 10개 중 1개가 적발되어 벌금은 1,000만 원이다. 그리고 현재의 검수율인 10%에서는 인건비가 10명×30만 원＝300만 원이다. 따라서 수입은 700만 원이다. (○)

ㄴ. 검수율이 100%가 되면 벌금은 1억 원이 되고, 인건비는 90%p를 늘리는 데 필요한 인원 9명×20명＝180명이 추가되어 총 190명×30만 원＝5천 7백만 원이 된다. 세관의 수입은 '벌금 1억-인건비(5천 7백만 원)＝4천 3백만 원'이므로 인건비가 더 크다. (○)

ㄹ. 검수율이 30%이면 벌금은 3,000만 원이고, 인건비는 1,500만 원이므로 총 수입은 1,500만 원이다. 검수율이 10%이고 벌금이 2배가 되어 2,000만 원이면, 인건비는 300만 원이므로 총 수입은 1,700만 원이 된다. 따라서 벌금을 늘리는 것이 수입이 더 많다. (○)

오답해설

ㄷ. 검수율이 40%이면 벌금은 4배가 되어 4,000만 원이고, 인건비는 10명＋60명＝70명. 70×30＝2,100만 원이다. 따라서 수입은 1,900만 원으로 늘어난다. 하지만 700만 원에 비해 4배 이상이 되는 것은 아니다. (×)

---

13 상황구성－고정상황 미완성　　　　　　답 ①

정답해설

고정상황			

구 분	사과(2)	포도(2)	딸기(2)
갑		X	
을	O	X	X
병	X		
정			
무			

주어진 조건을 정리하면 다음과 같다.

甲은 포도 사탕을 먹지 않았다고 한다.

乙은 사과 사탕만을 먹었다고 하기 때문에 두 종류의 사탕을 먹은 사람은 아니다.

丙은 사과 사탕을 먹지 않았다고 한다.

丁은 사탕을 한 종류만 먹었기 때문에 두 종류의 사탕을 먹은 사람은 아니다.

戊는 사람들의 말을 들어도 딸기 사탕을 먹은 두 사람을 알 수가 없다고 한다. 만약 자신이 두 종류의 사탕을 먹은 사람이었다면 누군가는 딸기 한 종류만 먹어야 한다. 자신이 두 종류의 사탕을 먹었다면 사과는 을 이외에 먹을 수 없고, 그렇다면 갑이 딸기를 먹은 사람이 되기 때문에 딸기 사탕을 먹은 두 사람을 알 수 있다. 그렇기 때문에 戊는 두 종류의 사탕을 먹은 사람이 아니게 된다.

남은 선지를 통해 알 수 있는 두 종류의 사탕을 먹은 사람은 甲 또는 丙이다. 그런데 丙은 사과 사탕을 먹지 않았기 때문에 甲이 두 종류의 사탕을 먹었음을 알 수 있다.

구 분	사과(2)	포도(2)	딸기(2)
갑	O	X	O
을	O	X	X
병	X		
정	X		
무	X		

마찬가지로 戊가 딸기 사탕을 먹었다면, 甲이 딸기 사탕을 먹었음을 알 수 있으므로, 戊는 딸기 사탕을 먹지 않았고, 사과 사탕을 먹을 수 없으므로 포도 사탕을 먹었다고 봐야 한다.

---

14 계산　　　　　　　　　　　　　　답 ④

정답해설

• 방식 1에 따른 점수

구분	발행부수(부)		유료부수(부)		발행기간(년)		총 점
	현 황	배 점	현 황	배 점	현 황	배 점	
甲	30,000	50	9,000	20	5	0	70
乙	30,000	50	11,500	25	10	10	85
丙	20,000	50	12,000	25	12	15	90

∴ 甲은 80점 미만이므로 0원의 광고비, 乙은 300만 원, 丙은 500만 원의 광고비를 지급받는다.

- 방식 2에 따른 점수

  甲 : B등급, 乙 : A등급, 丙 : A등급

  ∴ 乙과 丙은 400만 원, 甲은 200만 원을 받는다.
- 방식 3에 따른 점수

  甲 : 1,000만 원×3/8=375만 원

  乙 : 1,000만 원×3/8=375만 원

  丙 : 1,000만 원×2/8=250만 원
- ㄴ. 丙은 방식 1이 가장 유리하다. (○)
- ㄹ. 방식 2로 선정할 경우, 丙은 400만 원, 甲은 200만 원의 광고비를 지급받는다. (○)

오답해설

ㄱ. 乙은 방식 2가 가장 유리하다. (×)

ㄷ. 방식 1로 선정할 경우, 甲은 0원의 광고비를 지급받는다. (×)

15 상황구성 – 고정상황 완성   답 ⑤

정답해설

고정상황

시 간	A	B	C	D
09:08	+3	−3	−	−
09:10	17	−3	−	−
09:15	17	−5	−	+2
09:18	22	−5	−5	+2
09:22	22	−5	−5	21
09:30	22	8	−5	21
09:32	22	8	−4	20
09:45	22	8	11	20
09:48	18	8	15	20
09:50	18	9	15	19
09:52	18	9	12	22
10:05	18	11	10	22

시간의 변화에 따라 변화량과 고정값을 잡아주면 쉽게 확인할 수 있다. 양은 총 61마리고, 10:04분에는 A가 18마리(ㄴ), 10:15분에는 C가 10마리(ㄹ)임을 알 수 있다.

오답해설

ㄱ. 09:58분에는 D가 22마리이다.

ㄷ. 10:10분에는 B가 11마리이다.

16 상황구성 – 고정상황 완성   답 ③

정답해설

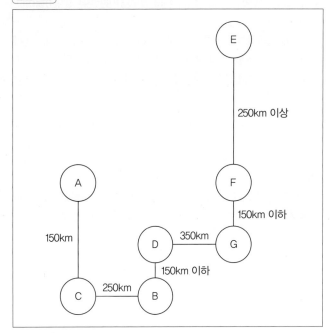

A에서 E가 가장 멀다.

17 상황구성 – 고정상황 미완성   답 ⑤

정답해설

ㄴ. 가장 많은 수송량을 필요로 하는 시간대의 버스 필요량을 구해야 한다. d 시간대에 16,000명의 수송을 필요로 하기 때문에 400명씩 최소 40대가 있어야 한다. (○)

ㄷ. 2시간 동안 40,000명을 모두 수송하려면, 2시간 동안 800명을 수송하는 버스가 50대는 있어야 한다. (○)

오답해설

ㄱ. a=b=c=d=25이기 때문에, 한 타임에 필요한 버스의 수만 확인하면 된다. 1시간 동안 버스는 6분씩 10번 왕복이 가능하기 때문에, 40명씩 10번을 수송해 400명을 수송할 수 있다. 따라서 1시간 동안 10,000명의 관객을 수송하려면 최소 25대의 버스가 필요하다. (×)

18 상황구성 – 고정상황 미완성   답 ①

정답해설

ㄱ. 3번째 종목부터는 이전 종목들의 승점을 모두 합한 점수보다 10점 더 많기 때문에, 40점, 4번째(80점), 5번째(160점)... 앞의 점수의 2배가 된다. 따라서 8번째는 1,280점이다. (○)

ㄷ. 4번째 종목부터는 직전의 점수의 2배가 되기 때문에 8번째는 6번째 종목 점수의 4배이다. (○)

ㄴ. 3번째 종목(310점), 4번째(620점), 5번째(1,240점)...으로 3번째 이후부터는 앞의 점수의 2배가 된다. 따라서 8번째는 9,920점이다. (×)

ㄹ. 1번째 종목이 10, 2번째 종목이 20이면 3번째 종목은 20, 4번째 (40), 5번째(80)으로 마찬가지로 2배의 점수가 된다. 따라서 8번째 종목의 점수는 6번째 종목의 점수의 4배이다. (×)

19 부합
정답 ③

정답해설

③ 3 · 5문단 : 보호저장법은 참나무류, 칠엽수류 등 수분이 많은 종자를 저장하는 방법이고, 참나무류와 칠엽수류는 난저장성 종자에 해당한다. (○)

오답해설

① 3 · 4문단 : 저온저장법으로 저장하는 경우 난저장성 종자는 −3℃ 이하에 저장해서는 안 되는데, 난저장성 종자는 몇몇 온대수종과 모든 열대수종을 가리킨다. 따라서 열대수종을 −3℃ 이하에 저장해서는 안 된다. (×)

② 1 · 2문단 : 유전자 보존을 위해서는 장기저장을 하고, 이 때의 함수율은 4~6%이다. 장기저장은 5년 이상의 저장을 가리킨다. (×)

④ 2문단 : 참나무류 등과 같이 수분이 많은 종자들은 함수율을 약 30% 이상으로 유지시켜 줘야 한다. (×)

⑤ 2문단 : 온도와 수분은 종자의 저장기간과 역의 상관관계를 갖는다. (×)

20 계산
정답 ④

정답해설

일반적으로 종자저장에 가장 적합한 함수율은 5~10% 이다.
따라서 9 ≤ 건조 종자 ≤ 9.5이다.

21 부합
정답 ③

정답해설

③ 3문단 : 훈장은 사후에 그 유족이 보관하되 패용하지는 못한다. (○)

오답해설

① 1문단 : 훈장의 명칭은 무궁화대훈장을 제외한 11종이 5개 등급으로 나뉘어져 있어 60개로 구분되지 않는다. (×)

② 1문단 : 포장은 훈장과는 달리 등급이 없다. (×)

④ 2문단 : 서훈대상자는 국무회의의 심의를 거쳐 대통령이 결정한다. (×)

⑤ 4문단 : 훈장의 공적이 허위임이 판명된 경우, 국무회의의 심의를 거쳐 서훈을 취소하고 훈장과 이에 관련하여 수여한 금품을 환수한다. (×)

22 법조문
정답 ④

정답해설

④ 2조 1항 : 대통령인을 찍은 법률 공포문의 전문에는 공포일을 명기하고 국무총리와 관계 국무위원이 서명한다. (○)

오답해설

① 2조 : 법률 공포문의 전문에는 대통령인을 찍고, 확정된 법률을 대통령이 공포하지 않아 국회의장이 공포할 때에는 국회의장인을 찍는다. (×)

② 3조 : 조약 공포문의 전문에는 대통령인을 찍는다. (×)

③ 2조 : 법률의 공포문 전문에는 대통령인이나 국회의장인을 찍는다. (×)

⑤ 6조 2항 : 종이관보가 우선이며, 전자관보는 부차적인 효력을 지니기 때문에 서로의 세율이 다르면 종이관보를 기준으로 판단하여야 한다. (×)

23 법조문
정답 ②

정답해설

고정상황
원고 : 甲, 피고 : 乙, 증인 : 丙, 丁, 재판장 : A, 합의부원 : B, C

② 1조 5항 : 당사자의 신문이 쟁점과 관계가 없는 때에는 재판장은 당사자의 신문을 제한할 수 있다. (○)

오답해설

① 1조 4항 : 증인신문의 순서는 재판장이 바꿀 수 있다. (×)

③ 1조 4항 : 증인의 순서는 당사자의 의견을 들어서 바꾼다. B와 C는 당사자가 아니라 합의부원이다. (×)

④ 2조 1항, 3조 : 증인은 따로따로 신문해야 한다. 하지만 필요하다고 인정하는 경우에는 재판장(A)이 서로의 대질을 명할 수 있다. (×)

⑤ 4조 : 증인은 서류에 의해 진술하지 못하지만, 재판장(A)이 허가하면 가능하다. (×)

24 법조문
정답 ⑤

정답해설

⑤ 1조 2항 단서에 따라 산지전용타당성조사를 받은 경우에는 현지조사를 않고 심사할 수 있고, 3항 2호에 따라 허가신청일이 2년 이내여야 한다는 것을 알 수 있다. (○)

오답해설

① 1조 1항 2호 나목 : 시 · 도지사에게 신청서를 제출해야 한다. (×)

② 1조 1항 1호 : 산림청장에게 제출해야 한다. (×)

③ 1조 3항 3호 : 토지등기사항증명서로 확인할 수 없는 경우에 한하여 산지전용을 하고자 하는 산지의 소유권 또는 사용 · 수익권을 증명할 수 있는 서류 1부를 제공하는 것 뿐이지 사업계획서를 제출하지 않아도 되는 것은 아니다. (×)

④ 1조 3항 4호 단서 : 전용하려는 산지 면적이 65만㎡ 미만인 경우에 해당하여 제외된다. (×)

25 법조문   답 ①

정답해설

ㄱ. 사망자가 공무원(C·D)의 부모이며, 해당 공무원이 2인 이상인 상황이다. 사망한 자의 배우자인 공무원은 없으므로, 그 다음 순위인 사망한 자를 부양하던 직계비속인 공무원인 D가 최우선순위의 수급권자가 된다. (○)

오답해설

ㄴ. 공무원(A·B)의 자녀(C)가 사망한 상황이고, 동시에 공무원(D)의 배우자(C)가 사망한 상황이다. 해당 공무원이 3명이기 때문에 2인 이상인 경우의 순위에 따른다. 따라서 사망한 자의 배우자인 공무원 D가 최우선순위의 수급권자가 된다. (×)

ㄷ. 공무원 본인(A)이 사망한 상황이다. 따라서 사망한 공무원의 배우자(B)가 최우선순위의 수급권자이다. (×)

26 부합   답 ④

정답해설

④ 2문단 : 지구와 달의 거리가 40만km일 때가 가장 먼데, 이 때의 시각도는 0.49도이다. 그리고 달의 거리가 평균 정도일 때는 시각도가 0.52도 정도이다. 즉, 달의 거리가 멀어지면 시각도는 줄어든다. 따라서 36만km일 때는 지구와 달의 거리가 40만km일 때보다 가까워진 것이기 때문에 시각도는 0.49도 보다 크다고 추론할 수 있다. (○)

오답해설

① 1문단 : 달이 평소보다 지구에 가까이 있다는 표현을 통해 달과 지구의 거리가 일정하지 않을 알 수 있다. 이 표현 이외에도 많은 곳에서 달과 지구의 거리가 유동적임을 추론할 수 있다. (×)

② 3문단 : 달이 지구에 가까워지면 달의 중력이 강해지고, 달의 중력이 더 강해지면 달을 향한 쪽의 해수면은 평상시보다 더 높아진다. 즉, 달과 지구의 거리는 해수면에 영향을 미친다. (×)

③ 3문단 : 달이 지구에 가까워지면 달의 중력이 강해진다. 즉, 달이 지구에서 멀어지면 달의 중력이 약해진다. (×)

⑤ 4문단 : 지구가 자전하는 속도는 100만 년에 17초씩 길어지고 있다. (×)

27 부합   답 ①

정답해설

ㄱ. 3문단 : 에스페란토의 문자는 영어 알파벳 26개 문자에서 4개의 문자를 빼고, 6개의 문자를 추가했기 때문에 28개의 문자로 만들어졌다. (○)

ㄷ. 4문단 : 어머니는 patrino, 장모는 bopatrino이다. 단어의 강세는 항상 뒤에서 두 번째 모음에 있기 때문에 둘다 i에 강세가 들어간다. (○)

오답해설

ㄴ. 3문단 : 시제의 경우 미래형은 어간에 −os를 붙여서 사용한다. '사랑한다'는 동사원형이기 때문에 −i가 붙어 ami이므로, '사랑할 것이다'는 amos라고 볼 수 있다. (×)

ㄹ. 2문단 : 자멘호프는 1민족 2언어주의에 입각해 같은 민족끼리는 모국어를, 다른 민족과는 에스페란토어를 사용하는 방안을 구상했다. (×)

28 상황구성−고정상황 완성   답 ②

정답해설

주어진 조건을 통해 확인 가능한 고정상황을 구축하면 ①, ②, ③, ④번은 바로 확인할 수 있다.

정책	계획의 충실성	계획 대비 실적	성과지표 달성	비고	변동
기준점수	90	85	80		
A	96	95	76	성과지표 미달	−2억
B	93	83	81	계획실적 미달	−3억
C	94	96	82	미달 없음	0
D	98	82	75	계획실적 미달	−3억
E	95	92	79	성과지표 미달	−2억
F	95	90	85	미달 없음	0

② 총 변동 예산은 −10억 원이다. (×)

오답해설

① 미달이 없어 동일한 예산을 편성해야 하는 정책은 C와 F 두 가지이다. (○)

③ 성과지표 달성도가 통과이지만 예산을 감액하는 정책은 B가 있다. (○)

④ 3억 원을 감액하는 정책 B와 D는 모두 계획 대비 실적이 기준 점수에 미치지 못한다. (○)

⑤ 고정상황을 변경한 상황을 가정하고 있다. 가정한 상황을 다시 적용하면 2개 영역이 미달인 정책 D만 감액해야 한다. (○)

29 계산−지문요소 적용   답 ①

정답해설

• 기본적인 전제 조건은 승차 정원이 4명 이상이어야 하고, 완전충전 시 주행거리가 200km 이상이어야 한다. 따라서 C는 해당되지 않는다.

• 다음으로 구매비용을 확인하기 위해 주어진 기준은 아래와 같다.
   − 배터리 충전시간
   − 차종
   − 충전시간에 따른 지원금 여부

이것을 적용하면, 아래 표가 도출된다.

차량	A	B	D	E
충전시간	7시간	5시간	4시간	5시간
배터리 종류	급속	완속	완속	완속
차종	승용	승합	승용	승용
최종가격(만 원)	5,000	5,000	6,000	6,000

• A와 B는 실구매비용이 저렴한 두 차종이므로, 이 둘의 점수를 계산해야 한다.
   − 첫 번째 조건에 따르면, A는 감점이 없고, B는 4점 감점이다.
   − 두 번째 조건에 따르면, A는 2점 가점이고, B는 4점 가점이다.
   ∴ A는 2점 가점, B는 점수의 변동이 없는 상황이므로, 甲은 A를 구매하게 된다.

30 상황구성 - 고정상황 없음   답 ④

코돈은 연속된 3개의 뉴클레오타이드 조합을 의미한다.

- 실험 1은 ACACAC일 때, 히스티딘과 트레오닌이 합성된다.
  ∴ ACA와 CAC를 통해 히스티딘 또는 트레오닌이 합성된 것을 알 수 있다.
- 실험 2는 ACCACCACC일 때, 히스티딘, 트레오닌, 프롤린이 합성된다.
  ∴ ACC, CCA, CAC를 통해 히스티딘 , 트레오닌 또는 프롤린이 합성된 것이다.
- 실험 3은 CAACAACAA일 때, 트레오닌, 글루타민, 아스파라긴이 합성된다.
  ∴ CAA, AAC, ACA를 통해 트레오닌, 글루타민, 아스파라긴이 합성된 것이다.
- 실험별 교집합을 통해 어떤 코돈이 히스티딘인지 알 수 있다. 실험 1과 실험 3을 비교하면, ACA는 트레오닌이고, CAC는 히스티딘이므로 정답은 ④번이다.

31 상황구성 - 고정상황 완성   답 ④

고정상황

구 분	1~3라운드 합	4~5라운드 합	점수 합
甲	9	7	16
乙	11	6	17
丙	13	5	18

위와 같이 남은 4~5라운드의 점수 합은 각각 7, 6, 5점이다.
그런데 한 라운드의 점수는 세 명이 모두 같고, 한 라운드에서는 1점으로 마무리 한 사람도 있다.
따라서

구 분	1~3라운드 합	4라운드	5라운드	점수 합
甲	9	3	4	16
乙	11	2	4	17
丙	13	1	4	18

또는 4라운드와 5라운드의 점수가 바뀌더라도 상관은 없다.

ㄱ. 4라운드와 5라운드만을 합하여 바둑돌을 팅긴 횟수는 甲이 7회로 가장 많다. (○)

ㄷ. 丙의 점수는 1라운드 : 5, 2라운드 : 2, 3라운드 : 6, 4/5라운드 : 4/1이므로 매 라운드 점수는 달랐다. (○)

ㄹ. 1라운드는 甲, 2라운드는 丙, 3라운드는 乙이 1위를 했고, 4라운드나 5라운드 중 한 번은 丙이, 한 번은 1위가 없기 때문에 丙이 가장 많은 횟수 1위를 해서 우승을 하게 된다. (○)

ㄴ. 바둑돌을 한 번 팅겨서 목표지점에 넣은 사람은 丙이다. (×)

32 계산 - 상향식 자원배분   답 ②

구 분	맞벌이(30%)	빈곤(20%)	가구 합
무 자녀	90	60	300
한 자녀	180	120	600
두 자녀	150	100	500
세 자녀	30	20	100
전 체	450	300	1,500

A안 : $300 \times 200 \times 0.25 = 1,500$
B안 : $600 \times 10 + 500 \times 20 + 100 \times 30 = 1,900$
C안 : $180 \times 30 + 150 \times 30 \times 2 + 30 \times 100 = 1,740$
∴ A<C<B 이다.

33 계 산   답 ⑤

모두 더한 값이나 모두 곱한 값 중 큰 값을 자신의 점수로 해야 한다. 따라서 0을 곱하거나 1을 곱하는 것만 유의하면 큰 문제는 없다.

ㄴ. 甲은 1+2+1을 할 것이고, 을 역시 2+1+1을 할 것이다. (○)

ㄹ. 乙이 100을 펼치면 오른쪽 면은 101쪽이고, 乙의 점수는 1+0+1이다. 이 때, 어떤 경우에도 왼쪽 오른쪽 면이 모두 더하거나 곱해서 1만 나올 수는 없다. (○)

ㄱ. 甲은 9×9를 할 것이고, 乙 역시 1×9×9를 할 것이다. (×)

ㄷ. 甲이 369를 펼치면 3×6×9를 할 것이고, 이것과 비교할 만한 수로 3×7×8과 비교해 봐야 한다. 3×7×80이 더 크기 때문에 甲이 반드시 승리할 수 없다. (×)

34 상황구성 - 고정상황 미완성   답 ②

고정상황

팀당 60경기를 치르는 상황에서, 모든 팀이 60경기를 다 치르지 않았다. 甲은 잔여경기와 상관없이 1등이지만, 乙과 丙은 잔여경기에 따라 2위와 3위가 결정된다. 마찬가지로 丁 역시 잔여경기와 상관없이 4등이다. 그렇다면 결국 甲은 1라운드 마지막 순위, 丁은 1라운드 첫 번째 순위, 그리고 2라운드는 역순으로 신인선수 선발에 참여한다는 것을 알 수 있고, 乙과 丙에 대한 상황은 선지에서 주어질 것이다.

ㄱ. 甲은 2018시즌 1위이기 때문에 2라운드에서는 가장 먼저 선수를 선발한다. (○)

ㄷ. 丙팀이 2등으로 시즌을 마치면, 1라운드에서 丁-乙-丙-甲 순으로 신인선수를 선발하게 된다. 그렇게 되면 1라운드에서 A-H-C-B가 선발되고, 2라운드에서는 역순으로 D-F-G-E를 선발하게 된다. 이 때 丙은 C와 F를 선발한다. (○)

오답해설

ㄴ. 乙팀이 2등으로 시즌을 마치면, 1라운드에서 丁-丙-乙-甲 순으로 신인선수를 선발하게 된다. 그렇게 되면 1라운드에서 A-H-G-B가 선발되고, 乙은 H를 丙에게 빼앗겨 G를 선발한다. (×)

ㄹ. 丁팀은 4등만 가능한데, 1라운드 1순위 선발 권한 1, 2순위를 부여하는 추첨은 2018시즌 3, 4등이 반드시 참여해야 한다. (×)

35 부합 답 ②

정답해설

ㄱ. 첫 번째 조건에 따라 乙과 丙은 태어난 연도가 같은 경우이기 때문에 동갑 관계이다. 세 번째 조건에 따라 甲과 乙은 태어난 연도가 다르고 초등학교 입학년도가 같고 생년월일의 차이가 1년이 나지 않기 때문에 동갑 관계이다. 하지만 甲과 丙은 생년월일의 차이가 1년이 넘기 때문에 동갑 관계가 되지 않는다. 이 경우는 위아래 관계에 해당한다. 따라서 모호한 관계에 해당한다. (○)

ㄷ. 甲과 丙은 앞서 검토한 것과 같이 위아래 관계에 해당한다. 그리고 甲과 丁 역시 동갑 관계에 해당한다. 丙과 丁은 세 번째 조건에 따라 동갑 관계에 해당하기 때문에 이들은 모호한 관계에 해당한다. (○)

오답해설

ㄴ. 앞서 검토한 것과 같이 甲과 乙은 동갑 관계이고, 乙과 丁은 세 번째 조건에 따라 동갑 관계에 해당한다. 또한 甲과 丁 역시 첫 번째 조건에 따라 동갑 관계에 해당하기 때문에 모호한 관계에 해당하지 않는다. (×)

ㄹ. 乙과 丁은 동갑 관계에 해당하고, 乙과 戊는 위아래 관계에 해당한다. 丁과 戊 역시 위아래 관계에 해당하기 때문에 모호한 관계에 해당하지 않는다. (×)

36 상황구성-고정상황 미완성 답 ⑤

정답해설

> **고정상황**
> 甲 : 겨울, 겨울, 겨울
> 乙 : 봄, 여름
> 丙 : 여름(×), 겨울(×)
> 정도만 확인할 수 있다.

ㄴ. 참가자들이 모두 봄 카드를 받았다면, 甲은 겨울 3장, 봄 1장을 갖는다. 乙에게는 봄과 여름 카드만 주어져 가을 카드를 가질 수 없기 때문에 丙이 가을 카드를 모두 갖게 된다. (○)

ㄷ. 甲과 乙이 카드를 맞바꿔서 甲이 우승했다면, 甲은 겨울 카드 2장을 乙에게 주고, 乙로부터 봄과 여름 한 장을 가져온 상황이다. 즉, 甲은 처음에 겨울 3장, 가을 1장, 乙은 봄과 여름을 각각 1장 이상씩 가지고 있는 상황이다. 그렇다면 丙은 가을을 2장 가져야만 하기 때문에 남은 2장은 봄으로 채워질 수 밖에 없다. (○)

오답해설

ㄱ. 甲은 겨울과 다른 한 가지, 乙은 봄과 여름을 갖기 때문에 丙이 3가지 계절 카드를 갖는지 문제된다. 그런데 겨울 카드가 甲에게 독점된 상황에서 丙이 여름과 겨울을 제외한 3가지 계절 카드를 가질 수는 없다. (×)

37 상황구성-고정상황 완성, 상향식 자원배분 답 ③

정답해설

> **고정상황**
>
> | 라운드 | 1 | 2 | 3 | 4 | 5 |
> |---|---|---|---|---|---|
> | 甲 | 가위 | 바위 | 보 | 가위 | 바위 |
> | | 패 | 비김 | 승 | 비김 | 승 |
> | 乙 | 바위 | 가위 | 바위 | 가위 | 가위 |
> | | 승 | 비김 | 패 | 비김 | 패 |
> | 丙 | 바위 | 보 | 바위 | 가위 | 바위 |
> | | 승 | 비김 | 패 | 비김 | 승 |
>
> 가위바위보의 결과는 위와 같이 나타난다. 하지만 乙의 단서 때문에 라운드의 결과를 한 번에 잡아놓을 수는 없다. 음식값을 내는지를 항상 같이 확인해야 그 다음 라운드에서 가위를 내는지 여부가 결정되기 때문이다.

- 1라운드에서는 甲 혼자 패했기 때문에 甲이 12,000원을 낸다.
- 2라운드에서는 셋이 비겼지만, 비긴 경우 직전 라운드 가위바위보 승자는 음식값을 내지 않기 때문에 甲이 15,000원을 낸다.
- 3라운드에서는 甲이 이겼기 때문에 乙과 丙이 18,000원을 둘이 나눠 9,000원씩 낸다.
- 4라운드에서는 乙이 직전 라운드에서 음식값을 냈기 때문에 가위를 내고, 셋이 비기게 된다. 비긴 경우 직전 라운드 승자인 甲은 음식값을 내지 않아 乙과 丙이 12,500원씩 낸다.
- 5라운드에서는 乙이 가위를 내고, 혼자 패하게 된다. 따라서 30,000원을 낸다.

∴ 甲은 총 27,000원, 乙은 총 51,500원, 丙은 총 21,500원을 지불하게 된다.

38 상황구성-시차 보정 답 ⑤

정답해설

- 각자 기준으로 삼은 시간대는 다르지만, 경과시간을 바탕으로 정리하면 다음과 같다.
  - 甲은 런던을 기준으로 현재 11월 1일 오전 9시일 때, 13시간 뒤에 마칠 수 있다고 얘기했다.
  - 乙은 오후 10시부터 다음날 오후 3시인 17시간 뒤에 마칠 수 있다고 얘기했다.
  - 丙은 오후 3시에 마쳐 주면 오전 10시인 19시간 뒤에 마칠 수 있다고 얘기했다.
- 상대가 어디에 있는지 상관없이 각자의 기준지에 따른 경과시간을 바탕으로 얘기했기 때문에 경과시간을 모두 모아 서울시간으로 환산해주면 된다.
- 필요로 하는 시간은 총 49시간이고, 서울은 현재 11월 1일 오후 6시이므로, 49시간 뒤는 11월 3일 오후 7시이다.

정답해설

앞부분은 현재상태부호, 특수임무부호, 기본임무부호, 항공기종류부호 4개의 부호로 이뤄진다. 그런데 부호마다 특정한 경우에 생략이 가능하기 때문에 이를 잘 구분하여야 한다.

ㄴ. • 현재상태부호 중 G는 영구보존처리된 항공기를 의미한다.
　　• 특수임무부호 중 B는 폭격기를 의미한다.
　　• 기본임무부호 중 C는 수송기를 의미한다.
　　• 항공기종류부호 중 V는 수직단거리이착륙기를 의미한다.
　　∴ 구성 가능한 코드이다. (○)

ㄷ. • 현재상태부호 중 C는 없다.
　　• 특수임무부호 중 C는 수송기를 의미한다.
　　• 기본임무부호 중 A는 지상공격기를 의미한다.
　　• 항공기종류부호 중 H는 헬리콥터를 의미한다.
　　∴ 구성 가능한 코드이다. (○)

ㄹ. • 현재상태부호 중 R은 없다.
　　• R은 정찰기로, 특수임무와 기본임무가 같다면 R 하나만 적을 수 있다.
　　• 항공기종류부호는 일반 비행기의 경우 생략 가능하다.
　　∴ 구성 가능한 코드이다. (○)

오답해설

ㄱ. • 현재상태부호는 정상적으로 사용되고 있는 경우에는 생략 가능하다.
　　• 특수임무부호는 기본임무와 다른 임무를 수행할 때 붙으며, K는 기본임무와 같이 공중급유를 의미한다.
　　• 기본임무부호 중 K는 공중급유인데, 특수임무와 같은 경우는 있을 수 없다.
　　• 항공기종류부호 중 K는 없다.
　　∴ KK는 특수임무부호와 기본임무부호를 모두 나열한 것인데, 특수임무부호와 기본임무부호는 같을 수 없다. (×)

정답해설

• 현재 정상적으로 사용 중인 개량하지 않은 일반 비행기의 식별코드
　– 앞부분 : 현재 정상적으로 사용 중이기 때문에 현재상태부호는 없다.
　– 따라서 ①, ②, ③ 중 하나이고, 기본임무부호만 존재한다.
　– 뒷부분 : 설계번호는 일반 비행기에 해당해 식별코드가 부여될 것이고, 개량형부호는 개량하지 않은 모델로서 A를 부여받기 때문에 식별코드가 부여될 것이다.
∴ (기본임무부호)–(설계번호)(개량형부호)의 식별코드를 가질 것이다.

2017 기출문제 정답 · 유형 · 풀이시간

01 언어논리

01	③	추 론	정답 : 2분 20초	21	②	추 론	지문 : 50초 정답 : 1분 20초
02	②	추 론	정답 : 2분 20초	22	④	추 론	지문 : 45초 정답 : 1분 30초
03	③	추 론	지문 : 45초 정답 : 1분 55초	23	④	추 론	지문 : 30초 정답 : 55초
04	④	추론-빈칸	정답 : 30초	24	①	추 론	지문 : 1분 정답 : 2분 10초
05	④	추 론	지문 : 1분 정답 : 1분 50초	25	②	추 론	지문 : 1분 15초 정답 : 2분
06	⑤	추 론	지문 : 55초 정답 : 2분	26	②	추 론	지문 : 45초 정답 : 1분 50초
07	③	주 장	지문 : 25초 정답 : 55초	27	⑤	추 론	지문 : 45초 정답 : 1분 50초
08	①	추론-사례	정답 : 1분 25초	28	⑤	추 론	지문 : 45초 정답 : 1분 50초
09	③	추론-사례	정답 : 35초	29	③	추 론	지문 : 50초 정답 : 1분 55초
10	④	추론-사례	정답 : 1분 35초	30	③	추 론	지문 : 45초 정답 : 1분 50초
11	④	논리-연역논증	정답 : 2분 50초	31	④	논리-연역논증	지문 : 45초 정답 : 1분 50초
12	①	논리-거짓말	정답 : 3분 10초	32	④	논리-연역논증	정답 : 2분 15초
13	⑤	논증-평가	정답 : 2분 40초	33	②	논증-밑줄 간 관계	정답 : 1분 30초
14	②	논증-분석	정답 : 2분 25초	34	⑤	논증-대화 간 관계	정답 : 2분 20초
15	①	논리-연역논증	정답 : 1분 20초	35	①	논증-평가	지문 : 45초 정답 : 2분 15초
16	⑤	논증-평가	지문 : 35초 정답 : 1분 20초	36	②	논증-평가	지문 : 35초 정답 : 1분 55초
17	③	논증-평가	지문 : 25초 정답 : 1분 5초	37	④	논증-약화	정답 : 2분 5초
18	①	논증-평가	지문 : 30초 정답 : 55초	38	②	논증-약화	지문 : 35초 정답 : 2분
19	④	추 론	지문 : 1분 15초 정답 : 1분 50초	39	③	추론-빈칸	정답 : 1분 45초
20	④	논증-약화	정답 : 1분 5초	40	⑤	추론-밑줄	정답 : 1분 50초

01	③	짝짓기	정답 : 1분 20초	21	③	자료해석(2개)	정답 : 2분 5초
02	⑤	부합-조건	정답 : 1분 10초	22	③	자료해석(1개)	정답 : 1분 15초
03	①	부합-조건	정답 : 55초	23	②	자료해석(1개)	정답 : 1분 5초
04	①	자료해석(1개)	정답 : 40초	24	④	자료해석(1개)	정답 : 2분 10초
05	①	짝짓기	정답 : 55초	25	④	조건의 적용	정답 : 2분 45초
06	④	자료해석(1개)	정답 : 50초	26	①	자료해석(1개)	정답 : 1분 5초
07	②	자료해석(2개)	정답 : 1분 20초	27	②	조건의 적용	정답 : 2분
08	③	자료해석(1개)	정답 : 1분 5초	28	①	자료해석(1개)	정답 : 50초
09	④	자료해석(2개)	정답 : 55초	29	④	자료해석(2개)	정답 : 2분
10	⑤	규칙 적용	정답 : 1분 40초	30	⑤	자료해석(1개)	정답 : 1분 50초
11	④	보고서- 추가로 필요한 자료	정답 : 40초	31	②	자료해석(2개)	정답 : 2분 15초
12	④	자료해석(1개)	정답 : 1분 25초	32	⑤	자료해석(2개)	정답 : 2분 15초
13	②	자료해석(1개)	정답 : 1분 50초	33	①	조건의 적용	정답 : 2분 25초
14	②	자료해석(1개)	정답 : 1분 15초	34	③	자료해석(1개)	정답 : 1분 45초
15	⑤	자료해석(2개)	정답 : 3분	35	⑤	자료해석(2개)	정답 : 2분
16	⑤	자료해석(2개)	정답 : 2분 5초	36	②	자료해석(2개)	정답 : 40초
17	④	조건의 적용	정답 : 2분 40초	37	③	자료해석(2개)	정답 : 45초
18	⑤	자료해석(3개)	정답 : 1분 40초	38	①	자료해석(2개)	정답 : 1분 5초
19	①	자료해석(3개)	정답 : 2분 20초	39	④	자료해석(1개)	정답 : 1분
20	③	표-차트 전환	정답 : 2분 20초	40	③	보고서 확인	정답 : 2분 10초

01	③	부합	지문 : 30초 정답 : 1분 25초	21	③	부합	지문 : 35초 정답 : 1분
02	②	부합	지문 : 35초 정답 : 1분 5초	22	⑤	부합	지문 : 35초 정답 : 1분 35초
03	④	부합	지문 : 25초 정답 : 1분	23	①	부합	지문 : 30초 정답 : 1분
04	③	법조문	지문 : 25초 정답 : 1분 35초	24	④	부합	지문 : 25초 정답 : 1분 50초
05	④	법조문	지문 : 40초 정답 : 2분 10초	25	④	법조문	지문 : 1분 정답 : 2분 55초
06	②	법조문	지문 : 25초 정답 : 1분 35초	26	⑤	부합	지문 : 45초 정답 : 1분 5초
07	③	법조문	지문 : 20초 정답 : 45초	27	①	계산-분수비교	정답 : 1분 40초
08	④	계 산	정답 : 1분	28	③	계 산	정답 : 40초
09	⑤	상황구성- 고정상황 완성	지문 : 25초 정답 : 1분 25초	29	③	계 산	정답 : 1분 15초
10	⑤	계 산	정답 : 1분 35초	30	②	계산-분수비교	정답 : 1분 20초
11	⑤	상황구성- 고정상황 완성	지문 : 15초 정답 : 2분 20초	31	④	계산- Bottom Up	정답 : 2분 15초
12	⑤	상황구성- 고정상황 미완성	정답 : 1분 10초	32	②	상황구성- 전체와의 관계	정답 : 1분 50초
13	①	법조문	지문 : 15초 정답 : 1분	33	①	상황구성- 고정상황 완성	정답 : 1분 30초
14	④	상황구성- 고정상황 미완성	지문 : 20초 정답 : 1분 15초	34	①	상황구성- 고정상황 미완성	정답 : 1분 55초
15	③	상황구성- 전체와의 관계	정답 : 2분	35	②	상황구성- 고정상황 미완성	정답 : 2분 50초
16	④	상황구성- 전체와의 관계	정답 : 1분 40초	36	⑤	상황구성- 고정상황 미완성	정답 : 1분 20초
17	②	상황구성- 전체와의 관계	정답 : 2분 30초	37	②	상황구성-공정	정답 : 2분 20초
18	⑤	상황구성- 전체와의 관계	정답 : 2분 45초	38	③	상황구성-승점, 고정상황 완성	정답 : 3분 10초
19	①	부합	정답 : 1분 40초	39	②	부합	지문 : 45초 정답 : 1분 50초
20	④	상황구성-시차	정답 : 2분 10초	40	③	계 산	정답 : 45초

01 추론

답 ③

정답해설

협화회의 설립 과정 및 운영방식과 협화회의 기능에 대해 설명하고 있다. 첫 문단에서 협화회가 왜 설립되었는지 인과성을 갖춰주었기 때문에, 원인에 대한 초점이 맞춰져 글을 읽게 되지만 2문단부터는 단순 설명문으로서 원인의 기능이 크게 작용하지 않는다. 오히려 설명문으로서 문단별 소재의 배치에 대해서 신경을 써주는 것이 문제를 푸는데 더욱 수월하다.

③ 4문단 : 전시노동동원자는 재일조선인 중 일부에 대한 지칭이고, 감시를 자행했다는 기능적 서술어를 담고 있어, 지문에서 협화회의 대상이 갖는 범주적 측면과 감시를 자행했다고 할만큼 독단적인 부분이 있었는지 확인해야 한다. 4문단의 첫 문장에서 협화회는 재일조선인에 대한 감시를 조선 본토보다 더 강압적으로 추진했기 때문에 확인 가능하다. (○)

오답해설

① 4문단 : 재일조선인에 대한 교육 자체는 학교에서 담당한 것이고, 협화회는 협화 교육이라는 교육 내용에 영향을 미친 것 수준으로 볼 수 있다. (×)

② 4문단 : 첫 문장에서 협화회는 조선 본토보다 더 강압적인 일처리를 했음을 알 수 있다. 따라서 긴밀한 협조체계를 갖지 않았다고 볼 수 있다. (×)

④ 4문단 : 재일조선인은 집에서 각자 노력을 하였다. (×)

⑤ 그럴 듯한 소재지만, 친일분자들은 지문에서 다뤄지지 않는다. (×)

> **PSAT Doctor의 덧붙이기**
>
> 많은 수험생들은 ③번의 정오를 4문단에서 확인하지 못한다. 협화회가 재일조선인을 특칭하지 않았기 때문에 전시노동동원자를 포함할 수 있다는 것, '조선 본토보다 더'라는 표현을 통해 자행했음을 확인할 수 있어야 한다. 이런 어휘의 범주와 개념을 활용하는 것이 언어논리에서 요구되는 추론능력이다. 많은 학생들이 문제를 부합이라고 생각하고 푸는 경향이 있는데, 추론으로 연습을 할 수 있어야 한다.

02 추론

답 ②

정답해설

• 김치가 맛이 나는 과정에 대한 인과적 설명을 다루고 있는 지문이다. 인과적 설명문이 제시되면, 정보가 넘쳐나기 때문에 모든 정보를 가져가겠다는 생각은 버리는 것이 좋다. 첫 문단에서 어떤 것에 대한 설명을 하는지 큰 그림을 잡고, 그 다음 문단부터는 특정 파트에 대한 구체적 설명을 인과적으로 가져갈 것이다. 그 때에는 문단별 소재를 구분하고, 소재별 원인에 초점을 맞춰주는 것이 좋다.

• 지문의 경우 첫 문단에서 김치의 발효에 미생물이 기능한다는 큰 그림을 제시하고, 두 번째 문단에서 김치의 발효 과정에 기여하는 미생물로서 효모, 호기성 세균, 혐기성 세균을 제시한다. 이 때, 발효가 시작되는 경우와 김치가 익어가는 과정에서의 상황을 구분해 다뤄준다. 세 번째 문단은 김치를 익히는 데 있어서 효모와 유산균의 기능

이 제시되고, 마지막 문단에서 김치가 익는 정도와 기간에 영향을 미치는 요인들이 제시된다.

② 2문단 : 첫 문장에서 유산균을 혐기성 세균으로 지칭하고 있는데, 동문단 마지막 문장에서 유산균이 산성의 환경에서도 잘 살 수 있다고 언급한다. (○)

오답해설

① 1문단 : 김치를 담글 때 넣는 풀은 영양분의 역할을 한다. (×)

③ 3문단 : 호기성 세균이 원인이 되는 곳은 3문단이다. 이 곳에서는 호기성 세균이 독특한 김치 맛을 내는 데 도움을 준다고 한다. (×)

④ 4문단 : 향미 성분이 더해지면서 특색 있는 김치 맛이 만들어지는 것이지, 향미 성분 때문이라고 볼 수는 없다. (×)

⑤ 2문단 : 시큼한 맛이 나는 김치가 익은 단계에선, 혐기성 세균이 미생물의 대부분을 차지한다. (×)

> **PSAT Doctor의 덧붙이기**
>
> 1문단에서 김치를 담글 때 풀을 넣는다는 것을 확인할 수 있다. 그런데 이 풀이 효모에 의해 효소로 바뀌는지는 확인할 수 없다. 이후에 풀이라는 소재가 사용되지 않기 때문에 틀렸다고 보면 된다. 2문단에서 호기성 세균이 줄어들고, 혐기성 세균이 많이 남았을 때 시큼한 맛을 만들게 된다고 하는 것을 통해서 보완할 수 있다.

03 추론

답 ③

정답해설

지문은 베커와 린더가 시간의 비용에 대해 갖는 견해를 제시하고, 이 둘이 공통으로 전제하는 내용에 대한 평가를 제시했다. 지문 내의 제시자는 두 명이지만, 두 명의 견해를 비교해가면서 지문을 볼 필요는 없다.

③ 2문단 : 임금이 늘어나면 다른 활동에 들어가는 시간의 비용이 늘어난다고 한다. 따라서 임금이 줄어들면 다른 활동에 들어가는 시간의 비용이 줄어든다. (○)

오답해설

① 1문단 : 베커는 직접적으로 영화와 수면이 어느 정도의 차이가 있는지 비교하지는 않았다. (×)

② 1문단 : 베커는 직접적으로 영화와 수면이 어느 정도의 차이가 있는지 비교하지는 않았다. (×)

④ 1문단 : 베커는 활용할 수 있는 시간의 길이가 길어지면 시간의 비용이 줄어든다고 지적했다. (×)

⑤ 3문단 : 기대수명의 변화가 시간의 비용에 영향을 미치는 것에 대해 같은 입장으로 다뤄지고 있다. (×)

> **PSAT Doctor의 덧붙이기**
>
> 두 명의 견해를 비교해야 하는 경우는 지문의 두 명이 서로 대립하는 견해를 가지고 있는 경우이고, 지금 이 문제의 경우에는 대립하는 견해라고 볼 수 없다. 이런 것을 빨리 파악해서 쓸데없는 메커니즘을 줄이는 연습이 필요하겠다.

정답해설

빈칸에 들어갈 내용을 추론하는 경우에는 먼저 앞뒤 문장을 통해 맥락적 추론을 해줘야 한다. 그것이 안 되는 경우에 어떻게 해야 할지 메커니즘을 세우는 것이 좋다(다른 문제에서 제시하고 있으니 참고 바란다).

④ 빈칸의 앞 문장이 제시되고, 그것을 활용해 '이것으로 보면'이라고 제시하고 있다. 따라서 해당 문단을 활용해야 한다. 마지막 문단에서 공자와 맹자의 태도가 이상을 실천하기 위해 타협하는 모습을 보이고 있다. 따라서 철저하지 못한 측면이 있다는 내용의 선지가 가장 잘 설명할 수 있다.

05 추론   답 ④

정답해설

지문은 근육의 수축 현상과 그 원인에 대해 제시하고 있는 설명문이다. 따라서 현상별 원인에 대해 초점을 맞추는 것이 중요하다.

ㄴ. 2문단 : 첫 문장에서 등척수축이 ⓑ에 해당함을 가리키고 있다. 동 문단에서 해당 등척수축은 골격근의 주변 조직과 근육섬유 내에 있는 탄력섬유의 작용에 의해 일어난다고 하고 있다. (○)

ㄷ. 3문단 : 그래프의 ⓒ는 전체근육이 이완되는 영역이다. 마지막 문단에서 근육에 최대 장력을 초과하는 부하가 걸리면 전체근육의 길이가 늘어난다고 설명하고 있기 때문에 10kg을 초과하는 부하를 걸면 발생한다고 판단할 수 있다. (○)

오답해설

ㄱ. 1문단 : 그래프의 ⓐ는 전체근육이 수축하는 구간이다. 따라서 1문단에서 설명하는 전체근육의 길이가 늘어나는 편심 등장수축에 해당하지는 않는다. (×)

PSAT Doctor의 **덧붙이기**

과학 소재가 나오면 막연히 어려워하는 경우가 많다. 하지만, 과학 소재라고 지문 보는 법이 달라질 이유는 없다. 다만, 지문의 전개방식이 인과적 접근법을 요구한다면 과학 소재인지와 무관하게 원인에 좀 더 초점을 맞추면 될 뿐이다.

정답해설

⑤ 3·4문단 : 적혈구가 증가하면 혈액의 점성도 증가해 문제가 되는 것을 알 수 있다. 혈액 도핑을 하면, 경기 능력 향상과 함께 혈액의 점성이 증가해 부작용이 발생할 수도 있다. 그런데 혈액 도핑을 했을 때의 혈액 점성 증가 정도와 합성 에리트로포이어틴을 이용한 혈액 도핑을 할 때의 혈액 점성 증가 정도가 구체적으로 제시되지 않아 비교할 수 없다. (×)

오답해설

① 3문단 : 적혈구가 증가하면 유산소 운동 능력이 향상된다. (○)

② 3문단 : 혈액을 뽑아내면 적혈구 조혈이 왕성해져서 시합 때가 되어서야 정상수준으로 산소 농도가 증가한다. 따라서 혈액을 뽑아내면 일시적으로 산소 농도가 감소함을 추론할 수 있다. (○)

③ 2·3문단 : 2문단에서 출혈이 있으면 성숙하지 못한 망상적혈구가 혈액으로 들어온다는 것을 알 수 있다. 이는 3문단에서 운동선수라고 해서 따로 부정되지 않음을 확인할 수 있다. (○)

④ 1·4문단 : 에리트로포이어틴이 분비되면 적혈구가 성숙·분화된다. 적혈구의 증가가 운동능력을 향상시키는 것에 대한 설명이 제시되어 있고, 합성 에리트로포이어틴이 딱히 이를 부정한 메커니즘은 아니기 때문에 무리없이 확인 가능하다. (○)

PSAT Doctor의 **덧붙이기**

많은 수험생들이 지문을 단계적으로 보지 못하기 때문에, 본인이 생각한 내용이 없으면 꼼꼼하게 찾기 시작한다. 하지만, 추론은 기본적으로 단어를 찾는 것이 아니라 어휘의 의미를 활용하는 것이기 때문에 주어의 포함관계로서의 적합성과 서술어의 포함관계로서의 대체가능성이 판단의 기준으로 활용되어야 한다.

07 주장   답 ③

정답해설

주장문제는 지문을 구체적으로 봐서는 안 된다. 마지막 문단에서 A는 인의를 추구한다면 아무런 문제가 되지 않는다고 하여, 인의를 우선적으로 추구해야 함을 파악하면 어렵지 않게 풀 수 있다. ③번의 경우 마지막 문단을 조금 더 구체적으로 보았을 때, 탕과 걸이 인의를 다하지 못한 사람을 죽인 것은 군주를 죽였다고 할 필요가 없다는 말을 했다는 것을 알 수 있지만, 보다 추상적으로 주장만 체크할 수 있다면 그렇게 연습해주는 것이 필요하다.

08 추론 – 사례

답 ①

정답해설

A 원리는 죽음 자체를 의도하는 것을 허용할 수 없다고 하고 있다.

ㄱ. 폭격으로 인한 부수적인 결과로서 민간인이 죽는 것이 아니라, 민간인이 죽게 만들어 전쟁을 끝내게 하려는 행위이므로 도덕적으로 허용할 수 없다. (×)

오답해설

ㄴ. 심장 전문의가 어머니의 임종을 지키러 가게 되는 과정에서 부수적으로 죽음을 맞게 되는 것이다. 심장 전문의가 어머니의 임종을 지킴으로써 비로소 죽게 되는 것이 아니기 때문에 도덕적으로 허용된다. (○)

ㄷ. 다섯 명의 어린이를 구하기 위해 진로를 변경한 행위는 홀로 일하는 인부를 죽이기 위한 선택이 아니라 다섯 명의 어린이를 구하기 위해 선택한 부수적인 결과이기 때문에 도덕적으로 허용된다. (○)

09 추론 – 사례

답 ③

정답해설

인지부조화 이론을 확인할 수 있는 실험은 ⊙을 포함하고 있는 마지막 문장이 마지막 문단에 있음을 제시하고 있다. 인지부조화 이론에서 사람들은 현명한 자기 편과 우매한 다른 편을 인식한다고 하고 있으므로, 참여자들은 자신의 의견에 동의하는 현명하고 논리적인 글과 자신의 의견에 반대하는 우매하고 억지스러운 글을 기억한다.

10 추론 – 사례

답 ④

정답해설

⊙은 종교에 대한 관용을 통해 발생하는 역설을 가리키고 있다. 해당 문장에서 이상의 논의를 고려한다고 하고 있기 때문에, 앞 문단의 내용을 살펴볼 필요가 있음을 확인할 수 있다. 앞 문단에서는 용인이 많을수록 관용적인데, 관용적인 것은 도덕적으로 잘못인 것을 포함하게 된다고 제시하고 있다. 따라서 제시될 사례는 ④번임을 알 수 있다.

11 논리 – 연역논증

답 ④

정답해설

기호화

- 양적완화 → 미국 경제회복 ∧ 국제 경제 영향
- 양적완화 → 달러화 가치 하락 ∧ 한국 달러 환율 하락
- 한국 달러 환율 하락 → 수출 감소
- 한국 경제 지표 개선 → ~수출 감소
- ~양적완화 → 미국 금리 상승
- 미국 금리 상승 → 한국 금리 상승
- 한국 금리 상승 → 외국인 투자 증가 ∧ 가계 부채 문제 심화
- 가계 부채 문제 심화 → 국내 소비 감소 → 경제 전망이 어두워짐

④ 한국 경제 지표 개선 → ~수출 감소 → ~한국 달러 환율, 도출 가능하다. (○)

오답해설

① 수출 증가 → 한국 달러 환율 상승, 달러화 가치 하락은 확인할 수 없다. (×)

② 가계 부채 문제 심화 → 국내 소비 감소, 양적완화 중단은 확인할 수 없다. (×)

③ 외국인 투자 감소 → 한국 금리 하락 → 미국 금리 하락 → 양적완화, 경제 전망이 어두워지는 방향으로 이어지지 않아 확인할 수 없다. (×)

⑤ ~국내 소비 감소 → ~가계 부채 문제 심화, 외국인 투자 감소는 확인할 수 없다. (×)

12 논리 – 거짓말

답 ①

정답해설

- 주어진 진술을 두고 봤을 때, 참과 거짓이 명백하게 가려지는 진술의 대립은 없다. 따라서 모순 상황에 놓여있는 진술을 두고 참과 거짓의 상황을 구분해 확인해야 한다. 사신 1의 첫 번째 진술과 사신 3의 두 번째 진술이 모순 상황에 있기 때문에 이를 두고, 참/거짓 상황을 구성해볼 수 있다.
- 사신 1의 첫 번째 진술이 참일 경우

구 분	사신 1	사신 2	사신 3
진술 1	T	T	T
진술 2	T	F	F
진술 3	F	T	T

- 사신 1의 첫 번째 진술이 거짓일 경우

구 분	사신 1	사신 2	사신 3
진술 1	F		
진술 2	T		T
진술 3	T		

사신 1의 두 번째 진술이 참이라면, 사신 2의 두 번째 진술은 거짓이다. 그런데, 사신 1의 세 번째 진술이 참이라면, 사신 세 번째 진술이 거짓이기 때문에 주장 중 하나만 거짓이라는 조건에 부합하지 않는다. 따라서 사신 1의 첫 번째 진술은 거짓일 수 없다.

→ 사신 1의 첫 번째 진술이 참인 상황에서 확인할 수 있는 것은 ① 뿐이라는 것을 알 수 있다.

13 논증 – 평가

답 ⑤

정답해설

⑤ 다른 행동을 할 가능성에 대한 여부가 중요한 것은 갑이고, 강제성 여부가 중요한 것은 을이다. (○)

오답해설

① 4문단 : 을은 철수의 행동에 철수의 의지가 반영될 수 있다고 생각한다. (×)

② 2문단 : 을은 강요에 의한 행동이라면 자유롭지 않다고 생각한다. (×)

③ 2문단 : 을 역시 필연적인 행동에 대해 다른 행동의 가능성이 있다고 생각하지는 않는다. 강요된 것인지의 여부가 문제라는 것을 주장한다. (×)

④ 모두 전지전능한 신이 존재함을 전제한 상태에서 제시하고 있기 때문에, 전지전능한 신이 존재하지 않는 상황에 대해 판단할 수 없다. (×)

14 논증-분석   답 ②

정답해설

② A1은 정보통신기술 혁명이 국경 없는 세계를 만들어 규제가 철폐될 수 밖에 없다고 하고 있다. (○)

오답해설

① A와 B가 대립하고 있는 이유는 가장 혁신적인 것이 무엇인가에 대한 논쟁이다. A는 정보통신기술 혁명이라고 주장하지만, B는 세계화에 영향을 미치는 것은 정치적인 것이라고 주장하고 있다. (×)

③ B1은 A1이 잘못 생각하고 있음을 지적하고 있다. (×)

④ 가전제품의 영향력에 대해 서로 다른 입장을 고수하고 있다. (×)

⑤ B2는 A2가 세계화의 정도를 결정하는 원인을 잘못 생각하고 있다고 지적하고 있다. 뒤바꾸어 생각한다고 하지는 않는다. (×)

15 논리-연역논증   답 ①

정답해설

ⓑ와 ⓒ는 ⓓ의 전제를 충족시킨다. 따라서 그러한 경험을 한 사람에게 살아갈 힘을 제공해줄 것이 분명해진다. 이를 통해 ⓔ가 확보되고, 이렇게 확보된 ⓔ는 ⓐ의 전제가 충족되면서 ⓕ가 도출된다.

16 논증-평가   답 ⑤

정답해설

(가)의 주장은 소득 증가가 높아지면 행복을 느끼기 어렵다는 것이고, (나)의 주장은 한국 사회의 행복감이 낮은 이유는 비교 성향이 매우 높기 때문이라는 것이다.

⑤ (나)의 주장을 약화시키는 진술이다. (○)

오답해설

① 지위재의 경쟁 때문에 행복감이 낮다고 제시하고 있지 않다. (×)

② 지위재가 풍부해서 발생한 풍요의 역설이 아니다. (×)

③ 소득 수준이 비슷한데 행복감이 더 낮다고 한다면 (가)를 강화하지 못한다. 소득 수준과 행복감이 비슷하면 강화된다. (×)

④ 경쟁이 치열할수록 행복감이 낮다는 것이 주장인데, 제시된 나라는 행복감을 판단할 수 없어 (나)에 영향을 주지 못한다. (×)

17 논증-평가   답 ③

정답해설

ㄱ. 한국은 아시아인데, 아시아의 경우 탄수화물 섭취가 300g 이상이 필요하다면, 300g 미만인데도 탄수화물을 지나치게 많이 섭취한다고 주장하는 (가)는 약화된다. (○)

ㄴ. (가)는 한국인 중 성인만으로 한국인에 대해 일반화를 한 상황인데, 성인이 아닌 사람들까지 같은 성향을 보인다는 것이 밝혀지면 (가)는 강화된다. (○)

오답해설

ㄷ. 탄수화물이 부족할 때 발생하는 케토시스 현상에 대한 설명은, 탄수화물이 충분할 때 나타나지 않는다는 결과로 약화되지 않는다. 오히려 강화된다. (×)

18 논증-평가   답 ①

정답해설

① (가)는 창조적인 사람일수록 우울증에 걸릴 유전자와 연관되어 있음을 제시하고 있기 때문에 강화된다. (○)

오답해설

② (나)는 우울증에 걸리면 목표를 포기하게 된다고 제시하고 있어 (나)를 약화한다. (×)

③ 정신적 소진이 우울증을 초래한다는 내용은 (다)를 강화한다. (×)

④ 유전적 요인이 정신질환으로서 우울증을 야기한다는 내용은 (가)를 강화한다. (×)

⑤ (다)는 현대 사회에서 기존의 기술이나 생각을 수용하기에도 매우 벅차 새로운 조합을 만들어 내는 일이 무척이나 많은 에너지를 요한다고 하면서, 과거에 비해 현대 사회에서 창조적인 아이디어를 만들어내기 어렵다는 사실을 강화시킨다. (×)

19 추론   답 ④

정답해설

④ 3문단 : 먹는 손과 배변을 처리하는 손이 다른 이유가 뇌 기능 때문인 것은 아니다. (×)

오답해설

① 2문단 : 위생에 대한 관습은 명문화되지 않더라도 벌을 주는 형태로 계승되어 왔을 것이다. (○)

② 4·6문단 : 직관적 사고에 대한 논리적 비판이 강세인 것과 논리적 사고를 주로 하는 좌반구 기능이 강한 오른손잡이가 많은 인간 사회를 통해 확인할 수 있다. (○)

③ 5문단 : 뇌의 좌우반구 기능이 인간과 같은 포유류들은 대개 왼발을 즐겨쓴다는 것을 통해 확인 가능하다. (○)

⑤ 3문단 : 관습적 배경이 오른쪽에 대한 긍정과 왼쪽에 대한 반감을 일부 설명하지만, 근본적인 설명은 되지 못한다. (○)

20 논증-약화　답 ④

정답해설

지문의 주장은 뇌의 기능 중 논리적 사고를 강조하는 부분이 왼쪽에 대한 반감을 형성했다는 것이다.

④ 언어·개념과 연관된 뇌의 기능이 아니라 시각 패턴 인식 능력과 연관되어 있다는 것은 지문의 주장을 약화시킨다. (○)

오답해설

① 오스트랄로피테쿠스의 지능 때문에 논리적 사고를 강조하는 좌반구가 강조되었고, 왼쪽에 대한 반감이 형성되었음을 주장하고 있지 않기 때문에 약화되지 않는다. (×)

② 왼쪽에 대한 반감의 정도와 왼손잡이의 비율이 비례함을 제시하고 있지 않다. (×)

③ 뇌의 해부학적 구조가 아니라 뇌의 기능에 따른 차이를 제시하고 있다. (×)

⑤ 외부와의 교류로 왼손에 대한 반감을 갖고 있다는 주장이 아니다. (×)

21 추론　답 ②

정답해설

지문의 주장은 굵직하게 읽어내려가다 보면 어렵지 않게 확인할 수 있다. 지문의 흐름이 변화무쌍한 것이 아니라 큰 틀을 두고 같은 내용을 이해하기 쉽게 사례를 덧붙이는 형태로 전개되기 때문이다. 주장은 기운과 이치는 하나이고, 서로 떠나지 못한다는 것이다.

② 4문단 : 지문의 주장을 활용하면 어렵지 않게 확인 가능하다. (○)

오답해설

① 3문단 : 작은 것은 큰 것에 부림을 받고, 약한 것은 강한 것에 부림을 받는다. 이것이 천이다. (×)

③ 3·4문단 : 본연의 이치가 홀로 독립하여 있는 것은 아니다. (×)

④ 3문단 : 악인이 편안히 늙어죽는 것은 기운이 아니라 이치 때문이다. (×)

⑤ 3문단 : 정상을 위반하더라도 그것 역시 이치이다. (×)

22 추론　답 ④

정답해설

④ 2문단 : 연은분리법은 은 매장량이 풍부한 일본의 생산량을 조선보다 늘어나게 해 동아시아 최대 은 생산국이 되는 데 도움이 되었다. (○)

오답해설

① 4문단 : 도요토미 히데요시가 해적 정지령을 내렸지만, 조선·명과의 관계는 개선되지 않았다. (×)

② 2문단 : 일본은 조선보다 은광석이 풍부했지만, 제련 기술이 후진적이어서 생산량이 뒤쳐져있다는 것을 알 수 있을 뿐, 은광석의 납 함유율이 조선보다 높았는지는 알 수 없다. (×)

③ 4문단 : 이미 왜구의 활동으로 일본과 무역이 제한되는 해금정책이 시행되고 있었다. 이를 타개하기 위해 임진왜란이 발발했다. (×)

⑤ 3문단 : 이와미은광의 은을 바탕으로 도요토미 히데요시가 통일을 한 것은 아니다. (×)

23 추론　답 ④

정답해설

④ 1·2문단 : 2000년대 이후 오늘날의 탐정소설은 논리적 추론 과정에 초점이 맞추어지면서 그것이 탐정소설의 전부인 것처럼 인식되고 있다. (×)

오답해설

① 2문단 : 1930년대에 비해 현재로 오면서 탐정의 의미 범위가 협소해졌다. (○)

② 2문단 : 현재의 탐정소설은 논리적 추론 과정에 초점이 맞추어지는 서구의 고전적 탐정소설 유형만이 남게 되었다. (○)

③ 2문단 : 오늘날의 탐정소설은 기괴한 이야기가 지니는 환상적인 매력이 사라졌다. (○)

⑤ 1문단 : 1930년대 우리나라 탐정소설에 서구 번역 탐정소설이 미친 영향력 못지않게 국내에서 유행하던 환상 등의 장르가 영향력을 미치면서 비롯되었다. (○)

24 추론　답 ①

정답해설

① 3·4문단 : 중국 상하이와 일본 요코하마에서의 영자신문에 대해 선교사가 창간했다는 말은 없다. (×)

오답해설

② 1문단 : 개항 이후에나 민간인을 독자로 하는 신문이 등장했다. (○)

③ 3문단 : 영국의 민간회사가 창간한 신보 '상하이신보'와 중국 상인 왕타오에 의해 창간된 '순후안일보'가 신보와 일보의 용어 유래가 되었다. (○)

④ 3·4문단 : 중국은 1874년 자국민의 자국어 신문이 발행되었고, 일본은 1871년에 발행하였다. (○)

⑤ 3문단 : 1851년과 1861년 영국인에 의해 유럽과 미국 회사들에 필요한 정보를 제공하기 위해 신문이 창간되었다. (○)

25 추론　답 ②

정답해설

ㄷ. 3·4문단 : ㄱ과 같은 문장의 내용 때문에 하층민의 친족 입양이 다뤄져 있음을 알 수 있다. (○)

오답해설

ㄱ. 3·4문단 : 가계 계승이 아닌 양부모 봉양 때문에 이루어진 입양은 목적이 사라졌을 때 입양 관계가 종결된다. 변담의 입양관계는 변해석 사망 후 종료되었기 때문에 양부모 봉양이 목적임을 알 수 있다. (×)

ㄴ. 3·4문단 : ㄱ과 같은 문장의 내용 때문에 가계 계승이 아니라 양부모 봉양 때문임을 알 수 있다. (×)

26 추론

②

정답해설

ㄷ. '갑'과 '을'의 범인에 대한 믿음의 정도가 같다면, A방법과 B방법 모두 5:5로 분배하는 방식이 된다. (○)

오답해설

ㄱ. A와 B방법 모두 병의 믿음의 정도를 분배하는 것이기 때문에 갑이 범인과 을이 범인에 대한 믿음의 정도의 합은 '전체－병의 믿음'으로 둘 다 같다. (×)

ㄴ. 방법 B에 따르면, 갑이나 을의 믿음이 같지 않은 이상에는 한쪽이 100% 이상 클 수밖에 없다. 따라서 병의 믿음을 분배할 때에도 동일하게 나누지 않고, 한쪽이 더 가져가게 된다. 그렇게 되면 기존의 차이에 비해 더 많은 부분을 배분받기 때문에 큰 쪽은 많이 커지고, 작은 쪽은 작게 커진다. 그러므로, 비율로 분배하는 방법 B보다 동일하게 분배되는 방법 A가 더 커질 수는 없다. (×)

27 추론

⑤

정답해설

ㄱ. 파괴된 적혈구의 비중이 높아지면 그로부터 유리되는 빌리루빈의 비중이 늘어난다. 빌리루빈이 많을수록 담즙에 포함되어 소장으로 배출되는 비중이 늘어난다. 그렇다면 소장에서 흡수되어 혈액으로 이동하는 유로빌리노젠으로 전환되는 비중이 늘어나고, 곧 소변으로 배출되는 양이 늘어나게 된다. (○)

ㄴ. 비결합 빌리루빈의 양이 높으면 간에서 담즙을 만든 간세포에 흡수되고 글루쿠론산과 결합해 결합 빌리루빈으로 바뀌지 않았다는 것이다. 따라서 담즙을 만드는 간세포의 기능이 망가진 간화가 있을 수 있다. (○)

ㄷ. 대변 내 결합 빌리루빈이 발견되려면, 결합 빌리루빈이 담관을 통해 분비되는 담즙에 포함되어 소장으로 배출되고, 그렇게 들어온 결합 빌리루빈이 소장에서 흡수되지 않고 대변에 포함되어 배설되어야 한다. 그런데 발견되지 않았다는 것은 담관이 막혀있을 수 있다는 것이다. (○)

28 추론

⑤

정답해설

⑤ 일반 원칙에 얽매이는 것은 노예의 도덕이고, 자신의 도덕을 바탕으로 행복을 추구하는 것은 주인의 도덕이다. (○)

오답해설

① 노예의 도덕은 주체적인 삶을 추구하지 않는다. (×)

② 나 자신의 신장을 추구하는 것은 노예의 도덕이 아니다. (×)

③ 자신만의 개성을 만들어 사는 삶은 노예의 도덕이 아니다. (×)

④ 내재화된 이성의 힘이 아니라 자신에게 어울리는 이상을 자신의 도덕으로 삼는 것이기 때문에 내재화를 통한 주체적인 삶의 여부는 크게 중요하지 않다. (×)

29 추론

③

정답해설

ㄱ. 3문단 : 자극적인 음식을 발전시켜 소화불균형을 해결하고자 하였다. (○)

ㄴ. 2문단 : 구들에서 자란 사람들은 앉아서 작업하는 습관을 갖게 되었다. (○)

오답해설

ㄷ. 성별, 놀이문화적 양상이 나타난 것을 알 수 없다. (×)

30 추론

③

정답해설

시기적으로 A가 수정으로부터 가장 늦은 시기이고, B, C, E, D=F의 순으로 빠르다.

31 논리－연역논증

④

정답해설

④ A, C, F/B, C, F가 가능하다. (×)

오답해설

① A와 B 중 적어도 한 명이 위촉되므로, A, C, D/A, C, F/B, C, F 3가지가 있다. (○)

② B, C, F로 위촉 가능하다. (○)

③ B를 위촉하면 D를 위촉해서는 안 되기 때문에 E 또는 F를 위촉해야 한다. 그런데 E를 위촉하면 F도 위촉되므로, B를 위촉하면 F도 위촉된다. (○)

⑤ A, C, D가 D를 포함한 최소 인원을 위촉한 상황이다. (○)

32 논리－연역논증

④

정답해설

세 개의 부서에서 갑~무 5명을 표창 대상자로 추천했는데, 갑, 을, 병은 같은 부서 소속이고, 세 개의 부서이므로, 정과 무는 각각 다른 부서 소속임을 알 수 있다. 이 때, 각 부서는 근무평점이 높은 순서로 추천을 했기 때문에 갑, 을, 병은 서로 부서 내 1~3위이고, 정과 무는 각각 부서 내 1위임을 알 수 있다. 그리고 다른 조건으로 ① 소속 부서에서 가장 높은 근무평점, ② 근무 날짜가 250일 이상, ③ 공무원 교육자료 집필에 참여 ∧ 공무원 연수교육 3회 이상 참석, ④ 정부출연연구소에서 활동 → 인사혁신처 공식 자료 등록될 것이라는 조건 중 두 가지의 조건을 충족해야 한다.

구분	갑	을	병	정	무
①				○	
②		○	○	○	
③	○	○	○	○	○
④	○		○	○	○

반드시 표창을 받는 사람은 갑, 병, 정, 무 네 사람이다.

33 논증 – 밑줄 간 관계 정답 ②

지문에 제시된 ㉠~㉣의 입장은 대략 다음과 같다.

- ㉠ 데카르트 : 동물은 기계와 같이 영혼이 없어 고통을 경험하지 않는다.
- ㉡ 칸트 : 동물은 이성적 대우가 필요 없지만, 동물을 학대하는 행위는 좋은 습관이 아니다.
- ㉢ 공리주의 생명윤리학자 : 인간과 동물이 차이가 있더라도, 동물의 생명을 존중해 고통을 적게 가할 수 있는 환경을 만드는 것이 좋다.
- ㉣ 리건 : 동물 개체가 삶의 주체로서 가치를 갖기 때문에 충분히 존중해야 한다.

② 데카르트는 동물이 영혼이 없어 고통을 경험하지 않는다고 생각했지만, 공리주의 생명윤리학자들은 동물 역시 고통을 느낄 수 있기 때문에 고통을 최소화 할 필요가 있다고 생각한다. (○)

① 칸트는 인간이 동물에 비해 우월함을 인정하지만, 동물 실험을 통한 학대가 발생하게 되는 것은 부적절하다고 보았다. (×)

③ 리건은 몇몇 포유류의 경우 각 동물 개체가 삶의 주체로서 갖는 가치가 있다고 주장하면서, 인간과 근본적 차이를 인정하지 않고, 동물 역시 실험에 이용되지 않을 권리가 있다고 보았다. (×)

④ 공리주의 생명윤리학자들은 이성이나 언어 능력에서 인간과 동물이 차이가 있음을 인정한다. (×)

⑤ 리건은 동물이 고통을 느낄 수 있는 존재라서가 아니라, 그 자체로서 고유한 가치를 갖는다고 주장했다. (×)

34 논증 – 대화 간 관계 정답 ⑤

- A는 특정한 수를 다루는 수식은 공리로서의 특징을 갖는다고 주장한다.
- B는 특정한 수를 다루는 수식이 공리의 특성을 갖기는 하지만, 수식이라는 것들이 모두 그렇지는 않다고 주장한다.
- C는 공리는 증명 불가능하지만, 수식은 참과 거짓을 알 수 있기 때문에 증명 가능하다고 주장한다.
- D는 증명이 아닌 직관으로도 모든 수식의 참과 거짓을 알 수 있다고 주장한다.
- E는 직관만으로는 수식의 참과 거짓을 알 수 없다고 주장한다.
- F는 작은 수는 직관으로 참과 거짓을 알 수 있지만, 큰 수는 직관보다는 증명을 통해 확인할 수 있다고 주장한다.
- G는 큰 수를 증명할 수 있듯이 작은 수도 증명할 수 있다고 주장한다.

⑤ G는 큰 수를 증명하는 방식으로 작은 수도 증명할 수 있다고 하여 F를 반박한다. (○)

① A는 특정한 수를 다루는 수식이 공리로서의 특징을 갖는다고 주장했지, 공리로 봐야 한다고 주장한 것이 아니다. 그렇기 때문에 B가 A의 말에 대해 특별히 반박했다고 보기는 어렵다. (×)

② B가 모든 수식이 증명 불가능하다고 주장한 것이 아니고, C가 모든 수식의 증명 가능성을 단순히 특정한 수를 다루는 수식이 무한히 많지 않기 때문임을 통해 확인한 것도 아니다. 단지 C는 모든 수식의 참과 거짓을 알 수 있기 때문에 수식의 증명이 가능하다고 제시하고 있다. (×)

③ D는 수식의 참과 거짓을 그 자체로 명백히 알 수 있다고 주장한다. (×)

④ F는 큰 수의 수식은 증명을 통해 참임을 알 수 있다고 하여, D의 주장을 반박하지만, 작은 수의 수식은 증명이 아닌, 직관을 통해 참임을 알 수 있다고 하여, E의 주장도 반박한다. (×)

35 논증 – 평가 정답 ①

- 사례 1 : 환경에 해가 된다는 것을 알고도, 수익 극대화를 위해 사업을 시작
- 사례 2 : 환경에 도움이 되는지와 무관하게, 수익 극대화를 위해 사업을 시작
- 지문의 주장 : 특정 행위 결과를 행위자가 의도했는지에 대한 설문조사는 행위 결과의 도덕성 여부에 대한 판단에 의존한다.

ㄱ. 지문의 주장은 특정 행위 결과를 행위자가 의도했는지에 대한 설문조사는 행위 결과의 도덕성 여부에 대한 판단에 의존한다는 것이다. 그렇기 때문에 환경에 대한 영향과 도덕성이 무관하다고 생각하면 지문의 주장이 약화된다. (○)

ㄴ. 사례에서는 부도덕한 의도를 가지고 부도덕한 결과를 낳는 행위를 한 행위자가 제시되지 않는다. 단지, 같은 의도를 가지고 도덕적인 결과인지에 차이가 나타날 뿐이다. 따라서 지문을 통해, 부도덕한 의도를 가지고 부도덕한 결과를 낳는 행위를 한 행위자와 의도 없이 부도덕한 결과를 낳는 행위를 한 행위자의 결과에 대한 책임 정도를 비교할 수는 없다. (×)

ㄷ. 지문의 두 행위자가 동일한 부도덕한 결과를 의도하지 않았으며, 그러한 결과를 달성하지 못한 행위자를 다루는 사례가 아니다. (×)

36 논증 – 평가 정답 ②

- A가설 : 진보 이념에서 중시되는 참여 민주주의의 가치가 소셜미디어와 잘 부합해 소셜미디어 상에서 진보 성향의 견해들이 두드러진다.
- B가설 : 소셜미디어는 비주류가 가진 상대적 소외감을 가진 집단에 의해 주도적으로 활용되기 때문에 소셜미디어 상에서 비주류적 성향의 진보 성향 견해가 두드러진다.

② 갑국의 주류 언론이 보수 성향이 강할 때, B가설에 따르면 비주류인 진보 성향이 소셜미디어로 발현되는 것이기 때문에 B가설이 강화된다. (○)

① 을국의 트위터 사용자들에게서 보수 성향이 두드러지면, A가설이 주장한 진보적 성향이 소셜미디어와 부합하는 모습이 을국에서 나타나지 않은 것이다. 따라서 A가설은 약화된다. (×)

③ 젊은 사람들이 많은 갑국에서 젊은 사람들 내 진보적 성향의 비중이 높을 때, 소셜미디어 상에서 진보 성향이 두드러지는 것은 A가설에 따라 진보적 성향을 가진 사람들의 활동이 소셜미디어와 부합하기 때문이라고 볼 수 있어 강화될 수 있다. 하지만, 젊은 사람들 내 진보적 성향이 높은 것이 비주류인지 주류인지를 단정지을 수 없기 때

문에 B가설이 약화된다고 볼 수 없다. (×)

④ 갑국에서 주류 언론보다 소셜미디어의 영향력이 강하다는 것은 A가설을 강화하지 않을 뿐만 아니라, B가설에 따라 소셜미디어의 주도 활용 계층이 주류 언론에서 상대적으로 소외된 집단임을 고려하면 주류 언론보다 영향력이 강하다고 보기 어렵다. (×)

⑤ 정치 활동을 많이 하는 사람들이 소셜미디어를 더 많이 사용하는 것은 A가설의 참여 민주주의 가치와 부합하기 때문이라고도 볼 수 있다. 따라서 A가설이 약화되지 않는다. 물론, 정치 활동을 많이 한다고 해서 참여 민주주의 가치와 바로 연결할 수 없다면, 정치 활동을 많이 하는 것이 A가설을 약화시킬 이유가 되지도 않기 때문에 어쨌든 A가설은 약화되지 않는다는 것을 확인할 수 있다. (×)

37 논증 - 약화 　　　　　 답 ④

정답해설

크레이그 벤터 박사의 주장은 "유전자 결정론이 옳다고 보기에는 유전자 수가 부족하다. 따라서 인간은 유전자만에 의해서만 지배되는 것이 아니라 환경과 상호작용함으로써 자유의지를 발휘하는 존재라고 보아야 한다."

ㄴ. 유전자 결정론이 틀린 상황에서 인간이 유전자와 환경의 상호작용으로 결정되더라도, 인간이 자유의지를 행사한 것이 아니라면, 지문의 주장을 약화시킨다. (○)

ㄷ. 인간 유전자의 수가 현재 인간의 행동양식을 설명할 수 있을 정도로 충분하다면, 유전자 결정론이 잘못되었다고 말하기에는 유전자의 수가 충분하다는 것이다. 따라서 지문의 주장은 약화된다. (○)

오답해설

ㄱ. 자유의지가 없는 동물이 유전자 결정론이 옳다고 볼 수 있을 정도로 충분히(인간보다 많은) 유전자를 가지고 있다면, 지문의 주장은 딱히 약화되지 않는다. (×)

38 논증 - 약화 　　　　　 답 ②

정답해설

지문의 주장은 "A는 해마 내의 장소세포와 격자세포를 통해 길을 잘 찾아갈 수 있게 된다."는 것이다.

② 해마의 신경세포는 길을 잘 찾아가게 하는 데 도움이 된다는 주장을 부정하지 않았고, 추가로 소뇌에서도 발견된다는 것을 다룰 뿐이다. A의 견해를 약화시키지 않는다. (×)

오답해설

① 해마의 신경세포인 장소세포가 활성화될 필요가 없다는 것으로, A의 견해를 약화시킨다. (○)

③ 신경세포로는 용량이 부족해 적절하지 않다는 것으로, A의 견해를 약화시킨다. (○)

④ 쥐의 행동이 신경세포가 아닌 냄새로 설명이 가능하다는 것으로, A의 견해를 약화시킨다. (○)

⑤ 쥐를 통해서 신경세포의 기능 가능성을 제시했지만, 사람은 그렇게 얘기할 수 없다는 것으로, A의 견해를 약화시킨다. (○)

39 추론 - 빈칸 　　　　　 답 ③

정답해설

복잡하게 생각할 필요가 없는 문제이다. 지문의 내용은 시간 내에 쉽게 이해하기 어려울 것이다. 양자역학은 물리학계에서 여전히 어려운 소재로 다뤄지기 때문이다. 애초에 필자는 언어논리를 강의하면서 지문을 완벽하게 이해하는 것이 아니라, 답을 찾기 위한 작업만 해주면 된다고 주장하기 때문에 큰 문제는 없을 것이다. 빈칸 문제는 빈칸의 앞뒤의 맥락을 이해하면 되는데, 빈칸 앞에 '따라서'라는 정리접속사가 제시되어 있다. 즉, 앞에 제시되어 있는 내용을 통해 빈칸을 추론할 수 있다는 것이다. 그렇다면 빈칸 앞의 내용을 정리해보자. R이 어떻건 간에, ST가 참이면 R이 참일 확률은 1/2이고, ST가 거짓이고 MW가 참일 때에는 R이 참일 확률이 1이라는 것이다. 그리고 비슷한 방식으로 MW가 거짓인 조건에서 R이 참일 확률이 얼마인지도 알아낼 수 있다고 하고 있다. 여기까지 우리가 확인할 수 있었던 것은 R은 ST를 확증할 수 없고, MW는 확증한다는 것이다. 비슷한 방식으로 우리가 알아낼 수 있는 한계도 ST를 확증할 수 없지만, MW는 확증한다는 것이라고 말할 수 있다. 따라서 ③번이 답이다.

40 추론 - 밑줄 　　　　　 답 ⑤

정답해설

R과 L이 참일 수 있는지를 볼 때, ST가 참이면 R과 L은 참일 확률이 1/2이다. 반면에 ST가 거짓인, 즉 MW가 참인 상황에서는 R이든 L이든 참일 확률이 1이 된다.

⑤ ST는 확증하지 못하지만, MW는 확증하게 된다. (○)

오답해설

① ST가 참으로 확증된다고 해서, MW가 확증된 것은 아니다. (×)

② ST와 MW 모두를 확증할 수는 없다. (×)

③ 우리의 경험과 무관하게 경험의 확증 해석은 동일하다. (×)

④ 두 해석을 모두 확증하는 경우도, 확증하지 못하는 경우도 존재하지 않는다. (×)

01 짝짓기 　　　　　　　　　　답 ③

오답해설

- 첫 번째 조건 : 장애인 고용의무 인원은 남부청>동부청>서부청이다. 이를 통해 A는 남부청이 아니고, C는 서부청이 아님을 알 수 있다.
- 두 번째 조건 : A는 서부청이다. 따라서 ①, ②는 배제한다.
- 세 번째 조건 : 장애인 고용의무 인원은 북부청<남부청이다. 이를 통해 C는 북부청이 아니다. 따라서 ④번은 배제한다.
- 네 번째 조건 : 장애인 고용인원은 동부청>남동청, 장애인 고용률은 동부청<남동청이다. 따라서 장애인 고용률을 통해 B가 동부청임을 알 수 있다.

02 부합－조건 　　　　　　　　답 ⑤

정답해설

ㄴ. '나'국은 A, B 요건을 모두 충족한다. (○)

ㄷ. 관찰대상국은 요건 중 두 가지만을 충족하면 된다. 가, 나, 마, 차국이 관찰대상국으로 지정된다. (○)

ㄹ. A요건이 변동되면 '아'국만 새로 해당된다. 그런데, '아'국은 나머지 요건을 충족하지 못하기 때문에 요건 두 가지 이상을 충족시켜야 하는 관찰대상국과 환율조작국으로 지정되는 국가들은 달라지지 않는다. (○)

오답해설

ㄱ. <표 1>의 요건을 통해 환율조작국으로 지정되기 위해서는 요건 A, B, C가 모두 충족되어야 함을 알 수 있다. 모든 요건을 충족한 국가는 '다'가 있다. (×)

03 부합－조건 　　　　　　　　답 ①

정답해설

ㄱ. 주시광종은 위험도와 경제성 중 하나가 3.0점 초과, 다른 하나는 2.5점 초과, 3.0점 이하인 경우를 가리킨다. 여기에 해당되는 광종은 아연광 하나이다. (○)

ㄷ. 모든 광종의 위험도와 경제성 점수가 현재보다 각각 20%가 증가하면, 다음과 같다.

구 분	금 광	은 광	동 광	연 광	아연광	철 광
위험도	3.0	4.8	3.0	3.24	3.6	4.2
경제성	3.6	4.2	3.0	3.24	4.2	4.8

∴ 비축필요광종으로 분류되는 광종은 은광, 연광, 아연광, 철광 4종류가 된다. (○)

오답해설

ㄴ. 비축필요광종은 위험도와 경제성 모두 3.0점을 초과하는 광종이다. 여기에 해당되는 광종은 은광과 철광이다. 아연광은 위험도가 3.0점이기 때문에 주시광종에 해당한다. (×)

ㄹ. 주시광종 분류기준을 바꿔도, 금광은 3.0점을 초과하는 점수가 없기 때문에 주시광종으로 분류되지 않는다. (×)

04 자료해석(1개) 　　　　　　　답 ①

정답해설

ㄱ. 1시간 미만 운동하는 3학년 남학생 수는 87명이고, 4시간 이상 운동하는 1학년 여학생 수는 46명이다. (○)

ㄴ. 남학생 중 1시간 미만 운동하는 남학생의 비율 vs 여학생 중 1시간 미만 운동하는 여학생의 비율

- 1학년 : 10.0<18.8
- 2학년 : 5.7<19.2
- 3학년 : 7.6<25.1
  따라서 옳은 설명이다. (○)

오답해설

ㄷ. 남자 1학년 중 3시간 이상 운동하는 비율은 34.8+11.2=46.0, 남자 2학년 중 3시간 이상 운동하는 비율은 34.0+19.0=53.00이다. (×)

ㄹ. 남학생 3학년의 3시간 이상 4시간 미만 운동하는 학생의 비율은 23.40이고, 4시간 이상 운동하는 학생의 비율은 25.20이다. (×)

05 짝짓기 　　　　　　　　　　답 ①

정답해설

- 두 번째 조건 : A－B는 졸업률이 96으로 서로 같다. ⑤번을 배제할 수 있다.
- 세 번째 조건 : A－B는 학생 수 차이가 17,600명이다. ③, ④번을 배제할 수 있다. C－D는 플로라－아누스 조합임을 확인할 수 있다.
- 네 번째 조건 : 교수 수는 A가 1,000명, B가 4,100명이다. 따라서 ①번임을 확인할 수 있다.
- 다섯 번째 조건 : 입학허가율은 E가 9, F가 70이다. 따라서 ①번임을 확인할 수 있다.

06 자료해석(1개) 답 ④

정답해설

ㄴ. 6월의 주가지수가 100이기 때문에 A의 주가는 5,600임을 알 수 있다. 따라서 6월의 주가가 1월의 주가보다 높다. (○)

ㄹ. A사 주가수익률이 가장 낮은 달은 4월(약 −21.1%)이다. 이 때 B의 주가는 전월 대비 하락하였다. (○)

오답해설

ㄱ. 4월의 주가지수를 확인해보면, 10.4/11×100≒95이기 때문에, 주가지수가 가장 낮은 달은 5월이다. 5월의 경우 B의 주가는 전월 대비 상승했다. (×)

ㄷ. 2월의 A의 주가는 4,000이고, B의 주가는 6,000이면, 2월의 주가지수는 10/11≒91이기 때문에 10% 이상 하락하지 않는다. (×)

07 자료해석(2개) 답 ②

정답해설

ㄱ. 체코가 1인당 GDP 21위에 해당하고, 수학성취도가 499이다. 체코보다 수학성취도가 높으려면, 수학성취도가 500 이상이어야 한다. 수학성취도가 500 이상인 국가는 10개국이고, 알 수 없는 국가는 1개국이다. 카타르의 1인당 GDP는 77인 것을 통해 〈그림〉에서 수학성취도가 375라는 것을 확인하면, 수학성취도가 체코보다 낮은 국가의 수는 10개국이 된다는 것을 알 수 있다. (○)

ㄷ. 〈그림〉에서 1인당 GDP가 45가 넘으면 상위 5개국에 해당한다. 이 중 수학성취도가 34개국 학생 전체의 평균인 500보다 높은 국가는 1인당 GDP가 약 58인 싱가포르밖에 없다. (○)

오답해설

ㄴ. 카타르는 수학성취도가 375로 하위 7개국 중 하나인데, 1인당 GDP가 2만을 넘는다. (×)

ㄹ. 〈그림〉에서 수학성취도 상위 2개국의 1인당 GDP 차이는 약 30천 달러이다. 그리고 하위 2개국의 1인당 GDP 차이는 약 70천 달러이다. (×)

08 자료해석(1개) 답 ③

정답해설

ㄴ. 가팀이 2승을 했다면, 나팀과 다팀은 가팀에게서 1패씩을 해야 한다. 그리고 다팀이 무승부 1경기를 했다면, 다른 한 팀이 무승부를 해야 하는데, 가는 2경기를 모두 치렀기 때문에 나팀이 무승부를 1경기 했다는 것을 알 수 있다. (○)

ㄷ·ㄹ 가 vs 나의 경기 결과가 3:2라면, 나 vs 다는 2:2여야 한다. 그렇다면 가 vs 다는 6:0이 된다. 반대로, 가 vs 다의 경기 결과가 5:0이라면, 나 vs 다는 다의 남은 실점이 3점이고, 득점이 2점이기 때문에 3:2가 된다. 따라서 가 vs 다의 경기 결과는 5:0일 수 없다. 따라서 ㄷ은 옳고(○) ㄹ은 틀리다(×).

오답해설

ㄱ. 가, 나, 다팀의 총실점을 모두 합하면 15점이다. 그렇다면 반대로 총득점의 합도 15점이 되어야 한다. 따라서 가팀의 총득점은 9점이다. (×)

09 자료해석(2개) 답 ④

정답해설

ㄴ. 화훼 생산액은 농·임업 생산액×화훼생산비중으로 확인할 수 있다. 2008년(39,663×28.0≒11,105), 2009년(42,995×27.7≒11,909), 2010년(43,523×29.4≒12,795), 2011년(43,214×30.1≒13,007), 2012년(46,357×31.7≒14,695), 2013년(46,648×32.1≒14,974)로 매년 증가한다. (○)

ㄹ. 매년 농업 부가가치는 농·임업 부가가치×농업 GDP 대비 비중을 통해 확인 가능하다. 그런데 농·임업부가가치의 비중은 농업 GDP 대비 비중+임업 GDP 대비 비중으로 구성되기 때문에 농업과 임업의 GDP 대비 비중의 비교를 통해서 확인할 수 있다. 2008년의 경우 농업 부가가치는 농·임업 부가가치의 2.1/2.2≒95.4%를 차지한다. 2009년의 경우 95.4%, 2010년(2.0/2.2≒90.9%), 2011년(95.4%), 2012년(90.9%), 2013년(90.9%)이기 때문에 매년 85% 이상임을 확인할 수 있다. (○)

오답해설

ㄱ. 농·임업 생산액이 전년보다 작은 해는 2011년이다. 2011년의 농·임업 부가가치는 전년에 비해 증가했다. (×)

ㄷ. 매년 곡물 생산액과 과수 생산액의 비교는 곡물 생산 비중과 과수의 비중을 통해 비교할 수 있다. 2008년 과수의 비중은 34.30이고, 곡물은 23.60이다. 과수의 50%는 17.15인데, 곡물은 그보다 크기 때문에 과수 생산액의 50% 이상이라고 할 수 있다. 그런데 2010년은 과수 생산 비중의 50%가 20.10이고, 곡물 생산 비중이 15.60이기 때문에 매년이라고 할 수 없다. (×)

10 규칙 적용 답 ⑤

정답해설

일대일채팅방 참여현황을 일상적으로 사용하는 n×n의 표로 다시 알아보기 쉽게 그려보면, 다음과 같다.

학생	A	B	C	D	E	F
A		1	0	0	1	0
B	1		1	0	1	1
C	0	1		1	0	1
D	0	0	1		1	0
E	1	1	0	1		0
F	0	1	1	0	0	

ㄱ. A는 2개, B는 4개, C는 3개, D는 2개, E는 3개, F는 2개의 채팅방에 참여하고 있다. (○)

ㄴ. A는 B, E와의 채팅방에 참여하고 있고, B는 A, C, E, F와의 채팅방에 참여하고 있다. (○)

ㄹ. G가 전학을 오면, 학생들이 참여할 수 있는 모든 일대일채팅방 개수가 21개가 되고, 학생들이 참여하고 있는 일대일채팅방의 개수가 10개가 된다. 따라서 8/15≒53.3%>10/21≒47.6%이다. (○)

오답해설

ㄷ. 현재 주어진 '갑'반의 일대일채팅방 밀도는 8/15이다. 따라서 0.6 미만이다. (×)

11 보고서 – 추가로 필요한 자료
정답 ④

정답해설

- 보고서의 첫 문장에서 제시된 1992년 이래의 수출액에 대한 자료를 확보하기 위해 ㄱ의 내용이 필요하다.
- 보고서의 두 번째 문장에서 제시된 2016년 상반기 수출액을 역대 동 기간과 비교하기 위해 ㄴ의 내용이 필요하다.
- 또한 보고서의 세 번째 문장에서 제시된 2013년 대비 2015년의 '갑' 국 전체 수출액이 감소한 것을 비교하기 위해 ㄹ의 내용이 필요하다.
- 하지만 2문단에서 국가별 수출액은 반기별 구분 없이 연도별 전체 수출액으로 비교하고 있어 ㄷ의 내용은 필요하지 않다.

12 자료해석(1개)
정답 ④

정답해설

④ 남성 인구 10만 명당 사망자 수가 가장 많은 해는 19.2로, 2004년 이다. 2004년의 전년대비 남성 사망자 수 증가율은 $274/4,400 \fallingdotseq$ 6.2%로 5% 이상이다. (○)

오답해설

① 2010년의 전체 사망자 수는 $4,111+424=4,535$명이고, 2012년의 전체 사망자 수는 $4,075+474=4,549$명으로 서로 같지 않다. (×)
② 여성 사망자 수는 2005년 387명에서 2006년 383명으로 감소한다. (×)
③ 2011년의 남성 10만 명당 사망자 수는 15.9이고, 여성 10만 명당 사망자 수는 2.0으로, 8배가 되지 못한다. (×)
⑤ 2001년의 전체 사망자 수의 전년대비 증가율은 13.8%이고, 2003년의 전체 사망자 수의 전년대비 증가율은 15.4%이다. 따라서 2001년이 더 낮다. (×)

13 자료해석(1개)
정답 ②

정답해설

ㄴ. F의 소독효율은 약 8.50이고, D의 소독효율은 약 11.00이다. 따라서 F가 더 낮다. (○)

오답해설

ㄱ. B의 소독효율$\fallingdotseq80/2$, C의 소독효율$\fallingdotseq95/5$, D의 소독효율$\fallingdotseq$ $75/6.8$, E의 소독효율$\fallingdotseq60/8$, F의 소독효율$\fallingdotseq70/8.2$이다. B의 소독효율이 40으로 가장 높고, B는 실험시작 후 1시간이 경과한 시점의 소독효율이다. (×)
ㄷ. 구간 소독속도는 B~C가 약 18/1, E~F가 약 10/10이다. 따라서 B~C의 구간 소독속도가 더 높다. (×)

14 자료해석(1개)
정답 ②

정답해설

② 연도별 전시건수 중 미국 전시건수 비중이 가장 작은 해는 2010년 ($5/24\fallingdotseq20.8$%)이다. 이 때에는 프랑스에서도 전시가 있었다. (○)

오답해설

① 2007년의 국외반출 허가 문화재 수량 중 지정문화재 수량의 비중은 $22/924\fallingdotseq2.4$%이고, 2011년의 국외반출 허가 문화재 수량 중 지정 문화재 수량의 비중은 $16/749\fallingdotseq2.1$%이다. 따라서 2011년이 가장 크지 않다. (×)
③ 국가별 전시건수의 합은 일본이 44건, 미국이 30건이지만 영국은 8 건으로 10건 미만이다. (×)
④ 보물이 국외반출 허가 지정문화재의 수량으로서 가장 많은 해는 2009년이고, 전시 건당 국외반출 허가 문화재 수량은 2009년 ($1,414/33\fallingdotseq42.8$%)보다 2011년($749/9\fallingdotseq83.2$%)가 더 크다.
⑤ 2009년 이후 연도별 전시건수는 2009년>2010년>2012년 순이 고, 국외반출 허가 문화재 수량은 2012년>2009년>2010년 순이 다. (×)

15 자료해석(2개)
정답 ⑤

정답해설

⑤ 2013년 강도와 살인 발생건수의 합은 5,885건이고, 전체 발생건수에서 차지하는 비율은 약 26.4%이다. 동년 강도와 살인 검거건수의 합은 5,603건이고, 전체 검거건수에서 차지하는 비율은 약 28.3%이다. 따라서 검거건수에서 차지하는 비율이 더 높다. (×)

오답해설

① 2010년의 인구 10만 명당 발생건수는 37이다. 따라서 매년 증가한 다. (○)
② 전년대비 4대 범죄 발생건수 증가율은 2010년 16.3%, 2011년 6.8%, 2012년 1%, 2013년 13.4%로, 가장 낮은 연도는 2012년이 다. 전년대비 4대 범죄 검거건수 증가율은 2010년 11.3%, 2011년 1.7%, 2012년 1.4%, 2013년 18.9%로, 가장 낮은 연도는 2012년 이다. 따라서 동일하다. (○)
③ 2013년 발생건수 대비 검거건수 비율은 강도 95.3%, 살인 92.4%, 절도 84.8%, 방화 99.9%이다. 가장 낮은 범죄 유형은 절도이고, 절 도의 발생건수의 비중은 66.2%로 60% 이상이다. (○)
④ 발생건수 대비 검거건수 비율은 2009년 92.3%, 2010년 88.3%, 2011년 84.1%, 2012년 84.5%, 2013년 88.6%로 매년 80% 이상이 다. (○)

16 자료해석(2개)   답 ⑤

⑤ 2013년 10월 '갑'국의 전체 자동차 매출액 총액은 한 자동차 회사의 월매출액을 시장점유율로 나눠주면 확인 가능하다. 예를 들어, B의 매출액을 이용하면 1,097×100/33≒3,324임을 알 수 있다. (○)

① 9월 C의 매출액은 10월 매출액을 전월대비 증가율로 나눠주면 된다. 285×2/3=1900이다. (×)

② 전월대비 증가율을 나눠주면 9월의 매출액은 A(712), B(784), C(190), D(131), E(110), F(124)로 A와 B, E와 F의 순위가 바뀌는 것을 확인할 수 있다. 비교할 때는 A와 B, E와 F처럼 둘 간의 10월 매출액 차이가 적게 나면서 전월대비 증가율은 상위 매출액이 더 큰 경우를 골라 비교해보는 것이 좋다. (×)

③ 〈그림〉은 누적매출액이 제시되어 있기 때문에 이를 잘 따져봐야 한다. 6월까지의 매출액은 5억, 7월의 매출액은 4억, 8월의 매출액은 15억, 9월의 매출액은 12억 원이다. 따라서 월매출액이 가장 큰 달은 8월이다. (×)

④ 상위 5개 자동차의 2013년 10월 월매출액 시장점유율을 합하면, 86.4%이다. 따라서 80% 이상이다. (×)

17 조건의 적용   답 ④

• 현재 상황은 2월 14일 A지역에 위치한 B지점에 X식물을 파종한 상황이다. 〈조건〉을 기준으로, X식물의 발아예정일을 확인해야 한다. 먼저, A지역의 기온측정 기준점으로부터 B지점은 600m를 더 올라가야 하기 때문에 발아예정일 산정을 위한 온도체크는 〈표〉에 따른 기온측정 기준점의 일 최고기온에서 6℃를 차감해 확인해야 한다.

• 발아예정일 산정방법의 1)에 따른 날은 연속으로 9℃ 이상인 날이 3일 이상인 3월 4일이다. 2)에 따른 3월 4일 이후에 일 최고기온이 6℃ 이하인 날은 3월 8일이다. 3)에 따른 3월 8일 이후에 일 최고기온이 9℃ 이상인 날은 3월 23일이다. 그리고 4)에 따른 3월 23일 이후의 6일 뒤는 3월 29일이다. 다만, 3월 4일부터 3월 23일 사이에 최고기온이 6℃ 이상이면서 비가 온 날이 3월 7일과 3월 15일 이틀이 있어 이틀을 앞당긴 3월 27일이 발아예정일이다.

18 자료해석(3개)   답 ⑤

ㄴ. 2013년도 선정 업체 수는 14개이고, 2013년의 과제 이행 실적 건수는 12건이다. 3개의 업체가 1건도 이행하지 않은 상황은 10개의 업체가 1건씩, 1개의 업체가 2건의 과제를 이행했을 때 가능하다. 11개의 업체가 1건씩 이행했다면 2건의 이행으로는 총 12건의 과제 이행이 불가능하기 때문에 최대 이행 업체 수는 11개임을 알 수 있다. (○)

ㄷ. 산업별 선정 업체 수의 3년간 합은 엔지니어링 7, 바이오 9, 디자인 10, 미디어 15이다. 따라서 미디어, 디자인, 바이오, 엔지니어링 순으로 선정 업체 수의 합이 많다. (○)

ㄹ. 3년 간 과제 이행 실적 건수 상위 15개 업체는 2건~5건을 이행한 업체들이다. 따라서 2건씩 4개, 3건씩 9개, 4건씩 1개, 5건씩 1개로 해당 업체들의 총 과제 이행 실적은 44건이다. 44/55=80%이다. (○)

ㄱ. 2013년의 디자인 업체 비중은 3/14≒21.4%, 2014년은 2/12≒16.7%, 2015년은 5/15≒33.3%로, 2014년에 감소하였다. (×)

19 자료해석(3개)   답 ①

① 〈표 1〉의 자격증취득인원과 〈표 2〉의 자격증취득인원의 최종학력별 구성비를 통해 도출해야 한다. 고졸 전직실업자인 자격증취득인원은 4,124×23%≒949명, 전문대졸 지역실업자인 자격증취득인원은 3,174×31%≒984명이다. 따라서 고졸 전직실업자인 자격증취득인원이 더 적다. (○)

② 〈표 1〉의 자격증취득인원과 〈표 2〉의 자격증취득인원의 성별 구성비를 통해 도출해야 한다. 남성 자격증취득인원은 전직실업자=4,124×45%≒1,856명, 신규실업자 775명, 지역실업자 1,397명, 영세 자영업자 282명, 새터민 247명이다. 따라서 전직실업자가 가장 많다. (×)

③ 〈표 3〉에서 최종학력별 자격증취득률을 확인할 수 있다. 신규실업자의 최종학력별 자격증취득률은 중졸 이하 18%, 고졸 36%, 전문대졸 40%, 대졸 52%, 대학원졸 90%이다. 따라서 고졸이 대졸보다 낮다. (×)

④ 각주 1)을 보면, 자격증취득률은 훈련실시인원이 같은 경우, 즉 훈련대상별로 자격증취득인원을 통해 크기 비교를 할 수 있다. 〈표 2〉를 보면, 영세자영업자의 경우 20대의 취득인원 구성비가 가장 작고, 50대의 취득인원 구성비가 가장 크다는 것을 알 수 있다. 따라서 자격증취득률도 50대가 가장 높을 것이다. (×)

⑤ 〈표 1〉과 〈표 2〉를 통해 대졸 자격증취득인원은 훈련대상별로 전직실업자 1,567명, 신규실업자 258명, 지역실업자 730명, 영세자영업자 73명, 새터민 86명이다. 이들의 합인 전체 대졸 자격증취득인원은 약 2,715이고, 이 중 비중이 가장 낮은 훈련대상은 영세자영업자(73/2,715 ≒2.7%)임을 알 수 있다. (×)

20 표-차트 전환   답 ③

ㄱ. 〈표 1〉에서 훈련대상별 자격증취득인원의 데이터를 그대로 확인할 수 있다. (○)

ㄹ. 〈표 2〉의 연령대별 구성비를 하나씩 더해 누적 구성비를 나타내는지 확인할 수 있다. (○)

ㄴ. 주어진 자료에서 훈련실시인원은 〈표 1〉에만 제시되는데, 훈련실시인원을 성별로 구분해서 볼 수 없기 때문에 확인할 수 없다. (×)

ㄷ. 주어진 자료는 훈련대상별 중졸 이하 자격증취득인원의 구성비를 가리키고, 중졸 이하 자격증취득인원의 훈련대상별 구성비는 중졸 이하 자격증취득인원의 합을 분모로 하여야 한다. 따라서 〈표 1〉과 〈표 2〉를 통해 중졸 이하 자격증취득인원의 합을 1,010으로 구하고, 각 훈련대상별 중졸 이하 자격증취득인원(전직실업자 165명, 신규실업자 98명, 지역실업자 381명, 영세자영업자 156명, 새터민 210명)의 구성비를 구해야 한다. (×)

21 자료해석(2개)   답 ③

정답해설

ㄱ. 2014년 수출액의 크기 순은 〈표 1〉에서 확인할 수 있다. 반도체(10.04)>석유제품(8.88)>자동차(8.54)>일반기계(8.49)>석유화학(8.35)>선박류(7.09) 순이다. (○)

ㄴ. 〈표 1〉에서 2013년 대비 2015년의 수출액 비중을 비교할 수 있다. 13대 수출 주력 품목의 전체 수출액 비중은 82.21%에서 78.62%로 감소해 약 4.3% 감소했다. 그렇다면 분자에 해당하는 품목별 수출액 비중은 2013년에 비해 2015년에 상승하거나 4.3% 이하만큼 감소한 경우에, 전체 수출액 대비 품목별 수출액 비중이 상승한다는 것을 알 수 있다. 가전, 무선통신기기, 반도체, 일반기계, 자동차, 자동차부품, 컴퓨터 7개 품목의 수출액 비중이 2013년에 비해 2015년에 상승한다. (○)

오답해설

ㄷ. 〈표 2〉에서 세계수출시장 점유율의 순위를 비교할 수 있다. 2013년의 상위 5개 품목의 순위는 선박류>평판디스플레이>석유화학>반도체>무선통신기기>석유제품 순인데, 2015년의 상위 5개 품목의 순위는 선박류>평판디스플레이>반도체>석유화학>무선통신기기>자동차부품의 순이기 때문에 동일하지 않다. (×)

22 자료해석(1개)   답 ③

정답해설

③ 시행기업당 참여직원수는 2012년 1.54, 2013년 1.97, 2014년 1.89, 2015년 2.80으로 2015년이 가장 많다. (○)

오답해설

① 2013년 이후 전년보다 참여직원수가 증가한 양은 2013년(5,517-3,197=2,320명), 2014년(10,869-5,517=5,352명), 2015년(21,530-10,869=10,661명)로, 2015년이 가장 크다. 시행기업수는 2013년(2,802-2,079=723개), 2014년(5,764-2,802=2,962개), 2015년(7,686-5,764=1,922개) 증가해, 각각 2015년, 2014년이 가장 많이 증가한 해로 서로 동일하지 않다. (×)

② 2015년 남성육아휴직제 참여직원수는 2012년의 약 6.73배(21,530÷3,197≒6.73)이다. (×)

④ 2013년 대비 2015년 시행기업수의 증가율은 '(7,686-2,802)/2,802≒174%'이고, 참여직원수의 증가율은 '(21,530-5,517)/5,517≒290%'이므로 더 높지 않다. (×)

⑤ 2012~2015년 참여직원수는 총 18,333명이다. 이를 통해 3년간 증가인원 평균을 구하면 6,111명이다. (×)

23 자료해석(1개)   답 ②

정답해설

〈표〉를 해석하는 데 필요한 정의가 따로 제시되어 있기 때문에 〈보기〉에서 가리키는 정의를 빠르게 확인하여 〈표〉에 적용시키는 것이 중요하다.

ㄱ. A의 민감도는 100/120(≒83.3%), B의 민감도는 80/120(≒66.7%), C의 민감도는 80/110(≒72.7%), D의 민감도는 80/100(≒80.0%)이다. (○)

ㄷ. C의 민감도는 80/110이고, 양성 예측도 역시 80/110이다. (○)

오답해설

ㄴ. 특이도는 A는 100/120(≒83.3), B는 80/120(≒66.7%), C는 100/130(≒76.9%), D는 120/140(≒85.7%)이다. (×)

ㄹ. D의 양성 예측도는 80/100(≒80.0%)이고, 음성 예측도는 120/140(≒85.7%)이다. (×)

24 자료해석(1개)   답 ④

정답해설

ㄴ. 내륜결함 인식률은 90/116(≒77.6%)이기 때문에 오류율은 22.4%, 외륜결함 인식률은 92/133(≒69.2%)이기 때문에 오류율은 30.8%이다. 따라서 내륜결함 오류율이 더 낮다. (○)

ㄹ. 실제 결함원인이 정렬불량결함인 베어링 중 추정 결함원인이 불균형결함인 베어링의 수는 5개이고, 볼결함인 베어링은 16개로, 추정 결함원인이 불균형결함인 베어링의 수가 더 적다. (○)

오답해설

ㄱ. 전체인식률은 약 0.69[(87+90+92+75+78)/610]이다. (×)

ㄷ. 불균형결함 인식률은 87/115(≒75.7%), 외륜결함 인식률은 69.2%이다. 따라서 외륜결함 인식률이 더 낮다. (×)

25 조건의 적용   답 ④

정답해설

ㄱ. 각 학생의 총점은 갑(347점), 을(325점), 병(330점), 정(340점)이다. A방식에 따르면 갑>정>병>을이다. 과목별 등수의 합은 갑(8등), 을(12등), 병(11등), 정(9등)이다. B방식에 따르면 갑>정>병>을이다. 병의 순위는 두 방식에서 모두 3위이다. (○)

ㄴ. 80점 이상인 과목의 수는 갑(3과목), 을(3과목), 병(2과목), 정(3과목)이다. C방식에 따라 갑, 을, 정의 순위는 갑>정>을>병이다. 정의 순위는 2위이다. (○)

오답해설

ㄷ. 정의 과학점수가 95점으로 변경되더라도, B방식을 위한 정의 과학 순위는 달라지지 않는다. 따라서 갑의 순위는 여전히 1위이다. (×)

26 자료해석(1개)   답 ①

정답해설

ㄱ. 50대 이상 연령대의 구매액 비중은 소셜커머스 약 30% 이하, 오픈 마켓 30% 이상, 일반유통 20% 이하, 할인점 50% 이하로 구분할 수 있다. 할인점이 가장 크다. (○)

ㄴ. 여성의 구매액 비중이 남성보다 큰 유통업태는 오픈마켓과 할인점이다. 오픈마켓과 할인점 모두에서 40세 이상의 구매액 비중은 60%가 넘는다. (○)

오답해설

ㄷ. 일반유통에서는 50대 이상의 구매액 비중이 20대 이하의 구매액 비중보다 작다. (×)

ㄹ. 40세 미만의 구매액 비중이 50% 미만인 유통업태는 소셜커머스, 오픈마켓, 할인점이다. 소셜커머스에서는 여성의 구매액 비중이 50%가 되지 못한다. (×)

27 조건의 적용   답 ②

정답해설

• 1주차 A제품 주문량은 0개이기 때문에 1주차 토요일에는 판매되는 것이 없다. 하지만 1주차 시작 전 B부품의 재고도 없기 때문에 A제품 제작 및 재고량도 1주차에는 없다. 〈표〉에 제시된 B부품 구매량은 〈조건〉에 따라 1주차 일요일에 구매하게 된다.

• 2주차에는 A제품 주문량이 200개이기 때문에 2주차 토요일에는 200개를 팔아야 한다. B부품을 1주차 일요일에 500개 구매했기 때문에 2주차 월요일부터 금요일까지 250개를 생산하게 되고, 2주차 토요일에 200개를 판다. 따라서 2주차 토요일 판매완료 후 남은 A부품의 재고량은 50개이고, B부품의 재고량은 없다. 그리고 2주차 일요일 900개의 B부품을 구매한다.

• 3주차에는 A제품 주문량이 450개이고, 2주차 일요일에 구매한 B부품의 재고량에 따라 월요일부터 금요일까지 450개의 A제품을 생산하게 된다. 따라서 3주차 토요일에는 450개의 A제품을 판매하고, 2주차부터 쌓인 재고를 포함해 500개 중 50개만 남게 된다. 따라서 3주차의 A 재고는 50개이다.

28 자료해석(1개)   답 ①

정답해설

가장 우선 확인할 수 있는 흉년 재위년 및 지역은 세조 4·5년의 황해 지역이 흉년이라는 것이다. 황해의 흉년빈도가 5이기 때문에 빈칸 두 칸을 모두 흉년이라고 보아야 한다. 마찬가지로 함경의 세조 4·9년은 흉년이 아닌 것을 확인할 수 있다. 같은 방식으로 전라의 세조 13년이 흉년이 아니다. 그렇게 되면 세조 13년은 흉년 지역이 3곳이어야 하므로, 평안 역시 흉년임을 알 수 있다.

① 흉년 빈도는 현재 경기(8)>강원(7)>충청(6)>황해(5) 순이다. 그런데 평안의 빈칸이 모두 흉년이더라도 황해의 흉년 빈도를 넘을 수는 없다. (×)

오답해설

② 세조 5년의 흉년 지역 수는 5곳이고, 세조 4년은 4곳이다. (○)

③ 흉년 빈도 수의 합은 36이다. 이 중 경기, 황해, 강원의 흉년 빈도 합은 20으로 55%를 넘는다. (○)

④ 전체 흉년 빈도는 36이기 때문에 평안과 경상의 합은 7이어야 한다. 그렇게 되기 위해서는 세조 4년의 평안과 세조 14년의 경상이 모두 흉년이 되어야 한다. 따라서 경상의 흉년 빈도는 3으로, 충청의 흉년 빈도가 경상의 2배임을 확인할 수 있다. (○)

⑤ 흉년 지역 수가 5인 재위년은 세조 5년과 세조 12년 두 번이다. (○)

29 자료해석(2개)   답 ④

정답해설

ㄴ. 〈그림〉에서 우리나라의 1번, 4번 분야는 기술수준이 80 이상이고, 6번 분야는 70 미만이다. (○)

ㄹ. 〈표〉에서 대일본 기술격차는 대미국 기술격차보다 모두 작아 일본이 미국에 모든 10대 분야에서 미국에 뒤처져 있음을 알 수 있다. 마찬가지로 전자·정보·통신에서는 대일본 기술격차가 1.3년, 대EU 기술격차가 1.0년이기 때문에 일본이 EU보다 앞서 있음을 알 수 있다. 나노·소재에서는 대일본 기술격차가 3.4년, 대EU 기술격차가 2.8년으로 일본이 EU에 앞서 있고, 건설·교통에서는 대일본 기술격차가 4.0년, 대EU 기술격차가 3.9년, 재난·재해·안전에서는 대일본 기술격차가 4.2년, 대EU 기술격차가 3.6년으로 마찬가지로 일본이 EU에 앞서 있음을 알 수 있다. (○)

오답해설

ㄱ. 〈그림〉에서 우리나라 10대 전략기술 분야 기술수준의 평균을 정확하게 파악하기는 어렵지만, 6번과 10번을 제외하고는 8개 분야 전부 75를 넘고, 1번과 4번의 경우에도 80을 넘기 때문에 67점 수준인 6번과 72점 수준인 10번 때문에 전체 평균이 75 이하가 된다고 보기는 어렵다. 또한 기술격차의 평균은 4번이 4년에 살짝 못 미치고, 1번이 3년 차인 것을 제외하고는 대부분 4년 이상이기 때문에 기술격차의 평균은 4년 이상이라고 볼 수 있다. (×)

ㄷ. 〈표〉에서 우리나라의 대중국 기술격차는 항공·우주가 양수(+)이기 때문에 중국에 뒤처져 있음을 알 수 있고, 환경·지구·해양 분야에서는 −2.9로 중국이 2.9년 뒤처져 있음을 알 수 있다. (×)

30 자료해석(1개)   답 ⑤

정답해설

⑤ A국과 C국의 웰빙지수 차이가 가장 작은 항목은 안전 항목이고, B국과 D국의 웰빙지수 차이가 가장 작은 항목은 안전 항목이 아니다. (×)

오답해설

① 종합웰빙지수는 평균과 같다. 따라서 A국의 각 항목별 웰빙지수가 모두 7 이상인지 확인하면 알 수 있다. 그런데 A국의 웰빙지수 중 소득을 제외하고는 전부 7을 넘고, 소득 역시 5점을 조금 넘기 때문에 종합웰빙지수가 7 이상이라고 할 수 있다. (○)

② B국과 D국의 각 항목별 웰빙지수의 차이가 1 미만이기 때문에 종합 웰빙지수 차이 역시 1 미만이라고 볼 수 있다. 그나마 일가정 양립 항목의 웰빙지수 차이가 1 이상이라고 볼 수 있다고 하더라도 다른 항목에서 차이가 1 미만이기 때문에 상쇄된다고 봐야 한다. (○)

③ D국의 웰빙지수가 B국보다 높은 항목의 수는 노동시장, 교육, 시민 참여, 주관적 만족도이다. 전체 항목 수가 11개이기 때문에 50%가 안 된다는 것을 알 수 있다. (○)

④ A국과 C국 모두 소득 항목의 웰빙지수가 가장 낮다. (○)

31 자료해석(2개)   답 ②

정답해설

ㄱ. 〈보고서〉에서 전체 공적개발원조액은 19억 1,430만 달러로 GDP 대비 0.13%를 기록하고 있고, 〈표〉에서 수원액 상위 10개국의 수원액 합은 〈표〉에서 7억 3,800만 달러이므로, 7.38/19.143≒ 38.6% 정도이다. 따라서 0.13%의 38.6%는 GDP의 0.05% 이상임을 확인할 수 있다. (○)

ㄹ. 〈보고서〉와 〈표〉를 통해 확인하면, 수원액 상위 10개국을 제외한 국가들의 수원액 합은 19억 1,430만 달러-7억 3,800만 달러=11억 7,630만 달러이다. 베트남 수원액이 2억 1,500만 달러×5=10억 7,500만 달러이므로, 그 이상임을 확인할 수 있다. (○)

오답해설

ㄴ. 사하라 이남 아프리카에 대한 공적개발원조액은 19억 1,430만 달러의 20%인 3억 8,286만 달러이기 때문에 수원액 상위 10개국의 합인 7억 3,800만 달러보다 작다. (×)

ㄷ. 〈보고서〉에서 오세아니아·기타 아시아에 대한 공적개발원조액은 32.4%이고, 사하라 이남 아프리카, 북아프리카, 중남미의 합은 32.9%이다. 따라서 오세아니아·기타 아시아에 대한 공적개발원조액이 더 작다. (×)

32 자료해석(2개)   답 ⑤

정답해설

⑤ 2011년의 국가공무원 중 여성 비율과 지방자치단체공무원 중 여성 비율의 차이는 47-30=17%p이다. 그런데, 2012년은 48.1-30.7 =17.4%p로 증가했다. (×)

오답해설

전체적으로 일일이 계산하지 않고, 국가공무원 수×국가공무원 중 여성 비율과 지방자치단체공무원 수×지방자치단체공무원 중 여성 비율인 곱셈비교를 잘 이해해 비교하는 것이 매우 중요한 문제라고 볼 수 있다.

① 국가공무원 중 여성 수는 2011년 292,017명, 지방자치단체공무원 중 여성 수는 84,287명으로 국가공무원 중 여성 수가 3배 이상이다. 이렇게 〈표〉와 〈그림〉의 값을 서로 곱해 직접 확인할 수도 있고, 〈표〉의 국가공무원/지방자치단체공무원이 약 2.1임을 확인하고, 〈그림〉의 국가공무원 여성 비율/지방자치단체공무원 중 여성 비율이 약 1.5임을 확인하면 둘의 곱이 3 이상임을 통해서도 확인할 수 있다. (○)

② 〈표〉에서 지방자치단체 공무원의 수가 매년 증가하고, 〈그림〉에서 지방자치단체공무원 중 여성 비율이 감소한 적이 없기 때문에 지방자치단체공무원 중 여성 수는 매년 증가한다는 것을 알 수 있다. (○)

③ 〈표〉의 국가공무원 수×〈그림〉의 국가공무원 중 여성 비율을 곱한 값이 〈표〉의 지방자치단체 공무원 수보다 많은지 확인하면 된다. 2011년의 국가공무원 중 여성 수가 292,017명인데 이보다 줄어들지 않기 때문에 매년 지방자치단체공무원 수보다 많다는 것을 알 수 있고, 2015년 역시 50%에 살짝 못 미치기 때문에 30만 명이 넘는다는 것을 확인할 수 있다. (○)

④ 국가공무원 중 남성 수는 2013년 322,726명, 2012년은 323,038명으로 2013년이 더 작다는 것을 알 수 있다. (○)

33 조건의 적용   답 ①

정답해설

• 〈표〉라는 하나의 상황이기 때문에 총액은 110만 원이다. 각 신용카드별 할인액이 큰 순서대로 고르면 할인 후 예상청구액이 가장 적은 카드부터 순서대로 확인할 수 있다.

• A신용카드
  - 교통비 3.6만 원 할인, 한도에 따라 2만 원 할인
  - 외식비 0.25만 원 할인
  - 학원 수강료 3만 원 할인
  - 연회비 1.5만 원 추가
  ∴ 총 3.75만 원 할인

• B신용카드
  - 교통비 1.8만 원 할인, 한도에 따라 1만 원 할인
  - 온라인 의류구입비 1.5만 원 할인
  - 도서구입 3권, 0.9만 원 할인
  ∴ 최대 총 할인한도액에 따라 총 3만 원 할인

• C신용카드
  - 교통비 1만 원 할인
  - 카페 지출액 0.5만 원 할인
  - 재래시장 식료품 구입비 0.5만 원 할인
  - 영화관람료 2회 총 0.4만 원 할인
  ∴ 총 2.4만 원 할인

• 따라서 A-B-C 순임을 확인할 수 있다.

34 자료해석(1개)   답 ③

정답해설

③ 실수령액은 보수총액-공제총액이기 때문에 3,570,000-570,000= 3,000,000원이다. 봉급×1.3=3,289,000원이기 때문에 1.3배 미만이다. (×)

오답해설

① 봉급은 2,530,000원이고, 보수총액은 3,570,000원이다. 253/357(≒70.9%)이므로, 70% 이상이다. (○)

② 일반기여금이 15% 증가한다는 것은 공제총액이 42,000원 이상 증가한다는 것이다. 공제총액이 현재 570,000원이기 때문에 42,000원 이상이 증가하면 60만 원 이상이 된다. (○)

④ 장기요양보험료의 15배는 105,000원이기 때문에 건강보험료는 장기요양보험료의 15배에 미치지 못한다. (○)

⑤ 공제총액에서 일반기여금이 차지하는 비중은 284/570(≒49.8%)이고, 보수총액에서 직급보조비가 차지하는 비중은 25/357(≒7%)이다. 따라서 공제총액에서 일반기여금이 차지하는 비중이 보수총액에서 직급보조비가 차지하는 비중의 6배 이상이다. (○)

35 자료해석(2개) ［답］ ⑤

［정답해설］

ㄱ. A지역은 전출자 수가 725명, B지역은 685명, C지역은 460명, D지역은 660명이다. 따라서 A지역의 전출자 수가 가장 많다. (○)

ㄷ. A지역은 전출자 수가 127명이 더 많고, B지역은 전출자 수가 90명 더 많다. C지역은 전입자 수가 117명 더 많고, D지역은 전입자 수가 100명 더 많다. 따라서 C지역의 2016년 인구 수는 3,048명, D지역은 3,180명이다. 그러므로 인구가 가장 많은 지역은 D지역이다. (○)

ㄹ. 2016년의 A지역이 2015년에 비해 인구 차이가 가장 많다. (○)

［오답해설］

ㄴ. 전입자 수는 A지역이 598명, B지역이 595명, C지역이 577명, D지역이 760명이다. 따라서 D지역의 전입자 수가 가장 많다. (×)

36 자료해석(2개) ［답］ ②

［정답해설］

② 〈표 1〉에서 전년대비 증가액을 활용해 2015년에 납부예정세액은 10,000이고, 경감·공제세액은 0, 기납부세액은 3,500임을 알 수 있다. 따라서 확정세액은 6,500이고, 전년도와 같다는 것을 확인할 수 있다. (×)

［오답해설］

① 〈표 1〉에서 2014년의 과세표준과 매출세액을 확인하면 매출세율이 10%임을 확인할 수 있고, 2015년의 과세표준과 매출세액은 전년대비 증가액을 통해 각각 170,000, 17,000임을 알 수 있다. 이를 통해 마찬가지로 '갑' 기업의 2015년 매출세율도 10%임을 확인할 수 있다. 〈표 2〉에서는 '을' 기업의 2014년, 2015년 모두 과세표준과 매출세액이 제시되어 있으니 이를 통해 매출세율이 10%임을 알 수 있다. (○)

③ 〈표 2〉에서 전년대비 증가액을 통해 '을' 기업의 확정세액은 −3000임을 알 수 있고, 각주 1)에 따라 300만 원 환급받음을 알 수 있다. (○)

④ 〈표 1〉에서 납부예정세액은 10,000임을 확인할 수 있기 때문에 증가율은 2/8=25%임을 알 수 있다. (○)

⑤ 2015년 매출세율이 15%라면, 〈표 1〉에서 2015년 매출세액은 25,500, 매입세액은 7,000으로, 납부예정세액은 18,500이다. 나머지는 달라지지 않기 때문에 '갑' 기업의 확정세액은 15,000이다. 〈표 2〉에서 2015년 매출세액은 19,500, 매입세액은 16,000이기 때문에 납부예정세액은 3,500이다. 다른 변동 사항 없기 때문에 '을' 기업의 확정세액은 3,500이다. 따라서 '갑' 기업의 확정세액인 15,000은 '을' 기업의 확정세액 3,500의 4배 이상임을 알 수 있다. (○)

37 자료해석(2개) ［답］ ③

［정답해설］

ㄱ. 〈표 2〉에서 추석연휴전날의 하루평균 사고건수는 822건, 부상자는 1,178명, 사망자는 17.3명임을 확인할 수 있고, 〈표 1〉에서 평소 주말 하루평균 사고건수는 581.7건, 부상자는 957.3명, 사망자는 12.9명임을 알 수 있다. 이 두 데이터를 활용하면 사고건수의 차이는 822−581.7=240.3건, 부상자 수의 차이는 1,178−957.3=220.7명, 사망자 수는 17.3/12.9≒1.34로, 30% 이상 많다는 것을 확인할 수 있다. (○)

ㄷ. 〈표 1〉에서 졸음운전사고의 추석연휴 하루평균 사고건수는 7.8건, 평소 주말 하루평균 사고건수는 8.2건으로 추석연휴 하루평균 사고건수가 더 적고, 추석연휴 하루평균 부상자 수는 21.1명, 사망자 수는 0.6명으로 평소 주말 하루평균 부상자 수 17.1명, 사망자 수는 0.3명으로 추석연휴 하루평균이 더 많다는 것을 알 수 있다. (○)

ㅁ. 〈표 1〉에서 추석연휴 하루평균−평소 주말 하루평균=사고가 6건, 부상자가 8.1명, 사망자가 0.1명 더 많다는 것을 확인할 수 있다. (○)

［오답해설］

ㄴ. 〈표 2〉에서 교통사고 건당 부상자 수는 추석당일이 1,013.3/448≒2.26, 추석전날이 865/505.3≒1.71%로, 추석당일이 더 크다. 하지만 교통사고 건당 사망자 수는 추석당일이 10/448≒2.2, 추석전날이 15.3/505.3≒3.0%로 추석전날이 더 크다. (×)

ㄹ. 〈표 1〉에서 주말 대비 추석연휴 하루평균 사망자의 증가율은 (0.6−0.3)/0.3×100=100%이다. 그런데 부상자의 증가율은 (21.1−17.1)/17.1≒23.4%이다. 따라서 사망자의 증가율이 부상자의 증가율의 10배에 못 미친다. (×)

38 자료해석(2개) ［답］ ①

［정답해설］

ㄱ. 2011년 항목별 순위는 유형자산>무형자산>단기금융상품>이연법인세자산>기타비유동자산>매출채권>현금및현금성자산>재고자산 순이다. 2012년 항목별 순위는 유형자산>이연법인세자산>단기금융상품>무형자산>기타비유동자산>현금및현금성자산>매출채권>재고자산 순이다. 서로 단기금융상품, 재고자산, 유형자산, 기타비유동자산 4개 항목의 순위가 동일하다. (○)

ㄴ. 2011년 유동자산은 7.0+15.0+7.2+5.1=34.3%이다. 따라서 단기금융상품의 구성비는 15/34.3≒43.7%이기 때문에 45% 미만임을 알 수 있다. (○)

［오답해설］

ㄷ. 현금및현금성자산 금액은 2012년에 2,850×8.0=228억 원이고, 2011년은 3,400×7.0=238억 원으로 2011년이 더 크다. (×)

ㄹ. 2011년 대비 2012년의 무형자산 금액의 구성비는 4.3%p 차이난다. 이 때, 2011년과 2012년의 자산총액이 서로 다르기 때문에 4.3%p 차이난다고 해서, 무형자산 금액이 4.3% 차이난다고 볼 수 없다. (×)

39 자료해석(1개)

정답해설

ㄱ. 일반가구 영유아 수와 저소득가구 영유아 수는 출생 후 현재까지의 이용률을 통해 확인할 수 있다. 일반도서관 유형의 이용률을 보면, 일반가구 영유아는 24.0%이고, 저소득가구 영유아는 23.0%이다. 만약 두 집단의 영유아 수가 같았다면 일반도서관의 전체 이용률은 23.5%가 되어야 하는데, 23.8%라는 것은 일반가구 영유아의 수가 저소득가구 영유아의 수보다 많다는 것을 의미한다. 특히, 24.0 − 23.0 = 1 중 0.8만큼 23.0에서 24.0에 가깝다는 것은 '일반가구 영유아의 수 : 저소득가구 영유아의 수 = 0.8 : 0.2'라는 것을 의미한다. 따라서 일반가구 영유아 수가 저소득가구 영유아 수의 4배이므로, 3배 이상이라는 것을 알 수 있다. (○)

ㄴ. 일반가구 영유아의 일반도서관 이용률은 출생 후 현재까지 24.0%이고, 최근 1년 동안은 21.0%이다. 두 이용률의 차이값인 3.0%p가 의미하는 것은 1년 동안 이용하지 않은 일반가구 영유아 수를 가리키는 것이기 때문에, ㄱ에서 도출한 일반가구 영유아의 수를 활용해 800명 × 3.0% = 24명이 최근 1년 동안 일반도서관을 이용하지 않았음을 알 수 있다. (○)

ㄹ. 〈표〉에서 출생 후 현재까지 일반가구 영유아 이용률이 가장 낮은 공공재 문화시설 유형은 어린이미술관이고, 최근 1년 동안 저소득가구 영유아 이용율이 가장 낮은 공공재 문화시설 유형도 어린이미술관이다. (○)

오답해설

ㄷ. 출생 후 현재까지 전체 이용률은 어린이놀이터＞일반박물관＞일반도서관＞어린이도서관＞어린이박물관＞문예회관＞일반미술관＞어린이미술관 순이고, 최근 1년 동안 전체 이용률은 어린이놀이터＞일반도서관＞어린이도서관＞일반박물관＞어린이박물관＞문예회관＞일반미술관＞어린이미술관 순이다. 일반박물관, 일반도서관, 어린이도서관의 순위가 서로 다르다. (×)

40 보고서 확인

정답해설

ㄱ. 〈보고서〉의 세 번째 항목에서 확인가능하다. 90% 이상의 영유아가 어린이놀이터를 이용하기 시작한 시기는 만 3세가 되기 전이지만, 일반도서관의 경우 만 4세가 되기 전 70.2%의 영유아만이 최초로 이용하는 것을 확인할 수 있다. (×)

ㄴ. 〈보고서〉의 두 번째 항목에서 확인 가능하다. 일반가구 영유아의 경우 소비재 문화시설 유형 중 극장이 키즈카페보다 이용률이 낮다. (×)

오답해설

ㄷ. 〈보고서〉의 다섯 번째 항목에서 확인가능하다. 영유아의 극장 이용 목적은 관람이 74.3%로 가장 크고, 키즈카페의 경우 놀이활동이 74.8%로 가장 큰 비중을 차지하고 있다. (○)

01 부합

정답 ③

정답해설

③ 2문단 : 식용 귀뚜라미는 0.45kg 생산하는 데 3.8ℓ의 물이 필요하고, 닭은 1,900ℓ, 쇠고기는 그 네 배인 7,600ℓ의 물이 필요하다. 이것은 귀뚜라미의 3.8ℓ의 1,000배가 넘기 때문에 500배라고 볼 수 없다. (×)

오답해설

① 2문단 : 동일한 자원으로 쇠고기보다 귀뚜라미를 더 많이 생산할 수 있는 가장 큰 이유는 귀뚜라미가 냉혈동물이기 때문이다. (○)

② 3문단 : 현재 곤충 사육은 많은 지역에서 이뤄지고 있지만, 식용 곤충의 공급이 제한적이다. 또한 새로운 식용 곤충 생산과 공급방법을 확충할 필요가 있다는 점을 통해, 식용 곤충의 종류가 일부에 불과하다는 것을 알 수 있다. (○)

④ 4문단 : 식용 귀뚜라미는 100g당 10달러에 판매되고, 이는 같은 양의 닭고기, 쇠고기의 가격과 큰 차이가 없다. (○)

⑤ 2문단 : 귀뚜라미를 사육할 때 발생하는 온실가스의 양은 가축을 사육할 때 발생하는 온실가스의 20%에 불과하기 때문에 가축을 사육할 때는 귀뚜라미를 사육할 때의 5배임을 알 수 있다. (○)

02 부합

정답 ②

정답해설

② 3문단 : 판옥선은 선체가 높아, 일본군이 승선전투전술을 활용하기 어렵게 했다. (○)

오답해설

① 1·3문단 : 판옥선은 2층 구조로 만든 배이고, 선체 길이는 언급되어 있지만 선체의 높이는 알 수 없다. (×)

③ 4문단 : 선조실록에서 판옥선의 승선인원이 125명 정도라고 하고는 있기 때문에, 격군이 최소 125명이라고 보기는 어렵다. (×)

④ 1문단 : 판옥선은 왜구를 제압하기 위해 1555년에 새로 개발된 것이다. (×)

⑤ 3문단 : 옥포해전·당포해전·한산해전 등 주요 해전에서 동원된 군선은 주로 판옥선이었다. (×)

03 부합

정답 ④

정답해설

ㄱ. 3문단 : 한 박자 늦은 보행신호 방식은 차량이 완전히 통과하기 전에 보행자가 진입하지 못하도록 하기 때문에 차량과 보행자 간의 충돌, 즉 교통사고를 방지하기 위한 방식임을 알 수 있다. (○)

ㄴ. 3문단 : 전방향 적색신호 방식은 1~2초 동안 모든 방향을 적색신호로 운영하는 방식으로, 모든 차량신호등이 적색이 되는 시점이 있음을 알 수 있다. (○)

오답해설

ㄷ. 횡단시간이 1m당 1초일 때, 32m의 길이인 횡단보도의 보행시간이 39초임을 감안하면, 기본적인 보행진입시간이 7초임을 알 수 있다. 따라서 ㉠은 7이다. 32m가 39초인 것이 기본일 때, 47초로 연장한다는 것은 32m를 40초에 횡단하는 것이기 때문에 0.8m당 1초임을 알 수 있다. 따라서 ㉡은 0.8이다. 그러므로 ㉠과 ㉡의 합은 8보다 작다. (×)

04 법조문

정답 ③

정답해설

ㄴ. 2조 1항 : 민간이 시행하는 사업도 완성에 2년 이상이 소요될 때, 총사업비가 500억 원 이상인 토목·정보화사업이거나 200억 원 이상인 건설사업일 때에는 타당성조사 대상사업으로 한다. (○)

ㄷ. 2조 2항 1호 : 지자체가 시행하는 건설사업으로서 완성에 2년 이상 소요되고, 총사업비와 국가 재정지원 규모가 460억 원의 규모일 때, 총사업비가 10% 증가하여 500억 원이 넘게 되면 타당성조사를 실시하여야 한다. (○)

오답해설

ㄱ. 1조 : 총사업비가 500억 원 이상, 국가의 재정지원 규모가 275억 원인 건설사업은 예비타당성조사의 대상이 되지 않는다. (×)

ㄹ. 2조 1항 2호 : 총사업비가 200억 원 이상인 건설사업의 경우에는 타당성조사 대상사업이 될 수 있다. (×)

05 법조문

정답 ④

정답해설

④ 4문단 : 화가 또는 사진작가가 초상화 위탁자의 허락이 있어야 전시·복제할 수 있다. 따라서 丙은 丁의 허락이 있어야 복제 및 전시를 할 수 있다. (○)

오답해설

① 2문단 : 乙은 원본의 소유자이기 때문에 자유로이 원본을 전시할 수 있으며, 항시 전시할 때 허락을 얻어야 한다. (×)

② 1문단 : 가정 내에서 진열하는 때에는 저작자의 허락이 필요없다. (×)

③ 3문단 : 회화를 회화로 복제하는 경우 저작자 甲의 허락을 얻어야 한다. (×)

⑤ 3문단 : 개방된 장소에 항시 전시되어 있는 경우이더라도 판매목적으로 복제하는 경우에는 저작자인 丙의 허락을 얻어야 한다. (×)

06 법조문 답 ②

- ㉠ : 2조 1항에 따라 재적기간은 입학 시부터 졸업 시까지의 기간으로 휴학기간을 포함한다. 2조 2항에 따라 졸업을 위한 수료연한은 4년이지만, 1호에 따라 5년까지도 가능하다. 3조 1항 1호에 따라 일반휴학은 해당 학생의 수료연한의 2분의 1을 초과할 수 없으므로, 2년 6개월까지 가능하고, 3조 1항 2호에 따라 해외 어학연수를 위한 휴학은 2년까지 가능하다. 따라서 9년 6개월까지 재적할 수 있다.
- ㉡ : 특별입학으로 입학한 학생이 일반휴학 없이 재적할 수 있는 최장기간은 2조 2항 2호에 따라 3년, 3조 3항에 따라 1년으로 총 4년이다.

07 법조문 답 ③

정답해설

③ 가나다정의 경우 최종 복용시간은 오후 6시로 해야 하기 때문에 식전 30분에 복용한 것이라면 저녁식사는 늦어도 오후 6시 30분에 시작하게 된다. (○)

오답해설

① 가나다정의 경우 식사를 거르게 되면 복용을 거른다. (×)
② 가나다정의 경우 정기적으로 혈당을 측정해야 하며, ABC정도 정기적인 혈액 검사를 해야 한다. (×)
④ ABC정은 식사 도중 복용할 수 있지만, 씹지 말고 그대로 삼켜서 복용해야 한다. (×)
⑤ 가나다정은 식전 30분부터 복용이 가능하고, ABC정은 식사 직후부터 식사 후 1시간 이내에 복용하기 때문에, 오후 6시에 식사를 했다고 한다면, 가나다정은 오후 5시 30분, ABC정은 6시 30분까지 식사를 마치고, 오후 7시 30분에 약을 복용할 수 있다. 따라서 최대 2시간 차이가 난다. (×)

08 계산 답 ④

정답해설

먼저 구성원 수가 6명 이상 9명 미만에 해당하지 않는 A와 E는 배제한다. 다음으로, 기본지원금과 추가지원금, 협업 장려금을 통해 B, C, D의 총지원금 산식을 구성한다.

- B : $1{,}500 + 100 \times 6 = 2{,}100$
- C : $(1{,}500 + 120 \times 8) \times 1.3 = 2{,}460 \times 1.3 = 3{,}198$
- D : $2{,}000 + 100 \times 7 = 2{,}700$
- ∴ D가 두 번째로 많은 총지원금을 받는다.

09 상황구성 – 고정상황 완성 답 ⑤

정답해설

고정상황

- 1위 정당의 득표율이 2위 정당의 2배 이상인 곳
  - 3선거구는 B정당 득표율이 2위 정당의 2배 이상이므로, B정당 1, 2번 후보가 당선
- 1위 정당의 득표율이 2위 정당의 2배 미만인 곳
  - 1위 정당의 1번과 2위 정당의 1번 후보가 당선
  - 1선거구 : A, B, 2선거구 : A, B, 4선거구 : A, C

구 분	제1선거구	제2선거구	제3선거구	제4선거구
A정당	41	50	16	39
1번 후보	30	30	12	20
2번 후보	11	20	4	19
B정당	39	30	57	28
1번 후보	22	18	40	26
2번 후보	17	12	17	2
C정당	20	20	27	33
1번 후보	11	11	20	18
2번 후보	9	9	7	15

⑤ A정당은 3명, B정당은 4명, C정당은 1명의 후보를 당선시켰다. (○)

오답해설

① A정당은 제3선거구에서 의석을 차지하지 못했다. (×)
② B정당은 제4선거구에서 의석을 차지하지 못했다. (×)
③ C정당 후보는 제4선거구에서 후보로 당선되었다. (×)
④ 제4선거구에서는 최다 득표를 한 B정당의 1번 후보가 당선되지 못했다. (×)

10 계산 답 ⑤

정답해설

- 경제성 점수 부여
  - 렌터카 : $(50 + 10) \times 3 = 180$
  - 택시 : $1 \times 200 = 200$
  - 대중교통 : $40 \times 4 = 160$
- ∴ 대중교통 상, 렌터카 중, 택시 하이다.

이동수단	경제성	용이성	안전성(2배)	총 점
렌터카	중	상	하	7
택 시	하	중	중	7
대중교통	상	하	중	8

∴ 평가점수가 가장 높은 대중교통을 이용하게 되고, 대중교통의 비용은 \$160이다.

11 상황구성 – 고정상황 완성   답 ⑤

정답해설

주어진 규정에 따라 각 일행들의 총요금을 구하면 다음과 같다.

구 분	입장료	숙박료	총 요금
甲	0	85,000×3	255,000
乙	0	30,000×0.5×6	90,000
丙	4×1,000×10	10,000×9	130,000

- 甲은 다자녀 가정이기 때문에 입장료가 면제되지만, 성수기라서 숙박료는 할인되지 않는다.
- 乙은 동절기이기 때문에 입장료가 면제되고, 장애인 가정이기 때문에 숙박료가 할인된다.
- 이를 주지하여 식을 구해야 하고, 총 요금이 가장 많은 甲과 가장 적은 乙의 차이는 165,000원이다.

12 상황구성 – 고정상황 미완성   답 ⑤

정답해설

> **고정상황**
> 갑 : 우유
> 을 : 알 수 없음
> 병 : 식용유
> 정 : 달걀
> ∴ 둘째 날에 달걀이 있고, 우유가 없을 것.

ㄴ. 甲, 乙, 丙이 같은 날에 알레르기 증상을 보인 적은 한 번도 없기 때문에 서로 다른 재료임을 알 수 있다. (○)
ㄷ. 丁이 알레르기를 보인 날(화, 수, 목, 금) 중 재료를 알 수 없는 화요일을 제외하고는 달걀이 있다. 또한 달걀이 다른 사람들에게 영향을 끼친다고 보기 어려워 丁은 달걀 때문에 알레르기가 발생한다는 것을 알 수 있다. 따라서 화요일에는 丁의 알레르기가 유발되어야 하므로 달걀이 있음을 알 수 있다. (○)
ㄹ. 아몬드에 乙이 알레르기를 보이는데, 화요일에 아몬드가 있었으면 乙이 화요일에 알레르기를 일으켜야 했는데, 일으키지 않았으므로 乙은 옥수수가루에 알레르기 반응을 보임을 알 수 있다. (○)

오답해설

ㄱ. 甲이 밀가루 때문에 알레르기 증상을 보였다면, 화요일에 甲이 알레르기 증상을 보였어야 한다. 따라서 甲의 알레르기 원인은 우유이다. (×)

13 법조문   답 ①

정답해설

- A : 1조 2항 1호에 따른 제한보호구역

오답해설

- B, C : 1조 1항 1호에 따른 통제보호구역
- D : 1조 1항 2호에 따른 통제보호구역
- E : 해당 없음

14 상황구성 – 고정상황 미완성   답 ④

정답해설

※ 고정상황 없음

ㄱ. 승리하기 위해 최선을 다하기 때문에 선례가능성만 찾으면 된다. 乙이 5, 2를 순서대로 먹으면 최소한 6칸을 확보하기 때문에 乙이 승리한다. (○)
ㄷ. 甲이 2, 4구역을 먹고, 乙이 5구역을 먹으면 현재 甲은 한 구역을 더 먹는다고 해도 5구역의 진지를 구축할 수 없다. 또한 乙의 경우에도 한 구역 더 먹는다고 해도 5구역의 진지를 구축할 수 없으므로, 2번 이상은 가위바위보를 해야 한다. (○)

오답해설

ㄴ. 네 번째 경기에서 甲이 6을 먹으면 乙은 최대 4구역, 甲은 최대 5구역이기 때문에 반드시 甲이 이긴다. 그런데, 乙이 6 또는 7을 먹더라도 5구역 이상을 확보할 수는 없기 때문에 네 번째 경기에서 승리자가 결정된다고 할 수는 없다. (×)

15 상황구성 – 전체와의 관계   답 ③

정답해설

- 2월 8일은 수요일이기 때문에 우선 수요일 평균을 확인해보는 것이 빠르다. 수요일 평균이 7점 이하가 되려면, 총합이 21 이하여야 한다. 1일과 15일은 모두 예측 맑음, 실제 맑음이기 때문에 10점씩이고, 총합은 20점이어서 8일은 1점 이하인 눈·비가 되어야 한다.
  ∴ ③, ④ 중 하나이다.
- 16일을 확인하기 위해서는 목요일 평균이나 3주 평균을 통해 확인할 수 있다. 목요일 평균은 5점 이상이기 때문에 0점이더라도 가능해 확정할 수 없다. 따라서 3주 평균을 활용해야 하고, 3주 월~금의 평균은 5점 이상이어야 하는데, 월, 화는 0점, 수, 금이 20점이므로, 목요일이 5점 이상을 확보해야 한다. 따라서 5점 이상인 흐림이다.

16 상황구성 – 전체와의 관계   답 ④

정답해설

> **고정상황**
> 4월 10일~30일 중 13~27일은 해외여행이기 때문에 6일(10, 11, 12, 28, 29, 30)만 수업을 들을 수 있다. 그리고 강의를 전부 이수하는 데 필요한 시간은 필수 Ⅰ은 36시간, 필수 Ⅱ 과목당 온라인 시험을 포함해 31시간+5=36시간, 총 72시간이 필요하다. 그렇기 때문에 12시간을 이수할 수 없는 상황이다.

ㄱ. 60시간 동안 수업을 열심히 들어봐야 12시간이 모자라다. 따라서 감점을 최소화하려면 사이버 청렴교육을 포기하면 3점을 감점받을 수 있다. (○)
ㄷ. 13시간을 휴일 중에 이수할 수 있다면, 59시간의 이수가 필요하기 때문에 모두 이수할 수 있다. (○)

오답해설

ㄴ. 하루 일찍 귀국하면 70시간이 확보된다. 따라서 2시간이 모자라다. (×)

정답해설

> **고정상황**
> 현재 6개의 애플리케이션 중 바나나톡, 구한은행이 실행 중임
> ∴ 글자 수는 총 22개 중 8개가 실행 중이기 때문에 14개 남았고, 메모리는 1.6GB 중 660이 사용 중이기 때문에 약 940 남았다.

- 메모리의 용량, 글자 수의 전체 값이 주어져 있고, 애플리케이션을 통해 그 부분을 구성하게 되므로 전체와의 관계임을 확인할 수 있다.
- 주어진 애플리케이션의 글자 수를 보면, 4개 앱으로 14개의 글자수를 채워야 하므로, 4개 짜리가 4개 실행되면 안 된다. 가능한 글자 수의 조합은 (2글자+4글자+4글자+4글자), (2글자+3글자+4글자+5글자)로 구분된다.
② 컨트리은행이 실행될 수도 있다. 바나나톡, 구한은행, 나인, 레일런, 컨트리은행+지도앱과 모노그램을 제외한 나머지가 실행될 수 있다. 메모리도 문제되지 않는다. (×)

오답해설

① 글자 수 때문에 나인은 무조건 실행중이어야 한다. (○)
③ 반례가능성을 확인하려면 게임 앱을 제외하고, 녹색지도, 고글지도, 구한은행, 바나나톡, 나인이 실행 중이고, 다른 앱 하나가 더 실행되어야 하는데, 컨트리은행은 글자 수로 실행될 수 없으므로 6개 실행이 불가능해진다. (○)
④ 앞선 선지에서 보듯 지도앱은 실행될 수 없다. (○)
⑤ 바나나톡, 나인, 쿠키워크, 레일런, 컨트리은행, 구한은행을 실행하면 1.5GB가 넘으므로 1.6GB인 상태이다. (○)

18 상황구성 – 전체와의 관계   답 ⑤

정답해설

- 4=2+2
  5=2+3
  6=2+2+2/3+3
  7=2+2+3
  9=3+3+3/2+2+2+3

▽

▽

∴ 가능한 것은 1,400원이다.

> **PSAT Doctor의 덧붙이기**
>
> 문제는 '가능한 것은?'이라고 해서 정확한 값을 구하라고 하지 않고 있다. 따라서 13, 19번은 정확히 얼마인지 알 필요가 없다.
> 그냥 800(+300+300)으로 도출되는 800, 1,100, 1,400원 중 하나인 것만 확인하면 된다.

19 부합   답 ①

정답해설

ㄱ. 1문단 : 한국의 위도를 기준으로 지구의 자전 속도는 분당 약 20km이다. 따라서 60km 떨어져 있다면 3분 차이가 난다. (○)
ㄴ. 3문단 : 시간의 기준은 철도회사가 정하였고, 이에 따라 철도회사의 수만큼 다양한 시간이 존재했다. (○)

오답해설

ㄷ. 3문단 : 미국의 각 기차역마다 여러 개의 시계가 걸려 있었지만, 도시의 시간이 아니라 회사별 시간이 걸려 있었다. (×)
ㄹ. 2 · 3문단 : 철도가 처음 만들어진 곳은 영국이지만, 3문단에서 미국이 표준시를 처음 제정했다는 내용이 아니라 미국의 기차역마다 기차회사별 시간이 있을 뿐이라는 것을 제시하고 있다. (×)

> **PSAT Doctor의 덧붙이기**
>
> 2문단에서 그리니치 표준시를 통해 표준시를 제정한 곳이 영국인 것을 알면 좋지만, 그리니치 천문대를 모르는 경우에는 알 수 없는 단서에 불과하다.

20 상황구성 – 시차 　　정답 ④

A, B, C의 시차를 잘 구분해야 한다. B가 12시면, A는 12시 40분이고, C는 12시 50분이다. 7시 40분(A)에서 8시(A) 기차를 타고 3시간 후인 11시(A)에 B도시에 도착한다. 이 시간은 C도시 시간 기준으로 11시 10분(C)이므로, 5분 뒤인 11시 15분(C)에 출발해 4시간 30분 후인 15시 45분(C)에 도착하게 된다. 그런데 이 시간은 A도시 기준으로 15시 35분(A)이다.

> **PSAT Doctor의 덧붙이기**
>
> B역에서 C도시로 출발할 때, 5분만 기다리면 된다는 것만 잡아준다면, C도시 시간으로 바꿨다가 A도시 시간으로 다시 바꾸는 번거로운 일은 하지 않아도 된다.

21 부합 　　정답 ③

③ 3문단 : 유럽 꿀벌이 15초 안에 열 번 돌면 100m 가량, 여섯 번 돌면 500m 가량 떨어져 있는 것이다. 횟수가 적을수록 거리는 멀다. (○)

① 3문단 : ∞자의 춤을 활기차게 출수록 꿀의 품질이 더 좋은 것이다. (×)

② 1문단 : 꿀벌은 춤을 통해 꿀의 방향과 거리 및 꿀의 품질을 알려준다. (×)

④ 2문단 : 태양과 반대 방향이면 위에서 아래로 교차점을 통과한다. (×)

⑤ 4문단 : 같은 방향이지만 원지점보다 가까운 거리에 옮겨 놓으면 벌들은 그냥 지나쳐버린다는 표현을 통해 실제 꿀의 위치가 달라지면 한 번에 정확히 찾을 수 없다는 것을 알 수 있다. (×)

22 부합 　　정답 ⑤

⑤ 1문단 : 상원의원은 2년마다 총 정원의 1/3씩 의원을 새로 선출하기 때문에 모든 의석이 새로 선출된 의원으로 교체될 수는 없다. (×)

① 1·3문단 : 주마다 상원의원은 2명씩이고, D주의 하원의원은 53명이다. 따라서 D주의 의원은 총 55명이다. (○)

② 2문단 : 상원은 급박한 상황에 대해서는 직접 마련한 법안을 제출해 처리할 수 있다. (○)

③ 1·3문단 : 각 주의 상원의원은 2명인데, A·B·C주의 경우 하원의원이 1명씩이기 때문에 상원의원보다 하원의원의 수가 적음을 알 수 있다. (○)

④ 4문단 : 대통령 선거와 일치하지 않는 해에 실시되는 하원의원 및 상원의원 선거가 중간선거인데, 두 선거 모두 2년마다 치러지게 된다. 4년마다 실시되는 대통령선거가 2016년이었다면 2018년이 가장 빠른 중간선거이다. (○)

23 부합 　　정답 ①

① 3문단 : @키는 20세기까지 자판에서 자리를 지키고 있었지만 그 사용빈도가 점차 줄어들었고, 1971년에 이것을 살려내었다. 자판에서 사라지지는 않았다. (×)

② 2문단 : 6세기에 @은 라틴어 전치사로서 쓰이던 단어였다. 지금은 21세기이므로, 사용되기 시작한지 1,000년은 넘었다. (○)

③ 2문단 : 복숭아 12개@1.5달러는 복숭아 12개 18달러를 의미하므로, 곱하기와 같은 기능을 한다는 것을 알 수 있다. 따라서 토마토 15개@3달러는 토마토 15개 45달러임을 알 수 있다. (○)

④ 2·3문단 : @는 라틴어 전치사, 베니스·스페인·포르투갈의 측정 단위, 미국·현대의 이메일 기호 등으로 사용되었다. (○)

⑤ 2문단 : 스페인에서 1아로바는 현재의 9.5kg, 포르투갈에서의 1아로바는 현재의 12kg에 해당한다. (○)

24 부합 　　정답 ④

④ 2문단 : 상소를 하지 않기로 합의하고 이 합의서를 법원에 제출하면, 판결은 선고 시에 확정된다. 따라서 11월 1일에 판결이 확정된다. (○)

① 3문단 : 상소는 패소한 당사자가 제기하는 것이므로, 甲이 상소를 제기할 수 있다. (×)

② 3문단 : 甲에게 판결문이 11월 10일에 송달되어, 상소를 하려면 2주 내에 상소를 제기해야 한다. 즉, 11월 24일까지 상소를 제기하지 않으면 판결은 당일에 확정된다. (×)

③ 3문단 : 상소를 취하하면 상소기간 만료 시에 판결이 확정된다. 따라서 11월 11일에 상소하고 12월 1일에 상소를 취하하면, 상소기간 만료일인 11월 24일에 판결이 확정된다. (×)

⑤ 4문단 : 상소기간 만료 전인 11월 21일에 상소포기서를 제출하면 제출 시에 판결은 확정된다. 따라서 제출일인 11월 21일에 판결이 확정된다. (×)

25 법조문 　　　　　　　정답 ④

정답해설

④ 2조 3항 단서 : 법제사법위원회는 4항에 따라 회부된 것으로 보는 날 또는 회부된 날부터 90일 이내에 심사를 마쳐야 하기 때문에 7월 1일에 회부했다면, 9월 29일에 심사를 마쳐야 한다. (○)

오답해설

① 2조 1항 단서 : 지식경제위원회 소관 안건인 안건 X를 신속처리대상안건으로 지정하고자 하는 경우 의장 또는 안건의 소관 위원회 의원장은 지체 없이 재적의원 5분의 3 이상 또는 안건의 소관 위원회 재적의원 5분의 3 이상의 찬성으로 의결해야 하기 때문에 국회 300명 중 180명 또는 지식경제위원회 25명 중 15명 이상의 찬성이 필요하다. (×)

② 2조 3항 : 위원회는 신속처리대상안건에 대한 심사를 지정일부터 180일 이내에 마쳐야하므로, 3월 2일부터 180일 뒤인 8월 28일까지 심사를 마쳐야 한다. (×)

③ 2조 4항 : 위원회가 180일 이내에 신속처리대상안건의 심사를 마치지 못하면 그 기간이 종료된 다음 날 심사를 마치고 법제사법위원회에 회부된 것으로 본다. (×)

⑤ 2조 3·5항 : 법제사법위원회가 기간 내에 심사를 마치지 못하면 그 기간이 종료된 다음 날 본회의에 부의된 것으로 보기 때문에, 8월 1일에 회부된 경우에는 100일이 넘는 1월 28일에 본회의에 부의된다고 볼 수 없다. (×)

26 부합 　　　　　　　정답 ⑤

정답해설

신고인은 최저가매각가격의 10분의 1을 보증금으로 납부해야 한다. 따라서 2억 원의 10분의 1인 2천만 원이 보증금이다. 甲은 최고가 매수 신고인으로 2억 5천만 원을 제시했다. 甲이 대금을 기일까지 납부하지 않으면, 乙이 차순위매수신고를 할 수 있고, 차순위매수신고는 매수신고액이 최고가매수신고액에서 보증금을 뺀 금액을 넘어야 하므로, 2억 5천만 원에서 2천만 원을 뺀 2억 3천만 원을 넘어야 한다.

27 계산-분수비교 　　　　　　　정답 ①

정답해설

결혼 당사자와 양가 부모의 종합 선호도는 다음과 같다.

구 분	결혼 당사자	양가 부모	종합 선호도
예 물	1.5	1	1.25
예 단	1	2	1.4
폐 백	1	1.5	1.16
스튜디오 촬영	1.8	1	1.66
신혼여행	2	0.5	1.4
예식장	1	2	1.5
신혼집	3	3	3

ㄱ. 종합 선호도 상위 3가지는 신혼집, 스튜디오 촬영, 예식장이다. (○)

ㄴ. 결혼 당사자의 우선순위 3가지는 신혼집, 신혼여행, 스튜디오 촬영이고, 양가 부모의 우선순위 3가지는 신혼집, 예식장, 예단 3가지이다. (○)

오답해설

ㄷ. 예물은 결혼 당사자의 선호도가 양가 부모의 선호도보다 높지만, 폐백은 양가 부모의 선호도가 더 높다. (×)

ㄹ. 양가 부모에게 우선순위가 가장 낮은 항목은 신혼여행이다. (×)

28 계산 　　　　　　　정답 ③

정답해설

미란이는 현재 지붕의 수선이 필요한 대보수 항목에 해당한다. 따라서 보수비용 지원한도액은 950만 원이고, 중위소득 40%에 해당하기 때문에 80% 지원을 받을 수 있다.

따라서 950×0.8=760만 원이다.

29 계산 　　　　　　　정답 ③

정답해설

- 의원은 지역구 의원과 비례대표 의원으로 구분된다.
- 매체는 TV와 라디오 2가지가 있다.
- 방송광고는 정당이 '15회×1분×2매체' 할 수 있고, 방송연설은 '비례대표 의원 2인×10분×2매체+지역구 의원 100명×10분×2매체×2회' 할 수 있다. 따라서 방송광고는 30분, 방송연설은 비례대표 40분, 지역구 의원 4,000분 할 수 있으므로 총 4,070분 할 수 있다.

30 계산-분수비교 　　　　　　　정답 ②

정답해설

- A사의 설립방식
  (가) 5억-3억=2억
  (나) 4.5억-(2억+1억+0.5억)=1억
  ∴ (가) 방식을 선택하게 된다.
- 설립위치
  - 甲 : 80×0.75÷3=20
  - 乙 : 100×0.5÷1=50
  - 丙 : 75×0.6÷2=22.5
  ∴ 20~30대 비율이 50% 이하인 지역은 선정대상에서 제외하므로, 乙은 제외하고, 값이 큰 丙을 선택하게 된다.

31 계산-Bottom Up 　　　　　　　정답 ④

정답해설

> **조 건**
> 1. 3종류(탄수화물, 단백질, 채소)를 모두 넣어야 한다.
> 2. 열량은 500kcal 이하, 재료비는 3,000원 이하여야 한다.

④ 3종류는 들어간다. 열량은 100+223+20+80+7.5+40=470.5이다.
　재료비는 850+800+500=2,150원이다. (○)

① 3종류는 들어간다. 열량은 $150×2+109+20+80+30+20=559$ 이므로, 500을 넘는다. (×)

② 탄수화물이 들어가지 않는다. (×)

③ 채소가 들어가지 않는다. (×)

⑤ 3종류는 들어간다. 열량은 $128×2+50×2+14×2=384$이다. 재료비는 $500×2+450×2+700×2=3,300$원이다. 3,000원을 넘는다. (×)

PSAT Doctor의 덧붙이기

두부구이, 닭불고기, 돼지불고기에 양념으로 올리브유는 공통적으로 들어가고, 설탕과 고추장/간장이 비슷하게 들어가고 있는데, 완전히 같게 들어가지 않는다면 문제풀이 작업을 하기 전에 굳이 어떤 조작을 통해서 가볍게 보려고 하지 않는 편이 실전에선 더 편할 가능성이 높다. 실전에서 어떤 작업을 과하게 하는 것이 사실은 더 큰 부담을 가져오는 경우가 아주 많다.

---

32 상황구성 – 전체와의 관계   답 ②

정답해설

고정상황

- A는 300원이고, 300kg을 생산했다.
- 전체 상태

구분	구리	철	주석	아연	망간
전체	710	15	33	155	30
A	60%	5%		25%	10%
B	80%		5%	15%	

∴ B의 양을 결정하는 것은 전체 보유량이 많지 않으면서, A가 소모하고, B가 소모해야 되는 것이다.

A는 180/15/0/75/30을 소모. B는 530/0/33/80/0인 상태에서 소모량을 선택해야 한다. 구리 전체량이 710kg이고 A제품에서 180kg을 사용했으므로, 최대 530kg을 사용할 수 있다. 이를 바탕으로 조정해보면 100kg을 만들면, 80/5/15를 소모하기 때문에 424/26.5/79.5이므로, 더 이상 만들 수 없다. 따라서 A 300kg, B 530kg. 가격은 196,000원($=300×300+530×200$)이다.

PSAT Doctor의 덧붙이기

A의 가격은 주어진 값이기 때문에 90,000원임을 알 수 있고, 선지에서는 결국 ①∼⑤까지 천의 자리만 다르다는 것을 확인할 수 있다. 따라서 B의 경우에는 모든 값을 구하려고 하기보다는 200원×xkg에서 10의 단위만 끊어서 보면 된다는 것을 확인할 수 있고, 530kg이기 때문에 끝자리가, 6,000원임을 통해 조금 더 답을 빨리 끌어낼 수 있다.

---

33 상황구성 – 고정상황 완성   답 ①

정답해설

고정상황

(24)	3	ⓜ	(3) 1
(4) ㉣	1	(12) 4	3
1	㉢	3	(8) 4
3	(4) 4	㉡	㉠

- ㉠ : 2
- ㉡ : 1
- ㉢ : 2
- ㉣ : 2
- ⓜ : 2

∴ 8월이 될 수 있는 것은 4행의 ㉠ 또는 ㉡. 2는 ㉠이다.

---

34 상황구성 – 고정상황 미완성   답 ①

정답해설

ㄱ. 을의 최댓값은 20, 정의 최댓값은 20이다. (○)

ㄷ. 을의 최솟값은 8점인데, 갑의 최솟값은 노란색 화살 때문에 8점이 나올 수가 없다. (○)

오답해설

ㄴ. 갑이 10점을 받으려면, 6+4가 가능하다. 이 때, 노란 화살이 파란색에 맞으면 3점을 받게 되므로, 노란 화살은 초록색에 맞아야 한다. 이것밖에 없다. 그런데 병은 10점을 받으려면, 6+4가 될 수 있을 것 같지만, 7+3점도 가능하다. (×)

ㄹ. 병의 노란 화살 때문에 파란색에 모두 맞는다고 해도 모두 같은 점수를 주진 않는다. (×)

정답해설

> **고정상황**
> - 총 점
>   A : 29
>   B : 30
>   C : 16
>   D : 19
>   E : 26
>   F : 11+?
> - 듣기, 말하기
>   A : 9
>   B : 15
>   C : 7
>   D : 10
>   E : 11
>   F : 5+?

ㄷ. F의 말하기 점수가 6점 이상이라면, 최대 총점은 17점+쓰기 점수이고, 듣기와 말하기 점수는 총 11점 이상이 된다. 기준 1에 따르면, A, B, E(쓰기 점수에 따라 F가 더 심화반일 수 있다.)이기 때문에 C와 D는 기초반에 편성된다. 기준 2에 따르면, 심화반에 B, E, F가 편성되고 나머지 A, C, D가 기초반에 편성된다. (○)

오답해설

ㄱ. B와 D가 같은 반이 될 수 있는지 확인한다. 기준 1은 총점이므로, B와 D는 불가하고, 기준 2는 F의 ?가 5점 미만이면 가능하다. (×)

ㄴ. F의 말하기가 5점 이하면, 최대 총점은 16점+쓰기 점수이고, 듣기와 말하기 점수는 총 10점 이하가 된다. 기준 1에 따르면, A, B, E(F의 쓰기 점수가 10점일 때에는, F와 동점이지만 듣기 점수가 더 높으므로)가 심화반, C, D, F는 기초반에 편성된다. 기준 2에 따르면, B, E, F(D와 동점이지만 듣기 점수가 상위이므로)가 심화반에 편성된다. (×)

정답해설

> **고정상황**
> - 조건 1 : A → C ∨ F, B → G
> - 조건 2 : ~(D ∧ E)
> - 조건 3 : A ∨ C ∨ F
> - 조건 4 : ~A → 조건 1 변경
> - 조건 5
> - 조건 6 : ~C

⑤ 문제 없다. (○)

오답해설

① A가 있다. (×)
② C나 F가 있어야 한다. (×)
③ B가 선발되면 G가 선발되어야 한다. (×)
④ C는 선발될 수 없다. (×)

정답해설

> **고정상황**
> - 2:10~4:30 → 140/20 = 7명+1명
>   4:30~6:00 → 90/10 = 9명
>   6:00~11:30 → 330/30 = 11명
>   ∴ 28명
> - 앞줄 : 11명
> - 뒷줄 : 11명
> - 계단 : 6명

② 9시~10시에 온 관람객은 마지막 3명을 제외한 3명, 뒤에서 4~6등이다. 따라서 초과 인원 중 먼저 온 사람이므로, 좌측 계단에 앉는다. (○)

오답해설

① 우측 계단에 앉은 관람객은 3명이고, 26등~28등임을 알 수 있다. 그런데, 중앙좌석은 15~19등이므로, 최소 30×7 = 210분, 최대 30×9 = 270분 일찍 왔어야 한다. (×)
③ A는 8등, B는 12등이므로, 40분 차이가 난다. (×)
④ 6시 도착 관람객은 11등이 넘는다. (×)
⑤ 총 28명의 관람객이 도착했다. (×)

정답해설

- 승점이 2, 1, 0점제일 때에는 라운드당 2점이 발생한다. 5명의 선수가 1대1로 한 번씩 카드 게임을 했으므로, 총 10경기가 치러졌음을 알 수 있다. 따라서 발생하는 모든 승점은 20점이다.
- 을이 한 게임도 안 졌다는 것은 갑이 한 게임은 졌다는 것이다. 따라서 갑은 4게임 중 3승 1패가 최댓값이다. 갑과 다른 점수로 을이 2위를 하려면, 1승 3무로 5점을 받을 수밖에 없다. 그렇다면 나머지 선수들은 합쳐 9점을 받아야 하므로, 4, 3, 2점의 배분 밖에 없다.
- 무가 한 게임도 못 이겼다는 것은 무는 2무 2패로 2점이라는 것이다.
- 병은 4점이므로 1승 2무, 정은 3점이므로, 1승 1무를 해야 한다. 패와 승은 각각 하나씩 해야 하기 때문이다. 따라서 모든 무승부 경기는 3+2+2+1 = 8/2 = 4경기이다.

39 부합 답 ②

ㄱ. 3문단 : 세종대에는 중앙의 천문관서인 서운관과 전국 팔도의 감영에 측우기와 주척을 나누어주고, 그 이하 행정단위의 관아에도 측우기를 만들어 설치하도록 했다. (○)

ㄹ. 4문단 : 영조대에는 세종대와 달리 서울의 궁궐·서운관·팔도 감영·강화와 개성의 유수부에만 설치해서 더 적게 설치했음을 알 수 있다. (○)

ㄴ. 1·4문단 : 1442년에 도입된 측우기와 그것을 활용한 기상관측제도는 임진왜란과 병자호란의 혼란을 겪으면서 유지되지 못했다. 영조대에 다시 부활하게 된 것이다. (×)

ㄷ. 3문단 : 팔도 이하의 행정관아에서는 자기 또는 와기로 측우기를 만들었다. (×)

40 계산 답 ③

3시간 동안 비가 총 153mm 왔다. 빗물의 깊이를 주척으로 읽는데, 푼 단위까지 측정할 수 있으므로, 이를 기준으로 몇 푼인지 살펴보면 153÷2.1≒7치 3푼이다.

피셋
PSAT
Public Service Aptitude Test

2016 기출문제 정답 · 유형 · 풀이시간

01 언어논리

01	③	추 론	지문 : 50초 정답 : 1분 20초	21	②	추 론	지문 : 35초 정답 : 1분 15초
02	⑤	추 론	지문 : 45초 정답 : 1분 50초	22	①	추 론	지문 : 35초 정답 : 1분
03	③	추 론	지문 : 40초 정답 : 2분	23	②	추 론	지문 : 45초 정답 : 1분 35초
04	①	추 론	지문 : 40초 정답 : 1분 10초	24	④	추 론	지문 : 45초 정답 : 2분 10초
05	⑤	추 론	지문 : 35초 정답 : 2분 10초	25	③	추 론	지문 : 40초 정답 : 1분 50초
06	④	추 론	지문 : 45초 정답 : 1분 50초	26	①	추 론	지문 : 55초 정답 : 2분
07	④	추 론	지문 : 45초 정답 : 1분 50초	27	②	추 론	지문 : 35초 정답 : 1분 35초
08	②	논리-연역논증	정답 : 1분 50초	28	②	논리-연역논증	정답 : 1분 25초
09	③	논리-거짓말	정답 : 2분 10초	29	③	논리-연역논증	정답 : 1분
10	②	논리-연역논증	정답 : 1분 45초	30	③	논리-연역논증	정답 : 1분 25초
11	④	논증-상충	지문 : 45초 정답 : 1분 50초	31	②	논증-상충	지문 : 35초 정답 : 1분 25초
12	⑤	논리-연역논증	정답 : 2분 20초	32	④	논증-분석	지문 : 40초 정답 : 1분 40초
13	⑤	논증-평가	지문 : 30초 정답 : 2분 20초	33	①	논증-강화	지문 : 35초 정답 : 2분
14	③	논증-평가	지문 : 25초 정답 : 1분 30초	34	⑤	논증-지지	지문 : 50초 정답 : 2분 25초
15	④	논증-비판	지문 : 20초 정답 : 1분 45초	35	①	논증-약화	지문 : 30초 정답 : 1분 20초
16	④	논증-약화	지문 : 35초 정답 : 2분 05초	36	②	논증-평가	지문 : 45초 정답 : 1분 30초
17	①	추론-빈칸	정답 : 2분 45초	37	②	논증-평가	지문 : 25초 정답 : 1분 15초
18	①	논증-약화	지문 : 35초 정답 : 2분	38	③	논증-양립	지문 : 30초 정답 : 55초
19	④	추 론	지문 : 50초 정답 : 1분 45초	39	⑤	추 론	지문 : 1분 15초 정답 : 1분 50초
20	⑤	논리-연역 논증	정답 : 1분 50초	40	③	논리-연역논증	정답 : 1분

01	⑤	자료해석(3개)	정답 : 1분 40초	21	③	자료해석(2개)	정답 : 1분 5초
02	④	자료해석(2개)	정답 : 1분 10초	22	①	짝짓기	정답 : 1분 15초
03	④	보고서-매칭	정답 : 1분 35초	23	②	보고서-추가로 필요한 자료	정답 : 1분 20초
04	②	자료해석(1개)	정답 : 2분 10초	24	⑤	조건의 적용	정답 : 1분 15초
05	⑤	자료해석(1개)	정답 : 1분 30초	25	②	보고서-매칭	정답 : 1분 20초
06	③	보고서-매칭	정답 : 1분 30초	26	⑤	짝짓기	정답 : 2분 10초
07	②	자료해석(2개)	정답 : 1분 30초	27	①	자료해석(2개)	정답 : 40초
08	④	자료해석(1개)	정답 : 55초	28	⑤	자료해석(1개)	정답 : 1분 35초
09	⑤	자료해석(1개)	정답 : 2분	29	①	자료해석(1개)	정답 : 1분 30초
10	②	자료해석(2개)	정답 : 1분 15초	30	①	자료해석(2개)	정답 : 20초
11	④	조건의 적용	정답 : 1분 35초	31	③	계산-차이값	정답 : 2분
12	②	자료해석(2개)	정답 : 2분 15초	32	④	자료해석(1개)	정답 : 1분 5초
13	③	조건의 적용/짝짓기	정답 : 2분 25초	33	③	자료해석(2개)	정답 : 1분 5초
14	③	조건의 적용/빈칸 채우기	정답 : 2분 40초	34	⑤	자료해석(1개)	정답 : 1분 15초
15	①	조건의 적용	정답 : 2분 10초	35	②	자료해석(1개)	정답 : 3분 20초
16	①	보고서-매칭	정답 : 40초	36	④	조건의 적용	정답 : 3분 15초
17	①	자료해석(2개)	정답 : 1분 20초	37	④	조건의 적용	정답 : 2분 40초
18	②	조건의 적용/식 비교	정답 : 2분 35초	38	①	자료해석(1개)	정답 : 2분 30초
19	⑤	자료해석(4개)	정답 : 1분 35초	39	②	보고서-추가로 필요한 자료	정답 : 1분 40초
20	③	자료해석(5개)	정답 : 2분 10초	40	④	조건의 적용	정답 : 1분 20초

01	①	부합	지문 : 30초 정답 : 1분 30초	21	①	부합	지문 : 40초 정답 : 50초
02	②	부합	정답 : 1분 30초	22	②	부합	지문 : 30초 정답 : 50초
03	③	부합	지문 : 45초 정답 : 1분 35초	23	⑤	부합－계산	지문 : 30초 정답 : 1분 30초
04	③	부합	지문 : 20초 정답 : 2분 5초	24	②	부합	지문 : 25초 정답 : 40초
05	④	법조문	지문 : 40초 정답 : 2분 5초	25	⑤	법조문	지문 : 30초 정답 : 1분 25초
06	③	법조문	지문 : 40초 정답 : 1분 35초	26	④	법조문	지문 : 30초 정답 : 1분
07	⑤	법조문	지문 : 20초 정답 : 1분 45초	27	①	부합－계산	지문 : 45초 정답 : 1분 35초
08	②	부합	정답 : 1분 15초	28	①	부합－계산	지문 : 20초 정답 : 1분 45초
09	①	상황구성－ 전체와의 관계	정답 : 3분 15초	29	②	상황구성－분수	정답 : 2분 50초
10	④	상황구성－ 최댓값과 최솟값	정답 : 2분 40초	30	③	상황구성－도형	지문 : 35초 정답 : 2분 35초
11	④	상황구성－ 고정상황 미완성	정답 : 2분 40초	31	④	상황구성－ 고정상황 미완성, 수학적 사고	정답 : 1분 30초
12	④	계산－범위 값	정답 : 2분 10초	32	①	상황구성－ 고정상황 미완성, 거짓말쟁이	정답 : 40초
13	⑤	상황구성－ 고정상황 미완성	정답 : 2분 5초	33	⑤	계산	정답 : 55초
14	③	상황구성－진법	정답 : 2분 45초	34	③	상황구성－ 고정상황 미완성	정답 : 2분 45초
15	②	상황구성－ 전체와의 관계	정답 : 3분 10초	35	①	상황구성－ 전체와의 관계	정답 : 2분 50초
16	②	상황구성－최솟값	정답 : 2분	36	③	상황구성－ 고정상황 미완성	정답 : 2분 25초
17	④	상황구성－최솟값	정답 : 2분 45초	37	②	부합	지문 : 30초 정답 : 1분 10초
18	①	계산－요소비교	정답 : 2분	38	③	계산	정답 : 1분 5초
19	④	부합	지문 : 45초 정답 : 1분 25초	39	①	부합	지문 : 1분 정답 : 1분 20초
20	⑤	계산	정답 : 35초	40	③	부합	정답 : 1분 40초

01 추론 　　　　　　　　　　 답 ③

정답해설

1문단에서 마지막 문장을 통해 앞에 제시된 일화의 내용이 허구임을 확인하고, 이후에 제시되는 내용은 이와 맥락이 전환될 뿐이라는 것을 파악하는 것이 중요하다.

③ 4문단 : 정조 대에는 북극 고도를 고려하기 위해 천문지식을 활용하였고, 이러한 측정 방법 등을 비롯해 조선에 축적된 지도 제작 기술을 대동여지도 제작에 활용했다. (○)

오답해설

① 1문단 : 김정호와 관련된 다양한 일화들은 허구라는 사실이 밝혀졌다. (×)

② 4문단 : 중국에서 전래된 방격법 역시 조선에 축적된 기술이기 때문에 대동여지도 제작에 반영되었다고 봐야 한다. (×)

④ 3문단 : 정상기는 서울을 중심으로, 지방, 더 먼 지방 순으로 상대적 거리를 설정해 지도를 제작했다. (×)

⑤ 1문단 : 조선의 통치자들을 부정적으로 만들기 위한 일제 식민사관의 논리 중 하나이다. (×)

02 추론 　　　　　　　　　　 답 ⑤

정답해설

문단의 수가 많고, 소재의 전환이 역접으로 이뤄지지 않아 본문에서 내용을 잡는 느낌이 조금 약해질 수도 있다. 그럴 때에는 내용을 다잡기 위해 힘주어 읽기보다는, 해당 문단의 소재가 무엇인지만 신경써두고 넘어가는 것이 오히려 전체적인 문제를 주도하는 데 도움이 된다.

⑤ 1문단 : 무신들이 문벌들을 몰아내고 권력을 장악한, 지배세력의 교체는 청자의 형태에도 영향을 미쳤다. (○)

오답해설

① 4문단 : 나전기술은 무신집권기에 전성기에 도달해 상감기법의 기술적 배경이 된 것이기 때문에, 무신집권기에 개발되었다고 볼 수 없다. (×)

② 1문단 : 무신의 집권을 통해 청자의 형태가 영향을 받은 것이지, 청자가 새롭게 등장하게 된 것은 아니다. (×)

③ 2문단 : 몽골에 대한 항쟁이 시작된 13세기 전반에 상감청자는 전성기를 맞이했다. (×)

④ 5문단 : 학 무늬는 세속을 벗어난 고고한 동물의 상징이다. 오히려 세속에서의 집권을 꿈꾸려는 것과는 거리가 멀다. (×)

03 추론 　　　　　　　　　　 답 ③

정답해설

주장을 파악하기보다는, 이스마일파로의 개종이 일어나고, 특유의 약한 세력에도 불구하고 강력한 효과를 보인 테러 전쟁 전략에 대해 흐름에 맞춰 크게 파악하면 되는 지문이다. 소재의 전환과 접속사 등의 사용, 문단의 활용 등이 잘 제시되어 있어 가볍게 읽는 훈련과 구체적으로 읽는 훈련을 함께 하기에 좋은 지문이라고 볼 수 있다.

③ 4문단 : 제국 내부에 근거지를 만들 수가 없어서 부하들을 개별적으로 침투시켜야 했다. (×)

오답해설

① 4문단 : 신자 수가 상대적으로 적은 이스마일파의 하사니 사바는 취약한 세력에도 불구하고, 테러 전쟁을 조직화 함으로써 수십만 대군을 거느린 것과 같은 효과를 냈다. (○)

② 3문단 : 이스마일파 교리에 매료되면 종파의 대의를 지키기 위해 자신의 목숨을 바치기도 했다. (○)

④ 4문단 : 부하들이 어디에나 도사리고 있는 듯한 착각을 만들어 냄으로써 커다란 정치력을 쟁취할 수 있었다. (○)

⑤ 3·4문단 : 테러의 공포가 제국의 지배층을 휩쓸었음에도, 누가 이스마일파인지 구분할 수 없었고, 결국 화해를 하고, 이스마일파가 권력을 휘두르도록 둘 수밖에 없었다. (○)

04 추론 　　　　　　　　　　 답 ①

정답해설

① 3·4문단 : 지라르는 인간 사회의 특성과 사회 갈등 형성 및 해소를 통해 희생제의와 희생양 관계를 설명한다. 그런데 지라르는 종교현상학적 관점의 학자가 아니라 인류학적 관점의 학자이다. (×)

오답해설

② 4문단 : 지라르 논의의 핵심은 다수의 사회 구성원들이 사회 갈등을 희생양에게 전이시켜 사회 갈등을 해소하고 안정을 되찾는 것에 있다는 것이다. (○)

③ 5문단 : 희생제의는 한국 뿐 아니라 세계 곳곳에서 발견된다. (○)

④ 5문단 : 희생제물로 선택되는 이유는 사회 주도주체인 성인 남성들이 직접 해결하려 하지 않고, 사회적 역할 차원에서 자신들과 대척점에 있는 처녀나 어린아이들을 희생양으로 삼기 때문이다. (○)

⑤ 1·2문단 : 제물은 제사를 받는 대상과 인간의 상호 소통을 매개하는 역할을 수행하는 것으로 그려진다. (○)

05 추론 　　　　　　　　　　 답 ⑤

정답해설

⑤ 3문단 : 월성 건너편은 풍광이 매우 아름다워서 주택지로 적합한 것이었다. (×)

오답해설

① 1문단 : 금입택은 하대 이전인 중대에서 이미 존재했다. (○)

② 2문단 : 진골이면 모두가 금입택을 가질 수 있는 것이 아니라, 왕권에 비견되는 권력과 재력을 누린 소수만이 가질 수 있었다. (○)

③ 4문단 : 물과 관계 있는 문자가 이름에 들어간 금입택은 연못이나 우물 등의 시설을 갖추고 있었다. (○)

④ 4문단 : 명남택의 수리시설은 사찰에서도 사용되었다. (○)

06 추론

정답해설

도박사의 오류 A는 지금까지 일어난 사건을 통해 미래에 일어날 특정 사건을 예측하는 것이고, B는 현재에 일어난 특정 사건을 바탕으로 과거를 추측하는 오류이다. 하지만 모든 사건은 독립적이기 때문에 그렇게 판단하는 것이 오류라는 것이다.

ㄴ. 오늘의 사건을 바탕으로 과거 사건을 추론하는 것은 도박사의 오류 B이다. (○)

ㄷ. 당첨 확률을 바탕으로 논하는 것은 도박사의 오류가 아니다. (○)

오답해설

ㄱ. 당첨 확률을 바탕으로 판단하는 것은 도박사의 오류와 무관하다. (×)

07 추론

🖆 ④

정답해설

두 개 소재가 대립하고 있는 지문이다. 하지만, 이를 지문을 보자마자 확인해서 찾아 읽을 수는 없고, 평상시와 같이 지문을 읽어주되, 역접사를 활용한 추론을 해주는 것이 중요하다.

④ 2문단 : CDMA는 단절 전 형성 방식이기 때문에 동시에 통화 채널이 형성되고, FDMA에서는 그렇지 않다. (○)

오답해설

① 2문단 : 기지국이 같은 주파수를 사용하고 있다면 새로운 통화 채널을 형성하고 나서 기존 통화 채널을 단절하면 된다. 이것이 단절 전 형성 방식이다. (×)

② 2문단 : 핸드오버는 통화 신호를 새로운 기지국으로 넘겨주는 것이다. 따라서 미리 단절한 뒤 새로운 기지국에 맞는 주파수를 할당 받는 형성 전 단절 방식이 조금 더 느릴 것으로 추론할 수 있다. 다만, 지문에서 구체적인 핸드오버 속도는 언급되지 않았다. (×)

③ 2문단 : 형성 전 단절방식에서는 단절 이후에 새로운 주파수를 찾기 때문에 핸드오버가 단절 되었다고해서 바로 이뤄지지 않는다. (×)

⑤ 1문단 : 신호의 세기가 특정값 이하로 떨어지면 핸드오버가 명령된다. 기지국 간의 신호의 세기에 따라 달라지는 것에 대하여는 언급하지 않고 있다. (×)

08 논리 – 연역논증

🖆 ②

정답해설

A팀은 500권을 서울 또는 부산 한 곳 이상에 배포하였고, B팀은 500권을 서울 또는 부산 중 한 곳만 선택하여 배포하였다. 그런데, B팀의 책자는 부산에서 발견되었으므로, 부산에만 배포한 것을 알 수 있고, A팀의 책자는 서울에서 발견되어 서울에 500권이 전부 배포되었거나 1권 이상이 서울에 배포되고 나머지가 부산에 배포되었음을 알 수 있다.

ㄷ. A 팀의 책자가 하나라도 부산에서 발견되었다면, 부산에는 B 팀의 책자 500권 전부와 A 팀의 책자 약간이 배포된 것이고, 서울에는 A 팀의 책자 약간(500 – 부산 배포)이 배포된 것이기 때문에 부산에 배포된 책자 수가 더 많다.(○)

오답해설

ㄱ. 부산에 B 팀의 책자 500권이 배포된 것은 맞지만, A 팀의 책자가 배포되지 않았다면 500권이 넘지는 않는다. (×)

ㄴ. 서울에 A 팀의 책자 500권이 모두 배포되었다면, 부산에도 500권이 배포되어, 서울과 부산 두 지역의 배포 책자 수는 같다. (×)

09 논리 – 거짓말

🖆 ③

정답해설

기호화
- 갑 : 법학 → 정치학
- 을 : ~법학 → ~윤리
- 병 : 법학 ∨ 정치학
- 정 : ~윤리 → ~정치
- 무 : 윤리 ∧ ~법학

이 중 을과 무는 서로 모순 관계에 놓여져 있기 때문에, 둘 중 한 사람이 거짓말을 하고, 한 사람이 진실을 말하는 상황으로 구분된다.

- 을이 참이고, 무가 거짓인 경우 : 을이 참이면, 병에 의해 법학 또는 정치학을 수강할 것이고, 법학을 수강하면 갑에 의해, 정치학도 수강한다. 그리고 정에 의해 윤리학도 수강하게 되어, 법학, 윤리학, 정치학 세 과목을 수강하게 된다는 것을 알 수 있다.
- 을이 거짓이고, 무가 참인 경우 : 무가 참이면, 윤리학은 수강하고, 법학은 수강하지 않는다. 그렇다면 병에 의해 정치학을 수강하게 된다. 따라서 윤리학과 정치학만 수강한다.

∴ 어떤 상황이더라도 윤리학과 정치학 두 과목은 수강하게 된다는 것을 알 수 있다.

10 논리 – 연역논증

🖆 ②

정답해설

ⓐ~ⓔ는 다음과 같이 정리할 수 있다.
- ⓐ ~구성요소 결합물 → ~소멸
- ⓑ ~변화 → ~구성요소 결합물
- ⓒ ~일상 → ~변화
- ⓓ 영혼 : ~일상
- ⓔ 영혼 : ~소멸

ㄴ. 수 3 하나의 사례만 가지고 일반화를 시키려고 하는 것이기 때문에, 일반화시킬 수 없다는 반론은 성립가능하다. (○)

오답해설

ㄱ. ⓐ, ⓑ, ⓒ를 모두 받아들이면, ⓒ → ⓑ → ⓐ 순으로 ~일상 → ~소멸이 된다는 것을 확인할 수 있다. (×)

ㄷ. ⓓ → ⓒ → ⓑ → ⓐ → ⓔ 순으로 읽어주면, 영혼이 일상적이지 않기 때문에 소멸하지 않는다는 것이 도출 가능하다. (×)

11 논증-상충   답 ④

정답해설

지문의 주장은 소수 의견을 가진 시민들은 도덕의 권위만을 통해 호소가 가능하고, 정치적 결사가 유일한 다수 제한 수단이 된다는 것이다.

④ 3문단 : 도덕의 권위에 도전하는 것이 아니라, 도덕의 권위에 의존해야 한다. (×)

오답해설

① 3문단 : 의회 다수당은 다수 여론의 지지를 받고, 다수의 횡포가 정당성을 얻는 체제이다. (○)
② 1문단 : 미국의 항구적 지역 자치단위인 카운티조차도 자발적 결사로부터 형성된 단체이다. (○)
③ 3문단 : 정치적 결사는 다수 여론의 지지를 받는 의회 다수당을 압박해 소수를 배제한 입법권 행사를 할 수 있다. (○)
⑤ 3문단 : 소수 의견을 가진 시민들의 정치적 결사는 다수의 횡포를 제어할 수 있는 수단이다. (○)

12 논리-연역논증   답 ⑤

정답해설

⑤ 가영은 개연성이 높은 전제를 바탕으로 참이 아닐 수 있는 결론이 도출될 수 있음을 다루는 것이지 거짓이 도출될 수 있다고 하는 것은 아니다. (×)

오답해설

① 첫 번째 가영, 나정 모두 증거를 바탕으로 갑 또는 을에 대한 책임 여부를 부여하는 것이므로, 증거의 역할을 부정하지 않았다고 볼 수 있다. (○)
② 세 번째 가영의 말은 전제의 개연성이 달라질 수 있음을 언급하고 있다. (○)
③ 나정은 두 번째 대화에서 개연성이 충분히 높다면 수용할 수 있음을 주장한다. (○)
④ 마지막 나정의 말은 제한된 증거로 판단을 미루면 결론을 이끌어낼 수 없음을 언급하고 있다. (○)

13 논증-평가   답 ⑤

정답해설

지문의 주장은 소행성이 지구와 충돌하고, 그 파편들이 대기에서 지구 생태계를 교란했다는 것이다.

⑤ 다른 시기에도 비슷한 크기의 소행성이 지구에 여러 번 충돌했다는 상황은 소행성이 지구와 충돌해도 생태계 교란에 영향이 없었다는 얘기이기 때문에 결론이 부정되는 형태이고, 소행성이 원인이 아님을 잡아주는 선지가 된다. 따라서 약화될 것이다. (×)

오답해설

① 공룡이 신생대 제3기 이후에도 멸종하지 않은 것이기 때문에 약화된다. (○)
② 강화되기 위해서는 소행성을 통해 대멸종이 일어난 사실과 관련된 내용을 다뤄야 한다. 오히려 무관함을 주장해서는 강화될 수 없다. (○)

③ 이리듐 유입의 양이 크게 다르다는 것으로부터 역산해, 소행성의 충돌과 대멸종을 추론하게 된 것이다. 따라서 큰 변화폭을 지니는 것이 당연하면 기존의 주장은 약화된다. (○)
④ 애초에 다른 대상을 바탕으로 잘못 추론한 것이기 때문에 기존의 주장은 약화된다. (○)

14 논증-평가   답 ③

정답해설

로빈후드 각본은 생산성의 감소를 야기할 수 있다는 것과, 기본권의 침해를 야기할 수 있다는 비판을 받고 있다.

ㄱ. 생산성을 감소시킬 수 있다는 것만으로도 첫 번째 비판은 강화된다. (○)
ㄷ. 생산성은 증가했지만 기본권의 침해에 대해서는 딱히 다른 내용이 다뤄지지 않기 때문에 첫 번째 비판은 약화되고, 두 번째 비판은 무관하다. (○)

오답해설

ㄴ. 기본권 침해에도 영향을 미친다는 것만으로 두 번째 비판은 강화된다. (×)

15 논증-비판   답 ④

정답해설

주장은 인가처분이 평균 100년마다 20종이 출현해야 하는데, 지난 100년간 지구상에서 새로운 종을 찾아내지 못했기 때문에 한 종에서 분화를 통해 다른 종이 발생한다는 진화론은 거짓이라는 것이다.

④ 새롭게 출현했을 수 있다는 논의를 제시하지 않는다. 진화론에 대한 언급도 아니다. 소재 자체가 다른 소재이다. 따라서 무관하다. (×)

오답해설

① 평균에 대한 전제를 공격하고 있다. (○)
② 평균이 20종이 아니라고 전제를 공격하고 있다. (○)
③ 신생종을 찾는 시도 자체인 전제에 대한 공격을 하고 있다. (○)
⑤ 100년 내에 몇몇 종이 새롭게 출현한 것이다. 전제를 공격하고 있다. (○)

16 논증-약화   답 ④

정답해설

주장은 인가 처분이 자율성의 범위, 정체성 유지 등 대학 자율성의 본질에 해당하는 부분으로 A가 불이익을 받은 것이 특별히 크다고 보기 어려워 A에 대한 직업선택의 자유를 인정할 수 없다는 것이다.

ㄴ. 자연인(A)의 기본권이 무형의 법인(B)보다 우선적으로 고려되어야 하면, B의 이익보다 침해받은 A의 권리가 더 고려되어야 하기 때문에 주장이 약화된다. (○)
ㄷ. 특별한 기준 없이 양형을 비교할 수 없기 때문에 특별한 기준 없이 양형을 비교한 주장을 약화시킨다. (○)

ㄱ. 청구인(A)의 불이익은 크지 않다. 주장을 강화시키는 것이다. (×)

17 추론 – 빈칸　　　　답 ①

빈칸은 역접사 이후 제시되는 내용이다. 빈칸의 앞의 내용은 아인슈타인이 뉴턴의 중력 개념으로는 설명할 수 없는 현상을 자신의 중력 개념으로부터 추론했다고 하며, 태양의 질량 때문에 시공간의 왜곡인 광자 경로의 휘어짐을 다루고 있다. 이 진술을 통해 아인슈타인과 뉴턴의 중력 개념이 갖는 차이를 추론하면, 최소한 질량과 왜곡성에 대한 관계가 둘 간의 차이임을 알 수 있다. 그런데 뉴턴의 중력 개념 식을 보면, 두 물체 간 질량의 관계가 포함되어 있음을 알 수 있다. 따라서 뉴턴의 중력에 대한 개념은 식에 대한 부분보다는 대상으로서의 광자에 대한 질량 가정이 잘못되어있음을 알 수 있다.

18 논증 – 약화　　　　답 ①

캄페리오−치아니의 가설에 따르면, X 염색체에 위치한 동성애 유전자가 여성에게 있으면 자식을 많이 낳아 유전자를 많이 남긴다. 그렇기 때문에 동성애 남성의 염색체 XY 중 X는 어머니, Y가 아버지로부터 오는 상황에서 어머니의 자매인 이모 역시 동성애 염색체를 가지고 있을 확률이 높다. 그렇다면 이모가 낳은 자식의 수가 아버지의 남매인 고모가 낳은 자식의 수보다 많을 확률이 높고 동성애 남성의 이모 한 명이 낳은 자식의 수가 이성애 남성의 이모 한 명이 낳은 자식의 수 보다 많음을 알 수 있다.

19 추론　　　　답 ④

④ 풀이1에서 얘기한 (딸, 딸), (아들, 딸), (딸, 아들)로 펼쳐질 수 있는 상황이 정보 A를 통해, (A, 딸), (아들, A)로 치환되는 상황으로 달라지게 된다. 따라서 확률이 1/3에서 1/2로 바뀌게 되는 것이다. 그렇기 때문에 풀이1과 풀이2가 올바른 답변이라면, 확률이 바뀔만한 정보인 것이다. (○)

① 확률을 바꿀만한 정보라면, 풀이2는 ④의 해설에 따라 1/2이 옳다고 봐야 한다. (×)
② 확률을 바꿀만한 정보라면, 풀이1과 풀이2는 모두 올바른 정보라고 보아야 한다. (×)
③ 정보 A가 확률을 바꿀만한 정보가 아니라면, 확률이 달라지지 않은 채로 1/3이어야 한다. (×)
⑤ 풀이1이 물음1의 올바른 답변이 아니라면, 풀이1의 (딸, 딸), (아들, 딸), (딸, 아들)로 펼쳐질 수 있는 상황은 큰 의미가 없는 상황이 된다. 따라서 정보 A는 확률을 바꿀 상황 자체가 없게 된다. (×)

20 논리 – 연역논증　　　　답 ⑤

주어진 전제로부터 확인할 수 있는 결론은 다음과 같다.
- 전제 2 : 풀이3은 물음3에 대한 올바른 답변이다.
- 전제 1 : 물음3의 올바른 답변이 1/2이라면, 물음2의 올바른 답변도 1/2이어야 한다.
∴ 전제 2가 참이기 때문에 전제 1의 소전제도 참이고, 결국 전제 1의 소결론도 참이게 된다. 따라서 물음2의 올바른 답변은 1/2라는 것이 도출된다. 그러므로 풀이2가 올바르다는 결론까지 내릴 수 있게 된다.
⑤ 물음2의 답변은 올바르다는 결론이 도출된 상황이다. 그런데 정보 A가 확률을 바꿀 능력이 없다면, 물음1의 답변이 물음2의 답변과 같게 수정되어야 한다. (○)

① 물음1의 답변과 물음2의 답변이 같을 이유가 없다. (×)
② 물음1의 답변과 본 문제는 무관하다. (×)
③ 물음2의 답변은 바꿀 필요가 없다. (×)
④ 물음1의 답변을 수정해야 할 필요는 없다. (×)

21 추론　　　　답 ②

고려에 거란이 침략해온 과정에 대해 다루고 있는 지문이다. 구체적인 정보를 확인하려 하기보다는 문단마다 어떤 소재를 다루고 있는지, 주술관계를 중심으로 체크해 두도록 하자. 지문의 내용을 구체적으로 이해하려고 하면 실전에서 문제의 답을 빠르게 골라내기 쉽지 않다.
② 1 · 3문단 : 거란의 왕 성종은 현종 1년 11월 16일에 압록강을 건너 침공하기 시작해, 이듬해 정월(1월 15일)에 개경을 함락시켰다. (○)

① 2문단 : 하공진은 창화현에서 거란왕을 만난 것이 아니라 거란군의 선봉을 만났다. (×)
③ 2 · 4문단 : 하공진은 거란에 끌려가 고려로의 탈출을 위해 노력했지만, 이 과정에서 고영기와의 협력 장면은 다뤄지지 않고 있다. 고영기는 하공진과 함께 거란군에 파견된 사신이지만 이후 따로 언급되지는 않는다. (×)
④ 1 · 2문단 : 통주성 근처에서 고려 주력군은 거란군에게 패배하지만, 남쪽으로 피난한 것은 현종이다. (×)
⑤ 4문단 : 하공진은 거란왕을 모욕했지만, 고문을 당했는지는 다뤄지지 않고 처형을 당했을 뿐이다. (×)

정답해설

김치의 정착과정에 대해서 설명하고 있다. 구체적인 내용의 파악보다는 흐름의 전개, 문단별 소재 정도에만 초점을 맞춰 가볍게 읽을 수 있도록 한다.

① 3문단 : 17세기 말부터 김치에 고춧가루를 사용하기 시작했다. (○)

오답해설

② 4문단 : 고추는 소금이나 젓갈과 어우러져 효소를 만들지만, 그 효소가 우리 몸에 열이 나게 하는 것은 아니다. (×)

③ 2 · 3문단 : 배추는 중국, 고추는 멕시코에서 들어온 것이지만, 농산물 교역 덕분인지는 알 수 없다. (×)

④ 3문단 : 조선 전기까지 후추, 천초 등이 주요 향신료인 것은 맞지만, 김치에 사용되었는지는 알 수 없다. (×)

⑤ 2문단 : 젓갈과 고추가 쓰이기 전의 김치가 서양의 피클이나 일본의 쯔께모노와 비슷했던 것은 맞지만, 제조과정까지 같았는지는 알 수 없다. (×)

23 추 론 　정답 ②

정답해설

판소리의 발생과 발전과정에 대한 설명을 다루고 있다. 중간중간 간단한 인과적 전개가 나타나고 있기 때문에 소재뿐만 아니라 원인이 무엇인지 체크해 두는 것이 지문을 조금 더 쉽게 다룰 수 있게 해준다.

② 2문단 : 굿을 해주고 받는 굿값은 여자 무당 중심이었고, 남자 무당이 받는 몫은 훨씬 적었다. 예외적으로 남자들이 노래를 잘하면 돈을 받는 몫이 늘어날 수 있었다. (○)

오답해설

① 1문단 : 사회적 열망을 담고 있던 판소리들은 전국으로 확산되었다. (×)

③ 2문단 : 마을굿의 형식을 표준화하는 과정이 아니라 세습 무당 집안의 남자들이 돈을 잘 벌기 위해 노래공부를 열심히 하는 과정에서 명창들이 배출되었다. (×)

④ 4문단 : 조선 후기 상업 발달로 예능이 상품으로 인정받고, 춤과 소리 등의 예술과 곡예가 구경거리가 되었다. 이 과정에서 노래를 하는 남자 무당들은 돈을 벌게 되었다. 여자 무당의 쇠퇴는 상업이 발달하기 이전의 사회 변화로서 유교이념에 바탕을 둔 무속 탄압과 합리적 사고로 인해 사회적 신임을 잃은데서 시작되었다고 볼 수 있다. (×)

⑤ 3문단 : 판소리의 발생은 무속의 상업화를 촉진하는 데 기여한 바 없다. (×)

24 추 론 　정답 ④

정답해설

④ 3문단 : 뇌과학자 A는 커넥톰이 보존되지 않아 두뇌가 이미 죽은 상태로 수령된다고 지적한다. (○)

오답해설

① 2문단 : 냉동보존술이 제도권 내에 안착하지 못한 것에 대해 비용 때문이라고 지적하는 내용은 없다. 오히려 냉동보존술의 기술적 한계때문으로 보는 것이 적절하다. (×)

② 3문단 : 냉동보존술은 커넥톰의 보존에 대해 고려하지 않았기 때문에 효과적이지 않다고 지적받는다. (×)

③ 2문단 : 저속 냉동보존술은 치명적이지는 않지만 세포들을 손상시킨다. (×)

⑤ 3문단 : 뇌과학자 A는 머리 이외의 신체 보존 방식에 대해서는 구분하여 설명하고 있지 않다. (×)

25 추 론 　정답 ③

정답해설

지문은 예술과 도덕의 관계를 세 가지 입장(극단적 도덕주의, 온건한 도덕주의, 자율성주의)으로 구분하여 다루고 있다. 각기 입장에 대한 구분 기준을 잡아주는 것이 중요하다.

ㄱ. 4문단 : 자율성주의는 어떤 예술작품도 도덕적 가치판단을 하지 못한다는 입장으로, 도덕적 판단이 가능하다고 주장하는 극단적 도덕주의와 온건한 도덕주의를 비판할 것이다. (○)

ㄷ. 2 · 3문단 : 온건한 도덕주의는 몇몇 예술작품만이 도덕적 가치판단이 가능하다고 하는데, 이들이 말하는 몇몇 예술작품은 당연히 극단적 도덕주의가 다루는 모든 예술작품에 포함된다. 따라서 이들은 모두 극단적 도덕주의에서도 도덕적 판단의 대상이 된다. (○)

오답해설

ㄴ. 2 · 4문단 : 극단적 도덕주의는 모든 예술작품의 도덕적 가치판단이 가능하다는 것이다. 하지만, 모든 도덕적 가치판단의 범주를 예술작품을 통해 구현한다는 것은 아니다. (×)

26 추 론 　정답 ①

정답해설

쿤의 과학혁명 과정을 이해하기 위한 세 가지 질문과 그 대답으로 구성된 논설문이다. 모든 내용을 구체화시키기보다는 세 가지 질문과 그 대답만으로 과학혁명에 대한 메커니즘을 잡아줄 수 있으면 된다.

① 3문단 : 과학자들은 새 이론이 해결하는 문제의 수와 범위가 기존 이론보다 크면 새 이론을 선택하는데, 그 때 고려되는 기준은 심미적 특성이나 막연한 기대가 아님을 밝히고 있다. (×)

오답해설

② 1 · 2 · 3문단 : 과학혁명의 출발점에서는 기존 이론이 설명하지 못하는 이상현상을 새 이론이 설명한다. 그리고 과학혁명의 중간단계에서는 심미적 특성과 같은 주관적 판단에 의존해 개별 과학자들이 새로 제안된 이론을 선택하기도 한다. 하지만 완성 단계에서는 심미적 특성이 아닌 새 이론의 문제 해결 범위와 수가 선택의 기준이 된다. (○)

③ 1문단 : 기존 이론은 지금까지 상당한 문제 해결 능력을 증명해왔기 때문에 이상현상 때문에 위기에 봉착했다고 하더라도 기존 이론을 바로 폐기하지는 않는다. (○)

④ 1문단 : 과학현상의 출발점에서는 기존 이론이 설명하지 못하는 이상현상을 새 이론이 설명해야 한다. (○)

⑤ 3문단 : 과학자 공동체는 보다 해결하는 문제의 수와 범위가 큰 이론을 선택하게 된다. (○)

27 추론   탑 ②

정답해설

② 3문단 : 어떤 주어진 온도에서 공동 구멍으로부터 방출되는 공동 복사의 복사에너지 방출량이 커지다가 다시 줄어드는 경향이 나타난다. 온도가 올라감에 따라 발생하는 현상이 아니다. (×)

오답해설

① 1문단 : 흑체가 가열되면 방출하는 전자기파의 특성이 변해 온도에 따라 다양한 색을 띨 수 있다. (○)

③ 2문단 : 공동이 충분히 가열되면 공동 구멍으로부터 가시영역의 전자기파도 방출된다. 따라서 다양한 파장의 전자기파가 방출된다고 할 수 있다. (○)

④ 2 · 3문단 : 흑체를 실험하기 위해 물리학자들은 공동에 작은 구멍을 뚫었다. 이를 통해 특정 온도에서 공동 구멍으로부터 전자기파의 파장이 커짐에 따라 복사에너지 방출량이 달라짐을 알 수 있다. (○)

⑤ 2문단 : 공동이 상온일 경우 공동 구멍은 검게 보이지만, 그 내벽에서 전자기파의 방출 · 반사 · 흡수는 끊임없이 일어나고 있다. (○)

28 논리 - 연역논증   탑 ②

정답해설

기호화

- A정책 효과적 → 부동산 수요 조절 ∨ 공급 조절
- 부동산 가격 조절 → A정책 효과적
- 부동산 가격 조절 ∧ ~물가 상승 → 서민들의 삶 개선
- 부동산 가격 조절
- 물가 상승 → ~부동산 수요 조절 ∧ ~서민들의 삶 개선
- 물가 상승

주어진 참인 전제로는 '부동산 가격 조절'과 '물가 상승'이 있다. 따라서 이 둘을 전제로 하는 조건 명제의 결론은 반드시 참이다. 그렇기 때문에 다음과 같은 전개가 가능하다.

- 물가 상승 → ~부동산 수요 조절 ∧ ~서민 개선
- 부동산 가격 조절 → A정책 효과적 → ~ 부동산 수요 조절 → 부동산 공급 조절
② 부동산 공급이 조절된다. (○)

오답해설

① 서민의 삶은 개선되지 않는다. (×)
③ A정책이 효과적이더라도 물가가 상승하지는 않는다. (×)
④ A정책이 효과적이지만 부동산 수요는 조절되지 않는다. (×)
⑤ A정책은 효과적이고, 부동산 가격은 적정 수준에서 조절된다. (×)

29 논리 - 연역논증   탑 ③

정답해설

기호화

- A ∨ B → C ∧ D
- B ∨ C → E
- ~D
- E ∧ F → B ∨ D
- ~G → F

이 때, ~D는 주어진 참인 값이므로, 이를 활용해 반드시 참인 결론들을 도출해 낸다. 첫 번째 명제를 대우 취하면, ~C ∨ ~D → ~A ∧ ~B이므로, ~A, ~B임을 알 수 있다. 이를 활용해 네 번째 명제를 대우 취하면, ~B ∧ ~D → ~E ∨ ~F이므로, E, F 중 적어도 하나는 반대임을 알 수 있다. 따라서 A, B, D, (E, F 중 하나 이상) 반대이므로, 4명이다.

30 논리 - 연역논증   탑 ③

정답해설

갑수~정희까지 주어진 조건을 정리하는 것이 중요하다.
- 갑수 > 정희
- 정희, 철희 ≥ 을수
- 병수 ≥ 갑수
- 철희 ± 1 = 병수

갑수보다 반드시 나이가 적은 사람은 정희와 을수이다.

을수는 정희와 같은지 정희보다 많아서 갑수와 나이가 같은지 혹은 많은지 알 수 없다. 철희 역시 병수보다 나이가 어려서 갑수와 나이가 같은지 혹은 적은지 등을 알 수 없다. 갑수보다 나이가 반드시 적은 사람은 정희와 정희와 나이가 같거나 적은 을수만 확인이 가능하다.

31 논증 - 상충   탑 ②

정답해설

지문은 원시인을 문명인과 명확히 구분하는 것이 규범, 과학기술 등의 기준으로는 쉽지 않다고 본다. 예외적으로 종교적인 측면에서만 불합리적 측면이 제시되고 있다.

② 3문단 : 원시사회의 종교는 비논리적이지는 않았지만 매우 불합리했을 뿐이다. (○)

① 2문단 : 원시사회의 규범 역시 고도로 발달되어 있었고, 현대의 법 체계와 마찬가지로 효과적인 강제력을 지니고 있었다. (×)

③ 2문단 : 원시문화는 규범, 과학기술 등의 측면에서 봤을 때 가장 초보적 단계라고 볼 수는 없다. (×)

④ 2문단 : 현대인이라고 해서 원시인보다 더 좋은 도구를 만들어내기 어렵다. (×)

⑤ 1문단 : 원주민들은 15세기~20세기까지 발견되었으며, 이들의 문화적 발달단계를 시기별로 구분하지는 않았다. (×)

32 논증-분석   답 ④

• 갑 : 처벌은 사회 전체의 이득을 생각해 범죄자를 교화해야 한다.

• 을 : 처벌 제도는 사회 공리가 아닌, 악행을 한 사람에 대한 처벌을 위해서만 이뤄져야 한다.

• 병 : 범죄자에 대한 처벌의 교화 효과는 불분명하다.

④ 병은 처벌의 교화 효과에 대한 의문을 제시하며, 갑의 주장이 타당하지 않을 수 있음을 제시한다. (○)

① 갑은 사회 공익을 위한 교화를, 을은 악행만을 고려해야 한다고 한다. 서로 대립하고 있다. (×)

② 을은 현대 사회의 구성원간 이해관계가 더욱 심해졌는지 따로 언급하지 않는다. (×)

③ 갑은 사람의 타고난 존엄성에 대해서 언급하지 않는다. (×)

⑤ 병은 처벌의 정당성에 대해서 다루고 있지 않다. (×)

33 논증-강화   답 ①

지문의 주장은 인간은 병에 걸린 현상이나 외지인이라 판단되는 단서가 보이면 그런 사람을 배척함으로써 스스로를 보호하고자 한다는 것이다.

ㄱ. 토착 전염병의 지리적 분포를 통해 외지인에 대한 격리 경계를 확인할 수 있다. (○)

ㄴ. 질병의 감염 위험이 미미하면 외부로부터 질병 또는 외지인이 침입하기 수월하기 때문에 배타적 집단주의 성향이 강하다고 볼 수 없다. (×)

ㄷ. 전염병의 감염을 바탕으로 한 위험 평가가 집단적으로 동일하게 나타나는 것이 지문의 방향과 일치한다. (×)

34 논증-지지   답 ⑤

먼저 다이어네틱스가 무엇을 가리키는지 확인해야 한다. 해당 내용은 1문단 아래에서 제시되는 내용을 통해 확인할 수 있다. 다이어네틱스는 정신 중에서도 반응정신에 대한 것으로, 분석정신이 가동되지 않는 동안 감각적인 일들을 반응정신이 기록한 엔그램이라는 기록 내용을 대상으로 한다. 이러한 엔그램이 부정적인 역할(트라우마와 같은)을 하는 경우에는 심리 치료 등을 통해 엔그램을 제거하여 정신 질환을 치료하게 된다. 이러한 과정이 다이어네틱스이다. 그리고 ⊙은 이러한 다이어네틱스 치료방법을 신뢰할 수 없다는 것이다.

⑤ 2 · 3문단 : 반응정신의 작동 결과를 기록한, 즉 엔그램이 없다면 다이어네틱스 치료는 불가능하다. (○)

① 4문단 : 엔그램이 삭제되는 것을 전제로 하여 다이어네틱스 치료가 이뤄진다. (×)

② 3문단 : 출생 전 태아 상태에서부터 작동한 반응정신 덕분에 인간은 태어날 때부터 엔그램을 갖게 되고, 이것으로 인해 많은 정신 질환을 겪게 된다. (×)

③ 2 · 3문단 : 엔그램은 분석정신이 작동하지 않을 때의 내용을 기록한 것으로, 의식하지 못한 상태의 기록이 많다. (×)

④ 5문단 : 수많은 다이어네틱스 치료가 이뤄졌다고 하지만, 실제로 환자들이 치료되었는지를 확인할 수는 없다. 하지만 이것만으로 다이어네틱스 치료를 신뢰할 수 없다고 말할 수는 없다. (×)

35 논증-약화   답 ①

지문의 주장은 기후 변화가 인간에 의한 것이 아니고 태양활동에 의한 것이라고 한다. 논지를 약화시키지 않는 지문이기 때문에 이와 같은 내용을 다루거나 아예 무관한 내용을 다루면 된다.

① 인간의 영향이 아닐 때에도 빙하지대에 기후 변화가 발생했음을 보여준다. (○)

② · ③ 태양의 영향이 아님을 보여주고 있기 때문에 지문의 논지를 약화시킨다. (×)

④ · ⑤ 인간의 영향임을 보여주고 있기 때문에 지문의 논지를 약화시킨다. (×)

36 논증-평가 　　　　　　　 답 ②

- A : 위험요소는 객관적이고 중립적인 것이다. 이 관점은 객관적이지 않은 위험을 민감하게 받아들이는 개인이나 사회를 설명하지 못한다.
- B : 객관적 요소+주관적 인지와 평가를 통해 위험을 인식한다. 이 관점은 동일한 위험에 대해 다른 가치관을 가진 집단이 다른 태도를 보이는 것을 설명하지 못한다.
- C : 개인의 심리 이외에도 집단의 문화적 배경에 따라 위험을 인식한다.
- ㄴ. B와 C는 사람들이 주관적 가치에 따라 동일한 위험에 대해서도 서로 다른 태도를 보이는 것을 설명할 수 있다. (○)

ㄱ. B는 객관적인 요소 뿐만 아니라 주관적인 요소 역시 강조한다. (×)

ㄷ. 관점 A는 집단이 취하게 될 태도를 사고 확률에 대한 객관적 정보에 의해 결정한다는 것인데, 민주화 수준이 더 높은 사회라는 것만으로 사회 구성원들이 어떤 태도를 보이는 가에 대해 설명할 수 없다. (×)

37 논증-평가 　　　　　　　 답 ②

- A : 어떤 물질도 존재하지 않지만 나 자신은 영혼 상태로 존재하는 세계를 상상할 수 있다.

  나는 존재하지만 어떤 물질도 존재하지 않는 세계는 가능하다.

  나는 존재하지만 어떤 물질도 존재하지 않는 세계가 가능하다면 나의 본질은 물질이 아니다.

  나는 본질적으로 물질이 아니다.

  따라서 나는 영혼이다.

  그러므로 뇌과학은 인간의 본질을 설명할 수 없다.

- B : 수학 명제가 참이라면 그 명제가 거짓일 수는 없다.

  참이면서 동시에 거짓인 세계를 상상할 수는 있다.

  하지만 아직 증명되지 않은 명제가 참이라면 그것이 동시에 거짓일 수는 없다.

- 두 견해를 구분하면 위와 같이 정리된다. 그런데 B가 하고자 하는 얘기는 상상할 수 있기는 하지만, 그것이 실제로 가능하기는 어렵다는 것이다. 특히 A의 잘못된 전제를 지적하기 위해 전개되는 견해인만큼 하고자 하는 얘기, 강조하는 얘기가 무엇인지를 확인해주는 것이 좋다.

38 논증-양립 　　　　　　　 답 ③

- 지문의 내용을 정리하면 다음과 같다.
  - 무성화된 쥐의 뇌 : 에스트로겐 → 쥐의 뇌(여성화)
  - 무성화된 쥐의 뇌 : 테스토스테론 → 쥐의 뇌(남성화)
  - 무성화된 쥐의 뇌 : 노출X → 쥐의 뇌(무성화)
  - 암컷 쥐 : 에스트로겐(난소 생성) → 행동 A
  - 수컷 쥐 : 테스토스테론(정소 생성) → 행동 B

- 실험 결과
  - 암컷 쥐 ∧ ~난소 → 에스트로겐 → 행동 A
    암컷 쥐 ∧ ~난소 → 테스토스테론 → ~행동 B
  - ~정소 ∧ ~난소 → 에스트로겐 → 행동 A
    ~정소 ∧ ~난소 → 테스토스테론 → ~행동 B
  - ~정소 ∧ 테스토스테론 : 성체 후 → 에스트로겐 → ~행동 A
    ~정소 ∧ 테스토스테론 : 성체 후 → 테스토스테론 → 행동 B

ㄱ. 두 번째 실험에서 확인할 수 있다. 성 정체성을 가질 수 없도록 한 쥐에게 에스트로겐을 투여하면 행동 A를 확인할 수 있지만, 테스토스테론은 투여하더라도 행동 B를 관찰할 수는 없다. (○)

ㄴ. 세 번째 실험에서 확인할 수 있다. 출생 직후 테스토스테론을 투여해 뇌가 남성화 된 쥐에게 테스토스테론을 투여하면 행동 B가 유발된다. (○)

ㄷ. 첫 번째 실험에서 확인할 수 있다. 뇌가 여성화 된 쥐에게 난소를 제거하더라도 에스트로겐을 투여하면 행동 A가 유발된다. (×)

39 추론 　　　　　　　 답 ⑤

⑤ 5문단 : 같은 관찰 사례와 같은 추론 방식이더라도 서로 다른 예측은 가능하다. (○)

① 5문단 : 고안된 낱말이더라도 참이라면 미래에 투사할 수 있다. (×)

② 1문단 : 과거 사례에 부여한 규칙성을 미래에 투사하여 예측이 들어맞으면 미래에 투사할 수 있는 규칙성이 된다. (×)

③ 5문단 : 두 용어를 통한 예측 가운데 하나만 참이면, 하나는 미래에 투사 가능한 규칙성이고, 다른 하나는 미래에 투사할 수 없는 규칙성이기 때문에 규칙성 여부가 구분된다. (×)

④ 4・5문단 : 귀납추론을 사용해 예측까지 진행했을 뿐이고, 뒤는 연역추론을 통해 규칙성의 미래 투사여부가 식별된다. (×)

40 논리-연역논증 　　　　　　　 답 ③

> **초랑과 파록의 정의**
>
> - 초랑 : 관찰되었고 초록이거나 관찰되지 않았고 파랑일 경우
> - 파록 : 관찰되었고 파랑이거나 관찰되지 않았고 초록일 경우
> ∴ 관찰된 초록은 초랑, 관찰되지 않은 초록은 파록임을 알 수 있다.

앨리스는 관찰된 에메랄드가 초록인 경우와 관찰되지 않은 에메랄드가 초록인 경우를 초랑과 파록을 사용해 표현하고자 한다. 따라서 앨리스는 관찰된 에메랄드를 초랑, 관찰되지 않은 에메랄드를 파록이라고 지칭해야 한다.

01 자료해석(3개)　　답 ⑤

정답해설

⑤ 〈표 3〉에서 2011년의 장기 금연계획률은 36.1%(56.3%−20.2%)이고, 2008년의 단기 금연계획률은 17.7%(56.9%−39.2%)이다. 따라서 2배 이상이다. (○)

오답해설

① 〈표 1〉에서 2012년은 7.9%×6=47.4%이므로, 매년은 아니다. (×)

② 〈표 2〉에서 2012년은 최상의 소득수준일 때의 남성 흡연율이 40.8%, 상의 소득수준일 때의 남성 흡연율이 38.6%이므로 소득수준이 높아도 남성 흡연율이 낮은 것은 아니다. (×)

③ 소득수준에 따른 여성 흡연율이 제시되어 있지 않기 때문에 확인할 수 없다. (×)

④ 〈표 3〉에서 2009년의 금연계획률은 57.4%, 2010년의 금연계획률은 53.5%이므로, 2008년에 비해 2009년의 금연계획률이 감소하지 않았음을 알 수 있다. (×)

02 자료해석(2개)　　답 ④

정답해설

ㄱ. 2008년 세계시장 수출점유율 상위 10개 산업 중 섬유, 통신기기, IT제품은 2013년에 수출점유율이 감소하였다. (○)

ㄷ. A국 수출액보다 A국 수입액이 크다는 것은 무역특화지수가 (−)값을 갖는다는 것이다. 〈그림 1〉에서 2008년에 무역특화지수가 (−)의 값을 갖는 산업은 반도체, IT부품, 기타 전자부품산업이고, 〈그림 2〉에서 2013년에 무역특화지수가 (−)의 값을 갖는 산업은 반도체, 철강, 기타 전자부품, 석유화학이다. (○)

ㄹ. 2008년 세계시장 수출점유율 상위 5개 산업은 IT부품, 반도체, 통신기기, 디스플레이, 조선인데, 이 중 2013년에 무역특화지수가 증가한 산업은 IT부품과 디스플레이산업이다. (○)

오답해설

ㄴ. 〈그림 1〉에서 2008년 반도체, IT부품 산업이 세계시장 수출점유율 10% 이상, 무역특화지수 0.3 이하임을 알 수 있고, 〈그림 2〉에서 2013년 반도체, 철강, 기타 전자부품이 세계시장 수출점유율 10% 이상, 무역특화지수 0.3 이하임을 알 수 있다. (×)

03 보고서−매칭　　답 ④

정답해설

〈보고서〉의 두 번째 문단부터 여섯 번째 문단까지 ①~⑤번이 순서대로 다뤄져있다. ④번의 경우 '무직'을 제외한 학대행위자 359(=1,374−1,015)명 중 공무원, 전문직, 사무종사자 44(=5+30+9)명은 10% 이상을 차지한다.

04 자료해석(1개)　　답 ②

정답해설

ㄱ. 〈그림 1〉에서 장년층 고용률(□)은 2005년 이후 매년 전체 고용률(△)보다 높고, 2009년 이후 장년층 고용률은 66.2% 이후 감소하지 않고 매년 증가한다. (○)

ㄷ. 〈그림 2〉에서 재취업자 중 임금근로자의 고용 형태의 비중은 임시직(29.2%)>상용직(27.6%)>일용직(16.5%) 순이다. (○)

ㄹ. 〈그림 3〉에서 2013년 재취업 전 직종 구성비에서 단순노무직이 차지하는 비중은 15.5%으로 가장 낮고, 재취업 후 단순노무직이 차지하는 비중은 36.9%로 가장 높다. (○)

오답해설

ㄴ. 〈그림 1〉에서 전체 고용률과 장년층 고용률의 차이는 2013년이 4.9%p로 가장 크고, 2014년의 4.5%p가 두 번째로 크다. (×)

ㅁ. 〈그림 4〉에서 2009년의 자영업자 중 50대 비중은 50%에 못 미친다. (×)

05 자료해석(1개)　　답 ⑤

정답해설

⑤ 2014년 '있음'으로 응답한 비율의 전년대비 감소율은 주민등록번호 도용이 약 41%로 가장 크다. 개인정보 미파기는 31%로 두 번째로 크다. (○)

오답해설

① 2013년 침해유형의 '있음' 비중의 순위는 개인정보 무단수집>개인정보 유출>제3자에게 제공>과도한 개인정보 수집 순이고, 2014년은 개인정보 유출>개인정보 무단수집 순이다. (×)

② 2014년 개인정보 무단수집을 '있음'으로 응답한 비율은 44.4%이고, 개인정보 미파기를 '있음'으로 응답한 비율은 22.7%이기 때문에 2배 이상이 안 된다. (×)

③ 2014년 '있음'으로 응답한 비율의 전년대비 감소폭은 과도한 개인정보 수집이 13.3%p(= 44.6%−31.3%)이고, 개인정보 무단수집은 15.3%p(=59.7%−44.4%)이다. 따라서 개인정보 무단수집 유형이 가장 크다. (×)

④ 2013년에 비해 2014년에 '모름'으로 응답한 비율은 개인정보 유출 유형에서 29.0%에서 27.7%로 감소하였다. (×)

06 보고서−매칭　　답 ③

정답해설

〈보고서〉의 두 번째 문단부터 여섯 번째 문단까지 ①~⑤에서 설명되고 있다. ③의 경우에는 단말기 브랜드와 이동통신사를 모두 고려한다는 응답 비율을 확인할 수 없다. 복수응답이 가능하기 때문에 다른 요소들을 고려하지 않았을 때, 단말기 브랜드와 이동통신사를 모두 고려하는 비율은 25.2%가 될 수도 있지만, 0%일 수도 있다. 또한 ④번의 경우, 영화 콘텐츠를 '이동 중'에만 이용하는 사람의 비율은 두 가지로 구분해 최솟값과 최댓값을 따질 수 있다. 먼저, 그룹을 '이동 중' 이용과 나머지로 구분해 '이동 중' 이용과 다른 이용 상황은 겹치지 않는다고 보는 경우이다. 이렇게 되면, '이동 중'에만 이용하는 사람이 51.5%이고 나머지 48.5%를 약속 대기 중, 집에서, 회사 및 학교에서, 기타로 구성하는 '이동 중'에만 이용이 최댓값인 경우가 된다. 또한, 반대로 나머지 이용 상황은 겹치지 않고, '이동 중'만 겹친다고 보는 경우이다. 이렇게 되면, '이동 중'을 제외한 나머지가 79.2%(=34.3+30.0+11.1+3.8)이고, 100%에서의 차이값인 '이동 중'만 남는 것은 20.8%가 된다. 따라서 최소 20.8%, 최대 51.5%임을 알 수 있다.

07 자료해석(2개)　　　답 ②

정답해설

ㄱ. 〈표 2〉에서 전체 수입액이 가장 큰 해는 1907년이라는 것을 확인할 수 있다. 1907년의 러시아 상대 수출액은 전년대비 20% 이상 (136/651≒20.9%) 증가했다. (○)

ㄷ. 〈표 2〉에서 1898~1910년 동안 청으로부터의 수입액이 전년보다 큰 해는 1989년, 1901년, 1903년, 1905년, 1907년이고 이 때에는 모두 전체 수입액도 전년보다 증가했다. (○)

오답해설

ㄴ. 〈표 1〉에서 1905년 기타가 전체 수입액에서 차지하는 비중은 72/7,917≒0.9%이고, 1906년 기타가 전체 수입액에서 차지하는 비중은 60/8,903≒0.7%이다. 매년 높아지진 않는다. (×)

ㄹ. 〈표 2〉에서 1908년 일본이 차지하는 전체 수입액 대비 비중은 23,982/41,025≒58.5%로 60%가 되지 못한다. (×)

08 자료해석(1개)　　　답 ④

정답해설

ㄱ. 일본, 대만 및 기타 국적의 임직원 수의 합은 2013년 3,045명, 2014년 4,053명, 2015년 4,934명이고, 중국 국적의 임직원 수의 합은 2013년 2,636명, 2014년 3,748명, 2015년 4,853명으로 매년 일본, 대만 및 기타 국적의 임직원 수의 합이 더 많다. (○)

ㄷ. 중국은 2014년에 1,112명, 2015년에 1,105명 증가하며 다른 국적의 임직원 수보다 많은 증가폭을 보인다. (○)

ㄹ. 2014년에 국적이 한국인 임직원은 10,197명, 고용형태가 정규직인 임직원은 16,007명이다. 그렇다는 것은 국적이 한국이면서 정규직인 임직원은 10,197명+16,007명-17,998명=8,206명이라는 것이다. 그리고 직급이 사원인 임직원은 14,800명이다. 즉, 국적이 한국이면서 정규직이고, 직급이 사원인 임직원은 8,206+14,800-17,998=5,008명임을 의미한다. 따라서 5,000명 이상이다. (○)

오답해설

ㄴ. 2014년의 20대 이하 임직원 수는 8,933명으로 그 2배인 17,998명에는 미치지 못한다. 따라서 매년 50% 이상인 것은 아니다. (×)

09 자료해석(1개)　　　답 ⑤

정답해설

⑤ 중국으로부터의 식품 수입건수는 104,487건이지만 전체에서의 비중은 32.06이다. 이것의 수입건수 상위 10개 수입상대국으로부터의 비중은 상위 10개국을 일일이 더해도 되지만, 전체에서 기타국가의 점유율을 빼고 확인해도 된다. 분모가 될 수입건수 상위 10개 수입상대국으로부터의 수입건수 합의 비중은 100%-21.33%=78.67%이다. 따라서 32.06/78.67≒41%이다. (○)

오답해설

① 기타국가의 점유율이 33.53%인데, 금액은 5.40조원이다. 주어진 금액 5.40조 원×3=16.20조 원인데, 비중으로는 100%를 넘게 된다. 따라서 총 수입액은 17조 원에 못 미친다. (×)

② 전체 식품 수입액에서 상위 10개 수입상대국의 식품 수입액이 차지하는 비중은 전체에서 기타 국가를 제외한 값이다. 따라서 이들의 비중은 100%-33.53%=66.47%이다. (×)

③ 수입액 상위 10개 수입상대국과 수입건수 상위 10개 수입상대국 모두에 속하는 국가는 중국, 미국, 일본, 태국, 베트남, 영국, 필리핀 7개국이다. (×)

④ 중국의 식품 수입건수당 식품 수입액은 3.39/104,487≒0.3%, 미국의 경우에는 3.14/55,980≒0.5%로 미국이 더 크다. (×)

10 자료해석(2개)　　　답 ②

정답해설

ㄱ. 농산물 2014년 생산단계에서의 부적합건수비율은 1,209/91,211≒1.3%, 수산물은 235/12,922≒1.8%이다. (○)

ㄷ. 2013년 생산단계 안전성 조사건수는 농산물의 경우 91,211×99%≒90,298이고, 축산물의 경우 418,647×105%≒439,5790이다. 현재 조사건수가 축산물이 농산물의 5배 미만이기 때문에 부적합건수비율이 10배라면 농산물이 축산물의 2배 이상이어야 한다. (○)

오답해설

ㄴ. 농산물 2011년의 조사건수는 91,211×0.84≒76,617건이고, 2012년의 조사건수는 91,211×0.87≒79,353건이다. 즉, 증가량은 약 2,740건이다. %p를 활용한 방식으로 수산물을 판단하면, 2011년 대비 2012년의 증가량은 12,922×(91%-84%)≒904건이다. 따라서 농산물이 더 많다. (×)

ㄹ. 축산물의 경우 2013년의 조사실적건수는 1050이고, 2014년이 기준값인 1000이다. 즉, 2013년에 비해 조사건수가 감소했음을 알 수 있다. (×)

11 조건의 적용　　　답 ④

정답해설

〈조건〉에 따라 가장 낮은 지역 A와 D중 D는 단서에 걸려 제거된다. 가장 높은 지역을 C와 E의 식 비교를 통해 확인할 수 있다.

- C : 0.6×8+0.4×10=8.8
- E : (0.6×10+0.4×5)×0.8=6.4

∴ C가 더 크다.

12 자료해석(2개)　　　　　　　　답 ②

ㄴ. 〈표 1〉의 보건 분야 GDP 공공복지예산 비율을 〈표 2〉의 GDP대비 공공복지 예산비율로 나눠주면 된다. 2010년은 3.74/8.32≒45%, 2011년은 44.7%, 2012년은 41.5%이다. 매년 감소한다. (○)

ㄷ. 예산을 구성하는 항목 중 GDP와 공공복지 예산은 매년 서로 공유되므로, 〈표 1〉의 분야별 GDP 대비 공공복지 예산 비율만으로 예산의 크기 비교가 가능하다. 2009년의 경우 노령분야는 1.79%, 가족분야는 0.68%로 노령분야가 2배 이상이고, 매년 그렇다. (○)

ㄱ. 〈표 1〉에서 2011년 공공복지 예산은 111,090십억 원이고, GDP대비 실업분야의 공공복지 예산비율은 0.27%이다. 〈표 2〉에서 한국의 2011년 GDP대비 공공복지 예산비율은 8.34%이므로, 111조 원 ×0.27/8.34>4조 원인지 확인하면 된다. 111조 원×0.27/8.34≒3.59조 원이다. (×)

ㄹ. 〈표 2〉에서 매년 GDP대비 공공복지예산비율이 가장 높은 국가는 프랑스이고, 가장 낮은 국가는 한국이다. 두 국가 간의 비율 차이값이 매년 증가하는지 확인하면 된다. 2009년의 경우 23.43%p, 2010년의 경우 24.08%p, 2011년의 경우 23.66%p, 2012년의 경우 23.44%p로 매년 증가하지는 않는다. (×)

13 조건의 적용/짝짓기　　　　　　　답 ③

• 첫 번째 〈정보〉는 〈표〉의 출고가 대비 공시지원금이 20% 이하인 것을 가리킨다. C와 D가 병과 정에 해당된다는 것을 알 수 있다.
　→ ④, ⑤를 제외할 수 있다.

• 두 번째 〈정보〉에 따라 A가 공시지원금을 선택했을 때의 월 납부액은 77,125원이고, 요금할인을 선택했을 때의 월 납부액은 76,550원이다. 따라서 A는 갑이 아니다. 남은 선지는 ②, ③번이다.

• 세 번째 〈정보〉에 따라 C와 D 중 공시지원금을 선택한 경우 기기값이 작은 기종을 찾으면 된다. C의 경우 공시지원금을 선택한 경우의 월 기기값은 76,625원이고, D의 경우 83,541원이다. 따라서 C가 더 작고, C가 정임을 알 수 있다.

14 조건의 적용/빈칸 채우기　　　　　답 ③

• 〈조건〉의 정리
　– A=1.5×E
　– D=A+B
　– D=3×B+C
　– E=2×C+B

• 〈표〉에서 C=1임을 알 수 있다. 미지수가 C를 제외한 4개이므로, 차근차근 미지수를 없애기 위해 연립하면 미지수를 구할 수 있다. A=1.5E이고, D=A+B이므로, D=1.5E+B이다. 그리고 E=2+B이므로, D=3+2.5B이고, D=3B+1이므로 이 두 식을 연립하면 B=4, D=13이 도출된다. 따라서 A=9, B=4, C=1, D=13, E=6이라는 것을 확인할 수 있다.

ㄱ. 〈표〉에서 표훈원 직원은 11명이므로, 전체 99명의 1/90이다. (○)

ㄹ. A(9)+B(4)+C(1)+D(13)=27이다. (○)

ㄴ. 법전조사국 서무과직원 수(E)는 6이고, 표훈원 서무과 직원 수는 4이므로, 법전조사국 조사과 직원 수(12명)보다 적다. (×)

ㄷ. 법전조사국 직원 수(36명)은 내각 전체 직원 수(99명)의 30% 이상이다. (×)

15 조건의 적용　　　　　　　　　　답 ①

각 기관별 부패영향평가 의뢰기한 준수도를 비교해야 한다.

• 갑 : $\frac{(8×10)+(12×3)+(7×0)}{27}$＝4.30

• 을 : $\frac{(40×10)+(6×3)}{46}$＝9.09

• 병 : $\frac{(12×10)+(8×5)+(3×3)}{23}$＝7.35

• 정 : $\frac{(24×10)+(3×5)+(20×3)+(3×0)}{50}$＝6.3

위 내용을 통해 본다면 무는 7.35보다 작고 6.3보다 커야 한다. 〈표 2〉에서 A, B는 입법예고 시작일 이전에 해당하고, C, D는 관계기관 협의일 이전에 해당한다. E, F는 입법예고 마감일 이전에 해당한다. G를 제외한 나머지를 바탕으로 준수도를 산정하면, 36/7≒5.14이므로, G는 관계기관 협의일 이전에 부패영향평가를 해서 46/7≒6.56점을 만들어야 3위를 할 수 있다.

16 보고서－매칭　　　　　　　　　답 ①

〈보고서〉에서 첫째는 각 국가별 성에 따른 시간별 사망률이 커지는지 확인하면 된다. D국의 경우 4시간에 비해 6시간 시청한 여성의 사망률이 4.8에서 4.6으로 감소하였다. 따라서 D는 제외된다. 둘째는 사망률의 증가폭을 비교해야 한다. B국의 경우 시청시간이 4시간인 남성 사망률 증가폭은 0.7%p이고, 6시간은 1.7%p, 8시간은 1.9%p이고 여성의 경우 0.3%p, 1.4%p, 1.6%p로 증가폭은 남성이 여성보다 크지만, 시간대별 증가폭의 차이는 줄어들지 않는다. E국의 경우에는 증가폭의 차이가 4시간일 때 0.8%p, 6시간일 때 0.7%p, 8시간일 때 1.0%p를 보여 매년 줄어들지 않는 모습을 보인다. 셋째는 8시간 시청했을 때의 사망률과 2시간 시청했을 때의 사망률을 비교한다. A와 C국 모두 이 내용에 위반되지 않는다. 넷째는 6시간 시청했을 때의 성별 시청률 차이와 2시간 시청했을 때의 성별 시청률 차이를 비교해야 한다. C국의 경우 2시간 시청했을 때의 성별 시청률 차이는 0.9%p이고, 6시간 시청했을 때의 성별 시청률 차이는 1.6%p이기 때문에 2배가 되지 못한다. 따라서 C국도 갑국에 해당할 수 없다. A국만 〈보고서〉의 모든 내용에 부합해 A국이 갑국임을 알 수 있다.

17 자료해석(2개) 답 ①

정답해설

ㄱ. 〈표 2〉에서 A국 비례대표 의원 중 여성 의원은 185×42.2%≒78명, 지역구 의원 중 여성 의원은 926×8%≒74명이다. 둘의 합은 152명으로 전체 1,111명 중 13.7%이다. (○)

ㄴ. 〈표 1〉에서 (가) 정당의 지역구 의원 중 여성 의원의 비율은 16/230≒7.0%이고, (라) 정당은 13.7%이다. (라) 정당이 가장 높다. (○)

오답해설

ㄷ. (가) 정당의 2008년에 비해 2012년 비례대표 여성의원 비율은 감소(47.7%〉41.2%)하였다. 하지만 지역구의원 유형에서는 증가(7%〈7.2%)하였다. (×)

ㄹ. 2012년 여성 지역구의원 수는 (가) 정당은 16명, (나) 정당은 30명, (다) 정당은 6명, (라) 정당은 8명이다. 2008년에 비해 (가) 정당은 증가하지 않았다. (×)

18 조건의 적용/식 비교 답 ②

정답해설

〈조건〉에 따라 식을 만들어보면, 다음과 같다.

- A : 1,000×[100/(10×50%)+40/(10×100%)+60/(10×80%)]=31,500원
- B : 2,000×[100/(16×62.5%)+40/(16×100%)+60/(16×75%)]=35,000원
- C : 1,600×[100/(20×50%)+40/(20×100%)+60/(20×75%)]=25,600원

∴ A가 31,500원이기 때문에 두 번째로 연료비가 높다.

19 자료해석(4개) 답 ⑤

정답해설

ㄷ. 〈표 2〉에서 초등학교 학생 1인당 월평균 사교육비의 전년대비 증감률이 가장 큰 해는 9.1%로 2012년이다. 이때의 중학교 전년대비 증감률은 5.3%로 가장 크다. (○)

ㄹ. 〈표 3〉에서 초등학교는 2013년에 전년대비 증가하였고, 고등학교는 2014년에 증가했다. 중학교만 매년 감소한다. (○)

오답해설

ㄱ. 〈그림〉에서 학생 1인당 연간 사교육비는 2012년 2.83, 2013년에 2.87로 증가하였다. (×)

ㄴ. 〈표 1〉에서 2013년의 초등학교 연간 사교육비 전년대비 증감률은 0.2%이고, 고등학교는 1.8%로 고등학교가 더 크다. (×)

20 자료해석(5개) 답 ③

정답해설

〈표 2〉와 〈표 3〉을 통해 '사교육 참여 학생 1인당 월평균 사교육비=1인당 월평균 사교육비/사교육 참여율'임을 도출할 수 있다. 그리고 〈표 4)의 비중을 통해 A~C과목별 학교급의 사교육 참여 학생 1인당 월평균 사교육비를 구하면 다음과 같다.

구 분	사교육 참여 학생 1인당 월평균 사교육비	A	B	C
초	23.2/0.811≒28.6	7.2	8.6	11.4
중	27.0/0.691≒39.0	5.9	15.6	15.6
고	23.0/0.495≒46.5	7.0	18.6	16.3

∴ A과목은 초등학교, B과목은 고등학교, C과목도 고등학교이다.

21 자료해석(2개) 답 ③

정답해설

ㄴ. 특정연도의 양반/상민/노비 가구수를 직접 구하려면, 〈표〉와 〈그림〉을 모두 활용해야 한다. 1765년의 상민가구 수는 7,210×57%≒4,109호이고, 1804년의 양반가구 수는 8,670×53%≒4,595호이다. 1765년의 상민가구 수가 더 적다. (○)

ㄹ. 구성비는 〈그림〉에서 직접 확인할 수 있고, 상민가구 수는 〈표〉와 〈그림〉의 곱을 통해 확인할 수 있다. 1729년의 상민가구 구성비는 59%이고, 1765년의 상민가구 구성비는 57%로 감소하였다. 상민가구 수는 1729년에 1,480×59%≒873호이고, 1765년에 7,210×57%≒4,109호로 증가하였다. (○)

오답해설

ㄱ. 〈표〉에서 가구당 인구수를 확인할 수 있다. 1804년의 가구당 인구수는 68,930/8,670≒8명이고, 1867년 가구당 인구수는 144,140/27,360≒5명이다. 1804년 대비 1867년의 가구당 인구수는 감소하였다. (×)

ㄷ. 노비가구 수는 1765년에 7,210×2%≒144호, 1804년에 8,670×1%≒87호, 1867년에 27,360×0.5%≒137호이다. 따라서 1804년이 1765년, 1867년보다 모두 적다. (×)

22 짝짓기 답 ①

정답해설

- 첫 번째 조건에 따라 1인당 이산화탄소 배출량이 매년 증가한 B와 D가 브라질 또는 사우디임을 확인할 수 있다. 따라서 ⑤번 선지는 제거 가능하다.
- 인구=총배출량/1인당 배출량이기 때문에, 두 번째 조건에 따라 인구가 가장 큰 D가 브라질임을 알 수 있다. 이 때, A~D의 인구를 분수로 취해 1억 명이 넘는지 비교해도 되지만, 1억 명이 넘는 국가가 멕시코와 브라질이라고 하고 있기 때문에 그냥 가장 큰 국가를 선택하면 된다. 따라서 ①, ③ 중 하나이다.
- 세 번째 조건에 따라 인구는 남아공의 후보인 A와 C를 한국과 분수 비교하면 된다. A의 경우 37.61/7.20≒5.2천만 명이고, C의 경우 53.37/15.3≒3.5천만 명이다. 한국은 59.29/11.86≒5.0명이기 때문에 A가 남아공임을 알 수 있다. 이 역시도 마찬가지로 A와 C를 일일이 구해서 비교하기보다는 A와 C 중 큰 값이 한국보다 클 것이라고 단정 짓고 확인해도 된다.

23 보고서-추가로 필요한 자료 정답 ②

정답해설

- 1문단에 제시된 박사학위 취득자의 전체고용률과 전공계열별 고용률은 〈그림〉에서 확인할 수 있다.
- 2문단에 제시된 직장유형 구성비율은 〈표〉에서 확인할 수 있다.
- 3문단에 제시된 취업자의 고용형태 중 성별 고용형태 비율이나 전공계열별 고용형태 비율은 추가로 필요한 자료이다. 그리고 고용형태별 직장유형은 〈표〉에서 확인할 수 있다.
- 4문단에 제시된 고용형태에 따른 평균 연봉은 추가로 필요한 자료이다.

24 조건의 적용 정답 ⑤

정답해설

자료가 제시되지 않은 문제는 99% 이상 〈조건〉과 같은 지문이 제시된다. 따라서 이를 차근차근 적용해나가면 된다. 본 문제에서는 〈규칙〉으로 제시되어 있으나 큰 차이는 없다. 〈규칙〉에 따라 〈그림〉을 하나씩 해석해보면, 등분점을 통해 현재 〈그림〉에서 주어진 n=13임을 알 수 있다. 이 때, 임의의 등분점 P를 선택해 m(=2~6)을 곱해 n(=13)으로 나눈 나머지를 P의 대응점으로 두어야 한다고 제시하고 있다. 임의의 수에 곱하기와 나누기가 이루어져야 하므로, 임의의 수 P를 10으로 가정하자. P가 10인 경우에 m이 6이고, n이 13이면 그 나머지가 8임을 알 수 있다. 〈그림〉에서도 10의 대응점으로 8이 제시되어 있기 때문에 n=13, m=6으로 두면 주어진 〈규칙〉을 통해 확인할 수 있는 n과 m이라고 보면 될 것이다. 이렇게 도출된 n과 m의 합은 19이다.

25 보고서-매칭 정답 ②

정답해설

- (가)는 2012년 철도교통사상사고 건수를 의미한다. 보고서의 첫 번째 항목에서 2012년에 비해 2013년에 4건 증가했고, 그중 27건이 90%에 해당한다고 하기 때문에 2013년의 빈칸은 30건이고, (가)는 26건임을 알 수 있다.
- (나)는 2012년 철도안전사상사고 건수를 의미한다. 보고서 두 번째 항목에서 2013년 철도안전사상사고의 피해자 유형은 모두 '직원'이라고 하고 있기 때문에 2013년 철도안전사상사고는 총 8건임을 알 수 있다. 따라서 (나)는 2013년에 1건을 더한 9건이다. 또한 (다)는 2013년 피해자의 피해정도를 가리킨다. 총 피해건수가 8건이기 때문에 (다)는 8-사망-경상=3건이다.
- 보고서 세 번째 항목에서 2013년에는 운행장애의 원인 중 차량탈선, 기타의 합이 3건이라고 가리키고 있다. 따라서 (마)는 2건이고, (라)인 신호장애는 0+1=1건이다.

26 짝짓기 정답 ⑤

정답해설

- ㄱ. 면적 대비 총생산액은 c/a를 가리킨다. 수도권은 4.05, 충청권은 0.72, 호남권은 0.59, 제주권은 0.5, 동남권은 1.38, 대경권은 0.49, 강원권은 0.15이다. 따라서 동남권이 두 번째로 크다.
- ㄴ. 면적 대비 농·임·어업 생산액은 d/a를 가리킨다. 수도권은 1.04, 충청권은 1.11, 호남권은 1.28, 제주권은 3.67, 동남권은 1.20, 대경권은 0.77, 강원권은 0.36이다. 따라서 호남권이 두 번째로 크다.
- ㄷ. 인구 대비 제조업 생산액은 e/b를 가리킨다. 수도권은 0.64, 충청권은 1.70, 호남권은 1.09, 제주권은 0.09, 동남권은 1.56, 대경권은 1.37, 강원권은 0.3이다. 따라서 동남권이 두 번째로 크다.

27 자료해석(2개) 정답 ①

정답해설

- A의 경우 농협, 수협, 저축은행 중 확인하면 된다. 여러 가지 신용등급이 제시되어 있지만, 정수를 곱해 100%인 전체와 비교하기 좋은 등급을 기준으로 삼아주면 된다. 예를 들어, 7등급은 25.6%이기 때문에 ×4를 해 100%와 비교하면 좋다. 25.6%×4=102.4%이기 때문에 전체보다 조금 큰 상황인 것을 알 수 있기 때문이다. 농협의 경우 7등급 58,340×4=233,360으로 전체인 227,779보다 조금 크다. 수협의 경우 5,528×4=22,112로 전체인 17,733보다 많이 크다. 저축은행의 경우 7등급인 610,921×4=2,443,684는 전체인 1,732,596보다 많이 크다. 따라서 농협이 A로 가장 적절하다는 것을 알 수 있다. 그렇다면 ①, ② 중 하나이다.
- B의 경우 수협과 축협을 비교하면 된다. 마찬가지로 정수를 곱해 100%인 전체와 비교하기 좋은 등급을 기준으로 삼아주면 된다. 5등급은 14.1%이기 때문에 ×7을 해도 좋고, 31.2%인 7등급×4를 해서 100과 비교 가능한지도 살펴볼 수 있다. 5등급을 기준으로 검토해보면, 수협의 경우 2,506×7=17,542로 전체 17,733보다 아주 살짝 작다. 축협의 경우 859×7=6,013으로 전체 6,784보다 10% 이상 부족하다. 따라서 수협이 B로 적절하다는 것을 확인할 수 있다.

28 자료해석(1개) 정답 ⑤

정답해설

- ㄴ. 서귀포시의 논 면적=서귀포시의 경지 면적-서귀포시의 밭 면적=31,271-31,246=25이다. 또한 제주시의 논 면적은 31,585-31,577=8이다. 따라서 서귀포시의 논 면적이 더 크다. (○)
- ㄷ. 서산시의 밭 면적은 경지 면적-논 면적이다. 따라서 27,285-21,730=5,555이다. 김제시의 밭 면적은 28,501-23,415=5,086이다. 그러므로 서산시의 밭 면적이 더 크다. (○)
- ㄹ. 상주시의 논 면적은 16,238보다 작다. 왜냐하면 상주시의 경지 면적은 5위인 서산시보다 작아야 하기 때문이다. 서산시의 경지 면적에서 상주시의 밭 면적을 빼면, 상주시의 논 면적으로 가능한 최대 면적이 나온다. 그것이 16,238이다. 그렇게 도출 가능한 상주시의 최대 논 면적은 익산시 논 면적 19,067의 약 85%정도이다. (○)

ㄱ. 해남군의 밭 면적(12,327)×2=24,654이다. 따라서 해남군의 논 면적(23,042)은 밭 면적의 2배 이하이다. (×)

29 자료해석(1개) 답 ①

ㄱ. 특별활동프로그램 실시율이 40% 이상인 특별활동 프로그램 수는 어린이집이 음악, 체육, 영어 3가지이고, 유치원이 음악, 체육, 영어 3가지로 동일하다. (○)

ㄴ. 어린이집의 영어의 실시기관 수 대비 파견강사 수의 비율은 6,687/26,749≒25%이고, 음악은 2,498/19,988≒12.5%이다. 따라서 영어가 더 높다. (○)

ㄷ. 파견강사 수가 많은 특별활동 프로그램의 순위는 어린이집이 영어>체육>음악>미술>교구 순이고, 유치원이 영어>체육>음악>미술>과학 순이다. (×)

ㄹ. 과학 실시기관 수는 각주 2)에 따라 어린이집의 경우 42,527×6%≒2,552개이고, 유치원의 경우 8,443×27.9%≒2,356개이다. 따라서 어린이집이 더 많다. (×)

30 자료해석(2개) 답 ①

① 〈그림〉에서 x축은 A기업 택배평균단가이고, y축은 주요 5개 기업 택배평균단가이다. 각주 2)에 따라 A기업 택배평균단가 비교지수는 〈그림〉의 x축/y축임을 알 수 있다. 따라서 비교지수가 가장 작다는 것은 〈그림〉에서 원점과 각 해의 점을 이은 직선의 그래프가 갖는 기울기가 가장 큰 것을 가리킨다는 것을 알 수 있다. 따라서 비교지수가 가장 작은 해는 2002년이다. (○)

② 각주 1)에 따른 택배매출액은 〈그림〉의 택배평균단가×〈표〉의 택배물량을 통해서 확인할 수 있다. 2007년은 2,257억 원, 2008년은 2,612억 원, 2009년은 2,854억 원으로 매년 상승한다. 하지만 2009년에 매출액이 3,000억 원 이상은 아니다. (×)

③ 〈그림〉에서의 각 점들의 x값이 y값보다 큰, 원점으로부터의 기울기가 1보다 작은 경우에는 A기업 택배평균단가가 높은 해이다. 이들은 2009년, 2008년, 2007년, 2006년, 2000년으로 5개이고, 나머지도 5개이기 때문에 서로 같다. (×)

④ 〈표〉에서 택배물량의 전년대비 증가율은 2003년 15.8%, 2004년 36.7%, 2005년 41.6%, 2006년 38.1%이다. 2005년의 전년대비 증가율이 가장 높다. (×)

⑤ 〈그림〉에서 A기업 택배평균단가가 가장 높은 해는 x값이 가장 오른쪽에 있는 2000년이고, 주요 5개 기업 택배평균단가가 가장 높은 해도 y축이 가장 위쪽에 있는 2000년이다. (×)

31 계산 – 차이값 답 ③

현재 A카페에서 판매한 커피의 이익은 다음과 같다.

- 아메리카노=(3,000−200)×5=14,000원
- 카페라떼=(3,500−200−300)×3=9,000원
- 바닐라라떼=(4,000−200−300−100)×3=10,200원
- 카페모카=(4,000−200−300−150)×2=6,700원
- 카라멜 마끼아또=(4,300−200−300−100−250)×6=20,700원
- 총 판매 이익은 총 60,600원이다.

∴ 64,000원이 되기 위해서는 이익이 3,400원짜리 커피인 바닐라라떼를 한 잔 더 팔면 된다.

32 자료해석(1개) 답 ④

ㄱ. 배포된 설문지는 150부이고, 제출된 설문지는 130부이다. 130/150≒86.7%로 85% 이상이다. (○)

ㄷ. 직무유형은 응답수의 합은 124명이고, 소속기관은 115명이다. 따라서 직무유형의 응답률이 더 높다. (○)

ㄹ. 8~9급 응답 비율은 44/76≒57.9%이고, 5년 이상 근무기간의 응답 비율은 44/87≒50.6%로 8~9급 응답 비율이 더 높다. (○)

ㄴ. 제출된 설문지의 응답은 고졸 이하가 6명이지만, 제출되지 않은 설문지가 150−(6+100+18)=26명이다. 26명이 모두 고졸 이하일 수도 있기 때문에 고졸 이하가 가장 적다고 말할 수 없다. (×)

33 자료해석(2개) 답 ③

③ 〈표 1〉에서 120분 이하인 과장급 근로자는 85%이다. 〈표 2〉에서 원격 근무제를 활용하는 근로자는 16.3%이기 때문에, 과장급 근로자 100%에 대해, 120분 이하인 과장급 근로자와 원격 근무제를 활용하는 근로자 각각의 합은 101.3%이다. 따라서 최소한 1.3% 이상은 120분 이하이면서 동시에 원격 근무제를 활용하는 근로자임을 알 수 있다. (○)

① 〈표 1〉에서 출퇴근 소요시간이 60분 이하인 근로자 수의 비중은 대리급 이하가 57.8%, 과장급이 48.5%, 차장급 이상이 48.9%이다. 이 때, 직급별로 전체 100%가 출퇴근 소요시간이 중복될 수 없기 때문에 50%가 넘는 대리급 이하의 직급에서는 출퇴근 소요시간이 60분 초과되는 근로자의 수가 더 적다는 것을 알 수 있다. (×)

② 〈표 1〉에서 출퇴근 소요시간이 90분 초과인 대리급 이하 근로자 비율은 13.8+5.0+5.3+2.6=26.7%이다. 〈표 2〉에서 탄력근무제를 활용하는 대리급 이하 근로자의 비중은 23.6%이기 때문에 출퇴근 소요시간이 90분 초과인 대리급 이하 근로자 비율이 더 높음을 알 수 있다. (×)

④ 원격근무제를 활용하는 중소기업 근로자의 비중은 54.4%이고, 탄력근무제와 시차출퇴근제는 각각 15.6%와 41.7%이다. 그런데 〈표 2〉의 데이터를 보면 복수응답이 이뤄질 수 있다는 것을 합이 100%이 넘는다는 점을 통해 확인할 수 있다. 따라서 탄력근무제와 시차출퇴근제를 하나라도 활용한 사람은 탄력근무제를 활용하는 사람이 모두 시차출퇴근제를 활용한다고 했을 때, 41.7%임을 알 수 있다. 모든 탄력근무제를 활용한 사람이 시차출퇴근제를 활용한 상황이라면 원격근무제를 활용한 중소기업근로자의 비중이 탄력근무제와 시차출퇴근제 중 하나 이상을 활용하는 중소기업 근로자보다 많을 수 있다는 것을 확인할 수 있다. (×)

⑤ 〈표 1〉에서 출퇴근 소요시간이 60분 이하인 차장급 이상 근로자 수의 비중은 48.9%이고, 〈표 2〉에서 원격근무제와 탄력근무제 중 하나 이상을 활용하는 차장급 이상 근로자는 최소 26.4%이다. 따라서 출퇴근 소요시간이 60분 이하인 차장급 이상 근로자 수의 비중이 더 많을 수 있다. (×)

34 자료해석(1개)

정답 ⑤

정답해설

⑤ 전년 동월 평균가격 대비 2015년 10월 평균가격 증감률은 거세우 1등급이 21.9%, 거세우 2등급이 21.5%, 거세우 3등급이 17.7%, 비거세우 1등급이 19.7%, 2등급이 28.3%, 3등급이 24.5%이다. 비거세우 2등급이 가장 크다. (○)

오답해설

① 거세우 1등급의 2015년 10월 평균가격은 17,895원이고, 비거세우 1등급의 2015년 10월 평균가격은 18,022원이다. (×)

② 비거세우 3등급의 전월 평균가격은 14,344원이고, 2015년 10월 평균가격은 14,560원이다. 2015년 10월 평균가격이 더 높다. (×)

③ 전월 평균가격의 경우 거세우 1등급이 비거세우 1등급보다 높다. (×)

④ 거세우 2등급의 직전 3개년 동월 평균가격 대비 전년 동월 평균가격의 증가폭은 965원이고, 거세우 3등급은 1,684원이다. 거세우 3등급이 더 크다. (×)

35 자료해석(1개)

정답 ②

정답해설

확인할 수 있는 학생들의 과목별 시험 성적은 다음과 같다.

구 분	A	B	C	D	E	평 균
영 희	16	14	13	15	( )	( )
민 수	12	14	15	10	14	13.0
수 민	10	12	9	10	18	11.8
은 경	14	14	15	17	( )	( )
철 민	18	20	19	17	19	18.6
상 욱	10	13	16	15	16	14
계	80	87	87	84	( )	( )
평 균	13.3	14.5	14.5	14	( )	( )

ㄱ. 빈칸을 채우고 나면, 영희의 시험 성적이 E를 제외하고, 58점임을 알 수 있다. 각주 2)에 따르면, 우수 수준이 되기 위해서는 총점이 75점 이상, 90점 미만이다. 따라서 17점 이상이면 총점 75점 이상이 되므로, 우수 수준이 될 수 있다. (○)

ㄷ. 표를 통해 확인할 수 있다. (○)

오답해설

ㄴ. 은경의 E를 제외한 시험 성적은 E를 제외하고, 60점이다. 그런데 기초수준의 성취도 수준은 총점이 60점 미만이어야 하기 때문에 E시험의 성적이 몇 점이든 기초수준이 될 수 없다. (×)

ㄹ. 민수의 C과목 시험 점수는 15점이고, 철민의 A과목 시험 점수는 18점이다. (×)

36 조건의 적용

정답 ④

정답해설

주어진 조건에 따라 갑~무의 식을 빠르게 세워줄 필요가 있다. 또한, ①번과 ②번은 갑 vs 을의 구도이기 때문에 갑과 을의 비교를 먼저 해주고, 나머지 병, 정, 무를 비교하면 된다.

식은 다음과 같다.

- 갑 : $145 \times 3 + 72 \times 4 = 723$
- 을 : $170 \times 3 \times 0.8 + 72 \times 4 \times 1.2 = 753.6$
- 병 : $110 \times 3 + 60 \times 5 \times 1.2 = 690$
- 정 : $100 \times 4 \times 0.8 + 45 \times 6 = 590$
- 무 : $75 \times 5 + 35 \times 6 \times 1.2 = 627$

∴ 순서는 을>갑>병>무>정이다.

37 조건의 적용

정답 ④

정답해설

- 1차 고객기관이 600개, 2차 고객기관이 300개이다.
- 1차 고객기관 중 공공데이터를 자체활용만 하는 경우는 $600 \times 25\% = 150$개이다.
- 1차 고객기관 중 2차 기관에게 공공데이터를 제공하는 기관은 $600 \times 50\% = 300$개이고, 1차 고객기관 중 60%인 360개는 개인고객에게 공공데이터를 제공한다.
- 2차 고객기관 중 공공데이터를 자체활용만 하는 기관은 $300 \times 30\% = 90$개이고, 개인고객에게 공공데이터를 제공하는 기관은 70%인 210개이다.

ㄱ. 개인에게 공공데이터를 제공하는 기관의 수는 1차 고객기관이 360개이고, 2차 고객기관은 210개이다. (○)

ㄴ. 공공데이터를 자체활용만 하는 기관의 수는 1차 고객기관이 150개이고, 2차 고객기관은 90개이다. (○)

ㄷ. 1차 고객기관에서 자체활용을 하는 25%와 2차 고객기관에게 제공한 50%를 제외한 나머지 25%가 개인고객에게만 공공데이터를 제공하는 1차 고객기관이라고 할 수 있다. (○)

ㄹ. 1차 고객기관 중 2차 고객기관에게만 공공데이터를 제공하는 공공기관의 수는 전체 600개 기관 중 자체활용만 하는 150개와 개인고객에게 공공데이터를 제공한 기관 360개를 제외한 나머지 90개이다. 1차 고객기관 중 개인고객에게만 공공데이터를 제공하는 기관의 수는 150개이기 때문에 150/90≒1.67이므로 70% 이상 크지 않다. (×)

38 자료해석(1개) 답 ①

ㄱ. 업무목적 통행 비율이 하루 중 가장 높은 시간대는 40.50%의 06:00~09:00이고, 전체 통행횟수의 비중이 가장 높은 시간대는 24.30%의 06:00~09:00이다. 서로 동일하다. (○)

ㄴ. 업무의 비중을 x, 여가의 비중을 y, 쇼핑의 비중을 z로 두었을 때, 00:00~03:00과 03:00~06:00 두 시간대를 연립하면, $1.5x+0.5y=0.9$라는 식이 도출된다. 그리고 03:00~06:00과 06:00~09:00 두 시간대를 연립하면, $22.5x-4.5y=11.70$ 도출된다. 도출된 두 식을 연립하면, $x=0.55$가 도출된다. 이를 방금 식에 대입하면, $y=0.15$가 도출된다. 따라서 $z=0.3$ 임을 알 수 있다. 이를 바탕으로, 업무>쇼핑>여가 순으로 통행횟수가 많음을 알 수 있다. (○)

ㄷ. 여가목적 통행 비율이 하루 중 가장 높은 시간대는 18:00~21:00이다. 이때의 여가목적 통행 횟수는 여가의 50%이므로, 전체의 7.5%임을 알 수 있다. 이는 09:00~12:00 시간대의 전체 통행 비중 14.8%보다 작다. (×)

ㄹ. 쇼핑목적 통행 비율이 하루 중 가장 높은 시간대는 12:00~15:00대이고, 이때의 쇼핑목적 통행 횟수는 전체 통행횟수의 30%×31.50%≒9.5%이다. 그리고 같은 시간대의 업무목적 통행 횟수는 전체 통행횟수의 55%×8%≒4.4%이다. 9.5%는 4.4%의 2.16배 정도에 불과하다. (×)

39 보고서-추가로 필요한 자료 답 ②

〈보고서〉의 첫 문단에 있는 내용은 〈표 1〉에서 확인 가능하다. 〈보고서〉의 두 번째 문단에 있는 내용은 주어진 자료에 제시되지 않으므로 2008~2013년 호수 A와 B의 월일별 클로로필 농도 및 남조류 세포수(ㅁ)와 질소의 농도와 인의 농도(ㄱ)가 추가로 필요하다. 〈보고서〉의 세 번째 문단에 있는 내용 중 호수 A와 B의 연도별 조류예보 발령 현황은 〈표 2〉에 제시되어 있지만, 월별 발령현황(ㄷ)은 제시되지 않아서 추가로 필요하다.

40 조건의 적용 답 ④

특정 일자의 조류예보는 당일뿐만 아니라 전일의 상황도 확인해야 한다. 즉, 8월 13일의 조류예보는 전일인 8월 12일과 비교하여 확인해야 한다. 발령 절차에 따라 조건 만족여부를 적용시키면 8월 13일은 주의보 기준에 4개 수치가 모두 해당하기 때문에 주의보가 발령되고, 8월 14일은 주의보 기준에 3개 수치만 해당해 전날과 같은 주의보가 유지된다. 8월 15일은 2개 수치가 해당하지 않아 4)조건에 따라 해제된다.

측정월일	클로로필 농도	남조류 세포수	조류예보 및 해제
8월 12일	30.5(경보)	5,315(경보)	주의보
8월 13일	21.5(주의보)	1,312(주의보)	3)조건 : 주의보
8월 14일	16.8(주의보)	389(×)	5)조건 : 주의보
8월 15일	10.3(×)	987(주의보)	4)조건 : 해제

01 부합 　　　답 ①

정답해설

ㄱ. 2문단 : 대부 이하 벼슬하는 사람이 근이 들었을 때 받을 수 있는 봉록은 5분의 4이고, 궤가 들었을 때 받을 수 있는 봉록은 5분의 1이다. 따라서 4배이다. (○)

오답해설

ㄴ. 2문단 : 오곡 모두 제대로 수확되지 않은 시기는 기가 든 해이다. 이 때에는 봉록을 아예 주지 않았지만 약간의 식량은 지급했다. (×)

ㄷ. 3문단 : 곡식이 제대로 수확되지 않으면 군주는 수레를 끄는 말의 수를 반으로 줄여 두 마리의 말로 수레를 끌게 했다. 하지만 말에게 곡식을 먹이지 않기 때문에 수레를 끄는 말이라고 해서 곡식을 먹었다고 할 수는 없다. (×)

ㄹ. 3문단 : 곡식이 제대로 수확되지 않으면 군주는 먹던 요리에서 5분의 3을 줄여, 5분의 2만큼 먹었다고 봐야 한다. (×)

02 부합 　　　답 ②

정답해설

지문은 설명문의 형식이 아니기 때문에, 기존의 상황판단 지문을 보는 방식과 다소 달라질 수 있다. 이러한 판단은 문제를 보기 전에 할 수 없고, 첫 문단을 설명문이라는 전제하에 작업하면서 다소 다르다는 느낌을 받아 실험의 변수와 결과 중심으로 인식단위를 바꿔주면 문제되지 않을 것이다.

② 단어 기억 실험에서 그룹 2가 복잡한 과제를 수행한 집단이므로 더 많은 단어를 기억했을 것임을 알 수 있다. (○)

오답해설

① 교육을 받아 합격한 집단만 해마의 회색질이 증가한다. 그런데 교육을 받으면 교육 시간이 길어지는 것이기 때문에, 교육 시간이 길어질수록 회색질이 증가할 것으로 판단해야 한다. (×)

③ 시험의 합격여부가 서로 다른 집단이더라도 연령, 학력, 지능에 있어서는 집단간에 차이가 없었다. (×)

④ 지능은 유의미한 차이를 보이지 않았다. (×)

⑤ 합격한 집단의 주당 교육 시간은 평균 34.5시간이고, 불합격한 집단의 주당 교육시간은 평균 16.7시간으로 합격한 집단이 두 배가량 길지만, 전체 교육 기간은 차이가 거의 없었다. (×)

03 부합 　　　답 ③

정답해설

ㄹ. 2문단 : 상중에 공무를 보러 나온 자는 검은 갓과 검은 띠를 착용함을 허락하고, 관아를 드나들면서 일을 품의하도록 해야 한다. (○)

오답해설

ㄱ. 2문단 : 서리들은 모두 홍단령을 착용하는 것이 본연의 법도이다. (×)

ㄴ. 3문단 : 시절이 좋고 풍년이 든 때를 가려서 관아에 일도 적을 때 소박한 모임을 가져야지, 잔치를 열고 노는 것을 내버려 두어선 안 된다. (×)

ㄷ. 4문단 : 곤장 10대 이상을 벌주는 일은 마땅히 품의를 한 다음에 시행토록 해야 한다. (×)

04 부합 　　　답 ③

정답해설

ㄱ. 보톡스(1ng/kg)의 LD50 값은 복어 독의 1만 배이다. 따라서 1ng=10^{-6}mg이므로, 10^{-2}mg=0.01mg 이상임을 알 수 있다. (○)

ㄴ. LD50은 생명을 앗아가는 양인 치사량을 의미하기 때문에 강할수록 그 값이 작다. 개념을 파악하지 않고, 독성이 강한 보톡스와 카페인만 비교해보더라도 보톡스는 1ng/kg, 카페인은 200mg/kg으로, 독성이 강할수록 LD50 값이 더 작다는 것을 알 수 있다. (○)

ㄷ. 카페인의 LD50값은 200mg/kg이므로, 7kg에 대해서는 200mg/kg×7kg=1,400mg=1.4g임을 알 수 있다. (○)

오답해설

ㄹ. 몸무게 60kg에 대한 니코틴 LD50 값은 1mg/kg×60kg=60mg이다. 담배는 한 개비에 니코틴이 0.1mg 들어있으므로, 600개비가 필요하다. (×)

05 법조문 　　　답 ④

정답해설

④ 1조 1항 : 종전부지 지자체장은 군 공항을 이전하고자 하는 경우 국방부장관에게 이전을 건의할 수 있다. 주민투표는 건의의 필수 사항이 아니다. (×)

오답해설

① 3조 1항, 3조 2항 4호 : 종전부지 관할 광역시장은 군 공항 이전시 국방부장관에게 이전을 건의할 수 있고, 군 공항 이전부지 선정위원회에는 종전부지 관할 광역시장이 포함된다. (○)

② 1조 2항: 국방부장관은 종전부지 지자체장으로부터 군 공항 이전을 건의받은 경우, 군 공항 예비이전후보지를 선정할 수 있다. (○)

③ 3조 3항 2호 : 선정위원회는 종전부지 활용방안도 심의한다. (○)

⑤ 2조 : 예비이전후보지 한 곳 이상에 대해 선정위원회의 심의를 거쳐야 한다. (○)

06 법조문 　　　답 ③

정답해설

③ 1조 3항 3호 : 교환된 문서의 내용에 중재합의가 있고, 이에 대해 상대방이 다투지 않는 경우 서면에 의한 중재합의로 본다. (○)

① 1조 2항, 4항 단서 : 중재합의는 서면으로 해야 하는데, 서면의 계약이 중재조항을 포함한 문서를 인용하고 있는 경우에는 중재합의가 있는 것으로 본다. 말로 체결하는 경우는 해당되지 않는다. (×)

② 1조 1항 : 중재합의는 독립된 합의의 형식으로도 할 수 있다. (×)

④ 2조 2항 : 소가 법원에 계속 중인 경우에도 중재판정부는 중재절차를 개시할 수 있다. (×)

⑤ 2조 1항 단서 : 효력이 상실된 경우에는 법원이 그 소를 각하하지 않는다. (×)

07 법조문   답 ⑤

2016년에 지급받을 국고보조금은 1조 1항에 따라 국가가 매년 계상하는 보조금, 1조 2항에 따라 선거때마다 추가로 계상하는 보조금이다. 상황을 보면 2016년에는 대통령선거와 임기만료에 의한 동시지방선거 총 두 차례의 지방선거가 있다. 따라서 2016년의 보조금은 1,030원(보조금 계상단가)×3회(1조 1항, 1조 2항 두 차례)×3천만 명(선거권자 총수)=927억 원이다.

08 부합   답 ②

지문의 성격은 주장에 따른 논거로서 논설문의 형태로 보이지만, 반대와 찬성의 입장 및 논거가 구역화되어 있기 때문에 어렵지 않게 논거를 확인할 수 있다.

ㄱ. 반대 논거 1을 통해 확인 가능하다. (○)

ㄴ. 찬성 논거 1을 통해 확인 가능하다. (○)

ㄷ. 찬성 논거 2를 통해 확인 가능하다. (○)

ㄹ. 마지막 문단에서 판사의 경우 101/194≒52.1%, 검사의 경우 61/141≒43.3%가 계속 활동하는 것을 확인할 수 있다. 따라서 판사가 검사보다 더 적합한 인물이 많음을 알 수 있다. (×)

09 상황구성-전체와의 관계   답 ①

• 전체 120명의 투표 총점을 알 수 있고, 상황 값이 개별 투표 점수를 제시하기 때문에 전체와의 관계 유형이다.

• 제시된 현재의 상황은 다음과 같다.
  - 총점 : 960
  - 현재 : 640=80명이 투표를 마쳤음을 알 수 있다.

ㄱ. 현재 투표한 인원은 80명이므로, 80/120>64% (○)

ㄴ. 올해의 체육인상을 다른 사람도 받을 수 있는지 반례가능성 검토해 보면 된다. 갑을 제외하면 병이 가장 높은 점수이므로, 남은 투표에서 병에게 전부 1위를 주고, 갑에게 아무도 표를 주지 않는 극단적인 상황을 확인하면, 병은 200점을 더 받아서 370점으로 1위가 가능하다. (×)

ㄷ. 8명이 정을 1위로 적은 것이고, 60명이 갑을 1위로 적은 상황이라면 다음과 같다.

구분	1위	2위
갑	60	20
을		
병		
정	8	10
무		
계	80	80

문제는 최대 60명인지 물었기 때문에 갑의 1위가 늘어날 수 있는지 확인해야 하는데, 3점과 5점의 최소공배수인 15를 맞추기 위해 고정값이 아닌 병과 1위를 3명, 2위를 5명 트레이드 가능할 것이다. 따라서 갑이 63/15, 병이 7/45도 가능하다. 물론 최댓값을 확인하기 위해선 3명/5명씩 계속 트레이드해서 확인할 수 있다. 사실 애초에 이렇게 상황을 구축하지 않아도 3점과 5점의 최소공배수가 15이므로 몇 명일지 정확히 구축하지 않더라도 병과 트레이드 가능하겠다고 생각하면 그만이다. (×)

10 상황구성-최댓값과 최솟값   답 ④

• 두 개 숫자의 합의 1의 자리를 모두 더한 값의 최댓값과 최솟값을 따지는 문제이다. 어차피 A와 B의 점수를 모두 더해야 하기 때문에 A와 B를 구분할 실익은 없다.

• 두 수의 합의 1의 자리가 최소이려면 0이 되게 만들어야 하고, 최대한 0에 가까운 수가 될 수 있게끔 노력해야 한다. 반대로 최대려면 9가 되도록 해야 하고, 최대한 9에 가까운 수가 될 수 있게끔 노력해야 한다.

  - 첫 숫자는 두 수를 더해 최솟값을 만들 수 있는 구조에서 배제된 5를 제시하자. (1, 9), (2, 8), (3, 7), (4, 6)은 더해서 0이 되지만, 5는 따로 남는다. 5를 0으로 만들 수는 없으므로, 6을 더해 1의 자리를 1로 만들고, 6에는 4를 더하고, 7, 3, 8, 2, 9, 1을 차례로 더하면 A와 B의 점수의 합은 40이다.

  - 첫 숫자는 두 수를 더해 최댓값을 만들 수 있는 구조에서 배제된 9를 제시한다. 마찬가지로 (1, 8), (2, 7), (3, 6), (4, 5)는 더해서 9가 되지만, 9가 남게 된다. 따라서 9에 다음 최댓값인 7을 만들 수 있는 8을 더하고, 1, 7, 2, 6, 3, 5, 4를 순서대로 더하면 A와 B의 점수의 합은 67이다.

11 상황구성-고정상황 미완성   답 ④

• 조건 1 : 출발일은 오전 10시에 배를 타야 하고, 귀환일은 오후 3시에 배를 타야 한다.

• 조건 2 : 포항에서 울릉도는 월요일이나 수요일에 도착해 있어야 한다. → ③번 제거

• 조건 3 : 파고 3m는 제외(18일, 21일, 24일, 28일, 29일) → ①, ⑤번 제거

• 조건 4 : 토요일은 출항 불가(22일, 29일) → ②번 제거

12 계산 – 범위 값 　　　　　　　　　정답 ④

- 모든 경기를 이기면 150점이고, 이기지 못할 때는 여러 가지 상황이 구분된다.
  - ± 1×이기지 못한 문제 수
  - 짝수 승이면 5의 배수 점수 가능
  - 홀수 승이면 5의 배수 점수 불가능
- 주어진 상황에서 최소점수는 은지가 139점이다. 139점은 최소한 27 경기를 이긴 상황을 가리킨다. 따라서 승수를 변화시켜 해당 점수가 도출되는지 확인하면 된다.
  - 30승 : 150점만 가능
  - 29승 : 145점 ± 1점(146, 144만 가능)
  - 28승 : 140점 ± 2점의 범위(142, 140, 138만 가능)
  - 27승 : 135점 ± 3점의 범위(138, 136, 134, 132만 가능)
- ④ 빛나의 140점은 가능하다.

① 태우의 148점은 불가능하다.
② 시윤의 145점은 불가능하다.
③ 성헌의 143점은 불가능하다.
⑤ 은지의 139점은 불가능하다.

13 상황구성 – 고정상황 미완성 　　　　정답 ⑤

숫자를 중복 포함 3장까지 넣을 수 있고, 당첨은 여러장이 될 수 있어 그만큼 사과를 나눠 갖는다.

ㄴ. 갑의 최솟값을 따져야 하므로, 갑은 1장 당첨되고, 을은 3장 당첨된 상황을 가정한다. 그렇게 되면 갑은 100/4×1＝25이다. 따라서 25개를 받는다. (○)

ㄷ. 갑 혼자 당첨이 되었다면 100개를 나눠가질 사람이 없는 것이기 때문에 무조건 100개를 받는다. (○)

ㄱ. 갑의 최댓값을 따져야 하므로, 갑은 3장이 당첨되고, 을은 1장이 당첨된 상황을 가정한다. 그렇게 되면 갑은 100/4×3＝75이다. 따라서 75개를 받는다. (×)

14 상황구성 – 진법 　　　　　　　　정답 ③

- 요일을 묻는 문제는, 7진법을 사용하는 문제이다. 상황을 이해해보면, 15일부터 18일간 축제가 이뤄지려면 최장기간 축제가 열리는 10월 1일이 일요일인 경우이다. 따라서 2020년 이후로 10월 1일이 일요일인 해를 찾으면 된다.
- 우선 2015년의 9월 15일이 화요일이기 때문에 2015의 10월 1일은 목요일이다. 윤년인 해의 같은 날짜는 요일이 2일 밀리고, 윤년이 아닌 해의 같은 날짜는 요일이 1일 밀리기 때문에 2016년의 10월 1일은 토, 17년은 일, 18년은 월, 19년은 화, 20년은 목, 21년은 금, 22년은 토, 23년은 일요일이다. 따라서 축제는 2023년에 18일 동안 개최된다는 것을 쉽게 확인할 수 있다.

15 상황구성 – 전체와의 관계 　　　　정답 ②

순위별 상금이 제시되어 있으므로, 상금 총액을 확인할 수 있고, 결과에 각자의 상금 분배가 제시되어 있어 부분을 확인할 수 있다. 전체 결선 순위별 상금은 114,000천 원이다. 특별상 부문별 상금은 반드시 제공되는 것이 아니기 때문에 전체 값 산정은 미뤄둘 것이다. 전체 114,000천 원이 아닌 132,000천 원이 총 상금으로 지급된 것은 특별상으로 18,000천 원이 지급된 것을 의미하기 때문에 인기상이나 기교상 중 하나는 지급되지 않았다.

ㄱ. 기교상이나 인기상 둘 중 하나만 지급되었기 때문에 맞는 말이다. (○)

ㄹ. B가 2위일 수 있는지 확인하면 따질 수 있다. B가 2위이면 8,000천 원의 특별상을 받았어야하는데, 그렇게 되면 A가 35,000천 원이 구성될 수 없다. 따라서 B가 2위를 할 수 없기 때문에 A 또는 C가 2위를 차지할 것이다. (○)

ㄴ. 감동상을 받은 사람이 다른 특별상을 중복할 수 있는지 확인한다. B가 1위일 때 3,000천 원짜리 특별상을 받고, A가 3위 20,000천 원에서 15,000천 원의 특별상을 받으면, C나 D 중에서 2위와 4위가 나오면 순위나 총액을 유지하는 데 문제가 없다. 따라서 해당 상황을 구성할 수 있다. (×)

ㄷ. C가 4위를 한 경우에 상황이 구성 가능한지 확인하면 된다. ㄴ을 해결하면서 C가 4위일 수 있었기 때문에 구성 가능하다. (×)

16 상황구성 – 최솟값 　　　　　　　정답 ②

로봇은 총 36대이고, 비교를 통해서 속도를 재면 된다.

우리는 1, 2위를 찾아야 하는 것이기 때문에 모든 로봇이 어떤 순위를 보이는지 6조 각각에서 시합을 돌려보면 1~6등까지 6묶음이 구성된다. 각 조의 3등 이하는 조가 바뀌더라도 전체 36대 중 3등 이하에 해당될 것이기 때문에 배제한다. 그리고 7경기는 각 조의 1등끼리 1경기를 돌리면 그 중 3등 이하는 전체에서도 3등 이하일 것이기 때문에 배제한다. 마지막으로 7경기에서 1등을 한 로봇이 원래 조의 2등이 7경기에서 2등을 한 로봇보다 빠를 수 있기 때문에 이 둘 간의 경기를 8번째 경기로 두어야 한다.

17 상황구성 – 최솟값 　　　　　　　정답 ④

④ 甲이 연령 : 25점, 학력 : 35점, A국 어학능력 : 20점, 연간소득 : 5점을 받으면 총점 85점이다. 총점이 80점 이상인 경우 거주자격을 부여받기 때문에 甲은 거주자격을 부여받게 된다. (○)

① 연령 : 15점, 학력 : 25점, A국 어학능력 : 10점, 연간소득 : 5점, 가점 : 0점을 받으면 대상자가 받을 수 있는 최저점수이다. 이를 모두 합하면 55점이다. (×)

② 가점항목은 세 가지이다. A국 유학경험 : 10점, A국 사회봉사활동 : 5점, 해외전문분야 취업경력 : 5점으로 가점으로 받을 수 있다. 따라서 가점으로 받을 수 있는 최고점수는 20점이다. (×)

③ 연령은 25~15점, 학력은 25~35점, A국 어학능력은 10~20점, 연간소득은 5~10점이다. 이때, 연령이 25점, 학력이 25점, 어학능력 20점, 연간소득 10점이라면, 가장 높은 비중을 차지할 수도 있다. (×)

⑤ 乙은 33세로 25점, 박사학위 1개로 33점, 기본적인 의사소통으로 10점이 확정적인 상황이다. 다른 분야에서 최고점을 받는다면, 연간소득에서 10점, 가점 20점을 통해 총점 98점을 받을 수 있기 때문에 거주자격을 부여받을 수 있다. 이때, 다른 분야의 박사학위를 가정할 수 있기 때문에 박사학위가 2개여도 최고점이 80점은 넘는다. (×)

18 계산-요소비교   답 ①

정답해설

각 점수의 합산이 이뤄지고, 가중치가 제시되어있기 때문에 요소비교를 해야 한다. 일단 하나밖에 없는 프로그램인 무용/음악/연극/진로에는 30%의 가산점을 준비한다.

① 연주하는 교실 : (34×3+34×2)×1.3=221

오답해설

② 항공체험 캠프 : (30×3+35×2)×1.3=208
③ 스스로 창작 : (37×3+25×2)×1.3=209.3
④ 연출노트 : (32×3+30×2)×1.3=202.8
⑤ 창의 예술학교 : (40×3+25×2)=170

19 부합   답 ④

정답해설

ㄴ. 2문단 : 다윈은 지렁이가 흙의 거친 입자를 체질하듯 걸러내고, 식물의 작은 입자들을 흙과 섞는 등의 일을 한다고 주장했다. (○)
ㄷ. 4문단 : 현대 과학자들은 지렁이가 폐기물 및 음식물 쓰레기 처리 등의 역할을 할 수 있음을 밝혀냈다. (○)

오답해설

ㄱ. 4문단 : 다윈의 주장은 당시 사람들의 주목을 끌지는 못했다. (×)
ㄹ. 3문단 : 다윈이 주장한 당시의 사람들도 지렁이가 흙에 구멍을 뚫어 배수작용을 돕는 이로운 점이 있다는 것은 인정했다. (×)

20 계산   답 ⑤

정답해설

1문단에서 4천 평방미터의 밭에 지렁이가 5만 마리 살 수 있고, 이들이 1년에 18톤의 거름을 만든다는 것을 알려주고 있다. 18톤=18,000kg=18,000,000g이므로, 이를 5만으로 나누면 360g이다.

21 부합   답 ①

정답해설

① 2문단 : 노비 소유와 관련된 소송을 위해 신문고를 두드린 사례가 있다. (○)

오답해설

② 4문단 : 신문고를 치기 전 한성부의 주무관청에 호소하고, 사헌부에 고소하는 2번의 단계를 거친다. (×)
③ 4문단 : 종묘사직의 안위에 관한 문제는 곧바로 신문고를 치는 것이 가능했다. (×)
④ 1·4문단 : 태종 때 신문고가 처음 등장하기는 했지만, 신문고를 치기 위한 단계를 보면 모든 관아에 설치되기는 불가능하다는 것을 알 수 있다. (×)
⑤ 3문단 : 하륜은 백성들의 호소가 거짓이면 벌을 내린다는 것과 신문고를 치기 위한 단계를 건너뛰면 벌을 줄 것이라는 원칙을 제시하였다. (×)

22 부합   답 ②

정답해설

② 3문단 셋째 : 국고보조금이 투입되는 사업에 대해서는 감독을 받게 되어 지자체의 자율성이 약화될 수 있다. (○)

오답해설

① 3문단 둘째 : 국고보조금과 다르게 지방교부세는 용도에 제한을 두지 않는다. (×)
③ 3문단 둘째 : 국고보조금은 용도 외 사용이 불가능하기 때문에 R&D 용도로 지급되었다면, R&D 외의 용도로는 사용할 수 없다. (×)
④ 3문단 넷째 : 재정력이 취약한 지방자치단체는 국고보조금 사업 신청에 소극적이다. (×)
⑤ 1문단 : 국가는 지방자치단체의 재정활동을 지원하고 지역간 재정 불균형을 해소하기 위해, 지방교부세와 국고보조금을 교부한다. (×)

23 부합-계산   답 ⑤

정답해설

ㄷ. 2·3문단 : 중등 요호 7급의 권분량은 40석이고, 중등 요호는 봄에 곡물을 빌려주었다가 가을에 상환받기 때문에 40×(6-1.5)=180냥이다. (○)
ㄹ. 2·3문단 : 상등 요호 9급의 권분량은 200석이다. 상등 요호는 봄에 무상으로 곡물을 내놓기 때문에, 200×6=1,200냥이다. (○)

오답해설

ㄱ. 3문단 : 상등 요호 1급에게 정해진 권분량은 1,000석이고, 하등 요호 9급에게 정해진 권분량은 2석이다. 따라서 그 차이는 벼 998석이다. (×)
ㄴ. 3문단 : 중등 요호 6급의 권분량은 50석이므로, 조선시대 국법에 따라 시상할 수 있다. (×)

24 부합 　　　　　　　　　　　　정답 ②

정답해설

A계수와 B계수는 각각 가계지출 대비 음식비 또는 교육비의 비중이다. 즉, 분수이다. 따라서 분수의 구성요소를 생각하면 어렵지 않게 풀 수 있다.

② 분모가 크더라도 분자가 크게 구성된다면 해당 분수는 더 커질 수 있다. 예를 들어, 1번 가구의 A계수는 5/20이고, 2번 가구의 A계수가 15/300이면 2번 가구의 A계수가 더 크다. (○)

오답해설

① 가계소득은 분모이므로, 분모가 증가한다고 해서 A계수와 B계수가 높아지진 않는다. (×)

③ 분모가 증가한다고 해서 분자가 감소하지는 않는다. (×)

④ 2문단에 주어진 사례를 통해 가계지출이 3배 차이가 난다는 것은 확인할 수 있지만, 가계 월평균 소득에 대해서는 확인할 수 없다. (×)

⑤ 2문단의 B계수를 보면, 가계소득 하위 20%는 10%, 상위 20%는 20% 이기 때문에 가계소득이 높을수록 교육열이 높다고 볼 수 있다. (×)

25 법조문 　　　　　　　　　　　　정답 ⑤

정답해설

⑤ 1조 1항 : 후보자는 책자형 선거공보 1종을 작성할 수 있기 때문에, 재량에 따라 작성하지 않을 수도 있다. (○)

오답해설

① 1조 2항 : 지역구지방의회의원선거에 출마한 경우에는 8면 이내로 작성해야 한다. (×)

② 1조 3항 단서 : 지역구국회의원선거 후보자는 책자형 선거공보 제작시 점자형 선거공보를 함께 작성·제출하여야 한다. (×)

③ 1조 4항 1호 : 지역구지방의회의원선거에 출마한 C는 직계비속 중 혼인한 딸과 외조부모 및 외손자녀를 제외한 나머지의 각 재산총액을 표시해야 하기 때문에 친손녀 역시 표시해야 한다. (×)

④ 1조 4항 2호 : 후보자의 직계존속의 병역사항은 해당하지 않기 때문에 D의 아버지의 병역사항은 표시할 필요가 없다. (×)

26 법조문 　　　　　　　　　　　　정답 ④

정답해설

④ 사기업의 요청으로, 채용에 참고하기 위해 범죄경력조회를 필요한 범위에서 하도록 규정한 조항은 없다. (×)

오답해설

① 5호 : 외국인의 귀화 허가에 필요한 경우에는 범죄경력조회를 필요한 범위에서 할 수 있다. (○)

② 2호 : 사회봉사명령의 집행을 위해 필요한 경우 수사경력조회를 필요한 범위에서 할 수 있다. (○)

③ 8호 : 공무원연금 지급 제한 사유를 확인하기 위해 필요한 경우 범죄경력을 필요한 범위에서 조회할 수 있다. (○)

⑤ 8호 : 징계절차가 개시된 공무원의 구체적인 징계 사유를 확인하기 위해 범죄경력을 필요한 범위에서 할 수 있다. (○)

27 부합 – 계산 　　　　　　　　　　　　정답 ①

정답해설

지문의 문단은 과실상계, 손익상계, 모든 사유가 있는 경우를 구분하여 제시하고 있다. 주어진 〈상황〉은 甲에게 과실상계를 할 사유와 손익상계를 할 사유가 모두 있다고 하기 때문에 과실상계부터 이뤄졌음을 알 수 있다. 따라서 최종적으로 배상받은 금액 1억 8천만 원은 손익상계를 받기 직전의 4억 8천만 원임을 알 수 있고, 과실상계를 통해 6억 중 4억 8천만 원으로 결정되었음을 알 수 있다. 그렇기 때문에 6억 중 1억 2천만 원인 20%의 과실이 甲에게 있고, 나머지 80%의 과실이 국가에 있음을 확인할 수 있다.

28 부합 – 계산 　　　　　　　　　　　　정답 ①

정답해설

1ha=10,000m^2=0.01km^{2}이고, 1t=1,000kg 이다.

ㄱ. 甲이 5km^{2}에서 사과를 재배하면, 화학비료 권장량은 500ha×100kg/ha=50,000kg=50t이다. 따라서 농약을 전혀 사용하지 않고, 20t의 비료를 사용해 사과를 수확했다면, 무농약농산물에 해당한다. (○)

ㄹ. 丁은 5ha에서 화학비료 100kg씩을 2회 뿌리고, 농약도 뿌리며, 감을 재배하였다. 감의 경우 농약은 수확 14일 전까지 4회, 화학비료는 120kg/ha×5=600kg까지 저농약농산물 인증을 신청할 수 있기 때문에 丁은 저농약농산물 인증을 받을 수 있다. (○)

오답해설

ㄴ. 乙이 3ha의 면적에서 복숭아를 재배했다면, 화학비료 권장량은 3ha×50kg/ha=150kg 이다. 하지만 수확 10일 전에 농약을 살포했다면, 저농약농산물 인증을 받을 수 없다. (×)

ㄷ. 丙이 0.25πkm^{2}에서 감귤을 재배하면서 2년 이내에 화학비료를 사용하였기 때문에 유기농산물 인증을 받을 수 없다. (×)

29 상황구성 – 분수 　　　　　　　　　　　　정답 ②

정답해설

A와 B는 서로 독립적인 분수이다. A의 요소가 B에 영향을 줄 부분은 없다. 따라서 독립적으로 가정하면 된다.

ㄱ. A가 구성하는 분모를 이해해 보면, 1차전은 승리하거나 패배하는 경우만 존재하기 때문에 그 합은 경기수와 같다. 따라서 분모는 20 이다. (○)

ㄹ. 분수이해 : B는 1차전과 2차전을 모두 승리한 팀의 확률이기 때문에 전체(100%)에서 B를 빼면 1, 2차전을 모두 패배한 팀의 확률이 도출된다. (○)

오답해설

ㄴ. A와 B가 모두 존재하려면 1·2차전 모두 승리한 팀이 우승한 경우가 존재하면 된다. 예를 들어, 1·2차전 모두 승리한 팀이 5번 우승했고, 나머지 15번은 1·2차전 모두 패배한 팀이 우승했다고 한다면, A와 B 모두 5/20×100=25가 되기 때문에 모두 50보다 작을 수 있음을 알 수 있다. (×)

ㄷ. 위와 마찬가지로 고민을 하되, 1·2차전 모두 승리한 팀이 우승한 경우를 3회 정도라고 줄이고, 1차전 승리한 팀이 우승한 횟수를 10회 정도라고 생각해보자. 그러한 상황에서 극단값을 생각해보면, A는 10/200이고, B는 3/130이다. 즉, 1·2차전 모두 패배한 팀이 우승을 10회라고 한다면 그 같은 반례를 만들 수 있다. 따라서 A>B일 수 있다. 물론 여러 가지 분수 조절적 측면의 접근은 가능하지만, 문제를 푸는 가장 빠른 길은 반례만 확실히 한 번에 만드는 작업을 하는 것이다. ㄴ에서의 반례를 바탕으로 A와 B의 분모, 분자에 동시에 영향을 미치는 값을 조절했다는 것을 참고해보면 어렵지 않게 생각할 수 있다. (×)

30 상황구성 - 도형 　　　　정답 ③

정답해설

• 정삼각형인 영토에서 4등분을 하면, 다음 그림과 같이 면적을 구분할 수 있다.

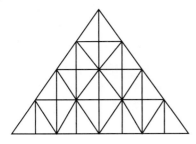

즉, A:B:C:D=1:3:5:7의 면적 비임을 알 수 있다. 이를 통해 쌀 생산량까지 잡아줘야 한다. 그리고 공물/소비패턴에 대해서 확인하고 식을 잡아주면 된다.

• 2015년의 쌀 보유량
  – A : 1(보유)+1(생산)−1(소비)+3(공물)=1+3
  – B : 1(보유)+3(생산)−2(공물+소비)+2(공물)=1+3
  – C : 1(보유)+5(생산)−3(공물+소비)+1(공물)=1+3
  – D : 1(보유)+7(생산)−4(공물+소비)=1+3

ㄷ. 식에서 각 국의 생산량만 줄어든 것이기 때문에 각 국의 쌀 보유량이 0보다 큰지는 공물을 통해 충당 가능한 국가를 제외하고, D국의 생산량만 문제된다. D국은 1+3.5−4의 구조로 바뀌기 때문에 0보다 크다. (○)

오답해설

ㄱ. 첫 해의 보유량은 전부 10,000가마이다. D도 생산을 통해 많은 량을 보유하기 때문에 D뿐이라고 얘기할 수 없다. (×)

ㄴ. 16년에 모든 국가가 40,000가마를 가지고 시작한다. 그리고 패턴은 달라지지 않기 때문에 마찬가지로 모든 국가가 내년에 동일하게 늘어날 것이다. (×)

31 상황구성 - 고정상황 미완성, 수학적 사고 　　　　정답 ④

정답해설

ㄱ. A를 통해 6과 14를 교환하고, B를 통해 7과 10을 교환할 수 있다. (○)

ㄷ. B를 통해 4와 7을 교환하고, C를 통해 15와 16을 교환하면, 3−7−11−15의 숫자에 명심보감을 배치할 수 있다. (○)

오답해설

ㄴ. 경세유표 중 경과 표를 5와 8로 옮길 수 있는지 확인해야 한다. A를 통해, 표는 짝수이기 때문에 2와 8을 교환할 수 있다. 하지만 C를 통해, 1과 5의 합은 6으로, 소수가 아니기 때문에 교환이 불가능하다. (×)

32 상황구성 - 고정상황 미완성, 거짓말쟁이 　　　　정답 ①

정답해설

주어진 학생 중 모순에 놓여있는 사람을 찾을 수는 없다. 따라서 가정을 하거나 주어진 선지를 대입해 현재의 상황을 판단해볼 수 있다. ①번 선지를 대입하면, 각 사람마다 하나의 거짓말을 하고, 하나의 진실을 말한다는 것을 알 수 있다.

〈①번이 참일 경우〉
• A=육각형
  – 수연 때문에 B≠삼각형
  – 길원 때문에 E≠사각형
• D=사각형
  – 지영 때문에 C≠삼각형
  – 종형 때문에 B=오각형
  – 미석 때문에 C=원

따라서 E는 남은 삼각형임을 알 수 있고, 주어진 조건인 모두 하나씩만 정확하게 맞히고, 서로 다른 모양을 가진 상황을 구성할 수 있다.

33 계산 　　　　정답 ⑤

정답해설

규칙에서 재적의원 전원이 참석해 1표씩 행사하며, 무효표는 없었다고 하기 때문에 70표로 기권 부결이 발생한다는 것을 알 수 있다.

ㄷ. 141명이 찬성하면 기권은 최대 69명이다. 따라서 기권으로 부결되지 않고, 모두 반대를 하더라도 두 번째 규칙에 따라 가결된다. (○)

ㄹ. 기권으로 부결되지 않는 최대 기권표는 69표이다. 이 때, 남은 표는 141표이기 때문에 찬성이 71표, 반대가 70표로 가결이 가능하다. 이 때의 찬성표 양이 가결 최소표이다. (○)

오답해설

ㄱ. 70명이 기권하면 안건은 부결된다. (×)

ㄴ. 104명이 반대하고, 남은 106명이 모두 찬성하면, 안건이 가결될 수 있다. (×)

정답해설

ㄱ. 8번이 시민이기 때문에 7번 또는 9번이 범인이다. 그렇다면 3가지 상황이 나온다. ① 먼저 9번이 시민이고 7번이 범인이라고 하면, 1번이 시민이고, 2번이 범인이다. 그럼 3번이 범인이다. 그럼 범인이 세 명이므로 찾을 수 있다. 하필 그렇게 가정한 부분이 아쉽다면 ② 이번에는 9번만 범인이라고 하면, 7번은 시민이고, 6번은 범인이 된다. 6번이 범인이면 5번은 시민이 되어야 하는데, 진술에서 모순이 발생한다. ③ 둘 다 범인인 상황을 생각하면, 1번도 범인이라서 3명의 범인이 모두 나타난다. 하지만, 전개해보면 2번 시민, 3번 시민, 4번 시민이고 5번이 범인이어야 해서 모순이 발생한다. 따라서 첫 번째 상황만 성립가능하고, 범인들을 모두 찾아낼 수 있다. (○)

ㄴ. 모두가 옆에 범인이 있다고 진술한 것은 범인의 양옆에는 시민만 있는 상황을 의미한 것이다. 제시된 숫자의 양옆에 시민을 채워보면 3명씩 묶어서 딱 맞게 짜여진다는 것을 알 수 있다. 따라서 3씩 차이를 보이는 선지에서의 상황이 아니면 불가능함을 알 수 있다. (○)

오답해설

ㄷ. 한 명만 옆에 범인이 없다고 진술하려면 나머지는 전부 범인이 있다고 진술해야 한다. ㄴ같은 상황이 모두 범인이 있다고 얘기하는 상황이기 때문에 기본적인 틀은 ㄴ처럼 짜두고, 한 명의 시민과 범인만 바꿨을 때를 상정해 확인해보면 한 명만 범인이 없다고 얘기하게 된다. (×)

정답해설

문제 수는 총 8개, 혜민이와 은이의 응답이 서로 다른 문항은 4개이다. 그런데 −20점, −30점이 되었다는 것은 같이 틀린 것이 없음을 의미한다. 만약 같이 틀린 것이 있다면 서로 다른 4개를 통해 감점이 되고, 또 한 문제씩 더 감점이 되어야 한다는 것인데, 그렇게 되면 최소 총합 60점의 감점이 발생해야 한다. 따라서 같이 틀린 것은 없다. 그렇다는 것은 혜민이가 역사 2개를 틀리거나 경제/예술 중 1개만 틀려야 하고 은이의 경우 역사 1개와 경제/예술 중 1개를 틀려야 한다. 그래야 서로 다른 문항 수가 4개일 수 있다.

ㄴ. 혜민이만 경제를 틀렸다면, 나머지 문제는 다 맞힌 것이다. 그럼 은이는 혜민이랑 서로 다른 문제 3개를 틀려야 하는데, 70점을 받기 위해서는 예술은 맞고 역사를 틀렸어야 한다. (○)

오답해설

ㄱ. 모두 경제를 틀린 것이라면 혜민이는 7개를 다 맞은 상황이다. 그렇게 되면 은이는 4개를 더 틀려야 하는데, 그럼 70점이 될 수 없다. (×)

ㄷ. 혜민이가 역사 두 문제를 틀리고 은이는 예술과 경제를 모두 맞힐 수 없는지 확인해야 한다. 그런데 혜민이가 역사를 두 문제 틀렸다는 것은, 예술과 경제를 모두 맞혔다는 것이고, 은이도 예술과 경제를 모두 맞혔다면 역사 3개를 틀린 상황을 말하는 것이다. 그렇게 되면 1문제는 같고, 각자 3문제는 서로 다른 상황이어야 짝이 맞을 수 있는데, 그럼 서로 다른 개수가 3개가 된다. 따라서 혜민이와 은이 모두 경제 문제와 역사 문제를 모두 맞힐 수 없다. (×)

정답해설

3년이라는 유효기간 동안 취소될 수 있고, 취소된 대학도 다음 해 2월에 다시 인증을 받을 수 있다.

ㄴ. 연도별 인증대학 현황을 살펴보면, 2013년에 12개의 신규 인증대학이 있고, 14년에는 2개가 취소되고 18개의 새로운 대학이 추가된다. 또한, 15년에는 3개가 취소되고 새로운 대학 21개가 추가된다. 최댓값을 찾아야하므로, 인증 취소가 된 대학들이 모두 신규 인증에 포함되지 않고 신규 인증대학들이 모두 인증된 적 없다고 가정하면, 1번 이상 선정된 대학은 12+18+21=51개이다. (○)

ㄹ. 23개월 이상 인증을 유지하려면 2014년 3월까지 인증된 대학이어야 한다. 2015년 3월까지 기존 대학은 25개이고, 여기엔 중복이 있을 수 없으며, 2016년 3월에 기존 대학이 취소되었는지 판단할 필요 없으므로 25개가 23개월 이상 유지 중이다. (○)

오답해설

ㄱ. 13년에 신규 인증을 받으면 중간에 취소되지 않은 이상 16년 2월에 핵심지표평가만을 받는다. 취소되었다고 단정할 근거는 없기 때문에 받을 수 있다. (×)

ㄷ. 13년에 12개의 신규 인증대학이 있고, 14년에는 2개가 취소되고 18개의 새로운 대학이 추가된다. 15년에는 3개가 취소되고 새로운 대학 21개가 추가되는데, 이 때 14년에 취소된 2개가 중복된다고 보면 19개가 신규대학이다. 따라서 최소 12+18+19=49이다. (×)

정답해설

② 서쪽 통로(7마리) : 사냥꾼(4), 경찰(3)=탈출 가능

오답해설

① 동쪽 통로(11마리) : 폭파전문가(2), 무사(8)=탈출 불가
③ 남쪽 통로(11마리) : 사냥꾼(4), 폭파전문가(2)=탈출 불가
④ 남쪽 통로(11마리) : 폭파전문가(2), 사냥꾼(6), 의사(2)=탈출 불가
⑤ 북쪽 통로(9마리) : 경찰(4.5), 의사(2)=탈출 불가

정답해설

평가 기준을 통해 이동거리, 가격, 맛평점의 점수부여 방식에 대해 파악하고, 음식종류 및 방 예약에 따른 점수부여 방식도 체크해 점수를 부여한다. 기준을 모두 체크하여 적용하고 난 후, 총점 산정방식이 합산인지도 확인하고, 동점이 있는 경우에는 어떻게 해야 할지 확인해 두면 좋다. 지금 문제에서는 동점이 있는 경우 어떻게 해야 할지 제시되어 있지 않기 때문에, 신경쓰지 않아도 된다.

구 분	음식 종류	이동거리	가 격	맛 평점	방 예약
자금성	2	4	5	1	1
샹젤리제	3	3	4	2	1
경복궁	4	5	2	3	0
도쿄타워	5	1	3	4	0
광화문	4	2	1	5	0

③ 경복궁=4+5+2+3=14

오답해설

① 자금성=2+4+5+1+1=13

② 샹젤리제=3+3+4+2+1=13

④ 도쿄타워=5+1+3+4=13

⑤ 광화문=4+2+1+5=12

39 부합 답 ①

정답해설

① 4문단 : 조선시대 성종 때 조강에 참석한 인원은 왕, 영사·지사·참찬관 각 1인, 낭청 2인, 대간(대관·간관) 각 1인, 사관 1인, 특진관 2인 총 11인 이상이다. (ㅇ)

오답해설

② 3문단 : 삼정승은 영사를 겸했고, 동지사는 종 2품에서 적임자를 임명하였다. (×)

③ 3·4문단 : 지사와 동지사는 각각 2품이기 때문에 서편에 동향해 부복하였을 것이다. (×)

④ 1문단 : 경연에서는 사서와 오경 및 역사책인 자치통감 등에 대한 강의가 이루어졌다. (×)

⑤ 2문단 : 경연은 고려 예종이 처음 도입하였다. (×)

40 부합 답 ③

정답해설

성종 대의 강의 시간과 경연 참석자의 관직을 다루고 있는 문제이기 때문에 3문단과 4문단의 기준 탐색을 효율적으로 해줘야 한다.

③ 주강에는 승지, 낭청, 사관이 참석한다. 이 때, 당상관은 위와 같아 도승지와 우승지가 참찬관으로서 참석할 수 있지만, 부제학은 시강관에 해당하지 않는다. (×)

오답해설

①·② 조강에는 영사·지사·참찬관, 낭청, 대간, 사관, 특진관이 참석한다. 이때, 당상관은 영사, 지사, 동지사, 참찬관이므로 영사로서 우의정, 참찬관으로서 도승지가 참석할 수 있다. 또한 낭청은 시강관으로서 부응교와 직제학이 참석 가능하다. (ㅇ)

④ 주강에는 승지, 낭청, 사관이 참석한다. 이 때, 당상관은 위와 같아 도승지와 우승지가 참찬관으로서 참석할 수 있고, 낭청은 시강관으로서 직제학이 가능하다. (ㅇ)

⑤ 석강에는 좌승지가 승지로서 당상관, 전한이 시강관으로서 낭청을 겸할 수 있었다. (ㅇ)

좋은 책을 만드는 길
독자님과 함께하겠습니다.

도서나 동영상에 궁금한 점, 아쉬운 점, 만족스러운 점이
있으시다면 어떤 의견이라도 말씀해 주세요.
시대고시기획은 독자님의 의견을 모아 더 좋은 책으로 보답하겠습니다.

www.sidaegosi.com

2021 피셋 한방 5개년 기출문제집

개정1판1쇄 발행	2020년 09월 03일 (인쇄 2020년 07월 24일)
초 판 발 행	2020년 03월 05일 (인쇄 2020년 01월 22일)
발 행 인	박영일
책 임 편 집	이해욱
편 저	이정민
편 집 진 행	민선홍 · 송영진 · 고수연
표 지 디 자 인	박종우
편 집 디 자 인	채경신
발 행 처	(주)시대고시기획
출 판 등 록	제 10-1521호
주 소	서울시 마포구 큰우물로 75 [도화동 538 성지 B/D] 9F
전 화	1600-3600
팩 스	02-701-8823
홈 페 이 지	www.sidaegosi.com
I S B N	979-11-254-7742-6 (13350)
정 가	25,000원

20○○년도 국가공무원 5급 공개경쟁채용 및 외교관후보자 선발 제1차시험 답안지

컴퓨터용 흑색사인펜만 사용

책형	

[필적감정용 기재]
* 아래 예시문을 옮겨 적으시오
본인은 ○○○(응시자성명)임을 확인함

기 재 란

성명	
자필성명	본인 성명 기재
응시직렬	
응시지역	
시험장소	

응시번호

	⓪	①	②									
	⓪	①	②	③	④	⑤	⑥	⑦	⑧	⑨		
	⓪	①	②	③	④	⑤	⑥	⑦	⑧	⑨		
	⓪	①	②	③	④	⑤	⑥	⑦	⑧	⑨		
	⓪	①	②	③	④	⑤	⑥	⑦	⑧	⑨		
	⓪	①	②	③	④	⑤	⑥	⑦	⑧	⑨		

생년월일

	⑤	⑥	⑦	⑧	⑨
⓪	①				
⓪	①	②	③	④	⑤ ⑥ ⑦ ⑧ ⑨
⓪	①	②	③	④	⑤ ⑥ ⑦ ⑧ ⑨

※ 시험감독관 서명
(성명을 정자로 기재할 것)

적색 볼펜만 사용

○○○○영역(1~10번)

번호	①	②	③	④	⑤
1	①	②	③	④	⑤
2	①	②	③	④	⑤
3	①	②	③	④	⑤
4	①	②	③	④	⑤
5	①	②	③	④	⑤
6	①	②	③	④	⑤
7	①	②	③	④	⑤
8	①	②	③	④	⑤
9	①	②	③	④	⑤
10	①	②	③	④	⑤

○○○○영역(11~20번)

번호	①	②	③	④	⑤
11	①	②	③	④	⑤
12	①	②	③	④	⑤
13	①	②	③	④	⑤
14	①	②	③	④	⑤
15	①	②	③	④	⑤
16	①	②	③	④	⑤
17	①	②	③	④	⑤
18	①	②	③	④	⑤
19	①	②	③	④	⑤
20	①	②	③	④	⑤

○○○○영역(21~30번)

번호	①	②	③	④	⑤
21	①	②	③	④	⑤
22	①	②	③	④	⑤
23	①	②	③	④	⑤
24	①	②	③	④	⑤
25	①	②	③	④	⑤
26	①	②	③	④	⑤
27	①	②	③	④	⑤
28	①	②	③	④	⑤
29	①	②	③	④	⑤
30	①	②	③	④	⑤

○○○○영역(31~40번)

번호	①	②	③	④	⑤
31	①	②	③	④	⑤
32	①	②	③	④	⑤
33	①	②	③	④	⑤
34	①	②	③	④	⑤
35	①	②	③	④	⑤
36	①	②	③	④	⑤
37	①	②	③	④	⑤
38	①	②	③	④	⑤
39	①	②	③	④	⑤
40	①	②	③	④	⑤

20○○년도 국가공무원 5급 공개경쟁채용 및 외교관후보자 선발 제1차시험 답안지

컴퓨터용 흑색사인펜만 사용

성 명	
자필성명	본인 성명 기재
응시직렬	
응시지역	
시험장소	

응시번호

생년월일

[필적감정용 기재]
* 아래 예시문을 옮겨 적으시오
본인은 ○○○(응시자성명)임을 확인함

기 재 란

○○○○영역(1~10번)

1	①	②	③	④	⑤
2	①	②	③	④	⑤
3	①	②	③	④	⑤
4	①	②	③	④	⑤
5	①	②	③	④	⑤
6	①	②	③	④	⑤
7	①	②	③	④	⑤
8	①	②	③	④	⑤
9	①	②	③	④	⑤
10	①	②	③	④	⑤

○○○○영역(11~20번)

11	①	②	③	④	⑤
12	①	②	③	④	⑤
13	①	②	③	④	⑤
14	①	②	③	④	⑤
15	①	②	③	④	⑤
16	①	②	③	④	⑤
17	①	②	③	④	⑤
18	①	②	③	④	⑤
19	①	②	③	④	⑤
20	①	②	③	④	⑤

○○○○영역(21~30번)

21	①	②	③	④	⑤
22	①	②	③	④	⑤
23	①	②	③	④	⑤
24	①	②	③	④	⑤
25	①	②	③	④	⑤
26	①	②	③	④	⑤
27	①	②	③	④	⑤
28	①	②	③	④	⑤
29	①	②	③	④	⑤
30	①	②	③	④	⑤

○○○○영역(31~40번)

31	①	②	③	④	⑤
32	①	②	③	④	⑤
33	①	②	③	④	⑤
34	①	②	③	④	⑤
35	①	②	③	④	⑤
36	①	②	③	④	⑤
37	①	②	③	④	⑤
38	①	②	③	④	⑤
39	①	②	③	④	⑤
40	①	②	③	④	⑤

20○○년도 국가공무원 5급 공개경쟁채용 및 외교관후보자 선발 제1차시험 답안지

컴퓨터용 흑색사인펜만 사용

책 형

[필적감정용 기재]
* 아래 예시문을 옮겨 적으시오

본인은 ○○○(응시지역명)임을 확인함

기 재 란

성 명	
자필성명	본인 성명 기재
응시직렬	
응시지역	
시험장소	

	응시번호					

	생년월일				

※ 시험감독관 서명
(성명을 정자로 기재할 것)

적색 볼펜만 사용

○○○○영역(1~10번)

1	① ② ③ ④ ⑤
2	① ② ③ ④ ⑤
3	① ② ③ ④ ⑤
4	① ② ③ ④ ⑤
5	① ② ③ ④ ⑤
6	① ② ③ ④ ⑤
7	① ② ③ ④ ⑤
8	① ② ③ ④ ⑤
9	① ② ③ ④ ⑤
10	① ② ③ ④ ⑤

○○○○영역(11~20번)

11	① ② ③ ④ ⑤
12	① ② ③ ④ ⑤
13	① ② ③ ④ ⑤
14	① ② ③ ④ ⑤
15	① ② ③ ④ ⑤
16	① ② ③ ④ ⑤
17	① ② ③ ④ ⑤
18	① ② ③ ④ ⑤
19	① ② ③ ④ ⑤
20	① ② ③ ④ ⑤

○○○○영역(21~30번)

21	① ② ③ ④ ⑤
22	① ② ③ ④ ⑤
23	① ② ③ ④ ⑤
24	① ② ③ ④ ⑤
25	① ② ③ ④ ⑤
26	① ② ③ ④ ⑤
27	① ② ③ ④ ⑤
28	① ② ③ ④ ⑤
29	① ② ③ ④ ⑤
30	① ② ③ ④ ⑤

○○○○영역(31~40번)

31	① ② ③ ④ ⑤
32	① ② ③ ④ ⑤
33	① ② ③ ④ ⑤
34	① ② ③ ④ ⑤
35	① ② ③ ④ ⑤
36	① ② ③ ④ ⑤
37	① ② ③ ④ ⑤
38	① ② ③ ④ ⑤
39	① ② ③ ④ ⑤
40	① ② ③ ④ ⑤

20○○년도 국가공무원 5급 공개경쟁채용 및 외교관후보자 선발 제1차시험 답안지

감독관 날인 사용

※ 시험감독관 서명
(성명을 정자로 기재할 것)

생년월일

⓪①②③④⑤⑥⑦⑧⑨	⓪①②③	⓪①②③④⑤⑥⑦⑧⑨	⓪①	⓪①②③④⑤⑥⑦⑧⑨
				⑤⑥⑦⑧⑨

응시번호

⓪①②③④⑤⑥⑦⑧⑨	⓪①②③④⑤⑥⑦⑧⑨	⓪①②③④⑤⑥⑦⑧⑨	⓪①②③④⑤⑥⑦⑧⑨	⓪①②③④⑤⑥⑦⑧⑨	⓪①②③④⑤⑥⑦⑧⑨	⓪①②

성 명	
자필성명	본인 성명 기재
응시직렬	
응시지역	
시험장소	

컴퓨터용 흑색사인펜만 사용

[필적감정용 기재]
* 아래 예시문을 옮겨 적으시오
본인은 ○○○(응시자성명)임을 확인함

기 재 란

적 명	

○○○○○영역(1~10번)

1	① ② ③ ④ ⑤
2	① ② ③ ④ ⑤
3	① ② ③ ④ ⑤
4	① ② ③ ④ ⑤
5	① ② ③ ④ ⑤
6	① ② ③ ④ ⑤
7	① ② ③ ④ ⑤
8	① ② ③ ④ ⑤
9	① ② ③ ④ ⑤
10	① ② ③ ④ ⑤

○○○○○영역(11~20번)

11	① ② ③ ④ ⑤
12	① ② ③ ④ ⑤
13	① ② ③ ④ ⑤
14	① ② ③ ④ ⑤
15	① ② ③ ④ ⑤
16	① ② ③ ④ ⑤
17	① ② ③ ④ ⑤
18	① ② ③ ④ ⑤
19	① ② ③ ④ ⑤
20	① ② ③ ④ ⑤

○○○○○영역(21~30번)

21	① ② ③ ④ ⑤
22	① ② ③ ④ ⑤
23	① ② ③ ④ ⑤
24	① ② ③ ④ ⑤
25	① ② ③ ④ ⑤
26	① ② ③ ④ ⑤
27	① ② ③ ④ ⑤
28	① ② ③ ④ ⑤
29	① ② ③ ④ ⑤
30	① ② ③ ④ ⑤

○○○○○영역(31~40번)

31	① ② ③ ④ ⑤
32	① ② ③ ④ ⑤
33	① ② ③ ④ ⑤
34	① ② ③ ④ ⑤
35	① ② ③ ④ ⑤
36	① ② ③ ④ ⑤
37	① ② ③ ④ ⑤
38	① ② ③ ④ ⑤
39	① ② ③ ④ ⑤
40	① ② ③ ④ ⑤

20○○년도 국가공무원 5급 공개경쟁채용 및 외교관후보자 선발 제1차시험 답안지

컴퓨터용 흑색사인펜만 사용

성 명	
자필성명	본인 성명 기재
응시직렬	
응시지역	
시험장소	

책형

[필적감정용 기재]

* 아래 예시문을 옮겨 적으시오

본인은 ○○○(응시지역성명)임을 확인함

기 재 란

응시번호

⓪ ① ②
⓪ ① ② ③ ④ ⑤ ⑥ ⑦ ⑧ ⑨
⓪ ① ② ③ ④ ⑤ ⑥ ⑦ ⑧ ⑨
⓪ ① ② ③ ④ ⑤ ⑥ ⑦ ⑧ ⑨
⓪ ① ② ③ ④ ⑤ ⑥ ⑦ ⑧ ⑨
⓪ ① ② ③ ④ ⑤ ⑥ ⑦ ⑧ ⑨
⓪ ① ② ③ ④ ⑤ ⑥ ⑦ ⑧ ⑨
⓪ ① ② ③ ④ ⑤ ⑥ ⑦ ⑧ ⑨

생년월일

⑤ ⑥ ⑦ ⑧ ⑨
⓪ ① ② ③ ④ ⑤ ⑥ ⑦ ⑧ ⑨
⓪ ①
⓪ ① ② ③ ④ ⑤ ⑥ ⑦ ⑧ ⑨
⓪ ① ② ③ ④ ⑤ ⑥ ⑦ ⑧ ⑨

○○○○영역(1~10번)

1	① ② ③ ④ ⑤
2	① ② ③ ④ ⑤
3	① ② ③ ④ ⑤
4	① ② ③ ④ ⑤
5	① ② ③ ④ ⑤
6	① ② ③ ④ ⑤
7	① ② ③ ④ ⑤
8	① ② ③ ④ ⑤
9	① ② ③ ④ ⑤
10	① ② ③ ④ ⑤

○○○○영역(11~20번)

11	① ② ③ ④ ⑤
12	① ② ③ ④ ⑤
13	① ② ③ ④ ⑤
14	① ② ③ ④ ⑤
15	① ② ③ ④ ⑤
16	① ② ③ ④ ⑤
17	① ② ③ ④ ⑤
18	① ② ③ ④ ⑤
19	① ② ③ ④ ⑤
20	① ② ③ ④ ⑤

○○○○영역(21~30번)

21	① ② ③ ④ ⑤
22	① ② ③ ④ ⑤
23	① ② ③ ④ ⑤
24	① ② ③ ④ ⑤
25	① ② ③ ④ ⑤
26	① ② ③ ④ ⑤
27	① ② ③ ④ ⑤
28	① ② ③ ④ ⑤
29	① ② ③ ④ ⑤
30	① ② ③ ④ ⑤

○○○○영역(31~40번)

31	① ② ③ ④ ⑤
32	① ② ③ ④ ⑤
33	① ② ③ ④ ⑤
34	① ② ③ ④ ⑤
35	① ② ③ ④ ⑤
36	① ② ③ ④ ⑤
37	① ② ③ ④ ⑤
38	① ② ③ ④ ⑤
39	① ② ③ ④ ⑤
40	① ② ③ ④ ⑤

※ 시험감독관 서명
(성명을 정자로 기재할 것)

적색 볼펜만 사용

20○○년도 국가공무원 5급 공개경쟁채용 및 외교관후보자 선발 제1차시험 답안지

감독관 확인사인

※ 시험감독관 서명
(성명을 정자로 기재할 것)

생년월일

응시번호

성	0명	
자필성명		본인 성명 기재
응시직렬		
응시지역		
시험장소		

컴퓨터용 흑색사인펜만 사용

[필적감정용 기재]
* 아래 예시문을 옮겨 적으시오
본인은 ○○○(응시자성명)임을 확인함

기 재 란

책 0형

○○○○영역(1~10번)

	①	②	③	④	⑤
1	①	②	③	④	⑤
2	①	②	③	④	⑤
3	①	②	③	④	⑤
4	①	②	③	④	⑤
5	①	②	③	④	⑤
6	①	②	③	④	⑤
7	①	②	③	④	⑤
8	①	②	③	④	⑤
9	①	②	③	④	⑤
10	①	②	③	④	⑤

○○○○영역(11~20번)

	①	②	③	④	⑤
11	①	②	③	④	⑤
12	①	②	③	④	⑤
13	①	②	③	④	⑤
14	①	②	③	④	⑤
15	①	②	③	④	⑤
16	①	②	③	④	⑤
17	①	②	③	④	⑤
18	①	②	③	④	⑤
19	①	②	③	④	⑤
20	①	②	③	④	⑤

○○○○영역(21~30번)

	①	②	③	④	⑤
21	①	②	③	④	⑤
22	①	②	③	④	⑤
23	①	②	③	④	⑤
24	①	②	③	④	⑤
25	①	②	③	④	⑤
26	①	②	③	④	⑤
27	①	②	③	④	⑤
28	①	②	③	④	⑤
29	①	②	③	④	⑤
30	①	②	③	④	⑤

○○○○영역(31~40번)

	①	②	③	④	⑤
31	①	②	③	④	⑤
32	①	②	③	④	⑤
33	①	②	③	④	⑤
34	①	②	③	④	⑤
35	①	②	③	④	⑤
36	①	②	③	④	⑤
37	①	②	③	④	⑤
38	①	②	③	④	⑤
39	①	②	③	④	⑤
40	①	②	③	④	⑤

20○○년도 국가공무원 5급 공개경쟁채용 및 외교관후보자 선발 제1차시험 답안지

컴퓨터용 흑색사인펜만 사용

책 형	

[필적감정용 기재]
* 아래 예시문을 옮겨 적으시오
본인은 ○○○(응시지역)임을 확인함

기 재 란

자필성명	본인 성명 기재
응시직렬	
응시지역	
시험장소	

성 명	

응시번호

생년월일

OOOO영역(1~10번)

	①	②	③	④	⑤
1	①	②	③	④	⑤
2	①	②	③	④	⑤
3	①	②	③	④	⑤
4	①	②	③	④	⑤
5	①	②	③	④	⑤
6	①	②	③	④	⑤
7	①	②	③	④	⑤
8	①	②	③	④	⑤
9	①	②	③	④	⑤
10	①	②	③	④	⑤

OOOO영역(11~20번)

	①	②	③	④	⑤
11	①	②	③	④	⑤
12	①	②	③	④	⑤
13	①	②	③	④	⑤
14	①	②	③	④	⑤
15	①	②	③	④	⑤
16	①	②	③	④	⑤
17	①	②	③	④	⑤
18	①	②	③	④	⑤
19	①	②	③	④	⑤
20	①	②	③	④	⑤

OOOO영역(21~30번)

	①	②	③	④	⑤
21	①	②	③	④	⑤
22	①	②	③	④	⑤
23	①	②	③	④	⑤
24	①	②	③	④	⑤
25	①	②	③	④	⑤
26	①	②	③	④	⑤
27	①	②	③	④	⑤
28	①	②	③	④	⑤
29	①	②	③	④	⑤
30	①	②	③	④	⑤

OOOO영역(31~40번)

	①	②	③	④	⑤
31	①	②	③	④	⑤
32	①	②	③	④	⑤
33	①	②	③	④	⑤
34	①	②	③	④	⑤
35	①	②	③	④	⑤
36	①	②	③	④	⑤
37	①	②	③	④	⑤
38	①	②	③	④	⑤
39	①	②	③	④	⑤
40	①	②	③	④	⑤

※ 시험감독관 서명
(성명을 정자로 기재할 것)

적색 볼펜만 사용

※ 본 답안지는 마킹연습용 모의 답안지입니다.

20○○년도 국가공무원 5급 공개경쟁채용 및 외교관후보자 선발 제1차시험 답안지

감독관 확인란

※ 시험감독관 서명
(성명을 정자로 기재할 것)

생년월일

응시번호

	성 명
자필성명	본인 성명 기재
응시직렬	
응시지역	
시험장소	

컴퓨터용 흑색사인펜만 사용

[필적감정용 기재]
* 아래 예시문을 옮겨 적으시오
본인은 ○○○(응시자성명)임을 확인함

기 재 란

책 형

○○○○영역(1~10번)

	①	②	③	④	⑤
1	①	②	③	④	⑤
2	①	②	③	④	⑤
3	①	②	③	④	⑤
4	①	②	③	④	⑤
5	①	②	③	④	⑤
6	①	②	③	④	⑤
7	①	②	③	④	⑤
8	①	②	③	④	⑤
9	①	②	③	④	⑤
10	①	②	③	④	⑤

○○○○영역(11~20번)

	①	②	③	④	⑤
11	①	②	③	④	⑤
12	①	②	③	④	⑤
13	①	②	③	④	⑤
14	①	②	③	④	⑤
15	①	②	③	④	⑤
16	①	②	③	④	⑤
17	①	②	③	④	⑤
18	①	②	③	④	⑤
19	①	②	③	④	⑤
20	①	②	③	④	⑤

○○○○영역(21~30번)

	①	②	③	④	⑤
21	①	②	③	④	⑤
22	①	②	③	④	⑤
23	①	②	③	④	⑤
24	①	②	③	④	⑤
25	①	②	③	④	⑤
26	①	②	③	④	⑤
27	①	②	③	④	⑤
28	①	②	③	④	⑤
29	①	②	③	④	⑤
30	①	②	③	④	⑤

○○○○○영역(31~40번)

	①	②	③	④	⑤
31	①	②	③	④	⑤
32	①	②	③	④	⑤
33	①	②	③	④	⑤
34	①	②	③	④	⑤
35	①	②	③	④	⑤
36	①	②	③	④	⑤
37	①	②	③	④	⑤
38	①	②	③	④	⑤
39	①	②	③	④	⑤
40	①	②	③	④	⑤

20○○년도 국가공무원 5급 공개경쟁채용 및 외교관후보자 선발 제1차시험 답안지

컴퓨터용 흑색사인펜만 사용

책형	

[필적감정용 기재]

* 아래 예시문을 옮겨 적으시오

본인은 ○○○(응시자성명)임을 확인함

기 재 란

성 명	
자필성명	본인 성명 기재
응시직렬	
응시지역	
시험장소	

응시번호

⓪①②③④⑤⑥⑦⑧⑨

생년월일

⓪①②③④⑤⑥⑦⑧⑨

※ 시험감독관 서명
(성명을 정자로 기재할 것)

적색 볼펜만 사용

○○○○영역(1~10번)

1	① ② ③ ④ ⑤
2	① ② ③ ④ ⑤
3	① ② ③ ④ ⑤
4	① ② ③ ④ ⑤
5	① ② ③ ④ ⑤
6	① ② ③ ④ ⑤
7	① ② ③ ④ ⑤
8	① ② ③ ④ ⑤
9	① ② ③ ④ ⑤
10	① ② ③ ④ ⑤

○○○○영역(11~20번)

11	① ② ③ ④ ⑤
12	① ② ③ ④ ⑤
13	① ② ③ ④ ⑤
14	① ② ③ ④ ⑤
15	① ② ③ ④ ⑤
16	① ② ③ ④ ⑤
17	① ② ③ ④ ⑤
18	① ② ③ ④ ⑤
19	① ② ③ ④ ⑤
20	① ② ③ ④ ⑤

○○○○영역(21~30번)

21	① ② ③ ④ ⑤
22	① ② ③ ④ ⑤
23	① ② ③ ④ ⑤
24	① ② ③ ④ ⑤
25	① ② ③ ④ ⑤
26	① ② ③ ④ ⑤
27	① ② ③ ④ ⑤
28	① ② ③ ④ ⑤
29	① ② ③ ④ ⑤
30	① ② ③ ④ ⑤

○○○○영역(31~40번)

31	① ② ③ ④ ⑤
32	① ② ③ ④ ⑤
33	① ② ③ ④ ⑤
34	① ② ③ ④ ⑤
35	① ② ③ ④ ⑤
36	① ② ③ ④ ⑤
37	① ② ③ ④ ⑤
38	① ② ③ ④ ⑤
39	① ② ③ ④ ⑤
40	① ② ③ ④ ⑤

20○○년도 국가공무원 5급 공개경쟁채용 및 외교관후보자 선발 제1차시험 답안지

컴퓨터용 흑색사인펜만 사용

성명	
책형	

[필적감정용 기재]
* 아래 예시문을 옮겨 적으시오
본인은 ○○○(응시자성명)임을 확인함

기 재 란

성 명	
자필성명	본인 성명 기재
응시직렬	
응시지역	
시험장소	

응시번호

| ⓪ ① ② ③ ④ ⑤ ⑥ ⑦ ⑧ ⑨ |
| ⓪ ① ② ③ ④ ⑤ ⑥ ⑦ ⑧ ⑨ |
| ⓪ ① ② ③ ④ ⑤ ⑥ ⑦ ⑧ ⑨ |
| ⓪ ① ② ③ ④ ⑤ ⑥ ⑦ ⑧ ⑨ |
| ⓪ ① ② ③ ④ ⑤ ⑥ ⑦ ⑧ ⑨ |
| ⓪ ① ② ③ ④ ⑤ ⑥ ⑦ ⑧ ⑨ |
| ⓪ ① ② |

생년월일

| ⓪ ① ② ③ ④ ⑤ ⑥ ⑦ ⑧ ⑨ |
| ⓪ ① ② |
| ⓪ ① ② ③ ④ ⑤ ⑥ ⑦ ⑧ ⑨ |
| ⓪ ① ② ③ ④ ⑤ ⑥ ⑦ ⑧ ⑨ |
| ⑤ ⑥ ⑦ ⑧ ⑨ |

○○○○○영역(1~10번)

1	① ② ③ ④ ⑤
2	① ② ③ ④ ⑤
3	① ② ③ ④ ⑤
4	① ② ③ ④ ⑤
5	① ② ③ ④ ⑤
6	① ② ③ ④ ⑤
7	① ② ③ ④ ⑤
8	① ② ③ ④ ⑤
9	① ② ③ ④ ⑤
10	① ② ③ ④ ⑤

○○○○○영역(11~20번)

11	① ② ③ ④ ⑤
12	① ② ③ ④ ⑤
13	① ② ③ ④ ⑤
14	① ② ③ ④ ⑤
15	① ② ③ ④ ⑤
16	① ② ③ ④ ⑤
17	① ② ③ ④ ⑤
18	① ② ③ ④ ⑤
19	① ② ③ ④ ⑤
20	① ② ③ ④ ⑤

○○○○○영역(21~30번)

21	① ② ③ ④ ⑤
22	① ② ③ ④ ⑤
23	① ② ③ ④ ⑤
24	① ② ③ ④ ⑤
25	① ② ③ ④ ⑤
26	① ② ③ ④ ⑤
27	① ② ③ ④ ⑤
28	① ② ③ ④ ⑤
29	① ② ③ ④ ⑤
30	① ② ③ ④ ⑤

○○○○○영역(31~40번)

31	① ② ③ ④ ⑤
32	① ② ③ ④ ⑤
33	① ② ③ ④ ⑤
34	① ② ③ ④ ⑤
35	① ② ③ ④ ⑤
36	① ② ③ ④ ⑤
37	① ② ③ ④ ⑤
38	① ② ③ ④ ⑤
39	① ② ③ ④ ⑤
40	① ② ③ ④ ⑤

20○○년도 국가공무원 5급 공개경쟁채용 및 외교관후보자 선발 제1차시험 답안지

	책형	

[필적감정용 기재]
* 아래 예시문을 옮겨 적으시오

본인은 ○○○(응시지역)임을 확인함

기 재 란

		성명	
	자필성명	본인 성명 기재	
	응시직렬		
	응시지역		
	시험장소		

응시번호	생년월일

※ **시험감독관 서명**
(성명을 정자로 기재할 것)

적색 볼펜만 사용

○○○○영역(1~10번)

	①	②	③	④	⑤
1	①	②	③	④	⑤
2	①	②	③	④	⑤
3	①	②	③	④	⑤
4	①	②	③	④	⑤
5	①	②	③	④	⑤
6	①	②	③	④	⑤
7	①	②	③	④	⑤
8	①	②	③	④	⑤
9	①	②	③	④	⑤
10	①	②	③	④	⑤

○○○○영역(11~20번)

	①	②	③	④	⑤
11	①	②	③	④	⑤
12	①	②	③	④	⑤
13	①	②	③	④	⑤
14	①	②	③	④	⑤
15	①	②	③	④	⑤
16	①	②	③	④	⑤
17	①	②	③	④	⑤
18	①	②	③	④	⑤
19	①	②	③	④	⑤
20	①	②	③	④	⑤

○○○○영역(21~30번)

	①	②	③	④	⑤
21	①	②	③	④	⑤
22	①	②	③	④	⑤
23	①	②	③	④	⑤
24	①	②	③	④	⑤
25	①	②	③	④	⑤
26	①	②	③	④	⑤
27	①	②	③	④	⑤
28	①	②	③	④	⑤
29	①	②	③	④	⑤
30	①	②	③	④	⑤

○○○○영역(31~40번)

	①	②	③	④	⑤
31	①	②	③	④	⑤
32	①	②	③	④	⑤
33	①	②	③	④	⑤
34	①	②	③	④	⑤
35	①	②	③	④	⑤
36	①	②	③	④	⑤
37	①	②	③	④	⑤
38	①	②	③	④	⑤
39	①	②	③	④	⑤
40	①	②	③	④	⑤

20○○년도 국가공무원 5급 공개경쟁채용 및 외교관후보자 선발 제1차시험 답안지

컴퓨터용 흑색사인펜만 사용

[필적감정용 기재]
* 아래 예시문을 옮겨 적으시오

본인은 ○○○(응시자성명)임을 확인함

기 재 란

책	형

성	명
자필성명	본인 성명 기재
응시직렬	
응시지역	
시험장소	

※ 시험감독관 서명
(성명을 정자로 기재할 것)

감독관 확인란

응시번호

생년월일

OOOOO영역(1~10번)

1	① ② ③ ④ ⑤
2	① ② ③ ④ ⑤
3	① ② ③ ④ ⑤
4	① ② ③ ④ ⑤
5	① ② ③ ④ ⑤
6	① ② ③ ④ ⑤
7	① ② ③ ④ ⑤
8	① ② ③ ④ ⑤
9	① ② ③ ④ ⑤
10	① ② ③ ④ ⑤

OOOOO영역(11~20번)

11	① ② ③ ④ ⑤
12	① ② ③ ④ ⑤
13	① ② ③ ④ ⑤
14	① ② ③ ④ ⑤
15	① ② ③ ④ ⑤
16	① ② ③ ④ ⑤
17	① ② ③ ④ ⑤
18	① ② ③ ④ ⑤
19	① ② ③ ④ ⑤
20	① ② ③ ④ ⑤

OOOOO영역(21~30번)

21	① ② ③ ④ ⑤
22	① ② ③ ④ ⑤
23	① ② ③ ④ ⑤
24	① ② ③ ④ ⑤
25	① ② ③ ④ ⑤
26	① ② ③ ④ ⑤
27	① ② ③ ④ ⑤
28	① ② ③ ④ ⑤
29	① ② ③ ④ ⑤
30	① ② ③ ④ ⑤

OOOOO영역(31~40번)

31	① ② ③ ④ ⑤
32	① ② ③ ④ ⑤
33	① ② ③ ④ ⑤
34	① ② ③ ④ ⑤
35	① ② ③ ④ ⑤
36	① ② ③ ④ ⑤
37	① ② ③ ④ ⑤
38	① ② ③ ④ ⑤
39	① ② ③ ④ ⑤
40	① ② ③ ④ ⑤

5·7급 공채 / 국립외교원 / 지역인재 7급 / 입법고시 / 민간경력자 /
대통령경호처 7급 경호공무원 1차 공직적격성평가 대비

피셋 한방

PSAT
을 정복하고자 하는
수험생에게 제시하는
맞춤 처방!

5개년 기출문제집

정답 및 해설

피셋
한방

5개년 기출문제집

PSAT

PSAT